庆祝山西省考古研究院七十华诞

本书出版获得国家重点文物专项资金资助

苇沟-北寿城遗址考古报告

（2011~2014）

（上册）

山西省考古研究院
临汾市文化和旅游局　编著
翼城县文化和旅游局

科学出版社
北　京

内 容 简 介

本书为苇沟-北寿城遗址2011～2014年考古工作报告，包括2011年老君沟墓地发掘、2012～2013年苇沟墓地发掘，以及2013～2014年苇沟–北寿城遗址区域性系统调查、勘探与试掘的全部资料。本书在全面公布材料的基础上，对墓葬及其他遗迹的年代与分期及相关问题进行了探讨，对于研究晋南地区考古学文化的构成与演进具有一定的意义。

本书可供考古、文博、历史专业的高校师生及相关科研院所的专业人员阅读与参考。

图书在版编目（CIP）数据

苇沟-北寿城遗址考古报告：2011～2014：全2册 / 山西省考古研究院，临汾市文化和旅游局，翼城县文化和旅游局编著. —北京：科学出版社，2023.11
　ISBN 978-7-03-076908-4

Ⅰ. ①苇… Ⅱ. ①山… ②临… ③翼… Ⅲ. ①文化遗址–考古发掘–发掘报告–翼城县 Ⅳ. ①K878.05

中国国家版本馆CIP数据核字（2023）第216671号

责任编辑：董　苗 / 责任校对：邹慧卿

责任印制：肖　兴 / 封面设计：北京美光设计制版有限公司

科 学 出 版 社 出版
北京东黄城根北街 16 号
邮政编码：100717
http://www.sciencep.com

北京汇瑞嘉合文化发展有限公司 印刷
科学出版社发行　各地新华书店经销
*
2023年11月第 一 版　开本：889×1194　1/16
2023年11月第一次印刷　印张：48 1/2　插页：94
字数：1 736 000
定价：**720.00元**（全2册）
（如有印装质量问题，我社负责调换）

序　一

　　《苇沟-北寿城遗址考古报告（2011～2014）》刊布的是2011～2014年间在该遗址考古调查与发掘的较为全面的资料，其中既有配合基本建设发掘的老君沟墓地（汉、宋金、元、明、清墓葬）、苇沟墓地（东周墓、东周和汉代遗存、明墓）；也有主动调查与发掘的苇沟-北寿城遗址（调查发现仰韶、龙山、东下冯、两周、汉代至明清时期遗物，钻探并试掘了一座东周城址，发现了东周和汉代遗存）。苇沟-北寿城遗址与天马-曲村遗址一样，都没有见到商代遗存。

　　本报告除了绪论部分介绍了自然地理环境、历史沿革、遗址概况及以往工作外，作者在前三部分对上述资料详细报告的基础上，第四部分对相关问题进行了初步探讨和研究。其中包括各时期墓葬的年代与分期、其他遗迹的年代与分期、典型采集标本的年代比对，最后提出了对二墓地各时期墓葬的认识、对聚落时空变迁的观察、对苇沟-北寿城遗址的整体认识。文后有10个附表（墓葬登记表和调查采集点登记表）和3篇附录（老君沟墓地出土人骨的人种学研究、苇沟墓地出土人骨的性别年龄鉴定报告、老君沟墓地汉代墓葬出土铁器和炉渣的检测报告）。

　　1979年，北京大学历史系考古专业山西实习组与山西省文物工作委员会为了探寻晋国早期都城和早期晋文化遗址，曾经在苇沟-北寿城遗址进行过复查和清理。在《翼城曲沃考古勘查记》中，北京大学邹衡先生曾经提出天马-曲村遗址、苇沟-北寿城遗址和故城村遗址都有可能是早期晋都遗址。后来的考古发现已经证明了天马-曲村遗址是晋国早期的都城，可见邹衡先生通过缜密研究所得结论，洵为远见卓识！不过他认为"天马-曲村作为故绛，可能性似乎更大一些"，却遭到了部分学者的反对。有不少学者认为故绛都城不在今天马-曲村遗址，可能在苇沟-北寿城遗址。其实在《翼城曲沃考古勘查记》中作者已经明确指出"此城址的年代上限应为晋文化晚期，其下限也不会晚于西汉"。现在本报告作者在对遗址年代、规模和地望等研究的基础上，推测苇沟-北寿城遗址应该是春秋时期晋国的一个县邑或畿外卿大夫采邑，这样就否定了苇沟-北寿城遗址是晋都故绛的说法，基本可信。至于晋都故绛究竟在哪里，邹衡先生的说法是否正确，考古界目前还有争议，但仍不能排除天马-曲村遗址是故绛的可能性。

　　本报告作者也谈到了1962年在苇沟-北寿城遗址北部的凤架坡村西北发现的一座墓葬，其中出土了几件西周早期青铜器。无疑凤架坡村附近应有一处西周墓地，《翼城曲沃考古勘查记》曾提到苇沟-北寿城遗址北部坡地上有西周遗址，但分布面积并不大。非常可惜的是对这处墓地没有再做考古工作，不知此墓地今日是否尚存，是否被盗一空。不过本报告作者认为"……与晋国并无关系……至于是否为一封国，有待未来更多的材料予以证实"。应该说这个结论是客观公允的。我也认为翼城县的故城村遗址和凤架坡遗址在西周时期可能都不是晋国的遗址，很可能是其他国族的遗址。

从本报告图一○中可以明显看出，老君沟墓地汉墓分为东西向（墓道在东）和南北向（墓道在北）两群，两群墓葬在空间上又可以分为若干小组。图一四一、图一七九和图一九三反映出老君沟墓地宋金、元、明时期墓葬的墓道均在墓室的南端，在空间上同时期墓葬也存在聚群组的现象。从图二一一则可以看到，老君沟墓地清代时期墓葬有墓道朝东和朝南的两群，空间上各自也可分为几组。苇沟墓地20座东周墓葬（图九），均为竖穴土圹墓，其中17座墓葬墓主头向西，2座头向东，1座头向北。可见东周时期苇沟墓地的人群主要是墓主头向西的人群，他们与天马-曲村遗址发现的西周时期头向西的人群有无关系，尚需进一步探研，空间上这些东周墓葬或有成对并穴埋葬的现象。苇沟墓地2座明代墓葬的墓道在墓室南部，这与老君沟明代墓葬相似。这些墓葬资料对于研究各时期人群的埋葬习俗、家族状况、行为思想和下层社会基本面貌都提供了科学的第一手材料，值得进一步深入研究。

在十多年以前，考古学界普遍对一般的明清墓葬并不重视，我在山西省考古研究所（现山西省考古研究院）任所长期间曾多次强调要重视明清墓葬的发掘与研究，今天的考古工作者在思想上也未必都能将明清墓葬与其前的墓葬一样重视，这种思想其实都是一种主观认识上的错误思想，是毫无道理可言的。对于考古和历史研究而言，既不能说早期的遗存重要，晚期的遗存就不重要；贵族的墓葬重要，普通平民的墓葬就不重要；也不能说都城遗址重要，一般村落遗址就不重要。所谓的重要或不重要，都是我们的主观认识强加在客观材料上的一种偏见与武断，这在考古发掘、资料整理、报告编写和阐释构建古史方面都应该引以为戒。好在《苇沟-北寿城遗址考古报告（2011～2014）》在这方面做得较好。

一本好的考古报告，一般主要由三部分内容构成，一部分是对考古资料客观、全面、科学、翔实的介绍，一部分是大量科技考古成果的刊布，一部分是作者对全部材料（包括科技考古成果）较为全面深入的综合研究。《苇沟-北寿城遗址考古报告（2011～2014）》对考古资料的介绍做得较好，按单位和层位较全面地发表了资料，这是非常值得肯定的。但科技考古方面的成果较少，仍然以附录的形式安置于报告的后面，显得美中不足。作者在第四部分对相关问题进行了初步的研究，提出了很多新认识。但是还应该注意以下几点，在田野发掘过程中的器物编号应该更仔细一些，对每一件器物都应该进行独立编号，比如汉墓中的钱币等小件器物。其次，每一批新材料都有其独特的价值，都应该进行独立的研究，所做的类型学、分期与年代研究是依次进行的三个步骤，不应该混为一谈。另外在今后的考古工作中，我们一定要更加重视发掘过程中的采样问题，所谓的科技考古主要应该是指在田野考古发掘过程中的科技考古，而不仅仅是室内的科技考古，以提取最大量的科学信息，这是现代考古学发展的规范要求。于此提出这几点建议，与大家共勉。

2023年11月7日于

山西省考古院侯马工作站

序 二

　　《苇沟-北寿城遗址考古报告（2011～2014）》即将出版，分为"老君沟墓地""苇沟墓地""苇沟-北寿城遗址区域性系统调查、勘探与试掘""相关问题探讨"四部分，我提前阅览后感慨万千，要紧之处有六点，就先讲出来。

　　一是2011～2014年的考古工作，九年之后大型考古报告就出来了，有条不紊、速度惊人，尤其是在近些年考古工地几乎忙不过来的情况下，但又事无巨细都能严谨认真，为考古学界树立了一个榜样。

　　二是苇沟-北寿城遗址调查、勘探与试掘、发掘和编写报告者，是由王金平、杨及耘和陈海波、荆泽建、祁冰、王秦岭两代人组成的，特别是第二代后生可畏，显示了我们山西的考古事业代不乏人，为文物大省向文物强省的飞跃奠定了基础。

　　三是苇沟-北寿城遗址的现状实在不容乐观，1979年调查时还在苇沟西北约200米的断崖上清理了一座灰坑，编号为苇沟DⅢ，出土了陶鬲、甗、三足瓮、豆、小口瓮、单耳罐、器盖等器物，这次发现很少；1962年还在凤架坡村西北50米处清理了一座西周初年的铜器墓，1991年5月临汾市文化艺术学校文物班还曾试掘了两座墓，这次在45个采集点里仅在断崖上发现一座墓葬，看来这处墓地可能将不复存在。

　　四是我所期待的晋文化尤其是西周时期和春秋早、中期的晋文化遗迹、遗物寥寥无几，使我大失所望，众所周知我比较相信苇沟-北寿城遗址就是"故绛"所在，本报告认为：北赵晋侯墓地已经发现有序列完整的西周至春秋初年的晋侯墓葬，与苇沟-北寿城遗址相距10千米有余，若将此处作为同一时期的都城，不符合西周时期遗址和墓地的关系。但考古学者所遵循的"有一份材料说一份话"和"让材料牵着鼻子走"的准则，又引起我的反思，公元前585年晋景公迁都"新田"前的"故绛"，究竟在哪里？

　　五是本报告第四部分第三章的"典型采集标本的年代比对"，这是继山西省考古研究所等《吉县州川河流域区域考古调查发掘报告：山西省考古研究所西部考古调查报告》"壹调查篇"中第二章"各遗址分期与断代"表三至表一七"陶器对比表"之后，又一清楚明了、有据可依的实际工作，值得学习。但既然是陶器对比应该是就近对比，比如说翼城南石、感军遗址和邹衡先生主持的《翼城曲沃考古勘察记》等，还有要选择那些被学界认定的材料来进行对比，有个别对比的报告断代本身就有问题。

  六是本报告第一部分"老君沟墓地"第四章"元代时期墓葬分述"中，随葬品M4：2、M22：2-1、M22：2-2、M27：3等，本报告称为铁动物，与翼城相邻的长治市捉马村元大德十一年（1307年）M2、长治县郝家庄元墓都随葬的铁牛、铁猪是一类的，也就是说老君沟墓地M22：2-1、M27：3就是铁猪、铁牛，反映了两地在丧葬文化方面存在着交流关系。长治地区随葬铁牛、铁猪的葬俗一直延续到明代，2013年在长治城西路道路改造施工时，发现明万历年间（1573～1620年）夫妻二人合葬砖室墓，随葬品琉璃阁楼、器乐俑、马、铁牛、铁猪及生活用品40余件，为以后翼城乃至临汾盆地南部随葬铁牛、铁猪提供了断代的佐证。

  前面说过作者们都是在参加考古发掘工作之余完成的，相信只要有充足的时间一定不会看不到第五、第六点我所指出的那些欠缺的。

  不过瑕不掩瑜，衷心祝贺《苇沟-北寿城遗址考古报告（2011～2014）》的出版！

闫建文

2023年11月10日于

新田锦都经典书房

目　录

第二部分　苇沟墓地

插图目录

插表目录

图 版 目 录

绪 论

第一节 自然地理环境

一、地理概况

山西省翼城县位于山西省南部（图一），临汾市东南隅，地处中条、太岳两山之间。翼城自古为承东启西之要地，是西通陕甘、东连豫赵之通衢，素有"晋南咽喉，平阳门户"之称。县境东临沁水，西接曲沃，北和浮山、襄汾毗邻，南与绛县、垣曲相连。县境地理坐标为东经111°34′~112°03′，北纬34°23′~35°51′之间，南北长53、东西宽44千米，全县总面积1160平方千米。整个县域北、东、南三面皆为群山环抱；中西部地势较为平坦，为浍河谷地，属临汾盆地边缘。地势从东北向西南倾斜，由高至低逐渐向下，在山地与平原过渡地带分布着黄土丘陵地带。在翼城县所辖境域中，山脉、丘陵和平川各占三分之一，人口多集中在中西部的平原和丘陵地带。境内海拔多在500~1500米，东南部的历山舜王坪为海拔最高，海拔2358米，最低处在西南部浍河之滨的下阳村，海拔472.5米。

二、境内山川

境内山脉有三十余处，分别归属中条山系和太岳山系。西北部的绵山、塔儿山，北部的河上翁堆山，东部佛山属太岳山脉，东南部的历山、翔山、望月山、大南洼尖山属中条山脉。境内另有百草岭、西坞岭、风雨岭、尧都岭等丘陵十余条，主要分布在山地和平川间。境内的大小河流有十余条，均属黄河水系。浍河、澄金河、大河为主要河流，发源于邑东佛山和坞岭山的浍河全长54.8千米，由东北向西南贯穿翼城全境，县境内长23千米，最终注入汾河（图二）。

山西省地图

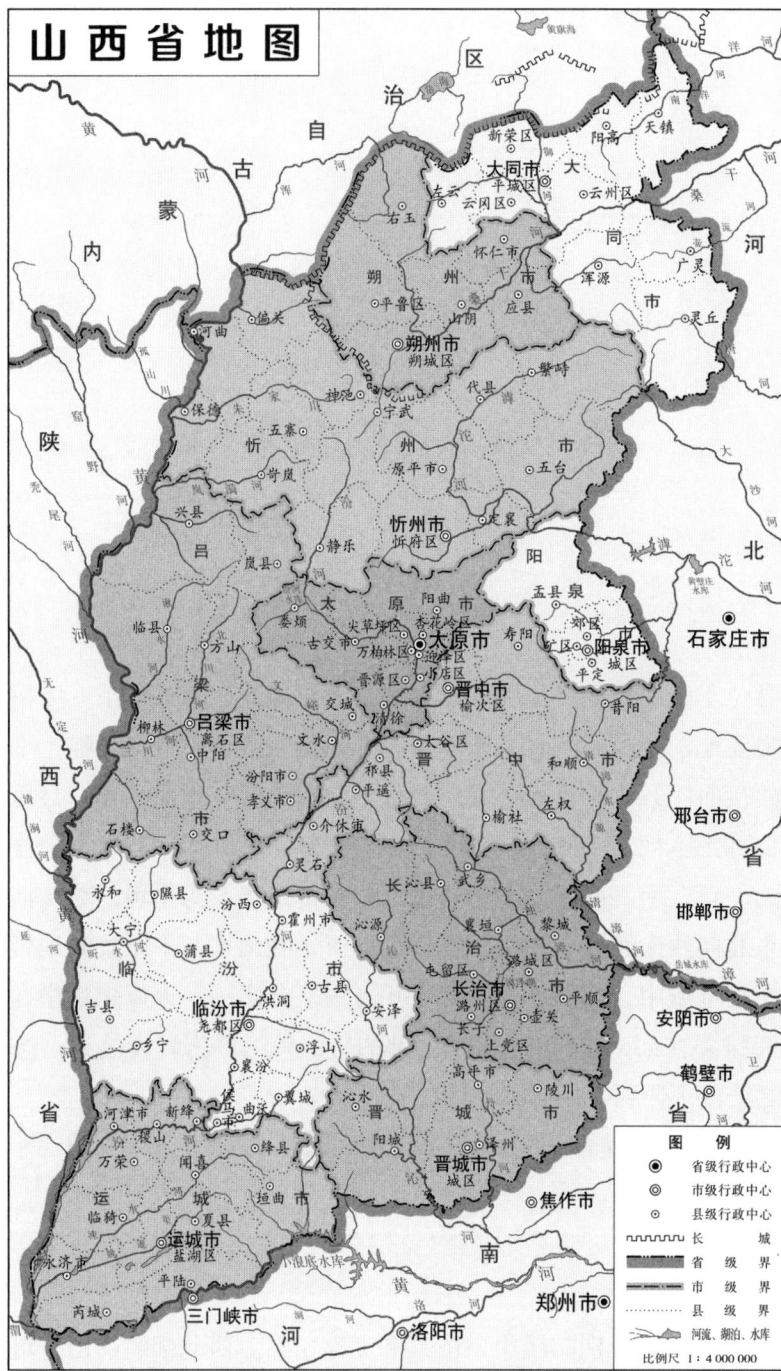

审图号：晋S(2023)010号　　　　　　　　　　　　　　山西省自然资源厅　监制

图一　翼城县位置示意图

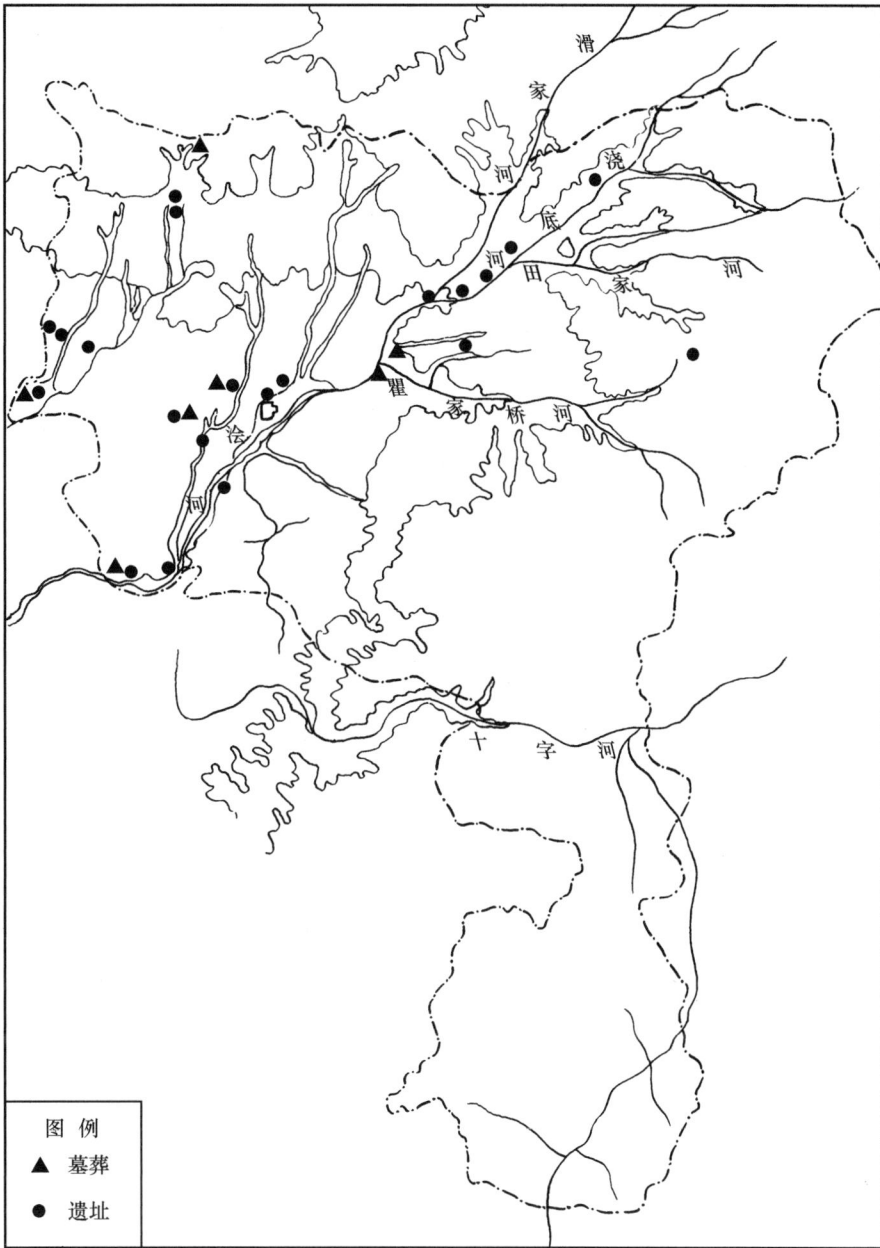

图二　翼城县地理环境示意图

三、气候土壤

　　气候属黄土高原暖温带大陆性气候，日照丰富，季风强盛，四季分明。总的特征是春季风多且盛，干燥少雨；夏季天气炎热，雨量集中；秋季天高凉爽，雨量较多；冬季寒冷寡照，雨雪较少。年平均气温在12～13℃，极端气温1月最低在-19℃以下，7月最高在41℃以上；年均降水量510～585毫米，极端年最高降水量为908毫米，最低降水量为315毫米；全年无霜期一般为180～230天；年平均日照时间为2509小时。境域地处黄土高原，土壤种类单纯，共有褐土、山地棕壤、草甸土、黄垆土、沼泽土、黄绵土、淤黄土等种类，其中以黄垆土、黄绵土、淤黄土分布最广。

第二节　历史沿革

　　翼城县远古时期就有人类活动的足迹，据《中国文物地图集·山西分卷》，县境内分布着众多的各个时期不同类型的古代遗址，第三次文物普查结果表明，翼城县内共有文物点1006处，按所包含时代划分，旧石器时代遗址8处、新石器时期69处、夏时期13处、商时期3处、西周18处、东周73处、秦汉33处、南北朝1处、唐1、宋辽金6处、元16处、明56处、清709处。其中旧石器时代的古暑遗址，新石器时代的枣园遗址、北橄遗址、西沟遗址、南石遗址等，商周时期的感军遗址、故城遗址、苇沟-北寿城遗址，天马-曲村遗址等等，皆具有重要的考古学和历史学价值[①]。

　　《钦定四库全书·大清一统志》中记载平阳府翼城县："在府东南一百二十里。东西距九十里，南北距五十里，东至泽州府沁水县界六十五里，西至曲沃县界二十五里，南至绛州绛县界二十里，北至浮山县界三十里，东南至解州垣曲县界七十里，西南至绛县界七十里，东北至浮山县界六十里，西北至太平县界五十里。春秋晋都翼邑，亦曰故绛。汉绛县地。北魏太和十二年（488）置北绛县，孝昌三年兼置北绛郡。隋开皇初郡废，十八年改县曰翼城，属绛郡，义宁元年置翼城郡。唐武德元年改郡曰浍州，二年曰北浍州，四年州废，县仍属绛州，天佑三年改曰浍州县。"　文献中有关翼城县建制沿革虽条目众多，有关先秦时期翼城一带地区的记载多是寥寥数语，皆后人所做，有些内容近乎传说，秦汉时隶属绛县，北魏太和十二年才单独设县，故将其严格分三个时期予以介绍。

一、上古时期

　　历代文献中不乏将"帝尧""陶唐"与翼城联系起来的记载。

　　《左传·哀公四年》引《夏书》云："唯彼陶唐，帅彼天常，有此冀方。"冀方即《尚书·禹贡》所说的冀州。并未明言翼城一带与古唐地有关。

　　唐《括地志》载："故唐城在绛州翼城县西二十里，即尧裔子所封者也。"

　　南宋《通志》谓："帝尧，高辛氏第二子，母帝喾四妃陈丰氏曰庆都，感赤龙之祥，孕十有四月，而生尧于丹陵，名放勋，育于母家伊侯之国，后徙耆，故名伊耆，年十三佐帝挚受封

---

　　① 先秦部分参考田建文：《古唐、唐国、晋国》，《2010年三晋文化研讨会论文集》，三晋文化研究会，2010年。秦汉以后据袁莉芳：《翼城、曲沃、闻喜建制沿革考》，太原师范学院硕士学位论文，2001年。略有修改。

于陶，十有五封唐，为唐侯，合翼与浮山南为国，而都浍南之尧都，后迁于平阳，年十有六以侯伯践帝位，都平阳，是为陶唐氏。"

民国十八年《翼城县志·建置沿革》载："翼在《禹贡》冀州之域。尧受封于此，号陶唐。"

《翼城县志·古迹》载："古唐城：丹朱封唐侯时所都，在房陵之右，今名唐城村。在翼城县西二十里，今有庙存焉。"

二、夏商时期

《左传·襄公二十四年》中，晋平公时期的晋卿范宣子（士匄）在自述家世时说："昔匄之祖，自虞以上为陶唐氏，在夏为御龙氏，在商为豕韦氏，在周为唐杜氏，晋主夏盟为范氏，其是之谓乎？"此段记载看似与翼无关，但将尧舜时期的唐地与周初之唐列为一系，成为后世"唐叔虞封于翼"之说的基础。

西汉《史记·晋世家》中记载："武王崩，成王立，唐有乱，周公诛灭唐，成王与叔虞戏，削桐叶为珪，以于叔虞，曰：'以此封若'。"

南宋《通志·都邑略》云："晋都唐，谓之夏墟，大名也，本尧所都，谓之平阳，成王封母弟叔虞于此，初谓之唐，其子燮父始改为晋，以有晋水出焉，其地正名翼，亦名绛，而平阳者是其总名。"观点基本形成。

清《平阳府志》在"翼城县"条下云："古尧始封国。虞封尧子于此。夏商因之。周唐乱，周公灭之，成王封弟叔虞于此，是为唐叔……"

光绪六年《曲沃县志·沿革》载：商时"豕韦复承其国，商末国于唐，为唐公，沃在其西境，凡六百四十四祀"。翼城恰在其东。

历代《翼城县志·建置沿革》载："唐侯御龙氏，姓刘名累，尧子丹朱后，居龙艺村。夏孔甲时，天降二龙，累以养龙术事孔甲，孔甲赐曰御龙氏，以更豕韦之后，为唐侯，都翼之西，曰龙唐，即今龙唐村。""尧都村：邑南二十里，浍水之阳，尧封唐侯时所都也。""翼在禹贡冀州之域。尧受封于此，号陶唐。禹封丹朱于此，因名曰'唐'。今县西唐城村，其故都也。至周成王五年，唐有乱，周公灭之，迁尧子孙于杜。成王戏剪桐叶为珪，封其弟叔虞于唐，建都翔翱山下，以山形如鸟舒翼，故名翼城，即今之故城村是也。自尧至此皆名唐……"

历代《翼城县志·古迹》载："刘王沟，刘累故里。今其村多刘氏，即其裔也。""龙艺村，邑北十五里，丹渊傍。尧后刘累学扰龙处也。土人皆称'龙艺'。"

三、春 秋 时 期

《左传·隐公五年》载"曲沃庄伯以郑人、邢人伐翼"，"翼"之名始见于史料正文。

西汉《史记·晋世家》载："曲沃邑大于翼。翼，晋君都邑也。"

晋杜预注《左传·隐公五年》曰："翼，晋旧都，在平阳绛邑县东。"

北魏《水经注》引郑玄《诗谱》详述道："穆侯迁绛，孝侯继昭侯而立，改绛曰翼。武公子献公广其城，又命之曰绛，庄公二十六年，士蒍城绛以深其宫。"认为绛、翼为一地二名。

据杨伯峻《春秋左传注》：翼，今山西省翼城县东南，后穆侯所迁之"绛"即翼。

清胡元仪《毛诗谱》记述叔虞的儿子燮父因尧墟以南有晋水，改唐为晋。后其子孙晋孝候将都城改称翼城。

虽然对晋国具体迁都过程认识不一，但从考古材料来看，将"曲沃代翼"之前的"翼"之地望考证在今翼城县境内尚无充足证据。

四、战国至北魏太和十二年（488）

翼城一带战国时建制不见于文献，曾在苇沟-北寿城古城内采集到刻有"降亭"陶文的战国晚期红陶釜[①]，原报告说道："某亭"之称"时代多属汉，但偶亦有战国时者……陶文的发现，确证亭制不限于秦汉，可以室接追溯到战国"。

战国时恰处韩魏边境，为多方势力争夺之地（图三）。

《汉书·地理志》河东郡下注"秦置"，其下辖绛县。

北宋《舆地广记》中记载绛州翼城县："……二汉为绛县地。"历代翼城县志皆有相关记载。

《魏书·地形志》中记载晋州北绛郡记载："北绛，二汉属河东，晋属平阳（图四）。二汉、晋曰绛，后罢。太和十二年复，改属。"魏齐王正始八年（247）分河东郡汾北十县为平阳郡，绛邑县遂属平阳郡。西晋、东晋因之。北魏太和十一年（487），置曲沃县与闻喜县，隶正平郡，绛邑县始一分为三。太和十二年（488）改属北绛郡，熙平二年（517）置北绛县，在今北绛村。北魏孝昌二年（526）置新安县，属北绛郡。治所在今翼城县境内。北齐废南绛郡，与北绛郡北绛县合。孝昌三年（527）于今翼城置北绛郡，领北绛、新安二县。建义元年（528），又于今绛县置南绛郡，领南绛、小乡二县。北周时期县境分属晋州北绛郡北绛县和绛州正平郡小乡县。

---

① 北京大学历史系考古专业山西实习组、山西省文物工作委员会：《翼城曲沃考古勘察记》，《考古学研究》（一），文物出版社，1992年。

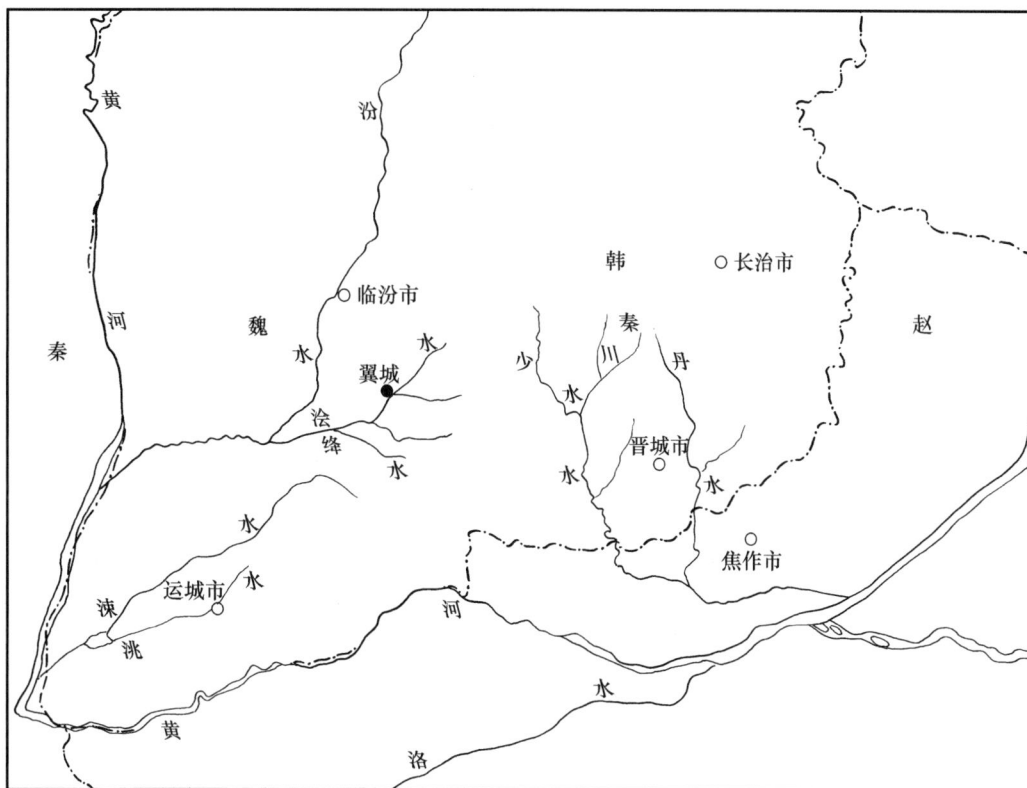

图三　翼城县战国时期政区示意图

（图据《山西省历史地图集》）

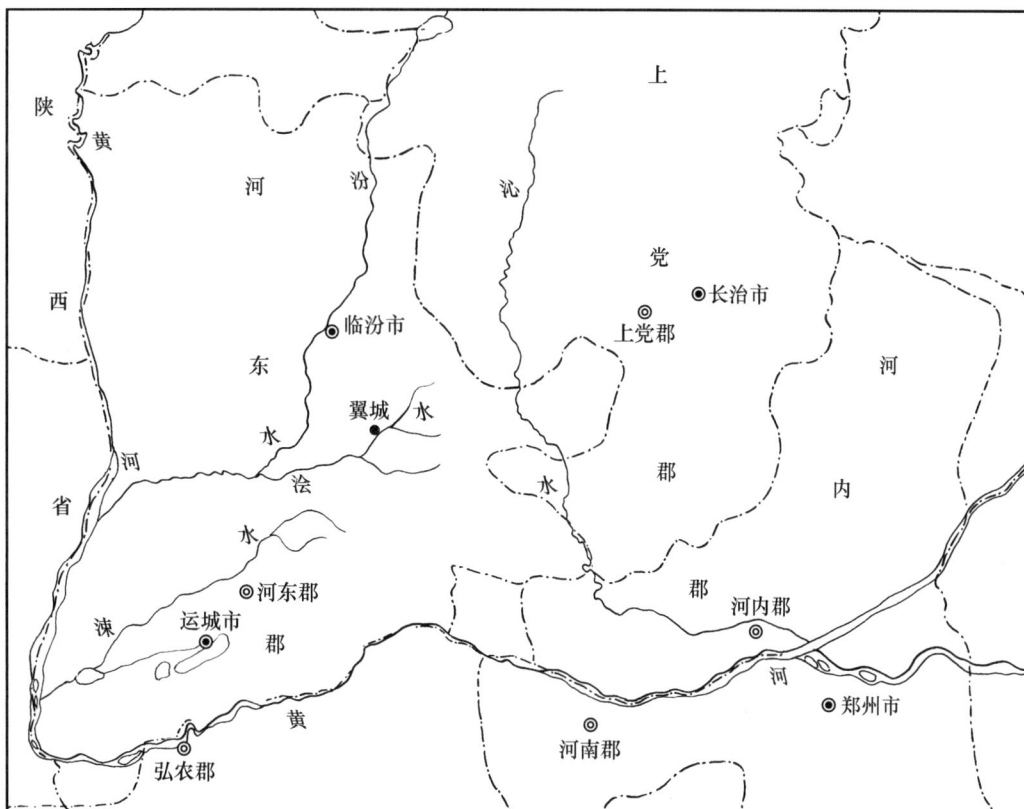

图四　翼城县西汉时期政区示意图

（图据《山西省历史地图集》）

五、太和十二年（488）以后至今

《隋书·地理志》中记载绛郡翼城："后魏置，曰北绛县，并置北绛郡……（隋）开皇初郡废。"十八年（598）改北绛县为翼城县，属绛郡。义宁元年（617）合翼城、绛县为翼城郡，并置小乡县。

《舆地广记》中记载绛州翼城县："隋开皇初郡废，十八年改县曰翼城，属绛州，义宁元年置翼城郡。"

《明一统志》中记载平阳府翼城县："在府城南一百三十里。……隋初郡废，又改为翼城县，属绛州，义宁初，于县置翼城郡。"唐武德元年（618）郡废置浍州，二年（619）改为北浍州，治所在今翼城县。辖区相当于今翼城、绛县地。武德四年（621）废，县属绛州。

《旧唐书·地理二》中记载绛州："武德元年，改为浍州。二年，改为北浍州。四年，州废。"

《读史方舆纪要》中记载平阳府翼城县："义宁初于县置翼城郡，唐武德初改为浍州，二年又为浍州治。四年州废，仍属绛州。"天祐二年（905）为了避朱全忠父讳改翼城县为浍川县。治所初设在距今翼城东南10千米的北绛村。

光绪《山西通志·府州厅县考四》中记载翼城县："唐武德元年，废郡，改浍州。二年，改北浍州。四年，州废，三县并属绛州。"

五代后唐长兴四年（933）浍川县徙治于王逢寨也就是今翼城县。民国《翼城县志·建置沿革》记载："后唐徙治王逢寨，即今翼治，后晋、后汉、后周俱不改。"

光绪《山西通志·府州厅县考四》中记载翼城县县城："旧治在翔皋山下。后唐长兴四年，因王逢屯兵故寨，遂徙于此。"

宋朝时期为了加强对地方的控制，划小政区，在全国设置了23路、38府、254州、59军、1234县。此时翼城名为翼城县，隶属绛州。

光绪《山西通志·府州厅县考四》中记载翼城县县城："宋复名翼城县，隶绛州。"

《读史方舆纪要》中记载翼城县："（唐）天祐二年改曰浍川县。五代因之。宋复曰翼城（图五）。"

金兴定四年（1220）升为翼州，辖垣曲、绛县、隆化县。《明一统志》中记载平阳府翼城县"在府城南一百三十里。……唐初郡废，置浍州，后废州，复属绛州。金改翼州。元复为翼城县，属绛州"。

明、清时期隶属于平阳府。《钦定四库全书·大清一统志》中记载平阳府翼城县："在府东南一百二十里。东西距九十里，南北距五十里，东至泽州府沁水县界六十五里，西至曲沃县界二十五里，南至绛州绛县界二十里，北至浮山县界三十里，东南至解州垣曲县界七十里，西南至绛县界七十里，东北至浮山县界六十里，西北至太平县界五十里。……元初州废，复曰翼

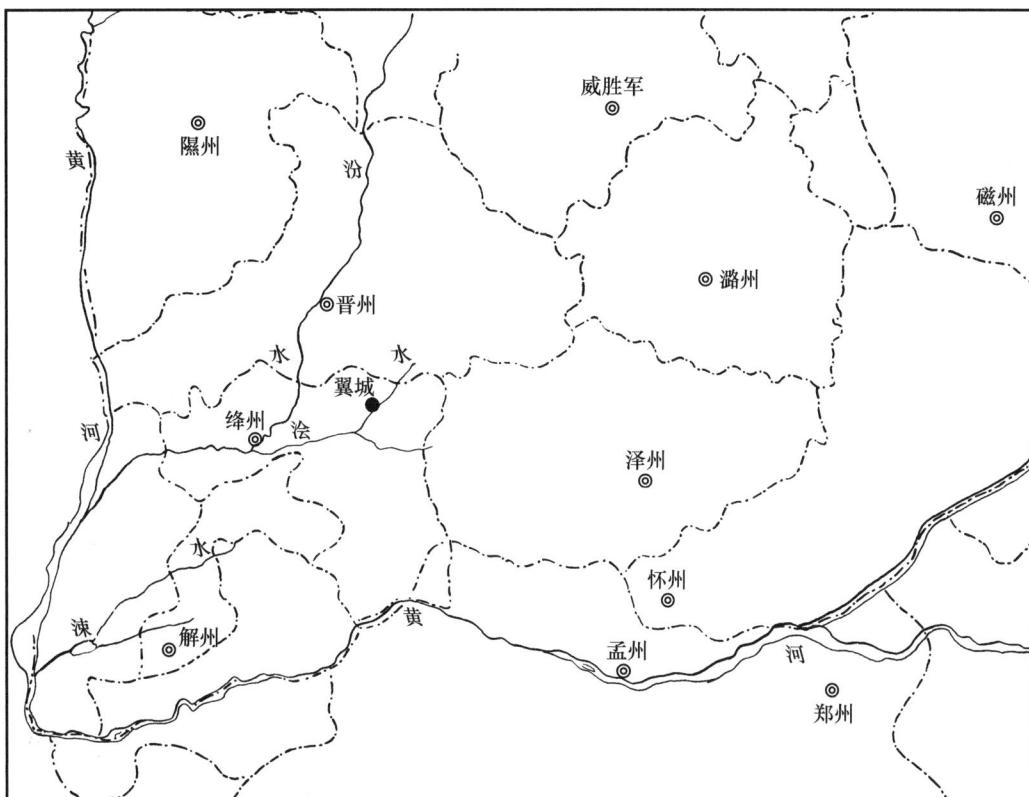

图五　翼城县北宋—辽时期政区示意图
（图据《山西省历史地图集》）

城县，属绛州。明洪武二年改属平阳府。本朝因之。"

光绪《山西通志·府州厅县考四》中记载翼城县："金兴定四年七月，升为翼州。元复名翼城县，隶绛州。明洪武初，改隶平阳府。国朝因之。"

中华民国时期翼城属河东道，1928年道废，直属省政府管辖。1941年7月，为适应抗日战争需要，设青城县。曲（沃）高（平）公路以南为翼城县，以北原翼城二区大部分村和五区全部村划归青城县管辖。1945年12月，废青城县，二、五区回归翼城；1947年4月翼城解放，属太岳第二行政公署。1948年8月，设翼城临时专署，辖翼城、浮山、安泽、霍县、沁水、绛县、垣曲七县。1948年8月，属翼城临时专署，1950年改属临汾专署。1954年属晋南专署，1970年属临汾地区，2000年，临汾地区撤区设市，属临汾市。

第三节　遗址概况及以往工作介绍

苇沟-北寿城遗址位于山西省临汾市翼城县西北约2千米，核心区域在唐兴镇苇沟村到北寿城村之间。西到封壁村、东到曹家坡、北到后苇沟、南到南寿城。面积约11平方千米，中心坐标东经111°41′41″，北纬35°45′36″（图六）。

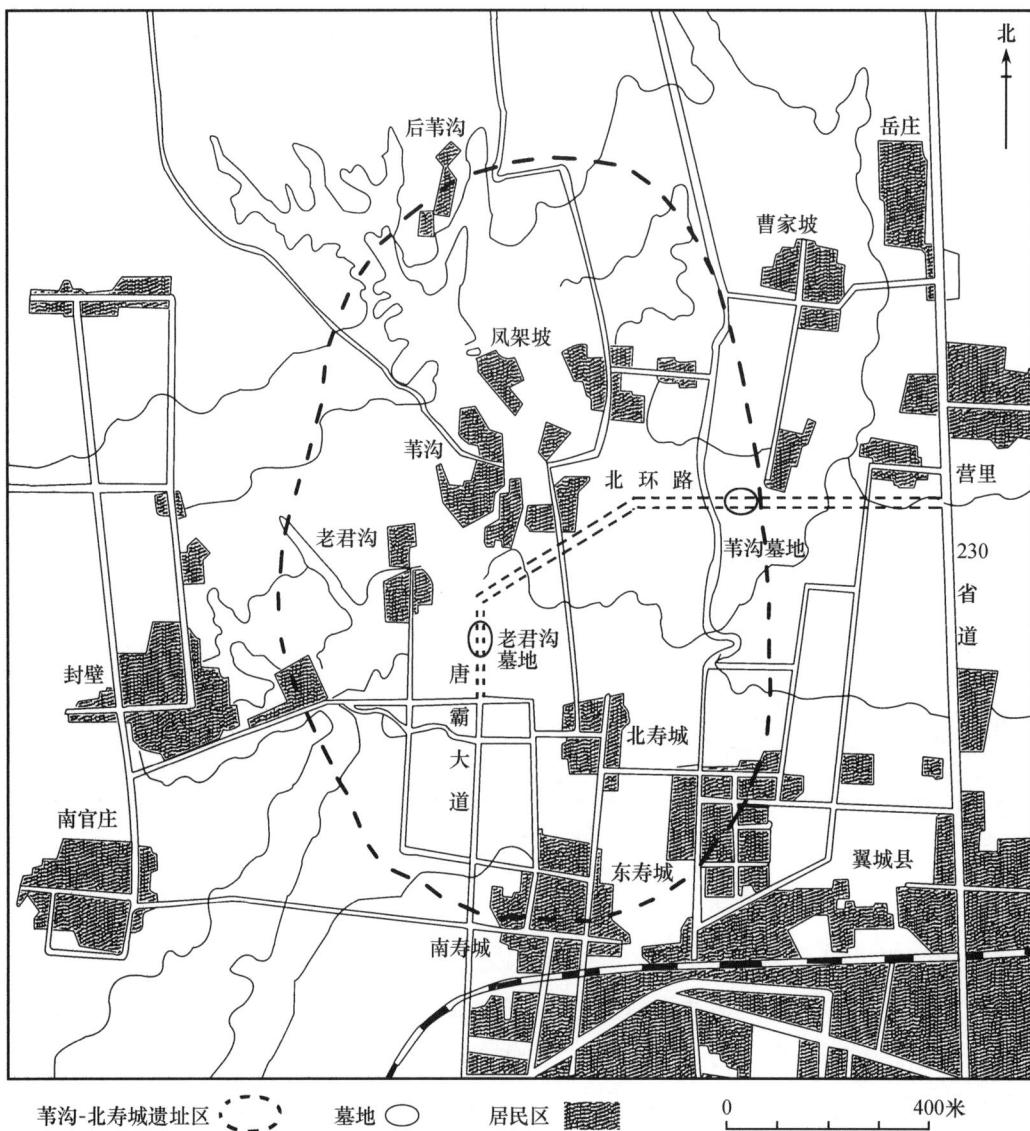

图六　老君沟、苇沟墓地位置示意图

该遗址是以晋文化城址为代表的大型复合遗址，2019年被国务院公布为第八批全国重点文物保护单位。自20世纪60年代发现以来，陆续进行了一系列的相关考古工作。现将工作内容按时间顺序介绍如下。

1962年，翼城县文化馆在城关镇凤架坡村西北50米处清理了一座西周初年的铜器墓[①]，借此机会，这一遗址得以发现，随后进行了相关调查。

1979年秋季，北京大学历史系考古专业山西实习组和山西省文物工作委员会联合对该遗

---

① 李发旺：《翼城县发现殷周铜器》，《文物》1963年4期；类似报道见《山西翼城发现青铜器》，《考古》1963年4期。

址进行了复查和清理,明确了该遗址的文化内涵和分布范围。据《翼城曲沃考古勘察记》[①]所报告,苇沟-北寿城遗址位于东寿城、后苇沟、老君沟、营里四村之间。遗址的地形大体可分为南北两部分:北部之后苇沟村与苇沟村之间,包括凤架坡在内,地处绵山(覆釜山)东南,属于由西北而东南、高差约50米的坡地。南部指苇沟村以南、老君沟村以东,包括北寿城在内。遗址范围,南北约2000米、东西约1000米,总面积约200万平方米。该遗址包含龙山文化遗存、东下冯类型文化遗存、西周、东周、秦汉时期文化遗存,以苇沟-北寿城晋文化城址为代表。

2011年,发现并发掘老君沟墓地。老君沟墓地系当地文物部门在翼城县县城西规划的唐霸大道施工中发现,经上报后,由山西省考古研究所对其进行了考古发掘。文物考古单位尚未介入之前,建筑工程队已经对沿线路基进行了机械化施工作业,地表以下100~300厘米厚度的土已被取走,墓口、墓室均遭到不同程度的破坏,故墓葬的开口深度不明,未采用大面积揭露的发掘方法。共发掘清理了汉代至清代时期的各类墓葬54座(图七;图版一)。

2012年,在翼城县北环路改造工程开始之前,文物部门先期介入进行了考古勘探。北环路东连230省道,西接唐霸大道,改造路段地处苇沟-北寿城城址北约800米处;在工程建设路段途经的苇沟村发现了墓葬、灰坑、陶窑等遗迹现象,由此发现苇沟墓地。2012年11月~2013年1月,山西省考古研究所对其进行了考古发掘。根据文物勘探结果和周围地貌,在路段K1+085米至K0+900米之间,以探方(沟)形式、全面揭露的方法进行发掘。在北环路基所在的遗址区域我们布10米×10米探方53个、21米×8米探沟1条,方向均为10°(图八;图版二,1)。实际发掘探方15个、探沟1条,发掘总面积达1870平方米,发掘灰坑、窖穴、陶窑和墓葬共36处(图九;图版二,2)。其中清理了战国、汉代时期灰坑10个、窖穴1个、汉代陶窑3个、战国时期墓葬20座、明代时期墓葬2座。

2013~2014年,对苇沟-北寿城遗址进行区域性系统调查。经2011~2013年两次考古发掘,为了进一步搞清遗址分布范围、明晰文化内涵,同时为日后大遗址保护工作提供相关信息,2013年12月~2014年5月,山西省考古研究所本着"既有利于文物保护,又有利于基本建设"的两利方针,派遣考古人员以北环路为中心,对苇沟-北寿城遗址进行区域性系统调查。

本报告所公布材料包括"2011年老君沟墓地发掘""2012至2013年苇沟墓地发掘""2013至2014年苇沟-北寿城遗址区域性系统调查、勘探与试掘"三部分。报告首先按照工作时间和地点,将材料予以介绍,最后在第四部分统一进行年代与分期及相关问题探讨。为了能够按照所属时代顺序介绍各单位,我们在章节编排中已经进行了大致分期,具体比对分析过程参见第四部分。

单位编号方法介绍如下:老君沟、苇沟两处墓地依据"工作开始年份+行政隶属字母缩写"的格式,老君沟墓地编号为"11YL",苇沟墓地编号为"12YW",其中"Y"代表翼

① 北京大学历史系考古专业山西实习组、山西省文物工作委员会:《翼城曲沃考古勘察记》,《考古学研究》(一),文物出版社,1992年。

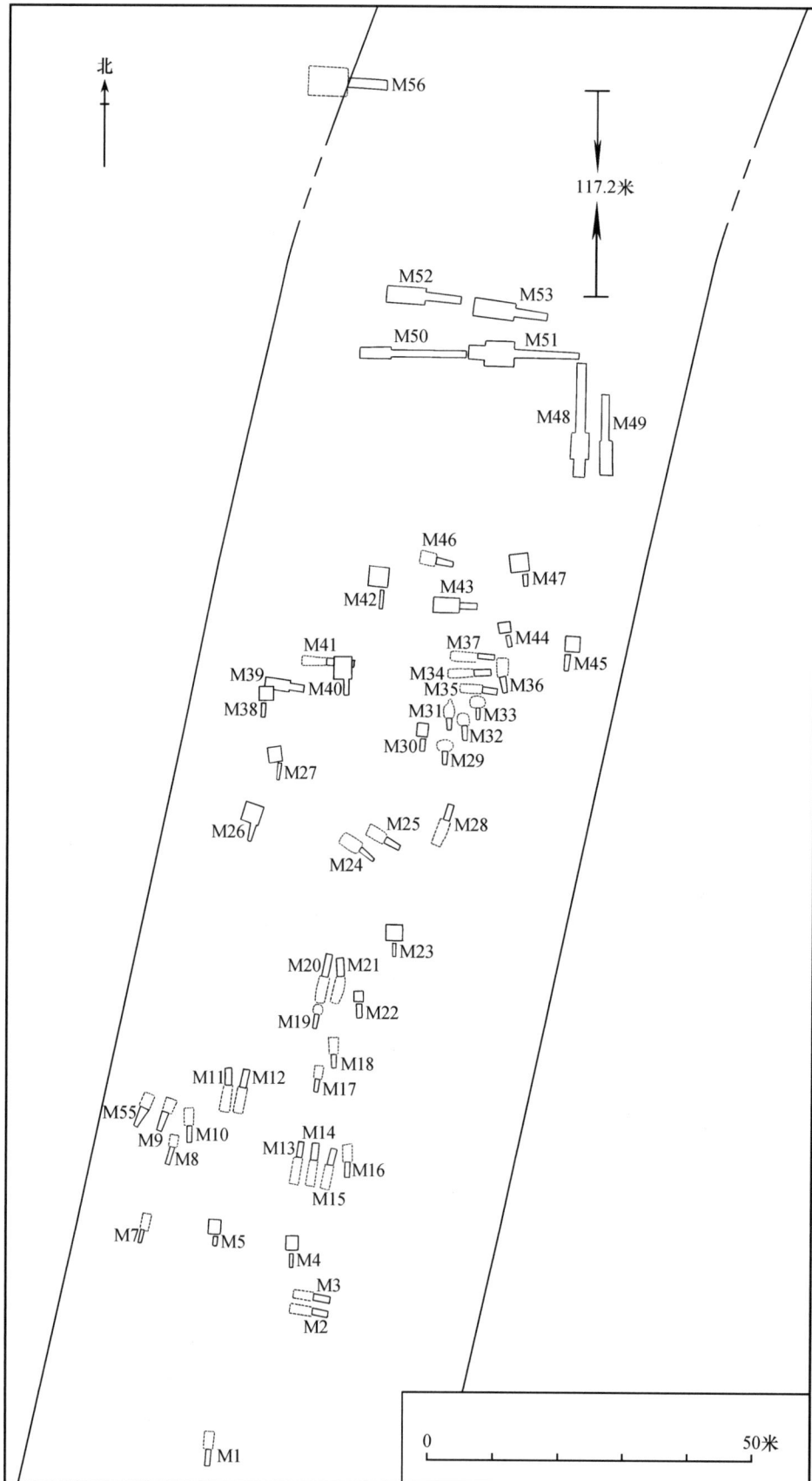

图七　老君沟墓地墓葬分布图

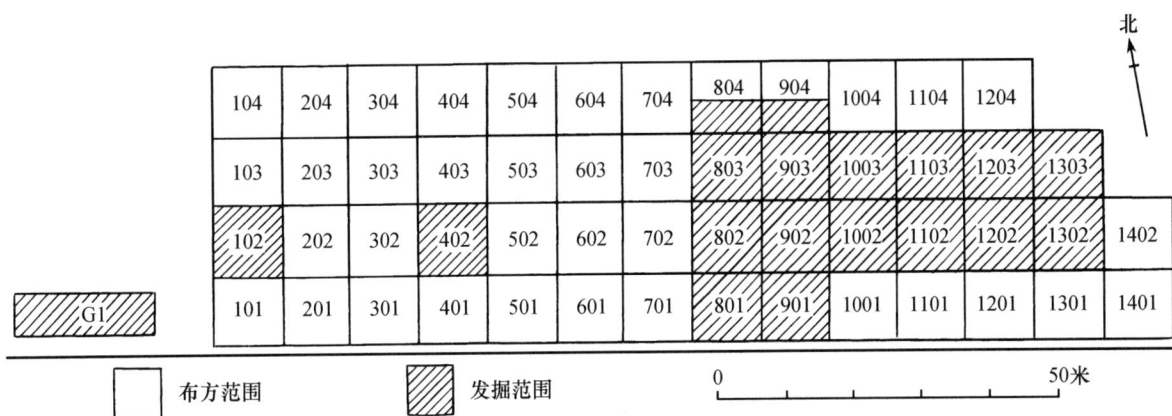

图八　苇沟墓地布方示意图

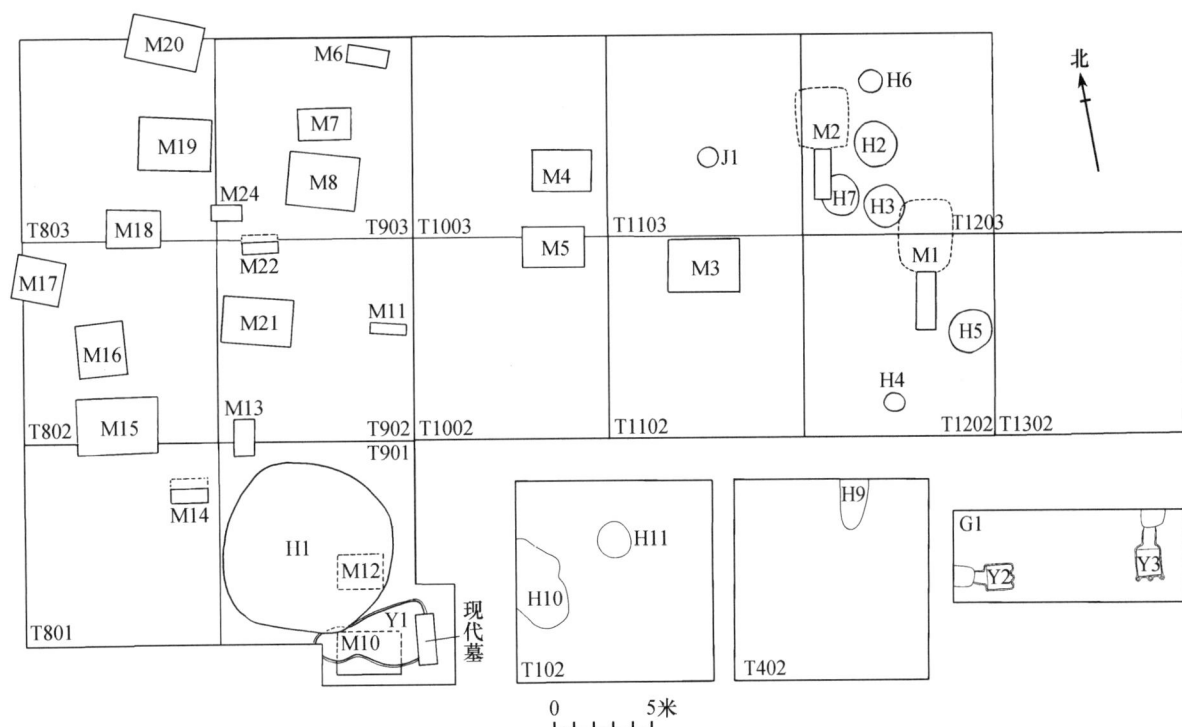

图九　苇沟墓地遗迹分布图

城，"L"代表老君沟村，"W"代表苇沟村。2013年调查的采集地点采用统一数字编号，具体器物编号则采用"行政隶属字母缩写+采集点编号"的形式，如"YCTFJ29"中"YC"代表翼城，"T"代表唐兴镇，"FJ"代表凤架坡，"29"代表29采集点。2013～2014年我们对城墙进行了钻探和试掘，探沟号为"工作年份+探沟编号"的形式。

第一部分
老君沟墓地

第一章 综 述

老君沟墓地位于翼城县县城西北部约2千米处的老君沟村东，隶属于翼城县唐兴镇。处于莘沟-北寿城遗址的中部（图版一，1）。发掘区中心坐标为东经111°41′16.0″，北纬35°45′34.0″。老君沟墓地发掘墓葬54座，有土洞室墓和砖室墓两种，我们根据出土器物和墓葬形制将其分为汉代、金代、元代、明代、清代五个时期。

第一节 墓葬年代及形制

汉代时期墓葬23座，其中有土洞室墓13座，砖室墓10座。土洞室墓墓道长皆在220~260厘米、宽皆在90厘米左右，墓室面积约在3~6平方米之间，多数葬具保存较差，可辨者皆为一棺。砖室墓可明显分为两类。第一类规模较小，墓道长皆在2米左右，仅一室，墓室面积6~8平方米，如M3、M29、M43。第二类墓道长皆在7米以上，最长可达10米，一室、前后二室皆有，一室者面积可达10平方米，二室者单室面积也在3平方米以上。葬具多不详，可辨者多为一棺，极个别有残椁痕迹。

宋金时期墓葬13座，其中竖穴墓道土洞室墓3座，竖穴墓道砖室墓10座。元代时期墓葬4座，其中竖穴墓道土洞室墓1座，竖穴墓道砖室墓3座。明代时期墓葬6座，均为土洞室墓。清代时期墓葬8座，均为土洞室墓。

第二节 随葬器物组合及主要器形介绍

1. 汉代时期墓葬

陶器方面：主要器类组合为罐、灶、壶，个别墓葬出有盆、甑、瓮。

罐皆圆肩，口唇与腹部深浅差异较大，可细分为四类：

第一类，直口短颈罐，标本M2：7。器形较小，泥质灰陶。器表略有磨光。直口，平沿，矮颈，圆肩，鼓上腹，下腹微弧斜内收，平底，底面内凹，器体矮胖。内外壁均有横向旋抹痕

（图版五，6）。

第二类，侈口短颈罐，标本M3：1。泥质灰陶。肩部近颈处有抹绳纹，肩部和上腹部饰连续凹弦纹，下腹部素面。敞口，圆折沿，宽方唇，唇面略内凹，口沿加厚，矮颈，圆肩，鼓腹，下腹略弧斜内收，平底，底面内凹，器体较大。口沿、下腹部和内壁均有横向旋抹痕（图版二八，3）。

第三类，敞口高颈罐，标本M2：3。泥质灰陶。敞口，窄折沿，方唇，高颈内曲，溜肩，鼓上腹，下腹微弧斜内收，平底，底面内凹。内外壁均有横向旋抹痕，肩部抹光（图版五，2）。

第四类，敞口深腹罐，器体高大，标本M13：1。泥质灰陶。颈部以下饰竖向细绳纹，肩部和下腹部抹压较甚，多处绳纹被抹去。敞口，卷折沿上翘，沿面外缘有一周凹槽，宽方唇，唇面内凹，矮颈，圆肩，鼓腹，下腹圆弧斜内收，平底，底面平整，最大径在腹中部。颈部内壁手制痕迹明显，有横向抹痕，口沿及颈部有横向旋抹痕（图版七，3）。

壶，皆为盘口壶，肩部高低与颈部粗细略有不同，壶身有彩绘和施釉两种，有些配有博山盖。标本M35：1。泥质灰陶。盘口，平沿，束长颈，圆肩，鼓腹，下腹圆弧斜内收，近底处向内折曲斜直，呈假圈足模样，平底，底面内凹。颈部内壁下部有手制痕迹，口沿及外壁有横向旋抹痕（图版二〇，2）。

灶，据平面形状可分为三角形、梯形及介于两者之间的半圆形。标本M2：1、标本M28：1、标本M20：4。

另有盆、瓮等数量较少，不再分类。

铜器方面：土洞室墓及第一类砖室墓仅有数枚铜钱及铜饰件随葬，第二类砖室墓随葬器物较为丰富，出有盖弓帽、当卢、车饰、衡末饰等车马器及弩机等兵器。铁器方面，亦多见于第二类砖室墓中，类型有釜、斧、锸、刀、剑等。

另在一些墓葬中发现有殉牲、漆器。

2. 宋金时期墓葬

多件陶罐与一件瓷碗构成基本器物组合，有些墓葬还出有砚、瓷罐、瓷瓶、瓷瓮、瓷灯盏、铜镜、铁农具等。

陶罐分两类，第一类侈口罐，标本M1：2，泥质。浅灰色，陶色不匀，胎呈灰色。翻沿，尖唇，束颈，圆腹微鼓，平底，底面平整，内底中心凸起，器形较小。口沿及内外壁有横向旋抹痕，底面有偏心螺旋纹（图版四八，2）。第二类卷沿罐，标本M18：1，泥质灰陶。卷沿，圆唇，束颈，溜肩，上腹圆鼓，下腹微弧斜内收，平底，底面平整。口沿及内外壁有横向旋抹痕，内底面略呈瓦棱状，底面有偏心螺旋纹（图版五〇，5）。各器高低胖瘦略有差异。

瓷碗个体形制差异较大，不再分类。

3. 元明清时期墓葬

元代墓葬器物组合较为简单，多仅有铁器，以铁动物及铁灯盏为主，个别墓葬有瓷碗、铜镜等。铁灯盏，标本M4：3，范铸。表面呈铁锈色。敞口，斜直壁，矮圈足，口部铸一把手。

明代墓葬多为陶罐、瓷罐、瓷盏、泥俑的基本组合，另有铜钱、铁灯盏，瓷碗与宋代墓葬相似，亦可分为两类，第一类斜腹碗、第二类弧腹碗。大多数铁灯盏形制与元代时期相同。

瓷碗，标本M8：7，敞口，尖唇，口沿下侧圆鼓，弧腹斜收，高圈足外撇，足床近扁圆。拉坯成形，挖足过肩（图版七七，1）。

小陶罐，标本M8：2，泥质灰陶。敛口，卷沿，翻缘，鼓腹，下腹微弧斜内收，平底，底面平整，器体矮扁。口沿及内外壁有横向旋抹痕，内外底面有螺旋纹（图版七六，3）。

瓷双耳罐，标本M8：10，直口，矮颈，圆腹，高圈足外撇，颈、肩部对称粘贴竖向耳。拉坯成形，挖足内底面有同心圆旋痕（图版七七，4）。

清代墓葬多为砂锅、瓷碗、瓷罐的器物组合，另有铜烟嘴、铜烟锅、铜纽扣、铜钱、铁灯盏等。瓷碗较明代近口部更外敞，标本M9：2，侈口，薄圆唇，上腹壁微曲，下腹近底处圆弧，圈足略外撇。拉坯成形，下腹用利器削割，痕迹明显，挖足略过肩（图版八九，2）。

砂锅，标本M9：1，夹细砂。灰色。敛口，斜折沿，沿面较宽，尖唇，矮颈，圆腹，颈腹处有一周尖凸棱，圜底，底部等距离置3个宽三角状矮足，底至腹部有黑色烟炱，器壁较薄。手制，慢轮修整（图版九〇，5）。

铁灯盏形制也较前代有了比较明显的变化。标本M10：1，表面呈铁锈色。范铸。敞口，尖唇，上腹斜直，圜底，内壁中部铸出一窄台，与把对应的一面中间无，呈流状，口部铸一把手，把手上铸有卷云纹（图版九一，4）。

第二章　汉代时期墓葬分述

汉代时期墓葬发现23座（图一〇），其中土洞室墓13座（附表一），砖室墓10座（附表二）。

第一节　土洞室墓

1. 11YLM2

（1）墓葬形制

由墓道、墓门和墓室组成（图一一）。墓室比墓道略宽，墓室较为狭长，整体呈长条形。方向95°。

墓道　位于墓室东端，长方形、竖穴，直壁，底部平整。长240、宽90、底距现墓口350厘米。拐角方正，壁面较粗糙，近东端南、北两壁各掏挖有5个脚窝，一壁一列，上下错位分布，脚窝口宽14厘米左右。墓道内填土为黄褐色花土，土质较硬。

墓门　近平顶。高95、宽90厘米。采用青灰条砖封门，封堵方式为倾斜45°的6层青砖干摆，立面呈席纹状，顶部用不规整卧砖攒插封堵（图版三，2）。

墓室　平面呈不规则长方形，拱形顶。长340、宽90～125、高90厘米。前宽后窄，南侧墓壁中间外弧，拐角近方正。底部以条砖平铺墁地，前端铺筑随意无规律，后端铺筑方式为直排通缝，规整（图版三，1）。墓室内填满淤土。

（2）葬具葬式

该墓为单人葬，置于墓室后端中间，墓主骨架腐朽较甚，呈粉状，性别、年龄不可辨，头向东，面向不可辨，仰身，肢骨葬式不可辨。

葬具不详，墓主人身下发现一层草木灰。

（3）随葬品

陶器8件（图版四，1），器类有陶灶1（M2：1）、陶罐7（M2：2～M2：8）件；铜梳刷1（M2：10）件；铁器1（M2：9）件。主要分别置于以下几处：

1号陶灶、2～6号陶罐放置于墓室前端的北侧；7、8号陶罐放置于墓室前端的南侧；9号铁器置于墓主胸部；10号铜梳刷置于墓主头顶。

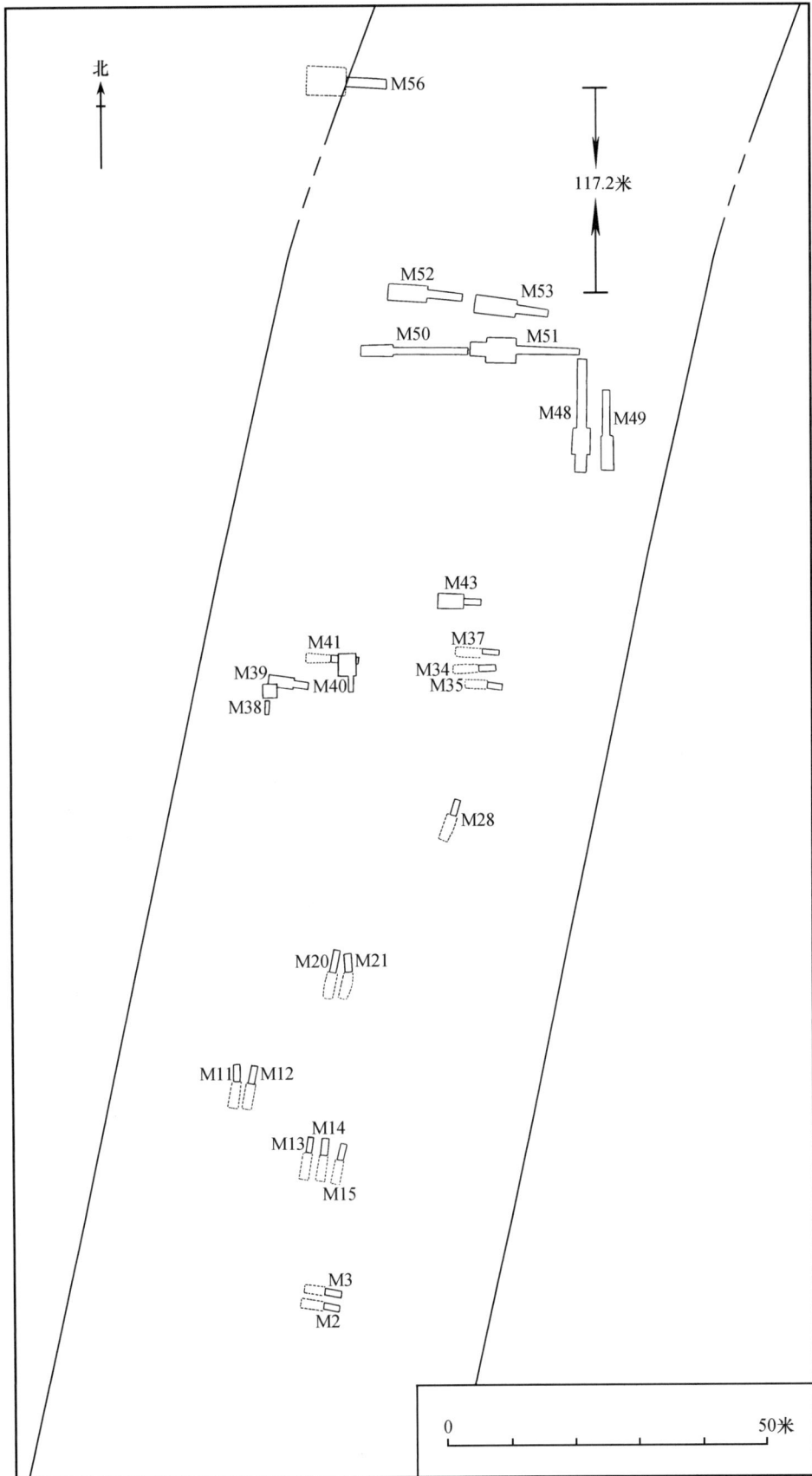

图一〇　老君沟墓地汉代时期墓葬分布图

（M38、M40时代为宋金，打破汉代墓葬）

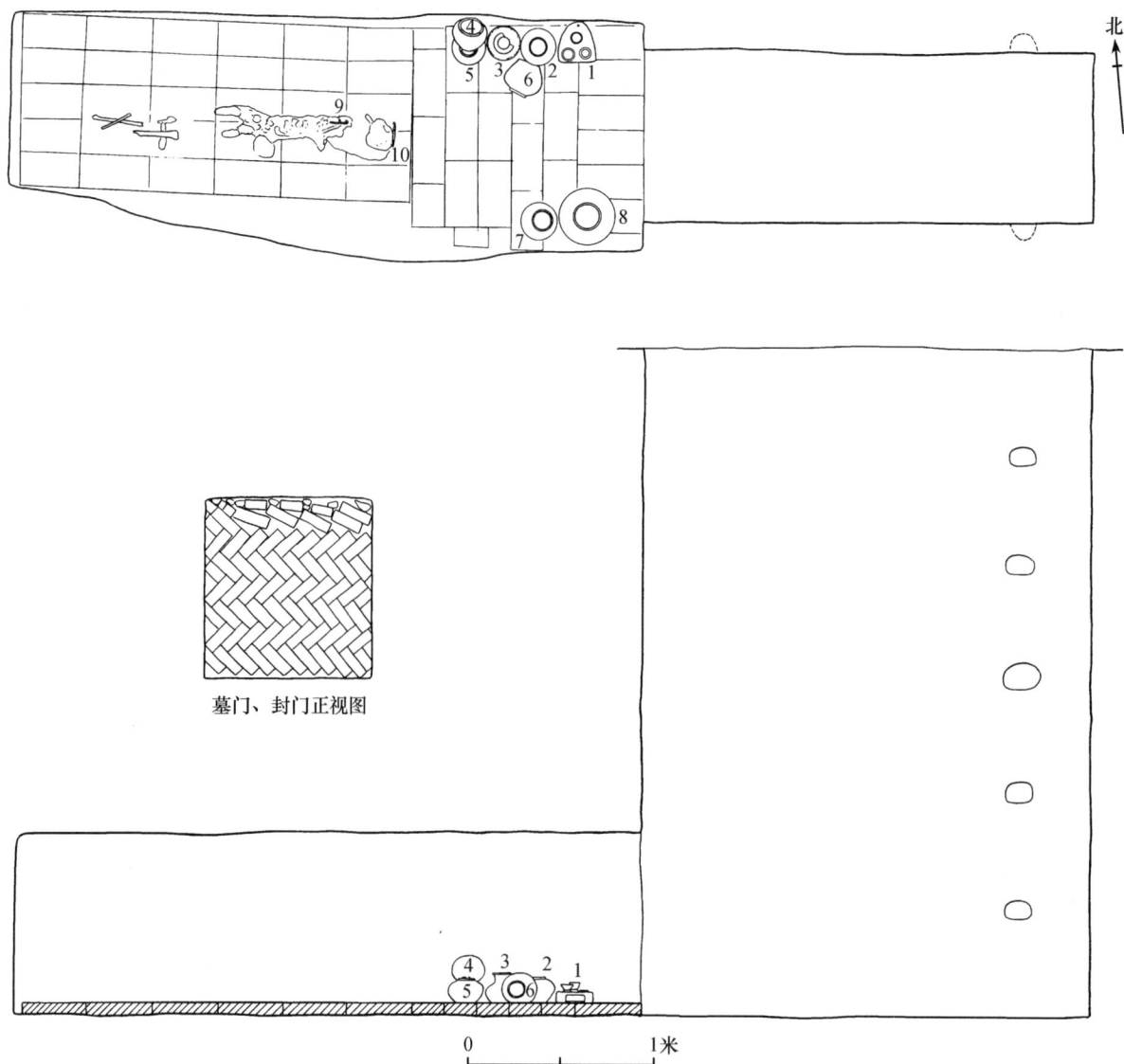

墓门、封门正视图

图一一　11YLM2平面、剖视及墓门、封门正视图
1.陶灶　2～8.陶罐　9.铁器　10.铜梳刷

1）陶器

M2：1　灶。泥质灰陶。灶面有少许抹绳纹。灶体为底端开敞的五面体，平面近圆角弧边三角形，前面平直，有长方形灶门，两侧面外弧，后面略显尖圆，灶面平整，面上有三釜，呈"品"字形排列，上坐盆、甑各1件，后端有烟囱，烟囱较矮。三釜模制，口内侧均有削割痕迹，灶面镂圆孔，嵌入三釜，灶面与灶体套接而成，缝隙间抹泥浆，灶体内壁有手指摁窝和横向抹痕。灶体长21.9、宽19.2、高8.1、灶门宽7.5、高3厘米（图一二，8；图版四，4）。

M2：1-1　盆。泥质。深灰色。敞口，窄沿，圆唇，上腹微内曲，下腹斜内收，上下腹间有折棱，平底，底面粗糙。内外壁有横向旋抹痕，底面有偏心螺旋纹。

M2：1-2　甑。泥质灰陶。侈口，平沿，尖唇，斜收腹，腹中间有圆折棱，小平底，有三个圆戳孔，由底面向内底戳穿。内外壁有横向旋抹痕。

M2：2　直口短颈罐。口径9.9、通高13.8、底径12.6厘米（图一二，6；图版五，1）。

M2：3　敞口高颈罐。口径11.7、通高18.9、底径11.7厘米（图一二，4；图版五，2）。

M2：4　直口短颈罐。口径10.2、通高14.4、底径12.6厘米（图一二，5；图版五，3）。

M2：5　直口短颈罐。口径11.1、通高15.3、底径13.8厘米（图一二，1；图版五，4）。

M2：6　直口短颈罐。口径12.6、通高15.3、底径13.5厘米（图一二，3；图版五，5）。

M2：7　直口短颈罐。入窑烧之前肩部刻字（图一三，1）。口径11.4、通高15.9、底径13.2厘米（图一二，2；图版五，6）。

M2：8　敞口短颈罐。器物成坯后，在肩部近颈处有戳印，识文"太初"为汉武帝年号（图一三，2）。口径15、通高22.5、底径15.6厘米（图一二，7；图版四，2）。

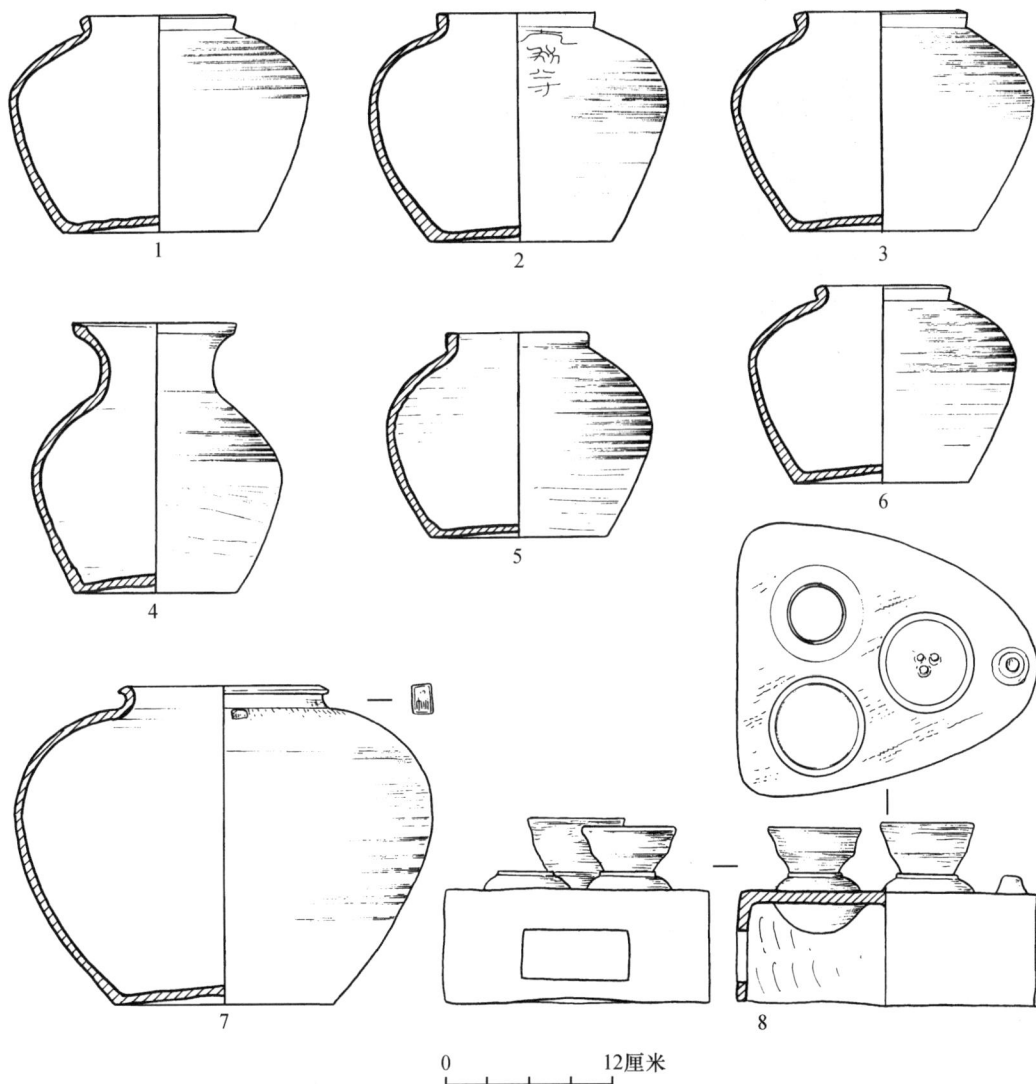

图一二　11YLM2出土陶器

1～7.罐（M2：5、M2：7、M2：6、M2：3、M2：4、M2：2、M2：8）　8.灶（M2：1）

2）铜器

M2：10　梳刷。铜质。范铸。首端呈烟斗状，实心圆柱体。长柄，柄近末端横穿一圆孔，末端扁体下弯，形似鸟首，长喙呈下钩状。通长12.6、刷孔内径0.9、柄径0.5～0.8厘米（图一四，2；图版四，3）。

3）铁器

M2：9　铁器。器表呈铁锈红色。正视呈"U"形，扁体较宽。长7、宽1厘米（图一四，1）。

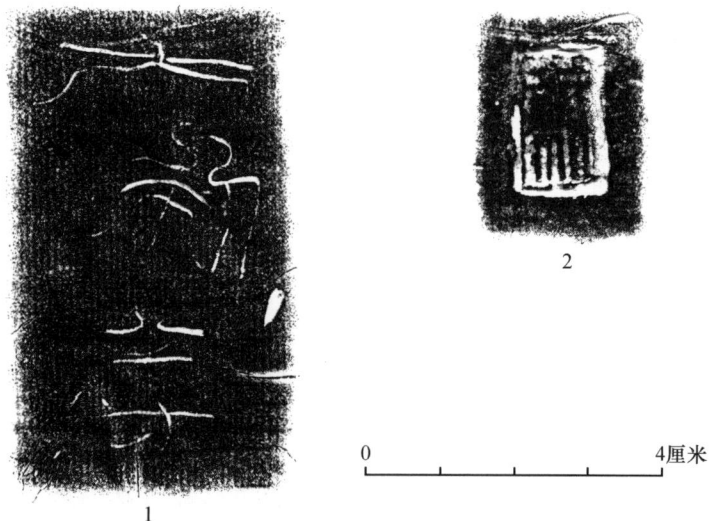

图一三　11YLM2出土陶罐文字拓本

1.罐肩部（M2：7）　2.罐肩部近颈（M2：8）

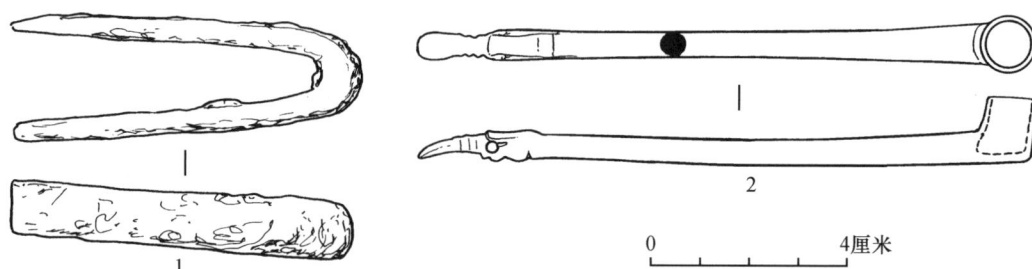

图一四　11YLM2出土器物

1.铁器（M2：9）　2.铜梳刷（M2：10）

2. 11YLM11

（1）墓葬形制

由墓道、墓门和墓室组成（图一五）。墓室略比墓道宽，墓室狭长，整体呈长条形。方向0°。

墓道　位于墓室北端，长方形、竖穴，直壁，底部略呈缓坡状，北高南低。长220、宽90、底距现墓口300～310厘米。壁面较粗糙，拐角方正，底部南端有一宽15、深6厘米左右的凹槽，凹槽内发现木板灰痕迹，系封门所用。墓道内填土为黄褐色花土，土质较软。

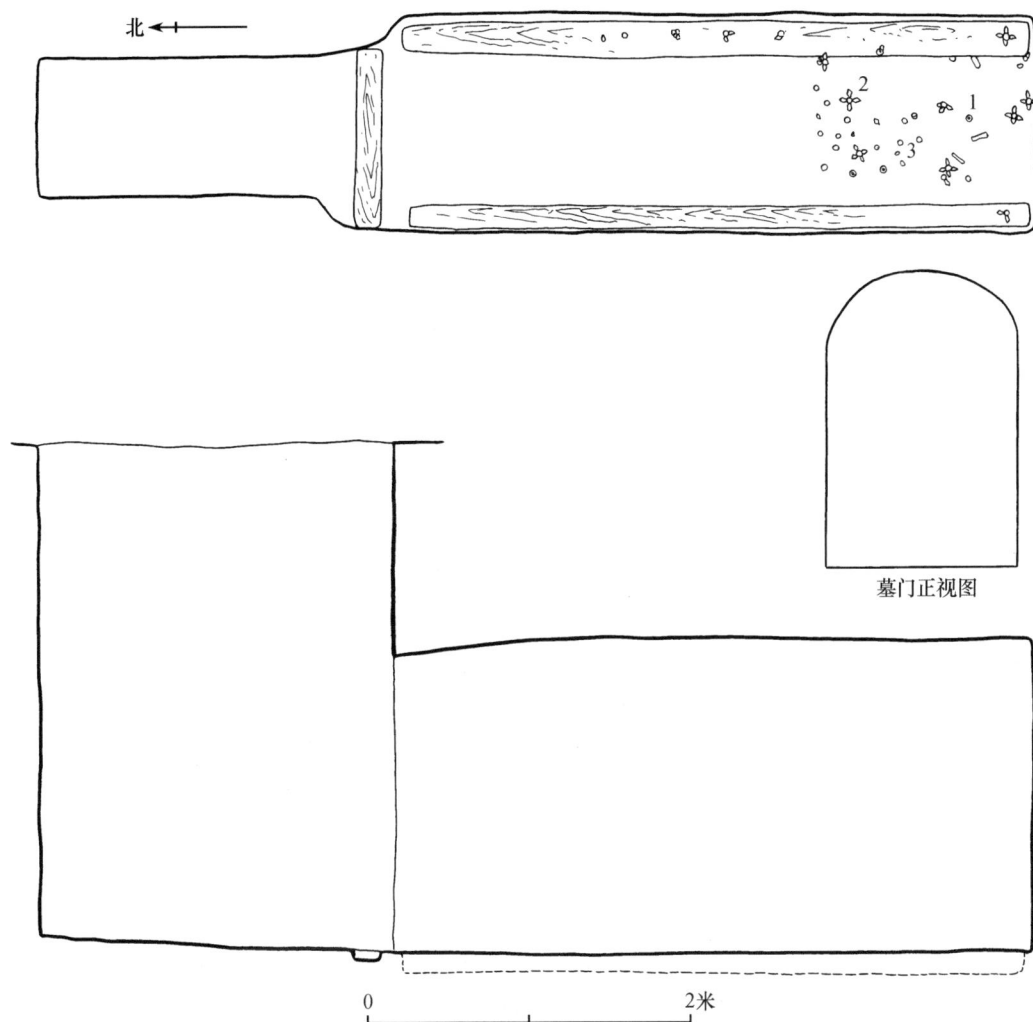

图一五 11YLM11平面、剖视及墓门正视图
1. 铜钱 2、3. 柿蒂形饰

墓门 拱形顶。高180、宽120厘米。木板封门，封堵方式和板块不详。

墓室 平面呈抹角长方形，拱形顶，底部平整。长400、宽130、高180~190厘米。墓室东西两壁设置有壁板，壁板为前后纵放，前端至墓门处，后端直抵后壁，东西两壁下部各掏挖有深10~12厘米的凹槽，以纳壁板，凹槽内存有板灰。墓室内被淤土填满。

（2）葬具葬式

墓室内未发现人骨和葬具。

（3）随葬品

在墓室后端和东侧壁板凹槽内散落有铜饰件和铜钱，计有铜钱6（M11：1）枚、柿蒂形饰33（M11：2、M11：3）件。

铜器

M11：1 铜钱。6枚。均为五铢钱。圆形方穿，正面有外郭无内郭，篆书"五铢"二字，穿右"五"字，穿左"铢"字；光背，内外郭俱有，有的钱正面作有记号，有穿上一横郭和穿下半星两种。从钱文字体着眼分为三型。

A型　1枚。M11：1-1，"五"字较狭长，中间交叉两笔略弯曲，"铢"字的"朱"旁上横笔方折。直径2.5、穿大0.9厘米，重4.1克（图一六，1）。

B型　4枚。"五"字中间交叉两笔弯曲，上下横划超出交笔末端外，"铢"字的"朱"旁上横笔方折。M11：1-2，直径2.5、穿大0.9厘米，重3.3克（图一六，2）；M11：1-3，穿上一横郭。直径2.5、穿大0.9厘米，重3.2克（图一六，3）；M11：1-5，穿下半星，背面磨郭。直径2.5、穿大0.9厘米，重2.8克（图一六，4）；M11：1-6，直径2.6、穿大0.9厘米，重3.7克（图一六，5）。

C型　1枚。M11：1-4，"五"字显肥阔，中间交叉两笔弯曲，"铢"字的"朱"旁上横笔方折，正面穿下半星。直径2.6、穿大0.9厘米，重3.8克（图一六，6）。

M11：2　柿蒂形饰。6件。青铜范铸。均有不同程度的残缺，平面呈"十"字形的四叶形，体扁平，中心有穿孔，钉帽插在孔中组成一个饰件，帽呈圆形，顶面鼓起，钉为方形锥

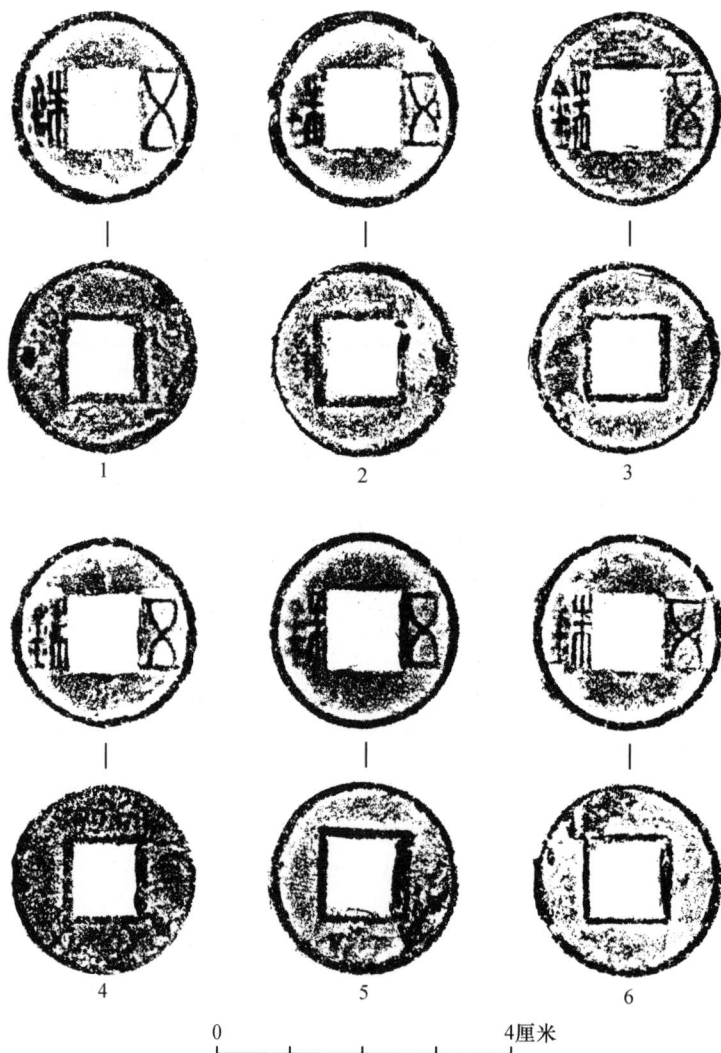

图一六　11YLM11出土五铢铜钱

1. A型（M11：1-1）　　2～5. B型（M11：1-2、M11：1-3、M11：1-5、M11：1-6）　　6. C型（M11：1-4）

尖。M11：2-1，直径8.5、钉帽直径2.3厘米（图一七，5）；M11：2-2，残直径5.6、钉帽直径2.3厘米（图一七，6）；M11：2-3，残直径5.8、钉帽直径2.2厘米（图一七，3）；M11：2-4，直径6.1、钉帽直径2.2厘米（图一七，2）；M11：2-5，直径6.1、钉帽直径2.2厘米（图一七，4）；M11：2-6，直径6.2、钉帽直径2.4厘米（图一七，1）。

M11：3 柿蒂形饰。27件。质地、形状、制法同M11：2，这27件残缺较甚，大多仅存

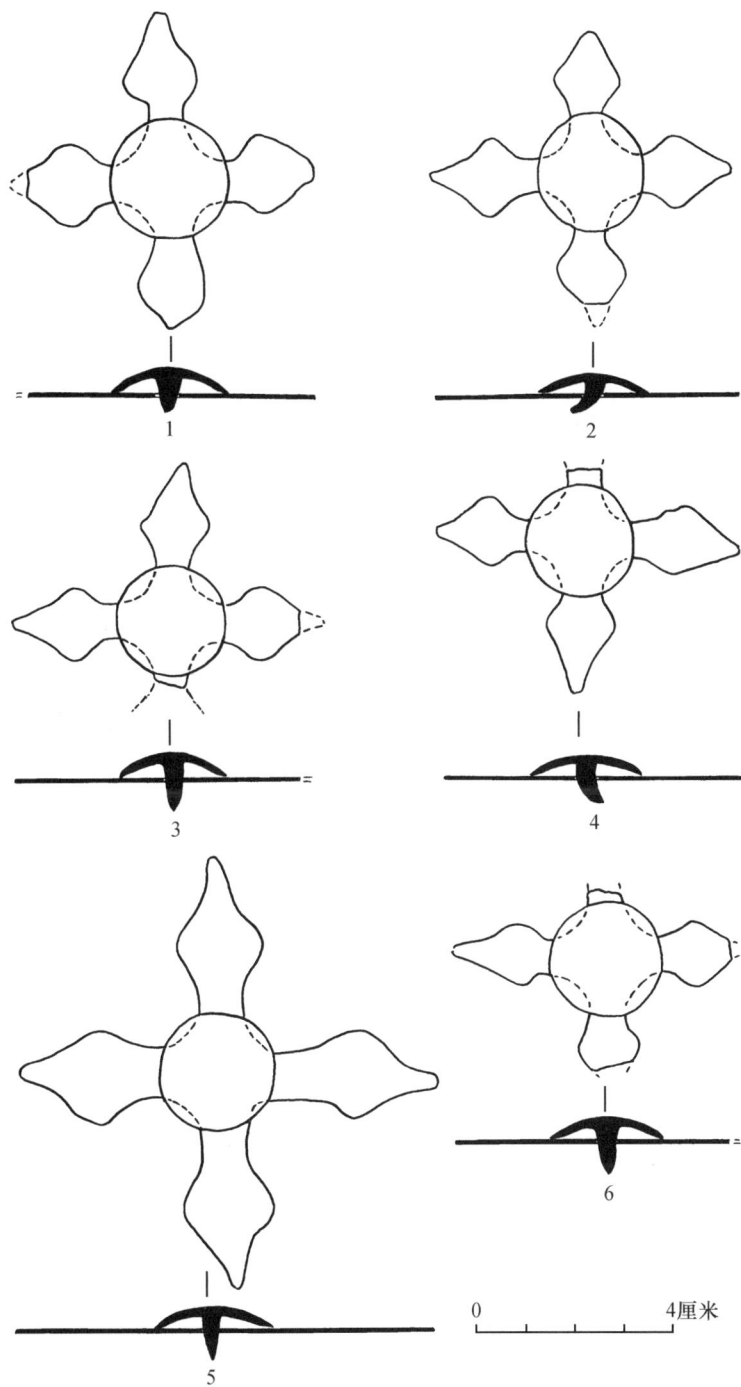

图一七 11YLM11出土柿蒂形铜饰（一）

1. M11：2-6 2. M11：2-4 3. M11：2-3 4. M11：2-5 5. M11：2-1 6. M11：2-2

钉帽，挑选14件标本。M11：3-1，残直径4.2、帽直径2.3、高1厘米（图一八，13）；M11：3-2，帽直径2.3、高1.1厘米（图一八，1）；M11：3-3，残直径3.7、帽直径2.3厘米（图一八，12）；M11：3-4，帽直径2.4、高1.1厘米（图一八，2）；M11：3-5，帽直径2.3、高1厘米（图一八，3）；M11：3-6，帽直径2.4、残高0.5厘米（图一八，10）；M11：3-7，帽直径2.3、高1.1厘米（图一八，5）；M11：3-8，帽直径2.4、残高0.4厘米（图一八，9）；M11：3-9，帽直径2.6、残高0.6厘米（图一八，11）；M11：3-11，帽直径2.3、残高0.5厘米（图一八，7）；M11：3-14，帽直径2.3、残高0.4厘米（图一八，8）；M11：3-15，帽直径2.3、高1.1厘米（图一八，4）；M11：3-17，帽直径2.4、高1.1厘米（图一八，6）；M11：3-22，残直径4.5、帽直径2.3、高1厘米（图一八，14）。

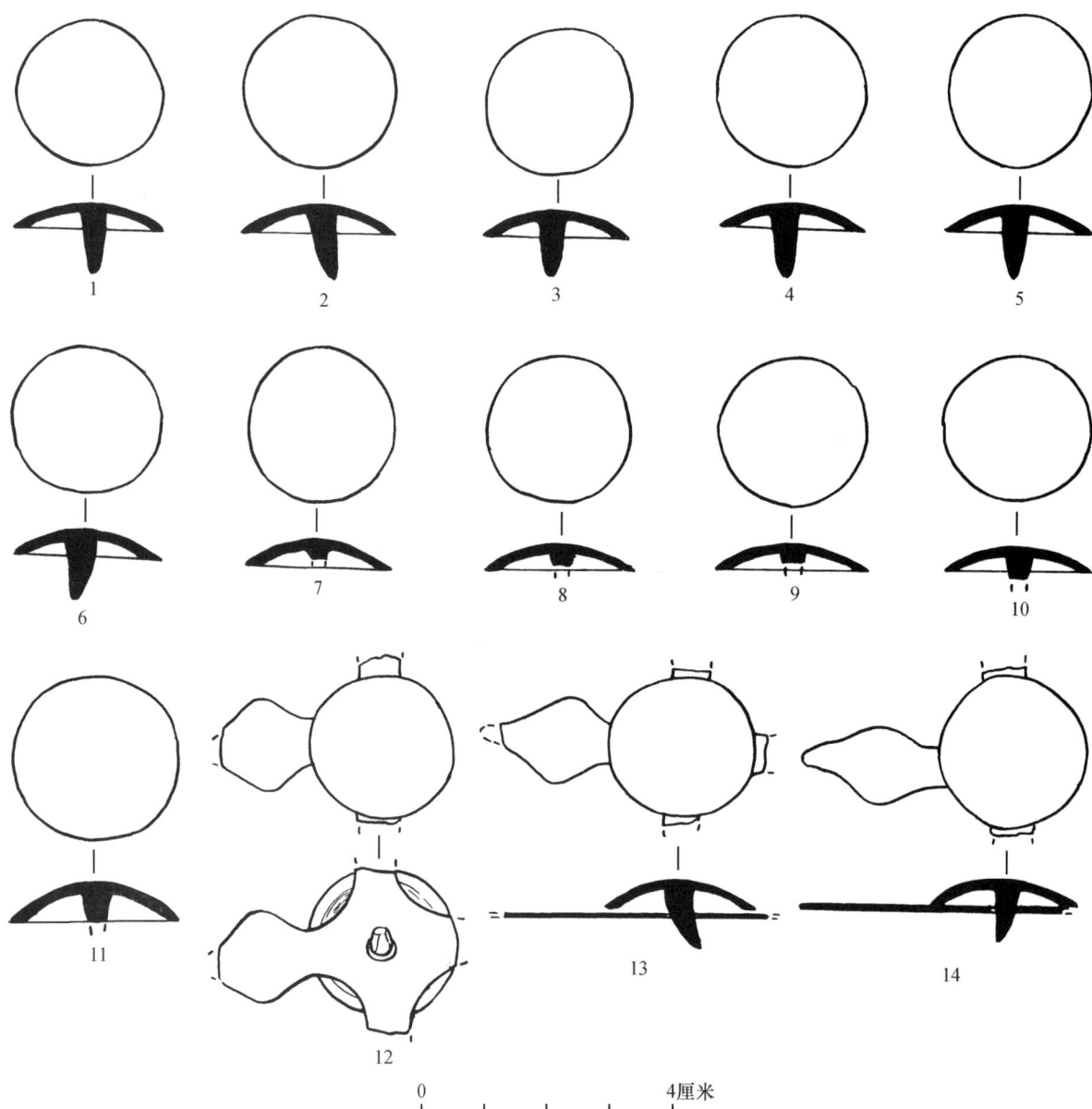

图一八　11YLM11出土柿蒂形铜饰（二）

1. M11：3-2　2. M11：3-4　3. M11：3-5　4. M11：3-15　5. M11：3-17　6. M11：3-11　7. M11：3-11　8. M11：3-14

9. M11：3-8　10. M11：3-6　11. M11：3-9　12. M11：3-3　13. M11：3-1　14. M11：3-22

3. 11YLM12

（1）墓葬形制

由墓道、墓门和墓室组成（图一九）。墓室比墓道略宽，墓室狭长，整体呈长条形。方向5°。

墓道　位于墓室北端，长方形、竖穴，直壁，底部略呈缓坡状，北高南低。长240、宽80、底距现墓口330~350厘米。壁面较粗糙，拐角方正，底部南端有一宽10、深6厘米的凹槽，凹槽内发现木板灰痕迹，系封门所用。墓道内填土为黄褐色花土，土质较硬。

墓门　拱形顶。高180、宽138厘米。木板封门，封堵方式及板块数目不可辨。

墓室　平面呈抹角长方形，拱形顶，底部平整。长440、宽140、高180厘米。墓室东西两壁设置有壁板，壁板为前后纵放，前端至墓门处，后端直抵后壁，东西两壁下部各掏挖有深11厘米的凹槽，以纳壁板。墓室前端西侧掏挖有壁龛，壁龛为平顶，平面呈长方形。高62、宽170、进深78~84厘米。龛底部与墓室底平齐。墓室内填满淤土。

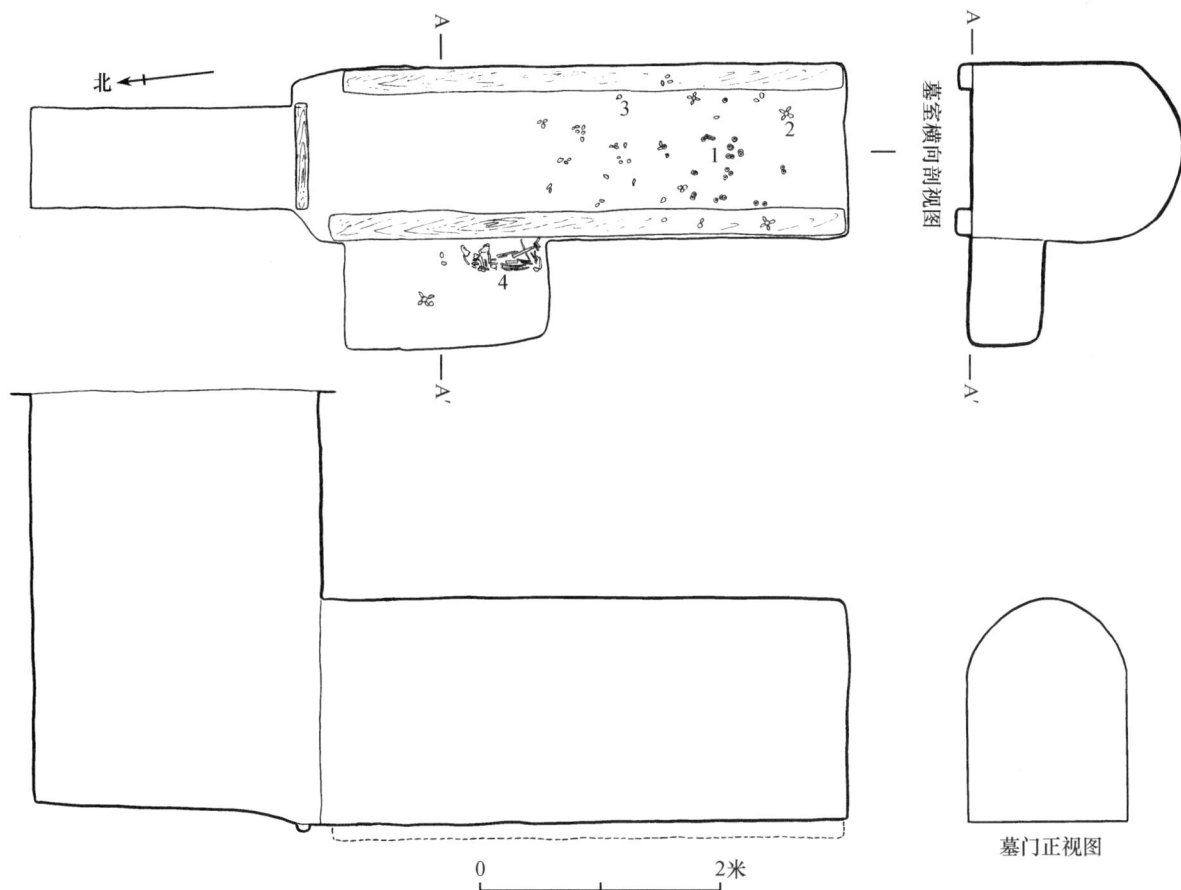

图一九　11YLM12平面、剖视及墓门正视图

1. 铜钱　2、3. 柿蒂形饰　4. 殉牲

（2）葬具葬式

墓室内未发现人骨和葬具。

（3）随葬品

在墓室后端和东西两侧凹槽内散落有铜饰件和铜钱，计有铜钱27（M12：1）枚、柿蒂形饰12（M12：2、M12：3）件；壁龛内有一具动物骨架（M12：4），腐朽较甚，呈粉状。

铜器

M12：1　铜钱。27枚，均为五铢钱。圆形方穿，正面有外郭无内郭，篆书"五铢"二字，穿右"五"字，穿左"铢"字；光背，内外郭俱有，个别背面无周郭，有的钱正面作有记号，有穿上一横郭和穿下半星两种。从钱文字体着眼分为六型。

A型　3枚。"五"字中间交叉两笔较直，"铢"字的"朱"旁上横笔方折。M12：1-4，直径2.5、穿大0.9厘米，重3.1克（图二〇，1）；M12：1-11，直径2.5、穿大0.9厘米，重3.1克（图二〇，2）；M12：1-23，穿下半星。直径2.4、穿大0.9厘米，重2.8克（图二〇，3）。

B型　2枚。"五"字修长，中间两笔交叉处为一竖笔，"铢"字的"朱"旁上横笔方折，穿上一横郭。M12：1-14，直径2.5、穿大0.9厘米，重3.3克（图二〇，4）；M12：1-21，直径2.5、穿大0.9厘米，重4.3克（图二〇，5）。

C型　7枚。"五"字修长，中间交叉两笔略弯曲，"铢"字的"朱"旁上横笔方折。M12：1-5，穿上一横郭。直径2.5、穿大0.9厘米，重3.7克（图二〇，6）；M12：1-6，穿下半星。直径2.5、穿大0.9厘米，重3.5克（图二〇，7）；M12：1-15，穿上一横郭。直径2.4、穿大0.9厘米，重3克（图二〇，8）；M12：1-18，穿上一横郭。直径2.5、穿大0.9厘米，重3.3克（图二〇，9）。M12：1-19，直径2.5、穿大0.9厘米，重3.6克（图二一，1）；M12：1-24，穿上一横郭。直径2.5、穿大0.9厘米，重3.5克（图二一，2）；M12：1-25，直径2.4、穿大0.9厘米，重3.3克（图二一，3）。

D型　10枚。"五"字较修长，中间交叉两笔弯曲，上下横划超出交笔末端外，"铢"字的"朱"旁上横笔方折。M12：1-1，背面无周郭。直径2.5、穿大0.9厘米，重2.8克（图二一，4）；M12：1-3，穿上一横郭。直径2.5、穿大0.9厘米，重4克（图二一，5）；M12：1-8，穿下半星。直径2.5、穿大0.9厘米，重3.3克（图二一，6）；M12：1-10，直径2.5、穿大0.9厘米，重3.6克（图二一，7）；M12：1-12，穿上一横郭。直径2.4、穿大1厘米，重3克（图二一，9）；M12：1-13，穿上一横郭，背面周郭不规范。直径2.5、穿大0.9厘米，重3.6克（图二一，8）；M12：1-17，穿下半星。直径2.5、穿大0.9厘米，重3.1克（图二二，1）；M12：1-9，穿上一横郭。直径2.5、穿大1厘米，重2.8克（图二二，2）；M12：1-20，穿下半星，背面周郭不明显。直径2.4、穿大1厘米，重3.3克（图二二，3）；M12：1-22，穿上一横郭。直径2.5、穿大0.9厘米，重2.8克（图二二，4）。

E型　2枚。"五"字肥阔，中间交叉两笔弯曲，上下横划超出交笔末端外，"铢"字的"朱"旁上横笔方折。M12：1-2，直径2.4、穿大1厘米，重3.1克（图二二，5）。M12：1-7，穿上一横郭。直径2.5、穿大1厘米，重3.2克（图二二，6）。

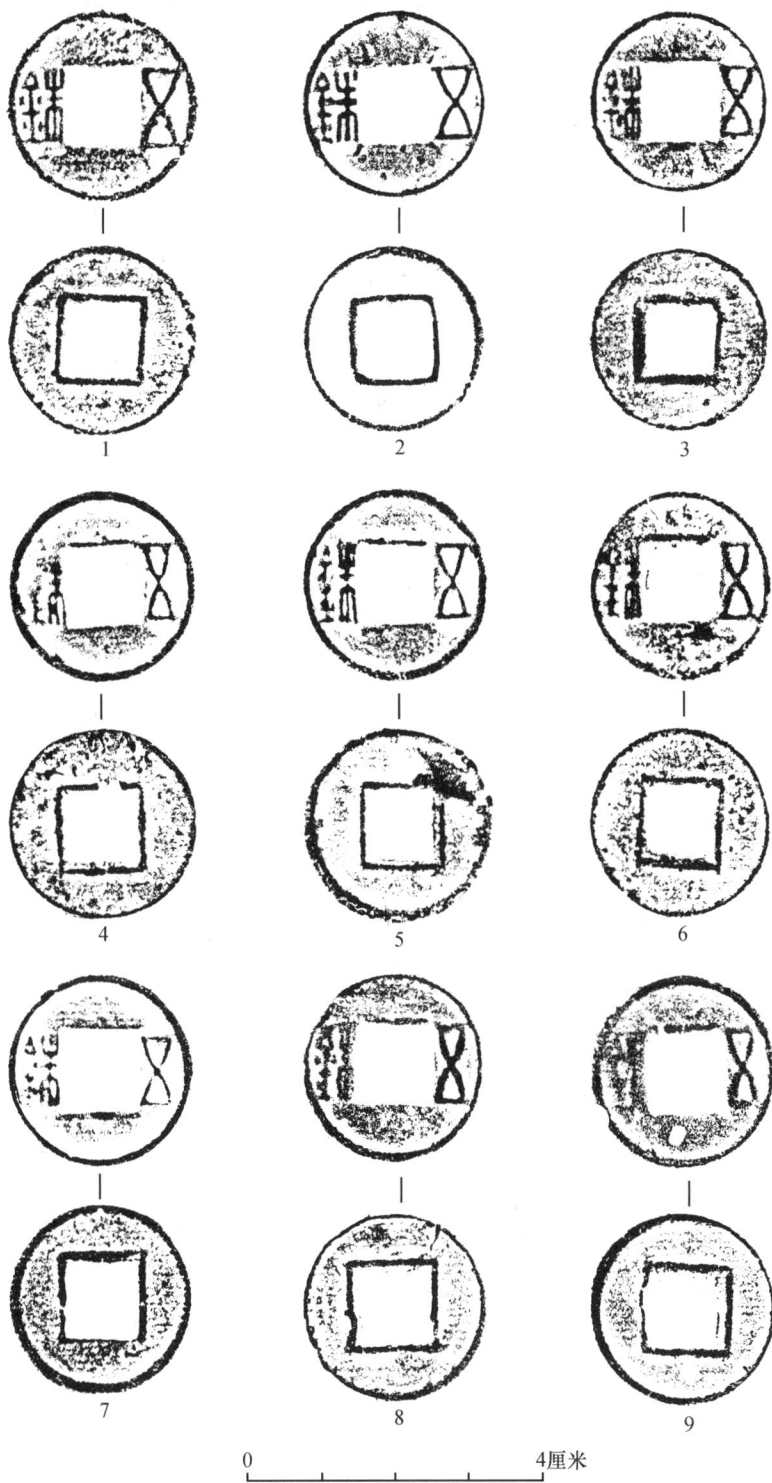

图二〇　11YLM12出土五铢铜钱（一）

1～3. A型（M12：1-4、M12：1-11、M12：1-23）　　4、5. B型（M12：1-14、M12：1-21）　　6～9. C型（M12：1-5、M12：1-6、
M12：1-15、M12：1-18）

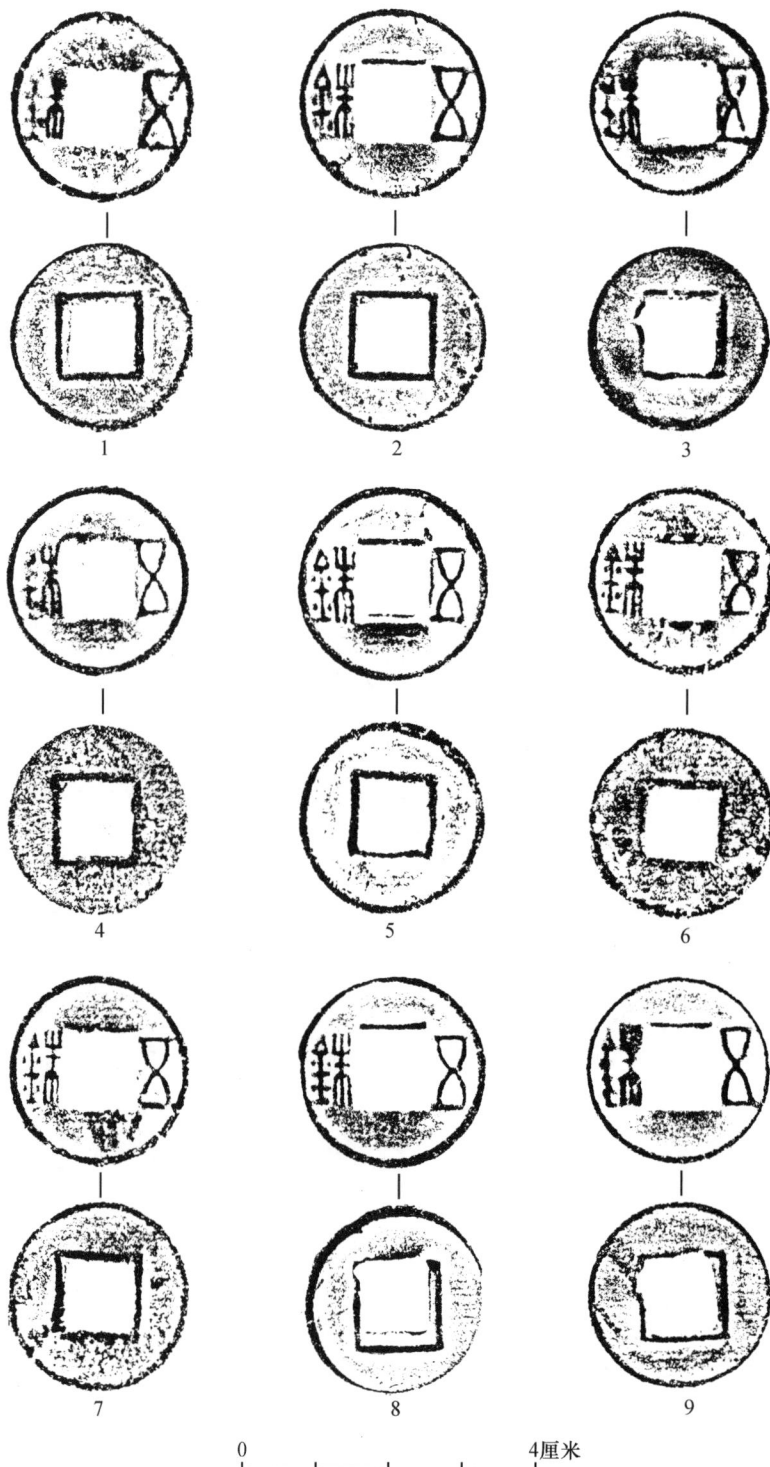

图二一　11YLM12出土五铢铜钱（二）

1～3. C型（M12：1-19、M12：1-24、M12：1-25）　4～9. D型（M12：1-1、M12：1-3、M12：1-8、M12：1-10、M12：1-13、

M12：1-12）

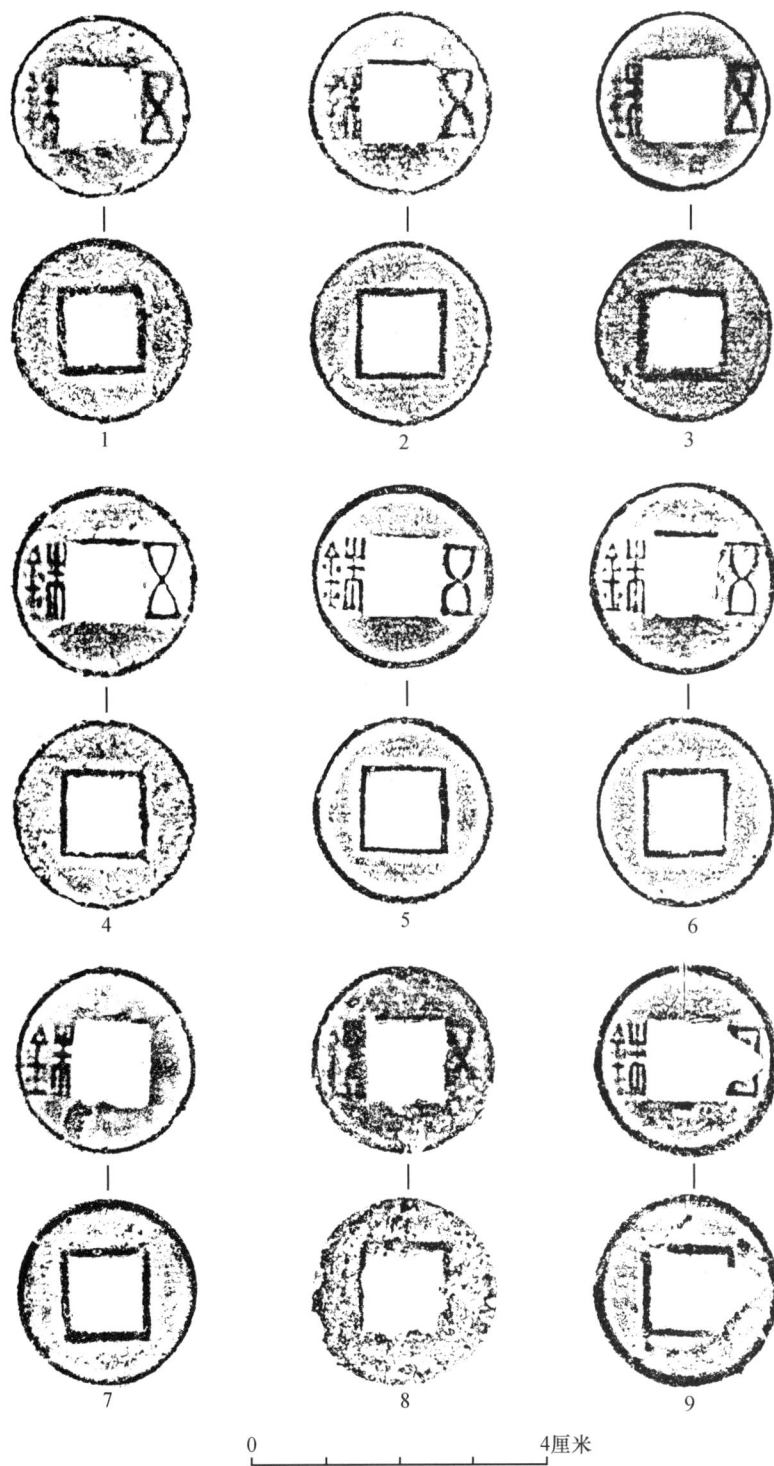

图二二 11YLM12出土五铢铜钱（三）

1～4. D型（M12：1-17、M12：1-9、M12：1-20、M12：1-22） 5、6. E型（M12：1-2、M12：1-7） 7～9. F型（M12：1-16、M12：1-26、M12：1-27）

F型　3枚。破损或铸造原因，"五"字不清楚，"铢"字的"朱"旁上横笔方折。M12：1-16，直径2.4、穿大1厘米，重3.1克（图二二，7）；M12：1-26，正反两面周郭较低。直径2.5、穿大1厘米，重2.5克（图二二，8）；M12：1-27，穿下半星。直径2.5、穿大1厘米，重3.7克（图二二，9）。

M12：2　柿蒂形饰。4件。青铜范铸。1件完整，余均有不同程度的残缺，平面呈"十"字形的四叶形，体扁平，中心有穿孔，圆钉帽插在孔中组成一个饰件。M12：2-1，直径8.6、钉帽直径2.6厘米（图二三，11）；M12：2-2，直径6.1、钉帽直径1.9厘米（图二三，9）；M12：2-3，残直径5.7、钉帽直径1.9厘米（图二三，8）；M12：2-4，直径5.9、钉帽直径2.3厘米（图二三，6）。

M12：3　柿蒂形饰。8件。青铜范铸。均残缺较甚，平面呈"十"字形的四叶形，体扁平，中心有穿孔，圆钉帽插在孔中组成一个饰件。M12：3-1，残直径2.3、钉帽直径2.5厘米（图二三，10）；M12：3-2，仅存钉帽。钉帽直径2.5、高0.9厘米（图二三，7）；M12：3-3，仅存钉帽。钉帽直径2.3、高1.1厘米（图二三，5）；M12：3-4，仅存钉帽。钉帽直径1.9、高0.9厘米（图二三，3）；M12：3-5，残直径2.3、钉帽直径1.9、高0.9厘米（图二三，12）；M12：3-6，残直径2.4、钉帽直径1.8、高0.9厘米（图二三，4）；M12：3-7，仅存钉帽。钉帽直径1.9、高0.9厘米（图二三，2）；M12：3-8，仅存钉帽。钉帽直径1.9厘米（图二三，1）。

4. 11YLM13

（1）墓葬形制

由墓道、墓门和墓室组成（图二四）。墓室略比墓道宽，墓室较为狭长，整体呈长条形。方向5°。

墓道　位于墓室北端，长方形、竖穴，直壁，平底。长250、宽84、底距现墓口240厘米。壁面较整齐，拐角方正，近北端东、西两壁各掏挖有3个脚窝，一壁一列，上下错位分布，脚窝不规整。底部近墓门处掏挖有深7厘米的凹槽，应系封门所用。墓道内填土为黄褐色花土，土质较硬。

墓门　近平顶，上部抹角。高95、宽84厘米。封门情况不详。

墓室　平面呈抹角长方形，拱形顶，底部平整，西壁前端略外弧。长335、宽87～110、高110厘米（图版六，1）。墓室内被淤土填满。

（2）葬具葬式

该墓为单人葬，墓主为成年女性，头向北，面上，仰身，上肢腐朽较甚不可辨，下肢直伸。

葬具不详，在墓主骨架下发现少许黑色木板灰。

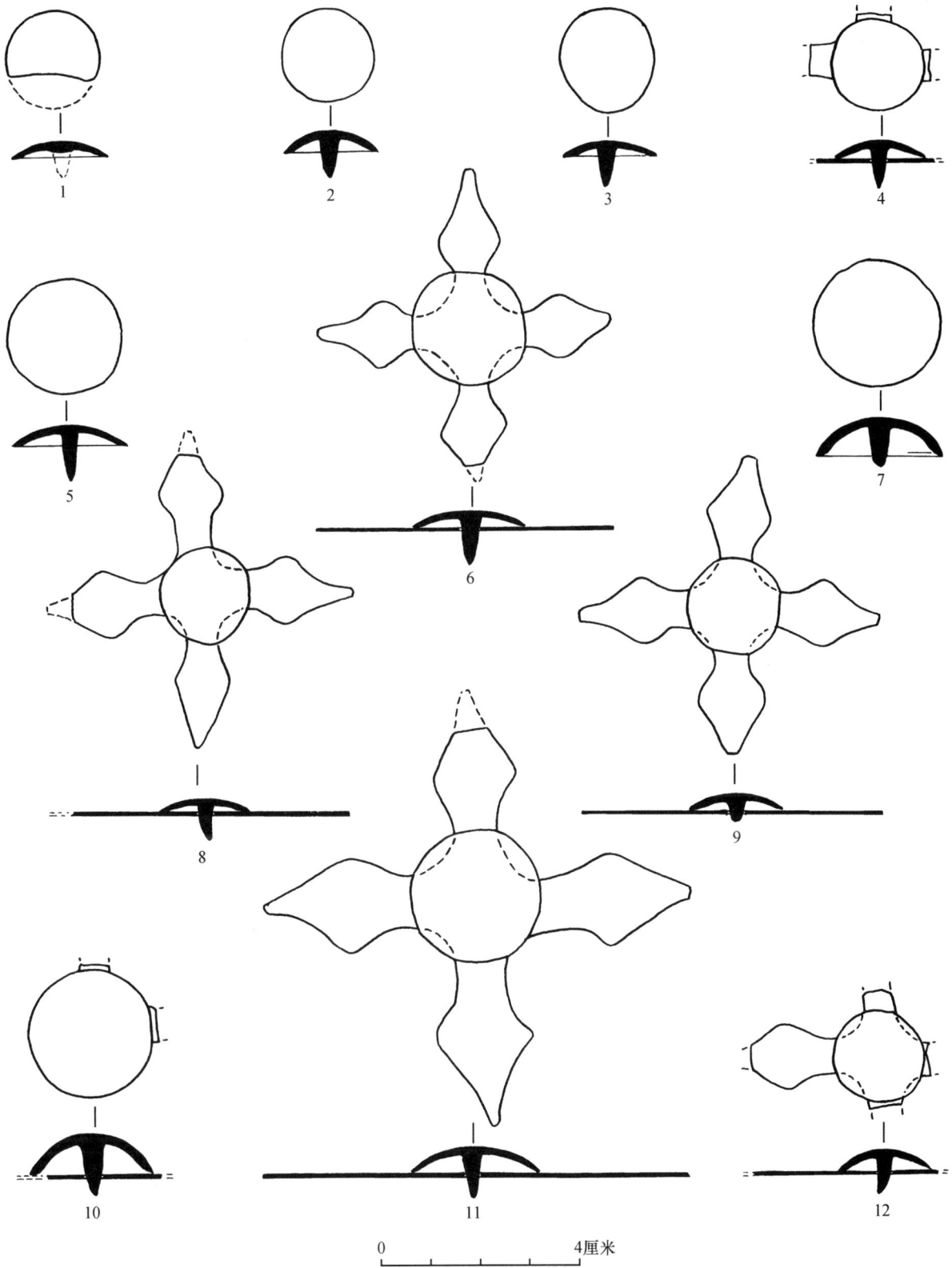

图二三　11YLM12出土柿蒂形铜饰

1. M12∶3-8　2. M12∶3-7　3. M12∶3-4　4. M12∶3-6　5. M12∶3-3　6. M12∶2-4　7. M12∶3-2　8. M12∶2-3
9. M12∶2-2　10. M12∶3-1　11. M12∶2-1　12. M12∶3-5

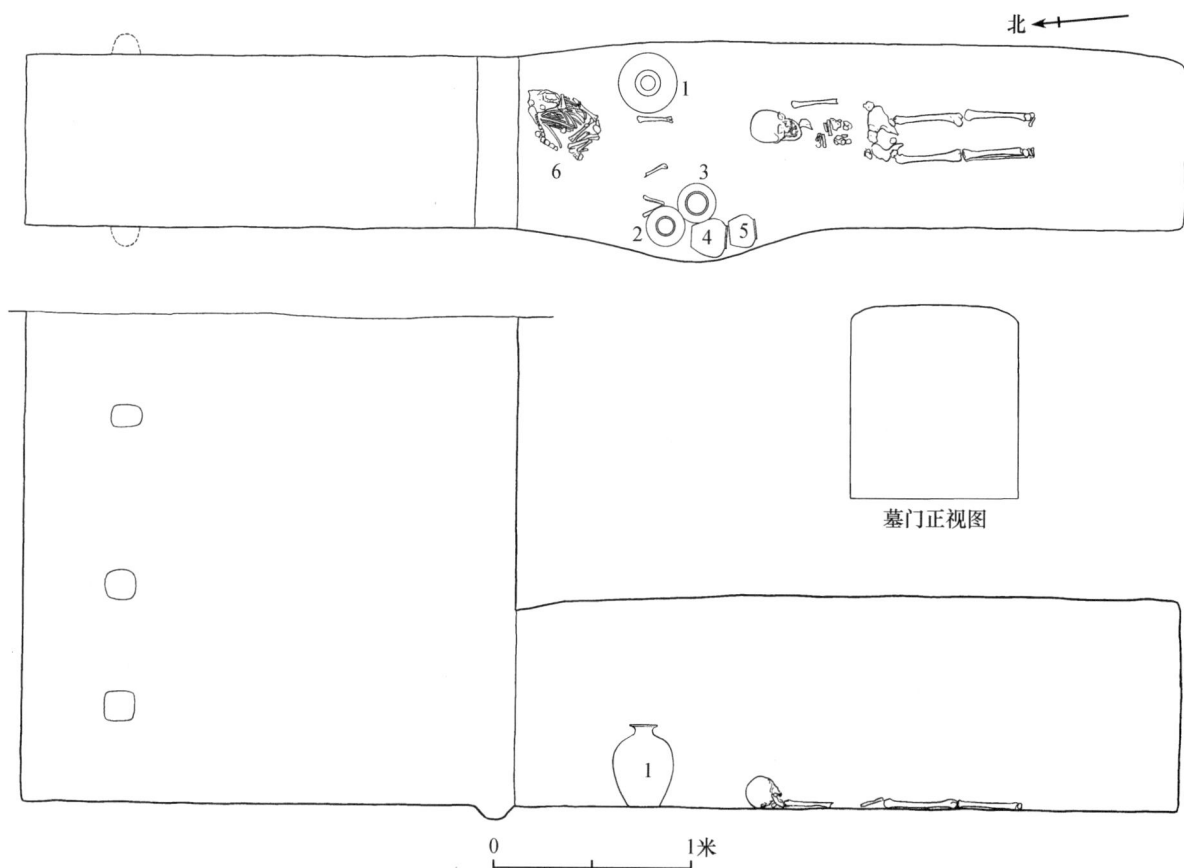

图二四　11YLM13平面、剖视及墓门正视图
1～5.陶罐　6.殉羊

（3）随葬品

陶器5件（图版六，2），均为陶罐（M13：1～M13：5）；殉羊1（M13：6）只。分别置于以下几处：

1号陶罐置于墓室前端东侧，紧靠东壁；2～5号陶罐置于墓室前端西侧，紧靠西壁；6号殉羊置于墓室前端中部近墓门位置。

陶器

M13：1　敞口深腹罐。口径14.7、通高37.5、底径16.2厘米（图二五，3；图版七，3）。

M13：2　直口短颈罐。口径11.7、通高16.2、底径12厘米（图二五，4；图版七，1）。

M13：3　直口短颈罐。口径12、通高15.6、底径12厘米（图二五，5；图版七，5）。

M13：4　直口短颈罐。口径12.9、通高18、底径12.6厘米（图二五，2；图版七，4）。

M13：5　直口短颈罐。口径13.5、通高16.8、底径13.8厘米（图二五，1；图版七，2）。

图二五　11YLM13出土陶罐

1. M13：5　2. M13：4　3. M13：1　4. M13：2　5. M13：3

5. 11YLM14

（1）墓葬形制

由墓道、墓门和墓室组成（图二六）。墓室略比墓道宽，墓室狭长，整体呈长条形。方向0°。

墓道　位于墓室北端，长方形、竖穴，底部平整。口长255、宽90、底距现墓口310厘米。直壁，壁面较整齐，拐角方正，西壁底部近墓门处向外扩，近北端东、西两壁各掏挖有4个脚窝，一壁一列，上下错位分布，脚窝口宽17～20厘米不等。底长255、北宽90、南宽110厘米。墓道内填土为黄褐色花土，土质较硬。

墓门　拱形顶。高170、宽110厘米。封门情况不详。

墓室　平面呈抹角长方形，拱形顶，底部平整。长425、宽130、高170厘米（图版八，1）。墓室前端东侧掏有壁龛，不规整，近平顶，底部与墓室底平齐。高70、宽70、进深35～45厘米。墓室内被淤土填满。

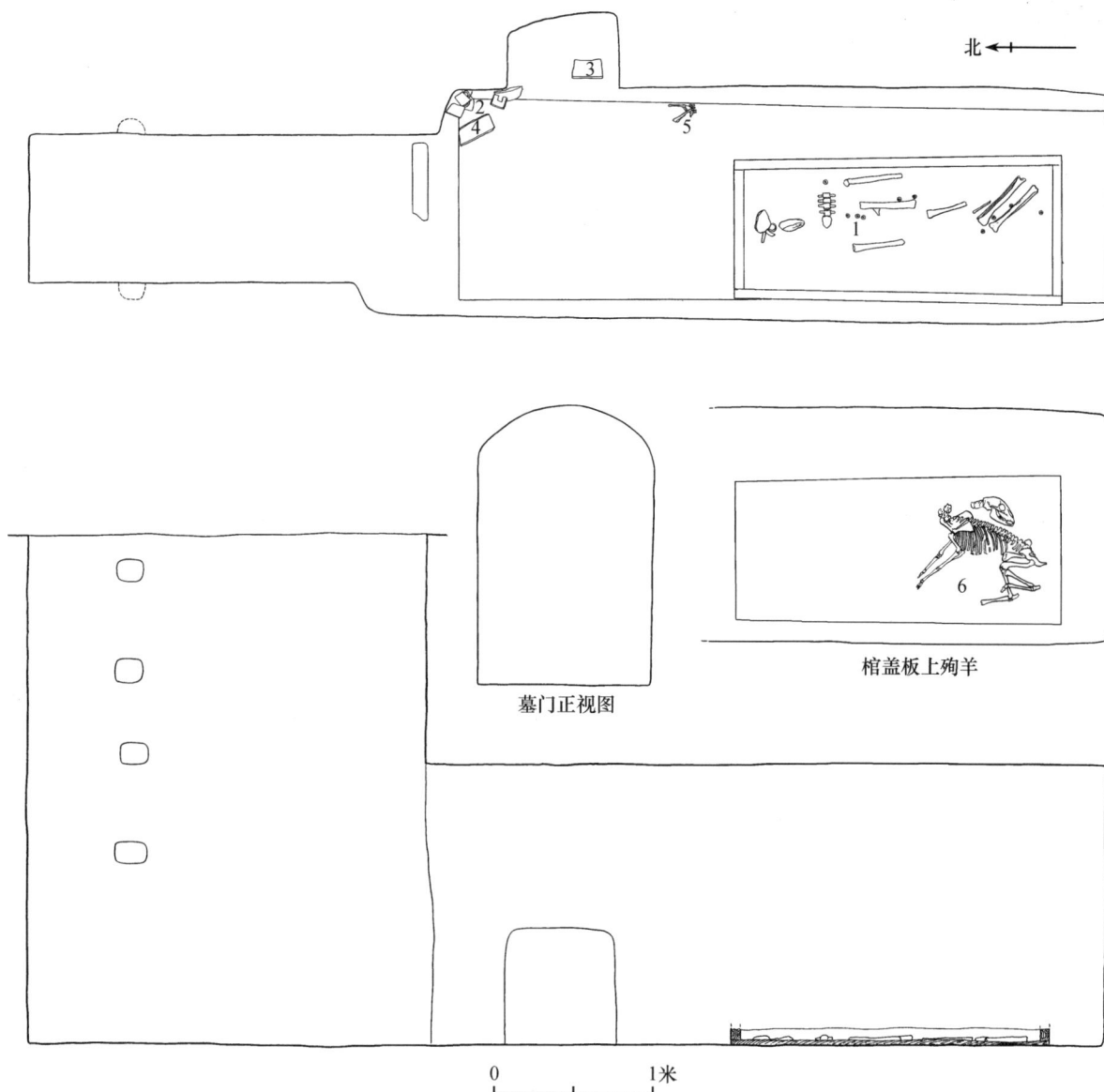

北 ←

棺盖板上殉羊

墓门正视图

0　　　　　　　1米

图二六　11YLM14平面、剖视及墓门正视图
1.铜钱　2.陶灶　3.陶盆　4.筒瓦　5.祭骨　6.殉羊

（2）葬具葬式

该墓为单人葬，墓主头向北，骨架腐朽较甚，性别、年龄及葬式不详。

葬具为一棺，长方形，四角平齐，挤压变形。长205、宽85～90、残高10厘米。

（3）随葬品

陶器3件，器类有陶灶1（M14：2）、陶盆1（M14：3）、筒瓦1（M14：4）件；铜钱14（M14：1）枚；殉羊1（M14：6）只；祭骨（M14：5）数块。分别置于以下几处：

1号铜钱置于棺内墓主身上；2号陶灶和4号筒瓦置于墓室前端东北角；3号陶盆置于壁龛内；殉羊置于棺盖板上（图版八，2）；5号祭骨置于墓室中部东侧，紧靠东壁。

1）陶器

M14：2　灶。泥质灰陶。灶体底端开敞，平面呈圆角弧边三角形，前面平直，有长方形灶门，两侧面外弧，后面略显尖圆，灶面平整，上有三釜，呈"品"字形排列。三釜模制，嵌在事先镂孔的灶面中，灶面与灶体套接而成，缝隙间抹泥浆。灶体长23.7、宽20.7、高8.7、灶门宽10.5、高3.6厘米（图二七，3；图版九，1）。

M14：3　盆。泥质灰陶。敞口，平折沿，沿面较宽，方唇，颈不明显，斜收腹，底残缺。内外壁均有横向旋抹痕。外口径27.6、残高14.4厘米（图二七，2；图版九，2）。

M14：4　筒瓦。泥质，结构紧密。深灰色。外壁饰右斜向粗绳纹，抹压，近端处绳纹被抹去，内壁垫印细麻布纹。长条半圆体，一端残，一端有子口状瓦舌，舌较长，内聚，瓦体两侧面较整齐，但未见切割痕迹。手模合制，先制成一圆筒状半成品，将成坯纵向一分为二，再入窑烧制。残长28.5、宽13.8、高7.5厘米（图二七，1；图版九，3）。

2）铜器

M14：1　铜钱。共14枚。其中"半两"钱2枚，"五铢"钱12枚。

半两钱　圆形方穿，正、背两面均无内外郭，正面篆书"半两"二字，穿右"半"字，穿左"两"字，笔划粗壮，正面钱缘磨边，由内向外呈坡状倾斜，从钱文字体着眼分为二型。

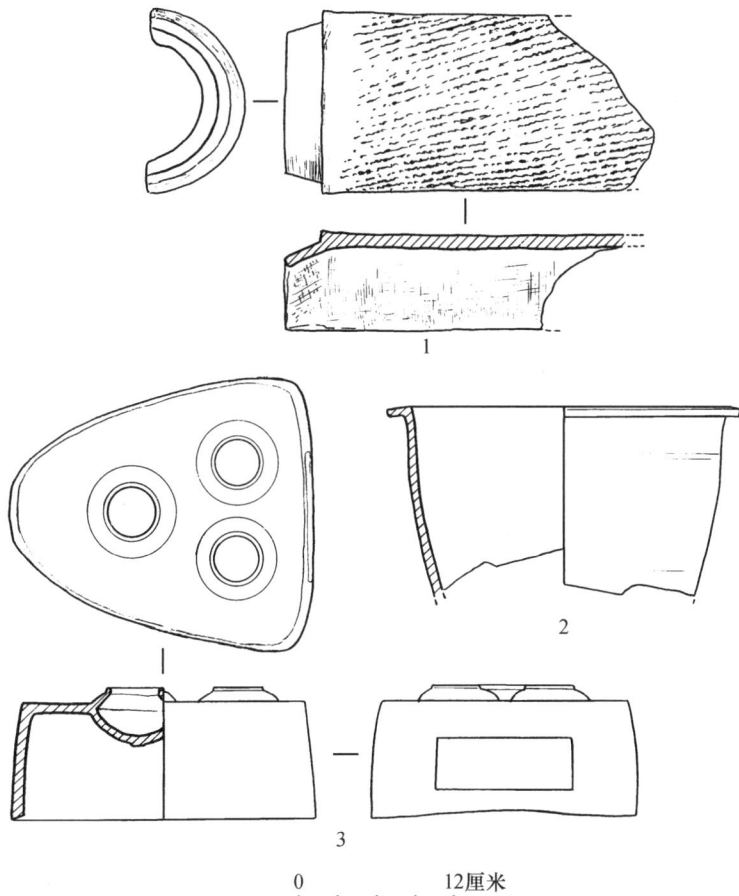

0　　　　　　　　12厘米

图二七　11YLM14出土陶器

1.筒瓦（M14：4）　2.盆（M14：3）　3.灶（M14：2）

　　A型　1枚。M14：1-14，"半"字较平，上两笔居中，上部横笔两端向上方折，下部横笔与上部横笔长短相近，"两"字微凸，上部"一"右端偏长，两肩转角方折，内部两"人"字为一横画。直径2.3、穿长0.7、宽0.8厘米，重1.8克（图二八，1；图版九，4）。

　　B型　1枚。M14：1-13，字体较粗壮，"半"字磨损不清，"两"字上部"一"较短，两肩转角方折，内部两"人"字，中间一笔相连。直径2.3、穿大0.7厘米，重2克（图二八，2）。

　　五铢钱　圆形方穿，正面有外郭无内郭，篆书"五铢"二字，穿右"五"字，穿左"铢"字，光背，内外郭俱有，有的钱正面作有记号，有穿上一横郭和穿下半星两种。从钱文字体着眼分为三型。

　　A型　4枚。"五"字中间交叉两笔弯曲，较缓，"铢"字的"朱"旁上横笔方折。M14：1-6，背面周郭较低，穿外三面有郭。直径2.4、穿大0.9厘米，重3.4克（图二八，3；图版九，5）；M14：1-7，穿下半星。直径2.5、穿大0.9厘米，重3.4克（图二八，4；图版九，6）；M14：1-8，穿下半星。直径2.4、穿大0.9厘米，重3.3克（图二八，5；图版九，7）；

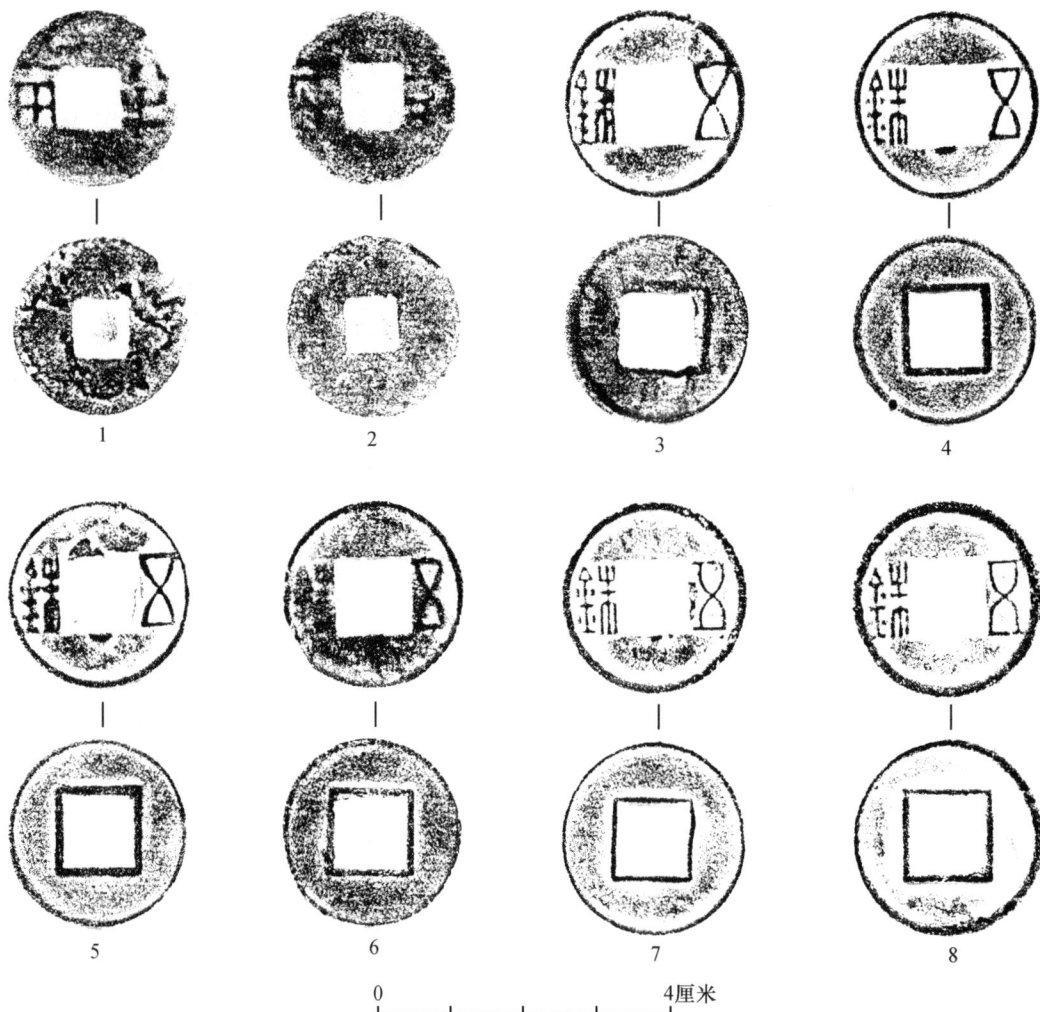

図二八　11YLM14出土铜钱

1. A型"半两"（M14：1-14）　2. B型"半两"（M14：1-13）　3～6. A型"五铢"（M14：1-6、M14：1-7、M14：1-8、M14：1-11）　7、8. B型"五铢"（M14：1-1、M14：1-2）

M14：1-11，直径2.4、穿大0.9厘米，重3.3克（图二八，6）。

B型 7枚。"五"字肥阔，中间交叉两笔弯曲，上下两横笔出头，"铢"字的"朱"旁上横笔方折。M14：1-1，穿下半星。直径2.5、穿大0.9厘米，重3.2克（图二八，7；图版九，8）；M14：1-2，直径2.5、穿大0.9厘米，重3.2克（图二八，8）；M14：1-3，直径2.5、穿大0.9厘米，重3克（图二九，1）；M14：1-4，穿上一横郭。直径2.6、穿大0.9厘米，重3.9克（图二九，2；图版九，9）；M14：1-5，穿下半星。直径2.5、穿大0.9厘米，重3.6克（图二九，3）；M14：1-9，直径2.6、穿大0.9厘米，重3.6克（图二九，4）；M14：1-10，穿下半星。直径2.5、穿大0.9厘米，重3.4克（图二九，5；图版九，10）。

C型 1枚。M14：1-12，"五"残，字体不详，"铢"字的"朱"旁上横笔方折。直径2.5、穿大0.9厘米，重2.4克（图二九，6）。

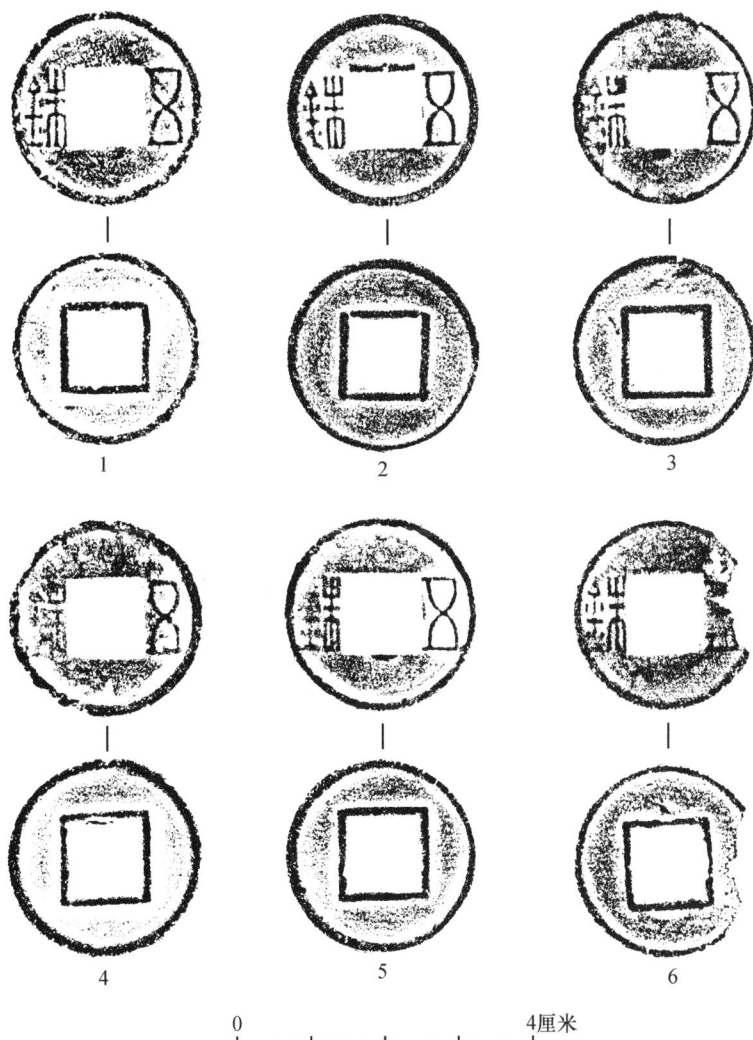

图二九 11YLM14出土五铢铜钱

1~5.B型（M14：1-3、M14：1-4、M14：1-5、M14：1-9、M14：1-10） 6.C型（M14：1-12）

6. 11YLM15

（1）墓葬形制

由墓道、墓门和墓室组成（图三○）。墓室略比墓道宽，墓室狭长，整体呈长条形。方向10°。

墓道　位于墓室北端，长方形、竖穴，直壁，底部平整。长220、宽90、底距现墓口320厘米。壁面较整齐，拐角方正，近北端东、西两壁各掏挖有5个脚窝，一壁一列，上下错位分布，脚窝口宽15～19厘米不等。墓道内填土为黄褐色花土，土质较硬。

墓门　拱形顶。高130、宽90厘米。木板封门，封堵方式和板块数量不详。

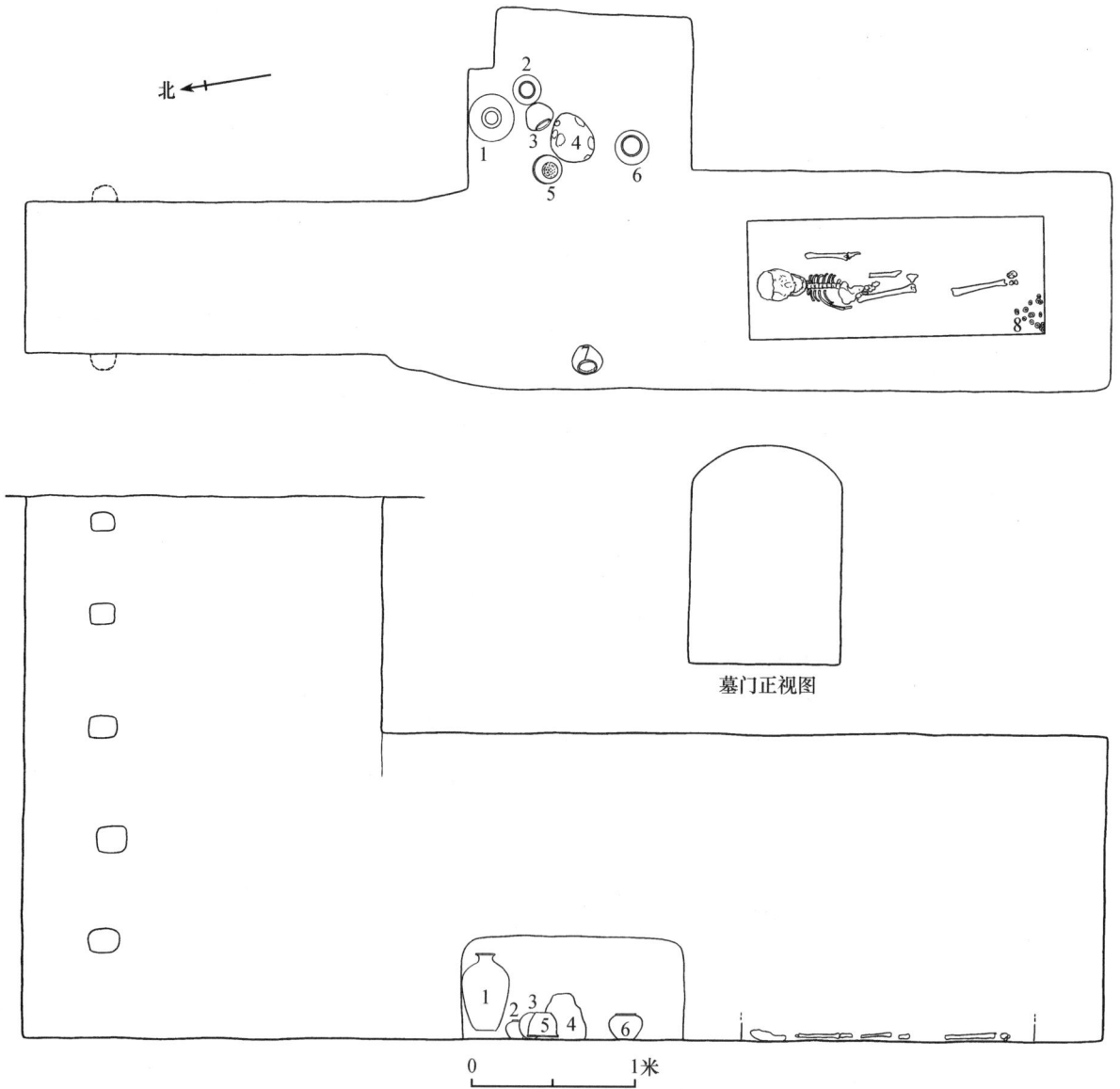

墓门正视图

0　　　　　1米

图三○　11YLM15平面、剖视及墓门正视图

1～3、6、7.陶罐　4.铁釜　5.陶甑　8.铜钱

墓室　平面呈长方形，拱形顶，底部平整。长440、宽95～130、高180厘米。后端抹角。西壁前端近墓门处外扩，前端东壁下部掏有壁龛，呈不规则形，近平顶，底部与墓室底平齐。口宽135、进深90～105、高60厘米。墓室内被淤土填满。

（2）葬具葬式

该墓为单人葬，墓主为成年女性，头向北，面向不可辨，仰身，上肢骨腐朽较甚，放置方式不详，下肢骨散乱。

葬具为一棺，长方形，四角平齐。长180、宽70、残高10厘米。

（3）随葬品

陶器6件（图版一〇，1），器类有陶罐5（M15：1～M15：3、M15：6、M15：7）、陶甑1（M15：5）件；铁釜1（M15：4）件；铜钱16（M15：8）枚。分别置于以下几处：

7号陶罐置于墓室前端西侧；8号铜钱置于棺内墓主足端；其余随葬品置于壁龛内。

1）陶器

M15：1　敞口深腹罐。入窑烧之前肩部刻划文字（图三二）。口径12.6、通高38.1、底径20.4厘米（图三一，6；图版一一，7）。

M15：2　直口短颈罐。口径9.9、通高13.5、底径11.4厘米（图三一，3；图版一〇，2）。

M15：3　直口短颈罐。口径12.3、通高13.2、底径11.7厘米（图三一，1；图版一〇，3）。

M15：5　甑。泥质灰陶。上腹部有数周凹弦纹。敞口，平折沿，沿面较宽，方唇，弧腹斜内收，平底，底面戳圆孔，孔距较密且不规整，孔径偏小。内外壁有横向旋痕。外口径20.4、通高13.8、底径10.5厘米（图三一，5；图版一一，8）。

M15：6　直口短颈罐。肩部近颈处有2组相对称的穿孔，每组2个，穿孔在成坯后戳成。口径12.6、通高18、底径13.5厘米（图三一，4；图版一〇，4）。

M15：7　直口短颈罐。口径12.6、通高14.1、底径11.7厘米（图三一，2；图版一〇，5）。

2）铜器

M15：8　铜钱。16枚。均为五铢钱，圆形方穿，正面有外郭无内郭，篆书"五铢"二字，穿右"五"字，穿左"铢"字，光背，内外郭俱有。有的钱正面作有记号，有穿上一横郭和穿下半星两种。从钱文字体着眼分为三型。

A型　3枚。"五"字中间交叉两笔较直，"铢"字的"朱"旁上横笔方折。M15：8-2，直径2.4、穿大0.9厘米，重3.2克（图三三，1；图版一一，1）；M15：8-5，直径2.4、穿大0.9厘米，重3.6克（图三三，2；图版一一，2）；M15：8-13，直径2.5、穿大0.9厘米，重3.4克（图三三，3）。

B型　4枚。"五"字中间交叉两笔缓曲，"铢"字的"朱"旁上横笔方折。M15：8-1，穿上一横郭。直径2.4、穿大0.9厘米，重3.3克（图三三，4；图版一一，3）；M15：8-8，直径2.5、穿大0.9厘米，重3.8克（图三三，5；图版一一，4）；M15：8-11，穿下半星。直径2.4、穿大0.9厘米，重3.2克（图三三，6）；M15：8-15，穿上一横郭。直径2.5、穿大0.9厘米，重3.3克（图三三，7）。

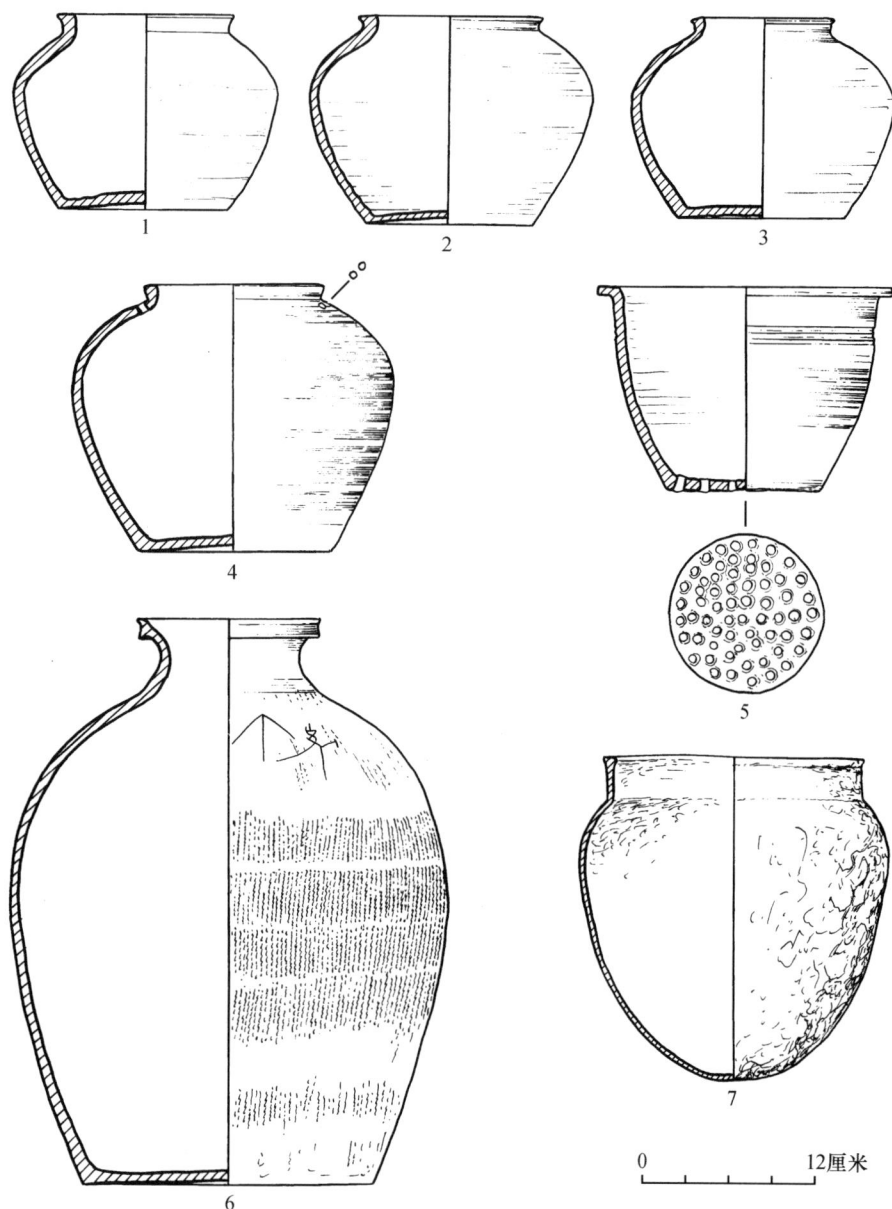

图三一　11YLM15出土器物

1～4、6. 陶罐（M15：3、M15：7、M15：2、M15：6、M15：1）　5. 陶甑（M15：5）　7. 铁釜（M15：4）

C型　9枚。"五"字中间交叉两笔弯曲，上下两横笔出头，"铢"字的"朱"旁上横笔方折。M15：8-3，穿下半星。直径2.5、穿大0.9厘米，重4克（图三三，8）；M15：8-4，穿上一横郭。直径2.5、穿大0.9厘米，重3.3克（图三四，1；图版一一，5）；M15：8-6，穿下半星。直径2.5、穿大0.9厘米，重3.5克（图三四，2）；M15：8-7，穿下半星。直径2.5、穿大0.9厘米，重3.8克（图三四，3）；M15：8-9，穿上一横郭。直径2.5、穿大0.9厘米，重3.7克（图三四，4）；M15：8-10，穿下半星。直径2.5、穿大0.9厘米，重4.5克（图版一一，6）；M15：8-12，穿下半星。直径2.4、穿大0.9厘米，重3.3克（图三四，6）；M15：8-14，直径2.6、穿大0.9厘米，重3.3克（图三四，7）；M15：8-16，穿下半星。直径2.5、穿大0.9厘

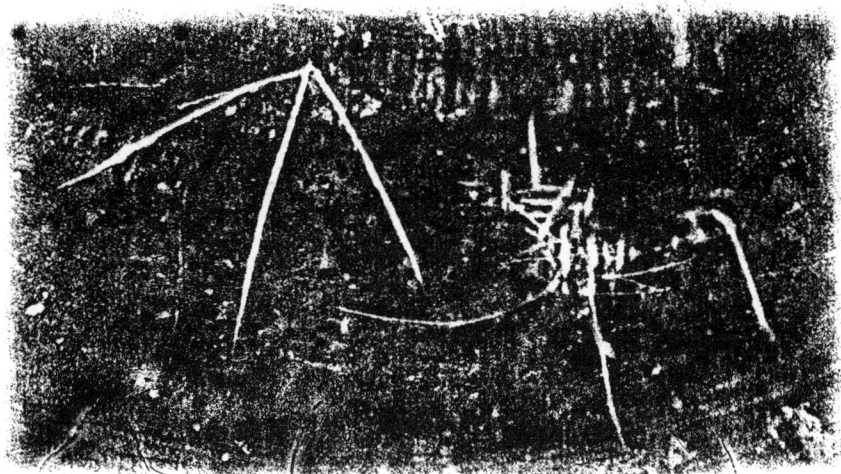

0　　　　　　　　　　　4厘米

图三二　11YLM15出土陶罐（M15：1）肩部文字拓本

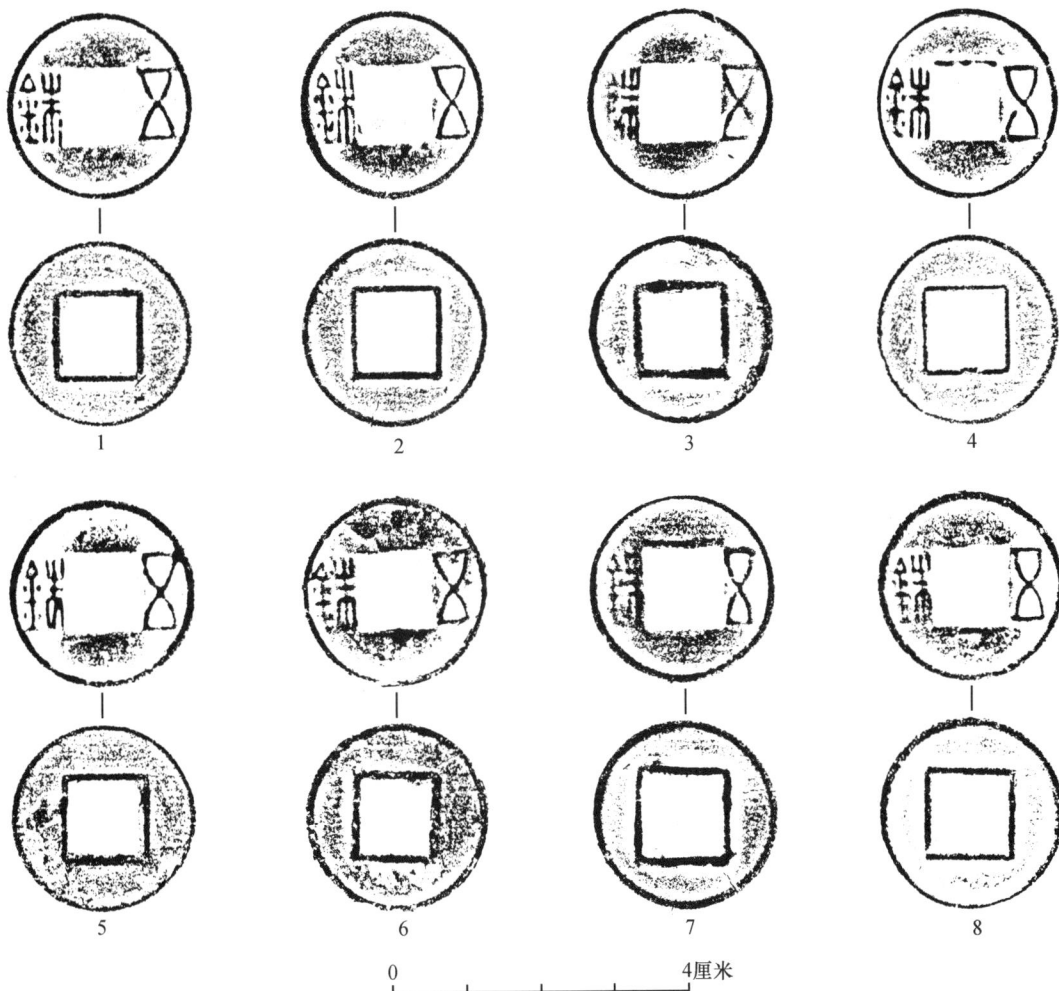

0　　　　　　　　　　　4厘米

图三三　11YLM15出土五铢铜钱

1～3. A型（M15：8-2、M15：8-5、M15：8-13）　　4～7. B型（M15：8-1、M15：8-8、M15：8-11、M15：8-15）

8. C型（M15：8-3）

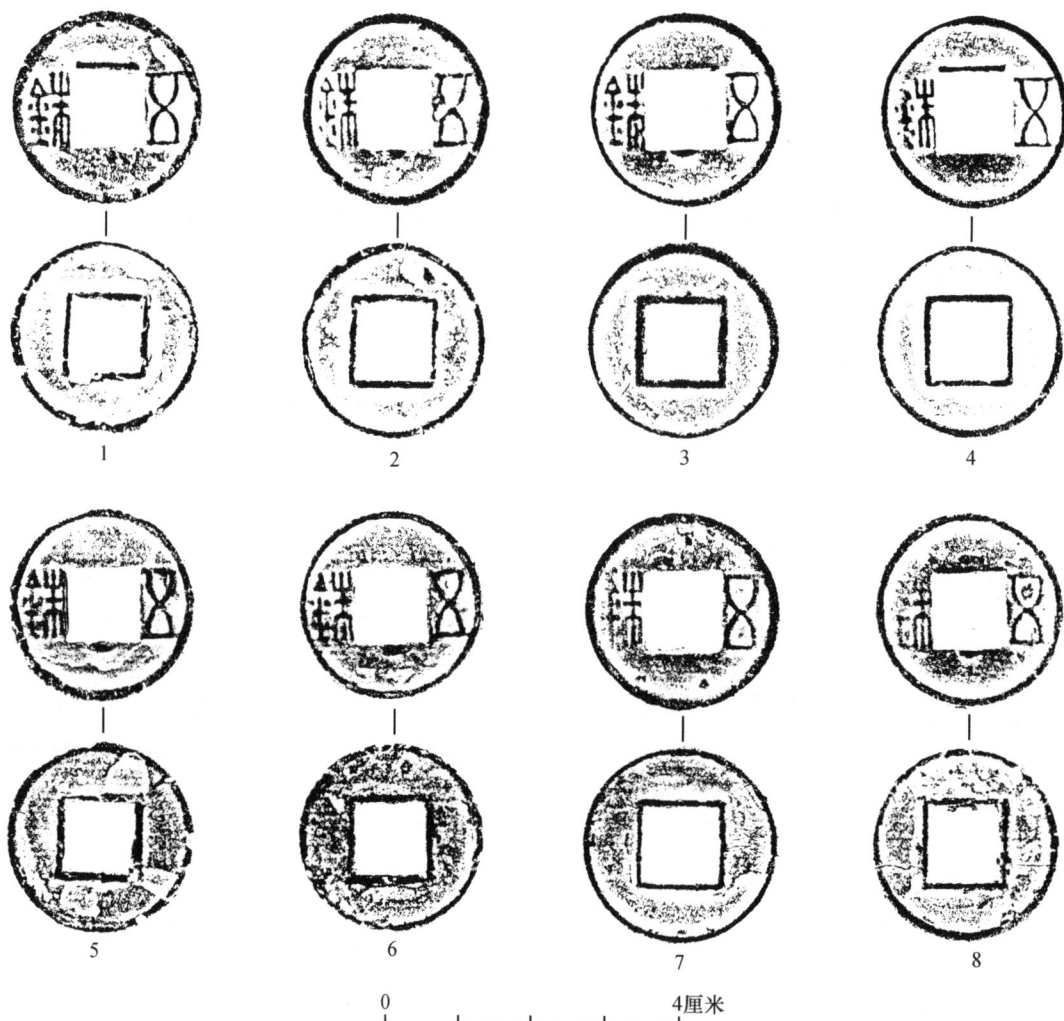

图三四　11YLM15出土C型五铢铜钱

1. M15：8-4　2. M15：8-6　3. M15：8-7　4. M15：8-9　5. M15：8-10　6. M18：8-12　7. M15：8-14　8. M15：8-16

米，重3.5克（图三四，8）。

3）铁器

M15：4　铁釜。铸造。直口，窄沿，尖圆唇，矮直颈，圆肩，长圆弧腹斜内收，圜底略尖。口径18、通高21.9厘米（图三一，7）。

7. 11YLM20

（1）墓葬形制

由墓道、墓门和墓室组成（图三五）。墓室略比墓道宽，墓室狭长，整体呈长条形。方向5°。

墓道　位于墓室北端，长方形、竖穴，直壁，底部平整。长220、宽80、底距现墓口280厘米。壁面较整齐，拐角方正，近北端东、西两壁各掏挖有4个脚窝，一壁一列，上下错位分布，脚窝口宽11～17厘米不等。墓道内填土为黄褐色花土，土质较软。

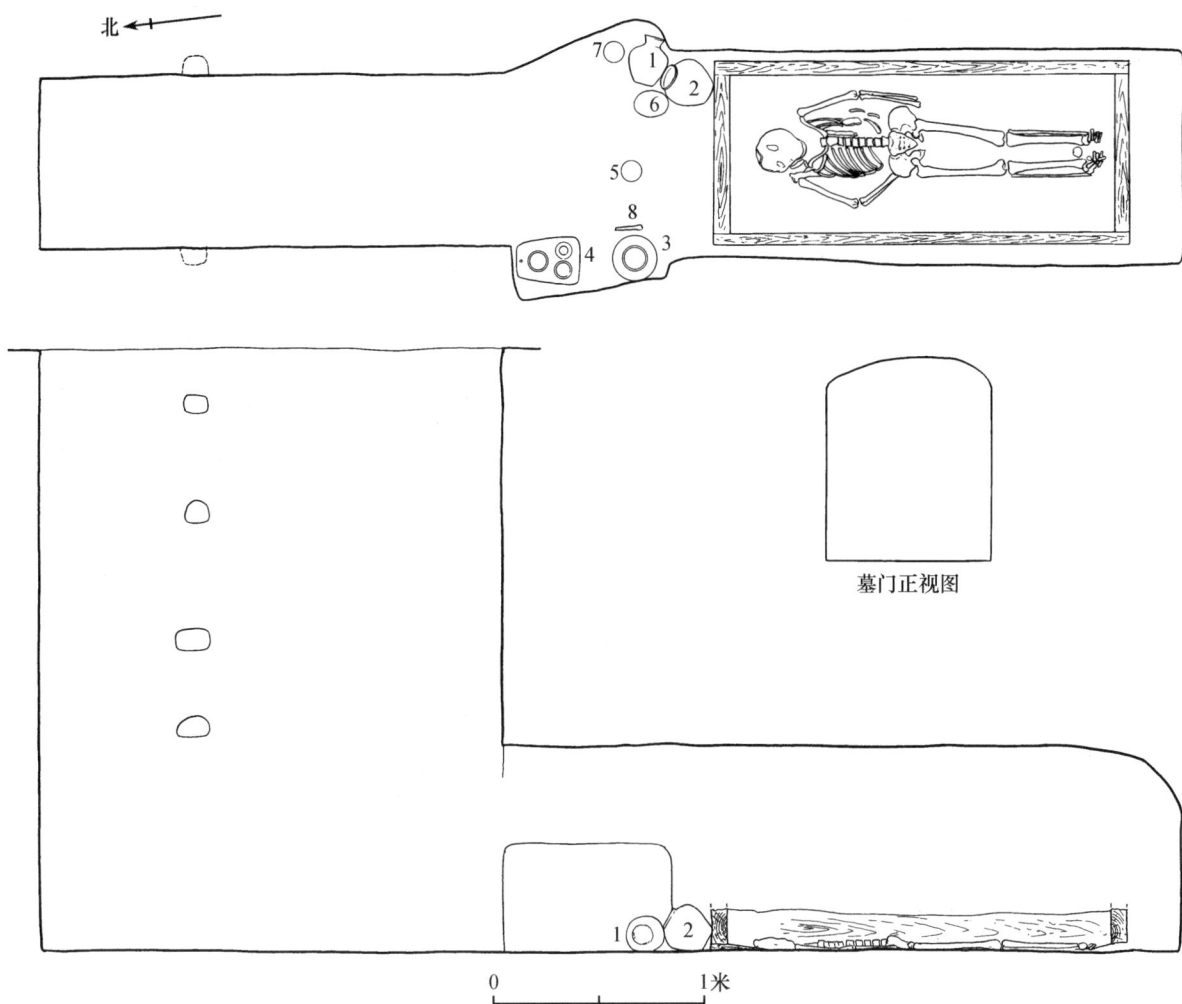

图三五 11YLM20平面、剖视及墓门正视图
1~3.陶罐 4.陶灶 5~7.漆木器 8.祭骨

墓门 拱形顶。高95、宽80厘米。封门情况不详。

墓室 平面呈长方形，拱形顶，底部平整。长325、宽100、高95厘米（图版一二，1）。墓室前端东、西两壁下部均掏有不规整壁龛，高50厘米左右，底部与墓室底平齐。墓室内被淤土填满。

（2）葬具葬式

该墓为单人葬，墓主疑似成年男性，头向北，面向不详，仰身，上肢略微弯屈，手置于髋骨两侧，下肢伸直。

葬具为一棺，长方形，四角平齐。长200、宽85、残高20、立板厚7~8厘米。

（3）随葬品

陶器4件，器类有陶罐3（M20：1~M20：3）、陶灶1（M20：4）件；漆木器3（M20：5~M20：7）件；祭骨（M20：8）1块。分别置于以下几处：

1、2号陶罐和7号漆木器置于东侧壁龛内；3号陶罐和4号陶灶置于西侧壁龛内；5号漆木器和8号祭骨置于墓室前端中部；6号漆木器置于墓室前端东侧，3件漆木器保存较差，器形不可辨。

1）陶器

M20∶1　敞口高颈罐。口径11.4、通高22.5、底径9.9厘米（图三六，3；图版一二，2）。

M20∶2　直口短颈罐。口径12.9、通高20.7、底径13.8厘米（图三六，2；图版一二，3）。

M20∶3　直口短颈罐。口径13.2、通高19.8、底径14.7厘米（图三六，1；图版一二，4）。

M20∶4　灶。泥质。浅灰色。灶体四面饰竖向中偏细绳纹，刮抹较甚，多处绳纹被抹去。灶体为底端开敞的五面体，平面近圆角长方形，灶体较矮，灶面较底端短、窄，横截面呈梯形，前面有长方形灶门，灶面平整，有圆形镂孔4个，3大1小，前三者呈"品"字形排列，上坐三釜，釜上有盆1、甑1，后端小镂孔上置一烟囱，烟囱顶部呈罐形，肩部戳烟眼，灶面另附壶1。灶体泥片拼接而成，表面有刮抹痕迹。灶体长30.3、宽22.5、高7.8、灶门宽7.5、高3厘米（图三六，4；图版一二，5）。

M20∶4-1～M20∶4-3　釜。泥质灰陶。形制相同，大小略不同，均为直口，广肩，圆折腹，圜底。手制，慢轮修整，底部有旋痕和刮削痕迹。

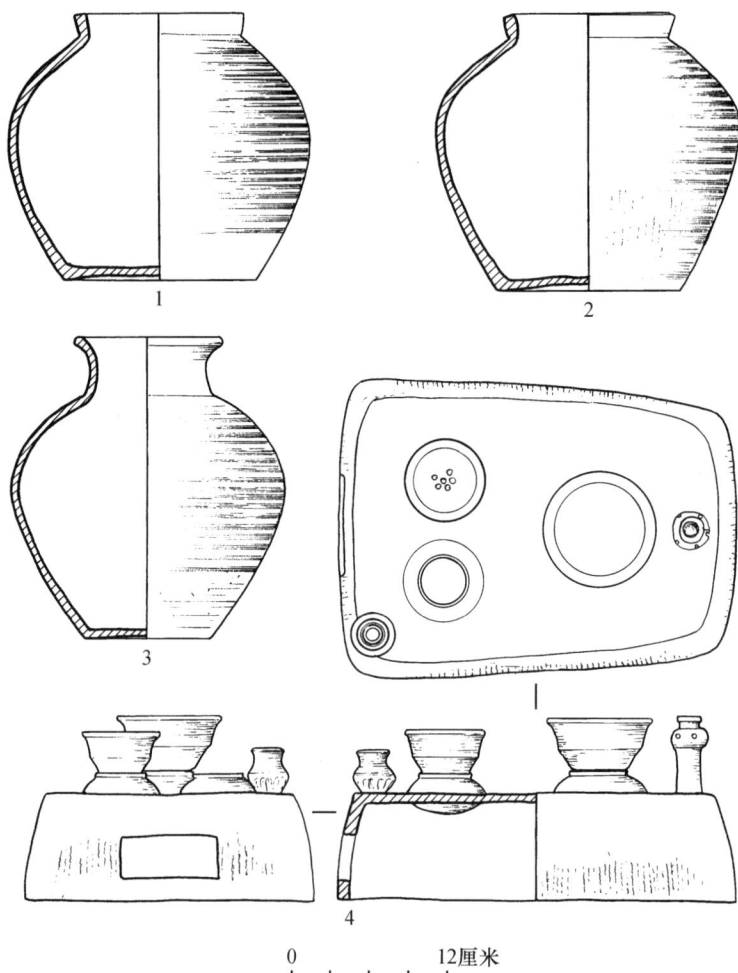

图三六　11YLM20出土陶器

1~3.罐（M20∶3、M20∶2、M20∶1）　4.灶（M20∶4）

M20：4-4　盆。泥质灰陶。敞口，折沿，尖唇，斜收腹，腹中部有折棱，平底。内壁有横向旋抹痕，底面有偏心螺旋纹。

M20：4-5　甑。泥质灰陶。敞口，折沿，尖唇，斜收腹，平底，底部戳圆孔。内壁有横向旋抹痕，下腹有刮削痕迹。

M20：4-6　壶。泥质灰陶。敞口，高颈，圆鼓腹，平底。手制，下腹和底面有刮削痕迹。

2）漆木器

M20：5～M20：7　漆木器。保存甚差，器形不可辨。

8. 11YLM21

（1）墓葬形制

由墓道、墓门和墓室组成（图三七）。墓室略比墓道宽，墓室狭长，墓道与墓室不平行，整体呈长条形。方向353°。

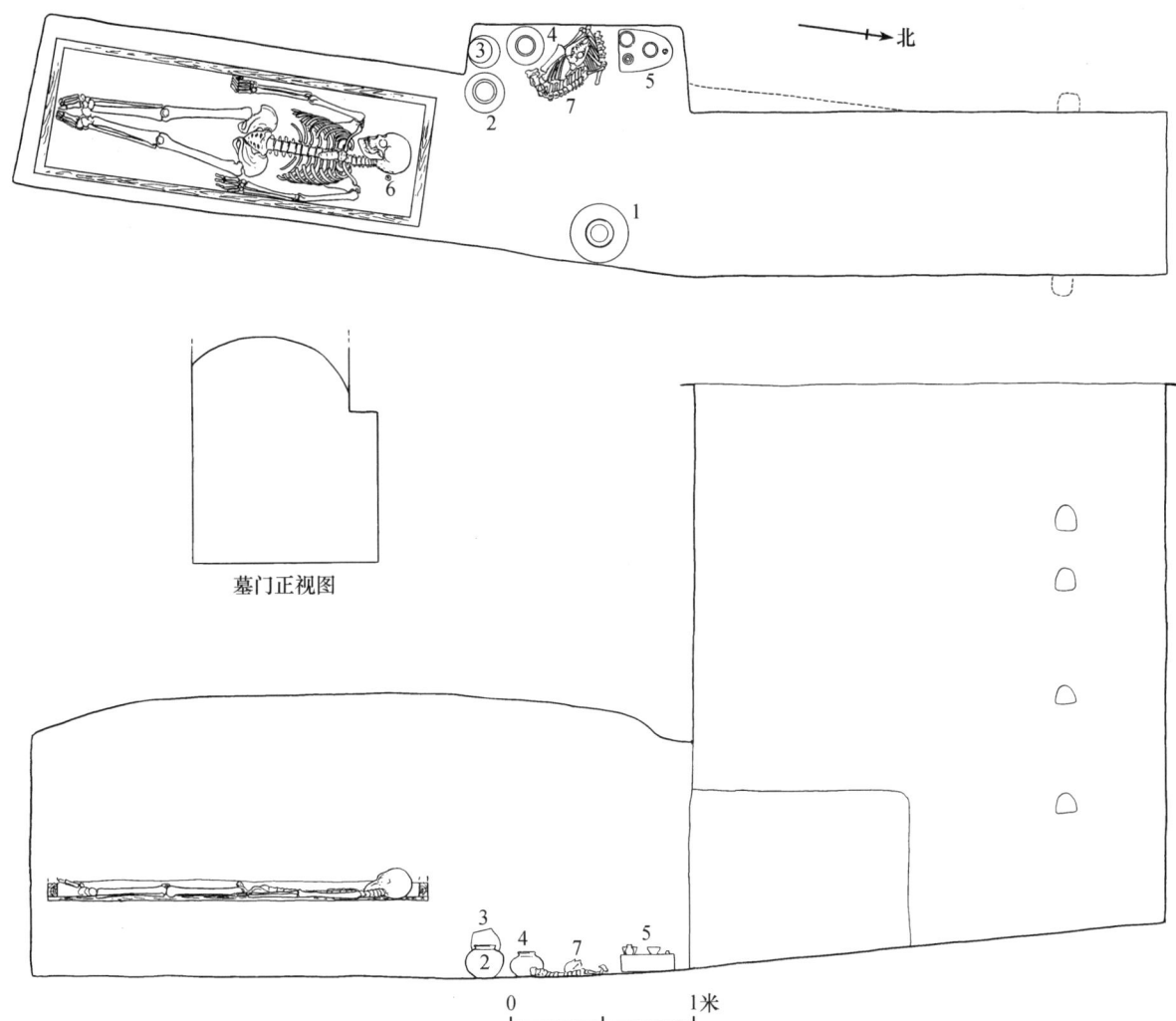

墓门正视图

图三七　11YLM21平面、剖视及墓门正视图

1～4.陶罐　5.陶灶　6.铜钱　7.殉羊

墓道　位于墓室北部，长方形、竖穴，直壁，底部呈斜坡状，北高南低。口长260、宽86、底距现墓口290～315、底坡长263厘米。壁面较整齐，拐角方正，南端西壁近底处向外扩，近北端东、西两壁各掏挖有4个脚窝，一壁一列，上下错位分布，脚窝口宽11～17厘米不等。墓道内填土为黄褐色花土，土质较软。

墓门　拱形顶。高120、宽86～102厘米。封门情况不详。

墓室　平面呈长方形，拱形顶，墓壁斜直，拐角方正，底部平整。长373、宽92、高150厘米（图版一三，1）。墓室前端西侧掏有壁龛。高120～150、宽120、进深27厘米。龛底与墓室底平齐，高度与墓室等高。墓室内被淤土填满。

（2）葬具葬式

该墓为单人葬，置于墓室后端，墓主男性，年龄25岁左右，头向北，面向西，仰身，上肢伸直，双手置于髋骨两侧，下肢伸直。

葬具为一棺，长方形，四角平齐。长212、宽73、残高10、立板厚6厘米。由于墓室内进水，棺室漂浮移位。

（3）随葬品

陶器5件（图版一三，2），器类有陶罐4（M21：1～M21：4）、陶灶1（M21：5）件；铜钱1（M21：6）枚；殉羊1（M21：7）只。主要分别置于以下三处：

1号陶罐置于墓室前端东侧；2～4号陶罐、5号陶灶、7号殉羊置于壁龛内；6号铜钱1枚置于棺内墓主头骨左侧。

1）陶器

M21：1　敞口深腹罐。口沿在烧制过程中变形。外口径约14.1、通高36、底径19.5厘米（图三八，4；图版一四，5）。

M21：2　敞口高颈罐。内口径11.1、通高27、底径12厘米（图三八，2；图版一四，6）。

M21：3　敞口高颈罐。内口径9.6、通高20.7、底径10.8厘米（图三八，3；图版一四，3）。

M21：4　敞口高颈罐。内口径8.4、通高19.2、底径10.8厘米（图三八，1；图版一四，1）。

M21：5　灶。泥质灰陶。灶体底端开敞，平面近圆角弧边三角形，前面平直，有长方形灶门，两侧外弧，后面略显尖圆，灶面平整，上有三釜，呈"品"字形排列，上坐盆1、甑1、附罐1，后端有烟囱。三釜模制，灶面先镂孔，嵌入三釜，灶面与灶体拼接，缝隙间抹泥浆，灶体内外均有刮抹痕迹。灶体长22.8、宽18.9、高8.4、灶门宽7.8、高4.8厘米（图三八，5；图版一四，2）。

M21：5-1　盆。泥质。深灰色。敞口，平沿，弧腹斜内收，平底。手制，下腹有刮削痕迹，制作粗糙。

M21：5-2　甑。泥质灰陶。敞口，折沿，尖唇，弧腹斜内收，平底，底部戳圆孔。内外壁有横向旋抹痕，底面有偏心螺旋纹。

M21：5-3　罐。泥质灰陶。敞口，圆唇，高颈，圆肩，鼓腹，平底。器表有横向旋抹痕，底面有偏心螺旋纹。

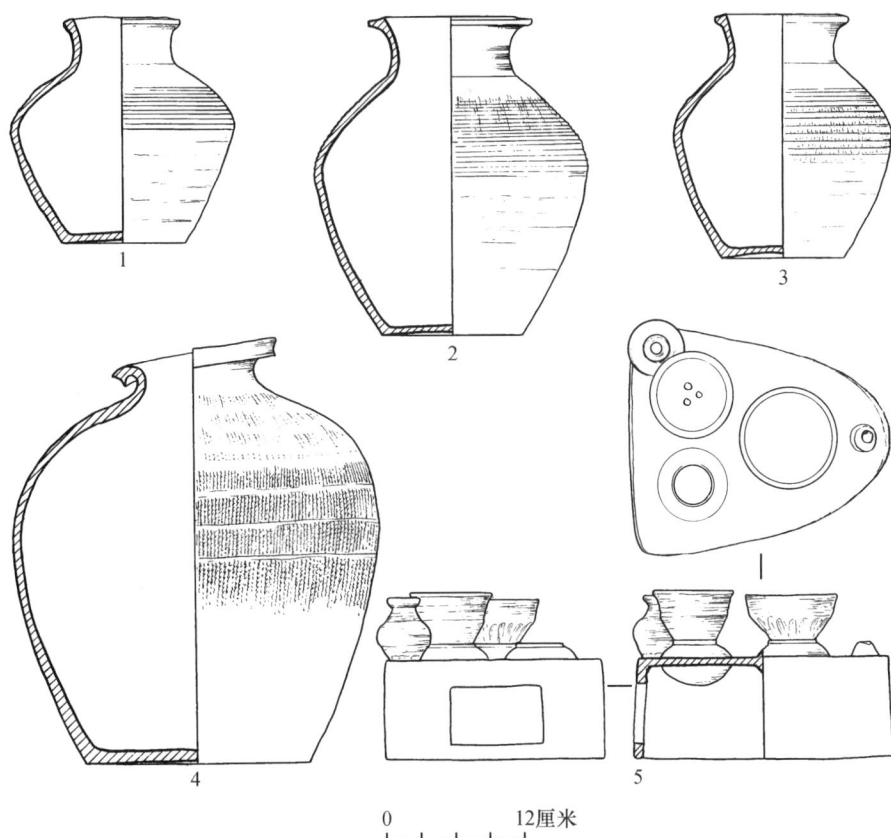

图三八　11YLM21出土陶器

1~4. 罐（M21：4、M21：2、M21：3、M21：1）　5. 灶（M21：5）

2）铜器

M21：6　铜钱。1枚。五铢钱。圆形方穿，正面有外郭无内郭，篆书"五铢"二字，穿右"五"字，穿左"铢"字，"五"字肥阔，中间交叉两笔弯曲，"铢"字的"朱"旁上横笔方折；光背，内外郭俱有。直径2.6、穿大0.9厘米，重3.5克（图三九；图版一四，4）。

9. 11YLM28

（1）墓葬形制

由墓道、墓门和墓室组成（图四〇）。墓室较为宽阔，整体似平头铲形。方向15°。

墓道　位于墓室北部，长方形、竖穴，直壁，底部平整。长230、宽80、底距现墓口300厘米。壁面较整齐，拐角近方正，北端东、西两壁近底部各掏挖有2个脚窝，对称分布，脚窝口宽12~15厘米。墓道内填土为黄褐色花土，土质较软。

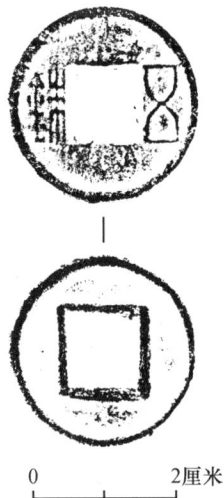

图三九　11YLM21出土五铢铜钱

（M21：6）

图四〇　11YLM28平面、剖视图

1.陶灶　2、5～9、13.陶罐　3、4.漆木器　10、12.铜钱　11.铜环　14.殉羊

墓门　拱形顶。高200、宽80厘米（图四一）。封门情况不详。

墓室　平面呈长条形，拱形顶，直壁，壁面不规则，前端作弧形，后端作直角，底部平整。长320、宽170、高200厘米（图版一五，1）。墓室内被淤土填满。

（2）葬具葬式

该墓为二人合葬，置于墓室偏后端东西两侧。西侧人骨疑似成年男性，头向北，面上，仰身，右肱骨直伸放于体侧，左上肢残缺，下肢伸直。

葬具为一棺，长方形，四角平齐。长208、宽65、残高10、立板厚4～5厘米。

东侧人骨性别不详，成年，头向北，面上，仰身，左上肢弯屈近90°，手置于右腹部，右上肢弯屈较甚，手置于右胸部，下肢伸直。

葬具为一棺，长方形，四角平齐。长205、宽58、残高10、立板厚4～5厘米。两个棺室均漂浮移位，棺底较墓室底高13厘米。

（3）随葬品

陶器8件（图版一五，2），器类有陶罐7（M28：2、M28：5～M28：9、M28：13）、陶灶1（M28：1）件；漆木器2（M28：3、M28：4）件；铜环1（M28：11）件、铜钱10（M28：10、M28：12）枚；殉羊1（M28：14）只。分别置于以下几处：

1号陶灶，2、5～9号陶罐，3、4号漆木器，14号殉羊置于墓室前端东侧；13号陶罐置于墓室前端西侧；10号铜钱置于西侧棺内人骨胸部；11号铜环置于西侧棺内人骨口部；12号铜钱置于东侧棺内人骨胸部。

1）陶器

M28：1　灶。泥质灰陶。灶体局部抹绳纹。灶体为底端开敞的五面体，前面较平直，有长方形灶门，两侧面略外弧，后面圆弧，灶体低矮，灶面平整，有三釜，呈"品"字形排列，上坐盆1、甑1、灶面附罐1，后端有烟囱。三釜模制，灶面镂孔，嵌入三釜，灶面和灶体拼接，缝隙间抹泥浆，内壁有不规则抹痕，表面有刮削痕迹。灶体长23.4、宽21、高6.3、灶门宽8.1、高2.7厘米（图四二，9；图版一六，6）。

M28：1-1　盆。泥质灰陶。敞口，圆唇，束颈，圆折腹，下腹斜内收，平底，底面粗糙。内外壁有横向旋抹痕，下腹有刮削痕迹。

M28：1-2　甑。泥质灰陶。敞口，侈沿，尖唇，束颈，圆腹，下腹斜内收，平底，底面粗糙，底部戳圆孔。内外壁有横向旋抹痕。

M28：1-3　罐。泥质灰陶。敞口，圆唇，高颈，上腹圆鼓，下腹斜内收，平底，底面粗糙。下腹有刮削痕迹。

M28：2　敞口深腹罐。入窑烧之前肩部刻划文字（图四三）。腹底套接，口沿及颈部有横向旋抹痕。口径12.9、通高39、底径21厘米（图四二，7；图版一七，7）。

M28：5　直口短颈罐。口径12.9、通高13.8、底径12.3厘米（图四二，1；图版一六，1）。

M28：6　直口短颈罐。口径13.5、通高14.1、底径14.4厘米（图四二，3；图版一六，2）。

M28：7　直口短颈罐。口径11.4、通高14.4、底径12.9厘米（图四二，4；图版一六，3）。

M28：8　直口短颈罐。口径12.3、通高16.2、底径12.6厘米（图四二，2；图版一六，4）。

M28：9　直口短颈罐。口径12.3、通高15.9、底径12.3厘米（图四二，6；图版一六，5）。

M28：13　敞口深腹罐。残高13.5、底径21厘米（图四二，5）。

2）铜器

M28：10　铜钱。6枚。均为五铢钱。圆形方穿，正面有外郭无内郭，篆书"五铢"二字，穿右"五"字，穿左"铢"字；光背，内外郭俱有，有的钱正面作有记号，有穿上一横郭

图四一　11YLM28墓门正视图

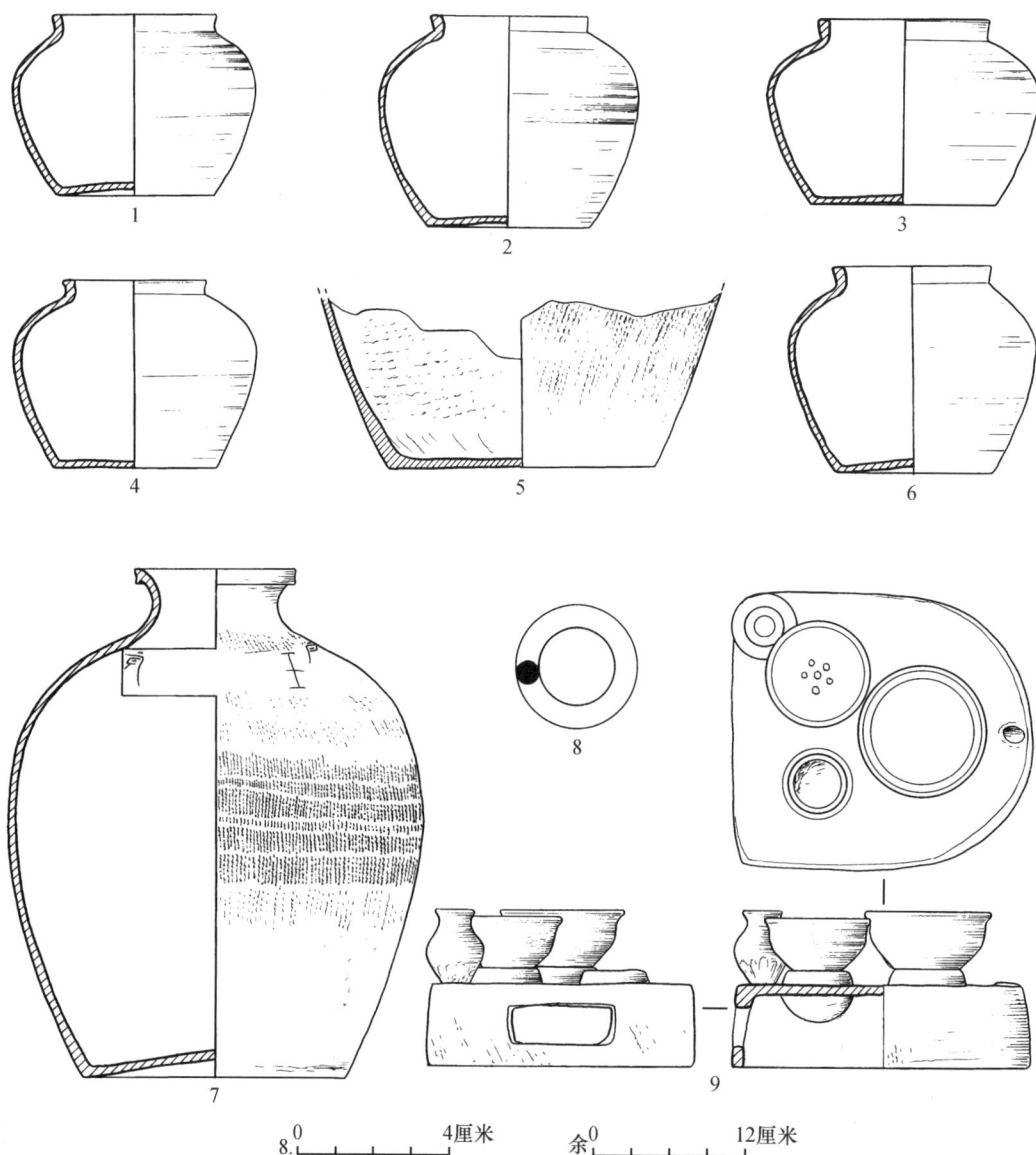

图四二　11YLM28出土器物

1～7.陶罐（M28：5、M28：8、M28：6、M28：7、M28：13、M28：9、M28：2）　8.铜环（M28：11）　9.陶灶（M28：1）

和穿下半星两种。从钱文字体着眼分为二型。

A型　1枚。M28：10-5，"五"字中间交叉两笔较直，略微缓曲，"铢"字的"朱"旁上横笔方折。直径2.5、穿大0.9厘米，重2.8克（图四四，1；图版一七，1）。

B型　5枚。"五"字中间交叉两笔弯曲，上下两横笔出头，"铢"字的"朱"旁上横笔方折。M28：10-1，穿上一横郭。直径2.5、穿大0.9厘米，重3.1克（图四四，2；图版一七，2）；M28：10-2，穿下半星。直径2.5、穿大0.9厘米，重3.1克（图四四，3；图版一七，3）；M28：10-3，直径2.5、穿大0.9厘米，重3.2克（图四四，4；图版一七，4）；M28：10-4，穿下半星。直径2.5、穿大0.9厘米，重2.9克（图四四，5）；M28：10-6，直径2.6、穿大0.9厘米，重2.7克（图四四，6）。

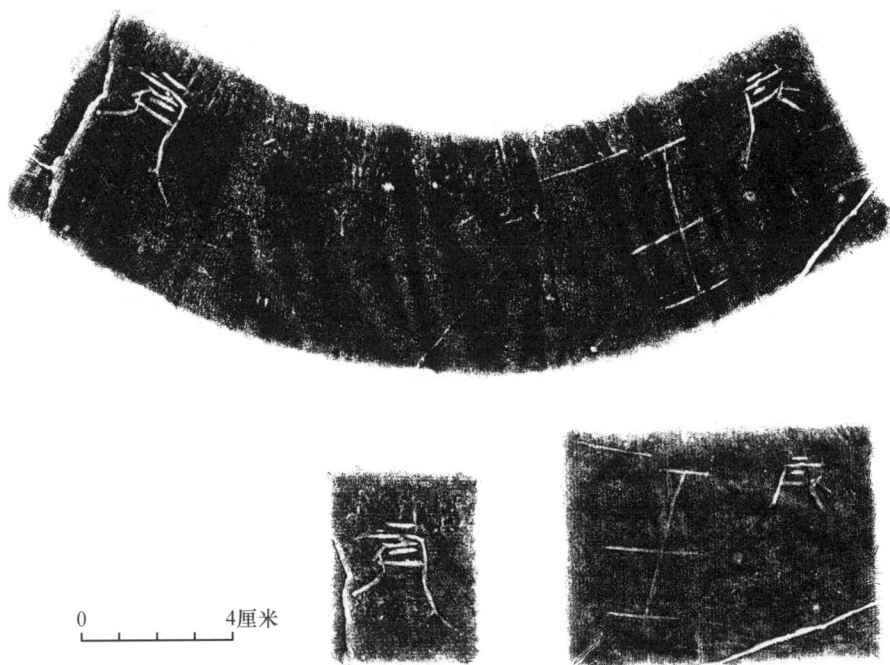

图四三　11YLM28出土陶罐（M28：2）肩部文字拓本

M28：11　铜环。素面。范铸实心圆环，表面腐锈。外径3.2、内径2厘米（图四二，8）。

M28：12　铜钱。4枚。均为五铢钱。圆形方穿，正面有外郭无内郭，篆书"五铢"二字，穿右"五"字，穿左"铢"字；光背，内外郭俱有，有的钱正面作有记号，有穿上一横郭、穿下一横郭和穿下半星三种。从钱文字体着眼分为三型。

A型　1枚。M28：12-4，略残，穿下一横郭，"五"字肥阔，中间交叉两笔直交，"铢"字的"朱"旁上横笔方折。直径2.5、穿大0.9厘米，重2.3克（图四五，1）。

B型　2枚。穿上一横郭，"五"中间交叉两笔弯曲，上下两横笔出头，"铢"字的"朱"旁上横笔方折。M28：12-1，直径2.4、穿大0.9厘米，重3克（图四五，3）；M28：12-2，薄肉。直径2.4、穿大1厘米，重1.8克（图四五，4；图版一七，5）。

C型　1枚。M28：12-3，穿下半星，"五"字粗壮，中间交叉两笔弯曲，"铢"字的"朱"旁上横笔方折。直径2.5、穿大0.9厘米，重2.9克（图四五，2；图版一七，6）。

3）漆木器

M28：3、M28：4　漆木器。朱红色漆皮，黑胎，保存甚差，器形不可辨。

10. 11YLM34

（1）墓葬形制

由墓道、墓门和墓室组成（图四六；图版一八，1）。墓道与墓室宽度相近，墓室狭长，整体呈长条形。方向90°。

墓道　位于墓室东端，长方形、竖穴，直壁，壁面较整齐，拐角近方正，底部平整。长

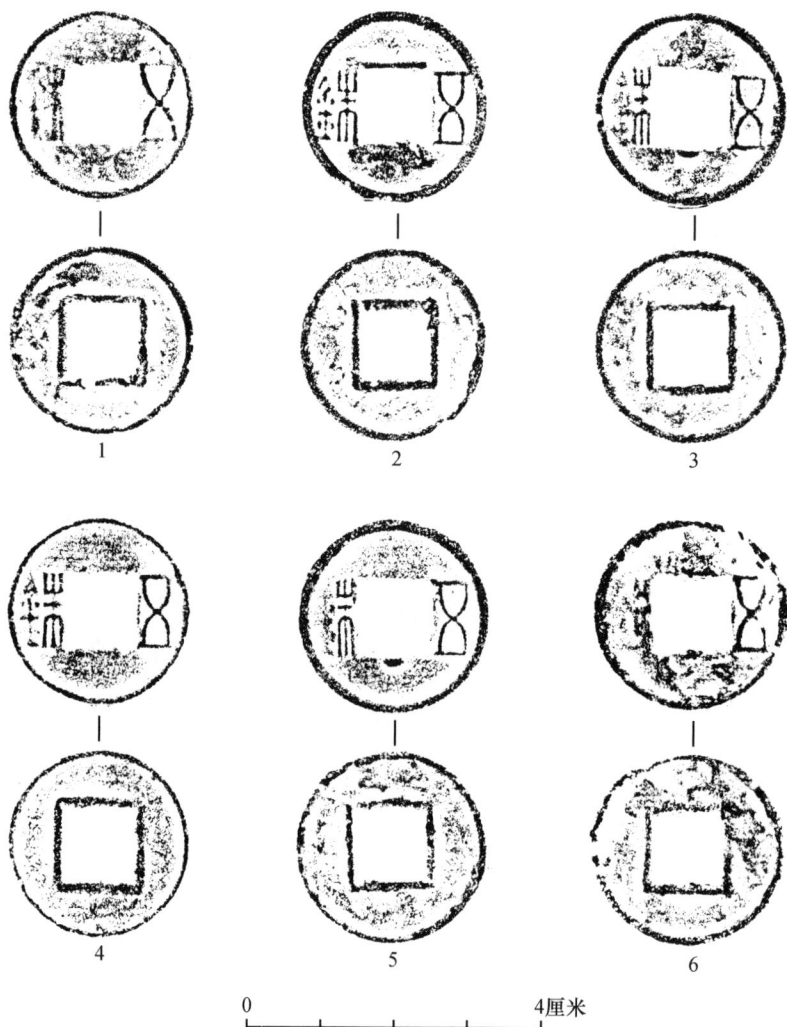

0　　　　　　　　　　　　4厘米

图四四　11YLM28出土五铢铜钱（一）

1. A型（M28：10-5）　2～6. B型（M28：10-1、M28：10-2、M28：10-3、M28：10-4、M28：10-6）

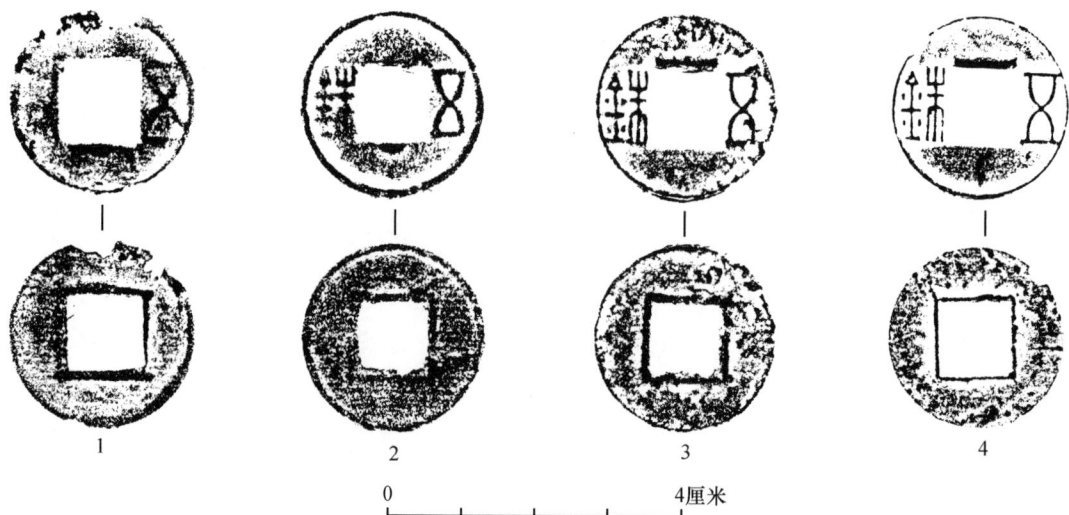

0　　　　　　　　　　　　4厘米

图四五　11YLM28出土五铢铜钱（二）

1. A型（M28：12-4）　2. C型（M28：12-3）　3、4. B型（M28：12-1、M28：12-2）

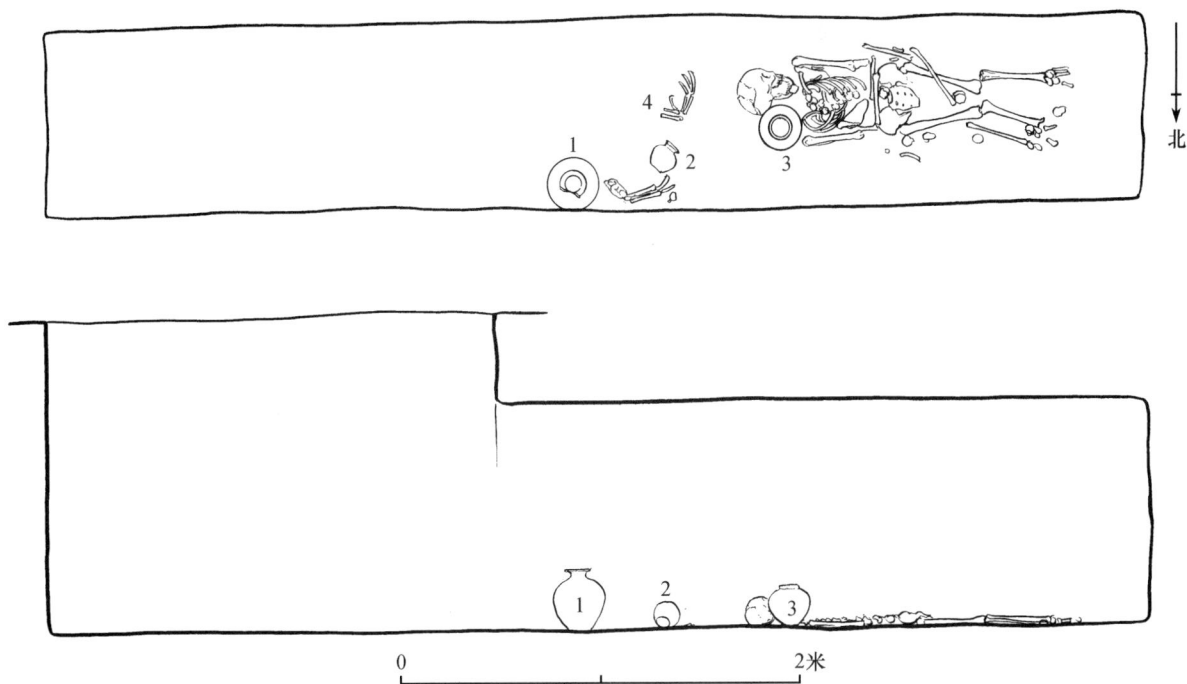

图四六　11YLM34平面、剖视图

1～3.陶罐　4.祭骨

224、宽92、底距现墓口154厘米。墓道内填土为黄褐色花土，土质较软。

墓门　拱形顶。高110、宽92厘米（图四七）。封门情况不详。

墓室　平面呈长方形，拱形顶，拐角近方正，底部平整。长330、宽94、高110厘米。墓室内被淤土堆满。

（2）葬具葬式

该墓为单人葬，人骨架位于墓室后端。墓主为男性，年龄25～30岁，头向东，面南，仰身，下肢伸直，左上肢自然伸直放置于身侧，右上肢弯屈90°置于腹部，骨架略显散乱。

未发现葬具。

图四七　11YLM34墓门正视图

（3）随葬品

陶器3件（图版一八，2），均为陶罐（M34：1～M34：3）；祭骨（M34：4）数块。分别置于以下两处：

1、2号陶罐置于墓室前端北侧；4号祭骨置于墓室前端中部和北侧；3号陶罐置于墓主头骨右侧。

陶器

M34：1　敞口深腹罐。外口径15.3、通高34.8、底径18.6厘米（图四八，1；图版二四，5）。

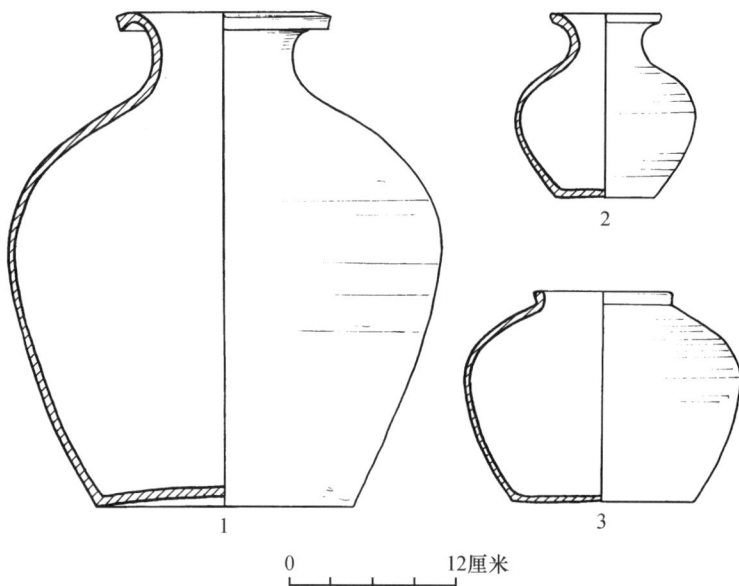

图四八　11YLM34出土陶罐
1. M34：1　2. M34：2　3. M34：3

　　M34：2　敞口高颈罐。口径7.8、通高12.9、底径6.9厘米（图四八，2；图版二四，2）。

　　M34：3　直口短颈罐。口径9.9、通高14.7、底径12.9厘米（图四八，3；图版二四，4）。

11. 11YLM35

（1）墓葬形制

　　由墓道、墓门和墓室组成（图四九）。墓室比墓道宽，墓室较为狭长。方向110°。该墓被盗扰。

　　墓道　位于墓室东端，长方形、竖穴，直壁，底部平整。长220、宽80、底距现墓口230厘米。壁面较整齐，拐角近方正，东端南、北两壁各掏挖有2个脚窝，一壁一列，上下错位分布，脚窝口宽12～15厘米左右。墓道内填土为黄褐色花土，土质较软。

　　墓门　拱形顶。高140、宽80厘米。封门情况不详。

　　墓室　拱形顶，平面呈长方形，拐角方正，底部平整。长304、宽124、高154厘米（图版一九，1）。墓室底较墓道底低14厘米。墓室内堆满淤土，墓室西北角有一盗洞。

（2）葬具葬式

　　该墓为单人葬，置于墓室后端中间，墓主疑似成年男性，头向东，面上，仰身，上肢压在盆骨下，下肢弯屈较甚。

　　葬具不详，墓主骨架下有黑色木板灰。

（3）随葬品

　　陶器8件，器类有陶壶3（M35：1～M35：3）、陶灶1（M35：4）、陶壶盖2（M35：6、M35：8）、陶罐2（M35：7、M35：9）件；铜钱10（M35：5）枚；殉羊1（M35：10）只。

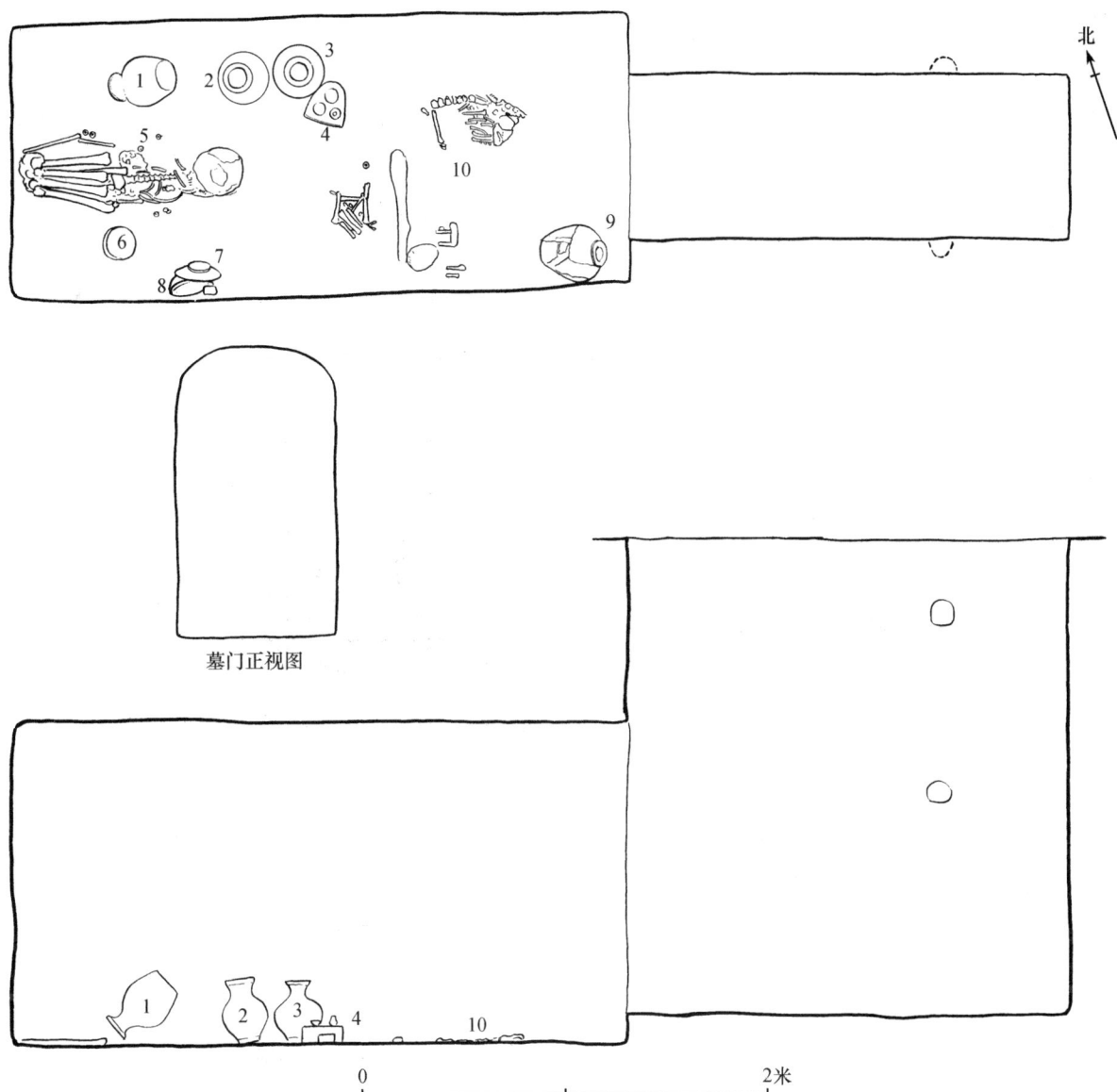

图四九　11YLM35平面、剖视及墓门正视图

1~3.陶壶　4.陶灶　5.铜钱　6、8.陶壶盖　7、9.陶罐　10.殉羊

分别置于以下几处：

1~3号陶壶和4号陶灶置于墓室后端北侧，基本呈"一"字排列；5号铜钱在墓主周围和身下；6、8号壶盖和7号陶罐置于墓室后端南侧；9号陶罐置于墓室前端东南角；10号殉羊置于墓室前端中部，骨架散乱；另外在殉羊肢骨边有漆木器痕迹，器形不可辨。

1）陶器

M35：1　盘口壶。口径17.4、通高35.1、底径17.7厘米（图五〇，3；图版二〇，2）。

M35：2　盘口壶。整个器身遍施彩绘，以白色为底，颈部圈施黑、红、绿彩带，其下肩部紧依彩带用黑笔复线画出蕉叶纹图案，将肩部分割成9部分，蕉叶复线间涂以红色，腹部勾画出蔓草纹图案，器表彩绘大多被磨蚀脱落。口径17.4、通高35.4、底径16.8厘米（图五〇，

1；图版二〇，1）。2号壶和8号壶盖可能是一套。

　　M35：3　盘口壶。整个器身遍施彩绘，以白色为底，颈部圈施黑、红、绿彩带，其下肩部紧依彩带用黑笔复线画出蕉叶纹图案，将肩部分割成9部分，蕉叶复线间涂以红色，蕉叶下以黑笔勾画花草纹样，下腹部用红色勾画出蔓草纹图案，器表彩绘大多被磨蚀脱落。口径18、通高34.5、底径15.6厘米（图五〇，2；图版二〇，5）。3号壶和6号壶盖可能是一套。

　　M35：4　灶。泥质灰陶。灶门上部饰斜方格纹，两侧饰重菱纹。灶体为底端开敞的五面体，平面近弧边三角形，前面近平，有长方形灶门，上端高出灶面，后面近尖圆，灶面有三釜，呈"品"字形排列，上坐盆1、甑1、附罐1，后端有烟囱。灶上三釜模制，灶面镂孔，嵌入三釜，灶面与灶体泥片拼接，缝隙间抹泥浆。灶体长20.7、宽21.6、高10、灶门宽8.1、高3.9

图五〇　11YLM35出土陶壶

1～3.壶（M35：2、M35：3、M35：1）　4.壶盖（M35：6）

厘米（图五一，4；图版二〇，4）。

M35：4-1　盆。泥质灰陶。敞口，平沿，扁圆唇，弧腹斜内收，平底，底面粗糙。内外壁有横向旋抹痕。

M35：4-2　甑。泥质灰陶。敞口，平沿，斜收腹，下腹部有圆折棱，平底，底部有戳孔。内外壁有横向旋抹痕，底面有偏心螺旋纹。

M35：4-3　罐。泥质灰陶。敞口，圆唇，高颈，圆鼓腹，平底。手制，制作粗糙。

M35：6　壶盖。泥质灰陶。表面以白彩衬底，红彩勾勒线条，彩绘大多磨蚀剥落。博山盖，底面削平。内壁手制痕迹明显，有斜向抹痕。通高9.6、底径16.5厘米（图五〇，4）。

M35：7　直口短颈罐。口径9.6、残高7.2厘米（图五一，2）。

M35：8　壶盖。泥质灰陶。表面施白彩，彩绘大多磨蚀剥落。博山盖，底面削平。内壁手制痕迹明显，有横向抹痕。通高9.6、底径15.6厘米（图五一，3；图版二〇，3）。

M35：9　敞口深腹罐。底面中心有一方形印痕，是制作时工作面上一方形物印在底部泥片上的。口径14.1、通高38.4、底径16.5厘米（图五一，1；图版二〇，6）。

2）铜器

M35：5　铜钱。10枚。其中"五铢"4枚，"大泉五十"6枚。

五铢钱。圆形方穿，正面有外郭无内郭，篆书"五铢"二字，穿右"五"字，中间交叉两笔弯曲，穿左"铢"字，"铢"字的"朱"旁上横笔方折；光背，内外郭俱有。钱正面作有记号，有穿上一横郭和穿下半星两种。M35：5-1，穿上一横郭。直径2.4、穿大0.9、重3.8克（图五二，1；图版一九，2）；M35：5-2，穿下半星。直径2.4、穿大1、重2.7克（图五二，2；图版一九，3）；M35：5-3，穿下半星。直径2.4、穿大0.9、重3.4克（图五二，3；图版一九，4）；M35：5-4，穿上一横郭。直径2.5、穿大0.9、重3.4克（图五二，4）。

大泉五十。圆形方穿，正、反两面内外郭俱备，周郭深峻且较宽，肉厚，钱文篆书，上下、右左排列，"大"字形如飞燕，"泉"字上端横笔近平或微弧，内横笔平直，竖笔中断，"五"中间交叉两笔弯曲，钱文版别多样；光背。M35：5-5，直径2.5、穿大0.9厘米，重7.4克（图五二，5；图版一九，5）；M35：5-6，周郭宽窄不匀。直径2.5、穿大0.8厘米，重4.7克（图五二，6；图版一九，6）；M35：5-7，直径2.7、穿大0.8厘米，重7.4克（图五二，7；图版一九，7）；M35：5-8，直径2.7、穿大0.8厘米，重8.9克（图五二，8）；M35：5-9，直径2.7、穿大0.8厘米，重10.9克（图五二，9）；M35：5-10，直径2.7、穿大0.7厘米，重8克（图五二，10）。

12. 11YLM37

（1）墓葬形制

由墓道、墓门和墓室组成（图五三）。墓室比墓道宽，墓室较为狭长，墓道偏向北边，整体呈刀形。方向100°。

墓道　位于墓室东端，长方形、竖穴，直壁，底部平整。长250、宽90、底距现墓口245

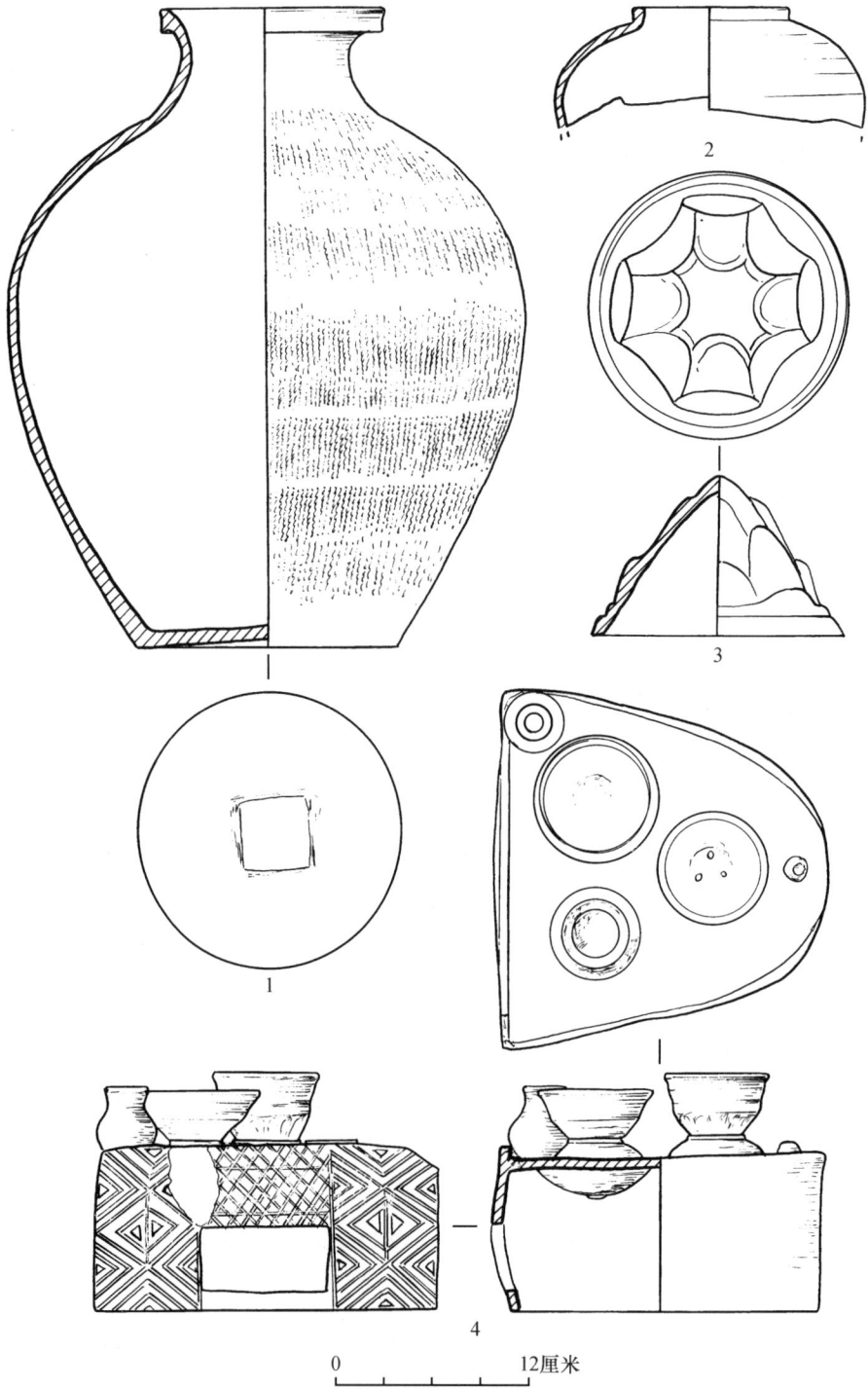

图五一　11YLM35出土陶器

1、2.罐（M35：9、M35：7）　3.壶盖（M35：8）　4.灶（M35：4）

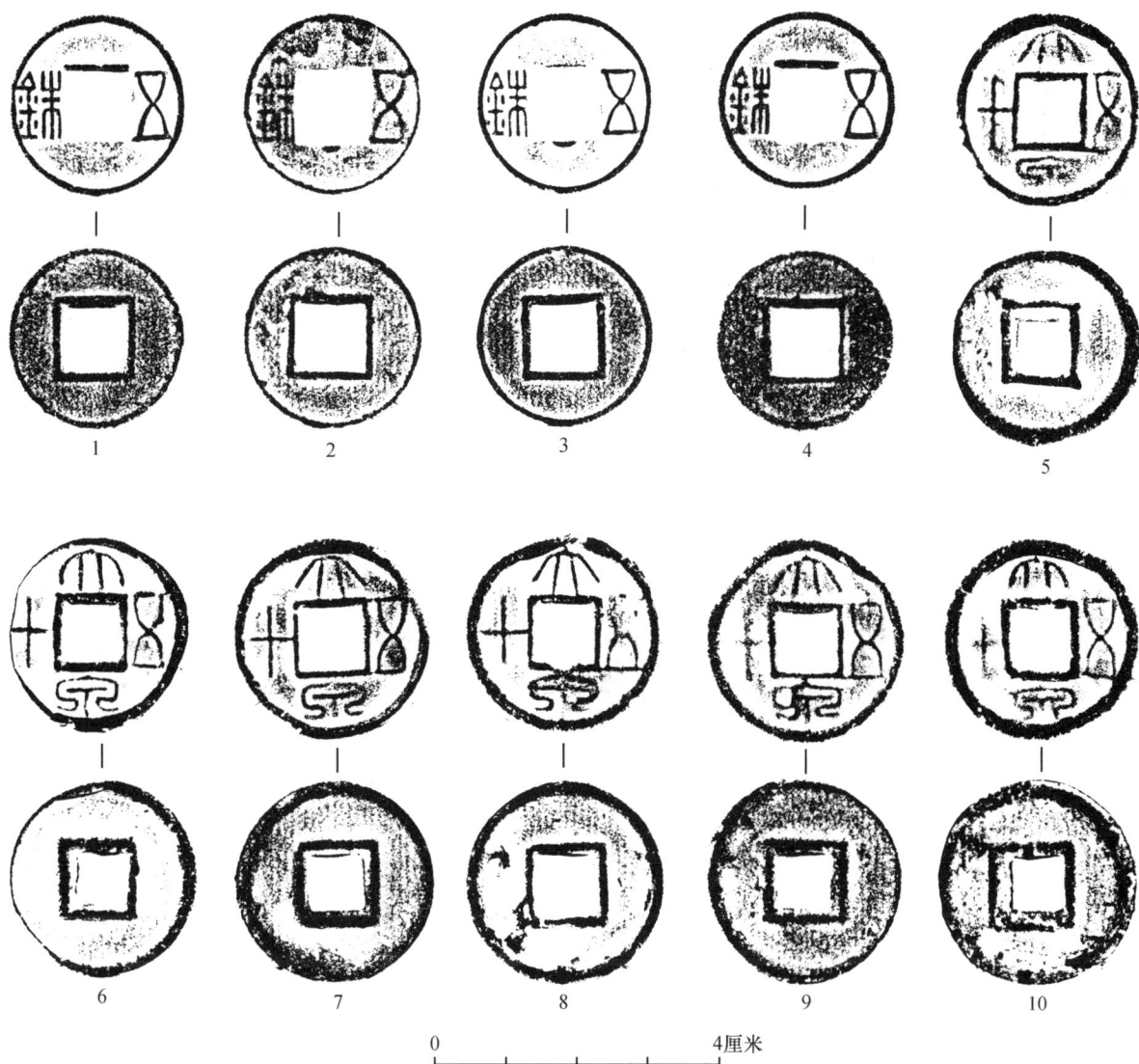

图五二　11YLM35出土铜钱

1～4.五铢钱（M35：5-1～M35：5-4）　5～10.大泉五十（M35：5-5～M35：5-10）

厘米。壁面较整齐，拐角近方正，东端南、北两壁各掏挖有3个脚窝，一壁一列，上下错位分布，脚窝口宽10～14厘米。墓道内填土为黄褐色花土，土质较软。

墓门　拱形顶。高160、宽90厘米。封门情况不详。

墓室　拱形顶，平面呈长方形，后端抹角，平底。长400、宽165、高160厘米（图版二一，1）。墓室东壁南端掏有一壁龛，龛口宽50、进深30、高50厘米，底部与墓室底平齐。墓室内被淤土填满。

（2）葬具葬式

该墓为二人合葬，置于墓室中部偏后端南北两侧，北侧人骨疑似男性，年龄不详，头向东，面上，仰身，左上肢弯屈，手置于髋骨旁，右上肢伸直，手置于髋骨旁，下肢伸直。

葬具为一棺，长方形，四角平齐。长207、宽60厘米。

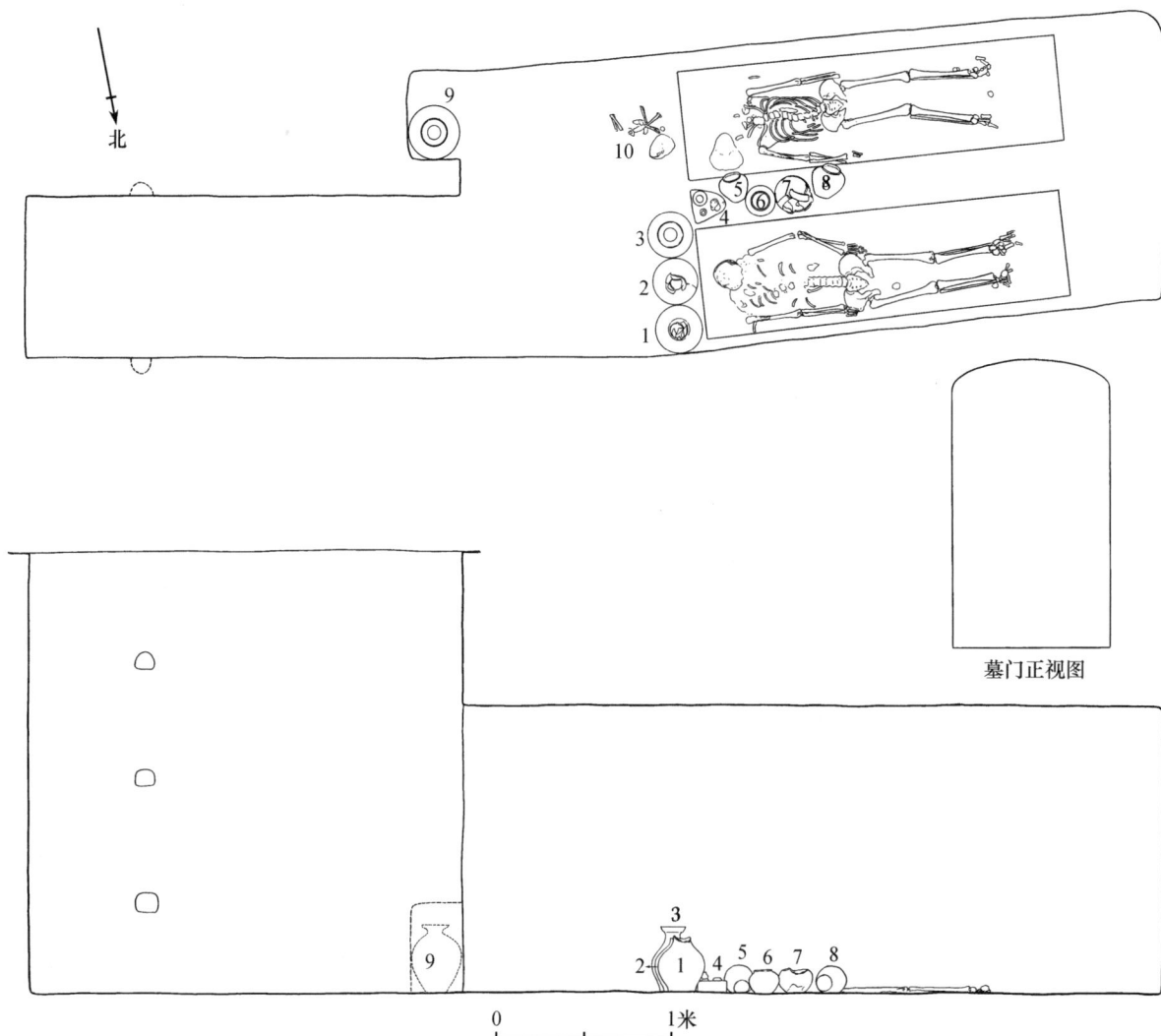

图五三　11YLM37平面、剖视及墓门正视图
1～3.陶壶　4.陶灶　5～9.陶罐　10.殉牲

南侧人骨性别年龄不详，头向东，面上，仰身，上肢自然伸直，置于身体两侧，下肢伸直。葬具为一棺，长方形，四角平齐。长215、宽60厘米。

（3）随葬品

陶器9件，器类有陶壶3（M37：1～M37：3）、陶灶1（M37：4）、陶罐5（M37：5～M37：9）件；殉牲小动物一只（M37：10）。分别置于以下几处：

1～3号陶壶置于北侧棺外前端，南北列放4号陶灶，5～8号陶罐置于两棺之间前端，东西向放置，这8件随葬品呈"L"形放置；9号陶罐置于墓室东壁龛内；10号殉牲小动物置于南侧棺外前端。

陶器

M37：1　盘口壶。口径17.1、通高35.1、底径17.1厘米（图五四，4；图版二二，4）。

M37：2　盘口壶。口径17.4、通高36.6、底径17.7厘米（图五四，2；图版二二，1）。

M37：3　盘口壶。口径15.6、通高36.6、底径16.8厘米（图五四，1；图版二二，2）。

M37：4　灶。泥质。夹心陶，内外壁呈浅灰色，胎呈黄褐色。灶体饰中偏细绳纹，抹压较甚，多处绳纹被抹去，灶面前端有刻划纹。灶体底端开敞，平面呈弧边三角形，前面平直，有长方形灶门，两侧面略弧，后面略显尖圆，灶面平整，有三釜，呈"品"字形排列，上坐盆1、另附罐1，后端有烟囱，无穿孔。灶面上三釜模制，嵌入镂孔的灶面中，灶体泥片拼接，缝隙间抹泥浆。灶体长21.9、宽20.7、高9.3、灶门宽6、高4.2厘米（图五五，2；图版二一，4）。

M37：4-1　盆。泥质。浅灰色，胎及内壁呈黄褐色。敞口，平沿，尖唇，弧腹斜内收，平底。内壁有斜向抹痕，沿面削切痕迹明显，制作粗糙。

M37：4-2　罐。泥质灰陶。敞口，圆唇，矮颈，圆肩，上腹圆鼓，下腹微弧斜内收，平底。手制，制作粗糙。

M37：5　直口短颈罐。口径9.9、通高14.1、底径9.3厘米（图五五，3；图版二一，3）。

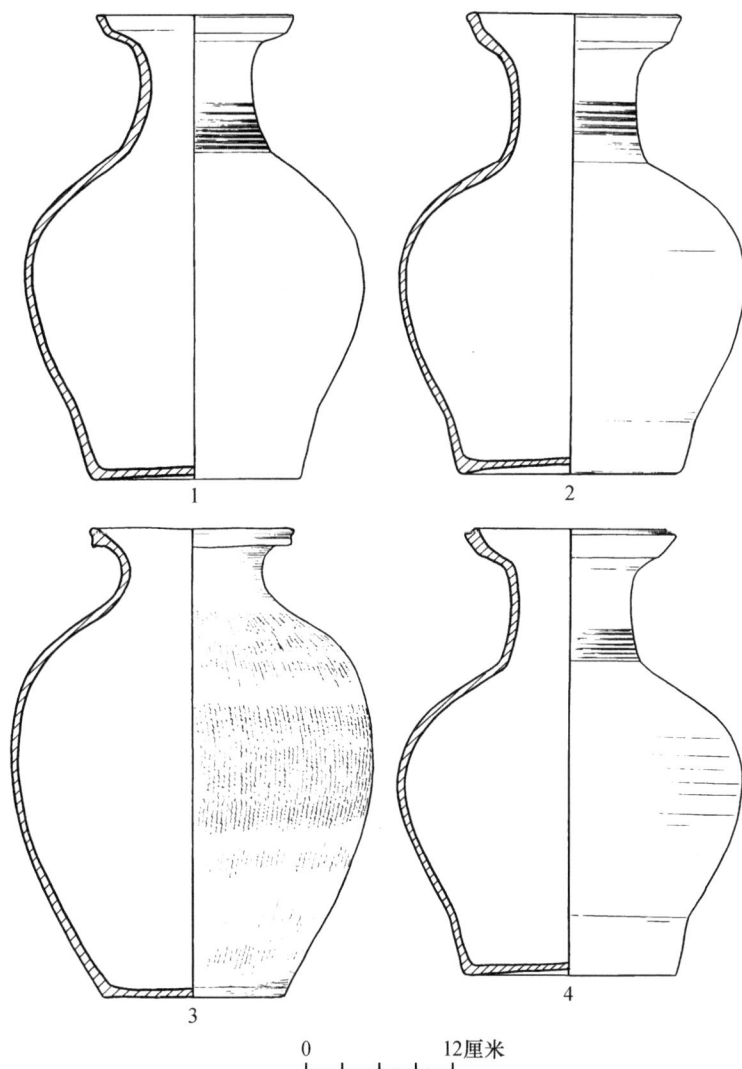

0　　　　　　　　12厘米

图五四　11YLM37出土陶器（一）

1、2、4. 壶（M37：3、M37：2、M37：1）　3. 罐（M37：9）

M37：6　直口短颈罐。口径10.8、通高13.2、底径9.9厘米（图五五，4；图版二一，5）。

M37：7　直口短颈罐。口径10.2、高约14.7、底径9.9厘米（图五五，1）。

M37：8　直口短颈罐。口径10.2、通高14.4、底径9.9厘米（图五五，5；图版二一，2）。

M37：9　敞口深腹罐。口径16.5、通高36.9、底径14.7厘米（图五四，3；图版二二，3）。

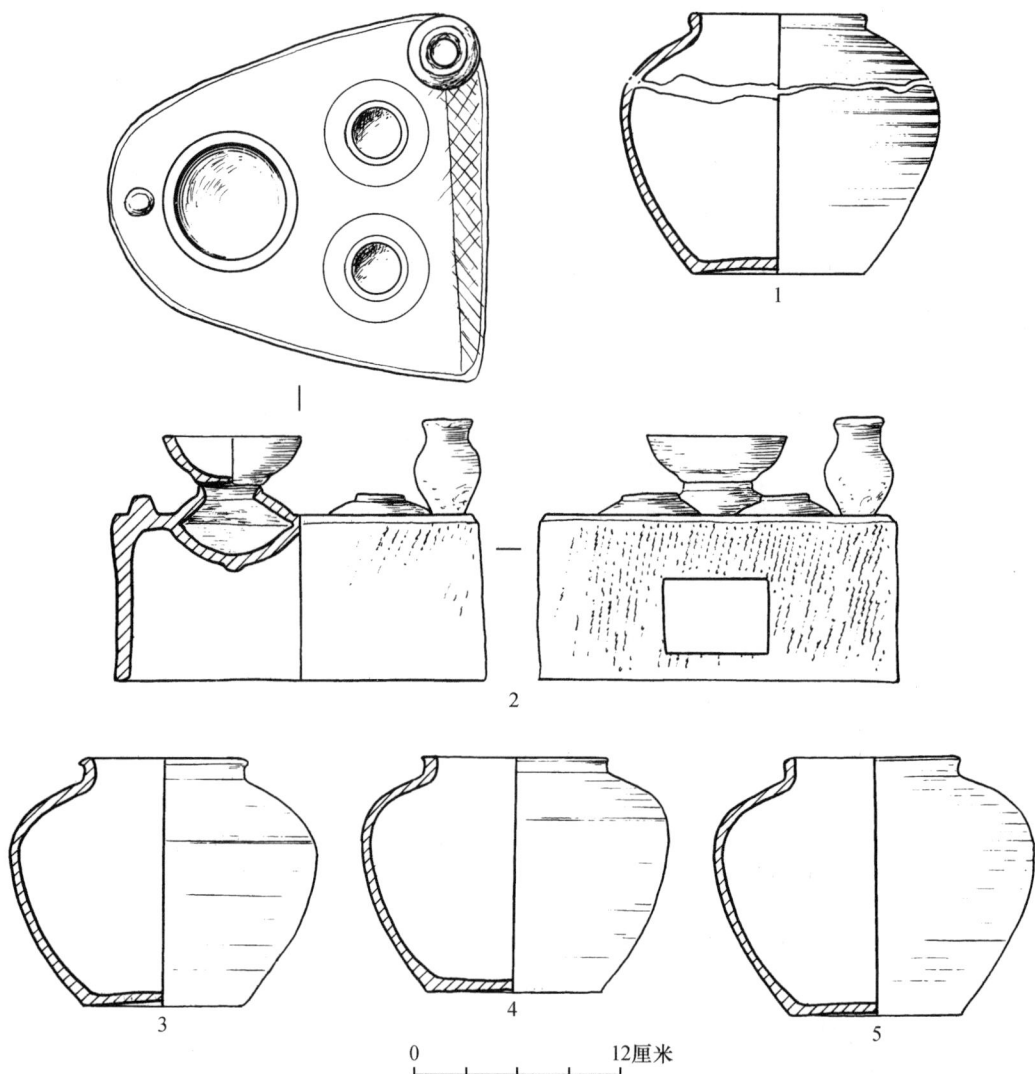

图五五　11YLM37出土陶器（二）

1、3～5.罐（M37：7、M37：5、M37：6、M37：8）　2.灶（M37：4）

13. 11YLM41

（1）墓葬形制

由墓道、墓门和墓室组成（图五六）。墓道与墓室宽度基本相近，墓室狭长，整体呈长条形。方向100°。墓道被M40打破。

墓道　位于墓室东部，长方形、竖穴，拐角近方正，直壁，壁面较整齐，底部平整。长250、宽84、底距现墓口126厘米。墓道内填土为黄褐色花土，土质较软。

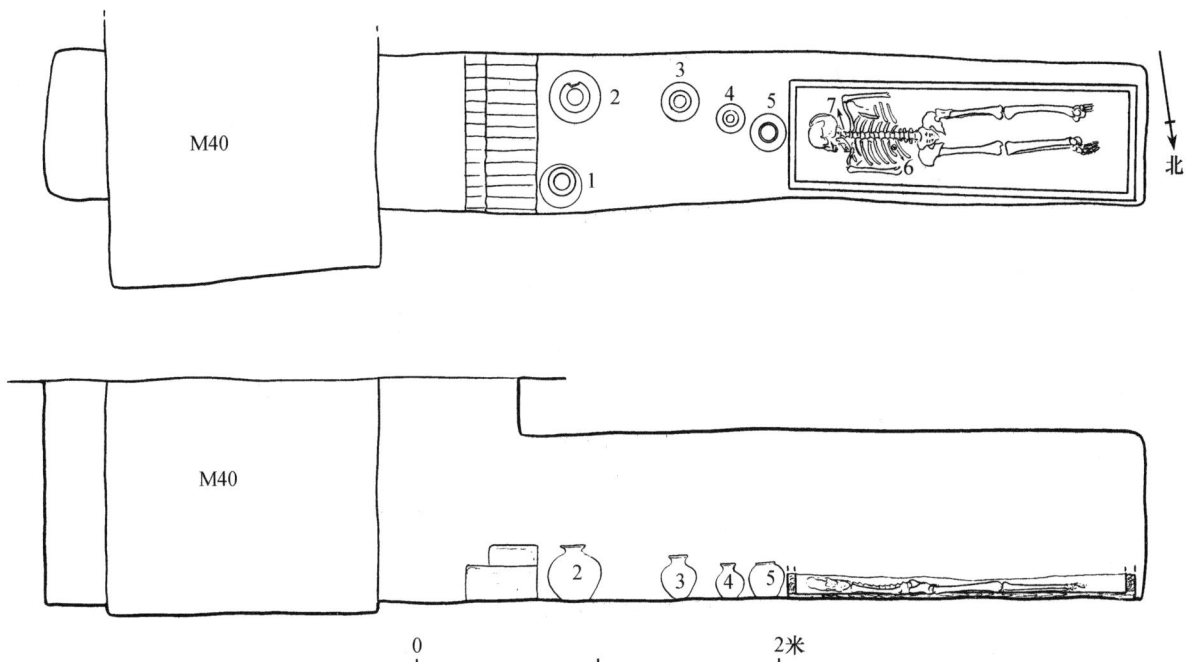

图五六 11YLM41平面、剖视图
1~5.陶罐 6.铜钱 7.料珠

墓门 拱形顶。高90、宽86厘米。土坯封门，封堵方式呈甃砖样式干摆，封门残高30厘米。

墓室 平面呈长条形，拱形顶，后端抹角，底面平整。长350、宽86、高126厘米（图版二三，1）。墓室内填满淤土。

（2）葬具葬式

该墓为单人葬，墓主置于墓室后端，骨架保存较差。性别、年龄不可辨，头向东，面向不详，仰身，上肢放置方式不明，下肢直伸。

葬具为一棺，长方形，四角平齐。长196、宽64、残高14、立板厚6厘米。

（3）随葬品

陶器5件（图版二三，2），均为陶罐（M41：1~M41：5）；铜钱21（M41：6）枚；料珠3（M41：7）件。分别置于以下两处：

1~5号陶罐均置于墓室前端；6号铜钱置于棺内墓主胸部；7号料珠置于棺内墓主颈部。

1）陶器

M41：1 敞口高颈罐。内口径12.6、通高29.4、底径14.1厘米（图五七，1；图版二五，5）。

M41：2 敞口深腹罐。肩部表面多处剥落。口径14.1、通高37.2、底径17.4厘米（图五七，2；图版二四，6）。

M41：3 敞口深腹罐。口径11.7、通高21、底径11.7厘米（图五七，6；图版二四，1）。

M41：4 敞口高颈罐。口径8.1、通高15、底径8.7厘米（图五七，4；图版二五，6）。

M41：5 直口短颈罐。口径10.2、通高16.8、底径12厘米（图五七，3；图版二四，3）。

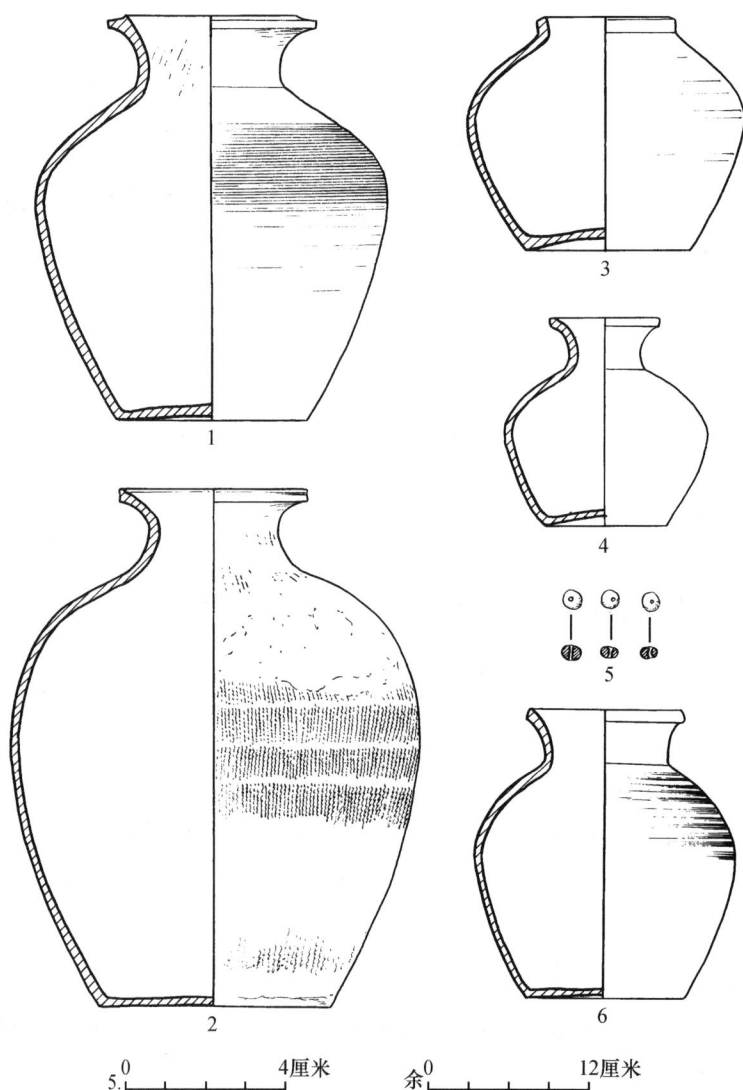

图五七　11YLM41出土器物

1~4、6.陶罐（M41：1、M41：2、M41：5、M41：4、M41：3）　5.料珠（M41：7）

2）铜器

M41：6　铜钱。21枚。均为五铢钱。圆形方穿，正面有外郭无内郭，篆书"五铢"二字，穿右"五"字，穿左"铢"字；光背，内外郭俱有，个别背面无郭。有的钱正面作有记号，有穿上一横郭和穿下半星两种。从钱文字体着眼分为四型。

A型　2枚。"五"字较瘦，中间交叉两笔缓曲，近直交，"铢"字的"朱"旁上横笔方折。M41：6-1，直径2.4、穿大0.9厘米，重2.7克（图五八，1；图版二五，1左）；M41：6-13，穿下半星。直径2.4、穿大0.9厘米，重3.5克（图五八，2；图版二五，1右）。

B型　1枚。M41：6-19，穿上一横郭，"五"字瘦长，中间交叉两笔弯曲，笔划粗壮，"铢"字的"朱"旁上横笔方折。直径2.5、穿大0.9厘米，重3.9克（图五八，3；图版二五，2）。

C型　4枚。"五"字较肥阔，中间交叉两笔弯曲，"铢"字的"朱"旁上横笔方折。M41：6-2，背面无内外郭。直径2.5、穿大0.9厘米，重3克（图五八，4）；M41：6-7，穿下半

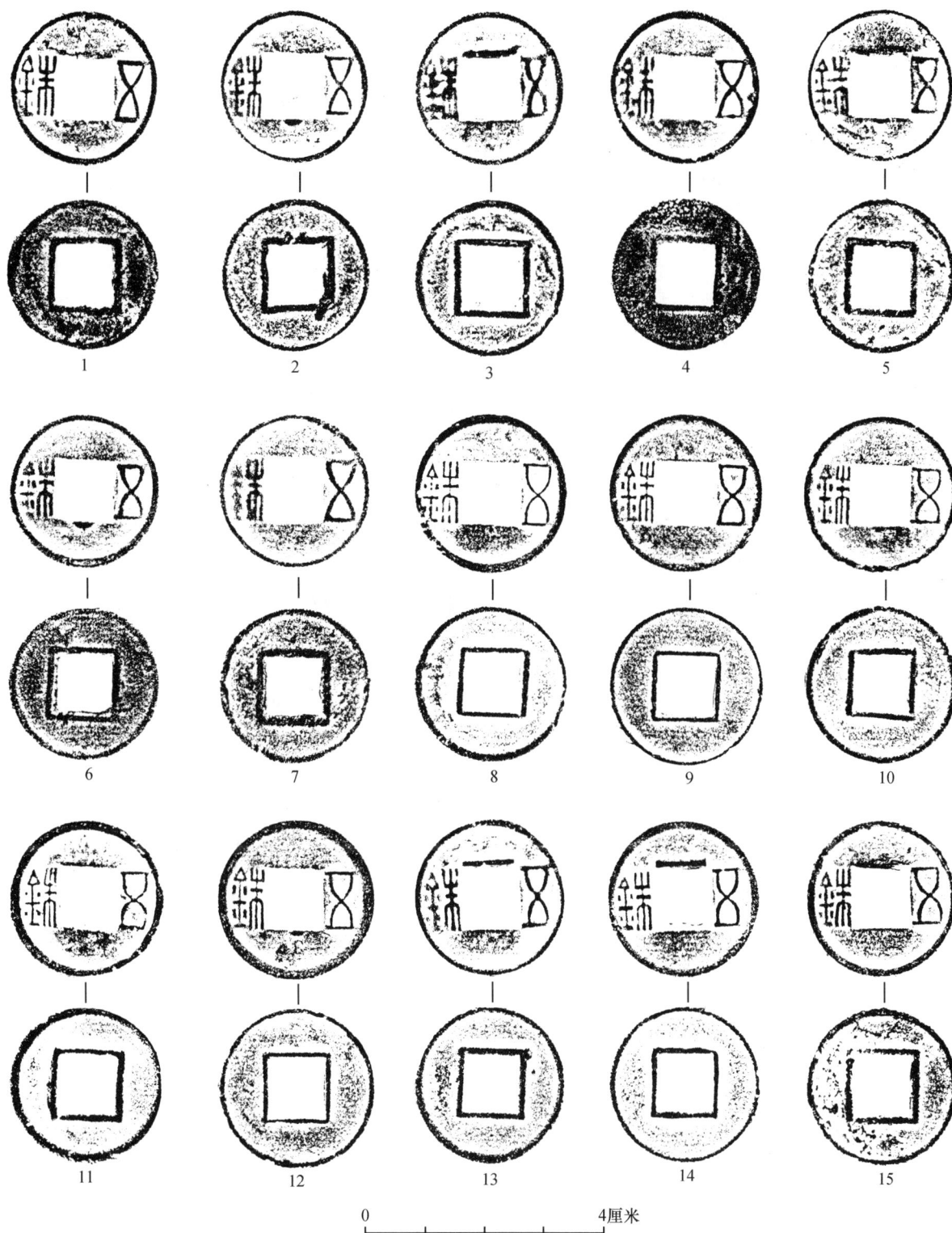

0   4厘米

图五八　11YLM41出土五铢铜钱

1、2. A型（M41：6-1、M41：6-13） 3. B型（M41：6-19）　4～7. C型（M41：6-2、M41：6-7、M41：6-11、M41：6-20）

8～15. D型（M41：6-3、M41：6-4、M41：6-5、M41：6-6、M41：6-8、M41：6-9、M41：6-10、M41：6-12）

星。直径2.4、穿大0.9厘米，重3.1克（图五八，5；图版二五，3）；M41：6-11，穿下半星。直径2.4、穿大0.9厘米，重3.4克（图五八，6）；M41：6-20，直径2.5、穿大0.9、重3.7克（图五八，7）。

D型　14枚。"五铢"二字笔划纤细，规整，"五"字肥阔，中间交叉两笔弯曲，上下两横笔出头，"铢"字的"朱"旁上横笔方折。M41：6-3，直径2.5、穿大0.9厘米，重3.2克（图五八，8；图版二五，4左）；M41：6-4，直径2.5、穿大0.9厘米，重2.7克（图五八，9；图版二五，4右）；M41：6-5，穿下半星。直径2.6、穿大0.9厘米，重3.4克（图五八，10）；M41：6-6，周郭较厚。直径2.5、穿大0.9厘米，重4.1克（图五八，11）；M41：6-8，穿下半星。直径2.5、穿大0.9厘米，重3.4克（图五八，12）；M41：6-9，穿上一横郭。直径2.5、穿大0.9厘米，重3.5克（图五八，13）；M41：6-10，穿上一横郭。直径2.5、穿大0.9厘米，重3.6克（图五八，14）；M41：6-12，直径2.5、穿大0.9厘米，重3.6克（图五八，15）；M41：6-14，穿下半星。直径2.5、穿大1厘米，重3.1克（图五九，1）；M41：6-15，直径2.6、穿大0.9厘

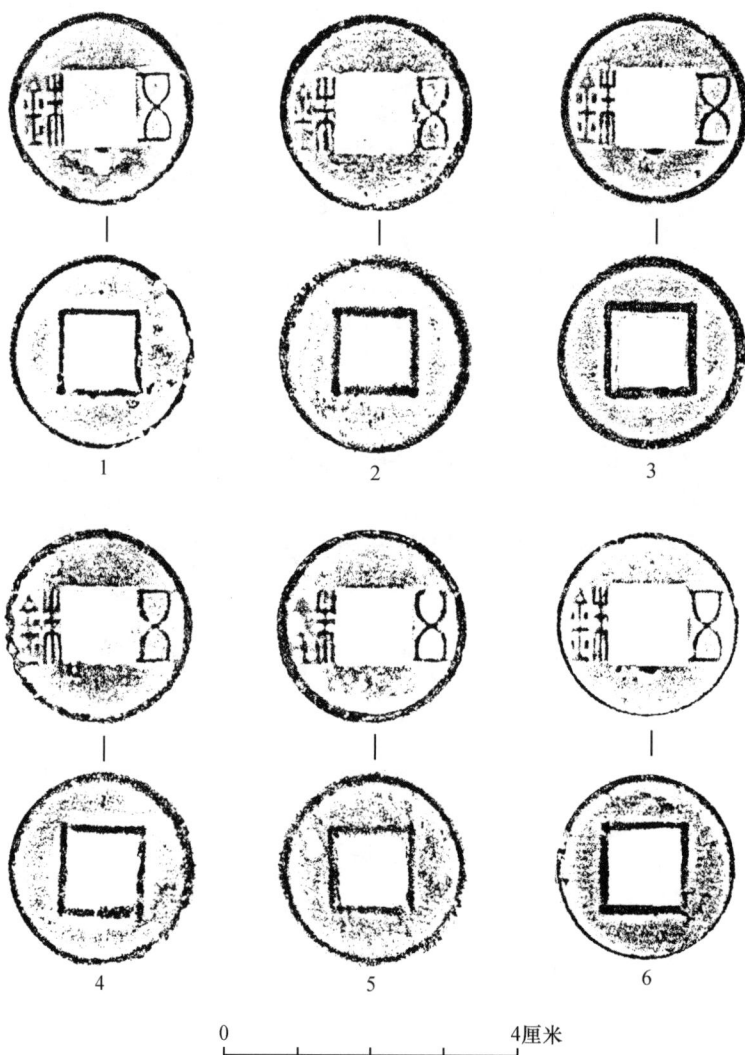

图五九　11YLM41出土D型五铢铜钱

1. M41：6-14　2. M41：6-15　3. M41：6-16　4. M41：6-17　5. M41：6-18　6. M41：6-21

米，重3.2克（图五九，2）；M41：6-16，穿下半星，肉较厚。直径2.5、穿大0.9厘米，重4.2克（图五九，3）；M41：6-17，直径2.5、穿大1厘米，重2.8克（图五九，4）；M41：6-18，直径2.5、穿大0.9厘米，重3.7克（图五九，5）；M41：6-21，穿下半星。直径2.4、穿大1厘米，重2.4克（图五九，6）。

3）料饰件

M41：7 料珠。串饰，一组3件，扁圆体，中间有穿孔，表面有磨蚀。直径0.5、高0.4厘米（图五七，5）。

第二节 砖 室 墓

1. 11YLM3

（1）墓葬形制

单室墓，由墓道、墓门、墓室组成（图六〇）。墓道略比墓室宽，墓室狭长，整体呈长条形。方向95°。

墓道 位于墓室东端，长方形、竖穴，直壁，底部平整。长250、宽100、底距现墓口380厘米。墓道拐角方正，壁面较粗糙，近东端南、北两壁上各掏挖有5个脚窝，一壁一列，上下错位分布，脚窝口部宽15厘米左右。墓道内填土为黄褐色花土，土质较硬。

墓门 单层砖券拱形顶。高103、宽100厘米。采用青灰条砖封门，封堵方式为卧砖错缝干摆，砖缝基本为十字缝，不规整。

墓室 在土洞内用青砖砌筑，平面呈长方形，单层砖券拱形顶，长355、宽90、高103厘米（图版二六）。墓室底以条砖平铺墁地，前端横排错缝，后端少数直排通缝，铺地砖面与墓道底部平齐。墓壁采用顺砖错缝平砌，砖缝为十字缝。墓顶为单层砖券拱形顶。墓室内淤土过半。

（2）葬具葬式

该墓为单人葬，墓主骨架置于墓室后端，腐朽较甚，呈粉状，性别、年龄不详。墓主头向东，面上，仰身，上肢自然伸直，置于身体两侧，下肢伸直。

葬具不详，仅在人骨下发现黑色木板灰。

（3）随葬品

陶器9件（图版二七，1），器类有陶罐4（M3：1、M3：7～M3：9）、釉陶壶4（M3：2、M3：3、M3：5、M3：6）、陶灶1（M3：4）件；铜钱3（M3：10）枚。主要分别置于以下几处：

大量的陶器放置在墓室前端近墓门处，有1、7号陶罐，2、3、5、6号釉陶壶，4号陶灶；8号陶罐置于墓主头骨右侧；9号陶罐置于墓主右髋骨旁；10号铜钱置于墓主右股骨内侧。

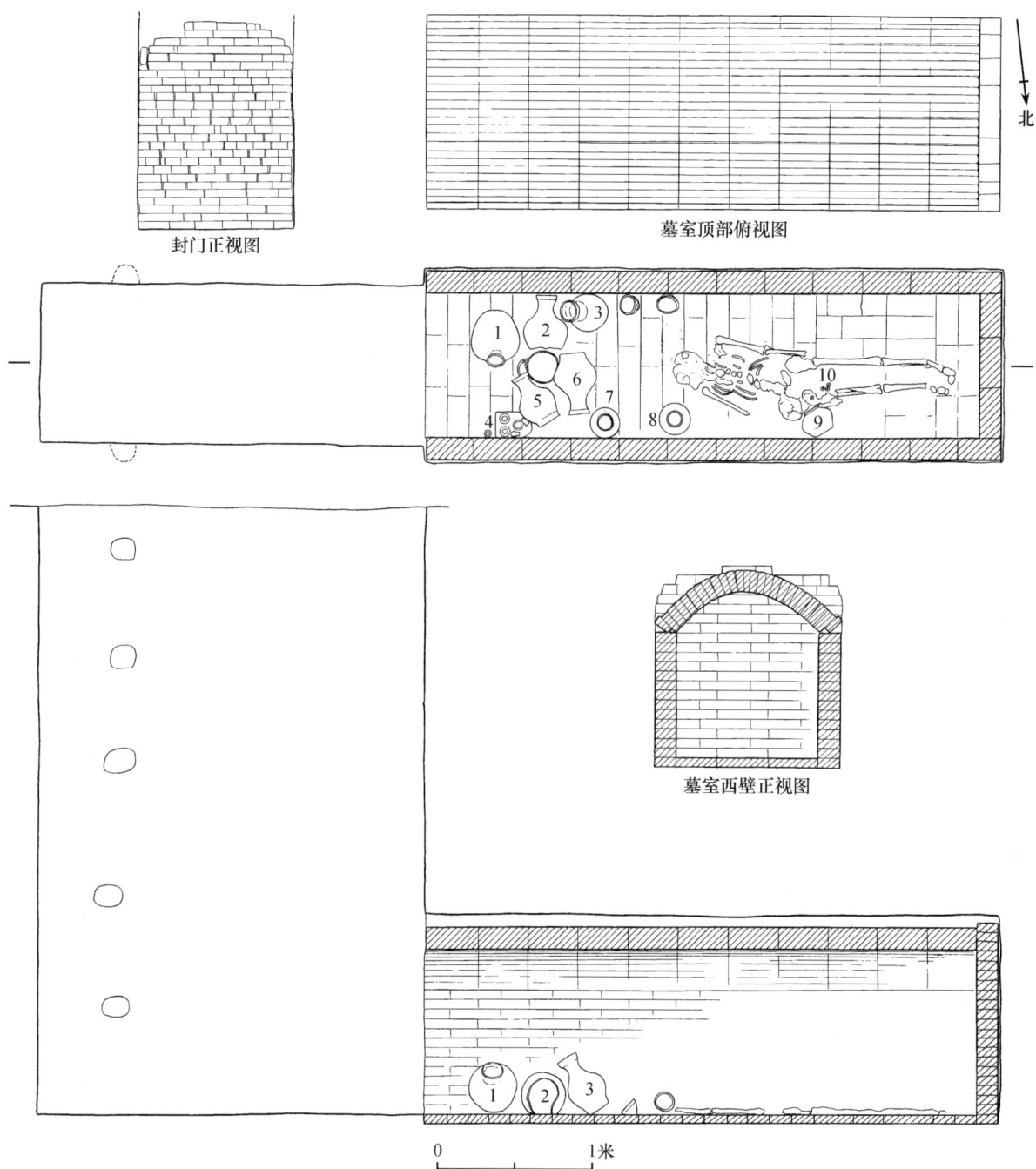

图六〇　11YLM3平面、剖视、俯视及封门、墓壁正视图
1、7～9.陶罐　2、3、5、6.釉陶壶　4.陶灶　10.铜钱

1）陶器

M3：1　侈口短颈罐。口径12.3、通高33.9、底径17.4厘米（图六一，4；图版二八，3）。

M3：2　盘口壶。泥质，结构紧密。带盖壶。盖顶面施绿色釉，壶表面施黄绿相间的釉至达口沿，胎及内壁呈红色。肩上部近颈处和肩腹转折处各饰三周凹弦纹。博山盖，盖底面平整；壶为盘口，平沿，沿面略弧，长颈微曲，溜肩，鼓腹，下腹微弧斜内收，近底处向内折

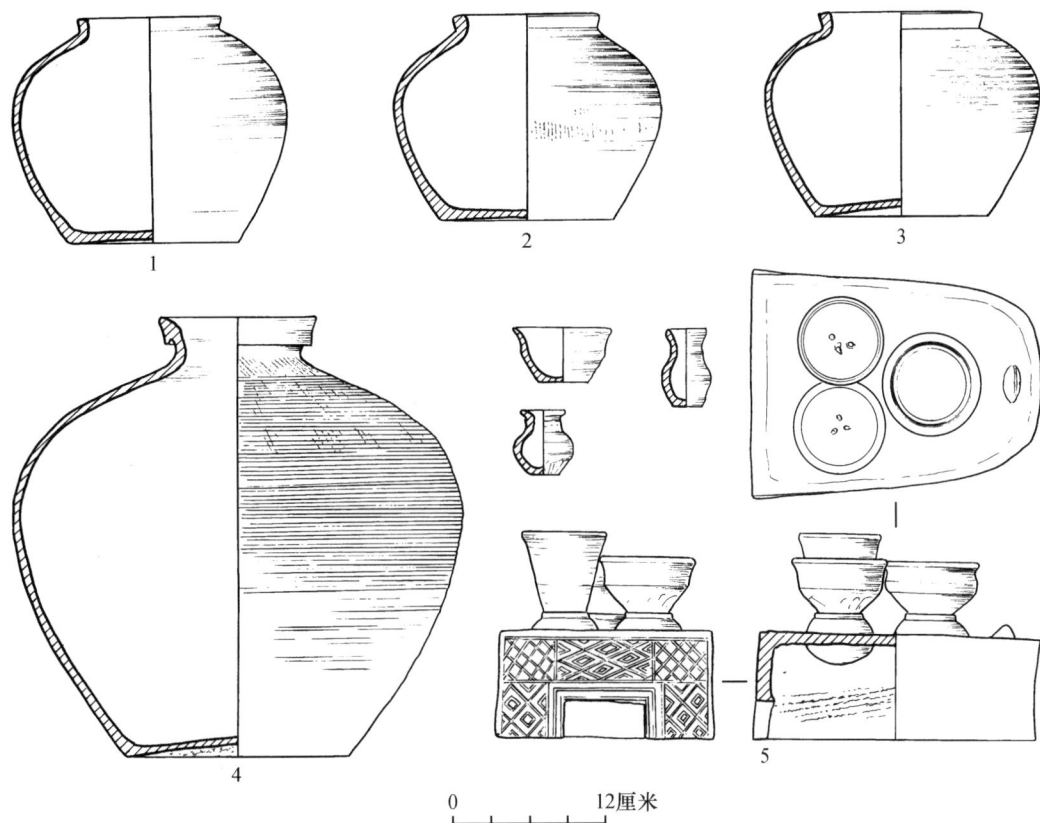

图六一　11YLM3出土陶器

1~4. 罐（M3：9、M3：8、M3：7、M3：1）　5. 灶（M3：4）

曲，呈假圈足模样，平底，底面平整，肩腹转折处对称贴附模制铺首衔环。盖手制，内壁有横向抹痕和斜向刮抹痕，局部黏附烧制时器物之间的陶垫和流釉，壶内壁有横向旋抹痕，颈部内壁下部有手制痕迹，颈腹套接。壶口径15.3、高36、底径15.3、壶盖底径15.6、高7.2厘米（图六二，1；图版二八，1）。

　　M3：3　盘口壶。泥质，结构紧密。带盖壶。盖顶面施墨绿色釉，壶表面施酱黄色釉至达沿面，胎及内壁呈红色。颈部、颈肩处和肩腹转折处各饰两周凹弦纹。博山盖，盖底面平整；壶为盘口，平沿，长颈微曲，溜肩，鼓腹，下腹微弧斜内收，近底处向内折曲，呈假圈足模样，平底，底面平整，肩腹转折处对称贴附模制铺首衔环。盖手制，内壁有横向刮抹痕，壶内壁有横向旋抹痕，颈部内壁下部有手制痕迹，颈腹套接。壶口径14.4、高35.7、底径15.9、壶盖底径15.6、高7.8厘米（图六二，2；图版二八，5）。

　　M3：4　灶。泥质，结构紧密。灶体表面通施绿色釉，胎及内壁呈红色。灶门上部和两侧为重菱纹，与灶门间以素面带界隔，灶门上部两侧为菱形格纹，灶体内壁垫印绳纹。灶体为底端开敞的五面体，平面近似梯形，灶体前面平直，有长方形灶门接地，两侧较斜直，后面抹圆角，灶面平整，上有三釜，呈"品"字形排列，后端有凸起的矮烟囱，无穿孔，灶上附有泥质陶盆2、甑2、罐1、壶1。灶面三釜模制，嵌入事先镂孔的灶面中，灶面和灶体套接，缝隙间抹泥浆。灶体长22.2、宽17.4、高8.4、灶门宽6、高3厘米（图六一，5；图版二七，5）。

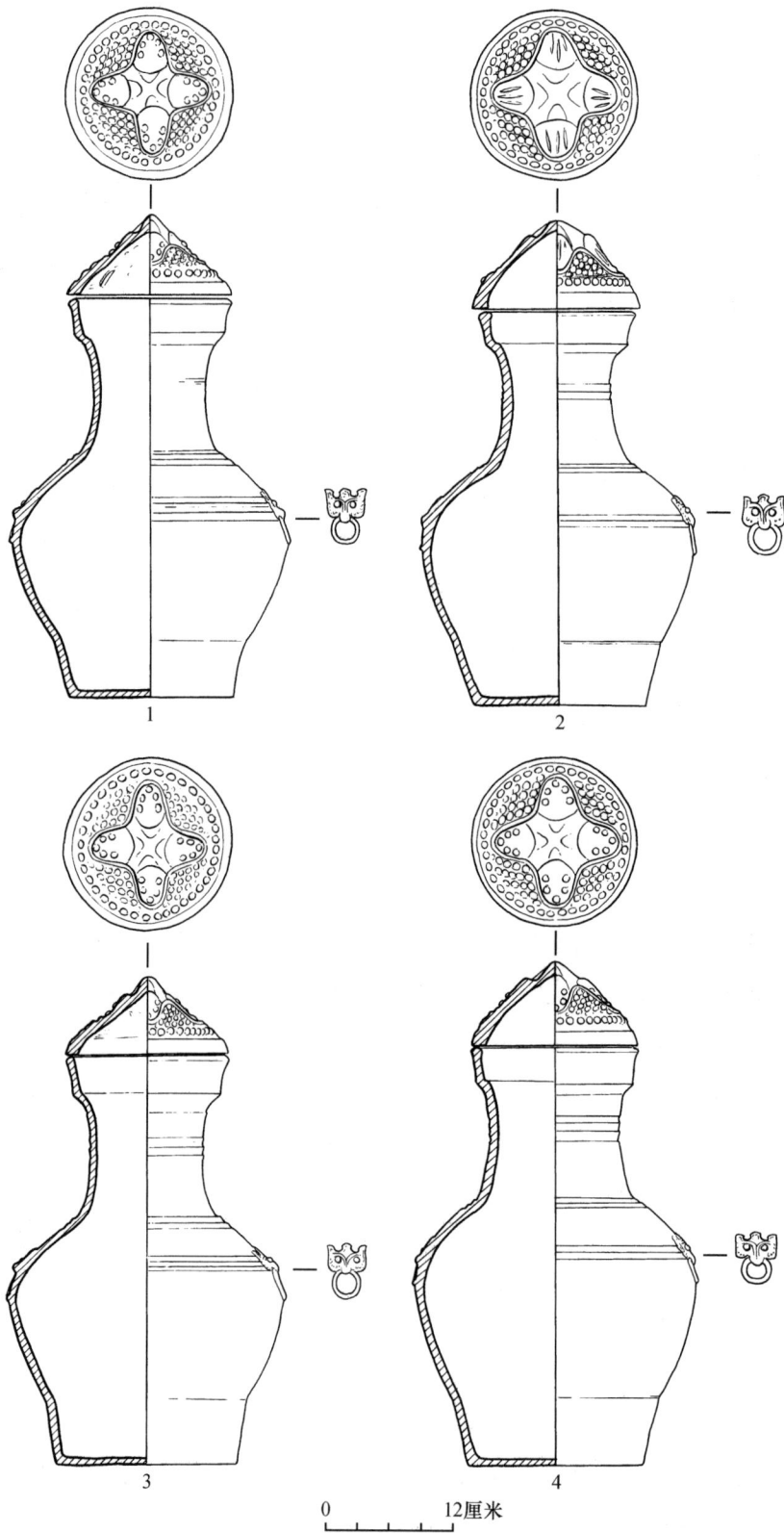

图六二　11YLM3出土陶壶
1. M3：2　2. M3：3　3. M3：5　4. M3：6

M3：4-1　盆。泥质灰陶。敞口，扁圆唇，上腹微曲，下腹斜内收，上下腹间有圆折棱，平底，底面平整。内壁有横向抹痕，外壁有横向旋抹痕，底面有偏心螺旋纹。

M3：4-2　盆。泥质。深灰色。微敞口，卷沿，扁圆唇，束颈，上腹圆鼓，下腹圆弧斜内收，平底，底面平整。内外壁有横向旋抹痕，底面有削割痕迹。

M3：4-3　甑。泥质。深灰色。敞口，窄平沿，圆折腹，平底，底面有不规整戳孔。内壁及上腹有横向旋抹痕，下腹及底面有削切痕迹。

M3：4-4　甑。泥质灰陶。敞口，折沿斜侈，尖唇，斜直腹，平底，底面有不规整戳孔。内外壁有横向旋抹痕。

M3：4-5　罐。泥质灰陶。直口，折沿上翘，圆唇，高颈，圆鼓腹，平底。手制，制作粗糙，下腹有削切痕迹。

M3：4-6　壶。泥质灰陶。敞口，圆唇，长颈，上腹圆鼓，平底，手制，制作粗糙，下腹有削切痕迹。

M3：5　盘口壶。泥质，结构紧密。带盖壶。盖顶面施绿釉，壶表面施深绿色釉至达沿面，胎及内壁呈红色。颈部和颈肩部各有两周凹弦纹，肩腹转折处有三周凹弦纹。博山盖，盖底面平整；壶为盘口，平沿，沿面圆弧，长颈，溜肩，鼓上腹，下腹微弧斜内收，近底处向内折曲斜直，呈假圈足模样，平底，底面平整，肩腹转折处对称贴附模制铺首衔环。盖手制，内壁有横向抹痕和斜向刮抹痕迹，壶内壁有横向旋抹痕，颈部内壁下部有手指摁压痕，颈腹套接。壶口径15.3、高36.6、底径17.1、壶盖底径15.3、高6.9厘米（图六二，3；图版二八，6）。

M3：6　盘口壶。泥质，结构紧密。带盖壶。盖顶面施绿釉，壶表面施绿釉至达沿面，釉色不均匀，局部呈黄色。颈部有连续三周凹弦纹，颈肩处和肩腹转折处各有两周凹弦纹。博山盖，盖底面平整；壶为盘口，平沿，长颈，溜肩，鼓上腹，下腹微弧斜内收，近底处向内折曲斜直，呈假圈足模样，平底，底面平整，肩腹转折处对称贴附模制铺首衔环。盖手制，内壁有横向抹痕和斜向刮抹痕迹，壶内壁有横向旋抹痕，颈部内壁下部有泥条叠筑和手指摁压痕迹。口径15.6、高38.1、底径16.2、壶盖底径15.6、高7.5厘米（图六二，4；图版二八，2）。

M3：7　直口短颈罐。口径12.9、通高15.6、底径13.8厘米（图六一，3；图版二七，3）。

M3：8　直口短颈罐。口径11.4、通高15.9、底径13.2厘米（图六一，2；图版二七，4）。

M3：9　直口短颈罐。口径11.1、通高17.4、底径13.2厘米（图六一，1；图版二七，2）。

2）铜器

M3：10　铜钱。3枚。均为五铢钱。圆形方穿，正面有外郭无内郭，篆书"五铢"二字，穿右"五"字，穿左"铢"字，"五"字中间交叉两笔弯曲，"铢"字的"朱"旁上横笔方折；光背，内外郭俱有。从钱文字体着眼分为二型。

A型　2枚。"五"字偏瘦，制作规范，周郭宽度匀称。M3：10-1，外郭较宽，肉厚。直径2.5、穿大0.9厘米，重2.4克（图六三，1；图版二八，4）；M3：10-2，外郭较狭，肉较薄，有砂眼。直径2.5、穿大0.9厘米，重1.8克（图六三，2）。

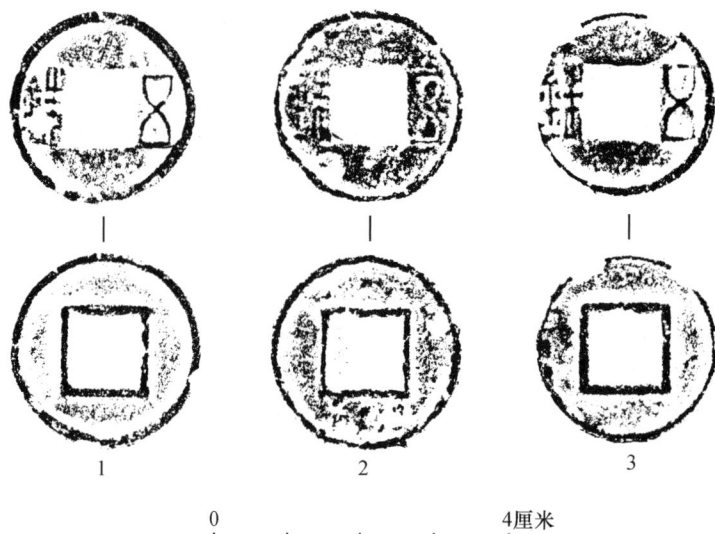

图六三　11YLM3出土五铢铜钱

1、2. A型（M3：10-1、M3：10-2）　3. B型（M3：10-3）

B型　1枚。M3：10-3，略残，"五"字较前两者肥阔；制作不规范，周郭宽度不匀。直径2.4、穿大0.9厘米，重2.1克（图六三，3）。

2. 11YLM39

（1）墓葬形制

单室墓，由墓道、墓门、墓室组成（图六四）。墓道与墓室宽度相近，墓室狭长，整体呈长条形。方向105°。M38墓室打破M39墓室。

墓道　位于墓室东端，长方形、竖穴、直壁，底部平整。长195、宽90、底距现墓口170厘米。墓道拐角方正，壁面较粗糙。墓道内填土为黄褐色花土，土质较硬。

墓门　单层砖券拱形顶。高120、宽89厘米。采用青灰条砖封门，封堵方式为卧砖错缝干摆，砖缝基本为十字缝（图六五）。

墓室　在竖穴土圹中以青砖砌筑，平面呈长方形，单层砖券拱形顶。长355、宽95、高105厘米（图版二九，1）。墓底以条砖墁地，铺筑方式为横排错缝，铺地砖面与墓道底平齐。南北两侧墓壁采用顺砖错缝平砌，砖缝为十字缝，西壁为单层横向立砖。墓室内填满淤土。

（2）葬具葬式

该墓为单人葬，墓主骨架保存较差，残存头骨，呈粉状，置于墓室中部偏后端，头向东，面上。性别、年龄不可辨。

葬具不详，墓主骨架下有黑色木板灰。

（3）随葬品

陶器8件（图版二九，2），器类有陶罐5（M39：1～M39：5）、陶灶1（M39：7）、陶壶2（M39：6、M39：8）件；铜钱12（M39：9）枚。分别置于以下几处：

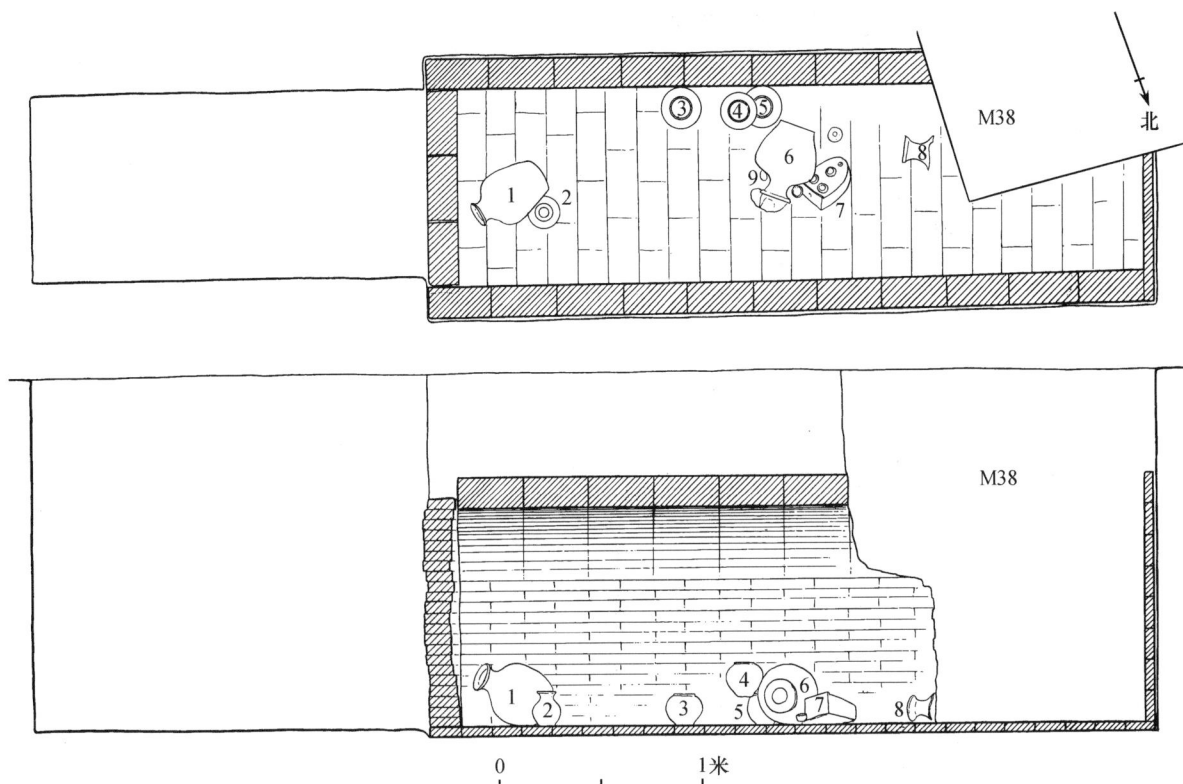

图六四　11YLM39平面、剖视图
1～5.陶罐　6、8.陶壶　7.陶灶　9.铜钱

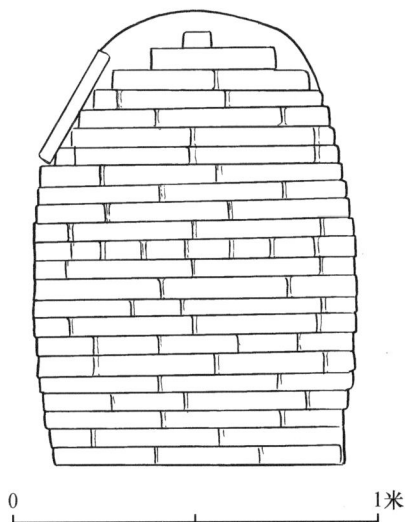

图六五　11YLM39封门正视图

　　1、2号陶罐置于墓室前端中部；3～5号陶罐、6号陶壶、7号陶灶置于墓室中部偏南侧；8号陶壶置于墓室后端南侧；9号铜钱置于墓室中部墓主头骨旁。

　　1）陶器

　　M39：1　敞口深腹罐（图六六，4；图版三一，6）。入窑烧之前肩部刻划文字（图六七、图六八）。口径13.8、通高38.7、底径20.4厘米。

　　M39：2　敞口高颈罐。口径8.7、通高17.1、底径8.7厘米（图六六，3；图版三〇，6）。

　　M39：3　直口短颈罐。口径11.7、通高16.2、底径12.3厘米（图六九，3；图版三〇，3）。

　　M39：4　直口短颈罐。口径11.4、通高14.7、底径12.6厘米（图六九，2；图版三〇，4）。

　　M39：5　直口短颈罐。口径11.7、通高15.3、底径13.5厘米（图六九，1；图版三〇，5）。

　　M39：6　盘口壶。口径17.4、通高36.9、底径17.1厘米（图六六，1；图版三一，5）。

　　M39：7　灶。泥质灰陶。灶门上部饰斜方格纹，两侧饰重菱纹。灶体为底端开敞的五面体，平面近弧边三角形，前面平直，顶部高出灶面，下部有长方形灶门，两侧略弧，后面圆

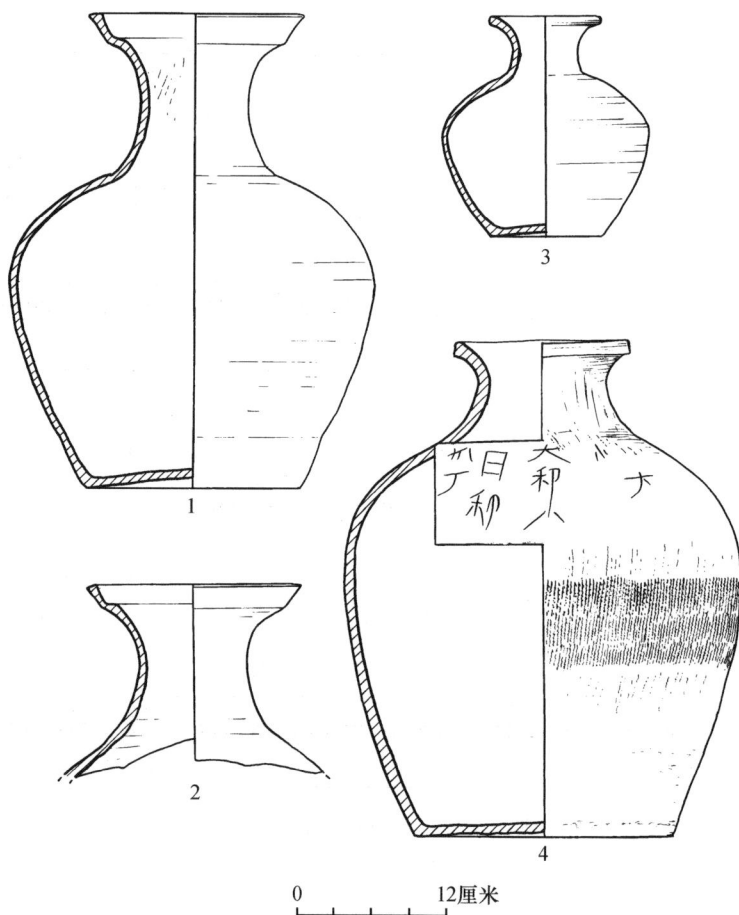

0　　　　　　12厘米

图六六　11YLM39出土陶器（一）

1、2.壶（M39：6、M39：8）　3、4.罐（M39：2、M39：1）

0　　4厘米

图六七　11YLM39出土陶罐（M39：1）肩部文字拓本（一）

图六八　11YLM39出土陶罐（M39：1）肩部文字拓本（二）

弧，略显尖圆，灶面平整，有三釜，呈"品"字形排列，后面釜上坐盆1，后端有烟囱，无穿孔。三釜模制，灶面镂孔，嵌入三釜，灶面与灶体泥片拼接，缝隙间抹泥浆。灶体长23.1、宽21、高10.2、灶门宽7.5、高2.7厘米（图六九，4；图版三〇，2）。

M39：7-1　盆。泥质。深灰色。敞口，平沿，弧腹斜内收，平底。内外壁有横向旋抹痕，底面粗糙。

M39：8　盘口壶。口径17.4、残高15厘米（图六六，2；图版三〇，1）。

2）铜器

M39：9　铜钱。12枚。均为五铢钱。圆形方穿，正面有外郭无内郭，篆书"五铢"二字，穿右"五"字，穿左"铢"字，"五"字中间交叉两笔弯曲，"铢"字的"朱"旁上横笔方折；光背，内外郭俱有。有的钱正面作有记号，有穿上一横郭和穿下半星两种。从钱文字体着眼分为二型。

A型　4枚。"五"字较瘦长，笔划较粗壮。M39：9-4，穿上一横郭。直径2.5、穿大0.9厘米，重3.5克（图七〇，1；图版三一，1左）；M39：9-7，穿下半星，背面周郭低矮。直径

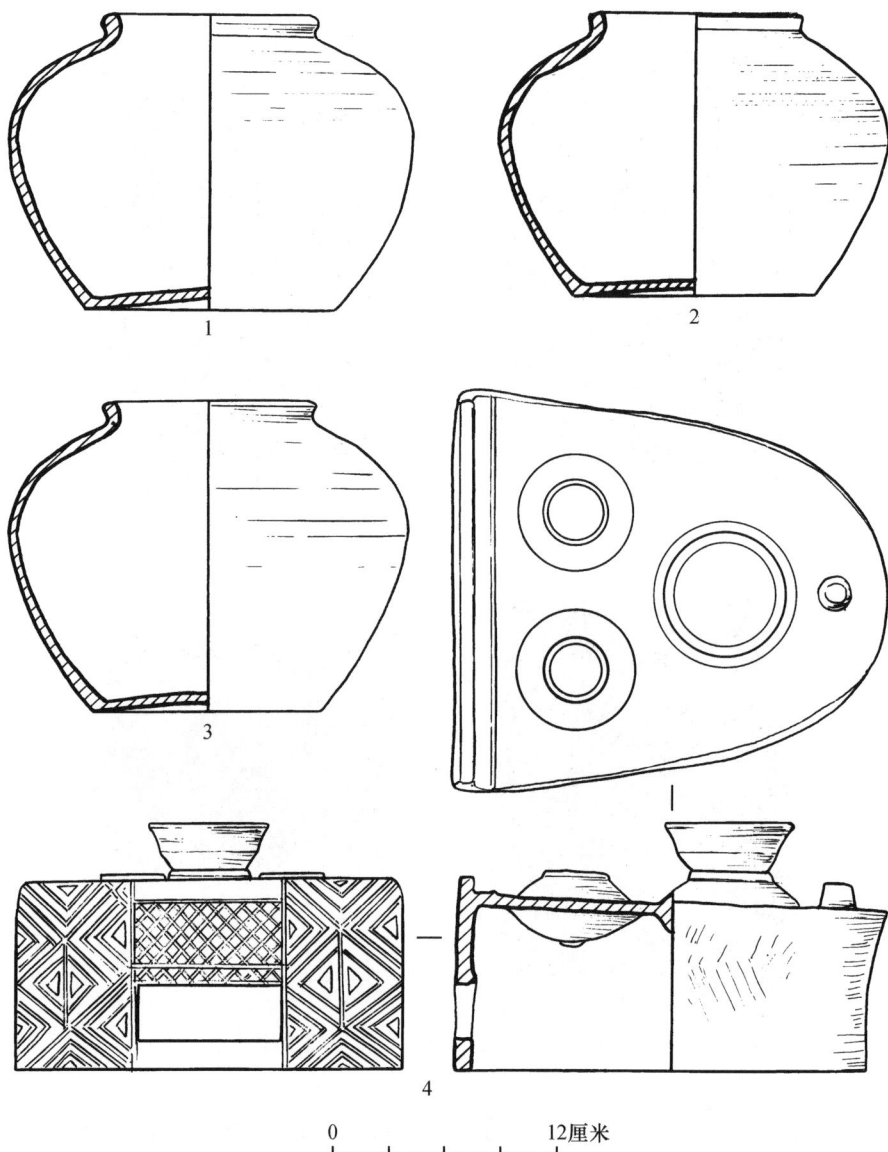

图六九　11YLM39出土陶器（二）

1～3.罐（M39：5、M39：4、M39：3）　4.灶（M39：7）

2.4、穿大0.9、重3.7克（图七〇，2；图版三一，1右）；M39：9-8，穿上一横郭。直径2.5、穿大0.9厘米，重3克（图七〇，3；图版三一，2左）；M39：9-11，略残，穿下半星。直径2.4、穿大1厘米，重2.8克（图七〇，4；图版三一，2右）。

　　B型　8枚。"五"字较肥阔，笔划纤细。M39：9-1，直径2.5、穿大0.9厘米，重2.8克（图七〇，5；图版三一，3左）；M39：9-2，直径2.6、穿大0.9厘米，重3.7克（图七〇，6；图版三一，3右）；M39：9-3，穿上一横郭。直径2.5、穿大0.9厘米，重3.6克（图七〇，7；图版三一，4左）；M39：9-5，直径2.6、穿大1厘米，重3.6克（图七〇，8；图版三一，4右）；M39：9-6，直径2.4、穿大0.9厘米，重3.5克（图七〇，9）；M39：9-9，直径2.5、穿大1厘米，重2.1克（图七〇，10）；M39：9-10，直径2.6、穿大1厘米，重3克（图七〇，11）；M39：9-12，穿下半星。直径2.6、穿大1厘米，重2.4克（图七〇，12）。

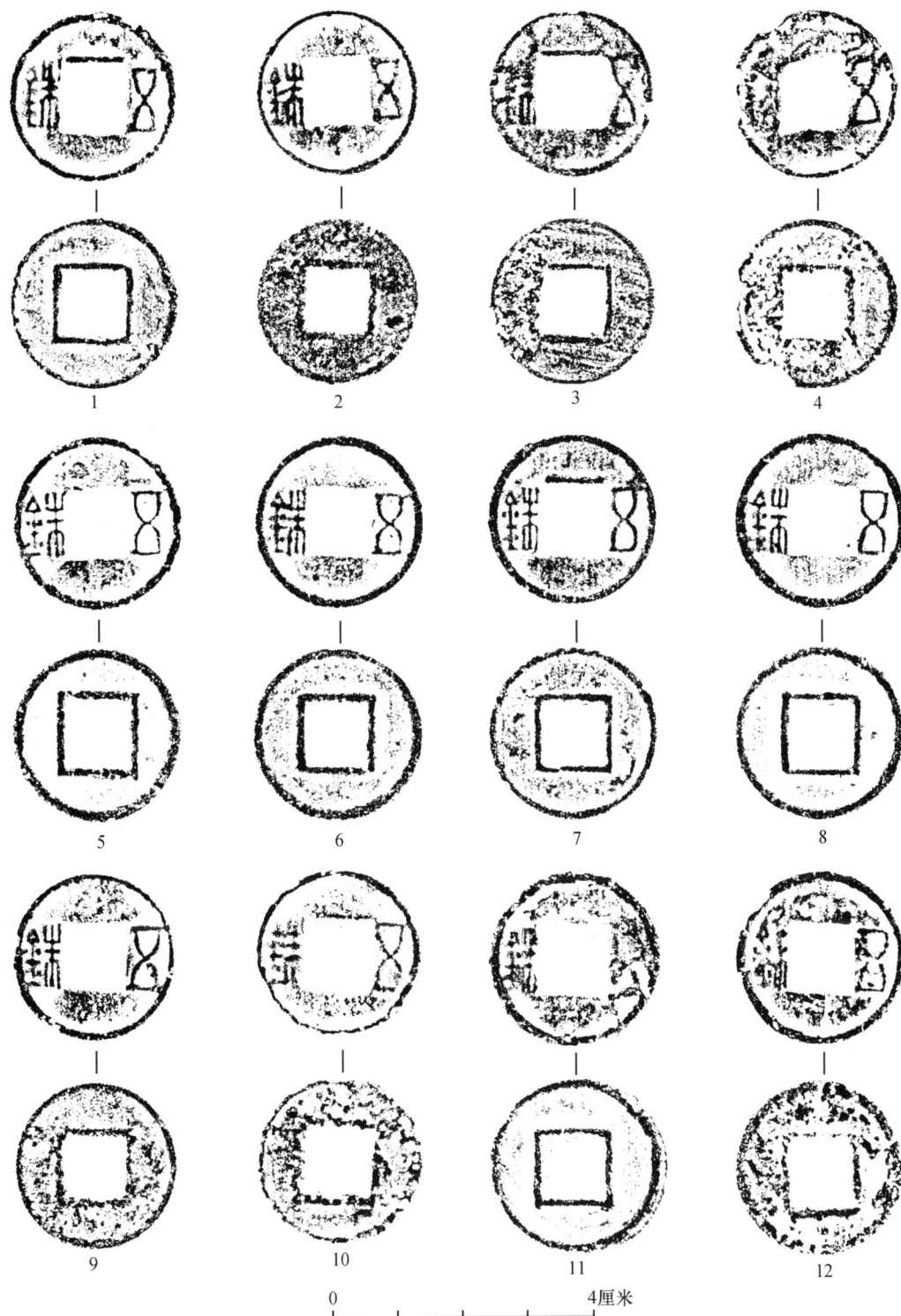

0　　　　　　　　　　　　　4厘米

图七〇　11YLM39出土五铢铜钱

1～4.A型（M39：9-4、M39：9-7、M39：9-8、M39：9-11）　　5～12.B型（M39：9-1、M39：9-2、M39：9-3、M39：9-5、
M39：9-6、M39：9-9、M39：9-10、M39：9-12）

3. 11YLM43

（1）墓葬形制

单室墓，由墓道、墓门、墓室组成（图七一、图七二）。墓室宽阔且较长，整体呈"甲"字形。方向100°。该墓被盗扰。

墓道　位于墓室东端，长方形、竖穴，直壁，底部略呈缓坡，东高西低。长260、宽100、底距现墓口260～270厘米。墓道拐角方正，壁面较粗糙。墓道内填土为黄褐色花土，土质较硬。

墓门　单层砖券拱形顶。高100、宽100、进深20.7厘米。采用青灰条砖封门，封堵方式为青砖倾斜45°干摆，立面呈席纹状。

墓室　在竖穴土圹中以青砖砌筑，平面呈长方形，单层砖券拱形顶。长394、宽190、前端残高85、后端高126厘米。墓壁采用顺砖错缝平砌。底以条砖墁地，从铺筑方式看，墓室分为前、后两部分，前半部分为横排通缝，后半部分基本为直排通缝，后者较前者高5厘米。前端铺地砖面比墓道底高5厘米。墓顶砖大部分因盗墓被拆。墓室内填满淤土。

（2）葬具葬式

该墓为二人合葬，墓主骨架置于墓室后端南北两侧，保存情况较差。北侧人骨性别不详，成年，头向东，仰身，上肢伸直置于身体两侧，下肢伸直。

葬具腐朽不可辨，仅在人骨下发现黑色木板灰。

南侧人骨腐朽成粉状，残存部分肢骨和下颌骨，且散乱，其性别、年龄不可辨。

葬具腐朽不详，仅在人骨周围发现黑色木板灰。

（3）随葬品

陶壶1（M43：1）件、铜钱6（M43：2）枚。1号陶壶置于墓室后端南侧；2号铜钱置于北侧人骨上。另在墓室被扰土中采集陶罐2（M43：01、M43：02）、陶壶1（M43：03）件。

1）陶器

M43：01　直口短颈罐。口径11.7、通高15.3、底径10.8厘米（图七三，4；图版三二，3）。

M43：02　直口短颈罐。口径10.2、残高9厘米（图七三，3）。

M43：03　盘口壶口沿。口外下侧饰水波纹。口径18.3、残高3.3厘米（图七三，2）。

M43：1　盘口壶。器表遍施彩绘，在器物颈部施黑、白、红三色彩带，颈肩部以红、黑色复线施锯齿纹图案，肩部用红黑两色施蔓草图案，腹施红、黑彩带，彩带下施蕉叶纹，在彩带和蕉叶纹形成的三角内施圆圈图案，下腹近底处施红彩带，器表彩绘多有剥落。口径18.9、通高35.4、底径14.7厘米（图七三，1；图版三二，2）。

2）铜器

M43：2　铜钱。6枚。均为"大泉五十"。圆形方穿，正、反两面内外郭俱备，钱文篆书，上下、右左排列，"大"字形如飞燕，"五"中间交叉两笔弯曲，"泉"字上端横笔近平或微弧，内横笔平直，竖笔中断，钱文版别多样。铜钱有大小、轻重之别，且悬殊较大，依据这一特征将其分为五型。

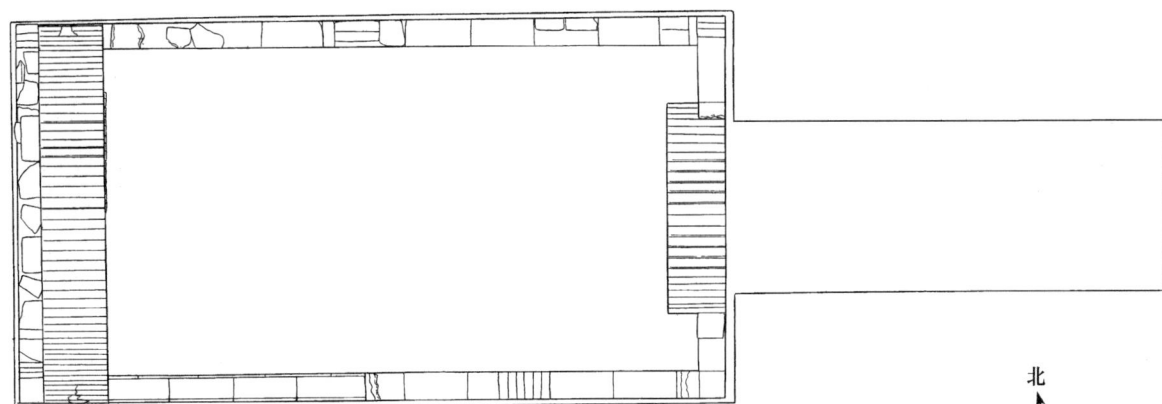

墓室顶部俯视图

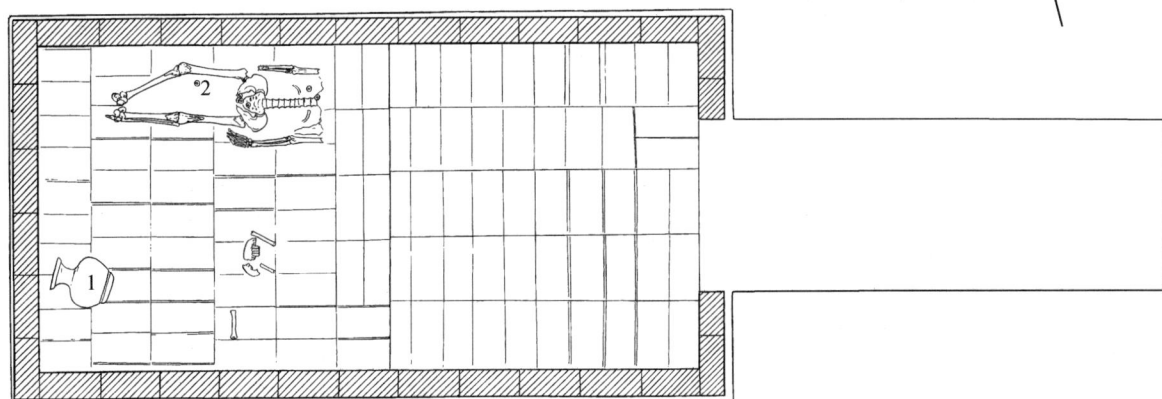

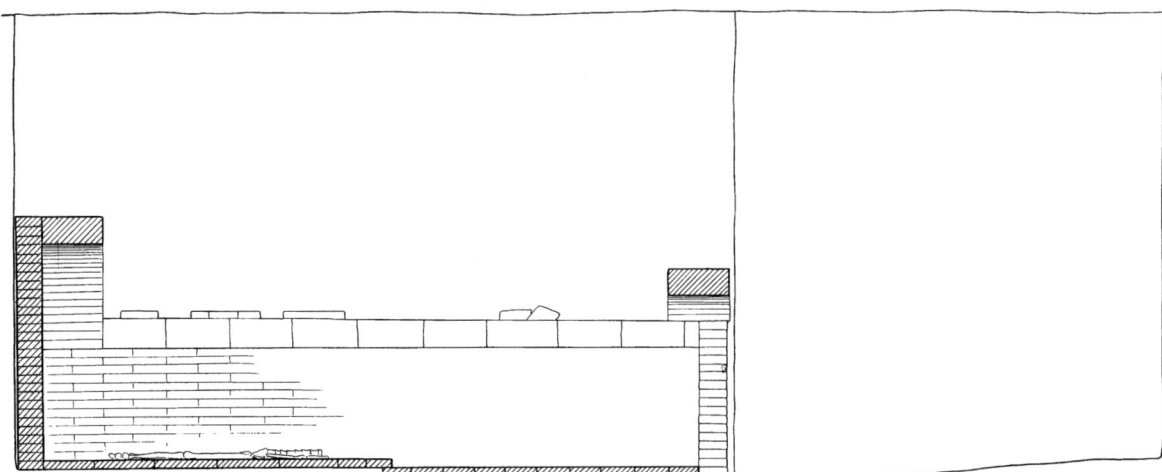

北

0   1米

图七一   11YLM43平面、剖视及俯视图
1.陶壶   2.铜钱

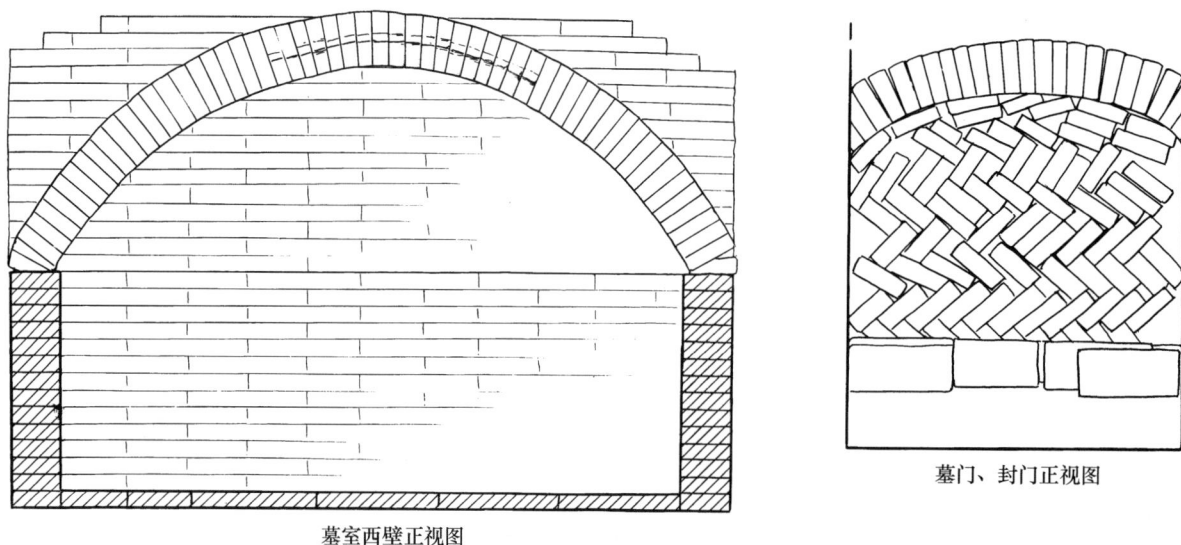

墓室西壁正视图

墓门、封门正视图

0   1米

图七二　11YLM43墓壁及墓门、封门正视图

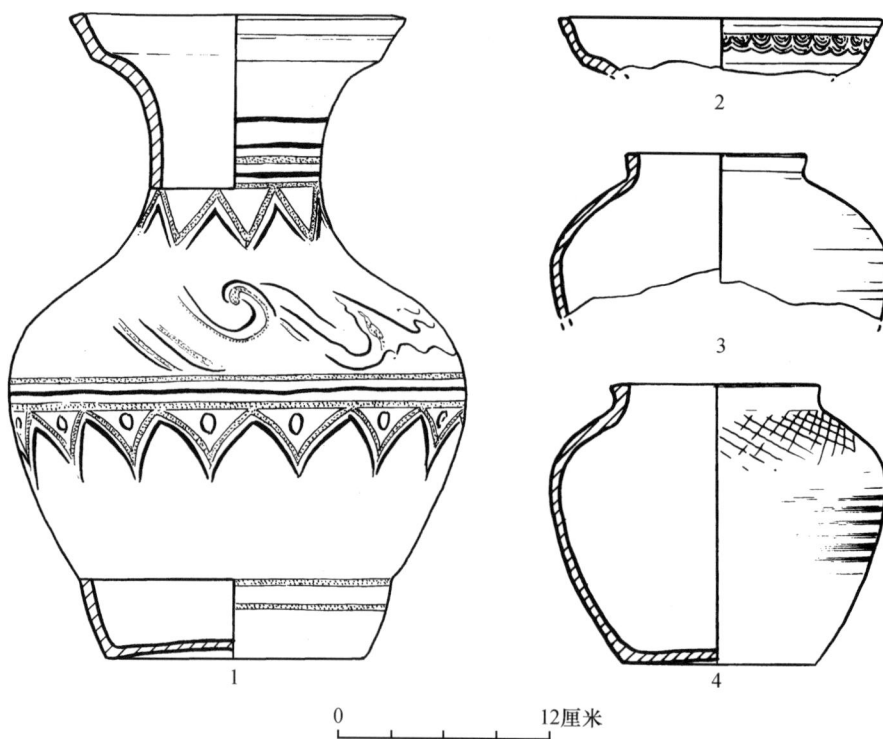

1

2

3

4

0   12厘米

图七三　11YLM43出土陶器

1、2.壶（M43：1、M43：03）　3、4.罐（M43：02、M43：01）

　　A型　1枚。M43：2-1，正面周郭深峻，肉厚，铸造粗糙，"五"字肥阔。直径2.8、穿大0.8厘米，重7.7克（图七四，1；图版三二，1左上）。

　　B型　1枚。M43：2-2，正、反两面周郭深峻，肉较厚，铸造粗糙，有砂眼，"五"字肥阔。直径2.7、穿大0.8厘米，重4.6克（图七四，2；图版三二，1中上）。

　　C型　2枚。周郭较上述二型矮小，广穿，铸造粗糙。M43：2-3，直径2.6、穿大1厘米，重3.8克（图七四，3；图版三二，1右上）；M43：2-5，直径2.4、穿大1厘米，重3克（图七四，4；图版三二，1中下）。

　　D型　1枚。M43：2-4，钱肉变薄，有砂眼。直径2.5、穿大0.8厘米，重2.3克（图七四，5；图版三二，1左下）。

　　E型　1枚。M43：2-6，钱径较小，广穿，钱肉较薄，钱文纤细，"五"字瘦长。直径2.3、穿大1厘米，重1.8克（图七四，6；图版三二，1右下）。

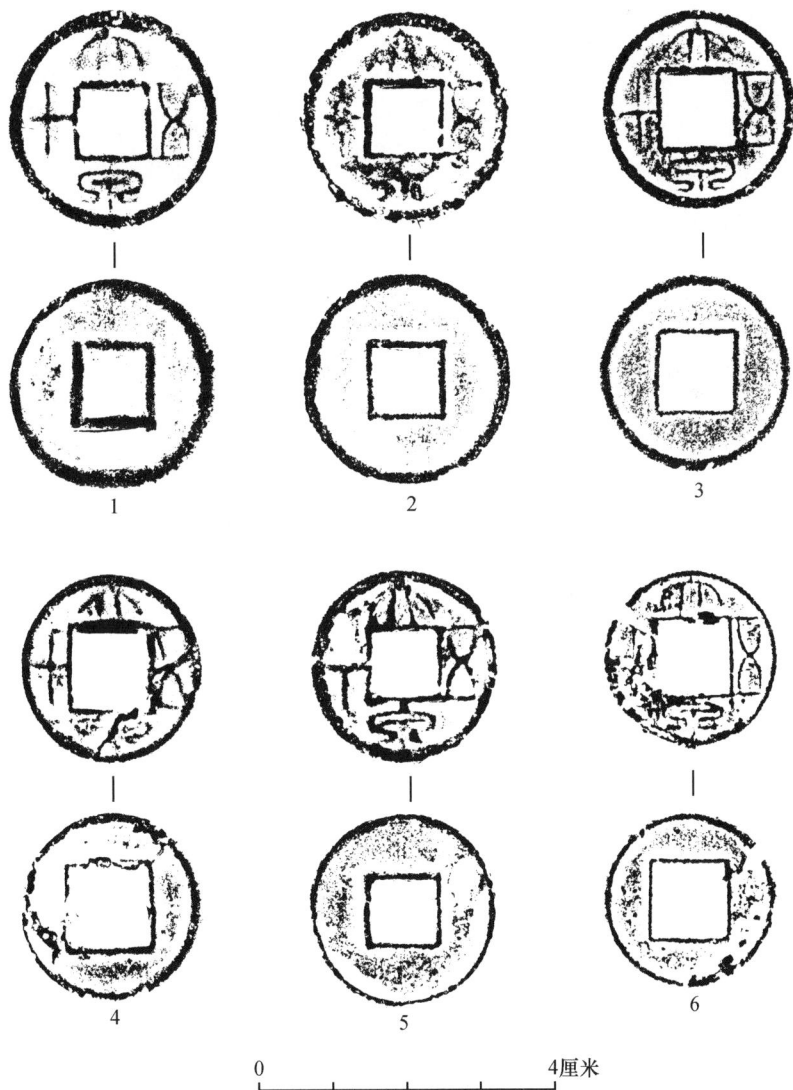

图七四　11YLM43出土大泉五十铜钱

1. A型（M43：2-1）　2. B型（M43：2-2）　3、4. C型（M43：2-3、M43：2-5）　5. D型（M43：2-4）　6. E型（M43：2-6）

4. 11YLM48

（1）墓葬形制

双室墓，由墓道、墓门、甬道、墓室组成（图七五～图七七；图版三八，1）。整体呈"中"字形。方向10°。

墓道　位于墓室北端，长条形、竖穴、直壁、斜坡底。长1080、宽96、底距现墓口0～320厘米。墓道拐角近方正，壁面较整齐。南端底部有130厘米的平缓地带，底坡长992厘米，坡度10°。墓道内填土为黄褐色花土，土质较硬。

墓门　顶部垮塌，结构不详。残高84、宽96厘米。

甬道　位于墓道南端，连接墓道与墓室。平面近方形，宽96、进深94、残高64～76厘米。顶部垮塌，结构不详。东、西两侧顺砖错缝平砌。底为生土，比墓室底低10厘米。甬道中两重青灰条砖封门，封堵方式为甃砖干摆，均残存4层，残高64厘米。

墓室　在竖穴土圹中砌筑，平面呈"凸"字形，分前、后两室，前室与后室直接相联，其间无甬道（图版三三，1）。前室宽阔，平面呈长方形。南北长314、东西宽258、高214厘米。后室较为狭长，平面呈长方形，南北长280、东西宽138、高124厘米。两室顶部均为双层子母砖券拱形顶。底面用双层条砖铺地，铺筑方式为斜向45°。墓壁在铺地砖上砌筑，前后室墓壁均为顺砖错缝平砌，砖缝为十字缝。前室东壁南端砌筑出一长方形壁龛。墓室内被淤土堆满。

（2）葬具葬式

该墓为单人葬，置于后室，墓主为男性，30～35岁，头向北，面上，仰身，上肢自然伸直，手置于髋骨两侧，下肢伸直。

葬具为一棺，长方形，四角平齐。长224、宽66、残高60、立板厚6厘米。底板上有一层草木灰。

（3）随葬品

陶器9件（图版三三，2），器类有陶壶2（M48：5、M48：6）、陶罐7（M48：7～M48：13）件；铜器141件，器类有铜带钩1（M48：2）、铜车軎2（M48：16-1、M48：16-2）、铜泡2（M48：17）、铜衡末1（M48：18）件、铜钱135（M48：3、M48：19）枚；铁器6件，器类有铁灶1（M48：14）、铁削1（M48：20）、铁剑2（M48：1、M48：15）、铁块1（M48：4）、环首刀1（M48：41）件；漆木器23件（图版三五，3、4），器类有漆木座1（M48：21）、漆耳杯16（M48：22～M48：30、M48：34～M48：40）、漆盒2（M48：31、M48：33）、不明漆木器2（M48：32、M48：44）、漆案2（M48：42、M48：43）件；殉羊1（M48：45）只。主要分别置于前室和棺内两处，前者居多，后者仅为少量小件器物。

1号铁剑置于棺内墓主身体左侧；2号铜带钩和3号铜钱置于墓主腹部；4号铁块置于前、后室交接处东侧；5、6号陶壶和7～13号陶罐置于前室东侧，紧靠东壁，两列并放；14号铁灶置于前室东北角；15号铁剑置于前室东侧5号陶壶下；16号铜车軎置于前室东侧6号陶壶下；17号铜泡、18号铜衡末置于前室东侧；19号铜钱置于前室西侧中部；20号铁削和21号漆木器置于前

墓室顶部俯视图

纵向剖视图

棺

北

0　　　　　2米

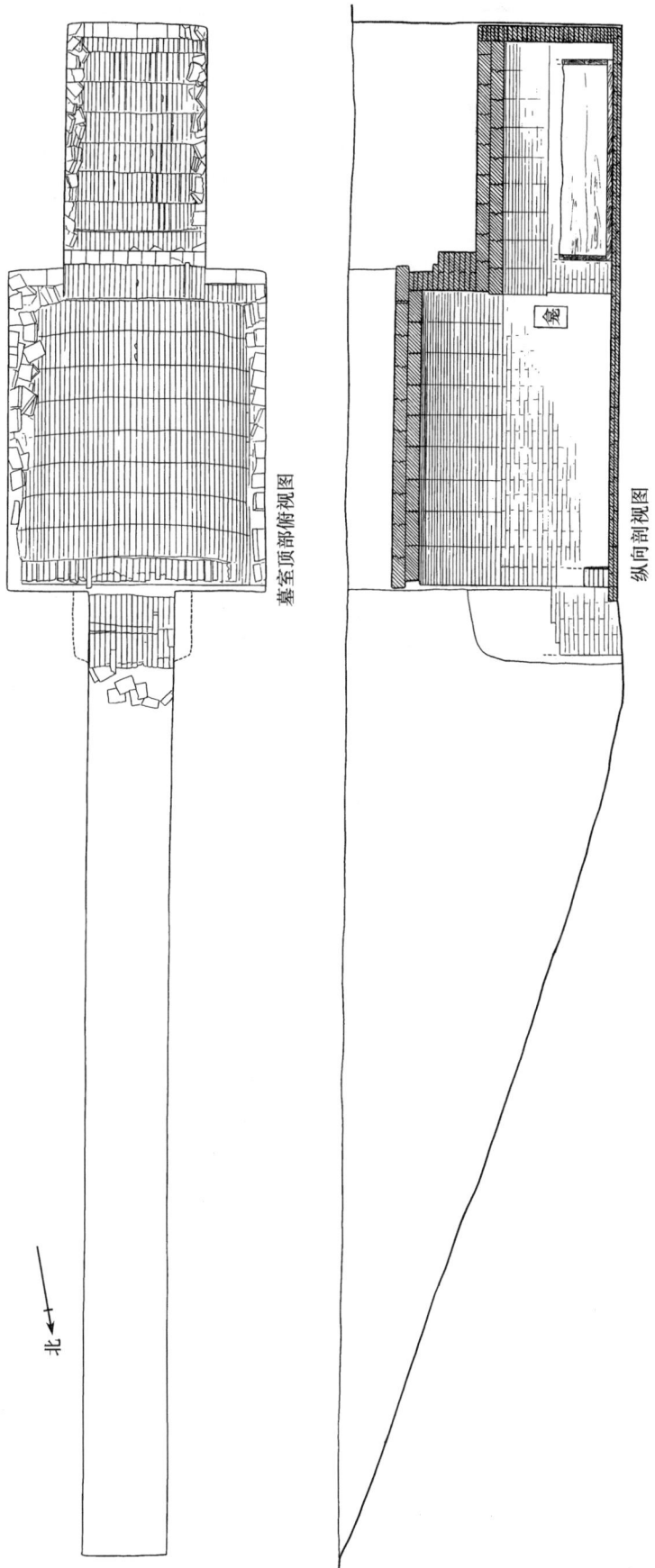

图七五　11YLM48俯视、剖视图

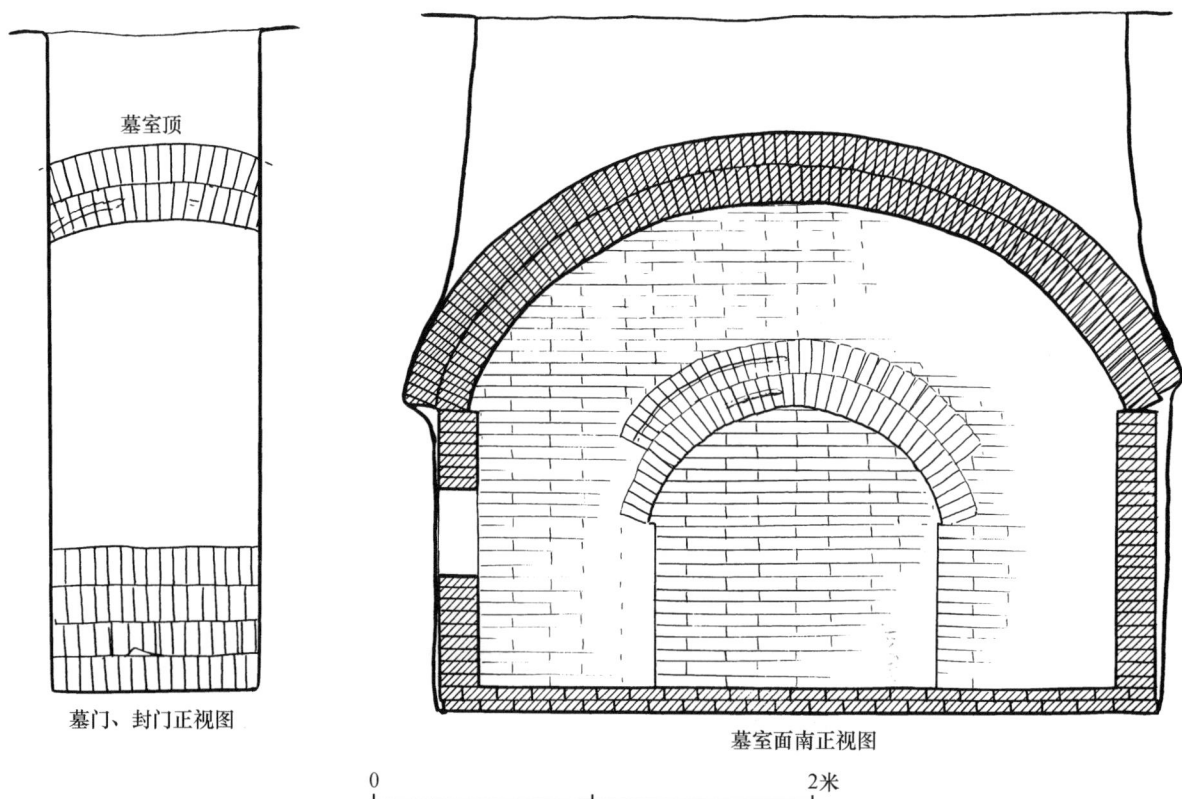

图七六　11YLM48墓室及墓门、封门正视图

室东南部；42、43号漆案置于前室中央；22、23号漆耳杯置于42号漆案旁；24～30号漆耳杯置于42号漆案上；31号漆盒置于43号漆案上；32号漆木器置于42号漆案旁；33漆盒置于43号漆案旁；34～40号漆耳杯置于前室中央43号漆案前；41号铁器置于前室中央；44号漆木器置于前室中央偏东侧；45号殉羊置于前室东南角。

1）陶器

M48：5　盘口壶。泥质。器表施绿釉，釉色不均匀，局部泛黄色，胎及内壁呈橙色。肩腹转折处有三周凹弦纹。肩腹转折处贴附模制铺首衔环。口径15、通高31.2、底径15.6厘米（图七八，1；图版三四，4）。

M48：6　盘口壶。泥质。器表施绿釉，泛银白色，胎及内壁呈红色。颈部、颈肩部和肩腹转折处皆有三周凹弦纹。肩腹转折处贴附模制铺首衔环。口径15、通高34.2、底径14.4厘米（图七八，2；图版三四，3）。

M48：7　直口短颈罐。外口径10.8、通高16.2、底径9.3厘米（图七九，5；图版三四，1）。

M48：8　直口短颈罐。外口径10.2、通高16.2、底径9.6厘米（图七九，3；图版三四，2）。

M48：9　直口短颈罐。外口径11.4、通高16.8、底径9.9厘米（图七九，2；图版三五，1）。

M48：10　直口短颈罐。外口径10.8、通高15.9、底径9.6厘米（图七九，1；图版三五，2）。

M48：11　敞口深腹罐。入窑烧之前肩部刻划文字（图八〇，1）。口径15.3、通高36.9、底径18.3厘米（图七八，3；图版三五，6）。

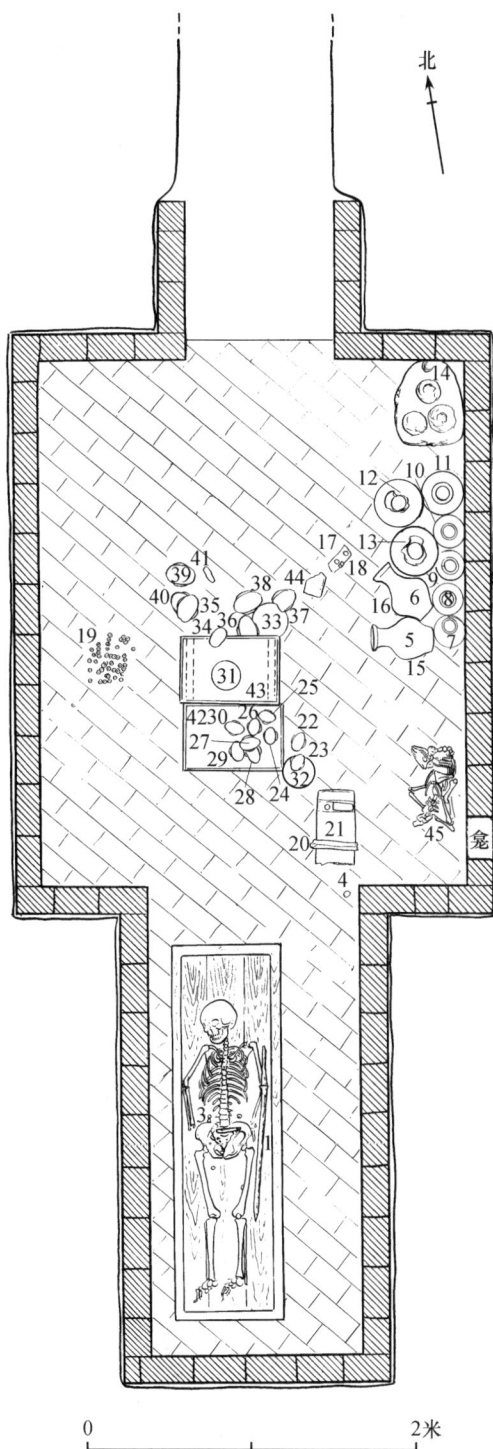

图七七　11YLM48平面图

1、15.铁剑　2.铜带钩　3、19.铜钱　4.铁块　5、6.陶壶　7~13.陶罐　14.铁灶　16.铜车軎　17.铜泡　18.铜衡末　20.铁削
21.漆木座　22~30、34~40.漆耳杯　31、33.漆盒　32、44.漆木器　41.环首刀　42、43.漆案　45.殉羊

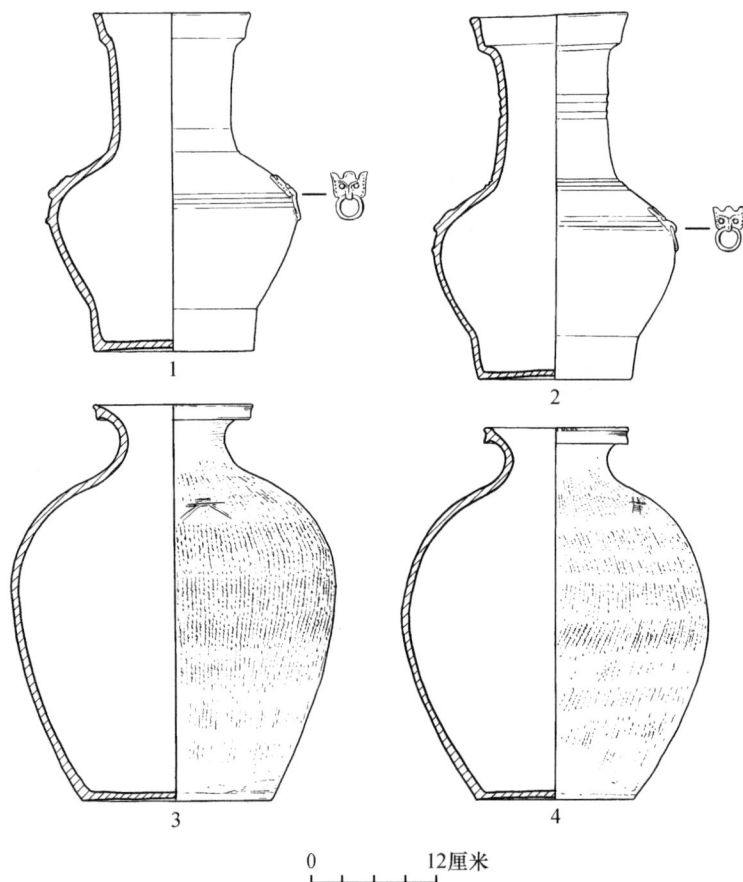

图七八　11YLM48出土陶器

1、2. 壶（M48：5、M48：6）　　3、4. 罐（M48：11、M48：12）

M48：12　敞口深腹罐。入窑烧之前上唇缘局部切割呈花边状，肩部刻划文字（图八〇，2）。口径13.8、通高34.5、底径14.7厘米（图七八，4；图版三四，6）。

M48：13　敞口深腹罐。口径13.8、通高41.4、底径19.2厘米（图七九，4；图版三四，5）。

2）铜器

M48：2　铜带钩。长条形，钩身略呈椭圆，厚实，圆形矮纽位于钩身中部，钩首部渐细。范铸，经锉磨。长11.3、钩面最宽1.3厘米（图九〇，7；图版三六，4）。

M48：3　铜钱。60枚。均为大泉五十。圆形方穿，正、反两面内外郭俱备，大部分钱狭郭、薄肉，极少数钱质较差，有砂眼，穿的大小不尽相同，重量悬殊较大。钱文篆书，版别多样，上下、右左排列，笔划纤细者居多。"大"字形如飞燕，"泉"字上端横笔近平或微弧，内横笔平直，竖笔中断，"五"字中间交叉两笔弯曲，有1枚（M48：3-24）穿左"五"字，穿右"十"字。M48：3-1，直径2.2、穿大0.7厘米，重1.8克（图八一，1）；M48：3-2，直径2.4、穿大0.8厘米，重2.6克（图八一，2）；M48：3-3，直径2.3、穿大0.9厘米，重2.1克（图八一，3）；M48：3-4，直径2.4、穿大0.9厘米，重2克（图八一，4）；M48：3-5，直径2.4、穿大0.8厘米，重2.3克（图八一，5）；M48：3-6，直径2.3、穿大0.9厘米，重2克（图八一，6）；M48：3-7，直径2.2、穿大0.7厘米，重2.2克（图八一，7）；M48：3-8，直径2.2、穿大0.8厘

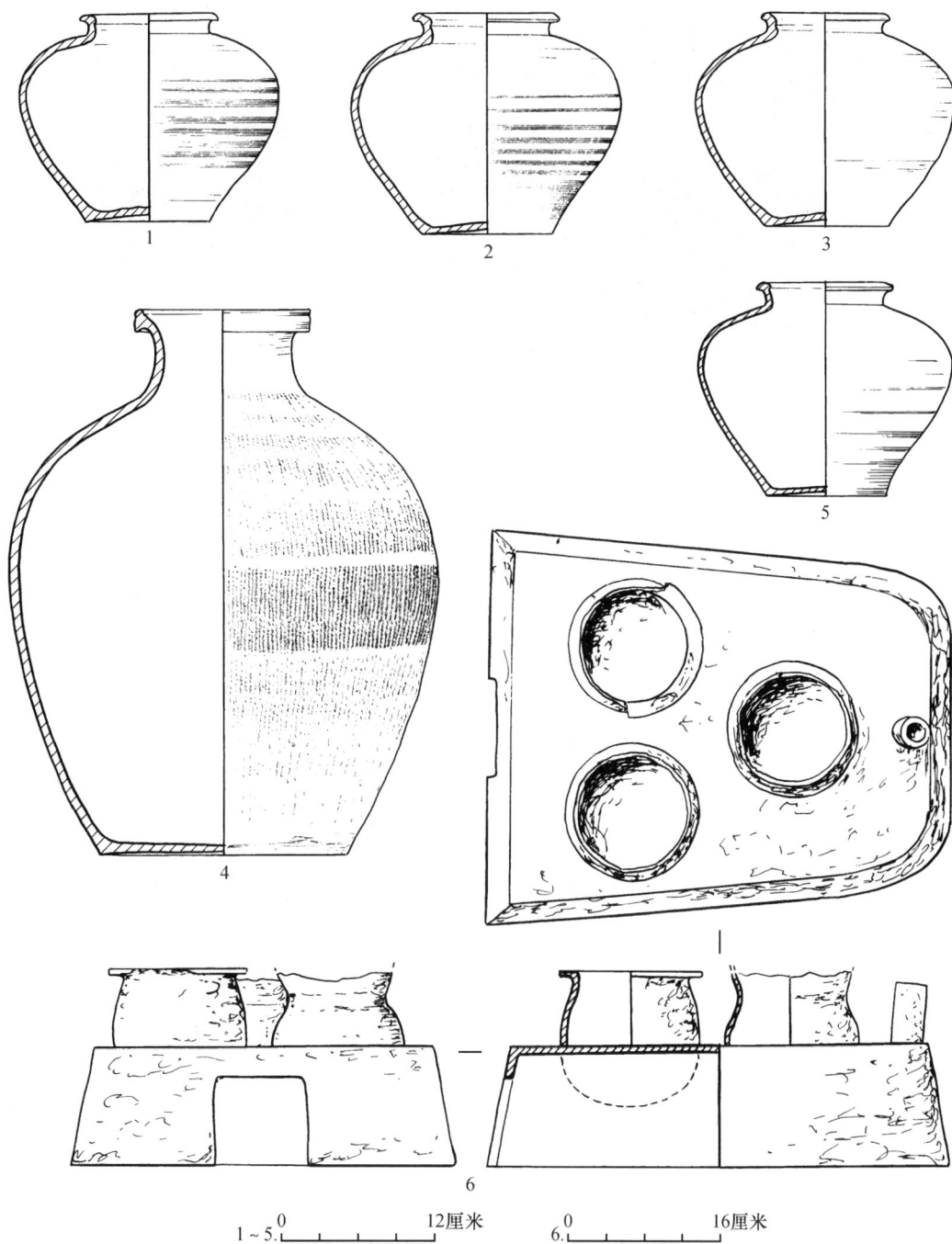

图七九　11YLM48出土器物（一）

1～5.陶罐（M48：10、M48：9、M48：8、M48：13、M48：7）　6.铁灶（M48：14）

米，重1.6克（图八一，8）；M48：3-9，直径2.3、穿大0.9厘米，重1.4克（图八一，9）；M48：3-10，直径2.2、穿大0.9厘米，重1.9克（图八一，10）；M48：3-11，直径2.1、穿大0.8厘米，重2.2克（图八一，11）；M48：3-12，直径2.2、穿大0.8厘米，重2克（图八一，12）；M48：3-13，直径2.1、穿大0.7厘米，重2.9克（图八一，13）；M48：3-14，直径2.3、穿大0.9厘米，重2.2克（图八一，14）；M48：3-15，略残。直径2.3、穿大0.9厘米，重1.3克（图

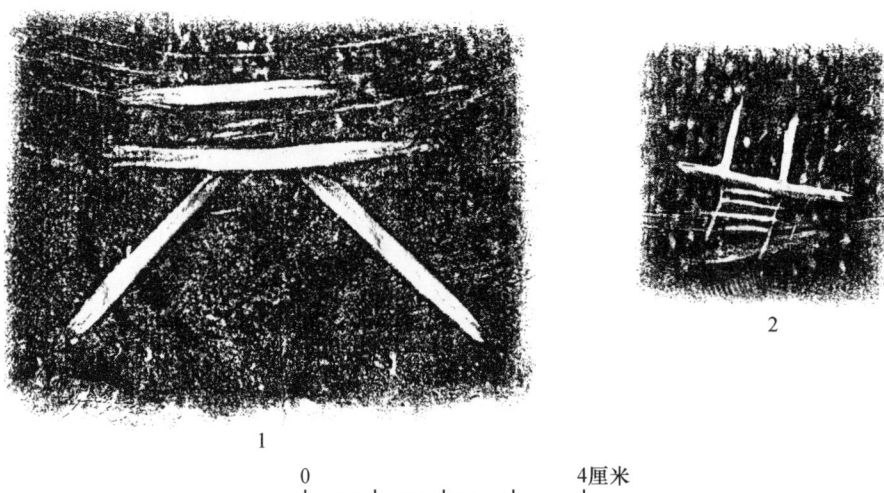

图八〇　11YLM48出土陶罐肩部文字拓本
1. M48：11　2. M48：12

八一，15）；M48：3-16，直径2.1、穿大0.8厘米，重1.4克（图八二，1；图版三七，1）；M48：3-17，直径2.1、穿大0.8厘米，重1.8克（图八二，2）；M48：3-18，直径2.2、穿大0.9厘米，重1.5克（图八二，3）；M48：3-19，直径2.2、穿大0.9厘米，重1.7克（图八二，4）；M48：3-20，直径2.3、穿大0.9厘米，重1.7克（图八二，5）；M48：3-21，直径2.3、穿大0.8厘米，重2克（图八二，6）；M48：3-22，直径2.2、穿大1厘米，重2.2克（图八二，7）；M48：3-23，直径2.2、穿大0.8厘米，重1.4克（图八二，8）；M48：3-24，直径2.2、穿大0.9厘米，重1.3克（图八二，9；图版三七，2）；M48：3-25，直径2.1、穿大0.9厘米，重2.1克（图八二，10）；M48：3-26，直径2.1、穿大0.8厘米，重1.2克（图八二，11）；M48：3-27，直径2.2、穿大0.9厘米，重2克（图八二，12）；M48：3-28，直径2.2、穿大0.9厘米，重1.8克（图八二，13）；M48：3-29，直径2.1、穿大0.9厘米，重1.7克（图八二，14）；M48：3-30，直径2.1、穿大0.9厘米，重1.3克（图八二，15）；M48：3-31，直径1.9、穿大0.8厘米，重0.9克（图八三，1）；M48：3-32，直径2、穿大0.9厘米，重0.8克（图八三，2）；M48：3-33，直径1.9、穿大0.7厘米，重0.6克（图八三，3）；M48：3-34，直径2、穿大0.8厘米，重1克（图八三，4）；M48：3-35，直径2.1、穿大0.8厘米，重1.5克（图八三，5）；M48：3-36，直径2.1、穿大0.9厘米，重1.3克（图八三，6）；M48：3-37，直径2.1、穿大0.8厘米，重0.9克（图八三，7）；M48：3-38，直径2.1、穿大0.8厘米，重1.7克（图八三，8）；M48：3-39，直径2.1、穿大0.7厘米，重2.2克（图八三，9）；M48：3-40，直径2.2、穿大0.8厘米，重2.2克（图八三，10）；M48：3-41，直径2.1、穿大0.8厘米，重1.4克（图八三，11）；M48：3-42，直径2.2、穿大1厘米，重1.3克（图八三，12）；M48：3-43，直径2.3、穿大0.8厘米，重1.2克（图八三，13）；M48：3-44，直径2.2、穿大0.8厘米，重2.3克（图八三，14）；M48：3-45，直径2.2、穿大0.9厘米，重1.5克（图八三，15）。M48：3-46，残。直径2.2、穿大0.9厘米，重1.2克（图八四，1）；M48：3-47，残。直径2.3、穿大1厘米，重1.7克（图八四，2）；M48：3-48，

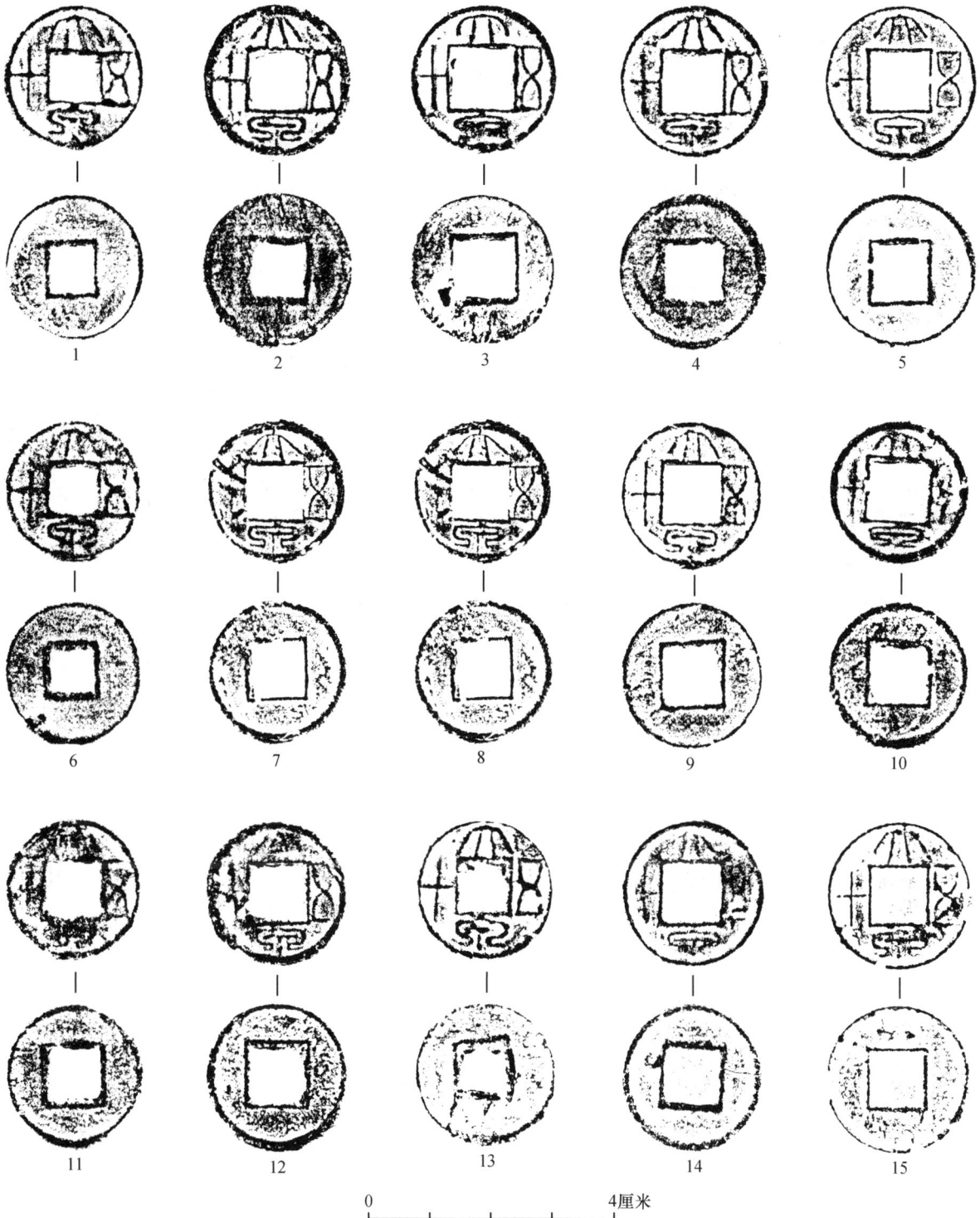

图八一 11YLM48出土大泉五十铜钱（一）

1. M48：3-1　2. M48：3-2　3. M48：3-3　4. M48：3-4　5. M48：3-5　6. M48：3-6　7. M48：3-7　8. M48：3-8　9. M48：3-9
10. M48：3-10　11. M48：3-11　12. M48：3-12　13. M48：3-13　14. M48：3-14　15. M48：3-15

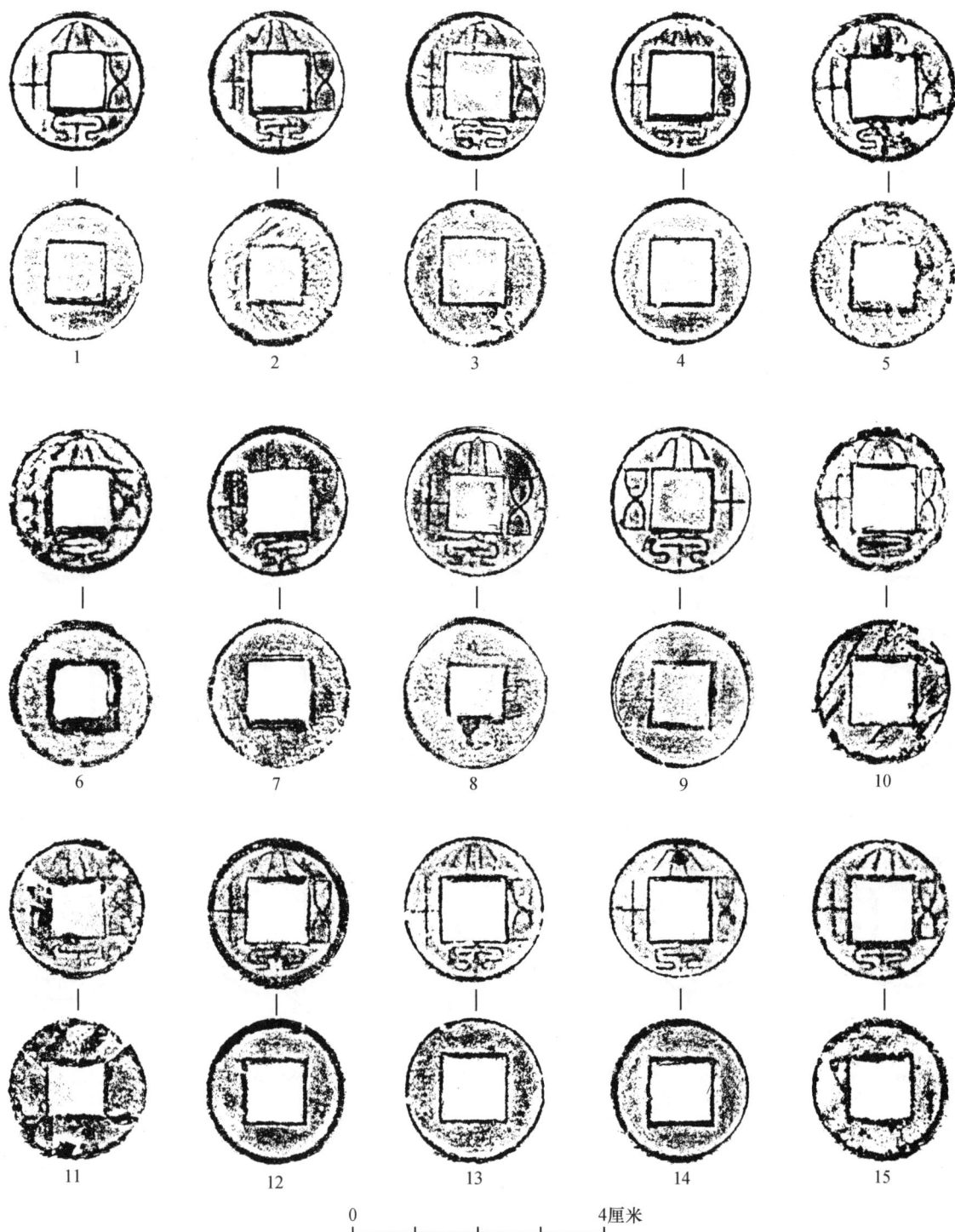

图八二　11YLM48出土大泉五十铜钱（二）

1. M48：3-16　2. M48：3-17　3. M48：3-18　4. M48：3-19　5. M48：3-20　6. M48：3-21　7. M48：3-22　8. M48：3-23
9. M48：3-24　10. M48：3-25　11. M48：3-26　12. M48：3-27　13. M48：3-28　14. M48：3-29　15. M48：3-30

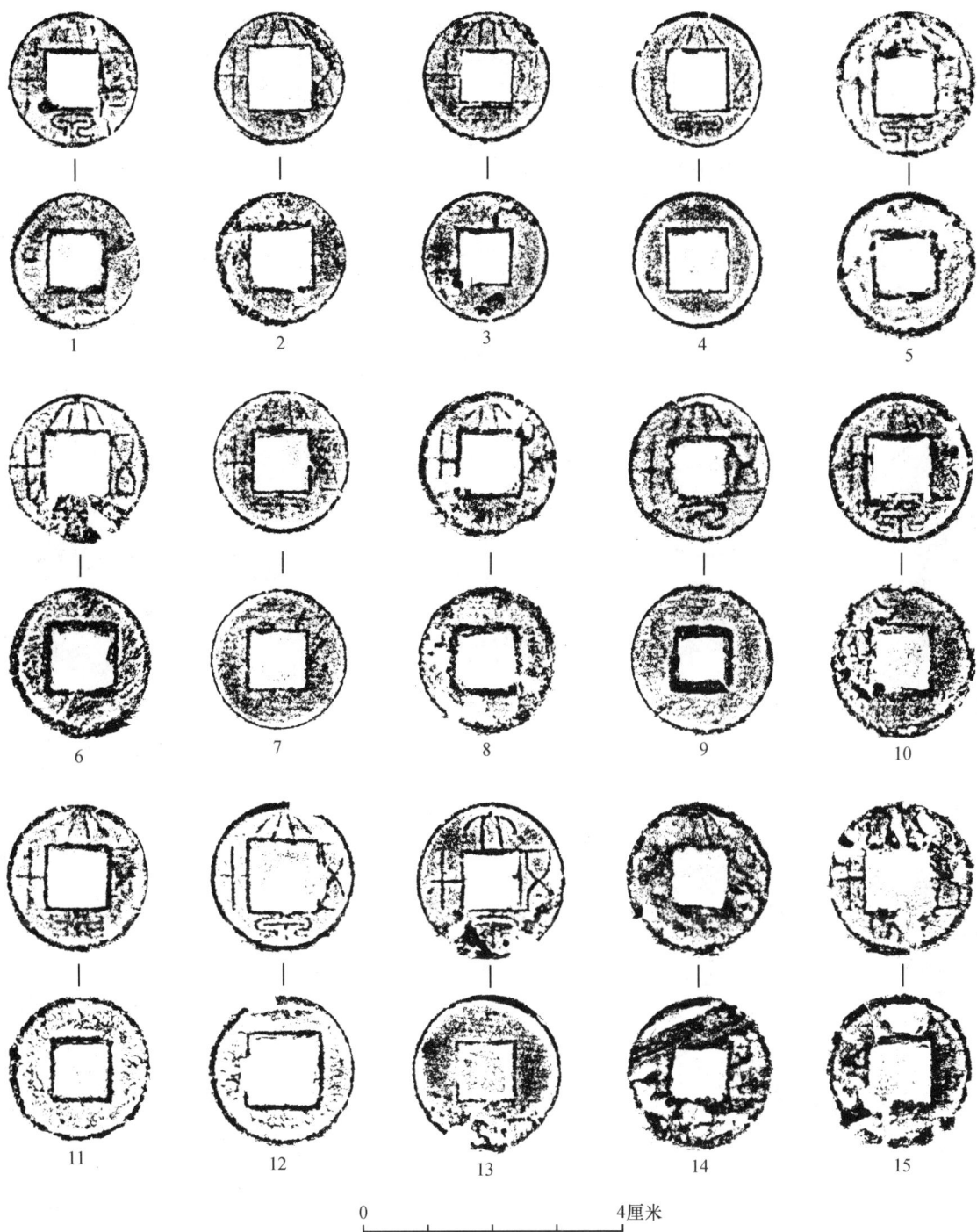

0　　　　　　　　　　　4厘米

图八三　11YLM48出土大泉五十铜钱（三）

1. M48：3-31　2. M48：3-32　3. M48：3-33　4. M48：3-34　5. M48：3-35　6. M48：3-36　7. M48：3-37　8. M48：3-38
9. M48：3-39　10. M48：3-40　11. M48：3-41　12. M48：3-42　13. M48：3-43　14. M48：3-44　15. M48：3-45

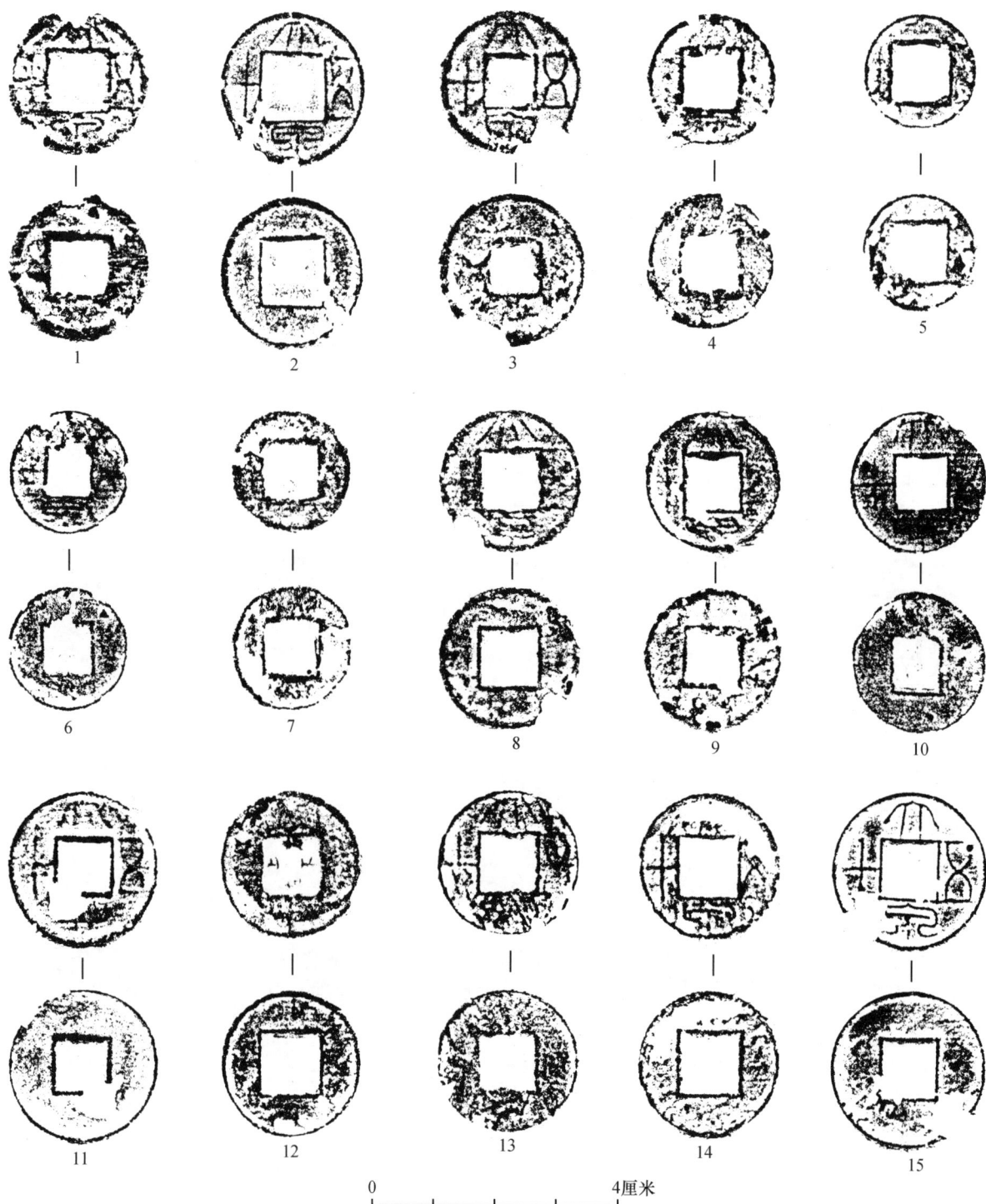

0　　　　　　　　　4厘米

图八四　11YLM48出土大泉五十铜钱（四）

1. M48：3-46　2. M48：3-47　3. M48：3-48　4. M48：3-49　5. M48：3-50　6. M48：3-51　7. M48：3-52　8. M48：3-53
9. M48：3-54　10. M48：3-55　11. M48：3-56　12. M48：3-57　13. M48：3-58　14. M48：3-59　15. M48：3-60

残。直径2.2、穿大0.7厘米，重2.1克（图八四，3）；M48：3-49，略残，直径2.1、穿大0.8厘米，重1.1克（图八四，4）；M48：3-50，直径1.8、穿大0.9厘米，重0.9克（图八四，5）；M48：3-51，略残。直径1.9、穿大0.7厘米，重0.6克（图八四，6）；M48：3-52，略残。直径1.9、穿大0.9厘米，重0.9克（图八四，7）；M48：3-53，残。直径2.2、穿大0.8厘米，重1.4克（图八四，8）；M48：3-54，略残。直径2.1、穿大0.9厘米，重1.6克（图八四，9）；M48：3-55，直径2.2、穿大0.8厘米，重1克（图八四，10）；M48：3-56，残。直径2.4、穿大0.8厘米，重1.9克（图八四，11）；M48：3-57，残。直径2.3、穿大0.9厘米，重1.5克（图八四，12）；M48：3-58，略残。直径2.2、穿大0.9厘米，重1克（图八四，13）；M48：3-59，残。直径2.2、穿大0.9厘米，重1.1克（图八四，14）；M48：3-60，残。直径2.5、穿大0.8厘米，重1.3克（图八四，15）。

M48：16-1　车軎、车辖。铜质。范铸。明器，外（轵）端封口微凸，里（贤）端缘较宽内折，軎身上部和中部分别起一周凸棱，近里端有一辖孔，呈长方形。孔内有车辖一件，车辖长条扁体，一端有帽，帽作长方形。车軎长2.9、外端直径1.2、里端直径2.2厘米；车辖长2.4、体宽0.3厘米（图九〇，4；图版三六，1）。

M48：16-2　车軎。铜质。范铸。明器，外（轵）端封口平整，周有宽缘，里（贤）端敞口，宽缘外折，軎身中部有三周凸弦纹。軎身可见明显相对称的纵向范铸痕迹。车軎长1.8、外端外直径1.5、里端外直径2.4厘米（图九〇，5）。

M48：17　铜泡。2件。铜质。范铸。呈帽形，顶面凸起，铸一蜷卧形兽，底部有折沿。直径3厘米（图九〇，2、3）。

M48：18　衡末。铜质。圆筒形，一端封口，一端敞口，敞口端直径大于封口端，器身中部起一周凸棱。长1.6、直径0.9～1.1、最大径1.4厘米（图九〇，6；图版三六，2）。

M48：19　铜钱。75枚。均为大泉五十。圆形方穿，正、反两面内外郭俱备，大部分钱狭郭、薄肉，极少数钱质较差，有砂眼，钱径、穿的大小不尽相同，重量悬殊较大。钱文篆书，版别多样，笔划纤细，上下、右左排列。"大"字形如飞燕，"泉"字上端横笔近平或微弧，内横笔平直，竖笔中断，"五"字中间交叉两笔弯曲。M48：19-1，广穿。直径2.3、穿大0.9厘米，重2.6克（图八五，1）；M48：19-2，广穿，有砂眼。直径2.3、穿大1厘米，重1.8克（图八五，2）；M48：19-3，略残。直径2、穿大0.8厘米，重0.9克（图八五，6）；M48：19-4，直径1.8、穿大0.8厘米，重0.8克（图八五，7）；M48：19-5，直径2、穿大0.7厘米，重1克（图八五，8）；M48：19-6，直径1.9、穿大0.8厘米，重0.7克（图八五，9）；M48：19-7，直径2.2、穿大0.9厘米，重2.4克（图八五，3）；M48：19-8，直径2.1、穿大0.9厘米，重2.3克（图八五，4）；M48：19-9，有砂眼。直径2.2、穿大0.8厘米，重1克（图八五，5）；M48：19-10，直径2.2、穿大0.8厘米，重2.2克（图八五，10）；M48：19-11，直径2.4、穿大0.9厘米，重2.2克（图八五，11）；M48：19-12，直径2.3、穿大0.8厘米，重2.4克（图八五，12；图版三七，3）；M48：19-13，直径2.4、穿大0.8厘米，重2.2克（图八五，13；图版三七，5）；M48：19-14，直径2.2、穿大0.8厘米，重2.1克（图八五，14）；M48：19-15，直径2.2、穿大0.8厘米，重

1.2克（图八五，15；图版三七，4）；M48：19-16，直径2.1、穿大0.8厘米，重1.8克（图八六，1）；M48：19-17，直径2.2、穿大0.8厘米，重2.2克（图八六，2）；M48：19-18，直径2.4、穿大0.8厘米，重2克（图八六，3）；M48：19-19，直径2.2、穿大0.8厘米，重2.1克（图八六，4）；M48：19-20，直径2.1、穿大0.9厘米，重1.3克（图八六，5）；M48：19-21，直径2.3、穿大0.7厘米，重2.4克（图八六，6）；M48：19-22，直径1.9、穿大0.8厘米，重0.9克（图八六，7）；M48：19-23，直径2、穿大0.8厘米，重1.1克（图八六，8）；M48：19-24，直径2.4、穿大0.9厘米，重2.9克（图八六，9）；M48：19-25，直径2、穿大0.8厘米，重1克（图八六，10）；M48：19-26，直径2、穿大0.9厘米，重1克（图八六，11）；M48：19-27，直径2.1、穿大0.8厘米，重1.1克（图八六，12）；M48：19-28，直径2.3、穿大0.7厘米，重2.7克（图八六，13）；M48：19-29，直径2.3、穿大0.9厘米，重1.4克（图八六，14）；M48：19-30，直径2.3、穿大0.9厘米，重1.7克（图八六，15；图版三七，7）；M48：19-31，正面重轮。直径2.1、穿大0.8厘米，重1.5克（图八七，1）；M48：19-32，直径2.4、穿大0.9厘米，重1.5克（图八七，2）；M48：19-33，直径2.4、穿大0.8厘米，重2.8克（图八七，3）；M48：19-34，直径2.2、穿大0.8厘米，重1.5克（图八七，4）；M48：19-35，直径2.4、穿大0.9厘米，重2.6克（图八七，5）；M48：19-36，直径2.1、穿大0.9厘米，重1.7克（图八七，6）；M48：19-37，直径2.3、穿大0.7厘米，重2.8克（图八七，7）；M48：19-38，直径2.2、穿大0.9厘米，重2.1克（图八七，8）；M48：19-39，直径2.5、穿大0.9厘米，重2.4克（图八七，9）；M48：19-40，直径2.5、穿大0.9厘米，重2.9克（图八七，10）；M48：19-41，直径2.5、穿大0.9厘米，重2.4克（图八七，11）；M48：19-42，直径2.3、穿大0.9厘米，重2.1克（图八七，12；图版三七，8）；M48：19-43，正面重轮。直径2.1、穿大0.8厘米，重2.1克（图八七，13；图版三七，6）；M48：19-44，直径2、穿大0.8厘米，重1克（图八七，14）；M48：19-45，直径2.1、穿大0.8厘米，重1.1克（图八七，15）；M48：19-46，直径2.1、穿大0.8厘米，重1.8克（图八八，1）；M48：19-47，直径2.3、穿大0.9厘米，重1.5克（图八八，2）；M48：19-48，略残。直径2.3、穿大0.9厘米，重1.8克（图八八，3）；M48：19-49，直径2.3、穿大1厘米，重2.5克（图八八，4）；M48：19-50，直径2.2、穿大0.9厘米，重2.1克（图八八，5）；M48：19-51，直径2.2、穿大0.9厘米，重1.9克（图八八，6）；M48：19-52，直径2.3、穿大0.9厘米，重2.2克（图八八，7）；M48：19-53，直径2.3、穿大0.9厘米，重1.6克（图八八，8）；M48：19-54，直径2.2、穿大0.9厘米，重1.6克（图八八，9）；M48：19-55，直径2.2、穿大0.9厘米，重1.7克（图八八，10）；M48：19-56，广穿，略残。直径2.3、穿大1厘米，重2.3克（图八八，11）；M48：19-57，直径2.3、穿大0.8厘米，重2.6克（图八八，12）；M48：19-58，直径2.3、穿大0.9厘米，重2.2克（图八八，13）；M48：19-59，直径2.2、穿大0.9厘米，重1.8克（图八八，14）；M48：19-60，直径2、穿大0.8厘米，重1.3克（图八八，15）；M48：19-61，直径2.2、穿大0.7厘米，重2.4克（图八九，1）；M48：19-62，直径2.1、穿大0.8厘米，重1.1克（图八九，2）；M48：19-63，正面重轮，铸造不规范。直径2.1、穿大0.8厘米，重1.2克（图八九，3）；M48：19-64，广穿。直径2.1、穿大1厘米，重1.4

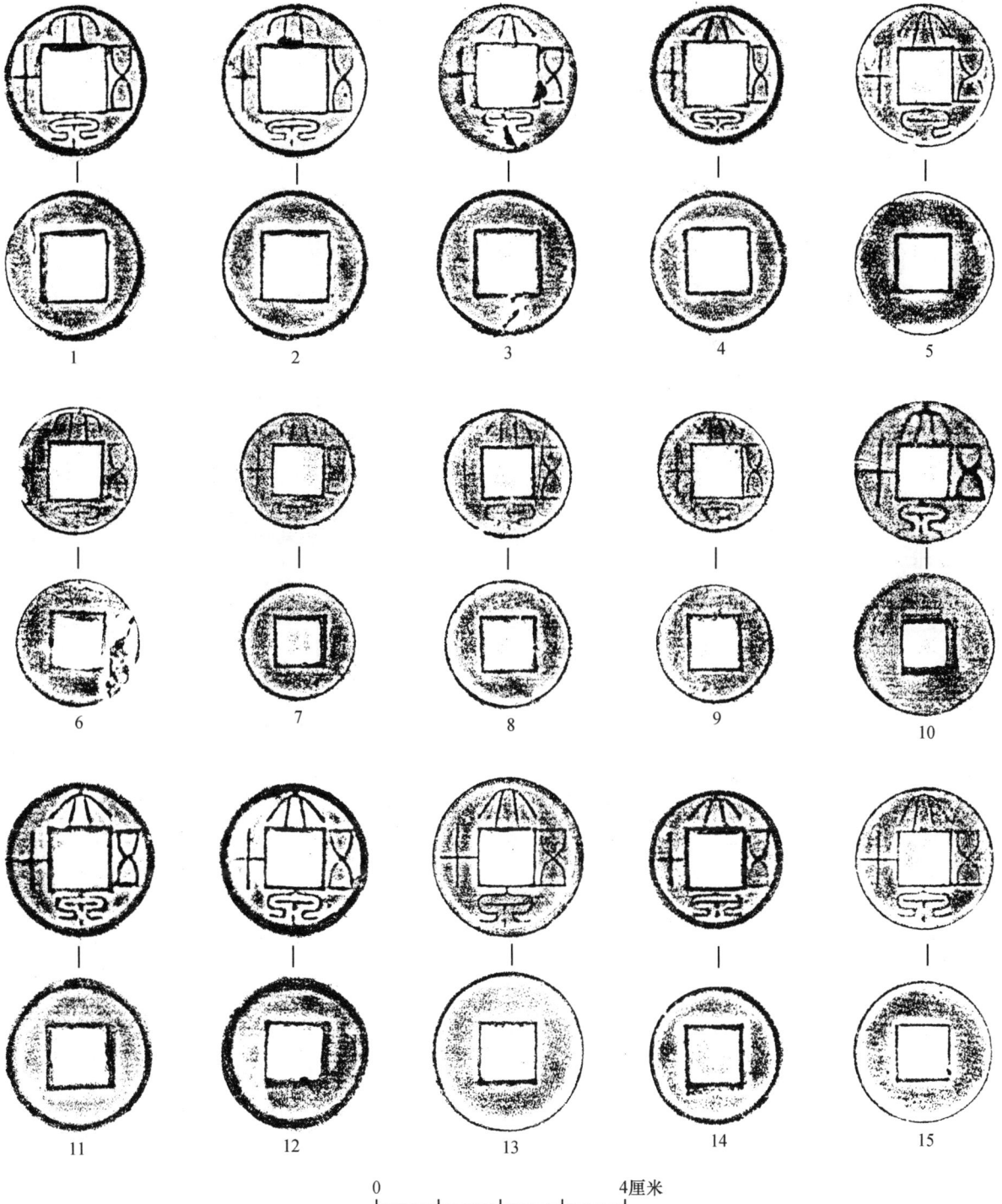

图八五　11YLM48出土大泉五十铜钱（五）

1. M48：19-1　2. M48：19-2　3. M48：19-7　4. M48：19-8　5. M48：19-9　6. M48：19-3　7. M48：19-4　8. M48：19-5
9. M48：19-6　10. M48：19-10　11. M48：19-11　12. M48：19-12　13. M48：19-13　14. M48：19-14　15. M48：19-15

0　　　　　　　　　4厘米

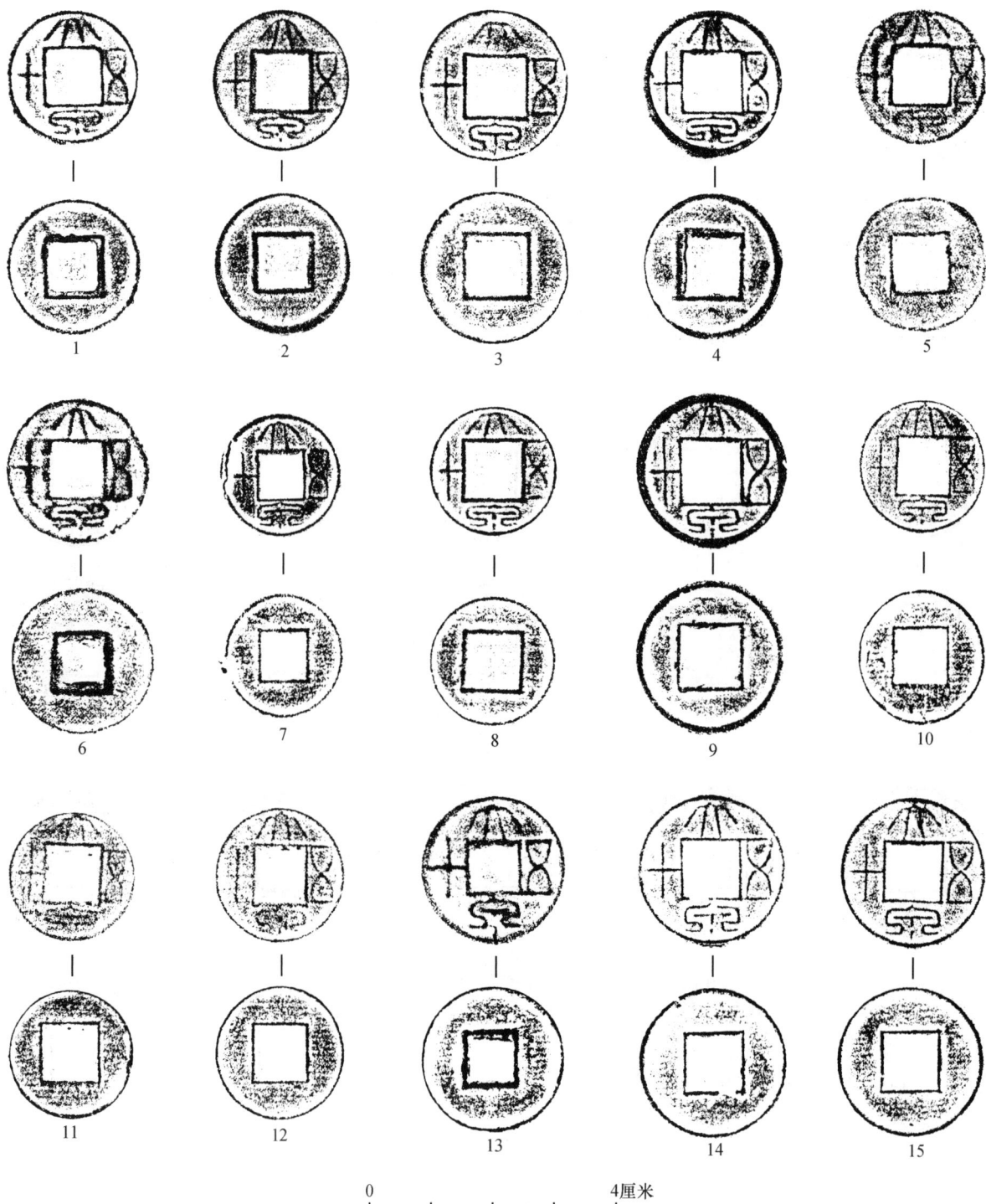

图八六　11YLM48出土大泉五十铜钱（六）

1. M48：19-16　2. M48：19-17　3. M48：19-18　4. M48：19-19　5. M48：19-20　6. M48：19-21　7. M48：19-22

8. M48：19-23　9. M48：19-24　10. M48：19-25　11. M48：19-26　12. M48：19-27　13. M48：19-28　14. M48：19-29

15. M48：19-30

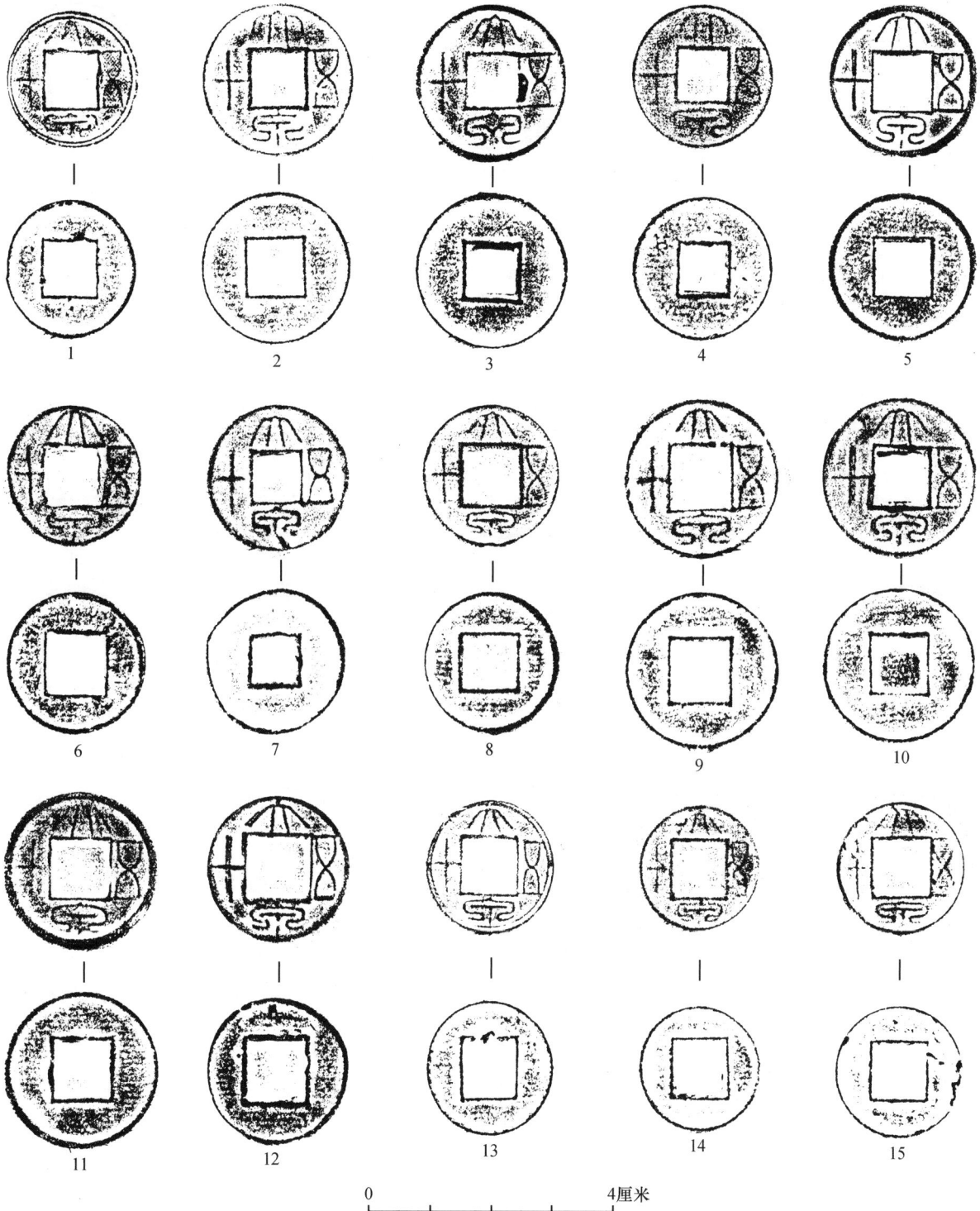

0　　　　　　　　　　4厘米

图八七　11YLM48出土大泉五十铜钱（七）

1. M48：19-31　2. M48：19-32　3. M48：19-33　4. M48：19-34　5. M48：19-35　6. M48：19-36　7. M48：19-37

8. M48：19-38　9. M48：19-39　10. M48：19-40　11. M48：19-41　12. M48：19-42　13. M48：19-43　14. M48：19-44

15. M48：19-45

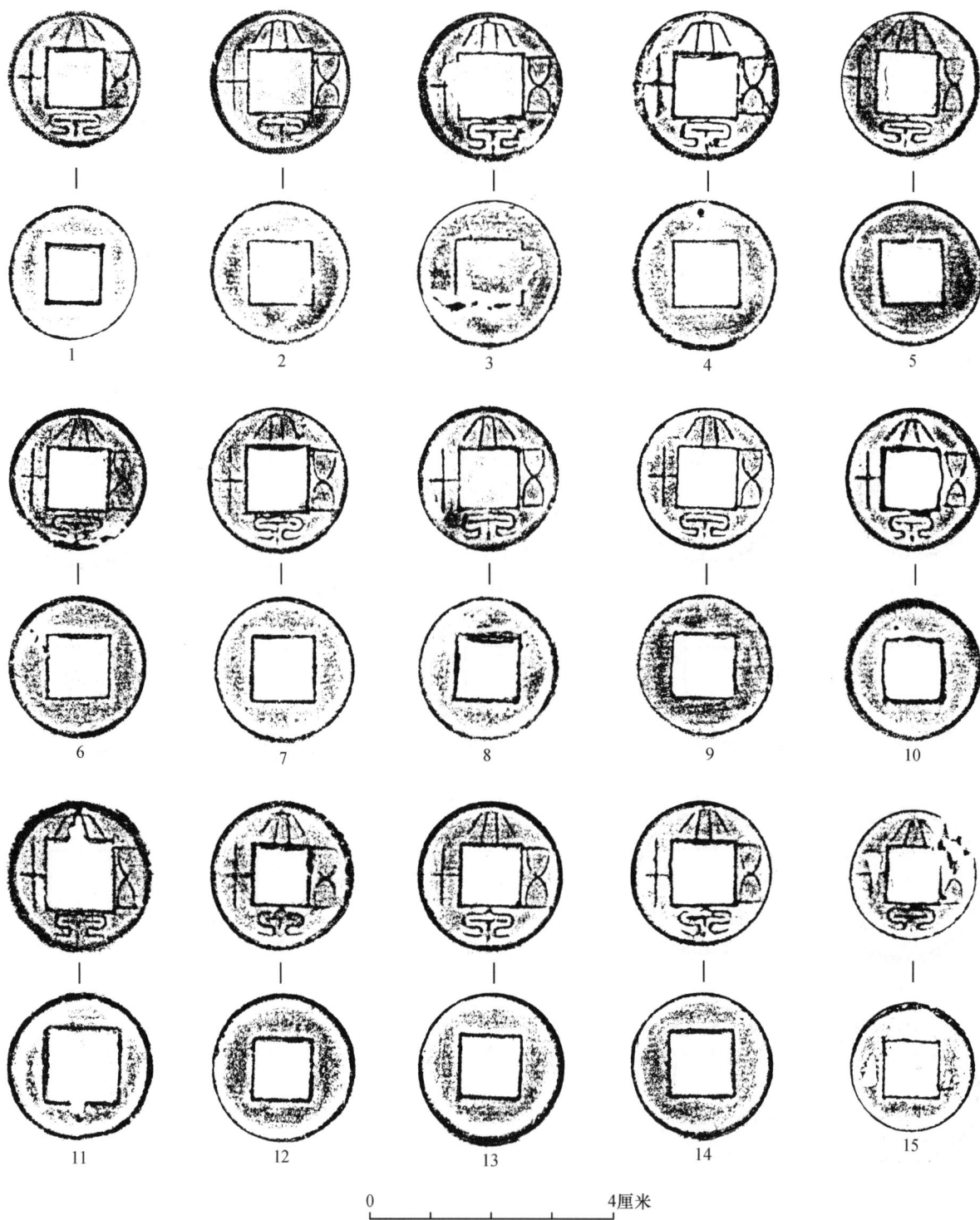

0　　　　　　　　　　4厘米

图八八　11YLM48出土大泉五十铜钱（八）

1. M48∶19-46　2. M48∶19-47　3. M48∶19-48　4. M48∶19-49　5. M48∶19-50　6. M48∶19-51　7. M48∶19-52
8. M48∶19-53　9. M48∶19-54　10. M48∶19-55　11. M48∶19-56　12. M48∶19-57　13. M48∶19-58　14. M48∶19-59
15. M48∶19-60

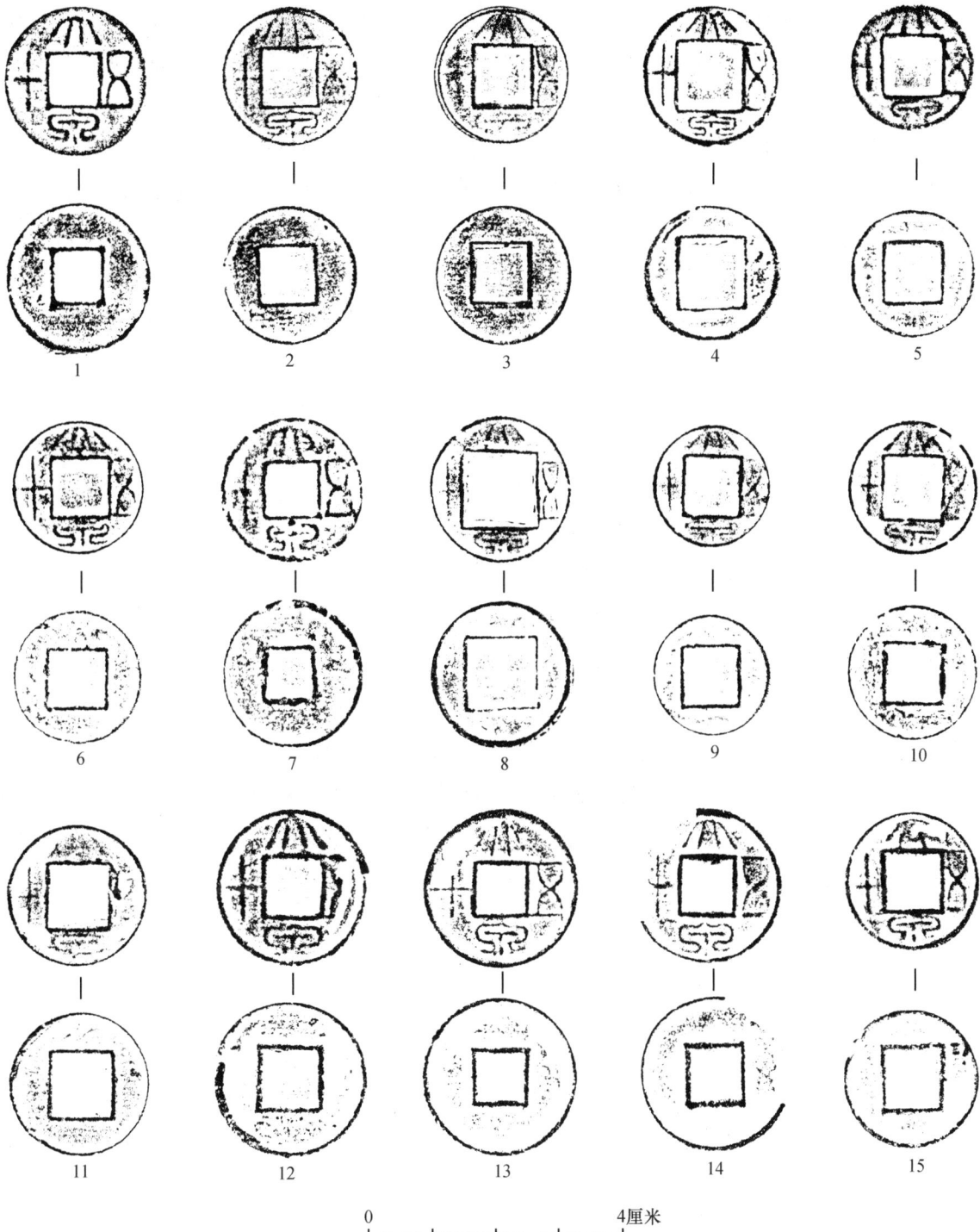

图八九　11YLM48出土大泉五十铜钱（九）

1. M48：19-61　2. M48：19-62　3. M48：19-63　4. M48：19-64　5. M48：19-65　6. M48：19-66　7. M48：19-67
8. M48：19-68　9. M48：19-69　10. M48：19-70　11. M48：19-71　12. M48：19-72　13. M48：19-73　14. M48：19-74
15. M48：19-75

克（图八九，4）；M48：19-65，直径1.9、穿大0.9厘米，重1.2克（图八九，5）；M48：19-66，直径2、穿大0.8厘米，重1.4克（图八九，6）；M48：19-67，直径2.2、穿大0.8厘米，重2.3克（图八九，7）；M48：19-68，广穿。直径2.2、穿大1厘米，重2.4克（图八九，8）；M48：19-69，直径1.8、穿大0.8厘米，重0.8克（图八九，9）；M48：19-70，直径2、穿大0.8厘米，重1.7克（图八九，10）；M48：19-71，直径2.2、穿大0.9厘米，重1.9克（图八九，11）；M48：19-72，直径2.3、穿大0.8厘米，重1.6克（图八九，12）；M48：19-73，残。直径2.4、穿大0.8厘米，重2.1克（图八九，13）；M48：19-74，残。直径2.3、穿大0.8厘米，重1.9克（图八九，14）；M48：19-75，残。直径2.1、穿大0.8厘米，重1.7克（图八九，15）。

3）铁器

M48：1　剑。剑身和剑茎为铁质。剑首残断，剑身修长，两面有脊，双刃斜直，断面呈菱形，剑茎残，呈窄条状。剑格为铜质，范铸，表面鎏金，金箔大部分脱落。作双翼形，断面呈菱形，略宽于剑身。剑身局部有木质和皮革类裹箍，应是剑鞘。剑身长85.8、剑身最宽3.3、全剑残长105.3厘米（图九〇，1；图版三六，5）。

M48：4　铁块。锈蚀较甚，器形不可辨。

M48：14　灶。铁质。范铸。素面。灶体为底端开敞的五面体，灶体厚实，平面和截面均呈梯形，前端棱角明显，后端圆弧，前面有方形灶门接地，灶面平整，有三釜，呈"品"字形排列，三釜朽残严重，后端有烟囱。灶体和三釜分铸。灶体底端长48.4、最宽40、顶端长44、最宽36.2、高12.4、灶门宽9.6、高9.2厘米（图七九，6；图版三五，5）。

M48：15　剑。残存部分剑身，铁质，剑身较窄，无脊，两刃斜直，剑茎残。剑格为铜质，范铸，作双翼形，格一面起脊有穿。剑身残长5、剑身最宽1.5、全剑残长6.5厘米（图九〇，8；图版三六，3）。

M48：20　削。铁质。环首，直背，刃微弧，器身锈蚀严重。通长20.8、刃部最宽1.7厘米（图九一，2）。

M48：41　环首刀。铁质。锈蚀严重，环手残，刀身直背斜刃，断面呈三角形。残长25、刀身宽1.5～2.6厘米（图九四，5）。

4）漆木器

M48：21　漆木座。可能是漆木砚，长方形，似案形状，面上两端为红色髹漆，中间为砚池，黑色髹漆。残长46、宽28.6、厚1.6厘米（图九一，1；图版三五，3）；漆座面左侧近端处置削（M48：20）1件、笔数支，笔为木质，腐朽不可辨；右侧近端处置石砚1块，研子1块，砚和研子均为青灰色岩石质地，砚有砚盒盖，M48：21-1，砚盒盖外表为红色髹漆，砚为矩形薄片状，顶面略比底宽，横截面呈倒梯形，顶面呈黑色，长12、宽5、厚0.5厘米（图九一，3）；M48：21-2，研子，作圆顶方底形状，底面呈黑色，顶直径3.3、底边长3.5、通高1厘米（图九一，4）。

M48：22～M48：30、M48：34～M48：40　漆耳杯。有大小两种，均作椭圆形，两侧杯口外附带有新月状耳，双月耳平折，附耳处杯口部突起，平耳与杯口转折处有凹槽，杯为

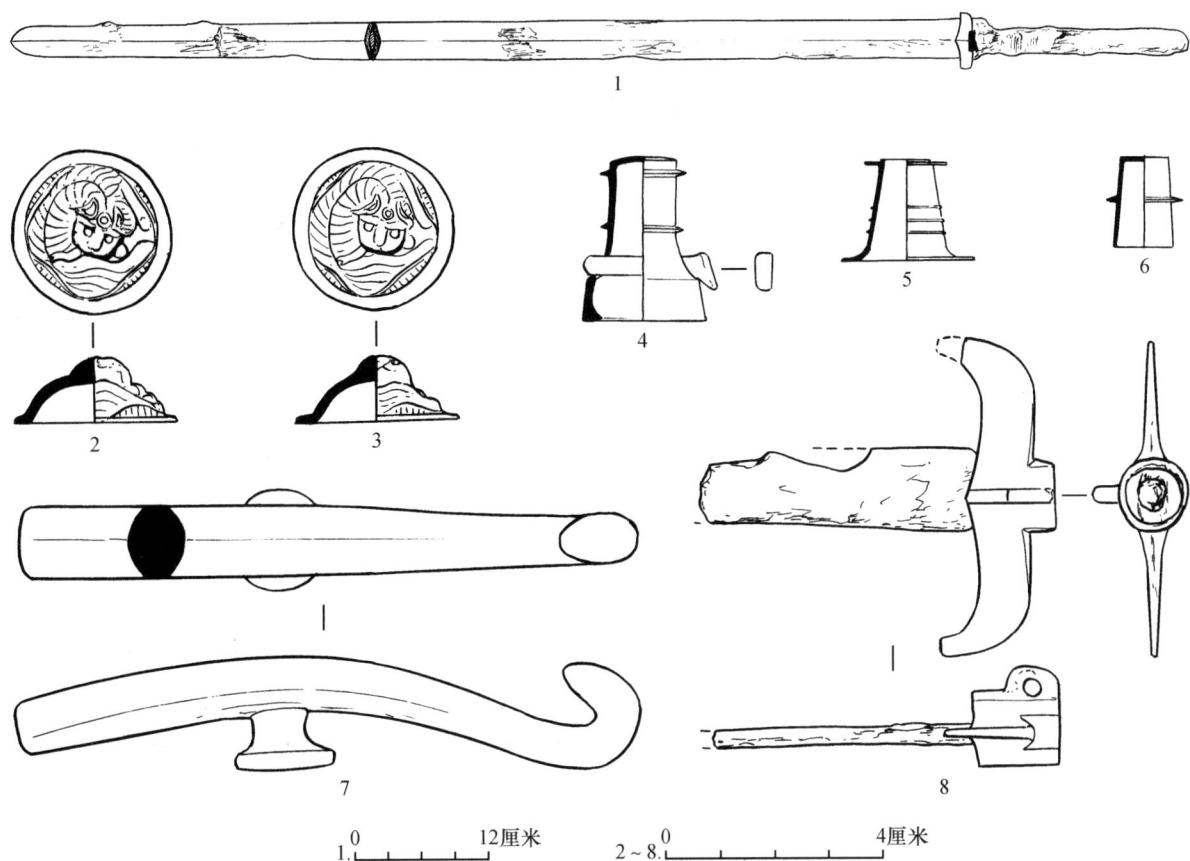

图九〇 11YLM48出土器物（二）

1、8.铁剑（M48：1、M48：15） 2、3.铜泡（M48：17） 4.车軎、车辖（M48：16-1） 5.车軎（M48：16-2）
6.铜衡末（M48：18） 7.铜带钩（M48：2）

敞口，弧腹内收，平底。耳杯内壁均为朱红髹漆，双耳及外壁均作黑色髹漆，胎呈黑色。出土时耳杯胎质甚薄，仅有2毫米厚，绘图时有意加厚，平面形状和其深度及内壁弧度仍为出土状况。

M48：22 漆耳杯。略有变形，双耳朽蚀残缺。口长径11.4、短径8.3、腹深2.8厘米（图九二，1）。

M48：23 漆耳杯。略有变形，双耳朽蚀残缺。口长径11.4、短径8.2、腹深2.6厘米（图九二，2）。

M48：24 漆耳杯。基本完整。口长径11.9、短径7.6、带耳宽9.3、腹深2.3厘米（图九二，3）。

M48：25 漆耳杯。双耳朽蚀残缺。口长径11.5、短径7.4、腹深2.4厘米（图九二，4）。

M48：26 漆耳杯。双耳朽蚀残缺。口长径12.7、短径7.5、腹深2.2厘米（图九二，5）。

M48：27 漆耳杯。基本完整，略有变形。口长径12.4、短径8.5、带耳宽10.6、腹深2.2厘米（图九二，6）。

M48：28 漆耳杯。基本完整，挤压变形。口长径11.5、短径7.4、带耳宽9.1、腹深2厘米

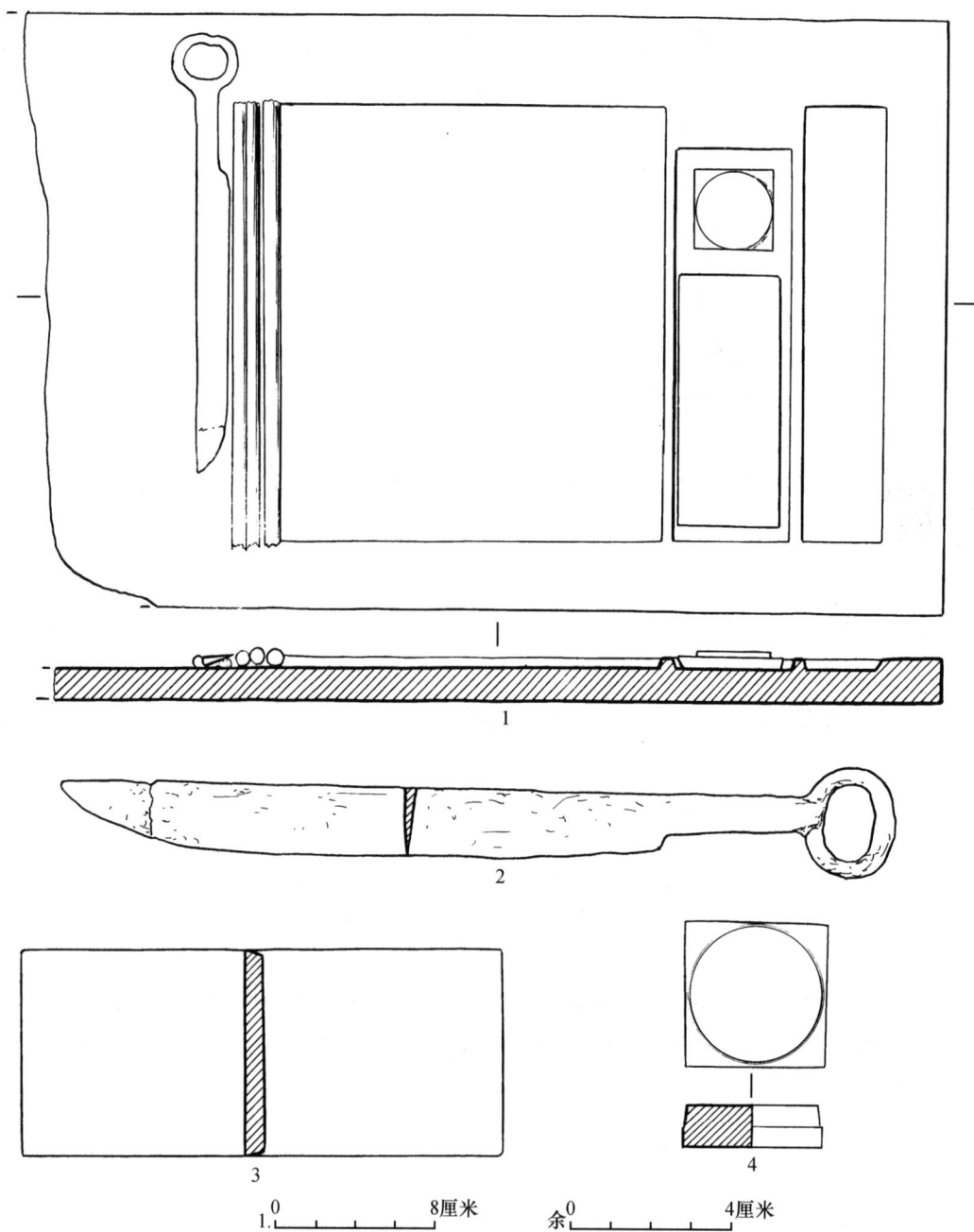

图九一　11YLM48出土器物（三）

1. 漆木座（M48：21）　2. 铁削（M48：20）　3. 石砚盒盖（M48：21-1）　4. 石研子（M48：21-2）

（图九三，1）。

　　M48：29　漆耳杯。基本完整，略有变形。口长径12.4、短径8、带耳宽10.1、腹深2.5厘米（图九三，4）。

　　M48：30　漆耳杯。基本完整，挤压变形。口长径11.5、短径7.4、带耳宽9.1、腹深2厘米（图九三，3）。

　　M48：34　漆耳杯。双耳朽蚀残缺。口长径12.8、短径8.1、腹深2.6厘米（图九三，5）。

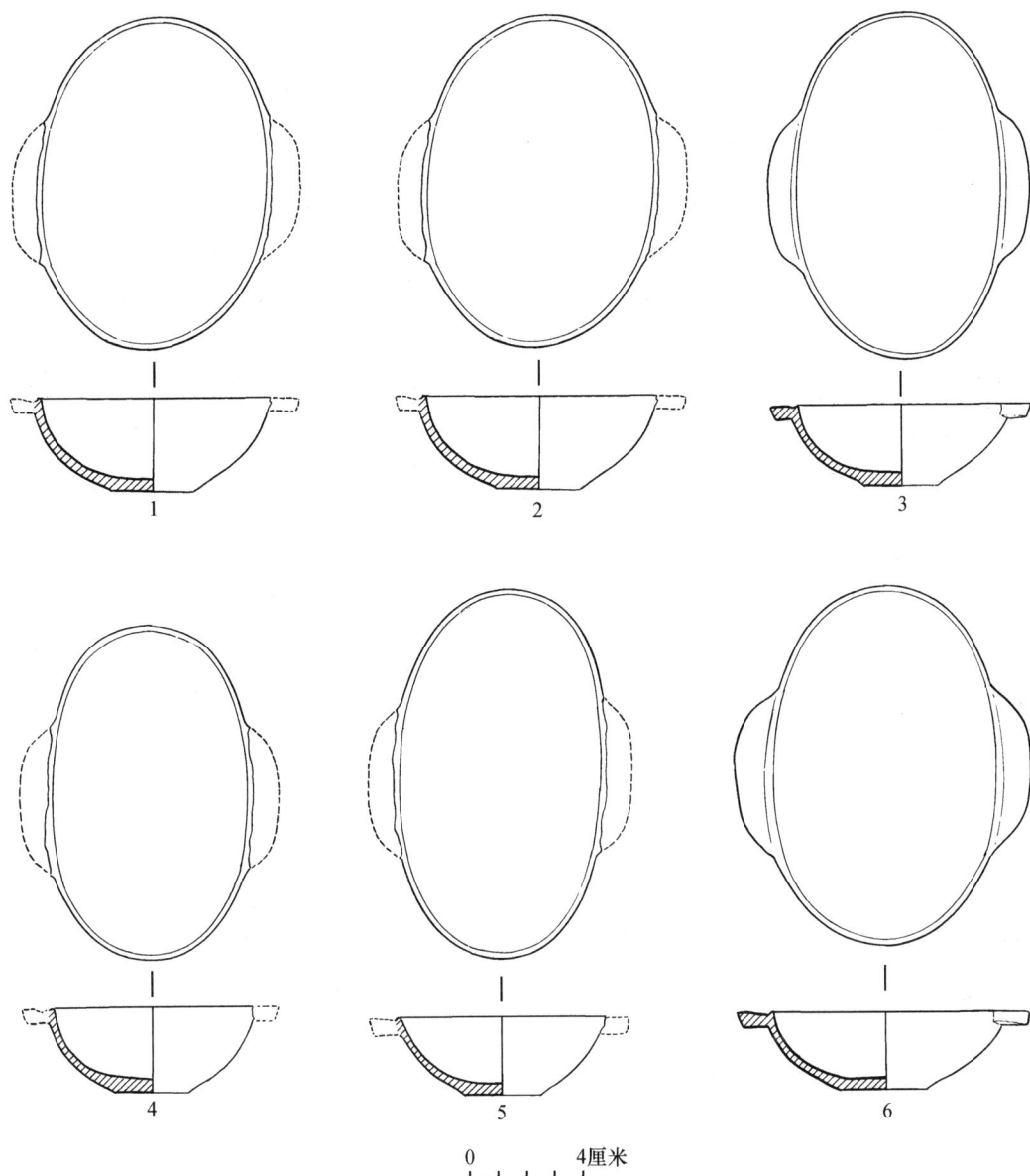

图九二　11YLM48出土漆耳杯（一）

1. M48∶22　2. M48∶23　3. M48∶24　4. M48∶25　5. M48∶26　6. M48∶27

　　M48∶35　漆耳杯。挤压变形，双耳朽蚀残缺。口长径13.4、短径9.9、腹深2.6厘米（图九四，1）。

　　M48∶36　漆耳杯。双耳朽蚀残缺。口长径16.2、短径10.2、腹深2.9厘米（图九四，4）。

　　M48∶37　漆耳杯。双耳朽蚀残缺。口长径16.4、短径10.3、腹深2.9厘米（图九四，2）。

　　M48∶38　漆耳杯。基本完整。口长径17.5、短径10.1、带耳宽12.8、腹深3.5厘米（图九四，3）。

　　M48∶39　漆耳杯。挤压变形，呈不规则椭圆形。口长径12、短径10.8、带耳宽12.4、腹深3.8厘米（图九三，2）。

　　M48∶40　漆耳杯。挤压变形，双耳朽蚀残缺。口长径13.5、短径9.7、腹深2.7厘米

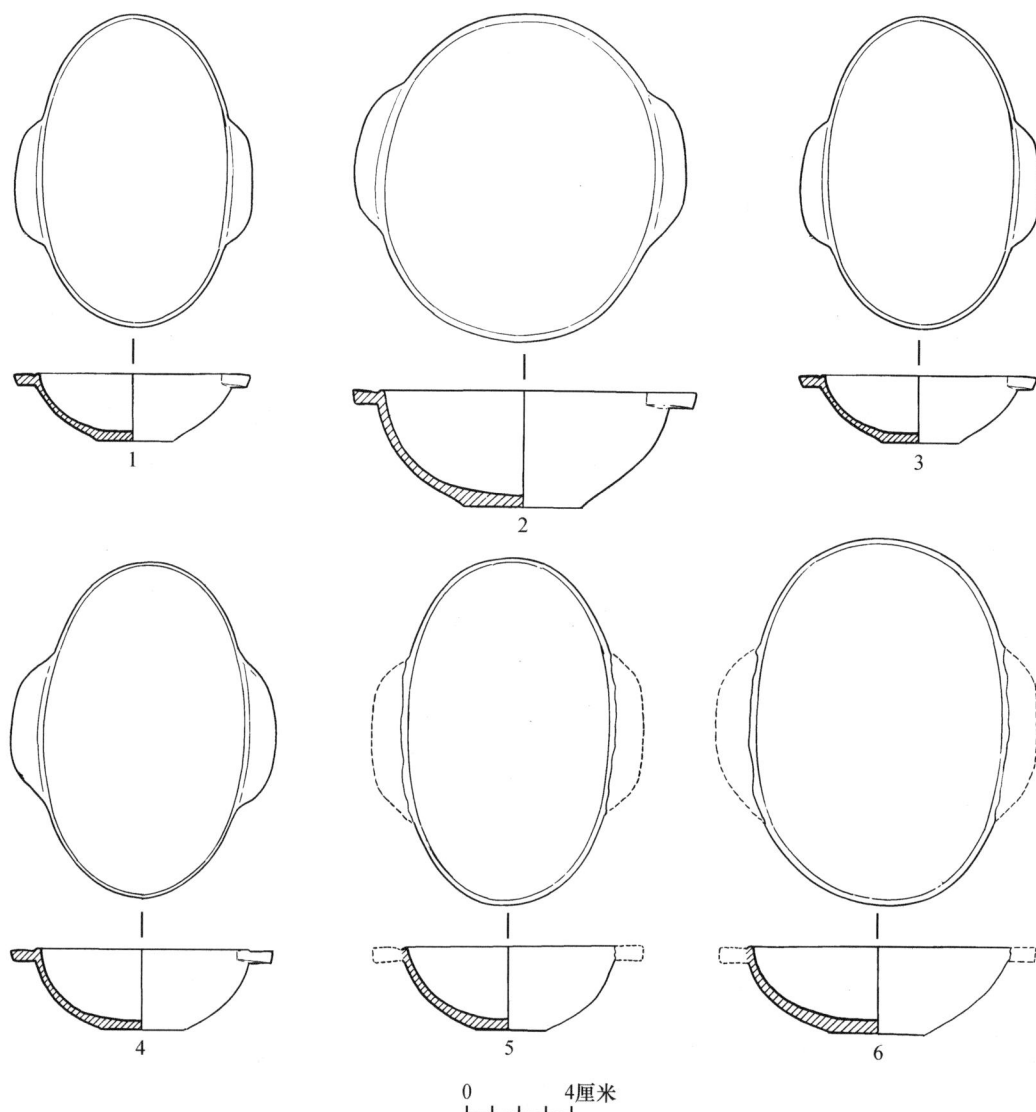

图九三　11YLM48出土漆耳杯（二）

1. M48：28　2. M48：39　3. M48：30　4. M48：29　5. M48：34　6. M48：40

（图九三，6）。

M48：31　漆盒。圆形，朽蚀较甚，残存底部，平底，内外壁为朱红髹漆，胎呈黑色。直径16.4、残高1.8厘米（图九五，4）。

M48：32　漆木器。挤压呈薄片状，其轮廓呈圆形，表面为朱红色髹漆。直径16.4厘米（图九五，3）。

M48：33　漆盒。圆形，残存底部，底为圜底，可能是漆盒的盖，内外壁为朱红色髹漆，胎呈黑色。直径20.8、残高2.4厘米（图九五，5）。

M48：42　漆案。方角长方形，四周有边沿，案面两端各有一个凹槽，内壁为朱红髹漆，胎呈黑色，外壁髹漆颜色不详。长59.8、宽40、高2.4厘米（图九五，1）。

M48：43　漆案。形制同42号漆案。长60、宽40、高2.4厘米（图九五，2）。

1

2

3

4

5

0 ⊢━━┷━━┥ 4厘米

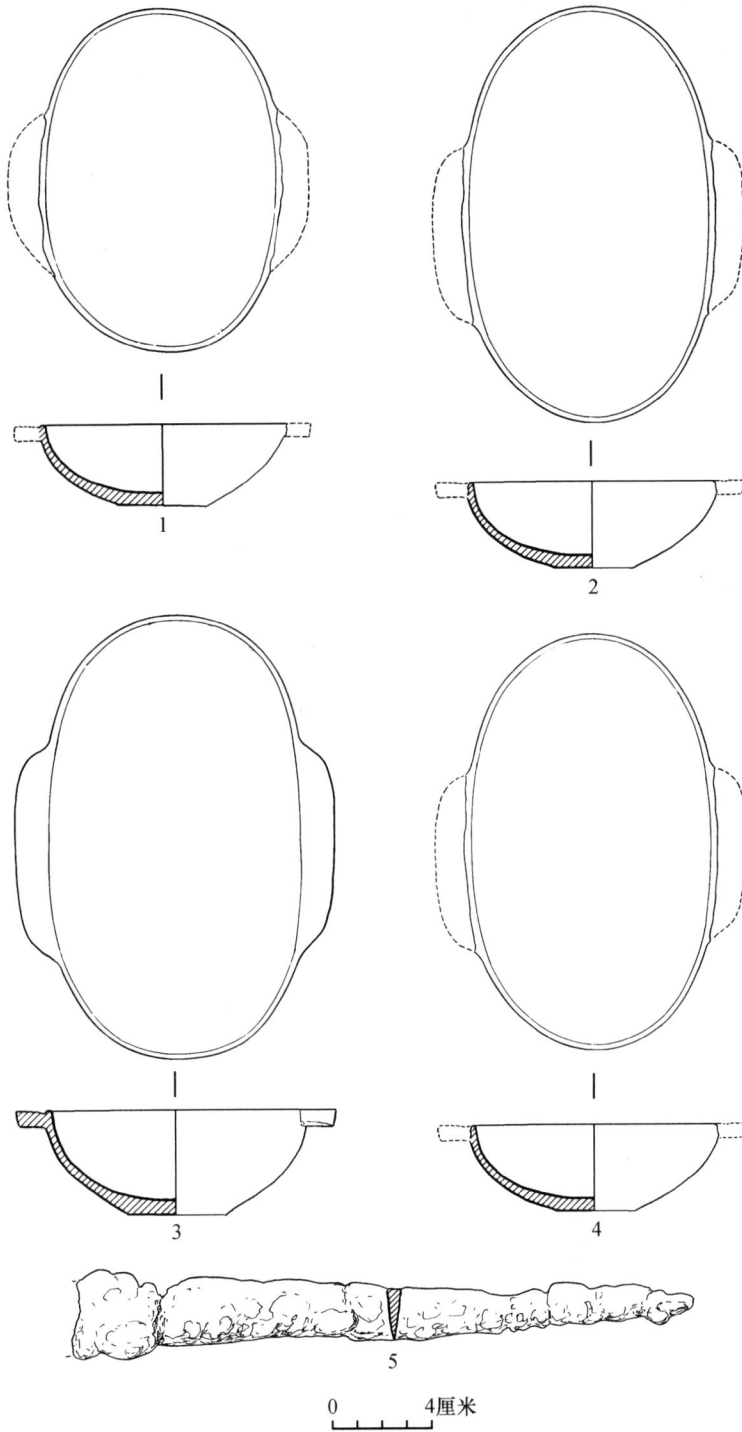

图九四　11YLM48出土器物（四）

1~4.漆耳杯（M48∶35、M48∶37、M48∶38、M48∶36）　5.环首刀（M48∶41）

图九五　11YLM48出土漆木器

1、2.漆案（M48：42、M48：43）　3.漆木器（M48：32）　4、5.漆盒（M48：31、M48：33）

　　M48：44　漆木器。器形不可辨，表面为朱红色髹漆，胎呈黑色，挤压变形，遭水侵蚀，无法起取。

5. 11YLM49

（1）墓葬形制

双室墓，由墓道、墓门、墓室组成（图九六~图九八；图版三八，1）。整体近"中"字形。方向10°。

墓道　位于墓室北端，长条形，南端较北端略宽，竖穴，直壁，斜坡底。长706、宽80~94、底距现墓口0~270厘米。墓道拐角近方正，壁面较整齐，墓门前有168厘米的平缓地带，底坡长590厘米，坡度15°。墓道内填土为黄褐色花土，土质较硬。

墓门　单层砖券拱形顶。高150、宽94、进深17厘米。采用青灰条砖封门，封堵方式为平卧丁砖错缝干摆。

墓室　在竖穴土圹中砌筑，平面呈"凸"字形，分前、后两室，前室与后室直接相联，其间无甬道（图版三八，2）。前室较为宽阔，呈长方形。南北长190、东西宽150、高140厘米。后室狭长，呈长方形。南北长270、东西宽88、高102厘米。两室顶部均为单层砖券拱形顶，底部平整，在同一水平线，条砖墁地，铺筑方式有横排、直排，无规律，砖缝不整齐，较墓道底高20厘米。墓壁顺砖错缝平砌，砖缝为十字缝。墓室内被淤土充塞堆满。

（2）葬具葬式

该墓为单人葬，置于后室，墓主骨架保存较差。性别、年龄不可辨，头向北，面上，仰身，上肢自然伸直，手置于髋骨两侧，下肢伸直。

葬具为一棺，长方形，四角平齐。长204、宽64、残高20、立板厚7厘米。底板上有一层朱红色髹漆。墓室内曾进水，棺室遭漂浮移位。

（3）随葬品

陶器8件（图版三九，1），器类有陶盆1（M49：8）、陶罐4（M49：9、M49：12、M49：13、M49：15）、陶壶2（M49：10、M49：11）、陶灶1（M49：14）件；铜器39件，器类有铜车饰件3（M49：1~M49：3）、马镳2（M49：4）、铜扣饰3（M49：5）、铜镜1（M49：6）、铜包边1（M49：7-7）件，铜钱29（M49：16、M49：7-8~M49：7-17）枚；铁器3件，器类有铁器2（M49：7-5、M49：7-6）、铁刀1（M49：17）件；漆木器4件，器类有漆案1（M49：7-1）、漆木杯3（M49：7-2~M49：7-4）件、形状不可辨漆木器1件；殉羊1只。大量的随葬品置于前室。

殉羊和1件形状不可辨漆木器处在前室西北部淤土中（图九八），距墓室底部有一段距离，漆木器形状不可辨，该漆木器上有1~3号车饰件；4号马镳和5号铜扣饰置于前室西侧偏北；6号铜镜和7号漆木器置于后室前端东侧；8号陶盆置于前室西南部；9、12号陶罐和17号铁刀置于前室中央；10、11号陶壶置于前室东侧；13号陶罐和14号陶灶置于前室西侧偏北端，紧靠西壁；15号陶罐置于棺内墓主足端，该器物原位置应在棺外；16号铜钱置于棺内墓主下肢骨周围。

漆皮
殉羊

墓顶俯视图

纵向剖视图

2米

0

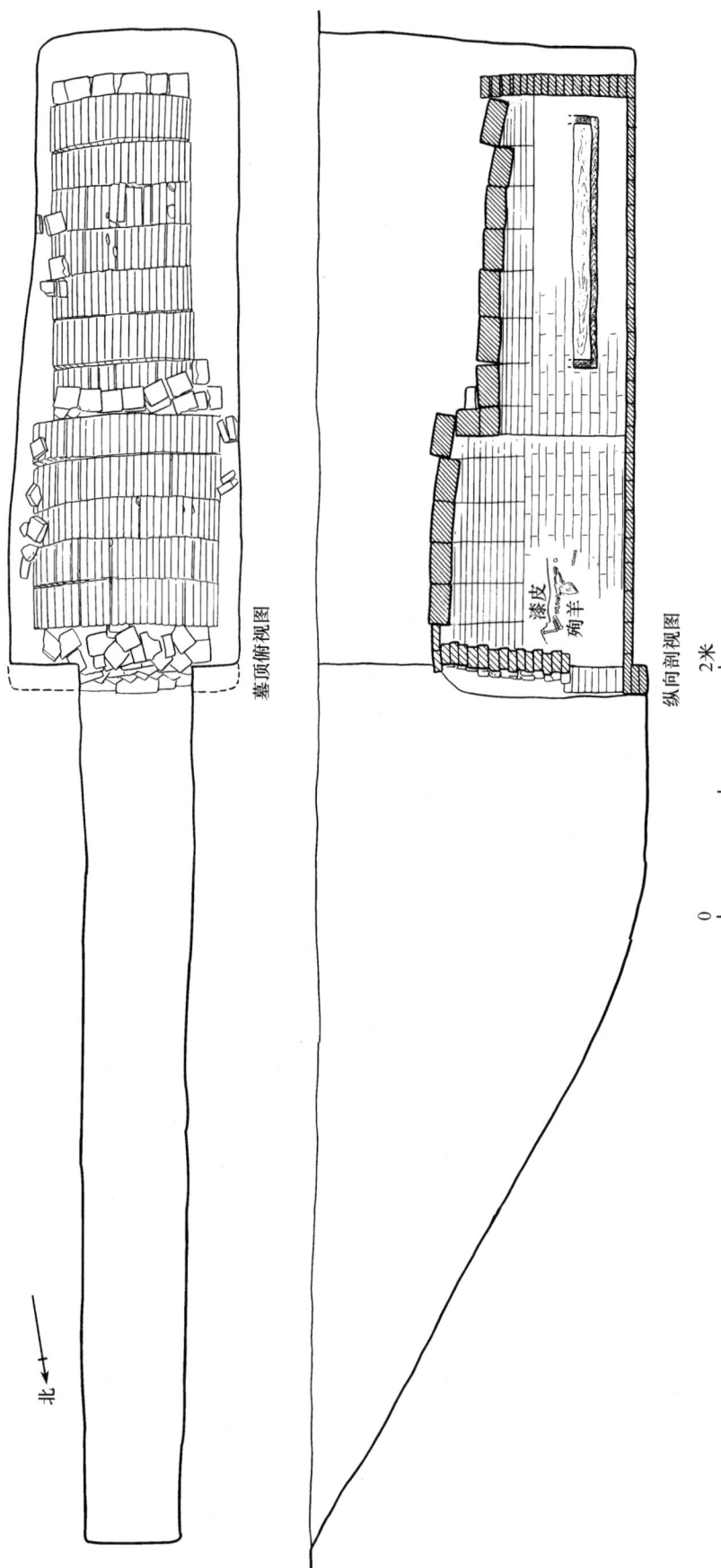

图九六　11YLM49俯视、剖视图

北

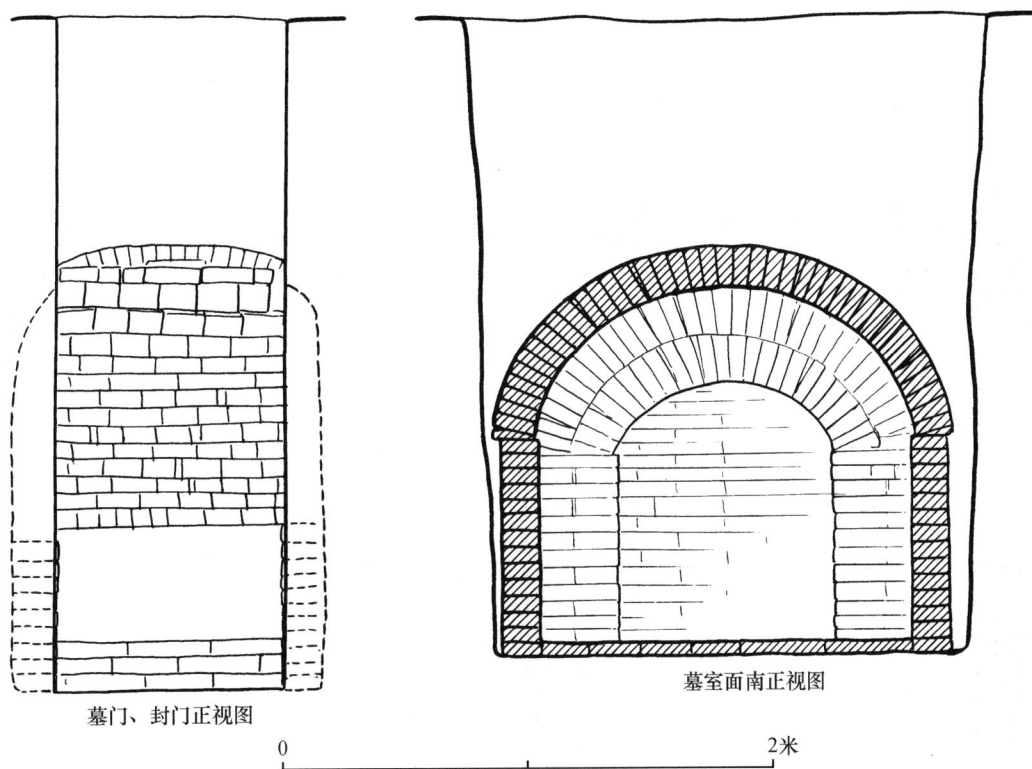

墓门、封门正视图

墓室面南正视图

0　　　　　　　　　　　　　　2米

图九七　11YLM49墓室及墓门、封门正视图

1）陶器

M49：8　盆。泥质灰陶。沿下不远处有两周凹弦纹，下腹部素面磨光，沿面及口内下方有数周暗弦纹。敞口，宽折沿，外缘略斜，圆唇，弧腹斜内收，腹身较浅，平底，底面略内凹。口沿及内外壁均有横向旋抹痕。外口径39、通高9.6、底径15.3厘米（图九九，1；图版三九，3）。

M49：9　直口短颈罐。口径11.4、通高14.4、底径12.9厘米（图九九，3；图版四〇，3）。

M49：10　盘口壶。泥质。带盖壶。盖和壶外壁通施绿釉，胎及内壁呈红色。平顶盖，顶面微弧，底部削平，顶面浮雕柿蒂叶形纹、凸弦纹、菱纹及圆点纹。壶颈部、颈肩部和肩腹转折处均有三周凹弦纹。肩腹转折处贴附模制铺首衔环。盖手制，内壁有不规则抹痕，壶内壁有横向旋抹痕。盖径11.7、高3、壶口径12、高24.3、底径12.3厘米（图一〇〇，1；图版四〇，2）。

M49：11　盘口壶。泥质。带盖壶。盖和壶外壁通施深绿色釉，胎及内壁呈橙红色。平顶盖，顶面微弧，底部削平，顶面浮雕柿蒂叶形纹、凸弦纹、菱纹、圆点纹和云纹。壶颈部和颈间处各有两周凹弦纹，肩腹转折处有三周凹弦纹。肩腹转折处贴附模制铺首衔环。盖手制，内壁有不规则抹痕，壶内壁有横向旋抹痕。盖径11.4、高2.7、壶口径11.7、高24.6、底径12.6厘米（图一〇〇，2；图版四〇，1）。

M49：12　敞口深腹罐。入窑烧之前肩部刻划文字（图一〇一）。口径14.7、通高37.8、底径17.1厘米（图一〇〇，3；图版三九，2）。

M49：13　直口短颈罐。口径11.1、通高13.8、底径12.6厘米（图九九，4；图版四〇，4）。

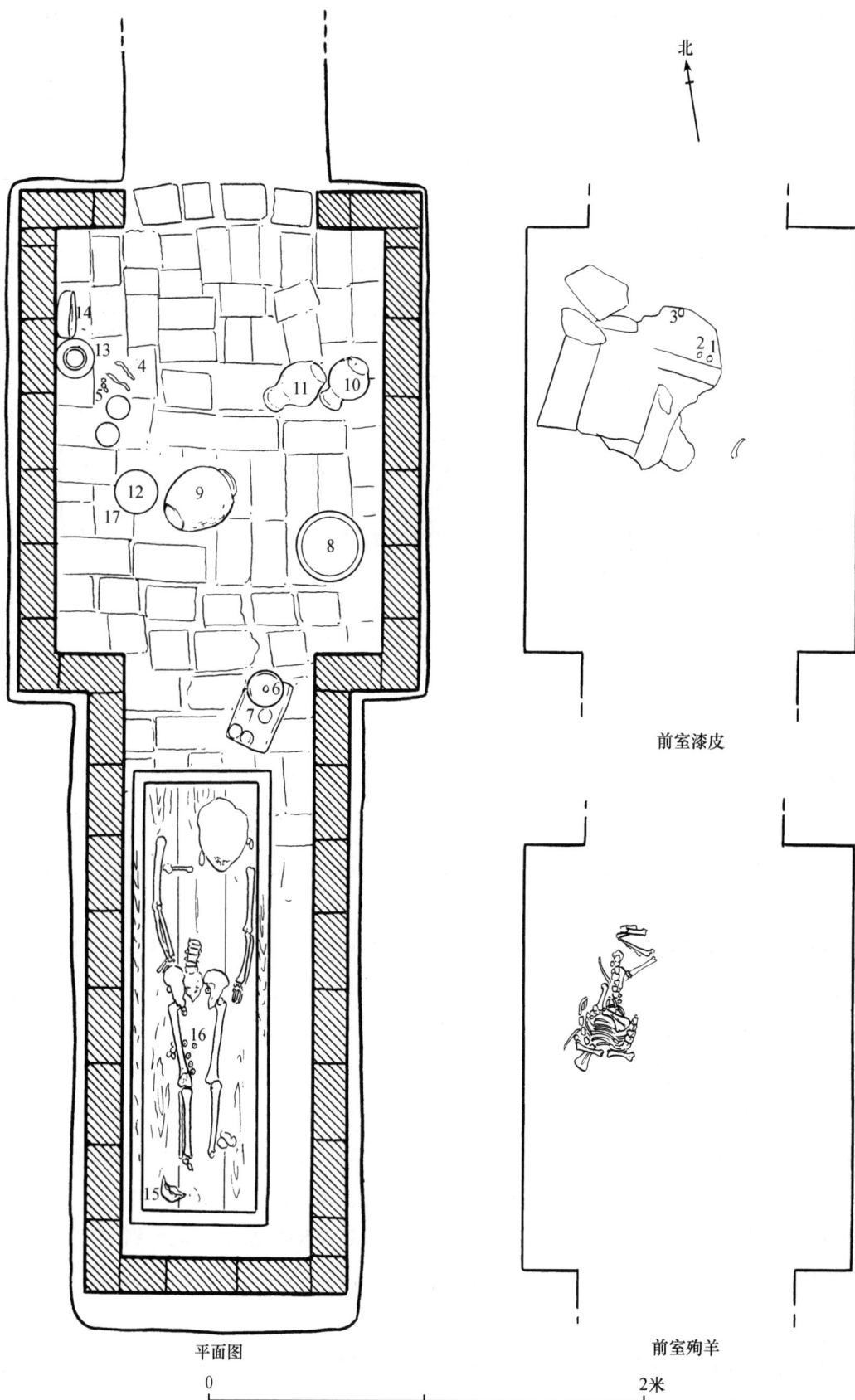

北

前室漆皮

平面图

前室殉羊

0   2米

图九八　11YLM49平面图

1.铜车軎　2、3.铜衡末　4.马镳　5.铜扣饰　6.铜镜　7.漆木器　8.陶盆　9、12、13、15.陶罐　10、11.陶壶　14.陶灶 16.铜钱　17.铁刀

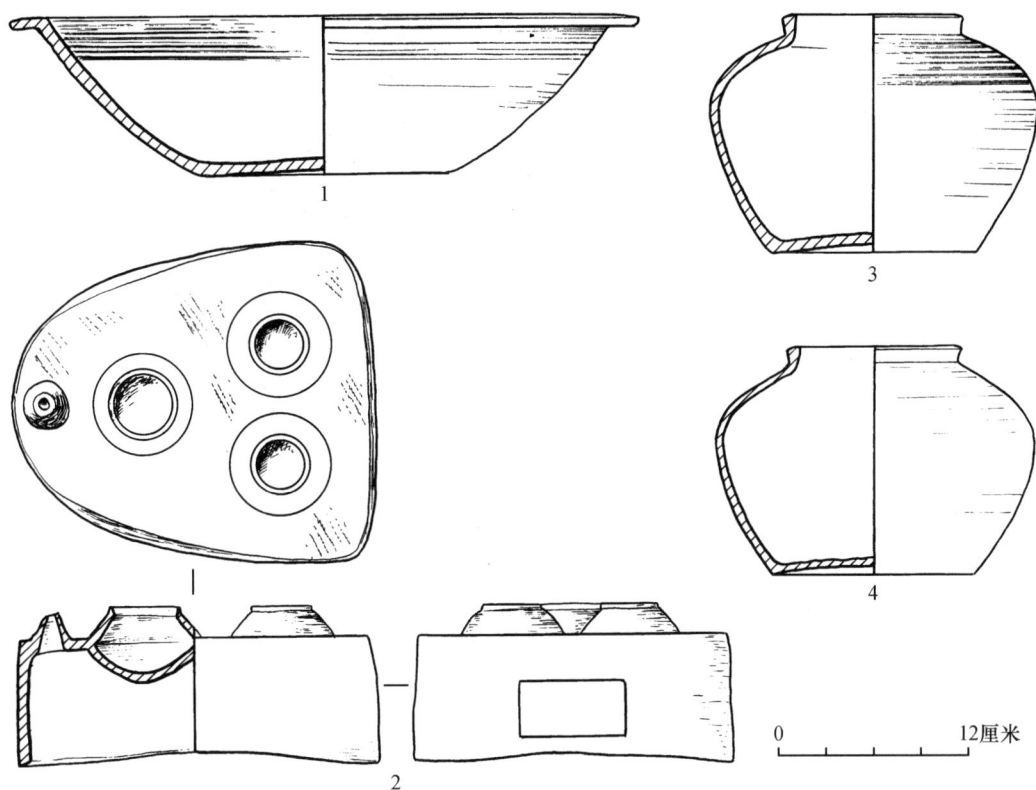

图九九　11YLM49出土陶器（一）

1. 盆（M49：8）　2. 灶（M49：14）　3、4. 罐（M49：9、M49：13）

M49：14　灶。泥质灰陶。灶面局部有抹绳纹。灶体底端开敞，平面呈圆角弧边三角形，前面较平直，有长方形灶门，两侧略外弧，后面略显尖圆，灶面平整，有三釜，呈"品"字形排列，后端有烟囱，灶体底部中间略凹。釜模制，嵌在镂孔的灶面中，灶面与灶体泥片拼接，缝隙间抹泥浆。灶体长22.8、宽20.1、高7.8、灶门宽6.6、高3.3厘米（图九九，2；图版三九，4）。

M49：15　罐。泥质灰陶。口沿残，鼓上腹，下腹圆弧斜内收，小平底，底面略内凹。内外壁有横向旋抹痕。残高15.6、底径7.2厘米（图一〇〇，4）。

2）铜器

M49：1　车軎。铜质。范铸。筒状，近椭圆形，外（轵）端封口，微弧，里（贤）端开敞，呈喇叭状，近里端有一辖孔，軎身三周凸棱。器身明显可见相对称的纵向范铸痕迹。长2.3、外端长径1.2、里端长径2.5厘米（图一〇二，1；图版四一，7）。

M49：2　衡末。铜质。近椭圆筒形，一端封口有穿，一端开敞，敞口端直径略大于封口端，器身中部有一周凸棱。范铸，器身中部明显可见对称的纵向范铸痕迹。长1.5、直径1～1.2厘米（图一〇二，7）。

M49：3　衡末。铜质。近椭圆筒形，一端封口有穿，一端开敞，敞口端直径略大于封口端，器身中部有一周凸棱。范铸，器身中部明显可见对称的纵向范铸痕迹。长1.6、直径1～1.3厘米（图一〇二，2；图版四一，6）。

图一〇〇　11YLM49出土陶器（二）

1、2.壶（M49：10、M49：11）　　3、4.罐（M49：12、M49：15）

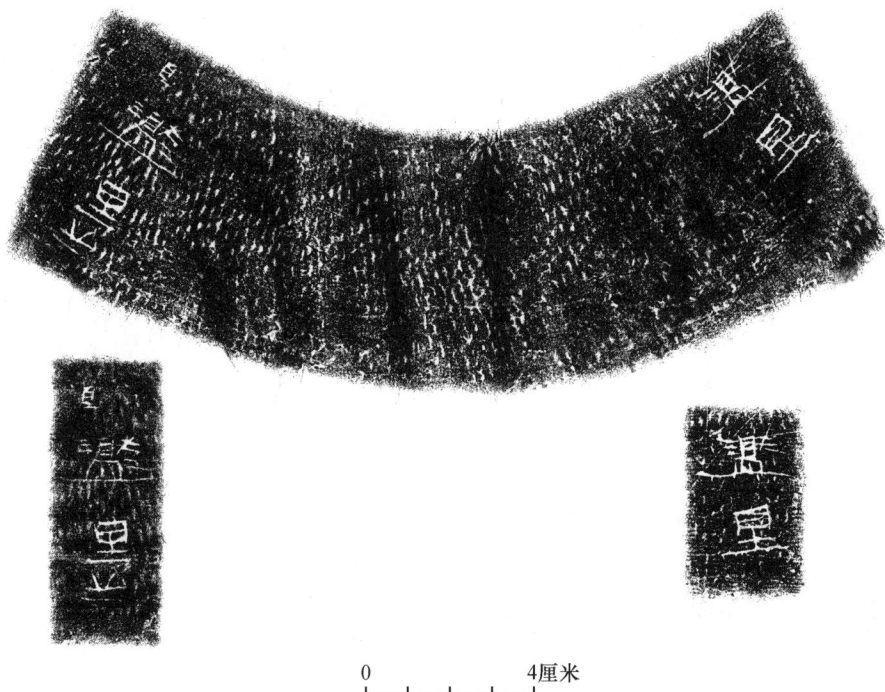

0   4厘米

图一〇一　11YLM49出土陶罐（M49：12）肩部文字拓本

M49：4　马镳。2件。铜质。镳身呈"S"形，中间上下有两穿，两端连弧呈鸡冠状且有镂空。范铸。M49：4-1，长8.7厘米（图一〇二，8；图版四一，4左）；M49：4-2，残长5.1厘米（图一〇二，3；图版四一，4右）。

M49：5　铜扣饰。3件（图版四一，8）。铜质。俯视呈圆形，顶面平缘，中心呈半球形凸起，背面平直，且有环形扣柄。范铸。M49：5-1，直径1.4～1.5、高0.8厘米（图一〇二，4）；M49：5-2，直径1.5、高0.8厘米（图一〇二，5）；M49：5-3，直径1.4～1.5、高0.8厘米（图一〇二，6）。

M49：6　铜镜。圆形，镜面平，三角缘，竹节纽，纽中间有一道凸棱，纽周有较宽素面带和凹弦纹一周，近缘有凹弦纹和宽素面带一周，两周凹弦纹之间以云纹衬底，四个柿蒂形饰和四个龙纹饰。范铸。直径17.5、缘高0.5、厚0.2厘米（图一〇三、图一〇四；图版四〇，5）。

M49：7-7　铜包边。残，平面形似月牙形，横剖面呈矩尺形。残长4.7、宽1.7、高1厘米（图一〇二，11；图版四一，5）。

M49：7-8～M49：7-17　铜钱。10枚（图版四一，10）。均为"契刀五百"，无上部钱首，均为刀形钱身，正面直书"五百"，上部在"五"字处折断，断茬明显，无锉磨现象。M49：7-8，残长4.1、宽1.3厘米，重8.2克（图一〇五，1）；M49：7-9，残长4、宽1.3厘米，重9.3克（图一〇五，2）；M49：7-10，残长3.7、宽1.3厘米，重7.3克（图一〇五，3）；M49：7-11，残长3.6、宽1.4厘米，重6克（图一〇五，4）；M49：7-12，残长3.5、宽1.4厘米，重7.8克（图一〇五，5）；M49：7-13，残长4、宽1.3厘米，重7克（图一〇五，6）；M49：7-14，残长4.1、宽1.4厘米，重8克（图一〇五，7）；M49：7-15，残长4.2、宽1.5厘

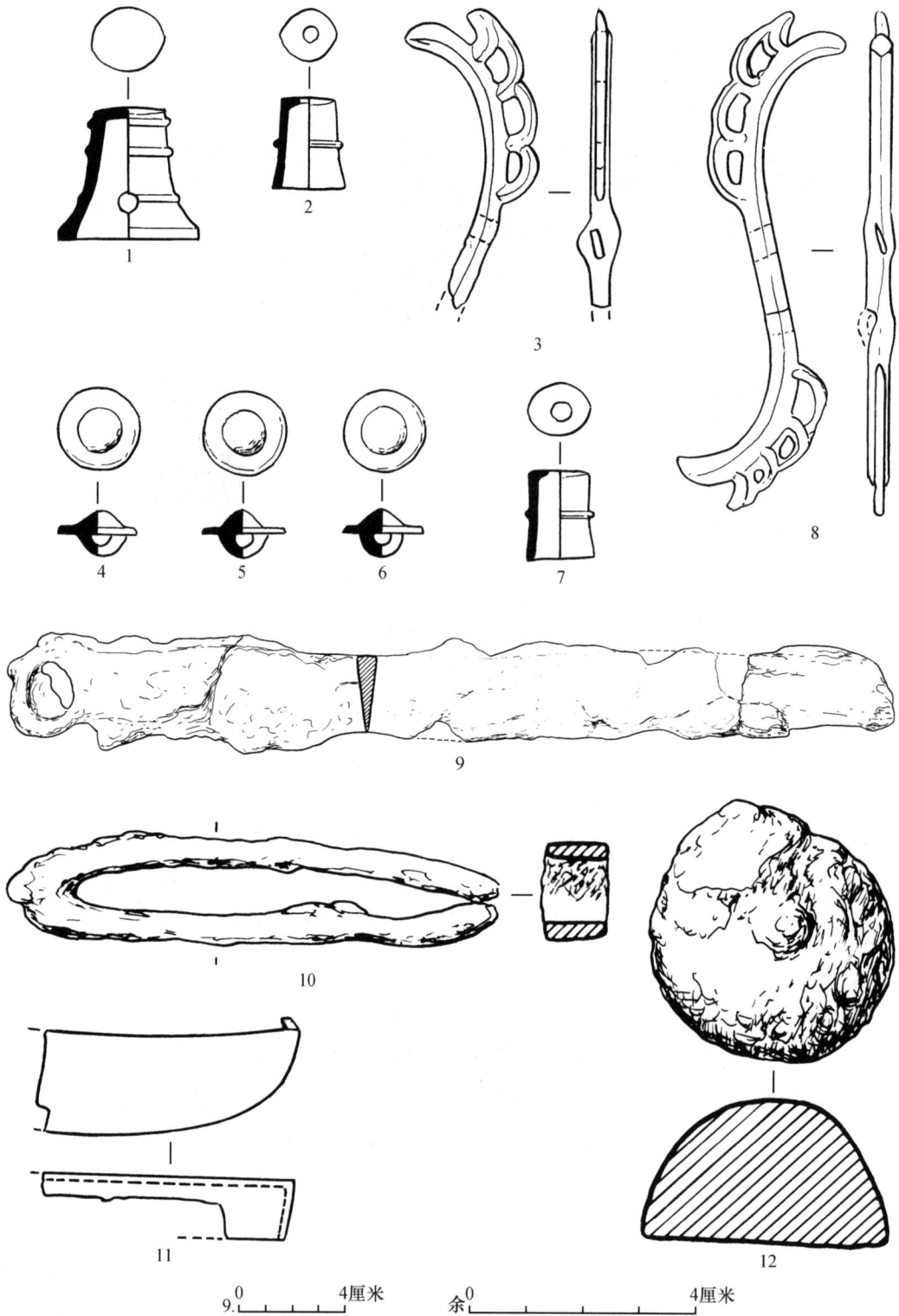

图一〇二　11YLM49出土器物

1. 车軎（M49：1）　2、7. 衡末（M49：3、M49：2）　3、8. 马镳（M49：4-2、M49：4-1）　4～6. 铜扣饰（M49：5-1～
M49：5-3）　9. 铁刀（M49：17）　10、12. 铁器（M49：7-5、M49：7-6）　11. 铜包边（M49：7-7）

图一〇三　11YLM49出土铜镜（M49：6）

米，重8.9克（图一〇五，8）；M49：7-16，残长4、宽1.5厘米，重8克（图一〇五，9）；M49：7-17，残长3.9、宽1.4厘米，重8.2克（图一〇五，10）。

M49：7-18　五铢钱。1枚。圆形方穿，正面有外郭无内郭，穿上一横郭，篆书"五铢"二字，穿右"五"字，略显肥阔，中间交叉两笔弯曲，穿左"铢"字，"朱"旁上横笔方折；光背，内外郭具有，正、反两面周郭狭小。直径2.4、穿大0.8厘米，重2.7克（图一〇五，11；图版四一，2）。

M49：16　铜钱。18枚。其中"大泉五十"17枚，"契刀五百"1枚。

大泉五十，圆形方穿，正、反两面内外郭俱备，周郭深峻，厚肉，钱文篆书，版别多样，上下、右左排列，笔划纤细者居多；"大"字形如飞燕，"泉"字上端近平或微弧，竖笔中断，"五"字肥阔，中间交叉两笔弯曲。重量悬殊较大。M49：16-1，直径2.6、穿大0.8厘米，

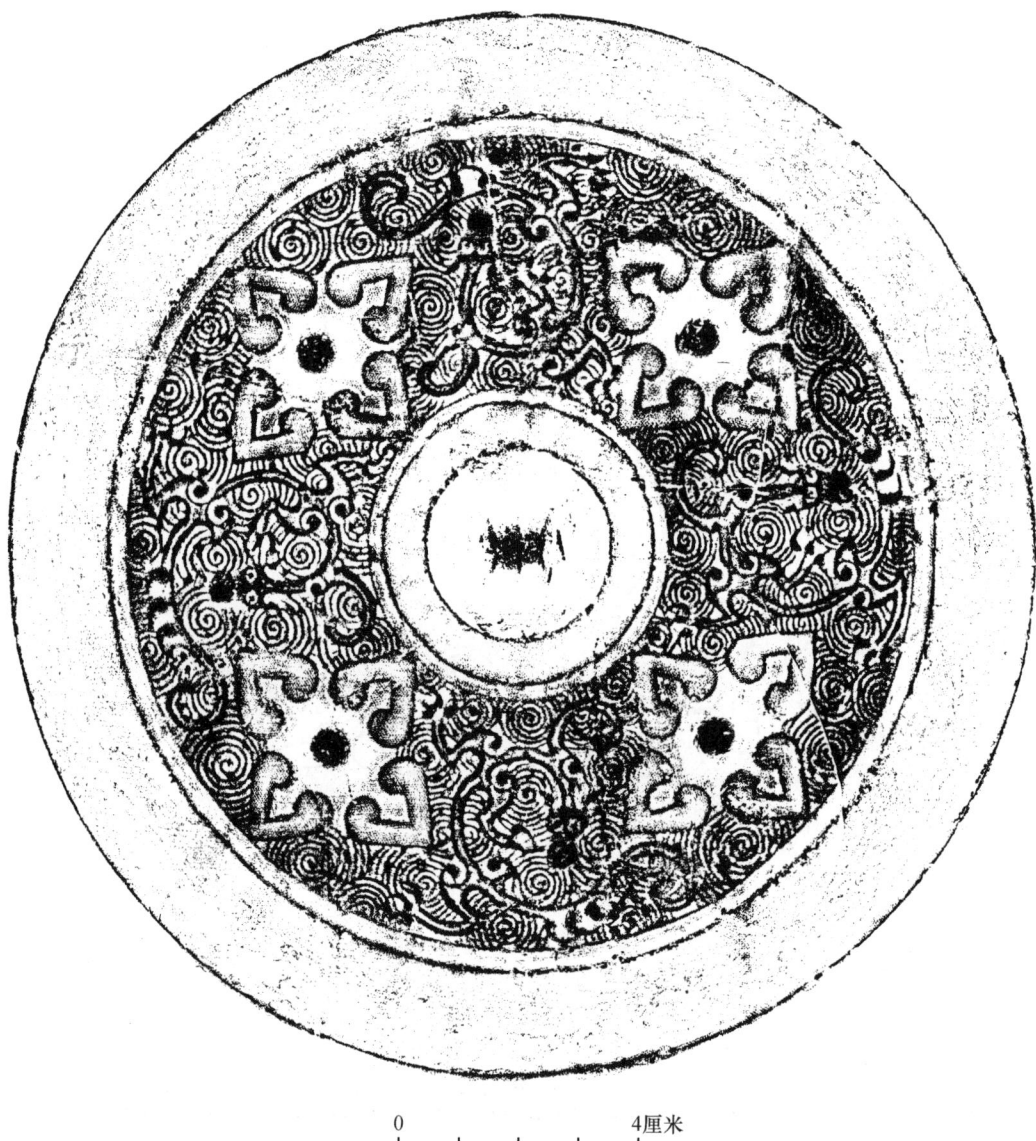

图一〇四　11YLM49出土铜镜（M49：6）纹饰拓本

重4.4克（图一〇六，1）；M49：16-2，直径2.7、穿大0.9厘米，重6.3克（图一〇六，2）；M49：16-3，直径2.7、穿大0.7厘米，重7.5克（图一〇六，3）；M49：16-4，直径2.7、穿大0.8厘米，重6.1克（图一〇六，4）；M49：16-5，直径2.8、穿大0.9厘米，重9.7克（图一〇六，5）；M49：16-6，直径2.7、穿大0.8厘米，重6.8克（图一〇六，6）；M49：16-7，直径2.6、穿大0.8厘米，重8.6克（图一〇六，7）；M49：16-8，直径2.7、穿大0.8厘米，重6.9克（图一〇六，8）；M49：16-9，直径2.6、穿大0.8厘米，重5.8克（图一〇六，9）；M49：16-10，直径2.8、穿大0.8厘米，重7.6克（图一〇六，10）；M49：16-11，直径2.7、穿大0.8厘米，重5.5克（图一〇六，11）；M49：16-12，直径2.8、穿大0.9厘米，重7.2克（图一〇六，12；图版四一，3）；M49：16-13，直径2.6、穿大0.8厘米，重7.5克（图一〇七，1）；M49：16-14，直径2.6、穿大0.8厘米，重8.2克（图一〇七，2）；M49：16-16，直径2.6、穿大0.8厘米，重5.2克

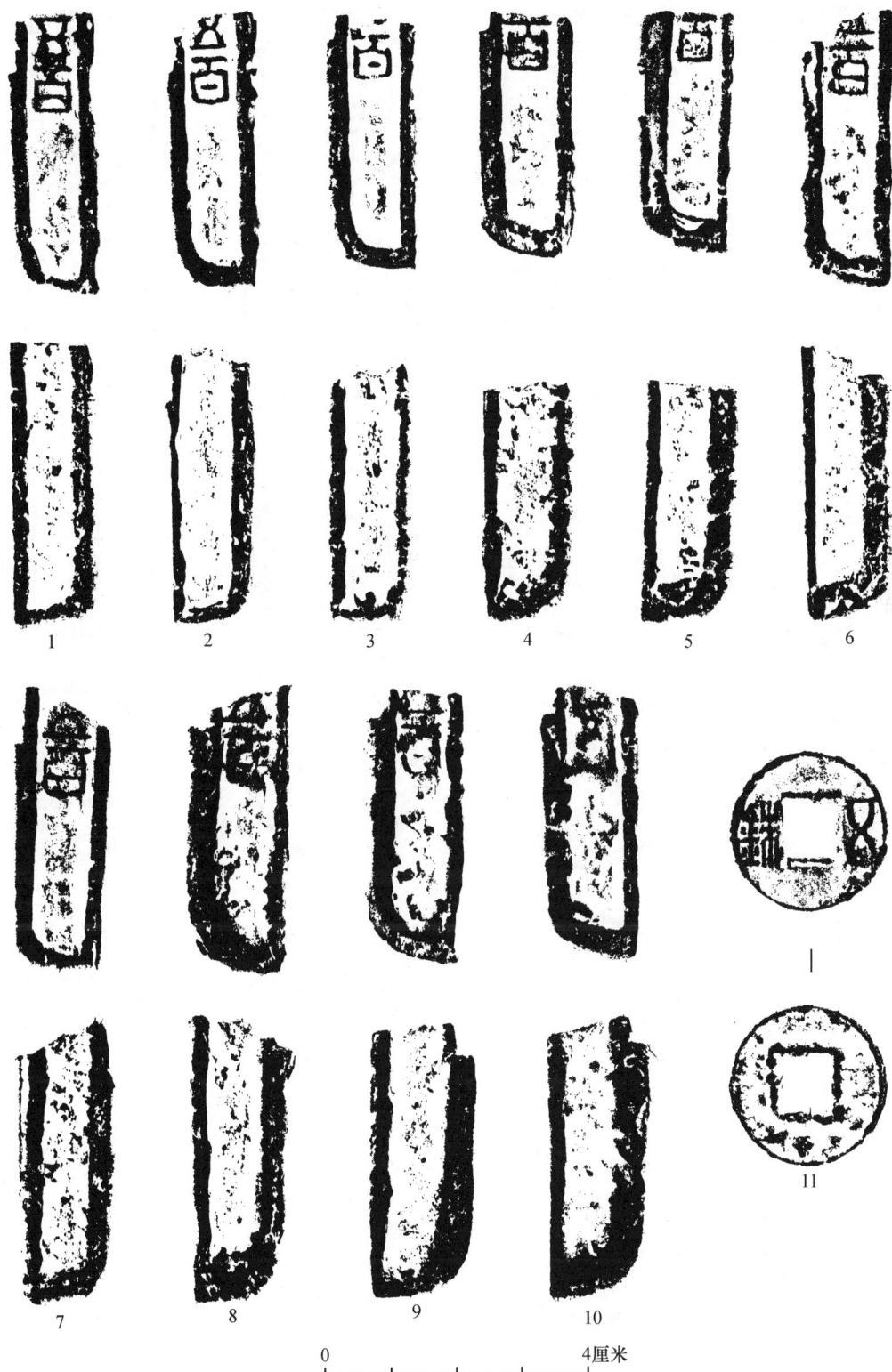

图一〇五　11YLM49出土铜钱（一）

1~10. 契刀五百（M49：7-8、M49：7-9、M49：7-10、M49：7-11、M49：7-12、M49：7-13、M49：7-14、M49：7-15、

M49：7-16、M49：7-17）　11. 五铢钱（M49：7-18）

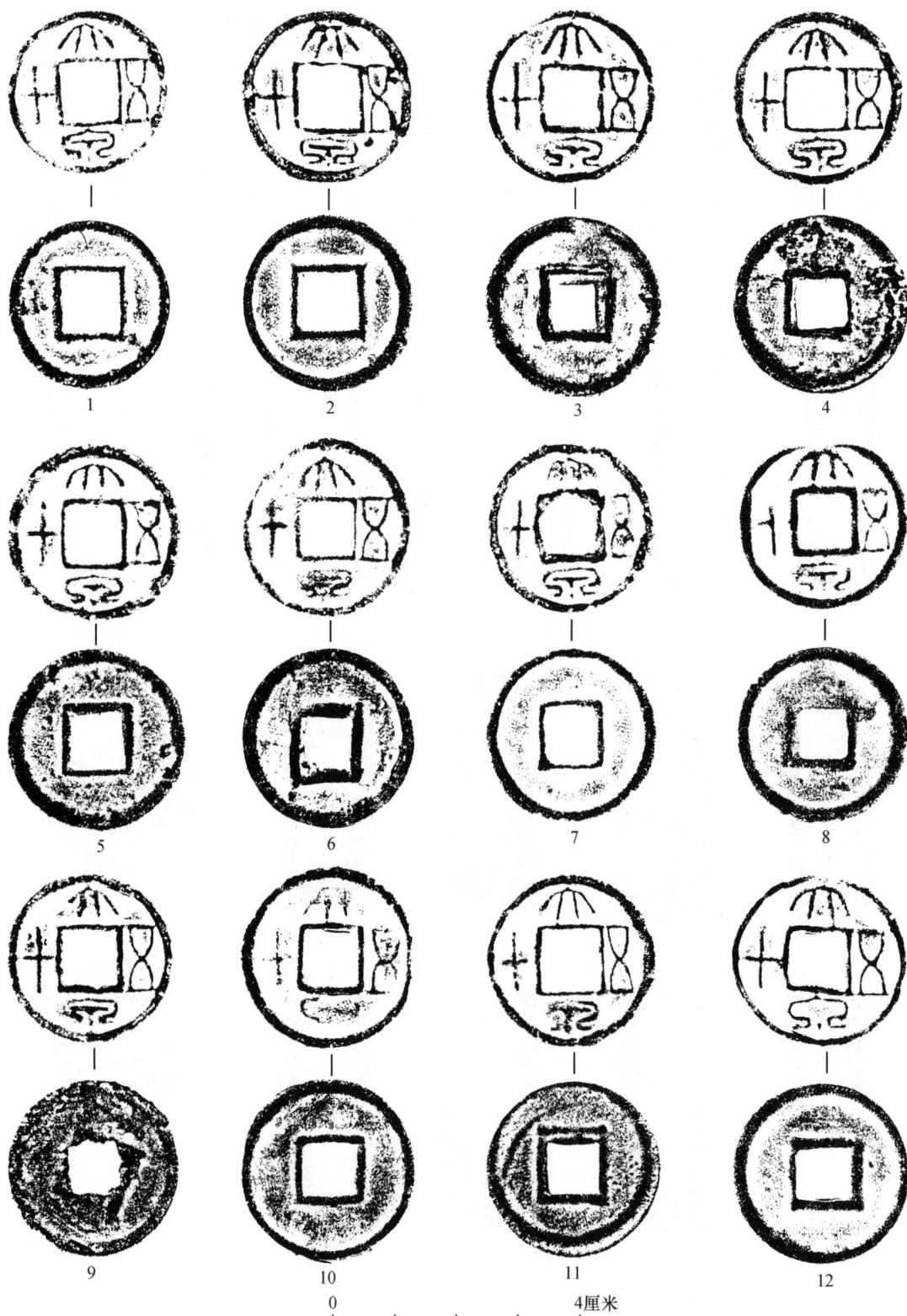

图一○六　11YLM49出土大泉五十铜钱

1. M49：16-1　　2. M49：16-2　　3. M49：16-3　　4. M49：16-4　　5. M49：16-5　　6. M49：16-6　　7. M49：16-7　　8. M49：16-8
9. M49：16-9　　10. M49：16-10　　11. M49：16-11　　12. M49：16-12

（图一○七，4）；M49：16-17，直径2.6、穿大0.8厘米，重5.1克（图一○七，5）；M49：16-18，周郭局部有锉磨。直径2.6、穿大0.8厘米，重4克（图一○七，6）。

契刀五百，M49：16-15，残缺，仅存钱首，无刀形钱身，首为圆形方穿，正、反两面内外郭俱备，周郭深峻，厚肉，穿右"契"字，穿左"刀"字；下部郭缘经锉磨，锉痕明显。直径2.8、穿大0.8厘米，重9.1克（图一○七，3；图版四一，1）。

3）铁器

M49：7-5　铁器。腐朽较甚，整体呈"U"形，宽扁体。长8.7、体宽1.1厘米（图一○二，10）。

M49：7-6　铁器。腐朽较甚，实心半圆体。直径4.3、高2.5厘米（图一○二，12）。

M49：17　铁刀。刀身和刀锋残，刀身和刀柄同宽，刀身直背平刃，背较厚，柄端有环首。残长33、宽2.8厘米（图一○二，9）。

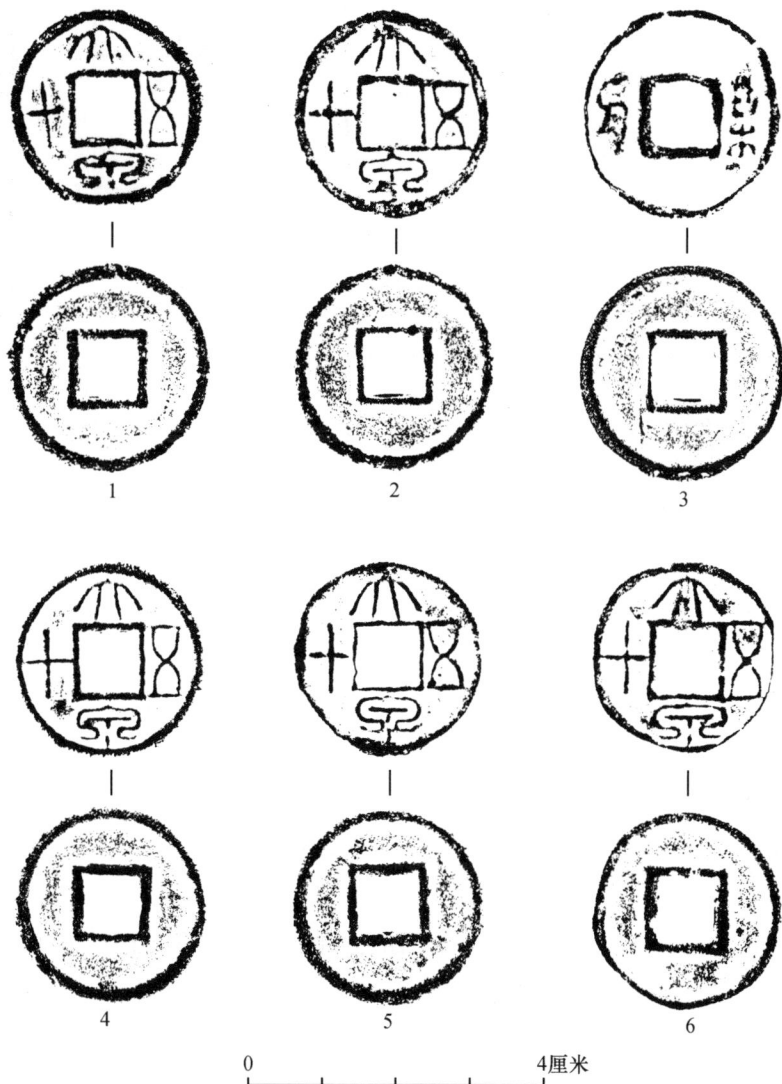

图一○七　11YLM49出土铜钱（二）

1、2、4～6.大泉五十（M49：16-13、M49：16-14、M49：16-16、M49：16-17、M49：16-18）　3.契刀五百（M49：16-15）

4）漆木器（图版四一，9）

M49：7-1　漆案。又似奁盖，呈底端开敞的五面体，平面为长方形，表面为一层朱红色髹漆，胎呈黑色，出土时胎质已经很薄，且已垮塌变形，仅有其轮廓尚在。长30、宽18、残高4.8厘米（图一〇八，1）。

M49：7-2　漆木杯。口部残缺，筒形腹，平底，底面平整；内外壁为朱红色髹漆，黑胎，外表髹漆和胎质脱落，存有内壁髹漆。残高3.5、底径6.4厘米（图一〇八，3）。

M49：7-3　漆木杯。口部残缺，筒形腹，平底，底面平整；外壁为朱红色髹漆，黑胎，内壁为黑色髹漆，外表髹漆和胎质脱落，存有内壁髹漆。残高2.2、底径5.4厘米（图一〇八，2）。

M49：7-4　漆木杯。口部残缺，筒形腹，挤压变形；内外壁为朱红色髹漆，黑胎，外表髹漆和胎质脱落，存有内壁髹漆。残高9.8、腹径6.6厘米（图一〇八，4）。

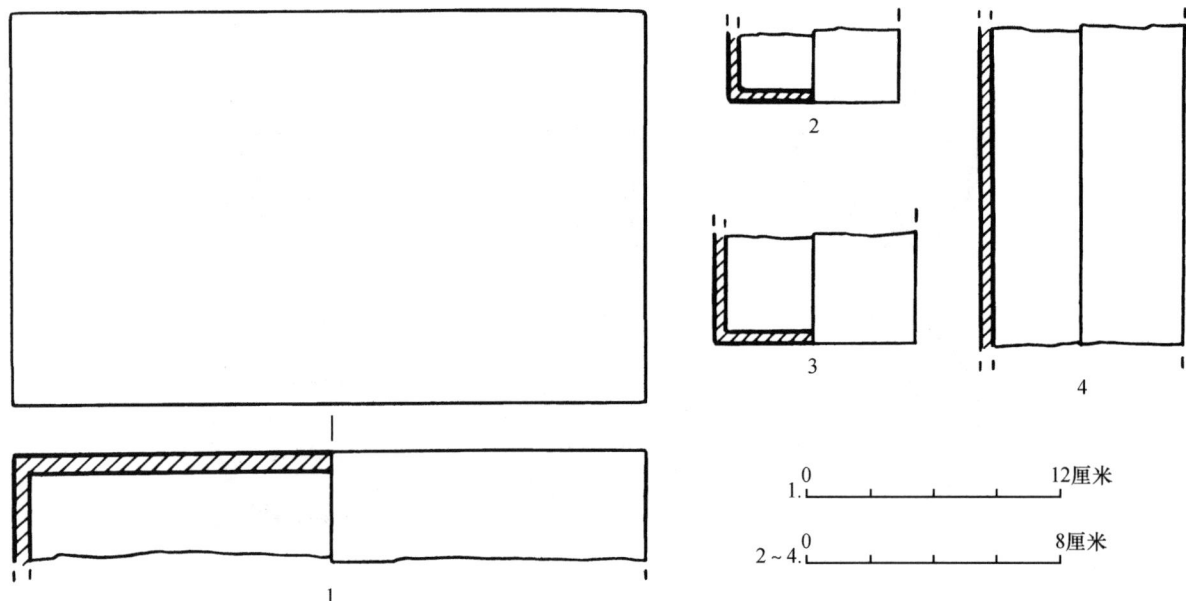

图一〇八　11YLM49出土漆木器

1.漆案（M49：7-1）　2～4.漆木杯（M49：7-3、M49：7-2、M49：7-4）

6. 11YLM50

（1）墓葬形制

单室墓，由墓道、墓门、甬道、墓室组成（图一〇九）。方向93°。该墓被盗扰。

墓道　位于墓室东端，长条形、竖穴，直壁，斜坡底。长1022、宽100、底距现墓口12～306厘米。拐角近方正，壁面较整齐。墓门前有60厘米的平缓地带，底坡长996厘米，坡度17°。西端底部比墓室底低38厘米。墓道内填土为黄褐色花土，土质较硬。

墓门　砖砌顶部残，存生土顶，顶部近平。高160、宽100厘米。采用青灰条砖干摆封门，封门砖处在甬道中，仅存2层整砖，残高28厘米。

甬道　在生土过洞中砖砌，平面呈横向长条形，顶部遭破坏，结构不详，东西两侧顺砖错缝平砌。宽124、残高70、进深30厘米。

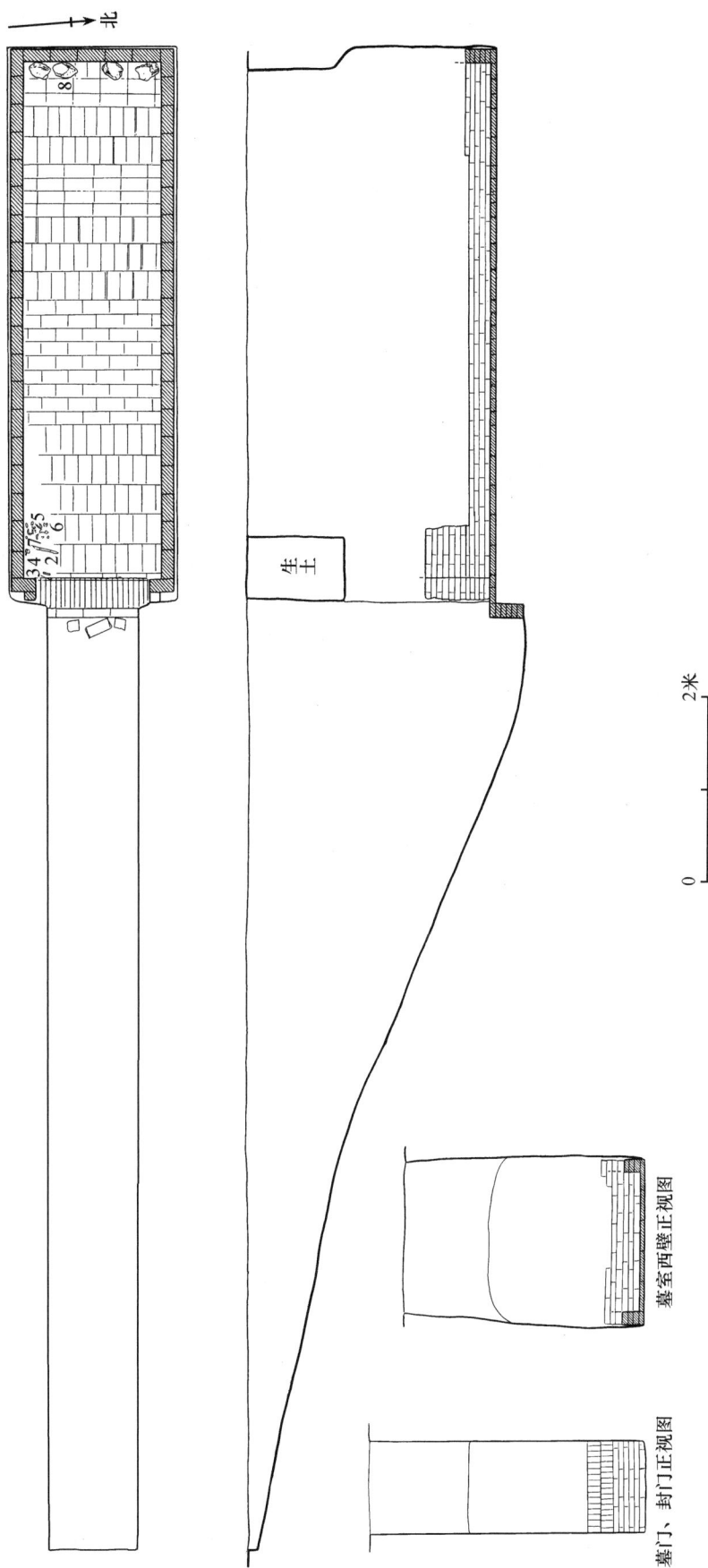

图一〇九 11YLM50平面、剖视及正视图

2、3. 铁剑 4. 马衔 5. 马镳 6. 铜盖弓帽 7. 铜饰件 8. 铁渣

墓室西壁正视图

墓门、封门正视图

墓室　在竖穴土圹中砖砌。平面呈长方形，顶部遭破坏，结构不详。东西长558、南北宽150、残高70厘米，底距现土圹口268厘米。底部以条砖平铺墁地，铺筑方式为直排错缝，间夹横排错缝，不规整。墓壁在铺地砖上顺砖错缝平砌，砖缝为十字缝，缝隙间夹泥。墓室内被淤土充塞堆满。

（2）葬具葬式

因盗扰，在扰土中采集部分人骨，疑似成年女性。葬具不详。

（3）随葬品

清理墓室填土时出土有陶片，原编号M50：1，后期整理出陶罐3（M50：01～M50：03）、陶器底1（M50：04）、筒瓦1（M50：05）件；墓室东南角出土铁剑2（M50：2、M50：3）、铜马衔1（M50：4）、铜马镳、马衔1（M50：5）、铜盖弓帽5（M50：6）件、铜饰件3（M50：7-1～M50：7-3）件，墓室后端置有铁渣数块（M50：8）。这些随葬品不是器物原本位置。

1）陶器

M50：01　罐。泥质。器表施绿釉至达沿面，胎及内壁呈橙红色。直口，平沿，尖唇，矮颈，圆肩，腹残缺。内壁有横向旋痕。口径10.8、残高5.7厘米（图一一〇，2）。

M50：02　罐。泥质。器表施绿釉至达沿面，胎及内壁呈红色。直口，斜沿，尖唇，矮

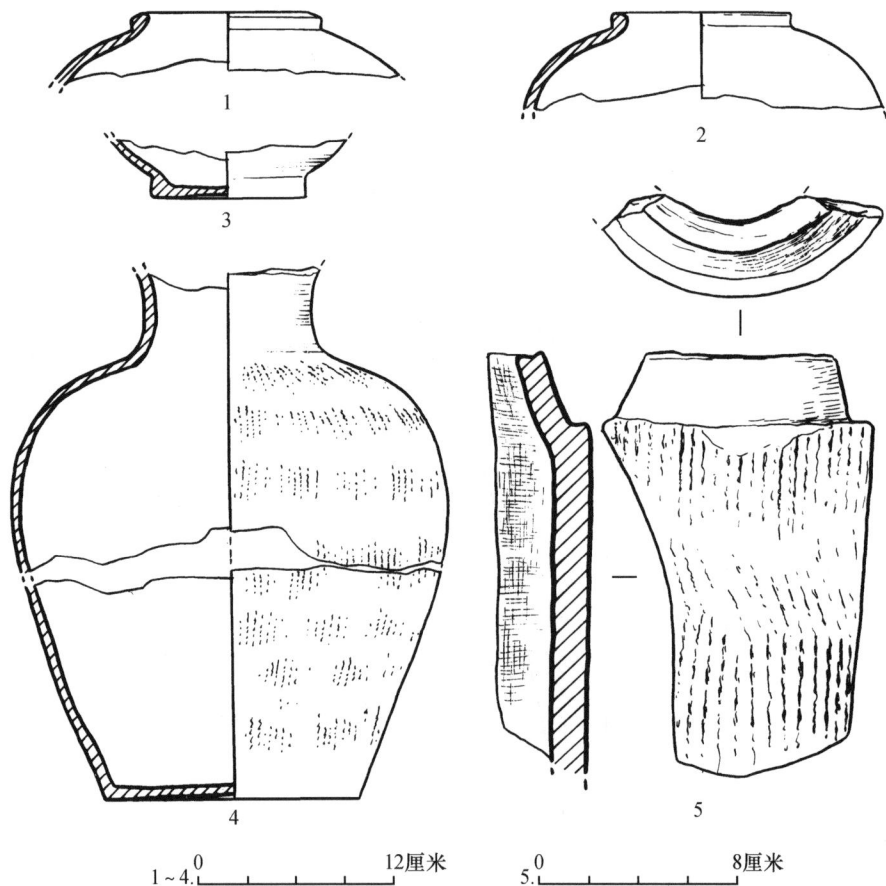

图一一〇　11YLM50出土陶器

1、2、4.罐（M50：02、M50：01、M50：03）　3.器底（M50：04）　5.筒瓦（M50：05）

颈，圆肩，腹残缺。内壁有横向旋抹痕。内口径9.9、残高4.2厘米（图一一〇，1）。

　　M50：03　罐。泥质灰陶。颈部以下饰竖向绳纹，抹压较甚，多处绳纹被抹去，内壁局部垫印凹蓖点纹。口沿残，高颈，圆肩，鼓上腹，下腹微弧斜内收，平底，底面略内凹。内壁有横向抹痕，颈部有横向旋痕。残高约31.5、最大腹径26.7、底径15.6厘米（图一一〇，4）。

　　M50：04　器底。泥质灰陶。下腹圆弧内收，假圈足底，底面略内凹，可能是壶底。内外壁有横向旋抹痕。残高3.3、底径9.6厘米（图一一〇，3）。

　　M50：05　残筒瓦。泥质灰陶。外壁饰竖向粗绳纹，抹压，内壁垫印麻布纹，未抹压。一端有子口状瓦舌，舌较长内敛，器体横截面呈半圆形。手、模合制，先做一圆筒形器，再纵向一分为二。残长16.6、残宽10.8厘米（图一一〇，5）。

　　2）铜器

　　M50：4　马衔。铜质。明器，由三节组成，两端的两节较长，形制相同，一端作圆环，一端作椭圆环，两环中间为实心圆柄，两环上有缺口；中间一节较短，两端均作圆环，整件器物系两长节上的圆环衔短节两端圆环。长10.2厘米（图一一一，3）。

　　M50：5　马衔、马镳。铜质。明器，系一整套，马衔形制同该墓出土的4号器物；镳身呈"S"形，中间为扁体，上下有两个圆穿，两端呈连弧鸡冠状且有镂空，镳身套于马衔椭圆环内。衔长10、镳长10.4厘米（图一一一，4；图版四三，6）。

　　M50：6　盖弓帽。5件，其中2件完整。均为铜质。范铸。圆筒形，中空，顶端封闭，作球形，底端开敞，帽身中部往上挑起一钩。M50：6-1，长2.7、底径0.7厘米（图一一一，5）；M50：6-2，长2.6、底径0.7厘米（图一一一，6）；M50：6-3，钩残。长2.6、底径0.7厘米（图一一一，7）；M50：6-4，略残。长2.7厘米（图一一一，8）；M50：6-5，残长2.5厘米（图一一一，9）。

　　M50：7-1　铜饰件。整体呈耜形，上部窄而扁平，下部宽大，正面凸起，铸一兽面，两耳竖起，杏目，扩鼻，背面内凹。长2.9、最宽2.5厘米（图一一一，11）。

　　M50：7-2　铜饰件。正面圆凸，背面内凹，可能是包边。长2.3、宽1.4厘米（图一一一，12）。

　　M50：7-3　铜扣饰。俯视呈圆形，顶面平缘，中心呈半球形凸起，背面平直，且有环形扣柄。直径1.2、高1厘米（图一一一，10）。

　　3）铁器

　　M50：2　剑。铁质。剑锋略残，剑身较窄，有脊，两直刃，断面呈菱形。剑格为铜质，断面呈菱形，宽于剑身。剑茎残。剑身局部有木质和皮革类裹箍，应系剑鞘残存。剑身长19.7、剑身宽1.3、全剑残长21厘米（图一一一，1；图版四二，3）。

　　M50：3　剑。铁质。残存一截剑身，剑身较窄，有脊，两直刃，断面呈菱形。残长8.6、剑身宽1.3厘米（图一一一，2）。

　　M50：8　铁炼渣。19块。黑色，含有铁，不规则形状（图版四四，5）。

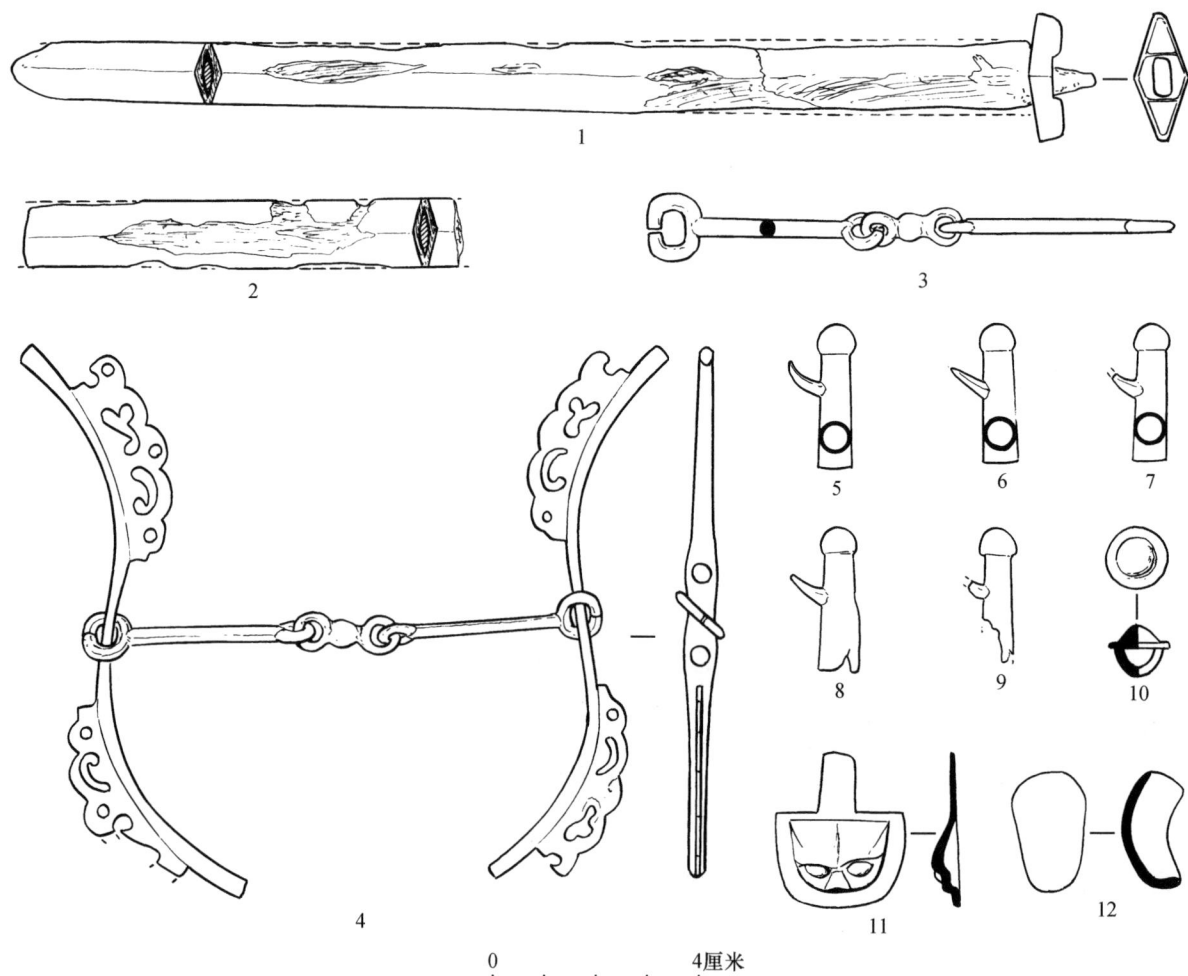

图一——　11YLM50出土器物

1、2. 铁剑（M50：2、M50：3）　3. 马衔（M50：4）　4. 马衔、马镳（M50：5）　5～9. 盖弓帽（M50：6-1～M50：6-5）
10. 铜扣饰（M50：7-3）　11、12. 铜饰件（M50：7-1、M50：7-2）

7. 11YLM51

（1）墓葬形制

双室墓，由墓道、墓门、甬道、墓室组成（图一一二～图一一四）。整体呈"中"字形。方向95°。该墓被盗扰。

墓道　位于墓室东端，长条形，西端较东端略宽，竖穴，直壁，斜坡底。长1044、宽100～110、底距现墓口10～350厘米。壁面较整齐，拐角近方正。底坡长990厘米，坡度10°。墓道内填土为黄褐色花土，土质较硬。

墓门　单层砖券拱形顶。残高188、宽110厘米。两重青灰条砖封门，分别位于墓门外和甬道里，外层为条砖平卧干摆，整体外凸，残高150厘米；内层为卧砖错缝干摆，残高105厘米。

甬道　青砖砌筑，平面呈长方形，顶部用单层子母砖券拱形顶。残高190、宽110、进深100厘米。底部为生土，平整，比墓室底低24厘米。南北两侧顺砖错缝平砌。

北

墓顶俯视图

盗洞

纵向剖视图

盗洞

0　　　　　　　2米

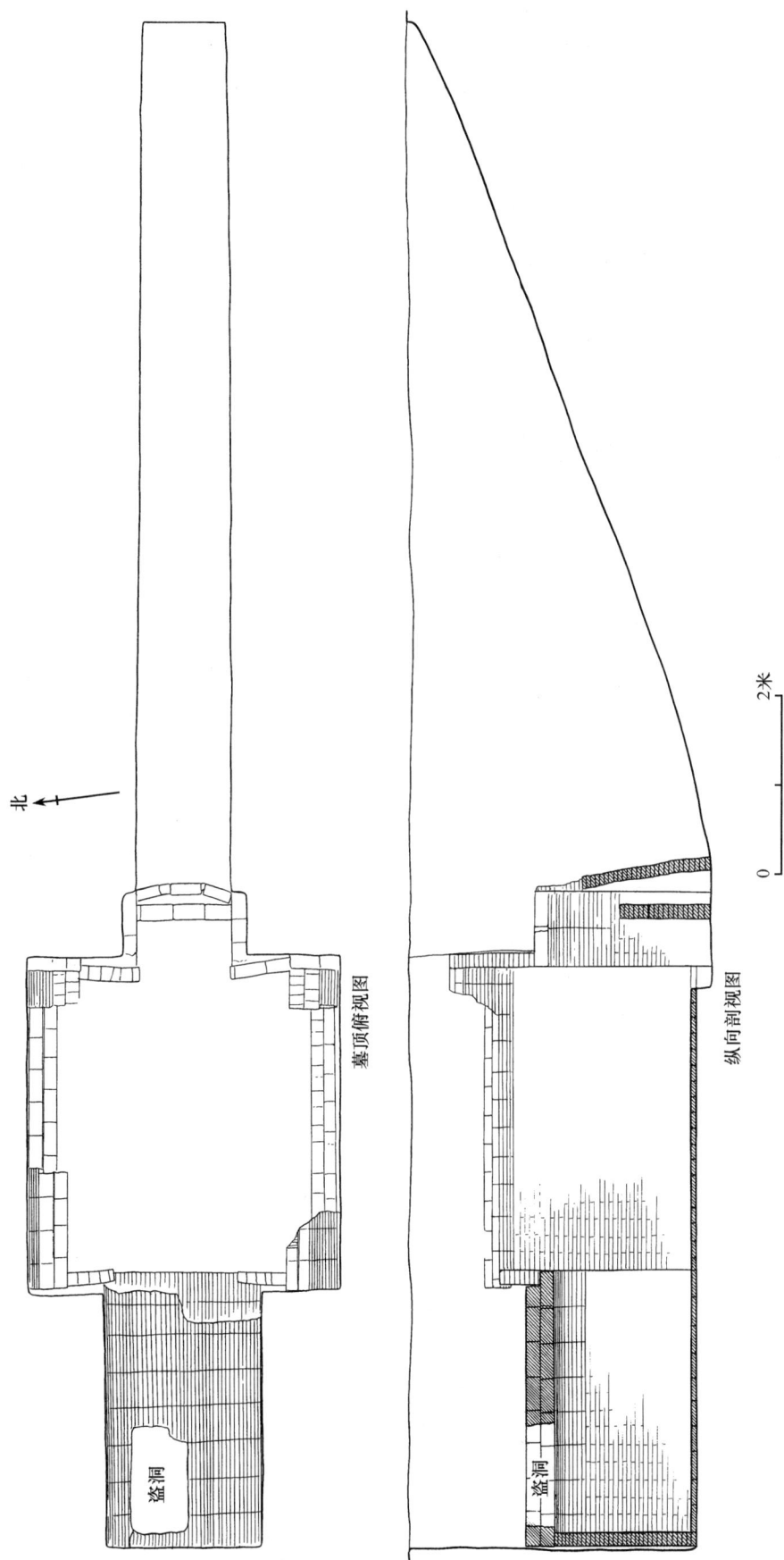

图一一二　11YLM51俯视、剖视图

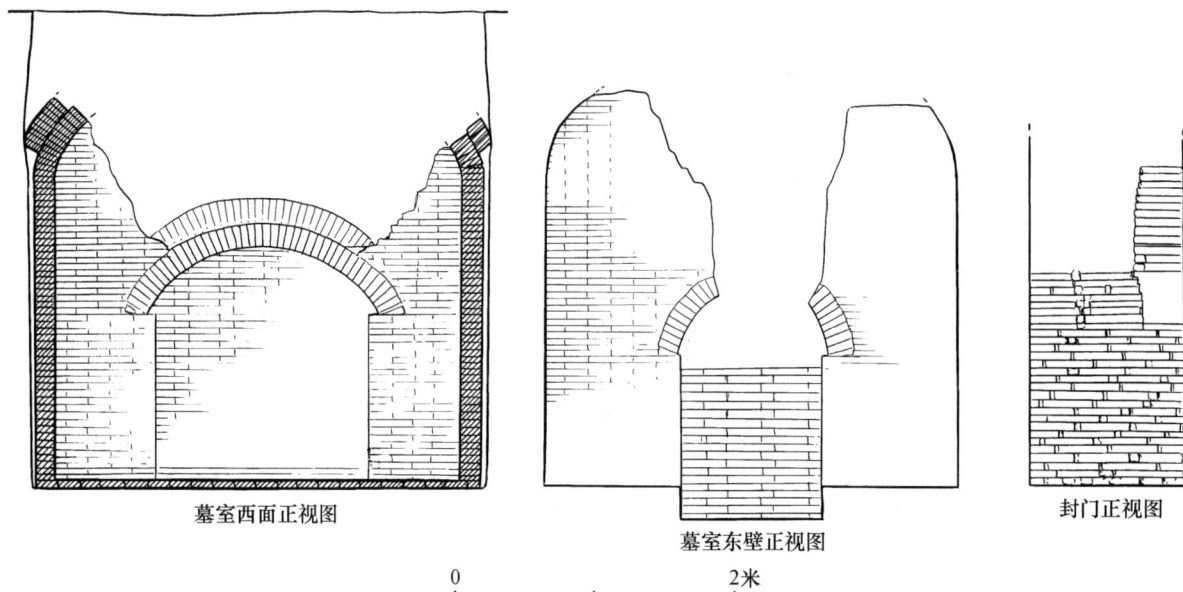

墓室西面正视图　　　　　　　　　墓室东壁正视图　　　　　封门正视图

0　　　　　　　　　　2米

图一一三　11YLM51墓室、墓壁、封门正视图

墓室　在竖穴土圹中砖砌，平面呈"凸"字形，分前、后两室，前室与后室直接相联，其间无甬道。前室宽阔，近方正。东西长340、南北宽292、残高280厘米。后室狭小，呈长方形。东西长292、南北宽150、高160厘米。两室顶部均作双层子母砖券拱形顶，前室顶砖大部分被盗扰拆除。前、后室条砖墁地，在同一水平线，前室铺筑方式为横直相间平铺，不规整；后室呈"人"字形平铺，较规整。墓室墙壁皆为顺砖错缝平砌。墓室内被淤土充塞堆满。

（2）葬具葬式

因遭盗扰，扰土中采集到成年男性人骨。

在前、后室均残存椁室，前室椁室平面近方形，四角平齐，盖板不详，底板10块，南北横置。南北长256、东西宽254、残高10、立板厚6厘米。

后室椁室平面呈长方形，四角平齐，盖板残存9块，底板不详，南北横置。东西长234、南北宽130、残高10、端板厚8、侧板厚6厘米。

（3）随葬品

清理墓室扰动填土时，出土有陶片、铜器、铁器和骨器。陶片经后期整理有陶瓮1（M51：01）、陶罐4（M51：02～M51：05）、陶盆1（M51：06）件。铜器有铜镜1（M51：8）、铜器盖2（M51：15-1、M51：15-2）、盖弓帽2（M51：9-1、M51：9-2）、铜扣饰1（M51：9-3）件，铜钱3枚（M51：10-1、M51：10-2、M51：14）；铁器有环首刀2（M51：1、M51：11-2）、铁环1（M51：2）、带钩1（M51：3）、锸1（M51：6）、斧1（M51：7）、刀1（M51：11-1）、剑2（M51：12、M51：13）件；骨器25（M51：4-1～M51：4-6、M51：5-1～M51：5-19）件。

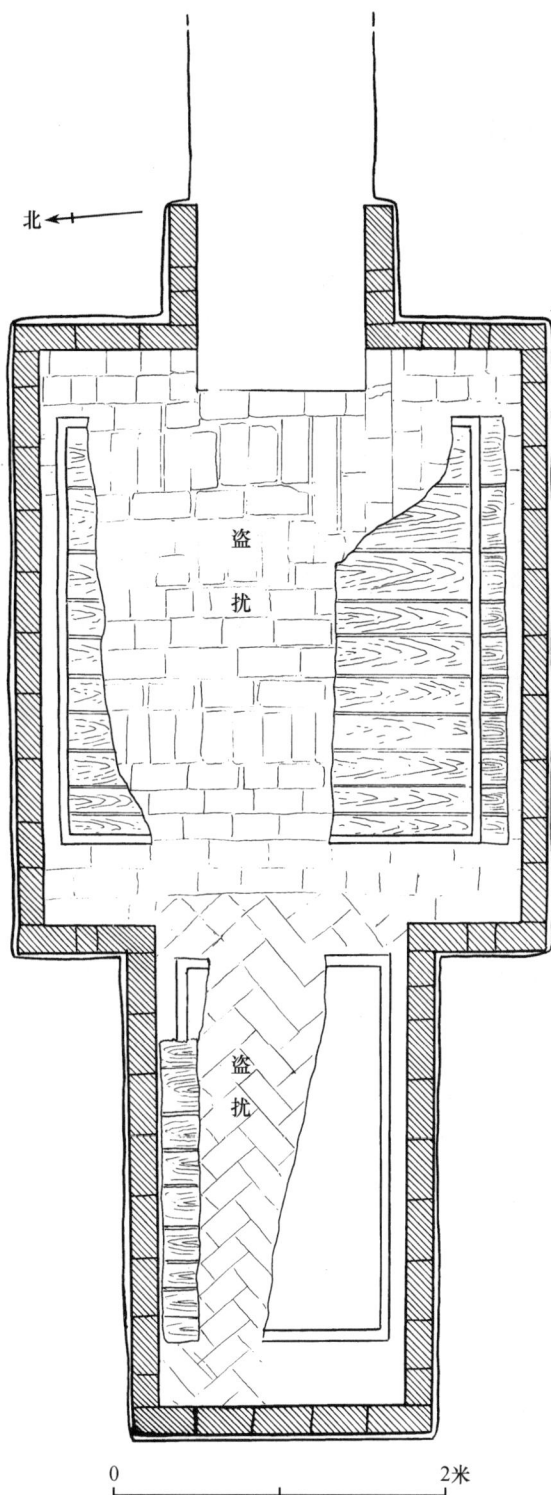

图一一四 11YLM51平面图

1）陶器

M51：1　瓮。泥质灰陶。抹绳纹，多处绳纹被抹去，肩部有两周凹弦纹。敛口，卷沿，厚方唇，唇面略凹，溜肩，腹残缺，器壁较厚。口沿及内壁有横向旋抹痕。外口径39.9、残高16.2厘米（图一一五，1）。

M51：2　罐。泥质灰陶。直口，平沿，矮颈，圆肩，鼓上腹，下腹残缺。口沿及内外壁有横向旋抹痕。口径11.1、残高10.8厘米（图一一五，6）。

M51：3　罐。泥质，结构紧密。夹心陶，内外壁呈灰色，胎呈红色。颈部有抹绳纹。铁轨式口沿，宽沿，沿面内缘斜侈，外缘压平，尖圆唇，矮直颈，圆肩残。口沿及内外壁有横向旋抹痕。外口径22.8、残高6.9厘米（图一一五，4）。

M51：4　罐。泥质，结构紧密。夹心陶，内外壁呈灰色，胎呈红色。颈部有抹绳纹。铁轨式口沿，沿面较宽，内缘斜侈，外缘压平，尖圆唇，矮直颈，圆肩残。内壁有横向旋抹痕。外口径14.1、残高4.2厘米（图一一五，3）。

M51：5　罐。泥质。深灰色。直口，平沿，矮颈，圆肩残。内外壁有横向旋抹痕。口径11.4、残高3.9厘米（图一一五，5）。

M51：6　盆。泥质灰陶。沿面略磨光，上腹部有两周凹弦纹。直口，卷折沿，沿面较宽，外缘略下捺，深腹残。内外壁有横向旋抹痕。内口径30.3、残高6.6厘米（图一一五，2）。

2）铜器

M51：8　铜镜。残，镜面微弧，背面宽平缘，圆纽，柿蒂形纽座，纽座外有两周素面方框，外方框四面中间向外伸出一"T"字形符号，与连接外区圆周的"L"字形符号相对，连

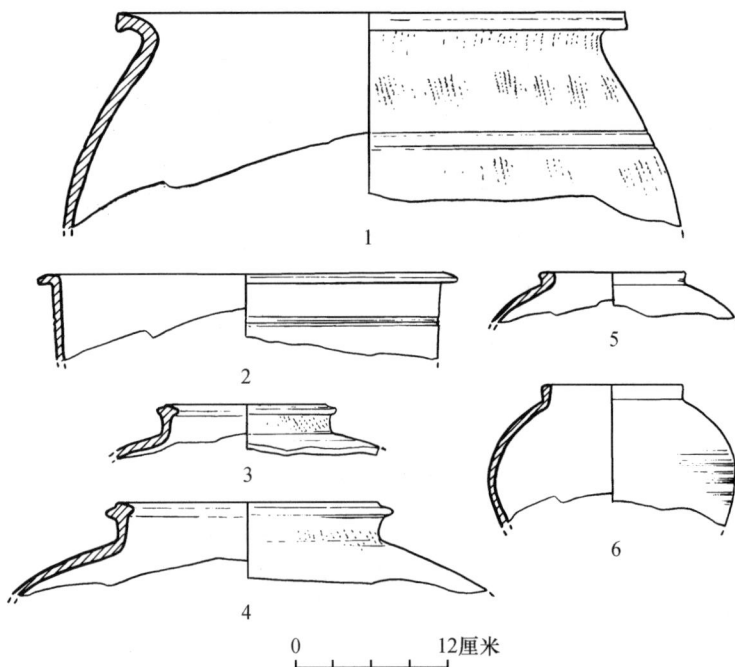

图一一五　11YLM51出土陶器

1.瓮（M51：1）　2.盆（M51：6）　3～6.罐（M51：4、M51：3、M51：5、M51：2）

接外区圆周的还有四个"V"字形符号，与外框四角尖端相对，符号间添章草纹、云纹、花朵纹组成的纹带，纹带之外有一周斜线纹，二者之间用凸弦纹隔开。直径14.3、缘高0.5、镜面厚0.2厘米（图一一六、图一一七）。

M51：9　盖弓帽。2件，均为铜质（图版四三，4）。圆筒形，中空，顶端封闭，作球形，底端开敞，帽身中部往上挑起一钩。M51：9-1，长2.5、底径0.7厘米（图一一八，3）；M51：9-2，长2.2、底径0.7厘米（图一一八，4）。

M51：9-3　铜扣饰。俯视呈圆形，顶面平缘，中心呈半球形凸起，背面平直，且有环形扣柄。直径1.2、高0.9厘米（图一一八，5）。

0　　　　　　　　　　　　4厘米

图一一六　11YLM51出土铜镜（M51：8）

图一一七　11YLM51出土铜镜（M51：8）纹样拓本

M51：10　铜钱　2枚。均为大泉五十。圆形方穿，正、反两面内外郭俱备，钱文篆书，上下、右左排列，"大"字形如飞燕，"泉"字上端横笔近平，内横笔平直，竖笔中断，"五"字瘦长，中间交叉两笔弯曲。M51：10-1，直径2.3、穿大0.9厘米，重2.3克（图一一九，1；图版四四，1左）；M51：10-2，直径2.3、穿大0.9厘米，重2.2克（图一一九，2；图版四四，1右）。

M51：14　铜钱。1枚，大泉五十。圆形方穿，正、反两面内外郭俱备，钱文篆书，上下、右左排列，"大"字形如飞燕，"泉"字上端近平，竖笔中断，"五"字中间交叉两笔弯曲。直径2.1、穿大0.8厘米，重1.6克（图一一九，3）。

M51：15-1　器盖。铜质。子口，顶面略弧隆起，顶面中间有扁半圆体捉手，捉手有穿，穿内衔圆环，圆环上有锯口，应是分体铸造，圆环扣入穿中。盖面直径7.3、高2.4、子口径6.3厘米（图一一八，1；图版四二，1左）。

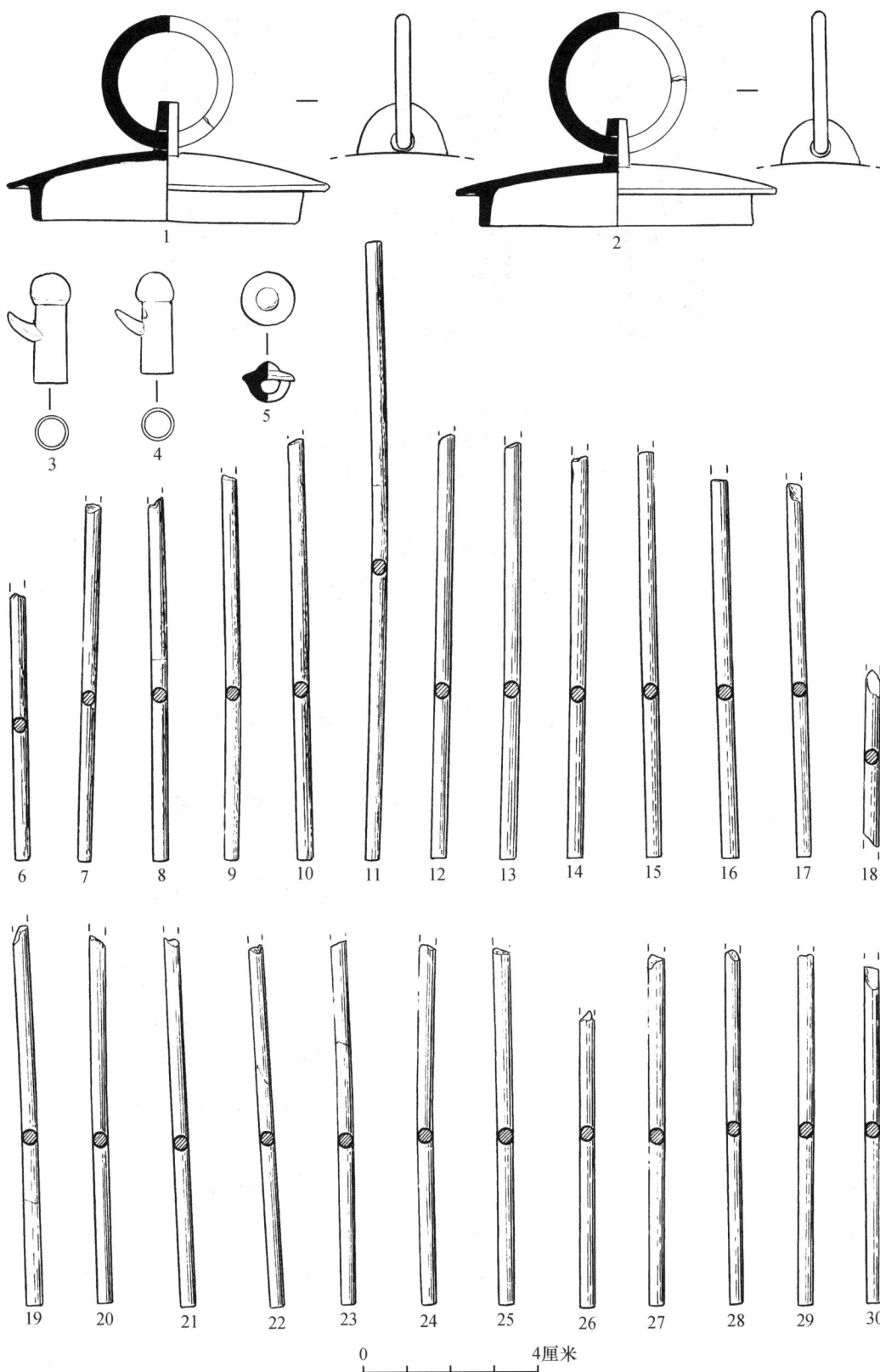

图一一八　11YLM51出土器物

1、2. 器盖（M51：15-1、M51：15-2）　3、4. 盖弓帽（M51：9-1、M51：9-2）　5. 铜扣饰（M51：9-3）

6~11. 骨器（M51：4-2~M51：4-6、M51：4-1）　12~30. 骨器（M51：5-1~M51：5-19）

苇沟-北寿城遗址考古报告（2011～2014）

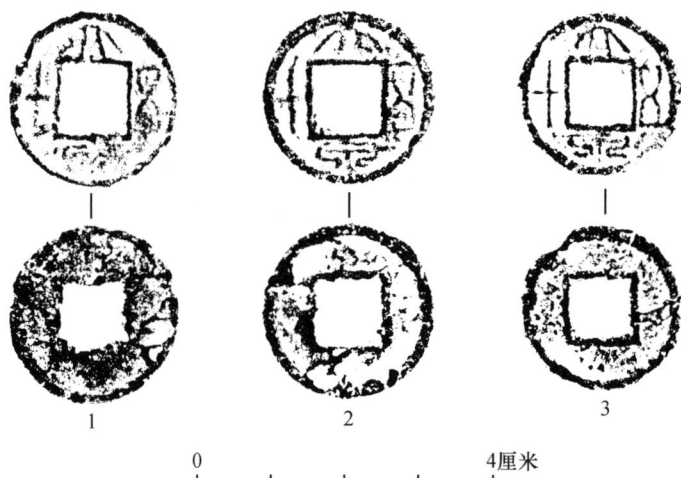

图一一九　11YLM51出土大泉五十铜钱
1. M51：10-1　2. M51：10-2　3. M51：14

　　M51：15-2　器盖。铜质。子口，顶面略圆弧隆起，顶面中间有扁半圆体捉手，捉手有穿，穿内衔圆环，圆环上有锯口，应是分体铸造，圆环扣入穿中。盖面直径7.3、高2.6、子口径6厘米（图一一八，2；图版四二，1右）。

　　3）铁器

　　M51：1　环首刀。铁质。仅存柄部，柄呈长条，柄端有环首。残长13.8厘米（图一二一，7）。

　　M51：2　铁环。表面呈铁锈色。腐朽较甚，圆形，环体较粗实，断面呈圆形。环体直径9.2、断面直径1.7厘米（图一二一，5）。

　　M51：3　铁带钩。钩身残，钩体简易，长条形，截面近方形，一端弯曲成钩。残长6.8厘米（图一二一，3）。

　　M51：6　铁锸。器体宽扁，平面呈矩形，纵向截面呈"V"形，上端平齐有銎，銎口呈长方形，下端平刃，刃部腐朽。锸高6.3、宽14.4、銎口长13.8、宽1.1、深4.1厘米（图一二〇，1）。

　　M51：7　铁斧。平面略呈梯形，上端略弧，下端弧刃，刃部较宽，锋利，上部有椭圆形銎横穿斧体，柄可以直接横插进去。斧长13.7、刃部宽8.2、銎长径4.6、短径1.4厘米（图一二〇，2）。

　　M51：11-1　铁刀。腐朽较甚，刀身和刀锋残，刀身和刀柄同宽，刀身直背平刃，背较厚，柄端有环首，残。残长30、宽3.6厘米（图一二一，1）。

　　M51：11-2　环首刀。铁质。残存刀柄，呈长条形，截面呈椭圆形，柄体有木质裹箍，应是刀鞘，柄端有环首。残长6.8、柄宽1.8厘米（图一二一，6）。

　　M51：12　铁剑。剑身残段，剑身有脊，两刃斜直，断面呈菱形，局部有木质和皮革类裹箍，应系剑鞘残留物。残长15.8、最宽3.3厘米（图一二一，4）。（注：12和13号铁剑可能是同一件铁剑，拼接不起）

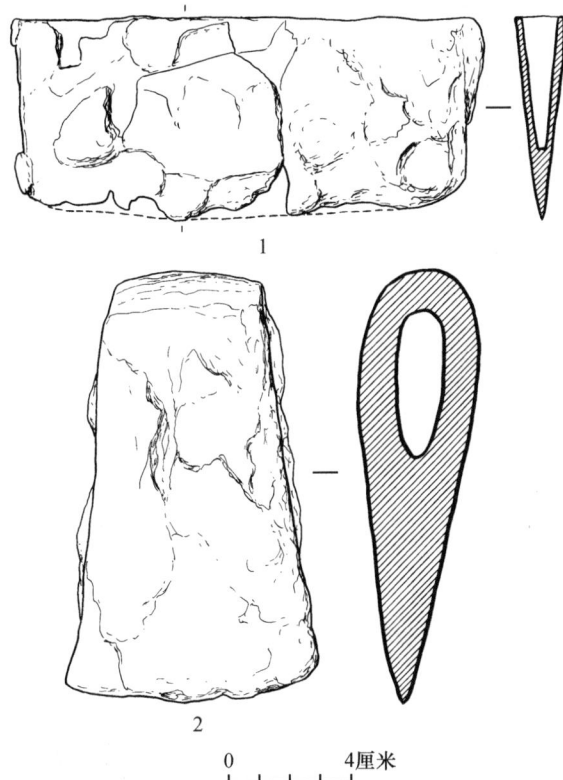

图一二〇　11YLM51出土铁器（一）

1.锸（M51：6）　2.斧（M51：7）

　　M51：13　铁剑。剑身和剑锋残，剑身有脊，两刃斜直，断面呈菱形，局部有木质和皮革类裹箍，应是剑鞘。剑格为铜质，断面呈菱形，略宽于剑身。剑茎呈条状残。剑身残长17.9、宽4.1、剑茎残长5.1、全剑残长24.2厘米（图一二一，2）。

　　4）骨器

　　M51：4　骨器。6件，仅复原1件（图版四二，2）。象牙磨制。白色，实心圆柱体，两端平齐，表面光滑。M51：4-1，通长13.8、直径0.4厘米（图一一八，11）；M51：4-2，残长7.8、直径0.4厘米（图一一八，6）；M51：4-3，残长8.5、直径0.4厘米（图一一八，7）；M51：4-4，残长8.1、直径0.4厘米（图一一八，8）；M51：4-5，残长9.5、直径0.4厘米（图一一八，9）；M51：4-6，残长5.9、直径0.4厘米（图一一八，10）。

　　M51：5　骨器。19件，均残。象牙磨制。白色，实心圆柱体，大部分仅存一端，端面齐整，表面光滑。M51：5-1，通长9.3、直径0.4厘米（图一一八，12）；M51：5-2，残长9.3、直径0.4厘米（图一一八，13）；M51：5-3，残长8.8、直径0.4厘米（图一一八，14）；M51：5-4，残长9、直径0.4厘米（图一一八，15）；M51：5-5，残长8.4、直径0.4厘米（图一一八，16）；M51：5-6，残长8.4、直径0.4厘米（图一一八，17）；M51：5-7，残长3.9、直径0.4厘米（图一一八，18）；M51：5-8，残长8.2、直径0.4厘米（图一一八，19）；M51：5-9，残长8.2、直径0.4厘米（图一一八，20）；M51：5-10，残长8.1、直径0.4厘米（图一一八，21）；

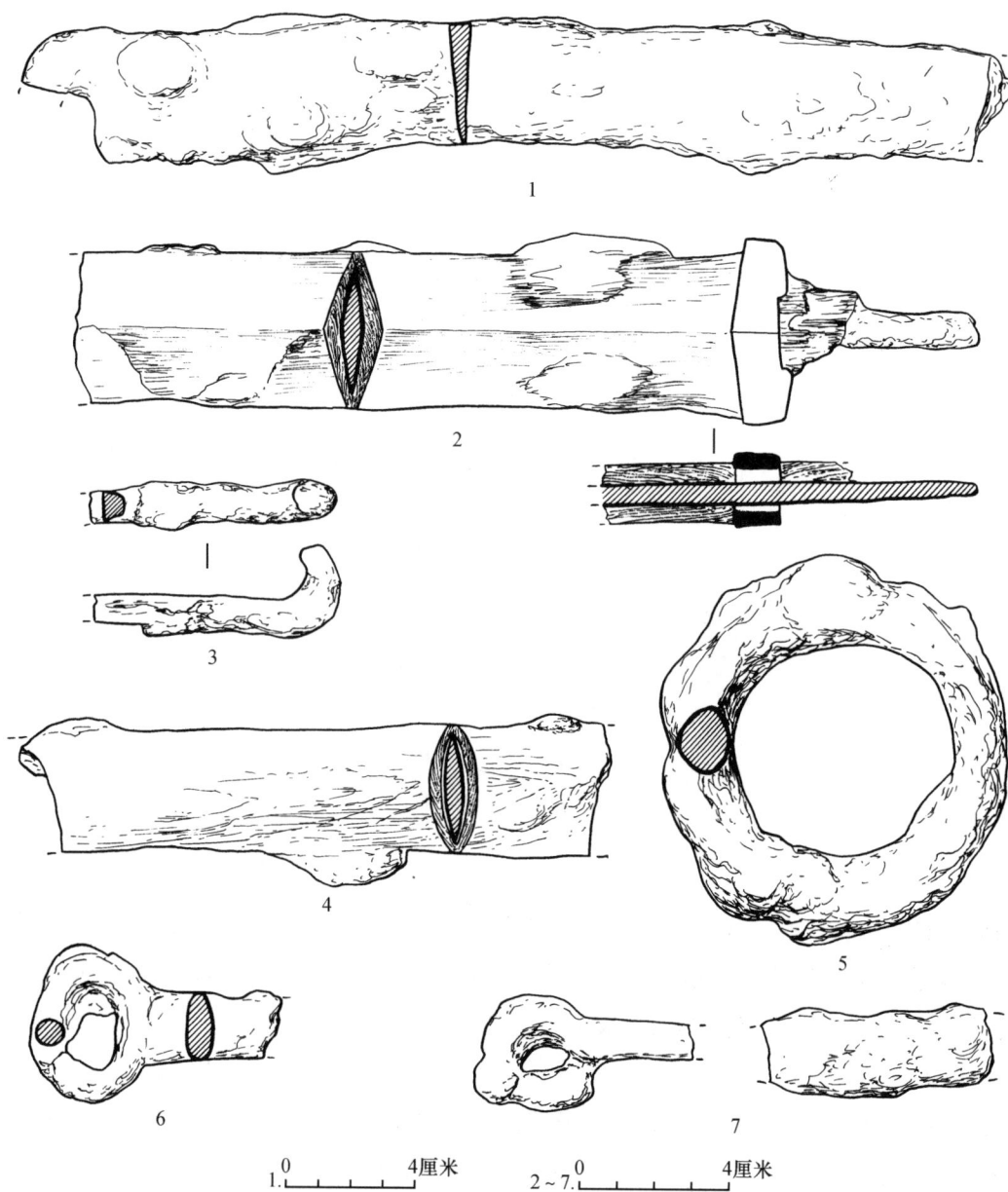

图一二一　11YLM51出土铁器（二）

1. 刀（M51：11-1）　2、4. 剑（M51：13、M51：12）　3. 带钩（M51：3）　5. 环（M51：2）
6、7. 环首刀（M51：11-2、M51：1）

M51：5-11，残长8.1、直径0.4厘米（图一一八，22）；M51：5-12，残长8、直径0.4厘米（图一一八，23）；M51：5-13，残长7.9、直径0.4厘米（图一一八，24）；M51：5-14，残长7.8、直径0.4厘米（图一一八，25）；M51：5-15，残长6.6、直径0.4厘米（图一一八，26）；M51：5-16，残长7.8、直径0.4厘米（图一一八，27）；M51：5-17，残长7.8、直径0.4厘米（图一一八，28）；M51：5-18，残长7.7、直径0.4厘米（图一一八，29）；M51：5-19，残长7.6、直径0.4厘米（图一一八，30）。

8. 11YLM52

（1）墓葬形制

单室墓，由墓道、墓门、墓室组成（图一二二、图一二三）。方向95°。现代坑打破墓道，该墓被盗扰，墓道上部被施工破坏。

墓道 位于墓室东端，长条形、竖穴，直壁，斜坡底。残长550、宽110、底距现墓口50～240厘米。拐角近方正，壁面较整齐，底部在墓门前104厘米为平缓地带，紧贴南壁有约100厘米长用顺砖错缝平砌，高约140厘米，向西直顶封门砖。底坡长570厘米，坡度近10°。墓道内填土为黄褐色花土，土质较硬。

墓门 辟于墓室东壁中间。高140、宽104、进深28厘米。南、北两侧均采用顺砖和丁砖错缝平砌，上部搭横向立起的空心砖成平顶。封门砖置于墓门外，封堵方式为卧砖错缝干摆，砖缝基本为十字缝。

墓室 在长方形竖穴土圹中砌筑，土圹东西长614、南北宽250厘米。墓室平面呈长方形。东西长480、南北宽190、前端高180、后端高168厘米。顶部为单层子母砖券拱形顶。东、西墓壁一顺一丁错缝平砌，南、北墓壁顺砖错缝平砌，砖缝为十字缝。墓底用空心砖墁地，铺筑方式为墼砖样式，呈褥子面纹样，墓室前端底部比墓道底高17厘米，后端比前端高12厘米。

（2）葬具葬式

因遭盗扰，人骨和葬具情况不详。

（3）随葬品

清理墓室扰动填土时出土有铜包边1（M52：1）、铁剑1（M52：2）件。

1）铜器

M52：1 铜包边。残存一截，从残存部分看平面应为圆形，表面鎏金，断面呈矩尺状。残长7.2、面宽1、底端宽1.5、高0.7厘米（图一二四，2）。

2）铁器

M52：2 剑。全剑铁质，剑首呈圆形，剑锋较尖，剑身修长残断，有脊，两刃斜直，断面呈菱形。剑格为铜质，范铸，表面鎏金，金箔大部分脱落，断面呈菱形，略宽于剑身。剑茎呈窄条状，剑身和剑茎局部有木质和皮革类裹箍。剑身残长88.2、剑身最宽3.3、全剑残长113.4厘米（图一二四，1；图版四二，5）。

9. 11YLM53

（1）墓葬形制

单室墓，由墓道、墓门、甬道、墓室组成（图一二五）。方向98°。现代坑打破墓道，该墓被盗扰，施工将墓道上部破坏。

墓道 位于墓室东端。长条形、竖穴，直壁，斜坡底。残长420、宽96、底距现墓口

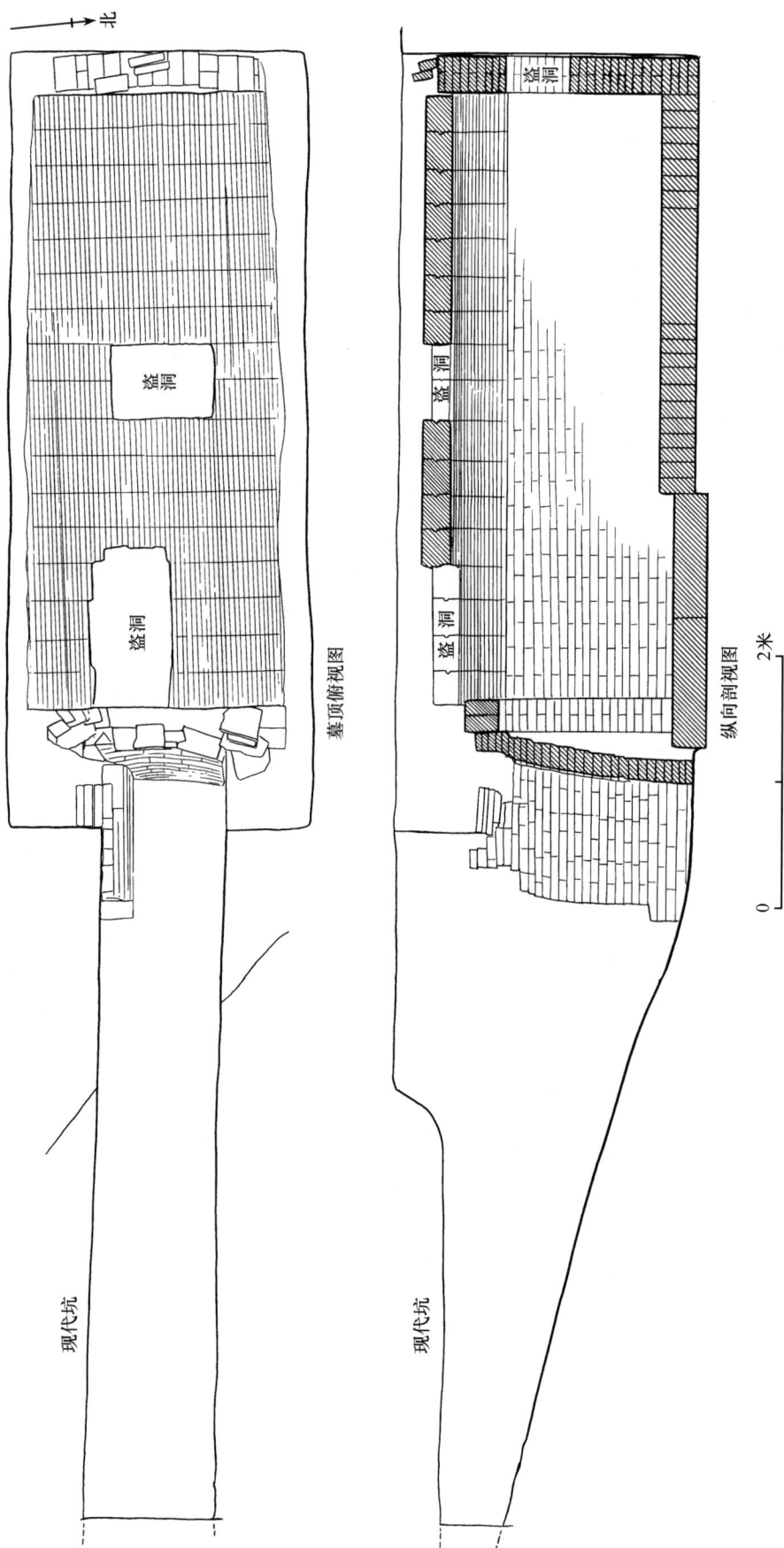

图一二三　11YLM52俯视、剖视图

北

墓室东壁正视图

封门正视图

墓室平面图

墓室西壁正视图

0   2米

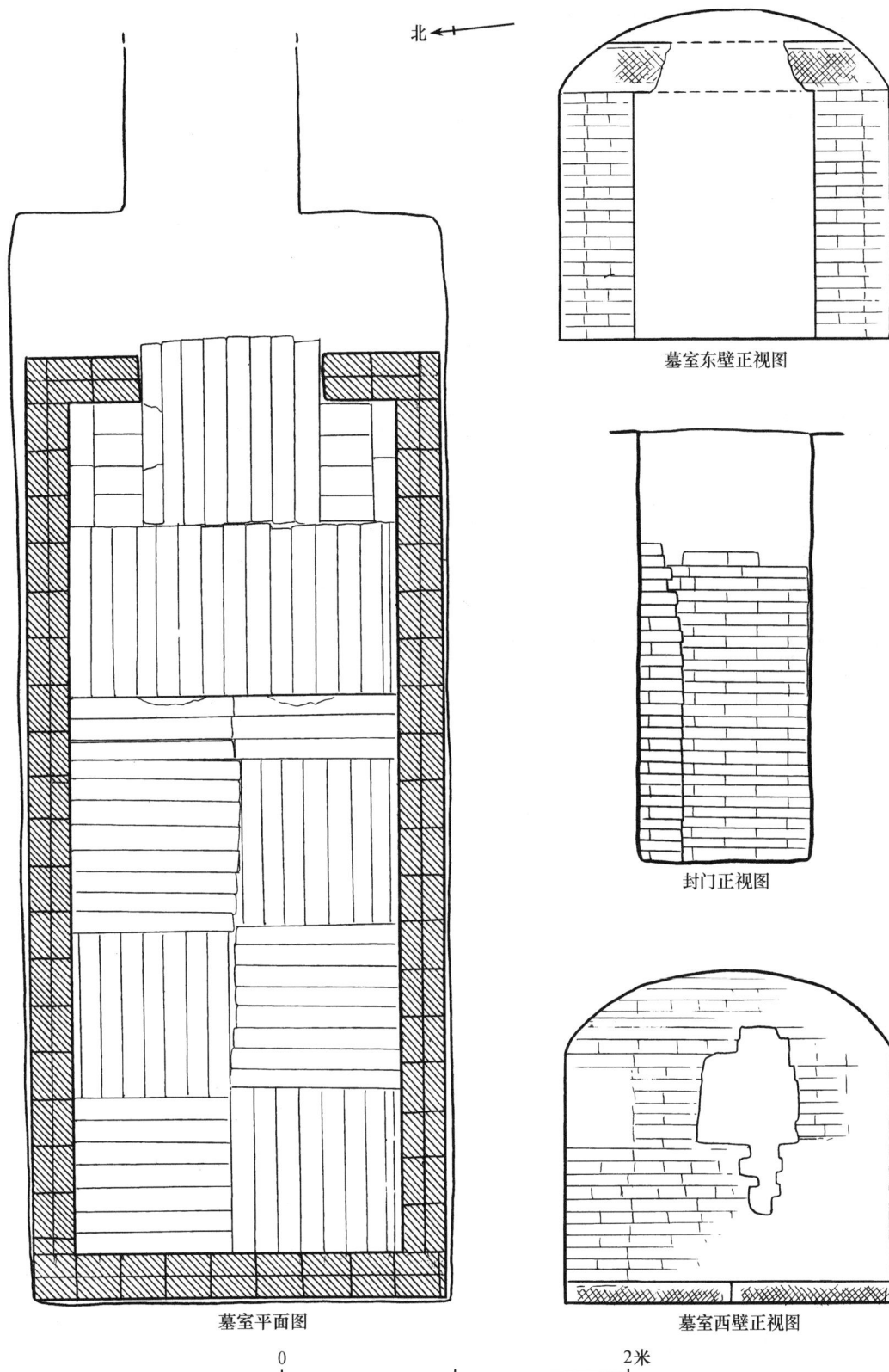

图一二三 11YLM52平面、墓壁及封门正视图

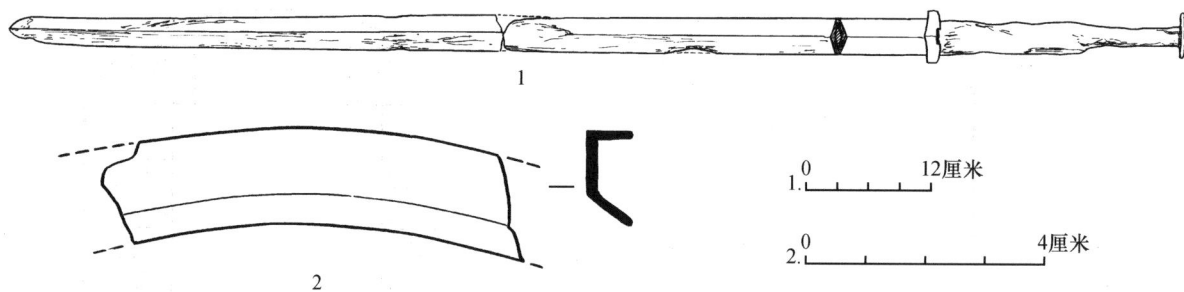

图一二四　11YLM52出土器物
1. 铁剑（M52：2）　2. 铜包边（M52：1）

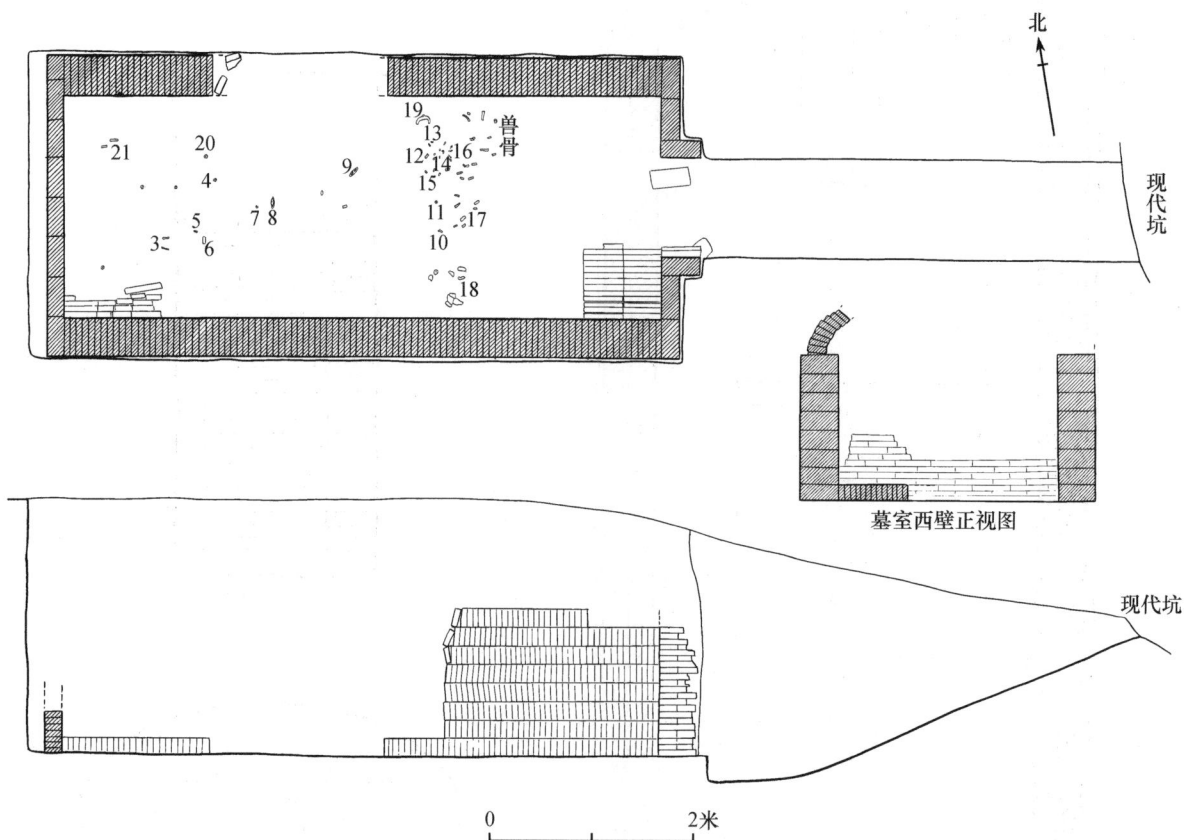

图一二五　11YLM53平面、剖视及墓壁正视图

3. 铁带钩　4、11、20. 铜钱　5、13. 盖弓帽　6. 铜镦　7、14. 铜扣饰　8、9. 铜当卢　10. 铁环首刀　12. 铜弩机
15. 铜衡末　16. 铜车饰件、铜镞　17. 铁刀、剑　18. 漆木器　19. 剑格　21. 铁刀

24～238厘米。壁面较整齐，拐角近方正。墓门前100厘米较平缓，底坡残长340厘米，坡度约25°。墓道内填土为黄褐色花土，土质较硬。

墓门　顶部被盗扰拆除，结构不详。宽94、残高110厘米。封门情况不详。

甬道　平面呈横向长方形，顶部遭破坏，结构不详。宽94、残高110、进深38厘米。南北两侧条砖砌筑，一顺一丁错缝平砌。

墓室　在竖穴土圹中用青砖砌筑，平面呈长方形。东西长592、南北宽210、残高26～124

厘米。顶部采用单层砖券拱形顶。东、西壁顺砖错缝平砌，砖缝为十字缝；南、北壁采用8层
甃砖垒砌，第8层甃砖上开始起券做顶。底部直排甃砖墁地，高于墓道底约40厘米。墓室墁地
砖和顶砖均被盗扰殆尽，西壁和南、北壁西部大部分被拆除。

（2）葬具葬式

因墓室盗扰，人骨和葬具不存，情况不详。

（3）随葬品

墓室被扰动土中有铁器1（M53：1）件和陶罐1（M53：2）件；墓室竖穴土圹底
部有散乱的铜器小件、铜钱、铁器、漆木器和兽骨，铜器小件器类有盖弓帽4（M53：5
和M53：13-1～M53：13-3）、铜镦1（M53：6）、扣饰3（M53：7、M53：14-1、
M53：14-2）、当卢2（M53：8、M53：9）、弩机1（M53：12）、衡末3（M53：15-1～
M53：15-3）、车饰件2（M53：16-1、M53：16-2）、镞4（M53：16-3～
M53：16-6）件，铜钱6枚（M53：4-1、M53：4-2、M53：11、M53：20-1～M53：20-3）；
铁器有带钩1（M53：3）、环首刀1（M53：10）、刀2（M53：17-1、M53：21）、剑2
（M53：17-2、M53：19）件；漆木器残片（M53：18）。

1）陶器

M53：2　陶罐。泥质灰陶。肩部饰数周凹弦纹，腹部
先饰竖向绳纹，有数周凹弦纹割断绳纹。敞口，折沿外斜，
厚方唇，高颈微曲，圆肩，鼓上腹，下腹圆弧内收，近底处
残缺。内壁有横向旋抹痕。内口径12.9、残高26.4厘米（图
一二六）。

2）铜器

M53：4　铜钱　2枚。均为"大泉五十"，圆形方穿，
正、反两面内外郭俱备，周郭深峻，厚肉，钱文篆书，上下、
右左排列，"大"字形如飞燕，"泉"字上端横笔近平或微
弧，内横笔平直，竖笔中断，"五"字肥阔，中间交叉两笔弯

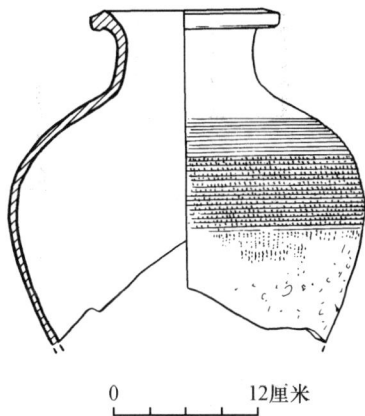

图一二六　11YLM53出土陶罐
（M53：2）

曲。M53：4-1，直径2.6、穿大0.8厘米，重4.3克（图一二八，
1；图版四四，2左）；M53：4-2，直径2.6、穿大0.8厘米，重3.8克（图一二八，2；图版
四四，2右）。

M53：5　盖弓帽。铜质。圆筒形，中空，顶端封闭，作球形，底端开敞，帽身中部往上
挑起一钩。长2.5、底径0.7厘米（图一二七，1）。

M53：6　铜镦。圆筒形，一端封闭，一端开敞。长4.9、直径2.5厘米（图一二七，7）。

M53：7　铜扣饰。俯视呈圆形，顶面平缘，中心呈半球形凸起，背面平直，且有环形扣
柄。直径1.2、高1.1厘米（图一二七，10；图版四三，3）。

M53：8　当卢。铜质。范铸。明器，略残，正视其轮廓呈长椭圆形，中间镂空，扁
体，背面中间上、下各有一个竖向纽鼻，以纽鼻所在直线为界，两侧完全对称。通长9.4厘米

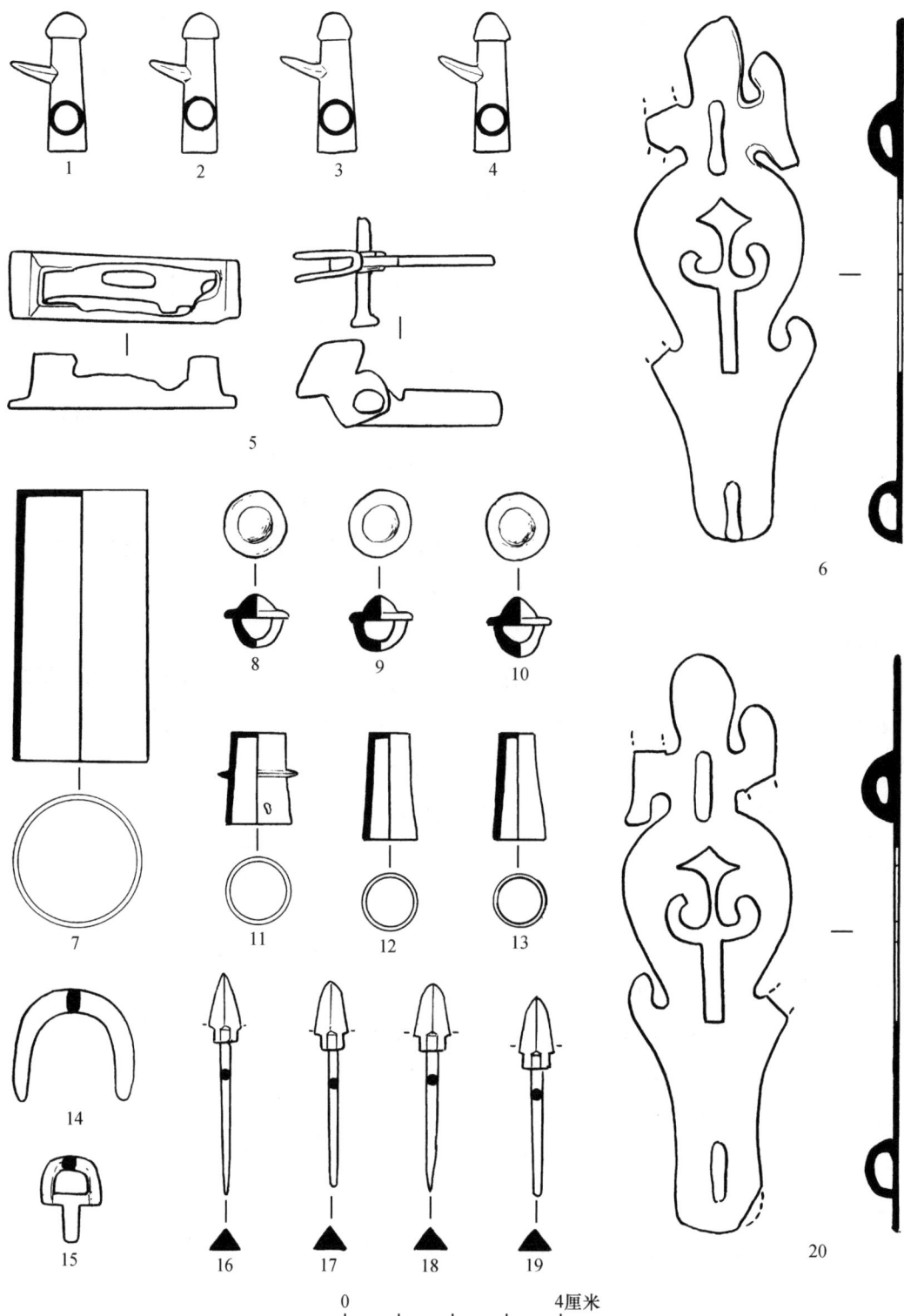

图一二七　11YLM53出土铜器

1～4.盖弓帽（M53：5、M53：13-1、M53：13-2、M53：13-3）　5.弩机（M53：12）　6、20.当卢（M53：8、M53：9）

7.铜镦（M53：6）　8～10.扣饰（M53：14-1、M53：14-2、M53：7）　11～13.衡末（M53：15-1、M53：15-2、M53：15-3）

14、15.铜车饰件（M53：16-1、M53：16-2）　16～19.镞（M53：16-3、M53：16-4、M53：16-5、M53：16-6）

（图一二七，6；图版四三，5）。

M53：9　当卢。形制同该墓出土的8号随葬品。通长10.4厘米（图一二七，20）。

M53：11　铜钱　1枚。"大泉五十"，圆形方穿，正、反两面内外郭俱备，周郭深峻，厚肉，钱文篆书，上下、右左排列，"大"字形如飞燕，"泉"字上端横笔近平，内横笔平直，竖笔中断，"五"字肥阔，中间交叉两笔弯曲。直径2.6、穿大0.9厘米，重3.5克（图一二八，3）。

M53：12　弩机。铜质。残存郭（机匣）、牙和悬刀等部件，郭（机匣）面长方形，平整，下部残断，牙和悬刀用轴贯穿。郭长4.2、高1厘米（图一二七，5）。

M53：13　盖弓帽。3件，铜质。形态一致，圆筒形，中空，顶端封闭，作球形，底端开敞，帽身中部往上挑起一钩。M53：13-1，长2.5、底径0.7厘米（图一二七，2）；M53：13-2，长2.5、底径0.7厘米（图一二七，3）；M53：13-3，长2.5、底径0.7厘米（图一二七，4）。

M53：14　铜扣饰。2件。俯视呈圆形，顶面平缘，中心呈半球形凸起，背面平直，且有环形扣柄。M53：14-1，直径1.2、高0.9厘米（图一二七，8）；M53：14-2，直径1.2、高1厘米（图一二七，9）。

M53：15-1　铜衡末。圆筒形，一端封闭平整，一端开敞，器身中部有一周凸棱。长1.6、顶直径1、底直径1.2厘米（图一二七，11；图版四三，1）。

M53：15-2、M53：15-3　铜衡末。2件，形态一致，圆筒形，一端封闭平整，一端开敞。M53：15-2，长1.9、顶直径0.7、底直径1厘米（图一二七，12；图版四三，2）；M53：15-3，长1.9、顶直径0.6、底直径1厘米（图一二七，13）。

M53：16-1　铜车饰件。体呈"U"形，断面呈椭圆形。长2、宽2.2厘米（图一二七，14）。

M53：16-2　铜车饰件。半圆环钉形。长1.5厘米（图一二七，15）。

M53：16-3 ~ M53：16-6　铜镞（图版四二，4）。三翼镞，镞身呈三棱锥形，刃部锋利，末端呈六棱柱形（不等边六边形），铤为铜质，呈圆柱状，嵌接在镞内。M53：16-3，通长4、镞宽0.6、铤径0.2厘米（图一二七，16）；M53：16-4，通长3.7、镞宽0.6、铤径0.2厘米（图一二七，17）；M53：16-5，通长3.7、镞宽0.6、铤径0.2厘米（图一二七，18）；M53：16-6，通长3.6、镞宽0.6、铤径0.2厘米（图一二七，19）。

M53：20　铜钱。3枚。M53：20-1、M53：20-2，"大泉五十"，圆形方穿，正、反两面内外郭俱备，周郭深峻，厚肉，钱文篆书，上下、右左排列，"大"字形如飞燕，"泉"字上端微弧，竖笔中断，"五"字肥阔，中间交叉两笔弯曲。M53：20-1，直径2.7、穿大0.9厘米，重3.7克（图一二八，4；图版四四，3左）；M53：20-2，直径2.6、穿大0.9厘米，重2.2克（图一二八，6；图版四四，3右）。M53：20-3，圆形方穿，合面，正、反两面内外郭俱备。直径2、穿大0.7厘米，重2.7克（图一二八，5；图版四四，4）。

3）铁器

M53：1　铁器。腐朽较甚，略呈矩形，器体较宽扁。长7.5、最宽5厘米（图一二九，1）。

M53：3　铁带钩。钩首残，钩身宽扁，呈牌形。残长8.1、宽1.1、厚0.2厘米（图一二九，3）。

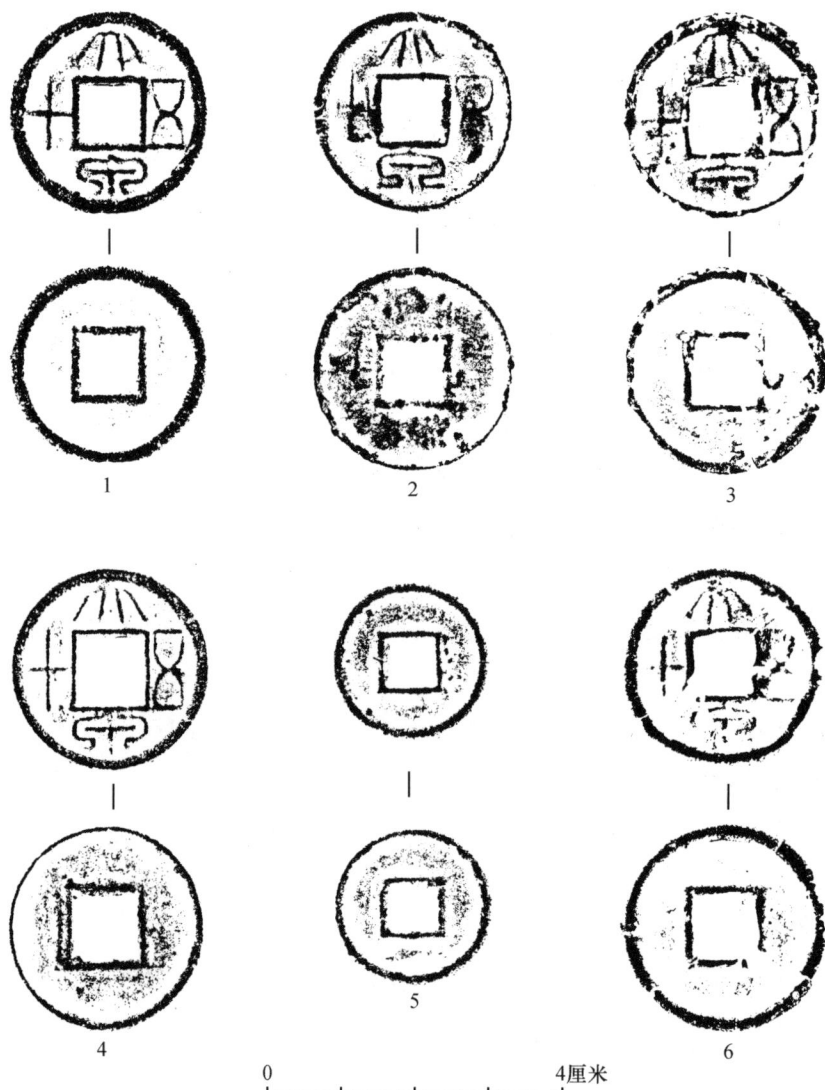

图一二八　11YLM53出土铜钱

1～4、6.大泉五十（M53：4-1、M53：4-2、M53：11、M53：20-1、M53：20-2）　5.合面铜钱（M53：20-3）

　　M53：10　环首刀。铁质。残存柄部，柄呈长条形，断面呈椭圆形，柄端有环首，环首残。残长4.7、柄宽1.2厘米（图一二九，2）。

　　M53：17-1　铁刀。仅存部分刀身，直背平刃，背部较厚，刀身木质裹箍，应是刀鞘。残长21.5、刀身宽1.7厘米（图一二九，7）。

　　M53：17-2　剑。铁质。仅存部分剑身，两刃斜直，刃部锋利，局部有木质裹箍，应系剑鞘残存。剑身最宽4.1厘米（图一二九，6）。

　　M53：19　剑。残存剑格和部分剑身，剑格为铜质，范铸，两侧呈薄片上翘，作双翼形，中间呈椭圆形，一面起脊有穿，格内插有铁剑身；剑体铁质。格长6、宽2.5厘米（图一二九，5）。

　　M53：21　铁刀。锈蚀较甚，残存部分刀身，直背平刃，背部较厚，刃部锋利，刀身有木

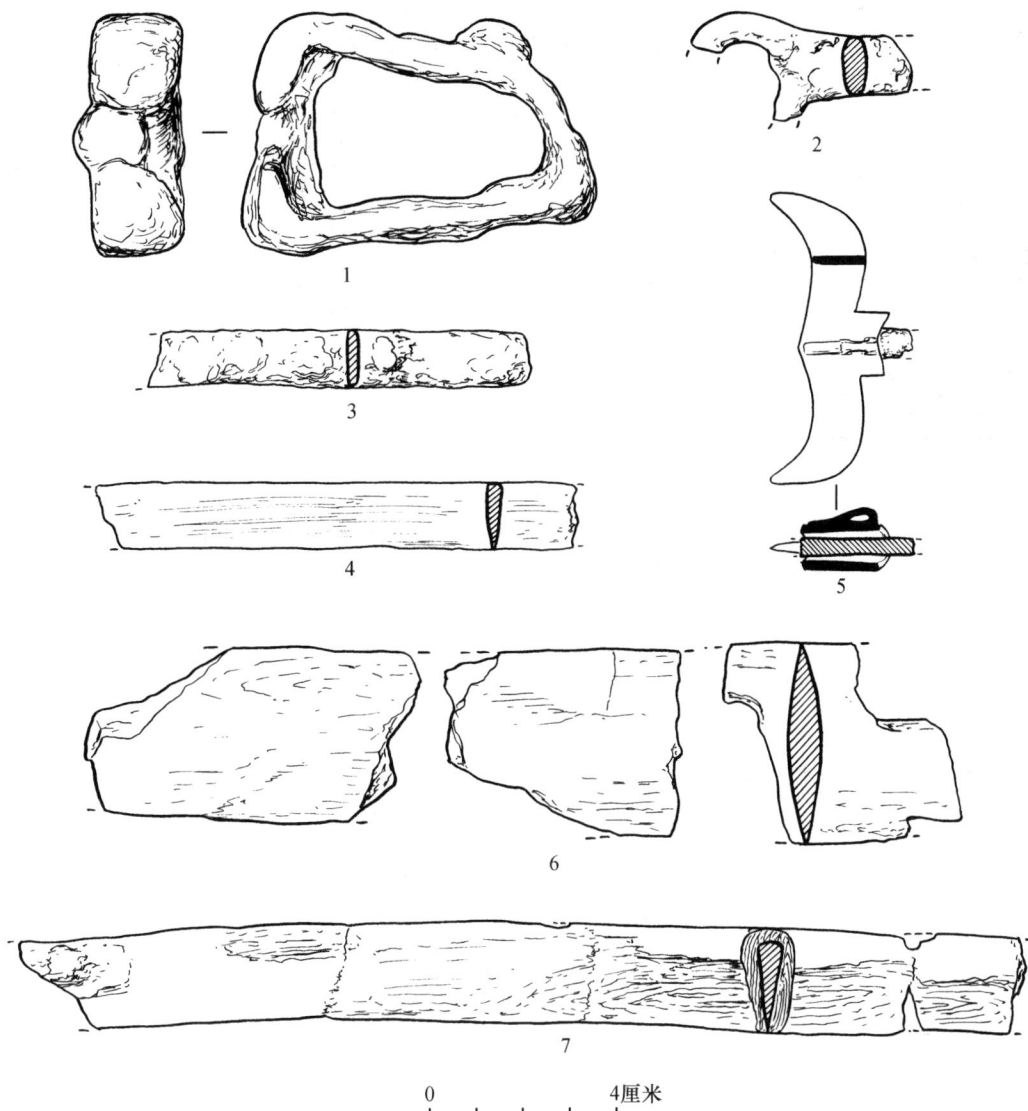

图一二九 11YLM53出土铁器

1. 铁器（M53∶1） 2. 环首刀（M53∶10） 3. 带钩（M53∶3） 4、7. 刀（M53∶21、M53∶17-1）
5、6. 剑（M53∶19、M53∶17-2）

质裹箍，应系刀鞘残存。残长10.2、宽1.4厘米（图一二九，4）。

4）漆木器

M53∶18 漆木器。盗扰破坏较甚，保存较差，朱红色漆皮残块，器形不可辨。

10. 11YLM56

（1）墓葬形制

单室墓，由墓道、墓门、甬道、墓室组成（图一三〇、图一三一）。整体略呈"甲"字形。方向90°。墓道上部被施工破坏。

墓道 位于墓室东端，长方形、竖穴。长330、宽98、底距现墓口132～162厘米。直壁，

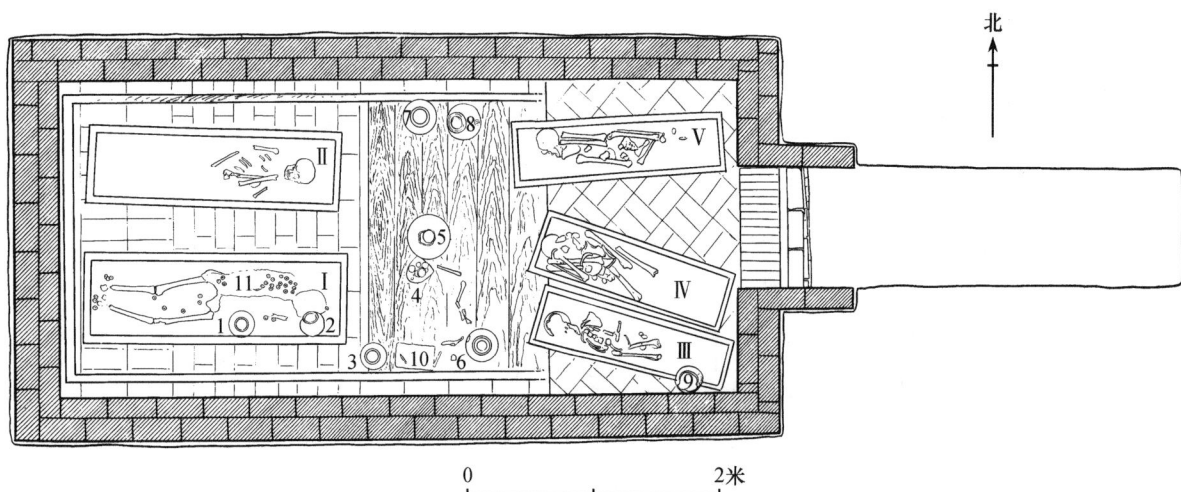

图一三〇　　11YLM56平面图

1~3、5.陶罐　4.陶灶　6~8.陶壶　9.铁釜　10.漆木器　11.铜钱

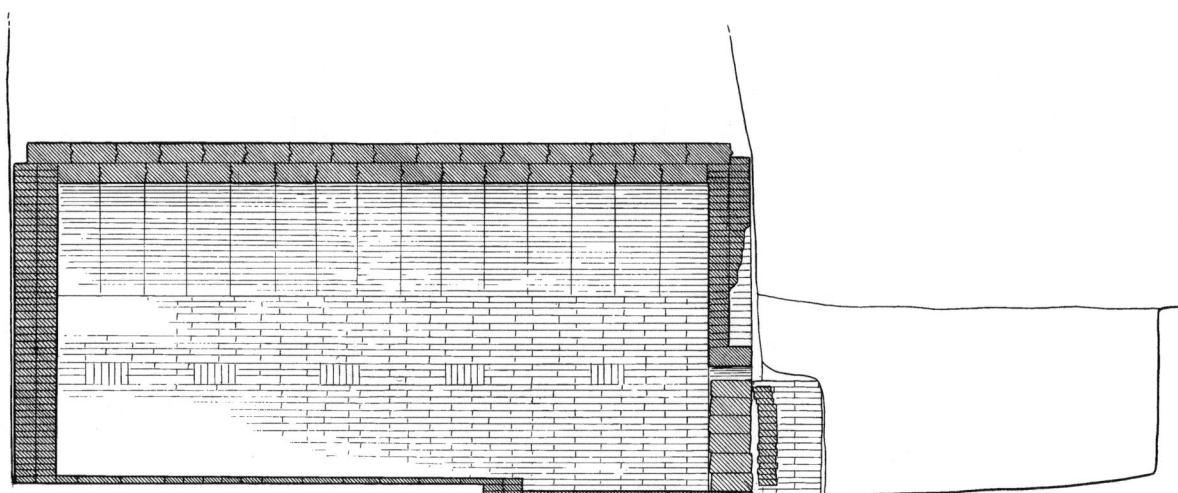

纵向剖视图

墓门、封门正视图　　　　　西壁正视图

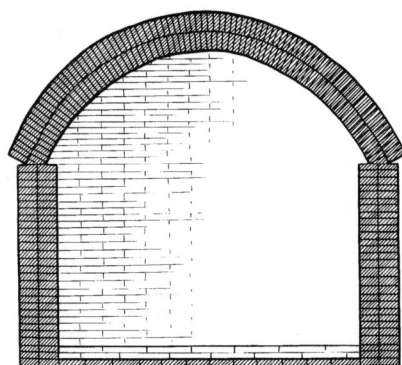

图一三一　　11YLM56剖视、正视图

西端底部南、北两壁砌砖，与甬道南、北两侧砖墙相连接。底部东高西低，略呈坡状。墓道内填土为黄褐色花土，土质较硬。

墓门　单层砖券拱形顶。高110、宽98厘米。两重青砖封门，第一层封门处在墓门外边，封堵方式为顺砖错缝干摆；第二层封门处在甬道内，封堵方式为干摆甃砖，现存有6层甃砖，上部不详。

甬道　平面呈横向长方形，连接墓道和墓室，单层砖券拱形顶。宽98、高110、进深36厘米。两侧壁用顺砖和丁砖错缝平砌。

墓室　在竖穴土圹中用青砖砌筑，墓室宽阔，平面呈长方形。长546、宽246、前端高250、后端高240厘米。顶部为双层子母砖券拱形顶。底面青砖墁地，前端呈席子纹平铺，较规整，中部和后端横直相间平铺，无规律，前端底面比中部和后端底面低10厘米，中部铺地砖上横向铺设6块木板。墓壁采用双层顺砖错缝平砌，砖缝为十字缝，南、北壁中部间夹有甃砖。墓室内被淤土充塞填满。

（2）葬具葬式

该墓为多人合葬，墓室后端有2具人骨，前端有3具人骨。

后端南侧人骨（Ⅰ）腐朽较甚，性别、年龄不可辨，头向东，面向不详，仰身，下肢伸直，上肢腐朽不详。北侧人骨（Ⅱ）疑似男性，25～30岁，头向东，面向上，肢骨与其他骨架散乱且有残缺，可能是二次葬。

Ⅰ号和Ⅱ号人骨各有一棺，二者共用一椁。椁室为长方形，四角平齐，未发现椁盖板，前端挡板腐朽不详，椁室前端有6块底板，南北横向放置，后端无底板。长386、宽220、残高20厘米。棺均为长方形，四角平齐，Ⅰ号棺长212、宽70、残高20厘米；Ⅱ号棺长204、宽62、残高20厘米。

前端南侧人骨（Ⅲ）为女性，25～30岁，头向西，面向下，肢骨与其他骨架叠放，系二次葬。

葬具为一棺，长方形，四角平齐。长160、宽48、残高10厘米。

前端中间人骨（Ⅳ）疑似男性，成年，头向西，面向下，肢骨与其他骨架叠放，系二次葬。

葬具为一棺，长方形，四角平齐。长160、宽50、残高10厘米。

前端北侧人骨（Ⅴ）性别不详，成年，头向西，面向下，肢骨与其他骨架叠放，系二次葬。

葬具为一棺，长方形，四角平齐。长160、宽50、残高10厘米。前端3个棺室墓室进水遭漂浮。

（3）随葬品

陶器9件（图版四五，1），器类有陶罐4（M56：1～M56：3、M56：5）、陶壶3（M56：6～M56：8）、陶灶1（M56：4）、陶盆1（M56：12）件；铁釜1（M56：9）件；漆木器1（M56：10）件；铜钱80（M56：11）枚；殉牲动物1（M56：13）只。分别置于以下

几处：

1、2号陶罐置于1号棺内，原本位置应在棺外；3号陶罐、10号漆木器、6号陶壶和13号殉牲动物置于椁室前端南侧；4号陶灶和5号陶罐置于椁室前端中央；7、8号陶壶置于椁室前端北侧；9号铁釜置于3号棺内，原本位置应在棺盖板上；12号陶盆置于V棺底板下；11号铜钱置于I号棺内墓主身上。

1）陶器

M56：1　直口短颈罐。口径11.7、通高12.9、底径12厘米（图一三二，3；图版四五，3）。

M56：2　直口短颈罐。口径11.1、通高14.7、底径12.6厘米（图一三二，2；图版四五，4）。

M56：3　直口短颈罐。口径11.7、通高14.4、底径13.5厘米（图一三二，1；图版四五，5）。

M56：4　灶。泥质灰陶。灶面局部有抹绳纹。灶体底端开敞，平面呈圆角弧边三角形，前面较平直，有长方形灶门，两侧略弧，后面略显尖圆，灶面平整，有三釜，呈"品"字形排列，上坐盆1、甑1，附罐1，后端有烟囱。釜模制，嵌在灶面中，灶面与灶体泥片拼接，缝隙间抹泥浆。灶体长22.2、宽19.8、高7.5、灶门宽7.2、高3.6厘米（图一三二，4；图版四六，3）。

M56：4-1　盆。泥质灰陶。敞口，平沿，尖唇，弧腹内收，平底，底面平整。内外壁有横向旋抹痕。

M56：4-2　甑。泥质灰陶。敞口，平沿，尖唇，弧腹内收，平底，底部戳三孔。内外壁有横向抹痕。

M56：4-3　罐。泥质灰陶。敞口，圆唇，高颈，圆肩，鼓上腹，平底。外壁有横向抹痕，制作粗糙。

M56：5　罐。泥质灰陶。颈部以下饰竖向细绳纹，颈部和下腹部抹压较甚，多处绳纹被抹去，内壁垫印凹篦点纹。口沿残，矮颈，溜肩，鼓腹，最大径在腹中部，平底，底面略内凹，器体高大。颈部内壁下部有手制痕迹。残高39、底径21厘米（图一三四，2；图版四六，4）。

M56：6　盘口壶。泥质。器表通施绿釉，胎及内壁呈红色。颈部有两周凹弦纹，肩部浮雕一周狩猎纹带，其上下以凹弦纹界隔。肩部对称贴附模制铺首衔环。颈部内壁下部有手制痕迹，口部内壁有横向旋抹痕。口径16.2、通高37.2、底径15.3厘米（图一三三，1；图版四六，5）。

M56：7　盘口壶。泥质。器表通施绿釉，局部泛银白色，胎及内壁呈红色。颈部有两周凹弦纹，肩部浮雕一周狩猎纹带，其上下以凹弦纹界隔。肩部对称贴附模制铺首衔环，底面外缘等距离黏附长条三角状支钉三个。颈部内壁下部有手制痕迹，口部内壁有横向旋抹痕。口径15.9、通高36.9、底径15.3厘米（图一三三，2；图版四六，2）。

M56：8　盘口壶。泥质。器表通施绿釉，胎及内壁呈橙红色。颈部有两周凹弦纹，肩部浮雕一周狩猎纹带，其上下以凹弦纹界隔。肩部对称贴附模制铺首衔环。颈部内壁下部有手制痕迹，口部内壁有横向旋抹痕。口径15、通高36、底径15.6厘米（图一三四，1；图版四六，1）。

M56：12　盆。泥质灰陶。上腹近口沿处有三周凹弦纹。敞口，折沿略上翘，方唇，圆弧

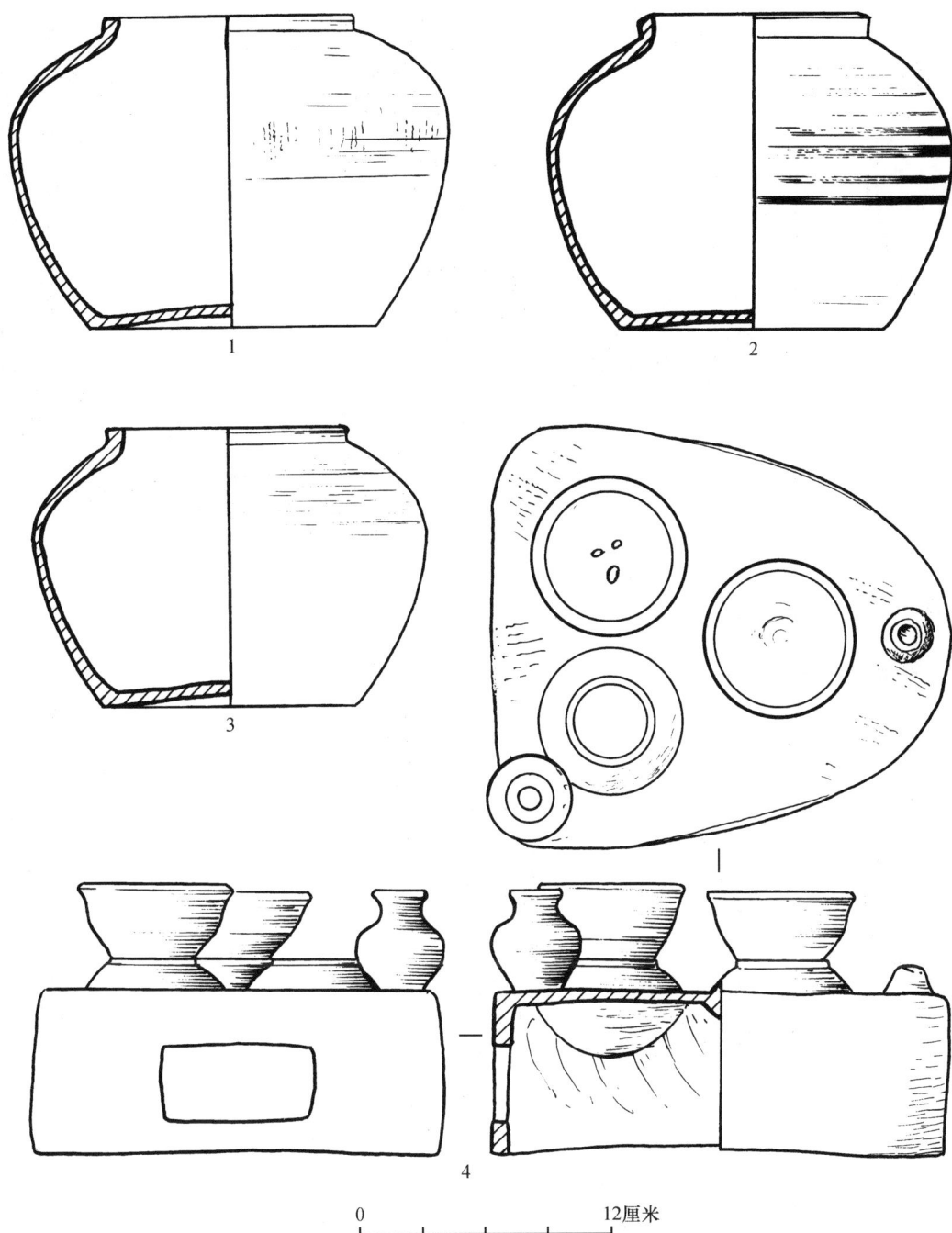

图一三二　11YLM56出土陶器

1~3.罐（M56：3、M56：2、M56：1）　4.灶（M56：4）

腹斜内收，平底，底面略内凹。口沿及内外壁均有横向旋抹痕。外口径23.1、通高9.9、底径12.3厘米（图一三四，3；图版四五，2）。

2）铜器

M56：11　铜钱77枚（不含残缺者）。均为"大泉五十"。圆形方穿，正、反两面内外郭俱备；正面钱文篆书，上下、右左排列，"大"字形如飞燕，"泉"字上端近平或微弧，内

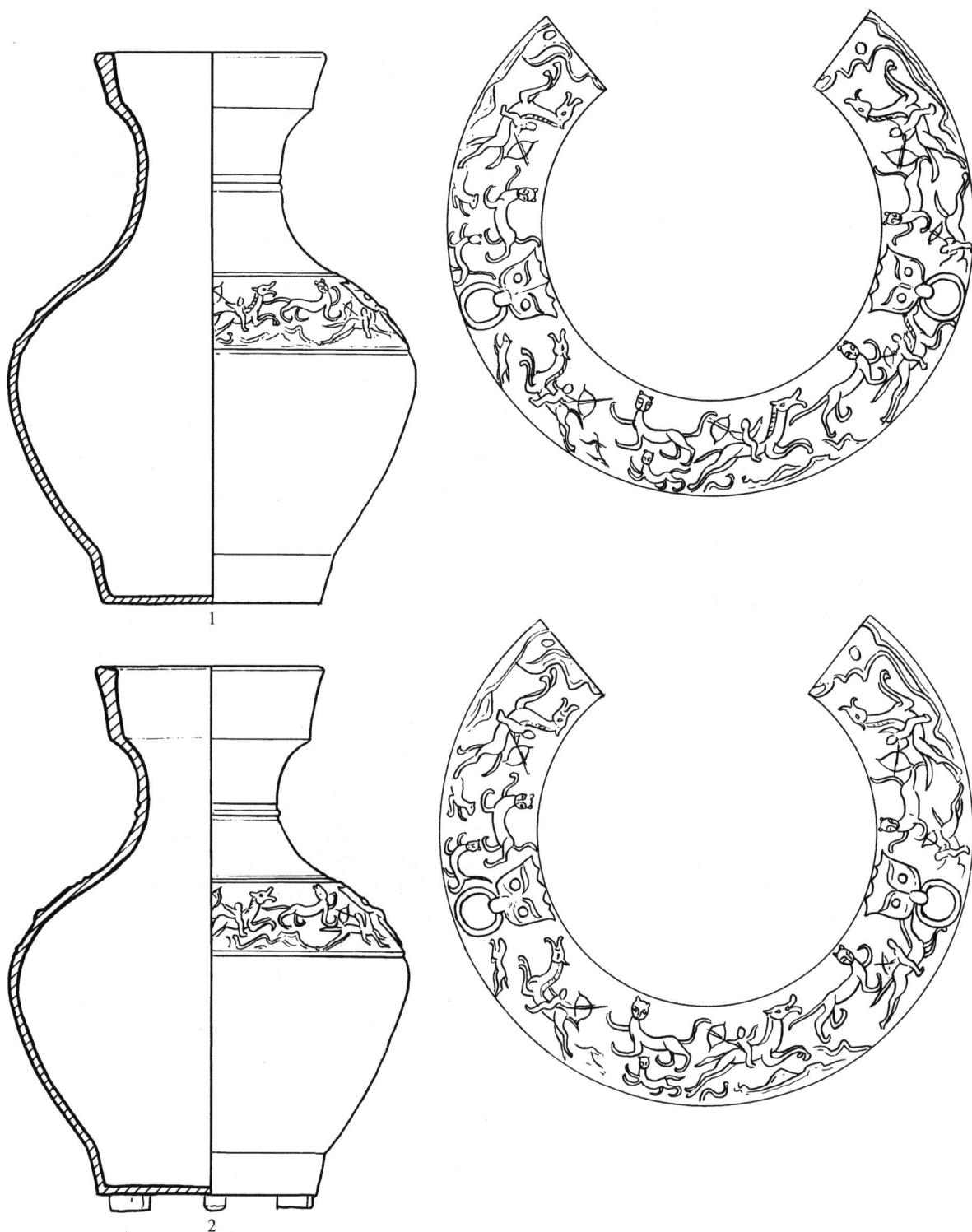

0　　　　　　　　12厘米

图一三三　11YLM56出土陶壶
1. M56：6　2. M56：7

0   12厘米

图一三四　11YLM56出土器物

1.陶壶（M56：8）　　2.陶罐（M56：5）　　3.陶盆（M56：12）　　4.铁釜（M56：9）

横笔平直，竖笔中断，"五"字中间交叉两笔弯曲；光背。其铸造、大小、字体等均有一定差别，从铸造工艺可分为二型。

A型　75枚，周郭深峻，大多数周郭较宽，个别钱周郭外高内低，由外向内作坡状倾斜，所谓的额轮；钱径、穿的大小基本相近（钱径最大2.8、最小2.6，穿大0.7~0.9厘米不等），大部分钱肉厚，个别钱肉较薄，且有砂眼，重量悬殊较大；钱文版别多样，笔划纤细者居多。M56：11-1，周郭局部残。直径2.6、穿大0.9厘米，重5.6克（图一三五，1）；M56：11-2，直径2.7、穿大0.9厘米，重4.5克（图一三五，2）；M56：11-3，直径2.7、穿大0.9厘米，重4.3克（图一三五，3）；M56：11-4，直径2.6、穿大0.8厘米，重3.7克（图一三五，4）；M56：11-5，直径2.6、穿大0.8厘米，重2.7克（图一三五，5）；M56：11-7，钱肉有砂眼。直径2.7、穿大0.9厘米，重4.7克（图一三五，7）；M56：11-8，直径2.7、穿大0.9厘米，重4.1克（图一三五，8）；M56：11-9，直径2.7、穿大0.8厘米，重5.2克（图一三五，9）；M56：11-10，直径2.7、穿大0.8厘米，重3.5克（图一三五，10）；M56：11-11，直径2.7、穿大0.8厘米，重6.3克（图一三五，11；图版四七，2）；M56：11-12，直径2.7、穿大0.8厘米，重3.4克（图一三五，12）；M56：11-13，钱肉有砂眼。直径2.7、穿大0.8厘米，重3.3克（图一三五，13）；M56：11-14，直径2.6、穿大0.7厘米，重3.8克（图一三五，14）；M56：11-15，直径2.7、穿大0.8厘米，重4.4克（图一三五，15）；M56：11-16，直径2.7、穿大0.9厘米，重3.6克（图一三六，1）；M56：11-17，略残。直径2.7、穿大0.9厘米，重3.6克（图一三六，2）；M56：11-18，钱文粗壮。直径2.7、穿大0.9厘米，重5.1克（图一三六，3）；M56：11-19，钱肉有砂眼。直径2.7、穿大0.8厘米，重5.1克（图一三六，4）；M56：11-20，正、反面额轮。直径2.6、穿大0.8厘米，重4克（图一三六，5；图版四七，3）；M56：11-21，直径2.7、穿大0.9厘米，重5.1克（图一三六，6；图版四七，4）；M56：11-22，直径2.6、穿大0.8厘米，重5.8克（图一三六，7）；M56：11-23，直径2.6、穿大0.8厘米，重6.5克（图一三六，8）；M56：11-24，正面额轮。直径2.6、穿大0.7厘米，重3.4克（图一三六，9）；M56：11-25，直径2.8、穿大0.8厘米，重6.1克（图一三六，10）；M56：11-26，直径2.7、穿大0.8厘米，重4.2克（图一三六，11）；M56：11-27，钱文粗壮。直径2.7、穿大0.7厘米，重7.8克（图一三六，12）；M56：11-28，钱肉有砂眼。直径2.7、穿大0.8厘米，重4.6克（图一三六，13）；M56：11-29，直径2.7、穿大0.8厘米，重7.2克（图一三六，14）；M56：11-30，正面钱肉略凸，背面钱肉凹陷，似冲压形成。直径2.7、穿大0.8厘米，重5.8克（图一三六，15）；M56：11-31，直径2.6、穿大0.8厘米，重3.3克（图一三七，1；图版四七，5）；M56：11-32，正面额轮，钱文粗壮。直径2.6、穿大0.7厘米，重5.5克（图一三七，2；图版四七，6）；M56：11-33，钱文粗壮。直径2.7、穿大0.8厘米，重6.9克（图一三七，3）；M56：11-34，钱文粗壮。直径2.8、穿大0.9厘米，重5.2克（图一三七，4）；M56：11-35，正面额轮。直径2.6、穿大0.7厘米，重4.5克（图一三七，5）；M56：11-36，直径2.8、穿大0.8厘米，重5.4克（图一三七，6）；M56：11-37，钱肉有砂眼。直径2.7、穿大0.8厘米，重3.2克（图一三七，7）；M56：11-38，钱文粗壮。直径2.7、穿大0.8厘米，重

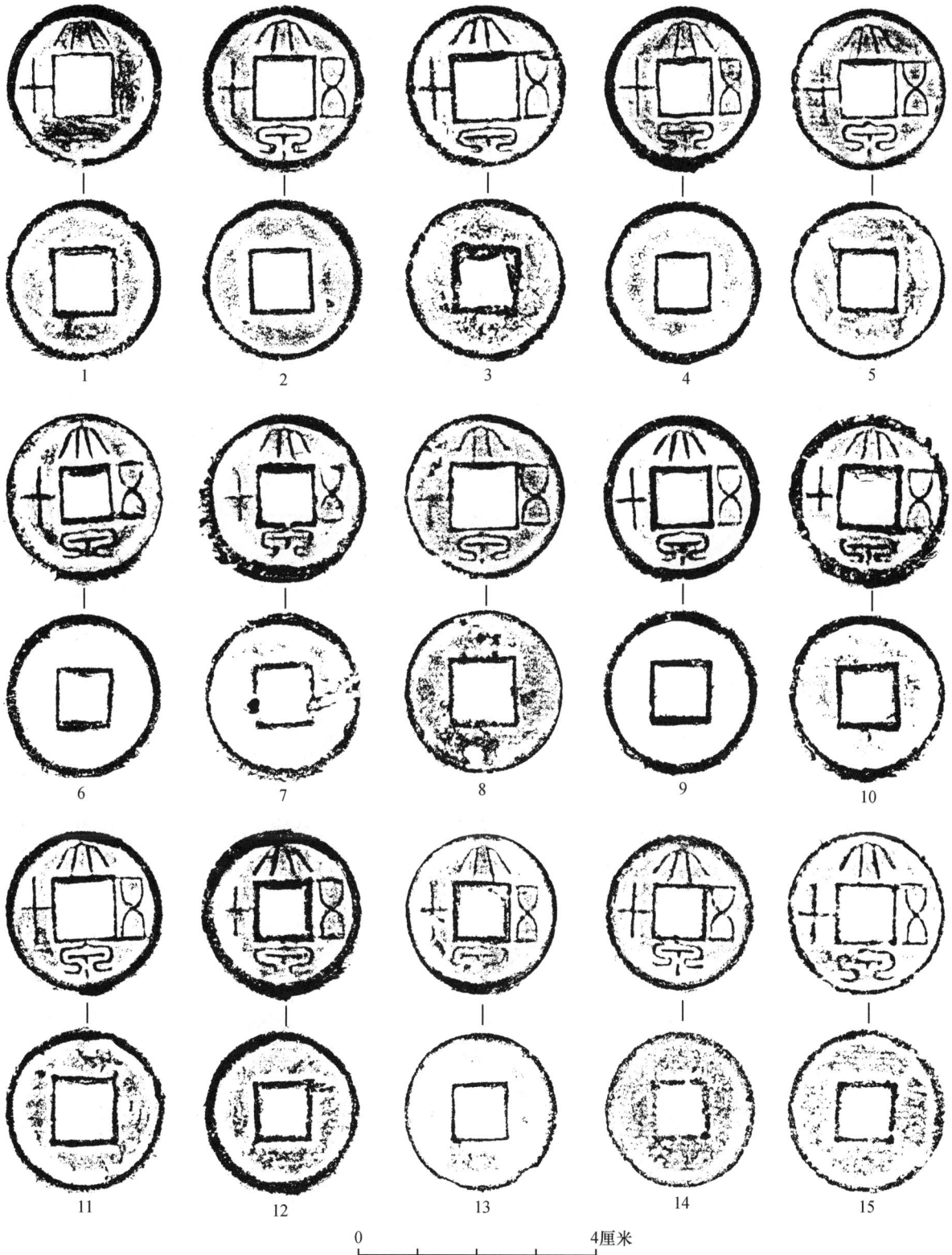

图一三五　11YLM56出土大泉五十铜钱（一）

1～5、7～15.A型（M56：11-1、M56：11-2、M56：11-3、M56：11-4、M56：11-5、M56：11-7、M56：11-8、M56：11-9、
M56：11-10、M56：11-11、M56：11-12、M56：11-13、M56：11-14、M56：11-15）　6.B型（M56：11-6）

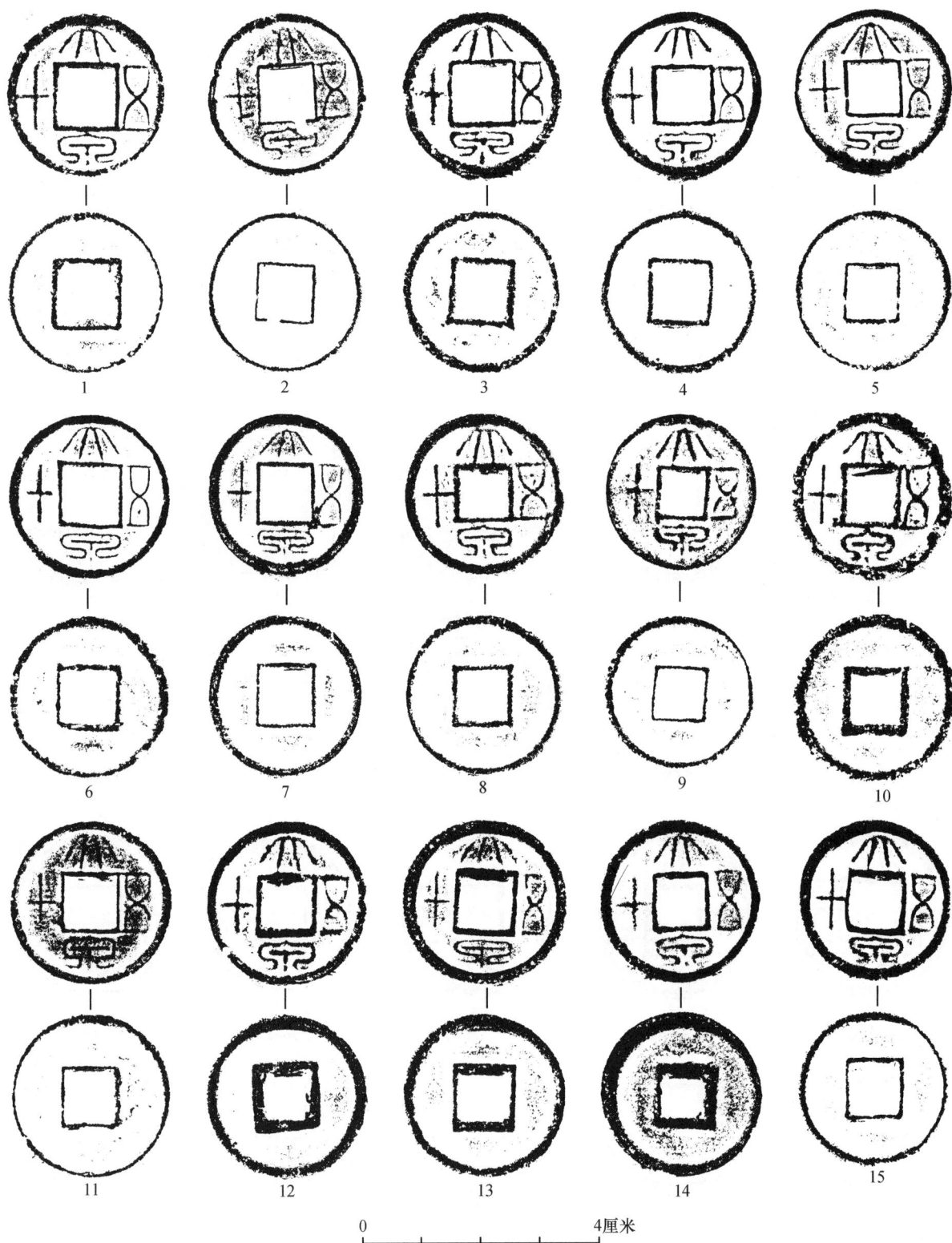

图一三六　11YLM56出土A型大泉五十铜钱（一）

1. M56：11-16　2. M56：11-17　3. M56：11-18　4. M56：11-19　5. M56：11-20　6. M56：11-21　7. M56：11-22
8. M56：11-23　9. M56：11-24　10. M56：11-25　11. M56：11-26　12. M56：11-27　13. M56：11-28　14. M56：11-29
15. M56：11-30

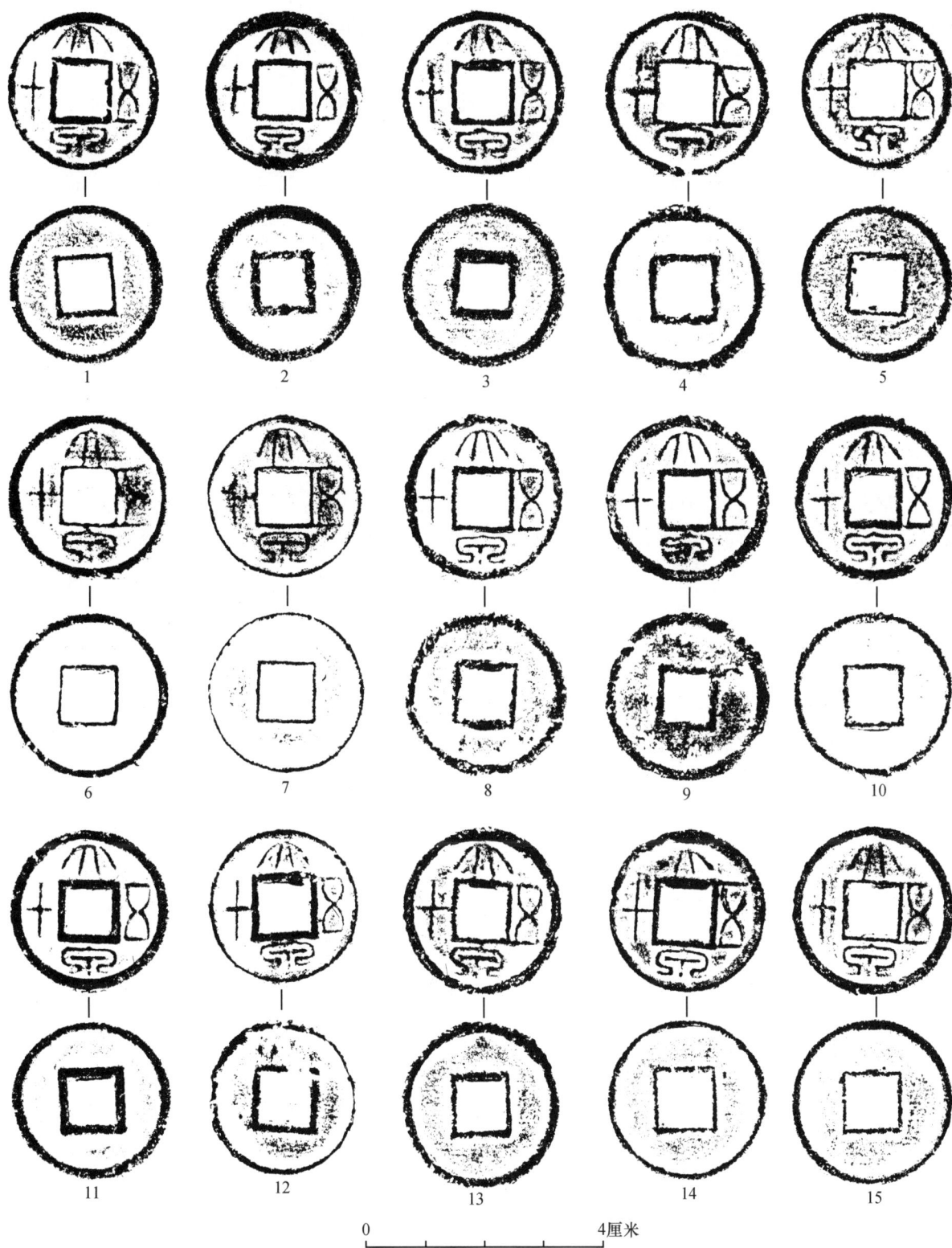

图一三七　11YLM56出土A型大泉五十铜钱（二）

1. M56：11-31　2. M56：11-32　3. M56：11-33　4. M56：11-34　5. M56：11-35　6. M56：11-36　7. M56：11-37

8. M56：11-38　9. M56：11-39　10. M56：11-40　11. M56：11-41　12. M56：11-42　13. M56：11-43　14. M56：11-44

15. M56：11-45

6.8克（图一三七，8）；M56：11-39，直径2.7、穿大0.8厘米，重5.6克（图一三七，9）；M56：11-40，钱文粗壮。直径2.7、穿大0.7厘米，重4.9克（图一三七，10）；M56：11-41，钱文粗壮。直径2.7、穿大0.8厘米，重5克（图一三七，11；图版四七，10）；M56：11-42，正面额轮。直径2.5、穿大0.8厘米，重3.6克（图一三七，12；图版四七，7）；M56：11-43，钱文粗壮。直径2.8、穿大0.8厘米，重5.3克（图一三七，13）；M56：11-44，正面额轮。直径2.7、穿大0.8厘米，重4.2克（图一三七，14）；M56：11-45，直径2.7、穿大0.8厘米，重4.8克（图一三七，15）；M56：11-46，直径2.7、穿大0.9厘米，重6克（图一三八，1）；M56：11-47，周郭局部略残。直径2.7、穿大0.9厘米，重3.5克（图一三八，2）；M56：11-48，正面额轮。直径2.7、穿大0.9厘米，重5.7克（图一三八，3；图版四七，11）；M56：11-49，钱肉有砂眼，正面额轮。直径2.7、穿大0.8厘米，重5克（图一三八，4）；M56：11-50，直径2.7、穿大0.8厘米，重5克（图一三八，5；图版四七，8）；M56：11-51，直径2.7、穿大0.7厘米，重5.3克（图一三八，6）；M56：11-52，钱肉局部残。直径2.6、穿大0.8厘米，重2.7克（图一三八，7）；M56：11-53，钱肉有砂眼，正面额轮。直径2.7、穿大0.8厘米，重3.9克（图一三八，8）；M56：11-54，钱肉有砂眼，钱文粗壮。直径2.7、穿大0.8厘米，重6.5克（图一三八，9）；M56：11-55，正面额轮，周郭局部有锉磨，钱文粗壮。直径2.7、穿大0.8厘米，重4.2克（图一三八，10；图版四七，12）；M56：11-56，正面额轮。直径2.7、穿大0.8厘米，重4.4克（图一三八，11）；M56：11-57，钱文粗壮。直径2.7、穿大0.7厘米，重4克（图一三八，12）；M56：11-58，钱文粗壮。直径2.7、穿大0.9厘米，重5.6克（图一三八，13）；M56：11-59，直径2.7、穿大0.8厘米，重4.1克（图一三八，14）；M56：11-60，正面额轮。直径2.6、穿大0.8厘米，重3.8克（图一三八，15）；M56：11-61，正面额轮，钱文粗壮。直径2.7、穿大0.8厘米，重4.1克（图一三九，1）；M56：11-62，直径2.7、穿大0.9厘米，重3.5克（图一三九，2）；M56：11-63，直径2.7、穿大0.7厘米，重3.8克（图一三九，3）；M56：11-64，直径2.7、穿大0.8厘米，重3.7克（图一三九，4）；M56：11-65，钱肉有砂眼，正面额轮。直径2.7、穿大0.8厘米，重4.2克（图一三九，5）；M56：11-66，钱肉有砂眼，钱文粗壮。直径2.7、穿大0.7厘米，重6.1克（图一三九，6）；M56：11-67，钱文粗壮，周郭局部有锉磨。直径2.7、穿大0.8厘米，重7.3克（图一三九，7）；M56：11-68，正面额轮。直径2.6、穿大0.8厘米，重3.9克（图一三九，8）；M56：11-69，钱文粗壮。直径2.7、穿大0.8厘米，重3.7克（图一三九，9）；M56：11-70，钱文粗壮，周郭略残。直径2.6、穿大0.8厘米，重3.8克（图一三九，10）；M56：11-71，钱肉有砂眼，正面额轮。直径2.6、穿大0.8厘米，重3.6克（图一三九，11）；M56：11-73，钱文粗壮。直径2.7、穿大0.8厘米，重3.7克（图一四〇，1）；M56：11-74，钱肉略残。直径2.8、穿大0.8厘米，重3.8克（图一四〇，2）；M56：11-75，钱文粗壮。直径2.8、穿大0.8厘米，重4.3克（图一四〇，3）；M56：11-76，钱文粗壮。直径2.7、穿大0.8厘米，重6.4克（图一四〇，4）；M56：11-77，钱文粗壮，周郭较低。直径2.8、穿大0.8厘米，重6.2克（图一四〇，5）。

B型　2枚，钱正面额轮，钱肉中间凸起，周边低，内郭略高出外郭；背面钱肉凹陷，周

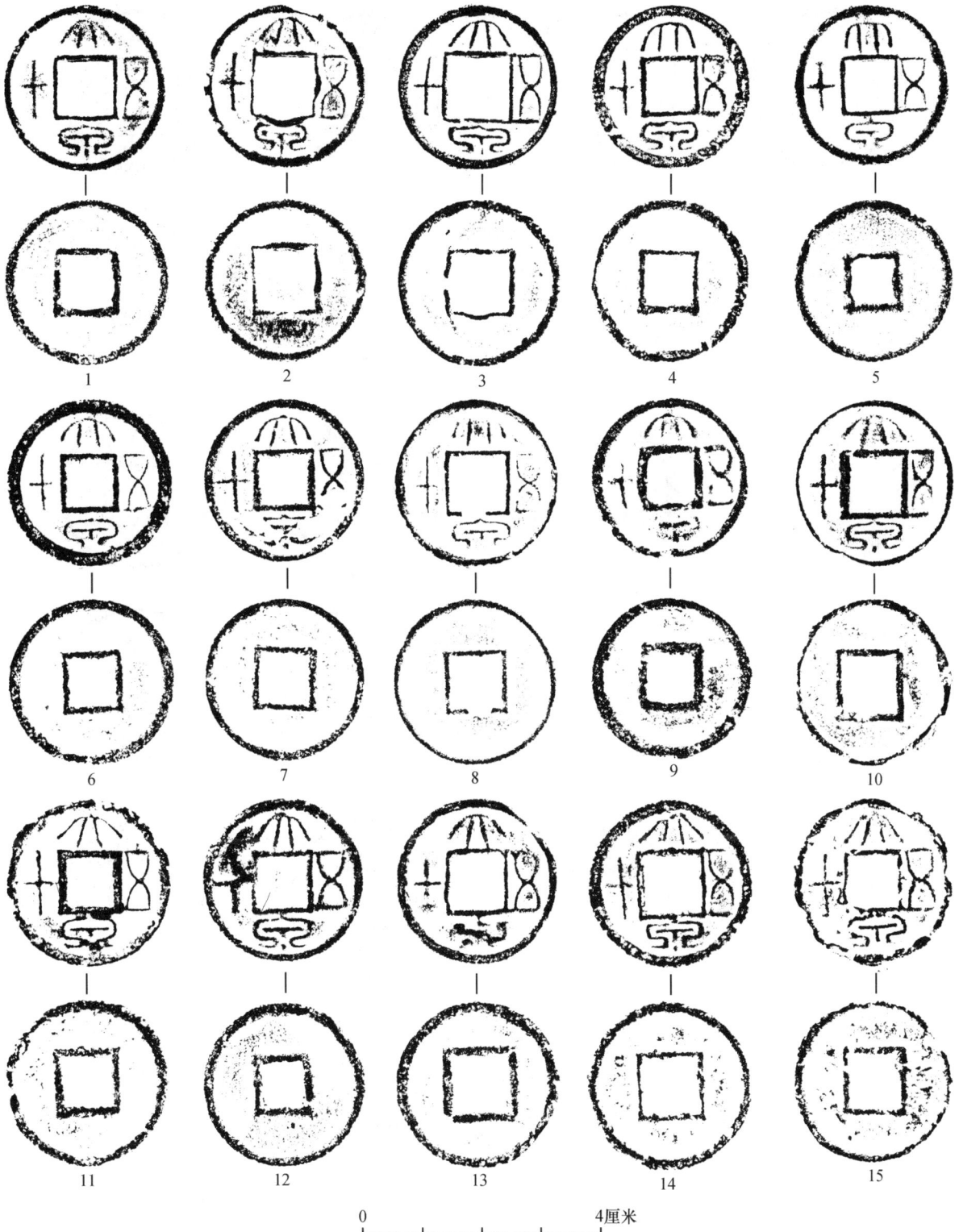

图一三八 11YLM56出土A型大泉五十铜钱（三）

1. M56：11-46 2. M56：11-47 3. M56：11-48 4. M56：11-49 5. M56：11-50 6. M56：11-51 7. M56：11-52

8. M56：11-53 9. M56：11-54 10. M56：11-55 11. M56：11-56 12. M56：11-57 13. M56：11-58 14. M56：11-59

15. M56：11-60

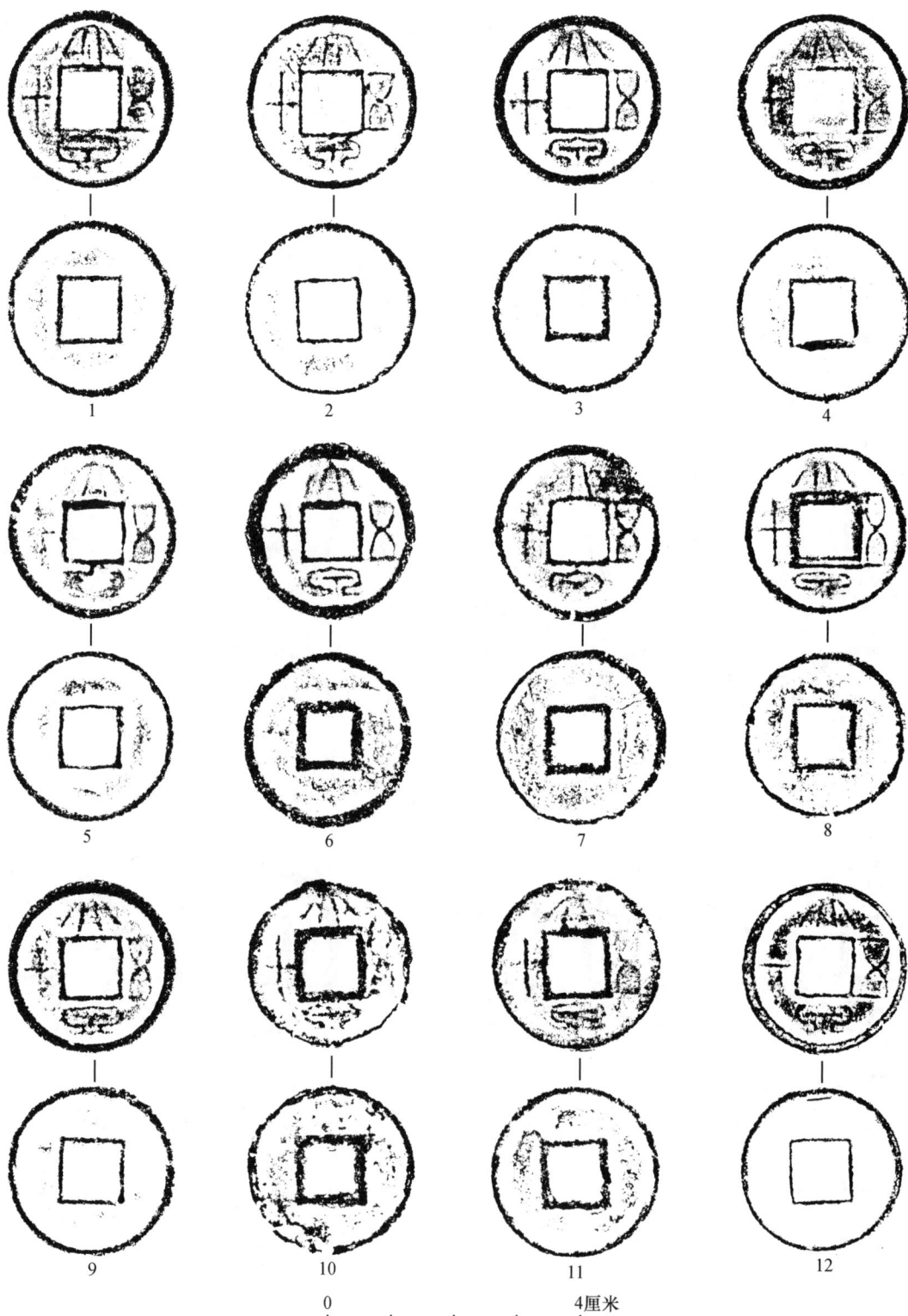

图一三九　11YLM56出土大泉五十铜钱（二）

1～11. A型（M56：11-61、M56：11-62、M56：11-63、M56：11-64、M56：11-65、M56：11-66、M56：11-67、M56：11-68、

M56：11-69、M56：11-70、M56：11-71）　12. B型（M56：11-72）

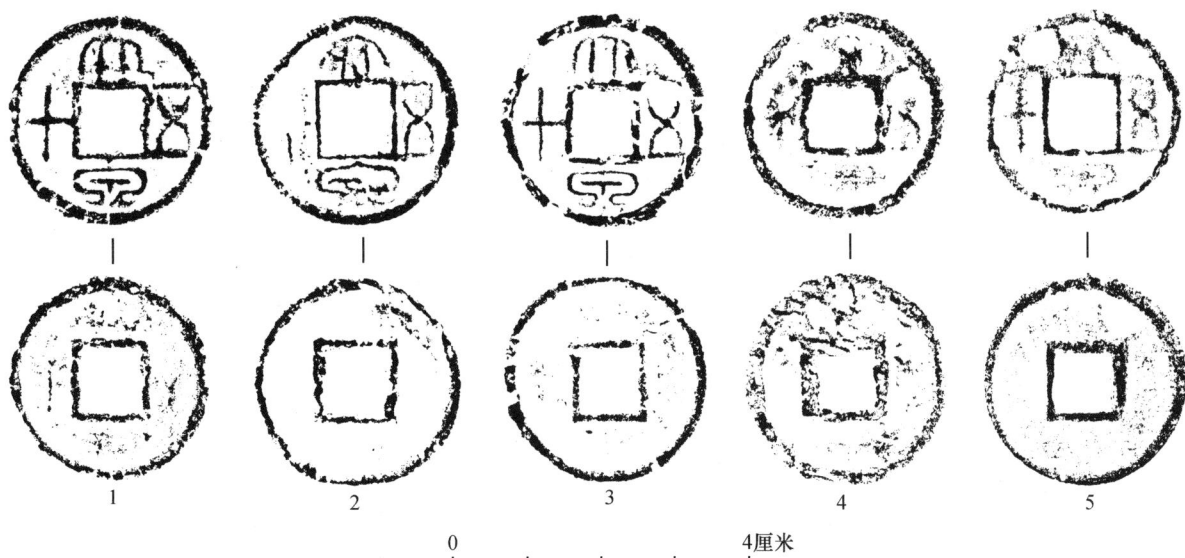

图一四〇 11YLM56出土A型大泉五十铜钱（四）
1. M56：11-73 2. M56：11-74 3. M56：11-75 4. M56：11-76 5. M56：11-77

郭深峻，肉、郭交接处圆弧，似冲压形成。M56：11-6，钱文笔划较粗壮。直径2.6、穿大0.7厘米，重5.4克（图一三五，6；图版四七，1）；M56：11-72，正面重轮，内外郭等平，钱文笔划较纤细。直径2.7、穿大0.8厘米，重3.9克（图一三九，12；图版四七，9）。

3）铁器

M56：9 铁釜。直口，平沿，溜肩，鼓腹，圜底。范铸。口径18、通高19.5厘米（图一三四，4）。

4）漆木器

M56：10 漆木器。保存甚差，朱红色漆皮，器形不辨。

第三章　宋金时期墓葬分述

宋金时期墓葬发现13座（图一四一），其中竖穴墓道土洞室墓3座（附表三），竖穴墓道砖室墓10座（附表四）。

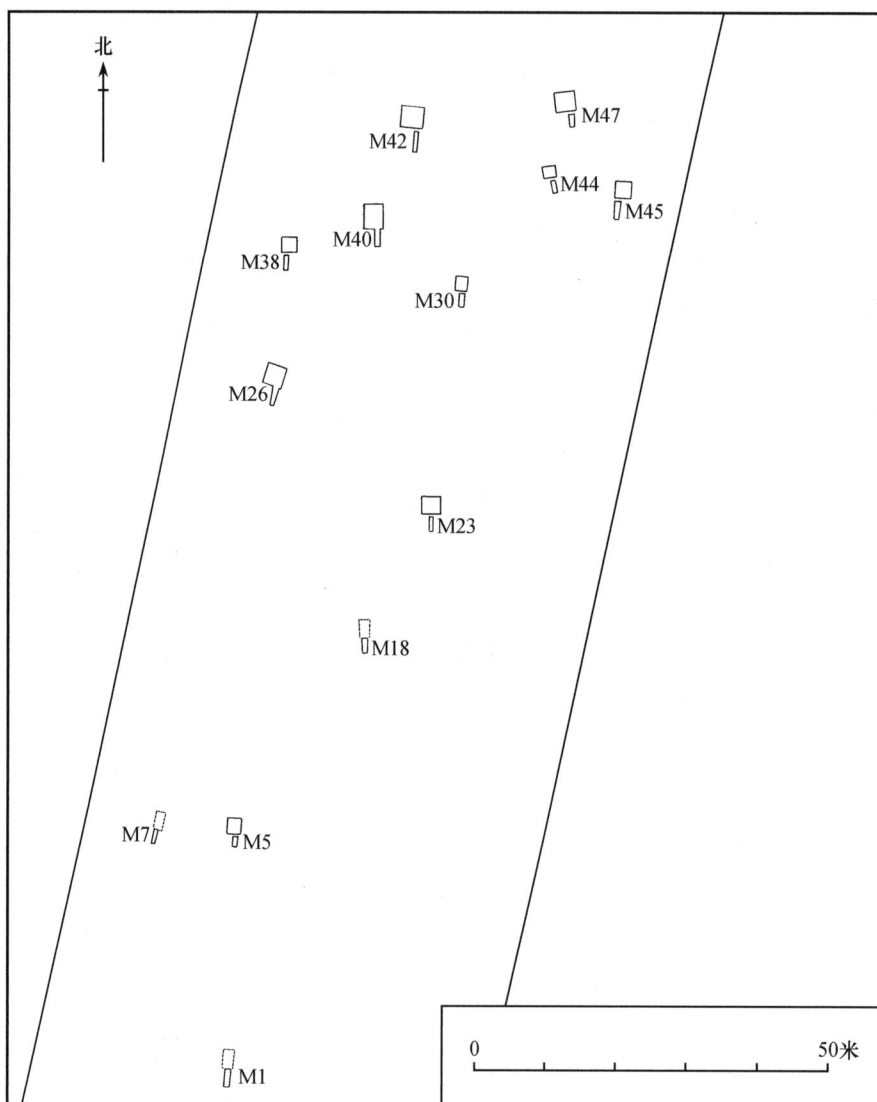

图一四一　老君沟墓地宋金时期墓葬分布图

第一节　土洞室墓

1. 11YLM1

（1）墓葬形制

由墓道和墓室组成（图一四二）。墓道偏墓室的东侧，整体略呈刀形。方向190°。

墓道　位于墓室南端，长条形、竖穴，北宽南窄。长170、宽48～60、底距现墓口210厘米。直壁，壁面粗糙。底部平整。墓道内填土为黄褐色花土，土质较硬。土坯封门，封堵方式呈甃砖的样式，间夹有平卧土坯。

墓室　平面呈抹角长方形，北宽南窄，东壁前端斜直，拱形顶。南北长165、东西宽110～133、高130厘米（图版四八，1）。底部中间有4块方砖。墓室内被淤土堆满。

（2）葬具葬式

该墓为二人合葬，人骨架漂浮散乱，分别置于墓室中部东西两侧。东侧人骨为男性，年龄30～35岁，头向北，面东，肢骨散乱。

西侧人骨为女性，25～30岁，头向北，面南，肢骨散乱。

均未发现葬具。

（3）随葬品

陶罐1（M1∶2）件；瓷罐1（M1∶1）件；铁器1（M1∶3）件。分别置于以下几处：

1号瓷罐置于墓室东侧中部，遭漂浮；2号陶罐置于墓室东侧近墓门处；3号铁器置于西侧墓主下肢骨下方。

1）陶器

M1∶2　侈口罐。内口径5.6、通高6.6、底径5厘米（图一四三，2；图版四八，2）。

2）瓷器

M1∶1　罐。淡黄色胎，略泛白色。内外壁施酱色釉，内壁施满釉，器表釉面至下腹近圈足，釉面有光泽。直口，小方唇，矮颈，圆鼓腹，圈足，颈、肩部对称贴附竖向耳系，器形较小。拉坯成形，足床较圆钝，有削刮痕迹。口径9.2、通高9.6、足径7厘米（图一四三，1；图版四八，3）。

3）铁器

M1∶3　铁器。铁锈红色。腐朽较甚，残成碎块，器形不可辨。

2. 11YLM7

（1）墓葬形制

由墓道和墓室组成（图一四四）。墓道偏墓室的西侧，整体呈刀形。方向190°。该墓被盗扰。

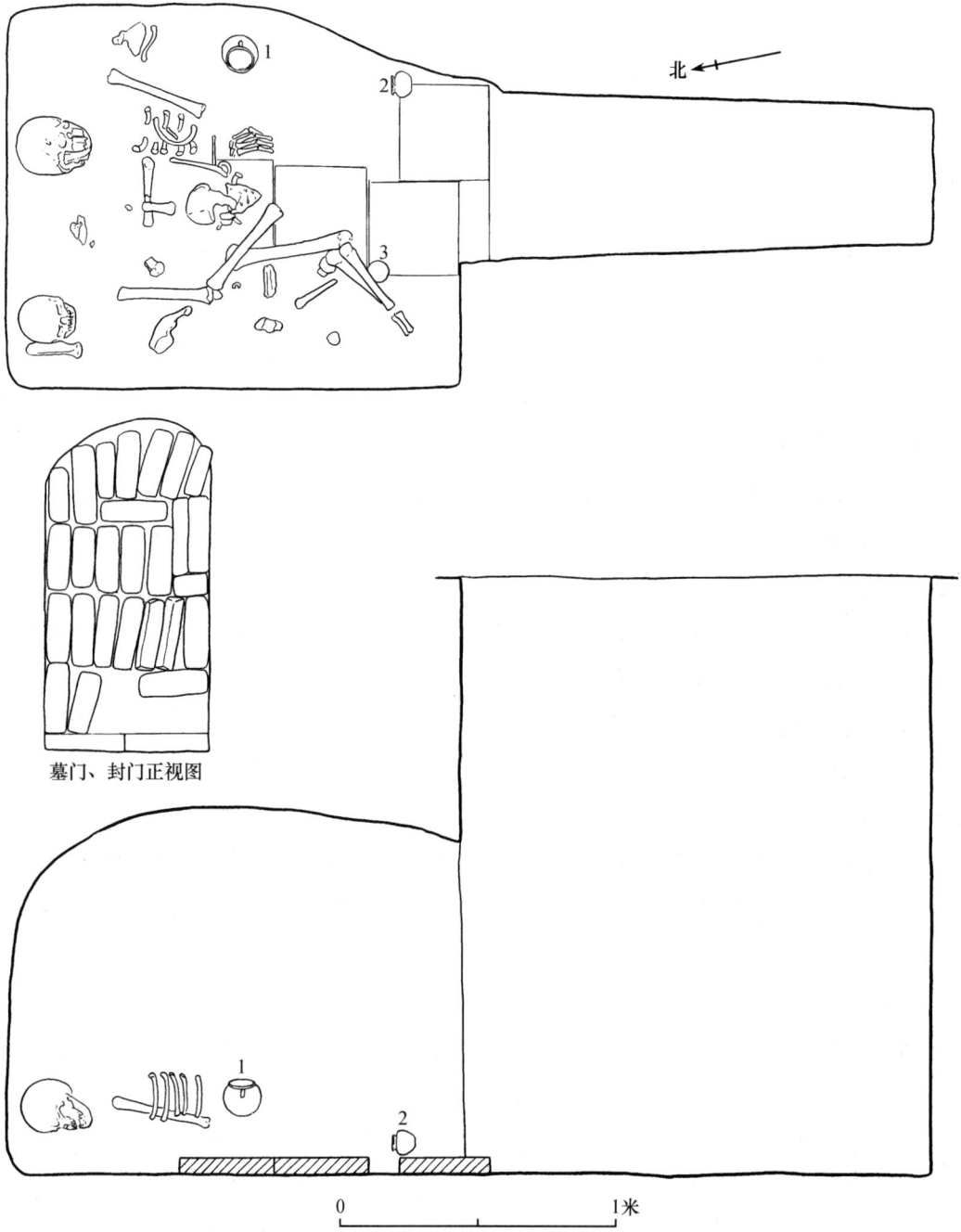

墓门、封门正视图

图一四二　11YLM1平面、剖视及墓门、封门正视图
1. 瓷罐　2. 陶罐　3. 铁器

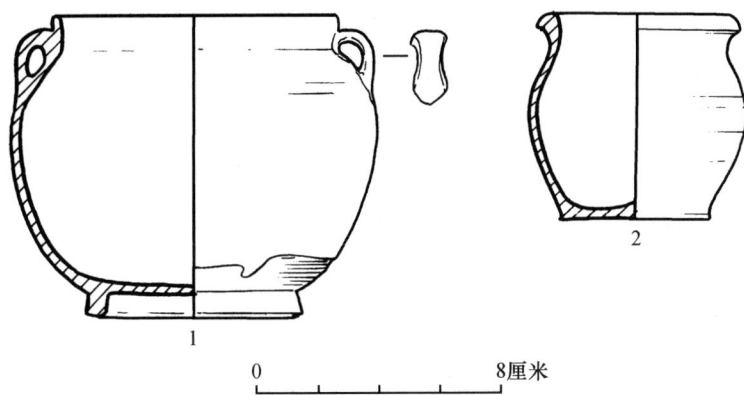

图一四三　11YLM1出土器物

1. 瓷罐（M1∶1）　2. 小陶罐（M1∶2）

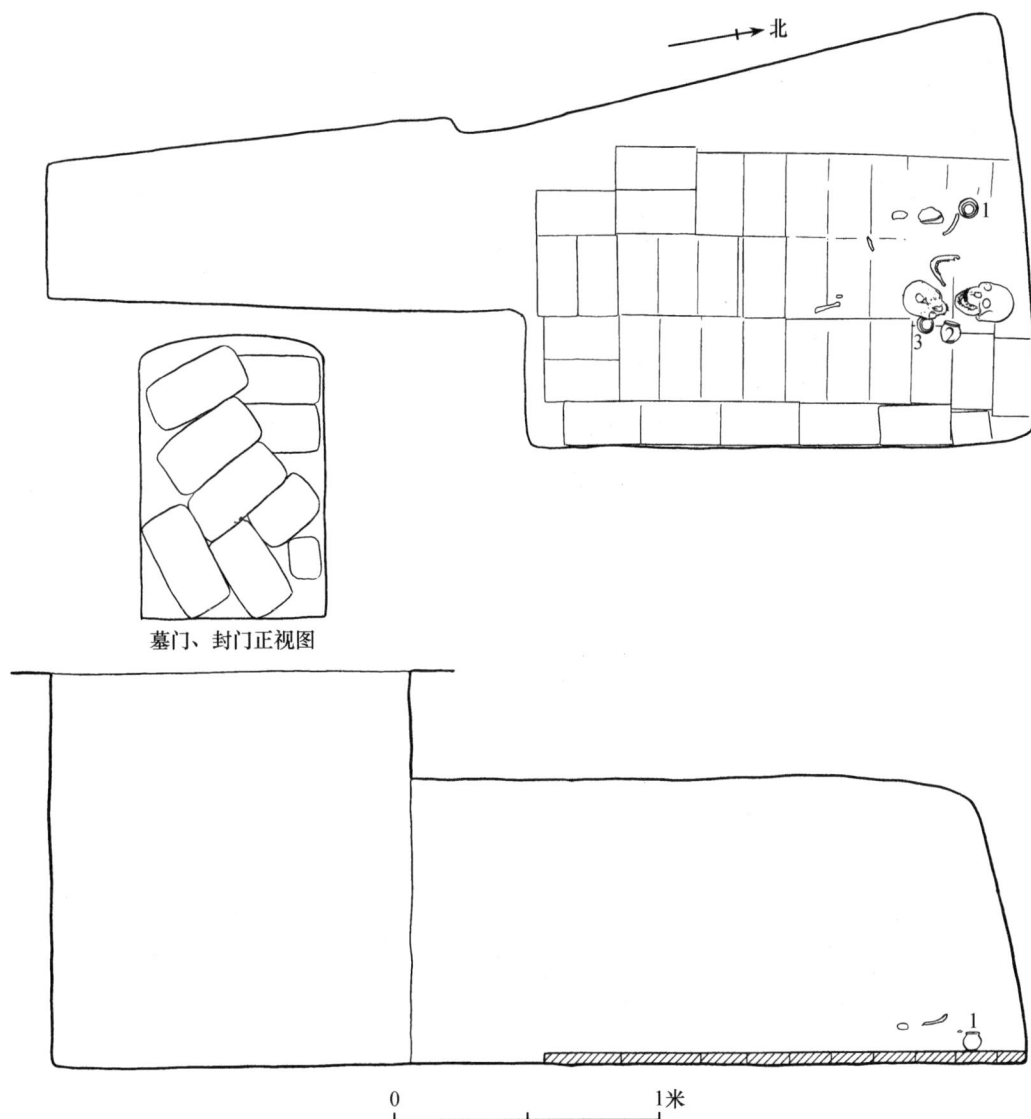

墓门、封门正视图

图一四四　11YLM7平面、剖视及墓门、封门正视图

1~3. 陶罐

墓道　位于墓室南端，长条形、竖穴，北宽南窄。长135、宽50～70、底距现墓口145厘米。直壁，壁面较整齐。底部平整。墓道内填土为黄褐色花土，土质较硬。土坯封门，封堵方式为倾斜45°干摆。

墓室　平面呈倒梯形，北宽南窄，西壁斜直，顶部略呈拱形。长192、宽120～150、高100厘米。底部平整，条砖墁地，基本为横排通缝平铺，西侧墁地砖被揭去。墓室内被淤土填满。

（2）葬具葬式

该墓为二人合葬，仅存头骨，均被置于墓室后端偏东侧，一北一南。北侧头骨为女性，年龄25岁左右。南侧头骨为男性，年龄35～45岁左右。

均未发现葬具。

（3）随葬品

陶罐3（M7：1～M7：3）件；均置于墓室底部墓主头骨周围。

陶器

M7：1　侈口罐。外口径6.2、通高6.6、底径4.2厘米（图一四五，1；图版五一，2）。

M7：2　侈口罐。外口径6.2、通高6.4、底径4厘米（图一四五，2；图版五一，1）。

M7：3　侈口罐。内口径5.2、通高6.2、底径4.2厘米（图一四五，3；图版五一，3）。

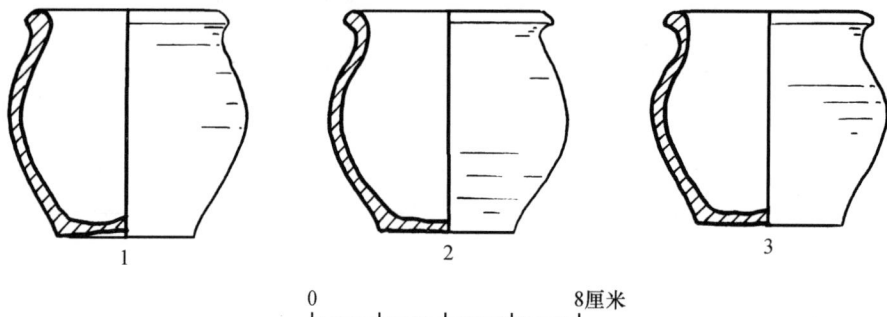

图一四五　11YLM7出土陶罐
1. M7：1　2. M7：2　3. M7：3

3. 11YLM18

（1）墓葬形制

由墓道、甬道、墓室组成（图一四六）。整体呈铲形。方向180°。

墓道　位于墓室南端，长方形、竖穴。长170、宽70、底距现墓口220厘米。直壁，壁面整齐，近南端东、西两壁各掏挖有3个脚窝，一壁一列，上下错位分布。底部平整。墓道内填土为黄褐色花土，土质较硬。

甬道　顶部呈梳背式拱形顶。高120、宽70、进深30厘米。封门情况不详。

墓室　平面呈抹角长方形，顶部呈梳背式拱形顶。长260、北宽160、南宽150、高120厘米。墓室西北沿墓壁有生土床，东侧和南端为夹道。生土床南北长210、东西宽110、比墓室底高40厘米。南壁略弧（图版四九，1）。墓室内被淤土充塞填满。

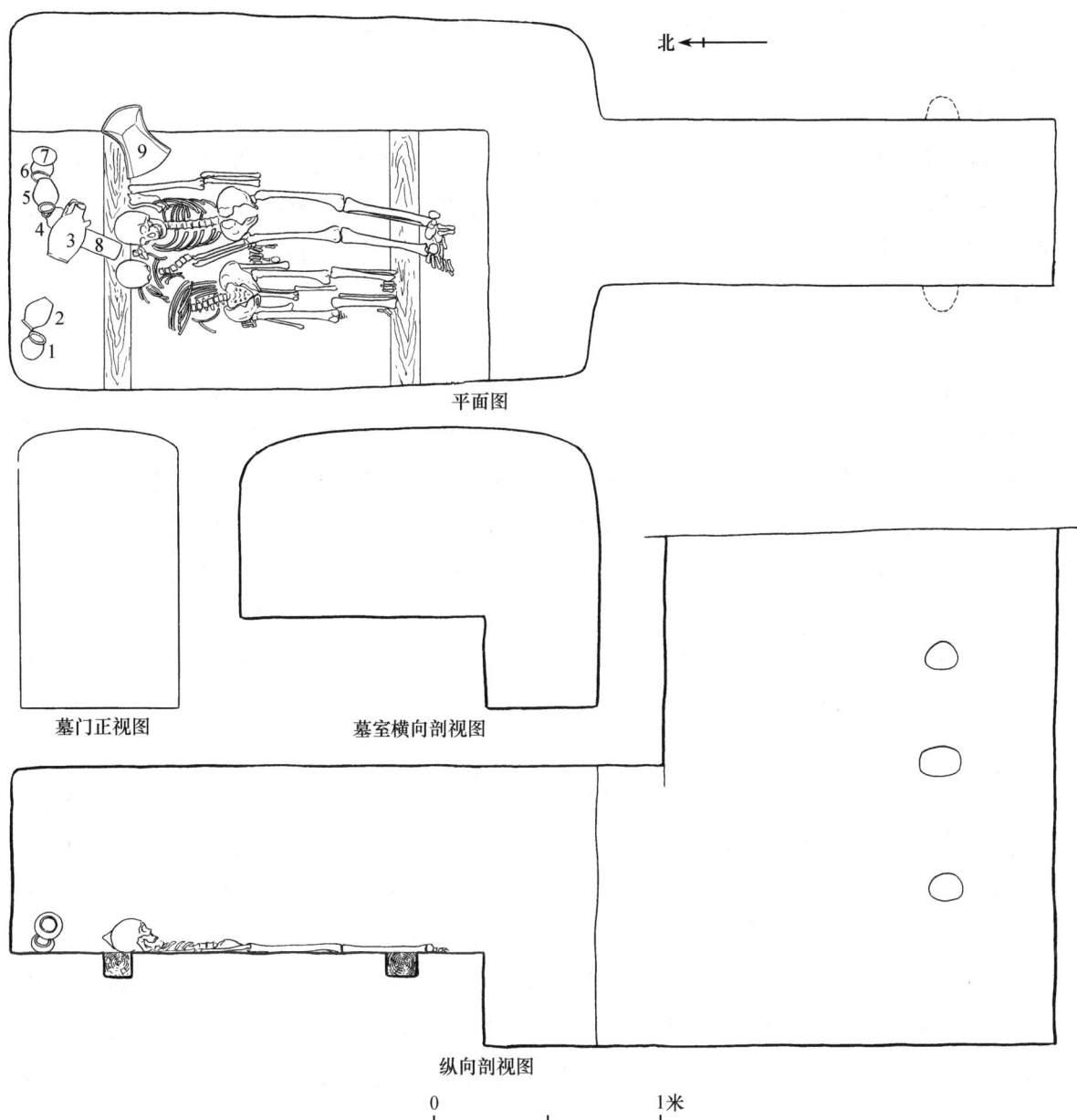

图一四六　11YLM18平面、剖视及墓门正视图

1、2、4~6.陶罐　3.执壶　7.瓷碗　8.铁器　9.陶砚

（2）葬具葬式

该墓为二人合葬，人骨均置于生土床上，一东一西南北向放置。

东侧人骨为男性，40岁左右，头向北，面上，仰身，上肢自然伸直，手置于身体两侧，下肢伸直。

西侧人骨为女性，年龄40岁左右，头向北，面南，仰身，肋骨散乱，肢骨叠放，可能为二次迁葬。

生土床上近南、北两端各有一根垫木，长条形，横截面呈长方体。长110、宽11、厚10厘米。垫木在生土床上掏槽安放，东西横向放置，垫木上搭木板，木板南北纵向放置，墓主尸骨置于木板上。

（3）随葬品

随葬品有陶器、瓷器和铁器（图版四九，2），陶器器类有陶罐5（M18：1、M18：2、M18：4～M18：6）、陶砚1（M18：9）件；瓷器器类有执壶1（M18：3）、瓷碗1（M18：7）件；铁器1（M18：8）件。9号陶砚置于东侧人骨左上肢旁；其余随葬品置于生土床北端，近北壁，东西向"一"字排列放置。

1）陶器

M18：1　卷沿罐。内口径8.4、通高11.1、底径6.3厘米（图一四七，1；图版五〇，5）。

M18：2　卷沿罐。内口径7.8、通高12.9、底径5.7厘米（图一四七，7；图版五〇，4）。

M18：4　卷沿罐。内口径8.1、通高10.8、底径6.3厘米（图一四七，6；图版五〇，3）。

M18：5　卷沿罐。内口径8.4、通高11.4、底径6.3厘米（图一四七，3；图版五〇，2）。

M18：6　卷沿罐。内口径8.7、通高11.1、底径5.7厘米（图一四七，2；图版五〇，1）。

M18：9　砚。泥质灰陶。形似簸箕，后面和两侧斜上折，口部两侧外撇，舌略弧，两侧内曲呈亚腰形，后边略圆弧，内底面中间有使用痕迹，底面前端置2个矩形锥足，足底有磨损。手制。长28.2、宽16.5～26.4、高6～6.3厘米（图一四七，9；图版五一，5）。

2）瓷器

M18：3　执壶。胎呈灰色。器表施黑釉不及圈足，有流釉现象，颈部内壁上部施黑釉，釉面色泽较光亮。口沿残，细高颈，溜肩，圆弧腹，圈足，足床宽厚平整，刮削痕迹明显，肩部正面有一短直流，与之对称的一侧颈、上腹部置索状把手，侧面颈肩处对称置一对竖向桥形系。拉坯成形。残高23.4、足径9.6厘米（图一四七，8；图版五一，6）。

M18：7　斜腹碗。胎呈乳白色，施黄褐色化妆土，化妆土不及足。内外壁施白釉，内满釉，外壁釉至下腹部，釉面色泽光亮。侈口，尖圆唇，斜收腹，腹身较浅，假圈足，底面内凹。拉坯成形，内底面有三个支烧痕。口径12.6、通高3.8、底径5.2厘米（图一四七，4；图版五〇，6）。

3）铁器

M18：8　铁器。铁锈色。残，腐朽较甚，圆角矩形，扁平，上下平直，两侧略弧。长22.4、宽7.8、厚0.2厘米（图一四七，5；图版五一，4）。

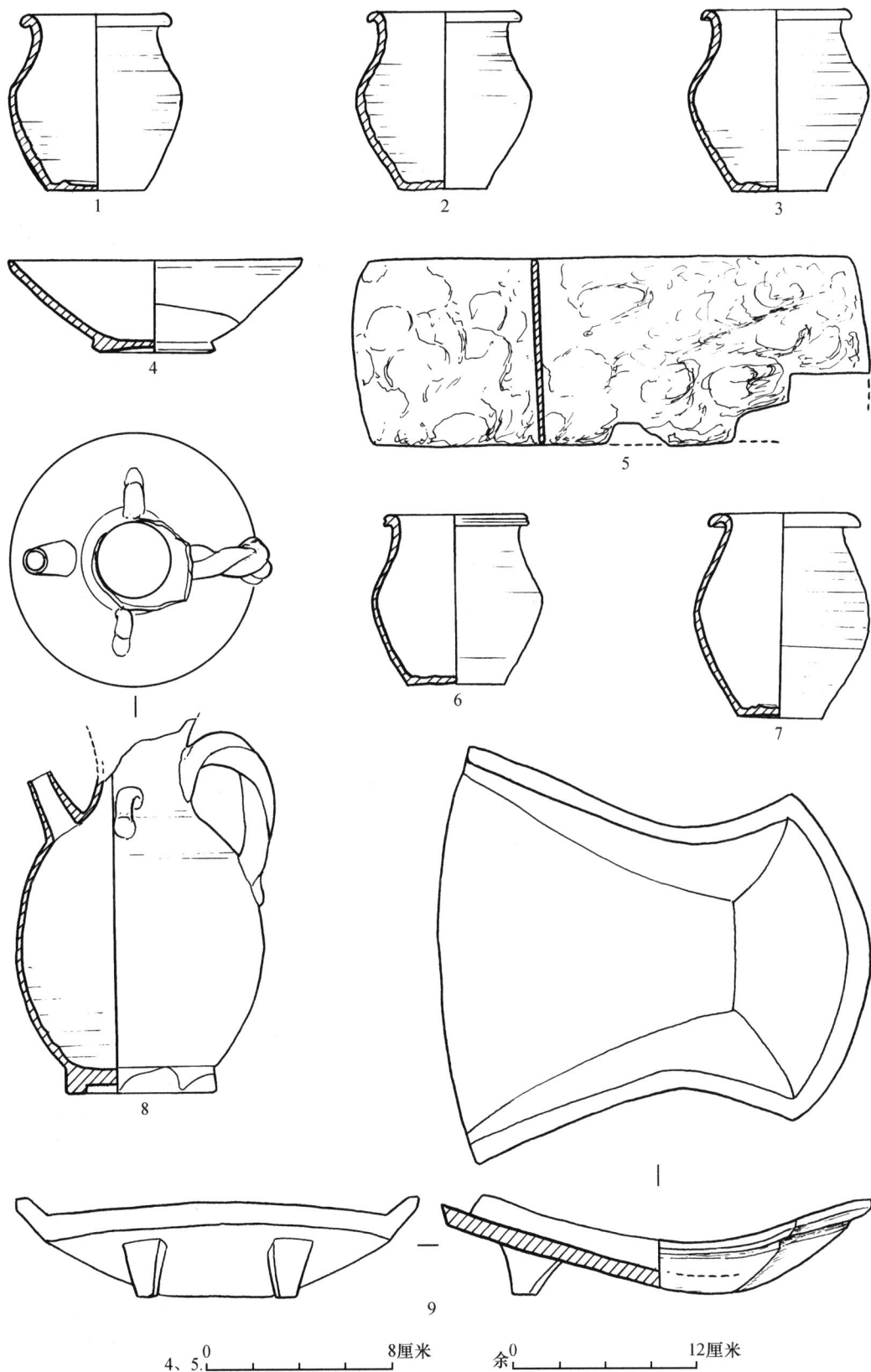

图一四七 11YLM18出土器物

1~3、6、7.罐（M18：1、M18：6、M18：5、M18：4、M18：2） 4.瓷碗（M18：7） 5.铁器（M18：8）

8.执壶（M18：3） 9.陶砚（M18：9）

第二节　砖　室　墓

1. 11YLM5

（1）墓葬形制

单室墓，由墓道、墓门、甬道和墓室组成（图一四八、图一四九）。墓道偏墓室的东侧，整体呈刀形。方向185°。

墓道　位于墓室南端，长条形、竖穴，北宽南窄。长150、宽60～70、底距现墓口200厘米。直壁，壁面整齐，南端东、西两壁各掏挖有3个脚窝，上下错位分布。底部平整。墓道内

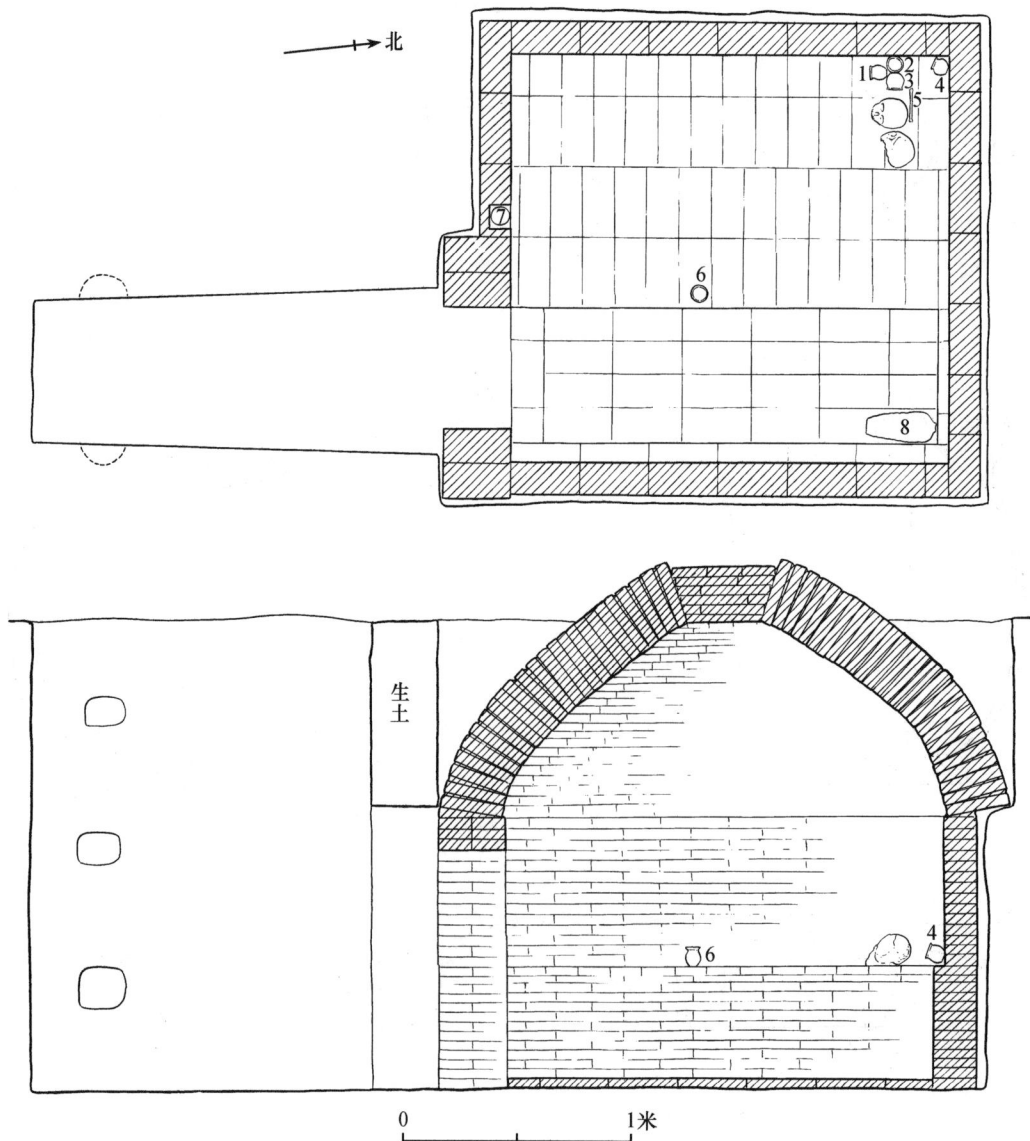

图一四八　11YLM5平面、剖视图

1～4、6.陶罐　5.银耳坠、银簪　7.瓷盏　8.瓷瓶

墓室顶部俯视图

墓门、封门正视图

北

墓室南壁正视图

0   1米

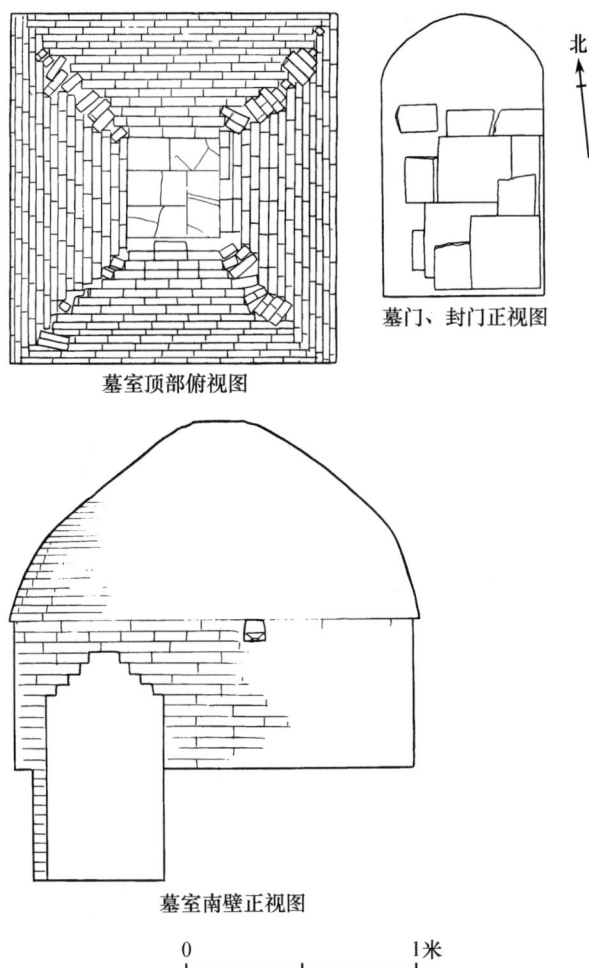

图一四九　11YLM5俯视、墓壁及墓门、封门正视图

填土为黄褐色花土，土质较软。

　　墓门　在相隔墓道和墓室的生土墙上掏挖，拱形顶。高120、宽70厘米。采用方砖和条砖封门，封堵方式为单砖平立，无规律。

　　甬道　两侧采用卧砖错缝平砌，顶部逐层叠涩成八字顶。宽51、高96、进深30厘米。

　　墓室　在竖穴土圹中以青砖砌筑。平面近方形，顶部为四角穹隆顶。南北长190、东西宽173、夹道底距墓顶194厘米（图版五二，1）。墓室西侧设有砖床，东侧为墓室夹道。砖床南北长190、东西宽108、高47厘米。东侧边缘与甬道西侧平齐，系生土基础；床面横排通缝、平铺条砖，侧面采用卧砖错缝平砌，砖缝为十字缝。夹道南北长185、东西宽65厘米，底部铺砖，直排通缝平铺。墓壁采用卧砖错缝平砌，缝隙间夹红泥，南壁中部近甬道处砌有一方形壁龛，距砖床53厘米高。

　　（2）葬具葬式

　　该墓为二人合葬，人骨保存较差，呈粉状，仅在砖床西北角存有2个头骨，一东一西，头均向北，东侧头骨为成年男性。

西侧头骨性别不详，年龄30～35岁。

未发现葬具。

（3）随葬品

陶罐5（M5：1～M5：4、M5：6）件；瓷盏1（M5：7）、瓷瓶1（M5：8）件；银耳坠1（M5：5-1）、银簪1（M5：5-2）件。分别置于以下几处：

1～4号小陶罐置于砖床西北角；6号小陶罐置于砖床东侧中间；7号瓷盏置于南壁壁龛内；8号瓷瓶置于夹道东北角；5-1号银耳坠置于西侧墓主头骨下；5-2号银簪置于西侧墓主头骨顶部。

1）陶器

M5：1　卷沿罐。内口径6.8、通高7.2、底径4.8厘米（图一五〇，3；图版五三，3）。

M5：2　侈口罐。内口径5.4、通高9.9、底径5厘米（图一五〇，4；图版五三，5）。

M5：3　卷沿罐。内口径6.8、通高5.6、底径4.8厘米（图一五〇，8；图版五三，4）。

M5：4　侈口罐。内口径6、通高6.8、底径5.4厘米（图一五〇，7；图版五三，6）。

M5：6　卷沿罐。内口径6、高6.4、底径4.6厘米（图一五〇，6；图版五三，1）。

2）瓷器

M5：7　盏。胎呈淡黄色，泛白色。内外壁施酱黄色釉，内壁施满釉，内底有涩圈，外壁釉至下腹部，有流釉现象，釉面光泽较差。敞口，圆唇，斜直壁，假圈足，底面内凹，个体较小。拉坯成形。口径10、通高3.2、底径3.4厘米（图一五〇，1；图版五三，2）。

M5：8　瓶。胎呈浅灰色。肩腹转折处至下腹近底处饰瓦棱纹，内外壁施黑釉，内壁施满釉，肩部釉面被刮去，成一涩圈，足床釉被刮去。小口，外斜沿，沿面较宽，尖唇，矮颈，广肩圆折，圆腹斜收，隐圈足，器体瘦高。拉坯成形。口径3、通高31.5、足径9厘米（图一五〇，2；图版五二，2）。

3）银器

M5：5-1　耳坠。保存完整。银质。造型为花朵图案。长1.8、宽1.4厘米（图一五〇，5；图版五二，3）。

M5：5-2　簪。残。银质。簪首为龙首造型，簪体分为两支，均为圆柱体。长16.8厘米（图一五〇，9；图版五二，4）。

2. 11YLM23

（1）墓葬形制

单室墓，由墓道、甬道和墓室组成（图一五一、图一五二；图版五四，1）。整体呈"甲"字形。方向180°。

墓道　位于墓室南端，长条形、竖穴。长220、宽50、底距现墓口415厘米。直壁，壁面整齐，拐角方正。底部较平整。墓道内填土为黄褐色花土，土质较硬。

甬道　在生土过洞中砖砌，东、西两侧顺砖错缝平砌，拱形顶。宽50、高115、进深82

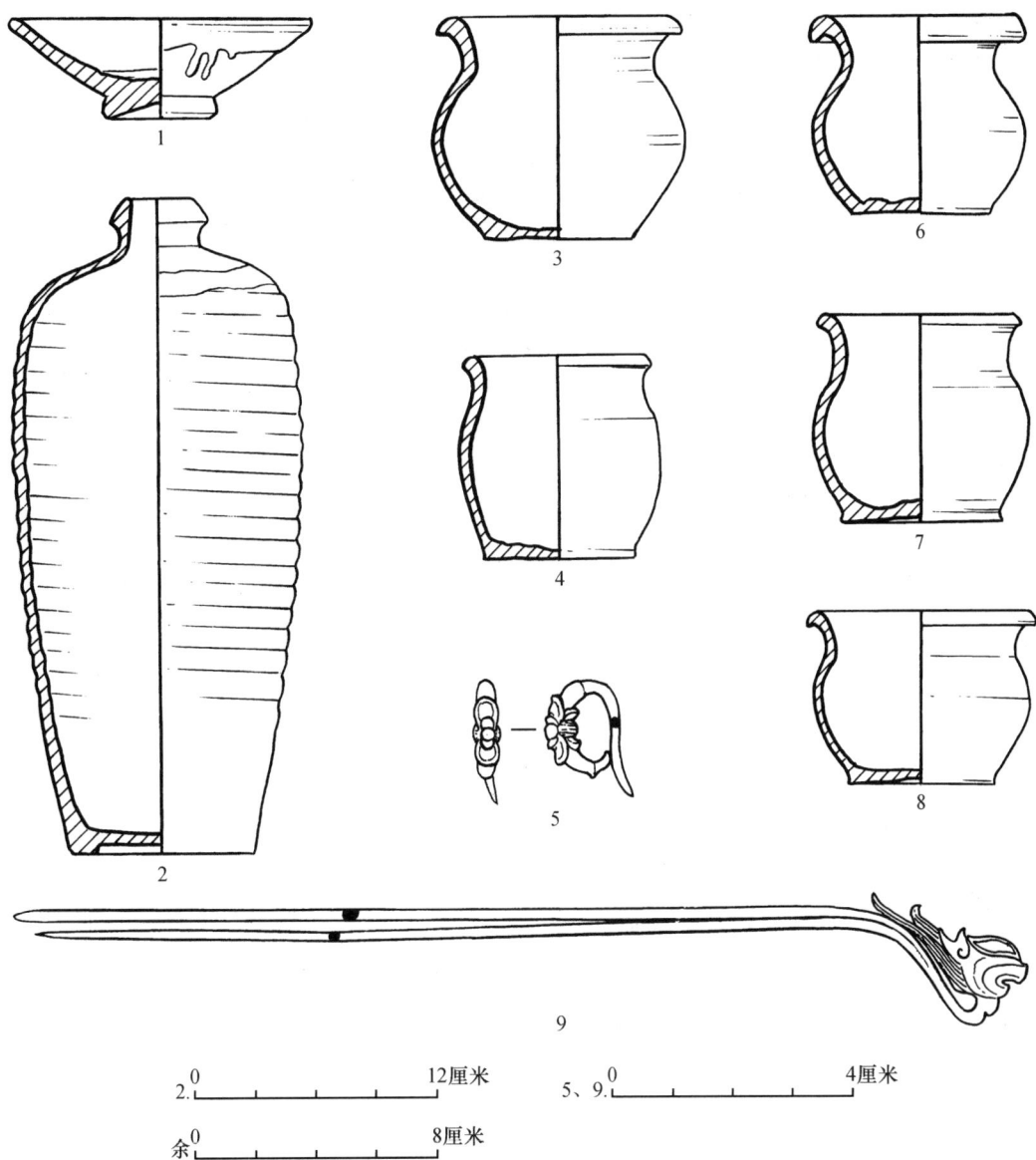

图一五〇　11YLM5出土器物

1. 瓷盏（M5∶7）　2. 瓷瓶（M5∶8）　3、4、6~8. 小陶罐（M5∶1、M5∶2、M5∶6、M5∶4、M5∶3）

5. 银耳坠（M5∶5-1）　9. 银簪（M5∶5-2）

厘米。青灰条砖封门，封堵方式为下面干摆五层甃砖，再置三层卧砖至墓门顶部。

　　墓室　在竖穴土圹中砖砌。平面近方形，八角穹隆顶。南北长198、东西宽176、夹道底至墓顶300厘米（图版五四，2）。室内砌砖床，高45厘米，南部中间留夹道与墓室甬道连通，平面呈倒"凹"字形，砖床以生土为基础，床面以条砖墁地，铺法不详。夹道立面即砖床侧面砌做须弥座形式。墓室四壁下部砌做须弥座，中部有装饰，上部顺砖错缝平砌，砖缝为"十"字缝。墓室在四角向内逐渐叠涩7层，其上砌筑牙砖1层，墓顶内收成八角穹隆顶。整个墓室壁面涂抹有一层白灰。清理时墓室内淤土近半。

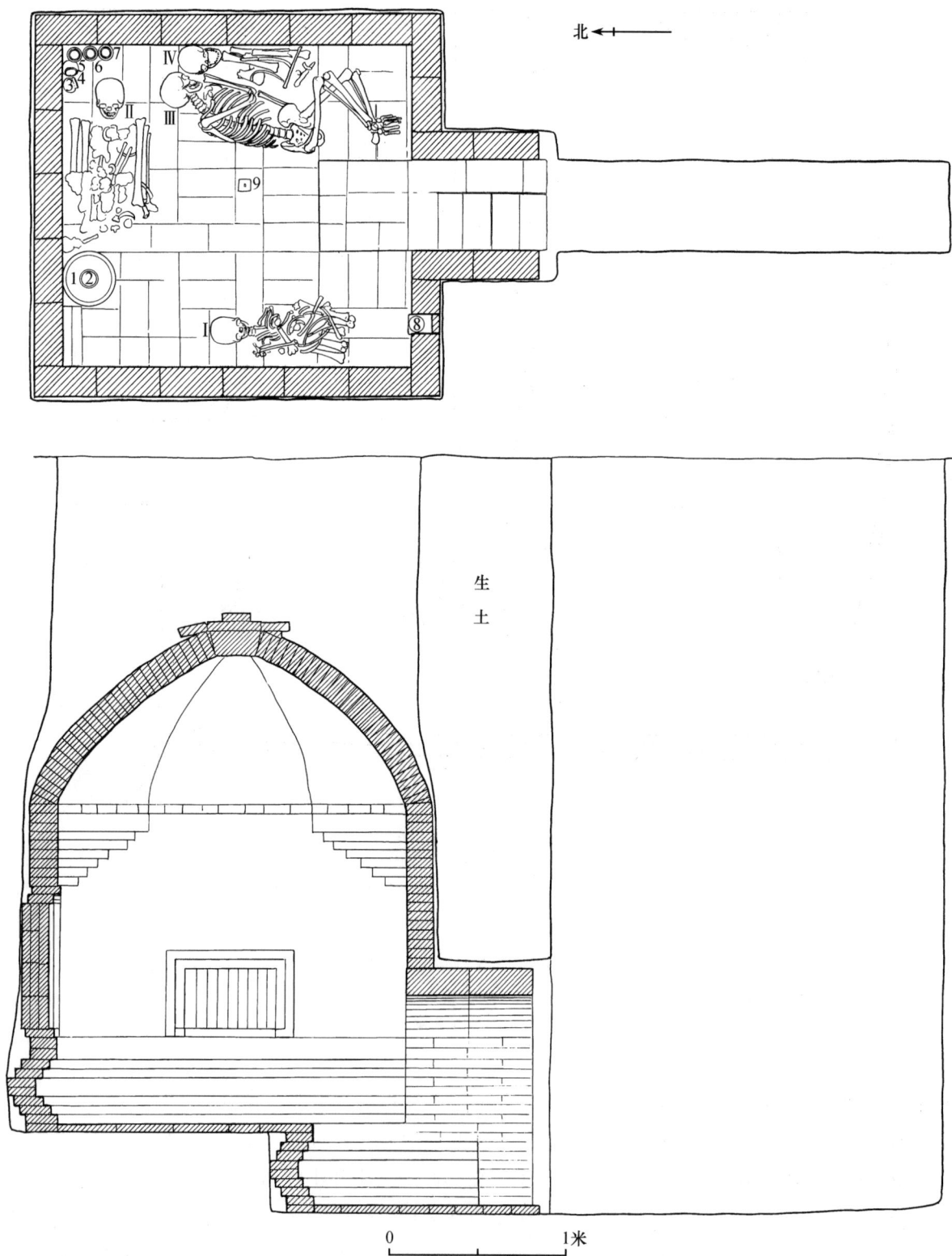

图一五一　11YLM23平面、剖视图

1.瓷瓮　2.瓷碗　3～7.陶罐　8.瓷盏　9.铜镜

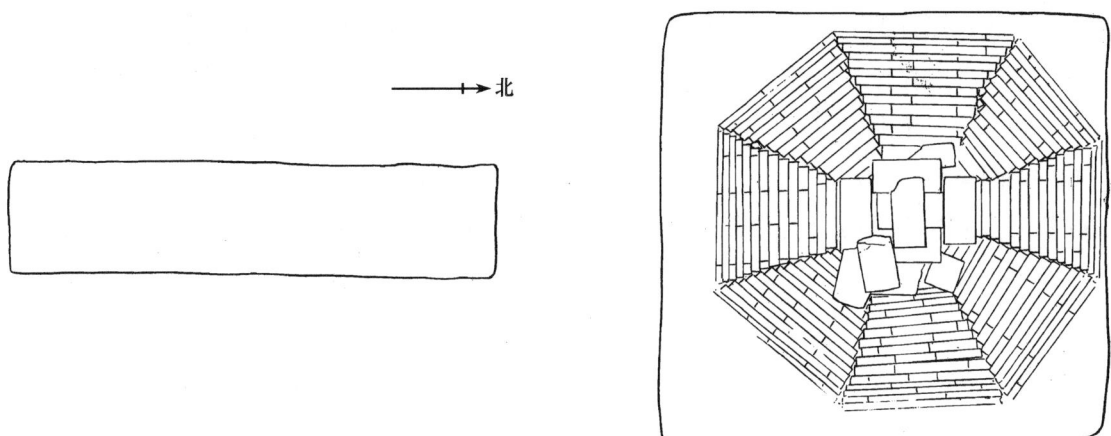

墓道、墓室顶俯视图

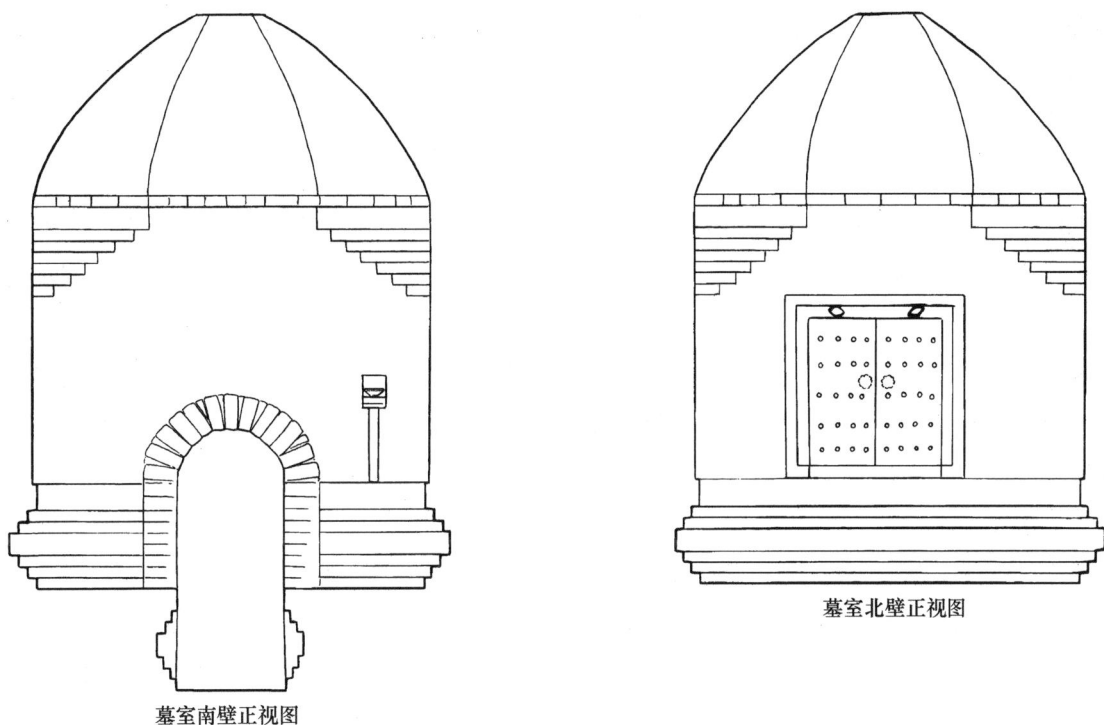

墓室南壁正视图

墓室北壁正视图

0　　　　　　　　1米

图一五二　11YLM23俯视及墓壁正视图

墓壁装饰

北壁　中部砌板门一合，其构造由门砧、立颊、槫柱、门额、上额、门簪、门槛组成，门额上雕菱形门簪两枚。板门施以白底，其上通刷红彩，并以黑彩饰画门钉四排，每排八个，第二排门钉下以黑彩画铺首两个，左右各一。门簪立面施黑彩。

东壁　中部砌做直棂窗一堂，其构造由窗额、槫柱、立颊、上串、下串、棂条组成，棂条四根，断面为长方形。整窗以白色为底，棂条施红彩，其余部件施黑彩。

南壁　甬道西侧砌出长檠灯，由灯障、灯台、檠干、檠座组成。灯障系在墓壁上做长方形壁龛，龛内放置瓷灯盏，龛下砌一出头的丁砖作为灯台，檠座为砖雕简易云形。

西壁　中部砌做破子棂窗一堂，其构造由窗额、槫柱、立颊、上串、下串、棂条组成，棂条七根，断面为三角形。整窗以白色为底，棂条施红彩，其余部件施黑彩。

（2）葬具葬式

该墓为多人合葬，砖床上共有4具人骨，其中北壁和西壁下各一人，东壁下两人。

西壁下人骨（Ⅰ），女性，30～35岁，头向北，面南，肢骨和其他骨架叠放一起，系二次葬。

北壁下人骨（Ⅱ），男性，35岁左右，头向东，面西，肢骨和其他骨架叠放一起，系二次葬。

东壁下左一人骨（Ⅲ），疑似男性，成年，头向北，面东，侧身，上肢弯屈较甚，双手置于面前，下肢弯屈，股骨与胫骨夹角45°左右。

东壁下右一人骨（Ⅳ），女性，40岁左右，头向北，面南，骨架叠放一起，系二次葬。

均无葬具。

（3）随葬品

随葬品有陶器、瓷器、铜器（图版五五，1），器类有陶罐5（M23：3～M23：7）件；瓷瓮1（M23：1）、瓷碗1（M23：2）、瓷盏1（M23：8）件；铜镜1（M23：9）。分别置于以下几处：

9号铜镜置于墓室中间，其原本位置悬于墓室顶部；1号瓷瓮置于墓室西北部，Ⅱ号人骨之足端；2号瓷碗置于1号瓷瓮内；3～7号陶罐置于墓室东北角，Ⅱ号人骨头顶部；8号瓷盏置于墓室南壁西侧壁龛内。

1）陶器

M23：3　侈口罐。内口径4.6、通高6.2、底径4.6厘米（图一五三，2；图版五六，4）。

M23：4　侈口罐。外口径5.6、通高6.2、底径4.3厘米（图一五三，3；图版五六，3）。

M23：5　侈口罐。外口径5.6、通高6、底径4.6厘米（图一五三，4；图版五六，2）。

M23：6　侈口罐。外口径5.6、通高5.8、底径4厘米（图一五三，5；图版五六，1）。

M23：7　侈口罐。外口径5.8、通高6.2、底径5厘米（图一五三，1；图版五六，6）。

2）瓷器

M23：1　瓮。胎呈白色，略泛黄色，胎质较粗糙。下腹近底处有瓦棱纹，内外壁施黄褐色釉，口沿无釉，外壁釉面色泽较光亮。直口，折沿，沿面较宽外斜，厚圆唇，束颈，上腹圆鼓，下腹略弧内收，平底，底面略内凹，器体较大。手制成形，慢轮修整。内口径26.4、通高27.3、底径17.1厘米（图一五三，9；图版五五，2）。

M23：2　碗。胎呈白色。内外壁施酱黄色釉，内满釉，内底有涩圈，外壁釉面至下腹部，釉面色泽较光亮。侈口略外撇，圆唇，弧腹斜内收，腹较深，圈足略外撇，足面有凸棱一周，足床平整，内底面下凹，个体较大，下腹近圈足胎上墨书"杨润山"。拉坯成形，下腹修刮痕迹明显。口径19.2、通高7.8、足径6.9厘米（图一五三，7；图版五六，5）。

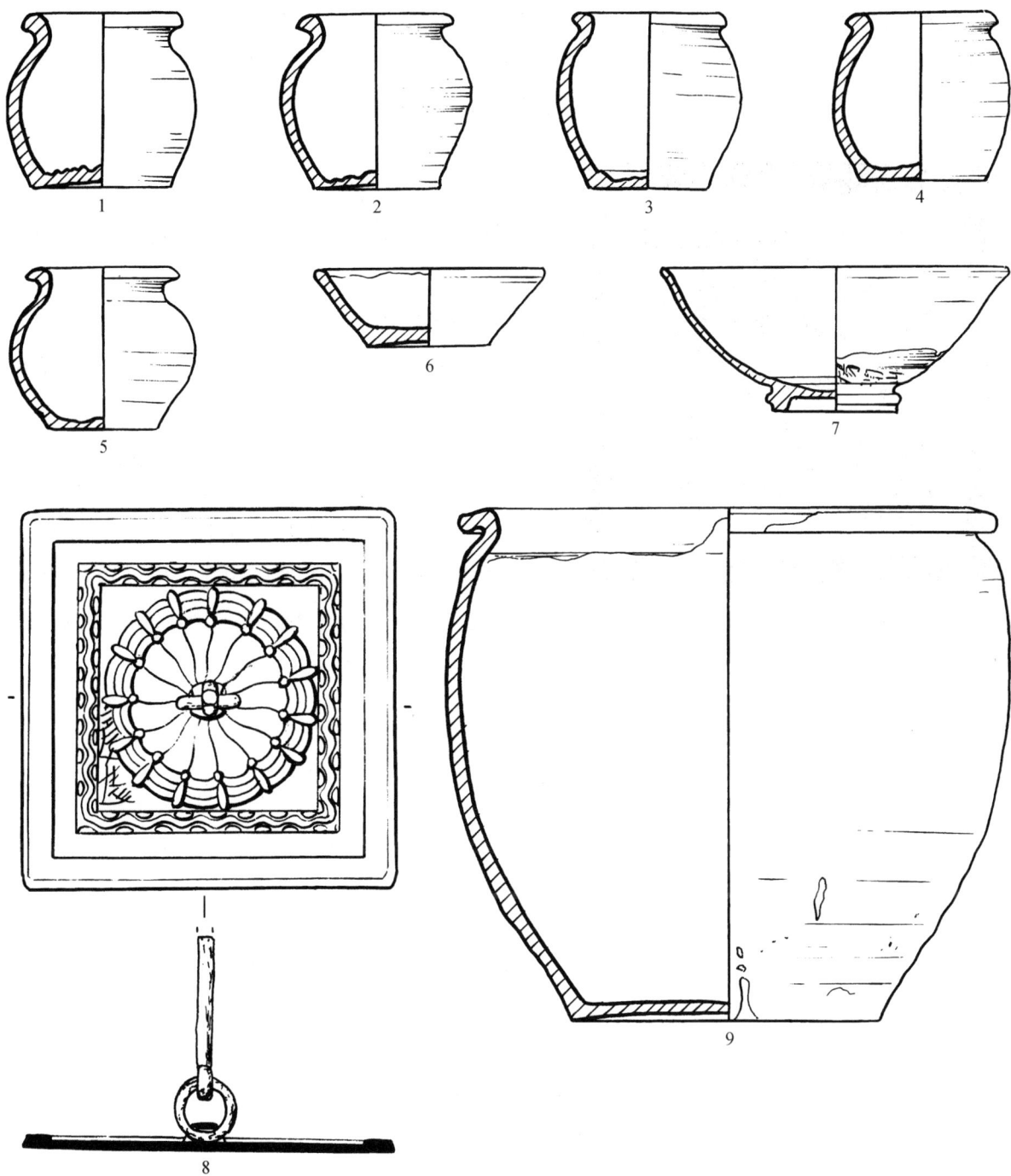

图一五三　11YLM23出土器物

1~5.陶罐（M23：7、M23：3、M23：4、M23：5、M23：6）　6.瓷盏（M23：8）　7.瓷碗（M23：2）　8.铜镜（M23：9）

9.瓷瓮（M23：1）

M23：8　盏。胎呈白色，局部泛黄色，胎质较粗糙。内壁施酱黄色满釉，有光泽，唇部及外壁无釉。敞口，圆唇，斜收腹，平底，底面略内凹，个体较小。拉坯成形，底面有螺旋纹。口径8.4、通高2.8、底径4.4厘米（图一五三，6；图版五五，3）。

图一五四　11YLM23出土铜镜（M23：9）纹饰拓本

3）铜器

M23：9　镜。方形，正面平整；背面周边有断面呈梯形的镜缘。镜纽为半圆形带穿，穿内有一圆形铁环，以镜纽为中心向外发散出15道长约1厘米的"S"形线条，线条端头铸圆点和棒槌形装饰，圆点和棒槌形装饰间以弧形线条相连，形成一道形似蜻蜓组成的圆形纹饰。环形纹饰与镜缘间铸有方形周圈的水波纹纹饰。另在方形纹饰一角，与圆形纹饰间有錾刻的"官匠"二字。环上仍保留一截铁质镜撑，镜撑一端呈环状与镜纽穿内铁环相连。镜体边长6.8、镜厚0.2、镜缘高0.3厘米（图一五三，8；图一五四；图版五五，4）。

3. 11YLM26

（1）墓葬形制

单室墓，由墓道、甬道和墓室组成（图一五五）。墓道偏墓室的东侧，整体呈刀形。方向196°。该墓被盗扰，墓道、墓室上部被施工破坏。

墓道　位于墓室南端，长条形、竖穴，北宽南窄。长266、宽65～80、残高90厘米。直壁，壁面较整齐。底部平整。墓道内填土为黄褐色花土，土质较软。封门位于墓道北端，由两层青砖构成，均为斜向干摆条砖，外边残存两层砖，高37厘米，内层封门残存一层砖，高20厘米。

甬道　宽80、残高90厘米，进深不明。

墓室　在竖穴土圹内砖砌。平面呈方形，顶部破坏，不详。边长232、残高65厘米。墓室沿墓道宽度做夹道，余为砖床，砖床以生土为床基，床面铺砌一层条砖，铺筑方式为横直相间，侧面砌作须弥座。夹道底部铺砖，铺筑方式为一丁一顺。

（2）葬具葬式

该墓无存葬具和人骨。

（3）随葬品

该墓无随葬品。

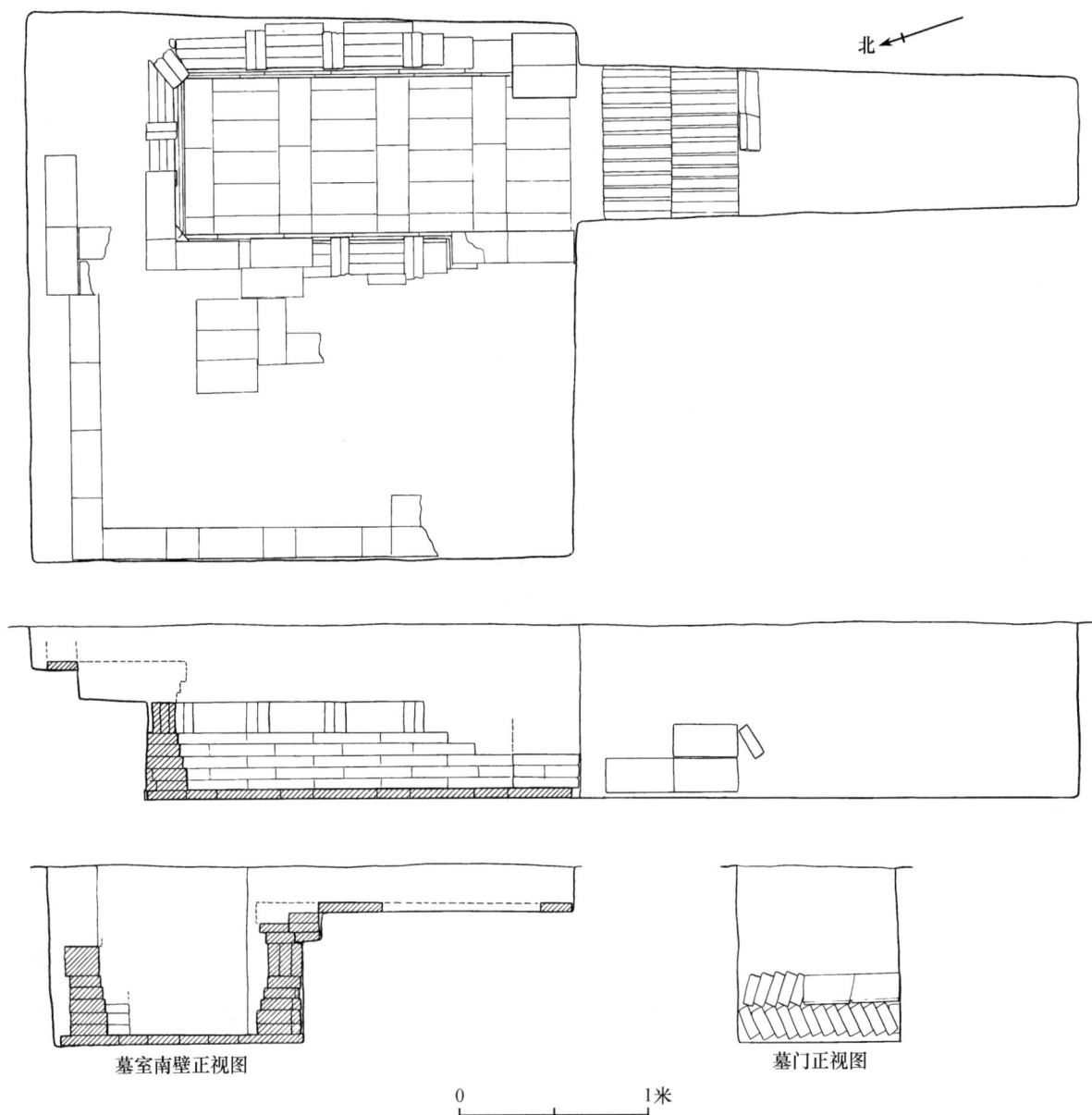

墓室南壁正视图　　　　　　　　　　　墓门正视图

0　　　　　　1米

图一五五　11YLM26平面、剖视及墓门、墓壁正视图

4. 11YLM30

单室墓，由墓道、墓门、甬道和墓室组成（图一五六、图一五七）。墓道偏墓室的东侧，整体呈刀形。方向190°。墓室顶部被施工破坏。

墓道　位于墓室南端，长方形、竖穴，北宽南窄。长195、宽54~60、底距现墓口196厘米。直壁，壁面整齐。底部平整。墓道内填土为黄褐色花土，土质较硬。

墓门　在相隔墓道和墓室的生土墙上掏挖，拱形顶。高132、宽56厘米，用青灰条砖封门，封堵方式为下面干摆6层甃砖，左侧以卧、立条砖塞边，甃砖上部再置4层卧砖至墓门顶。

甬道　在生土过洞中砖砌，单层砖券拱形顶。宽47、高114、进深47厘米。底与墓道底平

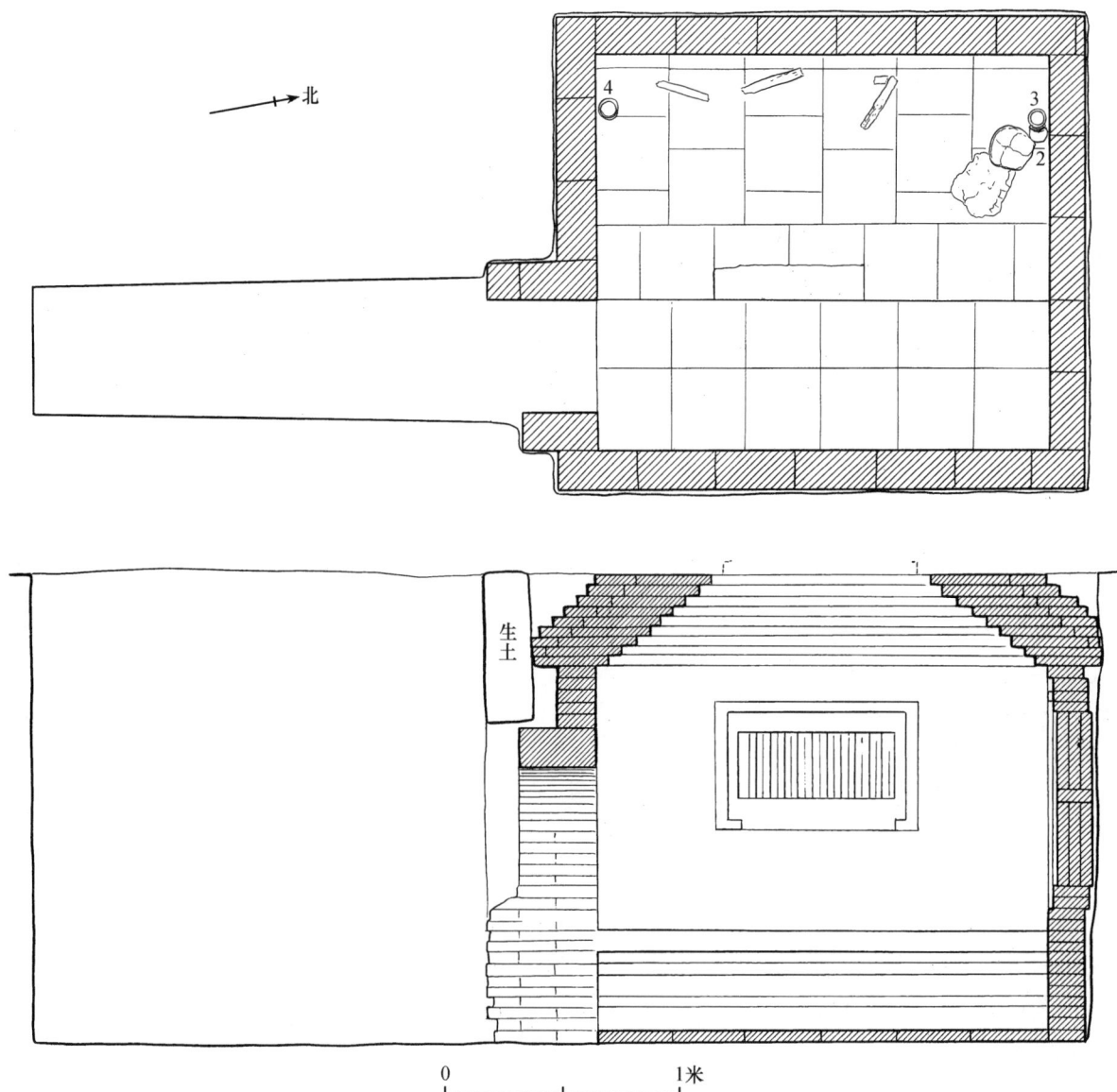

图一五六　11YLM30平面、剖视图
2～4.陶罐

齐，两侧顺砖错缝平砌。

墓室　在竖穴土圹中砖砌。平面呈长方形，顶部为四角叠涩穹隆顶。南北长192、东西宽164、残高185厘米（图版五七，1）。室内西侧砌砖床，砖床东侧与甬道西壁齐，东侧形成夹道。砖床南北长192、东西宽102、高40厘米。以生土为基础，床面铺方砖一层，侧面砌做须弥座形式。夹道与甬道相连，底部铺方砖，比甬道底高5厘米。四壁顺砖错缝平砌，缝隙间夹黄泥。

（1）墓壁装饰

北壁　中部砌做板门一合，其构造由门砧、门槛、立颊、门额、上额、门簪、门扇组成，门扇紧闭，门额上雕菱形门簪两枚，左右各一。板门右侧上方砌方形壁龛，龛内放置瓷碗。

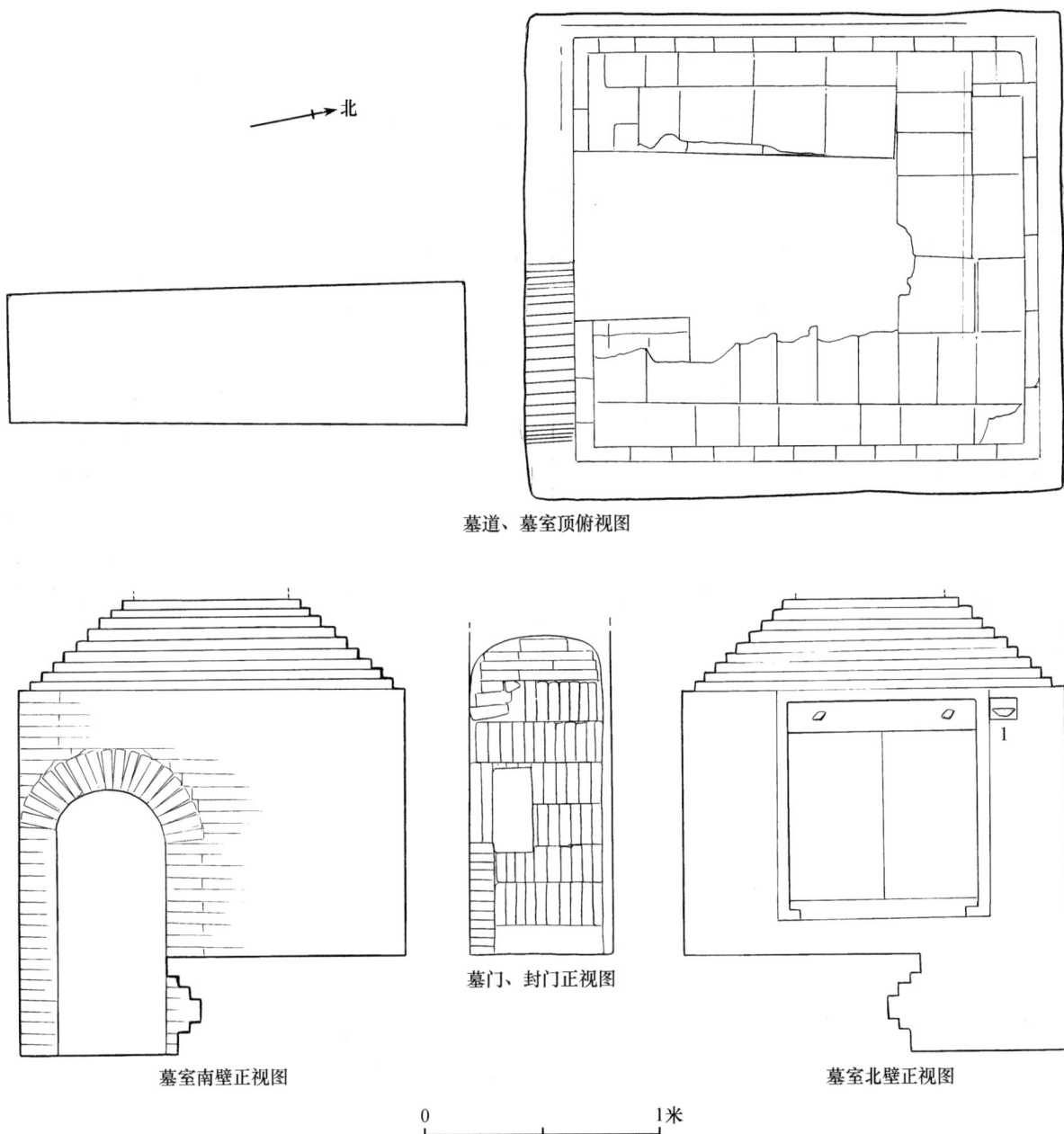

墓道、墓室顶俯视图

墓门、封门正视图

墓室南壁正视图

墓室北壁正视图

0　　　　　　　　　　　1米

图一五七　11YLM30俯视、墓壁及墓门、封门正视图
1. 瓷碗

　　西壁　中部砌破子棂窗一堂，其构造由窗额、槫柱、立颊、上串、下串、床砧、棂条组成，棂条十一根，断面呈三角形。

　　东壁　中部砌破子棂窗一堂，形制与西壁同。

　　（2）葬具葬式

　　该墓为二人合葬，在砖床北端残存2个人头骨，西侧有散乱的肢骨，人骨腐朽成粉状，头向北，面向和葬式不详。未发现葬具。

（3）随葬品

瓷碗1（M30：1）件；小陶罐3（M30：2～M30：4）件。1号瓷碗置于北壁壁龛内；2、3号小陶罐置于棺床北端近西北拐角；4号小陶罐置于棺床南端近西南拐角。

1）陶器

M30：2　侈口罐。内口径6.6、通高6.4、底径5厘米（图一五八，3；图版五七，3）。

M30：3　侈口罐。内口径5.6、通高6、底径5.2厘米（图一五八，2；图版五七，4）。

M30：4　侈口罐。内口径5.8、通高6、底径4.8厘米（图一五八，1；图版五七，5）。

2）瓷器

M30：1　碗。胎呈白色，表面略泛青灰色。内外壁施白釉，内壁施满釉，外壁釉面至中腹部，釉面色泽光亮，有开裂现象。侈口，圆唇，口外侧有折棱，斜壁，假圈足底，底面内凹，个体较小。拉坯成形，内底面有三个支烧痕迹。口径9.3、通高3.4、底径4.2厘米（图一五八，4；图版五七，2）。

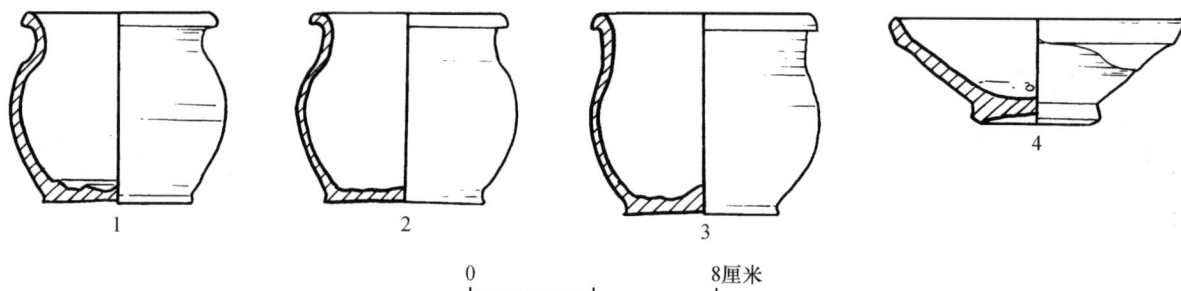

0　　　　　　　　8厘米

图一五八　11YLM30出土器物

1～3.罐（M30：4、M30：3、M30：2）　4.瓷碗（M30：1）

5. 11YLM38

（1）墓葬形制

单室墓，由墓道、墓门、甬道和墓室组成（图一五九～图一六一）。墓道偏墓室的西侧，整体呈刀形。方向178°。墓顶被施工破坏。

墓道　位于墓室南端，长条形、竖穴，北宽南窄。长202、宽50～72、底距现墓口260厘米。南端近底部外扩8厘米。直壁，近南端东、西两壁各掏挖有3个脚窝，上下错位分布，位置较随意；脚窝口宽17～28厘米不等。底部平整。墓道内填土为黄褐色花土，土质较硬。

墓门　在相隔墓道和墓室的生土墙上掏挖，拱形顶。高158、宽72、进深15厘米。青灰条砖封门，封堵方式为干摆垒砖，共10层，摆放不甚密集，有斜倒现象。

甬道　东西两侧顺砖错缝平砌，顶部为单层砖券拱形顶。宽65、高136、进深33厘米。

墓室　在竖穴土圹中砖砌。平面呈方形，八角叠涩顶。边长234、残高263厘米（图版五八，1）。墓室内左侧砌筑砖床，床缘与甬道左侧平齐，右侧为夹道。砖床以生土为基础，床面平铺一层条砖，铺设方式为横直相间，床缘平铺一排横砖；侧面砌做须弥座。夹

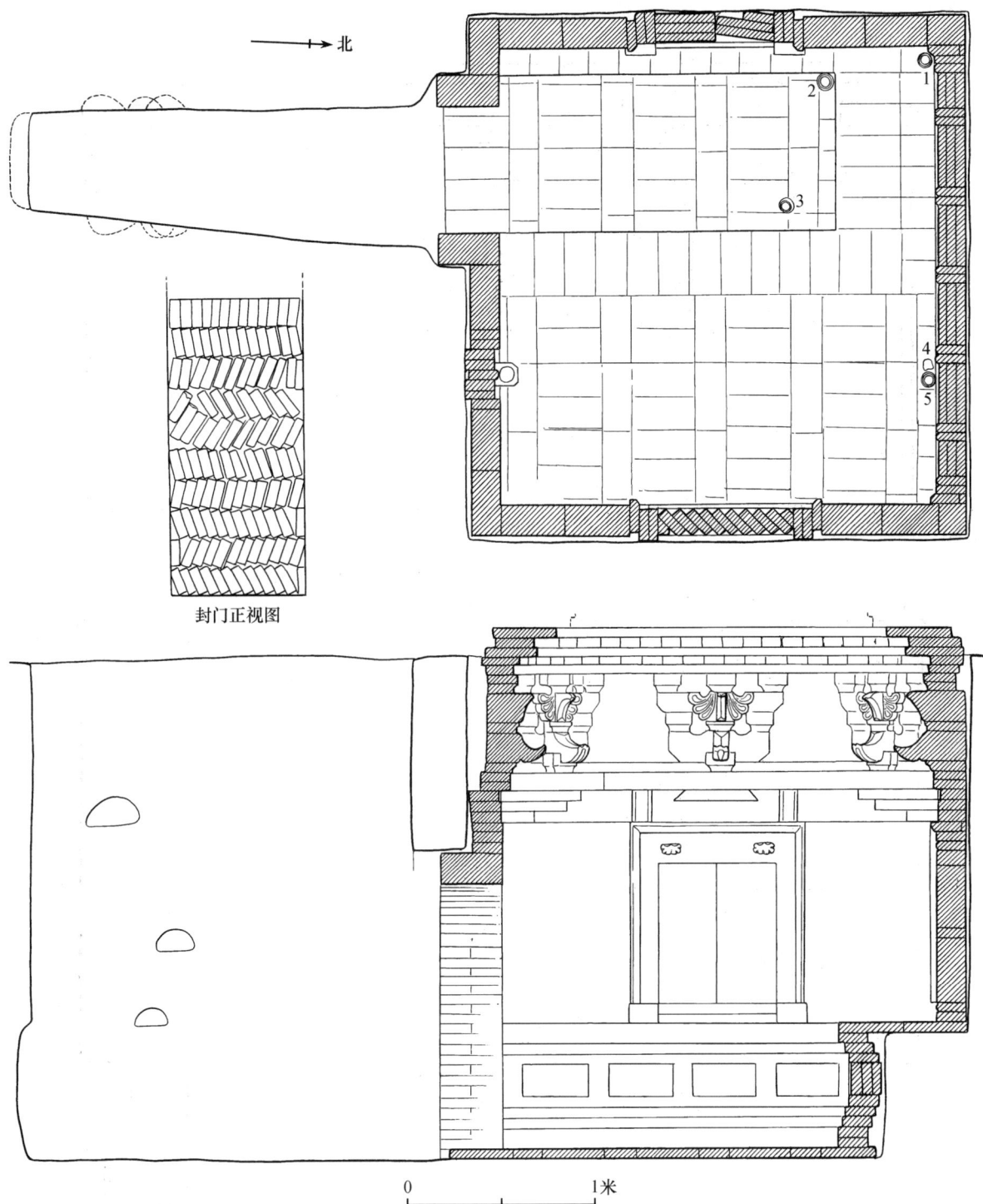

封门正视图

图一五九　11YLM38平面、剖视及封门正视图

1～5. 陶罐

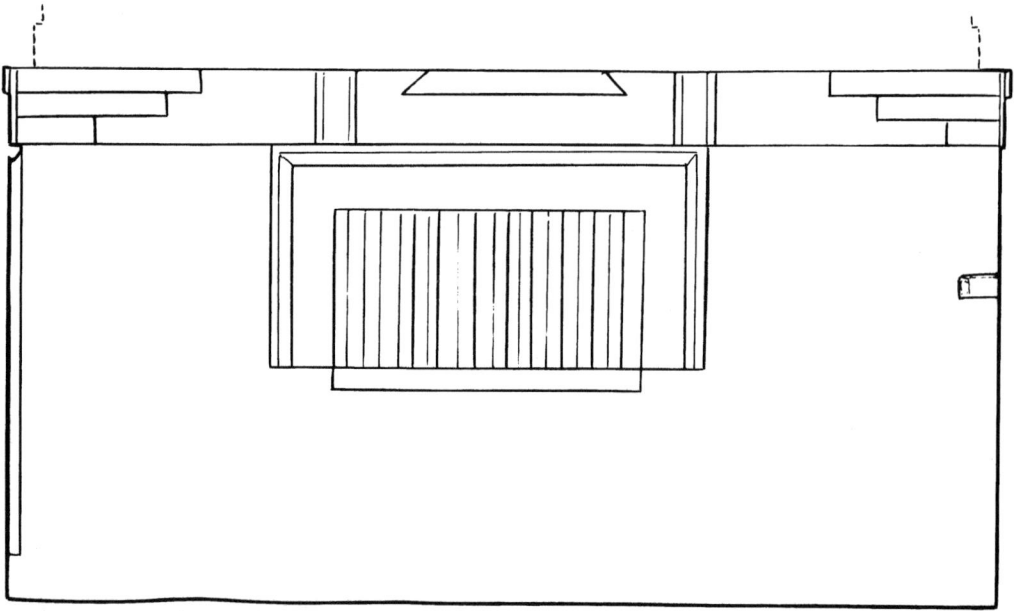

墓室东壁正视图

墓室南壁正视图

0　　　　　　　　　　　　　　　　　　1米

图一六〇　11YLM38墓壁正视图

图一六一　11YLM38墓室北壁正视图

道长180、宽81、比砖床低44厘米；以横直相间平铺条砖铺地。墓壁无装饰部分均采用顺砖错缝平砌。墓室四角叠涩3层青砖成八角，其上砌青砖2层做普柏枋，枋上坐转角铺作和补间铺作各4朵。铺作的形制相同，均为单下昂·四铺作·计心造，其结构自栌斗正出象鼻昂承耍头并异形令栱，侧出华栱承慢栱，共托撩檐枋。从残存情况看，铺作之上砌八角叠涩顶。墓室内淤土过半。

　　墓壁装饰　在墓壁上方均砌出2根檐柱的上端，将墓壁分做三开间。

　　北壁　依开间分割，墓壁砌作三合格子门样式，左右两侧较中间扇为窄。格子门形制均为四抹头，障水板和腰板的样式相同，障水板雕壶门，腰板雕花草，唯格眼图案不同。左壁格子门呈南北对称，相对称的门扇大小尺寸、所雕花纹均一致，对称方式由东至西：第一、六扇对称，上部为菱形图案的格子扇；第二、五扇相对称，上部为花朵图案的格子扇；第三、四扇相对称，上部为斜格贯连方形图案的格子扇（图版五九，1、2；图版六〇，1）。

　　东壁　中部砌做破子棂窗一堂，其构造由槫柱、立颊、窗额、上串、下串、棂条组成，棂条十根，断面呈三角形（图版六〇，2）。

　　南壁　西侧为甬道，东侧中间砌做檠灯一个，由灯台、檠干、檠座组成（图版六一，4）。

　　西壁　中部砌做板门一合，其构造由门砧、门槛、立颊、门额、上额、门簪、门扇组成，左侧门扇紧闭，右侧门扇虚掩，门额上雕花朵状门簪两枚，左右各一（图版五八，2）。

　　（2）葬具葬式

　　该墓未发现人骨和葬具。

　　（3）随葬品

　　小陶罐5（M38：1～M38：5）件。1号小陶罐置于墓室砖床西北角；2、3号小陶罐置于夹道后端；4、5号小陶罐置于砖床北端东侧。

　　陶器

　　M38：1　侈口罐。内口径4.6、通高6、底径4.2厘米（图一六二，4；图版六一，6）。

　　M38：2　侈口罐。内口径5、通高5.4、底径4.8厘米（图一六二，2；图版六一，2）。

　　M38：3　侈口罐。内口径5.6、通高5.4、底径4.8厘米（图一六二，1；图版六一，1）。

　　M38：4　侈口罐。内口径4.4、通高6.8、底径4.6厘米（图一六二，5；图版六一，5）。

　　M38：5　侈口罐。内口径5、通高6.6、底径5厘米（图一六二，3；图版六一，3）。

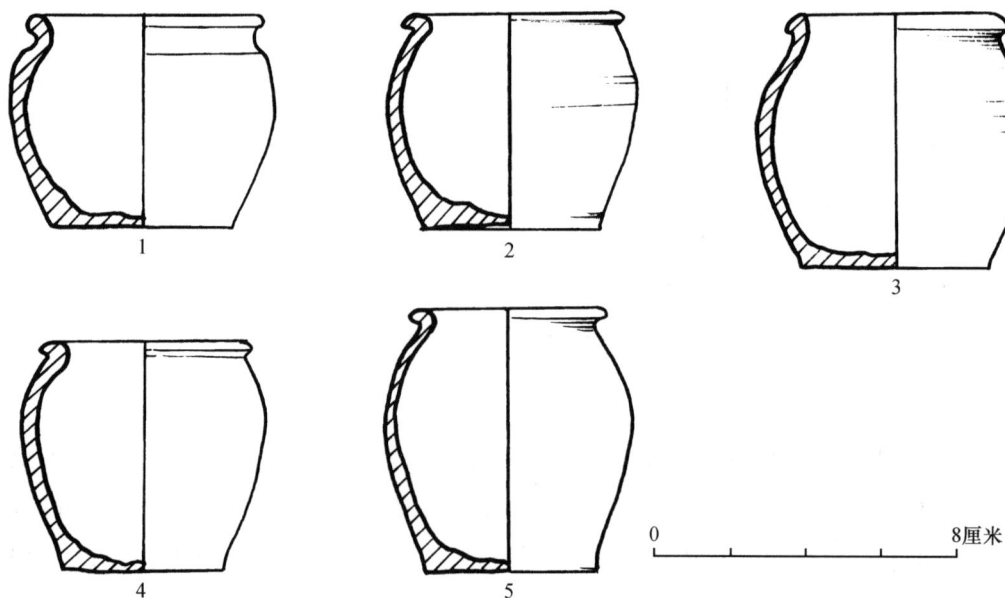

图一六二　11YLM38出土陶罐
1. M38：3　2. M38：2　3. M38：5　4. M38：1　5. M38：4

6. 11YLM40

（1）墓葬形制

单室墓，由墓道、墓门、甬道和墓室组成（图一六三）。墓道偏墓室东侧，整体呈刀形。方向186°。该墓疑被迁建，墓砖被拆除，M40打破M41墓道。

墓道　位于墓室南端，长条形、竖穴，北宽南窄。长210、南宽52、北宽62、底距现墓口130厘米。直壁，壁面整齐。底部平整。墓道内填土为黄褐色花土，土质较硬。

墓门　顶部结构不详。残高130、宽62厘米。封门情况不详。

甬道　顶部结构不详。甬道壁残留有砖砌痕迹。土圹宽80、残高130、进深20厘米。

墓室　在竖穴土圹中砖砌，平面近方形，墓砖仅存极少部分，其余被拆除，墓壁、墓顶

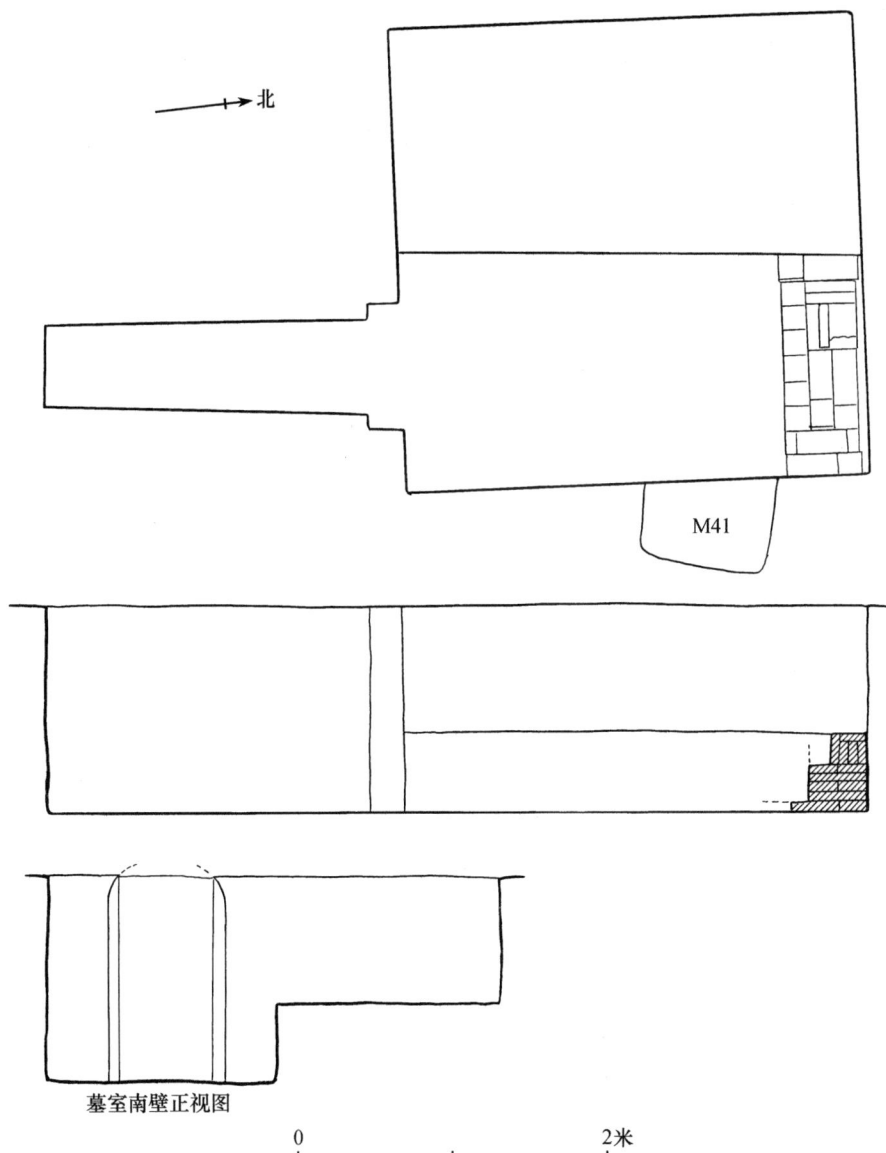

图一六三　11YLM40平面、剖视及墓室南壁正视图

营造方式不详。土圹南北长300、东西宽294厘米，底距顶部残高130厘米。墓室西侧砌砖床，东侧留有夹道。砖床青砖被拆除，仅存生土床基，长300、宽140～154厘米，比夹道底高50厘米。墓壁砌砖被拆除。

（2）葬具葬式

该墓未发现人骨和葬具。

（3）随葬品

墓室内的扰土中发现瓷碗1（M40：01）件。

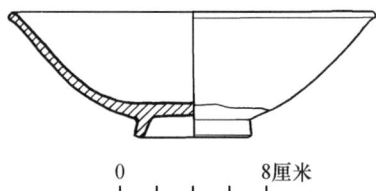

图一六四　11YLM40出土瓷碗
（M40：01）

瓷器

M40：01　碗。胎呈白色，略泛青色。内外壁施酱黑釉，内壁施满釉，内底有涩圈，外壁釉至下腹部近圈足，釉面色泽光亮。大敞口，圆唇，弧腹斜内收，腹身较浅，高圈足略外撇，挖足过肩，足床较圆，内高外低。拉坯成形。口径19.6、通高6.6、足径6.4厘米（图一六四）。

7. 11YLM42

（1）墓葬形制

单室墓，由墓道、墓门、甬道和墓室组成（图一六五～图一六七）。墓道偏墓室东侧，整体呈刀形。方向189°。墓顶被施工破坏。

墓道　位于墓室南端，长条形、阶梯状，北宽南窄。长235、宽50～60、底距墓口169厘米。墓壁齐直。残存生土台阶四级，下部第四级台阶下有长90厘米的平缓地带至墓门。第一级台阶宽32、高40、台阶面距现墓口24厘米；第二级台阶面不规整，宽30、高35厘米；第三级台阶宽25、高35厘米；第四级台阶宽30、高36厘米。墓道内填土为黄褐色花土，土质较硬。

墓门　在相隔墓道和墓室的生土墙上掏挖，拱形顶。宽60、高112、进深90厘米。封门由两层紧邻的青灰条砖组成，外层置于墓门外，紧贴墓门，干摆甃砖8层、卧砖4层封堵，高146厘米；内层位于甬道口部，封堵方式为干摆甃砖，残存5层甃砖，残高81厘米。

甬道　单层砖券拱形顶。东、西两壁顺砖错缝平砌。宽60、进深32、高142厘米。

墓室　在竖穴土圹中砖砌，平面呈方形，顶部破坏不详。长、宽275厘米，甬道底至顶部残高184厘米（图版六二，1、2）。室内除东侧部分留墓室夹道外，余皆为砖床。夹道西壁与甬道齐，南北长266、东西宽94、距床面47厘米；立面砌做须弥座形式。砖床为生土基础，床面墁砌错缝方砖。墓室四壁无装饰，部分采用顺砖错缝平砌。墓室内淤土淹没砖床。

墓壁装饰

墓室四隅各砌筑一根倚柱，四壁均有装饰。

北壁　砌做三合格子门，尺寸一致。其形制为四抹头，上部为格眼，中间雕腰板，下部雕障水板，障水板雕壶门。腰板和障水板均未雕饰，唯格眼图案略有不同，中间一合格眼图案一致，格眼中央雕斜正方形，内雕簇六图案，外雕毬纹；左侧一合斜交"卍"字勾交纹图案；右

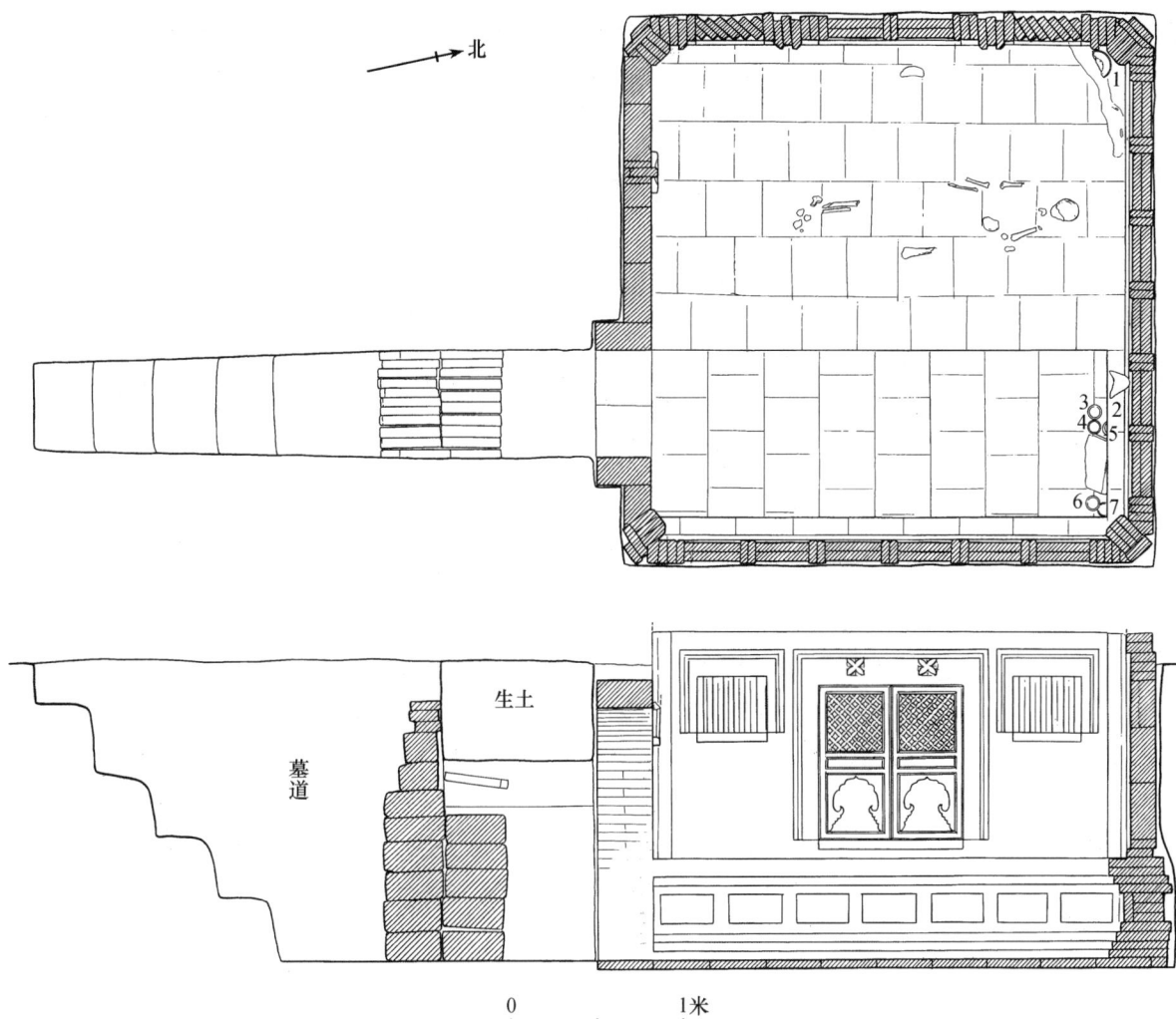

图一六五　11YLM42平面、剖视图
1. 瓷碗　2. 铁犁　3~7. 陶罐

侧一合雕斜交套方图案（图版六三，1）。

　　东壁　砌三合格子门，尺寸与北壁相同，形制与北壁相似。唯格眼图案不同。中间一合格眼中央雕斜正方形，内外皆为斜交毯纹；左一合左扇为斜交"卍"字纹勾交，右扇为斜交十字填方格图案；右一合雕斜交"卍"字纹勾交图案（图版六三，2）。

　　西壁　中间砌四抹头格子门一合，由门砧、门槛、立颊、槫柱、门额、上额、门扇等组成，门额上雕砌有两个柿蒂形门簪。格子门上部格眼雕做斜交毯纹图案，中间砌腰板，下部为障水板外雕壶门。墓壁左右两侧各砌筑破子棂窗一堂，其顶部与门上额平齐，由窗额、槫柱、立颊、上串、下串、棂条组成，棂条六根，断面呈三角形（图版六四，1）。

　　南壁　甬道西侧中间砌做檠灯一个，灯台残缺，仅存檠干下部和檠座，檠座雕成鸟爪状。

　　墓室内以白彩为底，遍施彩绘。四角倚柱用白灰抹底，施黑彩；格子门上部墓壁顺砖错缝平砌，并刷红彩，红彩上绘云纹图案，以黑彩勾勒边缘。整壁彩饰多有脱落。

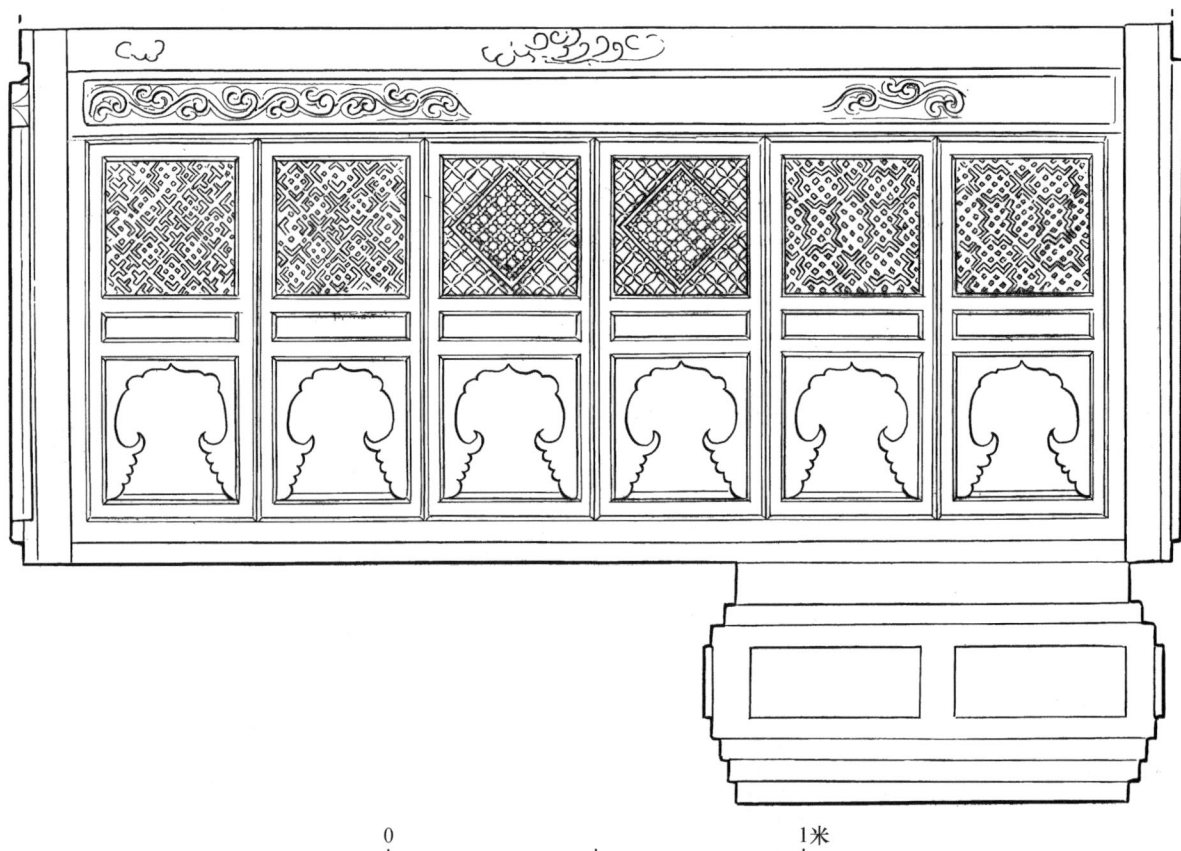

图一六六　　11YLM42墓室北壁正视图

（2）葬具葬式

该墓为单人葬，砖床中部偏东侧放置墓主骨架，保存甚差，呈粉状，头向北，直肢葬。性别年龄不详。

未发现葬具。

（3）随葬品

小陶罐5（M42∶3～M42∶7）件；瓷碗1（M42∶1）件；铁犁1（M42∶2）件。1号瓷碗置于砖床西北角；2号铁犁置于夹道北端须弥座上部砖台上；3～7号小陶罐置于夹道北端淤土中。

1）陶器

M42∶3　侈口罐。内口径6.2、通高6.8、底径4.8厘米（图一六八，1；图版六五，4）。

M42∶4　卷沿罐。内口径6.4、通高7、底径4.4厘米（图一六八，3；图版六五，3）。

M42∶5　侈口罐。内口径6.4、通高7.6、底径4.8厘米（图一六八，5；图版六五，2）。

M42∶6　卷沿罐。内口径7、通高7.2、底径4.8厘米（图一六八，4；图版六五，1）。

M42∶7　卷沿罐。内口径6.6、通高6.6、底径4.4厘米（图一六八，6；图版六五，6）。

2）瓷器

M42∶1　碗。胎呈白色，质地较粗糙。内外壁先施一层白色化妆土，再施白釉，内壁施满釉，内底有涩圈，外壁釉面至下腹部，釉面色泽光亮。敞口，尖圆唇，弧腹斜内收，高圈足

墓室东壁正视图

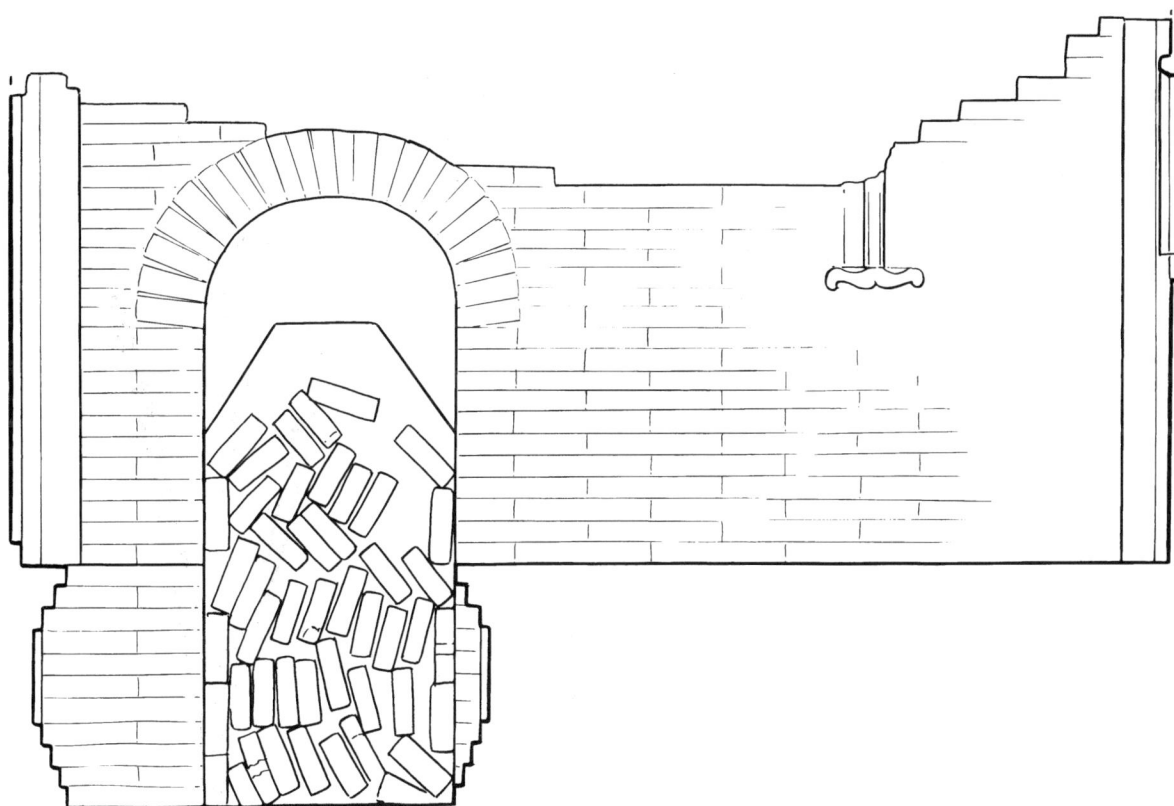

墓室南壁正视图

0　　　　　　　　　　　　　　　　　　　1米

图一六七　11YLM42墓壁正视图

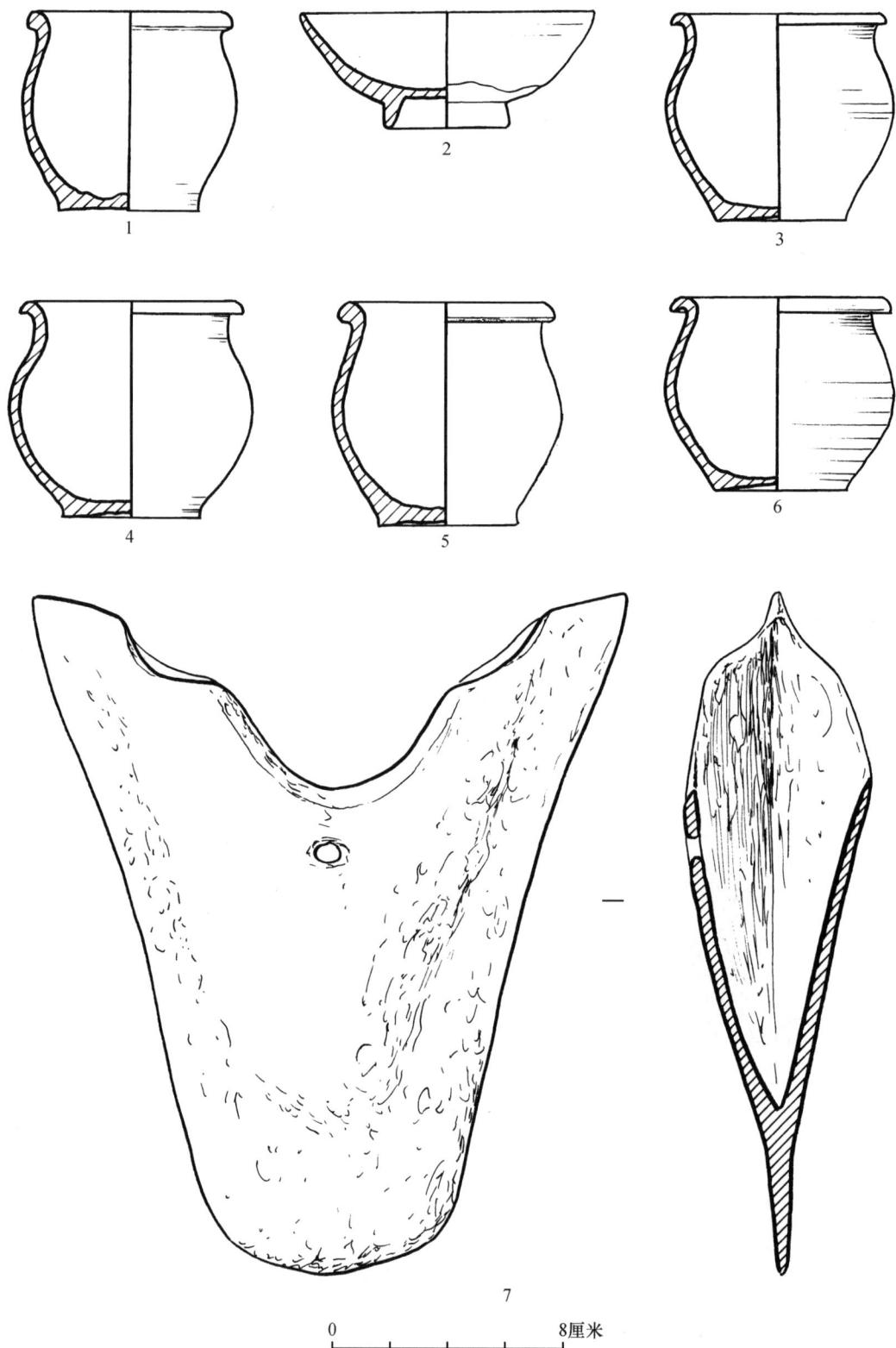

图一六八　11YLM42出土器物

1、3～6.陶罐（M42：3、M42：4、M42：6、M42：5、M42：7）　2.瓷碗（M42：1）　7.铁犁（M42：2）

外撇，挖足过肩，足床略呈扁圆，个体较小。拉坯成形，制作细腻。口径10、通高4、足径4.4厘米（图一六八，2；图版六五，5）。

3）铁器

M42：2 犁。铁锈色。略残，正视略呈"V"形，顶部中间下凹，两侧上翘，铧冠磨损圆弧，顶部中间有銎，銎口部宽阔，近似菱形，内底锥尖，纵向截面呈倒三角形，銎正面、背面呈马鞍形弧凸，背面近銎口有一圆穿。范铸。通高23、宽20.8厘米（图一六八，7；图版六四，2、3）。

8. 11YLM44

（1）墓葬形制

单室墓，由墓道、墓门、甬道和墓室组成（图一六九~图一七一）。墓道偏墓室东侧，整体呈刀形。方向177°。墓室顶部施工中破坏。

墓道 位于墓室南端，长条形、竖穴，北宽南窄。长172、宽50~60、底距现墓口170厘米。直壁，壁面较整齐。底部平整。墓道内填土为黄褐色花土，土质较硬。

墓门 拱形顶。宽56、高122、进深29厘米。

甬道 砖券拱形顶。宽56、高122、进深29厘米。东西两侧顺砖错缝平砌。封门砖位于甬道内，封堵方式为下部干摆7层甃砖，上部干摆3层卧砖至甬道顶部。

墓室 在竖穴土圹中砖砌，平面近方形，顶部呈八角形叠涩穹隆顶。南北长215、东西宽196、夹道底至顶部残高186厘米（图版六六，1）。墓室西侧砌砖床，东侧留夹道，砖床为生土基础，床面铺一层方砖，由东至西共4排方砖，纵向通缝，床缘与甬道西壁平齐，侧面砌做须弥座。砖床东西宽125、高53厘米。夹道底部平铺方砖2排和条砖1排，纵向通缝。墓壁顺砖错缝平砌，夹红泥。

墓壁装饰

北壁 中部砌做板门一合，其构造由门砧、门槛、立颊、门额、上额、门扇等组成，门额上雕菱形门簪两枚。板门左侧门扇紧闭，右侧门扇做虚掩状。板门上方砌出一方形壁龛（图版六六，2）。

东壁 中部砌做破子棂窗一堂，其构造由窗额、槫柱、立颊、上串、下串、直棂条组成，棂条十六根，断面呈三角形。

西壁 中部砌做破子棂窗一堂，其结构同东壁，棂条十五根，断面呈三角形。

（2）葬具葬式

该墓为二人合葬，均置于砖床上，骨架保存较差，呈粉状，头均向北，肢骨葬式不详。性别年龄不详。

未发现葬具。

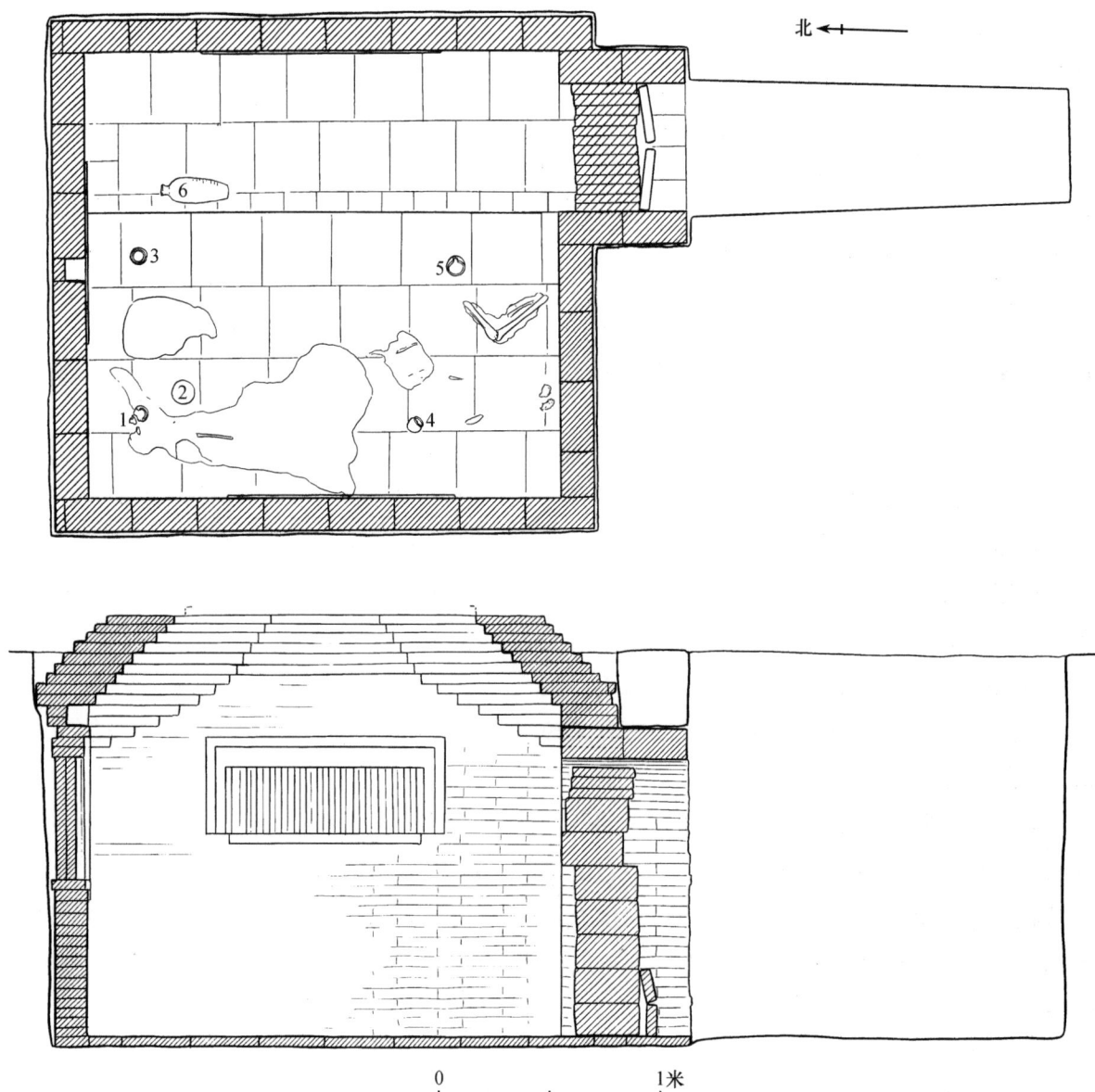

图一六九　11YLM44平面、剖视图
1、3～5.陶罐　2.瓷碗　6.瓷瓶

（3）随葬品

小陶罐4（M44：1、M44：3～M44：5）件；瓷碗1（M44：2）、瓷瓶1（M44：6）件。分别置于以下几处：

1号陶罐和2号瓷碗置于砖床西北部；3号小陶罐置于砖床东北部；4号小陶罐置于砖床西南部；5号小陶罐置于砖床东南部；6号瓷瓶置于夹道后端西侧。

1）陶器

M44：1　卷沿罐。内口径5.8、通高7、底径5.2厘米（图一七二，3；图版六七，5）。

M44：3　卷沿罐。内口径6.4、通高6、底径5.2厘米（图一七二，6；图版六七，3）。

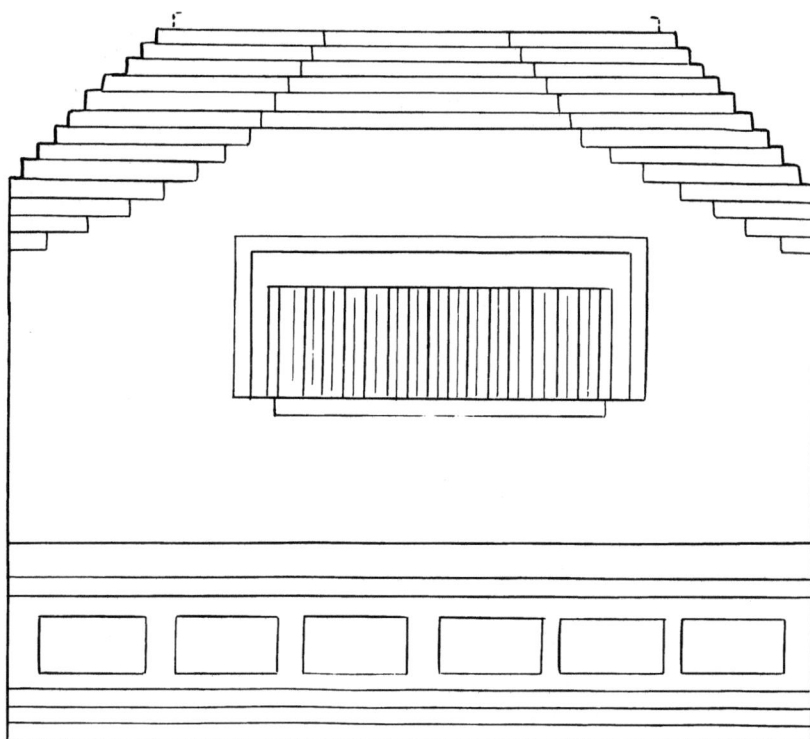

墓室西壁正视图

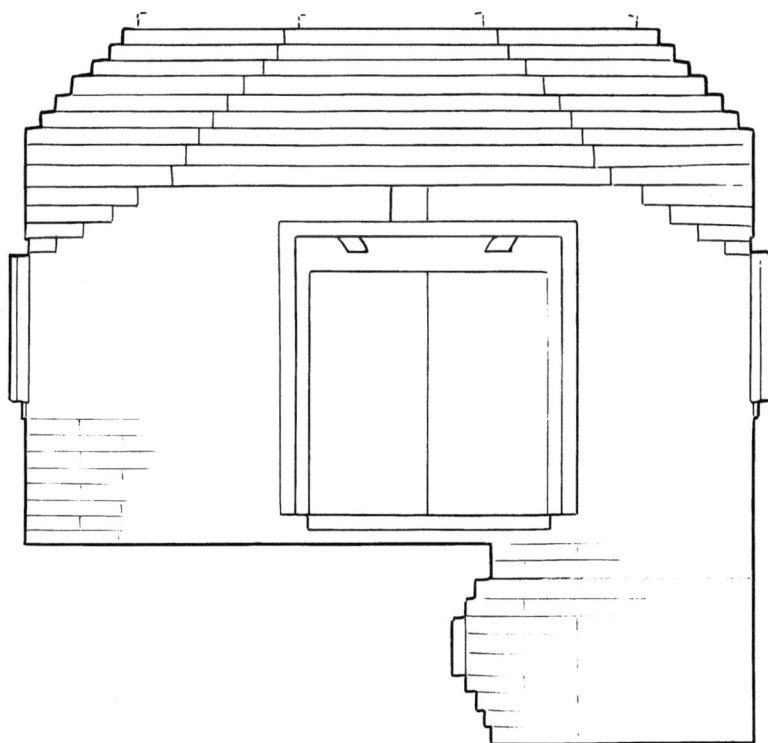

墓室北壁正视图

0　　　　　　　　　　　　　　　1米

图一七〇　11YLM44墓壁正视图

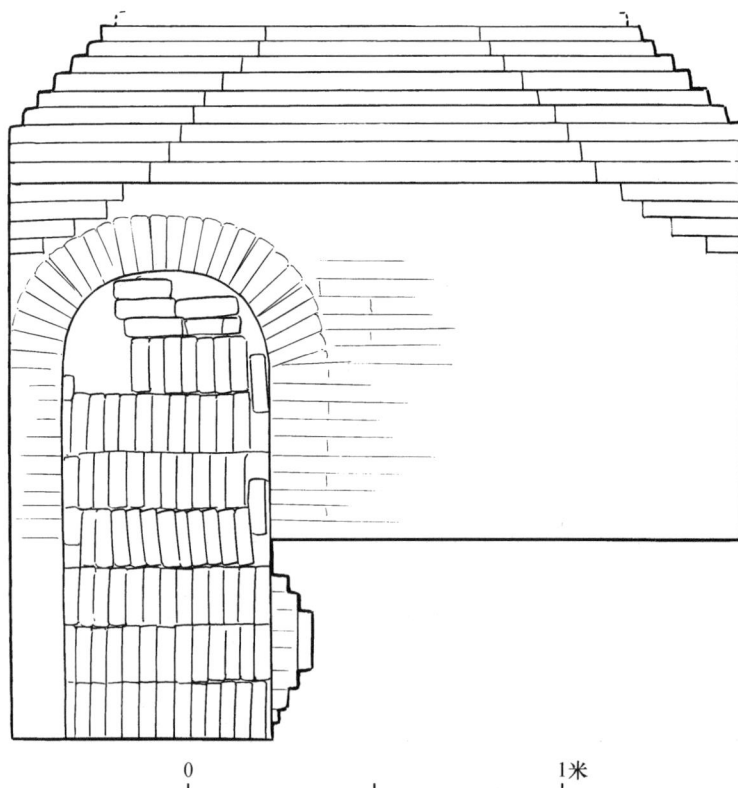

图一七一　　11YLM44墓室南壁正视图

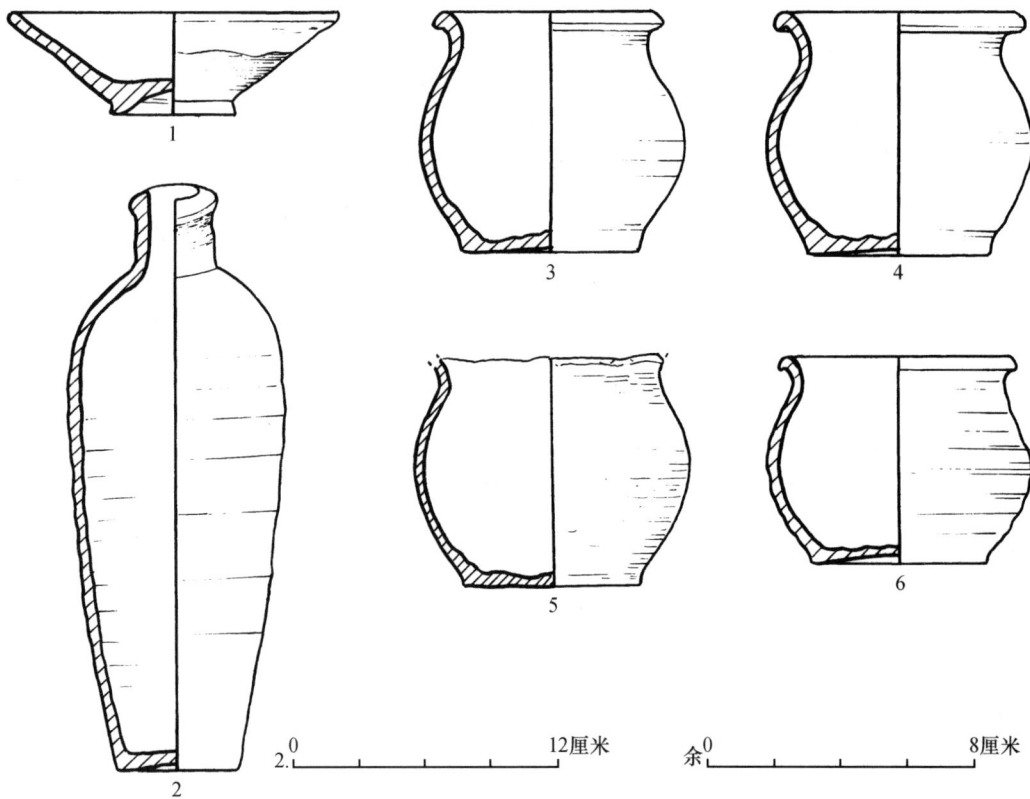

图一七二　　11YLM44出土器物

1. 瓷碗（M44∶2）　 2. 瓷瓶（M44∶6）　 3~6.陶罐（M44∶1、M44∶4、M44∶5、M44∶3）

M44∶4 卷沿罐。内口径6.8、通高7.2、底径5.4厘米（图一七二，4；图版六七，2）。

M44∶5 罐。泥质。黄褐色。口沿残，束颈，圆鼓腹，平底，底面平整，个体较小。内外壁有横向旋抹痕，内底面略呈瓦棱状。残高6.8、底径5.2厘米（图一七二，5；图版六七，1）。

2）瓷器

M44∶2 碗。胎呈白色，质地细密。内外壁施白釉，泛青，内满釉，内底有涩圈，外壁釉面至上腹部，釉面色泽较光亮，有开裂现象。敞口，圆唇，斜直腹内收，圈足略外撇，挖足过肩，个体矮小。拉坯成形。口径10、通高3、足径3.8厘米（图一七二，1；图版六七，4）。

M44∶6 瓶。胎呈灰色。上腹部饰瓦棱纹，内壁和颈部施酱色釉。直口，斜沿，扁圆唇，高颈，肩腹处圆鼓，腹身微弧斜内收，平底，底面略内凹，器体细长。拉坯成形，下腹刮抹痕迹明显，烧制变形。内口径约2.4、通高25.8、底径5.4厘米（图一七二，2；图版六七，6）。

9. 11YLM45

（1）墓葬形制

单室墓，由墓道、甬道和墓室组成（图一七三、图一七四）。墓道偏墓室东侧，整体呈刀形。方向183°。该墓被盗扰，墓室顶部被施工破坏。

墓道 位于墓室南端，长条形、竖穴，北宽南窄。长260、宽57～77、底距现墓口127厘米。直壁，壁面较整齐。底部平整。墓道内填土为黄褐色花土，土质较硬。

甬道 顶部单层砖券拱形顶，顶残。东西两侧顺砖错缝平砌。宽65、残高123、进深30厘米。封门砖位于甬道内，封堵方式为下部干摆5层整砖，上部1层立砖，顶部3层卧砖。

墓室 在竖穴土圹中砖砌，平面近方形，顶部已毁，形制不明。南北长190、东西宽180、残高149厘米。墓室东侧砌砖床，砖床以生土为基础，床面铺一层条砖，横排通缝平铺，西侧床缘与甬道东壁平齐。砖床宽115、高40厘米。西侧设夹道，底部与甬道底部在同一水平线，平铺条砖，直排通缝平铺。夹道南北长175、宽65厘米。墓壁顺砖错缝平砌，砖缝为十字缝，夹红泥。

墓壁装饰

北壁 中部砌做板门一合，其构造由门砧、门槛、立颊、门额、上额、门簪、门扇组成，门扇紧闭，门额上雕菱形门簪两枚，左右各一。板门右侧墓壁与门额水平位置，砌筑一方形壁龛。

东壁和西壁 中部各砌做破子棂窗一堂，其构造由窗额、槫柱、立颊、上串、下串、棂条组成，棂条十二根，断面呈三角形。

（2）葬具葬式

砖床中间偏东北部有骨架，保存甚差，呈粉状，人骨数量及其葬式不详。

未发现葬具。

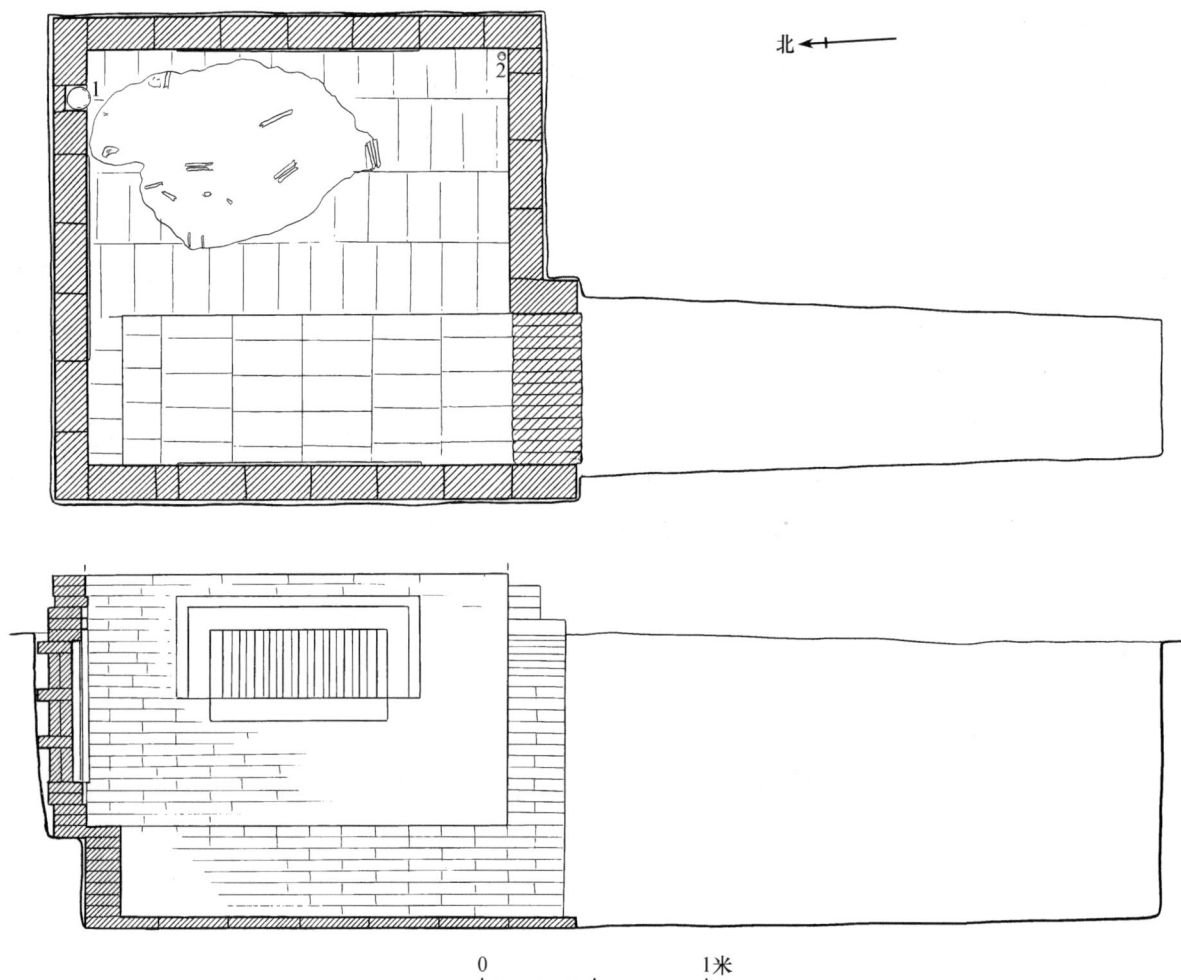

图一七三　11YLM45平面、剖视图
1. 瓷碗　2. 铁器

（3）随葬品

瓷碗1（M45：1）件；铁器1（M45：2）件。1号瓷碗置于墓室北壁东侧壁龛内；2号铁器置于砖床东南角。

1）瓷器

M45：1　碗。胎呈黄色。内外壁施青釉，内满釉，内底有涩圈，外壁釉至上腹部。敞口，扁圆唇，斜收腹，圈足外撇，挖足过肩，足床内高外低，个体矮小。拉坯成形。口径10.2、通高3.4、足径3.6厘米（图一七五，2）。

2）铁器

M45：2　铁器。铁锈色。腐朽较甚，器形不可辨，似烟斗形。长3、高1.6厘米（图一七五，1）。

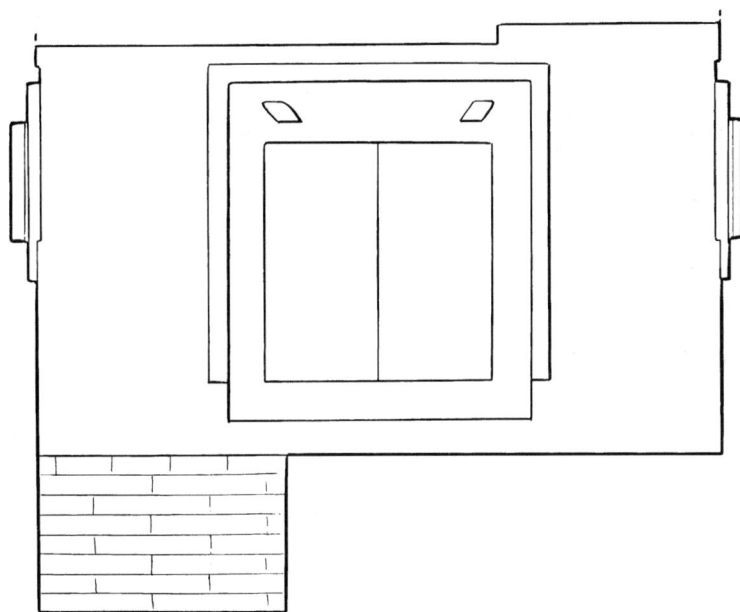

墓室北壁正视图

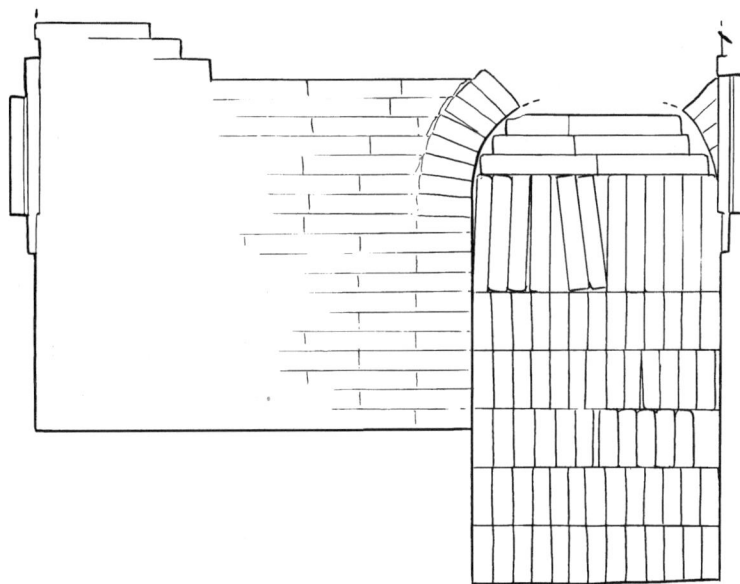

墓室南壁正视图

0 ————————————————— 1米

图一七四　11YLM45墓壁正视图

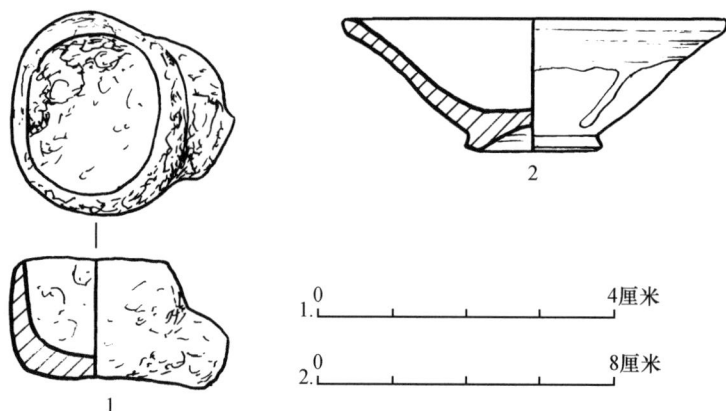

图一七五　11YLM45出土器物
1. 铁器（M45：2）　2. 瓷碗（M45：1）

10. 11YLM47

（1）墓葬形制

单室墓，由墓道、墓门、甬道和墓室组成（图一七六～图一七八）。墓道偏墓室东侧，整体呈刀形。方向180°。该墓在发掘前被施工扰乱。

墓道　位于墓室南端，长条形、竖穴，北宽南窄。长170、宽60～75、底距现墓口197厘米。直壁，壁面较整齐，底部平整。墓道内填土为黄褐色花土，土质较硬。

墓门　砌做仿木结构门楼的形式，通高195厘米（图版六九，2）。墓门结构系在门洞两侧以条砖砌筑平台，平台之上立门砧、立颊和槫柱，上接门额和上额，门额上左右砌柿蒂形门簪两枚，两扇板门分别贴砌于两侧的甬道壁上。紧依板门两侧各砌筑一根立柱，柱头间夹阑额，上承普柏枋，两柱头上分别砌一朵柱头铺作，其形制为单下昂四铺作，铺作上设撩檐枋，枋上铺砌方形檐椽，椽上砌板瓦。

甬道　位于墓门之后，连接墓门和墓室。宽60、高140、进深60厘米，顶部以条砖卧面做砖券拱形顶。东西两侧方砖立砌。封门砖位于甬道内，封堵方式为条砖干摆，样式有斢砖、立砖、卧砖，无规律。

墓室　在竖穴土圹中砖砌。平面呈方形，顶部破坏结构不详。长、宽均255、残高190厘米。室内东侧为南北向墓室夹道，长242、宽102厘米；墓室其余部分砌筑砖床，床基为生土，床面平铺一层砖，立面砌做双层须弥座样式。该墓四壁均有雕饰，惜破坏较甚。四壁之上残存部分铺作，形制、结构和数量皆不明。

墓壁装饰

墓室内遍施彩绘，白色为底，红彩为主，黑彩勾勒铺作边缘及人物等。

北壁　由于损坏严重，仅存左侧两扇格子门，形制均为三抹头。其栱眼部分做"卍"字勾交纹，裙板部分外雕壶门，内施彩绘。左一扇绘一幅折枝牡丹，以白色为底，黑彩描画牡丹枝叶；右一扇绘一侍女形象，其面向右侧，头戴花冠，上身穿对襟窄袖衫，下着及地长裙，裙衫

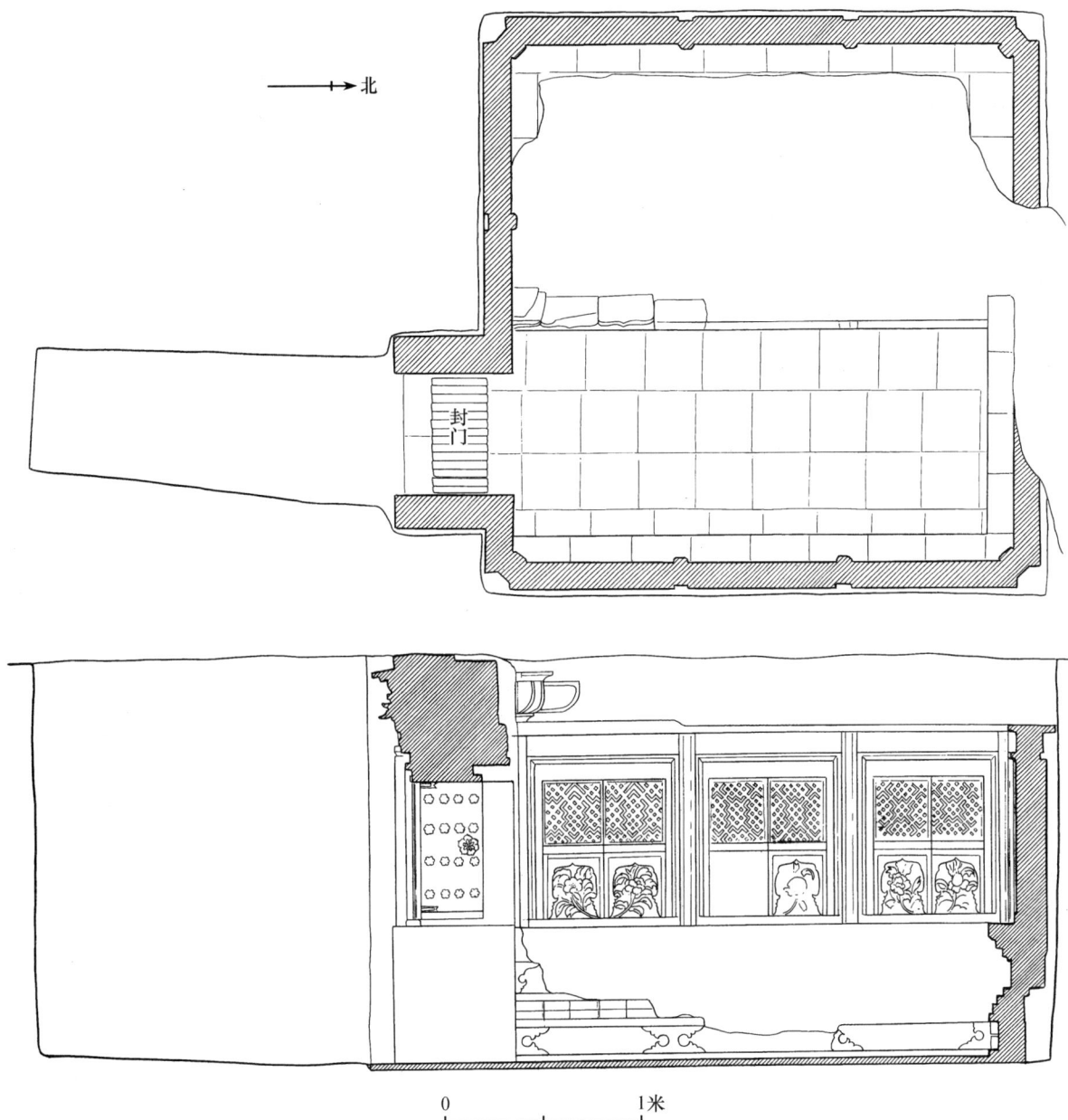

图一七六　11YLM47平面、剖视图

上皆饰黑色圆点纹饰，双手捧一盘状物，态度恭谨，神情自然。

东壁　中间砌筑两根檐柱将整个墓壁分为面阔三间的格局，每间内各砌一合格子门。格子门形制相同，均为三抹头，由格眼和裙板组成。裙板均外壁施壶门，内壁施彩绘牡丹等花卉图案；当心间格眼图案为正交方格纹，左右次间分别为簇六和套方图案（图版六八，2）。

南壁　甬道左侧与东壁的空隙处，用黑彩勾勒出一门吏人物（图版六九，1），头戴进贤冠，身穿红色圆领宽袖长衫，腰束革带，双手置腹部执一长柄武器，人物神态，威武庄重。甬道右侧损毁较甚，仅存一扇格子门，形制三抹头，裙板雕饰壶门，壶门形状与其他不同，上端雕做垂鱼状，格眼为簇六图案。

墓室南壁正视图　　　　　扰乱　　　　　　　　墓门正视图

0　　　　　　　　　　1米

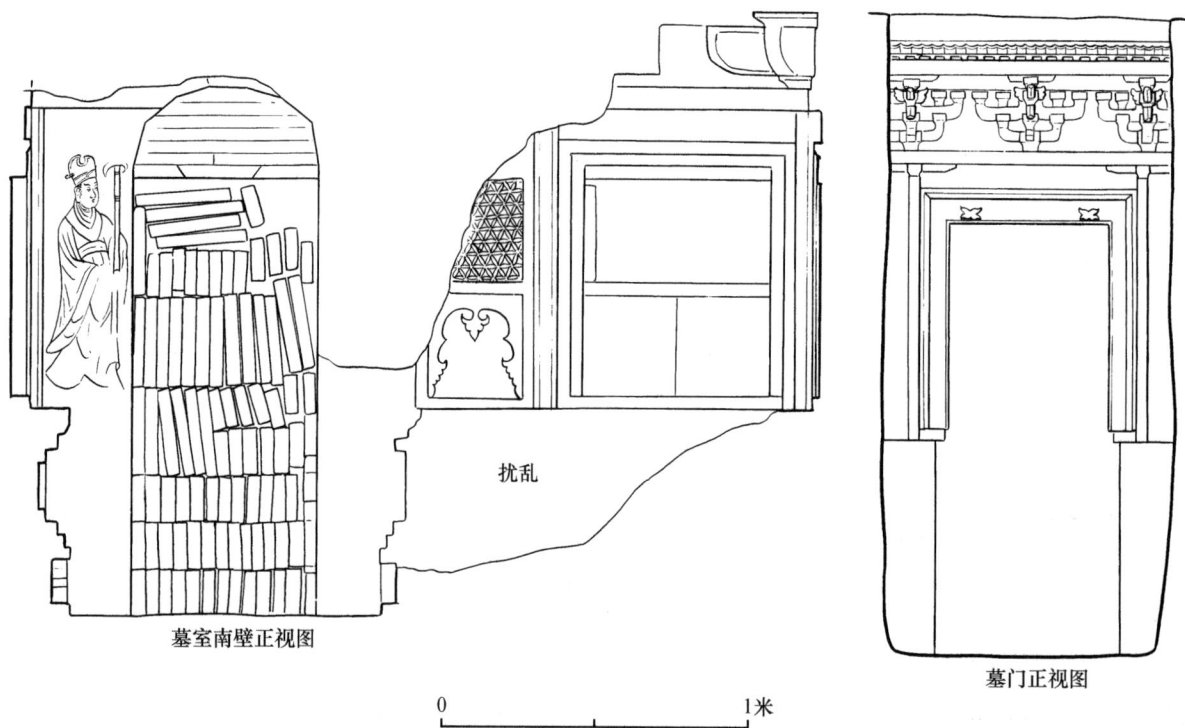

图一七七　11YLM47墓壁、墓门正视图

西壁　结构与东壁形同，格子门之格眼部分均做套方图案（图版六八，1）。

（2）葬具葬式

墓室内遭破坏，未发现墓主骨架和葬具。

（3）随葬品

未发现随葬品。

墓室东壁正视图

墓室北壁正视图

0   1米

图一七八　11YLM47墓壁正视图

第四章 元代时期墓葬分述

元代时期墓葬发现4座（图一七九），其中竖穴墓道土洞室墓1座（附表五），竖穴墓道砖室墓3座（附表六）。

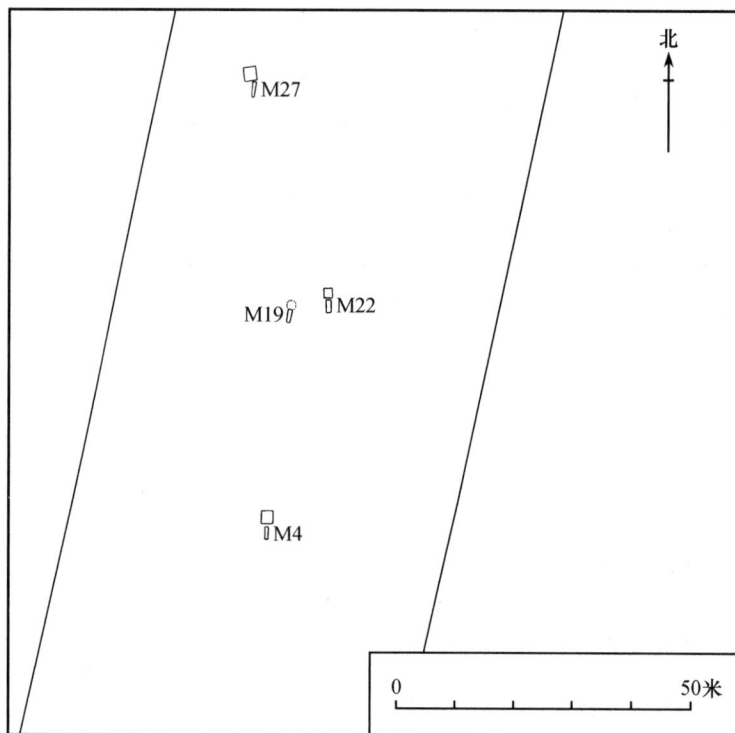

图一七九 老君沟墓地元代时期墓葬分布图

第一节 土 洞 室 墓

11YLM19

（1）墓葬形制

由墓道、甬道和墓室组成（图一八〇）。整体呈"甲"字形。方向190°。

墓道 位于墓室南端，长条形、竖穴，北宽南窄。长190、宽60～68、底距现墓口172厘米。直壁，壁面较整齐。墓道内填土为黄褐色花土，土质较软。

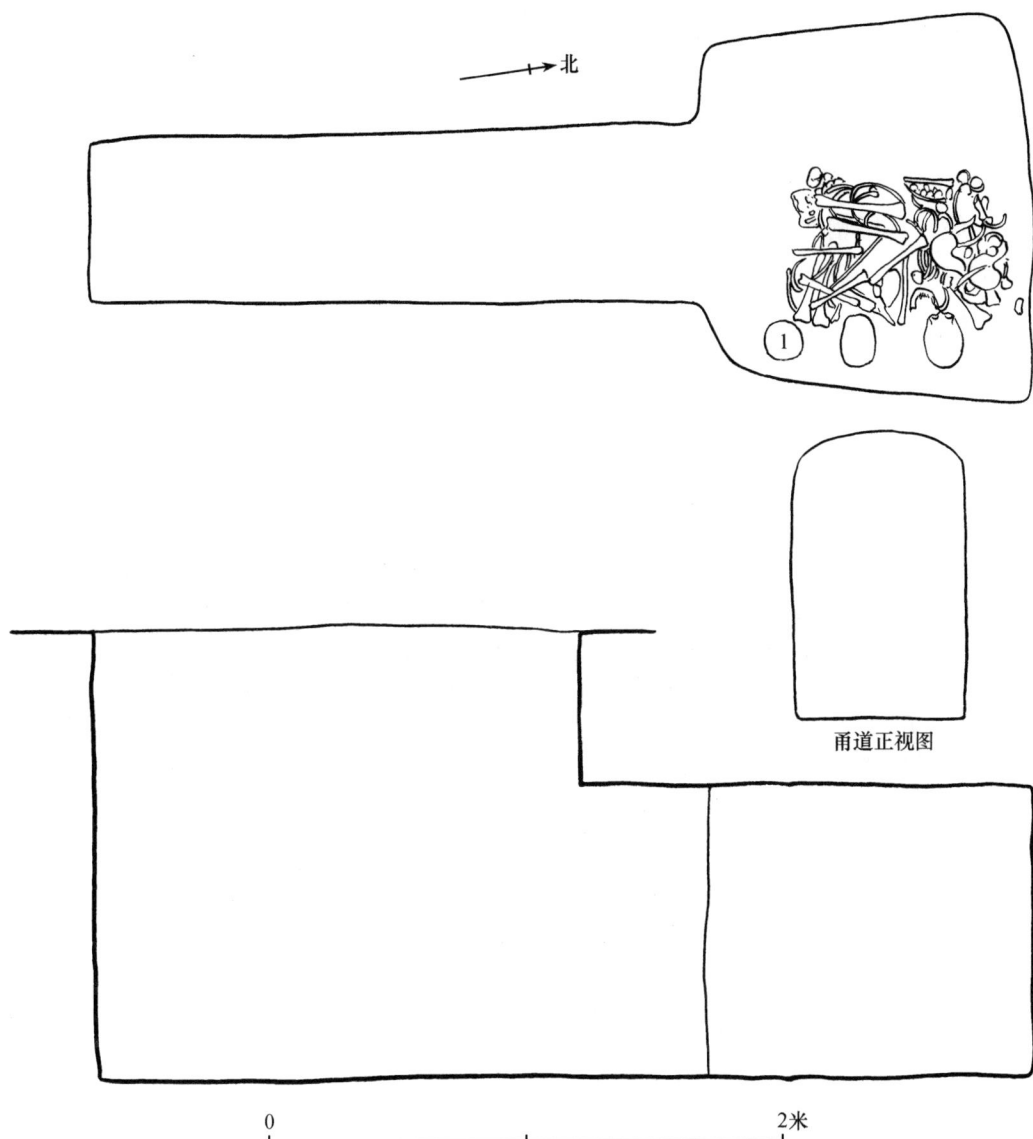

图一八〇　11YLM19平面、剖视及甬道正视图
1.铜镜

甬道　生土过洞，拱形顶。宽68、高110、进深50厘米。

墓室　平面呈不规则抹角梯形，拱形顶。南北长130、北宽148、南宽120、高110厘米（图版七〇，1）。壁面平整，墓壁斜直。墓室内被淤土填满。

（2）葬具葬式

该墓为二人合葬，均为二次葬，头均向东，面上，置于墓室东北部，南北并列放置。

南侧人骨（Ⅰ），疑似男性，年龄18～19岁。

北侧人骨（Ⅱ），为女性，年龄20～23岁。

2具人骨均未发现葬具。

（3）随葬品

铜镜1（M19：1）件，置于墓室前端东侧，近南侧人骨。

铜器

M19：1　铜镜。圆形，镜面微鼓，背面平缘，近圆形纽。纽周围有3个高浮雕式的猛兽，呈逆时针圈绕，首尾相连，2个为圆目，长脸，张开大口，翘舌，露齿，无腿足；1个为杏目，4腿足，作伏卧状。其外围由内及外呈阶梯式三周纹饰，依次为短线纹、锯齿纹、三角纹。直径14.5、缘高0.5、厚0.3～0.4厘米（图一八一、图一八二；图版七○，2）。

0　　　　　　　　4厘米

图一八一　11YLM19出土铜镜（M19：1）

0 |————————————| 4厘米

图一八二　11YLM19出土铜镜（M19∶1）纹饰拓本

第二节　砖　室　墓

1. 11YLM4

（1）墓葬形制

单室墓，由墓道、甬道和墓室组成（图一八三）。整体呈"甲"字形。方向182°。该墓被盗扰，墓室顶部被施工破坏。

墓道　位于墓室南端，长方形、竖穴。长160、宽55、底距现墓口104厘米。直壁，壁面较粗糙，拐角近方正。底部较平整。墓道内填土为黄褐色花土，土质较硬。

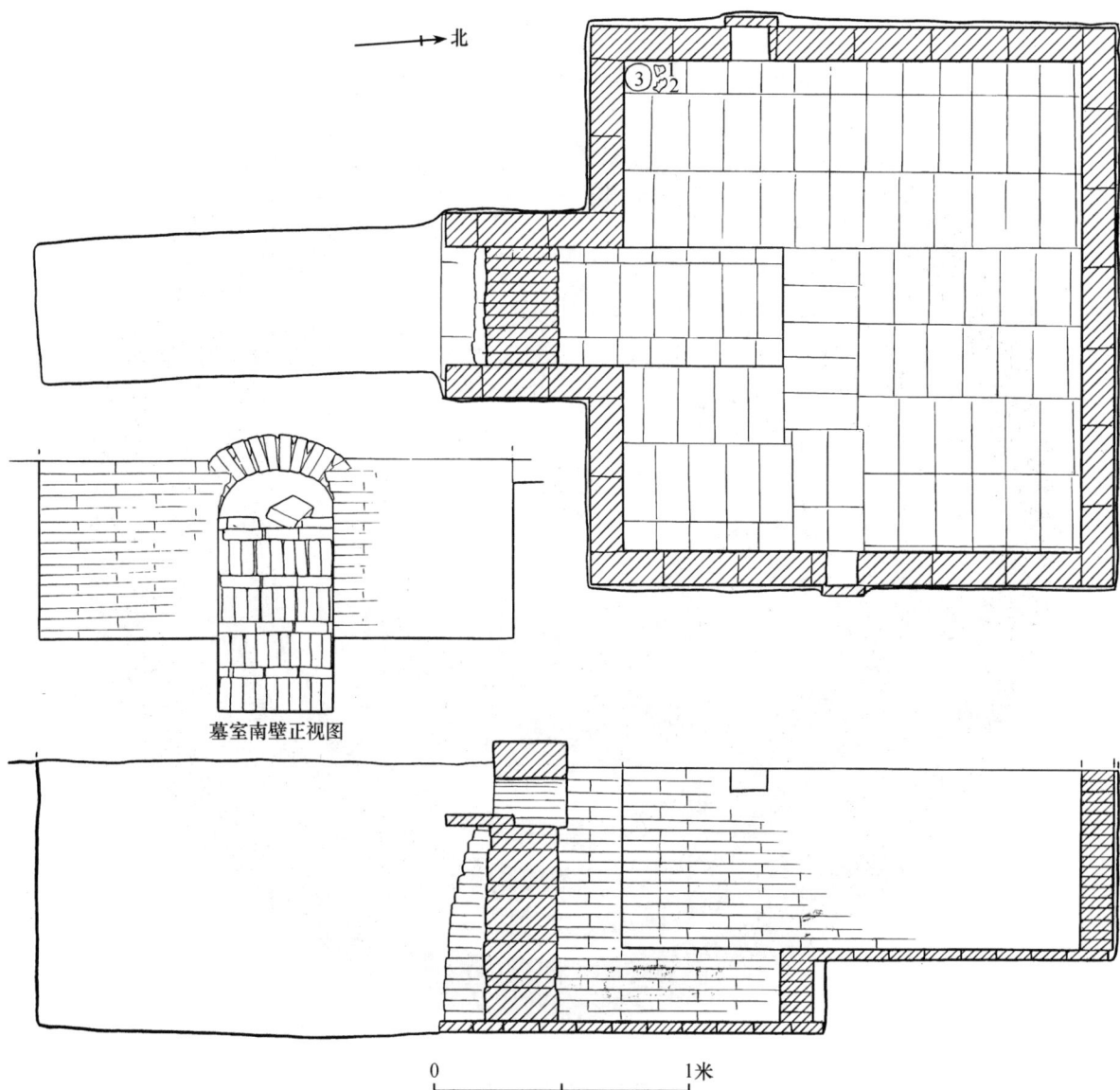

图一八三　11YLM4平面、剖视及墓室南壁正视图
1、2.铁动物　3.铁灯盏

　　甬道　单层砖券拱形顶。宽70、高92、进深45厘米。东西两侧卧砖错缝平砌。青灰条砖封门，处在甬道中，封堵方式为一竖一卧干摆，上部卧砖攒插。

　　墓室　在竖穴土圹中砖砌。平面近方形，顶部无存，结构不详。东西长186、南北宽180、残高106厘米。设有砖床，床基为生土，砖床平面呈倒"凹"字形，砖床侧面顺砖错缝平砌，南部中间留有夹道，夹道与甬道连接，砖床上和夹道底部均平铺一层砖，铺筑方式为横排通缝，夹道底部铺砖延续至甬道内，夹道比砖床低28厘米。墓壁在砖床平铺砖面上砌筑，采用卧砖错缝平砌，缝隙间夹泥土，东壁中间有一壁龛，距砖床60、宽12厘米，西壁偏南端有一壁龛，距砖床60、宽14厘米。

（2）葬具葬式

该墓因盗扰，未发现人骨和葬具。

（3）随葬品

铁动物2（M4∶1、M4∶2）、铁灯盏1（M4∶3）件。均置于墓室砖床西南角。

铁器

M4∶1　动物。铁锈色。腐朽较甚，动物呈站立状，头上有耳，五官不辨，四肢部残缺。范铸。长7.5、残高4.7厘米（图一八四，2）。

M4∶2　动物。铁锈色。保存完整，头上有耳，五官不辨，腹部扁瘦，尾巴翘起，呈站立状，足下有底座，四肢与整个身体相比，显得较长，比例略有失度。范铸。长7.3、通高6.2厘米（图一八四，1）。

M4∶3　灯盏。口径10、通高4.8、足径3.4厘米（图一八四，3）。

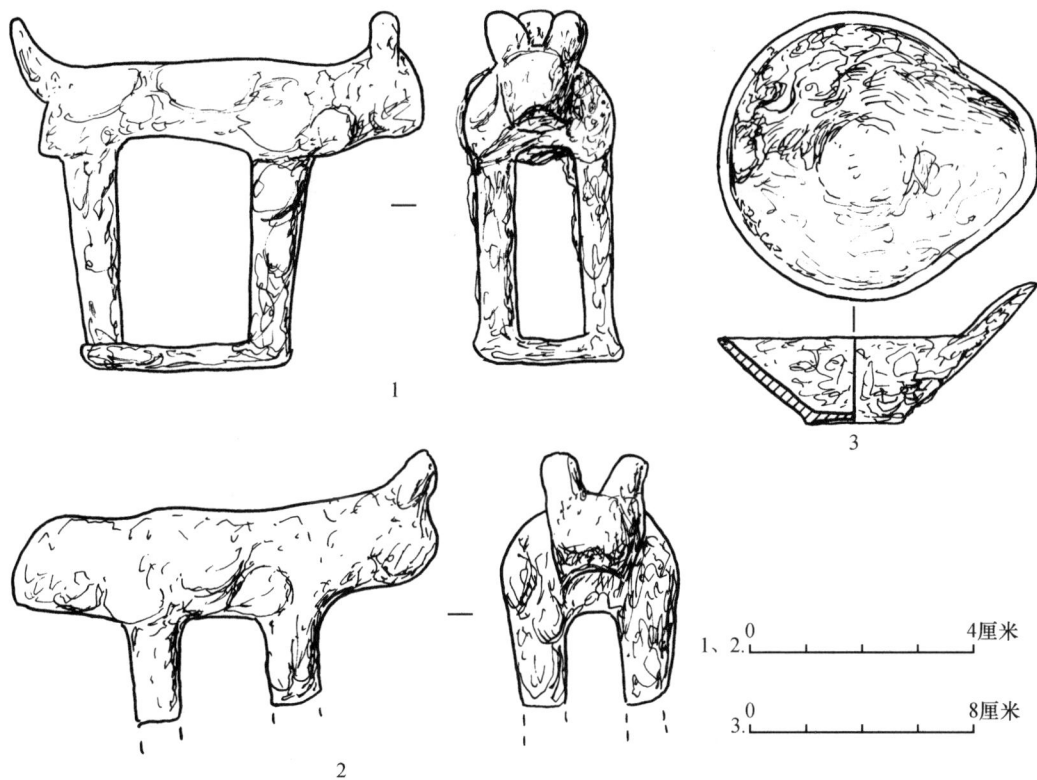

图一八四　11YLM4出土铁器

1、2.铁动物（M4∶2、M4∶1）　3.铁灯盏（M4∶3）

2. 11YLM22

（1）墓葬形制

单室墓，由墓道、墓门、甬道和墓室组成（图一八五～图一八七；图版七一，1）。整体呈"甲"字形。方向173°。

墓道　位于墓室南端，长方形、竖穴。长180、宽70、底部北宽90、底距现墓口285厘米。

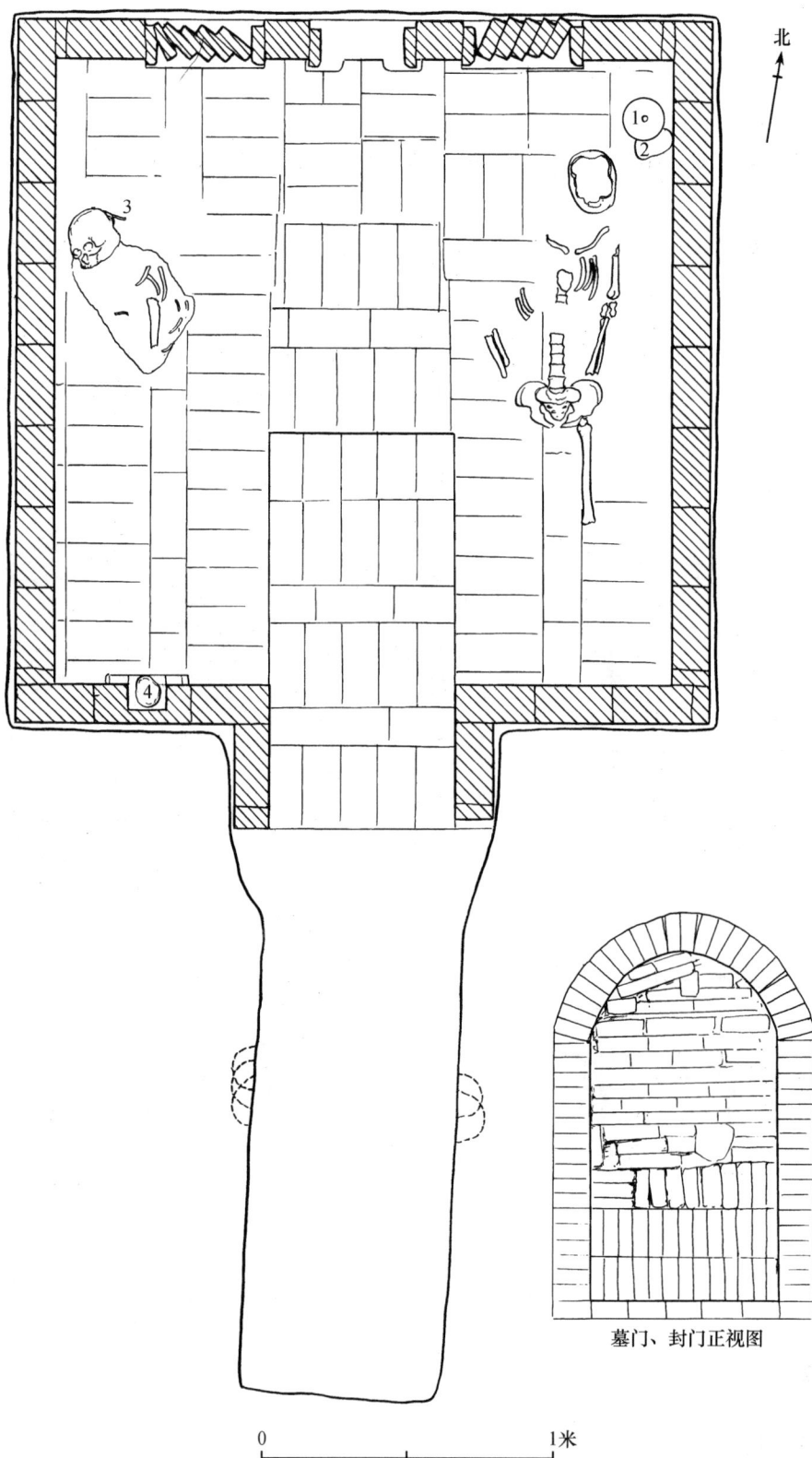

0   1米

墓门、封门正视图

图一八五　11YLM22平面及墓门、封门正视图

1. 铜镜　2. 铁动物　3. 铜簪　4. 铁灯盏

北

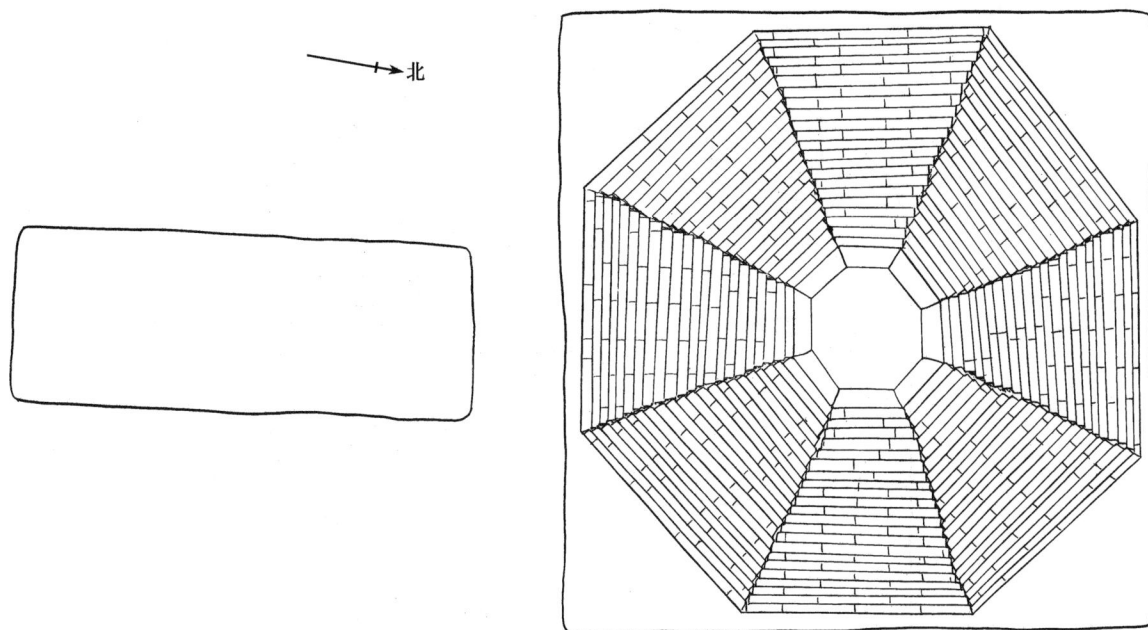

墓道、墓室顶俯视图

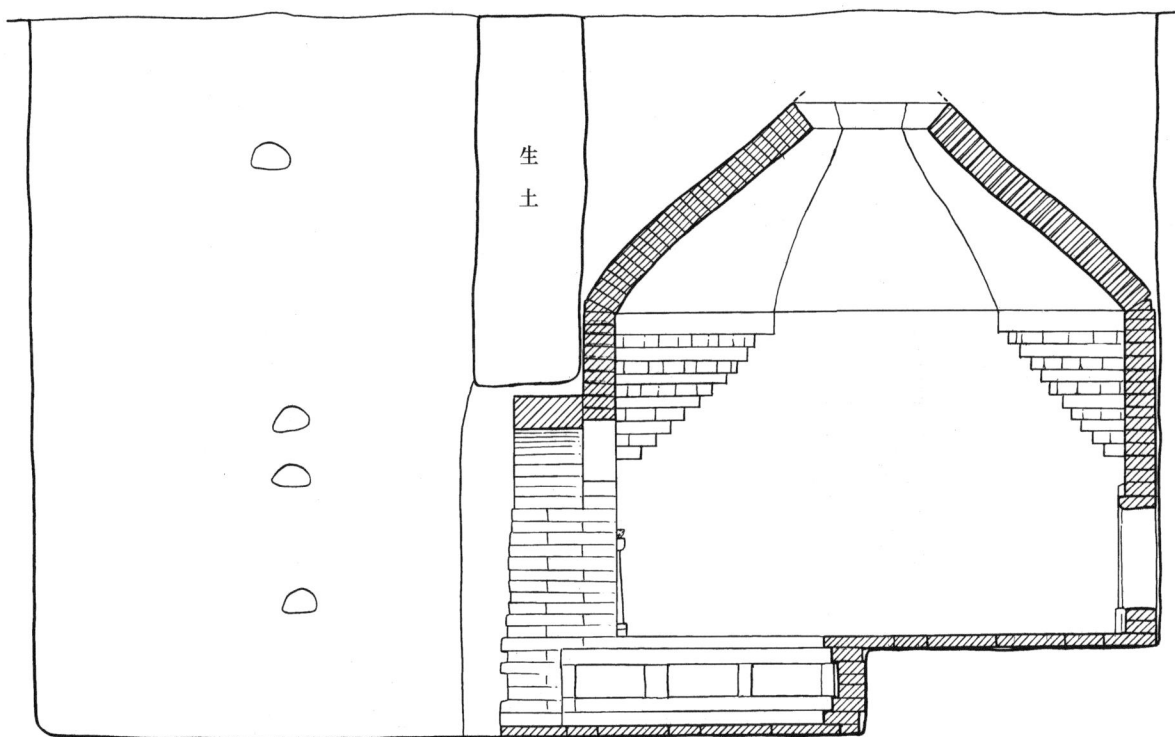

生土

纵向剖视图

0 　　　　　　　　　1米

图一八六　11YLM22俯视、剖视图

墓室南壁正视图

墓室北壁正视图

0　　　　　　　　1米

图一八七　11YLM22墓壁正视图

壁面较整齐，拐角近方正，东、西两壁中部各掏挖有4个脚窝，一壁一列，窝间距不等，上下错位分布，脚窝口宽15厘米左右。底部较平整。墓道内填土为黄褐色花土，土质较软。

墓门　生土拱形顶。高138、宽90、进深20厘米。采用青灰条砖封门，封堵方式为下部干摆3层甃砖，上部卧砖错缝至顶。

甬道　东西两侧顺砖错缝平砌，外顶部采用单层砖券拱形顶，内顶部为左右斜向单砖上搭一平砖。宽63、高116~124、进深40厘米。

墓室　在竖穴土圹中砖砌。平面近方形，八角穹隆攒尖顶。东西长212、南北宽208厘米，夹道底部至墓顶255厘米高（图版七一，2），室内沿四壁砌砖床，南端中间留夹道，砖床平面呈倒"凹"字形。砖床以生土为床基，床面墁条砖，铺筑方式为横直相间，侧面砌须弥座式床腿。夹道比砖床低35厘米，地面铺砖，铺排方式与砖床相同。墓壁在砖床平铺砖面上砌筑，采用顺砖错缝平砌，缝隙间夹红泥，南壁和北壁有装饰，墓壁四角上部叠涩回收。

墓壁装饰

北壁　中间砌板门，高41、宽36厘米，其构造由门砧、门槛、立颊、上额组成，无门扇。板门两侧各砌破子棂窗一堂，高36、宽41厘米；窗门布棂条5个，断面呈三角形。

南壁甬道西侧砌一简易檠灯，上部砌方形壁龛，作为灯窝，灯台凸出，中间有檠干，下部为檠座，檠座与砖床面平（图版七二，1）。

（2）葬具葬式

该墓为二人合葬，2具人骨分别置于砖床的东西两侧。

西侧人骨保存较差，呈粉状，仅存头骨和部分胸骨，性别年龄不详，头向北，面上，肢骨不详。

东侧砖床上人骨残缺不全，保存较差，多呈粉状，男性，35岁左右，头向北，面向不详，仰身，左上肢略向内弯屈，下肢伸直。

2具人骨均未发现葬具。

（3）随葬品

随葬品有铜镜1（M22：1）、铜簪1（M22：3）件；铁动物2（M22：2-1、M22：2-2）、铁灯盏1（M22：4）件。分别置于以下几处：

1号铜镜和2号铁动物置于砖床东侧墓主人头骨上部；3号铜簪置于砖床西侧墓主人头骨旁；4号铁灯盏置于墓室南壁西侧的壁龛内。

1）铜器

M22：1　镜。圆形，镜面略弧，背面平缘，椭圆形纽，有穿，穿内留有残铁环一节。纽周围有3个高浮雕式的猛兽，呈逆时针圈绕，首尾相连，2个为长脸，张开大口，翘舌，露齿，无腿足；1个近圆脸，4腿足，作伏卧状。其外围由内及外呈阶梯式三周纹饰，依次为短线纹、锯齿纹、三角纹。直径13.5、缘高0.4、厚0.2~0.4厘米（图一八八，3；图一八九；图版七三）。

M22：3　簪。残，锈蚀较甚，整体呈"U"形，顶端弯曲成弓形，簪体扁圆，锥尖。长10

厘米（图一八八，5；图版七二，3）。

2）铁器

M22：2-1　动物。铁锈色。锈蚀较甚，残，椭圆形脸，腰略显瘦长，腹圆，四腿直立，足下有底座。范铸。长6.5、通高6.3厘米（图一八八，2；图版七二，5）。

M22：2-2　动物。铁锈色。锈蚀较甚，残，椭圆形脸，伸长颈，腰略显瘦长，腹圆，短尾上翘，四腿直立，足下有底座。范铸。长6、通高6.3厘米（图一八八，1；图版七二，4）。

M22：4　灯盏。口径10.2、通高4.8、底径3.4厘米（图一八八，4；图版七二，2）。

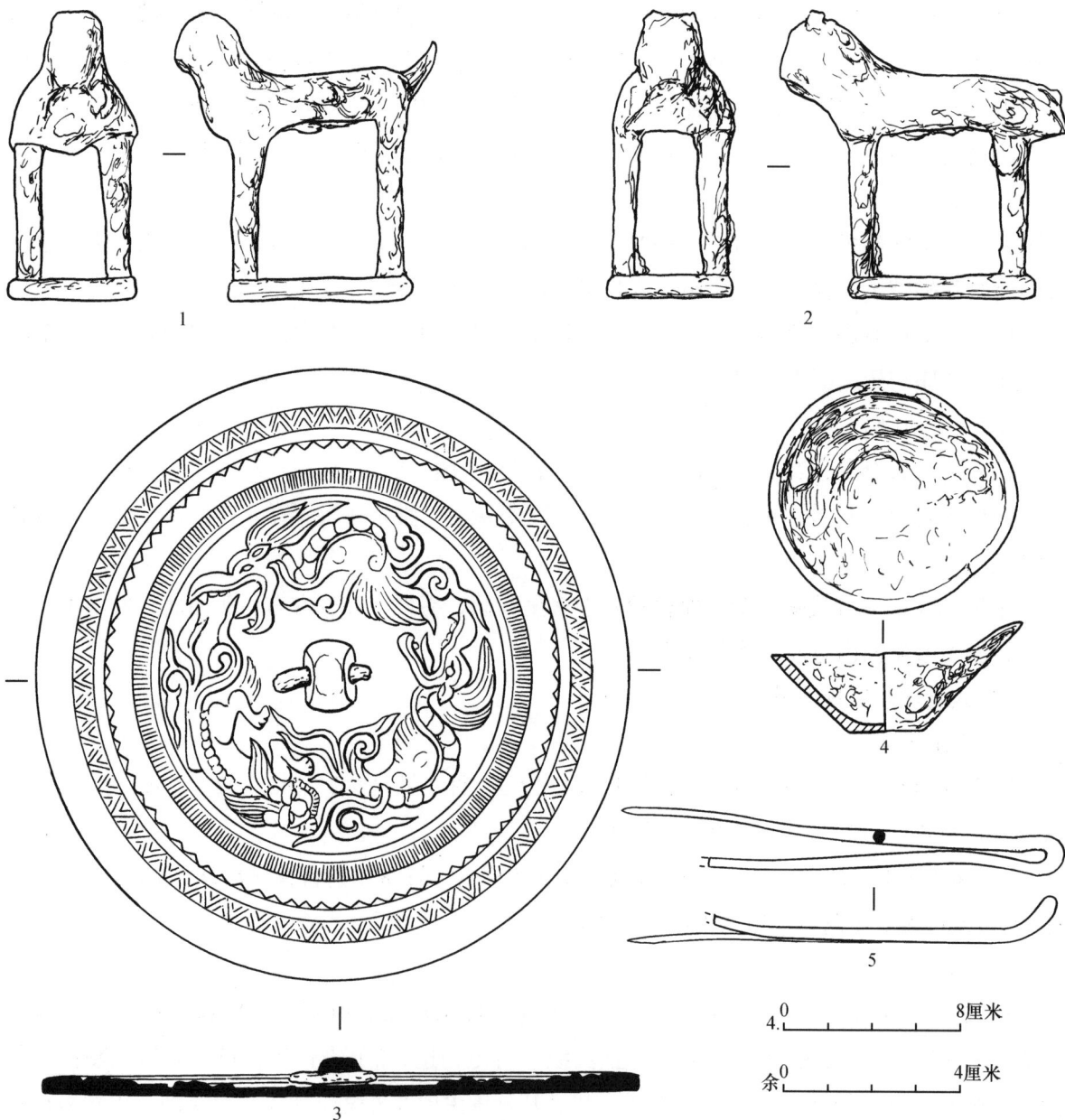

图一八八　11YLM22出土器物

1、2.铁动物（M22：2-2、M22：2-1）　3.铜镜（M22：1）　4.铁灯盏（M22：4）　5.铜簪（M22：3）

0   4厘米

图一八九　11YLM22出土铜镜（M22∶1）纹饰拓本

3. 11YLM27

（1）墓葬形制

单室墓，由墓道、墓门、甬道和墓室组成（图一九〇、图一九一）。墓道与墓室不平行，整体呈"刀"形。方向175°。该墓在发掘前被施工扰动，墓室顶部被破坏。

墓道　位于墓室南端，向西南略微折曲，长条形、竖穴，北宽南窄。长185、宽50～65、底距现墓口140厘米。直壁，壁面较整齐。底部平整。墓道内填土为黄褐色花土，土质较软。

墓门　平顶。生土过洞。宽65、高117、进深45厘米。有两重封门，均为干摆青灰条砖，从甬道延续到墓室，外层残存4层甃砖，残高68厘米；内层下部4层甃砖，间夹1层卧砖，上部残存1层甃砖，残高83厘米。封门砖长33、宽16、厚5厘米。

甬道　平顶，东西两侧卧砖平砌，单层砖券拱形顶。宽62、高117、进深37厘米。

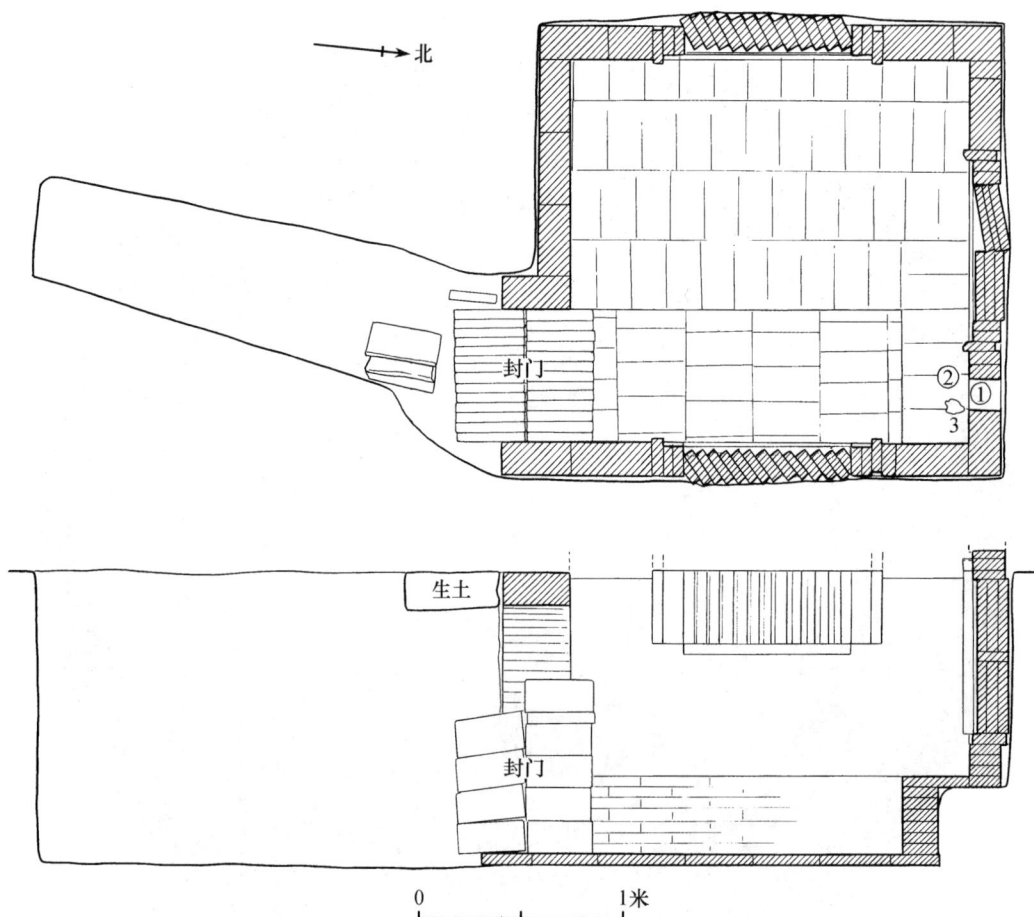

图一九〇　11YLM27平面、剖视图
1、2.瓷碗　3.铁动物

　　墓室　竖穴土圹中砖砌。平面近方形，顶部破坏，结构不详。南北长194、东西宽183、残高130厘米（图版七四，1），室内延甬道宽度做夹道，长162、宽62厘米。余砌做砖床，砖床以生土为基，床面平铺一层条砖，铺筑方式为横排通缝，侧面顺砖错缝平砌。夹道底部平铺一层砖，铺筑方式为直排通缝，距砖床面37厘米。墓壁在砖床和夹道铺砖上砌筑，采用卧砖错缝平砌，缝隙间夹红泥，北壁、东壁和西壁中间有装饰。

　　墓壁装饰

　　北壁　中间砌板门一合，其构造残存门砧、门槛、立颊、门额、门簪、门扇，右侧门扇紧闭，左侧门扇虚掩，门额上雕菱形门簪两枚，左右各一，门额上部破坏，结构不详。板门右侧墙壁上砌一方形壁龛。

　　东壁　中间砌直棂窗一堂，残高40厘米。残存博柱、立颊、下串、棂条十三根，断面呈三角形。

　　西壁　中间砌直棂窗一堂，形制构造同东壁，棂条十二根，断面呈三角形。

　　（2）葬具葬式

　　该墓葬具和人骨无存。

墓室北壁正视图

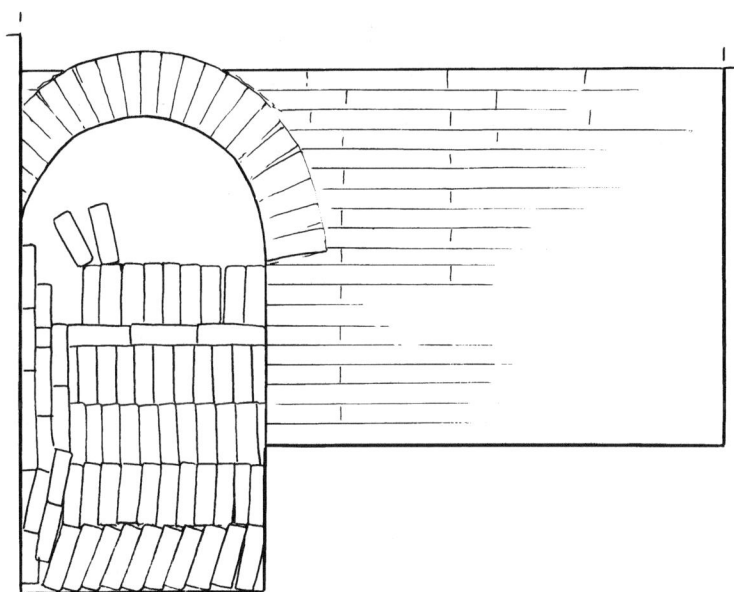

墓室南壁正视图

0　　　　　　　　　　　　1米

图一九一　11YLM27墓壁正视图

（3）随葬品

瓷碗2（M27：1、M27：2）件；铁动物1（M27：3）件。分别置于以下两处：

1号瓷碗放置于墓室北壁东侧壁龛内；2号瓷碗和3号铁动物放置于墓室东北角砖床上。

1）瓷器

M27：1　碗。胎呈浅灰色。内外壁施酱色釉，釉面有光泽，内壁施满釉，内底面有涩圈，外壁釉至上腹部。侈口，圆唇，略弧腹斜内收，圈足，挖足过肩，个体较小。拉坯成形。

口径9.4、通高3、足径3.4厘米（图一九二，2；图版七四，2）。

M27：2 碗。胎呈白色，略泛青灰色。内外壁施白釉，釉面有光泽，有开裂现象，内壁施满釉，内底有涩圈，外壁釉至上腹部。侈口，圆唇，斜收腹，圈足外撇，挖足过肩，个体较小。拉坯成形。口径9、通高3.4、足径3.8厘米（图一九二，3；图版七四，3）。

2）铁器

M27：3 动物。铁锈色。范铸。长脸，略昂首，头上有犄，身体较短，腹部横断面呈弧形，翘尾，四腿直立，足下有底座。长6.7、通高8.5厘米（图一九二，1；图版七四，4）。

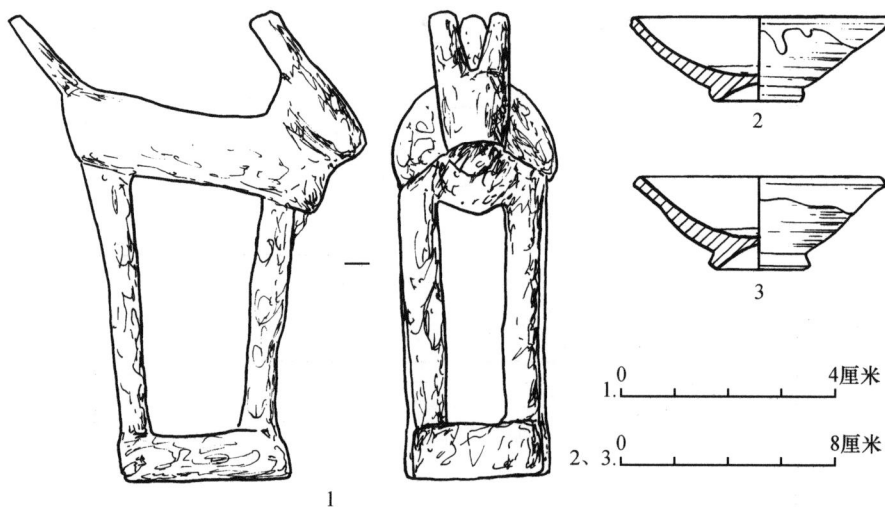

图一九二　11YLM27出土器物
1.铁动物（M27：3）　2、3.瓷碗（M27：1、M27：2）

第五章　明代时期墓葬分述

明代时期墓葬发现6座（图一九三），均为土洞室墓（附表七）。

1. 11YLM8

（1）墓葬形制

由墓道、甬道和墓室组成（图一九四）。整体呈"甲"字形。方向190°。

墓道　位于墓室南端，长条形、竖穴，北端较南端略宽。长250、宽70～75、底距现墓口130厘米。直壁，壁面整齐。底部平整。墓道内填土为黄褐色花土，土质较软。

甬道　拱形顶。宽75、高90、进深50厘米。土坯封门，封堵方式为甃砖样式干摆，仅存两层，残高50厘米。

墓室　平面呈抹角方形，拱形顶。边长190、高100厘米（图版七五，1）。壁面平整，南

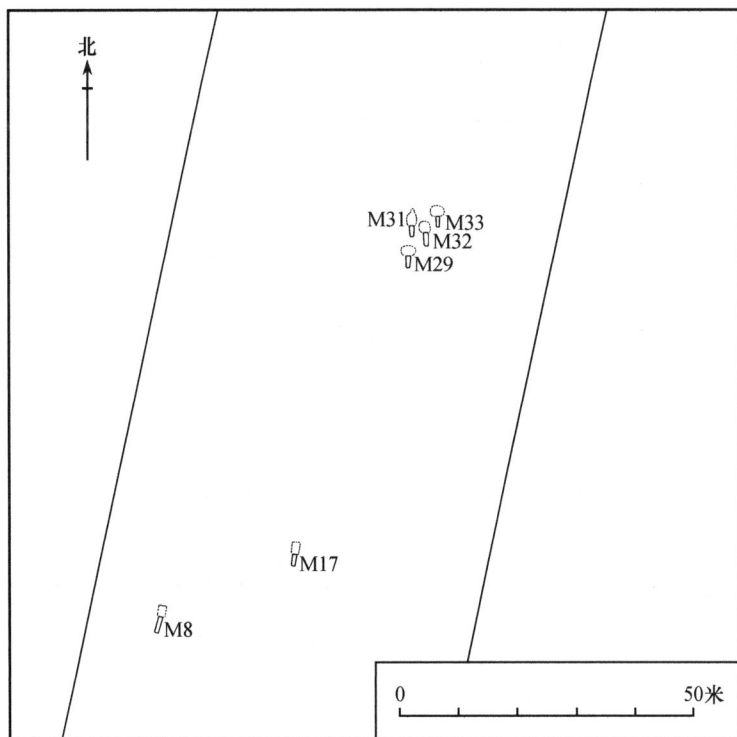

图一九三　老君沟墓地明代时期墓葬分布图

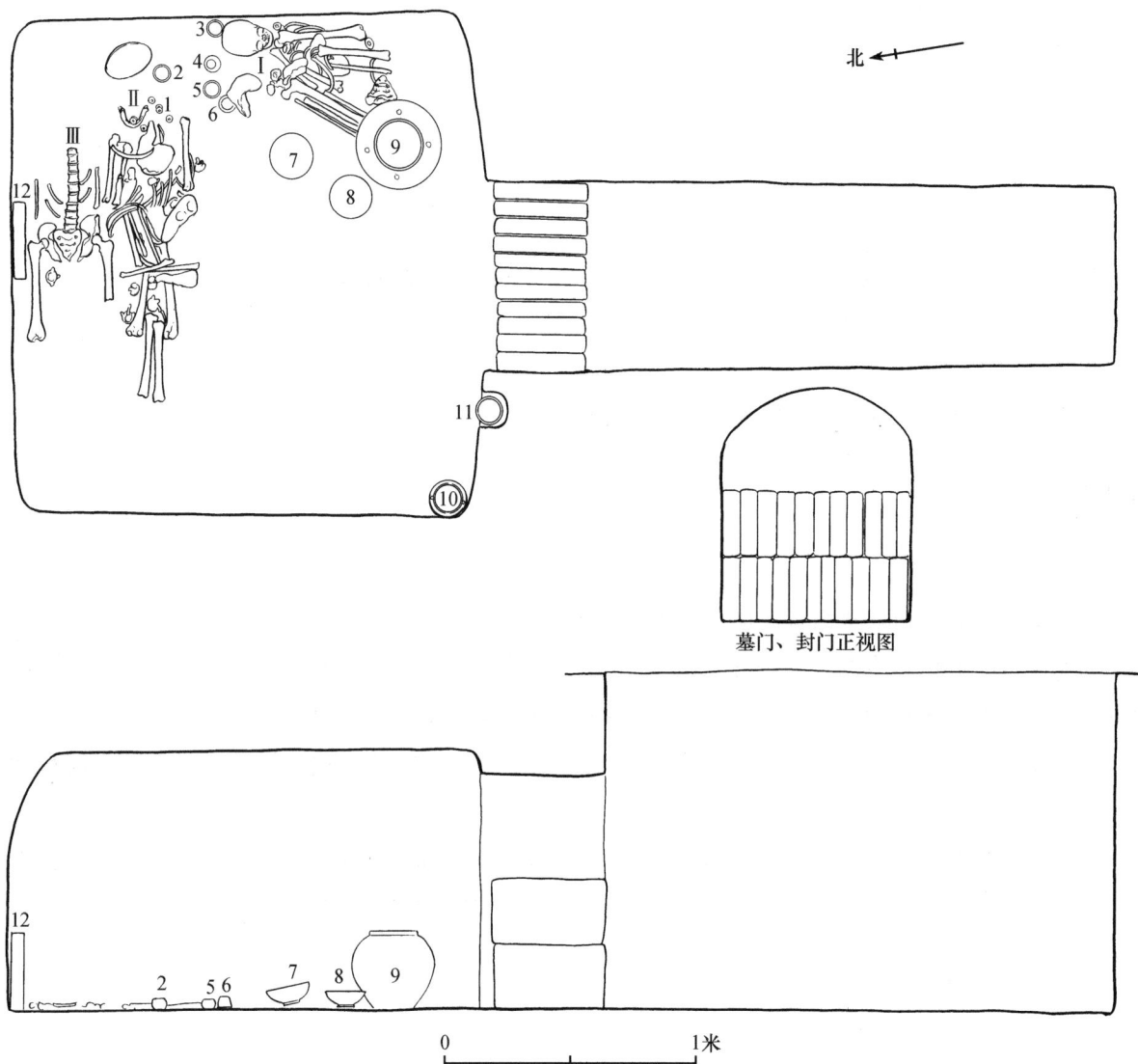

墓门、封门正视图

0   1米

图一九四　11YLM8平面、剖视及墓门、封门正视图
1.铜钱　2～6.陶罐　7、8.瓷碗　9、10.瓷罐　11.铁灯盏　12.墓志方砖

壁略外弧，南壁西侧近墓门处有一壁龛。墓室内被淤土填满。

（2）葬具葬式

该墓为多人合葬，墓室内共有3具人骨架。

墓室东壁下人骨架（Ⅰ），女性，年龄20～25岁，头向北，面上，肢骨叠放，骨架不全，系二次葬。其葬具不详。

墓室北壁下人骨架（Ⅲ），骨架保存较差，成年，性别不详，从残存部分看头向北，仰身，肢骨散乱，有缺失，系二次葬。其南侧人骨架（Ⅱ），成年男性，头向北，骨架叠放，较散乱，系二次葬。在Ⅱ、Ⅲ号人骨下发现少量黑色板灰。

（3）随葬品

随葬品有陶器、瓷器、铁器和铜钱（图版七五，2）。器类分别为小陶罐5（M8：2～M8：6）件；瓷碗2（M8：7、M8：8）、瓷罐2（M8：9、M8：10）件；铁灯盏1（M8：11）件；方砖墓志1（M8：12）块；铜钱36（M8：1）枚。分别置于以下几处：

1号铜钱置于2号人骨上半身；2～6号小陶罐置于1号人骨头骨顶部；7、8号瓷碗和9号瓷罐置于墓室前端偏东侧；10号瓷罐置于墓室西南角；11号铁灯盏置于壁龛内；12号墓志置于墓室后端中间，靠在北壁上。

1）陶器

M8：2　罐。外口径6.6、通高3.4、底径4厘米（图一九五，8；图版七六，3）。

M8：3　罐。内口径5.8、通高3.6、底径4.2厘米（图一九五，6；图版七六，4）。

M8：4　罐。内口径6、通高3.6、底径3.8厘米（图一九五，4；图版七六，2）。

M8：5　罐。外口径6.6、通高3.8、底径3.6厘米（图一九五，5；图版七六，1）。

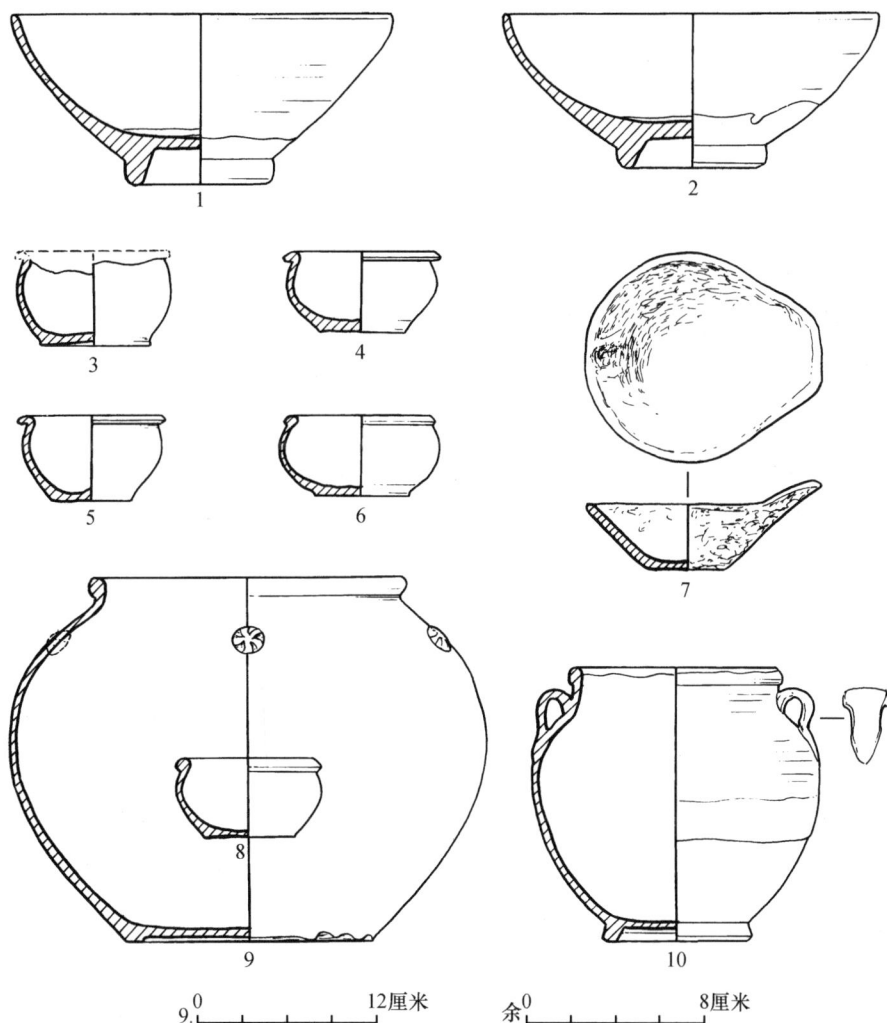

图一九五　11YLM8出土器物

1、2.瓷碗（M8：7、M8：8）　3～6、8.小陶罐（M8：6、M8：4、M8：5、M8：3、M8：2）　7.铁灯盏（M8：11）

9、10.瓷罐（M8：9、M8：10）

M8∶6　罐。腹径7、残高3.8、底径5厘米（图一九五，3；图版七六，5）。

M8∶12　墓志方砖。泥质。灰色。正方形，一面光滑，一面粗糙，光面朱书，年款为"大明永乐年"。长30、宽30、厚4.8厘米（图版七七，5）。

2）瓷器

M8∶7　碗。胎呈青灰色，局部呈淡黄色。唇部施酱黄釉，余内外壁施黑釉，内底有涩圈，外壁釉至下腹近圈足，釉色较光亮。口径16.8、通高7.4、足径6.6厘米（图一九五，1；图版七七，1）。

M8∶8　碗。胎呈青灰色。内外壁施黑釉，内壁施满釉，内底有涩圈，外壁釉至下腹，釉色较光亮。口径17、通高6.8、足径6.8厘米（图一九五，2；图版七七，2）。

M8∶9　罐。胎呈白色，略泛淡黄色。内外壁施黑釉，内壁施满釉，外壁釉面不及圈足，釉面光泽较好。大口较直，厚唇，有颈，圆鼓腹，下腹圆弧斜内收，隐圈足，器体矮胖，肩部贴附5个等距离梅花朵纹钉装饰。拉坯成形，底面有同心圆旋痕。口径21.3、通高23.7、底径16.5厘米（图一九五，9；图版七七，3）。

M8∶10　罐。双耳。胎呈白色。唇部无釉，露胎，内壁满施黑釉，外壁施酱黄色釉至下腹部，釉色不均匀，有条带状黑釉，釉面光泽较差。口径9.6、通高12、足径6.8厘米（图一九五，10；图版七七，4）。

3）铜器

M8∶1　钱。33枚。

唐代钱　5枚。"开元通宝"4枚，圆形方穿，宽缘狭穿，钱文均为上下、右左排列。M8∶1-1，方穿被打磨成圆穿。直径2.4、穿径0.8厘米，重3.4克（图一九六，1）；M8∶1-2，直径2.5、穿大0.6厘米，重3.4克（图一九六，2；图版七八，1）；M8∶1-3，背面外郭被磨平。直径2.4、穿大0.6厘米，重2.4克（图一九六，3）；M8∶1-4，略残，有砂眼。直径2.3、穿大0.6～0.7厘米，重3.4克（图一九六，4）。"乾元重宝"1枚，M8∶1-5，圆形方穿，宽缘狭穿，钱文为上下、右左排列，背面穿下月。直径2.2、穿大0.6厘米，重2.7克（图一九六，5；图版七八，2）。

北宋钱　21枚。"太平通宝"2枚，略残，钱文均为上下、右左排列。M8∶1-6，圆形方穿，宽缘。直径2.3、穿大0.6厘米，重2.3克（图一九六，6；图版七八，3）；M8∶1-7，圆形，宽缘，穿打磨成圆形。直径2.4、穿径0.7厘米，重3克（图一九六，7）。"淳化元宝"1枚，M8∶1-8，圆形，宽缘，方穿被打磨成圆形，钱文顺时针排列。直径2.4、穿径0.6厘米，重3.2克（图一九六，8；图版七八，4）。"至道元宝"1枚，M8∶1-9，圆形方穿，宽缘，钱文顺时针排列，行书。直径2.4、穿大0.5厘米，重3.7克（图一九六，9；图版七八，5）。"景德元宝"1枚，M8∶1-10，圆形方穿，宽缘，钱文顺时针排列。直径2.4、穿大0.6厘米，重3.4克（图一九六，10；图版七八，6）。"祥符通宝"1枚，M8∶1-11，圆形，宽缘，方穿有磨损，呈"D"形，钱文顺时针排列。直径2.3、穿大0.6厘米，重3.2克（图一九六，11；图版七八，7）。"天圣元宝"2枚，M8∶1-12，圆形方穿，宽缘，穿有磨损，钱文篆、真成

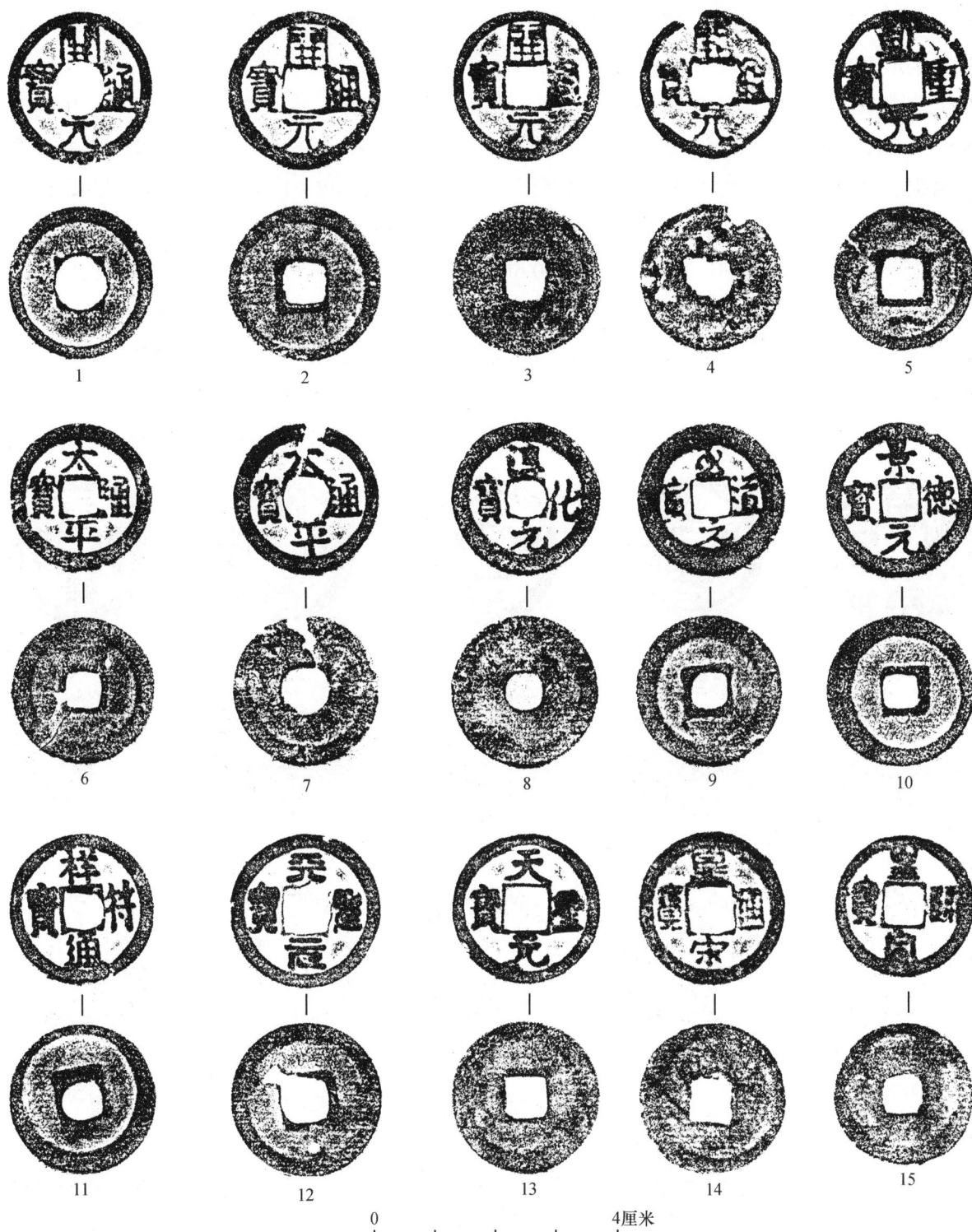

图一九六　11YLM8出土铜钱（一）

1~4. 开元通宝（M8：1-1、M8：1-2、M8：1-3、M8：1-4）　5. 乾元重宝（M8：1-5）　6、7. 太平通宝（M8：1-6、M8：1-7）

8. 淳化元宝（M8：1-8）　9. 至道元宝（M8：1-9）　10. 景德元宝（M8：1-10）　11. 祥符通宝（M8：1-11）　12、13. 天圣元宝

（M8：1-12、M8：1-13）　14、15. 皇宋通宝（M8：1-14、M8：1-15）

对，顺时针排列。直径2.4、穿大0.7厘米，重4.1克（图一九六，12；图版七八，8）；M8：1-13，圆形方穿，宽缘，钱文顺时针排列，真书。直径2.4、穿大0.7厘米，重3.3克（图一九六，13；图版七九，1）。"皇宋通宝"3枚，圆形方穿，宽缘，钱文均为上下、右左排列。M8：1-14，直径2.4、穿大0.7厘米，重4.1克（图一九六，14；图版七九，2）；M8：1-15，穿有磨损。直径2.3、穿大0.6厘米，重3.2克（图一九六，15）；M8：1-16，穿有磨损。直径2.4、穿大0.7厘米，重2.9克（图一九七，1）。"至和元宝"1枚，M8：1-17，圆形方穿，宽缘，穿有磨损，钱文顺时针排列。直径2.3、穿大0.6厘米，重3.3克（图一九七，2；图版七九，3）。"嘉祐通宝"1枚，M8：1-18，圆形方穿，宽缘，穿有磨损，钱文上下、右左排列。直径2.3、穿大0.7厘米，重3.5克（图一九七，3；图版七九，4）。"熙宁元宝"1枚，M8：1-19，圆形方穿，宽缘，穿有磨损，钱文顺时针排列。直径2.3、穿大0.6厘米，重3.3克（图一九七，4；图版七九，5）。"元丰通宝"4枚，圆形方穿，宽缘，钱文顺时针排列。M8：1-20，直

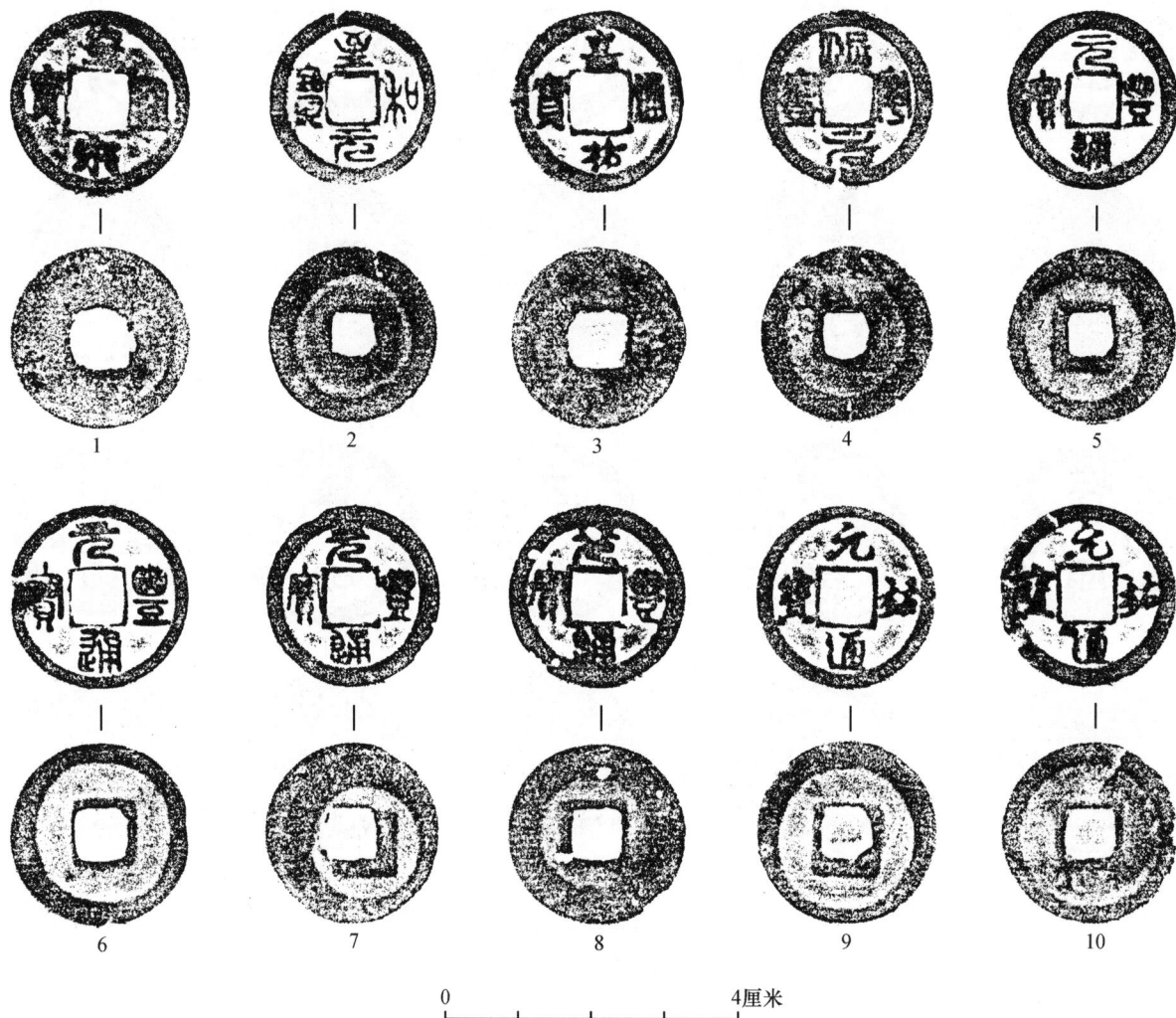

图一九七　11YLM8出土铜钱（二）

1. 皇宋通宝（M8：1-16）　2. 至和元宝（M8：1-17）　3. 嘉祐通宝（M8：1-18）　4. 熙宁元宝（M8：1-19）
5～8. 元丰通宝（M8：1-20、M8：1-21、M8：1-22、M8：1-23）　9、10. 元祐通宝（M8：1-24、M8：1-25）

径2.3、穿大0.6厘米，重2.8克（图一九七，5）；M8：1-21，直径2.4、穿大0.7厘米，重3.2克（图一九七，6；图版七九，6）；M8：1-22，薄肉，有砂眼。直径2.4、穿大0.6厘米，重2.2克（图一九七，7）；M8：1-23，直径2.4、穿大0.6厘米，重2.9克（图一九七，8）。"元祐通宝"2枚，圆形方穿，宽缘，钱文顺时针排列。M8：1-24，直径2.4、穿大0.7厘米，重3.3克（图一九七，9）；M8：1-25，直径2.4、穿大0.7厘米，重3.9克（图一九七，10）。"绍圣元宝"1枚，M8：1-26，圆形方穿，宽缘，钱文顺时针排列。直径2.3、穿大0.6厘米，重4克（图一九八，1）。

明代钱　7枚。"大中通宝"1枚，M8：1-27，圆形方穿，宽缘狭穿，钱文上下、右左排列，"通"字双点。直径2.2、穿大0.5厘米，重3.3克（图一九八，2）。"洪武通宝"6枚，均为圆形方穿，宽缘狭穿，正面周郭、钱文周正且深峻，钱文均为上下、右左排列。M8：1-28，直径2.1、穿大0.5厘米，重2.7克（图一九八，3；图版七九，7）；M8：1-29，直径2.2、穿大0.5厘米，重3.3克（图一九八，4）；M8：1-30，直径2.2、穿大0.5厘米，重3.6克（图

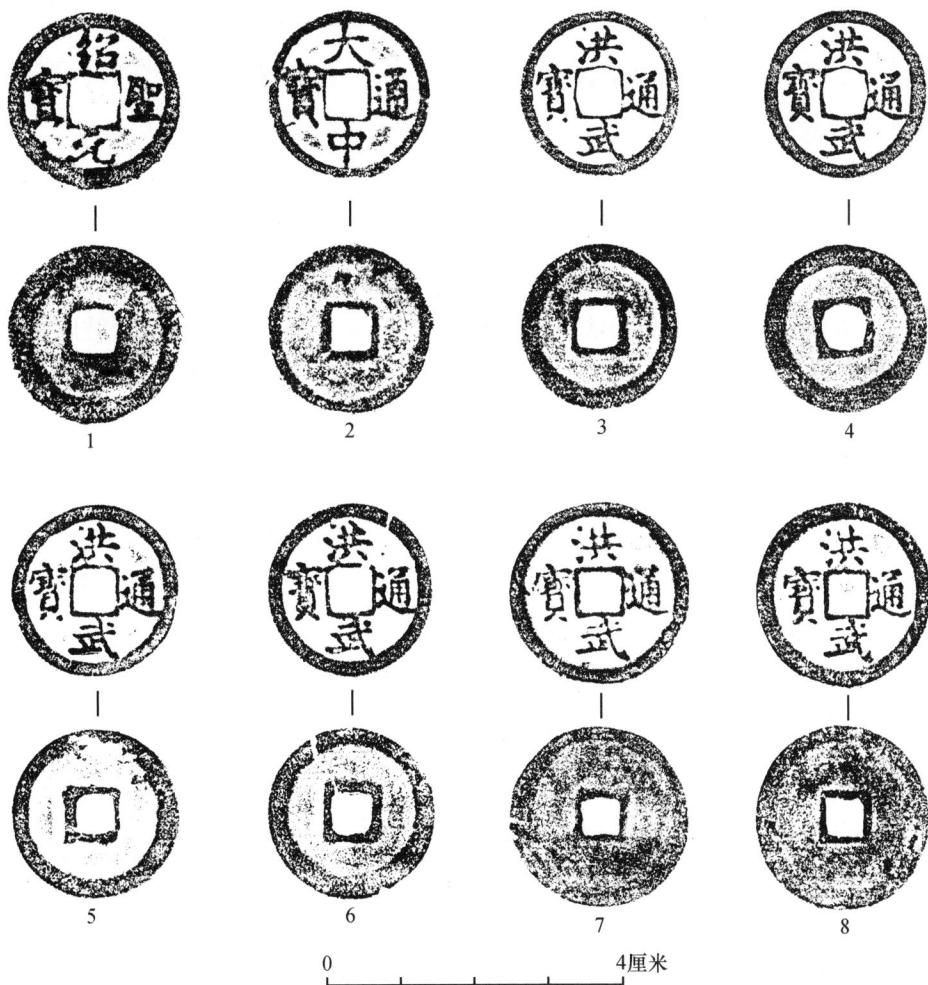

图一九八　11YLM8出土铜钱（三）

1.绍圣元宝（M8：1-26）　2.大中通宝（M8：1-27）　3~8.洪武通宝（M8：1-28~M8：1-33）

一九八，5）；M8：1-31，直径2.2、穿大0.5厘米，重3.3克（图一九八，6；图版七九，8）；M8：1-32，直径2.4、穿大0.5厘米，重3.2克（图一九八，7）；M8：1-33，直径2.4、穿大0.5厘米，重3.7克（图一九八，8）。

4）铁器

M8：11　灯盏。口径9.2、通高3.8、底径3.4厘米（图一九五，7；图版七六，6）。

2. 11YLM17

（1）墓葬形制

由墓道、甬道、墓室组成（图一九九）。整体呈"甲"字形。方向185°。

墓道　位于墓室南端，长方形、竖穴。长160、宽70、底距现墓口400厘米。直壁，壁面整齐，中部偏南东、西两壁各掏挖有7个脚窝，上下错位分布。底部平整。墓道内填土为黄褐色花土，土质较软。

甬道　生土过洞，拱形顶。宽70、高95、进深55厘米。封门情况不详。

墓室　平面呈抹角长方形，拱形顶。长210、宽190、高130厘米（图版八〇，1）。壁面平整，南壁略外弧。墓室内被淤土填满。

（2）葬具葬式

该墓为二人合葬，两具人骨分别置于墓室前端和后端。

前端人骨（Ⅰ），腐朽较甚，呈粉末状，葬式不可辨。

后端人骨（Ⅱ），疑似女性，年龄25～30岁，头向西，面南，仰身，上肢腐朽不详，下肢直伸。

两具人骨所用葬具不可辨，仅在人骨下发现黑色板灰。

（3）随葬品

随葬品有陶器、瓷器、泥俑和铁器（图版八〇，2）。器类分别为陶罐3（M17：3-1～M17：3-3）件；瓷碗1（M17：1）、瓷罐1（M17：2）件；泥俑1（M17：4）件；铁灯盏1（M17：5）件。分别置于以下几处：

2号瓷罐置于墓室前端西侧，紧靠西壁；1号瓷碗倒扣于瓷罐上；3号小陶罐置于墓室前端西侧；4号泥俑置于墓室中间西侧；5号铁灯盏置于墓室西南角。

1）陶器

M17：3-1　罐。外口径6、通高3.6、底径3厘米（图二〇〇，4；图版八一，1）。

M17：3-2　罐。口径6、通高3.6、底径2.8厘米（图二〇〇，3；图版八一，2）。

M17：3-3　罐。口径5.6、通高3、底径3厘米（图二〇〇，5；图版八一，3）。

M17：4　泥俑。人物俑，残，仅存腰腹以上。人物面目漫漶，可见鼻梁高挺，头发似为双螺髻；身穿窄袖衫，双手拢于袖中。人俑遍身施白彩，可见零星黑彩。其制作材质为黏土，制作方法为分别捏制好前后两片后，再将两片捏制成一体，俑体中间可见捏合缝。残高8、最宽4、最厚3.6厘米（图二〇〇，6）。

墓门正视图

0　　　　　　　　1米

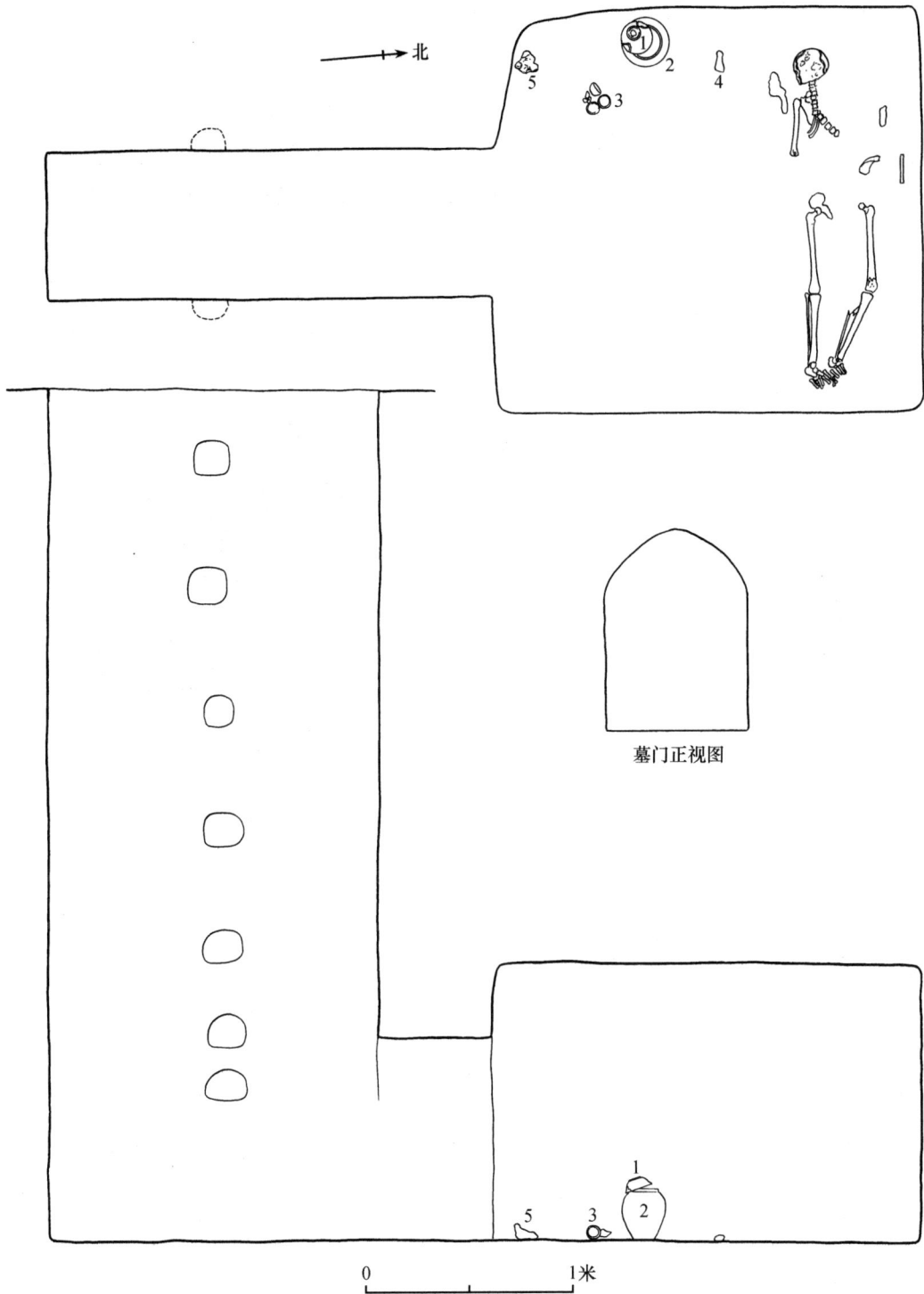

图一九九　11YLM17平面、剖视及墓门正视图

1.瓷碗　2.瓷罐　3.陶罐　4.泥俑　5.铁灯盏

2）瓷器

M17：1　碗。胎呈白色。内外壁施白釉，泛淡黄色，釉面光泽较差，内壁施满釉，外壁釉面至上腹部，内外壁釉面上有棕色彩绘，内壁口下部和内底部各绘一周弦纹，内底面绘花草纹，外壁上腹部绘钩纹、卷云纹，其上下各绘一周弦纹。敞口外撇，圆唇，上腹壁内曲，下腹壁圆弧内收，腹较深，圈足略外撇。拉坯成形，内底面有5个置小支钉痕迹，足床处有4个支钉，另一个脱落。口径16.2、通高6.6、足径5.6厘米（图二〇〇，2；图版八一，5）。

M17：2　罐。双耳。胎呈淡黄色。肩部有三周不规则宽凹弦纹，内外壁施酱黄色釉，釉面光泽较差，内壁施满釉，外壁釉面至下腹部。口径15.9、通高23.1、底径12.9厘米（图二〇〇，1；图版八一，6）。

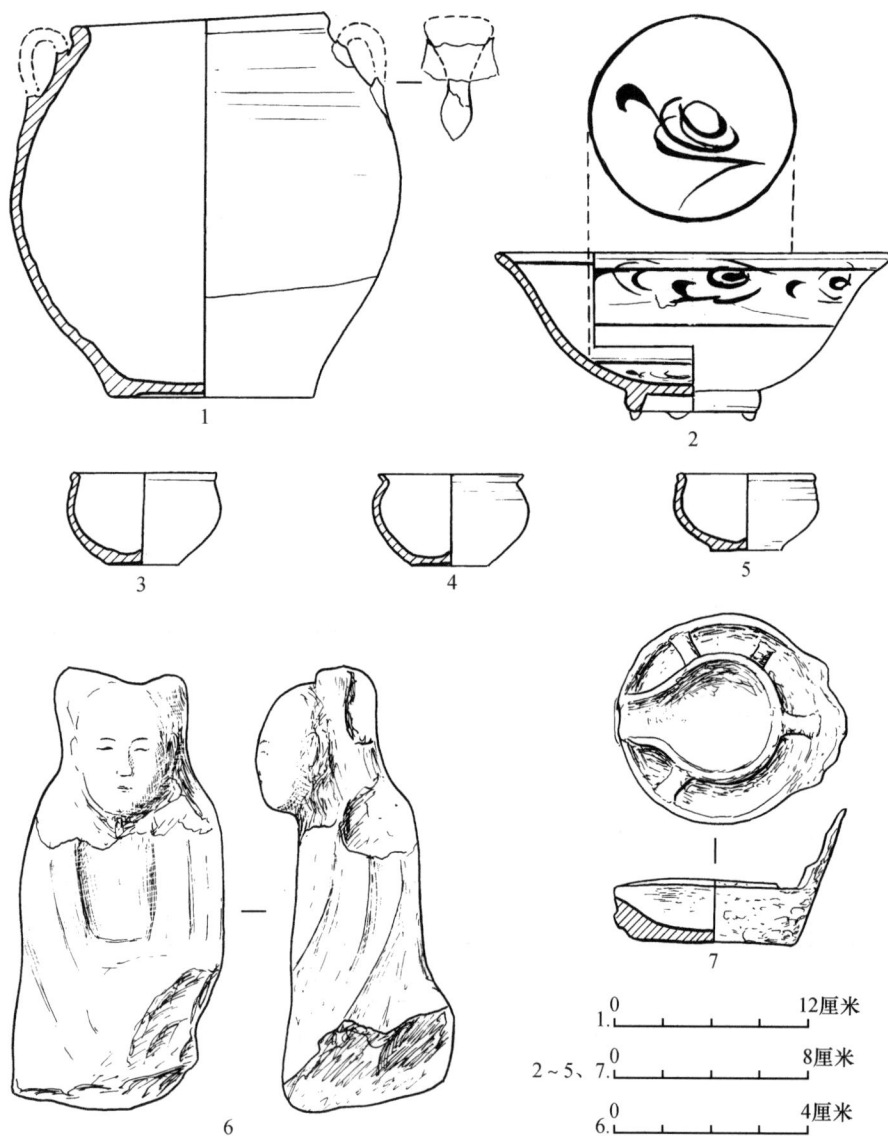

图二〇〇　11YLM17出土器物

1.瓷罐（M17：2）　2.瓷碗（M17：1）　3～5.陶罐（M17：3-2、M17：3-1、M17：3-3）　6.泥俑（M17：4）
7.铁灯盏（M17：5）

3）铁器

M17：5 灯盏。范铸。圆形，内外双腹，双腹之间有空隙，铸有横梁，可注水，内腹俯视呈匜形，口部有流，流直至外腹口部，与流向对应的一面外腹口部铸一把手，外腹壁斜直，腹较浅，平底。外腹口径8.4、通高5.4、底径6.6厘米（图二〇〇，7；图版八一，4）。

3. 11YLM29

（1）墓葬形制

由墓道、墓室组成（图二〇一；图版八二，1）。整体呈"甲"字形。方向185°。

墓道 位于墓室南端，长条形、竖穴，北端较南端略宽。长216、宽66～74、底距现墓口190厘米。直壁，壁面较整齐。底部平整。墓道内填土为黄褐色花土，土质较软。封门情况不详。

墓室 平面呈不规则椭圆形，拱形顶。东西长290、南北宽190、高100厘米。底面平整。北壁和东壁外弧。墓室内被淤土填满。

（2）葬具葬式

该墓为多人合葬，共有4具人骨架。

墓室西南角人骨架（Ⅰ），成年男性，头向南，面上，肢骨叠放，系二次葬。

墓室前端中部人骨架（Ⅱ），女性，年龄45～50岁，头向东，面上，仰身，上肢伸直，手置于身体两侧，下肢伸直。

墓室中部偏北侧人骨架（Ⅲ），男性，年龄31～34岁，头向东，面上，仰身，上肢伸直，手置于身体两侧，下肢伸直。

墓室北端人骨架（Ⅳ），男性，年龄20～25岁，头向东，面上，肢骨叠放，系二次葬。

4具人骨均未发现葬具。

（3）随葬品

随葬品有陶器、瓷器和泥俑（图版八二，2）。器类分别为陶罐8（M29：1～M29：8）件；瓷罐1（M29：9）、瓷盏1（M29：10）件；泥俑2（M29：11、M29：12）件。分别置于以下两处：

1～4号、8号陶罐，11、12号泥俑置于墓室前端偏东侧；5～7号陶罐、9号瓷罐、10号瓷盏置于墓室东南部拐角处。

1）陶器

M29：1 罐。内口径5.4、通高3.4、底径3.6厘米（图二〇二，1；图版八三，1）。

M29：2 罐。内口径4.2、通高3、底径3厘米（图二〇二，2；图版八三，2）。

M29：3 罐。内口径6、通高3.8、底径4.4厘米（图二〇二，3；图版八三，3）。

M29：4 罐。内口径6、通高3、底径3.4厘米（图二〇二，4；图版八三，4）。

M29：5 罐。内口径5.2、通高3.8、底径3.2厘米（图二〇二，8；图版八三，5）。

M29：6 罐。口径5.2、通高3.4、底径3.4厘米（图二〇二，6；图版八三，6）。

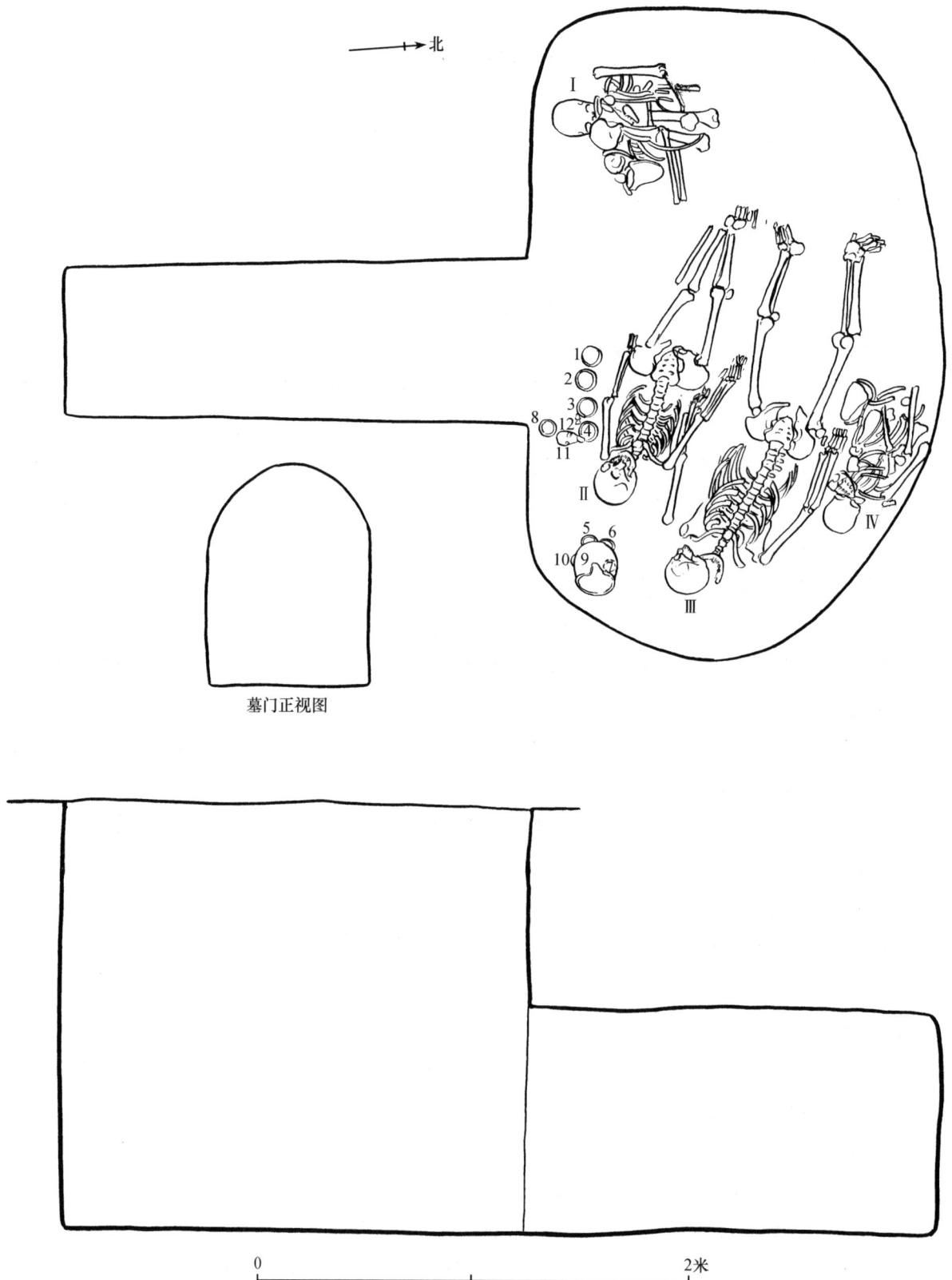

墓门正视图

图二○一　11YLM29平面、剖视及墓门正视图

1～8.陶罐　9.瓷罐　10.瓷盏　11、12.泥俑

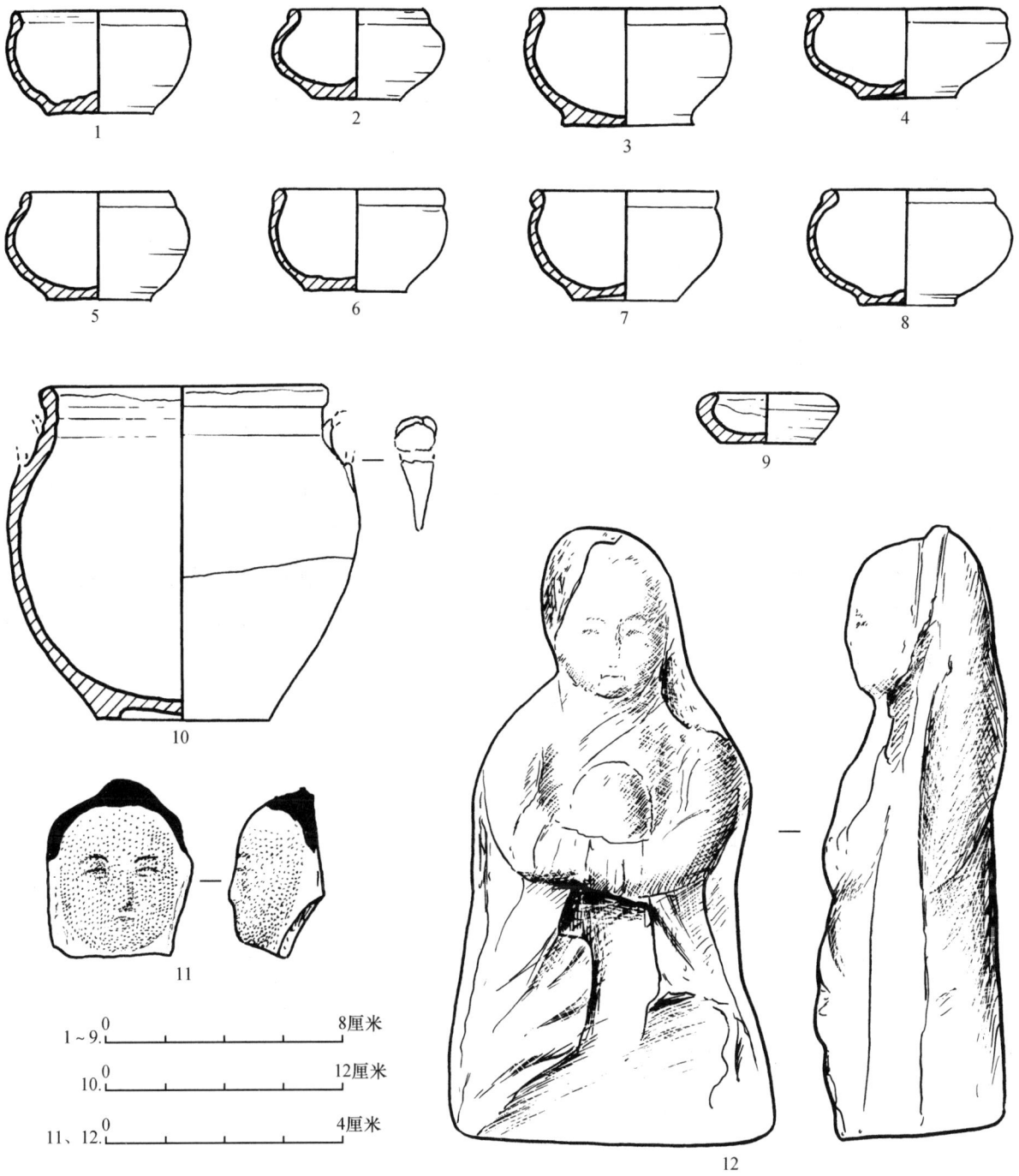

图二〇二　11YLM29出土器物

1~8.陶罐（M29：1、M29：2、M29：3、M29：4、M29：8、M29：6、M29：7、M29：5）　9.瓷盏（M29：10）
10.瓷罐（M29：9）　11、12.泥俑（M29：12、M29：11）

M29：7　罐。内口径5.8、通高3.6、底径3.6厘米（图二○二，7；图版八四，1）。

M29：8　罐。内口径4.6、通高3.6、底径3.6厘米（图二○二，5；图版八四，2）。

M29：11　泥俑。人物俑，略有残缺。人物捏制较粗糙，面目模糊；整体姿态呈站姿，身穿窄袖长衫，双手拢于胸前，或持一物。该俑曾施彩绘，遍体施白彩，头之毛发处施黑彩。其制作材质为当地黄沙土层中的黏土。人俑残缺处可见内部中空，且在人俑中间位置可见凸起的捏棱，所以可以肯定其制作方法应为分别捏制前后两片后再捏合而成。人俑高10.4、最宽5.6、最厚3厘米（图二○二，12；图版八四，5）。

M29：12　泥俑。人物俑，残，仅存头部。人俑面目捏制模糊，隐约可辨眼、鼻、口。俑体曾施彩绘，底彩施白色，毛发施黑彩，面部涂红彩。其材质也为黏土，制法也为两片捏合制成，在该人俑背面可见捏制时存留的工匠指纹。人俑残高3、最宽2.2厘米（图二○二，11）。

2）瓷器

M29：9　罐。双耳。胎呈青灰色。内外壁施酱色釉，唇部无釉，内壁施满釉，外壁釉至下腹部。口径13.8、通高16.5、底径8.7厘米（图二○二，10；图版八四，3）。

M29：10　盏。胎呈浅灰色。内壁施酱色釉不及口部。敛口，圆折肩，斜收腹，平底，底面平整，器体矮小。器壁有旋抹痕，底面有螺旋纹。口径3.6、通高1.6、底径3.2厘米（图二○二，9；图版八四，4）。

4. 11YLM31

（1）墓葬形制

由墓道、墓门、墓室组成（图二○三）。方向180°。

墓道　位于墓室南端，长条形、竖穴，北宽南窄。长150、宽64～90、底距现墓口226厘米。直壁，壁面较整齐，南端东、西两壁近底部各掏挖有1个脚窝，呈上下错位分布，脚窝口宽20厘米左右。底部平整。墓道内填土为黄褐色花土，土质较硬。封门情况不详。

墓室　东、西两壁斜直，后端拐角圆弧，北壁中间掏龛，墓室平面呈不规则形，近似瓶状。南北长250、东西最宽132、前端高92、后端高42厘米。墓室内被淤土填满。

（2）葬具葬式

该墓未发现人骨和葬具。

（3）随葬品

瓷罐1（M31：1）、铁器1（M31：2）件。1号瓷罐置于墓室后端东侧；2号铁器置于墓室中部西侧。

1）瓷器

M31：1　罐。双耳。胎呈白色。内外壁施酱黄色釉，唇部无釉，内壁施满釉，外壁釉面不及底部，釉面光泽较差。口径7.6、通高13.4、底径7.8厘米（图二○四，1）。

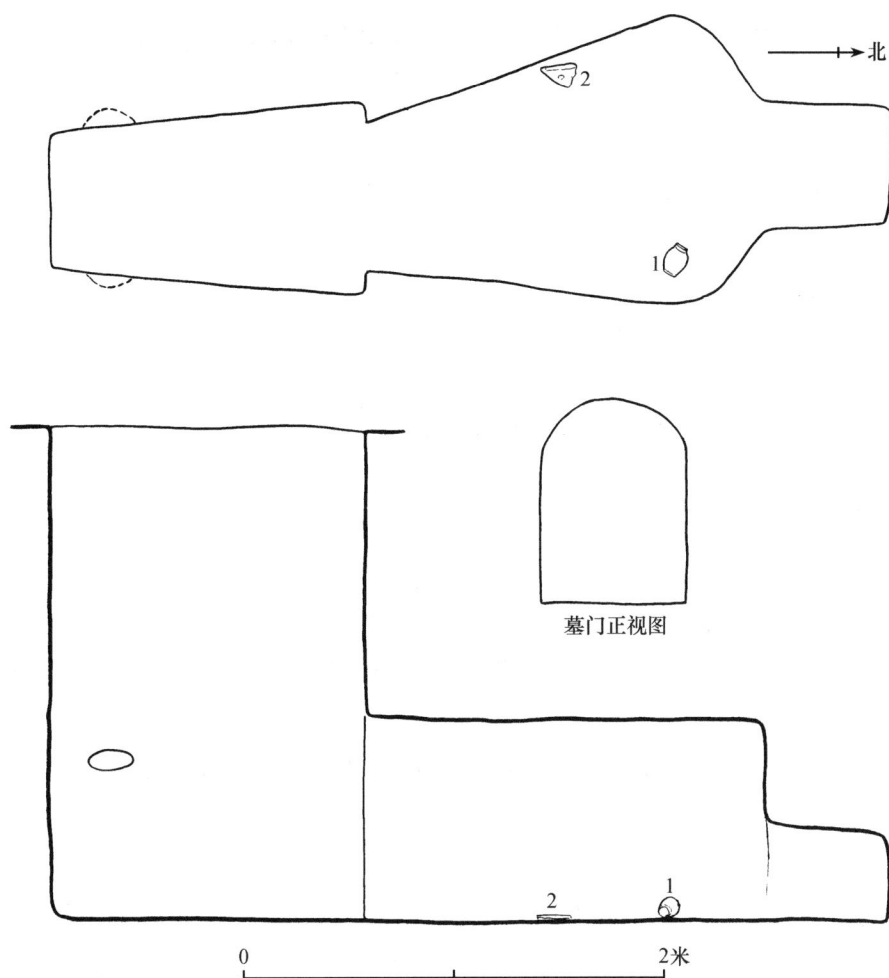

墓门正视图

0　　　　　　　　　　　　　　　　　2米

图二〇三　11YLM31平面、剖视及墓门正视图
1. 瓷罐　2. 铁器

2）铁器

M31：2　铁器。铁锈色。铁犁残块，正面略凹，背面微弧，侧面内曲，背面有凸棱。长14、宽9.4、缘厚1.2、肉厚0.3～0.6厘米（图二〇四，2）。

5. 11YLM32

（1）墓葬形制

由墓道、甬道和墓室组成（图二〇五）。整体呈"甲"字形，方向180°。

墓道　位于墓室南端，长条形、竖穴，北宽南窄。长180、宽60～70、底距现墓口280厘米。直壁，壁面整齐，中部东、西两壁各掏挖有2个纵向排列的脚窝，呈上下错位分布。脚窝口宽20厘米左右。底部平整。墓道内填土为黄褐色花土，土质较硬。

甬道　拱形顶。宽70、高90、进深20厘米。封门情况不详。

墓室　平面呈抹角长方形，拱形顶。东西长210、南北宽150、高110厘米（图版八五，1）。

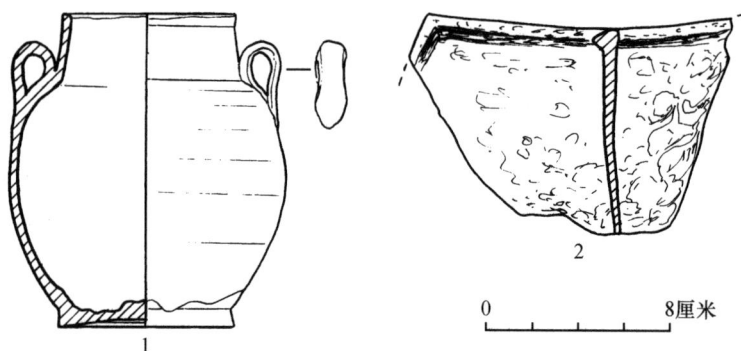

图二〇四　11YLM31出土器物
1.瓷罐（M31：1）　2.铁器（M31：2）

底部平整。西壁和南壁外弧。墓室内被淤土堆满。

（2）葬具葬式

该墓为二人合葬，并列置于墓室中部偏后端，一南一北。

南侧人骨（Ⅰ），女性，年龄25～30岁，头向西，面上，仰身，下肢直伸，右股骨错位，手置于髋骨两侧，上肢直伸。

北侧人骨（Ⅱ），男性，年龄25～30岁，头向西，面上，肢骨和其他骨架叠放，系二次葬。

2具人骨均未发现葬具。

（3）随葬品

随葬品有陶器、瓷器、泥俑和铁器（图版八五，2）。器类分别为陶罐4（M32：4～M32：7）件；瓷罐1（M32：1）、瓷碗1（M32：8）件；泥俑8（M32：2、M32：3）件；铁灯盏1（M32：9）件。分别置于以下几处：

1号瓷罐置于甬道内，2、3号泥俑，4～7号小陶罐置于墓室前端西侧，成堆放置；8号瓷碗置于墓室中部西侧，紧靠西壁；9号铁灯盏置于墓室东北角。

1）陶器

M32：2　泥人俑一组，共6件。俑体均曾施彩，以白彩为底，辅以红、黄、黑彩。其制作材质为当地黄沙土层中的黏土。人俑底部内凹，内部中空，且在人俑中间位置可见捏合棱或捏合缝，其制作方法分别捏制人俑前后两片后再捏合而成。

M32：2-1　残，仅存头部部分。人俑面目捏制模糊，隐约可辨眼、口，鼻子捏制清楚。俑体曾施彩绘，底彩施白色，毛发施黑彩，面部涂红彩。残高2.7、最宽2.8厘米（图二〇六，8）。

M32：2-2　残，仅存头部以下。人物呈站姿，身穿窄袖长衫，双手置于胸前，持一物。人俑残高7.6、最宽4.8、最厚2.7厘米（图二〇六，1）。

M32：2-3　残，仅存胸部以下。其造型、材质使用和制作方法与M32：2-2相同。人俑残高7、最宽5.5、最厚3.8厘米（图二〇六，2）。

M32：2-4　残，仅存长衫下部。残高4、最宽5、最厚3厘米（图二〇六，6）。

M32：2-5　残，仅存长衫下部。残高5、最宽5.6、最厚4厘米（图二〇六，4）。

北

墓门正视图

0　　　　　　　　　1米

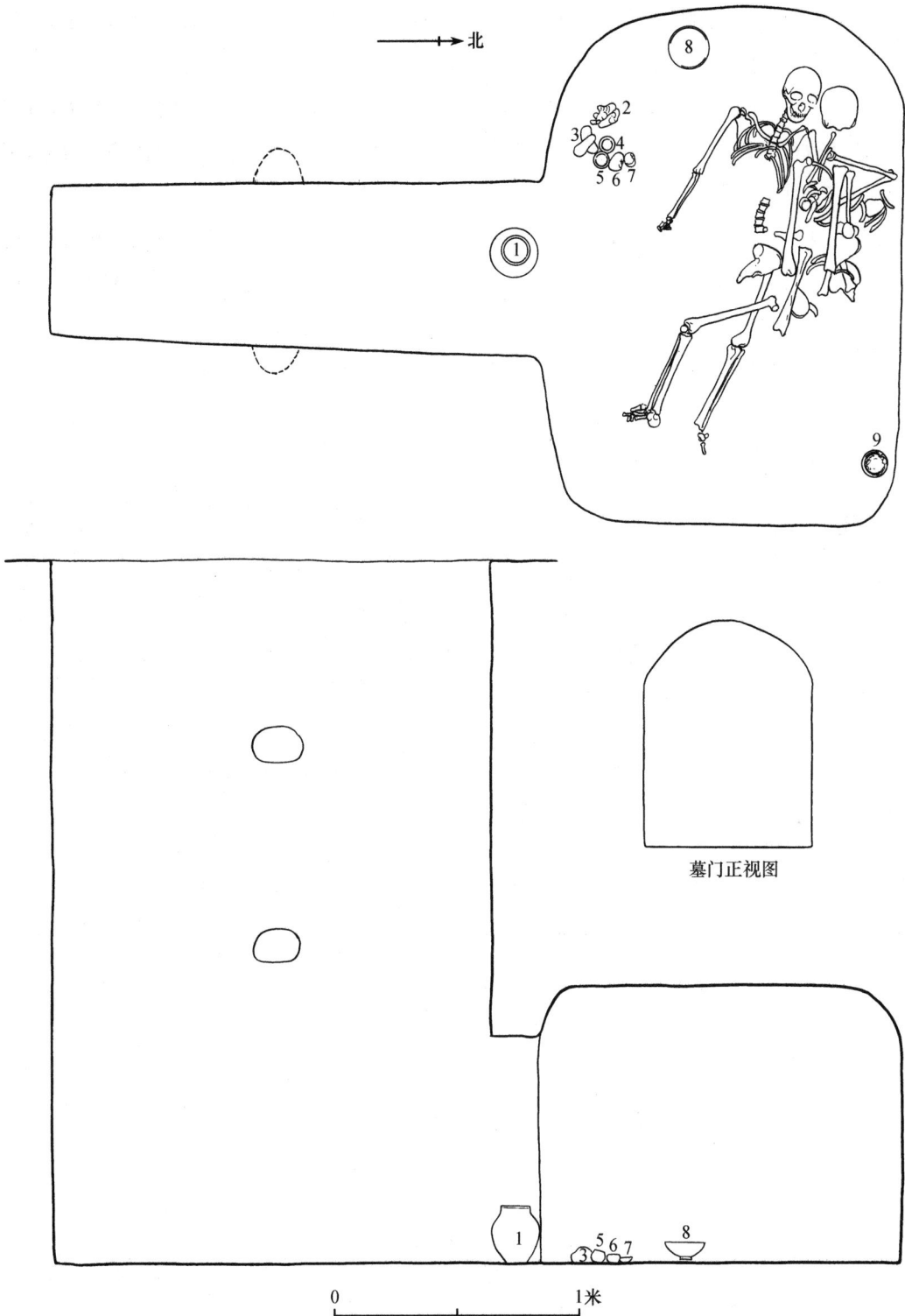

图二〇五　11YLM32平面、剖视及墓门正视图
1. 瓷罐　2、3. 泥俑　4~7. 陶罐　8. 瓷碗　9. 铁灯盏

M32：2-6　残，仅存长衫下部。残高4.6、最宽5.6、最厚3.7厘米（图二〇六，3）。

M32：3　泥动物俑，两件。

M32：3-1　牛俑，残，仅存四肢和下腹，牛身立于基座之上，基座内凹，内部为实心。从残存情况来看，其与M33：3的造型相似，为牛俑。制作材质为黏土，制作方法为捏制。残长9.6、残高5.1厘米（图二〇六，7）。

M32：3-2　牛俑，残，仅存四肢和下腹，牛身立于基座之上，基座内凹，内部为实心。从残存情况来看，其与M33：3的造型相似，为牛俑。制作材质和制作方法与M32：3-1相同。残长7.7、残高4.6厘米（图二〇六，5）。

M32：4　罐。口径4.2、通高3.6、底径3厘米（图二〇七，1；图版八六，3）。

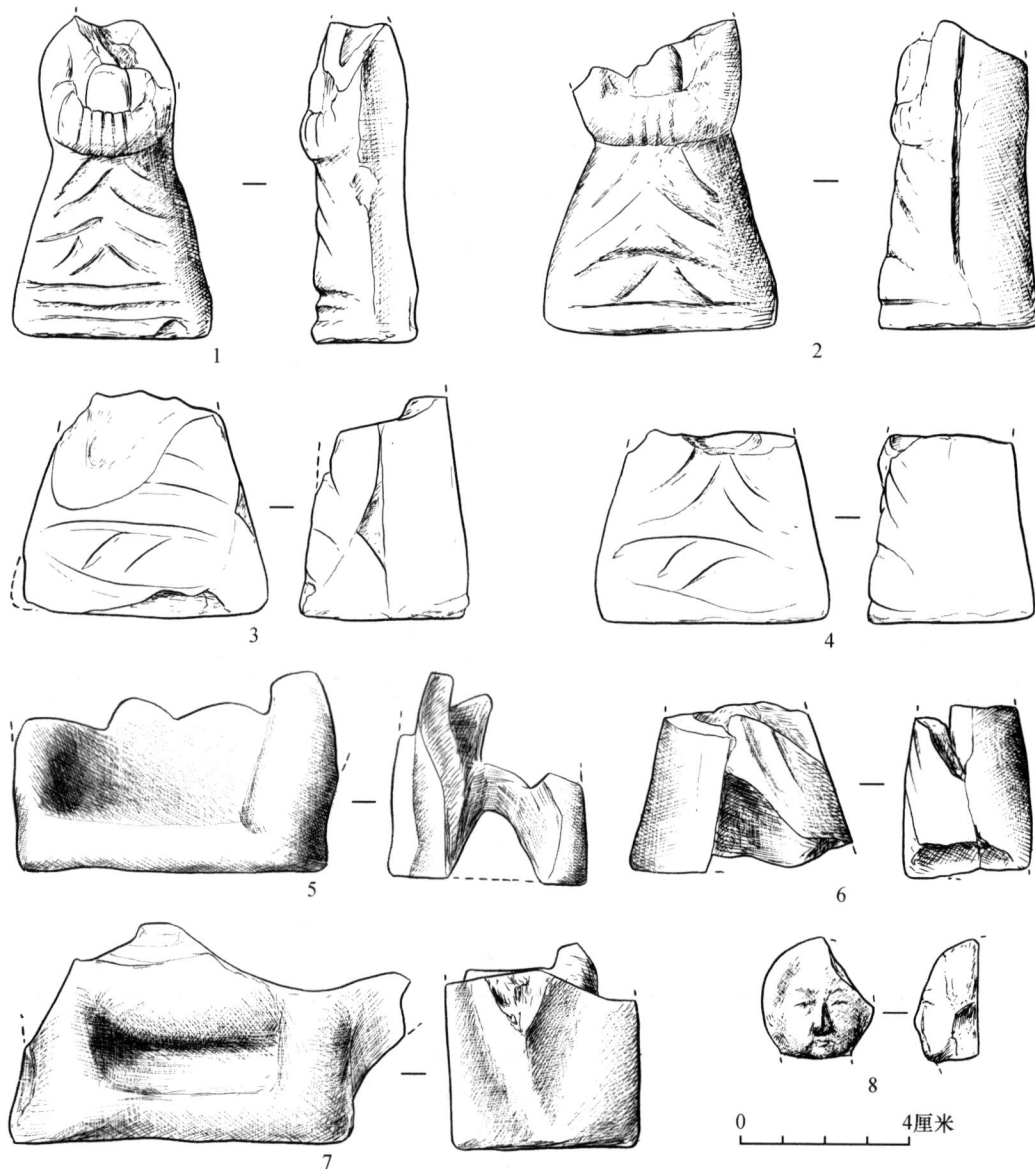

图二〇六　11YLM32出土泥俑

1～4、6、8.人物俑（M32：2-2、M32：2-3、M32：2-6、M32：2-5、M32：2-4、M32：2-1）

5、7.动物俑（M32：3-2、M32：3-1）

M32：5　罐。口径4.6、通高3.4、底径3.6厘米（图二〇七，3；图版八六，1）。

M32：6　罐。口径4.4、通高3.4、底径3.6厘米（图二〇七，2）。

M32：7　罐。口径5.2、通高3.6、底径3.6厘米（图二〇七，4；图版八六，2）。

2）瓷器

M32：1　罐。双耳。胎呈白色。口外侧、颈间处及下腹部各有一周凹弦纹，内外壁施酱黄色釉，口、唇部无釉，内壁施满釉，外壁釉面至中腹部，有流釉现象，釉面色泽较光亮。口径15、通高21.3、底径9厘米（图二〇七，5；图版八六，6）。

M32：8　碗。胎呈黄色。内外壁施黑釉，略泛酱色，内壁施满釉，内底有涩圈，外壁釉面至下腹部。底部有鸡心钉。口径16.2、通高6.4、足径5.8厘米（图二〇七，6；图版八六，5）。

3）铁器

M32：9　灯盏。口径10.6、通高4.8、底径4.2厘米（图二〇七，7；图版八六，4）。

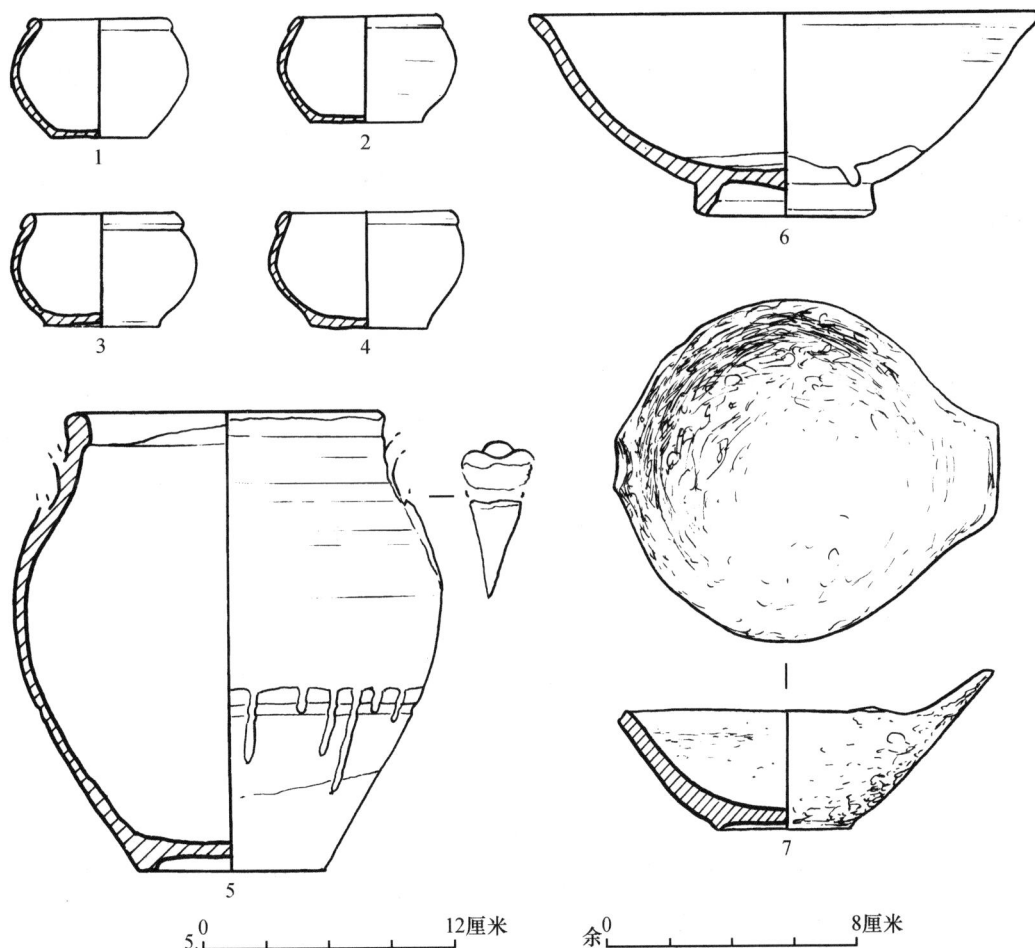

图二〇七　11YLM32出土器物

1~4. 陶罐（M32：4、M32：6、M32：5、M32：7）　5. 瓷罐（M32：1）　6. 瓷碗（M32：8）　7. 铁灯盏（M32：9）

6. 11YLM33

（1）墓葬形制

由墓道、墓室组成（图二〇八）。整体呈长柄勺状。方向180°。

墓道　位于墓室南端，长条形、竖穴，北宽南窄。长182、宽52～70、底距现墓口152厘米。直壁，壁面整齐。底部平整。墓道内填土为黄褐色花土，土质较硬。用残瓷瓮和条砖封门，将下腹残缺的瓷瓮倒扣于墓道与墓室连接处，东西两侧插条砖封堵。封门残高40厘米。

墓室　平面近椭圆形，拱形顶。东西长径148、南北短径118、高90厘米（图版八七，1）。底面平整。墓壁外弧。墓室内被淤土堆满。

（2）葬具葬式

该墓为二人合葬，并列置于墓室中部偏后端东侧，一南（Ⅰ）一北（Ⅱ）。

人骨Ⅰ为女性，35岁左右，头向东，面上，肢骨和其他骨架叠放，为二次葬。未发现葬具。

人骨Ⅱ性别年龄不详，头向东，面向不详，肢骨和其他骨架叠放，为二次葬。未发现葬具。

（3）随葬品

陶罐3（M33：1、M33：8、M33：10）件；泥俑7（M33：2～M33：7、M33：9）件，方砖1（M33：11）块。大量随葬品置于墓室前端东侧，成堆摆放；方砖置于墓室后端中间，靠放于北壁。

陶器

M33：1　罐。口径4.6、通高3.6、底径3.2厘米（图二一〇，1；图版八七，2右）。

M33：2　人物俑。略残，人物造型呈站立状。上身穿右衽窄袖衫，双手持一物拢于胸前，所持之物不可辨；下身着裙，裙摆比腰身围宽，呈梯形，裙身上刻划出"人"字形纹和横纹。人俑面目之鼻、眼、嘴基本可辨，通体以白彩为底，头部毛发处施黑彩，面目和上身窄袖衫施红彩，下身着裙施黄彩。从该人物俑的残存情况来看，其制作材质系黄土高原大部分地区都存在的黏土（当地人叫胶泥），制作方法为分别由手工捏制人物的前身和后身，然后再将两部分粘合；待人物俑捏制完成后阴干，再涂施色彩即可。通高8.8、厚2.7厘米（图二〇九，3；图版八八，4）。

M33：3　动物俑。泥俑造型为牛俑。牛呈站立姿态，立于下部底座之上。牛首部分可辨角、耳、眼、鼻、嘴，全身施白彩，牛眼处涂黑。俑底座内凹，内部中空。俑身自头部沿牛脊至牛尾有整齐的开裂痕迹，应系分别制作后捏制粘合而成。制作材料同上述人物俑。长12.5、通高6.8、厚5厘米（图二一〇，4；图版八八，5）。

M33：4　人物俑。其造型、材质使用和制作方法同M33：2。通高10.4、厚4.1厘米（图二〇九，2；图版八八，1）。

M33：5　牛俑。仅存牛首和牛身前部。其造型、材质使用和制作方法同上。残长10.5、通高7.8厘米（图二〇九，4）。

图二〇八　11YLM33平面、剖视及封门正视图
1、8、10.陶罐　2～7、9.泥俑　11.方砖

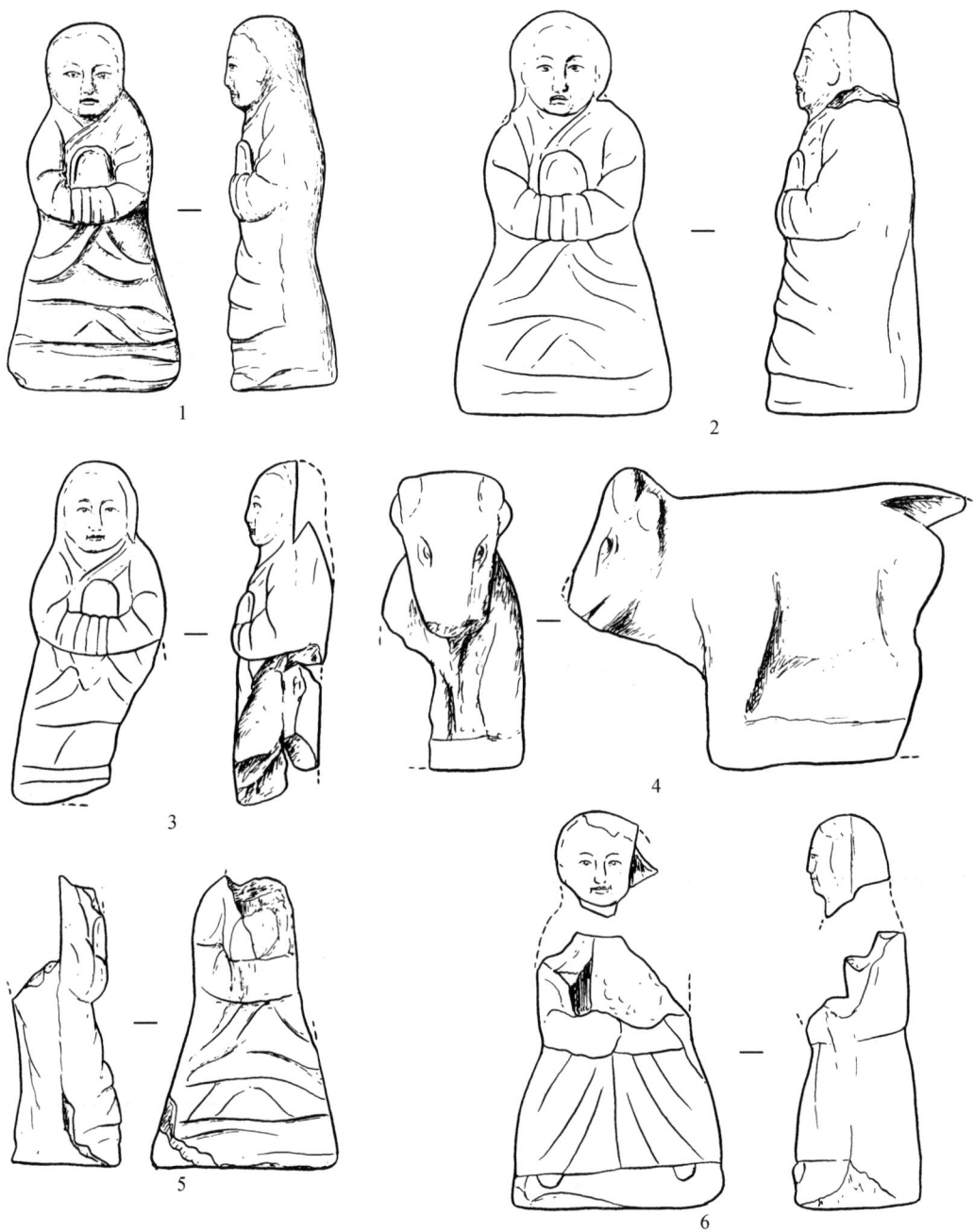

0 　　　　　　4厘米

图二〇九　11YLM33出土泥俑

1～3、5、6.人物俑（M33：6、M33：4、M33：2、M33：7、M33：9）　4.牛俑（M33：5）

M33：6　人物俑。其造型、材质使用和制作方法同M33：2。通高9.7、厚3.1厘米（图二〇九，1；图版八八，2）。

M33：7　人物俑。头部缺失。俑身造型、材质使用和制作方法同M33：2。残高7.5、厚2.9厘米（图二〇九，5；图版八八，3）。

M33：8　小罐。口径4.6、通高3.8、底径2.6厘米（图二一〇，2；图版八七，2左）。

M33：9　人物俑。残断，其造型、材质使用和制作方法同M33：2。通高约10.3、厚3.4厘米（图二〇九，6；图版八八，6）。

M33：10　罐。口径4.6、通高3.4、底径3.4厘米（图二一〇，3；图版八七，2中）。

M33：11　方砖。泥质。灰色。正方形，一面光滑，一面粗糙，可能是书写墓志的一块方砖，砖面字迹埋没。边长30、厚5厘米。

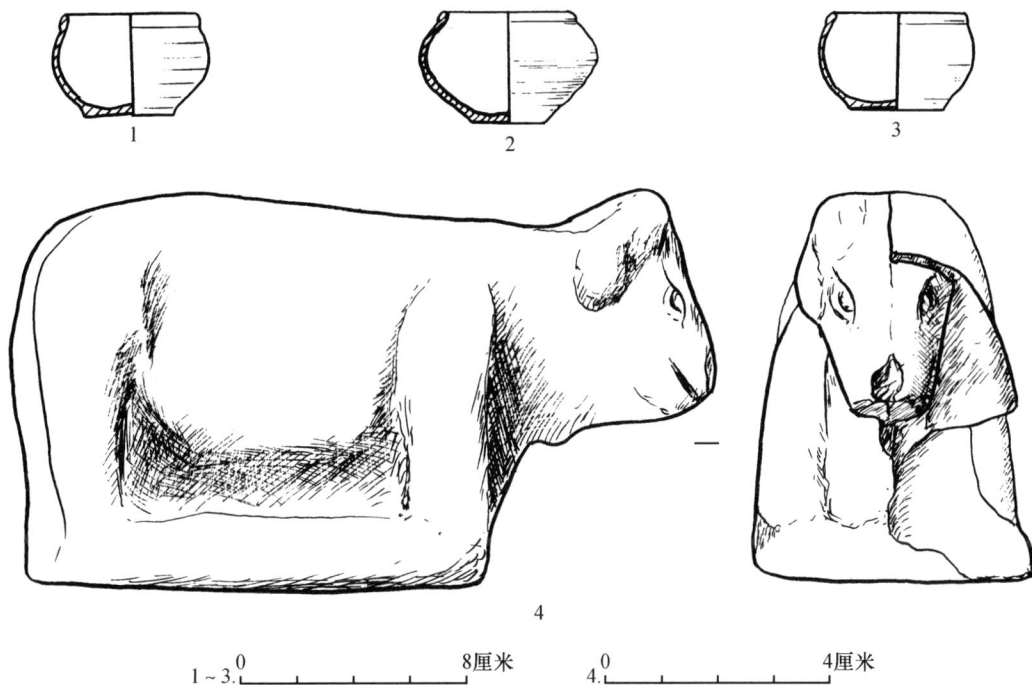

图二一〇　11YLM33出土器物

1~3.陶罐（M33：1、M33：8、M33：10）　4.动物俑（M33：3）

第六章　清代时期墓葬分述

清代时期墓葬发现8座（图二一一），均为土洞室墓（附表八）。

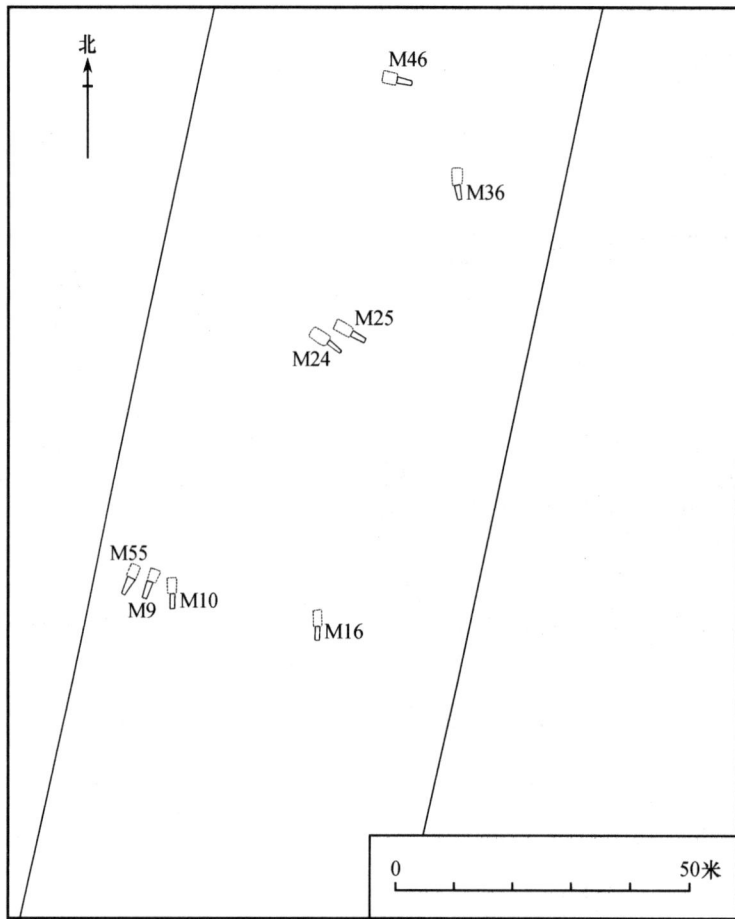

图二一一　老君沟墓地清代时期墓葬分布图

1. 11YLM9

（1）墓葬形制

由墓道、墓室组成（图二一二）。墓道偏墓室西侧，整体呈刀形。方向190°。

墓道　位于墓室南端，长条形、竖穴，北宽南窄。长280、宽70～83、底距现墓口145厘米。直壁，壁面较整齐。底部平整。墓道内填土为黄褐色花土，土质较硬。青灰条砖封门，封堵方式为平卧丁砖错缝干摆，砖缝为十字缝，残存3层砖，残高18厘米。

墓室 平面呈不规则梯形，北宽南窄，拱形顶。长235、宽130～202、高118厘米（图版八九，1）。底部条砖墁地，墁地样式近似席纹。东西墓壁斜直。墓室内被淤土堆满。

（2）葬具葬式

该墓为二人合葬，并列置于墓室中间，一东一西。

东侧人骨为男性，年龄35岁左右，头向北，面上，仰身，右上肢略向内弯屈，手置于右髋骨上，左上肢向内弯屈，手置于右髋骨旁，下肢直伸。

葬具为单棺，棺长180、北宽67、南宽40、残高10厘米。

西侧人骨为成年女性，头向北，面西，仰身，右上肢略向内弯屈，手置于右髋骨上，左上肢向内弯屈，手置于腹部，下肢直伸。

葬具为单棺，棺长178、北宽62、南宽40、残高10厘米。

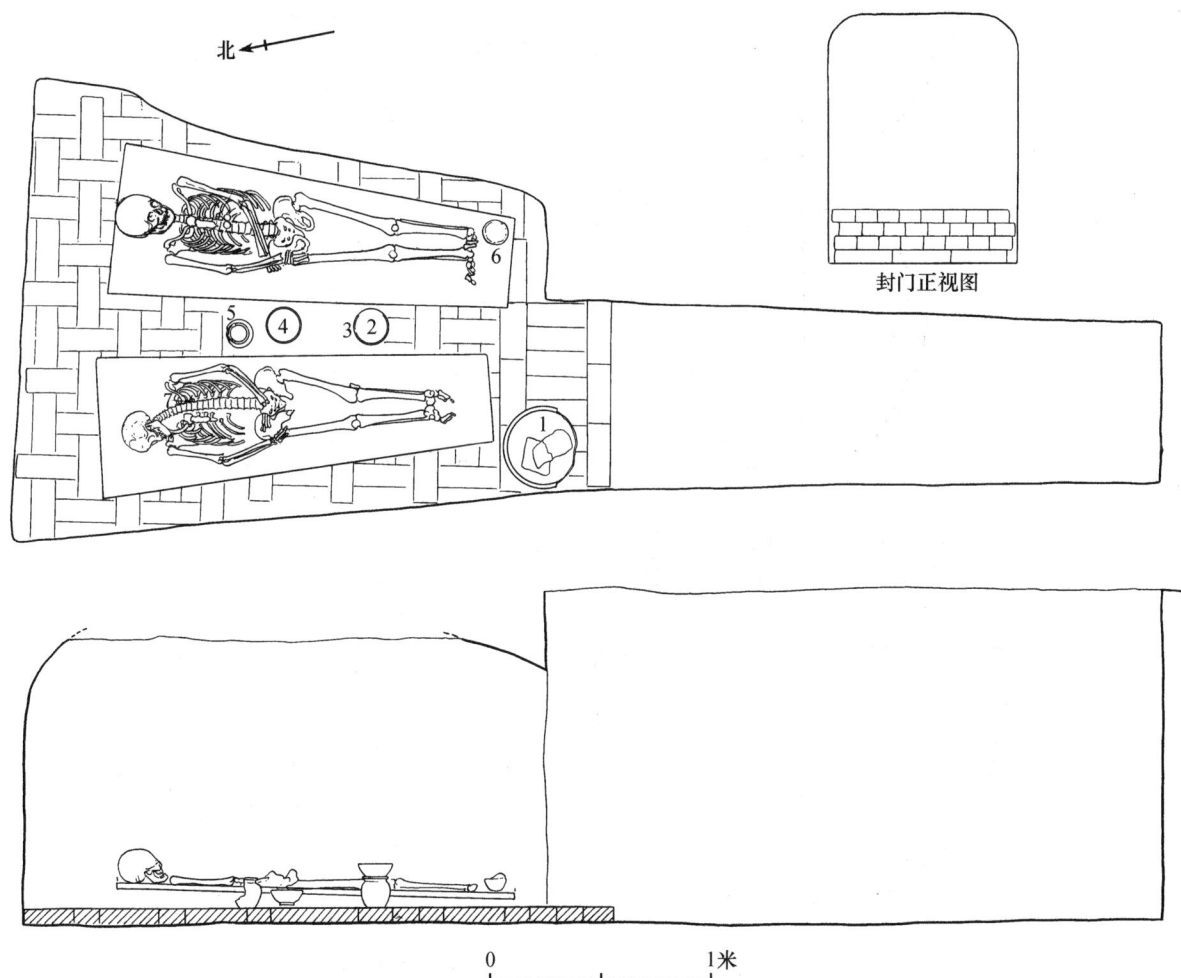

图二一二 11YLM9平面、剖视及封门正视图

1. 砂锅 2、4. 瓷碗 3、5. 瓷罐 6. 铁灯盏 7、8. 铜扣

（3）随葬品

砂锅1（M9：1）件；瓷碗2（M9：2、M9：4）、瓷罐2（M9：3、M9：5）件；铁灯盏1（M9：6）件；铜扣4（M9：7、M9：8）件。分别置于以下几处：

1号砂锅置于近墓门口的西侧；2、4号瓷碗和3、5号瓷罐置于两棺之间，呈一字排列，2号瓷碗叠于3号瓷罐上；6号铁灯盏置于东侧棺内东南角，该器物原位置不详；7号铜扣置于西侧人骨胸部；8号铜扣置于东侧人骨胸部。

1）陶器

M9：1　砂锅。内口径28.2、通高18厘米（图二一三，7；图版九〇，5）。

2）瓷器

M9：2　碗。胎呈青灰色，泛白色，较细腻。内外壁施黑釉，泛酱黄色，内壁施满釉，内底有涩圈，外壁釉至下腹近底处，釉面色泽光亮。口径16、通高6.8、足径6.4厘米（图二一三，1；图版八九，2）。

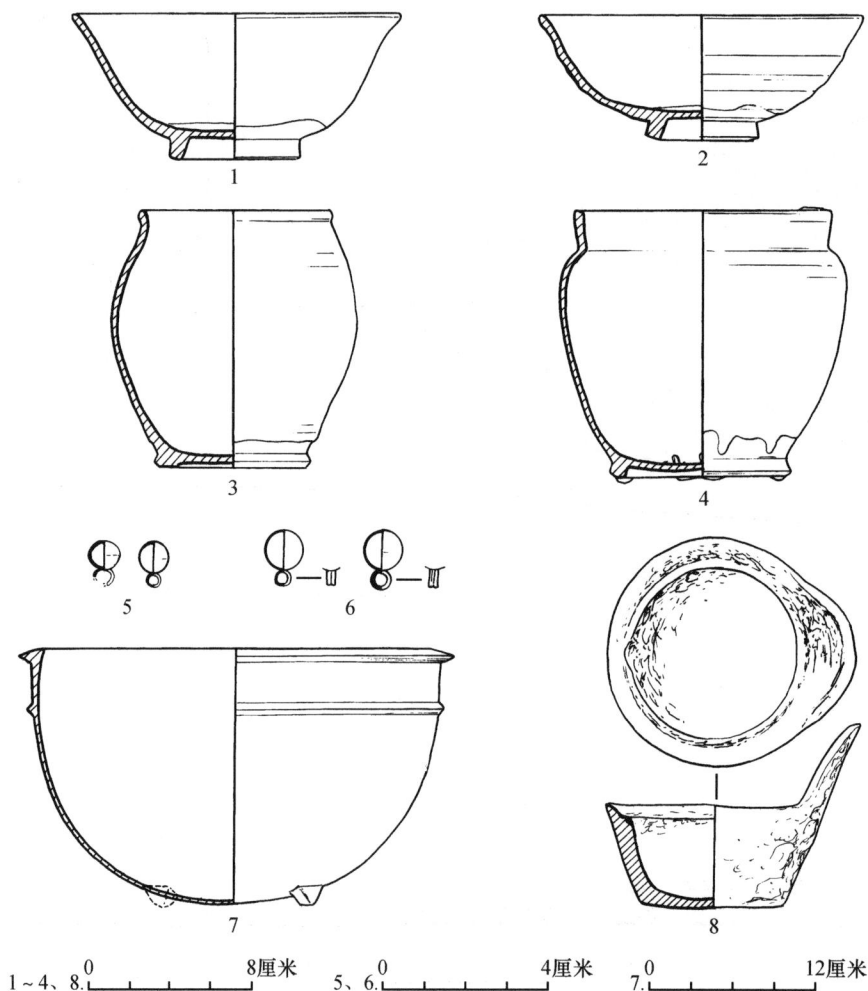

图二一三　11YLM9出土器物

1、2.瓷碗（M9：2、M9：4）　3、4.瓷罐（M9：5、M9：3）　5、6.铜纽扣（M9：7、M9：8）　7.砂锅（M9：1）

8.铁灯盏（M9：6）

M9：3　罐。胎呈青灰色，泛白色，较细腻。内外壁施酱黄色化妆土，唇部和足床无釉，外壁在化妆土上施黑釉至下腹近底处，有流釉现象，外壁釉色光亮。微侈口，圆唇，斜直颈，圆肩，弧腹，矮圈足略外撇，底面微凸。拉坯成形，内底面粘连三个小支钉，足床有削割痕迹，粘连四个支钉，有打磨现象。口径12.2、通高12.8、足径8.6厘米（图二一三，4；图版九〇，2）。

M9：4　碗。胎呈青灰色，泛白色，较细腻。腹部有瓦棱纹，内外壁施黑釉，内壁施满釉，内底有涩圈，外壁釉不及圈足，釉面色泽较光亮。内底面有粘连支钉，经过打磨修整。口径15.6、通高6、足径5.4厘米（图二一三，2；图版八九，3）。

M9：5　罐。胎呈青灰色，泛白色，较细腻。口沿及内外壁均施黑釉，内壁施满釉，外壁釉面不及圈足，色泽光亮。侈口，圆唇，束颈，圆腹，矮圈足，足床宽平。拉坯成形，足面削割痕迹明显，底面有同心圆旋痕，内底面和足床有粘连支钉痕迹。口径9.2、通高12、足径7.2厘米（图二一三，3；图版九〇，1）。

3）铜器

M9：7　纽扣。2件，其中1件略残（图版九〇，4）。表面呈铜锈绿色。其形制相同，大小略有不同。扣体为空心圆球形，中部有一道横向范铸痕迹，扣柄呈圆环形。M9：7-1，残长1、扣体直径0.7～0.8厘米（图二一三，5左）；M9：7-2，长1.1、扣体直径0.8厘米（图二一三，5右）。

M9：8　纽扣。2件。表面呈铜锈绿色。其形制相同，大小略有不同。扣体为空心圆球形，中部有一道横向范铸痕迹，扣柄呈圆环形，环面较宽。长1.3～1.4、扣体直径0.9厘米（图二一三，6；图版九〇，3）。

4）铁器

M9：6　灯盏。表面呈铁锈色。敞口，尖唇，口内侧铸一窄台，斜直壁，腹较深，平底，底面平整，器壁较厚，口部铸一把手。口径10.8、通高8.6、底径6.8厘米（图二一三，8；图版九〇，6）。

2. 11YLM10

（1）墓葬形制

由墓道、墓室组成（图二一四）。整体呈"甲"字形，方向180°。该墓被盗扰，墓道、墓室上部被施工破坏。

墓道　位于墓室南端，长条形、竖穴，北宽南窄。长275、宽80～112、底距现墓口120～125厘米。直壁，壁面较粗糙。底部略呈坡状，南高北低。墓道内填土为黄褐色花土，土质较软。两重封门，外层系一块不规整长方形石板，直立于墓道和封门之间；内层系青灰条砖封堵，封堵方式为干摆砌砖，间有丁砖。两壁中间在生土中掏槽，用丁砖做卯榫状加固两壁。

墓室　平面呈梯形，北宽南窄，顶部破坏不详。长260、北宽246、南宽193、残高60～95厘米（图版九一，1）。底部条砖墁地，样式呈席纹状平铺。墓壁后端抹角，前端拐角近方

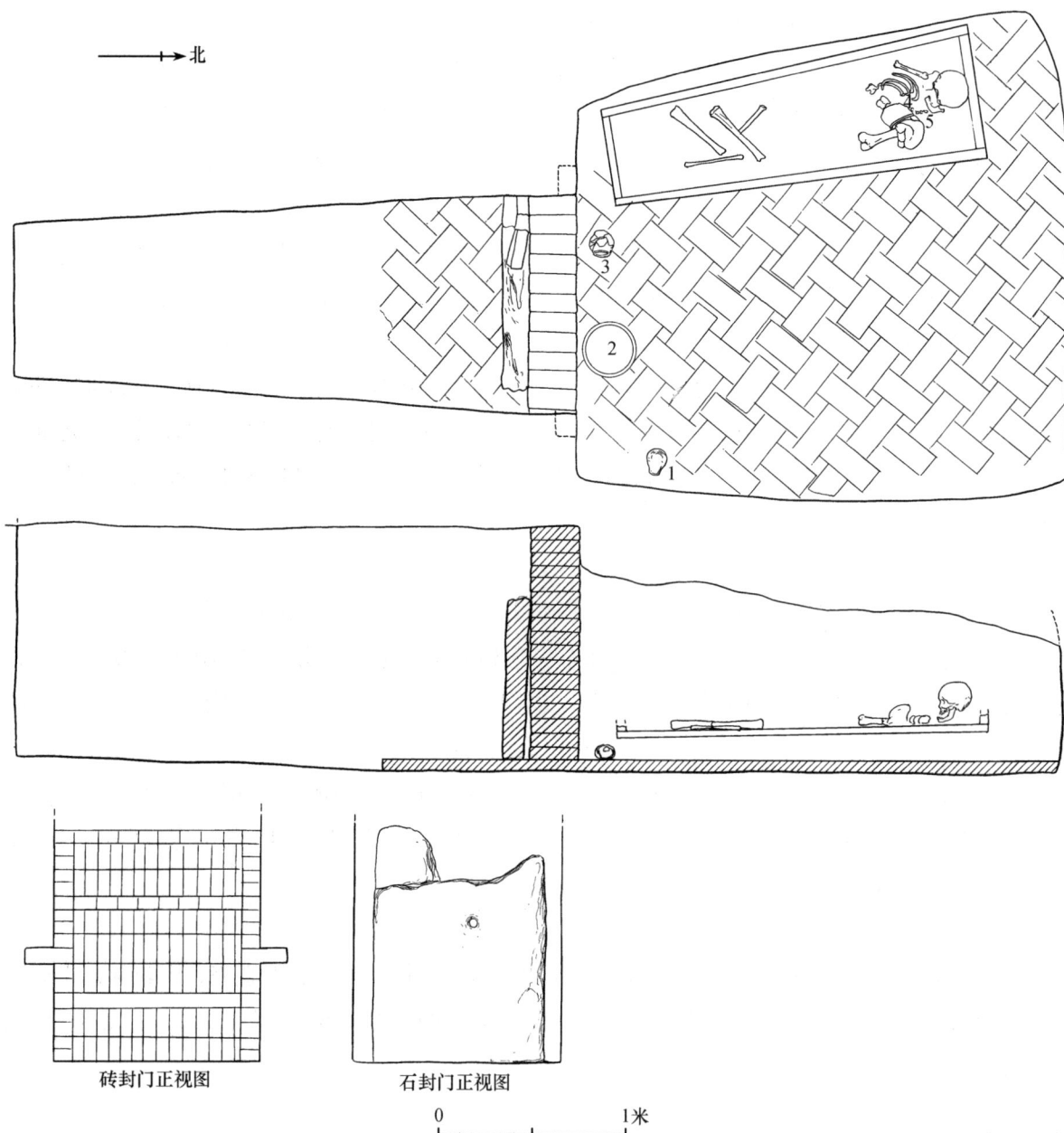

图二一四　11YLM10平面、剖视及封门正视图
1. 铁灯盏　2. 砂锅　3. 瓷罐　4. 铜扣　5. 玛瑙珠

正。墓室内填满淤土。

（2）葬具葬式

墓室西侧紧靠墓壁发现一具人骨，成年女性，骨架盗扰散乱，头向北。

葬具为单棺，北宽南窄，棺室遭漂浮，棺长198、北宽70、南宽50、残高10厘米。

（3）随葬品

砂锅1（M10：2）、瓷罐1（M10：3）、铁灯盏1（M10：1）、铜扣1（M10：4）、玛瑙珠1（M10：5）件。分别置于以下几处：

1号铁灯盏置于墓室前端东侧；2号砂锅置于墓室前端偏东侧近甬道处；3号瓷罐置于墓室前端偏西侧近甬道处；4号铜扣和5号玛瑙珠置于棺内墓主胸骨处。

1）陶器

M10：2　砂锅。夹细砂。灰色。上腹近颈处有一周凹弦纹。直口，斜沿，沿面较宽，尖唇，矮颈，颈部内凹外凸，颈腹转折处向内折曲，圆弧腹，圜底，底部等距离置3个乳状矮足，底至腹部有黑色烟炱，器壁较薄。手制，慢轮修整。内口径23.1、通高15.3厘米（图二一五，1；图版九一，2）。

2）瓷器

M10：3　罐。胎呈白色，略泛淡黄色。唇面和足床无釉，余均施黑釉，内壁施满釉，光泽较差，外壁两层釉，先施酱黑色釉，光泽较差，上层施黑釉至下腹部，釉面色泽光亮。直口，方唇，矮颈，圆折肩，圆腹，矮圈足外撇。拉坯成形，内底面粘连三个支钉痕迹。口径14、通高14.4、足径11厘米（图二一五，2；图版九一，3）。

3）铜器

M10：4　纽扣。表面呈铜锈绿色。扣体为空心圆球形，中部有一道横向范铸痕迹，不甚明显，圆环形扣柄残。残长1.1、扣体直径1厘米（图二一五，4）。

4）铁器

M10：1　灯盏。口径8.2、通高8.6厘米（图二一五，3；图二一六；图版九一，4）。

5）玛瑙饰品

M10：5　珠。略残，白色，晶莹透体。直径1厘米（图二一五，5）。

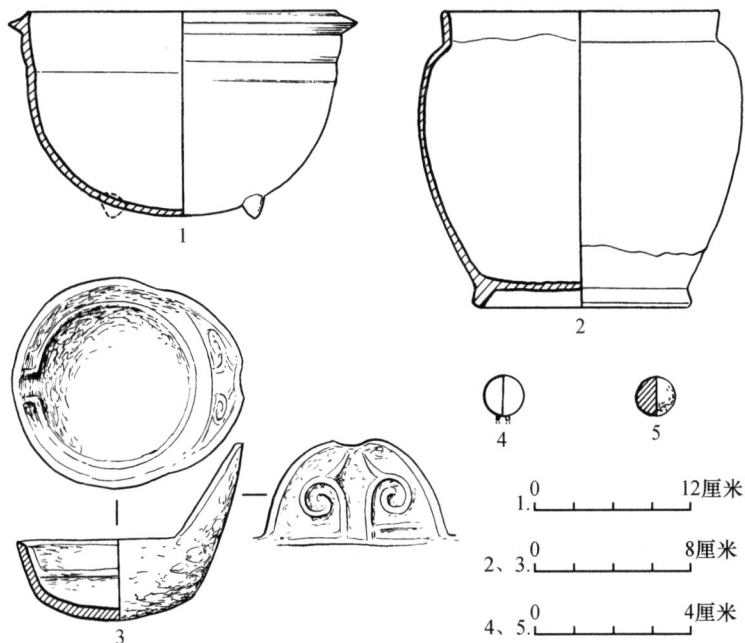

图二一五　11YLM10出土器物

1.砂锅（M10：2）　2.瓷罐（M10：3）　3.铁灯盏（M10：1）　4.铜纽扣（M10：4）　5.玛瑙珠（M10：5）

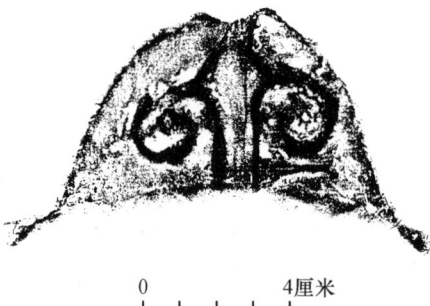

0　　　　　　4厘米

图二一六　　11YLM10出土铁灯盏（M10：1）把手纹饰拓本

3. 11YLM16

（1）墓葬形制

由墓道、甬道、墓室组成（图二一七）。墓道与墓室不平行，整体呈"甲"字形，方向180°。

墓道　位于墓室南端，长条形、竖穴，北宽南窄。长200、宽70～90、底距现墓口230厘米。口底同大，墓壁较粗糙，底部平整。近南端东、西两壁各掏挖有4个脚窝，一壁一列，上下错位分布。墓道内填土为黄褐色花土，土质较软。

甬道　生土过洞，拱形顶。宽90、高138、进深20～40厘米。土坯封门，封堵方式为甃砖样式，封门倒塌，底部残存一层土坯。残高40厘米。

墓室　向西折曲，平面呈抹角长方形，拱形顶。南北长262、东西宽170、高140厘米（图版九二，1）。南壁不规整，东西两壁斜直。墓室内填满淤土。

（2）葬具葬式

该墓为单人葬，墓主为男性，年龄31～34岁，头向北，面南，身略向左侧，右上肢略弯屈，手置于盆骨上，左上肢移位，手置于盆骨上，下肢伸直。

葬具为一棺，北宽南窄，棺室遭漂浮，长198、北宽84、南宽35、残高10厘米。

（3）随葬品

砂锅1（M16：1）件，置于墓道北端近墓门处；墓主口含铜钱1（M16：2）枚。

1）陶器

M16：1　砂锅。内口径28.5、通高18.3厘米（图二一八，1；图版九二，2）。

2）铜器

M16：2　钱，1枚。略残，圆形方穿，宽缘狭穿，正面、背面穿外皆有郭，正面铸有"雍正通宝"，钱文上下、右左排列，背面穿左右为满文。直径2.5、穿大0.6厘米，重2.9克（图二一八，2；图版九二，3）。

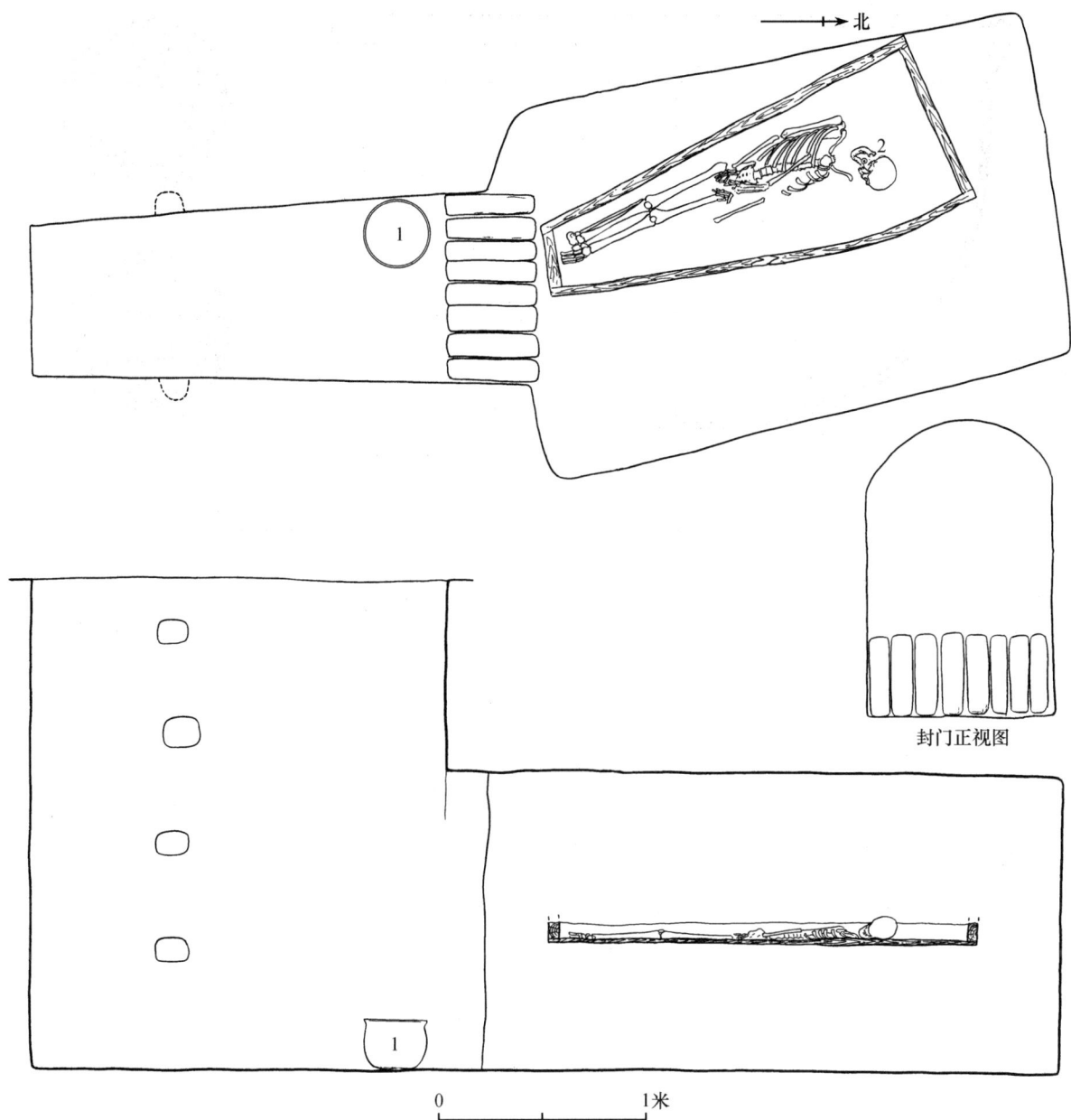

图二一七　11YLM16平面、剖视及封门正视图
1. 砂锅　2. 铜钱

4. 11YLM24

（1）墓葬形制

由墓道、甬道、墓室组成（图二一九）。整体略呈"甲"字形。方向145°。墓道、墓室上部被施工破坏。

墓道　位于墓室东南端，长条形、竖穴，北宽南窄。长220、宽60～85、底距现墓口180厘米。直壁，壁面整齐，底部平整。墓道内填土为黄褐色花土，土质较软。

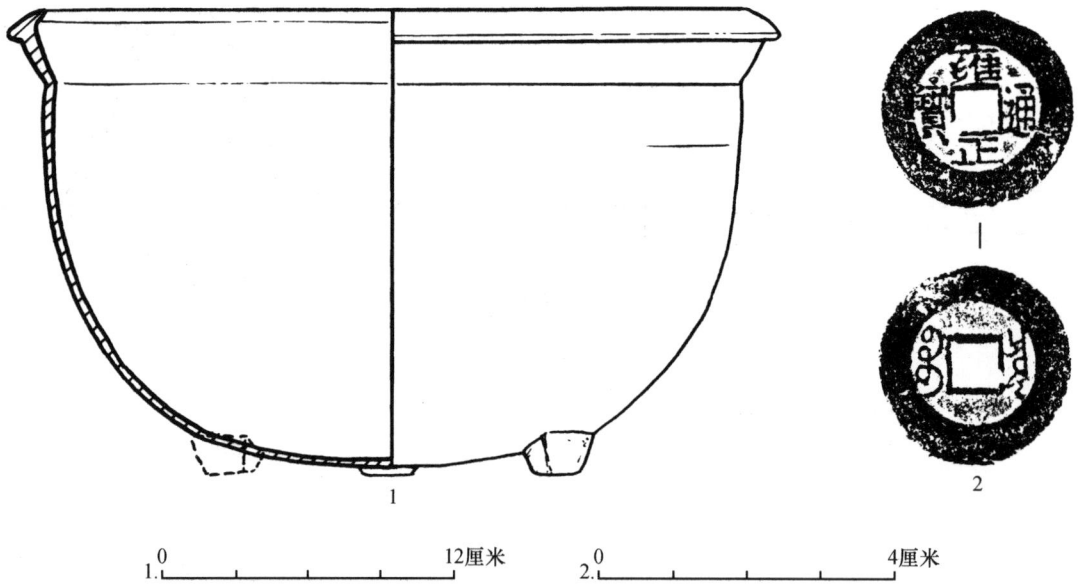

图二一八　11YLM16出土器物

1. 砂锅（M16∶1）　2. 雍正通宝（M16∶2）

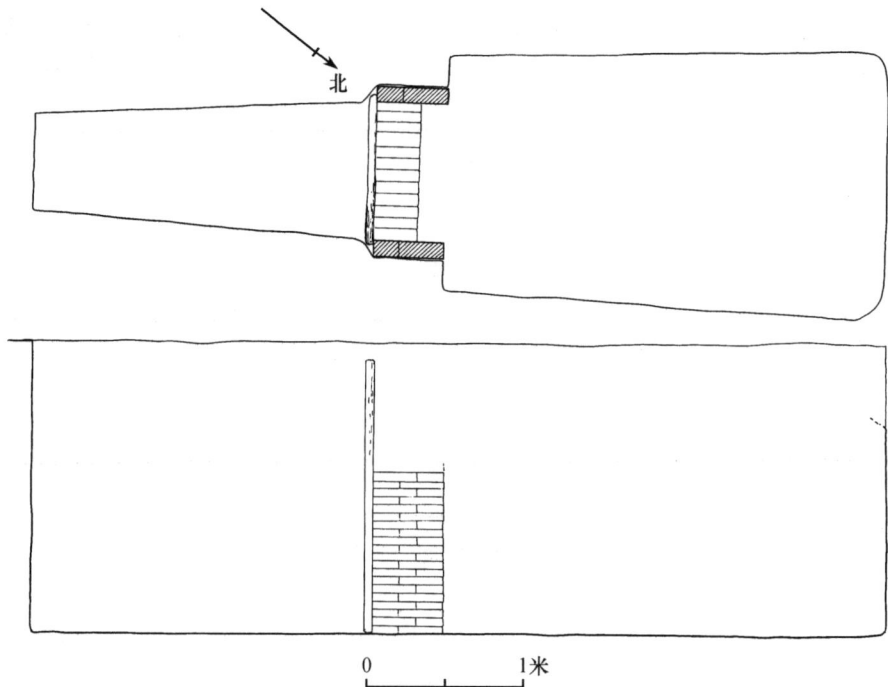

图二一九　11YLM24平面、剖视图

甬道　顶部不存，结构不详。宽85、残高100、进深45厘米。两侧用卧砖错缝垒砌，砖缝间夹白灰。有两重封门，外层封门系一块石板，石板顶端圆弧，两侧直边，底端平直，中间凿有穿，直立于墓门口处；内层封门处在甬道口部，采用青灰条砖封堵，斜向干摆，残存9层，残高96厘米。

墓室　平面呈梯形，北宽南窄，顶部无存。东西长280、宽145～165、残高180厘米，东西墓壁斜直，后端拐角圆弧，前端拐角近方正。

（2）葬具葬式

该墓迁葬别处，迁葬时没有经墓道进入，系从墓室上方采用大揭顶的方式搬迁。

（3）随葬品

该墓无随葬品。

5. 11YLM25

（1）墓葬形制

由墓道、甬道、墓室组成（图二二〇、图二二一）。方向150°。墓道、墓室上部被施工破坏。

墓道　位于墓室东南端，长条形、竖穴，北宽南窄。长268、宽66～90、底距现墓口150厘米。直壁，壁面整齐，底部平整。墓道内填土为黄褐色花土，土质较软。

甬道　生土过洞，平顶。宽90、高125、进深30厘米。青灰条砖封门，斜向45°干摆，立面呈席纹状，共16层，顶部平铺一层丁砖攒插。

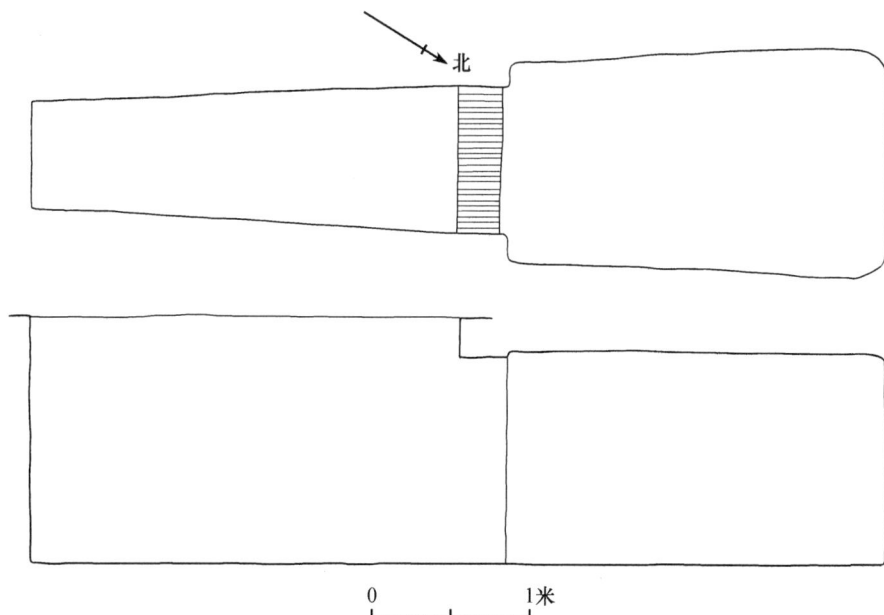

图二二〇　11YLM25平面、剖视图

图二二一　11YLM25封门正视图

墓室　平面呈抹角梯形，顶部不详。东西长240、南宽122、北宽139、高130厘米。东西墓壁斜直。

（2）葬具葬式

经清理，该墓迁葬别处，迁葬时没有经墓道进入，从墓室上方采用大揭顶的方式搬迁。

（3）随葬品

该墓无随葬品。

6. 11YLM36

（1）墓葬形制

由墓道和墓室组成（图二二二）。整体呈"甲"字形。方向175°。墓道上部、墓室顶部遭施工破坏。

墓道　位于墓室南端，长条形、竖穴，北宽南窄。长240、宽70～80、底距现墓口95厘米。直壁，壁面整齐，底部平整。墓道内填土为黄褐色花土，土质较软。封门情况不详。

墓室　平面呈梯形，北宽南窄，顶部无存，结构不详。长215、宽150～210、残高95厘米。底面平整。东西两壁斜直，拐角近方正。墓室内被淤土堆满。

（2）葬具葬式

该墓为多人合葬，由西至东编号Ⅰ～Ⅳ。

Ⅰ号人骨置于墓室西侧，女性，35岁左右，头向北，面西，仰身，左上肢弯屈，手置于盆骨上，右上肢伸直，手置于髋骨旁，下肢直伸。

Ⅰ号人骨葬具为单棺，棺长190、北宽70、南宽39、残高15厘米。其他人骨葬具不详。

Ⅱ号人骨置于墓室中部偏西侧，女性，18～19岁，头向北，面南，肢骨与其他骨架叠放，系二次葬。

Ⅲ号人骨置于墓室中部，成年女性，头向北，面南，肢骨与其他骨架叠放，系二次葬。

Ⅳ号人骨置于墓室中部，男性，40～50岁，头向北，面南，肢骨与其他骨架叠放，系二次葬。

（3）随葬品

瓷罐1（M36：1）件、条砖4（M36：2～M36：5）块。1号瓷罐置于棺内人骨下肢骨旁；4块条砖分别置于四具人骨足端。

瓷器

M36：1　罐。胎呈白色。内外壁施黑釉，唇部无釉，内壁施满釉，色泽较差，外壁二层釉，黑釉面下先施黑灰色釉至达圈足内，足床无釉，黑色釉面至下腹近圈足处，色泽光亮。直口，方唇，矮直颈，圆折肩，弧腹斜内收，圈足，最大径在肩部。拉坯成形，足床修刮痕迹明显。口径10.6、通高12.4、足径7.2厘米（图二二三；图版九三，1）。

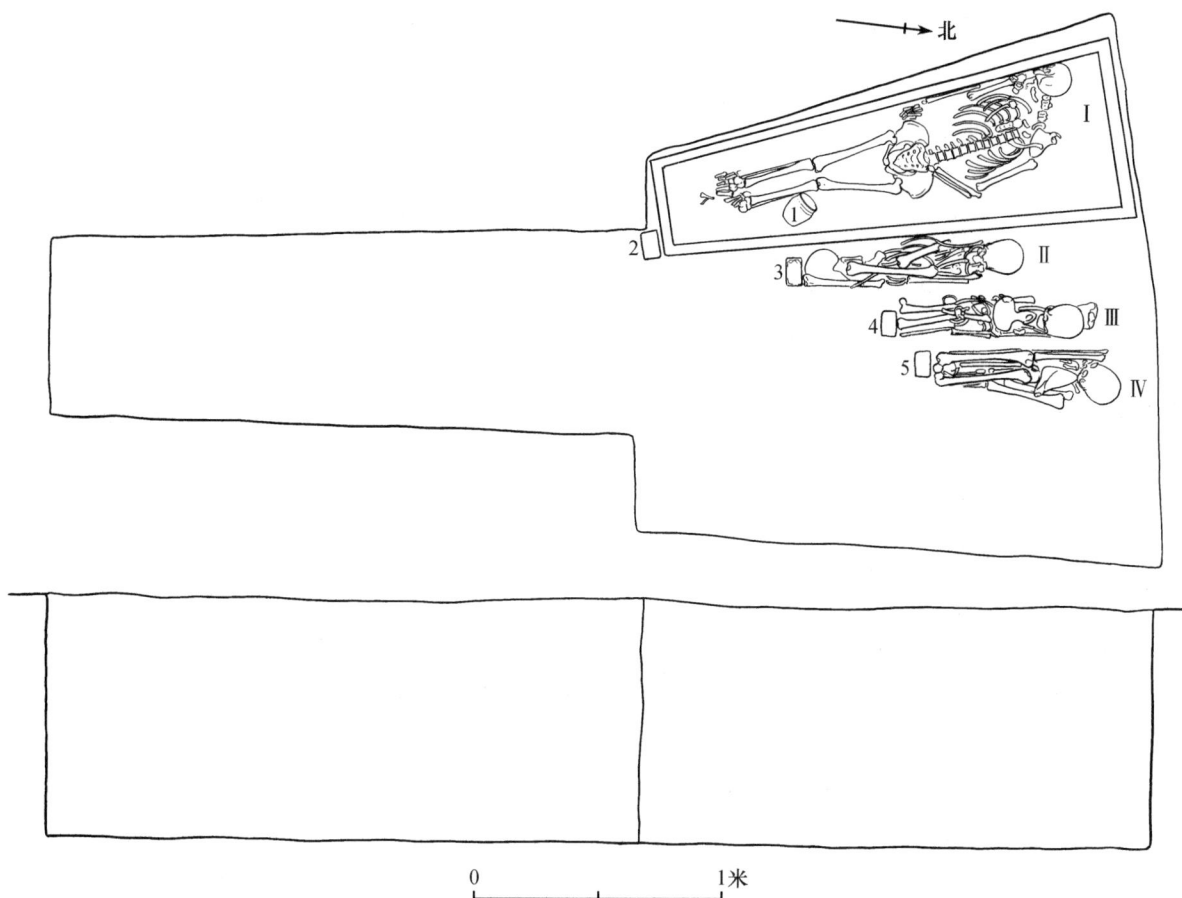

图二二二　11YLM36平面、剖视图
1. 瓷罐　2~5. 条砖

M36：2　条砖。灰色。长方体，正面、背面、顶端和底端涂抹一层白灰。顶端左右顺题墨书"三台"；底端墨书不清；正面自上而下墨书"长命富贵葬后千年大吉"；左侧自上而下墨书"寿山永远石朽□耒"，自上而下顺读；右侧自上而下墨书"身批北斗"。砖长27.7、宽10、厚5.8厘米。

M36：3　条砖。灰色。长方体，正面、背面、顶端和底端涂抹一层白灰。顶端左右顺题墨书"三台"；底端左右顺题墨书"八卦"；正面自上而下墨书"长命富贵葬后千年大吉"；左侧墨书不详；右侧自上而下墨书"身批北斗"。砖长27.7、宽10、厚5.8厘米。

M36：4　条砖。灰色。长方体，顶端左侧残，正面、背面、顶端和底端涂抹一层白灰。顶端残存墨书

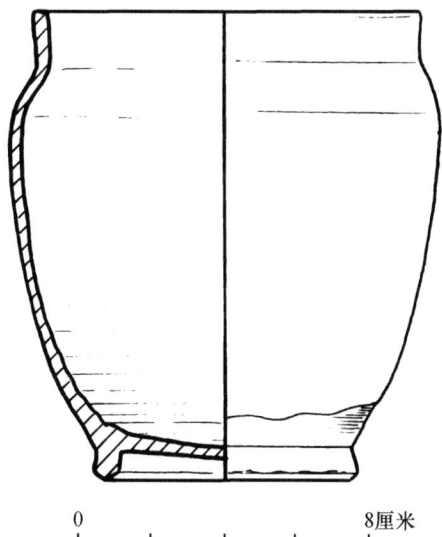

图二二三　11YLM36出土瓷罐
（M36：1）

"三"（图版九三，3）；底端左右顺题墨书"八卦"（图版九三，4）；正面自上而下墨书"长命富贵葬后千年大吉"（图版九三，2）；左侧自上而下墨书"身批北斗"（图版九三，5）；右侧自上而下墨书"寿山永远石朽人耒"（图版九三，6）。砖长27.7、宽10、厚5.8厘米。

　　M36：5　条砖。灰色。长方体，残，顶端有墨书痕迹，内容不详；正面墨书"长命富贵葬后千年大吉"，自上而下顺读；左右两侧均有墨书痕迹，内容不详。砖长27.7、宽10、厚5.8厘米。

7. 11YLM46

（1）墓葬形制

　　由墓道、甬道和墓室组成（图二二四）。整体呈"甲"字形。方向135°。墓道、墓室被施工破坏。

　　墓道　位于墓室东端，长条形、竖穴，西宽东窄。南北长270、东西宽100～112、底距现墓口20厘米。壁面较粗糙，底部平整。墓道内填土为黄褐色花土，土质较软。

　　甬道　顶部无存，结构不详。宽100、残高20、进深30厘米。封门情况不详。

　　墓室　平面略呈梯形，前窄后宽，顶部无存。南北长250、东西宽180～200、残高20厘米。拐角近方正，西宽东窄，墓室内被淤土堆满。

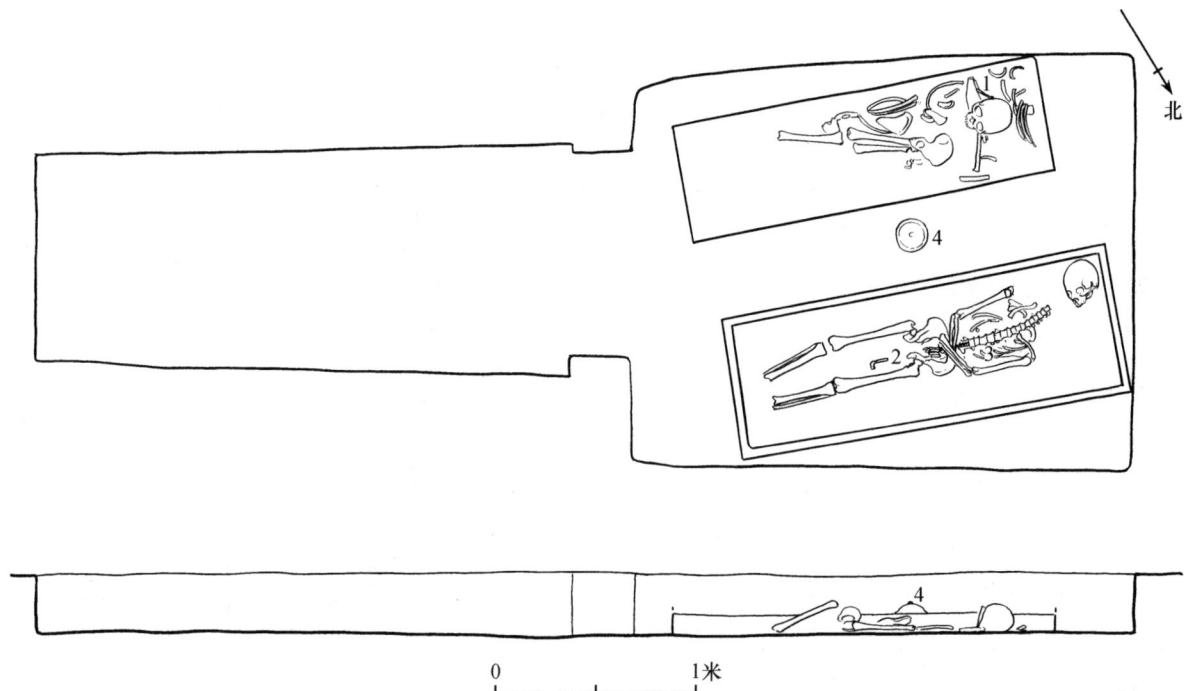

图二二四　11YLM46平面、剖视图
1.铜簪　2.铜烟袋　3.铜扣　4.瓷器盖

（2）葬具葬式

该墓为二人合葬，分别置于墓室南北两侧。

南侧人骨性别不详，成年，头向西，面上，肢骨与其他骨架叠放，系二次葬。

葬具为一棺，棺长182、宽56、残高10厘米。

北侧人骨为男性，30~40岁，头向西，面上，仰身，下肢伸直，上肢向内弯屈，双手交叠置于盆骨上。

葬具为一棺，棺长196、宽70~76、残高10厘米。

（3）随葬品

瓷器盖1（M46：4）、铜簪1（M46：1）、铜烟嘴、烟锅1（M46：2）、铜扣4（M46：3-1~M46：3-4）件。1号铜簪置于南侧棺内人骨颈部；2号铜烟嘴、烟锅和3号铜扣置于北侧棺内人骨腹部；4号瓷器盖置于两棺之间。

1）瓷器

M46：4 器盖。胎呈白色。器表施酱色釉，釉面色泽较光亮，内壁施棕褐色化妆土。器体呈帽形，圆扣形纽，顶部圆鼓凸起，宽沿略斜，盖口为子口，内敛，可能是将军罐的盖。拉坯成形，内壁有螺旋纹。通高5、最大径15.2、口径11.8厘米（图二二五，1；图版九四，1）。

2）铜器

M46：1 簪。簪首铸成龙首形，圆目外凸，嘴大张，口含圆珠，龙首上有角，为银质，

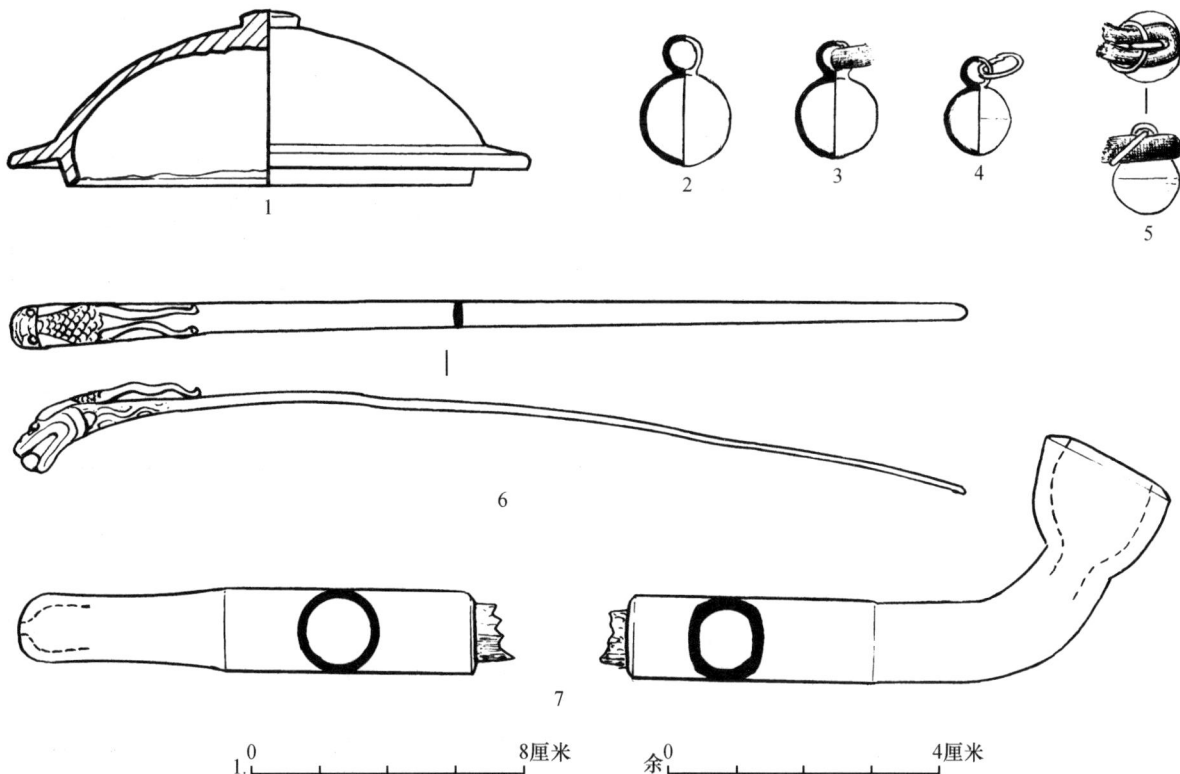

图二二五 11YLM46出土器物

1.瓷器盖（M46：4） 2~5.铜扣（M46：3-1、M46：3-2、M46：3-3、M46：3-4） 6.铜簪（M46：1） 7.烟袋（M46：2）

镶接于龙首上，簪体扁平，弯成弓形。长14厘米（图二二五，6；图版九四，3）。

M46：2　烟袋。由烟嘴、烟杆、烟锅三部分组成。烟嘴、烟锅为铜质，烟杆为木质。烟嘴呈圆柱体，中间有圆孔烟道，端处为细小圆孔，烟锅为圆形碗状，把为圆柱体，木杆插在烟嘴和烟锅把中，将烟嘴和烟锅连为一体。烟嘴长6.7、烟锅长8厘米（图二二五，7；图版九四，4）。

M46：3　铜扣。4件（图版九四，2）。铜质。表面呈铜锈绿色。扣体为空心圆球形，中部有一道横向范铸痕迹，不甚明显，圆环形扣柄，有的扣柄中另附有小细圆环，且留索状织物。M46：3-1，扣体直径1.3厘米（图二二五，2）；M46：3-2，扣体直径1.2厘米（图二二五，3）；M46：3-3，扣体直径1厘米（图二二五，4）；M46：3-4，扣体直径1厘米（图二二五，5）。

8. 11YL M55

（1）墓葬形制

由墓道、甬道和墓室组成（图二二六、图二二七）。墓道偏墓室东侧，整体呈刀形。方向200°。该墓在发掘前遭施工破坏。

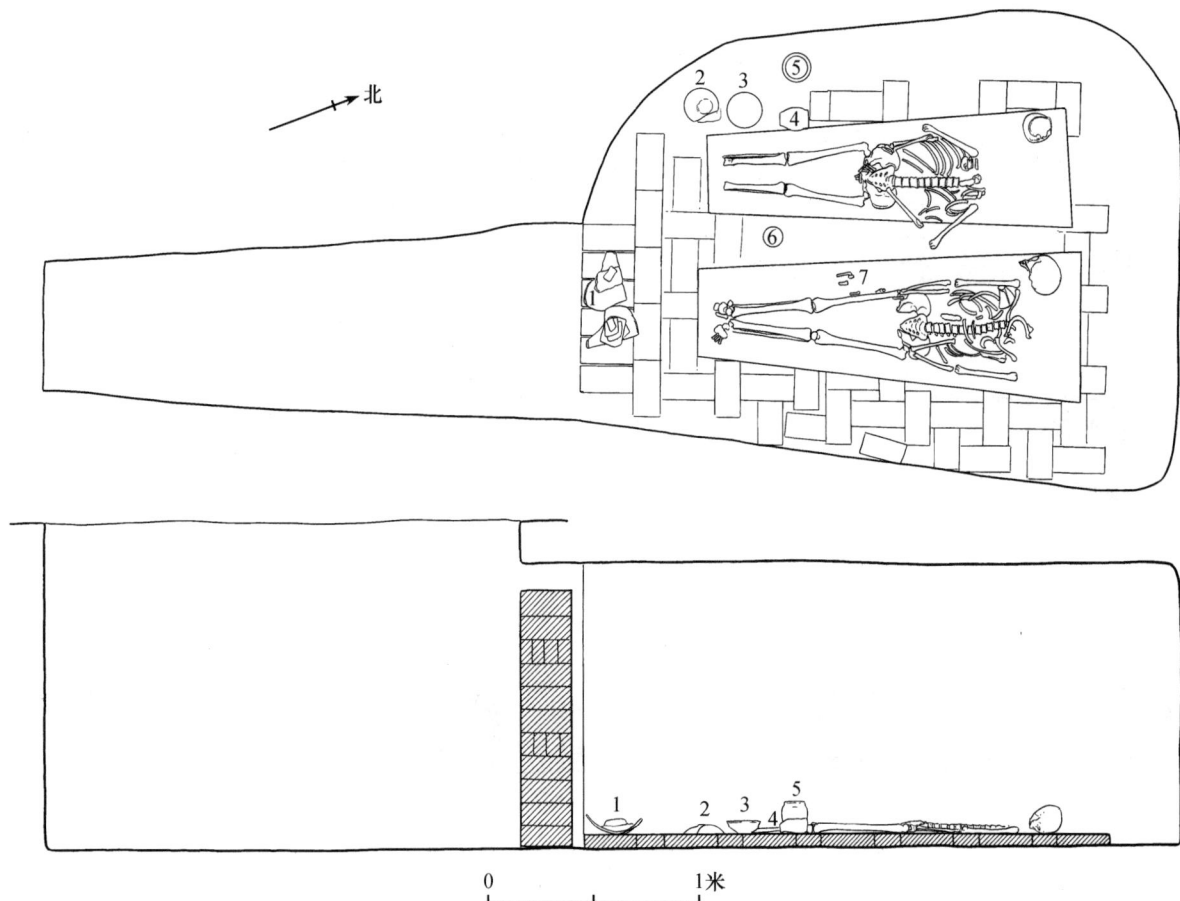

图二二六　11YLM55平面、剖视图

1. 砂锅　2、3. 瓷碗　4、5. 瓷罐　6. 铁灯盏　7. 铜烟袋

墓道　位于墓室南端，长条形、竖穴，北宽南窄。长225、宽60～90、底距现墓口150厘米。底部平整。墓道内填土为黄褐色花土，土质较软。

甬道　生土过洞，梳背式拱形顶。宽90、高130、进深30厘米。青灰条砖封门，封门砖置于甬道内，封堵方式为甃砖干摆，共11层。

墓室　平面呈不规整梯形，顶部略拱形。南北长280、东西宽145～215、高130厘米（图版九五，1）。底部中间青砖墁地，铺筑方式呈席子纹，周边垫土，西壁外弧，东壁斜直，拐角圆弧。墓室内堆满淤土。

（2）葬具葬式

该墓为二人合葬，墓室中间南北向并列放置。

西侧人骨为成年女性，头向北，面向不详，仰身，上肢向内弯屈，手置于盆骨上，下肢伸直。

葬具为一棺，长条形，北宽南窄，棺长170、北宽55、南宽35厘米，高度不详。

东侧人骨为男性，35～39岁，头向北，面向不详，仰身，上肢自然伸直，手置于身体两侧，下肢伸直。

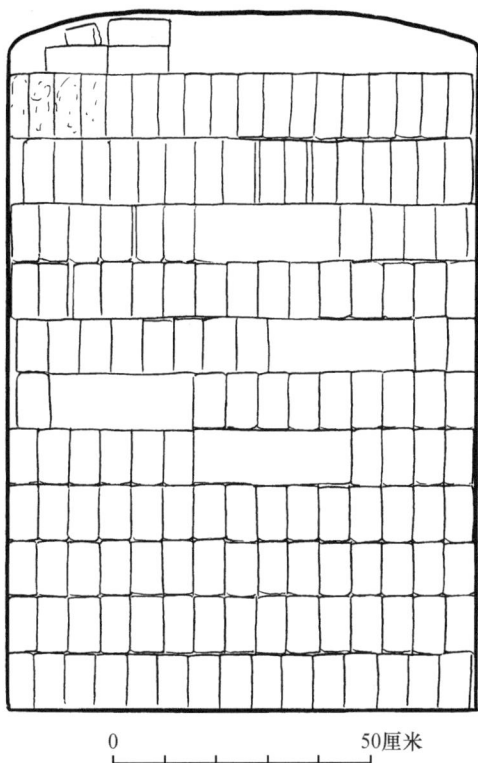

图二二七　11YLM55墓门、封门正视图

葬具为一棺，长条形，北宽南窄，棺长180、北宽68、南宽40厘米，高度不详。

（3）随葬品

砂锅1（M55：1）、瓷碗2（M55：2、M55：3）、瓷罐2（M55：4、M55：5）、铜烟嘴、烟锅1（M55：7）、铁灯盏1（M55：6）件。分别置于以下几处：

1号砂锅置于墓室前端近墓门处；2、3号瓷碗和4、5号瓷罐置于墓室前端西侧；6号铁灯盏置于墓室前端两棺之间；7号铜烟嘴、烟锅置于东侧棺内人骨右下肢骨旁。

1）陶器

M55：1　砂锅。内口径29.1、残高17.1厘米（图二二八，3；图版九六，5）。

2）瓷器

M55：2　碗。胎呈白色，略泛青。内外壁施黑釉，内满釉，内底有涩圈，外壁釉面不及圈足。敞口略外撇，足床内低外高。拉坯成形，下腹及足面刮削痕迹明显。口径16.8、通高6.6、足径6.2厘米（图二二八，2；图版九六，1）。

M55：3　碗。胎呈白色。内外壁施黑釉，内满釉，内底有涩圈，外壁釉面不及圈足。口径16.4、通高6.8、足径6.6厘米（图二二八，1；图版九六，2）。

M55：4　罐。胎呈白色。内外壁施黑釉，内满釉，外壁先施一层酱黑釉，足底釉被刮去，表层黑釉不及圈足，色泽光亮。直口，圆唇，束颈，圆腹，圈足略外撇。拉坯成形，内底有三个支钉，内底面有螺旋纹。口径10.4、通高11.8、足径7.2厘米（图二二八，4；图版九六，3）。

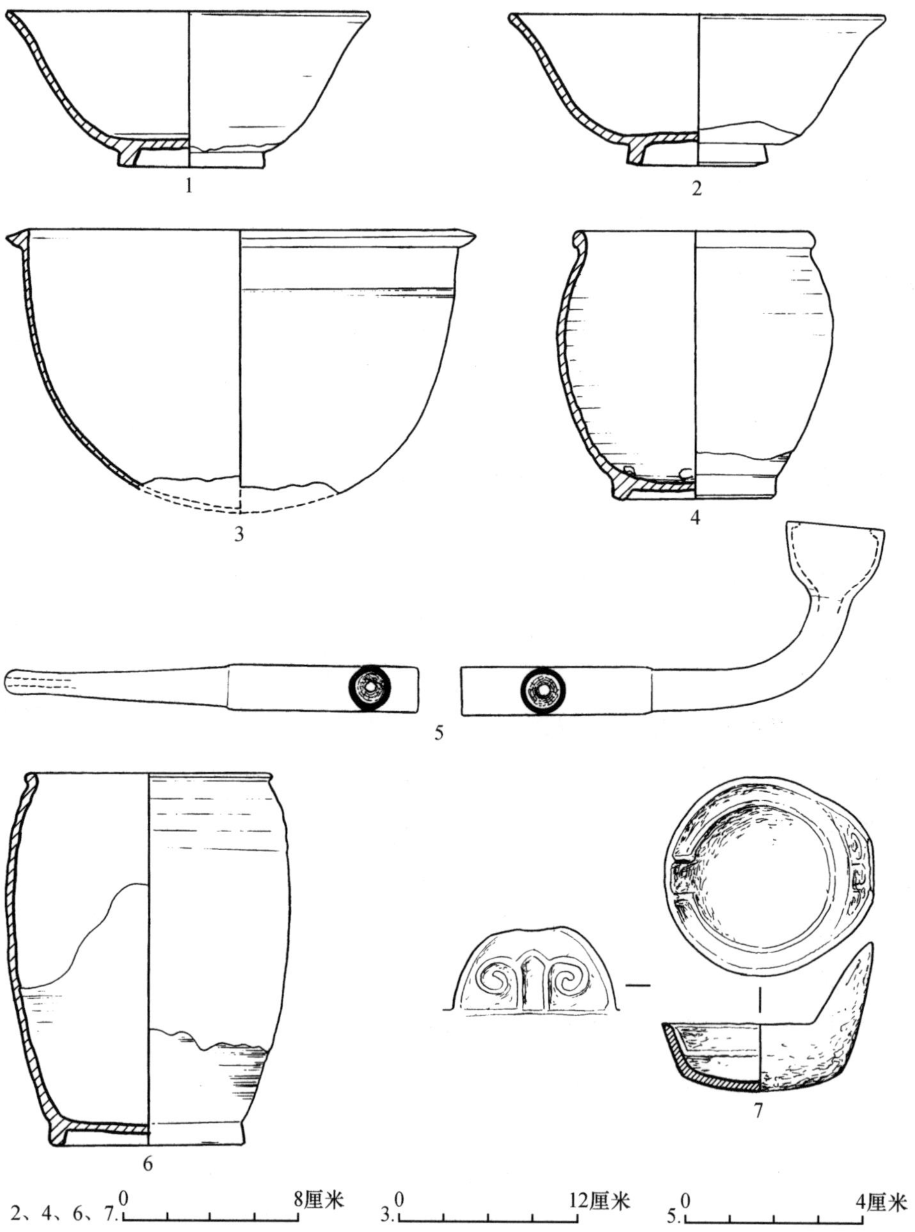

图二二八　11YLM55出土器物

1、2. 瓷碗（M55：3、M55：2）　3. 砂锅（M55：1）　4、6. 瓷罐（M55：4、M55：5）　5. 烟袋（M55：7）

7. 铁灯盏（M55：6）

M55：5　罐。胎呈白色。内壁先施一层褐色化妆土，再施黑釉，釉面至中腹部，外壁先通施酱黑色釉，足底釉被刮去，表层再施黑釉，黑油至下腹部，釉面色泽光亮，上腹部有凹弦纹数周。侈口，圆唇，束颈，圆弧腹斜内收，圈足，足床平整，器体较高。拉坯成形。口径10.8、通高16.2、足径8.8厘米（图二二八，6；图版九六，4）。

3）铜器

M55：7　烟袋。由烟嘴、烟杆、烟锅三部分组成。烟嘴、烟锅为铜质，烟杆为木质。烟嘴呈圆锥形体，中间有圆孔烟道，端处为细小圆孔，烟锅为圆形碗状，把为圆柱体，木杆插在烟嘴和烟锅把中，将烟嘴和烟锅连为一体。烟嘴长9.3、烟锅长9.4厘米（图二二八，5；图版九五，2）。

4）铁器

M55：6　灯盏。口径8.8、通高7.4厘米（图二二八，7；图版九六，6）。

第二部分

苇沟墓地

第一章　综　　述

苇沟墓地位于翼城县县城西北约2千米处的苇沟村东，该村隶属翼城县唐兴镇。墓地处于苇沟-北寿城遗址的东部边缘，发掘区中心坐标为东经111°42′03.0″，北纬35°45′43.0″。

发掘区地层堆积简单，根据土质、土色、包含物的不同，可将地层堆积划分为4层，其中第3层堆积在整个发掘区分布范围极小，仅在T801和T901南部有分布，其余地层在发掘区基本均有分布，现在我们以T801～T803的西壁来说明发掘区的地层堆积状况（图二二九）。

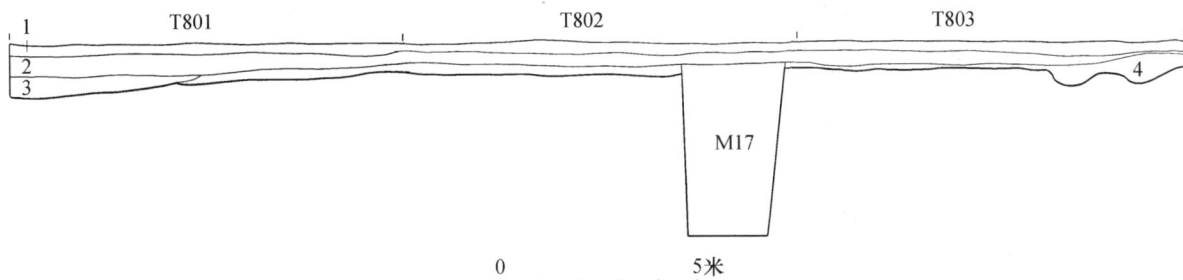

图二二九　苇沟墓地T801～T803西壁剖面图

第1层为现代农耕层，厚20～30厘米，浅灰色，结构疏松，包含现代杂物和植物根系。第2层为黄褐色土层，结构紧密，土质较硬，包含炭粒、灰粒等，出土碎瓷片、碎陶片等。第3层为黄褐色土层，结构紧密，土质较硬，包含少量烧土粒、红土粒等，出土碎陶片，可辨器类有板瓦、筒瓦碎块。第4层为红褐色土层，结构紧密，土质较硬，相对纯净，包含少量料姜石、生土块。发掘区绝大多数遗迹现象开口于第2层下，个别遗迹开口于第3层下，均打破第4层堆积。

具体层位关系如下：

G1：①→②→Y2、Y3→生土

T102：①→②→H10、H11→④→生土

T402：①→②→H9→生土

T801：①→②→M14→③→④→生土

T802：①→②→M15、M16、M17、M18→④→生土

T803：①→②→M18、M19、M20、M24→④→生土

```
                    ┌→H1→M12┐
                    │   ↓    │
T901：①→②→③┤  →Y1   ├→④→生土
                    │   ↓    │
                    └→M10   ┘
```

T902：①→②→M11、M13、M21、M22→④→生土

T903：①→②→M6、M7、M8、M24→④→生土

T1002：①→②→M5→④→生土

T1003：①→②→M4、M5→④→生土

T1102：①→②→M3→④→生土

T1103：①→②→J1→④→生土

T1202：①→②→H4、H5、M1→生土

```
            ┌→H2┐
            │→H3│
T1203：①→②┤→H6├→④→生土
            │→M2│
            │ ↓ │
            └→H7┘
```

T1302：①→②→生土

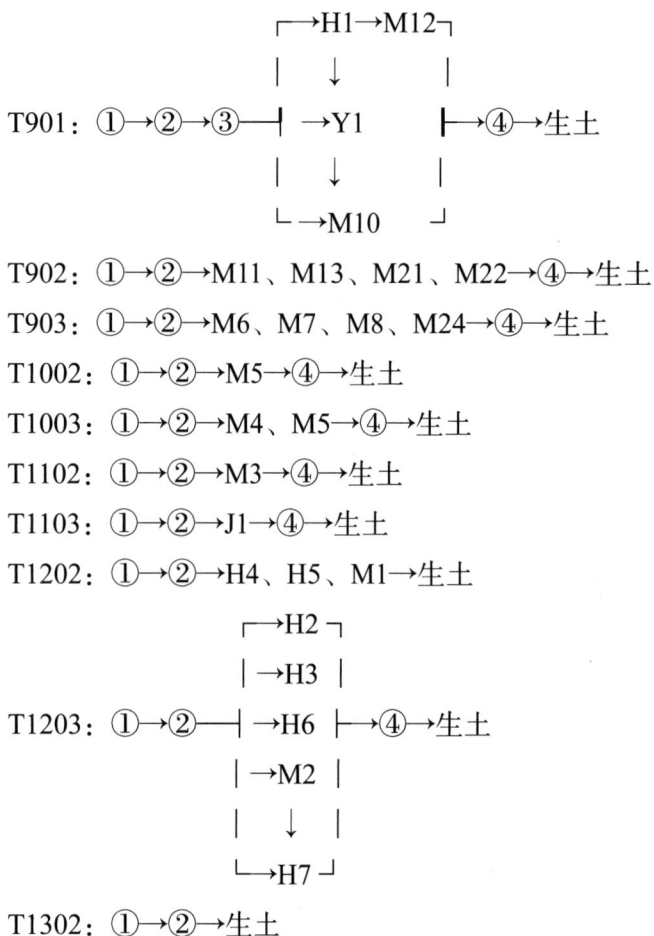

第一节　墓葬年代及形制

苇沟墓地共发现墓葬24座，其中2座（M9、M23）为现代墓葬，未进行发掘，实际发掘墓葬22座（附表九），其中有东周时期墓葬20座，明代时期墓葬2座。

东周时期墓葬共发现20座，依墓葬形制可分为竖穴土圹墓和偏洞室墓两类。竖穴土圹墓共有18座，其中14座墓葬出土陶器，出土陶器的墓葬规模相近，墓室面积接近6平方米左右。2座偏洞室墓规模相近，皆有墓道，墓室面积约在1平方米以上。

明代时期墓葬发现2座，一座（M1）土洞室墓，一座（M2）砖室墓。

第二节 随葬器物组合

东周时期墓葬随葬品以陶器为大宗，主要器类有鼎、鬲、豆、壶、匜、盘等，常见组合有鬲、豆、壶；鼎、豆、壶；鼎、鬲、豆、壶等，其中豆多为瓦棱纹盖豆，豆、壶多成对随葬。另有石圭、带钩等其他材质器物。

第二章　相关遗迹分述

第一节　灰　　坑

1. 12YWH1

位于T901内。开口于第3层下，打破Y1和M12。坑口为不规则圆形，直壁，平底。口长径850、短径765、深40～50厘米（图二三八）。坑内堆积黄褐色小花土，结构紧密，土质较硬，包含石块、灰粒等。出土少量陶片，均为泥质陶，绝大多数为灰色，极少量黄褐色；器类以板瓦残片居多，另有盆、罐、筒瓦等残片（表一）。

表一　12YWH1出土陶片统计表

陶质	陶色	器物	部位	纹饰一	纹饰二	纹饰三	数量（件）	重量（千克）
泥质	褐	瓦	不明	绳纹	布纹	无	1	0.17
	灰	不明	陶片	磨光暗纹	无	无	1	0.03
				绳纹	弦纹	无	1	0.21
				无	无	无	13	1.2
				弦纹	无	无	1	0.16
		罐	口沿	无	无	无	1	0.03
			陶片	弦纹	无	无	1	0.34
		瓦	不明	绳纹	篦点纹	无	1	0.97
					布纹	无	32	4.88
					方格纹	无	10	2.37
					无	无	3	0.13

H1∶1　盆。泥质灰陶。颈腹转折处饰数周凹弦纹。敞口，卷沿，翻缘，圆方唇束颈，上腹略鼓，下腹圆弧斜内收，平底。内外壁有横向旋痕。口径33、高18、底径16.8厘米（图二三九，3）。

H1∶2　盆口沿残片。泥质灰陶。上腹部饰数周凹弦纹。敞口，卷沿，翻缘，圆唇，弧腹斜收，上腹部有一圆穿。口沿和内外壁有横向旋痕。内口径31.4、残高10.5厘米（图二三九，4）。

H1∶3　罐口沿残片。泥质灰陶。敛口，宽沿，沿面圆弧凸起，扁圆唇，矮颈，圆肩，器壁较厚。口沿和内外壁有横向旋痕。内口径29.4、残高9.3厘米（图二三九，2）。

H1：4　罐口沿残片。泥质，结构紧密。夹心陶，内外壁呈灰色，胎呈黄褐色。颈部抹绳纹。敞口，宽沿，沿面中间起一周凸棱，扁圆唇，矮直颈，圆肩，器壁较厚。口沿和内外壁有横向旋痕。内口径27.6、残高7.2厘米（图二三九，1）。

H1：5　板瓦残片。泥质灰陶。外壁拍印绳纹，抹压；内壁垫印细麻布纹。圆弧形，一端平齐，一端残，两侧有竖向切割痕，由内向外切割近二分之一厚度。泥条叠筑成圆筒形，成坯后纵向将其分为四等份。长23.1、宽31.2厘米（图二三九，6）。

H1：6　陶板。泥质灰陶。正面模印方形图案，图案四周单阳线凸方框，中心圆突，有一同心圆，同心圆外辐射单阳线凸纹，端呈桃形，与外框四角相对，将方框等分为四等份，各等份内壁饰"S"形云纹（图二四○）。手制，背面较粗糙。长10、宽9厘米（图二三九，5）。

2. 12YWH2

位于T1203中部。开口于第2层下，打破第4层。坑口为圆形，直壁，平底。口径200、深20厘米（图二四一）。坑内堆积黄褐色小花土，土质较硬，包含烧土颗粒。出土遗物很少，仅见2块板瓦残片（表二）。

表二　12YWH2出土陶片统计表

陶质	陶色	器物	部位	纹饰一	纹饰二	纹饰三	数量（件）	重量（千克）
泥质	灰	板瓦	不明	绳纹	布纹	无	1	0.06

3. 12YWH3

位于T1203南部。开口于第2层下，打破第4层。坑口为圆形，直壁，平底。口径215～220、深15～25厘米（图二四二）。坑内堆积黄褐色花土，土质较软，包含烧土颗粒。出土少量碎陶片，均为泥质灰陶。可辨器类有盆（表三）。

表三　12YWH3出土陶片统计表

陶质	陶色	器物	部位	纹饰一	纹饰二	纹饰三	数量（件）	重量（千克）
泥质	灰	不明	陶片	无	无	无	2	0.34

H3：1　盆口沿残片。泥质灰陶。颈部抹数周弦纹。敞口，折沿，沿面下凹，厚方唇，唇面内凹，有颈。口沿及内外壁有横向旋痕。残宽9、残高4.8厘米（图二四五，3）。

4. 12YWH4

位于T1202南部。开口于第2层下，打破生土。坑口为圆形，斜壁，壁面粗糙，平底。口径125、底径110、深40厘米（图二三○；图版九七，1）。坑内堆积深黄褐色土，土质较硬，包含烧土颗粒、灰粒。出土少量碎陶片，均为泥质灰陶。可辨器类有盆、罐（表四）。根据其形状判断为一般性取土坑。

陶质	陶色	器物	部位	纹饰一	纹饰二	纹饰三	数量（件）	重量（千克）
泥质	灰	不明	陶片	无	无	无	8	0.07
		罐	陶片	无	无	无	5	0.12

　　H4：1　盆口沿残片。泥质灰陶。外壁饰中绳纹，抹压；内壁垫印中偏细绳纹。敞口，斜折沿，斜方唇，唇面内凹，斜颈，弧腹斜收。口沿内外有横向旋抹痕。口径38.4、高9厘米（图二三三，5）。

5. 12YWH5

　　位于T1202东部。开口于第2层下，打破生土。坑口为圆形，袋状，壁面较光，平底。口径210、底径240、深140厘米（图二三一；图版九七，2）。坑内堆积分两层，上层厚30厘米。为黄褐浅灰土，土质较软，含灰粒较多。下层厚110厘米。深黄褐花土，结构紧密，土质较硬，包含烧土颗粒、灰屑等。出土器物较多，绝大多数为泥质灰陶。少量夹砂黄褐陶，且陶色不匀，可辨器类有鬲、盆、豆、罐、瓮、甗、钵等（表五），另外出土蚌器。根据其形状判断为窖穴。

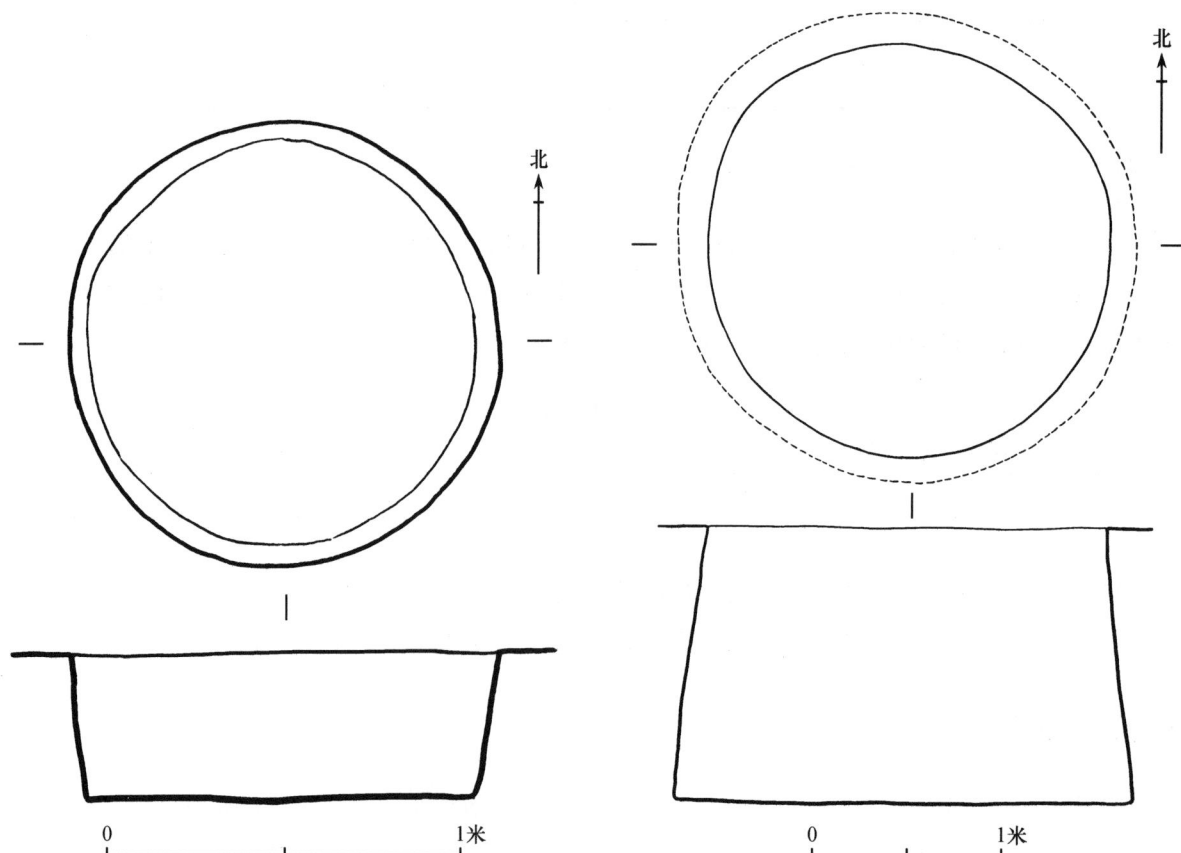

图二三〇　12YWH4平、剖面图

图二三一　12YWH5平、剖面图

表五　12YWH5出土陶片统计表

陶质	陶色	器物	部位	纹饰一	纹饰二	纹饰三	数量（件）	重量（千克）
夹砂	褐	鬲	陶片	绳纹	无	无	100	4.38
			足部	绳纹	无	无	1	0.07
	灰	鬲	陶片	绳纹	无	无	27	1.53
	夹心	鬲	口沿	绳纹	无	无	6	0.62
泥质	灰	不明	不明	绳纹	无	无	5	0.09
				无	无	无	1	0.02
			器底	绳纹	无	无	4	0.76
		豆	盖	无	无	无	3	0.11
			口沿	瓦棱纹	无	无	8	0.35
				无	无	无	14	0.37
			器底	无	无	无	10	0.75
			足部	无	无	无	16	0.87
		罐	口沿	绳纹	无	无	1	0.06
				无	无	无	2	0.08
			器底	绳纹	无	无	8	0.78
			陶片	绳纹	无	无	1	0.04
		壶	口沿	无	无	无	2	0.08
			陶片	磨光暗纹	无	无	4	0.21
		盆	口沿	绳纹	无	无	9	0.37
			陶片	绳纹	无	无	2	0.06
		其他	器底	无	无	无	4	0.2
			陶片	绳纹	无	无	38	1.95
				无	无	无	11	0.61
		甑	器底	无	无	无	4	0.5
	夹心	不明	不明	绳纹	无	无	1	0.03
			陶片	绳纹	无	无	12	0.64
		盆	口沿	绳纹	无	无	4	0.17
				无	无	无	2	0.07

H5：1　豆盘。泥质灰陶。上腹壁饰三道瓦纹。盖豆，子口内敛，舌较短，方唇，扁圆腹，柄残。内外壁有横向旋痕。口径15.9、盘深7.8、盘腹径19.5、残高9.6厘米（图二三二，11；图版一〇〇，1）。

H5：2　豆盘。泥质灰陶。敞口，圆唇，浅盘，盘腹方折，柄残。内外壁有横向旋痕。口径12、盘深0.9、残高2.1厘米（图二三二，1）。

H5：3　豆盘残片。泥质灰陶。敞口，圆方唇，盘腹方折，上腹外壁向内凹曲。外壁有横向旋痕。口径12.6、盘深2.1、残高3厘米（图二三二，5）。

　　H5：4　豆盘残片。泥质灰陶。内壁磨光。敞口，圆唇，盘腹方折，抹角。外壁有横向旋痕。口径13.5、残高2.4厘米（图二三二，2）。

　　H5：5　豆盘残片。泥质灰陶。敞口，圆唇，盘腹圆折。内外壁有横向旋痕。口径12.9、残高3.9厘米（图二三二，3）。

　　H5：6　豆盘残片。泥质灰陶。敞口，圆方唇，浅盘，盘腹方折，腹外壁向内凹曲。内外壁有横向旋痕。口径12、盘深1.2、残高2.4厘米（图二三二，4）。

　　H5：7　豆盘残片。泥质灰陶。内壁磨光。敞口，圆唇，盘腹方折。内外壁有横向旋痕。口径12.3、残高2.7厘米（图二三二，6）。

　　H5：8　豆座。泥质灰陶。外壁饰连续暗弦纹。柱状圆柄残，喇叭形底座，底座外斜方唇。外壁和底座下有横向旋痕。残高6、底座径9.6厘米（图二三二，14）。

　　H5：9　豆座。泥质灰陶。外壁饰连续暗弦纹。柱状圆柄残，喇叭形底座，底座外圆唇。外壁和底座下有横向旋痕。残高7.8、底座径12厘米（图二三二，10）。

　　H5：10　豆座。泥质灰陶。盘心略微凸起，矮圆柄，中空，喇叭形底座，底座外斜方唇。外壁和底座下有横向旋痕。残高7.5、底座径8.7厘米（图二三二，13）。

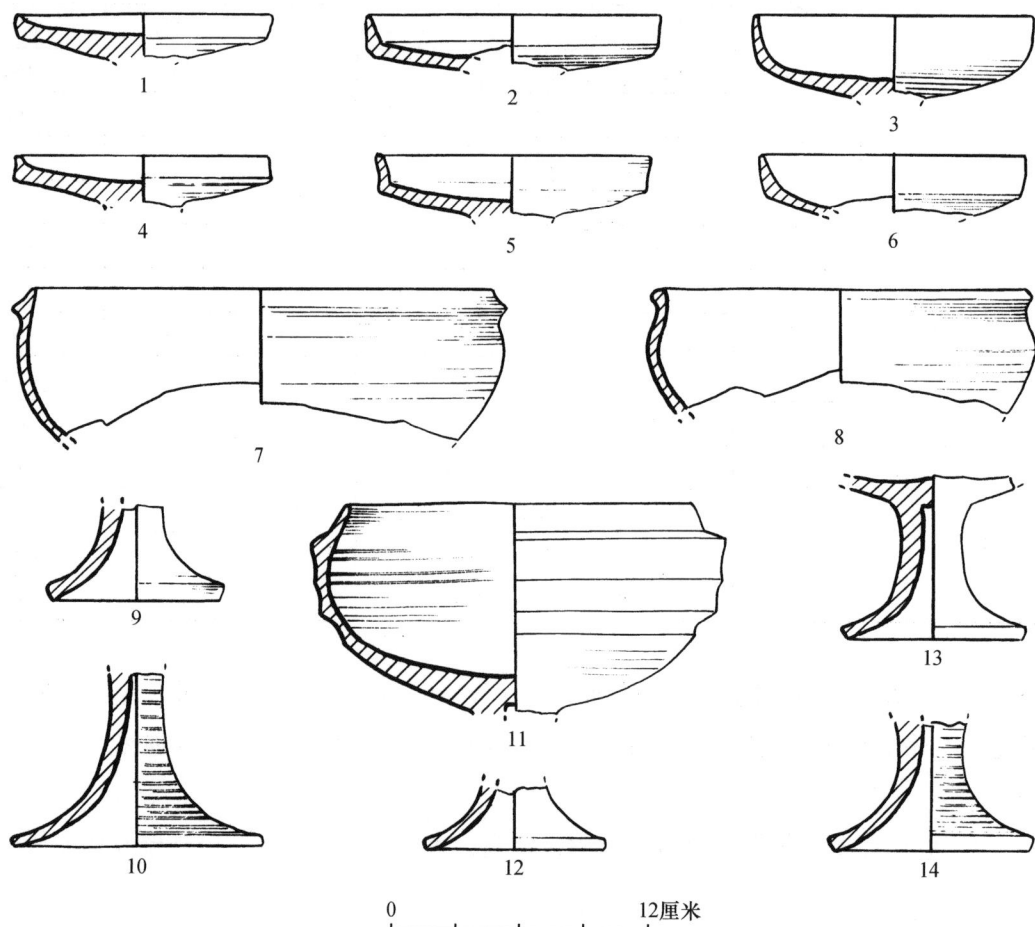

0　　　　　　　　　　　　　　12厘米

图二三二　12YWH5出土陶器

1~6、9~14. 豆（H5：2、H5：4、H5：5、H5：6、H5：3、H5：7、H5：11、H5：9、H5：1、H5：12、H5：10、H5：8）
7. 钵（H5：14）　8. 盂（H5：13）

H5：11　豆座。泥质灰陶。柱状圆柄残，喇叭形底座，底座外斜方唇。外壁和底座下有横向旋痕。残高4.2、底径8.4厘米（图二三二，9）。

H5：12　豆座。泥质。深灰色。喇叭形底座，底座外圆唇。内外壁有横向旋抹痕。残高3、底座径8.4厘米（图二三二，12）。

H5：13　盂口沿残片。泥质灰陶。直口，窄沿，圆唇，束颈，上腹圆鼓，下腹斜弧内收。内外壁有横向旋痕。口径17.7、残高5.7厘米（图二三二，8）。

H5：14　钵口沿残片。泥质灰陶。敛口，外斜沿，沿面略凹，尖唇，束颈，上腹圆鼓，下腹残。内外壁有横向旋痕。口径21.3、残高6.9厘米（图二三二，7）。

H5：15　瓮口沿残片。泥质灰陶。结构紧密。唇面和外壁饰中绳纹，抹压；内壁垫印绳纹。敛口，贴沿，圆唇上翘，溜肩，腹残。口沿内外有横向抹痕，内壁垫窝明显。口径27、残高9厘米（图二三三，6）。

H5：16　盆口沿残片。泥质灰陶。外壁饰中绳纹，抹压；内壁垫印中偏细绳纹。敞口，折沿，斜方唇，斜颈，斜收腹，下腹残。口沿和颈部内壁有横向旋抹痕。内口径41.1、残高10.8厘米（图二三三，3）。

H5：17　盆口沿残片。泥质灰陶。外壁饰中绳纹，抹压；内壁垫印中偏细绳纹。敞口，折沿，沿面下凹，斜方唇，斜颈，腹残。口沿和颈部内壁有横向旋抹痕。内口径33.3、残高6厘米（图二三三，1）。

H5：18　盆残片。泥质灰陶。颈部抹绳纹，腹部拍印中绳纹，抹压。敞口，窄折沿，沿面下凹，方唇，斜颈，圆弧腹斜内收，下腹残。口沿和内壁有横向旋抹痕。内口径33.3、残高13.2厘米（图二三三，8）。

H5：19　甑底。泥质。黄褐色，内壁呈浅灰色。外壁抹绳纹。下腹微弧内收，平底，底面平整，底有圆形戳孔，由外向内戳，孔径0.9～1厘米左右，排列不均匀。内壁有横向抹痕。残高7.8、底径14.7厘米（图二三三，7）。

H5：20　鬲口沿残片。夹砂。黄褐色，陶色不匀。颈部抹绳纹，肩部饰绳纹，局部抹压；内壁垫印绳纹。敞口，窄沿，沿面有一周凹槽，方唇，唇面内凹，束颈，圆肩。泥条盘筑。口径27、残高8.4厘米（图二三三，9）。

H5：21　鬲口沿残片。夹砂。黄褐色，陶色不匀。肩部饰中绳纹；内壁垫印细绳纹。敞口，折沿外斜，沿面下凹成槽，斜方唇，矮颈，圆肩，腹残。口沿和颈部内壁有横向抹痕，肩部内壁垫窝明显。内口径24、残高5.4厘米（图二三三，2）。

H5：22　鬲口沿残片。夹砂。黄褐色，陶色不匀，胎呈灰色。肩腹部饰绳纹，腹部绳纹滚压。敞口，窄折沿，沿面下凹，方唇，束矮颈，溜肩，腹残。泥条盘筑，内壁有横向抹痕和垫窝痕迹。内口径18.3、残高6.6厘米（图二三三，4）。

H5：23　鬲足。夹砂。黄褐色，陶色不匀。上部饰中绳纹，较规整，抹压，下部饰粗绳纹至达足尖。实足根，足底钝尖。内壁有竖向抹痕。残高11.2厘米（图二三三，12）。

H5：24　鬲足。夹砂。黄褐色，陶色不匀，内壁呈深灰色，泛黑。中偏粗绳纹至达

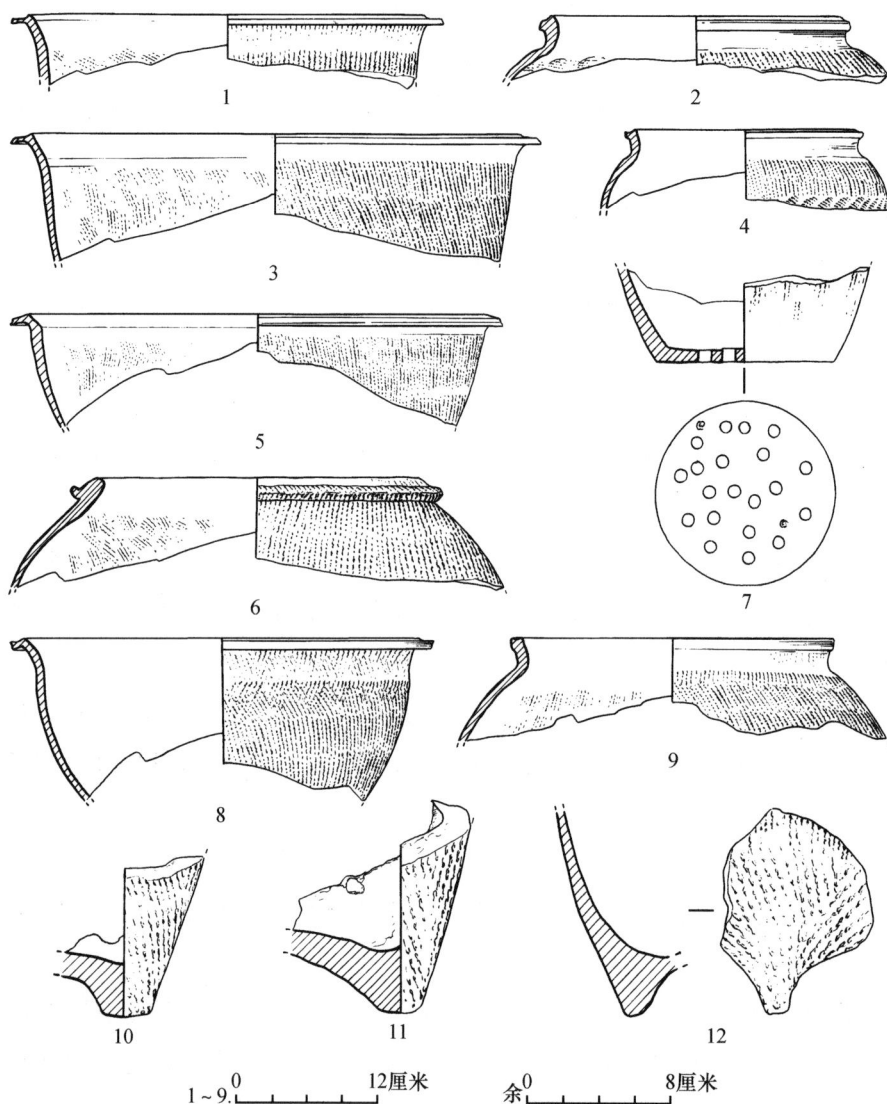

图二三三　12YWH4、H5出土陶器

1、3、5、8.盆（H5：17、H5：16、H4：1、H5：18）　2、4、9～12.鬲（H5：21、H5：22、H5：20、H5：24、H5：25、H5：23）　6.瓮（H5：15）　7.甑（H5：19）

足尖。实足根，足尖为小平底，器壁较厚。内壁粗糙，手抹痕迹明显。残高8.8厘米（图二三三，10）。

H5：25　鬲足。夹粗砂。灰色，陶色不匀。外壁拍印中偏粗绳纹。实足根，钝尖底，器壁较厚。内壁粗糙，有竖向抹痕。残高11.6厘米（图二三三，11）。

H5：26　蚌刀。白色。首端残，下端单面磨有刃，一侧面搓磨平直，一侧为断茬。长7.2、宽4.5厘米（图二三四，3）。

H5：27　蚌刀。白色。残，单面磨刃。长9.9、宽5.5厘米（图二三四，4）。

H5：28　蚌锯。白色。残，略弧背，斜刃，刃部有锯口。长8.6、宽4厘米（图二三四，2）。

H5：29　蚌器。白色。残，中间有穿孔，两面对钻，穿孔有磨损。长5.5、宽4.8厘米（图二三四，1）。

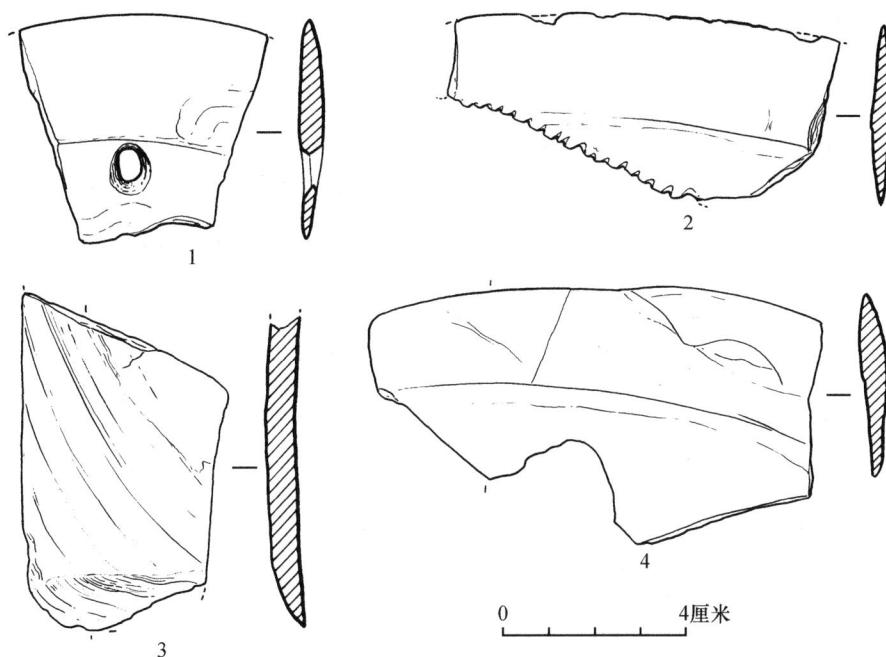

图二三四　12YWH5出土遗物
1. 蚌器（H5：29）　2. 蚌锯（H5：28）　3、4. 蚌刀（H5：26、H5：27）

6. 12YWH6

位于T1203北部偏西。开口于第2层下，打破第4层。坑口为圆形，直壁，壁面光平，平底。口径120、自深20厘米（图二四三）。坑内堆积灰褐色花土，结构紧密，土质较硬，包含烧土粒、料姜石、灰屑等。出土器物残片很少，均为泥质灰陶。可辨器类有鬲、盆、板瓦残片、器底等（表六）。

表六　12YWH6出土陶片统计表

陶质	陶色	器物	部位	纹饰一	纹饰二	纹饰三	数量（件）	重量（千克）
夹砂	褐	鬲	陶片	无	无	无	2	0.04
泥质	灰	不明	器底	无	无	无	2	0.1
			陶片	无	无	无	6	0.15
		瓦	不明	无	无	无	1	0.14

H6：1　盆口沿残片。泥质灰陶。颈部抹数周弦纹，腹饰绳纹，抹压较甚。敞口，折沿，沿面较宽，方唇，唇面内凹，高颈，颈腹转折处挂棱，斜收腹。内外壁均有横向旋痕。内口径36.6、残高8.4厘米（图二四五，1）。

H6：2　盆口沿残片。泥质。深灰色。敞口，折沿，方唇，腹残。口沿及内外壁有横向旋痕。内口径23.4、残高4.2厘米（图二四五，4）。

7. 12YWH7

位于T1203西南部。开口于第2层下，被M2打破，自身打破第4层。坑口呈圆形，直壁，壁面粗糙，平底。口径230、深20厘米（图二四四）。坑内堆积黄褐色小花土，结构紧密，土质较硬，包含料姜石粒和木炭粒。出土器物较少，可辨器类有鬲、盆、板瓦残片、筒瓦残片、器底等（表七）。

表七　12YWH7出土陶片统计表

陶质	陶色	器物	部位	纹饰一	纹饰二	纹饰三	数量（件）	重量（千克）
泥质	灰	不明	不明	无	无	无	6	0.28
			口沿	无	无	无	2	0.06
			器底	绳纹	无	无	1	0.11
			陶片	绳纹	无	无	8	0.41

H7：1　鬲残片。夹砂。深灰色。颈部抹绳纹，腹外壁饰竖向中绳纹；内壁垫印中偏细绳纹。敞口，贴沿，圆唇，颈部较矮，溜肩，腹残。口沿和颈部内外有横向旋抹痕。口径25.5、残高10.2厘米（图二四五，5）。

H7：2　盆口沿残片。泥质灰陶。颈部抹数周弦纹，腹部抹绳纹。敞口，折沿，沿面较宽，斜方唇，高颈，斜收腹，下腹残。颈部和内壁有横向旋痕。残宽12.5、残高8.7厘米（图二四五，2）。

8. 12YWH9

位于T402北部偏东，一部分处在探方以外。开口于第2层下，打破生土。坑口呈不规则长条形，斜壁锅底状。口残长径240、短径150、自深40厘米（图二四六）。坑内堆积黄褐土，结构紧密，土质较硬，包含料姜石。出土器物很少，均为泥质灰陶残片，可辨器类有盆、罐、甑等（表八）。

表八　12YWH9出土陶片统计表

陶质	陶色	器物	部位	纹饰一	纹饰二	纹饰三	数量（件）	重量（千克）
泥质	灰	不明	陶片	绳纹	无	无	2	0.19
				无	无	无	2	0.12
		壶	陶片	无	无	无	1	0.07

9. 12YWH10

位于T102西部。开口于第2层下，自身打破第4层和生土。坑口呈圆形，略呈袋状，平底，底部有一层硬面。口径320、底径335、深42厘米（图二四七）。坑内堆积黄褐色花土，结构紧密，土质较硬，包含少量灰粒和河卵石。出土器物很少，可辨器类有板瓦残片、器底等。

H10：1 筒瓦残片。泥质灰陶。外壁拍印绳纹，抹压；内壁垫印细麻布纹。半圆筒形，子口状瓦舌，瓦舌较长，舌端斜方唇，器壁较厚。泥条叠筑成圆筒形，成坯后纵向一分为二。残长17.4、直径14.4厘米（图二四八，4）。

H10：2 板瓦残片。泥质灰陶。外壁拍印粗绳纹，抹压，近瓦端绳纹被抹去；内壁垫印细麻布纹。器壁较厚，侧面有切割痕，由内向外切割四分之一厚度。泥条叠筑。残长9.9、残宽15.6厘米（图二四八，2）。

H10：3 板瓦残片。泥质灰陶。外壁拍印粗绳纹，抹压；内壁垫印凹篦点纹和细麻布纹。器壁较厚。泥条叠筑。残长12.9、残宽17.7厘米（图二四八，1）。

H10：4 板瓦残片。泥质灰陶。外壁拍印粗绳纹，抹压；内壁垫印细麻布纹，近瓦端垫印斜方格纹。器壁较厚，瓦端较薄，侧面有切割痕，由内向外切割三分之一厚度。泥条叠筑。残长21、残宽12厘米（图二四八，3）。

10. 12YWH11

位于T102北中部。开口于第2层下，打破第4层和生土层。坑口呈圆形，袋状，坑壁整齐，壁面光平，平底。口径206、底径228、深96厘米（图二三五）。坑内堆积深黄褐色土，结构紧密，土质较硬。包含灰粒和料姜石粒。出土陶片、猪下颌骨1副、残蚌壳1个，陶片绝大多数为泥质灰陶。少量夹砂黄褐陶，器类有鬲、盆、豆、罐、器底（表九）。根据其形状判断为窖穴。

H11：1 鬲残片。夹砂。黄褐色。肩部和上腹部饰中绳纹，下腹部饰粗绳纹，均抹压；内壁垫印中偏细绳纹。微侈口，窄斜沿，沿面下凹，厚方唇，唇面内凹，束颈，溜肩，上腹圆鼓，下腹残。泥条盘筑，口沿内外有横向抹痕。内口径23.4、残高20.1厘米（图二三六，1）。

H11：2 盆口沿残片。泥质灰陶。颈部抹绳纹，腹外壁饰中绳纹，较规整，抹压；腹内壁垫印中偏细绳纹。敞口，折沿略外斜，斜方唇，唇面内凹，斜颈，圆弧腹斜内收。口沿有横向旋抹痕。内口径38.4、残高7.2厘米（图二三六，2）。

H11：3 鬲足。夹砂。深灰色。粗绳纹至达足尖。平裆，实足根，足底锥尖。内壁粗糙，有垫窝痕迹。残高10.2厘米（图二三六，3）。

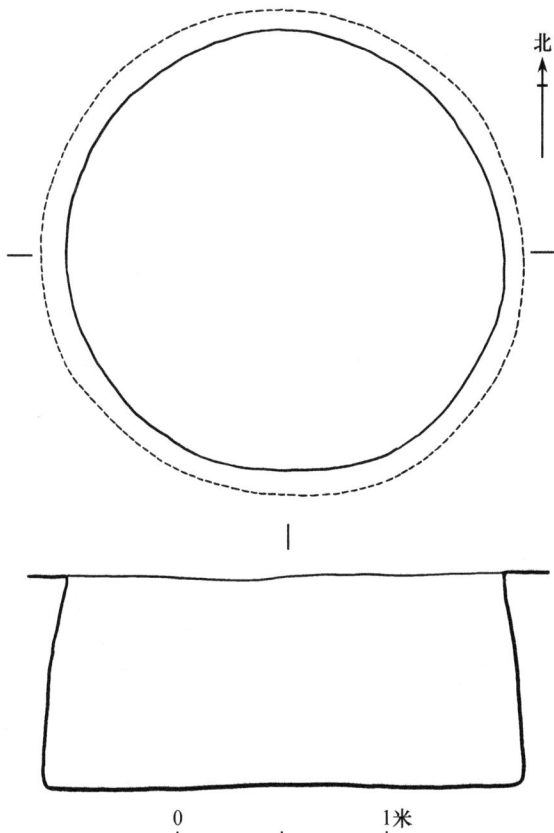

图二三五 12YWH11平、剖面图

表九　12YWH11出土陶片统计表

陶质	陶色	器物	部位	纹饰一	纹饰二	纹饰三	数量（件）	重量（千克）
夹砂	褐	鬲	口沿	绳纹	无	无	2	0.28
			陶片	绳纹	无	无	6	0.68
			足部	绳纹	无	无	1	0.15
	灰	鬲	陶片	绳纹	无	无	2	0.1
泥质	灰	豆	盖	无	无	无	2	0.06
			口沿	瓦棱纹	无	无	4	0.27
				无	无	无	2	0.08
			足部	无	无	无	10	0.8
		罐	口沿	无	无	无	2	0.05
			器底	绳纹	无	无	1	0.14
				无	无	无	1	0.13
			陶片	绳纹	无	无	6	0.38
		壶	器底	磨光暗纹	无	无	1	0.17
			陶片	磨光暗纹	无	无	1	0.04
		盆	口沿	绳纹	无	无	2	0.1
		其他	陶片	绳纹	无	无	4	0.15
		甑	器底	无	无	无	1	0.11

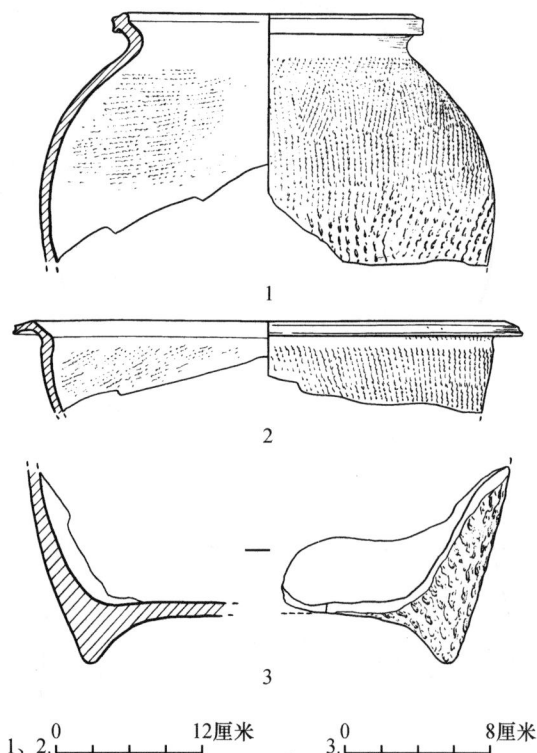

1、2. ├─0─────────────12厘米─┤　　3. ├─0──────8厘米─┤

图二三六　12YWH11出土陶器（一）

1、3.鬲（H11：1、H11：3）　2.盆（H11：2）

H11：4　豆。泥质灰陶。上腹外壁饰三道瓦纹。盖豆，子口内敛，舌较长，圆方唇，扁圆腹，高圈足。内外壁有横向旋痕。口径13.8、盘深7.2、盘腹径15.9、高11.1、底径8.1厘米（图二三七，1；图版一〇〇，2）。

H11：5　豆。泥质灰陶。敞口，扁圆唇，盘腹圆折，柱状圆柄较矮，喇叭形底座，底座外斜方唇。内外壁有横向旋痕。口径13.5、盘深3.6、高10.8、底座径8.4厘米（图二三七，2；图版一〇〇，3）。

H11：6　豆盘。泥质灰陶。敞口，圆唇，盘腹方折，上腹外壁略向内凹曲，柱状圆柄残，豆柄上部较粗。豆盘内外有横向旋痕。口径9.6、盘深1.5、残高8.4厘米（图二三七，6）。

H11：7　豆座。泥质灰陶。豆座面和豆柄下部饰暗弦纹。柱状圆柄，喇叭形底座，底座外斜方唇。内外壁有横向旋痕。残高9.9、底座径11.4

厘米（图二三七，9）。

H11：8　豆座。泥质灰陶。豆座面和豆柄饰暗弦纹。柱状圆柄残，喇叭形底座，底座外斜方唇。内外壁有横向旋痕。残高5.4、底座径11.4厘米（图二三七，8）。

H11：9　豆盘残片。泥质灰陶。下腹和内壁饰暗弦纹。盖豆，子口内敛，舌较短，扁圆形腹。内外壁有横向旋痕。口径14.7、残高7.2厘米（图二三七，3）。

H11：10　豆盘残片。泥质灰陶。上腹饰三道瓦纹，下腹和内壁饰暗弦纹。盖豆，子口内敛，舌较长，半圆形腹。内外壁有横向旋痕。口径15.9、残高8.7厘米（图二三七，5）。

H11：11　豆座。泥质灰陶。柱状圆柄较矮，喇叭形底座，底座外斜方唇。外壁和座底有横向旋抹痕。残高7.2、底座径8.4厘米（图二三七，4）。

H11：12　豆座。泥质灰陶。矮圆柄，喇叭形底座，底座外斜方唇。外壁和座底有横向旋抹痕。残高6.9、底座径7.8厘米（图二三七，7）。

H11：13　支钉。泥质。黄褐色。圆锥体。手制。高3.1、底径2.2厘米（图二三七，10）。

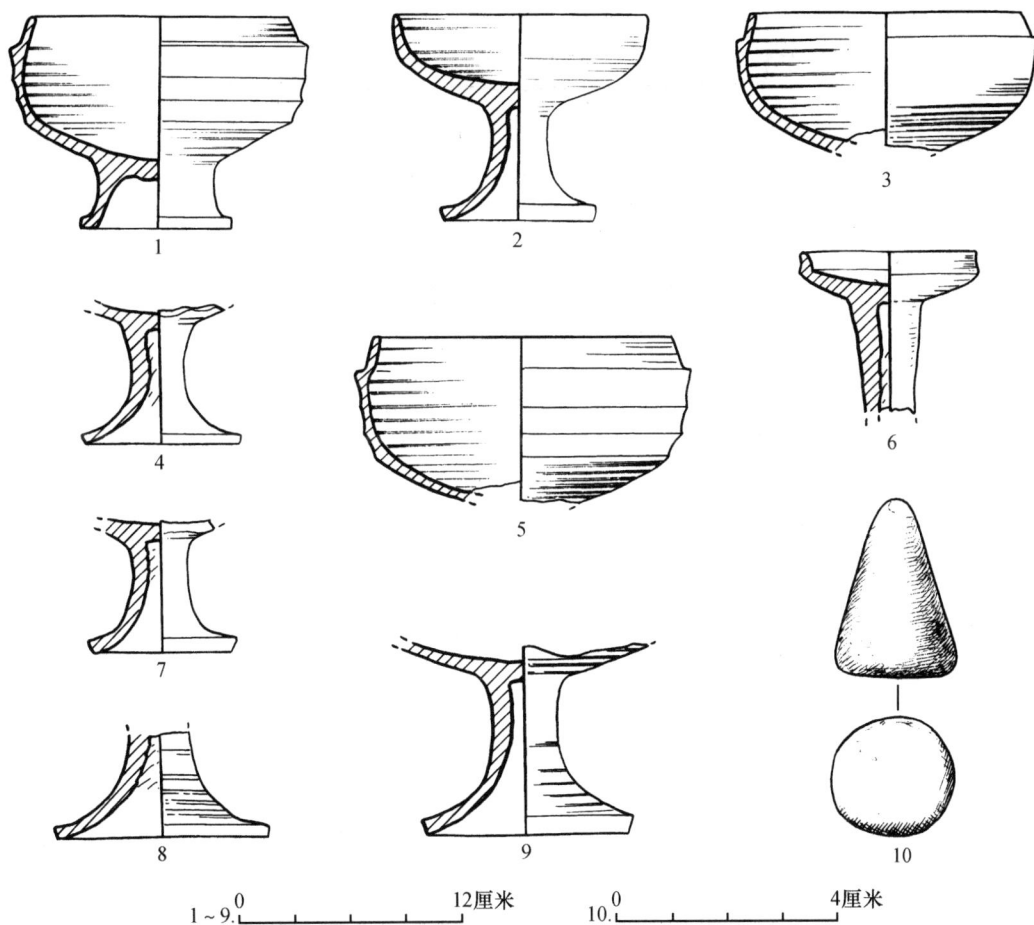

图二三七　12YWH11出土陶器（二）

1~9.豆（H11：4、H11：5、H11：9、H11：11、H11：10、H11：6、H11：12、H11：8、H11：7）　10.支钉（H11：13）

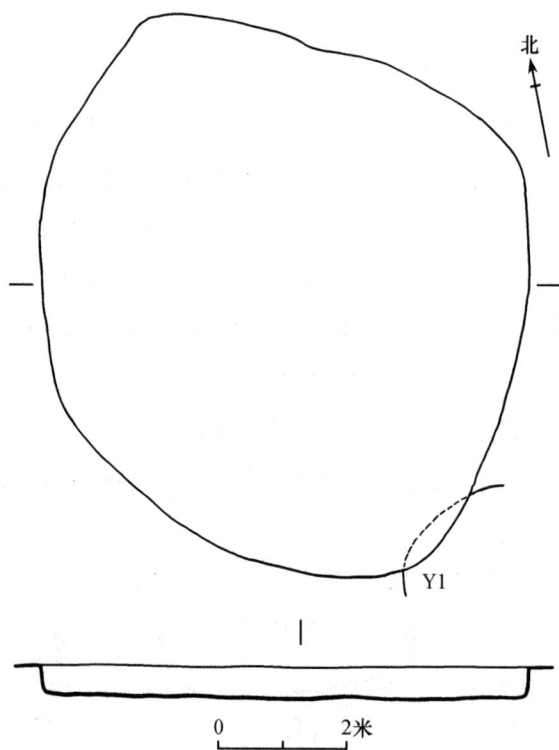

图二三八　12YWH1平、剖面图

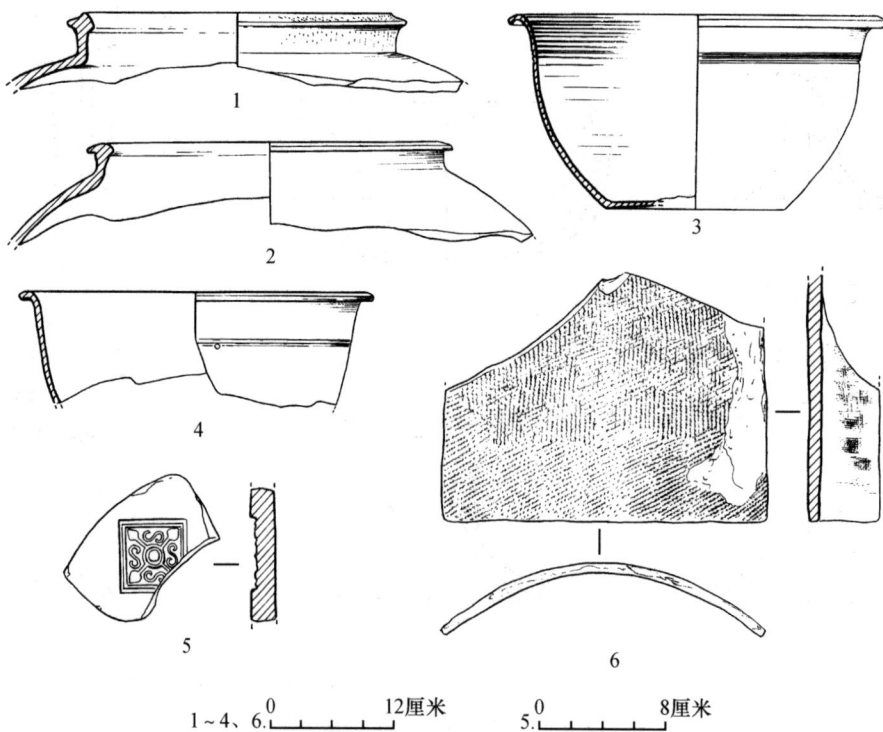

图二三九　12YWH1出土陶器

1、2.罐（H1:4、H1:3）　3、4.盆（H1:1、H1:2）　5.陶板（H1:6）　6.板瓦（H1:5）

图二四○　12YWH1出土陶板（H1∶6）纹样拓本

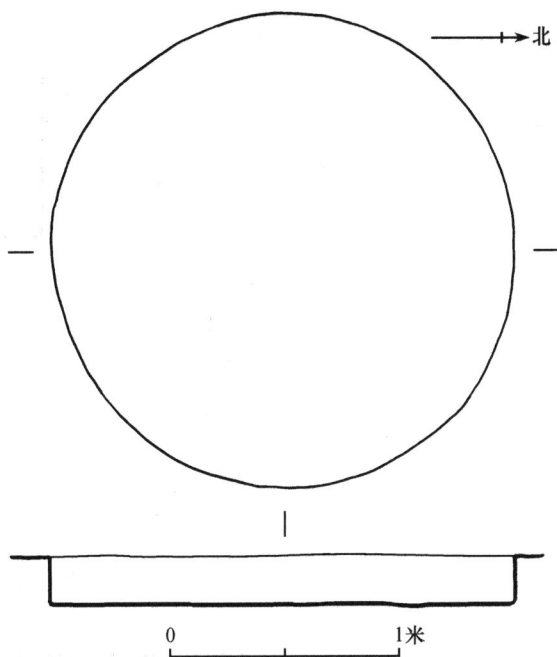

图二四一　12YWH2平、剖面图

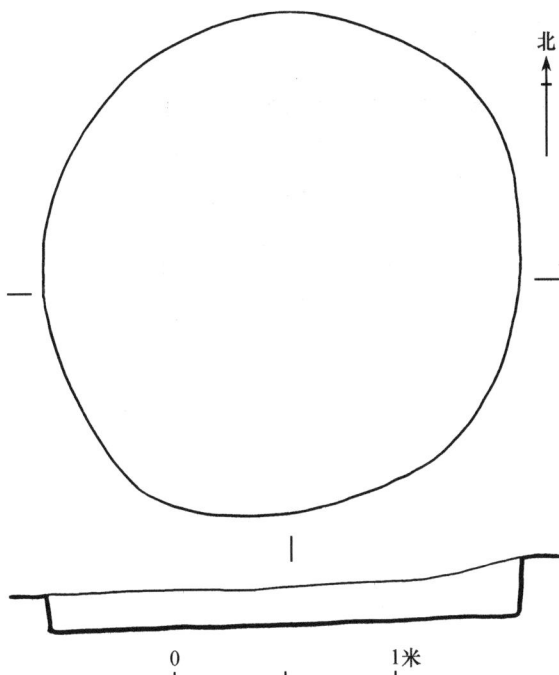

图二四二　12YWH3平、剖面图

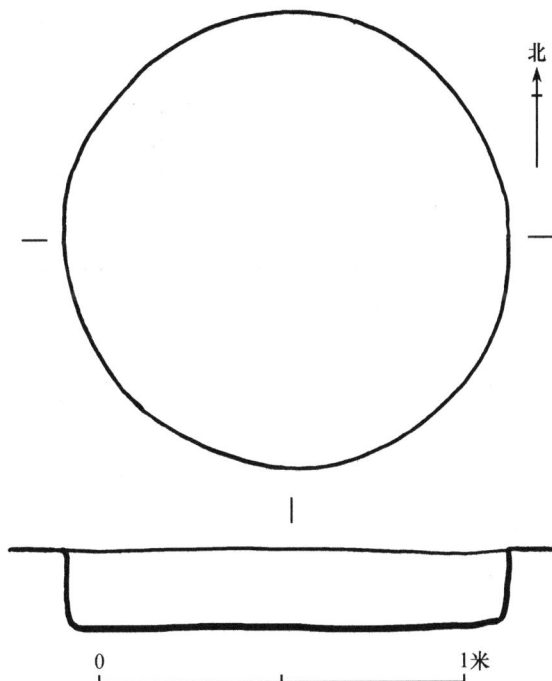

图二四三　12YWH6平、剖面图

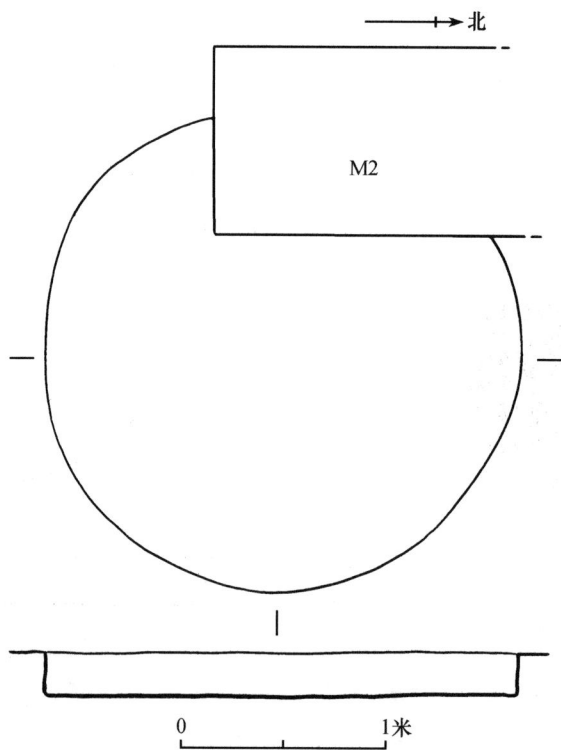

图二四四　12YWH7平、剖面图

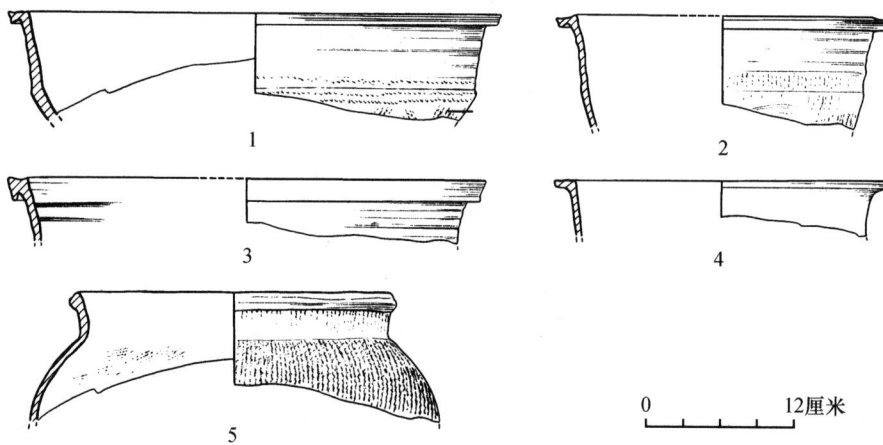

图二四五　12YWH3、H6、H7出土陶器

1~4.盆（H6：1、H7：2、H3：1、H6：2）　5.鬲（H7：1）

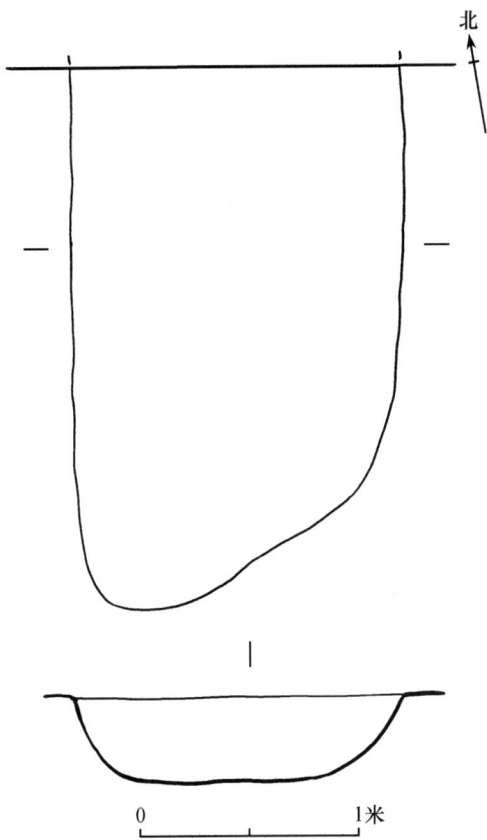

图二四六　12YWH9平、剖面图

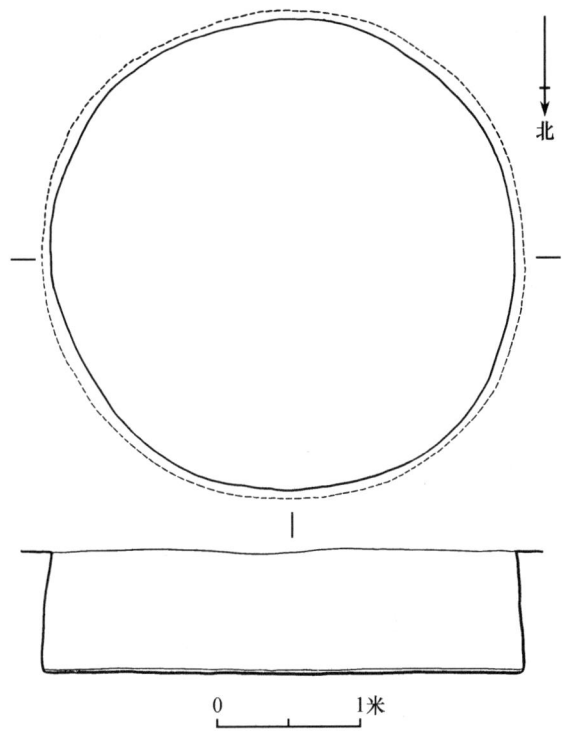

图二四七　12YWH10平、剖面图

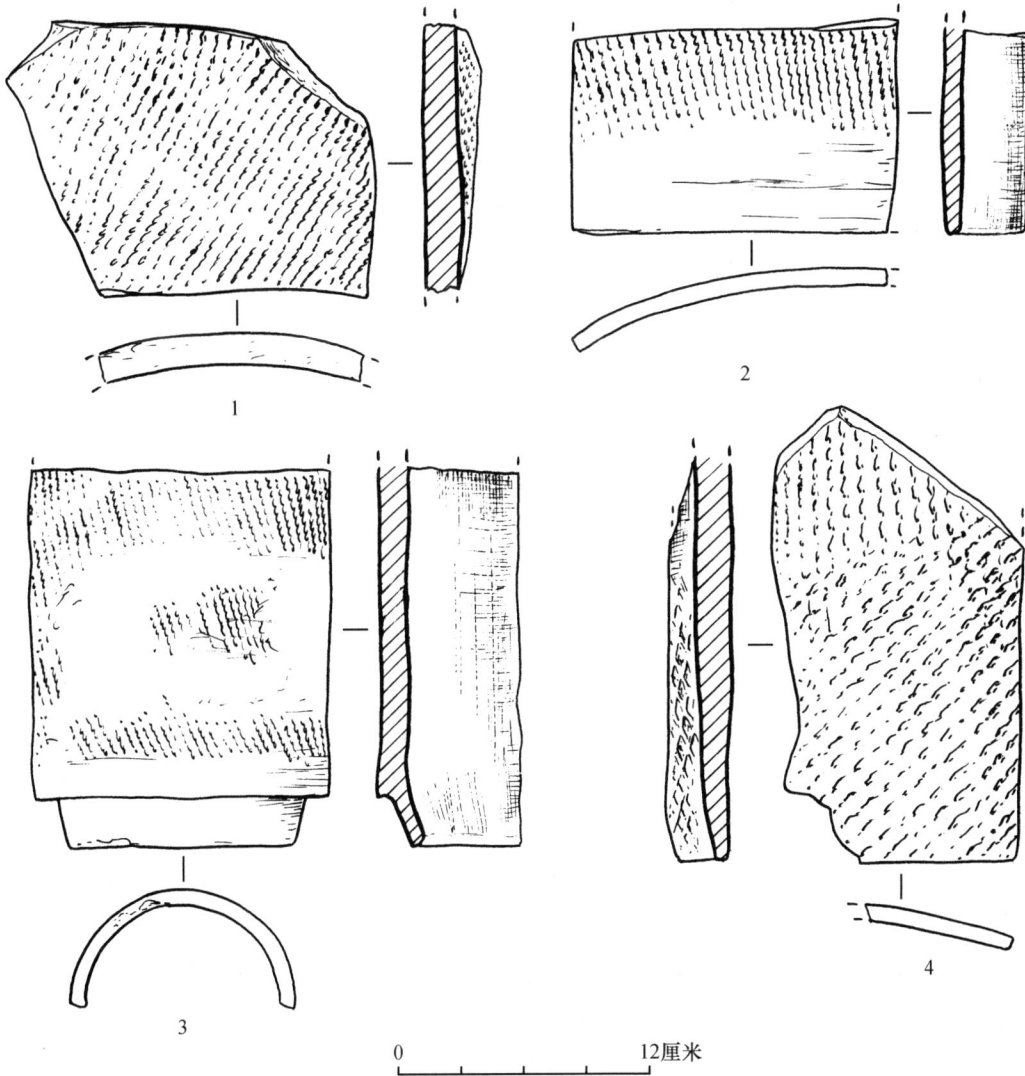

图二四八　12YWH10出土陶器

1~3.板瓦（H10∶3、H10∶2、H10∶4）　4.筒瓦（H10∶1）

第二节　窖　穴

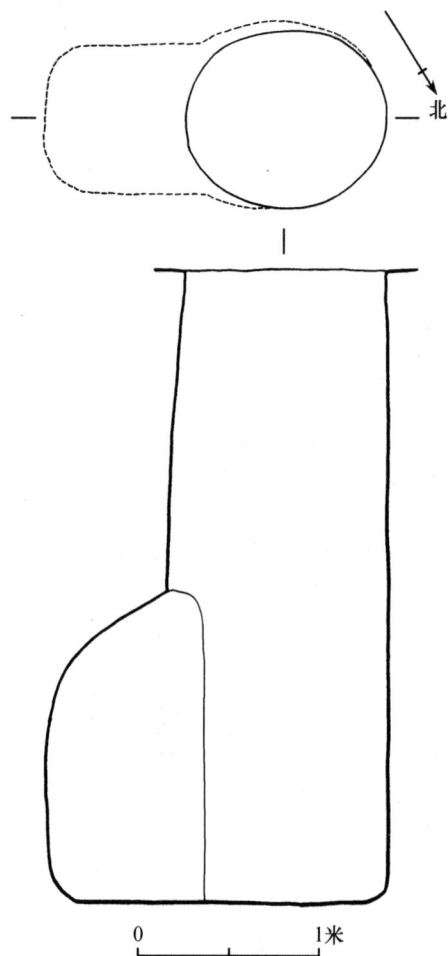

图二四九　12YWJ1平、剖面图

12YWJ1

位于T1103中部。开口于第2层下，打破第4层和生土。口部为椭圆形。口长径110、短径95、深335厘米。东北壁竖直，其余周壁略呈袋状，壁面较粗糙，底面平整，底部东南壁掏有壁龛。壁龛口部宽80、高164、进深65厘米（图二四九）。坑内堆积根据土质、土色、包含物的不同分为上、下两层。上层自口部向下180厘米深为浅黄褐花土，含灰土较多，结构紧密，土质较硬，主要包含花土粒、灰土粒。下层为黄褐花土，结构紧密，土质较硬，包含灰土块、灰粒、生土块和窑壁残块。出土器物较少，器类有板瓦、筒瓦、罐、器底等残片，均为泥质灰陶（表一〇）。

J1：1　筒瓦残片。泥质灰陶。外壁饰竖向粗绳纹，抹压；内壁垫印细绳纹。半圆形，瓦端有当，当为半圆形，系一圆形瓦当切割而成，切割痕明显，当面周边宽缘凸起，当面中心和外缘为单阳线凸同心圆，双阳凸线将当面分为二等份，当心同心圆内各等份内添规矩纹，两圆之间添单阳线凸云纹，云纹中间双阳凸线连接同心圆。瓦当模制，与筒瓦套接。残长6.6、残直径12.3厘米（图二五〇，1；图二五一，1；图版一〇〇，4）。

表一〇　12YWJ1出土陶片统计表

陶质	陶色	器物	部位	纹饰一	纹饰二	纹饰三	数量（件）	重量（千克）
泥质	灰	不明	器底	无	无	无	1	0.09
		瓦	不明	绳纹	篦点纹	无	1	0.07
					布纹	无	1	0.41

J1：2　板瓦残片。泥质灰陶。外壁拍印粗绳纹，抹压；内壁垫印细麻布纹和凹篦点纹。器壁较厚，一端平齐，一端残，一侧面有切割痕，由内向外切割近四分之一厚度。泥条叠筑。残长18.9、残宽24.6厘米（图二五〇，4）。

J1：3　罐口沿残片。泥质灰陶。敛口，沿面圆弧较宽，扁圆唇，矮颈，圆肩，器壁较厚。口沿内外有横向旋抹痕，内壁有横向抹痕。内口径13.2、残高5.7厘米（图二五〇，2）。

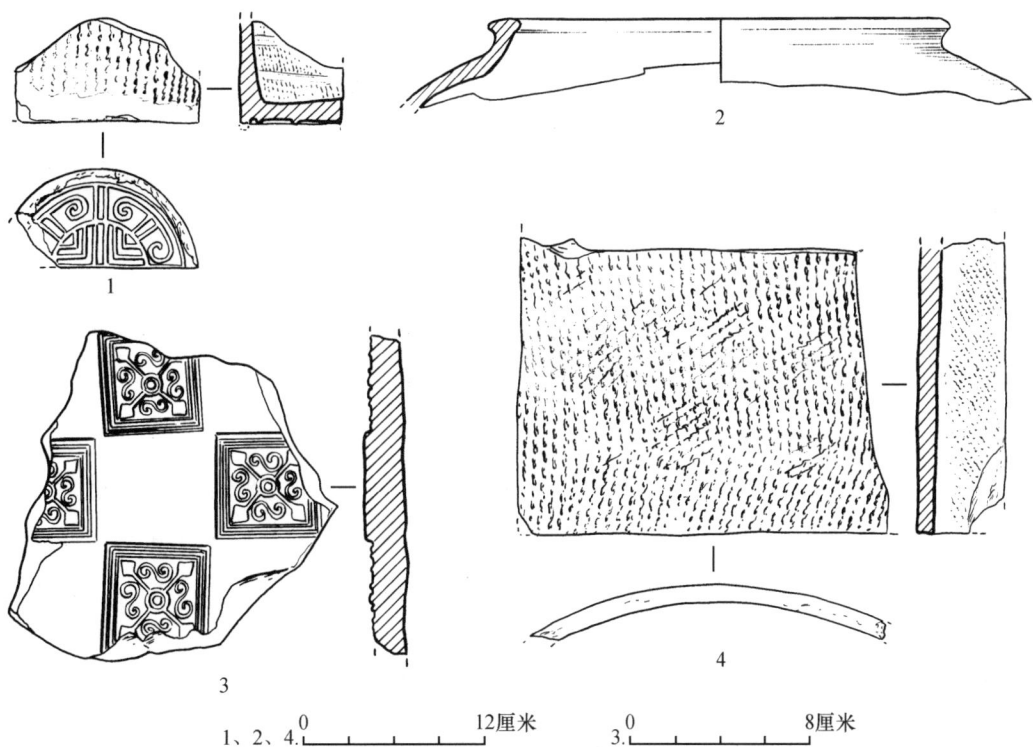

图二五〇　12YWJ1出土陶器
1.筒瓦（J1∶1）　2.罐（J1∶3）　3.陶板（J1∶4）　4.板瓦（J1∶2）

　　J1∶4　陶板。泥质灰陶。正面模印方形图案，图案四周双阳凸线方框，中心圆突，有一同心圆，同心圆外辐射单阳线凸纹，端呈桃形，与外框四角相对，将方框等分为四等份，各等份内壁饰倒 "S" 形云纹（图二五一，2）。手制，背面较粗糙。长14.6、宽14.4厘米（图二五〇，3；图版一〇〇，5）。

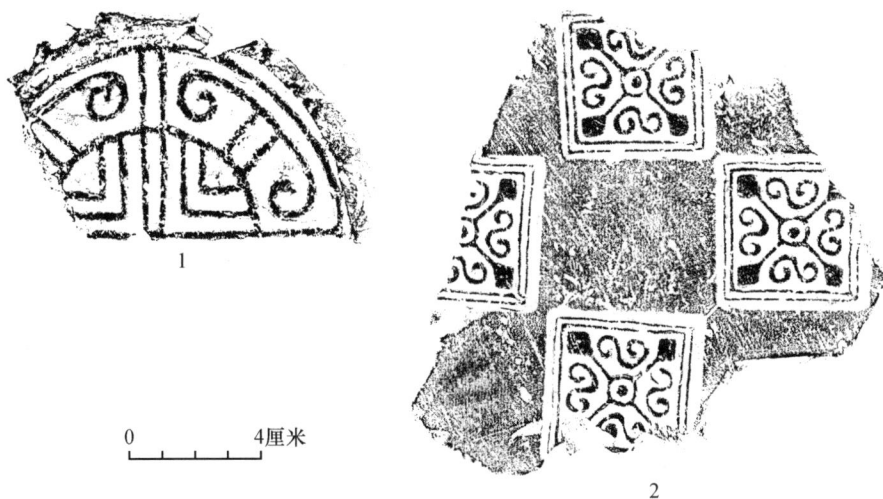

图二五一　12YWJ1出土陶器纹样拓本
1.瓦当（J1∶1）　2.陶板（J1∶4）

第三节　陶　窑

1. 12YWY1

位于T901东南部，一部分处在探方以外。开口于第3层下，被H1和现代墓打破，自身打破M10和生土。建造于生土和M10填土中，现存部分为半地穴状，口部较平，分窑室和窑前操作间两大部分，窑室在东，操作间在西（图二五二；图版九八，1）。

（1）窑室

窑室由西往东分火门、火膛、窑床、火道和烟道五部分。窑室壁面经高温烧烤，均为青灰色，厚5厘米左右，非常坚硬，其外侧为红烧土，厚10～15厘米。后壁（东壁）较平直，为窑室最宽处，两侧壁往西呈弧线逐渐内收至火门，平面呈漏斗状。以窑底平面计，窑室东西长316、东端残宽230、西宽（火门处）44厘米。

火门：西接操作间，东通火膛。现存高24、宽44、进深40厘米。火门口部封堵泥坯，烧烤成青灰色。

火膛：位于火膛和窑床之间，膛底平整，比窑床底低98厘米。东西长88、东宽158、现存深156厘米。

窑床：位于窑室后端，床面平整。东西长184、中部宽218、西宽158、现存深66厘米。

火道：2个，在窑床面南北两侧各挖一道凹槽，前端与火膛连通，后端延东壁连接烟道。宽4～10、深5厘米左右。

烟道：残存2个，均开在窑室后壁上，分别处在后壁的北端和中间位置，南端烟道被现代墓打破，以其位置和窑床上的烟道推测，在南端应还有一个烟道。其构筑方法是在壁面上挖竖向沟槽，然后将槽口封闭，留出空腔，仅在下部留有出烟口与窑床底面相通。北端烟道完整，口部平面近方形，长、宽30厘米左右。

（2）操作间

平面为不规整梯形，直壁，近平底。口部东西长208、西宽36、东宽182、现存深42厘米。东壁中间接火门。底面比火门底部低6厘米，高于火膛之底100厘米。

窑内堆积黄褐色花土，结构紧密，土质较软，包含窑壁残块、烧土粒、灰粒等。出土遗物有筒瓦、板瓦、盆、罐、器底残片（表一一）。根据窑内出土烧制变形的板瓦和筒瓦，推断该窑为烧制砖瓦的窑。

北

操作间

火门

火膛

窑床

火道

烟道

现代墓

A

A′

B

B′

C

C′

操作间

火门

火膛

窑床

烟道

A

A′

B

B′

窑床剖视图

C

C′

火门正视图

0　　　　　　　1米

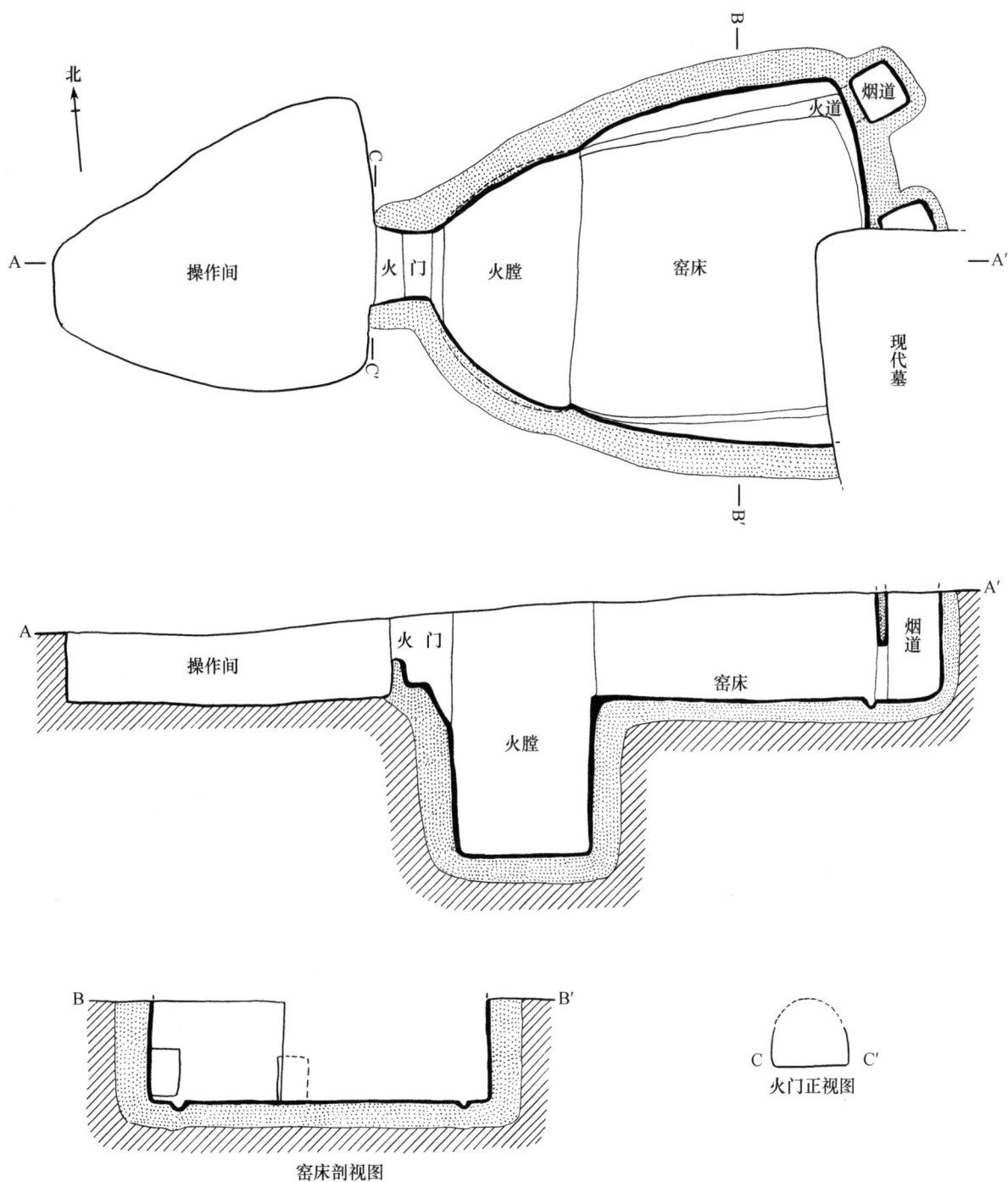

图二五二　12YWY1平面、剖视及正视图

表一一　12YWY1出土陶片统计表

陶质	陶色	器物	部位	纹饰一	纹饰二	纹饰三	数量（件）	重量（千克）
泥质	灰	罐	器底	无	无	无	2	0.64
		盆	口沿	绳纹	磨光暗纹	附加堆纹	3	0.45
			器底	绳纹	无	无	2	0.88
		瓦	不明	绳纹	布纹	无	4	6.42
		圆片	不明	绳纹	布纹	无	1	0.88

　　Y1：1　板瓦残片。泥质灰陶。外壁拍印中绳纹，抹压；内壁垫印细麻布纹。器壁较厚，一侧有切割痕，由内向外切割三分之一厚度。泥条叠筑。残长18.6、残宽17.1厘米（图二五三，3）。

　　Y1：2　筒瓦。泥质灰陶。外壁拍印粗绳纹，抹压；内壁垫印细麻布纹。半圆筒状，一端有子口状的瓦舌，舌较短，舌端圆唇，一端平齐。泥条叠筑成圆筒状，瓦舌外壁有横向旋抹痕，成坯后纵向将圆筒一分为二，烧制变形。长37.5、直径13.2厘米（图二五三，2）。

　　Y1：3　筒瓦。泥质灰陶。外壁拍印粗绳纹，抹压；内壁垫印细麻布纹。半圆筒状，一端有子口状的瓦舌，舌较短，舌端圆唇，一端平齐。泥条叠筑成圆筒状，瓦舌外壁有横向旋抹痕，成坯后纵向将圆筒一分为二，烧制变形。长39.3、直径15.6厘米（图二五三，1）。

　　Y1：4　罐口沿。泥质灰陶。素面磨光。敞口，外斜沿，矮颈，圆肩残。内壁有横向旋抹痕。内口径19.5、残高5.4厘米（图二五三，5）。

　　Y1：5　筒瓦残片。泥质。浅灰色。外壁拍印绳纹，抹压，近端处绳纹被抹去；内壁垫印细麻布纹。半圆筒形，瓦端有当，瓦当为一圆形切割所成，切割痕明显，当面周边宽缘凸起，当心为单阳线凸同心圆，同心圆内为单阳线凸斜方格纹，同心圆与外缘之间为单阳线凸云纹，云纹间以"V"字形阳线和乳钉纹界隔，云纹中间竖向双线阳凸。瓦当模制，筒瓦泥条叠筑，二者套接。残长7.2、残宽11.1厘米（图二五三，4；图二五四；图版一〇〇，6）

　　Y1：6　泥坯。残。青灰色，结构疏松。不规整长条形，器体甚厚，焙烧呈青灰色。手制，其用途是封堵窑室之火门。长33、宽12.9、厚10.2厘米（图二五五）。

2. 12YWY2

　　位于G1西部。开口于第2层下，打破生土。建造于生土中，现存部分为半地穴状，口部较平，分窑室和窑前操作间两大部分，窑室在东，操作间在西（图二五六；图版九九，1）。

　　（1）窑室

　　窑室由西往东分火门、火膛、窑床、火道和烟道五部分。窑床为窑室最宽处，火膛两侧壁往西呈弧线逐渐内收至火门。窑室壁面经高温烧烤，均为青灰色，厚5厘米左右，非常坚硬，其外侧为红烧土，厚10～15厘米。以窑底平面计，窑室东西长356、东宽218、西宽（火门处）70厘米（图版九九，2）。

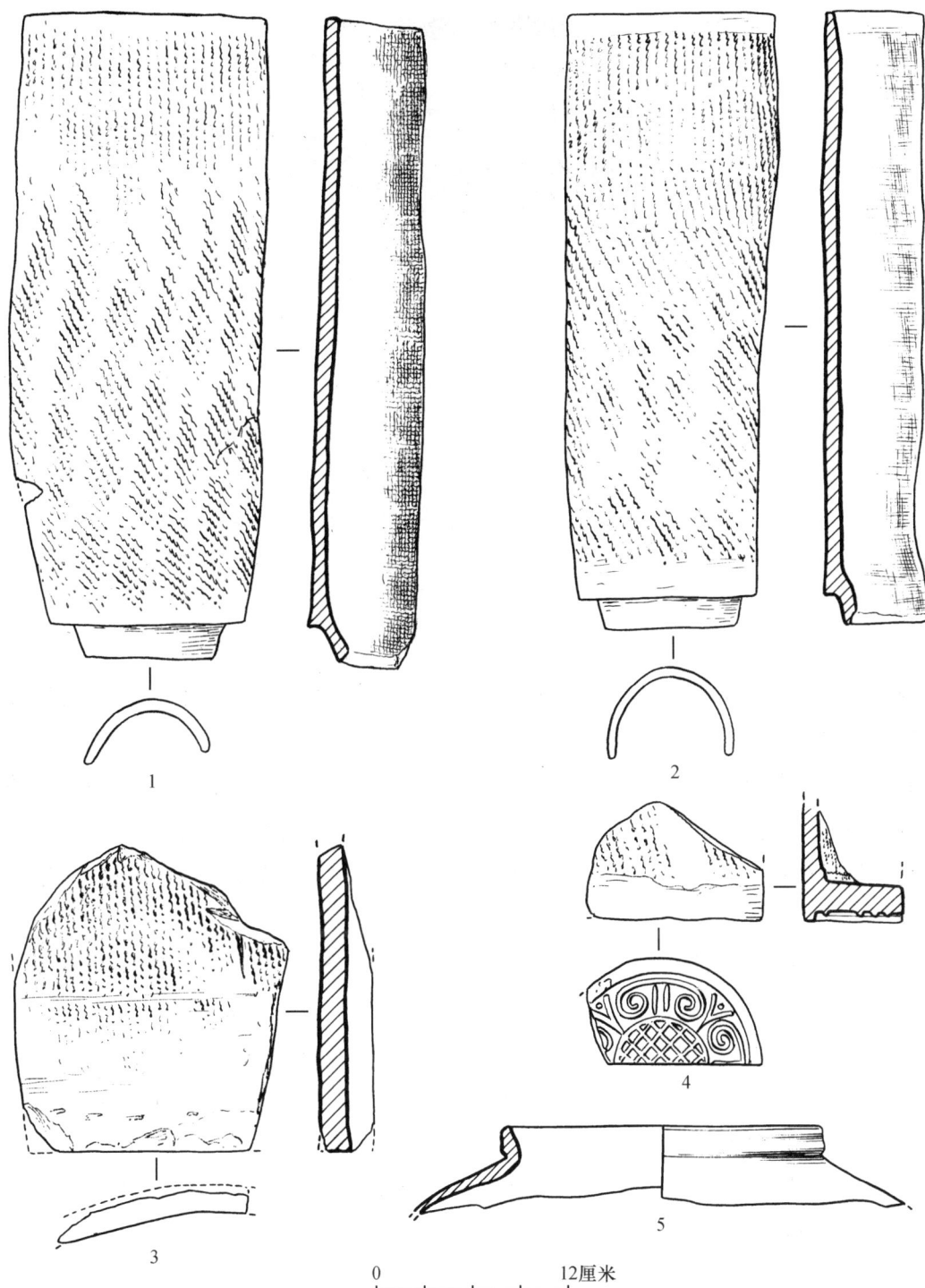

图二五三　12YWY1出土陶器

1、2、4.筒瓦（Y1：3、Y1：2、Y1：5）　3.板瓦（Y1：1）　5.罐（Y1：4）

图二五四　12YWY1出土瓦当（Y1∶5）纹样拓本

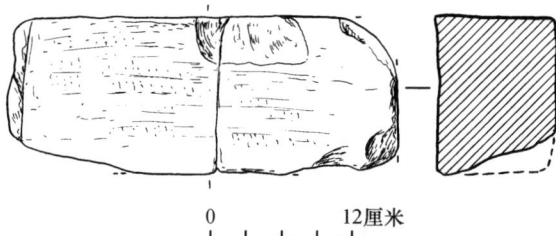

图二五五　12YWY1出土泥坯（Y1∶6）

火膛门：位于窑室前端，西接操作间，东通火膛。拱形顶，两侧基本竖直，平底。高80、宽70、进深36厘米。

火膛：位于火门和窑床之间，平面呈漏斗形。东西长126、东端最宽218厘米。残存拱形顶，两侧膛壁竖直，膛底平整，比窑床低82、高194厘米。火膛壁面铲痕明显。

窑床：位于窑室后端，平面近方形。南北长218、东西宽194厘米。床面平整。床面至顶部残高110厘米。

火道：2个，分别在窑床南北两侧壁面底部顺窑床面向外掏挖凹槽，凹槽前后贯通火膛和烟道。口部高10、进深9厘米。

烟道：共3个，均开在窑室后壁上，分别处在后壁的南北近两端和中间位置。其构筑方法是在壁面上挖三道沟槽，然后将槽口封闭，留出空腔，仅在下部留有出烟口与窑床底面相通，所不同的是中间烟道竖直，两边的烟道呈弧形渐向内收，从弧形来看是通向中间烟道的上部。3个烟道平面均近方形，北端烟道平面长30、宽28厘米。中间烟道平面长26、宽22厘米。南端烟道平面长24、宽22厘米。

（2）操作间

平面为长方形，抹角，斜壁，平底。口部南北长182、东西宽114、残深100厘米。东壁中间接火门。底面与火门底部相平，高于火膛之底82厘米。

窑内堆积黄褐色花土，结构紧密，土质较软，由东西两边向中间堆积，包含窑壁烧结面残块、红烧土块、草木灰等。出土遗物有板瓦、筒瓦、瓦当、盆、罐、甑等残片（表一二）。根据窑内出土烧制变形的板瓦和筒瓦，推断该窑为烧制砖瓦的窑。

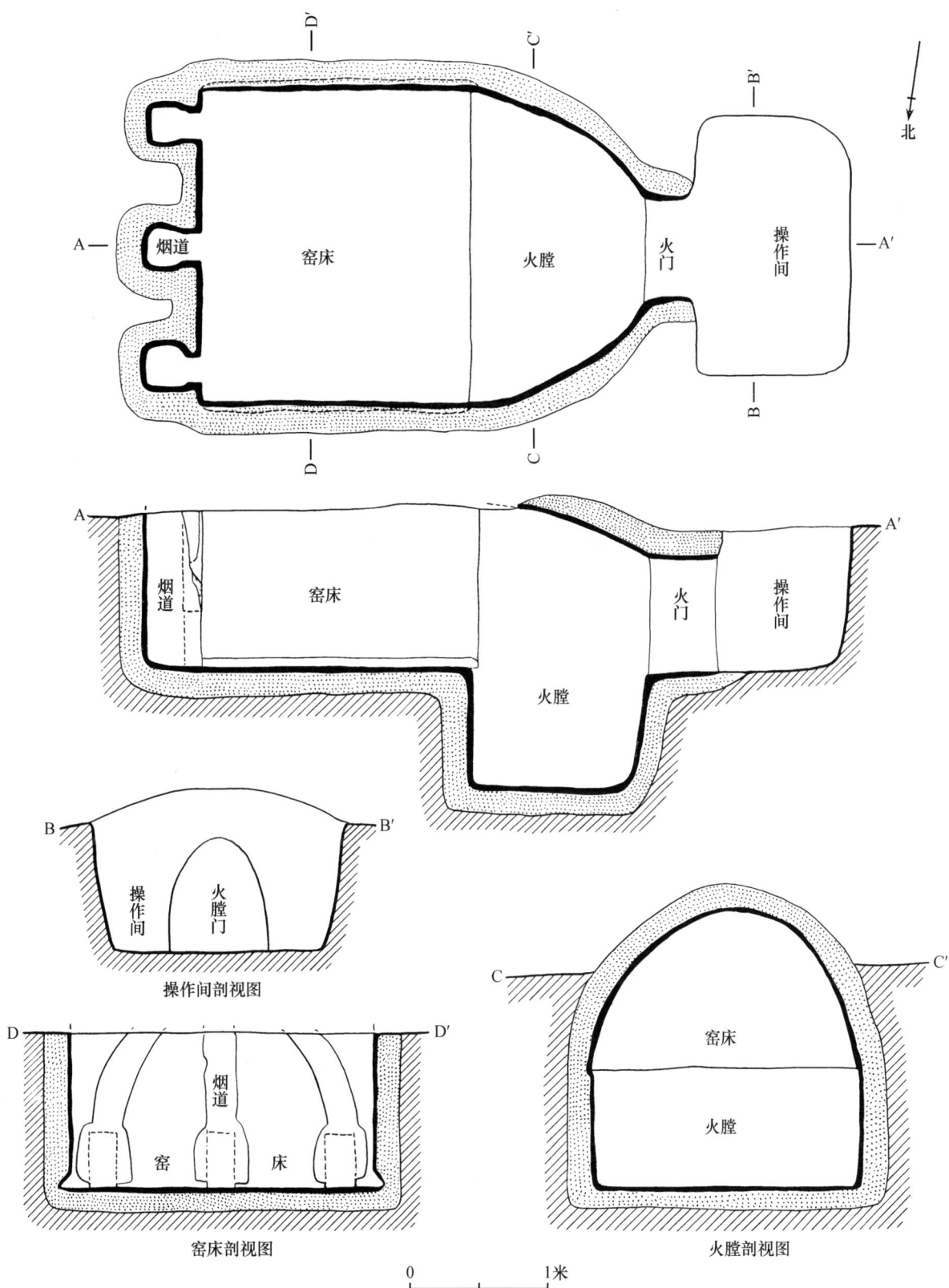

北

烟道　窑床　火膛　火门　操作间

窑床　火膛　火门　操作间

操作间　火膛门
操作间剖视图

烟道　窑　床
窑床剖视图

窑床　火膛
火膛剖视图

0　　1米

图二五六　12YWY2平面、剖视图

表一二　12YWY2出土陶片统计表

陶质	陶色	器物	部位	纹饰一	纹饰二	纹饰三	数量（件）	重量（千克）
泥质	灰	不明	口沿	无	无	无	1	0.03
			陶片	刻划纹	无	无	1	0.02
				无	无	无	4	0.29
		罐	陶片	无	无	无	1	0.03
		盆	口沿	绳纹	无	无	4	0.28
		瓦	不明	绳纹	篦点纹	无	5	0.76
					布纹	无	1	1.24
		甑	器底	无	无	无	1	0.04

　　Y2：1　筒瓦残片。泥质灰陶。外壁拍印绳纹，抹压，近端处绳纹被抹去。半圆筒形，一侧有切割痕，由外向内切割厚度的三分之一，瓦端有当，瓦当为一圆形切割所成，切割痕明显，当面周边宽缘凸起，外缘单阳线凸同心圆，同心圆内有竖向双阳凸线和单阳线凸蘑菇形云纹。筒瓦泥条叠筑成圆筒形，内壁粗糙，泥条痕迹明显，成形后将其纵向一分为二，瓦当模制，切割成半圆形，瓦当与筒瓦套接入窑烧制。残长16.5、残直径9.9厘米（图二五七，1；图二五九，3）。

　　Y2：2　筒瓦残片。泥质灰陶。外壁饰竖向绳纹，抹压，近舌端绳纹被抹去；内壁垫印细麻布纹。半圆筒状，一端有子口状的瓦舌，舌较长，舌端内敛，器壁厚实。泥条叠筑成圆筒状，瓦舌外壁有横向旋抹痕，舌端顶部和内壁有削割痕迹，成坯后纵向将圆筒一分为二。残长14.8、直径14.2厘米（图二五七，2）。

　　Y2：3　瓦当。泥质灰陶。圆形，残，当面中心单阳线凸同心圆，双阳凸线将当面分为四等份，同心圆各等份内添规矩纹，同心圆外各等份内单阳线凸云纹，云纹中间双阳凸线连接同心圆。模制。残直径8.2厘米（图二五七，3；图二五九，2）。

　　Y2：4　板瓦残片。泥质灰陶。外壁拍印绳纹，抹压，抹弦纹数道割断绳纹。瓦端平齐，瓦端较器身略偏薄。泥条叠筑。残长16.4、残宽15.4厘米（图二五七，7）。

　　Y2：5　板瓦残片。泥质灰陶。外壁饰左斜向绳纹，捻结较紧，抹压；内壁垫印绳纹，捻结较松，类似凹篦点纹，抹压。瓦端平齐，端面中间有一道凹槽，器壁较厚，一侧有切割痕，由内向外切割，切割痕甚浅，切割厚度不足器壁的五分之一。泥条叠筑。残长13.6、残宽21厘米（图二五七，6）。

　　Y2：6　板瓦残片。泥质灰陶。外壁饰绳纹，捻结较紧，抹压；内壁垫印绳纹，捻结较松，类似凹篦点纹，局部抹压。器壁较厚，一侧有切割痕，由内向外切割，切割痕甚浅，切割厚度不足器壁的五分之一。泥条叠筑。残长15.2、残宽19.4厘米（图二五七，4）。

　　Y2：7　板瓦残片。泥质灰陶。外壁拍印粗绳纹，抹压；内壁垫印细麻布纹和斜方格纹，抹压。器壁较厚，一侧有切割痕，由内向外切割，切割厚度近器壁的二分之一。泥条叠筑。残长18.6、残宽17.2厘米（图二五七，5）。

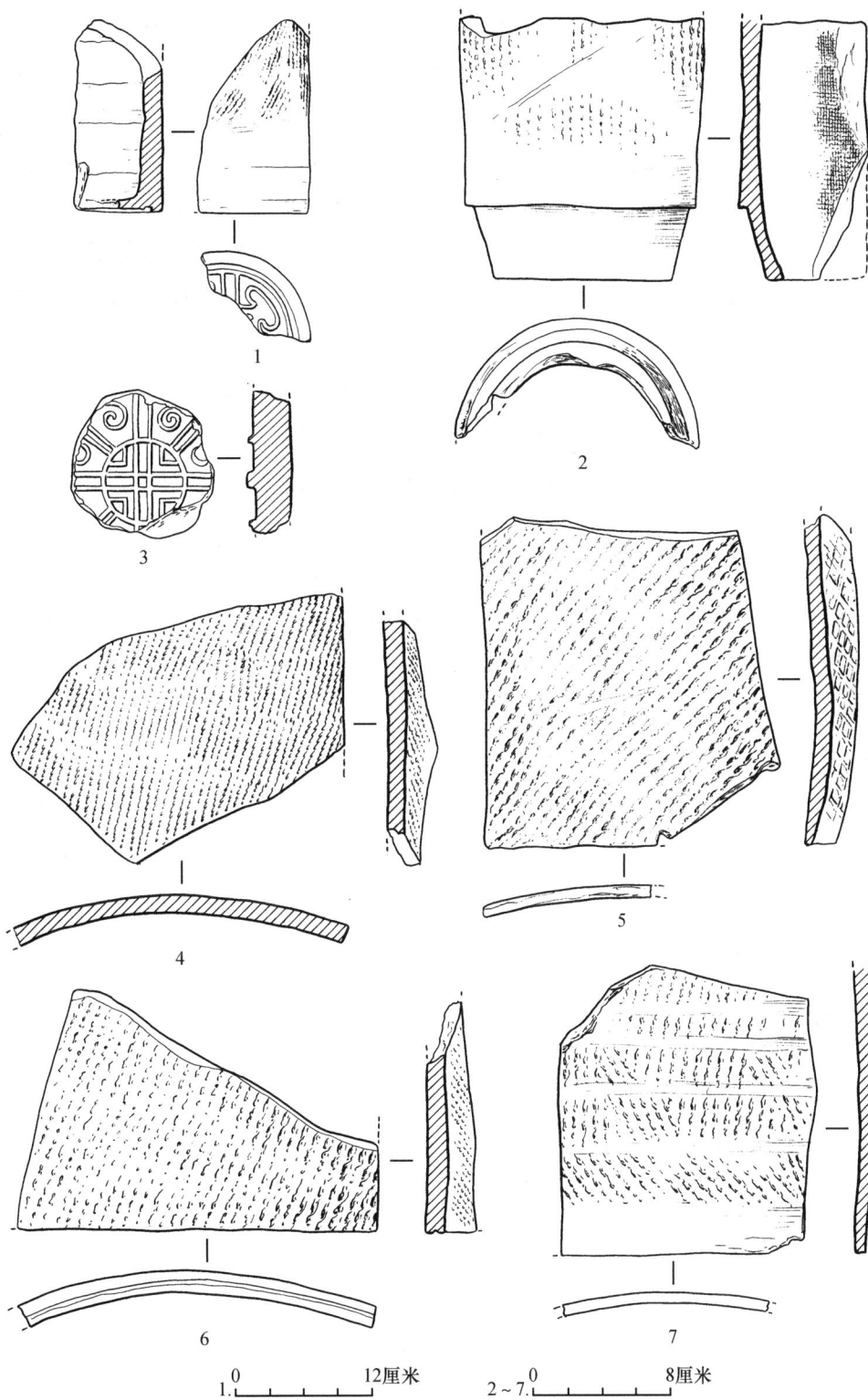

图二五七 12YWY2出土陶器（一）

1、2.筒瓦（Y2：1、Y2：2） 3.瓦当（Y2：3） 4~7.板瓦（Y2：6、Y2：7、Y2：5、Y2：4）

　　Y2：8　板瓦残片。泥质灰陶。外壁拍印绳纹，抹压，有较宽绳纹被抹去；内壁垫印细麻布纹。器壁较厚，一侧有切割痕，由内向外切割，切割厚度近器壁的三分之一。泥条叠筑。残长17、残宽17.8厘米（图二五八，5）。

　　Y2：9　筒瓦残片。泥质灰陶。内壁垫印麻布纹。半圆形，瓦端有当，当为半圆形，系一圆形瓦当切割而成，切割痕明显，当面周边宽缘凸起，当面中心和外缘为单阳线凸同心圆，双阳凸线将当面分为二等份，当心同心圆内各等份内添规矩纹，两圆之间添单阳线凸云纹，云纹中间双阳凸线连接同心圆。瓦当模制，与筒瓦套接。残长6.2、残直径13.8厘米（图二五八，2；图二五九，1；图版一〇一，5）。

　　Y2：10　盆。泥质灰陶。颈部抹绳纹，大多被抹去，上腹部饰左斜向绳纹，抹弦纹两周割断绳纹；颈部内壁饰连续暗弦纹。直口，平折沿，沿面较窄，外缘有一周凹槽，斜方唇，直颈，弧腹斜内收，平底，底面平整。内外壁均有横向旋抹痕。内口径30.3、高20.7、底径16.5厘米（图二五八，4）。

　　Y2：11　盆残片。泥质灰陶。颈部抹绳纹，大多被抹去，上腹部饰右斜向绳纹，抹宽素面带将绳纹割断；沿面和内壁饰暗弦纹。敞口，宽折沿，翻缘，方唇，唇面有一周凹槽，斜直颈，弧腹内收，下腹残。颈部旋抹痕迹明显。内口径40.2、残高15.9厘米（图二五八，3）。

　　Y2：12　罐口沿。泥质灰陶。敞口，窄折沿外斜，斜方唇，束颈。内外壁均有横向旋抹痕。内口径9.9、残高5.4厘米（图二五八，1）。

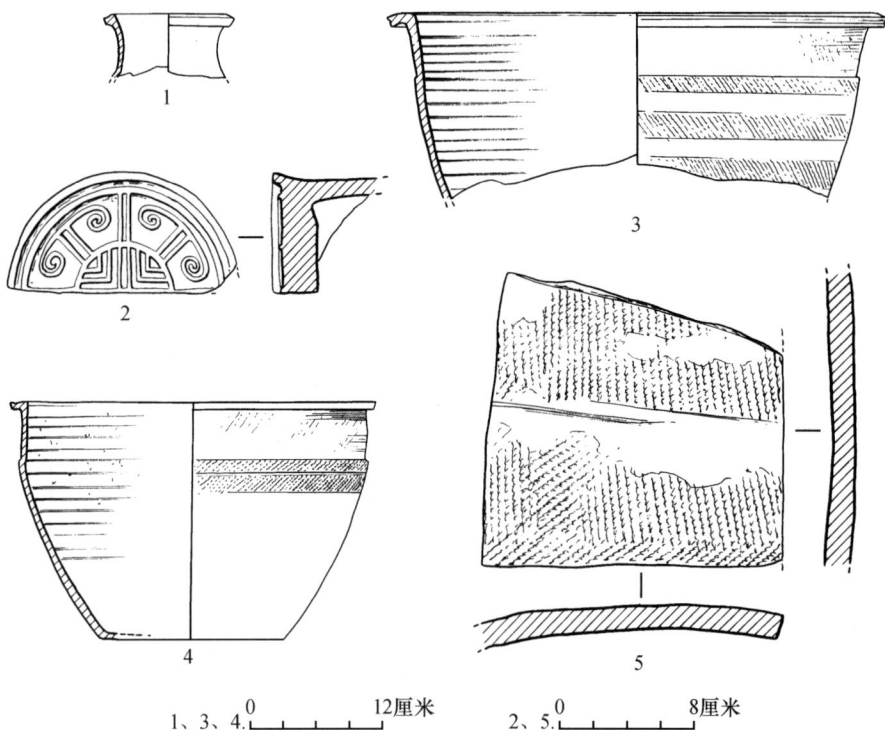

图二五八　12YWY2出土陶器（二）

1.罐（Y2：12）　2.筒瓦（Y2：9）　3、4.盆（Y2：11、Y2：10）　5.板瓦（Y2：8）

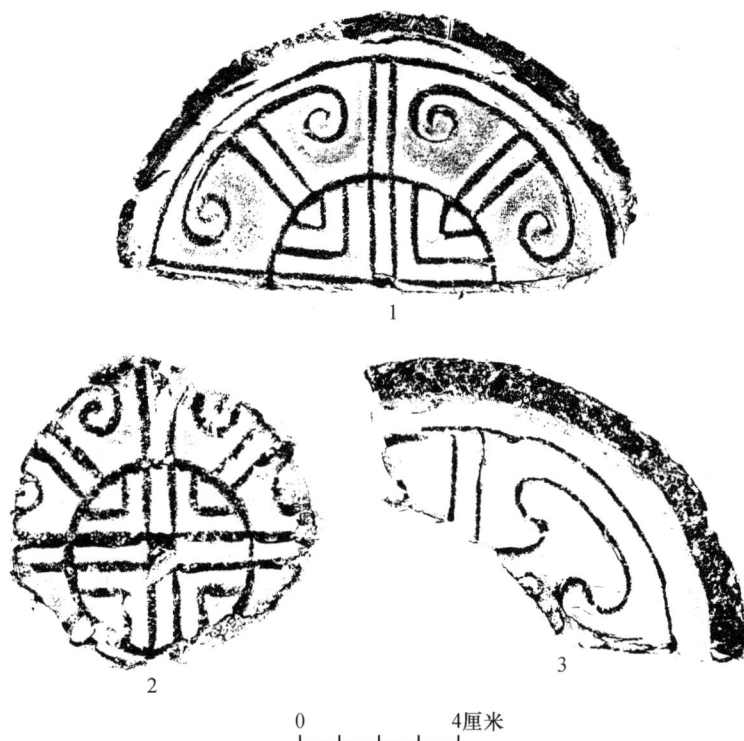

图二五九　12YWY2出土瓦当纹样拓本
1. Y2：9　2. Y2：3　3. Y2：1

3. 12YWY3

位于G1东部，窑前操作间一部分处在探沟以外，扩方后全部发掘。开口于第2层下，打破生土。建造于生土中，现存部分为半地穴状，分窑室和窑前操作间两大部分，窑室在南，操作间在北（图二六〇）。

（1）窑室

窑室由北往南分火门、火膛、窑床和烟道四部分。窑床为窑室最宽处，火膛两侧壁往北呈斜直内收至火门。窑室壁面经高温烧烤，均为青灰色，厚5厘米左右，非常坚硬，其外侧为红烧土，厚15～20厘米。以窑床面计，窑室南北长400、南宽222、北宽（火门处）56厘米（图版九八，2）。

火膛门：位于窑室前端，北接操作间，南通火膛。拱形顶，两侧竖直，平底。高52、宽56厘米。

火膛：位于火门和窑床之间，平面呈漏斗形。南北长178、南端最宽190厘米。近火门端残存拱形顶，两侧膛壁竖直，连接火门和窑床膛壁为斜坡状，连火门膛壁坡度50°左右，接窑床膛壁坡度75°左右，膛底略微北高南低，比窑床低60～66厘米。火膛北端底至顶高102、南端底至顶部残高140厘米。

窑床：位于窑室后端，平面呈方形。长、宽220厘米。床面平整。床面至顶部残高68～75厘米。窑床东、南、西三个壁面上有工具痕迹。

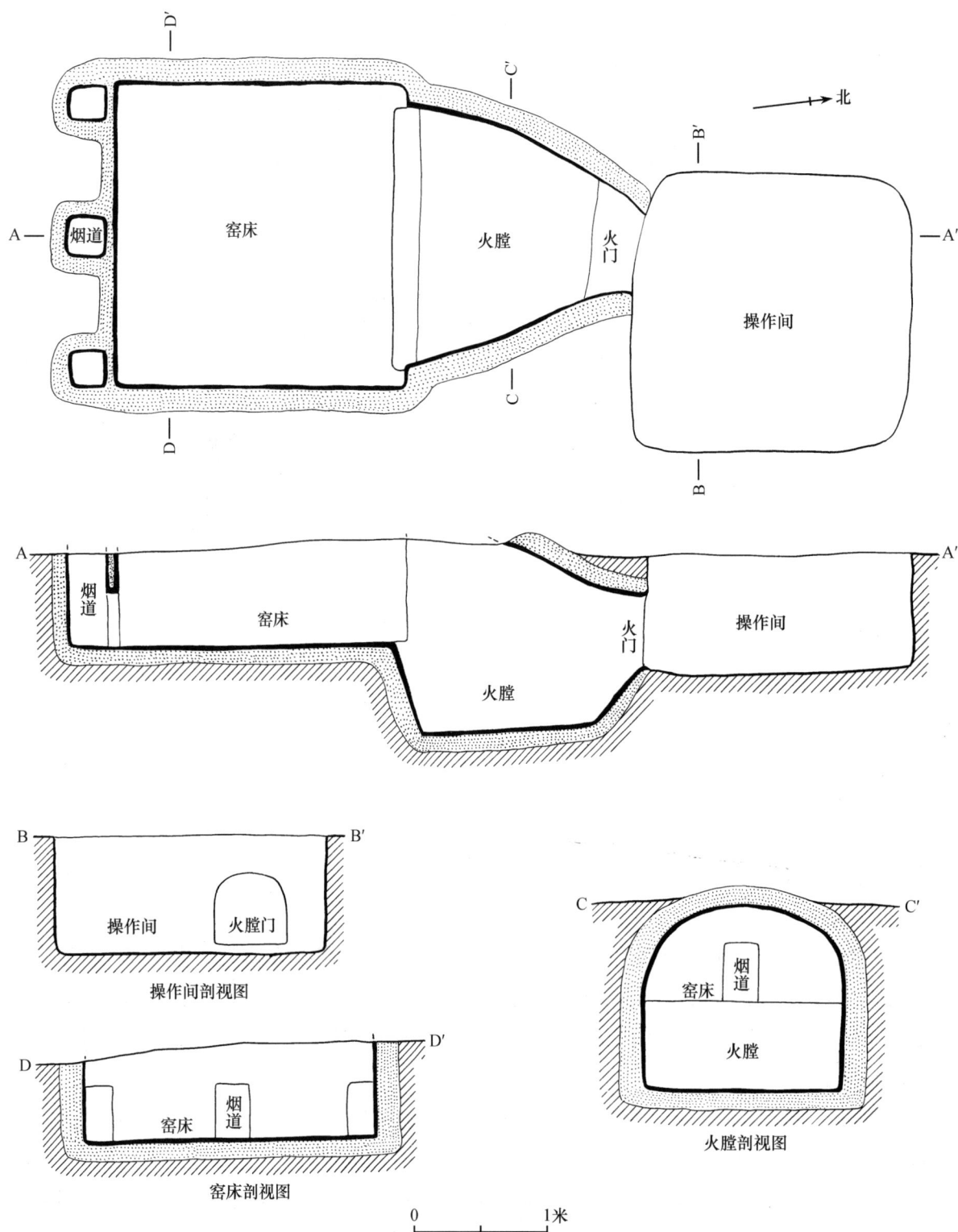

图二六〇　12YWY3平面、剖视图

烟道：共3个，均开在窑室后壁上，分别处在后壁的东西两端和中间位置。其构筑方法是在壁面上挖三道竖向沟槽，然后将槽口封闭，留出空腔，仅在下部留有出烟口与窑床底面相通。3个烟道平面均近方形，东端烟道平面长24、宽22厘米。中间烟道平面长28、宽26厘米。西端烟道平面长26、宽22厘米。

（2）操作间

平面近方形，抹角，直壁，近平底。口部南北长210、东西宽202、残深88厘米。南壁近西端接火门。底面略比火门底部低，高于火膛之底36~42厘米。

窑内堆积浅灰褐花土，结构较紧密，土质较软，包含窑壁残块、泥坯、红烧土块。出土遗物较多，器类有盆、罐、瓿、板瓦、筒瓦、瓦当等，其中以盆残片居多，板瓦和筒瓦残片次之（表一三）。根据窑内出土烧制变形的板瓦和筒瓦，推断该窑为烧制砖瓦的窑。

表一三　12YWY3出土陶片统计表

陶质	陶色	器物	部位	纹饰一	纹饰二	纹饰三	数量（件）	重量（千克）
泥质	褐	不明	陶片	无	无	无	1	0.03
		瓦	不明	绳纹	布纹	方格纹	1	0.72
	灰	不明	不明	磨光暗纹	无	无	10	0.62
				绳纹	无	无	10	0.678
				无	无	无	10	0.52
			口沿	无	无	无	5	0.1
			器底	戳印纹	无	无	1	0.03
				绳纹	无	无	5	0.54
				无	无	无	18	1.67
			陶片	磨光暗纹	无	无	19	1.09
				绳纹	磨光暗纹	无	2	0.02
					无	无	74	5.24
				瓦棱纹	无	无	1	0.04
				无	无	无	70	3.06
				压印纹	无	无	2	0.15
		豆	不明	无	无	无	1	0.03
			口沿	无	无	无	1	0.03
			器底	无	无	无	1	0.08
		罐	口沿	无	无	无	5	0.53
			陶片	磨光暗纹	无	无	2	0.08
				绳纹	无	无	12	0.898
				无	无	无	5	0.26
		壶	口沿	无	无	无	5	0.24

陶质	陶色	器物	部位	纹饰一	纹饰二	纹饰三	数量（件）	重量（千克）
泥质	灰	盆	口沿	磨光暗纹	无	无	51	4.28
				绳纹	无	无	17	2.11
				无	无	无	5	0.19
			陶片	绳纹	磨光暗纹	无	1	0.04
					无	无	7	0.48
				无	无	无	4	0.2
		瓦	不明	绳纹	篦点纹	无	1	0.06
					布纹	方格纹	10	9.21
						无	28	6.96
					方格纹	无	2	0.41
					无	无	1	0.07
		甗	器底	无	无	无	6	0.44

　　Y3：1　盆残片。泥质灰陶。敞口，平折沿，沿面较窄，斜方唇，高颈，颈腹转折处挂棱，弧腹斜内收，底残。内外壁有横向旋痕。内口径21、残高11.4厘米（图二六一，7）。

　　Y3：2　盆。泥质灰陶。内壁饰连续暗弦纹。敞口，斜折沿，沿面较宽，斜方唇，唇面内凹，高颈，颈腹转折处挂棱，弧腹斜内收，平底，底面略内凹。口沿和内外壁有横向旋痕。内口径23.7、高15.3、底径12.3厘米（图二六一，3；图版一〇一，2）。

　　Y3：3　盆残片。泥质灰陶。上腹部右饰斜向绳纹，有抹弦纹数周割断绳纹；内壁饰较宽暗弦纹数周。敞口，宽折沿略外斜，方唇，唇面有一周凹槽，高颈，颈腹转折处挂棱，最大腹径在颈腹转折处，弧腹斜内收，下腹残。口沿及内外壁均有横向旋抹痕，下腹部有刮削痕。内口径33.3、残高15.3厘米（图二六一，2）。

　　Y3：4　盆残片。泥质灰陶。内壁饰连续暗弦纹。微敞口，折沿外斜，沿面较宽，斜方唇，高颈，颈部外壁微向内曲，颈腹转折处外壁折角明显，内壁有折沟，斜收腹，最大腹径在颈腹转折处，下腹残。口沿及内外壁均有横向旋痕。内口径35.4、残高10.8厘米（图二六一，1）。

　　Y3：5　盆残片。泥质灰陶。微敞口，折沿外斜，沿面较宽，斜方唇，高颈，颈部外壁微向内曲，颈腹转折处外壁折角明显，内壁有折沟，斜收腹，最大腹径在颈腹转折处，下腹残。口沿及内外壁均有横向旋痕。内口径35.7、残高13.8厘米（图二六一，4）。

　　Y3：6　盆。泥质灰陶。上腹近颈处饰抹绳纹；内壁饰连续暗弦纹。个体较大，直口，宽折沿，方唇，唇面内凹，高颈，颈腹转折处挂棱，弧腹斜内收，腹中部有四个穿，平底，底面平整。内外壁有横向旋痕。内口径48、高28.2、底径24.8厘米（图二六一，9；图版一〇一，1）。

　　Y3：7　盆残片。泥质灰陶。颈部抹绳纹，多处绳纹被抹去，腹饰绳纹，抹压较甚，多处绳纹被抹去；内壁饰连续暗弦纹。近直口，平折沿，沿面较宽，方唇，唇面有一周凹槽，高颈，颈腹转折处外壁挂棱，内壁有折沟，弧腹斜内收，最大腹径在颈腹转折处，下腹残，腹部

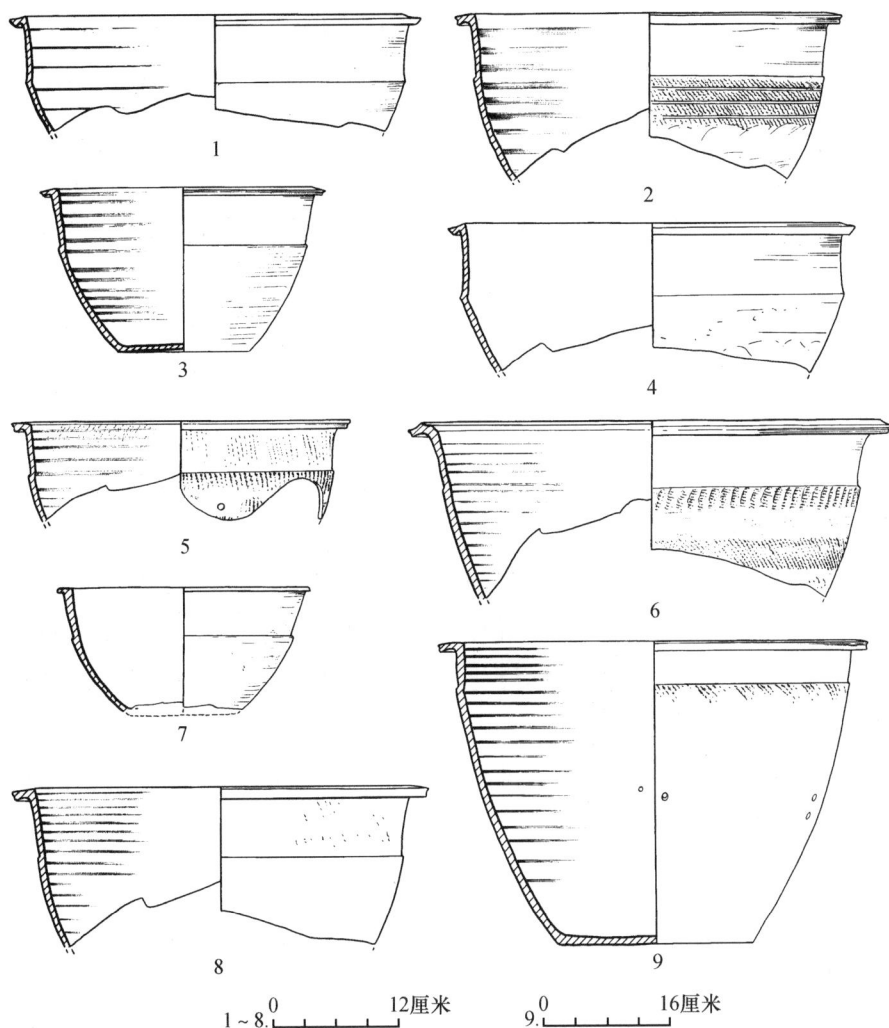

图二六一　12YWY3出土陶盆

1. Y3：4　2. Y3：3　3. Y3：2　4. Y3：5　5. Y3：7　6. Y3：12　7. Y3：1　8. Y3：8　9. Y3：6

断茬处有一穿。内口径28.2、残高9厘米（图二六一，5）。

Y3：8　盆残片。泥质灰陶。颈部抹绳纹，多处绳纹被抹去；内壁饰连续暗弦纹。敞口，宽折沿，厚方唇，唇面内凹，斜高颈，颈腹转折处挂棱，弧腹斜内收，最大腹径在颈腹转折处，下腹残。口沿及内外壁有横向旋痕。内口径35.4、残高14.7厘米（图二六一，8）。

Y3：9　盆口沿残片。泥质灰陶。敞口，折沿，沿面较宽，中间有一周凸棱，圆方唇，高颈，颈腹转折处挂棱，腹残。内外壁有横向旋抹痕。内口径25.8、残高6.6厘米（图二六二，1）。

Y3：10　盆口沿残片。泥质。深灰色。内壁饰连续暗弦纹。敞口，折沿，沿面较宽，翻缘，尖唇，高颈，颈部外壁微向内曲，颈腹转折处外壁有折角，内壁有折沟，腹残。口沿及内外壁有横向旋痕。内口径33.9、残高5.4厘米（图二六二，3）。

Y3：11　盆口沿残片。泥质灰陶。内壁饰暗弦纹。敞口，宽折沿，尖唇，斜收腹。口沿及内外壁有横向旋痕。口径16.5、残高5.4厘米（图二六二，2）。

Y3：12　盆残片。泥质灰陶。上腹部滚压绳纹，中腹部饰一周右斜向绳纹带，上下抹素面带界隔；内壁饰连续暗弦纹。敞口，宽折沿，沿面中间起一周凸棱，厚方唇，唇面内凹，斜高颈，颈腹转折处挂棱，弧腹斜内收，下腹残。口沿及颈部有横向旋抹痕。内口径41.4、残高16.2厘米（图二六一，6）。

Y3：13　盆口沿残片。泥质灰陶。内壁饰暗弦纹数周。直口，平折沿，方唇，高颈，颈腹转折处挂棱，弧腹斜内收。口沿及内外壁有横向旋痕。内口径22.8、残高7.5厘米（图二六二，4）。

Y3：14　盆口沿残片。泥质灰陶。颈部内壁饰网格状暗纹。敞口，宽折沿，小方唇，唇面内凹，高颈，颈腹转折处外壁挂棱，内壁有折沟，斜收腹。口沿及外壁有横向旋痕。内口径33.6、残高9.3厘米（图二六二，5）。

Y3：15　盆口沿残片。泥质灰陶。上腹部饰一周凹弦纹，腹部有抹绳纹，多处绳纹被抹去。敞口，窄折沿，沿面外缘有一周凹槽，方唇，束颈，颈腹转折处挂棱，弧腹内收，下腹残。口沿及内外壁有横向旋痕。内口径36.6、残高7.8厘米（图二六二，7）。

Y3：16　盆口沿残片。泥质灰陶。口沿下饰数周凹弦纹，腹部滚压左斜向绳纹；腹部内壁垫印凹篦点纹。敞口，卷沿上翘，方唇，圆折腹，下腹残。口沿内外有横向旋抹痕。残宽10、残高9.6厘米（图二六二，6）。

Y3：17　罐口沿残片。泥质灰陶。敞口，窄折沿，沿面有一周凹槽，斜方唇，唇面内凹，高颈。口沿及内外壁有横向旋痕。内口径12、残高4.8厘米（图二六三，1）。

Y3：18　罐口沿残片。泥质灰陶。内壁垫印凹篦点纹，抹压较甚。敞口，折沿外斜，矮直颈，圆肩残。口沿及内壁有横向旋抹痕。内口径26.4、残高6厘米（图二六三，3）。

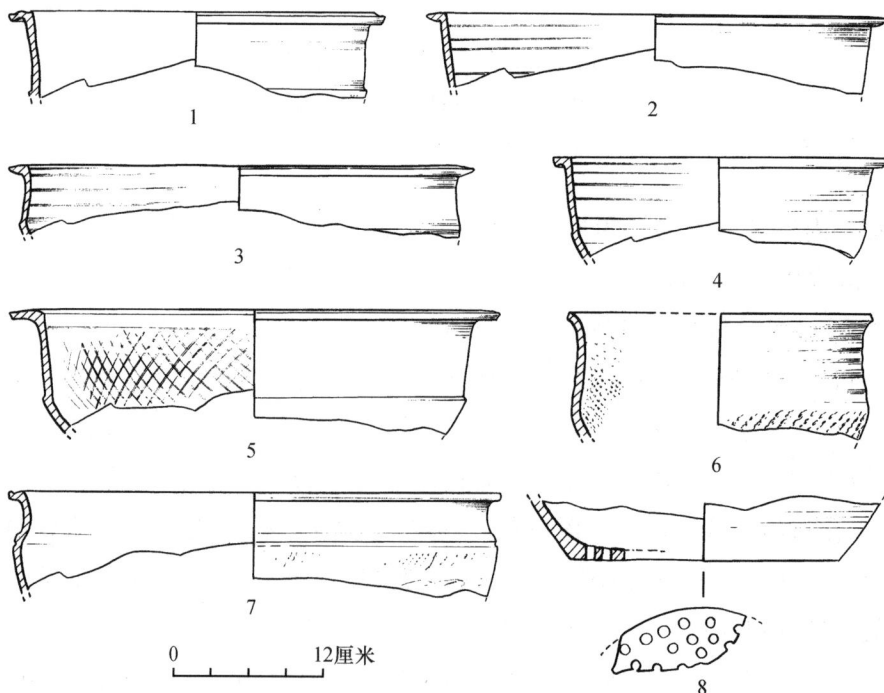

图二六二　12YWY3出土陶器（一）

1～7.盆（Y3：9、Y3：11、Y3：10、Y3：13、Y3：14、Y3：16、Y3：15）　8.甑（Y3：22）

Y3：19 罐口沿残片。泥质灰陶。外壁饰细绳纹，抹压，抹弦纹割断绳纹；内壁垫印绳纹。直口，平沿，圆唇，矮颈，圆肩残。泥片贴筑。口径24、残高8.7厘米（图二六三，4）。

Y3：20 罐口沿残片。泥质灰陶。结构紧密。肩上部抹绳纹，下部饰绳纹，有抹弦纹数周割断绳纹；内壁垫印凹篦点纹。直口，平沿，矮直颈，圆肩，腹残。口沿及颈部内外有横向旋抹痕。口径23.1、残高9.6厘米（图二六三，6）。

Y3：21 罐肩部残片。泥质灰陶。肩下部和腹部饰绳纹，有抹弦纹数周割断绳纹。高颈，圆肩，最大腹径在肩腹转折处。颈部和内壁有横向旋抹痕。腹径22.8、残高11.7厘米（图

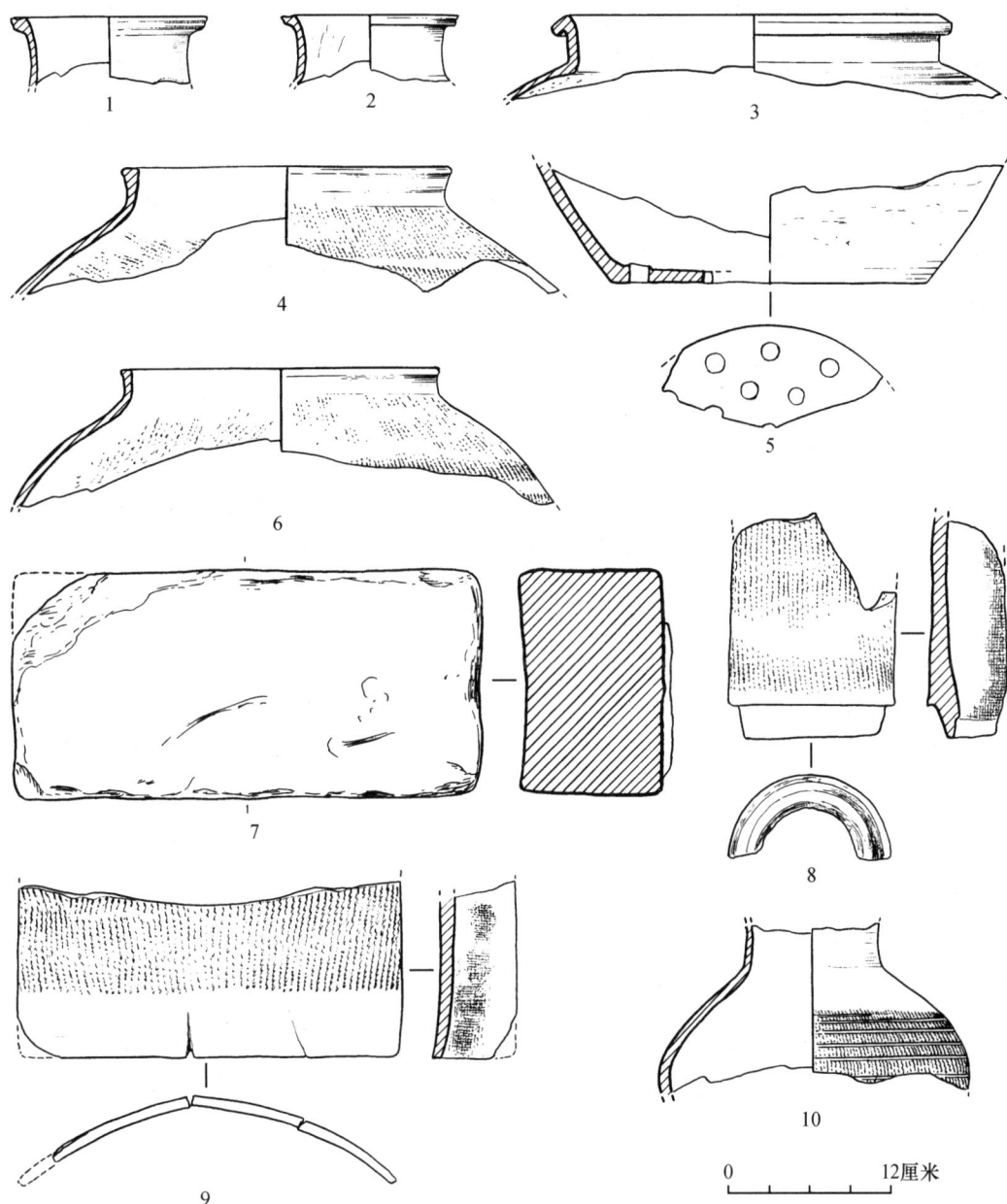

图二六三 12YWY3出土陶器（二）

1~4、6、10.罐（Y3：17、Y3：24、Y3：18、Y3：19、Y3：20、Y3：21） 5.甑（Y3：23） 7.泥坯（Y3：33）
8.筒瓦（Y3：26） 9.板瓦（Y3：25）

二六三，10）。

Y3：22　甑底残片。泥质灰陶。下腹斜内收，平底，底面平整，底有圆形戳孔，圆孔较密集。内外壁有横向旋痕。残高5.1、底径21厘米（图二六二，8）。

Y3：23　甑底残片。泥质灰陶。下腹斜内收，平底，底面平整，底有圆形戳孔，较疏，孔径较大。内外壁有横向旋痕。残高8.4、底径23.1厘米（图二六三，5）。

Y3：24　罐口沿残片。泥质灰陶。敞口，窄折沿，沿面有一周凹槽，斜方唇，唇面有一周凹槽，高颈。口沿及内外壁均有横向旋抹痕。内口径10.8、残高4.8厘米（图二六三，2）。

Y3：25　板瓦残片。泥质。深灰色。外壁饰竖向绳纹，未抹压，近端处绳纹被抹去；内壁垫印细麻布纹。瓦端基本平齐，较器身略薄，两侧有竖向切割痕，由内向外切割，切割厚度不足器壁的五分之一。泥条叠筑成圆筒形，成坯后，纵向分为四等分。残长12.3、宽27.9厘米（图二六三，9）。

Y3：26　筒瓦残片。泥质灰陶。外壁拍印绳纹，内壁垫印细麻布纹。半圆筒形，子口状瓦舌，瓦舌较短，舌端圆唇。泥条叠筑成圆筒形，成坯后纵向一分为二。残长15.9、直径12.3厘米（图二六三，8）。

Y3：27　筒瓦残片。泥质灰陶。外壁拍印绳纹，内壁垫印细麻布纹。半圆筒形，子口状瓦舌，瓦舌较长，舌端方唇，两侧面有切割痕，由外向内割透。泥条叠筑成圆筒形，成坯后纵向一分为二。残长13.2、直径12.9厘米（图二六四，1）。

Y3：28　筒瓦残片。泥质灰陶。外壁拍印绳纹，抹压，近端处绳纹被抹去；内壁垫印细麻布纹。半圆筒形，瓦端平齐，器壁较厚，近端处偏薄，两侧有切割痕，由外向内切割厚度的一半。泥条叠筑成圆筒形，内壁近端头处有削割痕迹，成坯后纵向一分为二。残长27.3、直径15厘米（图二六四，2）。

Y3：29　筒瓦残片。泥质灰陶。结构紧密。外壁饰粗绳纹，抹压，近端处绳纹被抹去；内壁垫印细麻布纹。半圆筒形，瓦端有当，瓦当为一圆形切割而成，切割痕明显，当心为单阳线凸同心圆，同心圆内为单阳线凸的方格纹，同心圆与周缘之间添单阳线凸云纹，云纹之间间隔乳钉纹，云纹与同心圆之间为双阳凸线。筒瓦泥条叠筑成圆筒形，将其纵向一分为二，瓦当模制，切割成半圆形，瓦当与筒瓦套接入窑烧制。残长14.4、直径13.2厘米（图二六四，3；图二六五，3；图版一〇一，6）。

Y3：30　筒瓦残片。泥质灰陶。结构紧密。外壁拍印绳纹，近端处绳纹被抹去；内壁垫印细麻布纹。半圆筒形，瓦端有当，瓦当为一圆形切割所成，切割痕明显，当面平齐。筒瓦泥条叠筑成圆筒形，将其纵向一分为二，瓦当模制，切割成半圆形，瓦当与筒瓦套接入窑烧制。残长6、直径12厘米（图二六四，4）。

Y3：31　瓦当。泥质。黄褐色。半圆形，残，系一圆形瓦当切割而成，当面周边宽缘凸起，当心双阳凸线同心圆，外缘单阳线凸同心圆，双阳凸线将当面分为二等份，各等份内单阳线凸"C"形云纹，云纹两边饰勾连纹，云纹中间似几何纹连接当心同心圆。模制，背面有手指摁窝。残直径12.4厘米（图二六四，6；图二六五，1；图版一〇一，3）。

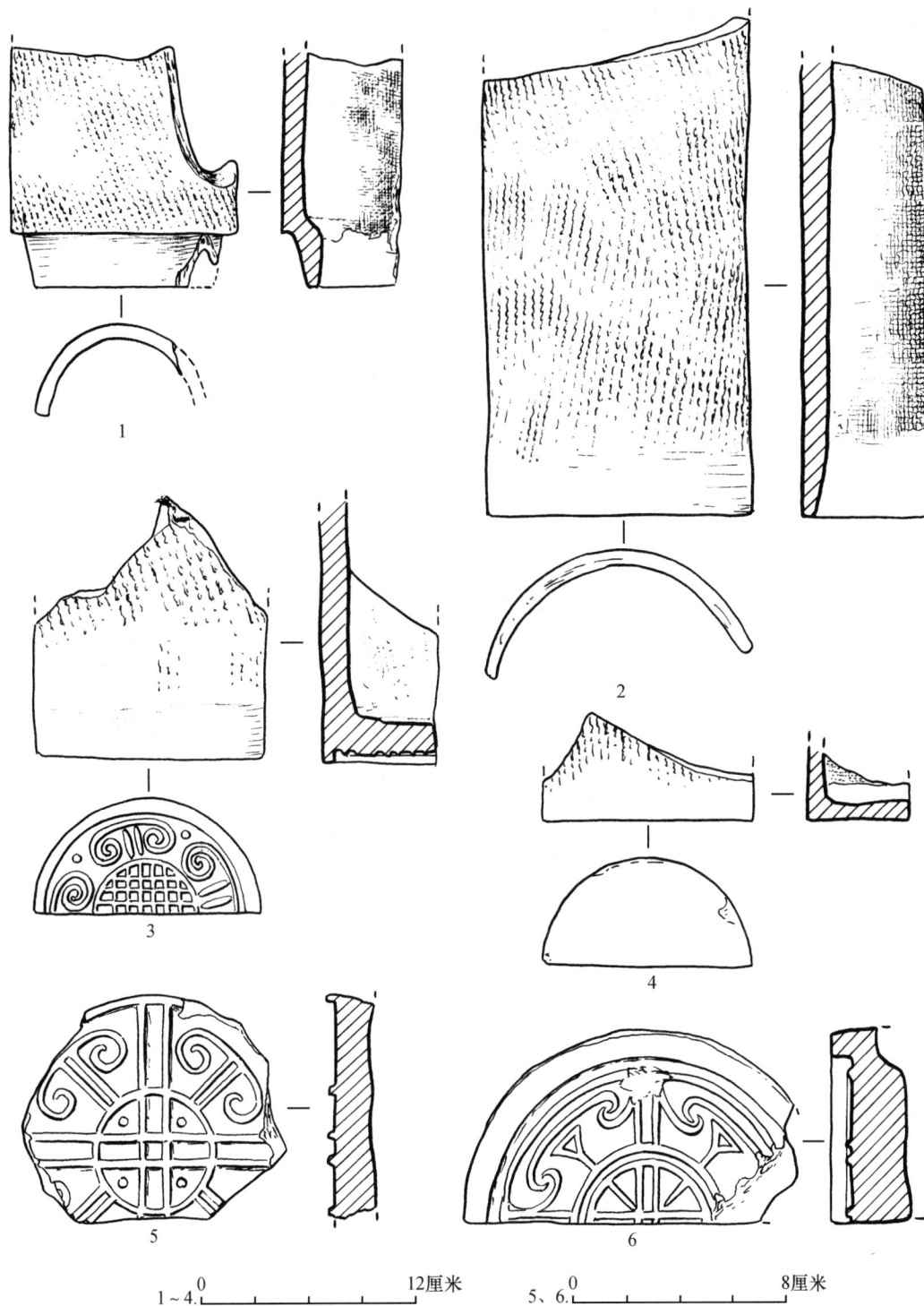

图二六四 12YWY3出土陶器（三）

1～4.筒瓦（Y3：27、Y3：28、Y3：29、Y3：30） 5、6.瓦当（Y3：32、Y3：31）

　　Y3：32　瓦当。泥质灰陶。结构紧密。圆形，残。当面周缘凸棱，当心为单阳线凸同心圆，用双阳凸线将当面分为四等份，同心圆各等份内壁饰乳钉纹，同心圆外各等份内为单阳线凸云纹，云纹中间用双阳凸线连接同心圆，器壁较厚。模制，背面有手指摁窝。残直径8.2厘米（图二六四，5；图二六五，2；图版一〇一，4）。

　　Y3：33　泥坯。略残。青灰色，结构疏松。不规整长条形，器体甚厚，焙烧呈青灰色。手制，其用途是封堵窑室之火门。长33.9、宽16.2、厚10.2厘米（图二六三，7）。

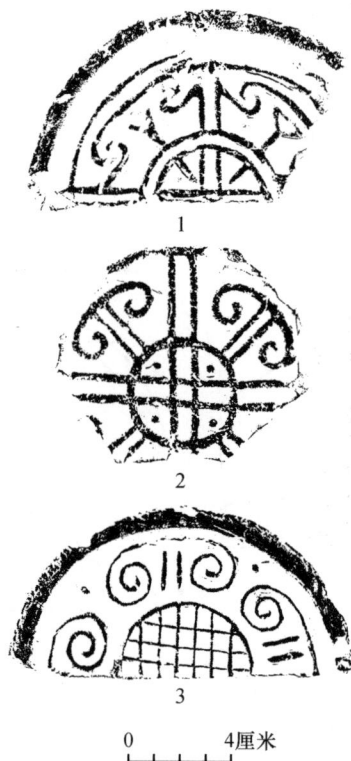

图二六五　12YWY3出土瓦当纹样拓本
1. Y3：31　2. Y3：32　3. Y3：29

第三章　东周时期墓葬

第一节　竖 穴 墓

1. 12YWM3

（1）墓葬形制

方向275°（图二六六、图二六七）。长方形竖穴土圹墓，墓口距地表120、长351、宽242厘米。口大底小，呈斗状，近底处四壁竖直，墓壁较粗糙，拐角方正，底面平整。底长311、宽196、距墓口450厘米。墓底四面熟土二层台，经夯打，夯层不明显，硬度一般。二层台顶面东宽20、西宽18、南北两侧宽8、残高92厘米。墓室填土为黄褐色五花土，经夯打，夯层厚20厘米左右。

（2）葬具及葬式

一椁二棺。平面均呈“▯”形，四角平齐，南北两侧帮板包东西两端挡板，四周立板压底板。

椁：长271、宽179、残高92厘米。四周残存立板各4块，厚9厘米。盖板12块，厚6厘米。底板10块，厚6～7厘米。盖板、底板均横向放置。

外棺：长203、宽96、残高76厘米。四周残存立板各4块，厚7厘米。盖板腐朽不详。底板4块，厚6厘米。纵向放置。

内棺：长168、宽62、残高37厘米。四周残存立板各2块，厚5厘米。盖板、底板各3块，厚3～4厘米。盖板、底板均纵向放置。

墓主人男性，40～45岁之间，头向西，面向上，仰身，左上肢弯屈较甚，手置于右髋骨旁，右上肢弯屈，手置于腹部，两臂交叠，左肢压右肢，下肢弯屈。

（3）随葬品

陶器5件（图版一〇二，1），器类有罐2（M3：3、M3：4）、豆2（M3：5、M3：6）、鬲1（M3：7）件；石圭（M3：2）数件；铜带钩1（M3：1）件。分别置于以下两处：

陶器和石圭置于外棺和椁之间，椁室之东北角，墓主足端北侧，基本为纵向“一”字排列，依次为石圭（成堆放置）、罐、罐、豆、鬲、豆；铜带钩置于棺内墓主足部。

图二六六　12YWM3平面、剖视图

1.铜带钩　2.石圭　3、4.陶罐　5、6.陶豆　7.陶鬲

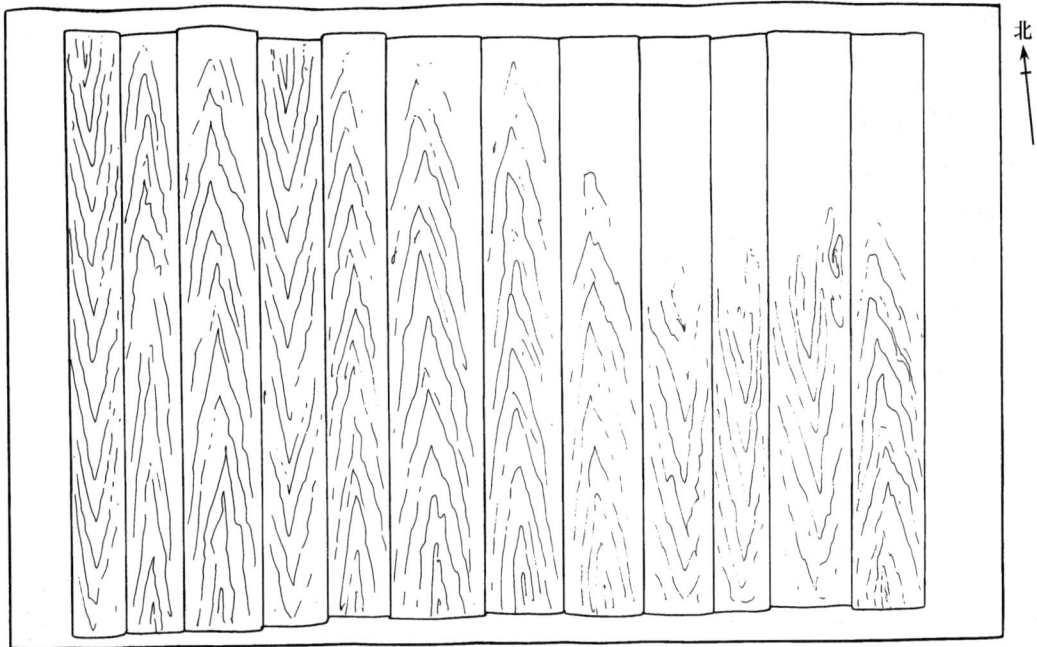

椁盖板

北

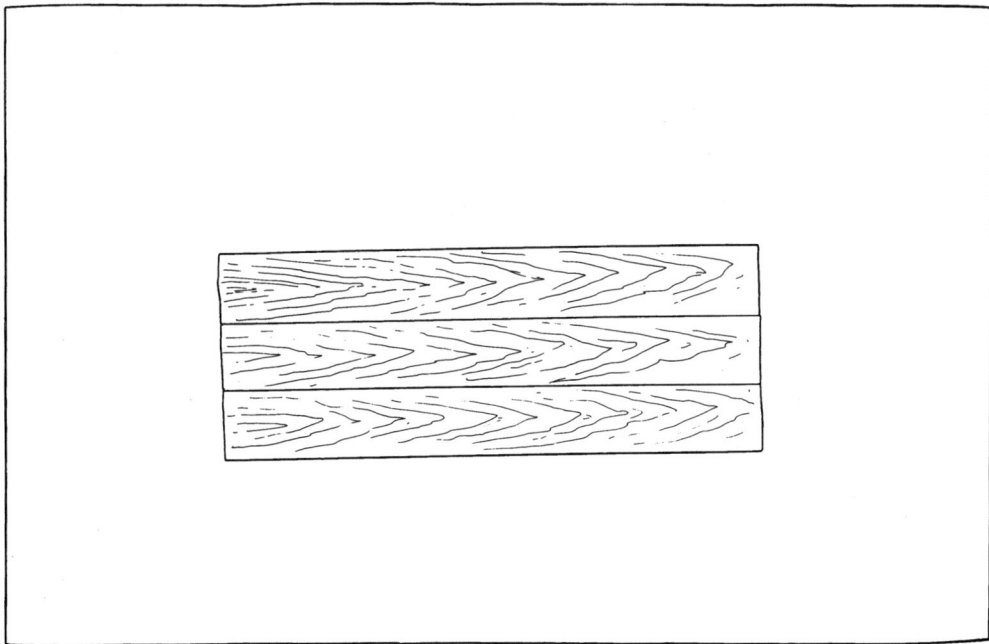

内棺盖板

0　　　　　　　　　　1米

图二六七　12YWM3棺、椁盖板平面图

1）陶器

M3：3　罐。泥质灰陶。带盖罐。盖为倒置的浅盘豆盘，豆盘敞口，方唇，浅平折盘，盘心下凹，柱状圆柄残。罐直口，宽折沿略外斜，方唇，直颈，圆肩，鼓腹，下腹圆弧内收，平底，底面平整。外壁有横向旋痕。盖直径11.4、残高6.3、罐内口径9.6、腹径20.1、高19.8、底径10.2厘米（图二六八，3；图版一〇二，5）。

M3：4　罐。泥质灰陶。带盖罐。盖为倒置的浅盘豆盘，豆盘敞口，圆方唇，浅平折盘，盘心略凹，柱状圆柄残。罐肩部饰二道瓦纹，口沿有磨光。直口，宽折沿，略翻缘，方唇，直颈，圆肩，鼓腹，下腹圆弧内收，平底，底面中心内凹。外壁有横向旋痕。盖直径12.6、高6.3、罐内口径9、腹径21.6、高20.7、底径10.8厘米（图二六八，4；图版一〇二，4）。

M3：5　豆。泥质灰陶。外壁饰三道瓦纹。圆方唇，子口微敛，舌较短，半圆形弧腹，盘心近平，圆柄中空，较矮，喇叭形底座，底座外斜方唇。内外壁有横向旋痕。口径16.5、盘深8.1、盘腹径18、高17.4、底座径12.9厘米（图二六八，2；图版一〇二，2）。

M3：6　豆。泥质灰陶。外壁饰三道瓦纹。圆方唇，子口微敛，舌较短，半圆形弧腹，圆柄中空，较矮，喇叭形底座，底座外斜方唇。内外壁有横向旋痕，豆座和豆柄有较宽螺旋纹。口径15.6、盘深8.4、盘腹径18、高18.3、底座径12.3厘米（图二六八，1；图版一〇二，3）。

M3：7　鬲。夹砂。外壁深灰泛黑，有明显烟炱痕迹，胎及内壁呈灰色。肩部抹绳纹，多处绳纹被抹去，近颈处有三周凹弦纹，腹和底拍印绳纹，抹压。釜形鬲，敞口，卷沿，斜方唇，唇面内凹，束颈，溜肩，圆腹，肩腹转折处挂棱，裆部平缓略微下垂，器底捏出三个小实足。泥条盘筑，内垫外拍痕迹明显。外口径21.3、腹径24、高16.8厘米（图二六八，5；图版一〇四，3）。鬲内放置兽骨。

2）铜器

M3：1　带钩。铜质。钩体宽扁，断面呈半圆形，圆钩首，钩身弯曲，尾钩断失，圆扣纽，较矮，靠近钩首。范铸。长7.1厘米（图二六八，6；图版一〇八，1）。

3）石制品

M3：2　石圭。数量较多，大多破碎。灰色砂岩。用锯打制为薄片状，再磨制成形。圭首呈三角形，圭首尖或居中，或偏向一侧，作璋形，两侧斜直，宽尾平直，或斜平（图版一〇八，3）。

M3：2-1　基本完整。长7.6、尾宽1.5、厚0.3厘米（图二六九，9）。

M3：2-2　完整。长6.5、尾宽1.6、厚0.3厘米（图二六九，12）。

M3：2-3　基本完整。长6.4、尾宽1.7、厚0.4厘米（图二六九，3）。

M3：2-4　基本完整。长8.1、尾宽1.7、厚0.3厘米（图二六九，11）。

M3：2-5　略残。长9.5、尾宽1.9、厚0.3厘米（图二六九，10）。

M3：2-6　尾断失。残长5.9、厚0.3厘米（图二六九，8）。

M3：2-7　基本完整。长5.5、尾宽1.5、厚0.3厘米（图二六九，1）。

M3：2-8　圭首断失。残长5、尾宽2、厚0.3厘米（图二六九，6）。

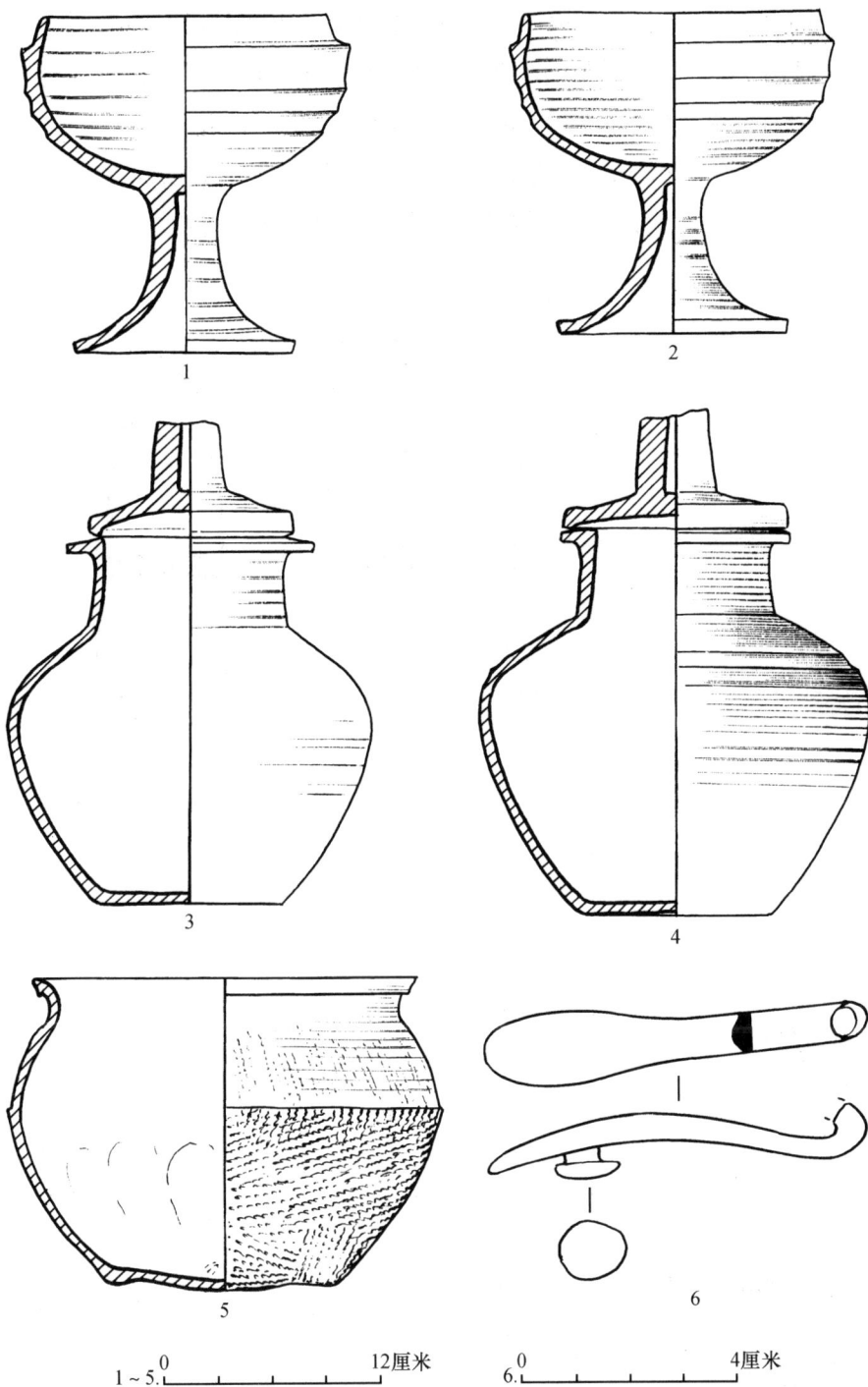

图二六八　12YWM3出土器物

1、2.豆（M3：6、M3：5）　3、4.罐（M3：3、M3：4）　5.鬲（M3：7）　6.铜带钩（M3：1）

M3：2-9　圭首断失。残长5.7、尾宽1.7、厚0.3厘米（图二六九，2）。

M3：2-10　圭首断失，一面有竖向刻划纹。残长4.4、尾宽1.7、厚0.3厘米（图二六九，7）。

M3：2-11　圭首断失。残长5.1、尾宽2、厚0.3厘米（图二六九，5）。

M3：2-12　圭首断失。残长5.2、尾宽1.5、厚0.3厘米（图二六九，4）。

M3：2-13　圭首断失。残长4.2、尾宽1.5、厚0.2厘米（图二六九，13）。

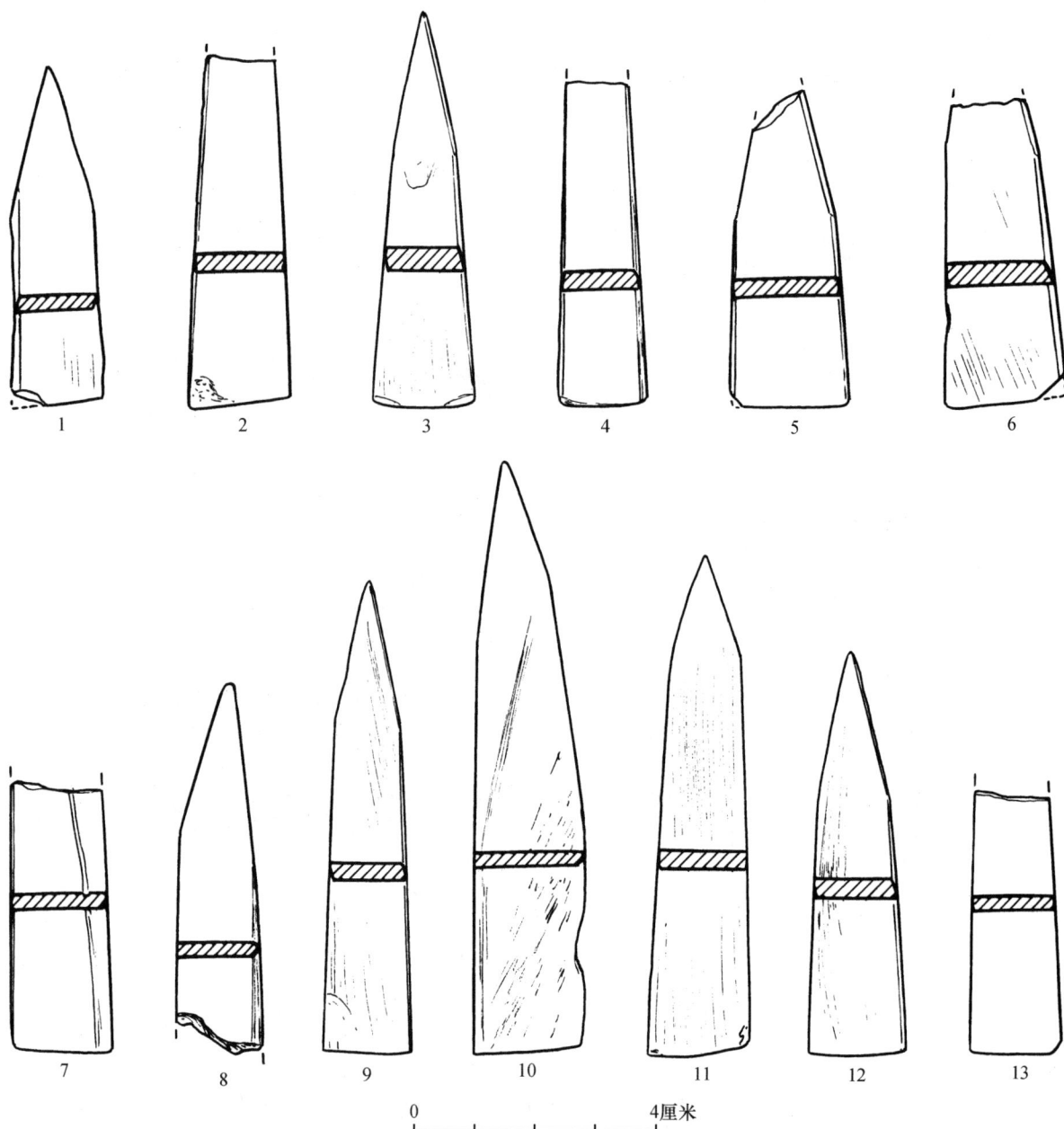

图二六九　12YWM3出土石圭

1. M3：2-7　2. M3：2-9　3. M3：2-3　4. M3：2-12　5. M3：2-11　6. M3：2-8　7. M3：2-10　8. M3：2-6　9. M3：2-1
10. M3：2-5　11. M3：2-4　12. M3：2-2　13. M3：2-13

2. 12YWM4

（1）墓葬形制

方向290°（图二七〇、图二七一）。长方形竖穴土圹墓，西端较东端略宽。墓口距地表100、长308、宽203～207厘米。口大底小，呈斗状，近底处四壁竖直，墓壁较粗糙，拐角方正，底面较平整。底长278、宽176～185、距墓口345厘米。墓底四面熟土二层台，经夯打，夯层不明显，硬度一般。二层台顶面东、西两端宽10、南北两侧宽10～14、高101厘米。墓室填土为黄褐色五花土，经夯打，夯层厚20厘米左右。

（2）葬具及葬式

一椁二棺。平面均呈"▯"形，四角平齐，南北两侧帮板包东西两端挡板，四周立板压底板。

椁：长258、宽157、残高83～98厘米。四周残存立板各4块，厚6厘米。盖板18块，厚4厘米左右。底板12块，厚5～8厘米不等。盖板、底板均横向放置。

外棺：长209、宽109、残高63厘米。四周残存立板各3块，厚6厘米左右。盖板块数不详。底板4块，盖板、底板均纵向放置，厚4厘米左右。

内棺：长179、宽75、残高54厘米。四周残存立板各3块，厚6厘米左右。盖板、底板各3块，均纵向放置，厚3～4厘米左右。

墓主人男性，45～50岁之间，头向西，面向北，向左侧俯身，上肢弯屈，手置于腹部，两臂交叠，下肢弯屈。

（3）随葬品

陶器9件（图版一〇三，1），器类有鼎1（M4：4）、豆2（M4：5、M4：6）、壶2（M4：2、M4：3）、碗1（M4：8）、匜1（M4：7）、器盖2（M4：9、M4：10）件；石圭（M4：1）数件。分别置于以下两处：

1号石圭，4号陶鼎，5、6号陶豆，7号陶匜，8号陶碗，9、10号陶器盖置于椁室西南角；2、3号陶壶置于椁室南侧中间。

1）陶器

M4：2　壶。泥质灰陶。带盖壶。盖呈斗笠状，尖圆顶，盖内有子口。壶颈部饰一周凸弦纹，颈肩转折处饰一周倒"S"形暗纹，肩部饰五道瓦纹，瓦纹深凹。敞口，窄折沿，斜方唇，粗短颈内曲，圆肩，鼓腹，最大腹径在肩腹转折处，矮圈足。口沿和外壁有横向旋痕。盖直径14.4、高3.3、壶口径13.8、腹径22.2、高25.5、带盖高28.8、底径10.5厘米（图二七二，5；图版一〇四，5）。

M4：3　壶。泥质。深灰色。带盖壶。盖呈斗笠状，顶面饰四道瓦纹，盖内有子口。壶颈部饰一周凸弦纹，肩部饰五道瓦纹，瓦纹深凹。敞口，窄折沿，斜方唇，粗短颈内曲，圆肩，鼓腹，下腹圆弧内收，矮圈足。口沿和外壁有横向旋痕。盖直径14.7、高4.2、壶口径13.5、腹径22.2、高25.2、带盖高28.8、底径9.9厘米（图二七二，7；图版一〇四，6）。

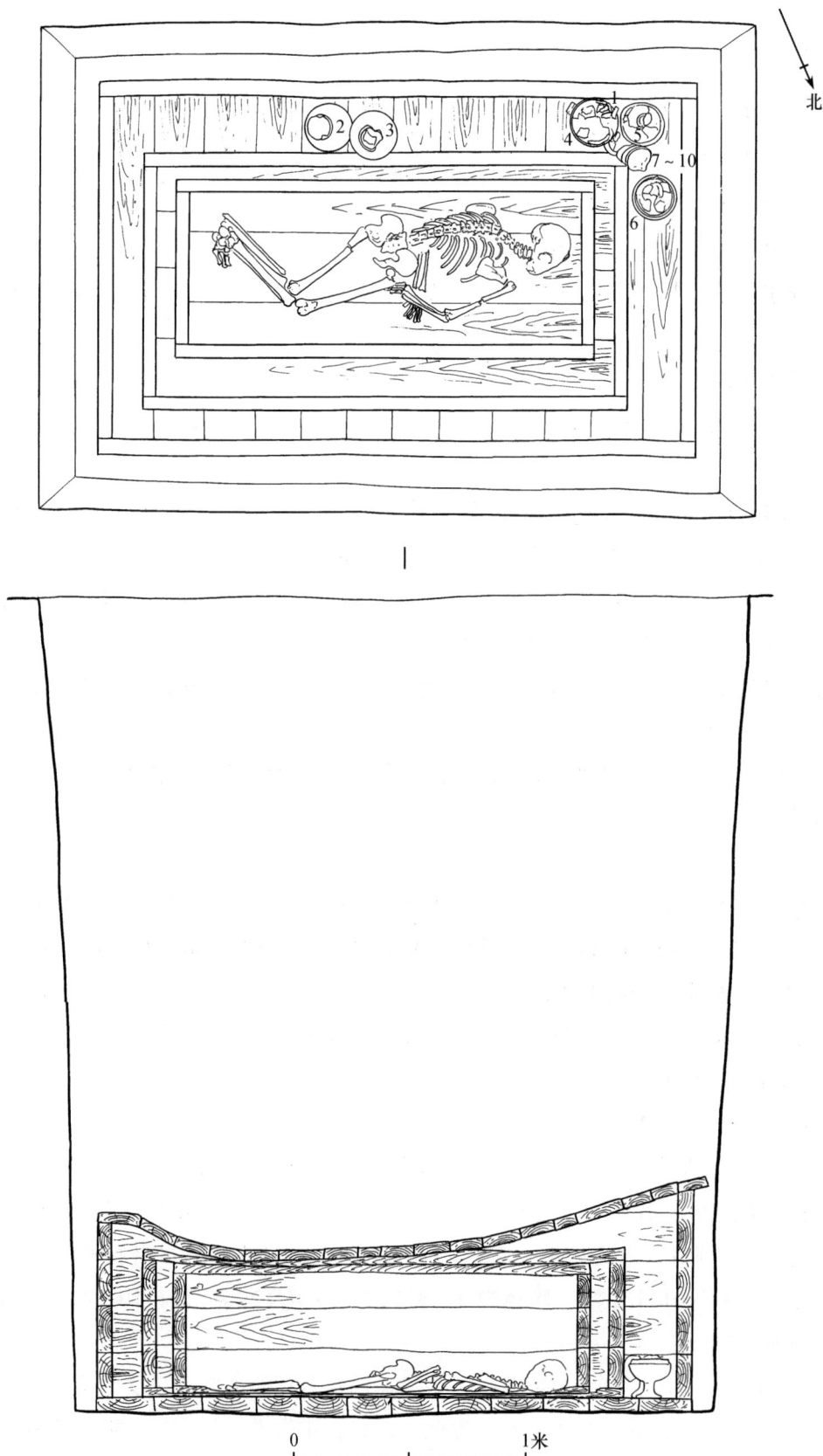

图二七〇　12YWM4平面、剖视图

1. 石圭　2、3. 陶壶　4. 陶鼎　5、6. 陶豆　7. 陶匜　8. 陶碗　9、10. 陶器盖

北

椁盖板

内棺盖板

0　　　　　　　　　　　　　1米

图二七一　12YWM4棺、椁盖板平面图

M4：4　鼎。泥质灰陶。带盖鼎。个体较大，覆盘状圆顶盖，顶面圆弧隆起，外缘饰一周凹弦纹，附实心半圆形三纽，母口，盖较浅。鼎耳微曲斜侈，长方形耳穿，方唇，子口内敛，舌较短，圆腹，圜底，空心蹄足，足底蹄突明显，三足略显内聚。腹中部饰一周凸弦纹。盖和鼎体内外壁均有横向旋抹痕，耳和足模制。盖口径21.9、盖深4.2、盖高5.1、鼎口径18.6、腹径22.8、鼎体高18.3、带盖高19.2厘米（图二七二，8；图版一〇四，4）。

M4：5　豆。泥质灰陶。带盖豆。盖呈覆盘状，矮圈足式握纽，顶面圆缓隆起，腹壁圆折，母口，盖较浅。盘外壁饰三道瓦纹。圆方唇，子口内敛，舌较短，半圆形腹，柱状圆柄，中空较矮，喇叭形底座，底座外厚方唇，底座外缘略微翘起。盖内壁有横向旋抹痕，盖顶面和盘腹内外壁均有横向旋痕。盖纽径6.6、盖深3.6、盖高5.1、盖口径18、盘口径16.8、盘深8.1、盘腹径18.3、高16.5、带盖高21.6、底座径12.3厘米（图二七二，1；图版一〇四，1）。

M4：6　豆。泥质灰陶。带盖豆。盖呈覆盘状，圆形握纽，缘近平，顶面圆缓隆起，腹壁圆折，母口，盖较浅。盘外壁饰三道瓦纹。圆唇，子口内敛，舌较短，扁圆腹，圆柄中空，较矮，喇叭形底座，底座外厚方唇，底座外缘略微翘起。盖内壁有横向旋抹痕，盖顶面和盘腹内外壁均有横向旋痕。盖纽径9、盖深3.3、盖高6、盖口径18.6、盘口径16.8、盘深7.8、盘腹径18.3、高16.5、带盖高21、底座径12.6厘米（图二七二，4；图版一〇四，2）。

M4：7　匜。泥质灰陶。内壁饰竖向锯齿形暗纹。敞口，圆唇，尖圆短流，圆尾，折腹，下腹圆弧内收，假圈足小平底，底面平整。内底有同心圆旋痕，外壁有横向旋抹痕。口长径13.2、短径12.9、腹深3.3、高4.2、底径5.1厘米（图二七二，9；图版一〇三，5）。

M4：8　碗。泥质。深灰色。敞口，方唇，折腹，腹外壁向内凹曲，平底，底面平整。内外壁有横向旋痕，底面有偏心螺纹。口径12.6、腹深2.7、高3.9、底径5.4厘米（图二七二，2；图版一〇三，4）。

M4：9　器盖。泥质。深灰色。顶面饰四道瓦纹。斗笠状，盖内有子口。内外壁有横向旋抹痕。直径14.7、高4.2厘米（图二七二，3；图版一〇三，2）。

M4：10　器盖。泥质灰陶。顶面饰四道瓦纹。斗笠状，盖内有子口。内外壁有横向旋抹痕。直径14.7、高4.2厘米（图二七二，6；图版一〇三，3）。

2）石制品

M4：1　石圭。数量颇多，大多破碎。深灰色砂岩。用锯打制为薄片状，再磨制成形，还有相当一部分仅打成薄片状的半成品（图版一〇八，5）。圭首呈三角形，圭首尖居中，两侧平直，尾平直，或斜平。

M4：1-1　完整。长9.7、宽2.1、厚0.3厘米（图二七三，10）。

M4：1-2　完整。长8、宽1.8、厚0.3厘米（图二七三，1）。

M4：1-3　完整。长8、宽1.5、厚0.3厘米（图二七三，2）。

M4：1-4　完整。长7.7、宽1.6、厚0.4厘米（图二七三，3）。

M4：1-5　略残。长7.8、宽2.1、厚0.3厘米（图二七三，4）。

M4：1-6　略残。长8.8、宽1.8、厚0.3厘米（图二七三，5）。

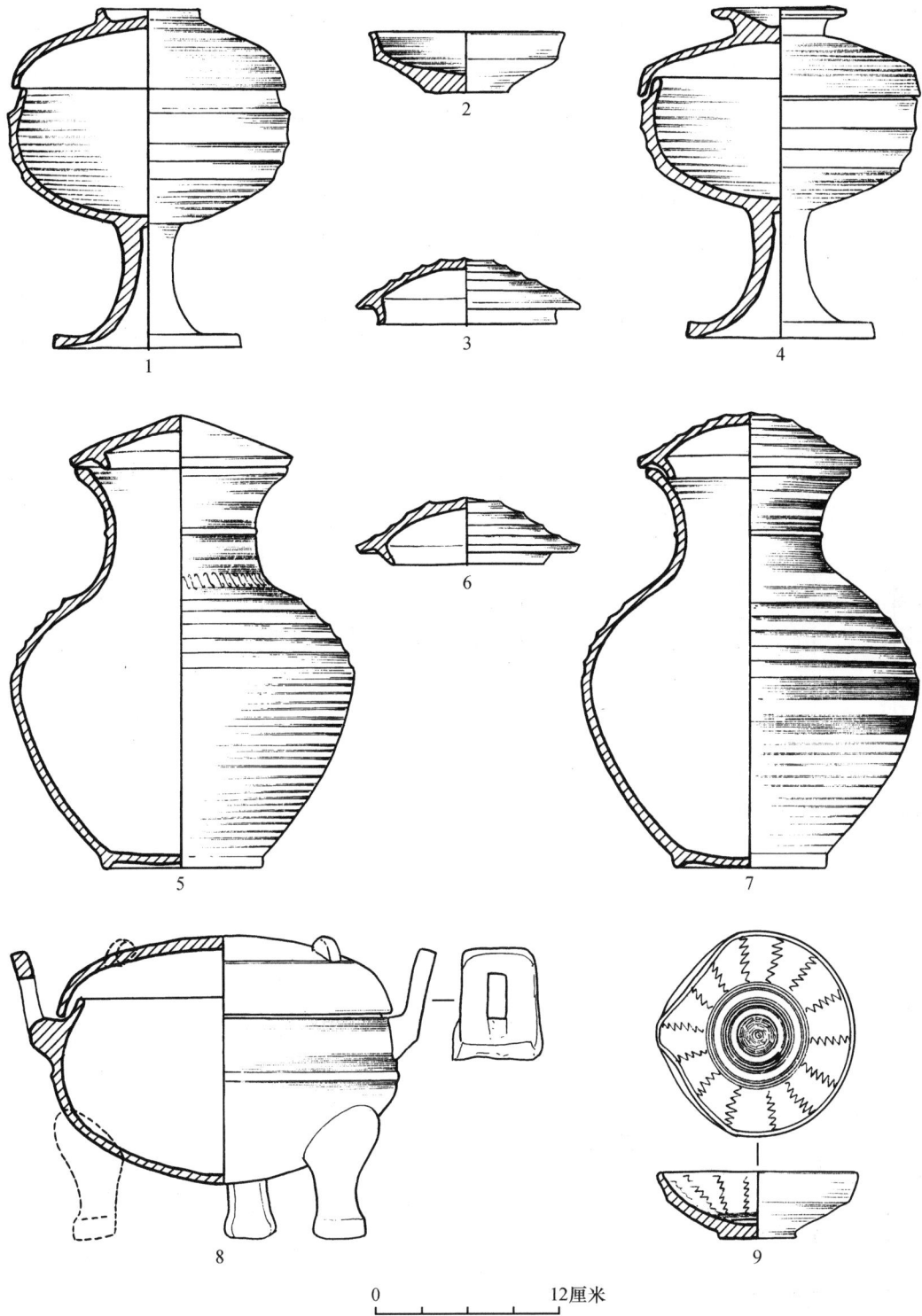

图二七二　12YWM4出土陶器

1、4.豆（M4：5、M4：6）　2.碗（M4：8）　3、6.器盖（M4：9、M4：10）　5、7.壶（M4：2、M4：3）　8.鼎（M4：4）
9.匜（M4：7）

M4：1-7　完整。长7、尾宽1.5、厚0.4厘米（图二七三，11）。

M4：1-8　残。长8、尾宽1.8、厚0.3厘米（图二七三，6）。

M4：1-9　尾断失。残长6.7、尾宽2.1、厚0.3厘米（图二七三，12）。

M4：1-10　残。长6.5、宽2.3、厚0.3厘米（图二七三，9）。

M4：1-11　残。长6.7、宽1.8、厚0.3厘米（图二七三，13）。

M4：1-12　残。长7.2、宽1.8、厚0.3厘米（图二七三，14）。

M4：1-13　圭首尖断失。残长6.9、宽1.9、厚0.3厘米（图二七三，8）。

M4：1-14　圭首尖断失。残长6.8、宽1.8、厚0.3厘米（图二七三，7）。

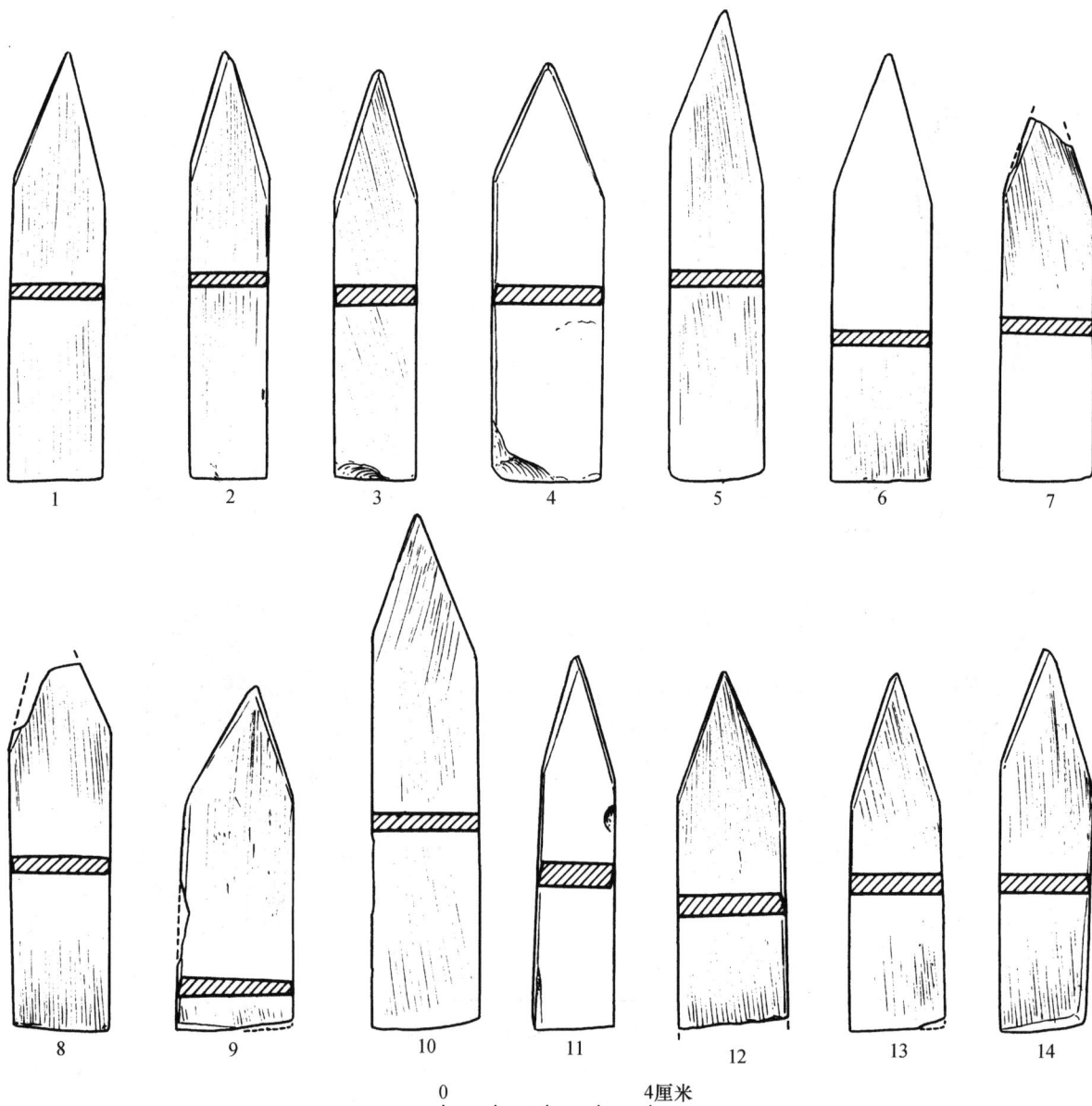

图二七三　12YWM4出土石圭

1. M4：1-2　2. M4：1-3　3. M4：1-4　4. M4：1-5　5. M4：1-6　6. M4：1-8　7. M4：1-14　8. M4：1-13　9. M4：1-10
10. M4：1-1　11. M4：1-7　12. M4：1-9　13. M4：1-11　14. M4：1-12

3. 12YWM5

（1）墓葬形制

方向283°（图二七四、图二七五；图版一○五，1）。长方形竖穴土圹墓，墓口距地表100、长338、宽235厘米。口大底小，呈斗状，墓壁较粗糙，拐角方正，底面平整。底长294、宽196、距墓口358厘米。墓底四面有熟土二层台，经夯打，夯层不明显，硬度一般。二层台顶面东宽15、西宽18、南宽23、北宽5、高63厘米。墓室填土为黄褐色五花土，经夯打，夯层厚20～25厘米左右。

（2）葬具及葬式

一椁二棺。平面均呈“囗”形，四角平齐，四周立板压底板。

椁：长262、宽168、残高62厘米。四周残存立板各3块，厚7厘米。盖板13块，厚6厘米。底板12块，厚7厘米。盖板、底板均横向放置。

外棺：长188、宽96、残高38厘米。四周残存立板各2块，厚7厘米。盖板腐朽不详。底板4块，厚4厘米，纵向放置。

内棺：长164、宽63、残高17厘米。四周各残存1块立板，厚5厘米。盖板腐朽不详。底板3块，厚3厘米，纵向放置。

墓主人男性，40～45岁之间，头向西，面向上，仰身，上肢略向内弯屈，双手置于盆骨上，不相交叠，下肢直伸。

（3）随葬品

陶器7件（图版一○五，2），器类有鼎1（M5：3）、豆2（M5：5、M5：6）、壶2（M5：2、M5：4）、匜2（M5：7、M5：8）件；石圭（M5：1）数件。均置于椁室西南角，石圭成堆放置。

1）陶器

M5：2　壶。泥质灰陶。带盖壶。斗笠盖，盖内有子口。壶肩部饰三道瓦纹。敞口、窄沿、圆唇，粗短颈内曲，圆肩，鼓腹，下腹圆弧内收，小平底，底面平整。内壁有横向旋抹痕，外壁有横向旋痕。盖直径14.1、盖高3.3、壶口径14.1、腹径24.3、高29.4、带盖高32.1、底径9.6厘米（图二七六，6；图版一○六，6）。

M5：3　鼎。泥质。深灰色。带盖鼎。覆盘状圆顶盖，顶面圆弧隆起，母口。鼎耳较宽大，弯曲斜侈，无耳穿，小方唇，子口内敛，舌较短，圆弧腹，尖圆底，蹄足，三足上部空心，足底蹄突明显。盖和鼎体内外壁均有横向旋抹痕，耳手制，足模制，三足正面有竖向模具印痕。盖口径18、盖深4.8、盖高5.7、鼎口径15.6、腹径18、鼎体高16.2、带盖高17.7厘米（图二七六，1；图版一○六，3）。

M5：4　壶。泥质灰陶。带盖壶。斗笠盖，顶面饰瓦纹，盖内有子口。壶肩部饰四道瓦纹。敞口、窄平沿、圆唇，粗短颈内曲，圆肩，鼓腹，下腹圆弧内收，小平底，底面平整。口沿及外壁有横向旋痕。盖直径14.4、盖高3.9、壶口径14.4、腹径24.6、高28.5、带盖高31.8、底

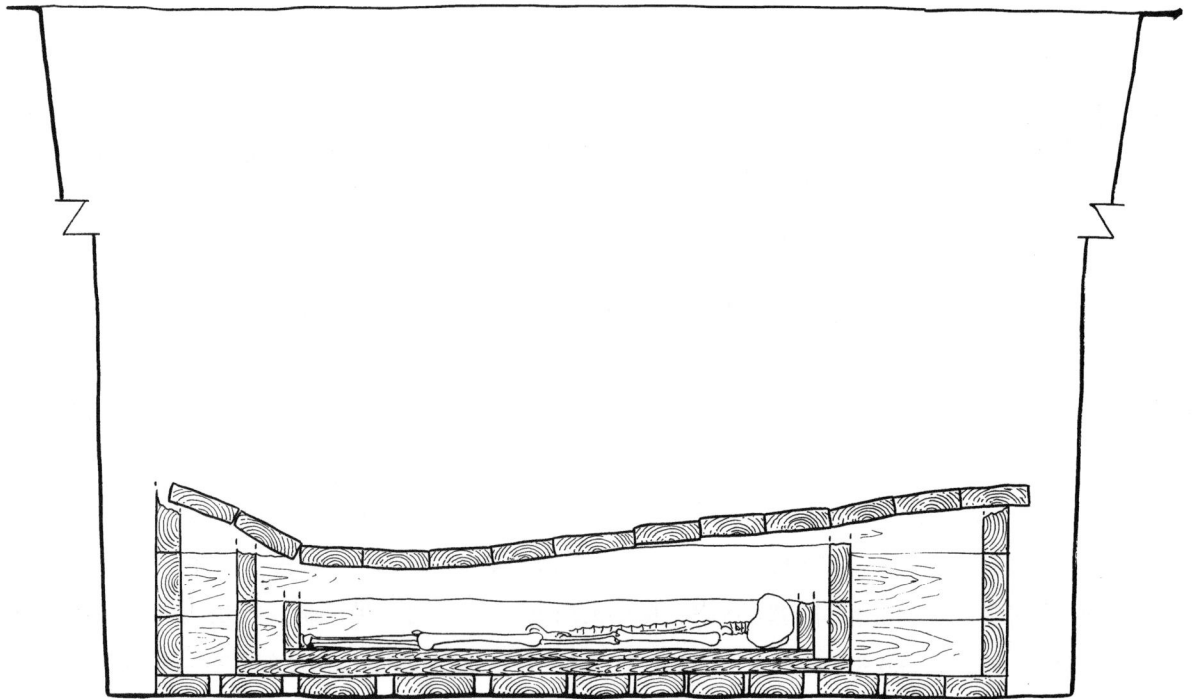

图二七四　12YWM5平面、剖视图

1.石圭　2、4.陶壶　3.陶鼎　5、6.陶豆　7、8.陶匜

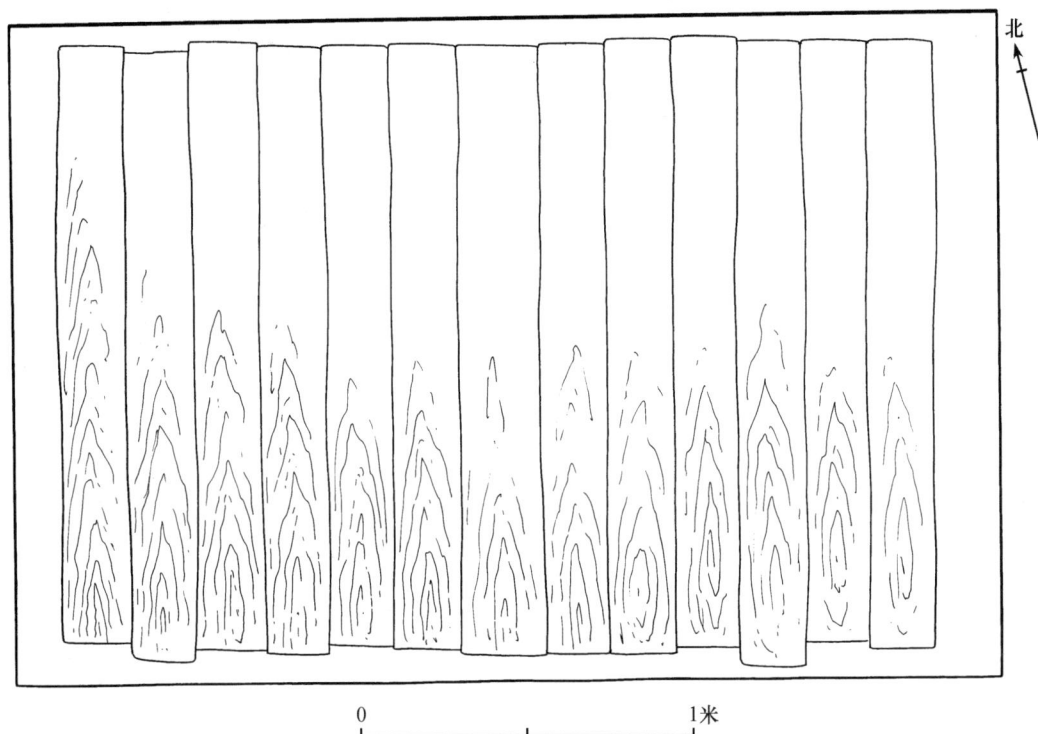

图二七五　12YWM5椁盖板平面图

径10.2厘米（图二七六，7；图版一○六，5）。

　　M5：5　豆。泥质。带盖豆。盖呈深灰色。覆盘状，矮圈足纽，顶面圆弧隆起，腹壁圆折，母口，盖较浅。盘呈灰色。盘外壁饰三道瓦纹。盘圆唇，子口内敛，舌较短，半圆形腹，柱状圆柄，中空较矮，喇叭形底座，底座外方唇，底座面宽平。盖顶和盘内外壁均有横向旋痕，柄上有较宽螺旋状旋痕。盖纽径6.9、盖深4.2、盖高5.4、盖口径17.7、盘口径15、盘腹径18、盘深8.7、高16.1、带盖高21.3、底座径11.4厘米（图二七六，3；图版一○六，2）。

　　M5：6　豆。泥质灰陶。带盖豆。盖呈覆盘状，矮圈足纽，顶面圆弧隆起，腹壁圆折，母口，盖较浅。盘外壁饰三道瓦纹。方唇，子口内敛，舌较短，半圆形腹，柱状圆柄，中空较矮，喇叭形底座，底座外方唇。盖顶和盘内外壁均有横向旋痕。盖纽径6.3、盖深4.2、盖高5.4、盖口径18.3、盘口径15.6、盘腹径18、盘深8.7、高17.7、带盖高21.9、底座径11.4厘米（图二七六，2；图版一○六，1）。

　　M5：7　匜。泥质灰陶。敞口，圆唇，口缘呈波折状，尖圆流较短，圆尾，圆弧腹内收，平底，底面平整。内底有同心圆旋抹痕，内外壁有横向旋痕。口长径13.5、短径12.3、腹深2.4～3.6、高3.3～4.5、底径6厘米（图二七六，4；图版一○六，4）。

　　M5：8　匜。泥质灰陶。敞口，圆唇，口缘呈波折状，尖圆流较短，圆尾，圆弧腹内收，下腹近底外壁向内凹曲，平底，底面平整。内底有同心圆旋抹痕，内外壁有横向旋痕。口长径14.4、短径12.9、腹深2.4～3.6、高3～4.8、底径6.3厘米（图二七六，5；图版一○八，4）。

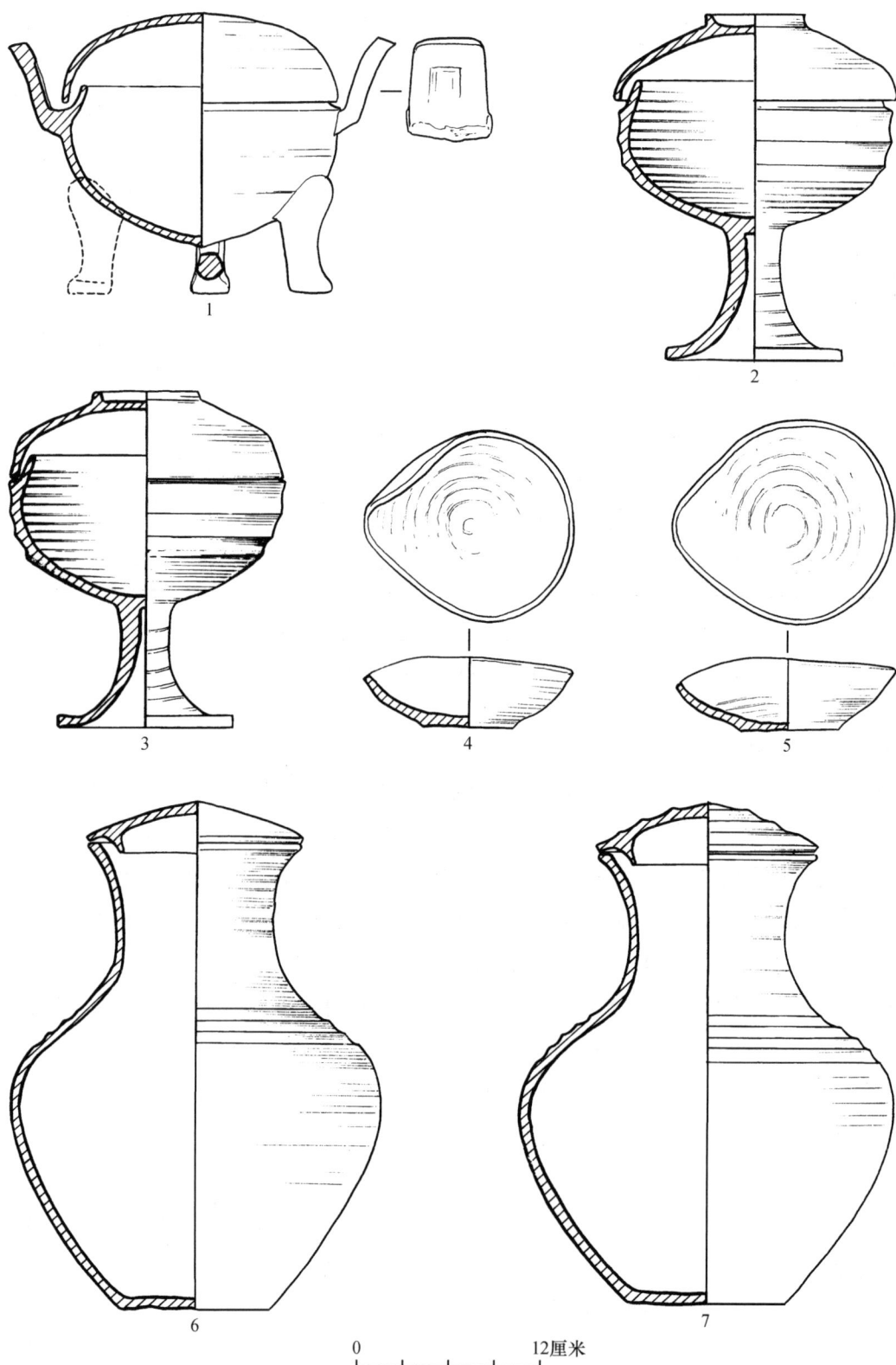

0　　　　　　12厘米

图二七六　12YWM5出土陶器

1.鼎（M5∶3）　2、3.豆（M5∶6、M5∶5）　4、5.匜（M5∶7、M5∶8）　6、7.壶（M5∶2、M5∶4）

2）石制品

M5：1　石圭。数量较多，大多破碎。灰色砂岩。用锯打制为薄片状，再磨制成形，大部分仅打成薄片状和小块的半成品。圭首呈三角形，两侧平直，尾平直，或斜平（图版一〇八，6）。

M5：1-1　圭首尖和尾断失。残长7.3、宽1.7、厚0.3厘米（图二七七，1）。

M5：1-2　圭首和尾断失。残长5.4、宽1.6、厚0.3厘米（图二七七，2）。

M5：1-3　圭首和尾断失。残长6.1、宽1.6、厚0.3厘米（图二七七，3）。

M5：1-4　圭首断失。残长5.5、宽1.6、厚0.4厘米（图二七七，4）。

M5：1-5　圭首和尾断失，一面磨平，一面打制痕迹明显。残长6、宽1.8、厚0.6厘米（图二七七，5）。

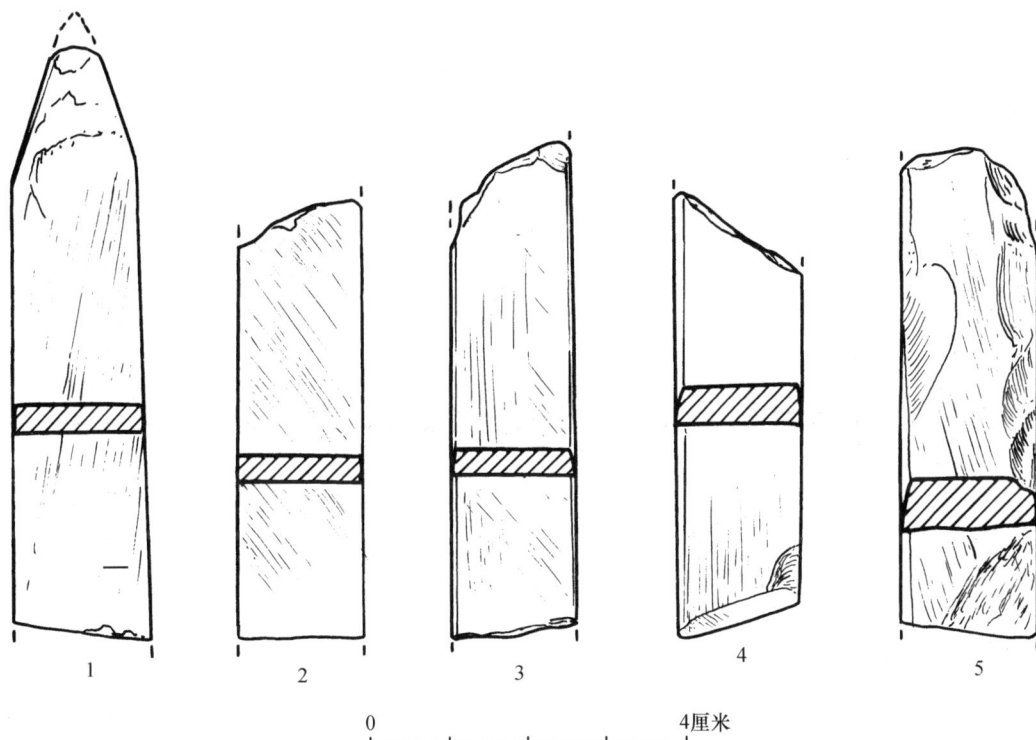

图二七七　12YWM5出土石圭

1. M5：1-1　2. M5：1-2　3. M5：1-3　4. M5：1-4　5. M5：1-5

4. 12YWM6

（1）墓葬形制

方向293°（图二七八；图版一〇七，1）。长方形竖穴土圹墓，墓口距地表105、长209、宽89厘米。直壁，口底同大，墓壁较粗糙，拐角近方正，底面平整。距墓口65厘米。墓底四面熟土二层台，无夯打。二层台顶面东宽18、西宽20、南宽14、北宽15、残高13厘米。墓室填土为黄褐色五花土，土质较硬。

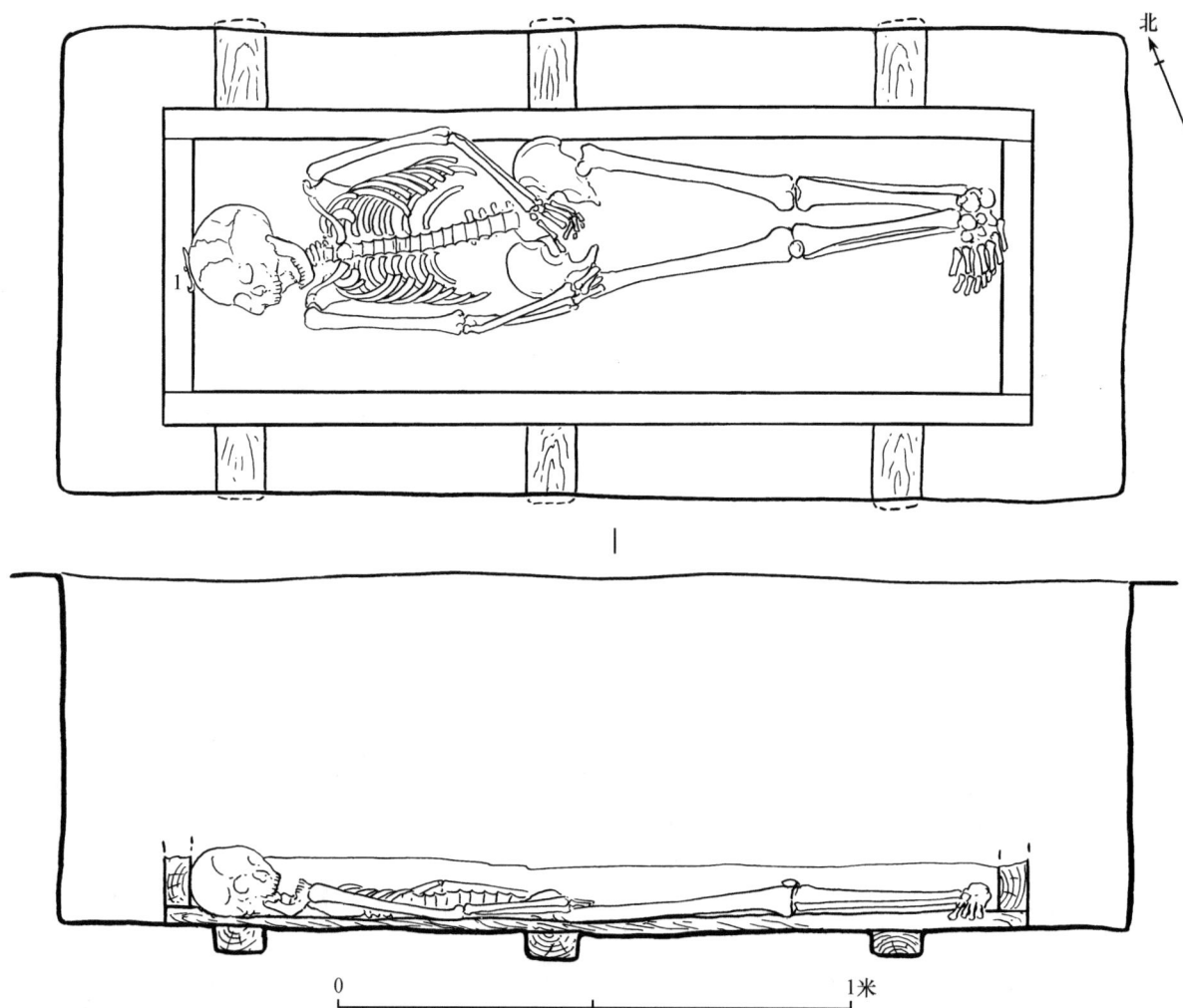

图二七八　12YWM6平面、剖视图
1. 铜带钩

（2）葬具及葬式

一棺。平面呈"▯"形，四角平齐。南北两侧帮板包东西两端挡板，四周立板压底板。

棺：长170、宽60、残高13厘米。四周残存立板不足1块，厚5厘米。盖板腐朽不详。底板块数不详，厚3厘米。底板纵向放置。

棺底板下有3根垫木，长条状，截面近方形，在墓底掏槽横向放置，分别置于棺底板下中间和近两端处，其长度长于墓室宽度，在墓室底部南北两壁掏龛放置。长93、宽10、厚5厘米左右（图版一〇七，2）。

墓主人男性，25岁左右，头向西，面向南，仰身，左上肢弯屈，手置于盆骨上，右上肢略直，手置于盆骨上，下肢直伸。

（3）随葬品

铜带钩1件。置于棺内墓主头顶部。

铜器

M6∶1　带钩。铜质。钩身弯曲断失，圆首，钩面呈三面体，正面小台不明显，断面呈半圆形，椭圆形扣钮靠近钩首。范铸。残长3.4厘米（图二七九；图版一〇八，2）。

5. 12YWM7

（1）墓葬形制

方向276°（图二八〇、图二八一；图版一〇九，1）。长方形竖穴土圹墓，墓口距地表130、长293、宽160厘米。直壁，口底同大，墓壁较粗糙，拐角方正，底面平整。距墓口130厘米。墓底四面熟土二层台，无夯打。二层台顶面东宽25、西宽12、南宽14、北宽16、高74厘米。墓室填土为黄褐色五花土，稍加夯打，土质较硬。

（2）葬具及葬式

一椁一棺。平面均呈"[]"形，四角平齐。南北两侧帮板包东西两端挡板，四周立板压底板。

椁：长255、宽128、残高74厘米。四周残存立板各3块，厚7厘米。盖板13块，宽度不尽相同，厚5厘米左右。横向放置。底板为17根圆木，横向放置于墓底生土，圆木之间间距不等，粗细不尽相同，其直径在8～11厘米之间。

棺：长180、宽67、残高40厘米。四周残存立板各2块有余，厚5厘米。盖板腐朽不详。底板3块，纵向放置，厚4厘米。

墓主人男性，40岁左右，头向西，面向上，仰身，左上肢弯屈，手置于盆骨上，右上肢略直，手置于股骨内侧，下肢直伸。

（3）随葬品

陶器4件（图版一〇九，2），器类有鬲1（M7∶2）、豆2（M7∶1、M7∶4）、罐1（M7∶3）件；铜带钩1（M7∶6）件；海贝1（M7∶5）件。分别置于以下两处：

陶器置于棺外椁内墓主足端，呈"一"字排列，由南至北依次为豆、鬲、罐、豆；海贝置于棺内墓主人头骨左侧；铜带钩置于棺内墓主人左上肢北侧。

1）陶器

M7∶1　豆。泥质灰陶。盘外壁饰三道瓦纹。圆方唇，子口内敛，舌较短，扁圆腹，圆柄中空，喇叭形底座，底座外斜方唇。内外壁有横向旋痕。口径15.9、盘腹径18.3、盘深7.2、高16.2、底座径12.6厘米（图二八二，1；图版一一〇，4）。

M7∶2　鬲。夹砂。灰褐色，陶色不匀，附盖，盖为倒置的浅盘豆盘，豆盘敞口，圆唇，盘腹圆折，圆柄残。外壁和裆内壁有烟炱痕。颈部抹绳纹，器身饰绳纹至达足根。侈口，斜折沿，窄沿面微凹，扁圆唇，束颈，圆肩，平裆较低，实足根。鬲口沿有横向抹痕，内壁有垫印凹窝。盖口径13.8、盖深4.5、盖高6.9、鬲口径13.2、高15.3厘米（图二八二，6；图版一一〇，6）。鬲内放置兽骨。

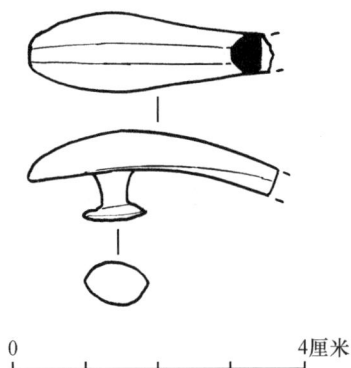

0　　　　　　　　　　　4厘米

图二七九　12YWM6出土铜带钩（M6∶1）

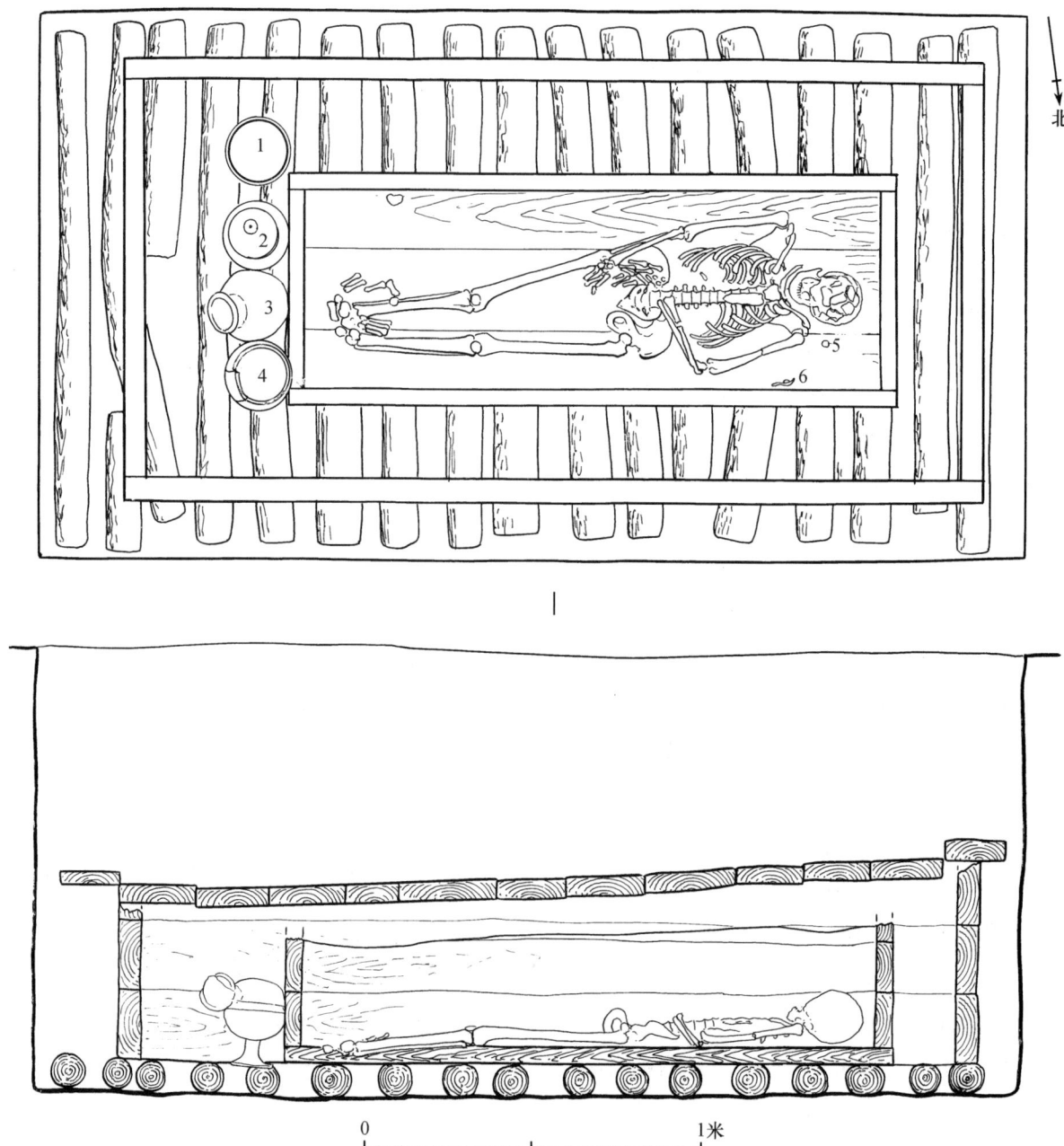

图二八〇　12YWM7平面、剖视图

1、4.陶豆　2.陶鬲　3.陶罐　5.海贝　6.铜带钩

　　M7：3　罐。泥质灰陶。带盖罐。盖为倒置的浅盘豆盘，平折盘，敞口，圆唇，柱状圆柄残。罐肩部饰四道瓦纹，近颈部饰一周竖向锯齿状暗纹。器体浑圆，直口，宽折沿外翻，沿面中间起棱，扁圆唇，直颈，圆肩，鼓腹，下腹圆弧内收，平底，底面平整；罐内壁有横向旋抹痕，外壁有横向旋痕。盖直径12、高6.9、罐内口径9.6、腹径21.3、高20.1、底径10.2厘米（图二八二，5；图版一一〇，5）。

　　M7：4　豆。泥质灰陶。斜方唇，子口内敛，舌较短，扁圆形腹，圆柄，中空较矮，喇

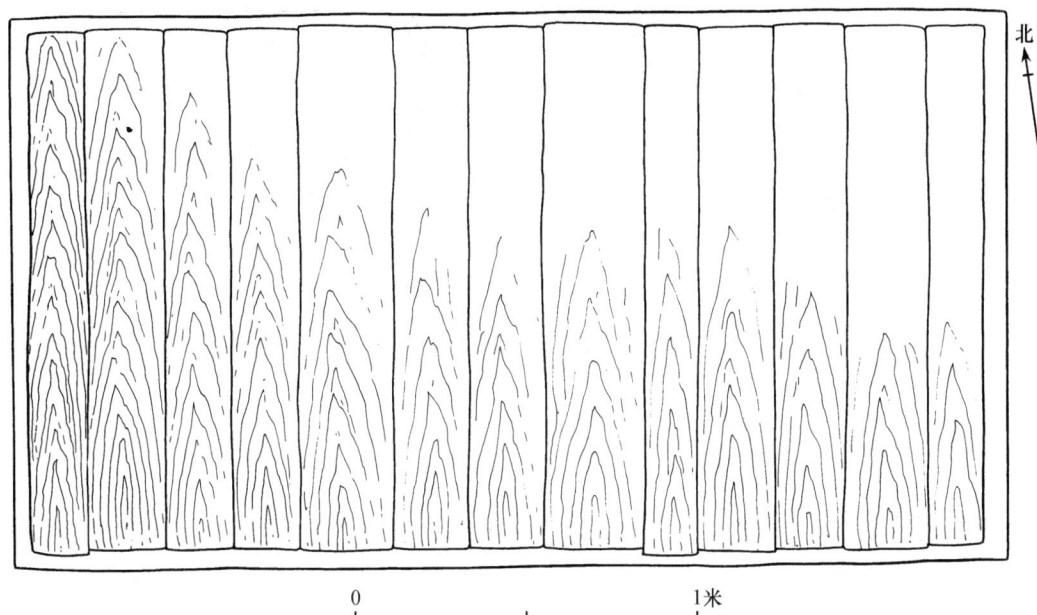

图二八一　12YWM7椁盖板平面图

叭形底座，底座外方唇。内外壁有横向旋抹痕，柄部和座面有较宽螺旋痕，制作规范。口径15.6、盘腹径18.3、盘深8.4、高18、底座径12厘米（图二八二，2；图版一一〇，3）。

2）铜器

M7：6　带钩。铜质。钩首尖圆，钩身弯曲，尾钩断失，钩体厚实，正面有小平台，往钩尾渐失，椭圆形纽，靠近钩首。钩体背面范铸痕迹明显。残长9.3厘米（图二八二，4；图版一一〇，2）。

3）贝类

M7：5　海贝。残，蛇首形。长2.3厘米（图二八二，3；图版一一〇，1）。

6. 12YWM8

（1）墓葬形制

方向285°（图二八三～图二八五；图版一一二，1）。长方形竖穴土圹墓，墓口距地表120、长326、宽278厘米。口大底小，呈斗状，墓壁较粗糙，拐角方正，底面平整。底长278、宽228、距墓口380厘米。墓底四面熟土二层台，稍加夯打。二层台顶面东、西宽10，南、北宽14，高125厘米。墓室填土为黄褐色五花土，夯打，土质较硬。夯层厚15～20厘米。

（2）葬具及葬式

一椁二棺。平面均呈“▢”形，四角平齐。

椁：长258、宽200、高134厘米。南北两侧帮板包东西两端挡板，四角为卯榫结构，四周立板压底板。四周各6块立板，厚10厘米。盖板14块，厚8厘米（图版一一一，1）。底板13块，厚9厘米（图版一一一，2）。盖板、底板均横向放置。

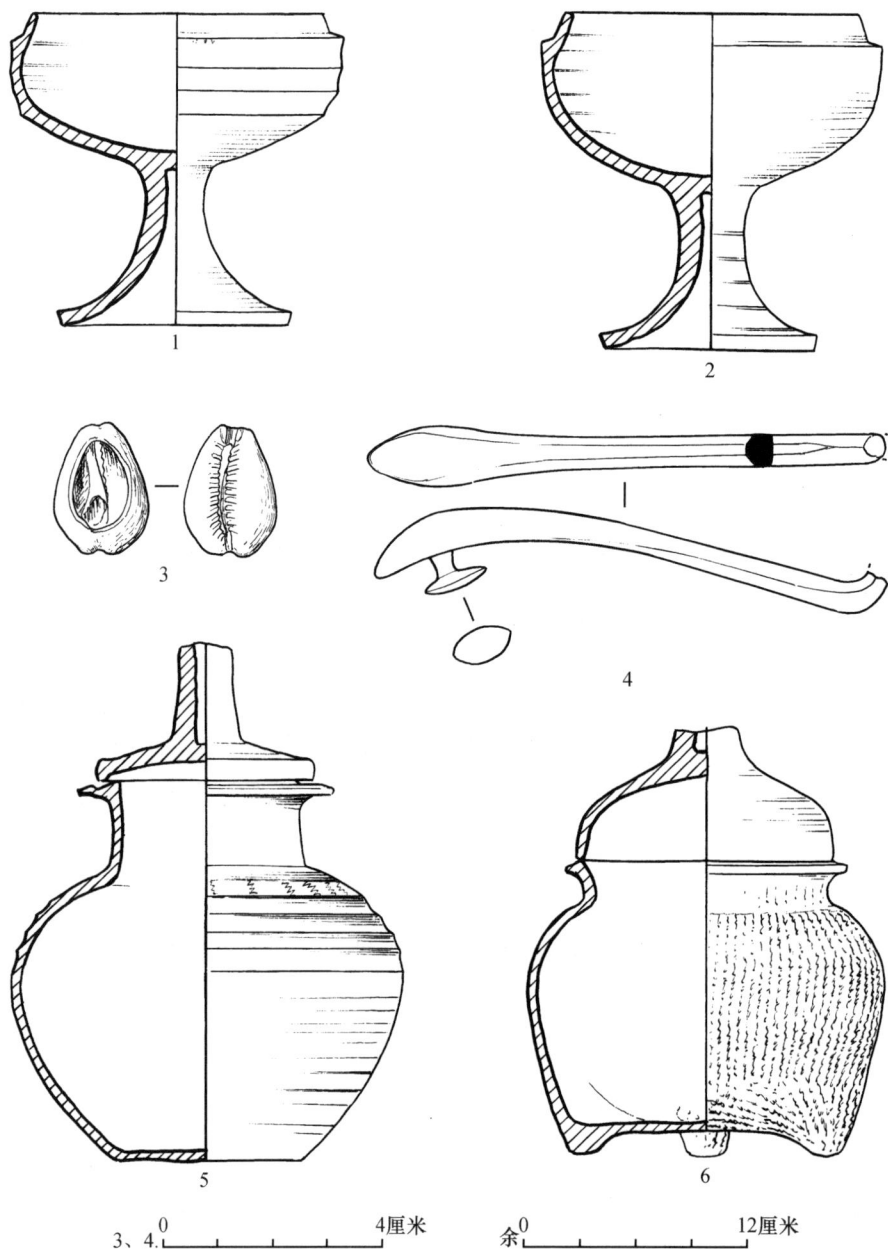

图二八二　12YWM7出土器物

1、2.豆（M7：1、M7：4）　3.海贝（M7：5）　4.铜带钩（M7：6）　5.陶罐（M7：3）　6.陶鬲（M7：2）

　　外棺：长200、宽108、高95厘米。东西两端挡板包南北两侧帮板，四周立板压底板。四周各4块立板，厚7厘米。盖板块数腐朽不详。厚7厘米。底板4块，厚5厘米。盖板、底板均纵向放置。

　　内棺：长166、宽60、残高10厘米。结构与外棺相同。四周残存立板不足1块，厚5厘米。盖板腐朽不详。底板3块，厚3厘米。纵向放置。

　　墓主人骨架腐蚀较甚，性别、年龄不详，头向西，面向上，仰身，上肢放置方式不详，下肢伸直。

图二八三　12YWM8平面、剖视图

1、2.陶壶　3、4.陶鼎　5、6.陶豆　7.陶盘　8.陶罐　9.陶碗　10.陶匜

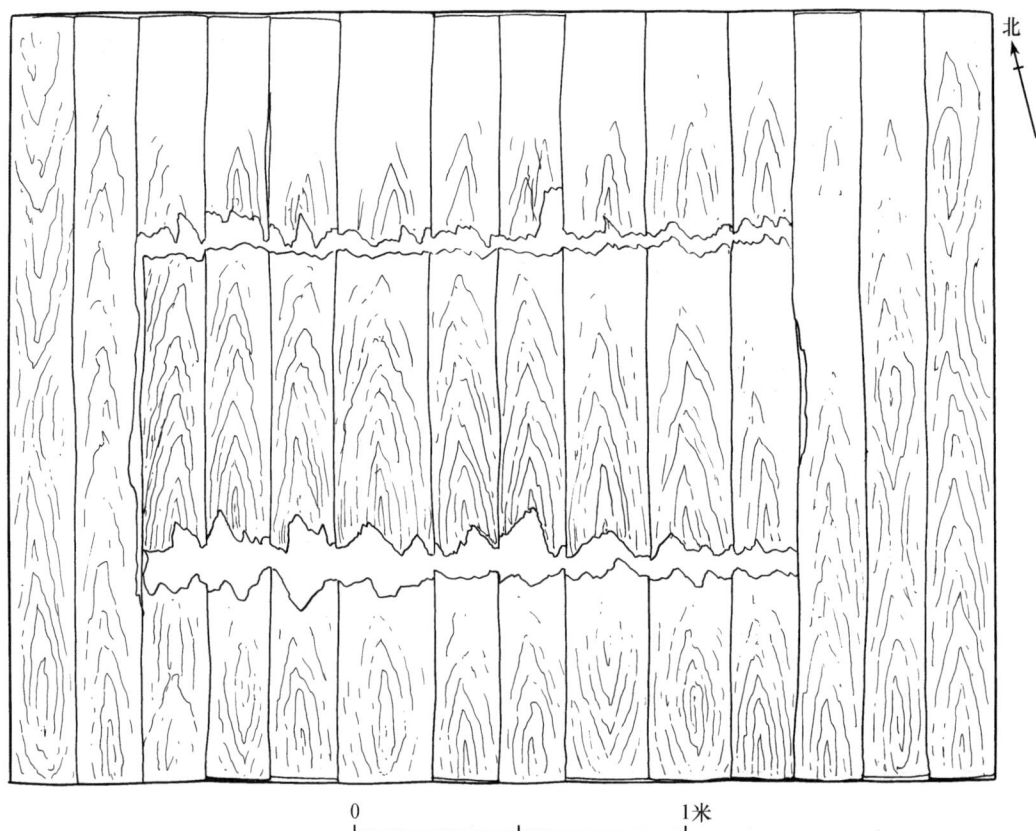

图二八四　12YWM8椁盖板平面图

（3）随葬品

陶器10件（图版一一二，2），器类有鼎2（M8：3、M8：4）、豆2（M8：5、M8：6）、壶2（M8：1、M8：2）、罐1（M8：8）、盘1（M8：7）、碗1（M8：9）、匜1（M8：10）件。大量的陶器置于椁室南侧近东端，东端近南侧放置7号陶盘和8号陶罐。

陶器

M8：1　壶。泥质灰陶。带盖壶。盖呈斗笠状，盖内有子口。盖顶面施红色彩绘，分2个单元，上部为"C"形云纹，周缘为竖向波折纹，其上下彩绘弦纹界隔。壶肩部饰五道瓦纹，颈部至腹部加施红色彩绘，从上至下分为4个单元，其中1、3单元为竖向锯齿纹，2、4单元为蟠带绕纹，每个单元上下均彩绘弦纹界隔。敞口，窄斜沿，圆唇，粗短颈内曲，圆肩，鼓腹，最大腹径在中腹部，平底，底面平整。盖手制，内壁有横向抹痕，顶面有刮削痕，壶内外壁有横向旋痕。盖直径14.4、盖高3.9、壶口径14.4、腹径26.7、高30.9、带盖高34.2、底径11.1厘米（图二八六，3；图版一一三，3）。

M8：2　壶。泥质。深灰色。带盖壶。盖呈斗笠状，盖内有子口。盖顶面施红色彩绘，分2个单元，上部为"C"形云纹，周缘为竖向波折纹，其上下彩绘弦纹界隔。壶颈部饰一周凸弦纹，肩部饰六道瓦纹，颈部至腹部加施红色彩绘，从上至下分为4个单元，其中1、3单元为竖向锯齿纹，2、4单元为蟠带绕纹，每个单元上下均彩绘弦纹界隔。敞口，斜沿，沿面较窄，圆

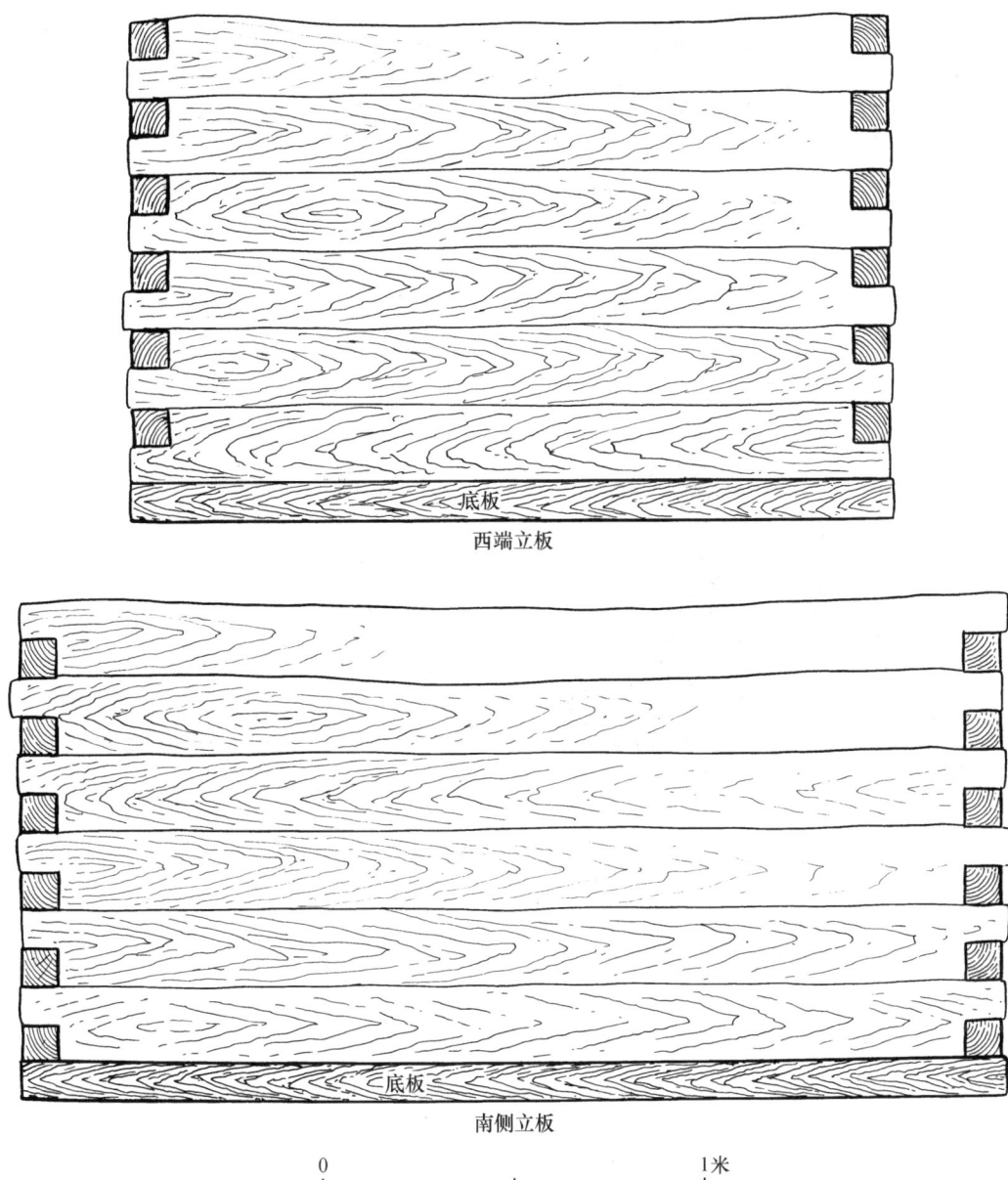

图二八五　12YWM8椁立板正视图

唇，粗短颈内曲，圆肩，鼓腹，最大腹径在中腹部，平底，底面略凹。盖内外有横向旋抹痕，
顶面有刮削痕迹，壶口沿和外壁有横向旋抹痕。盖直径14.7、盖高3.9、壶口径15、腹径26.4、
高30.9、带盖高34.5、底径11.4厘米（图二八六，4；图版一一三，4）。

M8:3　鼎。泥质。带盖鼎。盖呈浅灰色，鼎体呈深灰色。覆盘状圆顶盖，顶面圆弧隆
起，无纽，母口。顶面和下部近口缘处饰红彩绘，纹样有弦纹、心形云纹、竖向波折纹。双
耳较宽，弯曲斜侈，长方形耳穿，方唇，子口内敛，舌较短，圆腹，圜底，蹄足，三足上部空
心，足底蹄突明显。盖和鼎体轮制，内外壁均有横向旋痕，耳手制，足模制，足面有竖向模
制痕迹。盖口径18.6、盖深4.5、盖高5.1、鼎口径16.2、腹径19.5、鼎体高16.5、带盖高18厘米
（图二八七，3；图版一一四，5）。

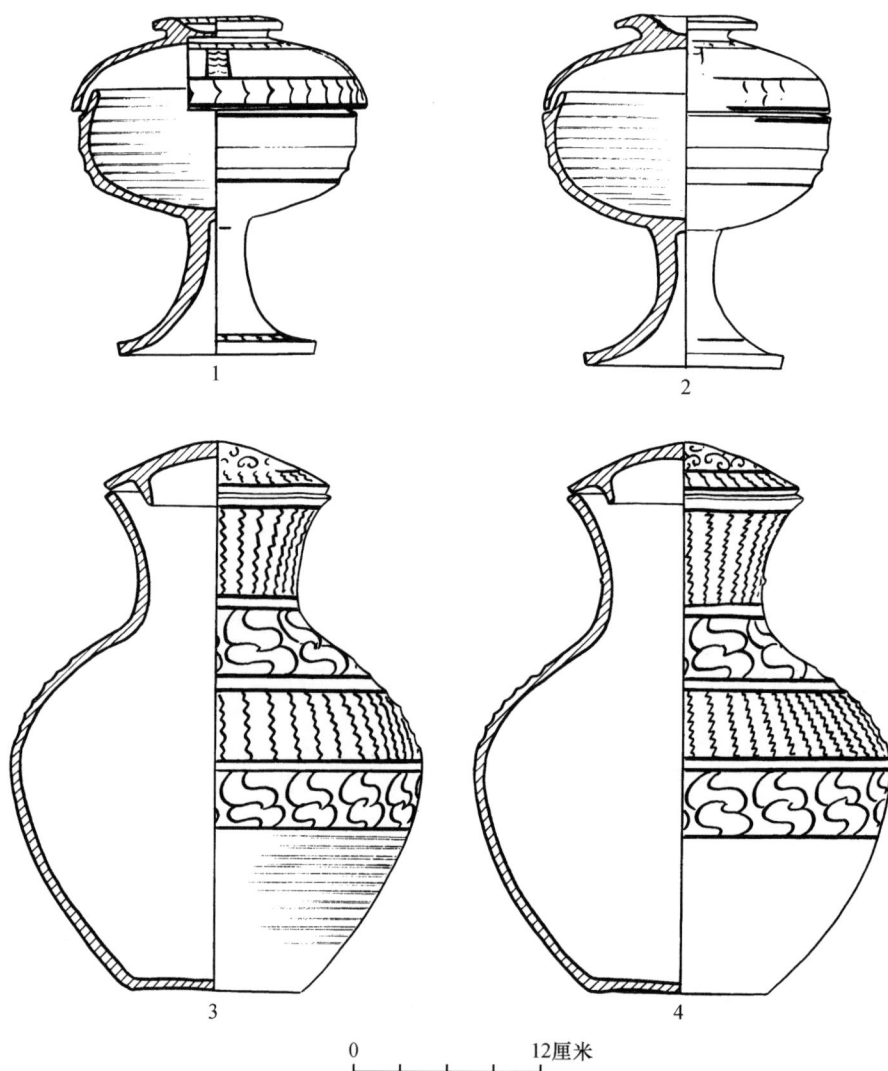

图二八六　12YWM8出土陶器（一）

1、2.豆（M8：5、M8：6）　3、4.壶（M8：1、M8：2）

　　M8：4　鼎。泥质。深灰色。带盖鼎。覆盘状圆顶盖，顶面圆弧隆起，无纽，母口。顶面施红色彩绘，从上至下分3个单元，顶部绘弦纹数周，中间绘心形云纹，下部绘一周竖向波折纹，其上下以弦纹界隔。鼎耳弯曲斜侈，长方形耳穿，规整，方唇，子口内敛，舌较短，圆腹，圜底，蹄足，三足上部空心，足底蹄突明显。鼎耳上部绘平行线条红彩，腹上部绘弦纹。盖和鼎体内外壁均有横向旋痕，耳手制，足模制，足面有竖向模制痕迹。盖口径19.5、盖深5.4、盖高6、鼎口径16.8、腹径19.2、鼎体高15.6、带盖高19.2厘米（图二八七，1；图版一一四，6）。鼎内放置兽骨。

　　M8：5　豆。泥质。带盖豆。盖呈深灰色，盘呈灰色。盖呈覆盘状，圆形握纽，翻缘，顶面圆弧隆起，母口，盖较浅。纽和顶面施红彩绘，有弦纹、线纹和波折纹。盘外壁饰三道瓦纹，上、下腹各施一周弦纹红彩绘纹样，豆座面绘两周弦纹，之间添波折纹。盘圆唇，子口内敛，舌较短，扁圆腹，盘心平缓，柱状圆柄，中空较矮，喇叭形底座，底座外斜方唇。盖和盘内外壁均有横向旋痕。盖纽径8.1、盖深4、盖高5.7、盖口径18.9、盘口径15.6、盘腹径17.7、盘深7.5、高16.8、带盖高21、底座径12.6厘米（图二八六，1；图版一一三，1）。

M8：6　豆。泥质灰陶。带盖豆。盖呈覆盘状，顶面圆弧隆起，圆形握纽，翻缘，母口，盖较浅。顶面施红色彩绘，剥落，纹样不详，周缘红彩绘竖波折纹，上下绘弦纹界隔。盘外壁饰三道瓦纹，上下腹各绘一周弦纹，底座面绘弦纹。圆唇，子口内敛，舌较短，略扁圆形腹，柱状圆柄，中空较矮，喇叭形底座，底座外斜方唇。内外壁有横向旋痕。盖纽径9、盖深3.9、盖高5.7、盖口径18、盘口径15.6、盘腹径18.3、盘深7.8、高16.8、带盖高21.9、底座径12.6厘米（图二八六，2；图版一一三，2）。

M8：7　盘。泥质。深灰色。唇面和内壁施红色彩绘，彩绘剥落，纹样不详。尖唇，内斜沿，直口，圆弧腹，较浅，圈底。内外壁均有横向旋抹痕。口径20.1、高6厘米（图二八七，6；图版一一四，1）。

图二八七　12YWM8出土陶器（二）

1、3.鼎（M8：4、M8：3）　2.碗（M8：9）　4.匜（M8：10）　5.罐（M8：8）　6.盘（M8：7）

M8：8　罐。泥质灰陶。肩部饰三道瓦纹。直口，宽折沿，沿面中间起棱，小方唇，直颈，圆肩，鼓腹，平底。外壁旋痕明显。内口径9、腹径20.4、高19.2、底径9.3厘米（图二八七，5；图版一一四，3）。

M8：9　碗。泥质灰陶。唇面、内壁施一周红色彩绘，内底绘柿蒂形纹样。用豆盘改制，圆方唇，直口，盘外圆折，盘心微凸，底部断柄处有挫磨现象。内外壁均有横向旋抹痕。口径12.6、腹深2.7、高4.2厘米（图二八七，2；图版一一四，2）。

M8：10　匜。泥质灰陶。口缘施一周红彩绘，内底施红彩绘，剥落，纹样不详。敞口，斜方缘，呈波折状，尖圆流较短，圆尾，腹较浅，饼状小平底。内外壁有横向旋抹痕。口长径15、短径12.6、腹深3～4.8、高3.6～5.4、底径6厘米（图二八七，4；图版一一四，4）。

7. 12YWM10

（1）墓葬形制

方向279°（图二八八；图版一一五，1）。Y1打破M10。长方形竖穴土圹墓，墓口距地表100、长375、宽295厘米。口大底小，呈斗状，近底处墓壁竖直，墓壁较粗糙，拐角方正，底面平整。底长355、宽275、距墓口430厘米。墓底四面熟土二层台，无夯打。二层台顶面东宽40、西宽44、南宽27、北宽30、残高54厘米。墓室填土为黄褐色五花土，夯打，夯土质量较差，夯层不明显。

（2）葬具及葬式

一椁二棺。平面均呈“口”形，四角平齐，南北两侧帮板包东西两端挡板，四周立板压底板。

椁：长271、宽220、残高53厘米。四周残存立板各2块，厚9厘米。盖板腐朽不详。底板9块，厚6厘米。横向放置。

外棺：长202、宽103、残高37厘米。四周残存立板各2块，厚7厘米。盖板腐朽不详。底板6块，厚5厘米。纵向放置。

内棺：长172、宽60、残高22厘米。四周残存立板各1块，厚4厘米。盖板腐朽不详。底板3块，厚3厘米。纵向放置。

墓主人男性，45岁左右，头向西，面向上，仰身，上肢向内弯屈，双手置于腹部，不相交叠，下肢伸直。

（3）随葬品

陶器10件（图版一一五，2），器类有鬲1（M10：9）、鼎1（M10：8）、盖豆2（M10：3、M10：4）、盘豆2（M10：6、M10：7）、壶2（M10：2、M10：5）、匜2（M10：10、M10：11）件；石圭（M10：1）数件，成堆放置。大量的随葬品置于椁室南侧近东端，陶鬲置于椁室南侧近西端，陶器基本呈“一”字排列放置。

1）陶器

M10：2　壶。泥质灰陶。带盖壶。斗笠盖，顶面饰二道瓦纹。尖圆顶，盖内有子口。壶体形高大，颈部至腹部饰四道凸弦纹。敞口，窄折沿，圆方唇，粗短颈内曲，圆肩，鼓腹，下

图二八八　12YWM10平面、剖视图

1.石圭　2、5.陶壶　3、4、6、7.陶豆　8.陶鼎　9.陶鬲　10、11.陶匜

腹圆弧内收，矮圈足。外壁有横向旋痕。盖直径15.1、盖高5.1、壶内口径12.6、腹径25.8、高31.5、带盖高36、底径12.9厘米（图二八九，5；图版一一六，1）。

M10：3　豆。泥质灰陶。盘外壁饰三道瓦纹。带盖豆。盖呈覆盘状，顶面圆弧隆起，顶心尖凸，矮圈足纽，母口，盖较浅，腹壁圆折。盘圆方唇，子口内敛，舌较短，半圆形腹，柱状圆柄，中空较矮，喇叭形底座，底座外斜方唇。内外壁有横向旋痕。盖纽径7.2、盖深3.9、盖高5.4、盖口径18.3、盘口径15.9、盘腹径17.7、腹深8.7、高18、带盖高21.9、底座径12厘米（图二八九，1；图版一一七，6）。

M10：4　豆。泥质灰陶。盘外壁饰三道瓦纹。带盖豆。盖呈覆盘状，矮圈足纽，顶面圆弧隆起，顶心凸起，母口，盖较浅。盘圆方唇，子口内敛，舌较短，略扁圆形腹，下腹略微膨胀，盘心近平，柱状圆柄，中空较矮，喇叭形底座，底座外斜方唇。盖顶和盘内外壁均有横向旋痕，柄上有较宽螺旋状旋痕。盖纽径6.3、盖深4、盖高5.4、盖口径18、盘口径16.2、盘腹径18、腹深8.1、高17.1、带盖高21.3、底座径11.4厘米（图二八九，2；图版一一七，5）。

M10：5　壶。泥质灰陶。带盖壶。斗笠盖，顶面饰二道瓦纹，磨光。尖圆顶，盖内有子口。壶颈部至腹部饰四周凸弦纹，口沿略有磨光。敞口，窄折沿，圆方唇，粗短颈内曲，圆肩，鼓腹，下腹圆弧内收，矮圈足，器体高大。口沿及外壁有横向旋痕。盖直径15.3、盖高4.2、壶口径15.6、腹径25.8、高32.7、带盖高36.6、底径12.6厘米（图二八九，6；图版一一六，2）。

M10：6　豆。泥质灰陶。盘内外壁磨光，内底中心四出锯齿形暗纹。敞口，圆唇，盘腹方折，较浅，盘心凸起，细高柄，中空，上部较粗，喇叭形底座，底座外斜方唇。内外壁有横向旋痕，柄上有较宽螺旋纹，内壁近喇叭口有旋拧痕迹。口径12.6、高16.8、底座径10.5厘米（图二九○，10；图版一一七，4）。

M10：7　豆。泥质灰陶。盘内壁磨光，盘心外饰一周"S"形暗纹。敞口，圆唇，盘腹方折，较浅，盘心凸起，细高柄，中空，上部较粗，喇叭形底座，底座外斜方唇。内外壁有横向旋痕，柄上有螺旋状暗纹，内壁喇叭口有泥拧痕迹。口径13.8、高16.8、底径10.2厘米（图二九○，9；图版一一七，3）。

M10：8　鼎。泥质灰陶。带盖鼎。盖呈覆盘状，顶面圆弧隆起，附三个半圆形实心纽，母口，盖较浅。鼎上腹部饰一周倒"S"形暗纹。双耳弯曲斜侈，长方形耳穿，圆方唇，子口内敛，舌较短，圆腹，下腹膨胀，圜底，蹄足，三足上部空心，足底蹄突明显。盖顶面有同心圆旋痕，鼎内外壁有横向旋痕，耳和足模制。盖口径21.6、盖深4.5、盖高5.7、鼎口径17.7、腹径21.3、鼎体高18.3、带盖高19.5厘米（图二八九，3；图版一一六，4）。

M10：9　鬲。泥质灰陶。带盖鬲。斗笠盖，盖顶圆弧，盖内子口短舌。鬲直口，斜沿，尖唇，溜肩，圆腹，平裆，器底捏出三个小实足，鬲肩部、腹部有数周暗纹带。盖顶面有横向旋抹痕，鬲肩腹部有横向旋痕，裆部有明显削痕。盖直径14.7、盖高4.2、鬲内口径9.3、腹径15.3、高11.7、带盖高15.6厘米（图二八九，4；图版一一六，3）。

M10：10　匜。泥质灰陶。敞口，方唇，口缘呈波折状，尖圆流，较短，圆尾，弧腹斜内

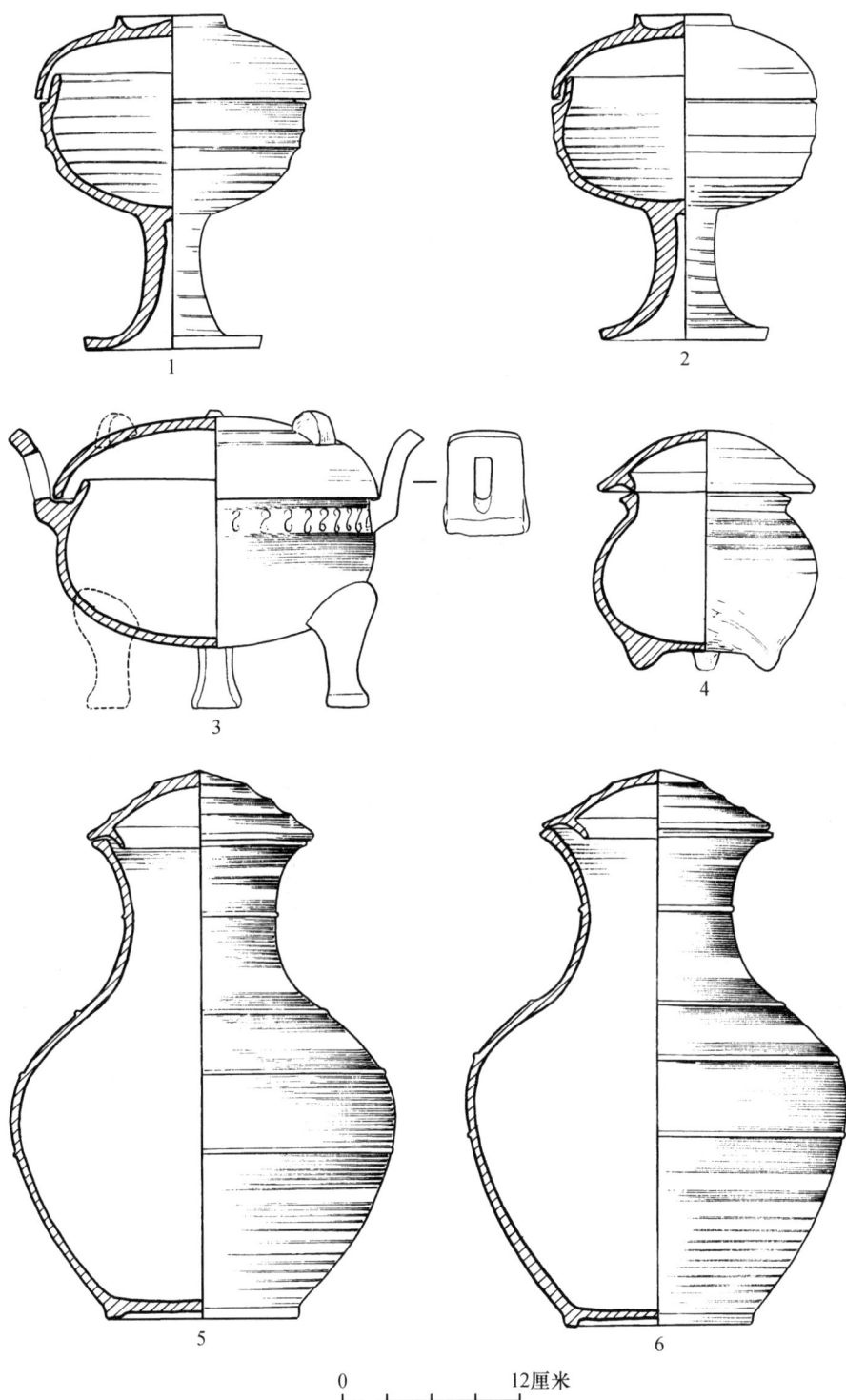

图二八九　12YWM10出土陶器

1、2.豆（M10∶3、M10∶4）　3.鼎（M10∶8）　4.鬲（M10∶9）　5、6.壶（M10∶2、M10∶5）

收，假圈足小平底，底面平整。内外壁有横向旋抹痕。口长径14.7、短径11.7、腹深3.6～5.4、高5.1～6.6、底径4.5厘米（图二九〇，1；图版一一七，1）。

M10：11　匜。泥质灰陶。敞口，方唇，口缘呈波折状，圆流，较短，圆尾，弧腹斜内收，假圈足小平底，底面平整。内外壁有横向旋抹痕。口长径14.4、短径12.3、腹深3～4.5、

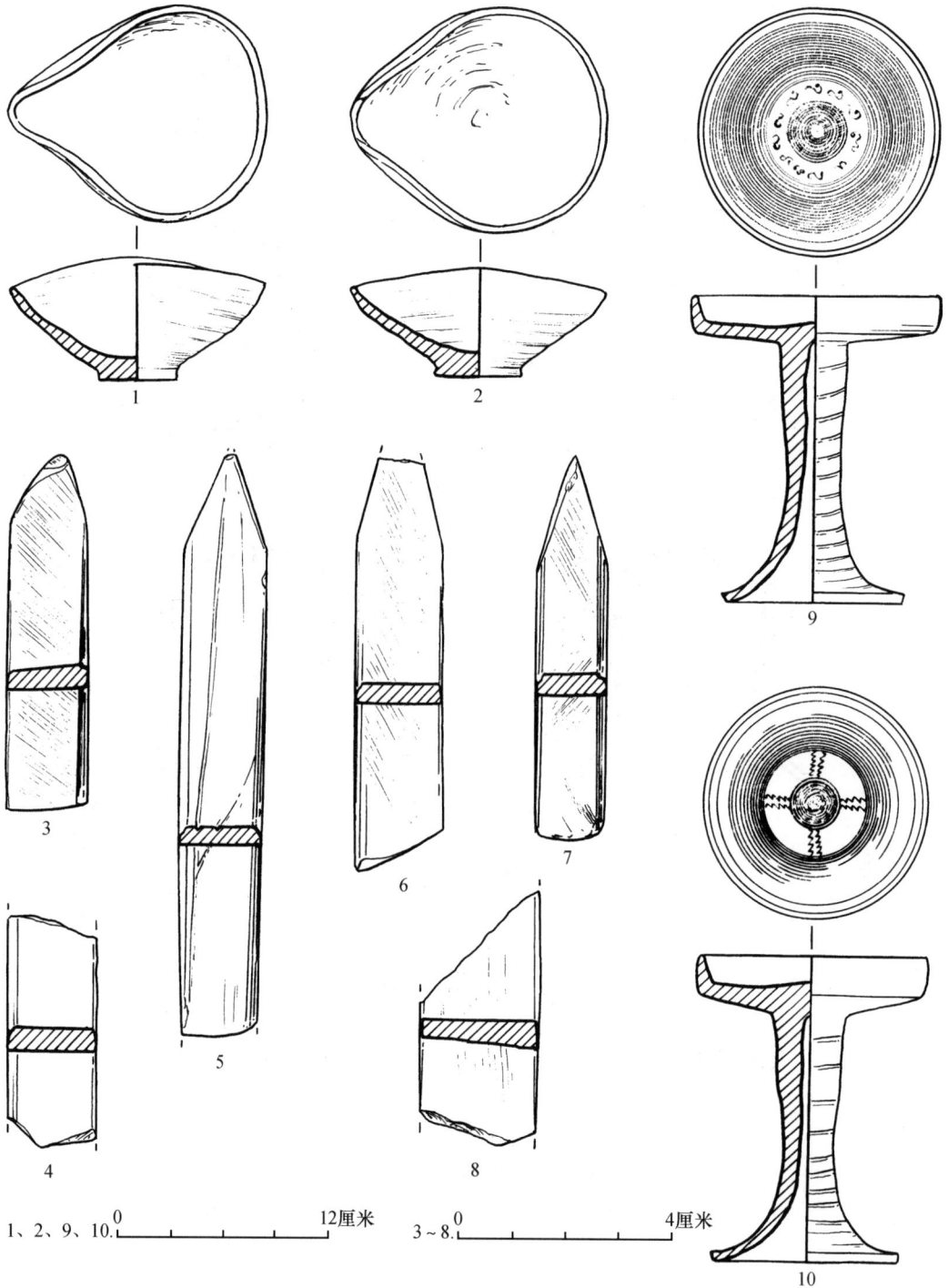

图二九〇　12YWM10出土器物

1、2.陶匜（M10：10、M10：11）　3～8.石圭（M10：1-4、M10：1-2、M10：1-3、M10：1-5、M10：1-6、M10：1-1）

9、10.陶豆（M10：7、M10：6）

高4.8～5.7、底径4.8厘米（图二九〇，2；图版——七，2）。

2）石制品

M10：1　石圭。成形的6件。砂岩。数量较多。打制为薄片状，再磨制成形，大部分仅打成薄片状和小块的半成品（图版一二八，6）。

M10：1-1　灰褐色。圭首和尾断失，两侧平直，一面磨平，一面为打制茬口。残长4.6、宽2.2、厚0.3～0.5厘米（图二九〇，8）。

M10：1-2　灰色。圭首和尾断失，两侧平直。残长4.2、宽1.7、厚0.4厘米（图二九〇，4）。

M10：1-3　深灰色。圭首呈三角形，圭首尖居中残，尾断失，两侧平直，有明显切割痕迹，一面有刻划痕。残长10.7、宽1.6、厚0.3厘米（图二九〇，5）。

M10：1-4　灰色。略残，圭首呈三角形，圭首尖居中，平尾，两侧平直。长6.5、宽1.5、厚0.3～0.4厘米（图二九〇，3）。

M10：1-5　深灰色。圭首呈三角形，圭首尖居中残，尾断失，两侧平直，有明显切割痕迹。残长7.5、宽1.6、厚0.3厘米（图二九〇，6）。

M10：1-6　灰色。残，圭首呈三角形，圭首尖居中，平尾，两侧平直，有明显切割痕迹。长7、宽1.3、厚0.4厘米（图二九〇，7）。

8. 12YWM11

（1）墓葬形制

方向108°（图二九一）。长方形竖穴土圹墓，墓口距地表80、长179、宽60厘米。直壁，口底同大，墓壁较粗糙，拐角方正，底面平整。距墓口6～25厘米。墓室填土为黄褐色五花土，土质较软。

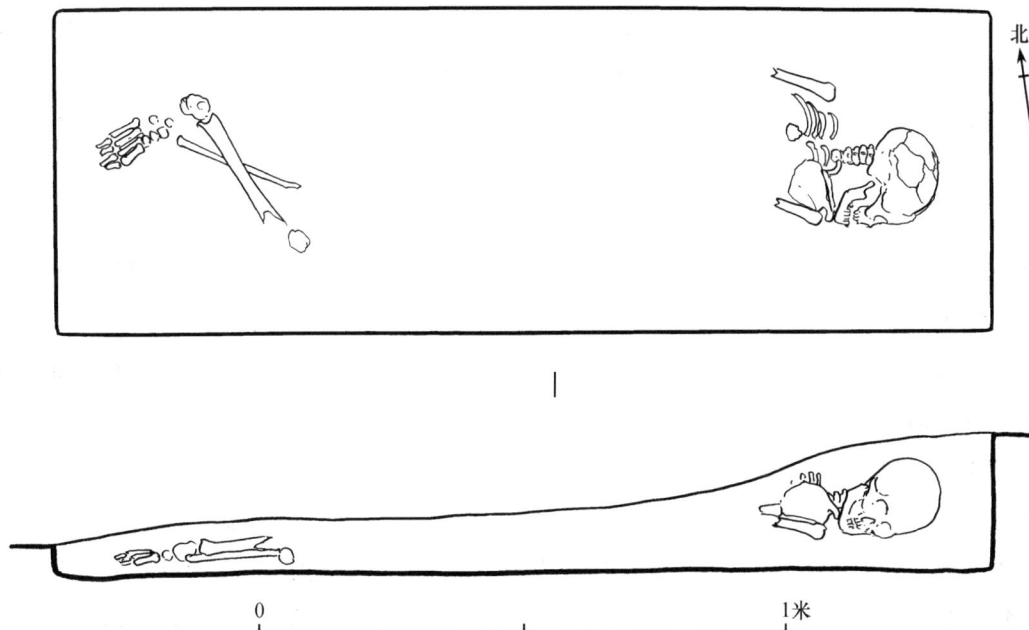

图二九一　12YWM11平面、剖视图

（2）葬具及葬式

葬具不详。

墓主人疑似男性，年龄不详，头向东，面向南，仰身，肢骨和胸骨被晚期堆积破坏殆尽。

（3）随葬品

该墓无随葬品。

9. 12YWM12

（1）墓葬形制

方向278°（图二九二～图二九四；图版一一八，1）。长方形竖穴土圹墓，墓口距地表120、长336、宽262厘米。口大底小，呈斗状，近底处墓壁竖直，墓壁较粗糙，拐角方正，底面平整。底长295、宽228、距墓口380厘米。墓底四面熟土二层台，无夯打。二层台顶面东、西宽11、南宽16、北宽27、残高80厘米。墓室填土为黄褐色五花土，夯打，夯土质量一般，夯层厚20～25厘米。

（2）葬具及葬式

一椁二棺。

椁：平面呈"冂"形，四角平齐。南北两侧帮板包东西两端挡板，四周立板压底板。长272、宽184、残高87厘米。四周残存立板各4块，厚8厘米。盖板13块，厚7厘米。底板10块，厚8厘米。盖板、底板均横向放置。

外棺：平面呈"廾"形。南北两侧帮板包东西两端挡板，帮板长出挡板，帮板两端起槽，两端挡板嵌在槽内，帮板和挡板压底板。长193、宽98、残高50～73厘米。四周残存立板3～4块，厚6厘米。盖板7块，厚5～6厘米。底板3块，厚7厘米。盖板、底板均横向放置。

内棺：平面呈"廾"形。结构同外棺。长164、宽69、残高15～20厘米。四周残存立板不足1块，厚5厘米。盖板3块，厚3厘米。底板3块，厚5厘米。盖板、底板均横向放置。

墓主人女性，35岁左右，头向西，面向上，仰身，上肢腐朽，放置方式不详，在腹部有手指骨，下肢伸直。

（3）随葬品

陶器5件（图版一一八，2），器类有鼎1（M12：6）、豆2（M12：4、M12：5）、壶2（M12：2、M12：3）件；石圭（M12：1）数件。分别置于以下两处：

1号石圭置于椁室南侧中部，成堆放置；2号陶壶和3号陶豆置于椁室南侧近东端；4号陶豆、5号陶壶和6号陶鼎置于椁室东端。

1）陶器

M12：2　壶。泥质灰陶。带盖壶。斗笠盖，尖圆顶，顶面饰瓦纹，盖内有子口。壶颈肩转折处饰一周竖向锯齿状暗纹，肩部饰四道瓦纹。敞口，窄折沿，圆方唇，粗短颈内曲，圆肩，鼓腹，下腹圆弧内收，平底，底面内凹。外壁有横向旋痕。盖直径15.3、盖高4.5、壶内口径12.6、腹径25.2、高30、带盖高33.3、底径10.2厘米（图二九五，5；图版一一九，5）。

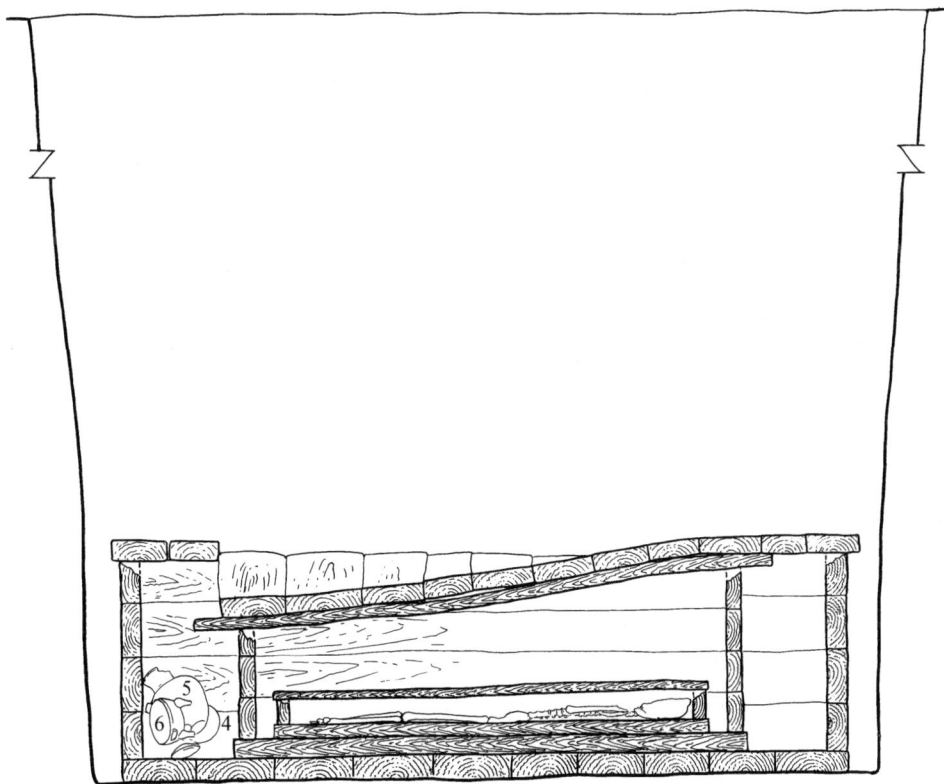

图二九二　12YWM12平面、剖视图

1. 石圭　2、5. 陶壶　3、4. 陶豆　6. 陶鼎

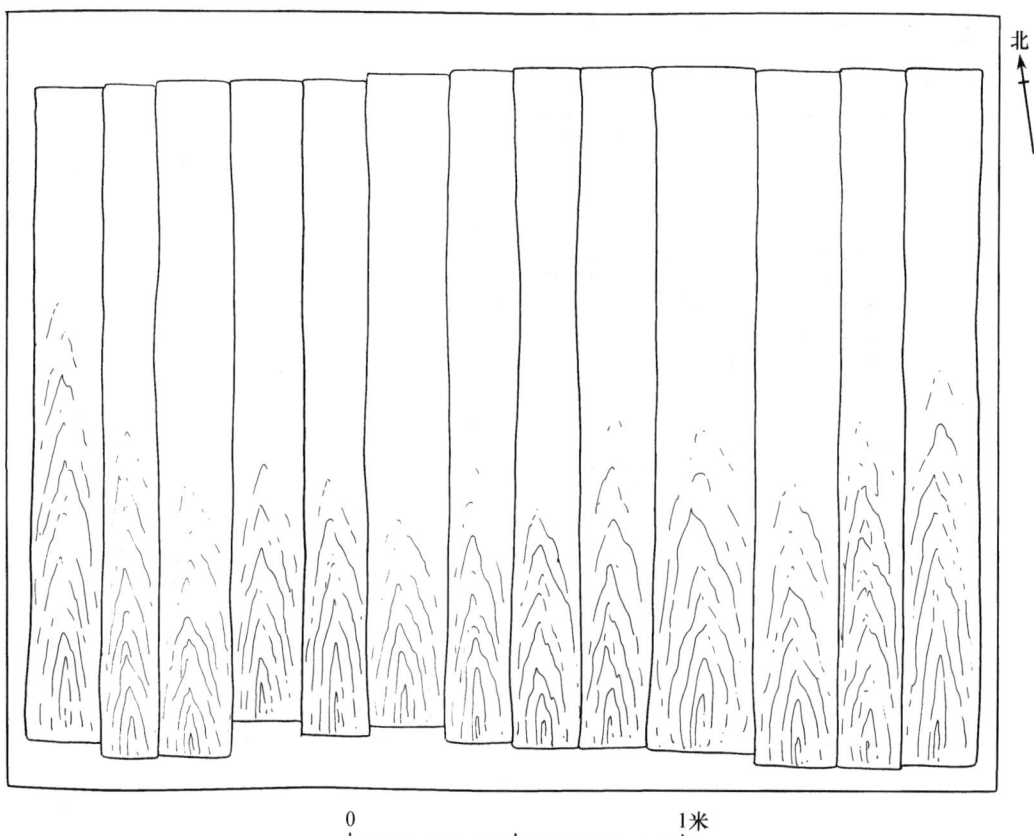

图二九三　12YWM12椁盖板平面图

M12：3　豆。泥质灰陶。带盖豆。盖呈覆盘状，顶面圆弧隆起，饰二道瓦纹，圆形握纽，翻缘，母口，内斜沿，盖较浅。盘腹外壁饰三道瓦纹。圆唇，子口内敛，舌较短，略扁圆形腹，柱状圆柄，中空较矮，喇叭形底座，底座外斜方唇。盖外壁有横向旋痕，盘内外壁均有横向旋痕。盖纽径7.5、盖深4.2、盖高6.9、盖口径17.7、盘口径15.6、盘腹径17.7、盘深7.5、高16.5、带盖高22.5、底座径11.1厘米（图二九五，3；图版一一九，2）。

M12：4　豆。泥质灰陶。带盖豆。盖呈覆盘状，顶面圆弧隆起，饰二道瓦纹，圆形握纽，翻缘，母口，盖较浅。盘腹外壁饰二道瓦纹。圆唇，子口内敛，舌较短，半圆形腹，柱状圆柄，中空较矮，喇叭形底座，底座外斜方唇。盖外壁有横向旋痕，盘内外壁均有横向旋痕。盖纽径6.6、盖深3.9、盖高6.9、盖口径18.3、盘口径15、盘腹径17.4、盘深7.8、高17.1、带盖高22.8、底座径11.1厘米（图二九五，2；图版一一九，1）。

M12：5　壶。泥质灰陶。带盖壶。斗笠盖，尖圆顶，顶面饰三道瓦纹，盖内有子口。壶体形高大，颈肩转折处饰一周竖向锯齿状暗纹，肩部饰四道瓦纹。敞口，窄折沿，斜方唇，粗短颈内曲，圆肩，鼓腹，下腹圆弧内收，平底，底面平整。口沿及外壁有横向旋痕。盖直径15.3、盖高4.8、壶内口径12.6、腹径24.9、高29.1、带盖高33.3、底径11.4厘米（图二九五，4；图版一一九，4）。

M12：6　鼎。泥质灰陶。带盖鼎。覆盘状圆顶盖，顶面圆弧隆起，无纽，母口。鼎耳斜

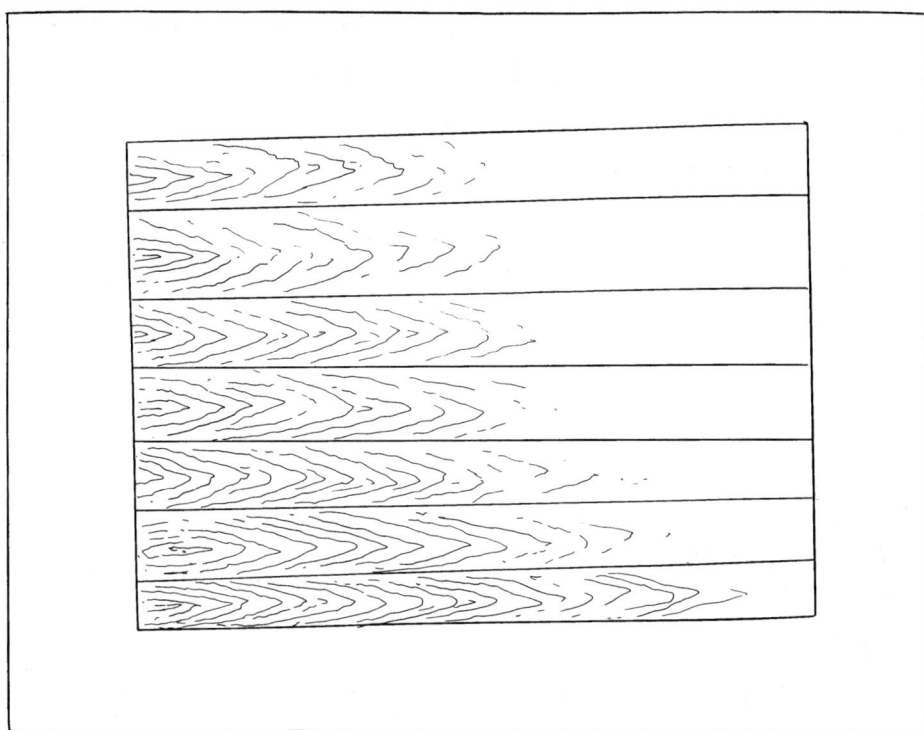

外棺盖板

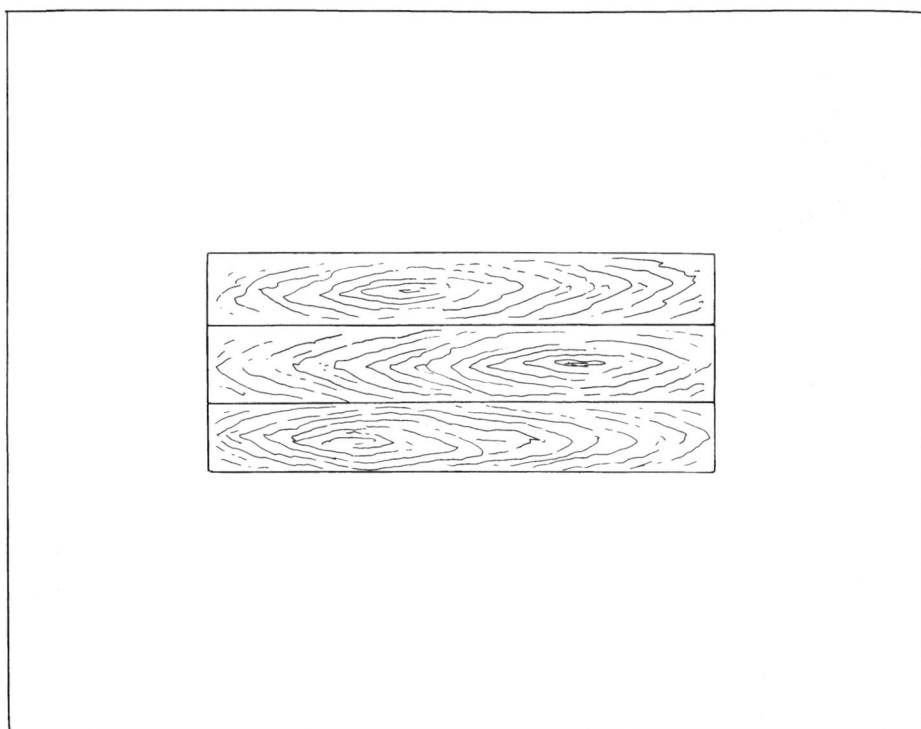

内棺盖板

0　　　　　　　　　　　1米

图二九四　12YWM12棺盖板平面图

侈，不甚对称，长方形耳穿，方唇，子口内敛，舌较短，半圆形腹，尖圆底，空心蹄足，足底蹄突明显。盖和鼎体轮制，内外壁均有横向旋抹痕，耳和足模制，足面有竖向模制痕迹。盖口径19.2、盖深4.2、盖高5.1、鼎口径16.8、腹径19.5、鼎体高16.5、带盖高18厘米（图二九五，1；图版一一九，3）。鼎内放置兽骨。

2）石制品

M12：1　石圭。砂岩。数量较多。或灰色，或深灰色。圭首呈三角形，圭首尖居中，平尾，两侧平直。打制为薄片状，再磨制成形，大部分仅打成薄片状和小块的半成品（图版一二八，5）。

M12：1-1　略残。长5.9、宽1.8、厚0.4厘米（图二九六，1）。

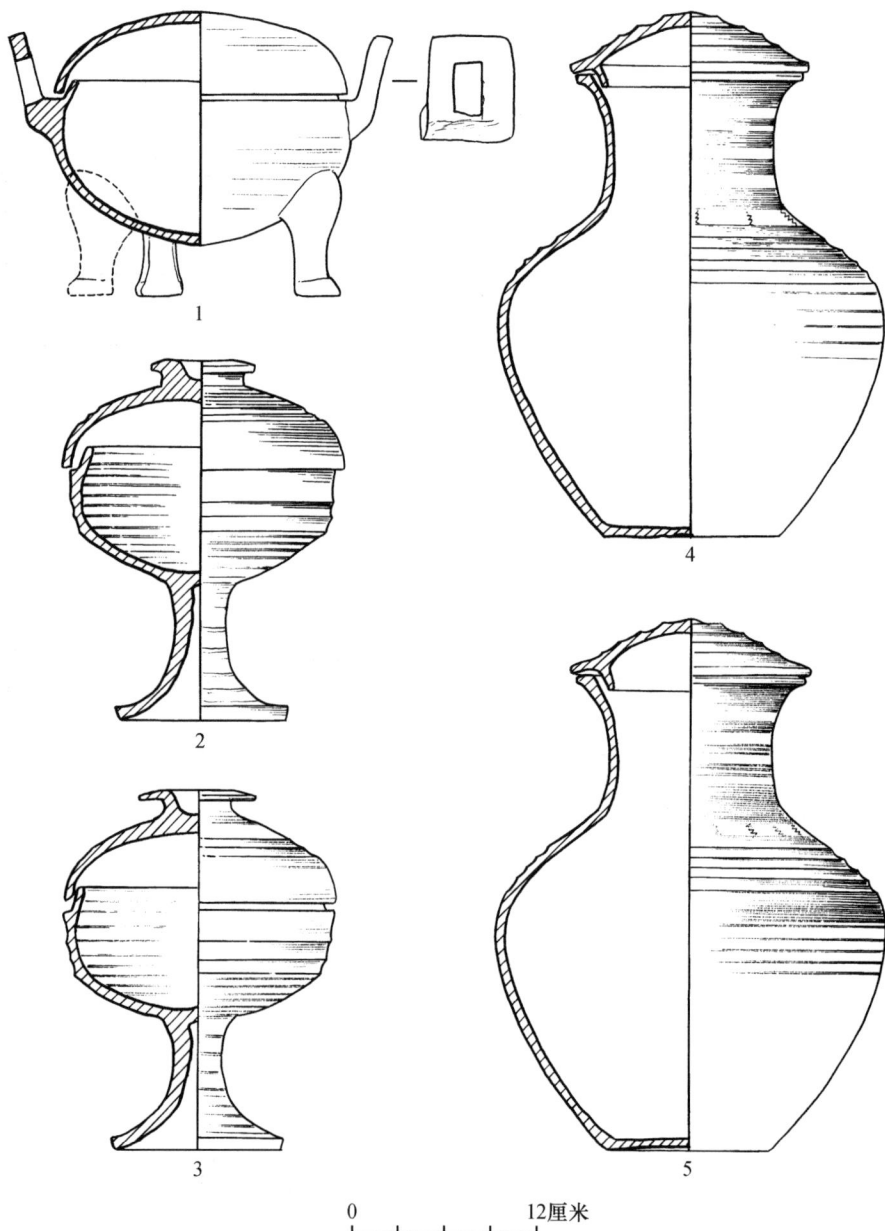

图二九五　12YWM12出土陶器

1.鼎（M12：6）　2、3.豆（M12：4、M12：3）　4、5.壶（M12：5、M12：2）

M12：1-2 尾略残。长6、宽1.8、厚0.5厘米（图二九六，2）。

M12：1-3 圭首尖和尾残断。残长5.2、宽1.7、厚0.5厘米（图二九六，4）。

M12：1-4 圭首残断。残长5.9、宽1.7、厚0.5厘米（图二九六，3）。

M12：1-5 尾残断。残长3.5、宽1.9、厚0.5厘米（图二九六，5）。

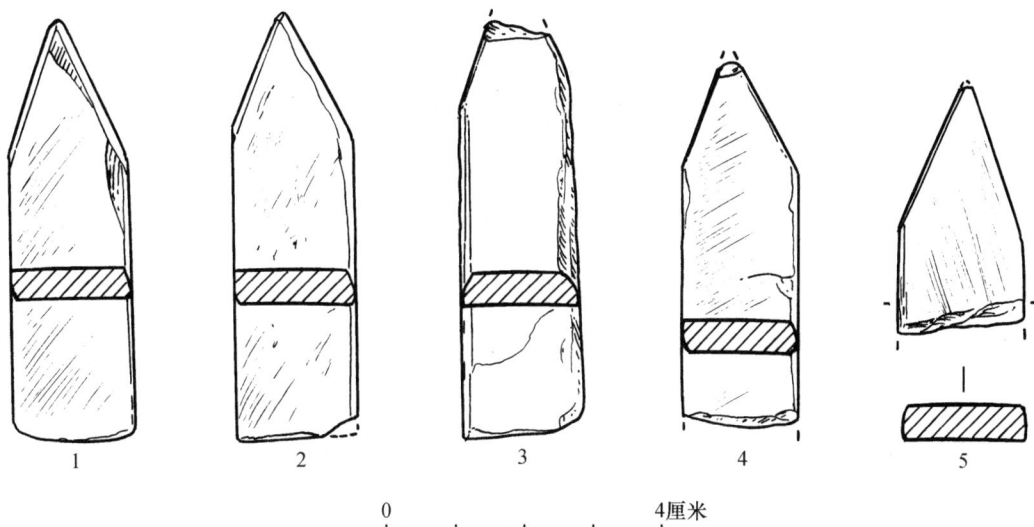

图二九六 12YWM12出土石圭
1. M12：1-1 2. M12：1-2 3. M12：1-4 4. M12：1-3 5. M12：1-5

10. 12YWM13

（1）墓葬形制

方向10°（图二九七；图版一二〇，1）。长方形竖穴土圹墓，墓口距地表105、长177、宽120厘米。墓壁竖直，壁面较粗糙，拐角方正，底面平整。底长144、宽72、距墓口170厘米。墓底四壁设生土二层台，二层台顶面东宽22~25、南宽13~16、西宽20~25、北宽19~20、高59厘米。墓室填土为黄褐色五花土，夯打，夯土质量较差，夯层不明显。

（2）葬具及葬式

一棺。平面呈"冂"。长125、宽50、残高19厘米。东西两侧帮板包南北两端挡板，四周立板压底板。四周残存立板不足1块，厚4厘米。盖板腐朽不详。底板块数不详，纵向放置，厚3厘米。

墓主人女性，35~40岁之间，头向北，面向上，仰身，上肢曲折，双手置于胸部，下肢弯屈。

（3）随葬品

铜带钩1件，置于棺内墓主人腹部。

铜器

M13：1 带钩。铜质。钩首尖圆，尾钩断失，钩身首端弯曲，钩身正面呈三面体，断面呈梯形，梭状扣纽靠近首端。钩身背面范铸痕迹明显。残长5.3厘米（图二九八；图版一二〇，2）。

北

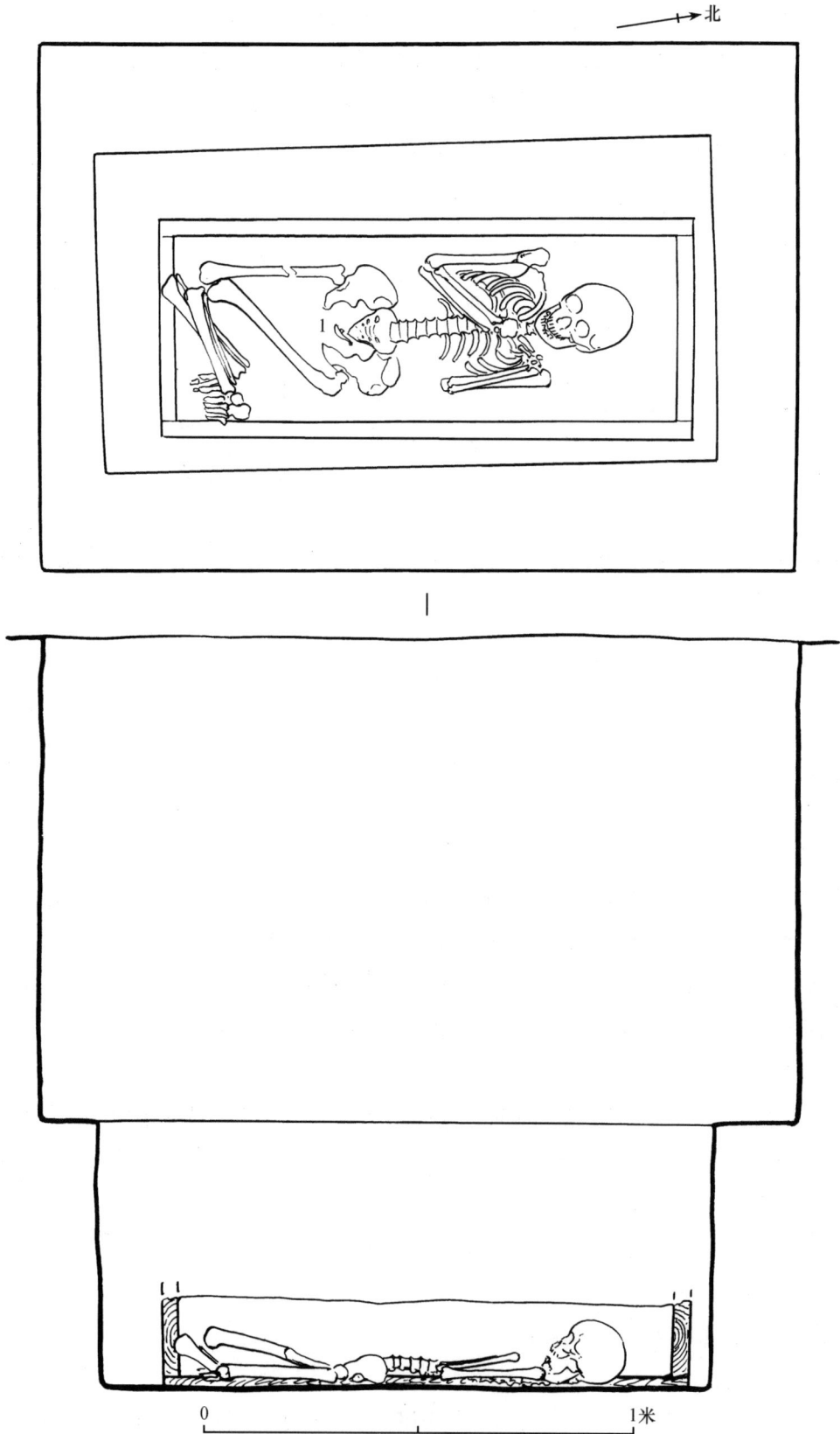

图二九七　12YWM13平面、剖视图

0　　　　　　　　　　　　　　　　1米

1. 铜带钩

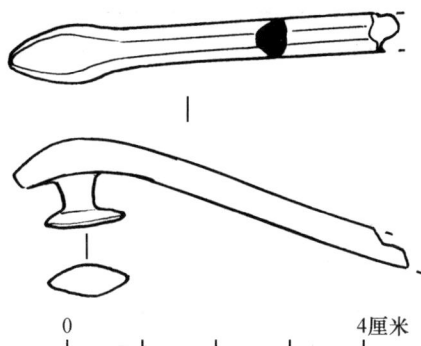

图二九八　12YWM13出土铜带钩（M13∶1）

11. 12YWM15

（1）墓葬形制

方向278°（图二九九、图三〇〇；图版一二一，1）。长方形竖穴土圹墓，墓口距地表100、长370、宽297厘米。口大底小，呈斗状，近底处墓壁竖直，墓壁较粗糙，拐角方正，底面平整。底长320、宽240、距墓口450厘米。墓底四面熟土二层台，无夯打。二层台东、西宽10、南宽16、北宽20、高125厘米。墓室填土为黄褐色五花土，夯打，夯土质量较差，夯层不明显。

（2）葬具及葬式

一椁二棺。平面均呈"冂"形，四角平齐。

椁：长302、宽203、高130厘米。四周立板压底板。四周残存立板2~3块不等，厚8厘米。盖板15块，厚8厘米。底板10块，厚8厘米。盖板、底板均横向放置。

外棺：长214、宽115、残高18厘米。两侧帮板包两端挡板，四周立板压底板。四周残存立板不足1块，厚7厘米。盖板腐朽不详。底板6块，厚3厘米。纵向放置。

内棺：长177、宽69、残高13厘米。结构同外棺。四周残存立板不足1块，厚5厘米。盖板腐朽不详。底板3块，厚4厘米。纵向放置。

墓主人男性，成年，头向西，面向下，俯身，上肢弯屈，右上肢压于身下，下肢弯屈。

（3）随葬品

陶器7件（图版一二一，2），器类有鼎1（M15∶7）、豆2（M15∶4、M15∶6）、壶2（M15∶3、M15∶5）、匜1（M15∶8）、碗1（M15∶9）件；石圭（M15∶1、M15∶2）数件；祭骨（M15∶10）数块。分别置于以下几处：

1号石圭置于椁盖板上部中间；2号石圭和所有陶器置于椁室西北角；祭骨置于椁盖板上和内、外棺之间的东南角。

1）陶器

M15∶3　壶。泥质。夹心陶，内外壁呈浅灰色，胎呈黄褐色，火候较低。带盖壶。斗笠盖，顶面饰三道瓦纹，盖内有子口。壶肩部至下腹饰五道凸弦纹，盖和壶腹均加施红彩绘，彩

图二九九　12YWM15平面、剖视图

2.石圭　3、5.陶壶　4、6.陶豆　7.陶鼎　8.陶匜　9.陶碗　10.祭骨

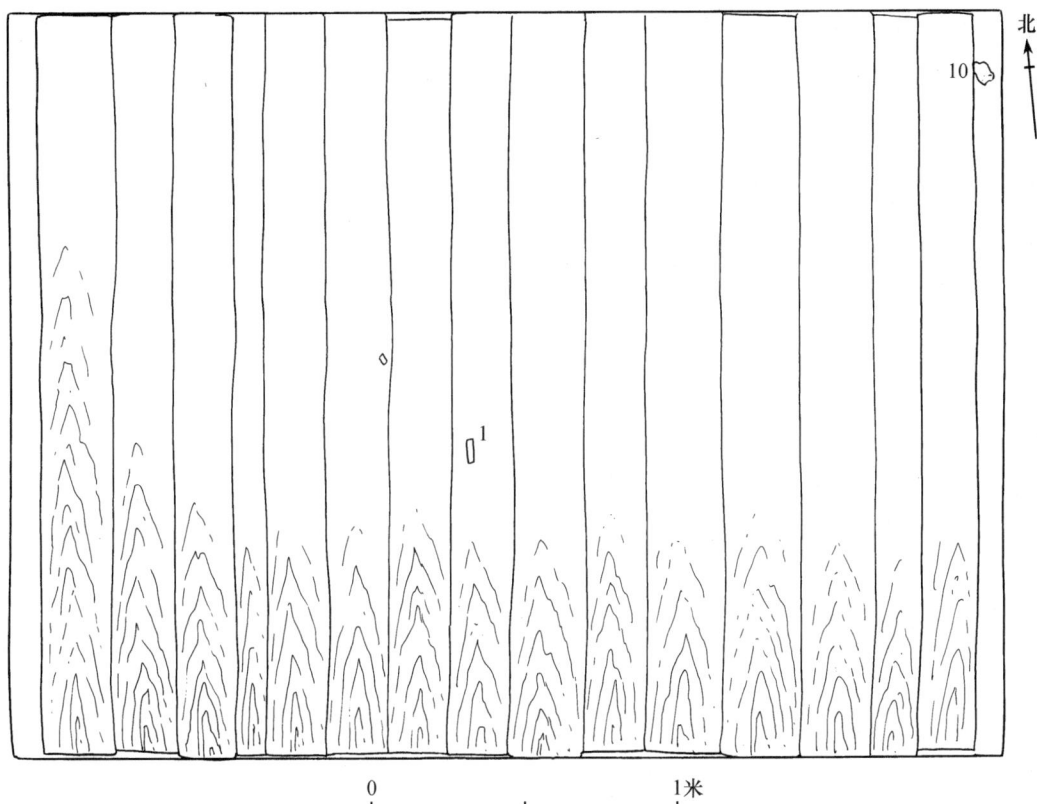

图三〇〇　12YWM15椁盖板平面图
1. 石圭　10. 祭骨

绘剥落，纹样不详。器体硕大，敞口，窄平沿，尖唇，粗短颈内曲，圆肩，圆鼓腹，最大腹径在中腹部，圈足。轮制，圈足和器底套接。盖直径15.3、盖高3.6、壶口径15、腹径28.8、高36、带盖高39、底径14.7厘米（图三〇一，6；图版一二二，6）。

　　M15：4　豆。泥质。夹心陶，内外壁呈浅灰色，胎呈黄褐色，火候较低。带盖豆。盖呈覆盘状，顶面圆弧隆起，圆形握纽，翻缘，母口，盖较浅。盘圆唇，子口内敛，舌较短，扁圆腹，柱状圆柄，中空较矮，喇叭形底座，底座外方唇，底座上施云纹红彩绘。内外壁有横向旋痕。盖纽径8.7、盖深3、高6.3、盖口径17.7、盘口径15.6、盘腹径18.3、盘深7.2、高15.3、带盖高21、底座径11.4厘米（图三〇一，1；图版一二二，4）。

　　M15：5　壶。泥质。夹心陶，内外壁呈浅灰色，胎呈黄褐色，火候较低。带盖壶。斗笠盖，顶面饰三道瓦纹，盖内有子口。壶肩部至下腹饰五道凸弦纹，盖和壶腹均加施红彩绘，彩绘剥落，纹样不详。器体硕大，敞口，窄平沿，尖唇，粗短颈内曲，圆肩，圆鼓腹，最大腹径在中腹部，圈足。圈足和器底套接，器壁有横向旋痕。盖直径15.3、盖高3.6、壶口径15、腹径29.1、高36、带盖高39、底径14.7厘米（图三〇一，7）。

　　M15：6　豆。泥质。夹心陶，内外壁呈浅灰色，胎呈黄褐色，火候较低。带盖豆。盖呈覆盘状，顶面圆弧隆起，圆形握纽，翻缘，母口，盖较浅。盘圆唇，子口内敛，舌较短，扁圆腹，略微膨胀，盘心凸起，柱状圆柄，中空较矮，喇叭形底座，底座外方唇。内外壁均有横向旋抹痕。盖纽径8.7、盖深3.3、盖高7.2、盖口径17.7、盘口径15.6、盘腹径18.6、盘深7.2、高15.6、带盖高21.9、底座径11.1厘米（图三〇一，3；图版一二二，3）。

M15：7　鼎。泥质。夹心陶，内外壁呈浅灰色，胎呈黄褐色，火候较低。带盖鼎。覆盘状圆顶盖，顶面圆弧隆起，附三个半圆形实心小纽，母口，盖较浅。鼎耳高大，斜侈，长方形耳穿，规整，圆方唇，子口内敛，舌较短，扁圆腹，圜底，实心蹄足，足底蹄突不明显，三足略内聚。盖和鼎体内外壁有横向旋抹痕，耳和三足模制，足下部刮削痕迹明显。盖口径21.3、盖深4.2、盖高5.1、鼎口径19.2、腹径21.6、鼎体高18.3厘米（图三〇一，4；图版一二二，5）。鼎内放置兽骨。

M15：8　匜。泥质灰陶。施红色彩绘，沿面绘平行线段纹，内底绘柿蒂形纹。敞口，平沿，平底，底面平整，宽长流平出，尾近平上翘，有小实心鋬手。内外壁有横向旋抹痕，流后接制。带流通长18、口径16.5、高5.4、底径7.8厘米（图三〇一，5；图版一二二，1）。

M15：9　碗。泥质灰陶。内底施柿蒂形纹红彩绘。用浅盘豆改制，直口，圆唇，盘腹较浅，腹壁圆折，底部打磨平整。内外壁有横向旋痕。口径13.5、高4.2、底径4.5厘米（图三〇一，2；图版一二二，2）。

2）石制品

M15：1　石圭。砂岩。灰色。用锯打制为薄片状，再磨制成形（图版一二八，4）。

M15：1-1　圭首呈三角形，圭首尖残，居中，尾斜平，两侧平直。残长6.8、宽1.7、厚0.3厘米（图三〇二，1）。

M15：1-2　圭首呈三角形，圭首尖残，居中，尾斜平，两侧平直。残长8、宽1.6、厚0.4～0.5厘米（图三〇二，2）。

M15：1-3　圭首呈三角形，圭首尖偏向一侧，呈璋形，圭首尖残，尾残断，两侧平直。残长6.4、宽1.7、厚0.3～0.4厘米（图三〇二，3）。

M15：1-4　圭首和尾残断，两侧平直。残长5.3、宽1.8、厚0.4厘米（图三〇二，4）。

M15：2　石圭。数量较多。砂岩。或灰色，或深灰色。圭首呈三角形，圭首尖居中，平尾，两侧平直，大小不尽相同。用锯打制为薄片状，再磨制成形，一部分残断较甚（图版一二八，3）。

M15：2-1　尾残断。残长8、宽1.8、厚0.3厘米（图三〇二，5）。

M15：2-2　圭首尖和尾残断。残长7.5、宽1.8、厚0.4厘米（图三〇二，6）。

M15：2-3　尾残断。残长7.7、宽1.8、厚0.4厘米（图三〇二，7）。

M15：2-4　圭首尖和尾残断。残长8、宽1.9、厚0.4厘米（图三〇二，8）。

M15：2-5　尾残断。残长7.4、宽1.7、厚0.4厘米（图三〇二，9）。

M15：2-6　尾略残。长6.2、宽1.8、厚0.4厘米（图三〇二，10）。

M15：2-7　尾残断。残长6.8、宽1.8、厚0.4厘米（图三〇二，11）。

M15：2-8　圭首尖和尾残断。残长7.6、宽1.7、厚0.4厘米（图三〇二，12）。

M15：2-9　尾略残。长8、宽1.8、厚0.3～0.4厘米（图三〇二，13）。

图三〇一 12YWM15出土陶器

1、3.豆（M15：4、M15：6） 2.碗（M15：9） 4.鼎（M15：7） 5.匜（M15：8） 6、7.壶（M15：3、M15：5）

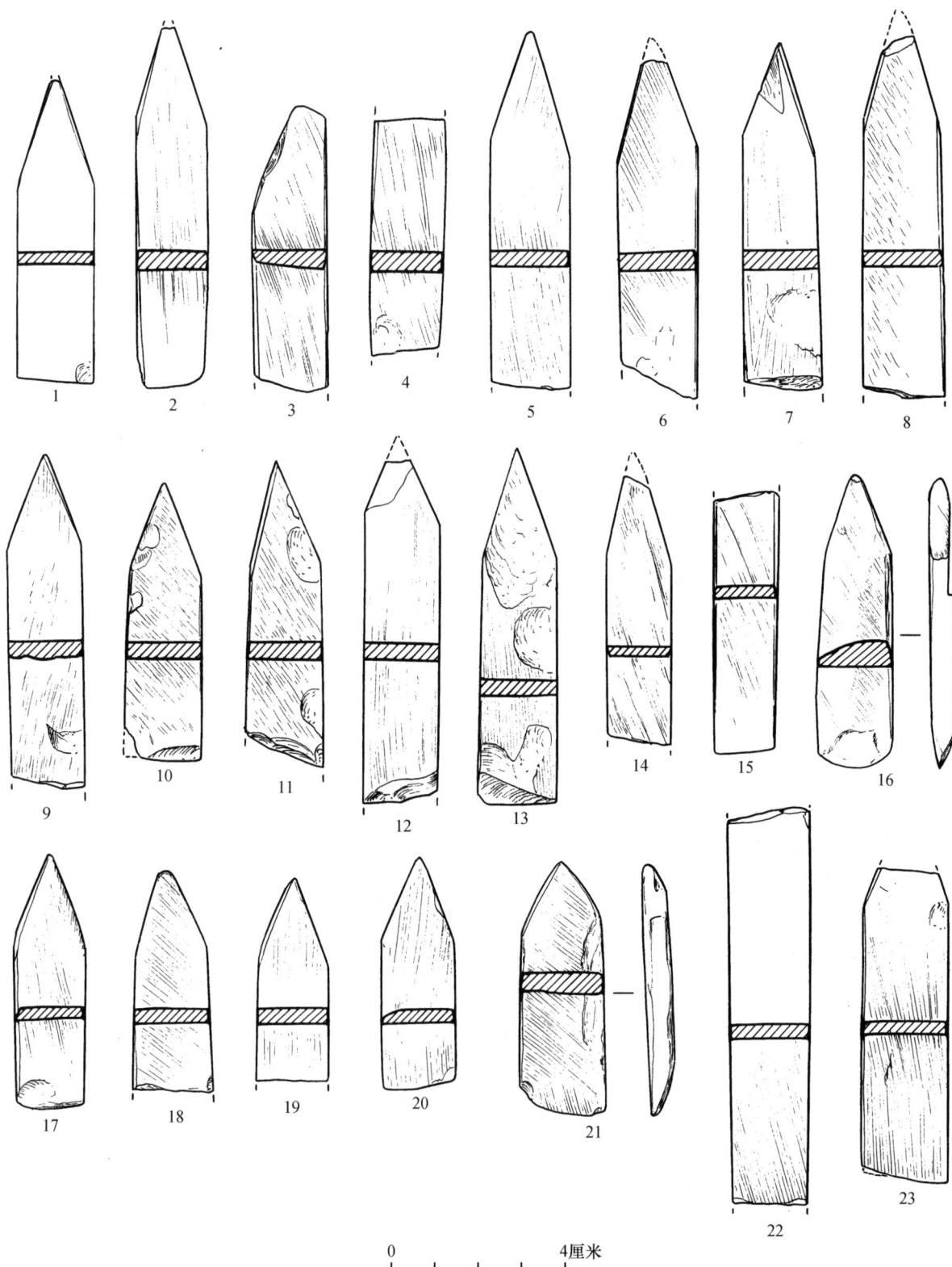

图三〇二　12YWM15出土石圭

1. M15：1-1　2. M15：1-2　3. M15：1-3　4. M15：1-4　5. M15：2-1　6. M15：2-2　7. M15：2-3　8. M15：2-4　9. M15：2-5

10. M15：2-6　11. M15：2-7　12. M15：2-8　13. M15：2-9　14. M15：2-10　15. M15：2-19　16. M15：2-11　17. M15：2-12

18. M15：2-13　19. M15：2-14　20. M15：2-15　21. M15：2-16　22. M15：2-17　23. M15：2-18

M15：2-10　圭首尖和尾残断。残长6、宽1.4、厚0.3厘米（图三〇二，14）。

M15：2-11　不规整，尾圆弧，有刃。长6.6、宽1.8、厚0.2～0.6厘米（图三〇二，16）。

M15：2-12　尾略残。长5.7、宽1.6、厚0.3厘米（图三〇二，17）。

M15：2-13　尾残断。残长5、宽1.8、厚0.3厘米（图三〇二，18）。

M15：2-14　尾残断。残长4.5、宽1.6、厚0.3厘米（图三〇二，19）。

M15：2-15　尾斜平。长5.2、宽1.7、厚0.3厘米（图三〇二，20）。

M15：2-16　略残，尾斜平。长5.7、宽1.9、厚0.4～0.5厘米（图三〇二，21）。

M15：2-17　圭首和尾残断。残长8.9、宽1.8、厚0.3厘米（图三〇二，22）。

M15：2-18　圭首残断，尾斜平。残长7、宽2、厚0.3厘米（图三〇二，23）。

M15：2-19　圭首和尾残断。残长5.9、宽1.5、厚0.3厘米（图三〇二，15）。

12. 12YWM16

（1）墓葬形制

方向275°（图三〇三、图三〇四；图版一二三，1）。长方形竖穴土圹墓，墓口距地表100、长345、宽277厘米。口大底小，呈斗状，近底处墓壁竖直，墓壁较粗糙，拐角方正，底面平整。底长330、宽250、距墓口380厘米。墓底四面熟土二层台，无夯打。二层台顶面东宽12、西宽6、南宽15、北宽16、残高86厘米。墓室填土为黄褐色五花土，夯打，夯土质量一般，夯层厚15～20厘米。

（2）葬具及葬式

一椁二棺。平面均呈“冖”形，四角平齐，南北两侧帮板包东西两端挡板，四周立板压底板。

椁：长311、宽219、残高86厘米。四周残存立板各3块有余，厚8厘米。盖板腐朽较甚，中间可辨6块，横向放置，厚度不详。底板12块，横向放置，厚7～8厘米。

外棺：长202、宽115、残高70厘米。四周残存立板各4块，厚7厘米。盖板7块，厚6厘米。底板6块，厚6厘米。盖板、底板均纵向放置。

内棺：长174、宽70、残高30厘米。四周残存立板各1块有余，厚5厘米。盖板4块，厚4厘米。底板3块，厚5厘米。盖板、底板均纵向放置。

墓主人女性，40～45岁之间，头向西，面向南，仰身，上肢弯屈，两臂交叉，左手置于右髋骨旁，右手置于腹部，下肢弯屈。

（3）随葬品

陶器7件（图版一二三，2），器类有鼎1（M16：10）、豆2（M16：8、M16：9）、壶2（M16：6、M16：7）、碗1（M16：4）、匜1（M16：5）件；石圭（M16：1）数件；手握玉1（M16：3）件；骨笄1（M16：2）件；兽骨1块（M16：11）。分别置于以下几处：

豆、壶、碗、匜置于椁室西北部，紧靠外棺北侧帮板和西端挡板，呈“L”形放置；鼎置于椁室南侧近西端，紧靠外棺南侧帮板；石圭置于内棺盖板上；玉器于墓主人右手握；骨笄于墓主人头顶；兽骨置于椁上部近墓室东北角填土中。

图三〇三　12YWM16平面、剖视图

2. 骨笄　3. 手握玉器　4. 陶碗　5. 陶匜　6、7. 陶壶　8、9. 陶豆　10. 陶鼎

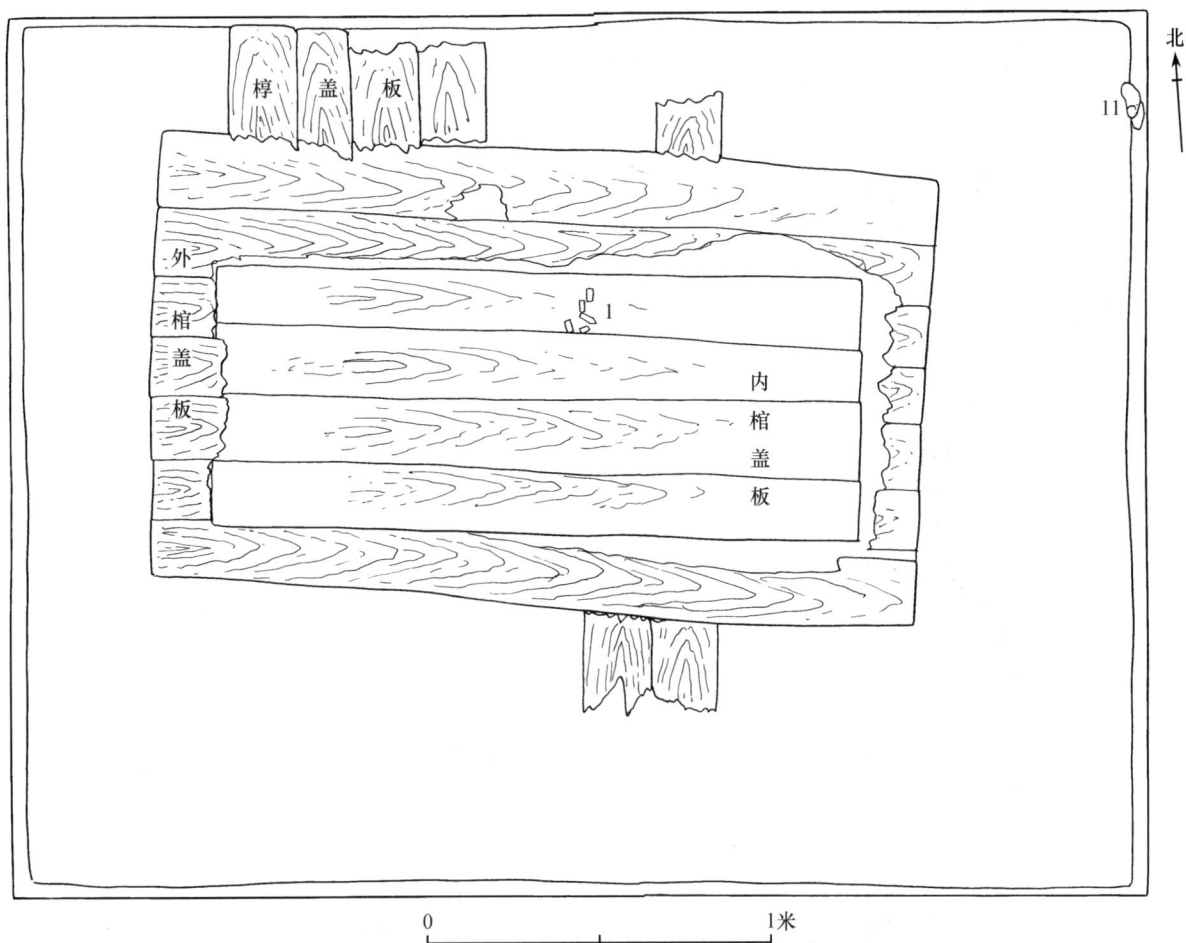

图三〇四　12YWM16棺、椁盖板平面图
1. 石圭　11. 兽骨

1）陶器

M16：4　碗。泥质灰陶。圆方唇，敞口，折腹，上、下腹外壁向内凹曲，小平底。内外壁有横向旋抹痕，底面有偏心螺纹。口径13.8、高4.8、底径6厘米（图三〇五，2；图版一二五，4）。

M16：5　匜。泥质。深灰色。敞口，圆方唇，口缘呈波折状，圆流较短，圆尾，折腹，腹较浅，假圈足小平底。内外壁有横向旋抹痕。口长径16.2、短径14.4、腹深2.7～3.6、高4.8、底径5.7厘米（图三〇五，6；图版一二五，2）。

M16：6　壶。泥质。深灰色。带盖壶。莲瓣壶盖，六枚莲瓣外撇，折腹，下腹外壁向内凹曲，平底，制作规整。壶体瘦高，敞口，斜沿，尖圆唇，粗短颈内曲，溜肩，鼓腹，最大径在腹中部，矮圈足。外壁有横向旋痕。盖高5.4、盖底径7.8、壶口径12.6、腹径23.4、高32.7、带盖高36.6、底径12.6厘米（图三〇五，3；图版一二四，3）。

M16：7　壶。泥质。深灰色。带盖壶。莲瓣壶盖，六枚莲瓣外撇，折腹，下腹外壁向内凹曲，平底，制作规整。壶体瘦高，敞口，斜沿，尖圆唇，粗短颈内曲，溜肩，鼓腹，最大

0　　　　　　　　12厘米

图三〇五　12YWM16出土陶器

1.鼎（M16：10）　2.碗（M16：4）　3、4.壶（M16：6、M16：7）　5、7.豆（M16：9、M16：8）　6.匜（M16：5）

径在腹中部，矮圈足。外壁有横向旋抹痕。盖高4.8、盖底径7.2、壶口径12.6、腹径23.7、高32.1、带盖高35.1、底径13.2厘米（图三〇五，4；图版一二四，4）。

M16：8　豆。泥质。带盖豆。盖呈深灰色，盘呈灰色。盖呈覆盘状，顶面圆缓隆起，圆形握钮硕大，翻缘，母口，盖较浅，盖顶外缘饰二道瓦纹。盘外壁饰三道瓦纹。圆方唇，子口内敛，舌较短，半圆形腹，圆柄中空，较矮，喇叭形底座，底座外方唇。盖内壁有横向旋抹痕，盖顶面和盘腹内外壁均有横向旋痕。盖钮径10.8、盖深3、盖高6、盖口径18.3、盘口径16.2、盘腹径18、盘深8.4、高16.5、带盖高20.7、底座径11.1厘米（图三〇五，7；图版一二四，2）。

M16：9　豆。泥质灰陶。盘外壁饰三道瓦纹。带盖豆。盖呈覆盘状，圆形握钮，平缘，顶面圆弧隆起，腹壁圆折，母口，盖较浅。盘圆方唇，子口内敛，舌较短，盘腹略显扁圆，下腹部膨胀，盘心凸起，柱状圆柄，中空较矮，喇叭形底座，底座外方唇。盖内壁有横向旋抹痕，盖顶面和盘腹内外壁均有横向旋痕，豆柄表面螺旋痕明显。盖钮径9、盖深4.5、盖高7.2、盖口径17.1、盘口径16.2、盘腹径18.3、盘深7.8、高15.9、带盖高22.8、底座径10.8厘米（图三〇五，5；图版一二四，1）。

M16：10　鼎。泥质灰陶。带盖鼎。覆盘形圆顶盖，顶面圆弧隆起，母口，盖较浅。鼎耳竖直，长方形耳穿，子口内敛，方唇，舌较短，半圆形腹，尖圆底，蹄足，三足上部空心，足底蹄突明显。盖和鼎体轮制，内外壁有横向旋抹痕，双耳手制，三足正面有竖向模制痕迹。盖口径20.4、盖深3.3、盖高4.5、鼎口径17.4、腹径21、鼎体高18.3、带盖高18.9厘米（图三〇五，1；图版一二五，6）。

2）玉、石器

M16：3　手握。玉质。白色。残，长条扁体柄形器，上部较下部略窄，器体腐朽较甚。磨制。长9.7、宽1.9、厚0.2厘米（图三〇六，8；图版一二五，3）。

M16：1　石圭。13件。砂岩。深灰色。圭首呈三角形，圭首尖居中，平尾，两侧平直。打制为薄片状，再磨制成形，一部分残断较甚（图版一二五，5）。

M16：1-1　尾略残。长8.6、宽1.6、厚0.3厘米（图三〇六，2）。

M16：1-2　圭首尖残断。残长7.5、宽1.6、厚0.3厘米（图三〇六，3）。

M16：1-3　圭首尖残断。残长6、宽1.8、厚0.3厘米（图三〇六，5）。

M16：1-4　圭首残断。残长5.5、宽1.5、厚0.3厘米（图三〇六，6）。

M16：1-5　圭首残断。残长5、宽1.6、厚0.3厘米（图三〇六，7）。

M16：1-6　残。长8.1、宽1.7、厚0.3厘米（图三〇六，4）。

3）骨器

M16：2　笄。骨质。白色泛黄。残，器体较长，上部较直，呈三棱形，断面呈等腰三角形，下部弯曲，扁圆，断面呈半月状，首端和尾端均平齐，尾端直角，很薄。磨制，通体光滑。通长22.6厘米（图三〇六，1；图版一二五，1）。

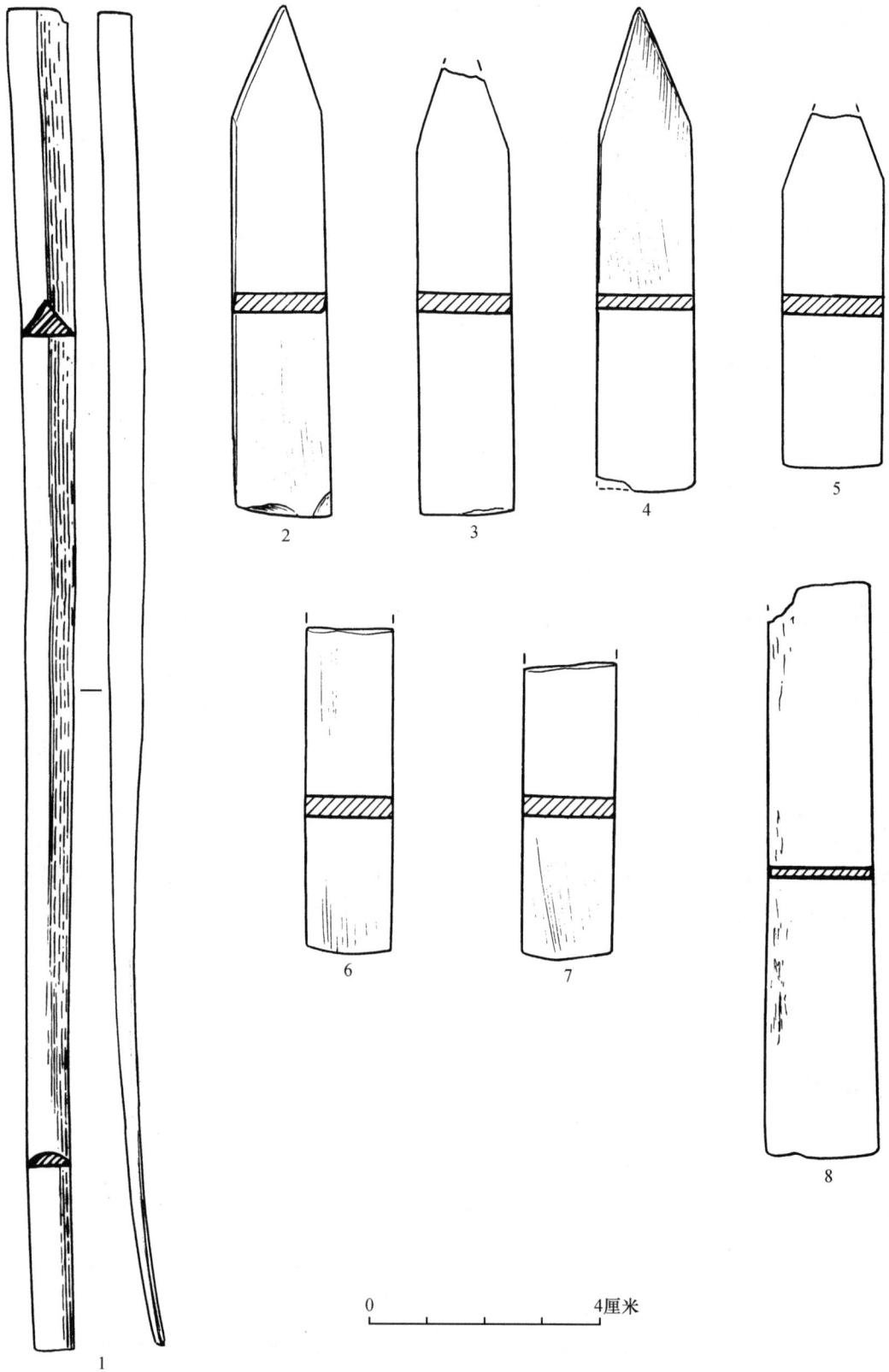

图三○六　12YWM16出土器物

1. 骨笄（M16：2）　　2～7. 石圭（M16：1-1、M16：1-2、M16：1-6、M16：1-3、M16：1-4、M16：1-5）

8. 手握玉（M16：3）

13. 12YWM17

（1）墓葬形制

方向290°（图三〇七、图三〇八；图版一二六，1）。长方形竖穴土圹墓，墓口距地表100、长348、宽267厘米。口大底小，呈斗状，墓壁较粗糙，拐角方正，底面平整。底长279、宽197、距墓口426厘米。墓底四面熟土二层台，无夯打。二层台顶面东西宽9、南北宽10、残高75厘米。墓室填土为黄褐色五花土，夯打，夯土质量较差，夯层厚度不详。

（2）葬具及葬式

一椁二棺。平面均呈"□"形，四角平齐，两侧帮板包两端挡板，四周立板压底板。

椁：长269、宽188、残高75厘米。四周残存立板2块有余，厚8厘米。盖板13块，厚8厘米。底板11块，厚7厘米。盖板、底板均横向放置。

外棺：长207、宽98、残高40厘米。四周残存立板2块有余，厚6厘米。盖板腐朽不详。底板6块，厚4厘米。纵向放置。

内棺：长177、宽66、残高17厘米。四周残存立板不足1块，厚5厘米。盖板腐朽不详。底板3块，厚4厘米。纵向放置。

墓主人骨架腐蚀较甚，性别、年龄不详，头向西，面向上，仰身，上肢向内弯屈，手置于腹部，下肢伸直。

（3）随葬品

陶器5件（图版一二六，2），器类有鬲2（M17：4、M17：7）、豆2（M17：5、M17：6）、罐1（M17：8）件；铜带钩2（M17：1、M17：2）件；石圭（M17：3）数件；祭骨（M17：9）2块。分别置于以下几处：

陶器置于椁和外棺之间的东北角；石圭置于椁和外棺之间的北侧，成堆放置；铜带钩置于墓主颈部左侧；祭骨置于8号陶罐下部。

1）陶器

M17：4 鬲。夹砂。黄褐色，陶色不匀，裆部有烟炱痕。肩和上腹饰竖向中绳纹，下腹和裆部饰粗绳纹至达足尖。直口，窄斜沿，沿面下凹，尖圆唇，矮颈，圆肩，肩部有两处刻划符号（图三一〇），不对称，上腹略鼓，最大径在上腹部，平裆，实足根，足底近平。泥条盘筑，内壁抹平。口径14.1、高21厘米（图三〇九，4；图版一二七，5）。

M17：5 豆。泥质灰陶。腹外壁饰二道瓦棱纹。方唇，外缘凸出，子口内敛，舌较短，扁圆腹，柱状圆柄，中空较矮，喇叭形底座，底座外方唇。内外壁有横向旋痕，豆柄上有较宽螺旋纹痕迹。口径16.5、盘腹径18、盘深6.9、高14.4、底座径10.5厘米（图三〇九，1；图版一二七，1）。

M17：6 豆。泥质。深灰色。圆方唇，外缘凸出，子口内敛，短舌，半圆形腹，矮圆柄，喇叭形底座，底座外方唇。内外壁有横向旋痕，制作规整。口径18.3、盘腹径20.1、盘深9.3、高16.2、底座径11.1厘米（图三〇九，2；图版一二七，2）。

图三〇七　12YWM17平面、剖视图

1、2.铜带钩　3.石圭　4、7.陶鬲　5、6.陶豆　8.陶罐　9.祭骨

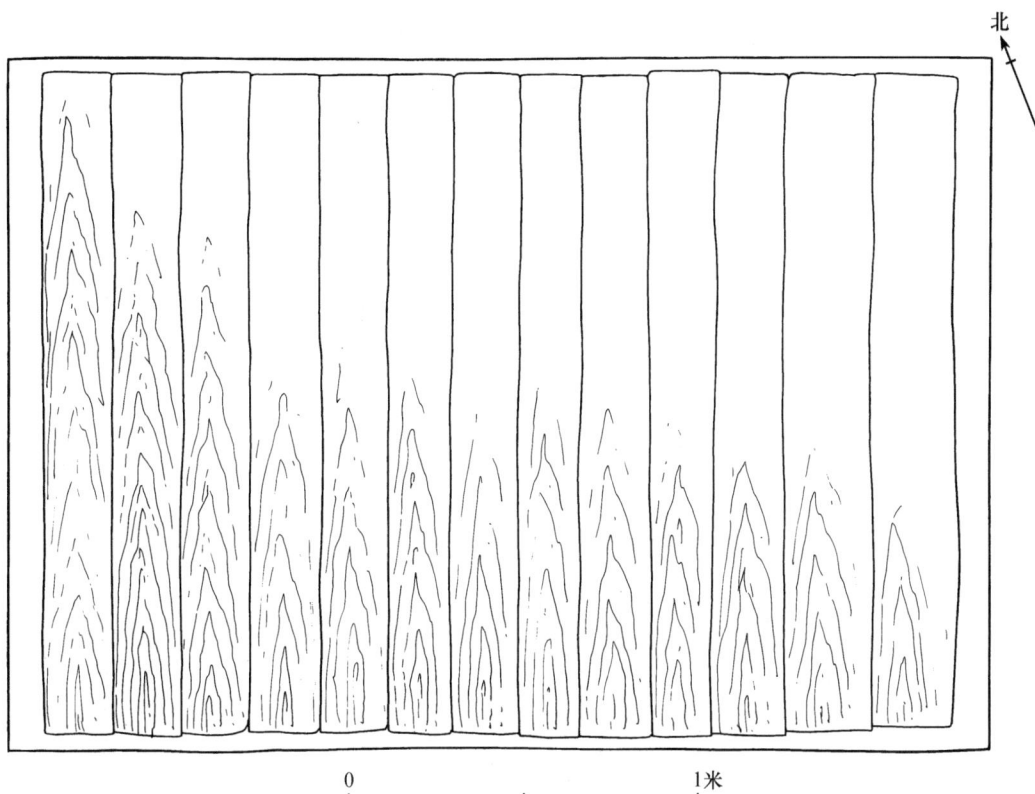

图三〇八　12YWM17椁盖板平面图

　　M17:7　鬲。泥质灰陶。个体较小，直口，平沿，矮颈，圆肩，鼓腹，平裆，底部削出三足。内外壁均有横向旋抹痕，底部削切痕迹明显。口径8.7、腹径12.9、高8.7厘米（图三〇九，3；图版一二七，3）。

　　M17:8　罐。泥质灰陶。颈部抹绳纹，肩至中腹靠下饰斜向绳纹，抹弦纹两周割断绳纹。器形瘦高，盘口，扁圆唇，矮颈，溜肩，上腹圆鼓，下腹圆弧内收，平底，底面平整。口沿内外有横向旋抹痕，肩腹部外壁拍印痕迹明显。口径12.9、腹径22.8、高30.3、底径10.8厘米（图三〇九，5；图版一二七，6）。

　　2）铜器

　　M17:1　带钩。铜质。完整，钩首尖圆，钩身弯曲，钩体厚实，尾钩较短，椭圆形扣纽靠近钩首。钩身背面范铸痕迹明显，正面和侧面有锉磨痕。通长7.8厘米（图三一一，1；图版一二八，1）。

　　M17:2　带钩。铜质。完整，钩首尖圆，钩身弯曲，钩体厚实，尾钩较短，椭圆形扣纽靠近钩首。钩身背面范铸痕迹明显，正面和侧面有锉磨痕。通长7.8厘米（图三一一，2；图版一二八，2）。

　　3）石制品

　　M17:3　石圭。18件。砂岩。或灰色，或深灰色。圭首呈三角形，圭首尖居中，或平尾，或斜直尾，两侧竖直。用锯打制为薄片状，再磨制成形，一部分残断较甚（图版一二七，4）。

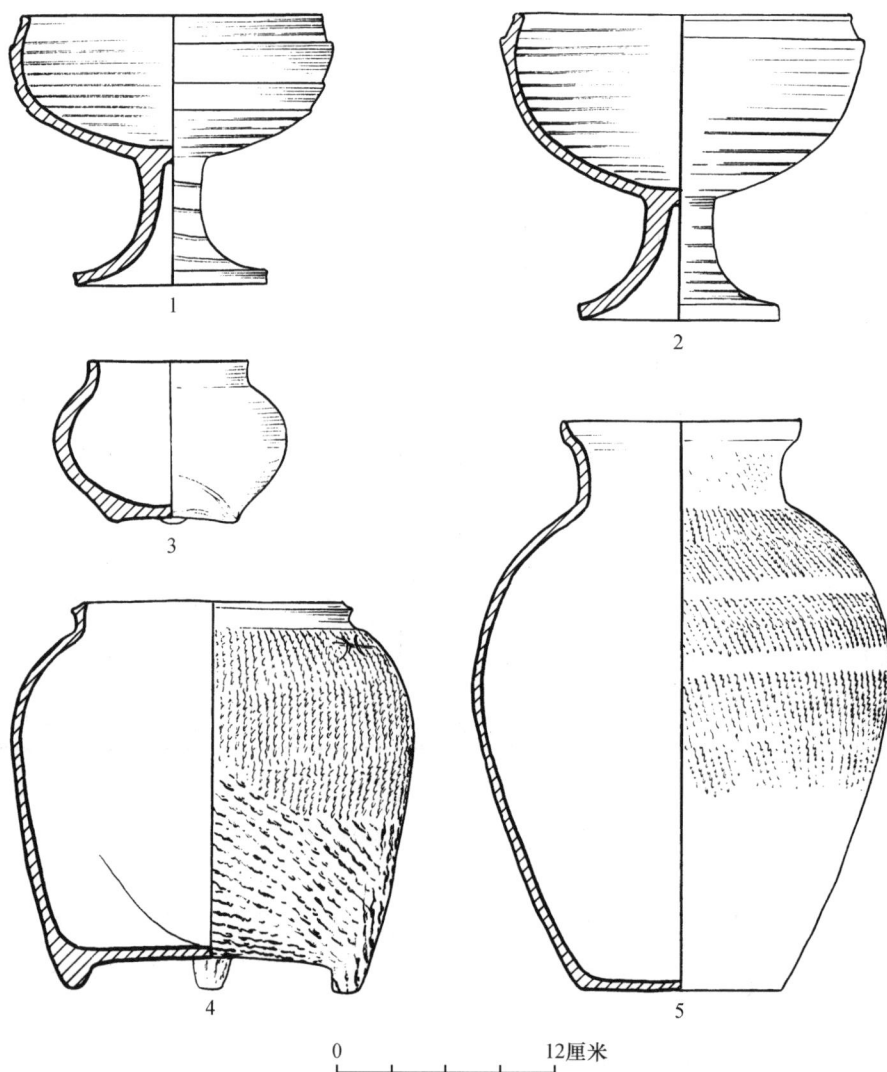

0   12厘米

图三〇九 12YWM17出土陶器

1、2.豆（M17：5、M17：6） 3、4.鬲（M17：7、M17：4） 5.罐（M17：8）

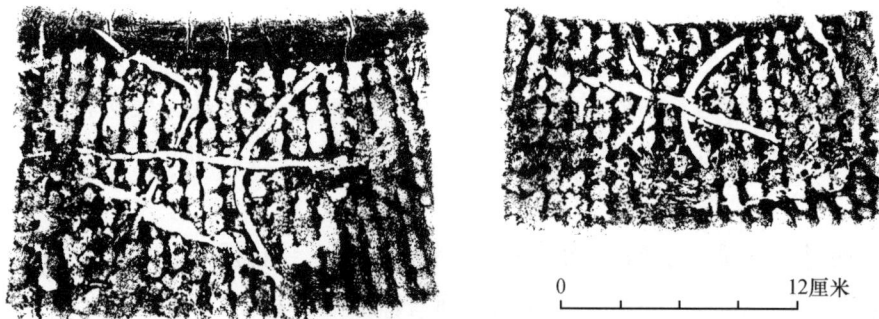

0   12厘米

图三一〇 12YWM17出土陶鬲肩部（M17：4）刻划符号拓本

M17：3-1　完整。长8、宽1.6、厚0.3厘米（图三一一，3）。

M17：3-2　尾略残。长8.1、宽1.5、厚0.2~0.3厘米（图三一一，4）。

M17：3-3　完整。长8.7、宽1.1、厚0.3厘米（图三一一，5）。

M17：3-4　完整。长7.9、宽1.5、厚0.3厘米（图三一一，6）。

M17：3-5　尾略残。长7.8、宽1.5、厚0.3厘米（图三一一，7）。

M17：3-6　残。长8.8、宽1.5、厚0.2~0.3厘米（图三一一，8）。

M17：3-7　残。长8.8、宽1.7、厚0.3厘米（图三一一，9）。

M17：3-8　略残。长7.4、宽1.5、厚0.3厘米（图三一一，10）。

M17：3-9　尾残断。残长6.9、宽1.5、厚0.3厘米（图三一一，11）。

M17：3-10　残。长8、宽1.5、厚0.3厘米（图三一一，12）。

M17：3-11　尾残断。残长7.2、宽1.3、厚0.3厘米（图三一一，13）。

M17：3-12　残。长8.8、宽1.8、厚0.2厘米（图三一一，14）。

M17：3-13　尾残断。残长5.1、宽1.3、厚0.4厘米（图三一一，15）。

M17：3-14　圭首和尾残断。残长6.5、宽1.6、厚0.3厘米（图三一一，16）。

M17：3-15　圭首残断，尾部偏窄，且薄。残长7.8、宽1.3~1.5、厚0.3厘米（图三一一，17）。

14. 12YWM18

（1）墓葬形制

方向285°（图三一二、图三一三；图版一二九，1）。长方形竖穴土圹墓，墓口距地表70、长283、宽158~165厘米。直壁，口底同大，西端较东端略宽，墓壁较粗糙，拐角方正，底面平整。距墓口280厘米。墓底四面熟土二层台，无夯打。二层台顶面东宽29、西宽22、南宽11、北宽17、残高66厘米。墓室填土为黄褐色五花土，夯打，夯土质量一般，夯层厚20~25厘米。

（2）葬具及葬式

一椁一棺。

椁：平面呈"口"形。长232、宽136、残高49~70厘米。东西两端挡板包南北两侧帮板，端板长出侧板，立板压底板。四周残存立板2~3块，厚6~7厘米。盖板12块，厚5~6厘米。底板11块，厚4~5厘米。盖板、底板均横向放置。

棺：平面呈"口"形，四角平齐。长182、宽65、残高10厘米。南北两侧帮板包东西两端挡板，立板压底板。四周残存立板不足1块，厚5厘米。盖板腐朽不详。底板3块，厚3厘米。纵向放置。

墓主人男性，40~45岁之间，头向西，面向上，仰身，上肢弯屈较甚，手置于腹部，下肢伸直。

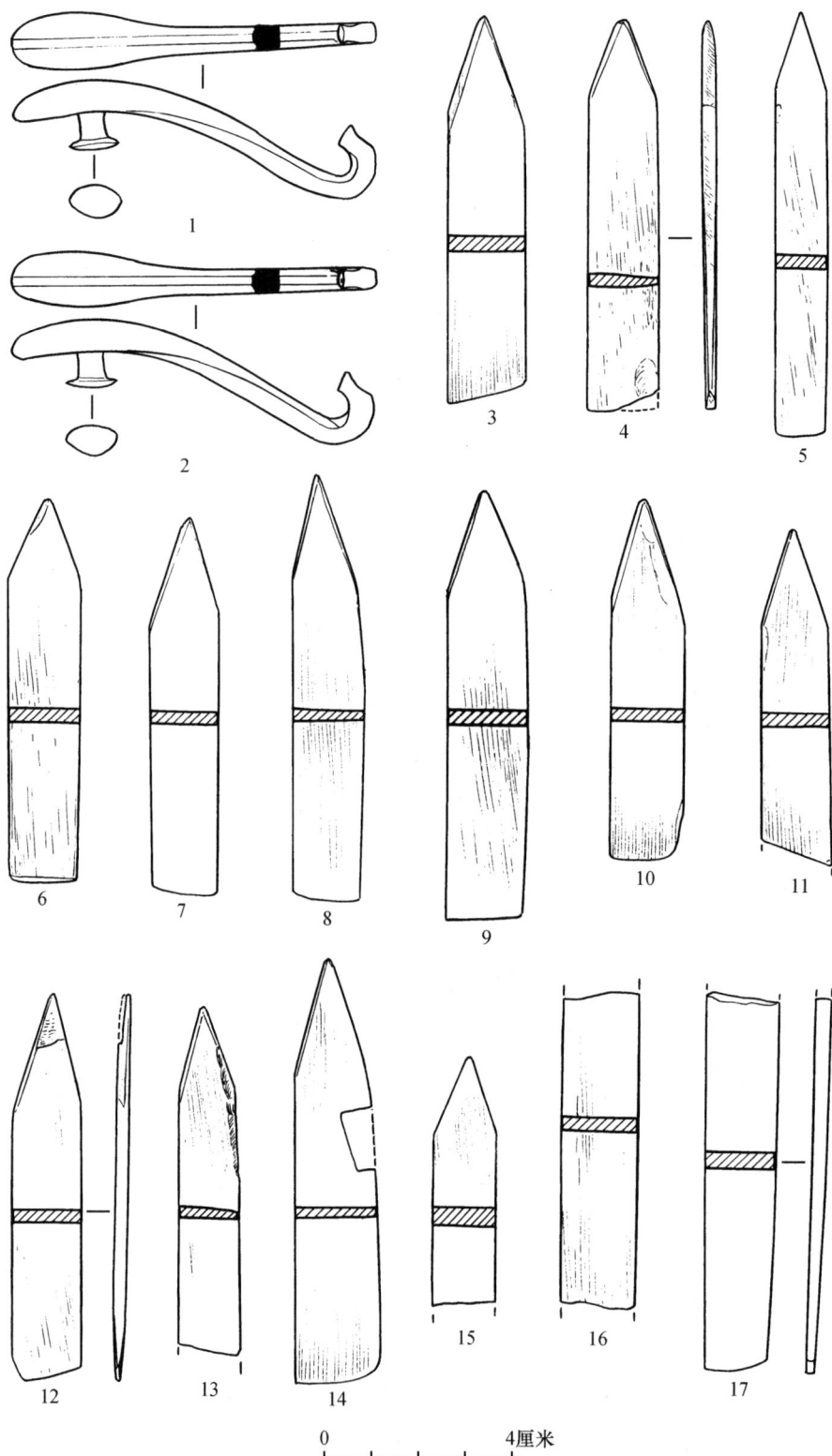

图三一一　12YWM17出土器物

1、2.铜带钩（M17∶1、M17∶2）　3～17.石圭（M17∶3-1、M17∶3-2、M17∶3-3、M17∶3-4、M17∶3-5、M17∶3-6、
M17∶3-7、M17∶3-8、M17∶3-9、M17∶3-10、M17∶3-11、M17∶3-12、M17∶3-13、M17∶3-14、M17∶3-15）

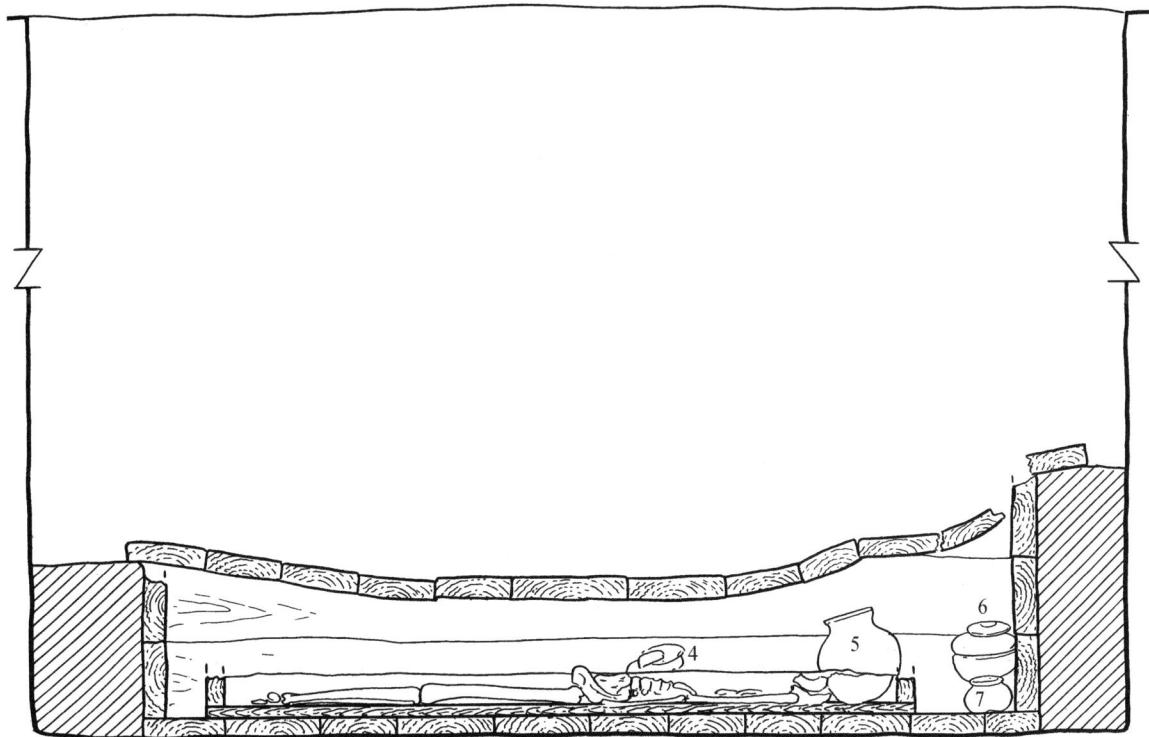

图三一二　12YWM18平面、剖视图

1.铜带钩　2、3.石圭　4、6.陶豆　5.陶罐　7.陶鬲

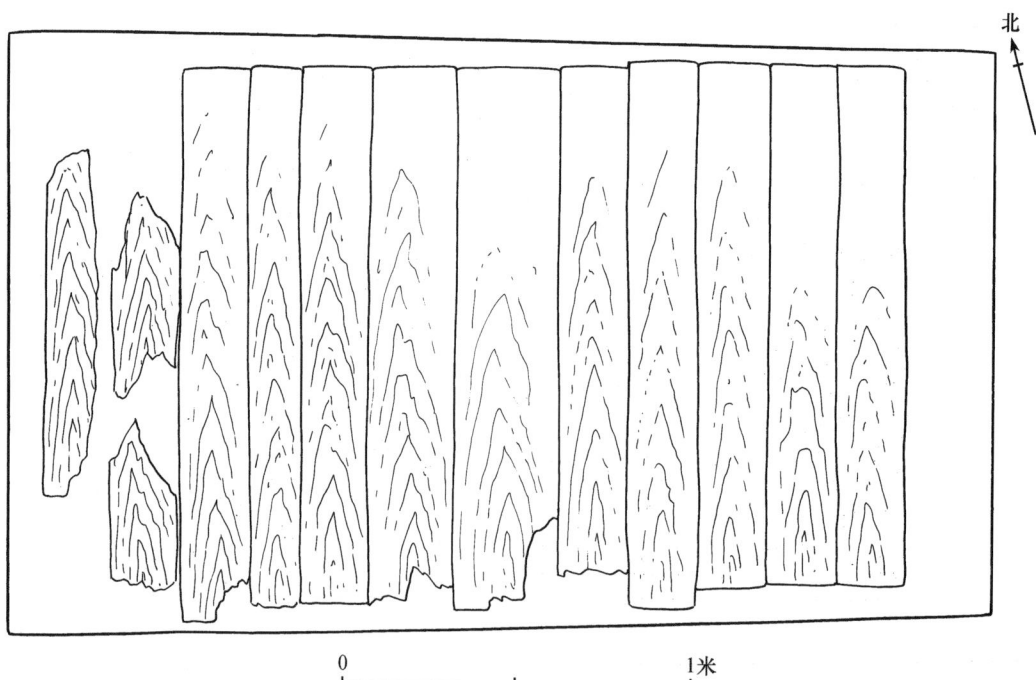

图三一三　12YWM18椁盖板平面图

（3）随葬品

陶器4件（图版一二九，2），器类有鬲1（M18：7）、豆2（M18：4、M18：6）、罐1（M18：5）件；石圭2（M18：2、M18：3）件；铜带钩1（M18：1）件。分别置于以下几处：

4号陶豆置于棺外椁内南侧中部；5号陶罐置于棺外椁内南侧偏西端；6号陶豆和7号陶鬲置于棺外椁内西南角；石圭和铜带钩置于棺外椁内南侧近东端。

1）陶器

M18：4　豆。泥质灰陶。带盖豆。盖呈覆盘状，圆形握纽，硕大，翻缘，顶面圆弧隆起，腹壁圆折，母口，盖较浅。顶面饰二道瓦纹，握纽和顶面均磨光。盘外壁饰二道瓦纹。圆唇，子口内敛，舌较短，扁圆腹，柱状圆柄，中空较矮，喇叭形底座，底座外方唇。盖内壁有横向旋抹痕，盖顶面和盘腹内外壁均有横向旋痕。盖纽径10.2、盖深3.6、盖高6.3、盖口径18.3、盘口径15.6、盘腹径18、盘深7.2、高14.4、带盖高19.5、底座径10.2厘米（图三一四，1；图版一三〇，2）。

M18：5　罐。泥质灰陶。肩部抹绳纹，多处绳纹被抹去。敞口，卷折沿上翘，方唇，矮直颈，溜肩，鼓腹，下腹圆弧内收，平底，底面平整。口沿及外壁有横向旋痕。外口径12.9、腹径23.7、高27、底径9.9厘米（图三一四，3；图版一三〇，5）。

M18：6　豆。泥质。带盖豆。盖呈深灰色，盘呈灰色。盖顶面饰二道瓦纹。盖呈覆盘状，顶面圆弧隆起，圆形握纽，硕大，翻缘，母口，盖较浅。盘外壁饰五道瓦纹。圆唇，外缘凸出，短舌，扁圆形腹，圆柄，中空较矮，喇叭形底座，底座外方唇。盖顶面和盘内外壁有横向旋痕。盖纽径10.5、盖深3、盖高6.3、盖口径17.7、盘口径15.6、盘腹径18、盘深7.5、高

15、带盖高21、底座径11.1厘米（图三一四，2；图版一三〇，1）。

　　M18：7　鬲。泥质灰陶。直口，斜沿，圆唇，束颈，圆肩，鼓腹，近平裆，底部削出三足。内壁有横向旋抹痕，外壁有横向旋痕，底部削切痕迹明显。口径8.4、腹径13.8、高10.2厘米（图三一四，4；图版一三〇，6）。

　　2）铜器

　　M18：1　带钩。铜质。圆钩首，钩身弯曲，钩体厚实，钩身正面呈五面体，钩尾部分断失，椭圆形扣纽靠近钩首。范铸。残长8.7厘米（图三一四，5；图版一三〇，4）。

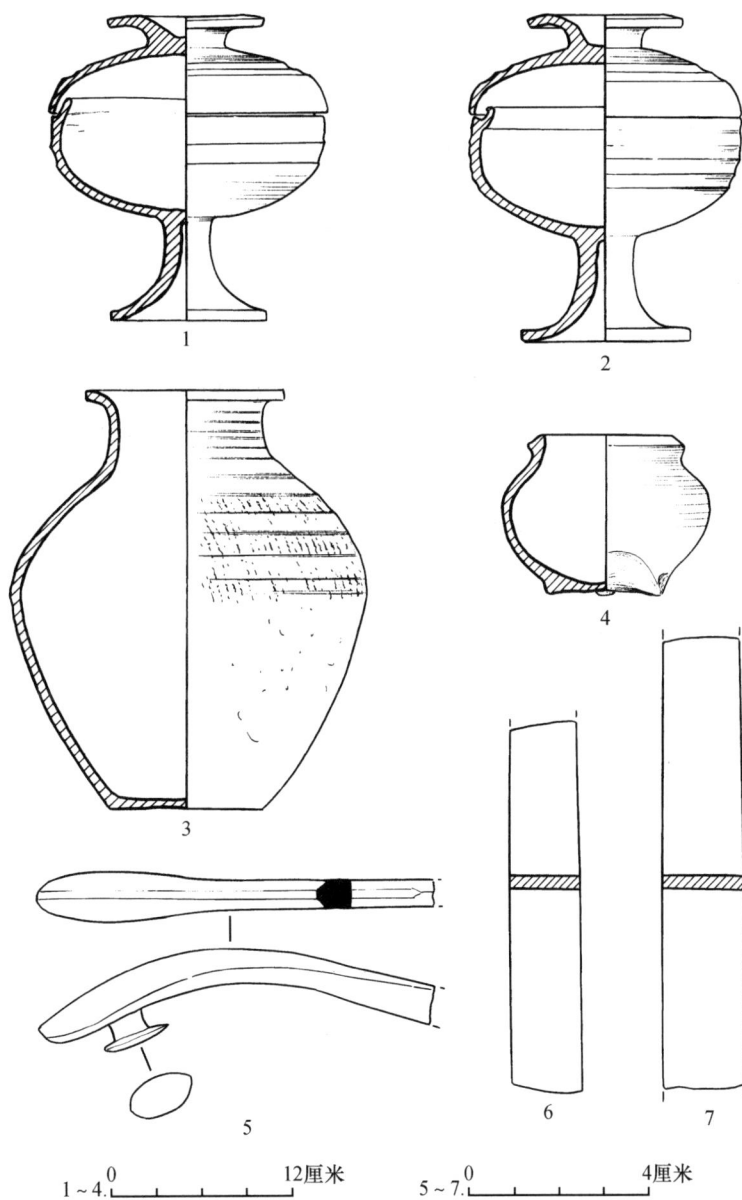

图三一四　12YWM18出土器物

1、2.陶豆（M18：4、M18：6）　3.陶罐（M18：5）　4.陶鬲（M18：7）　5.铜带钩（M18：1）

6、7.石圭（M18：2、M18：3）

3）石制品

M18：2　石圭。砂岩。深灰色。圭首残断，两侧平直，平尾。通体粗磨。残长8、宽1.5、厚0.3厘米（图三一四，6；图版一三〇，3左）。

M18：3　石圭。砂岩。深灰色。圭首和尾残断，两侧平直。通体粗磨。残长9.7、宽1.8、厚0.3厘米（图三一四，7；图版一三〇，3右）。

15. 12YWM19

（1）墓葬形制

方向270°（图三一五、图三一六；图版一三一，1）。长方形竖穴土圹墓，墓口距地表70、长355、宽277厘米。口大底小，呈斗状，近底处墓壁竖直，墓壁整齐，光滑，拐角方正，底面平整。底长326、宽242、距墓口560厘米。墓底四面熟土二层台，无夯打。二层台顶面东宽9、西宽10、南宽7、北宽8、残高64厘米。墓室填土为黄褐色五花土，夯打，夯土质量一般，夯层厚20～25厘米。

（2）葬具及葬式

一椁二棺。平面均呈"□"形，拐角方正，两侧帮板包两端挡板，四周立板压底板。

椁：长307、宽226、残高72厘米。四周残存立板各2块有余，厚9厘米。盖板10块，厚8厘米。底板12块，厚5厘米。盖板、底板均横向放置。

外棺：长194、宽94、残高11厘米。四周残存立板不足1块，厚7厘米。盖板腐朽不详。底板5块，厚2～3厘米。纵向放置。

内棺：长167、宽65、残高10厘米。四周残存立板不足1块，厚5厘米。盖板3块，厚2～4厘米。底板3块，厚3厘米。盖板、底板均纵向放置。

墓主人女性，40～45岁之间，头向西，面向上，仰身，左上肢伸直，右上肢弯屈，手置于腹部，下肢弯屈。

（3）随葬品

陶器7件（图版一三一，2），器类有鼎1（M19：6）、豆2（M19：9、M19：10）、壶2（M19：11、M19：12）、匜1（M19：7）、碗1（M19：8）件；玉器7件，器类有璜2（M19：1、M19：4）、玉饰件1（M19：2）、玉坠4（M19：5-1、M19：5-2、M19：5-3、M19：5-4）件；石圭（M19：3）数件。分别置于以下两处：

所有陶器置于椁内东端中部，墓主足端，石圭置于8号陶碗内；1、4号玉璜和5号玉坠置于棺内墓主人颈部；2号玉饰件置于棺内墓主人腹部。

1）陶器

M19：6　鼎。泥质。深灰色。带盖鼎，器体较大。覆盘状圆顶盖，顶面平缓隆起，外缘附三个卧姿兽形纽，母口，腹壁圆折，浅腹。顶面外缘有两周凹弦纹，加施红、黄彩绘，纹样繁缛，共七周，由内到外依次为云纹和圆点纹、弦纹、弦纹、蟠带绕纹和圆点纹、弦纹、锯齿纹、弦纹。鼎耳宽大，微曲，长方形耳穿，规整，圆方唇，子口内敛，舌较短，半圆形腹，圜

图三一五　12YWM19平面、剖视图

1、4.玉璜　2.玉饰件　3.石圭　5.玉坠　6.陶鼎　7.陶匜　8.陶碗　9、10.陶豆　11、12.陶壶

北

椁盖板

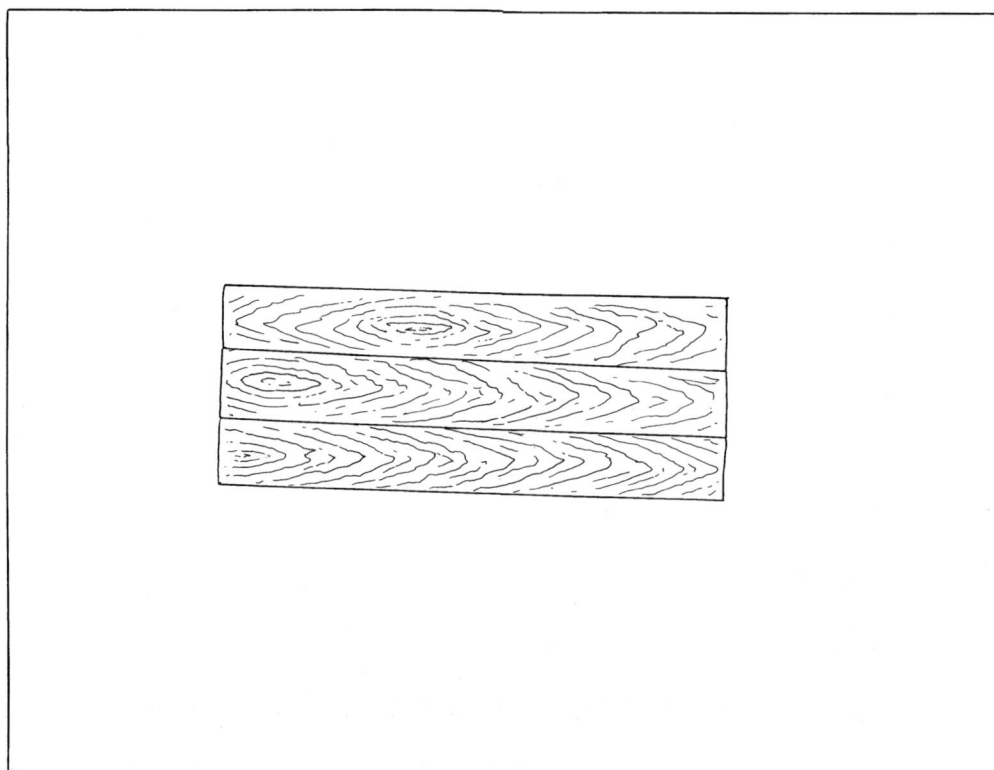

内棺盖板

0   1米

图三一六　12YWM19棺、椁盖板平面图

底，实心蹄足，足底蹄突明显。腹中部饰一周凸弦纹，下腹与足平齐饰一周凹弦纹，器身施红、黄色相间隔的彩绘纹样，双耳顶面和侧面饰平行线段纹，正面饰横向水波纹，上腹饰一周竖向锯齿纹宽带，上下以红色弦纹界隔，三足正面饰心形叶纹。盖和鼎体轮制，器钮、双耳和三足模制。盖口径24.6、盖深4、盖高5.7、鼎口径21、腹径25.8、鼎体高23.1、带盖高23.4厘米（图三一七，1；图版一三三，6）。

M19：7　匜。泥质灰陶。口缘和内壁施红彩绘，剥落，纹样不详。敞口，圆方唇，口缘呈波折状，圆流较短，圆尾，腹较浅，假圈足小平底。将浅腹圆盘选任意处将两侧向内聚压，中间留豁口成流，前半部口缘削割，内外壁有横向旋抹痕。口长径15、短径13.5、腹深1.8～3.3、高4.8～5.4、底径6厘米（图三一八，18；图版一三二，2）。

M19：8　碗。泥质灰陶。唇面施红、黄相间的平行线纹彩绘，内壁施"S"形和勾连云纹红、黄彩绘。厚方唇，微敞口，折腹，上腹外壁向内凹曲，腹较浅，假圈足小平底。内外壁有横向旋抹痕。口径14.1、腹深3、高4.8、底径5.7厘米（图三一八，19；图版一三二，1）。

M19：9　豆。泥质灰陶。带盖豆。盖呈覆盘状，顶面圆弧隆起，圆形握纽，翻缘，母口，平缘，盖较浅。握纽和盖顶施红色彩绘，纹样有弦纹、锯齿纹，彩绘多有剥落。豆盘圆方唇，子口内敛，短舌，半圆形腹，盘心平缓，矮柱状圆柄，中空，喇叭形底座，底座外斜方唇。豆盘上腹彩绘两周弦纹，弦纹之间添竖向锯齿纹。盖顶面和盘腹内外壁均有横向旋痕。盖纽径9.3、盖深3、盖高5.7、盖口径17.4、盘口径15.6、盘腹径17.4、腹深8.1、高15、带盖高20.1、底座径11.4厘米（图三一八，17；图版一三二，4）。

M19：10　豆。泥质灰陶。带盖豆。盖呈覆盘状，顶面平缓隆起，圆形握纽，硕大，翻缘，母口，盖较浅。握纽顶面施红色彩绘，内外缘各绘一周弦纹，弦纹之间绘竖向锯齿纹，盖顶面内、外缘各绘一周红彩弦纹，弦纹之间绘鸟禽图案，且有黄色彩绘圆点纹。豆盘腹壁上下各绘一周红彩，之间绘画竖向锯齿纹。圆唇，子口内敛，短舌，略扁圆形腹，矮圆柄，中空，喇叭形底座，底座外斜方唇。盖顶面和盘外壁均有横向旋痕。盖纽径9.3、盖深3、盖高6、盖口径17.4、盘口径15.3、盘腹径17.7、腹深7.5、高14.7、带盖高20.1、底座径11.7厘米（图三一七，2；图版一三二，3）。

M19：11　壶。泥质灰陶。陶色不匀。带盖壶。倒置浅盘豆盘为盖，豆盘敞口，圆方唇，浅盘平折，盘心凸起，盘底接柄处经打磨。盖顶面施竖向锯齿纹红彩，周缘绘红、黄相间的竖线纹。壶体形高大，颈部绘弦纹和红、黄相间的竖向锯齿纹，肩腹部绘蟠带绕纹和几何纹红彩，圈足表面饰红、黄相间的竖向平行线纹。敞口，厚圆方唇，粗短颈微内曲，溜肩，圆鼓腹，下腹圆弧内收，圈足。外壁有横向旋痕。盖直径13.2、盖高3.3、壶口径13.2、腹径27、高33.6、带盖高36.9、底径15厘米（图三一七，3；图版一三二，5）。

M19：12　壶。泥质灰陶。带盖壶。倒置浅盘豆盘为盖，豆盘敞口，方唇，浅盘平折，盘心凸起，盘底接柄处经打磨。盖顶面饰红、黄彩绘，由内至外共有六组彩绘，依次为红圈纹、黄圈纹、红圈纹、竖向红、黄相间锯齿纹、红圈纹、红、黄相间竖线纹。壶肩腹部施几何纹黑彩，几何纹内添红色彩绘，剥落，纹样不详，下腹饰心形云纹，圈足表面饰弦纹和红、黄相间

图三一七　12YWM19出土陶器

1.鼎（M19：6）　2.豆（M19：10）　3、4.壶（M19：11、M19：12）

的竖向波折纹。敞口，内斜沿，尖唇，粗短颈，溜肩，上腹圆鼓，下腹圆弧内收，矮圈足。外壁有横向旋抹痕。盖直径12.9、高2.4、壶口径12.9、腹径26.4、高32.1、带盖高34.5、底径14.7厘米（图三一七，4；图版一三二，6）。

2）玉、石器

M19：1　玉璜。青间白色。略残，月牙形，两端有穿，表面磨制痕迹明显。弦长3.8、厚0.3厘米（图三一八，1；图版一三三，2）。（注：该器物和4、5号玉饰是同一组饰品，项饰）

M19：2　玉饰件。青间白色。残，薄片状柄形器，一端窄一端宽，窄端斜平，宽端断失，两侧斜直，一面有锯痕茬口。通体磨光。残长5.2、宽1.2～1.5、厚0.3厘米左右（图三一八，7；图版一三三，3）。

M19：4　玉璜。青间白色。略残，月牙形，两端有穿，表面磨制痕迹明显。弦长3.8、厚0.3厘米（图三一八，6；图版一三三，1）。

M19：5-1　玉坠。青间白色。残断，薄片状，一侧有穿。残长1.8、残宽1.8、厚0.1厘米（图三一八，4；图版一三三，4左上）。

M19：5-2　玉坠。青间白色。残断，薄片状，两侧有穿。长2.6、残宽1.3、厚0.3厘米（图三一八，5；图版一三三，4右上）。

M19：5-3　玉坠。青间白色。残断，不规整矩形，薄片状，两侧有穿。长3.2、宽2.4、厚0.2厘米（图三一八，2；图版一三三，4左下）。

M19：5-4　玉坠。青间白色。残断，不规整矩形，薄片状，两侧有穿。长2.7、宽2.1、厚0.2厘米（图三一八，3；图版一三三，4右下）。

M19：3　石圭。20件。砂岩。或灰色，或深灰色。圭首呈三角形，圭首尖居中，两侧竖直，尾部残断。打制为薄片状，再磨制成形，一部分残断较甚（图版一三三，5）。

M19：3-1　尾残断。残长7.7、宽1.8、厚0.3厘米（图三一八，11）。

M19：3-2　尾残断。残长7.2、宽1.6、厚0.2厘米（图三一八，12）。

M19：3-3　尾残断。残长7.6、宽1.6、厚0.2厘米（图三一八，13）。

M19：3-4　尾残断。残长7.3、宽1.5、厚0.2厘米（图三一八，14）。

M19：3-5　尾残断。残长7、宽1.6、厚0.3厘米（图三一八，15）。

M19：3-6　尾残断。残长6.1、宽1.5、厚0.3厘米（图三一八，10）。

M19：3-7　尾残断。残长6.8、宽1.6、厚0.3厘米（图三一八，8）。

M19：3-8　圭首尖和尾残断。残长6.6、宽1.6、厚0.2～0.4厘米（图三一八，9）。

M19：3-9　尾残断。残长8.6、宽1.8、厚0.3厘米（图三一八，16）。

16. 12YWM20

（1）墓葬形制

方向288°（图三一九、图三二〇；图版一三四，1）。长方形竖穴土圹墓，墓口距地表120、长417、宽270厘米。口大底小，呈斗状，近底处墓壁竖直，墓壁较粗糙，拐角方正，底

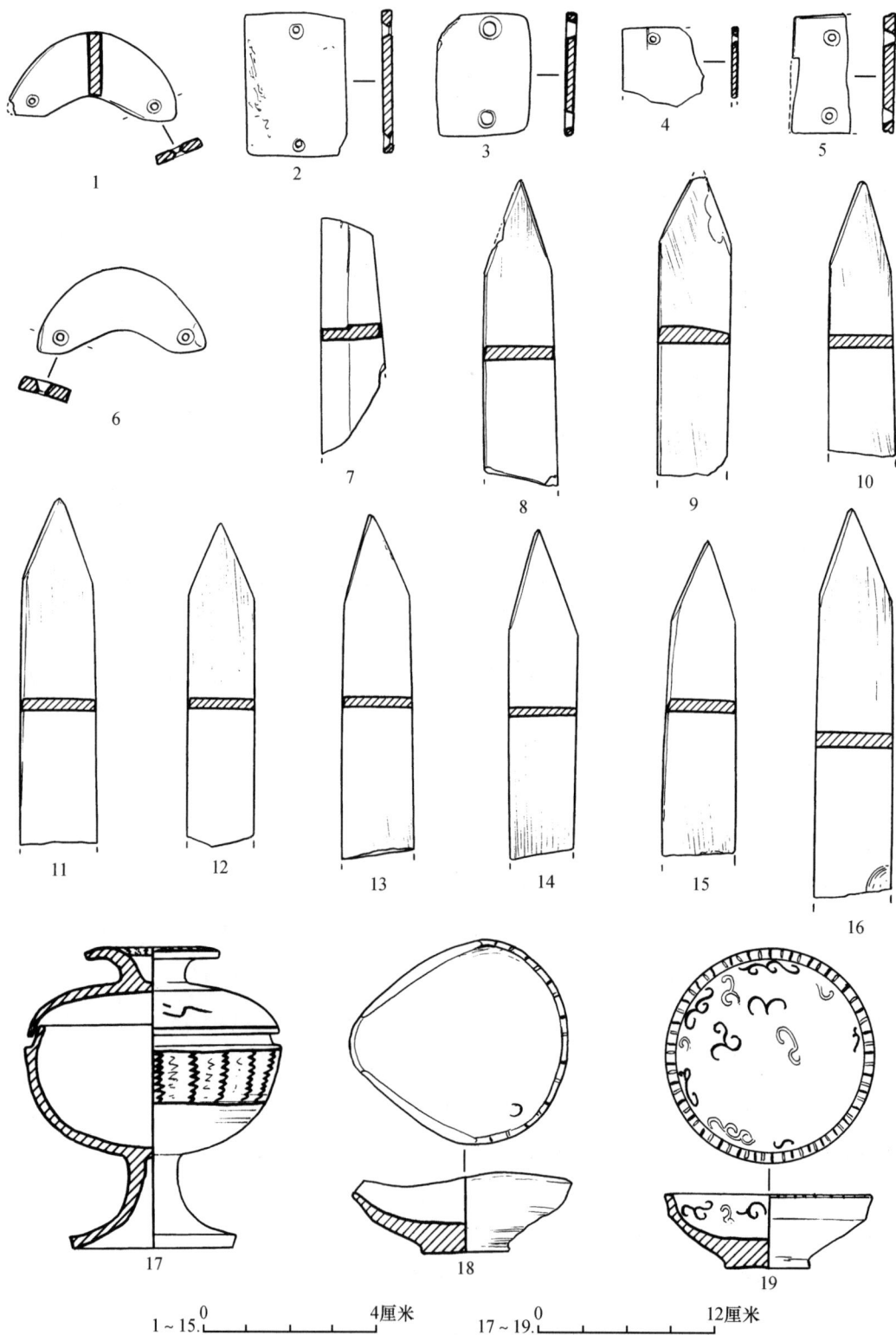

1~15. 0————4厘米　　　17~19. 0————12厘米

图三一八　12YWM19出土器物

1、6. 玉璜（M19：1、M19：4）　　2~5. 玉坠（M19：5-3、M19：5-4、M19：5-1、M19：5-2）　7. 玉饰件（M19：2）

8~16. 石圭（M19：3-7、M19：3-8、M19：3-6、M19：3-1、M19：3-2、M19：3-3、M19：3-4、M19：3-5、M19：3-9）

17. 豆（M19：9）　18. 匜（M19：7）　19. 碗（M19：8）

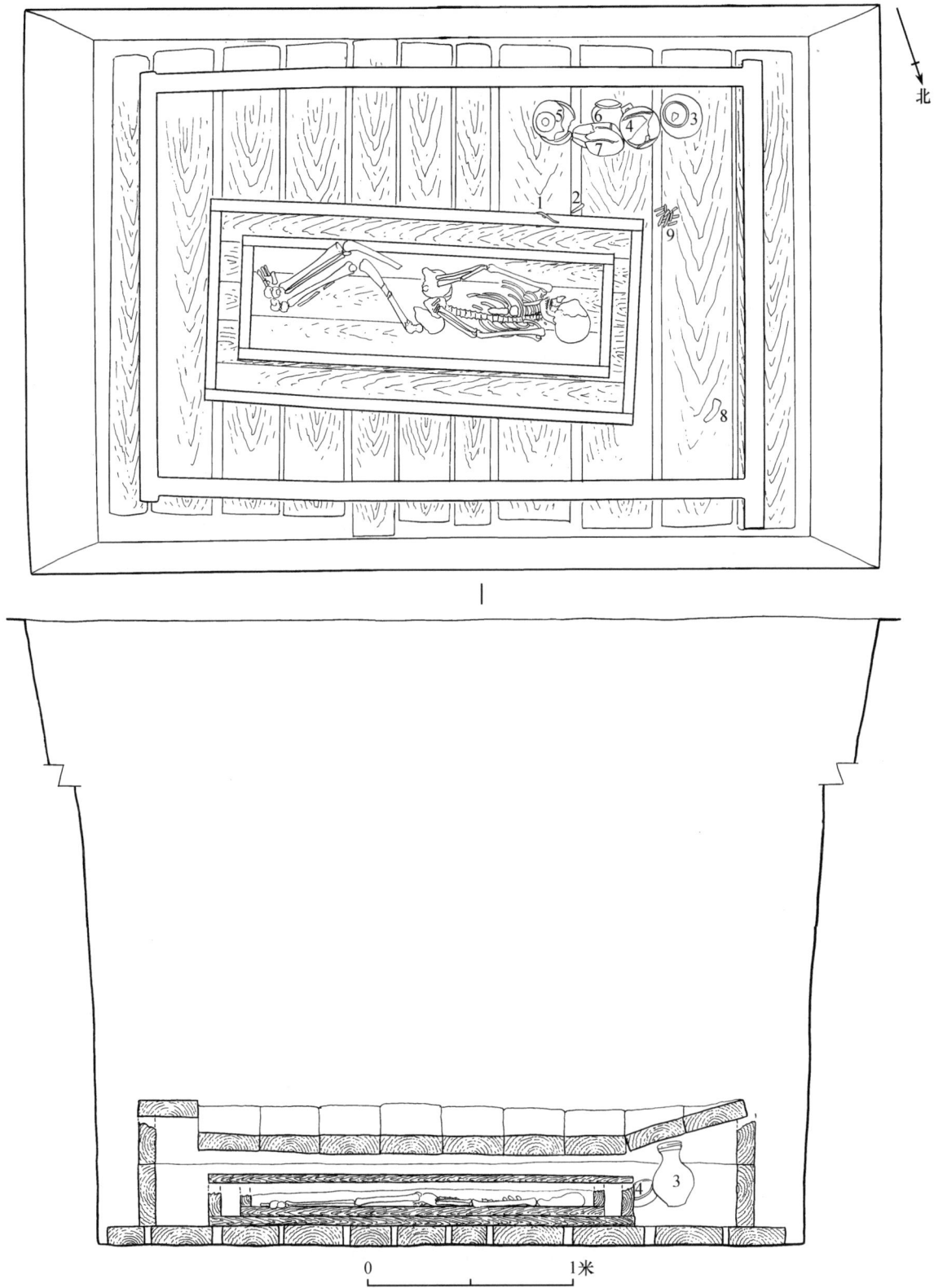

图三一九　12YWM20平面、剖视图

1.铜带钩　2.骨饰件　3.陶壶　4.陶鼎　5、7.陶豆　6.陶鬲　8.祭骨　9.石圭

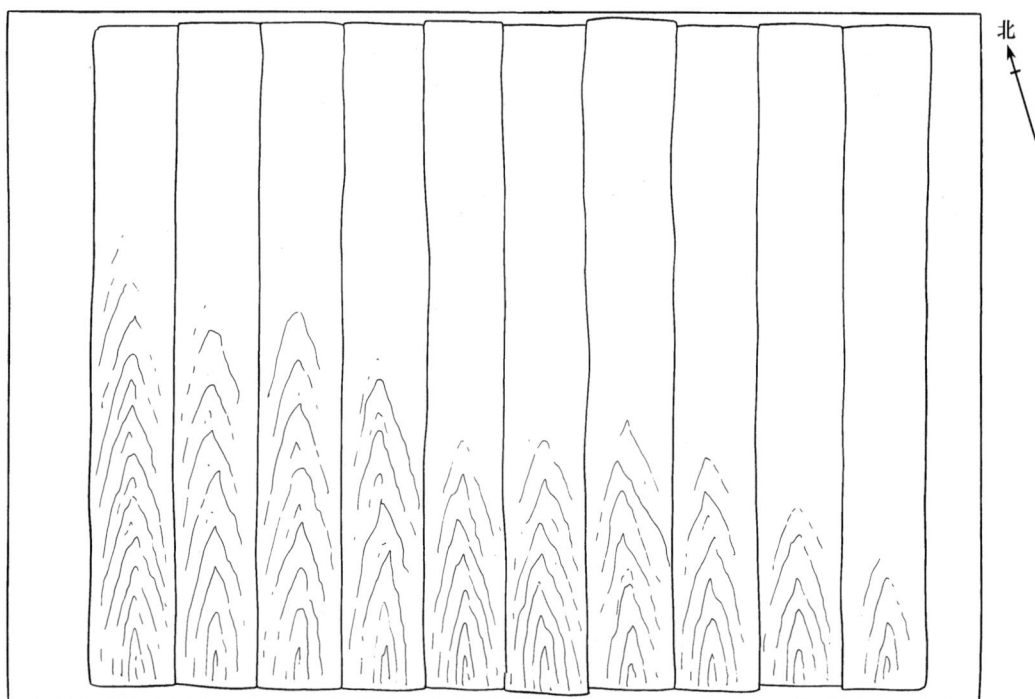

椁盖板

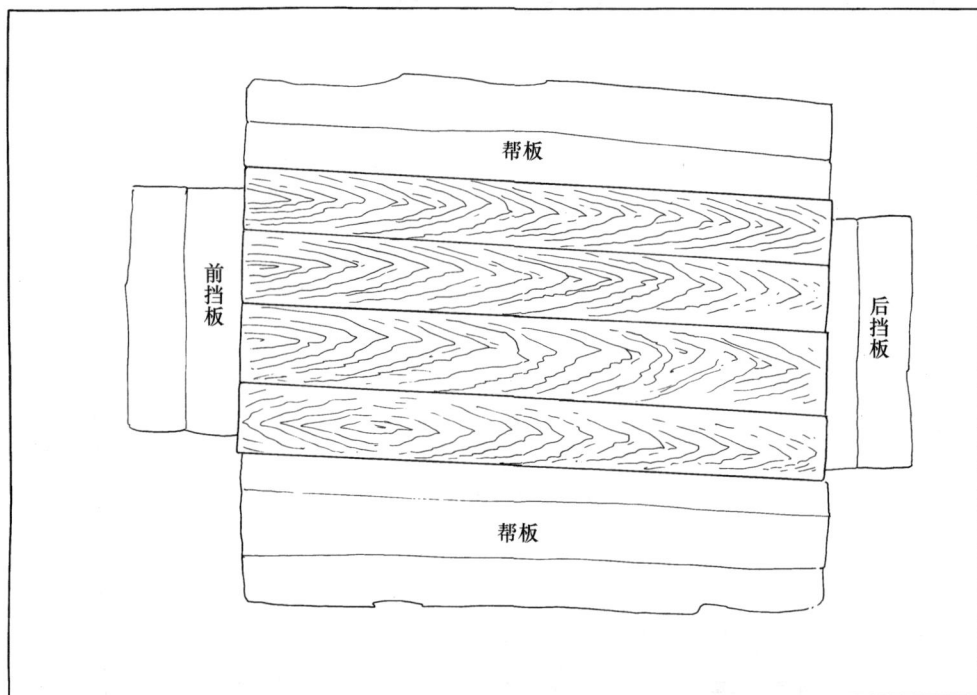

外棺盖板

0　　　　　　　　　　　1米

图三二〇　12YWM20棺、椁盖板平面图

面平整。底长349、宽238、距墓口560厘米。墓底四面熟土二层台，无夯打。二层台顶面东、西宽23、南宽15、北宽19、残高60厘米。墓室填土为黄褐色五花土，夯打，夯土质量一般，夯层厚20～25厘米。

（2）葬具及葬式

一椁二棺。

椁：平面呈"工"形。长304、宽205、残高68厘米。两端挡板包两侧帮板，端板长出侧板，四周立板压底板。四周残存立板各2块，厚8厘米。盖板10块，厚7～9厘米。底板11块，厚8厘米。盖板、底板均横向放置。

外棺：平面呈"口"形，拐角方正。长211、宽98、残高24厘米。两侧帮板包两端挡板，四周立板压底板。外棺四周立板向外撇倒，厚6厘米。盖板4块，厚4厘米。底板5块，厚4厘米。盖板、底板均纵向放置。

内棺：平面呈"口"形，拐角方正。结构同外棺。长180、宽59、残高12厘米。四周残存立板不足1块，厚5厘米。盖板腐朽不详。底板3块，厚5厘米。纵向放置。

墓主人疑似男性，50岁左右，头向西，面向南，仰身，上肢略向内弯屈，手置于腹部，下肢弯屈。

（3）随葬品

陶器5件（图版一三四，2），器类有鬲1（M20：6）、鼎1（M20：4）、豆2（M20：5、M20：7）、壶1（M20：3）件；铜带钩1（M20：1）件；石圭（M20：9）数件；骨饰件1（M20：2）；祭骨1（M20：8）块。分别置于以下几处：

所有陶器置于椁内西南部，呈"一"字排列，由东至西依次为豆、鬲、鼎、壶；石圭置于椁内西南部，近外棺西南角，成堆放置；带钩和骨饰件出土于外棺南侧立板上偏西端；祭骨置于椁内西北部。

1）陶器

M20：3　壶。泥质灰陶。敞口，斜沿，粗短颈，圆肩，鼓腹，高圈足。外壁有横向旋痕。口径13.5、腹径23.1、高31.8、底径14.7厘米（图三二一，4；图版一三五，5）。

M20：4　鼎。泥质灰陶。带盖鼎。盖呈覆盘状，顶面平缓隆起，母口，盖较浅。鼎耳斜直，不规整，无耳穿，小圆唇，外缘凸出，子口近直，短舌，半圆形腹，圜底，实心蹄足，足底蹄突明显。盖和鼎体轮制，内外壁有横向旋痕，双耳手制，三足模制。盖口径18.6、盖深3.3、盖高4.2、鼎口径16.2、腹径18.3、带盖高17.7厘米（图三二一，5；图版一三五，6）。

M20：5　豆。泥质。带盖豆。盖呈深灰色，盘呈灰色。盖呈覆盘状，顶面圆弧隆起，圆形握纽，硕大，翻缘，母口，平缘，腹壁圆折，盖较浅。盖顶饰三道瓦纹。盘小方唇，外缘凸出，子口微敛，舌较短，半圆形腹，盘心平缓，矮柱状圆柄，中空，喇叭形底座，底座外斜方唇。腹外壁饰一周凹弦纹。盖顶面和盘腹内外壁均有横向旋痕。盖纽径10.5、盖深4.2、盖高6.9、盖口径18.6、盘口径16.8、盘腹径18、腹深8.1、高14.7、带盖高20.7、底座径10.2厘米（图三二一，2；图版一三五，1）。

图三二一　12YWM20出土陶器

1、2.豆（M20：7、M20：5）　3.鬲（M20：6）　4.壶（M20：3）　5.鼎（M20：4）

M20：6　鬲。泥质灰陶。器体较小，直口，斜沿，沿面下凹，小尖唇，束颈，圆腹，裆部平缓，器底捏三个小实足。轮制成坯后捏足，下腹和裆部有削切和捏痕。口径9.3、腹径13.8、通高10.2厘米（图三二一，3；图版一三五，3）。

M20：7　豆。泥质灰陶。带盖豆。盖呈覆盘状，顶面圆弧隆起，圆形握纽，硕大，翻缘，母口，盖较浅。盘小方唇，子口内敛，短舌，略扁圆形腹，盘心平缓，矮柱状圆柄，中空，喇叭形底座，底座外方唇。盖和盘腹内外壁均有横向旋抹痕。盖纽径9.6、盖深4.2、盖高7、盖口径17.1、盘口径16.2、盘腹径17.7、腹深7.5、高14.4、带盖高21.3、底座径10.8厘米（图三二一，1；图版一三五，2）。

2）铜器

M20：1　带钩。铜质。琵琶形，圆首，尾钩断失，钩身弯曲，钩体宽扁，椭圆形扣纽靠近钩首。范铸。残长10.9厘米（图三二二，17；图版一三五，4）。

3）石制品

M20：9　石圭。20件。砂岩。或灰色，或深灰色。圭首呈三角形，圭首尖居中，或平尾，或斜直尾，两侧竖直。打制为薄片状，再磨制成形，一部分残断较甚。

M20：9-1　残。长10.3、宽1.7、厚0.3厘米（图三二二，1）。

M20：9-2　残。长8.8、宽1.8、厚0.3厘米（图三二二，2）。

M20：9-3　残。长7.8、宽1.6、厚0.3厘米（图三二二，3）。

M20：9-4　残。长10.3、宽1.6、厚0.2厘米（图三二二，4）。

M20：9-5　残。长9、宽1.8、厚0.3厘米（图三二二，5）。

M20：9-6　残，尾部偏薄。长10.5、宽1.8、厚0.2~0.3厘米（图三二二，6）。

M20：9-7　残，两侧不规整，一侧有锯痕。长8.8、宽1.8、厚0.3厘米（图三二二，7）。

M20：9-8　残。长9.8、宽1.7、厚0.2厘米（图三二二，8）。

M20：9-9　尾残断。残长6.5、宽1.7、厚0.3厘米（图三二二，9）。

M20：9-10　圭首残断。残长7.6、宽1.6、厚0.3厘米（图三二二，10）。

M20：9-11　残，两侧不规整，一侧有锯痕。长7.9、宽1.8、厚0.3厘米（图三二二，11）。

M20：9-12　圭首尖残断。残长8.1、宽1.6、厚0.3厘米（图三二二，12）。

M20：9-13　圭首残断。残长6.8、宽1.7、厚0.2厘米（图三二二，13）。

M20：9-14　圭首残断，尾部偏薄。残长8.6、宽1.7、厚0.2~0.3厘米（图三二二，14）。

M20：9-15　圭首残断。残长9.7、宽1.7、厚0.3厘米（图三二二，15）。

M20：9-16　圭首残断。残长4.6、宽1.6、厚0.3厘米（图三二二，16）。

M20：9-17　圭首残断。残长4.8、宽1.6、厚0.3厘米（图三二二，19）。

4）骨器

M20：2　骨饰件。残，磨蚀较甚。残长5.4厘米（图三二二，18）。

17. 12YWM21

（1）墓葬形制

方向280°（图三二三、图三二四）。长方形竖穴土圹墓，墓口距地表70、长360、宽252厘米。口大底小，呈斗状，近底处墓壁竖直，墓壁较粗糙，拐角方正，底面平整。底长318、宽208、距墓口330厘米。椁室立板紧贴墓壁。墓室填土为黄褐色五花土，夯打，夯土质量一般，夯层厚20~25厘米。

（2）葬具及葬式

一椁二棺。平面均呈"[]"形，拐角方正，两侧帮板包两端挡板，四周立板压底板。

椁：长318、宽208、残高55厘米。四周残存立板各2块有余，厚7厘米。盖板腐朽不详。底板12块，厚6厘米。横向放置。

外棺：长215、宽93、残高46厘米。四周残存立板各1块有余，厚6厘米。盖板5块，厚5厘米。底板4块，厚4厘米。盖板、底板均纵向放置。

内棺：长181、宽60、残高27厘米。四周残存立板各1块有余，厚5厘米。盖板3块，厚4厘米。底板3块，厚3厘米。盖板、底板均纵向放置。

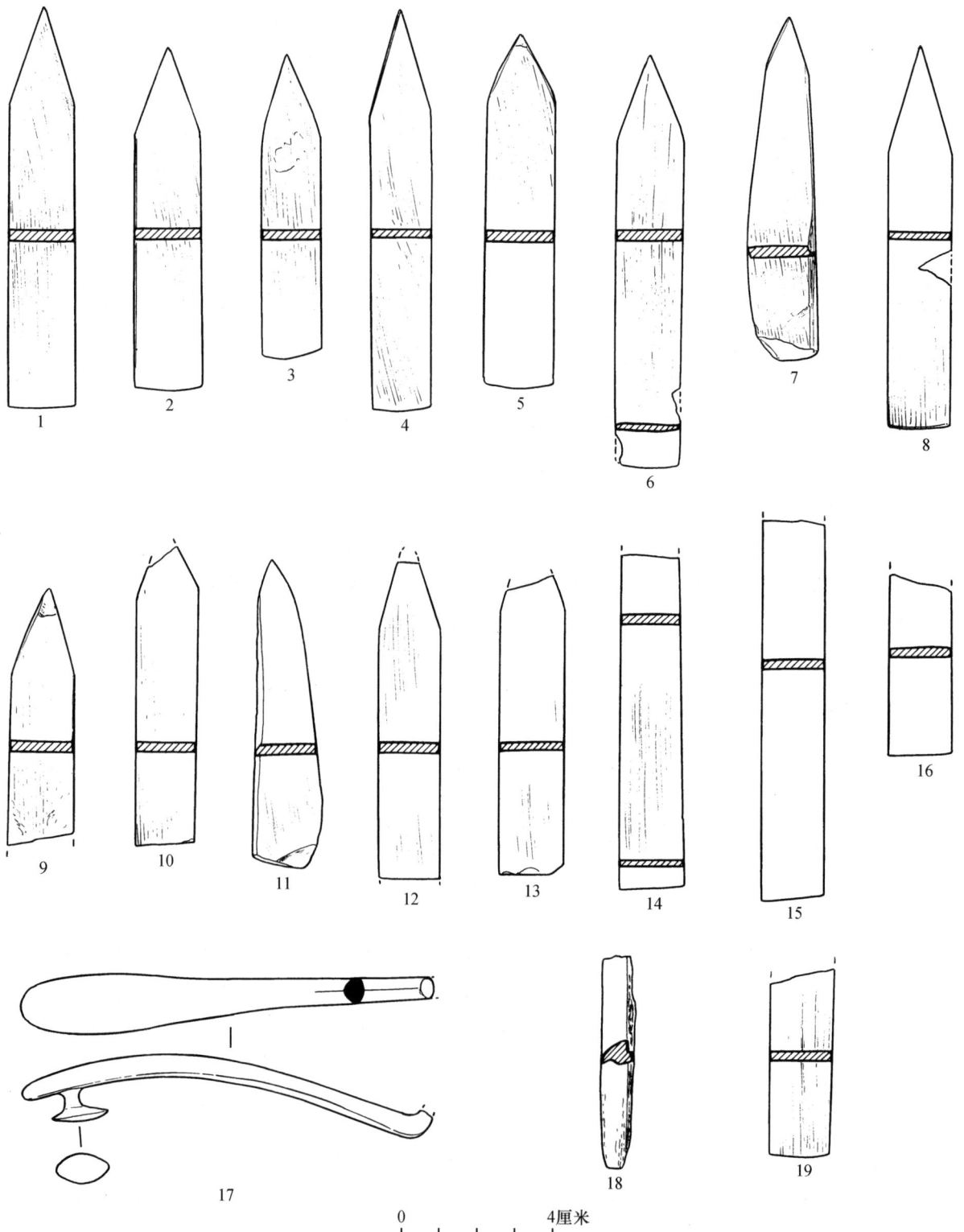

图三二二　12YWM20出土器物

1～16、19.石圭（M20：9-1、M20：9-2、M20：9-3、M20：9-4、M20：9-5、M20：9-6、M20：9-7、M20：9-8、M20：9-9、

M20：9-10、M20：9-11、M20：9-12、M20：9-13、M20：9-14、M20：9-15、M20：9-16、M20：9-17）

17.铜带钩（M20：1）　　18.骨饰件（M20：2）

图三二三　12YWM21平面、剖视图

1.石圭　2、3.陶壶　4.陶鼎　5、6.陶豆　7.陶碗

北

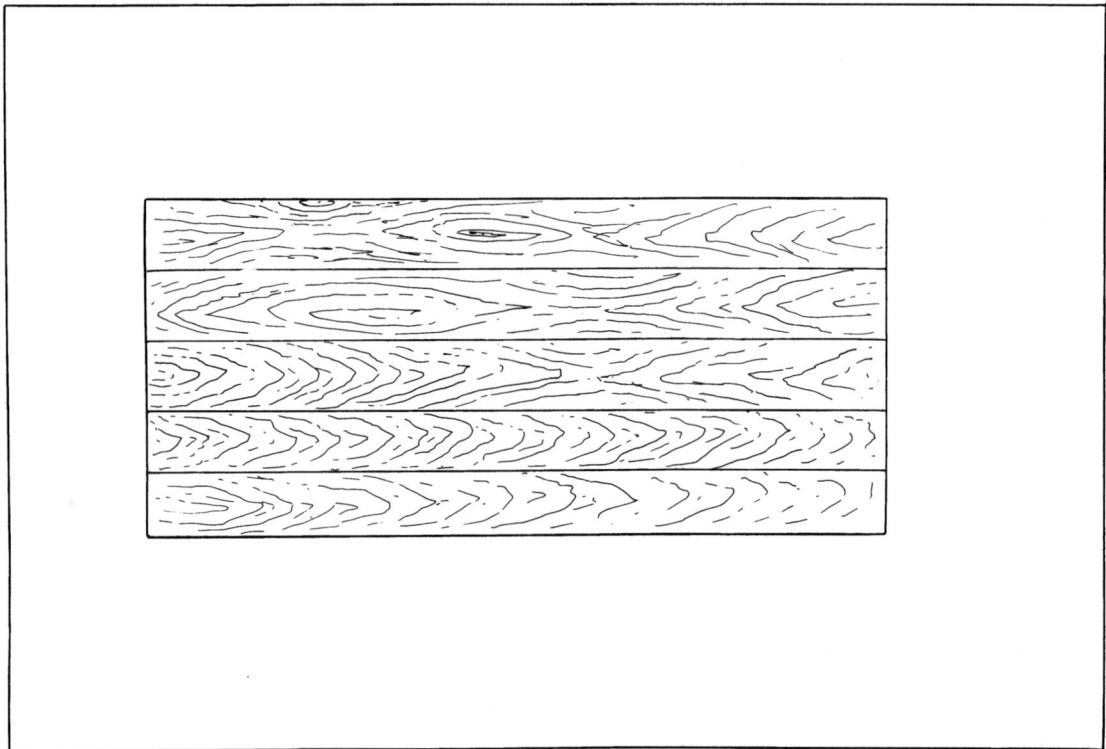

外棺盖板

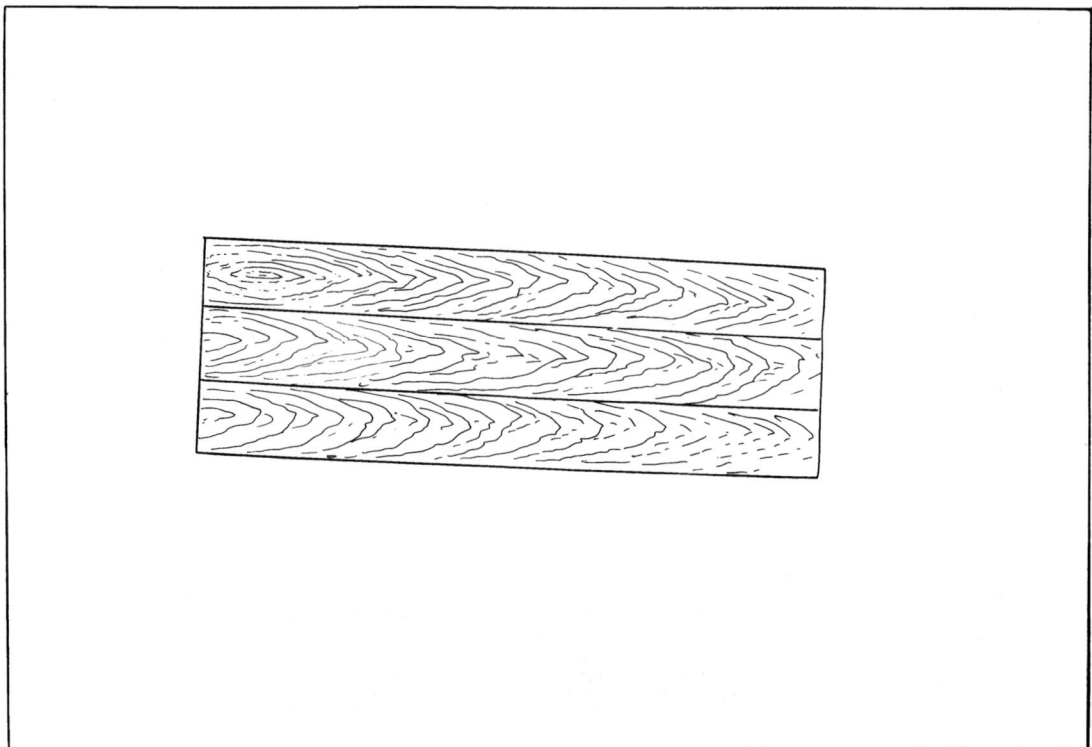

内棺盖板

0　　　　　　　　　　　　　　1米

图三二四　12YWM21棺盖板平面图

墓主人男性，50岁左右，头向西，面向上略偏南，仰身，上肢向内弯屈，双手置于腹部，不相交叠，下肢伸直。

（3）随葬品

陶器6件（图版一三六，1），器类有鼎1（M21：4）、豆2（M21：5、M21：6）、壶2（M21：2、M21：3）、碗1（M21：7）件；石圭数件（M21：1）。所有随葬品置于椁内北侧近西端，陶器基本呈"一"字排列，由东至西依次为豆、豆、壶、鼎、壶、碗、石圭；石圭成堆放置。

1）陶器

M21：2　壶。泥质灰陶。带盖壶。盖为倒置的浅盘豆盘，豆盘敞口，圆唇，浅盘平折，盘心下凹，圆柄残断。壶颈部饰一周凸弦纹，颈肩转折处饰一周竖向锯齿纹，肩腹部饰六道瓦纹。敞口，窄沿，圆方唇，粗短颈内曲，圆肩，上腹圆鼓，下腹圆弧内收，矮圈足。外壁有横向旋痕。盖直径13.2、高6.6、壶内口径12.6、腹径24.9、高29.1、底径10.2厘米（图三二五，6；图版一三七，4）。

M21：3　壶。泥质灰陶。带盖壶。盖为倒置的浅盘豆盘，豆盘敞口，圆方唇，浅盘平折，盘心凸起，柱状圆柄残断。壶颈部饰一周凸弦纹，颈肩转折处饰一周竖向锯齿状暗纹，肩腹部饰五道瓦纹，口沿及肩部有磨光。敞口，窄沿，圆方唇，粗短颈内曲，圆肩，鼓腹，下腹圆弧内收，隐圈足。口沿及外壁有横向旋痕。盖直径12、高13.2、壶内口径11.2、腹径25.2、高29.1、底径10.2厘米（图三二五，5；图版一三七，3）。

M21：4　鼎。泥质灰陶。带盖鼎。覆盘状圆顶盖，顶面圆弧隆起，母口，盖较浅。鼎体腹部饰一周凸弦纹。鼎耳宽大，弯曲斜侈，长方形耳穿，规整，方唇，子口内敛，短舌，半圆形腹，圜底，蹄形足，三足内聚，上部空心，足底蹄突明显。盖和鼎体内外壁有横向旋痕，双耳和三足模制。盖口径20.1、盖深3.9、盖高4.5、鼎口径17.4、腹径19.5、鼎体高16.8厘米（图三二五，3；图版一三六，2）。

M21：5　豆。泥质灰陶。带盖豆。盖呈覆盘状，圈足式握纽，顶面圆弧隆起，母口，盖较浅。盘腹外壁饰三道瓦纹。圆唇，子口内敛，舌较短，扁圆腹，中腹部略微膨胀，柱状圆柄，中空较矮，喇叭形底座，底座外方唇。盖顶面和盘内外壁有横向旋痕。盖纽径7.2、盖深3.6、盖高5.4、盖口径18、盘口径15.6、盘腹径18.3、盘深8.1、高16.8、带盖高21、底座径12.3厘米（图三二五，2；图版一三七，2）。

M21：6　豆。泥质。深灰色。带盖豆。盖呈覆盘状，圆形握纽，翻缘，顶面圆弧隆起，母口，盖较浅。盘腹外壁饰三道瓦纹。圆唇，子口内敛，舌较短，扁圆腹，柱状圆柄，中空较矮，喇叭形底座，底座外方唇。盖顶面和盘内外壁有横向旋痕。盖纽径8.1、盖深3.6、盖高6.3、盖口径17.4、盘口径15.3、盘腹径17.7、盘深7.5、高16.5、带盖高21.9、底座径12.3厘米（图三二五，1；图版一三七，1）。

M21：7　碗。泥质灰陶。敞口，方唇，折腹，下腹斜内收，小平底，底面略内凹。内外壁有横向旋抹痕，底面有刮削痕，烧制变形。口径13.8、高4.2、底径6.6厘米（图三二五，4；图版一三六，3）。

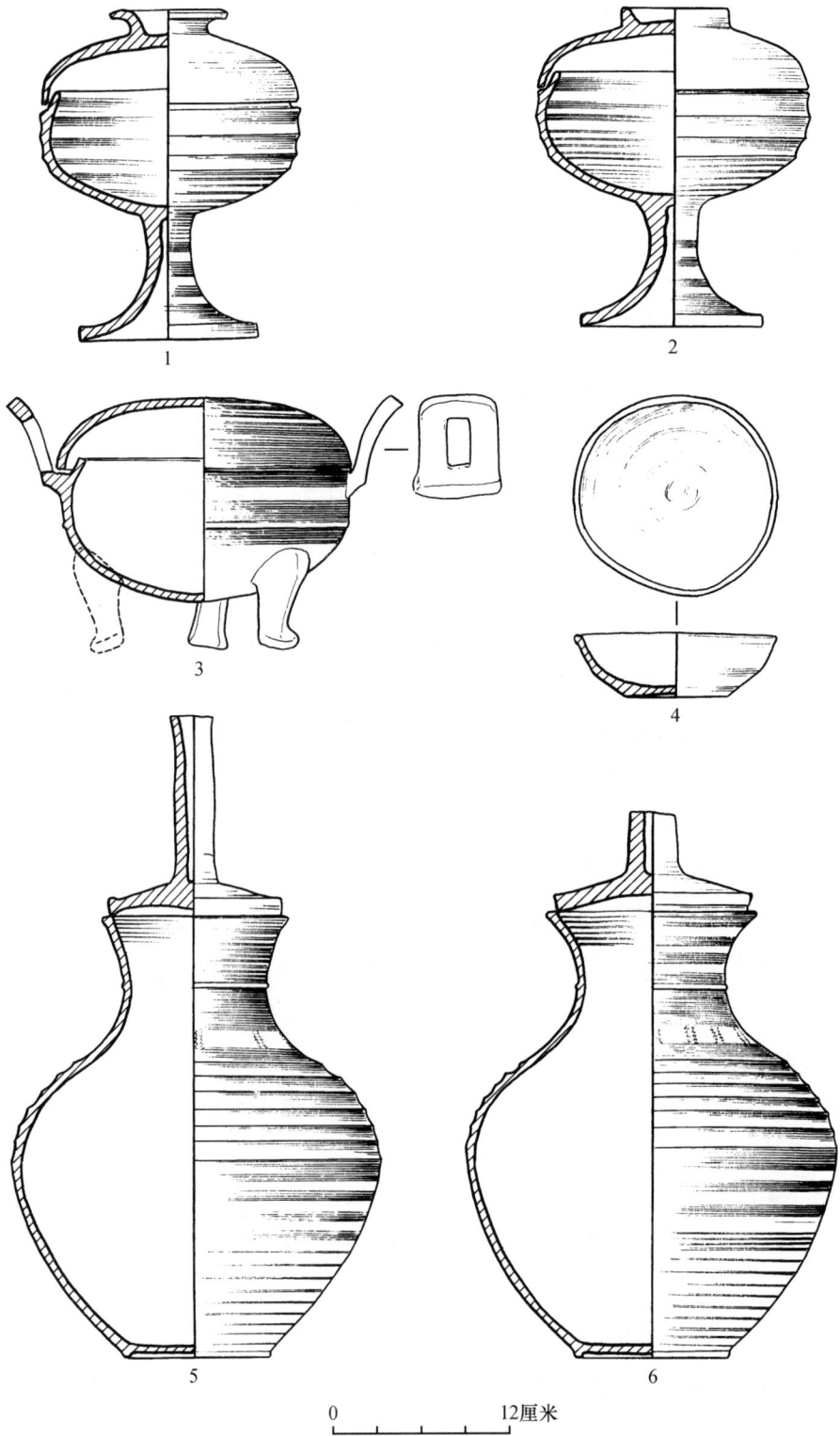

图三二五　12YWM21出土陶器

1、2.豆（M21：6、M21：5）　3.鼎（M21：4）　4.碗（M21：7）　5、6.壶（M21：3、M21：2）

2）石制品

M21：1　石圭。砂岩。数量较多。或灰色，或深灰色。圭首呈三角形，圭首尖居中，平尾，两侧或平直，或斜直，宽窄、大小不尽相同。用锯打制为薄片状，再粗磨成形，相当一部分仅打成薄片状和小块的半成品。

M21：1-1　基本完整。长9.8、宽1.9、厚0.3～0.4厘米（图三二六，1）。

M21：1-2　基本完整。长8.7、宽2.2、厚0.2～0.4厘米（图三二六，2）。

M21：1-3　尾略残。长8.3、宽2.1、厚0.3～0.4厘米（图三二六，3）。

M21：1-4　圭首尖残。残长8.3、宽2.1、厚0.4厘米（图三二六，4）。

M21：1-5　圭尾略残。长8、宽1.9、厚0.4厘米（图三二六，5）。

M21：1-6　圭尾略残。长8.1、宽2、厚0.4厘米（图三二六，6）。

M21：1-7　略残。长8、宽1.8、厚0.3厘米（图三二六，7）。

M21：1-8　尾残断。残长7.1、宽2.1、厚0.3厘米（图三二六，8）。

M21：1-9　尾略残。长8.2、宽2.1、厚0.3～0.4厘米（图三二六，9）。

M21：1-10　尾略残，一侧有锯痕。长7.5、宽2、厚0.2～0.3厘米（图三二六，10）。

M21：1-11　尾略残。长7.7、宽2.1、厚0.3厘米（图三二六，11）。

M21：1-12　完整。长7.8、宽1.9、厚0.3厘米（图三二六，12）。

M21：1-13　圭首尖残断。残长7.4、宽1.7、厚0.3厘米（图三二六，13）。

M21：1-14　尾残断。残长6.9、宽1.7、厚0.3厘米（图三二六，14）。

M21：1-15　略残。长9.3、宽2.1、厚0.4厘米（图三二六，15）。

M21：1-16　残。长8.3、宽1.9、厚0.2厘米（图三二六，16）。

M21：1-17　残，一侧有锯痕。长9.4、宽2、厚0.4厘米（图三二六，17）。

M21：1-18　残。长7.2、宽1.8、厚0.3厘米（图三二六，18）。

M21：1-19　尾略残。长7.9、宽1.7、厚0.2厘米（图三二六，19）。

M21：1-20　圭首尖略残。残长7.8、宽1.9、厚0.3厘米（图三二六，20）。

M21：1-21　圭首残断，尾略残，一侧有锯痕。残长8、宽2.1、厚0.3～0.4厘米（图三二六，21）。

M21：1-22　圭首尖残断。残长6.3、宽1.8、厚0.3厘米（图三二六，22）。

M21：1-23　圭首尖残断。残长6、宽1.7、厚0.4厘米（图三二六，23）。

M21：1-24　残。长7.7、宽2、厚0.3厘米（图三二六，24）。

M21：1-25　圭首尖和尾残断。残长5.2、宽1.5、厚0.3厘米（图三二六，25）。

18. 12YWM24

（1）墓葬形制

方向288°（图三二七、图三二八；图版一三八，1）。长方形竖穴土圹墓，墓口距地表105、长213、宽80厘米。口大底小，呈斗状，墓壁较粗糙，拐角方正，底面平整。底长198、

图三二六　12YWM21出土石圭

1. M21：1-1　2. M21：1-2　3. M21：1-3　4. M21：1-4　5. M21：1-5　6. M21：1-6　7. M21：1-7　8. M21：1-8　9. M21：1-9
10. M21：1-10　11. M21：1-11　12. M21：1-12　13. M21：1-13　14. M21：1-14　15. M21：1-15　16. M21：1-16
17. M21：1-17　18. M21：1-18　19. M21：1-19　20. M21：1-20　21. M21：1-21　22. M21：1-22　23. M21：1-23
24. M21：1-24　25. M21：1-25

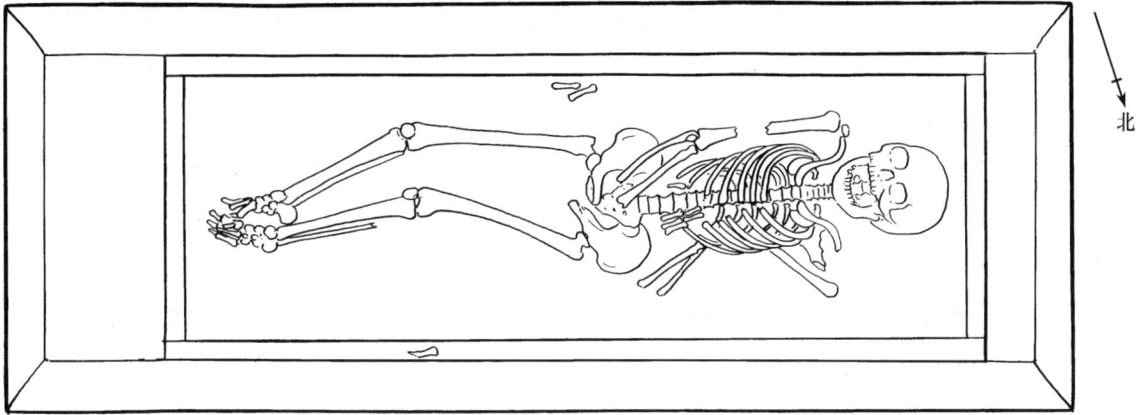

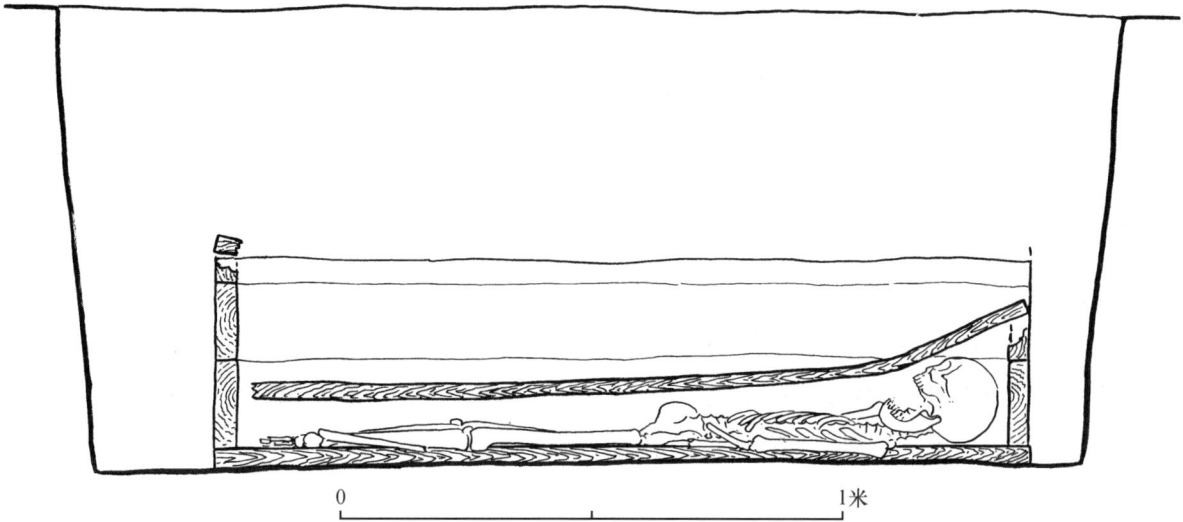

图三二七　12YWM24平面、剖视图

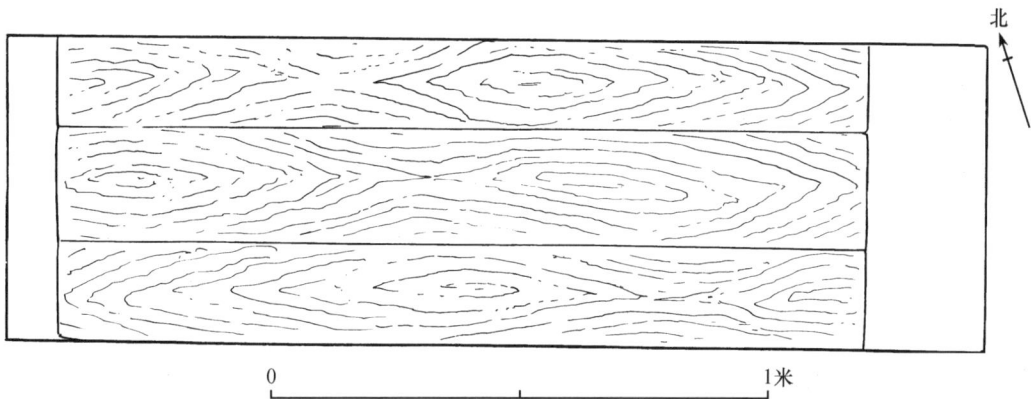

图三二八　12YWM24棺盖板平面图

宽60、距墓口90厘米。墓底东西两端为熟土二层台，无夯打，南北两侧棺帮板紧贴墓壁。二层台顶面东宽24、西宽10、残高41厘米。墓室填土为黄褐色五花土，无夯打，土质较软。

（2）葬具及葬式

一棺。棺平面呈"[]"形，拐角方正。长164、宽60、残高46厘米。南北两侧帮板包东西两端挡板，四周立板压底板。四周残存立板1～2块，厚5厘米。盖板3块，厚4厘米。纵向放置。底板腐朽不详。

墓主人女性，35岁左右，头向西，面向上，仰身，上肢略向内弯屈，手指骨凌乱，下肢略微弯屈，左腓骨断折，腓骨大头置于棺边。

（3）随葬品

该墓无随葬品。

第二节　偏洞室墓

1. 12YWM14

（1）墓葬形制

偏洞室墓。由墓道、墓门和墓室组成（图三二九；图版一三九，1）。方向100°。

墓道　长方形竖穴土圹，口大底小，呈斗状。口长176、宽72、底长168、宽60、底距墓口60厘米。墓道内填土为黄褐色五花土，土质较软。

墓门　宽度同墓道长度，高40厘米。封门不详。

墓室　位于墓道底部北侧。长181、宽69、高54厘米。平底，拱形顶。墓室底比墓道底低15厘米。

（2）葬具及葬式

未发现葬具。

墓主人骨架保存较差，性别不详，12～16岁之间，头向东，面向南，侧身，上肢弯屈，置于身体南侧，下肢弯屈。

（3）随葬品

铜带钩1件，置于墓主人腹部。

铜器

M14：1　带钩。铜质。完整，器体较小，尖钩首，钩身弯曲，尾钩较短，钩身正面有小平台，呈三面体，断面呈梯形，梭状扣纽靠近钩首。钩身背面有纵向范铸痕迹，钩身正面锉磨痕迹明显。通长4.7厘米（图三三〇；图版一三九，2）。

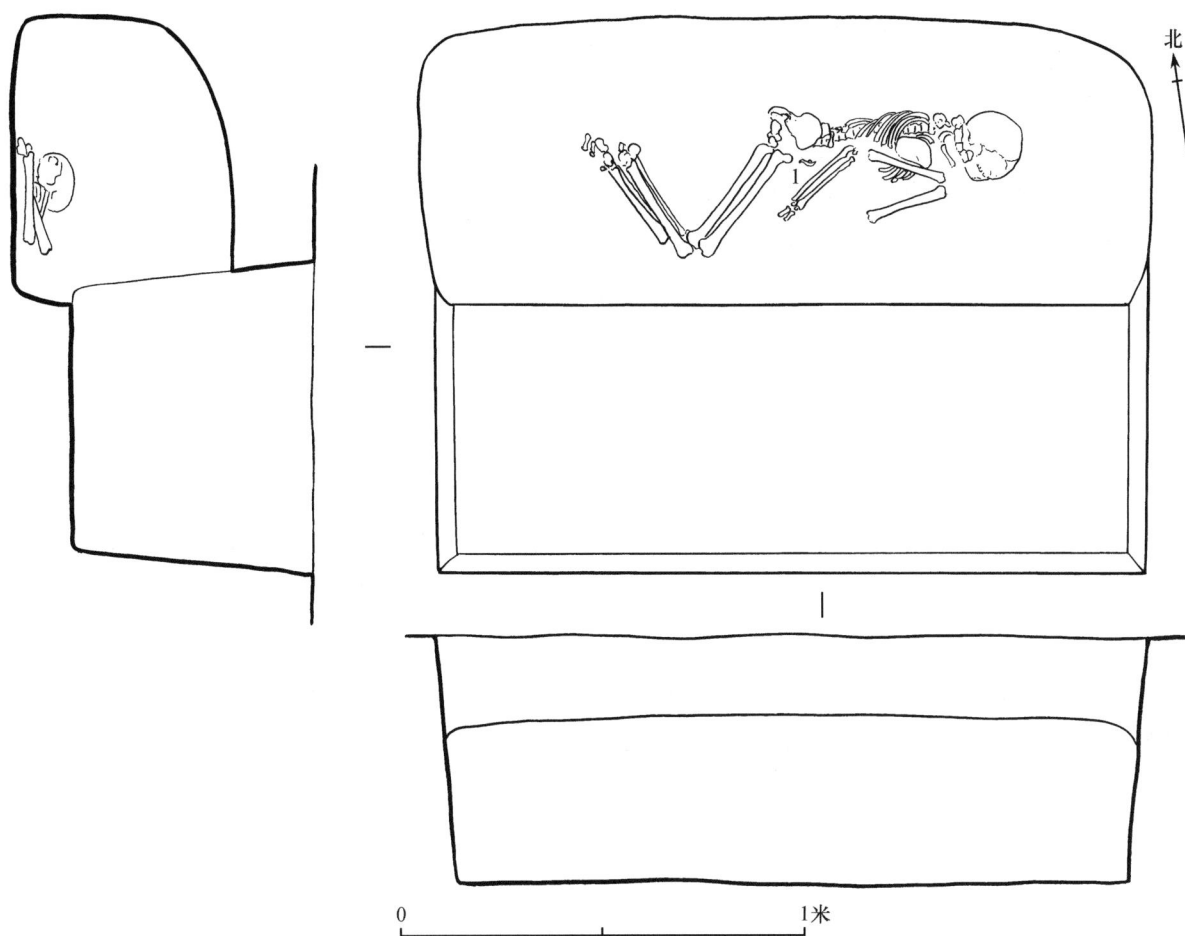

图三二九　12YWM14平面、剖视图

1. 铜带钩

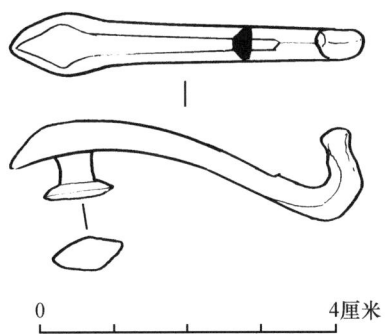

图三三〇　12YWM14出土铜带钩（M14：1）

2. 12YWM22

（1）墓葬形制

偏洞室墓。由墓道、墓门和墓室组成（图三三一；图版一三八，2）。方向280°。

墓道　长方形竖穴土圹，口底同大。长155、宽42、底距墓口16厘米。墓道内填土为黄褐色五花土，土质较软。

墓门　宽度同墓道长度，残高16厘米。封门不详。

墓室　位于墓道底部北侧。长160、进深69、残高20厘米。平底。墓室底比墓道底低5厘米。

（2）葬具及葬式

一棺。棺平面呈"〔〕"形，拐角方正。长143、宽54、残高7厘米。两侧帮板包两端挡板，四周立板压底板。四周残存立板不足1块，厚4厘米。盖板腐朽不详。底板2块，厚3厘米。纵向放置。

棺底板下有2根垫木，长条形圆木，横向置于棺底近两端处，东端垫木长于墓室宽度，北端掏龛放置，垫木下有槽。

墓主人骨架保存较差，未成年，头向西，面向上，仰身，上肢向内弯屈，手指骨腐蚀不详，下肢伸直。

（3）随葬品

该墓无随葬品。

北

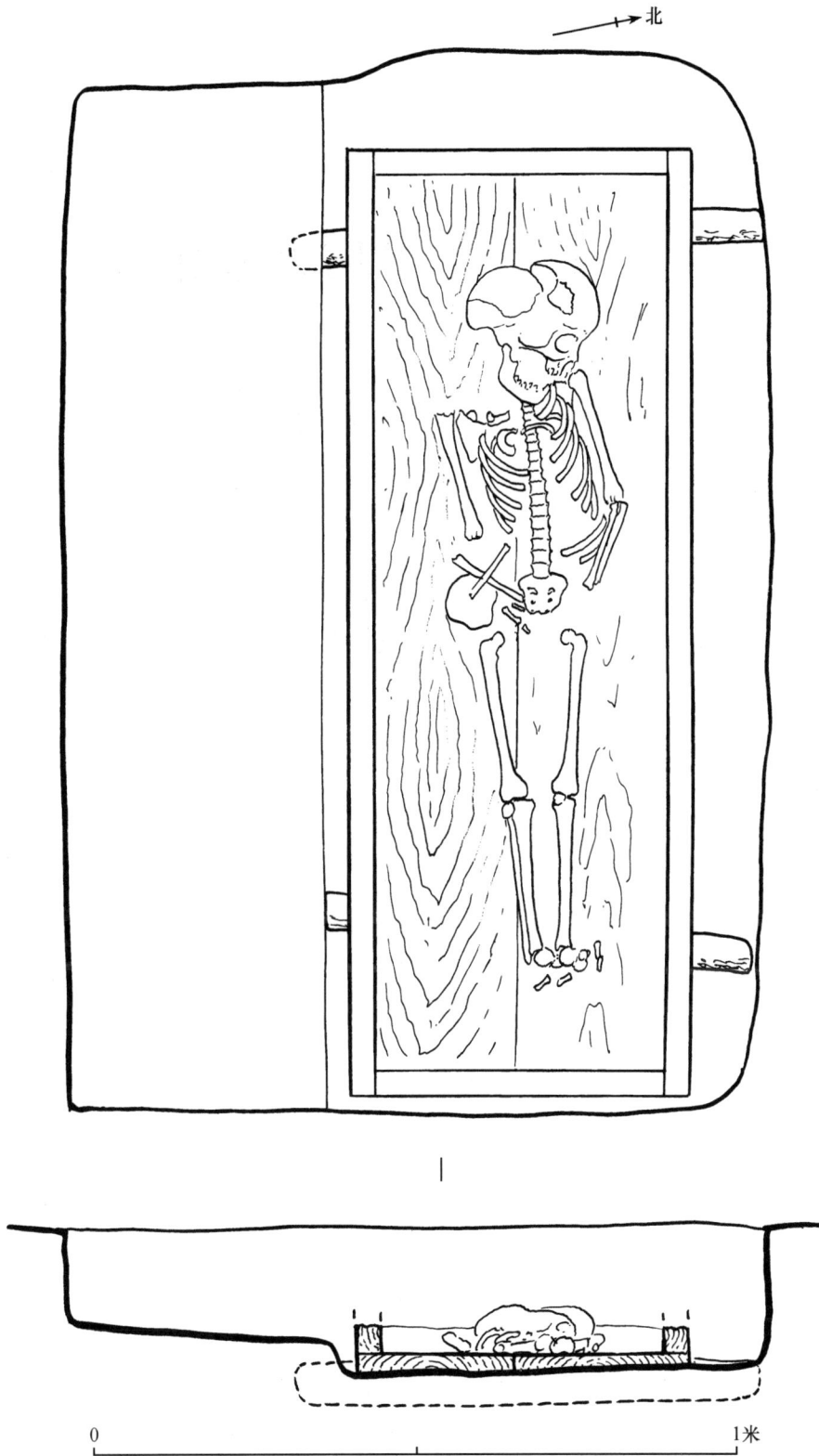

图三三一 12YWM22平面、剖视图

0 1米

第四章 明代时期墓葬

第一节 土洞室墓

12YWM1

（1）墓葬形制

土洞室墓，由墓道、墓门、甬道和墓室组成（图三三二）。整体呈"甲"字形。方向195°。

墓道 长条形、竖穴，长324、宽93、高距现墓口670～690厘米。直壁，坡状底，南高北低。墓道内填土为黄褐色花土，土质较软。

墓门 半圆形拱形顶。高150、宽93厘米。青灰条砖封门，封门砖置于甬道内，里外两层封堵，外层为干摆丁砖，通缝，残存5层砖，高25厘米，里层为干摆甃砖，残存4层，高60厘米。

甬道 生土过洞，半圆形拱形顶。宽93、高150、进深52厘米。

墓室 平面近方形，抹角，拱形顶。南北长329、东西宽311、高200厘米（图版一四〇，1）。墓室内被淤土填满。

（2）葬具及葬式

该墓为三人合葬，墓室中间南北向并列放置。西侧人骨（Ⅰ），成年女性，头向北，面向上，仰身，上肢向内弯屈，手置于腹部，下肢伸直。葬具为一棺，长条形，北宽南窄，棺长190、北宽64、南宽48厘米，高度不详。

中间人骨（Ⅱ），男性，40～50岁之间，头向北，面向上，仰身，左上肢向内弯屈，手置于腹部，右上肢伸直，手置于髋骨旁，下肢伸直。葬具为一棺，长条形，北宽南窄，棺长200、北宽65、南宽47厘米，高度不详。

东侧人骨（Ⅲ），女性，18～19岁左右，头向北，面向上，仰身，上肢散乱，下肢伸直。葬具为一棺，长条形，北宽南窄，棺长200、北宽64、南宽48厘米，高度不详。

（3）随葬品

随葬品有瓷碗1（M1：3）、瓷罐1（M1：4）、泥俑8（M1：7～M1：9、M1：11～M1：15）、板瓦2（M1：5、M1：6）、铁灯盏1（M1：10）、铜镜1（M1：1）、

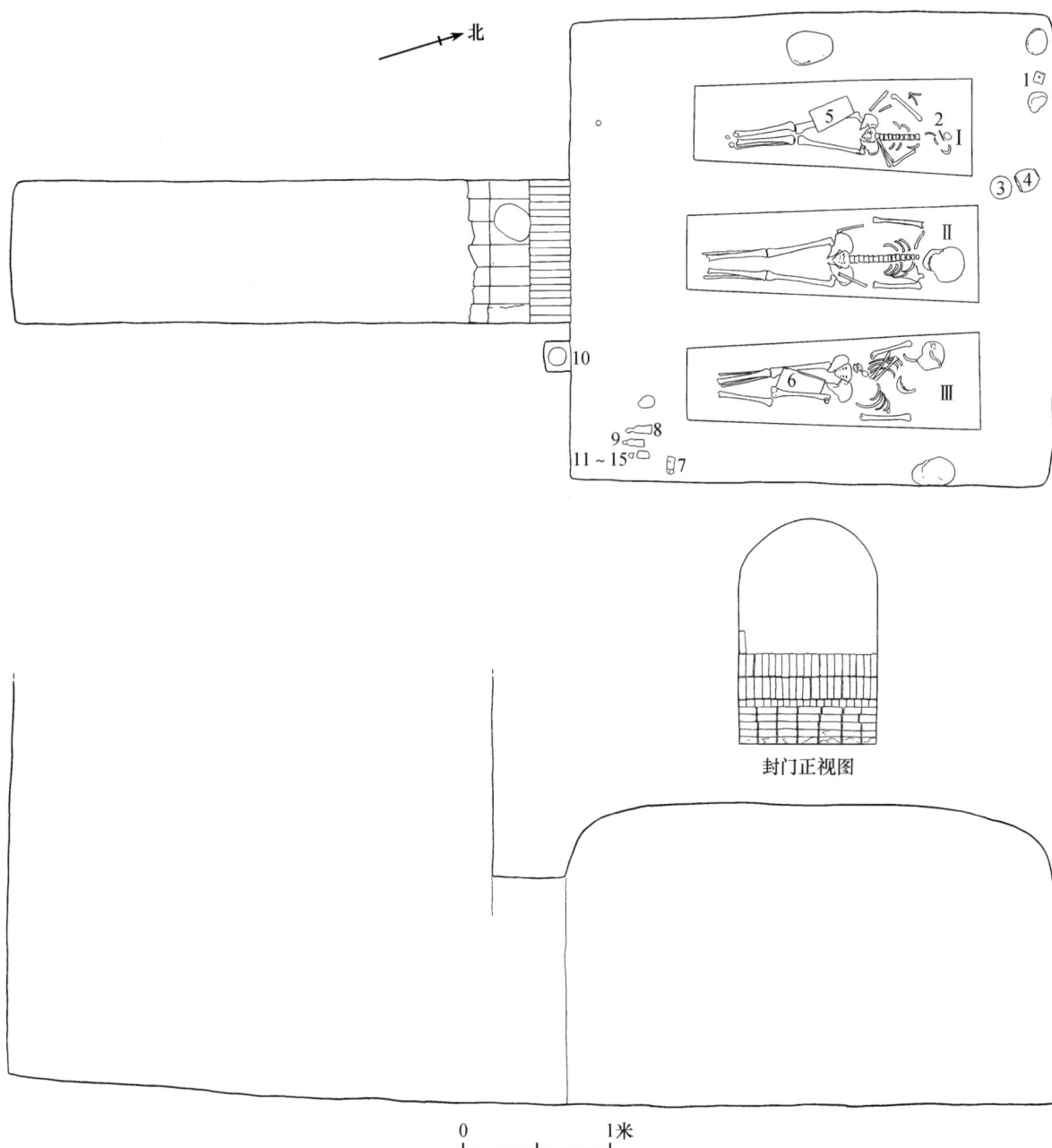

图三三二　12YWM1平面、剖视及封门正视图

1. 铜镜　2. 铜簪　3. 瓷碗　4. 瓷罐　5、6. 板瓦　7~9、11~15. 泥俑　10. 铁灯盏

铜簪1（M1:2）件。分别置于以下几处：

　　1号铜镜置于墓室西北角；2号铜簪置于Ⅰ号人骨头部；3号瓷碗和4号瓷罐置于墓室后端中部；5号和6号瓦分别置于Ⅰ号、Ⅲ号人骨下肢上；7~9、11~15号泥俑置于墓室东南角；10号铁灯盏置于墓室南壁上壁龛内。另外在墓室东西两侧中部各放置不规整河卵石1块，西北角放置不规整河卵石2块，墓室前端东西两侧各有一堆煤炭块。

1）陶器

M1：5　板瓦。泥质灰陶。内壁垫印细麻布纹。瓦呈弧形，一端窄、一端宽，弧面以墨书和朱书书写符文，顶（窄）端墨书"敕令"，底（宽）端墨书"定"，左侧墨书"作吉"，右侧墨书模糊不清，弧面中间朱书符文。手、模合制，两侧有切割痕迹，由内向外切割五分之一厚度。瓦长27.5、窄端宽14、宽端宽17.8、厚1.6厘米（图版一四一，5）。

M1：6　板瓦。泥质灰陶。内壁垫印细麻布纹。瓦呈弧形，一端窄、一端宽，弧面以墨书和朱书书写符文，符文模糊不清。手，模合制，两侧有切割痕迹，由内向外切割五分之一厚度。瓦长25、窄端宽13.5、宽端宽16、厚1.5厘米。

M1：7　泥人俑。残，仅存胸腹以上。人物造型为男性，眉目清秀，五官端正，头戴无脚幞头，身着交领衫。该俑曾施彩绘，以白彩为底，幞头处涂黑彩，衣衫处施红彩。其制作材质为黏土，制作方法为整体捏制，在其身体断面可见一不规则状圆洞，深度9厘米，可抵人俑头部，推测其可能以圆形树棍为雕塑支撑，在人物捏制好后，再将木棍从俑体中抽离。人俑残长11、最宽6.2、最厚3厘米（图三三三，1；图版一四〇，3）。

M1：8　泥人俑。残，仅存头部。人物造型为男性，面貌清晰端正，头戴无脚幞头，帽墙之上做雕饰，类似花冠。人物面目施白彩，幞头施黑彩，帽墙处施红彩。人物头颈处断面有一孔洞，孔深3.6、径0.4厘米。其材质和制作方法与M1：7相同。人俑残高4.5、最宽2.8厘米（图三三三，2；图版一四〇，2）。

M1：9　泥人俑。残，仅存腰胯之下。衣服褶皱刻画明显，衫下露足着鞋。该俑以白彩为底，衫上残存少许红彩。在其底部发现有一规整的圆形孔洞，孔深5、径0.6厘米。其材质和制作方法与M1：7相同。人俑残高6.5、最宽4.6、最厚3.5厘米（图三三三，4）。

M1：11　泥人俑。残，头部不存。人物造型呈立姿，身穿宽袖长衫，双手拢于袖中，双袖下垂呈弧状，衣服褶皱刻画明显，衫下露足着鞋。该俑以白彩为底，衫上残存少许红彩。在其底部发现有一规整的圆形孔洞，孔深5、径0.8厘米。其材质和制作方法与M1：7相同。人俑残高14.5、最宽5.5、最厚3.2厘米（图三三三，6；图版一四〇，4）。

M1：12　泥人俑。残，仅存腰身以下。在其底部有一圆形孔洞，孔深8.2、径1厘米。其材质和制作方法与M1：7相同。人俑残高11、最宽7、最厚4.1厘米（图三三三，7；图版一四〇，5）。

M1：13　泥人俑。残，仅存颈至胸部。在其颈和胸部断面皆可见圆形孔洞，孔径0.6厘米。其材质和制作方法与M1：7相同。人俑残高5.3、最宽6.8、最厚3厘米（图三三三，3）。

M1：14　泥人俑。残，胸部以上不存。塑像底部有一圆形孔洞，孔深5、径0.8厘米。其材质和制作方法与M1：7相同。人俑残高10、最宽5.8、最厚2.7厘米（图三三三，8）。

M1：15　泥人俑。残，仅存腰胯以下。在其底部和断面均可见一圆形孔洞，孔径0.9厘米。其材质和制作方法与M1：7相同。人俑残高11、最宽6.2、最厚3.6厘米（图三三三，5）。

2）瓷器

M1：3　碗。胎呈黄色。内外壁施黑釉，内壁施半釉，外壁施至下腹不及圈足，釉面色泽较好。直口，圆唇，圆弧腹，圈足，挖足不过肩。拉坯成形。口径12.2、通高6、足径6.4厘米

0　　　　　　　4厘米

图三三三　12YWM1出土泥人俑

1. M1：7　2. M1：8　3. M1：13　4. M1：9　5. M1：15　6. M1：11　7. M1：12　8. M1：14

（图三三四，4；图版一四一，4）。

M1：4　罐。胎呈青灰色，略泛黄。内外壁施黑釉，内壁满釉，外壁施至下腹不及圈足，色泽光亮。直口，圆唇，溜肩，上腹圆鼓，圈足，挖足与肩平齐。拉坯成形。口径9.8、通高12、足径7.2厘米（图三三四，1；图版一四一，3）。

3）铜器

M1：1　铜镜。四方委角。器物可分为镜体和纽座两部分。镜体厚重，镜面平整，镜背素面；镜纽为圆形带穿，二者系粘结成一体。边长7.8厘米、厚0.3厘米（图三三四，2；图版一四一，1）。

M1：2　簪。簪端作五瓣蒜头状带根，簪身素面。长8.2、最宽0.6厘米（图三三四，3；图版一四一，2）。

4）铁器

M1：10　灯盏。表面呈铁锈色。敞口，内斜沿，尖唇，斜直壁，圜底，口部铸一把手，把手上铸有花纹，内壁中部铸一窄台，与把手对应的一面中间无，呈流状。范铸。口径11.2、通高8.4厘米（图三三四，5；图版一四一，6）。

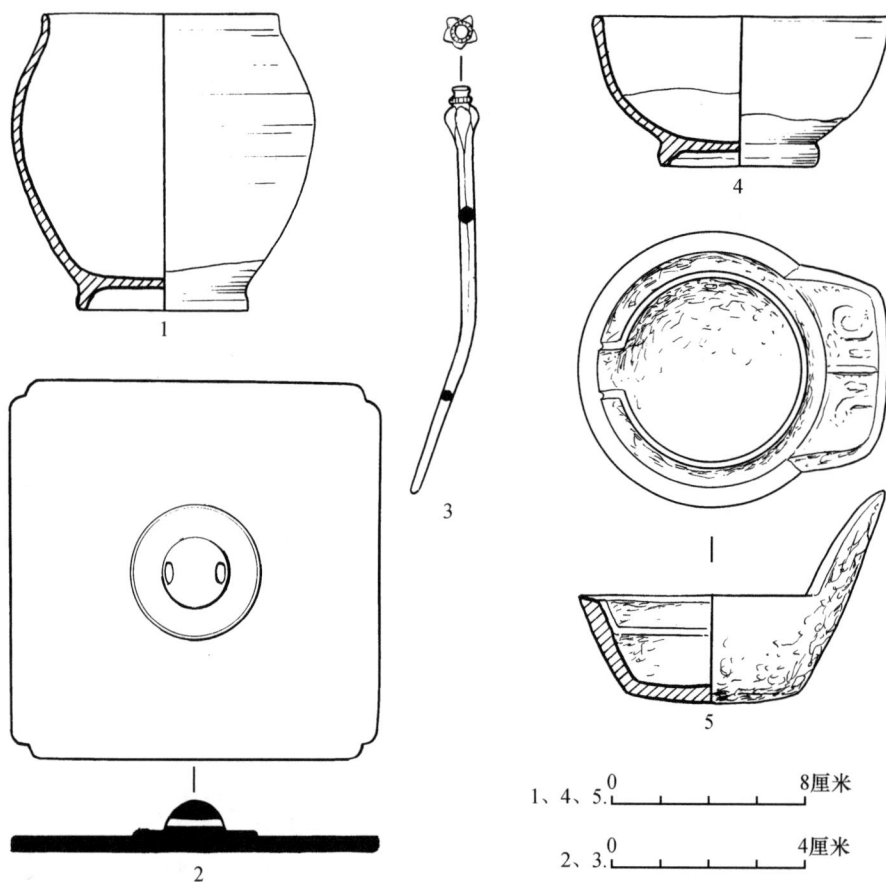

图三三四　12YWM1出土器物

1.瓷罐（M1：4）　2.铜镜（M1：1）　3.铜簪（M1：2）　4.瓷碗（M1：3）　5.铁灯盏（M1：10）

第二节　砖　室　墓

12YWM2

（1）墓葬形制

青砖砌券单室墓。由墓道、墓门、甬道和墓室组成（图三三五～图三三七）。整体呈"甲"字形。方向190°。该墓打破H7。该墓被盗扰。

墓道　长方形、竖穴，长258、宽89、底距现墓口550厘米。直壁，壁面平整光滑，拐角方正，底面平整。墓道内填土为黄褐色小花土，土质松软。

墓门　生土拱形顶。高130、宽90厘米。采用青灰条砖封门，封堵方式为干摆丁砖和甏砖，无规律。

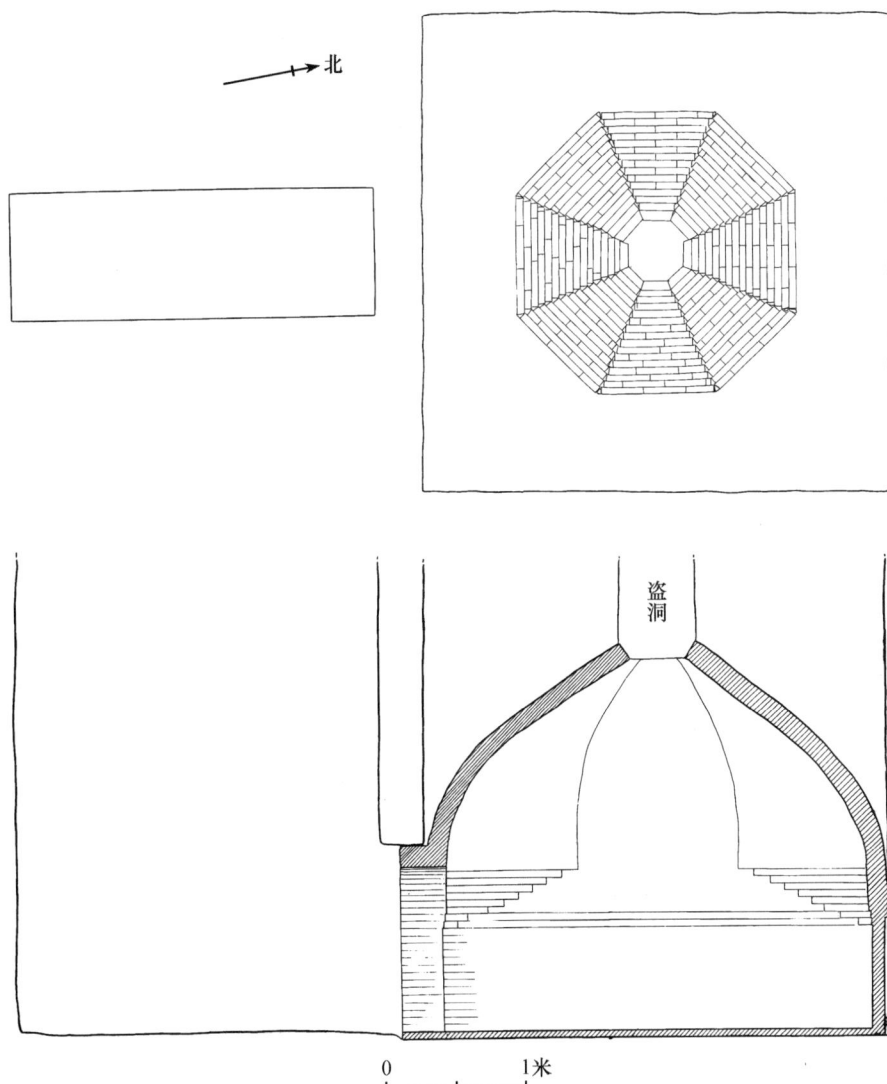

图三三五　12YWM2俯视、剖视图

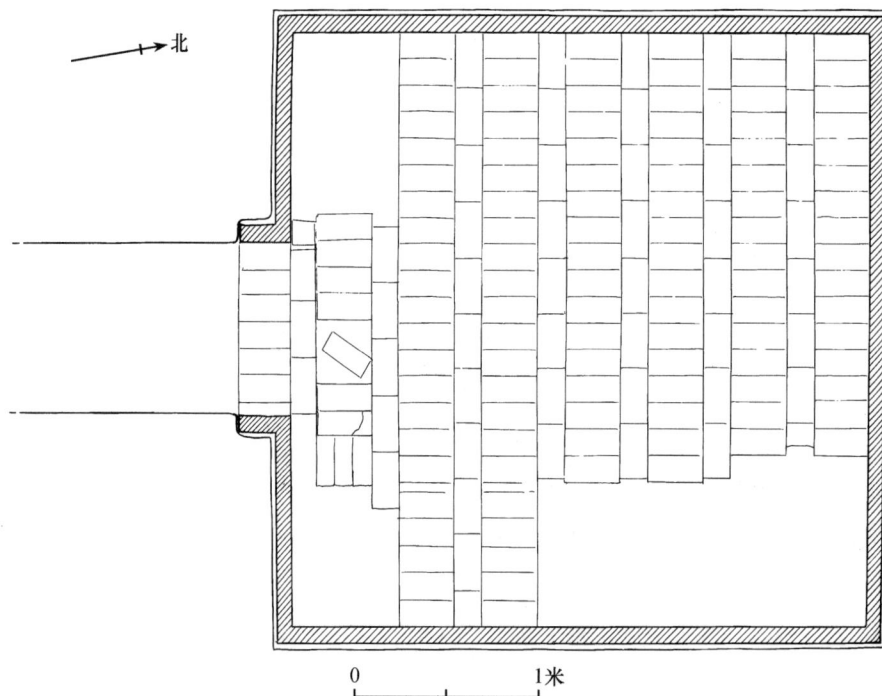

图三三六　12YWM2平面图

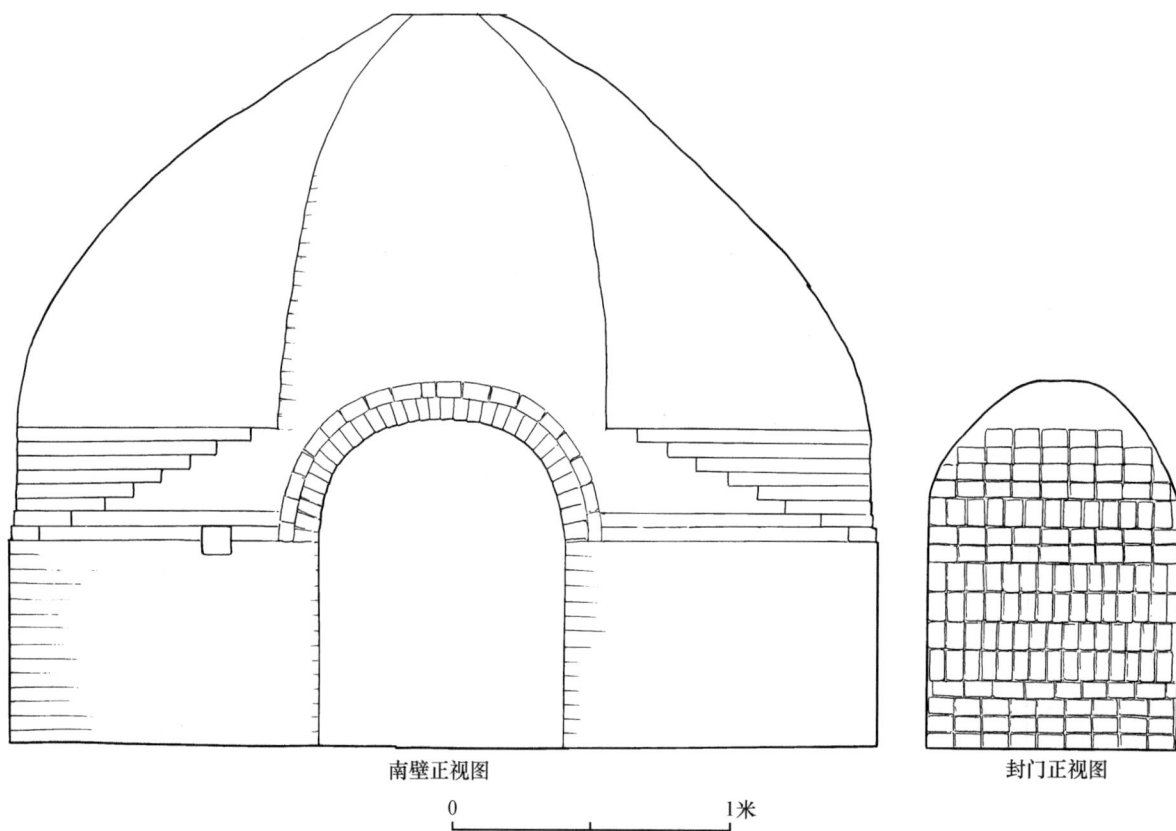

南壁正视图　　　　　　　　　　　封门正视图

图三三七　12YWM2墓壁、封门正视图

甬道　在生土中掏洞，分生土过洞和砖砌两部分，前端为生土过洞，拱形顶，后端为砖砌，直通墓室，东西两侧顺砖平砌，顶部采用单层砖券拱形顶。前端宽90、高130、后端92、高115、进深45厘米。

墓室　在竖穴土圹中砖砌。土圹南北长335、东西宽332、底距现口部555厘米。墓室底部为方形，长、宽均312、底距顶259厘米（图版一四二，2）。墓室底部条砖墁地，铺筑方式为横直相间，四壁下部竖直，顺砖错缝平砌，从墓底至上部72厘米高度四壁向内叠收，四角叠涩内收（图版一四三，1），墓室顶部叠收成八角穹隆攒尖顶（图版一四二，1）。南壁的甬道东侧砌一方形壁龛（图版一四三，2）。墓室内堆满淤土。

（2）葬具葬式

该墓盗扰，无存葬具和墓主人骨架。

（3）随葬品

该墓无随葬品。

第三部分

苇沟-北寿城遗址区域性系统调查、勘探与试掘

第一章 区域性系统调查

第一节 调查方法和收获

为进一步了解该遗址使用年代、分布范围、文化内涵，我们对苇沟-北寿城遗址进行了区域性系统考古调查。调查范围东以230省道为界，西以封壁村东为界，南以北寿城村为界，北以凤架坡村—曹家坡村为界。经纬度范围东经111°40′28.61″至111°42′31.11″，北纬35°46′51.11″至35°46′26.4″。 调查区域涉及唐兴镇、王庄乡两个乡镇，由西向东、由北向南分别为：封壁村、后苇沟村、曹家坡村、岳庄村、凤架坡村、老君沟村、苇沟村、营里村、北寿城村、南官庄村、东寿城村，总面积约17平方千米。区域内为丘陵台地，沟壑纵深，地势西北高东南低（图三三八、图版一四四 ）。调查工作严格按照《田野考古操作规程》的要求作业。充分运用GPS卫星定位系统、数码相机等手段。对每一个采集点进行编号并登记其经纬度坐标。共记录地点372个（附表一〇），其中地表采集149处、房址5处、夯土6处、灰坑109处、墓葬32处、陶窑22处、文化层46处、瓮缸葬3处，分别进行了记录、采集，共采集陶片、瓷片、石器1811件。

第二节 采集点分述

由于采集遗物较多，我们从所采集的1811件遗物中选取保存较好、器形、纹饰、制作工艺特征明显的734件，作为标本，进行绘图、描述。介绍前对描述中一些词语使用方法进行说明：

陶质方面，本次采集的陶片中，夹杂有细砂、石子、石英、钙质结核等杂质，这些包含物的密度、颗粒大小一定程度上决定了陶片被确定为"泥质"或"夹砂"，通过对所有陶片进行观察、测量，我们将陶片材质分为如下几类，第一类：胎质纯净、几乎不见任何包含物。第二类：陶胎中包含一些直径在1毫米以下的细砂、钙质结核或石英颗粒，偶见较大颗粒，密度极低。应为陶土淘洗不净所致。第三类：陶胎中包含大量直径在1毫米以上的石子、石英、钙质结核颗粒，胎质也较为粗糙，这类陶片可看出有意掺入包含物。因此，我们将第一、第二类陶

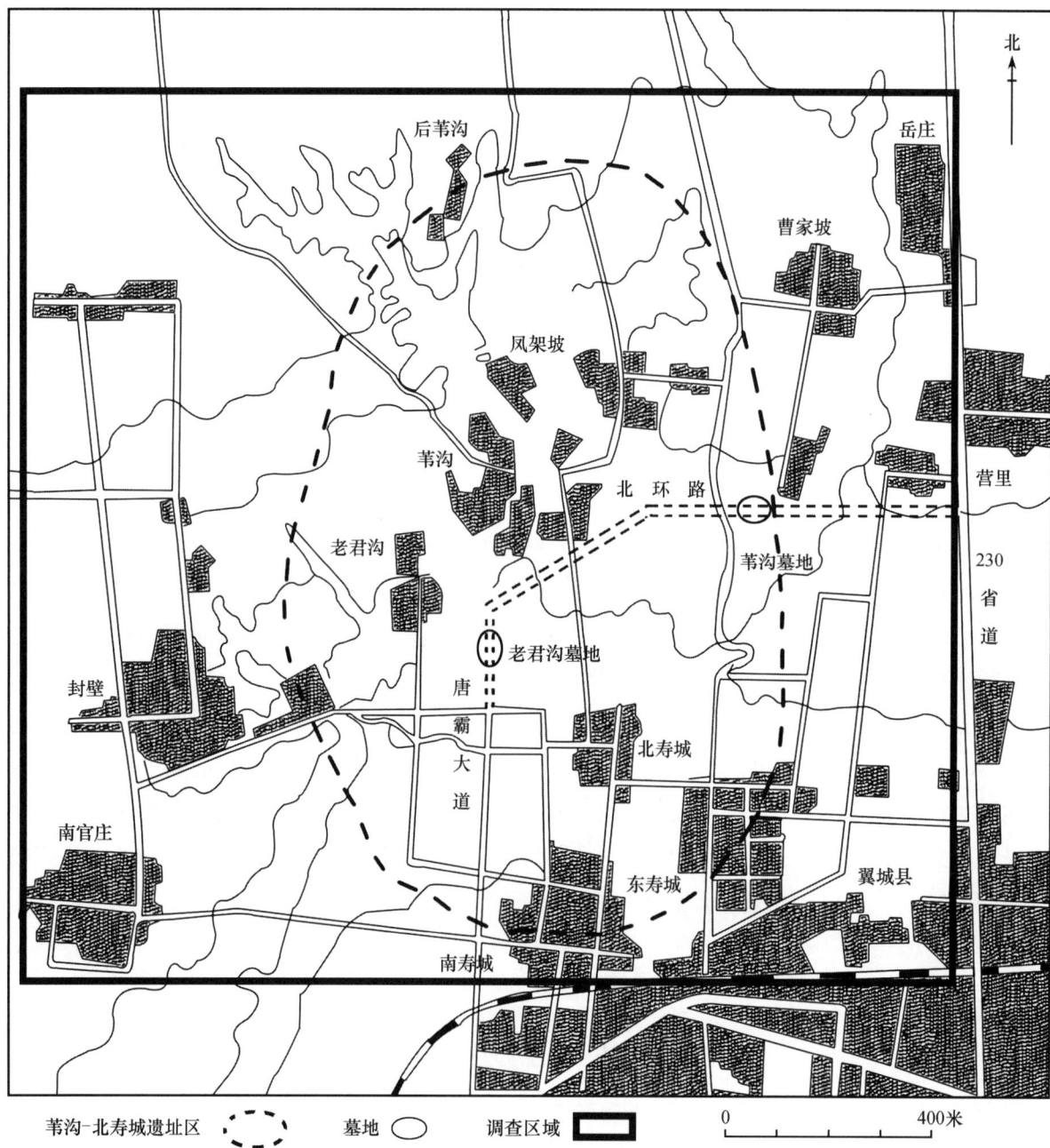

图三三八　苇沟-北寿城调查区域示意图

片归入通常所说的泥质陶，第三类归入夹砂陶。值得注意的是，陶片本身的材质特点也和其在原器物中的部位有关，部分夹砂器物的口沿或者颈部陶片中包含物较少，呈现出类似泥质陶的特点。因为我们是以陶片为主体进行统计、描述，所以在下文中的材质描述一律是指陶片自身所反映出的材质特点。

陶色方面，基本可以分为灰、褐、红几类，但是由于陶片本身受到陶土、火候、工艺、埋藏条件的影响，实际体现出的颜色种类繁多。为了避免语言烦琐、描述标准不统一，同时为了让读者有较为直观的感受，我们针对这批材料，选取了一些标本作为颜色标尺，包括黑、黑灰、深灰、灰、浅灰、灰褐、褐、红等几类，其他陶片颜色参照这些标尺进行统计，这样，即使仍有误差，但是不至于偏差过大。对于一些以往所谓的"夹心陶"（即陶胎和陶皮颜色不一的陶片）会额外说明。在以后的工作中希望能够用到划分更为科学系统的色卡（如孟塞尔土壤色卡）作为颜色标准，将其对应的颜色编号进行记录。

纹饰方面，采集遗物中，纹饰种类最为多样的为绳纹，我们从施加方式、深度、宽度、密度、细节表现等多方面对绳纹进行了统计整理。施加方式有绕绳棍压印、并列拍印、交错拍印、拍印后抹平、弦纹或宽带平面抹断等几种。由于并列拍印所占比例较大，为避免重复，在描述时凡仅说"施加绳纹"且未做额外说明者，皆指此类，其余会具体说明。关于绳纹的粗细、宽窄，我们经过统计和查阅以往惯例，规定宽度在4毫米以上称为粗绳纹、宽度在3～4毫米为中绳纹、宽度在3毫米以下为细绳纹。此外，由于施加绳纹多为紧密排列的绳子拍印而成，故其间距、深浅与绳纹粗细有一定的对应关系，遇到绳纹间距或者深浅特殊的，描述中会特别提到。

素面陶器也占有相当大的比例，在这里对"素面"做出一个界定：凡是遗物表面除了轮制加工，或者涂抹形成的制作痕迹，再没有人为主观以刻画、贴塑、压印、磨光为手段对陶器表面形态造成影响的，皆认定为"素面"，为言语精炼，凡是素面的，文中不再特别说明。

制作痕迹方面，除特殊说明的，"抹痕"一般指水平方面或稍有偏斜抹痕，"旋抹"或"轮制痕迹"则较前者更为规整，可以确定为轮制形成。

尺寸方面，文中所说的"厚度"，为陶器或者陶胎表面最厚处的厚度；"口径"除特殊说明外，皆为内径。"宽""高"为陶片以在原器物上的形态所测量出的高和宽，无法确定原陶片位置的、原器物本身为片状的（如瓦、圆片），则以"长""宽"来描述其尺寸。

1. 封壁村

共6个采集点。

第1采集点，编号YCTFB1。位于封壁村西北高东南低的丘陵坡地。灰坑，坑口呈不规则形，长1.5、坑深1、堆积厚度0.8米。东经111°40′32.59″，北纬35°46′11.47″。共采集遗物2件，标本1件。

YCTFB1∶2　带錾陶片。夹砂褐陶。外壁饰浅绳纹。上部有鸡冠状錾。宽5.2、高4.4、厚0.6厘米（图三三九，2；图版一五五，1）。

第2采集点，编号YCTFB2。位于封壁村西北高东南低的丘陵坡地。陶窑，窑内有宽度约1米的红烧土和青色烧结面，窑内堆积包含有灰土和陶片。东经111°40′28.61″，北纬35°46′10.55″。共采集遗物3件。

第3采集点，编号YCTFB3。位于封壁村西北高东南低的丘陵坡地。文化层，包含有绳纹陶盆残片。东经111°40′32.04″，北纬35°46′10.86″，共采集遗物3件。

第4采集点，编号YCTFB4。位于封壁村一片荒地的地堰上。文化层，厚约1米。东经111°40′30.64″，北纬35°45′15.02″，采集标本1件。

　　YCTFB4：1　残陶盆。泥质灰陶。圆唇，卷沿、弧腹、平底。内、外壁有密集旋抹痕迹。口径30、高10、厚1厘米（图三三九，1）。

　　第5采集点，编号YCTFB5。位于封壁村门楼北边一条西北方向的油路西边的断崖上，西北高东南低。墓葬，残存遗迹宽约0.6、深1米，内部堆积为红花土。东经111°40′46.68″，北纬35°45′16.36″，未采集。

　　第6采集点，编号YCTFB6。位于封壁村门楼北边一条西北方向的油路西边的断崖上。灰坑，宽2.5米，坑口距地表2米。东经111°40′47.29″，北纬35°45′15.27″，共采集遗物6件，标本1件。

　　YCTFB6：6　瓶腹片。泥质红陶。外壁饰篮纹，内素面。内壁略有起伏，似按压痕迹。宽2.3、高3.7、厚0.5厘米（图三三九，3；图版一五五，2）。

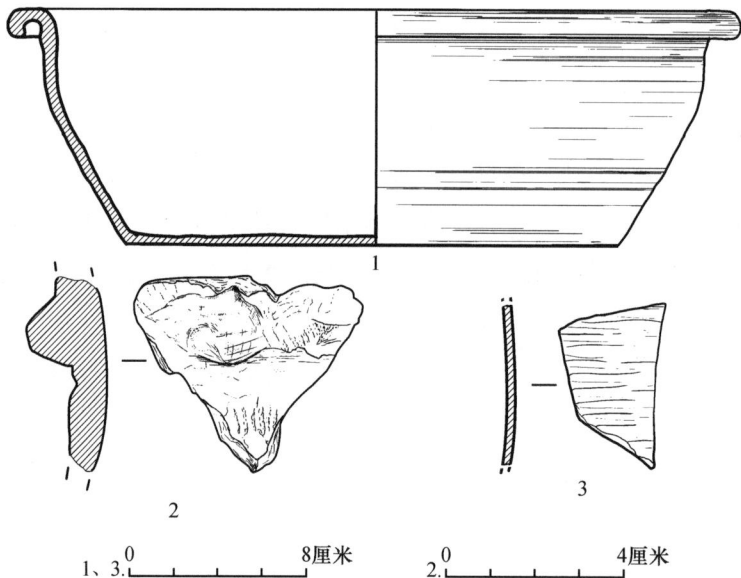

图三三九　苇沟-北寿城遗址调查第1、4、6采集点陶器
1. 盆（YCTFB4：1）　2. 带鋬陶片（YCTFB1：2）　3. 陶瓶腹片（YCTFB6：6）

2. 后苇沟村

　　共15个采集点。

　　第7采集点，编号YCTHW7。位于后苇沟村北，田间土路西，北高南低。地表采集。东经111°40′55.86″，北纬35°46′51.11″。共采集遗物1件。

　　第8采集点，编号YCTHW8。位于后苇沟村北，田间土路西，东高西低。地表采集。东经111°40′55.11″，北纬35°46′45.25″。共采集遗物2件。

　　第9采集点，编号YCTHW9。位于后苇沟村北，路东北的崖边上，北高南低。地表采集。东经111°41′01.95″，北纬35°46′37.22″，共采集遗物2件。

　　第10采集点，编号YCTHW10。位于后苇沟村西南，沟边住宅院外围墙，水泥路西段垣，西高东低。瓮缸葬，直壁平底，内部堆积为黄花淤土，土质较密，南北长1.2、深2.5米。东经

111°41′02.96″，北纬35°46′22.58″，共采集遗物4件。

　　第11采集点，编号YCTHW11。位于后苇沟村西南，沟边废墟院西壁，坑西边2米为水泥路。灰坑，直壁平底，内部堆积为黄褐灰花土，坑东西长2、深1.5米。东经111°41′02.39″，北纬35°46′22.77″。共采集遗物5件，标本4件。

　　YCTHW11：1　盆口沿。泥质灰陶。外壁饰成组交错直线刻画纹。唇外缘下翻，平折沿，敞口斜直腹。内外壁有轮制痕迹。口径56、高8、厚1厘米（图三四〇，1）。

　　YCTHW11：2　钵口沿。泥质灰陶。外壁肩部有斜向刻划纹。方圆唇，敛口，弧鼓腹。内壁近唇部有磨平的密集小圆饼状印痕，内外壁有轮制痕迹。口径30、高8.4、厚0.8厘米（图三四〇，2）。

　　YCTHW11：3　盆口沿。泥质灰陶。方圆唇加厚，上下皆起棱，呈铁轨状，平折沿。内外壁有轮制痕迹。宽7.6、高2、厚1.1厘米（图三四〇，4）。

　　第12采集点，编号YCTHW12。位于后苇沟村西南断垣，北高南低，阶梯形，三面冲沟。灰坑，直壁，底部高低不平，东西长1.5、深2米，内部堆积为黄褐灰花土，土质较密。东经111°41′01.71″，北纬35°46′21.64″，共采集遗物1件。

　　第13采集点，编号YCTHW13。位于后苇沟自然村西南第二个砖窑北面，北高南低，东南西三面冲沟。东经111°41′01.71″，北纬35°46′21.64″，未采集。

　　第14采集点，编号YCTHW14。位于后苇沟自然村西南砖厂第二号砖窑东断面。灰坑，直壁平底，南北宽1.5、深1米，内部堆积上层为黄褐花土，土质较密，下层灰土，土质疏松。东经111°41′00.11″，北纬35°46′18.33″，共采集遗物2件，标本1件。

　　YCTHW14：1　罐口沿。泥质灰陶。圆唇，直口广肩。内外壁有抹痕。口径22、高3.6、厚2.3厘米（图三四〇，3）。

　　第15采集点，编号YCTHW15。位于后苇沟村西南砖厂一号砖窑东南。灰坑，呈袋形，坑内上部为黄褐花土，下部为灰土，口径2.5、底径3、深2.5米。东经111°41′00.88″，北纬

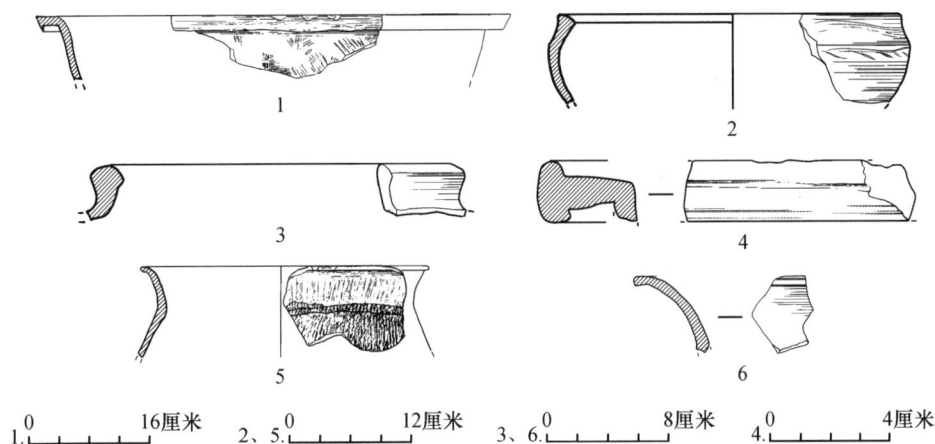

图三四〇　苇沟-北寿城遗址调查第11、14、15采集点陶器

1、4.盆口沿（YCTHW11：1、YCTHW11：3）　2.钵口沿（YCTHW11：2）　3、5、6.罐口沿（YCTHW14：1、YCTHW15：1、YCTHW15：4）

35°46′17.55″，共采集遗物5件，标本2件。

YCTHW15：1　罐口沿。夹砂褐陶。外壁饰绳纹，绳纹较浅，絮状纹理明显。尖圆唇，侈口，束颈，颈部有加塑泥条。口径27、高8.7、厚0.8厘米（图三四〇，5；图版一五五，3）。

YCTHW15：4　罐口沿。夹砂褐陶。方唇，唇部加厚，侈口。内壁有轮修痕迹宽4、高5、厚0.8厘米（图三四〇，6）。

第16采集点，编号YCTHW16。位于后苇沟村西南砖厂，北高南低，东西南三面为冲沟。地表采集，东经111°41′01.54″，北纬35°46′17.32″，共采集遗物2件。

第17采集点，编号YCTHW17。位于苇沟老村北200米沟底凸形地水泥路东侧。地表采集，东经111°41′04.32″，北纬35°46′14.23″，共采集遗物2件，标本1件。

YCTHW17：1　陶片。泥质灰陶。外壁饰绳纹，绳纹交错。器物肩部，折肩。折肩处内壁有泥缝、抹痕。宽17、高6、厚0.7厘米（图三四一，1；图版一五五，4）。

第18采集点，编号YCTHW18。位于苇沟老村北沟底凹形地，东部高，西北为冲沟，南阶梯状。地表采集，东经111°41′02.09″，北纬35°46′12.72″，共采集遗物2件。

第19采集点，编号YCTHW19。位于苇沟老村北沟底凹形地，东部高，西北为冲沟，南阶梯状。地表采集，东经111°41′00.88″，北纬35°46′12.89″，共采集遗物5件。

第20采集点，编号YCTHW20。位于苇沟老村北，沟底二级台地，东西两头为断崖。地表采集，东经111°41′01.60″，北纬35°46′10.86″，共采集遗物5件。

第21采集点，编号YCTHW21。位于苇沟老村北，沟底二级台地，东西两头为断崖。地表采集，东经111°41′01.40″，北纬35°46′11.74″，共采集遗物4件。

3. 曹家坡

共3个采集点。

第22采集点，编号YCWC22。位于曹家坡村西，地形呈缓坡状，北为大冲沟，南和西为油路，东为小石子路。地表采集，东经111°41′52.22″，北纬35°46′32.81″，共采集遗物1件。

第23采集点，编号YCWC23。位于曹家坡村东北，岳庄村西沟内壁，东西为村，南为油路。文化层，东经111°42′14.60″，北纬35°46′22.73″，共采集遗物1件。

第24采集点，编号YCWC24。位于曹家坡村南第三块地前堰，呈缓坡状，北和西为油路，南为北环路，东为水泥路。地表采集，东经111°42′00.81″，北纬35°46′08.29″，采集标本1件。

YCWC24：1　器底。泥质浅灰陶。外壁磨光，器底根部有连续戳印纹。宽5.8、高2、厚1厘米（图三四一，10）。

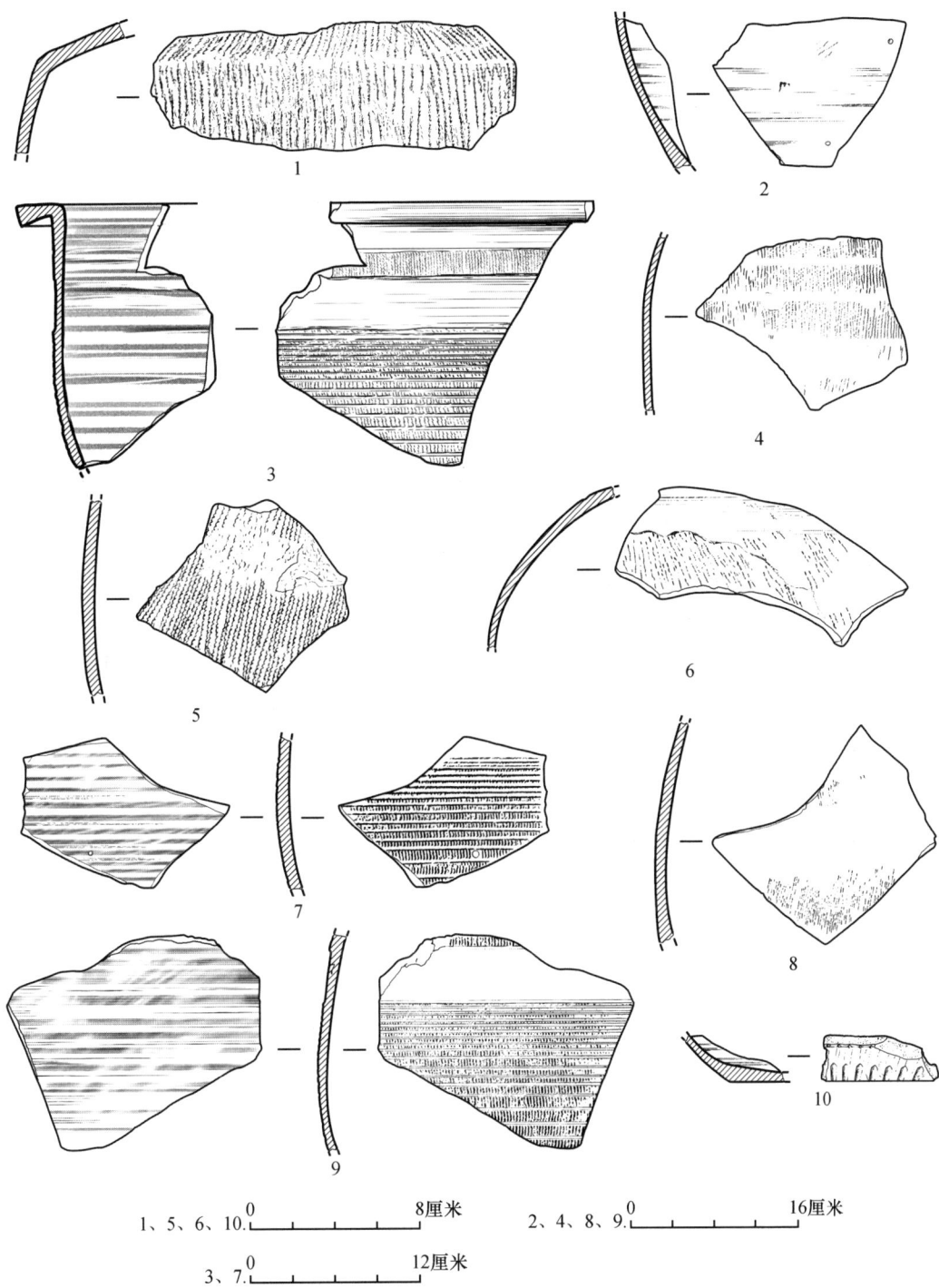

图三四一 苇沟-北寿城遗址调查第17、24、25采集点陶器

1、2、4、5、8.陶片（YCTHW17：1、YCWY25：5、YCWY25：6、YCWY25：8、YCWY25：4） 3.盆口沿（YCWY25：1）
6.罐腹片（YCWY25：7） 7、9.盆腹片（YCWY25：3、YCWY25：2） 10.器底（YCWC24：1）

4. 岳庄村

共4个采集点。

第25采集点，编号YCWY25。位于岳庄村北200米处，北为麦田，南为岳庄村，西为麦田、小冲沟，东为麦田。地表采集，北高南低，缓坡状，东经111°42′19.32″，北纬35°46′41.71″，共采集遗物9件，标本8件。

YCWY25：1　盆口沿。泥质灰陶。外壁饰细绳纹，绳纹被多道弦纹抹断，内壁饰磨光暗纹。方唇，唇部加厚，平折沿，直口，下腹弧收。内、外壁均有抹痕。宽16.5、高18.6、厚1.5厘米（图三四一，3）。

YCWY25：2　盆腹片。泥质灰陶。外壁饰绳纹，绳纹较浅，被凹弦纹抹断，内壁磨光，加饰磨光暗纹。宽24、高20、厚0.9厘米（图三四一，9）。

YCWY25：3　盆腹片。泥质灰陶。外壁饰绳纹，绳纹较浅，被凹弦纹抹断，内壁磨光，加饰磨光暗纹。宽15、高10.5、厚0.9厘米（图三四一，7）。

YCWY25：4　陶片。泥质灰陶。内壁略有起伏。厚1.3厘米（图三四一，8）。

YCWY25：5　陶片。泥质灰陶。外壁磨光、有极浅绳纹。内、外壁有密集旋抹痕迹。宽18、高13.8、厚0.9厘米（图三四一，2）。

YCWY25：6　陶片。泥质灰陶。外壁饰绳纹，绳纹较浅。内壁略有起伏，似按压痕迹。宽19.4、高16、厚0.7厘米（图三四一，4）。

YCWY25：7　罐腹片。泥质灰陶。外壁饰绳纹。弧肩。内壁有密集旋抹痕迹。宽14、高7.4、厚1厘米（图三四一，6）。

YCWY25：8　陶片。泥质灰陶。外壁饰绳纹，绳纹较浅，内壁略有起伏，似按压痕迹。宽18、高8.8、厚0.7厘米（图三四一，5）。

第26采集点，编号YCWY26。位于岳庄村北200米处，北高南低，缓坡状，北为麦田。灰坑，口小底大，呈袋形，底部南北宽1.5、距地表深3米，内堆积为灰土。东经111°42′19.71″，北纬35°46′39.98″，共采集遗物3件，标本2件。

YCWY26：1　盆口沿。泥质灰陶。外壁饰波浪状刻划纹。方唇加厚，平折沿，敞口。内外壁有抹痕。宽8.8、高11.8、厚1.1厘米（图三四二，1；图版一五五，5）。

YCWY26：2　陶片。泥质褐陶，外壁黑灰色。外壁饰抹平绳纹，绳纹仅零散拍印。内外壁有轮制痕迹。宽13.2、高12、厚0.8厘米（图三四二，2）。

第27采集点，编号YCWY27。位于岳庄村北20～30米处的断崖上，北高南低，缓坡状，北和东为麦田，南为村，西为麦田、小冲沟。灰坑，坑口南北宽1.5、距地表2.5米，填土为黄褐土。东经111°42′20.53″，北纬35°46′34.59″，未采集。

第28采集点，编号YCWY28。位于岳庄村北的断崖上，北高南低，缓坡状，北和东为麦田，南为村，西为水泥路、小冲沟。灰坑，口小底大，呈袋形，坑口东西宽2米，距地表4米，内堆积为灰土。东经111°42′20.53″，北纬35°46′33.89″，共采集遗物8件，标本7件。

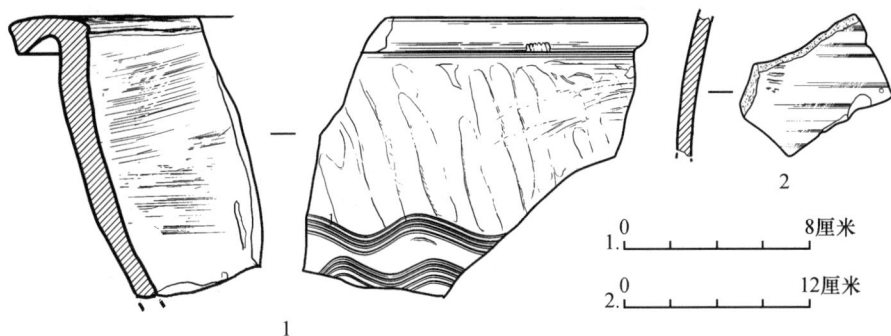

图三四二　苇沟-北寿城遗址调查第26采集点陶器
1. 盆口沿（YCWY26：1）　2. 陶片（YCWY26：2）

YCWY28：1　盆口沿。泥质灰陶。平折沿，外缘向下翻折，斜直腹。近口沿处内外壁有轮制痕迹。口径55.2、高14、厚1.7厘米（图三四三，2；图版一五五，6）。

YCWY28：2　盆口沿。泥质深灰陶。平折沿，外缘向下翻折，翻折处有一道凹槽，斜直腹。内壁略有拍印形成的起伏，近口沿处有轮修痕迹。宽22、高9、厚0.9厘米（图三四三，3）。

YCWY28：5　陶片。泥质灰陶。外壁磨光。内壁有成组小圆饼状突起，成排分布。宽15.2、高16.8、厚0.7厘米（图三四三，4）。

YCWY28：6　陶片。泥质深灰陶。外壁磨光。内壁有成组小圆饼状突起，成排分布。另有轮修痕迹。宽15、高13.2、厚1.3厘米（图三四三，7）。

YCWY28：7　瓮口沿。泥质灰陶。外壁磨光。口沿外卷呈筒状，胎体厚重。内外壁有轮制痕迹。口径36.6、高4.6、厚2厘米（图三四三，1）。

YCWY28：8　板瓦。泥质浅灰陶。内壁饰布纹。侧面有切割痕迹，由内向外，深度近半。长12、宽11、厚1.6、厚1.6厘米（图三四三，5）。

YCWY28：9　板瓦。泥质灰陶。内壁饰布纹。侧面有切割痕迹，由内向外，深度近十分之一，内壁有泥条接缝。宽15.2、长16.8、厚1.7厘米（图三四三，6）。

5. 凤架坡

共45个采集点。

第29采集点，编号YCTFJ29。位于凤架坡村西北，不规则的冲沟断崖边上。地形北高南低，墓葬，南北4、东西3米。东经111°41′21.73″，北纬35°46′21.79″，未采集。

第30采集点，编号YCTFJ30。东距凤架坡村西北300米，西距苇沟200米，北高南低，阶梯形。灰坑，坑口位于耕土层下，堆积为灰土，疏松，直壁，东西长2、现暴露深1米。东经111°41′14.73″，北纬35°46′14.65″，共采集遗物5件，标本2件。

YCTFJ30：1　罐口沿。夹砂灰陶。外壁饰绳纹，唇部有戳印绳纹。方圆唇，唇口外缘有凸棱，直口微侈，推测为鼓肩。内壁略有起伏，有抹痕，外壁颈部有密集旋抹痕迹。口径9.8、高6.4、厚0.8厘米（图三四四，1）。

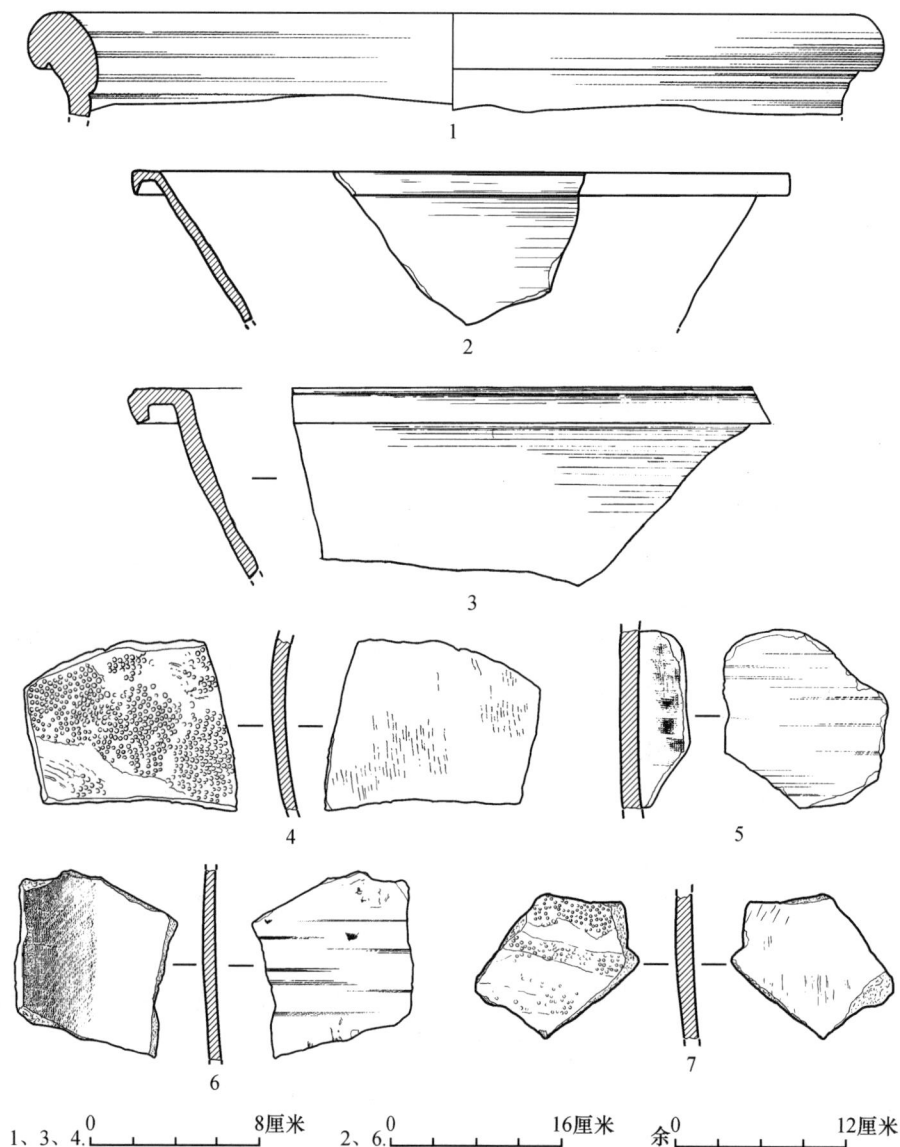

图三四三　苇沟-北寿城遗址调查第28采集点陶器

1. 瓮口沿（YCWY28∶7）　　2、3. 盆（YCWY28∶1、YCWY28∶2）　　4、7. 陶片（YCWY28∶5、YCWY28∶6）
5、6. 板瓦（YCWY28∶8、YCWY28∶9）

YCTFJ30∶3　甗腰。夹砂灰陶，外壁仅腰部饰有少量绳纹。内壁略有起伏。宽8.4、高3.4、厚1厘米（图三四四，4）。

第31采集点，编号YCTFJ31。东距凤架坡村西北350米，西距苇沟老村150米。北高南低，阶梯形。文化层，堆积为黄花土，东西长20、厚0.7米，质地较密。东经111°41′14.23″，北纬35°46′11.84″，共采集遗物7件，标本4件。

YCTFJ31∶1　罍腹片。夹砂黄褐陶。外壁饰绳纹，周身有多道附加堆纹。宽17.5、高15.6、厚0.8厘米（图三四四，5；图版一五六，1）。

YCTFJ31∶2　罍肩部。夹砂黄褐陶。颈部及肩部外壁饰绳纹、附加堆纹，附加堆纹上饰戳印纹。宽11、高7、厚0.6厘米（图三四四，8；图版一五六，2）。

YCTFJ31：4 陶片，肩部残片。泥质灰陶。外壁饰绳纹、附加堆纹、戳印纹，附加堆纹上饰戳印纹。宽10.4、高10.6、厚0.4厘米（图三四四，2）。

YCTFJ31：5 鬲口沿。夹砂黄褐陶。除颈部外，外壁及唇部装饰绳纹。尖唇，侈口，折沿。口沿及颈部外侧有轮修痕迹。宽2.7、高1.6、厚0.7厘米（图三四四，6）。

第32采集点，编号YCTFJ32。位于凤架坡村西北300米。西部为苇沟老村沟边，东部为凤架坡村冲沟，北高南低，阶梯形。灰坑，开口于耕土层下，距地表深0.4米，东西长10、深0.8~0.9米，高低不平，堆积为灰黄褐花土，质地较密。东经111°41′16.10″，北纬35°46′12.11″，共采集遗物3件，标本2件。

YCTFJ32：1 瓮口沿。夹砂，陶胎分层，由外到内为褐、灰、褐。外壁饰绳纹，唇面亦按压绳纹。侈口、束颈。内壁有抹痕。宽8.4、高7.2、厚1厘米（图三四四，3）。

YCTFJ32：3 陶器口沿。夹砂灰陶。内外壁有抹痕，唇部按压绳纹。宽4.4、高3.4、厚

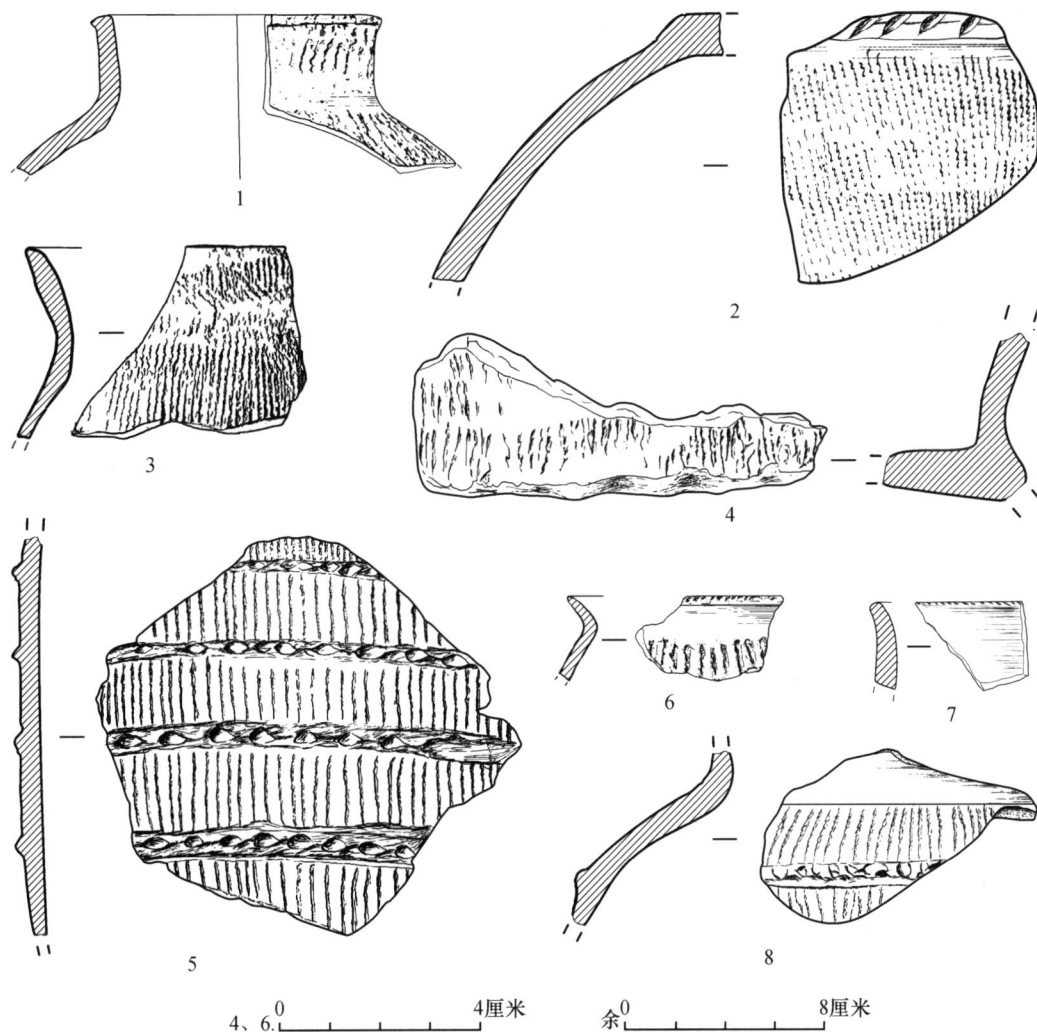

图三四四　苇沟-北寿城遗址调查第30~32采集点陶器

1.罐（YCTFJ30：1） 2.陶片（YCTFJ31：4） 3.瓮（YCTFJ32：1） 4.甗（YCTFJ30：3） 5、8.罍（YCTFJ31：1、YCTFJ31：2） 6.鬲（YCTFJ31：5） 7.陶器口沿（YCTFJ32：3）

0.75厘米（图三四四，7）。

第33采集点，编号YCTFJ33。位于凤架坡村西北。地形北高南低，位于不规则的冲沟断崖边上。墓葬，小者宽0.8、大者宽3、深4.5～6米，有棺椁痕迹和骨架。东经111°41′27.06″，北纬35°46′13.61″，未采集。

第34采集点，编号YCTFJ34。位于南距凤架坡村1000米，东距曹家坡600米。西北高东南低。夯土，黄褐花土，坚硬，每层0.1米，南北宽2、深5米。东经111°41′42.20″，北纬35°45′12.36″，未采集。

第35采集点，编号YCTFJ35。位于凤架坡村西北250米，路北西段垣。西北高，东南低，西、北呈北阶梯形。灰坑，口距地面30厘米，直壁，圆形。南北直径120、深120厘米，堆积为黄褐灰花土，土质较密。东经111°41′17.09″，北纬35°46′10.48″，未采集。

第36采集点，编号YCTFJ36。位于凤架坡村西北250米。北高南低，阶梯形。文化层，堆积为灰褐黄花土，质地较密，包含木炭粒，东西长35、厚度为1.5～2米。东经111°41′17.36″，北纬35°46′11.04″，共采集遗物9件，标本2件。

YCTFJ36：1　器底。夹砂灰陶。外壁饰绳纹、篦点纹，内侧有抹痕。长11.5、宽7.5、厚0.9厘米（图三四五，2）。

YCTFJ36：2　器底。夹砂灰陶。外壁饰抹平绳纹，内壁饰绳纹，器底外包于器壁。长9.24、宽7.2、厚1厘米（图三四五，3）。

第37采集点，编号YCTFJ37，位于凤架坡村村北100米，下地院北50米。夯土，南北长3、每层厚0.25～0.3、已暴露深1.2米，黄花土。东经111°41′37.22″，北纬35°46′11.64″，采集标本1件。

YCTFJ37：1　陶片。泥质灰陶。外壁饰细绳纹，颗粒明显。内壁局部可见轮修痕迹。长6.8、宽6.8、厚0.8厘米（图三四五，4）。

第38采集点，编号YCTFJ38。位于凤架坡村北500米。西北高。墓葬，为残墓，南北宽1.5、深2.5米，填土为黄花土，有椁板灰。东经111°41′41.14″，北纬35°45′12.36″，共采集遗物4件。

第39采集点，编号YCTFJ39。位于凤架坡村村北150米断垣西壁。墓葬，墓内填土为黄花土，较密，南北宽1.5、深4米。东经111°41′37.19″，北纬35°46′12.04″，未采集。

第40采集点，编号YCTFJ40。位于凤架坡村红枣第一家门楼北300米。东部高，西部低，台阶形。地表采集，采集范围20×20平方米。东经111°41′09.31″，北纬35°46′10.33″，共采集遗物4件。

第41采集点，编号YCTFJ41。位于凤架坡村西北350米，路边断崖。东部高，西部低，台阶形。夯土，东西长1.5、总厚度0.8～1、每层厚0.1～0.12米，夯窝直径0.1米，黄花土，质地坚硬。东经111°41′14.67″，北纬35°46′09.17″，共采集遗物6件，标本1件。

YCTFJ41：1　器底。泥质灰陶。外壁饰绳纹。直腹，底残。器底外包于器壁，器壁内侧近底处有抹痕。宽8.4、高7.4、厚1厘米（图三四五，5）。

第42采集点，编号YCTFJ42。位于凤架坡村西北300米，土路南边。东部高，西部低，台阶形。文化层，东西长40、厚1.5～2米，堆积为黄褐灰花土，较密。东经111°41′15.16″，北纬35°46′09.31″，共采集遗物10件。

第43采集点，编号YCTFJ43。位于凤架坡村西北坡上。北高南低，西邻大冲沟，南邻村庄民居。竖穴墓，南北宽3、现存深度4.5米。东经111°41′24.42″，北纬35°46′09.26″，采集标本1件。

YCTFJ43：1　鬲口沿。泥质灰陶。圆唇，侈口呈喇叭状。外壁饰抹平绳纹。口径20.4、高7.4、厚1厘米（图三四五，1）。

第44采集点，编号YCTFJ44。位于凤架坡村西北。地形北高南低，为不规则的冲沟断崖。墓葬，口南北4、东西3米。东经111°41′30.71″，北纬35°46′08.33″，未采集。

第45采集点，编号YCTFJ45。位于凤架坡村水冲沟内西崖旁。地表采集，应是自上方坍塌而成，西部较高。东经111°41′41.01″，北纬35°46′10.72″，共采集遗物4件。

第46采集点，编号YCTFJ46。位于凤架坡村西北350米，西距苇沟村200米。北部高南部低，东边为水泥路，总地形为阶梯状。陶窑，为残烧窑。残高0.8、烧结面0.02～0.03、东西长1、残高0.6米，底部为灰土。东经111°41′15.85″，北纬35°46′06.52″，未采集。

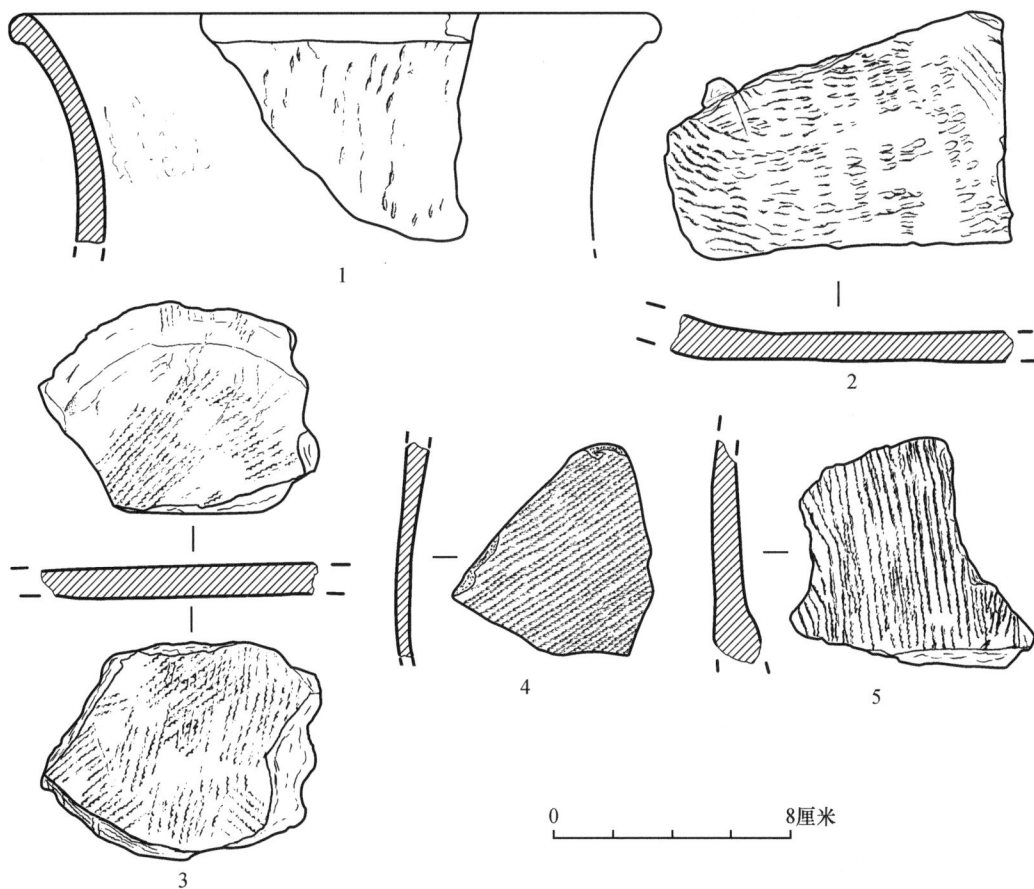

图三四五　苇沟-北寿城遗址调查第36、37、41、43采集点陶器

1.鬲口沿（YCTFJ43：1）　2、3、5.器底（YCTFJ36：1、YCTFJ36：2、YCTFJ41：1）　4.陶片（YCTFJ37：1）

第47采集点，编号YCTFJ47。位于凤架坡村唐霸大道北2000米。地形为冲沟凹地，北东南三面高，小阶梯形。地表采集，采集范围3×5平方米。东经111°41′06.65″，北纬35°46′06.52″，共采集遗物2件。

第48采集点，编号YCTFJ48。位于凤架坡村西北，"丁"字形路口南30米处。地形为北高南低的大坡，距地表0.7～0.8、南北长30米。地表采集，东经111°41′24.94″，北纬35°46′06.01″，未采集。

第49采集点，编号YCTFJ49。位于凤架坡村东沟之东崖上，水泥路两侧。地表采集，属较早时的路面，呈南北走向，有四层之多，每层的厚度约有0.2～0.3米，路面坚硬，黄褐色，内有极少的陶片和较多的碎小石子，最上层的路面距地表深约0.8米。东经111°41′53.48″，北纬35°45′06.19″，共采集遗物2件，标本1件。

YCTFJ49：2　器底。泥质深灰陶。外壁拍印交错绳纹。弧腹，平底。内壁有轮制痕迹。宽7.5、高2.3、厚0.9厘米（图三四六，6）。

第50采集点，编号YCTFJ50。位于凤架坡村西30米，苇沟老村东200米，断崖拐角处。西北高。灰坑，坑内堆积为黄褐花土，较密，南北1.5、东西2、深0.7米。包含木炭粒。东经111°41′20.77″，北纬35°46′02.54″，共采集遗物4件。

第51采集点，编号YCTFJ51。位于凤架坡村西，北高南低。灰坑，位于耕土层下，东西1.5、深0.8米。直壁，灰土疏松。东经111°41′19.67″，北纬35°46′02.29″，共采集遗物9件，标本5件。

YCTFJ51：1　陶器口沿。泥质灰陶。方唇，窄折沿，束颈，口微敛。内外壁有轮制痕迹。宽9、高5.5、厚0.9厘米（图三四六，4）。

YCTFJ51：3　瓮口沿。夹砂灰陶。方唇，侈口，束颈。外壁饰绳纹，唇部及整个外壁拍印绳纹。内壁略有起伏，似拍印痕迹。高13.5、宽11.8、厚0.8厘米（图三四六，1；图版一五六，3）。

YCTFJ51：4　陶器口沿。夹砂灰陶。外壁饰绳纹。直口，口沿向外翻卷，截面呈扁圆筒形。口沿及颈部外壁有抹痕，翻卷相接部分不甚齐整。高4.7、宽6.8、厚0.6厘米（图三四六，2）。

YCTFJ51：7　豆盘。泥质灰陶。外壁饰磨光暗纹，内壁磨光，加饰磨光暗纹。圆唇，直口，浅折盘。内外壁有轮制痕迹。宽3.9、高3.6、厚1厘米（图三四六，3）。

YCTFJ51：9　瓮口沿。泥质灰陶。外壁肩部饰绳纹。卷沿，溜肩。口沿内外有轮制痕迹。口径18厘米。口径20、高4.6、厚0.5厘米（图三四六，5）。

第52采集点，编号YCTFJ52。位于凤架坡村西北200米。西北高东南低，阶梯形。地表采集。东经111°41′19.01″，北纬35°46′10.19″，共采集遗物3件，标本1件。

YCTFJ52：2　盆口沿。泥质灰陶。卷平沿，方唇。唇面及口沿下有轮修痕迹，内壁翻折处有左手拇指按压形成的成排凹窝。口径32、长12.6、高3.6、厚1.5厘米（图三四七，1）。

第53采集点，编号YCTFJ53。位于凤架坡村西北角向西200米水泥路边。西北高东南低，阶梯形。陶窑，火膛位于北部，南北0.7、总长2.5、烧结面厚0.05、红烧层厚0.15米，堆积为灰

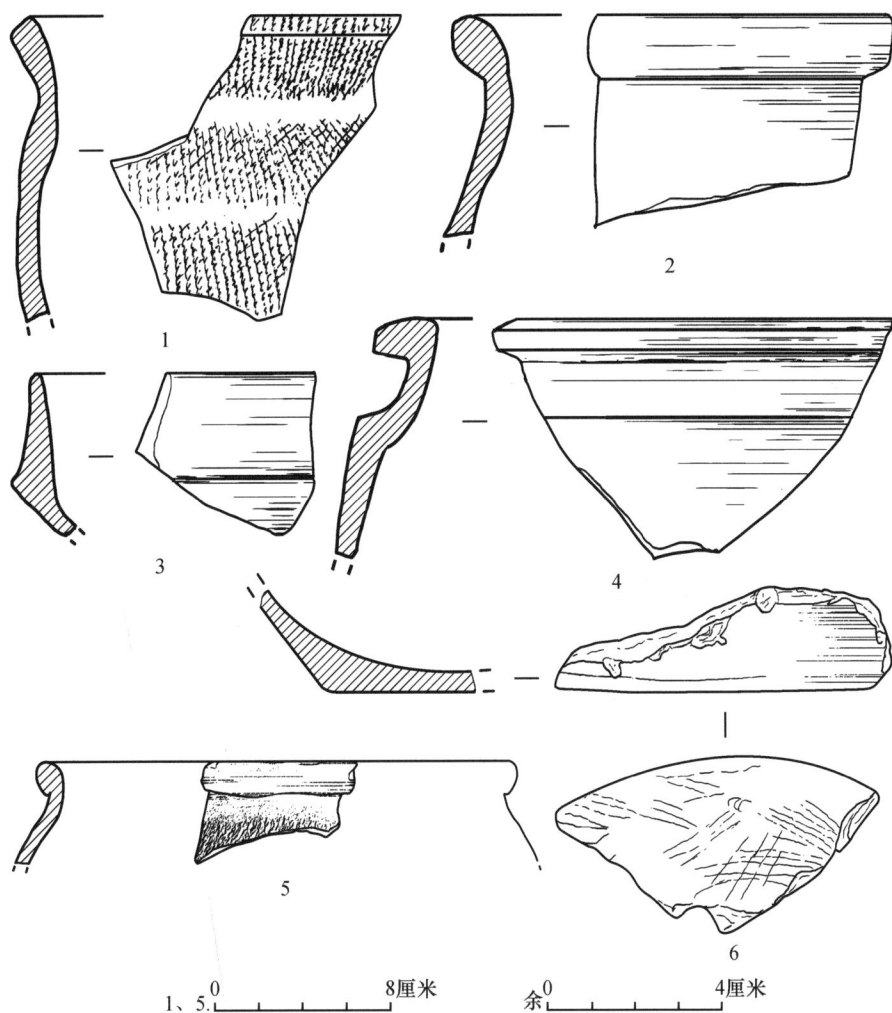

图三四六　苇沟-北寿城遗址调查第49、51采集点陶器

1、5. 瓮口沿（YCTFJ51：3、YCTFJ51：9）　　2、4. 陶器口沿（YCTFJ51：4、YCTFJ51：1）　　3. 豆盘（YCTFJ51：7）

6. 器底（YCTFJ49：2）

土。东经111°41′22.72″，北纬35°46′09.94″，未采集。

第54采集点，编号YCTFJ54。位于凤架坡村西北角向西50米。西北高东南低，阶梯形。墓葬，填土经夯打，每层厚0.15米。东经111°41′19.26″，北纬35°46′08.35″，未采集。

第55采集点，编号YCTFJ55。位于凤架坡村西北第3家西50米。西北高东南低，阶梯形。地表采集，采集范围42×30平方米。东经111°41′23.43″，北纬35°46′04.96″，共采集遗物3件。

第56采集点，编号YCTFJ56。位于凤架坡村西北250米，枣园平房东北80米。北部高南部低，东边为水泥路，总地形为阶梯状。地表采集，采集范围0.4×1平方米。东经111°41′17.75″，北纬35°46′05.09″，共采集遗物4件，标本1件。

YCTFJ56：1　钵口沿。夹砂浅灰陶。外壁饰抹平绳纹。微敛口，方唇加厚，下腹斜收。内壁有轮修痕迹。口径19.4、高6.8、厚0.9厘米（图三四七，9）。

第57采集点，编号YCTFJ57。位于凤架坡村西北农家院50米。西北高东南低，阶梯形。地表采集，采集范围40平方米。东经111°41′22.69″，北纬35°46′07.43″，共采集遗物4件。

第58采集点，编号YCTFJ58。位于凤架坡村西180米，薛家沟村北80米，苇沟老村东50米，北高南低的阶梯形梯田的陡坎。文化层，位于耕土层下，距地表深0.4米，为黄褐灰花土，土质较密。东西长30米，厚度为1~2米，底部高低不平。东经111°41′19.86″，北纬35°45′58.74″，共采集遗物5件，标本2件。

YCTFJ58：2　陶片。夹砂灰陶。外壁饰绳纹，绳纹交错，颗粒明显。腹部有一半圆形錾。内壁起伏，似按压痕迹。宽6.3、高7、厚1.5厘米（图三四七，5）。

YCTFJ58：3　罐口沿。泥质灰陶。内、外壁磨光。尖唇，侈口，唇部残。内外壁有轮制痕迹。宽3.5、高4、厚0.7厘米（图三四七，2）。

第59采集点，编号YCTFJ59。位于凤架坡村西120米，薛家沟村北160米，苇沟老村东80米。北高南低的阶梯形梯田的陡坎。灰坑，开口于耕土层下，距地表深0.3米，坑壁较直，底部不平，东西长10米，深度1.5~2米，黄褐花土，土质较密。东经111°41′21.43″，北纬35°45′59.09″，共采集遗物4件。

第60采集点，编号YCTFJ60。位于凤架坡村西1000米，薛家沟村北60米，苇沟老村东100米。为北高南低的阶梯形梯田的陡坎。灰坑，开口于耕土层下，距地表深0.3米，坑壁较直，东西宽1.5米，堆积为黄褐花土。东经111°41′23.83″，北纬35°45′57.57″，未采集。

第61采集点，编号YCTFJ61。位于凤架坡村西1000米，薛家沟村北60米，苇沟老村东100米，为北高南低的阶梯形梯田的陡坎。灰坑，开口于耕土层下，距地表0.3米，坑口东西长2、坑深2米，呈袋状，平底。东经111°41′22.99″，北纬35°45′57.61″，共采集遗物3件，标本1件。

YCTFJ61：1　陶片，可能是陶鬲袋足部位。夹砂黑陶。外壁饰绳纹，绳纹颗粒明显。内壁有抹痕。高10、宽7.2、厚0.9厘米（图三四七，3）。

第62采集点，编号YCTFJ62。位于苇沟老村东180米，薛家沟北80米，凤架坡村50米。北高南低的阶梯形梯田的陡坎。灰坑，开口于耕土层下，坑内堆积为黄褐花土，结构紧密，东西长9、深1.5米，形状为直壁，平底。东经111°41′22.33″，北纬35°45′59.18″，共采集遗物8件，标本2件。

YCTFJ62：1　陶片。泥质灰陶。外壁磨光，偶有抹平绳纹，另刻画三道凹弦纹。内壁有抹痕。高7.6、宽6、厚0.6厘米（图三四七，7）。

YCTFJ62：2　陶片。泥质褐陶，外壁磨光，另刻画三道凹弦纹。内外壁有抹痕。宽5、高4.6、厚0.65厘米（图三四七，4）。

第63采集点，编号YCTFJ63。位于凤架坡村西100米，薛家沟村北60米，苇沟老村东100米。北高南低，呈阶梯形分布。灰坑，开口处于耕土层下，距现地表0.3米，东西长约2、深度为1.5米。东经111°41′23.43″，北纬35°45′57.68″，共采集遗物5件，标本1件。

YCTFJ63：1　陶片。夹砂灰陶。外壁饰绳纹，绳纹较浅，部分被抹平。内壁略有起伏，似按压痕迹。宽10.5、高11、厚1.5厘米（图三四七，10）。

第64采集点，编号YCTFJ64。位于凤架坡村西150米，苇沟村东50米，薛家沟村北60米，

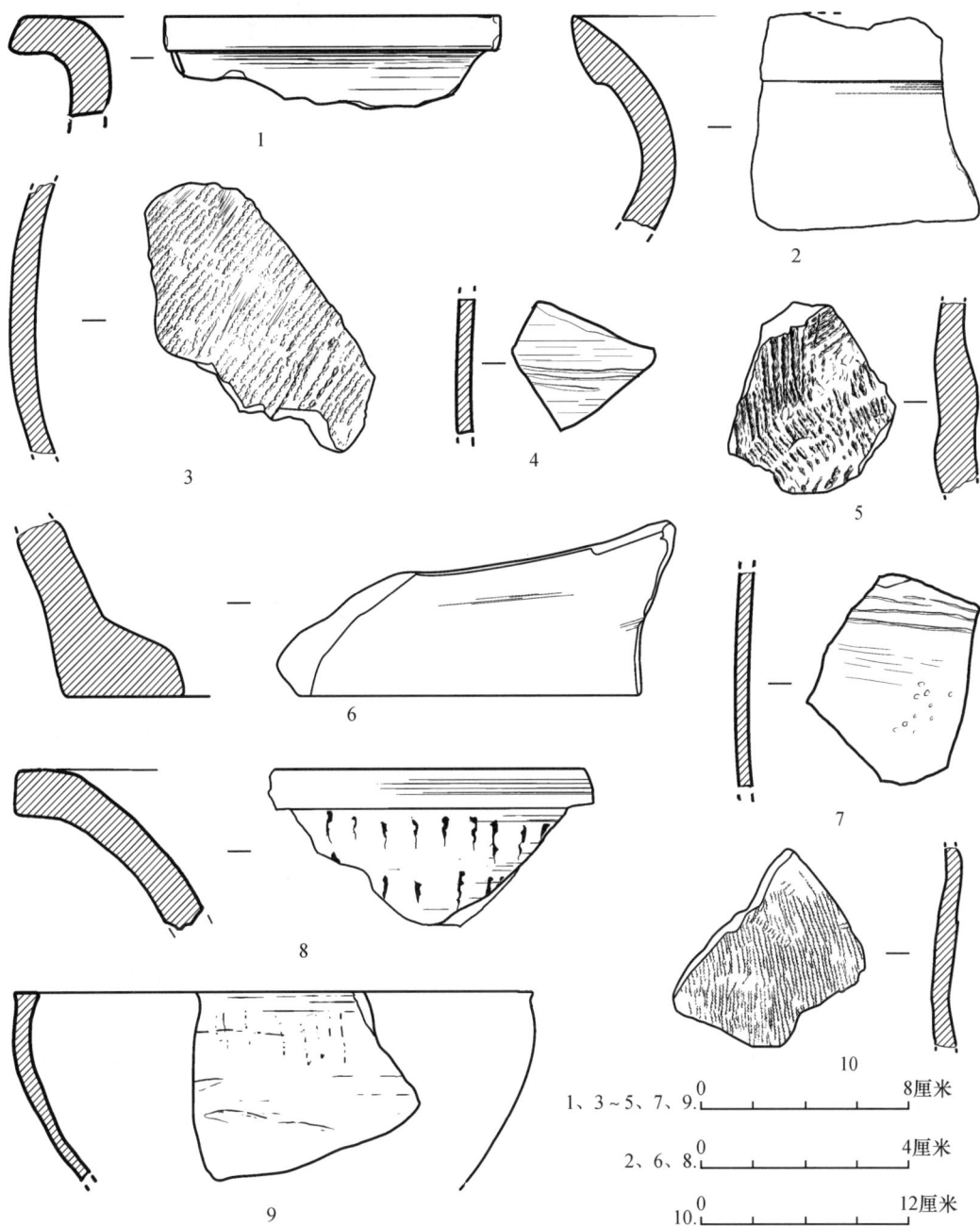

图三四七　苇沟-北寿城遗址调查第52、56、58、61～65采集点陶器

1. 盆（YCTFJ52：2）　2. 罐（YCTFJ58：3）　3～5、7、10. 陶片（YCTFJ61：1、YCTFJ62：2、YCTFJ58：2、YCTFJ62：1、YCTFJ63：1）　6. 甑（YCTFJ64：1）　8. 鬲（YCTFJ65：3）　9. 钵（YCTFJ56：1）

断崖的陡坎。灰坑，开口位于耕土层下，黄褐黄花土，结构紧密，包含木炭粒，东西长4、厚度1～1.5米，底部高低不齐。东经111°41′20.82″，北纬35°45′57.27″，共采集遗物4件，标本1件。

　　YCTFJ64：1　甑底。夹砂灰陶。内壁有密集旋抹痕迹。宽6.5、高3、厚1.8厘米（图三四七，6）。

第65采集点，编号YCTFJ65。位于凤架坡村YCTFJ69以北约70米处南北向冲沟西崖上。西部较高，沟内较平坦。灰坑，为活土坑，坑口距地表约1.2、坑深2.2米，坑口较大，斜壁。东经111°41′41.61″，北纬35°45′56.83″，共采集遗物3件，标本1件。

YCTFJ65：3　鬲口沿。夹砂灰陶。外壁口沿下有抹平绳纹。侈口方唇，外缘近平，唇面有凹槽。颈部有抹痕。宽6.2、高3、厚0.6厘米（图三四七，8）。

第66采集点，编号YCTFJ66。位于凤架坡村YCTFJ68东北约30米处。北部为台地，南部是新近平整的沟内平地。墓葬，墓口距地表约6米，东西长近3、深约4.6米，填土呈黄褐花土，略有加夯。东经111°41′48.95″，北纬35°45′53.19″，共采集遗物6件，标本6件。

YCTFJ66：1　盒，残器。泥质灰陶。弧腹，平底，穹隆状盖，盖与器身以子母口相合。内壁有波状起伏及轮制痕迹。口径18、高12.4、厚0.9厘米（图三四八，2；图版一五六，4）。

YCTFJ66：2　锜，残器。泥质灰陶。外壁隐约有红色条带状彩绘。矮直口，弧肩，扁折腹，下腹接三足。内壁有轮制痕迹。口径6.8、腹外径21、残高10、厚0.7厘米（图三四八，3；图版一五六，5）。

YCTFJ66：3　器底。泥质灰陶。弧腹，平底。内壁有密集轮制痕迹。底外径10厘米（图三四八，6）。

YCTFJ66：4　罐，残器。泥质灰陶。侈口，束颈，鼓肩，下腹斜收、平底，外壁磨光。外壁有波状起伏和轮制痕迹。口径12、高23、厚0.8厘米（图三四八，5）。

YCTFJ66：5　盒口沿。泥质灰陶。子口，腹部弧收。口径21、高5.4、厚0.8厘米（图三四八，7）。

YCTFJ66：6　陶罐。泥质灰陶。方唇，直口，鼓肩，下腹斜收，平底。外壁磨光，口沿及内壁有轮制痕迹。口径9.2、高17、厚0.8厘米（图三四八，1；图版一五六，6）。

第67采集点，编号YCTFJ67。文化层，位于凤架坡村西南，YCTFJ73以北约100米处。西南处较高。文化层，距地表深1.2米，其厚度不详，土质较硬，黄褐色，较纯净。东经111°41′30.35″，北纬35°45′53.05″，共采集遗物3件，标本1件。

YCTFJ67：1　陶片，肩部。泥质灰陶。外壁磨光，饰数道凹弦纹。折肩。内壁略有起伏。宽6.4、高6、厚0.6厘米（图三四九，13）。

第68采集点，编号YCTFJ68。位于凤架坡村YCTFJ66西南约30米的西部断崖上。西部为台地，东部为新近平整的壕沟，墓葬，墓口呈东西向，距地表约6米，南北为1.3米，深度约为2.7米，墓壁竖直，底部较平，填土呈黄褐色，土质较密，有较薄的棺灰。东经111°41′47.79″，北纬35°45′52.68″，采集标本1件。

YCTFJ68：1　罐，残器。泥质黑灰陶。外壁磨光。口部残，鼓肩，下腹斜收，平底。内壁有密集轮制痕迹。高14.7、厚1厘米（图三四八，4）。

第69采集点，编号YCTFJ69。位于凤架坡村YCTFJ72以西近60米。西部较高，东部略低地表较平坦。文化层，距地表深约1.2米，堆积较厚，约有1.7米，黄褐色土，较纯净，土质略硬。东经111°41′39.77″，北纬35°45′51.81″，共采集遗物3件，标本1件。

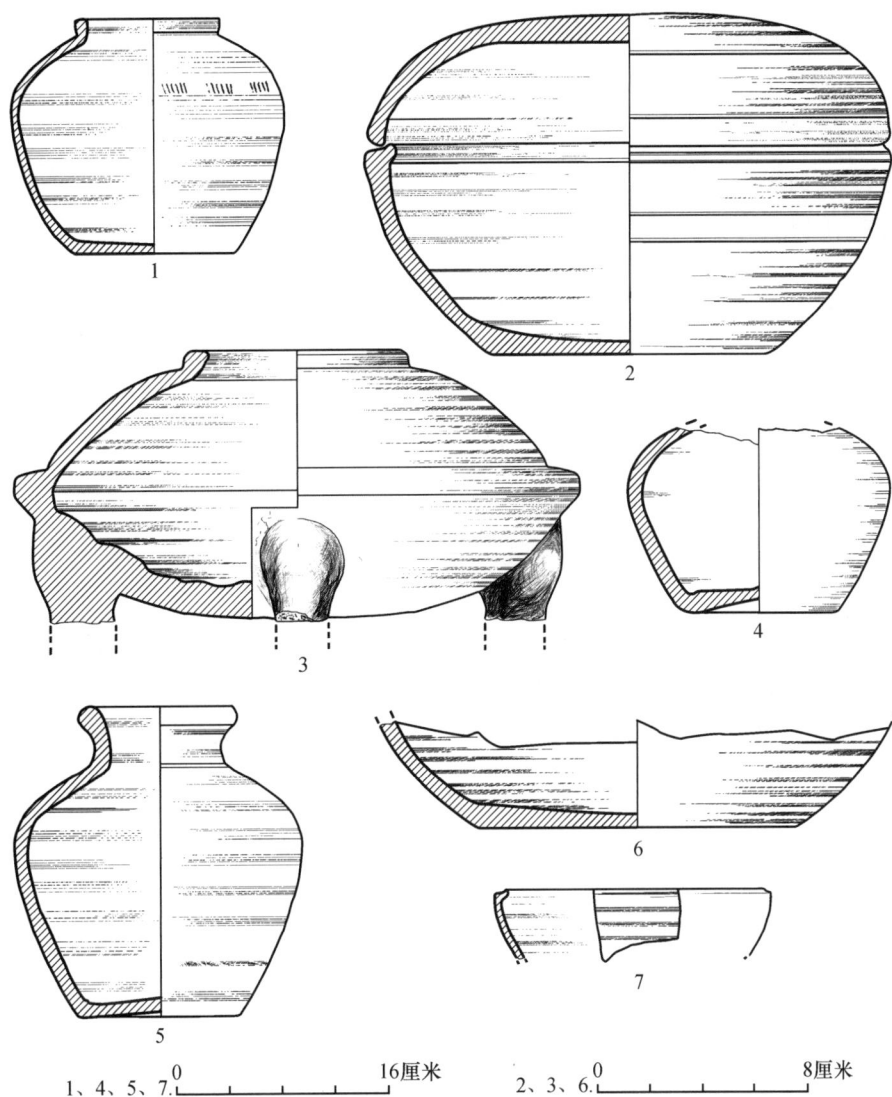

图三四八　苇沟-北寿城遗址调查第66、68采集点陶器

1、4、5.罐（YCTFJ66：6、YCTFJ68：1、YCTFJ66：4）　2.盒（YCTFJ66：1）　3.锜（YCTFJ66：2）
6.器底（YCTFJ66：3）　7.盒口沿（YCTFJ66：5）

　　YCTFJ69：1　陶片。夹砂灰褐陶。外壁饰细绳纹。长6、宽4.8、厚0.6厘米（图三四九，11）。

　　第70采集点，编号YCTFJ70。位于凤架坡村YCTFJ71以东约35米，水泥路西侧较低洼处。四周地形均较高。文化层，距地表深约0.6、堆积层厚约1米，内呈黄褐色，土质较硬，含有石块、烧土块等。东经111°41′32.02″，北纬35°45′50.13″，共采集遗物7件。

　　第71采集点，编号YCTFJ71。位于凤架坡村西南与苇沟新村之间，YCTFJ70以西约35米。南部是民居房屋，向北是新近推平的一处空白地。灰坑，坑口距地表深约0.6、东西2.6米，坑深不详，未见底部，内土质较疏松，黄褐色，纯净，堆积近平。东经111°41′31.23″，北纬35°45′49.71″，采集标本1件。

　　YCTFJ71：1　罐肩部。泥质灰陶。外壁磨光，加饰细绳纹，被数道凹弦纹抹断。鼓肩。内壁有轮制痕迹。宽10.6、高5、厚0.7厘米（图三四九，7）。

第72采集点，编号YCTFJ72。位于凤架坡村村南略偏东，YCTFJ69以东约60米。两侧较高，东部略低，总体较平整。地表采集，东经111°41′48.37″，北纬35°45′49.27″，共采集遗物2件，标本1件。

YCTFJ72：1　器底。泥质灰陶。外壁饰抹平绳纹。腹部内壁有按压的坑窝。高5、宽9.6、厚0.5厘米（图三四九，8）。

第73采集点，编号YCTFJ73。位于凤架坡村西南与苇沟新村之间，YCTFJ71以西约30米处。南部是民居房屋，向北是新近推平的一处空白地。文化层，层面距地表深1.3米，层堆积厚约0.7米，近水平状，土质较密，黄褐色，内含有石块、烧土粒、料姜等。东经111°41′30.38″，北纬35°45′49.74″，共采集遗物9件。

6. 老君沟村

共22个采集点。

第74采集点，编号YCTL74。位于老君沟村北呈缓坡状，北高南低的梯田里。地表采集，东经111°40′53.14″，北纬35°45′38.31″，共采集遗物9件，标本2件。

YCTL74：1　豆圈足。夹砂灰陶。喇叭状，足端加厚。内外壁有轮制痕迹。底外径24、厚1厘米（图三四九，5）。

YCTL74：2　陶器口沿。泥质黄灰陶。敞口，尖唇，口沿外缘加厚。内外壁有轮制痕迹。宽7.4、高3.9、厚1.6厘米（图三四九，2）。

第75采集点，编号YCTL75。位于老君沟村西边的西北高、东南低的梯田形坡地上，地表为麦田。文化层，堆积为黄褐色土，夹杂有绳纹陶片，厚度约1米。东经111°40′49.70″，北纬35°45′31.54″，共采集遗物3件，标本2件。

YCTL75：1　陶片，器物肩部。泥质灰陶。外壁饰绳纹。折肩。折肩处内壁有泥缝，上下两部分薄厚不同。厚1.3厘米（图三四九，4）。

YCTL75：2　瓮口沿。夹砂灰陶。外壁饰抹平绳纹。直口、方唇加厚。厚1.5厘米（图三四九，12）。

第76采集点　编号YCTL76。位于老君沟村西北，永益铸业南墙外的一条水泥路边的虚土上。地形呈缓坡状，北高南低。地表采集，东经111°40′49.32″，北纬35°45′34.99″，共采集遗物2件。

第77采集点　编号YCTL77。位于老君沟沟内，东部较低。文化层，厚度约1.7米，层面距地表深1.2米，黄褐色，较纯净，土质较疏松。东经111°41′02.70″，北纬35°45′35.24″，共采集遗物4件，标本2件。

YCTL77：1　陶片。夹砂灰陶。外壁饰篮纹，篮纹较浅，被数道凹弦纹抹断。厚0.5厘米（图三四九，6）。

YCTL77：2　盆口沿。夹砂陶，胎为红褐色，外皮黑灰色。外壁磨光。圆唇、平折沿，敞口。厚0.5厘米（图三四九，3）。

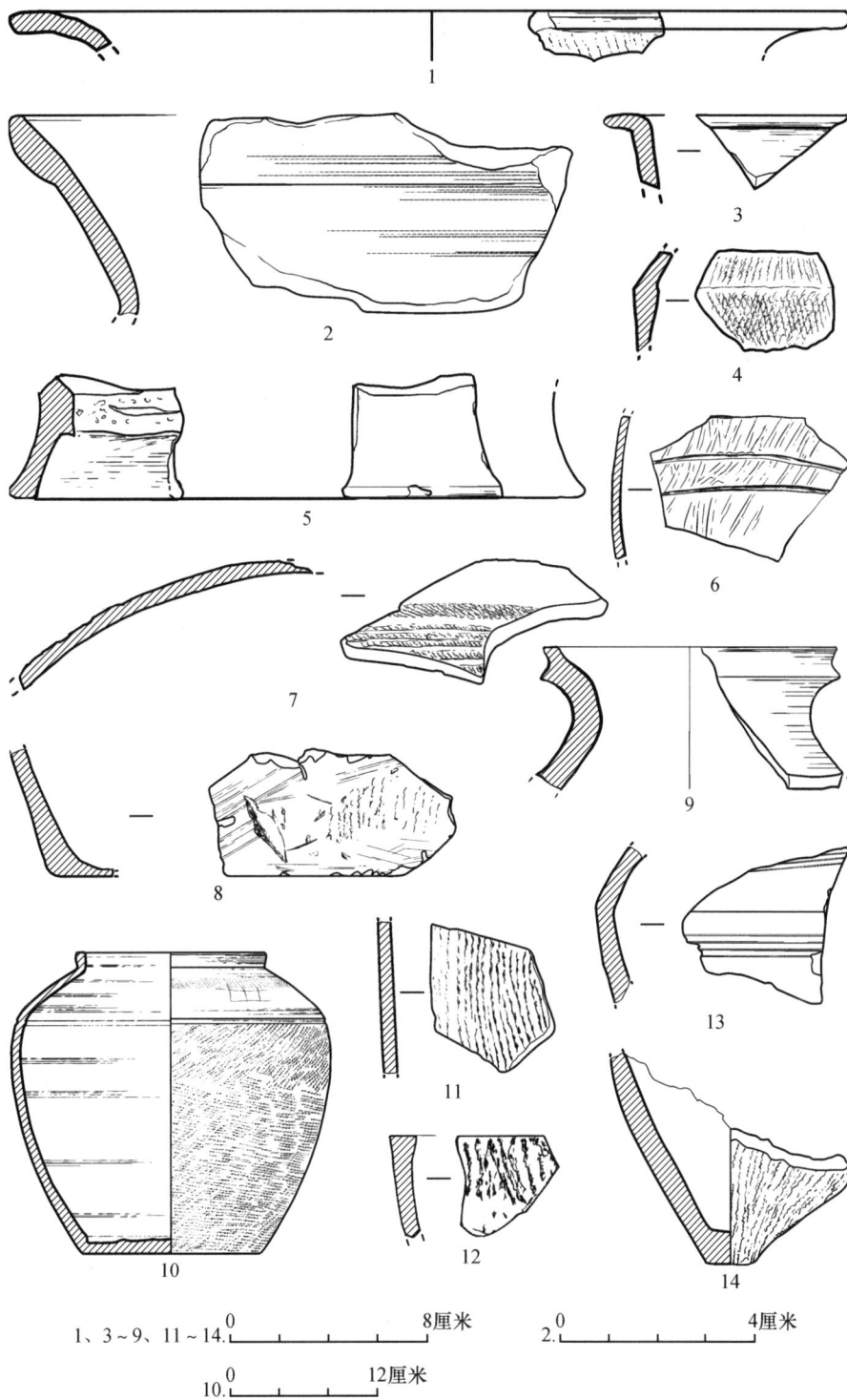

图三四九 苇沟-北寿城遗址调查第67、69、71、72、74、75、77、81、85采集点陶器

1、3.盆（YCTL85∶2、YCTL77∶2） 2.陶器口沿（YCTL74∶2） 4、6、11、13.陶片（YCTL75∶1、YCTL77∶1、
YCTFJ69∶1、YCTFJ67∶1） 5.豆（YCTL74∶1） 7、9、10.罐（YCTFJ71∶1、YCTL81∶2、YCTL81∶1）
8.器底（YCTFJ72∶1） 12.瓮（YCTL75∶2） 14.鬲足（YCTL85∶1）

第78采集点，编号YCTL78。位于老君沟村的一处西部较高，东部偏低的农田，向南地势渐低。文化层，堆积为浅灰褐色，内有草木灰、木炭粒和少量的烧土块，土质较疏松，堆积厚度约1.5~2米，层面距地表深1.7米，范围约有80米。东经111°41′14.34″，北纬35°45′34.90″，共采集遗物7件。

第79采集点，编号YCTL79。位于老君沟村西北，永益铸业墙外的一条水泥路边东边麦田上，地形呈缓坡状，北高南低。地表采集，东经111°40′51.38″，北纬35°45′31.00″，共采集遗物8件。

第80采集点，编号YCTL80。位于老君沟村一土崖断面上，西部为农田，东部为绿化带，南北长20余米。文化层，堆积为灰褐色，呈坡状堆积，北高南低，内有草木灰，烧土块多，土质较为疏松，厚度约1米，层面距地表深3.7米。东经111°41′12.78″，北纬35°45′32.04″，共采集遗物6件。

第81采集点，编号YCTL81。位于老君沟沟内，YCTL77南偏西，西侧较高，为村东边土路。灰坑，堆积为黄褐色，范围不清晰，倒有生活垃圾，暂为活土坑，土质纯净。东经111°41′02.78″，北纬35°45′30.68″，共采集遗物2件，标本2件。

YCTL81：1　陶罐。泥质浅灰陶。外壁肩腹交界处饰一周凹弦纹，上腹部斜向拍印浅绳纹，下腹部横向拍印仿篮纹。方唇，直口，鼓肩，下腹斜收，平底。口沿及内壁有抹痕，肩颈交界处有接缝，器底外包于器壁。口径14、通高23.5、厚0.8厘米（图三四九，10；图版一五七，1）。

YCTL81：2　罐口沿。泥质灰陶。方唇、侈口、束颈，口沿外缘有一周凸棱。口沿及颈部内外壁有轮制痕迹。口径13、厚0.7厘米（图三四九，9）。

第82采集点，编号YCTL82。位于老君沟村，西南为小麦地，东部为杨树林，西北方向高，属于修建唐霸大道时取土后而成。砖室墓，呈东西向，顶部呈拱形，砖窑内为黄褐土淤土，土质较疏松、纯净，深约4.6米，口距地表约6.6米，大开口后砌筑而成。东经111°41′12.25″，北纬35°45′31.79″，共采集遗物1件。

第83采集点，编号YCTL83。位于老君沟村西，西南部略高，东北部偏低，墓葬，被破坏殆尽，墓内填土有少许料姜，土质较疏松。东经111°41′10.63″，北纬35°45′31.08″，共采集遗物1件。

第84采集点，编号YCTL84。位于老君沟村西，北边是乡间小道，小道北边低凹，东低西高。灰坑，坑内堆积较纯净，内有小石子，土质较硬，黄褐色，东西1.7、坑深1.2米，坑口距地表深50厘米。东经111°41′07.97″，北纬35°45′30.50″，共采集遗物4件。

第85采集点，编号YCTL85。位于老君沟村西，北部较高，向南渐低，现为小麦地。文化层，堆积层范围不大，浅灰色，土质较密，内有草木灰，东西宽7.6、厚0.6米，层面距地表1.2米。东经111°41′00.44″，北纬34°45′26.63″，共采集遗物7件，标本2件。

YCTL85：1　鬲足。夹砂黑灰陶。外壁饰绳纹，绳纹交错。袋状足，外腹部圆鼓，内裆残，足根平，内壁略有起伏。似按压痕迹。残高12、厚1.4厘米（图三四九，14；图版一五七，2）。

YCTL85：2　盆口沿。夹砂浅灰陶。外壁饰抹平绳纹。圆唇，平沿，敞口。内、外壁有密集旋抹痕迹。口径34、厚0.8厘米（图三四九，1）。

第86采集点，编号YCTL86。位于老君沟村水泥路南一台地旁，北高南低，呈阶梯状。文化层，堆积层土质较密，内有少许石子，黄褐色，厚约90厘米，层面距地表深40厘米。东经111°41′05.28″，北纬35°45′26.50″，共采集遗物2件，标本2件。

YCTL86：1　陶器口沿。泥质灰陶。圆唇加厚，侈口。内外壁可见轮制痕迹。宽5.3、高4.1、厚0.8厘米（图三五○，3）。

YCTL86：2　陶片肩部。折肩。夹砂灰褐陶。外壁饰绳纹，绳纹较浅、絮状纹理明显。宽6.5、高11.9、厚0.6厘米（图三五○，4）。

第87采集点，编号YCTL87。位于老君沟村水泥路南第二台地旁，北高南低，向东渐低。地表采集，东经111°41′06.46″，北纬35°45′25.52″，共采集遗物5件，标本1件。

YCTL87：1　釜灶。夹砂灰陶。外壁饰绳纹。仅存釜、灶相接部位。内部有腰隔。腰隔为泥条粘接而成，上下有涂抹按压痕迹。宽10.8、高5.2、厚1.5厘米（图三五○，8；图版一五七，3）。

第88采集点，编号YCTL88。位于老君沟村崖壁处，西高东低，北高南低。属灰坑，堆积较为集中，灰褐色，内有较多草木灰和少量烧土粒，土质松软，下有冲积层和陶片，南北2.3米，深0.6米，坑口距地表深1.4米。东经111°41′10.00″，北纬35°45′25.34″，共采集遗物12件。

第89采集点，编号YCTL89。位于老君沟村地层内，西部较高，北高南低，北距YCTL88约20米。文化层，土质较硬，内有少许草木灰，黄褐色，略显浅灰，堆积厚度约1.4米，层面距地表深1米，南北近40米。东经111°41′10.00″，北纬35°45′24.47″，共采集遗物5件。

第90采集点，编号YCTL90。位于老君沟村东南，西、北部较高，东部较低。灰坑，南北近2.6米，坑深约1.2米，坑口距现地表深约0.6米，坑内堆积土呈黄褐色，土质疏松，坑底呈圜形。东经111°41′10.14″，北纬35°45′20.63″，共采集遗物3件。

第91采集点，编号YCTL91。位于老君沟村东南，北高南低呈阶梯状，向东地势渐低，西北距村庄200米。地表采集，东经111°41′06.93″，北纬35°45′17.88″，共采集遗物2件。

第92采集点，编号YCTL92。位于老君沟村一处民居略偏西的一处断崖拐角处，北部较高，向南往东渐低，呈阶梯状。灰坑，坑内堆积为黄褐色，内有少许的烧土块，草木灰，土质较密，坑深1.2、东西1.5、坑口距地表深1.3米，圜形底。东经111°40′55.03″，北纬35°45′10.39″，共采集遗物4件。

第93采集点，编号YCTL93。位于老君沟村东偏南一处较高的崖壁旁，北高南低，呈阶梯状。文化层，地层厚度不详，距地表深度约1.1米，堆积为黄褐色，内有少许木炭柱和烧土块，东西范围可辨约80米。东经111°41′01.05″，北纬35°45′08.50″，共采集遗物4件。

第94采集点，编号ＹＣＴＬ94。位于清华园中学北，北部略高。地表采集，东经111°41′06.93″，北纬35°45′05.23″，共采集遗物9件。

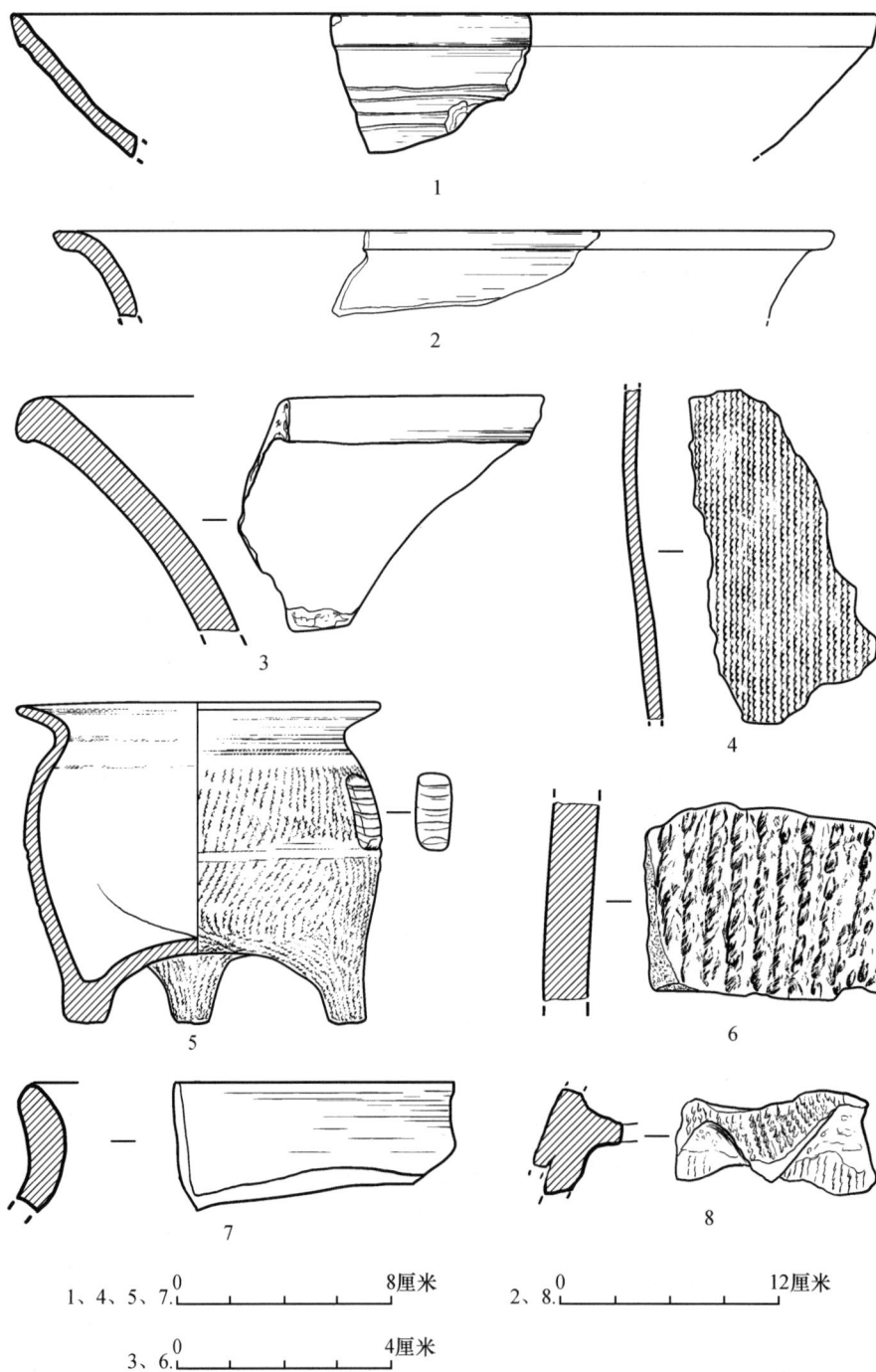

图三五○　苇沟-北寿城遗址调查第86、87、88、97、100、104、106采集点陶器

1、7.钵口沿（YCTW97∶1、YCTW106∶2）　2.盆（YCTW106∶1）　3.陶器口沿（YCTL86∶1）　4、6.陶片（YCTL86∶2、
YCTW100∶2）　5.鬲（YCTW104∶1）　8.釜灶（YCTL87∶1）

第95采集点，编号YCTL95。位于老君沟村东北，西高东低，呈阶梯状，其北部为一废弃厂房。地表采集，东经111°40′56.35″，北纬35°45′03.39″，共采集遗物3件。

7. 苇沟村

共179个采集点。

第96采集点，编号YCTW96。位于苇沟老村西北一处地埝上。墓葬，南北向，长2米，口大底小。东经111°40′39.40″，北纬35°45′12.29″，未采集。

第97采集点，编号YCTW97。属灰坑，位于苇沟老村西北，华兴铸造厂北边养殖场西侧的坡地边的断崖上。灰坑为圜底，长1.5、距地表0.5米。东经111°41′42.34″，北纬35°46′08.75″，共采集遗物3件，标本1件。

YCTW97：1　钵口沿。泥质，陶胎红色，外壁深灰。外壁有多道刻画。侈口，尖唇，唇部外缘加厚，弧腹。内外壁有轮制痕迹。口径31、高5、厚0.8厘米（图三五〇，1）。

第98采集点，编号YCTW98。位于苇沟老村西1000米，华星铸造厂东北300米。西部高，呈阶梯形状。墓葬，东西向，南北宽0.8、深2.5米，无骨架，填土为黄褐花土，质地较密，直壁，平底。东经111°40′52.31″，北纬35°45′52.31″，未采集。

第99采集点，编号YCTW99。属灰坑，位于苇沟老村西北，西北高东南低，坑东西宽1.3米，坑口距离地表1米，坑内堆积为黄褐色土，偶含有深灰色或白灰色土。东经111°40′35.42″，北纬35°46′00.71″，共采集遗物1件。

第100采集点，编号YCTW100。位于苇沟村西北60米铁厂东南角水渠边。沟西台地呈阶梯形，北高南低。灰坑，被现代水渠破坏过，南北2、深1.5米，堆积为黄褐淤花土，质地较密。东经111°41′02.15″，北纬35°45′58.69″，共采集遗物2件，标本1件。

YCTW100：2　陶片。泥质灰陶。外壁饰粗绳纹，绳纹较浅。内壁有按压痕迹。高3.5、宽4.2、厚0.8厘米（图三五〇，6）。

第101采集点，编号YCTW101。位于苇沟老村西北100米，铁厂及铸造厂东60米。沟西台地呈阶梯形，北高南低。房址，房屋底部为白灰平面，南北2、距现地表深1.5米，内堆积为黄褐淤花土，较密。东经111°41′03.05″，北纬25°46′01.41″，共采集遗物2件。

第102采集点，编号YCTW102。位于苇沟老村西1000米，华星铸造厂东北300米。西部高，呈阶梯形状。墓葬，直壁，平底，南北宽0.9、深1.2米，无骨架，填土为黄褐花土，质地较密。东经111°40′51.76″，北纬35°46′20.11″，未采集。

第103采集点，编号YCTW103。位于苇沟村西北100米，铁厂东5米。沟西台地呈阶梯形，北高南低。灰坑，直壁，南北1.5、现暴露深1.2米，堆积为黄褐花土，质地较密。东经111°41′02.01″，北纬35°46′01.11″，共采集遗物2件。

第104采集点，编号YCTW104。位于华星铸造厂东200米，苇沟村铁厂大门西150米。墓葬，墓口距地表深40厘米，袋形，南北向，口东西宽1.2、底部东西宽1.5米。可见墓内陶鬲距骨架0.8米，棺内为黄花淤土。东经111°40′48.36″，北纬35°45′57.64″，采集标本1件。

　　YCTW104：1　陶鬲。夹砂灰褐陶。外壁饰绳纹，腹部加饰一周凹弦纹，将绳纹抹断。圆唇，折沿，腹部微鼓，平弧裆，有矮柱足，肩部附扉棱。口径13、高11.5、厚0.8厘米（图三五〇，5；图版一五七，4）。

　　第105采集点，编号YCTW105。属文化层，位于苇沟村西750米，华星铸造厂东350米。沟槽状。文化层南北长30、厚1.5～2.5米，黄褐花土，质地较密，包含碎陶片。东经111°40′54.15″，北纬35°45′57.71″，共采集遗物1件。

　　第106采集点，编号YCTW106。位于苇老沟村西700米，华星铸造厂东400米。西北高，呈阶梯形状。灰坑，直壁，平底，东西长3、深1.2米，堆积为灰土，包含陶片。东经111°40′56.57″，北纬35°45′57.90″，共采集遗物4件，标本2件。

　　YCTW106：1　盆口沿。夹砂灰陶。方唇，侈口。陶胎厚重，沿面上下有轮制痕迹。口径40、高4.5、厚0.8厘米（图三五〇，2）。

　　YCTW106：2　钵口沿。夹砂浅灰陶。外壁饰抹平绳纹。圆唇，直口微侈。有轮修痕迹。宽10.2、高4.2、厚1.3厘米（图三五〇，7）。

　　第107采集点，编号YCTW107。位于苇沟村公路北200米。西北高。灰坑，大口尖底，东西宽5、深3米，内堆积为灰黄褐花土，质地较密。东经111°41′03.71″，北纬35°45′57.07″，未采集。

　　第108采集点，编号YCTW108。西距北环路150米，砖下取土厂东边30米，苇沟老村西边窑洞上。地表采集，采集范围20×20平方米。东经111°41′04.54″，北纬35°45′57.06″，共采集遗物4件。

　　第109采集点，编号YCTW109。位于南距北环路400米。地表采集，采集范围10×10平方米。东经111°41′07.64″，北纬35°45′59.44″，共采集遗物9件，标本1件。

　　YCTW109：4　陶器口沿。夹砂褐陶。方唇，侈口，唇部加厚。内、外壁有密集旋抹痕迹（图三五一，1）。

　　第110采集点，编号YCTW110。沟边台阶地，东高西低。地表采集，东经111°41′15.27″，北纬35°46′03.64″，采集标本1件。

　　YCTW110：1　陶罐。泥质褐陶。外壁肩部以下拍印绳纹。唇部残，侈口，束颈，折肩，下腹斜收，小平底。厚0.6厘米（图三五一，7；图版一五七，5）。

　　第111采集点，编号YCTW111。沟边台阶地，东高西低。地表采集，采集范围10×10平方米。东经111°41′14.75″，北纬35°46′04.70″，共采集遗物5件，标本1件。

　　YCTW111：2　陶片。夹砂灰陶。外壁饰绳纹，绳纹被宽为0.5厘米的两条素面条带抹断，之间有类似附加堆纹的突起，内壁有抹痕。宽11.4、高5.6、厚1.8厘米（图三五一，4）。

　　第112采集点，编号YCTW112。位于唐霸大道北1500米，苇沟村水泥路东300米。沟底为一级台地，东部为高崖，属小凹地。灰坑，直壁，平底，南北1.2、深2米。东经111°41′09.78″，北纬35°46′02.47″，未采集。

　　第113采集点，编号YCTW113。位于苇沟老村沟边台地，红枣门第一家200米。台阶地

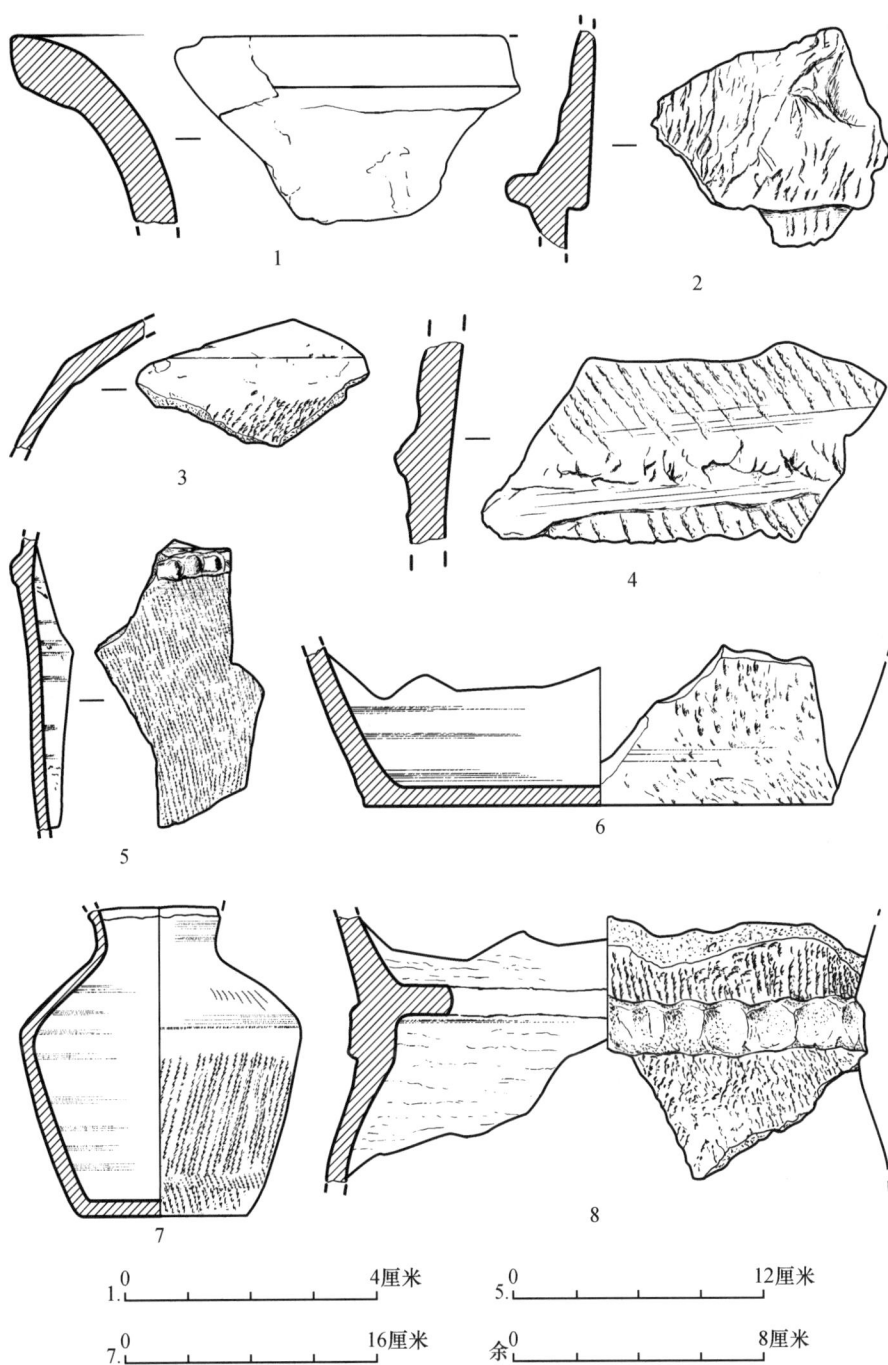

图三五一　苇沟-北寿城遗址调查第109~111、113、118采集点陶器

1.陶器口沿（YCTW109：4）　　2.釜灶（YCTW113：1）　　3、7.罐（YCTW118：3、YCTW110：1）
4、5.陶片（YCTW111：2、YCTW118：6）　　6.器底（YCTW118：4）　　8.甑（YCTW118：5）

形，东高西低。地表采集，采集范围30米×30米。东经111°41′09.78″，北纬35°46′07.73″，共采集遗物4件，标本1件。

YCTW113：1　釜灶腹片。夹砂灰陶。外壁饰绳纹，绳纹较浅，有絮状纹理。应为腰部。内壁有按压痕迹。宽7.3、高7、厚2.8厘米（图三五一，2）。

第114采集点，编号YCTW114。位于苇沟老村东部。东部高，西部低，呈阶梯形。墓葬，已被盗，盗洞位于断垣下，东西长100、南北宽180、深150厘米，黄褐花土，质地较密。盗洞边有盆骨。东经111°41′11.79″，北纬35°46′06.37″，共采集遗物1件。

第115采集点，编号YCTW115。位于苇沟村东部。地表采集，采集范围10×10平方米。东经111°41′10.52″，北纬35°46′07.77″，共采集遗物6件。

第116采集点，编号YCTW116。位于唐霸大道北1000米。东北高，为冲沟凹地。房址，开口距地表深100厘米，袋状，平底，口部南北长350、底部南北长500厘米，堆积为黄褐淤土。东经111°41′15.08″，北纬35°46′00.25″，未采集。

第117采集点，编号YCTW117。位于东距苇沟村800米，西距华星铸造厂300米。呈北高南低阶梯状。灰坑，口大于底，口距地表深0.4、东西长5、深0.8米，不到底，堆积为灰褐黄化土，较密。东经111°40′55.42″，北纬35°45′54.35″，共采集遗物1件。

第118采集点，编号YCTW118。位于北环路北150米，村西50米，苇沟老村西边窑洞上。地表采集，采集范围10×10平方米。东经111°41′03.60″，北纬35°45′55.73″，共采集遗物10件，标本4件。

YCTW118：3　罐腹片。泥质灰陶。外壁磨光，饰绳纹。应为肩部，折肩。上侧略厚，应是接于下侧内壁。宽7.4、高4、厚0.8厘米（图三五一，3）。

YCTW118：4　器底。夹砂灰陶。外壁饰绳纹，局部抹平。下腹弧收，平底。器底外包于器壁外，相接处有缝隙及抹痕。底外径15、厚1.2厘米（图三五一，6）。

YCTW118：5　甗腰。夹砂灰陶。外壁饰绳纹，腰部外侧加饰一周附加堆纹。有腰隔。腰隔下侧抹平，上侧有按压的坑窝。腰外径16.5、厚1.2厘米（图三五一，8；图版一五七，6）。

YCTW118：6　陶片。夹砂灰褐陶。外壁饰细绳纹，绳纹较浅，其上加饰附加堆纹，宽约1厘米，附加堆纹上戳印。内壁略有起伏。宽8.1、高13.5、厚0.9厘米（图三五一，5）。

第119采集点，编号YCTW119。位于北环路北200米，沟西为二级台地。灰坑，内堆积为黄褐花土，底部有0.02～0.03米的灰土，包含兽骨，呈袋状，东西长9、深4米。东经111°41′10.39″，北纬35°45′54.82″，共采集遗物6件，标本1件。

YCTW119：2　陶片。夹砂褐陶。外壁饰粗绳纹，绳纹较浅，被宽为0.5厘米的素面条带抹断。内壁略有起伏，似按压痕迹，外壁有泥缝。宽6.7、高6、厚8.9厘米（图三五二，9）。

第120采集点，编号YCTW120。位于唐霸大道北600米凹地。地表采集，采集范围5×5平方米。东经111°41′18.87″，北纬35°45′55.49″，共采集遗物3件。

第121采集点，编号YCTW121。位于苇沟村西1000米，华星铸造厂东200米。北高南低，呈阶梯状。文化层，东西长50、厚1～2米，堆积为黄褐花土，较密，包含碎陶片。东经

111°41′52.94″，北纬35°45′52.56″，共采集遗物7件，标本2件。

YCTW121：1　釜灶腹片。夹砂灰陶。外壁饰绳纹，绳纹细密，外加饰附加堆纹，颇宽厚，分上下两层装饰，上层戳印几何形，下层连续压印凹窝。仅存腰部釜灶相接处。器壁较薄，内壁略有起伏，似按压痕迹，外壁有抹痕，有坑疤。宽14.6、高7.8、厚1.6厘米（图三五二，5；图版一五八，1）。

YCTW121：2　釜灶足。夹砂灰陶。外壁饰绳纹，绳纹较浅，絮状纹理明显。瓦状足。内壁有按压痕迹，外壁有抹痕。足外径35、高8、厚1.2厘米（图三五二，11）。

第122采集点，编号YCTW122。位于苇沟村西约1000米，华星铸造厂东250米，呈北高南低的阶梯状。灰坑，直壁，平底，南北长2.5、深1米，堆积为黄褐花土，质地较密，包含陶片。东经111°40′53.55″，北纬35°45′54.52″，共采集遗物2件，标本1件。

YCTW122：2　陶片。泥质，陶胎褐色，外皮黑亮磨光。外壁饰极浅绳纹。应为器物肩部，折肩。宽4.85、高6、厚0.5厘米（图三五二，3）。

第123采集点，编号YCTW123。位于苇老沟村西700米，华星铸造厂东400米。呈西北高的阶梯形状。灰坑。东经111°41′03.93″，北纬35°45′51.36″，共采集遗物2件。

第124采集点，编号YCTW124。属灰坑，位于苇老沟村油路边取土厂东北。灰坑，呈袋状，平底，口部南北长2.5、底部南北长3、深度残存0.5～1米，堆积为黄褐灰花土。东经111°41′05.83″，北纬35°45′54.78″，共采集遗物5件，标本1件。

YCTW124：1　鬲足。夹砂灰陶。外壁饰篮纹。乳状袋足，瘦长，无实足根。上端断裂处残存对接痕迹。残高8.6厘米（图三五二，7；图版一五八，2）。

第125采集点，编号YCTW125。南距北环路150米，农家院西南边。文化层，南北长15、厚1.5米，堆积为灰褐黄花土，质地较密。东经111°41′04.76″，北纬35°45′54.38″，共采集遗物5件。

第126采集点，编号YCTW126。位于薛家沟北路12号农家窑洞上平地。地表采集，采集范围20×20平方米。东经111°41′23.32″，北纬35°45′55.31″，共采集遗物7件。

第127采集点，编号YCTW127。位于薛家沟北路第11号农家院，窑洞断崖北部。灰坑，东西宽1、深2米，坑底部有陶片。堆积为黄褐灰花土。东经111°41′24.81″，北纬35°45′54.62″，未采集。

第128采集点，编号YCTW128。位于薛家沟北路31号农家院门北边。房址。东经111°41′23.19″，北纬35°45′53.54″，未采集。

第129采集点，编号YCTW129。东距苇沟老村300米，公路北80米。西北高。灰坑，直壁，现暴露深2米，不到底，南北宽3米，堆积为灰花土，较密。东经111°40′58.27″，北纬35°45′53.90″，共采集遗物1件。

第130采集点，编号YCTW130。东距苇沟老村300米，公路北70米。西北高。陶窑，现残存底部，上部有黄褐花土叠压。陶窑，南北长1.8、深0.4米，堆积为灰土及烧土块。东经111°40′58.63″，北纬35°45′53.57″，未采集。

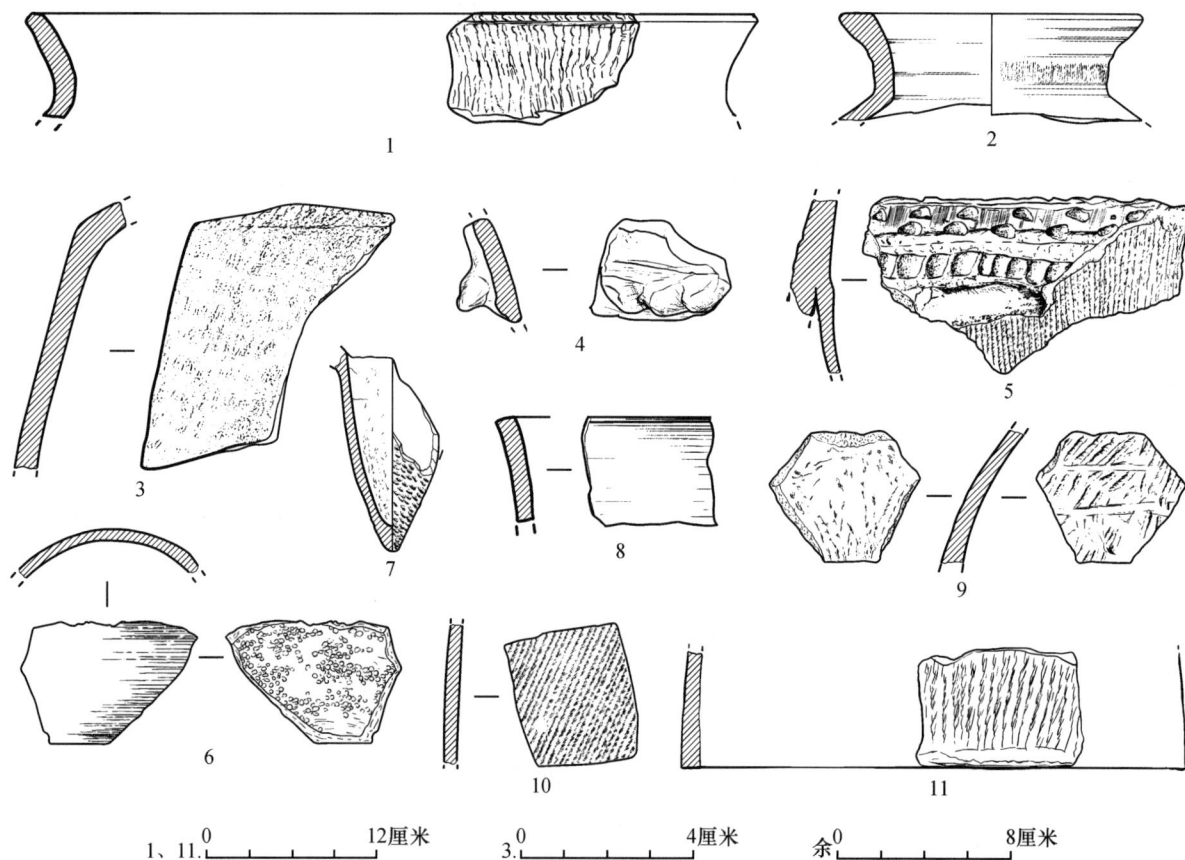

图三五二　苇沟-北寿城遗址调查第119、121、122、124、134、135、137、138采集点陶器
1. 瓮（YCTW135：1）　　2、6. 罐（YCTW137：7、YCTW138：1）　　3、9、10. 陶片（YCTW122：2、YCTW119：2、
YCTW134：1）　4. 带鋬陶片（YCTW138：3）　5. 釜灶（YCTW121：1）　7. 罂足（YCTW124：1）　8. 陶器口沿
（YCTW138：2）　11. 釜灶足（YCTW121：2）

第131采集点，编号YCTW131。位于苇沟老村西，北高南低。陶窑。东经111°41′03.77″，北纬35°45′50.69″，共采集遗物7件。

第132采集点，编号YCTB132。位于苇沟村公路北150米，西北高。灰坑，呈袋状，口部南北长2.5、底部长3、深3.5米，底部平整，内堆积为灰褐黄花土，较密。东经111°41′03.74″，北纬35°45′54.52″，共采集遗物10件。

第133采集点，编号YCTW133。位于苇沟村南距公路100米，东距苇沟100米。北高西高。三个灰坑，间隔5米，东西长3、底部长2.8、深1.5米，口大于底，平底，堆积为灰褐黄花土。东经111°41′05.11″，北纬35°45′53.93″，共采集遗物1件。

第134采集点，编号YCTW134。位于苇沟村公路北100米。西北高。灰坑，袋形，口部南北长2.5、深4米，平底，堆积为灰黄花淤土。东经111°41′04.32″，北纬35°45′53.98″，采集标本1件。

YCTW134：1　陶片。泥质灰陶。外壁饰绳纹，绳纹较浅。宽6、高6.6、厚0.7厘米（图三五二，10）。

第135采集点，编号YCTW135。位于苇沟老村西取土场西边。灰坑，南北宽1米，开口距地表深2.5米。坑内堆积为灰褐色土。东经111°41′05.41″，北纬35°45′50.55″，共采集遗物4件，标本1件。

YCTW135∶1　瓮口沿。夹砂红褐陶。外壁及唇部饰绳纹，外壁绳纹交错。侈口、方唇。内壁有抹痕。口径47.4、高7.8、厚0.9厘米（图三五二，1）。

第136采集点，编号YCTW136。位于苇沟老村西北，坡地最顶部。地表采集。东经111°41′01.18″，北纬35°45′51.58″，共采集遗物6件。

第137采集点，编号YCTW137。位于苇沟老村西北，坡地最顶部。灰坑，坑口距离地表0.7~0.8米，南北长2米，坑内堆积为黄褐色土。东经111°40′55.94″，北纬35°45′50.19″，共采集遗物20件，标本1件。

YCTW137∶7　罐口沿。夹砂灰陶。侈口，矮领，外壁饰绳纹，颈部绳纹抹平，内、外壁有密集旋抹痕迹。口径11、厚1.1厘米（图三五二，2）。

第138采集点，编号YCTW138。位于苇沟老村西北，坡地最顶部。地表采集，东经111°40′58.74″，北纬35°45′50.48″，共采集遗物11件，标本3件。

YCTW138∶1　罐。泥质灰陶。外壁有抹痕，内壁有密集圆饼状突起。宽7.8、高5.6、厚0.4厘米（图三五二，6）。

YCTW138∶2　陶器口沿。夹砂灰陶。方唇，口微侈。内外壁有轮制痕迹。宽6、高5、厚0.75厘米（图三五二，8）。

YCTW138∶3　带錾陶片。夹砂灰陶。上附鸡冠状錾。宽6.2、高4.5、厚1.2厘米（图三五二，4；图版一五八，3）。

第139采集点，编号YCTW139。位于苇沟老村西小冲沟内西壁断崖上。地表采集，东经111°41′01.35″，北纬35°45′51.25″，共采集遗物5件。

第140采集点，编号YCTW140。位于苇沟老村西取土场西南角，北高南低。地表采集，东经111°41′06.21″，北纬35°45′45.95″，共采集遗物5件，标本2件。

YCTW140∶1　器底。泥质褐陶。平底。宽11.3、高2.4、厚1.1厘米（图三五三，13）。

YCTW140∶2　陶器口沿。泥质灰陶。圆唇，侈口。内外壁有轮制痕迹。宽4.8、高2.6、厚0.6厘米（图三五三，1）。

第141采集点，编号YCTW141。位于苇沟老村西取土场南部地埝上，北高南低。地表采集，东经111°41′07.80″，北纬35°45′45.57″，共采集遗物12件，标本3件。

YCTW141∶1　陶盘，残器。泥质灰陶。方唇，浅盘，圜底，下附三短足。口径15、高6、厚1.1厘米（图三五三，5；图版一五八，4）。

YCTW141∶2　带錾陶片。夹砂褐陶。錾鸡冠状。宽6、高5.2、厚0.6厘米（图三五三，9；图版一五八，5）。

YCTW141∶6　陶器口沿。夹砂灰陶。方唇，直口。外壁饰绳纹，绳纹极浅，近口沿外缘有附加堆纹。宽4.4、高4.8、厚1.4厘米（图三五三，7）。

第142采集点，编号YCTW142。位于沟边台地，西高东低，北沟凹地。墓葬，墓南北向，斗状，口大底小，长6、现暴露3米，夯层坚硬，每层厚0.2～0.25米，填土为黄花土。东经111°41′07.96″，北纬35°45′53.01″，未采集。

第143采集点，编号YCTW143。位于北环路北100米，西部为凹地，西、南高，阶梯状。灰坑，东西长7、深3米，直壁，平底，内堆积为黄褐灰花土，较密。东经111°41′13.63″，北纬35°45′52.68″，共采集遗物4件。

第144采集点，编号YCTW144。位于苇沟北外环路39号农家院，北窑洞断面。灰坑，袋形，口小，底大，口东西长3、深1米，底部东西长3.3米，内堆积为黄褐灰花土，比较疏松。东经111°41′15.33″，北纬35°45′50.03″，未采集。

第145采集点，编号YCTW145。位于苇沟老村沟口东壁，农家院断面。灰坑，袋状，口部长2.5～3米，底部长3～5.2米，堆积为灰褐花土。东经111°41′26.62″，北纬35°45′50.15″，未采集。

第146采集点，编号YCTW146。位于苇沟村薛家沟沟口第四家院断崖。灰坑，南北5、深1～1.5米，堆积为灰褐花土。东经111°41′25.55″，北纬35°45′50.22″，未采集。

第147采集点，编号YCTW147。位于苇沟村沟口东壁，距北环路30米的北部断崖。灰坑，袋形，南北2～3、深3米，底部平整，堆积为灰褐土。东经111°41′24.97″，北纬35°45′49.60″，未采集。

第148采集点，编号YCTW148。位于苇沟老村西北，北高南低。文化层，东西长30米，堆积为黄褐土。东经111°40′58.11″，北纬35°45′47.58″，共采集遗物5件，标本4件。

YCTW148：1 陶片。夹砂灰陶。外壁饰绳纹，绳纹较浅。内壁略有起伏，宽7.8、高10.5、厚0.9厘米（图三五三，12）。

YCTW148：2 陶片。夹砂灰陶。外壁饰绳纹，绳纹较浅。宽8.4、高7.4、厚1厘米（图三五三，11）。

YCTW148：3 器底。泥质黑灰陶。内壁略有起伏及圆形坑疤，外壁有抹痕。宽5.7、高4、厚0.5厘米（图三五三，6）。

YCTW148：5 残豆柄。泥质灰陶。仅存近豆盘处，内壁有泥条接缝。外径3.2、高5.2、厚1.3厘米（图三五三，4）。

第149采集点，编号YCTW149。位于苇沟老村西北，北高南低，房址，内部堆积为红烧土，烧土面边上有一层白灰地面，内有陶片，红烧土面厚0.1米。东经111°40′59.23″，北纬35°45′47.52″，共采集遗物6件，标本1件。

YCTW149：1 罐口沿。夹砂灰陶。直口，外壁饰绳纹，绳纹较浅，絮状纹理明显。口沿外侧加厚。宽5.5、高5.2、厚1.1厘米（图三五三，10）。

第150采集点，编号YCTW150。位于苇沟老村西取土场内东部。墓葬，应为土坑竖穴，内部堆积为黄褐花土，深7～8米。东经111°41′09.37″，北纬35°45′47.05″，未采集。

第151采集点，编号YCTW151。南距北环路100米。西部为凹地。灰坑，袋状，东西长1.5～2、深2米，底部东西长2～2.5米，堆积为黄褐灰土。东经111°41′13.02″，北纬

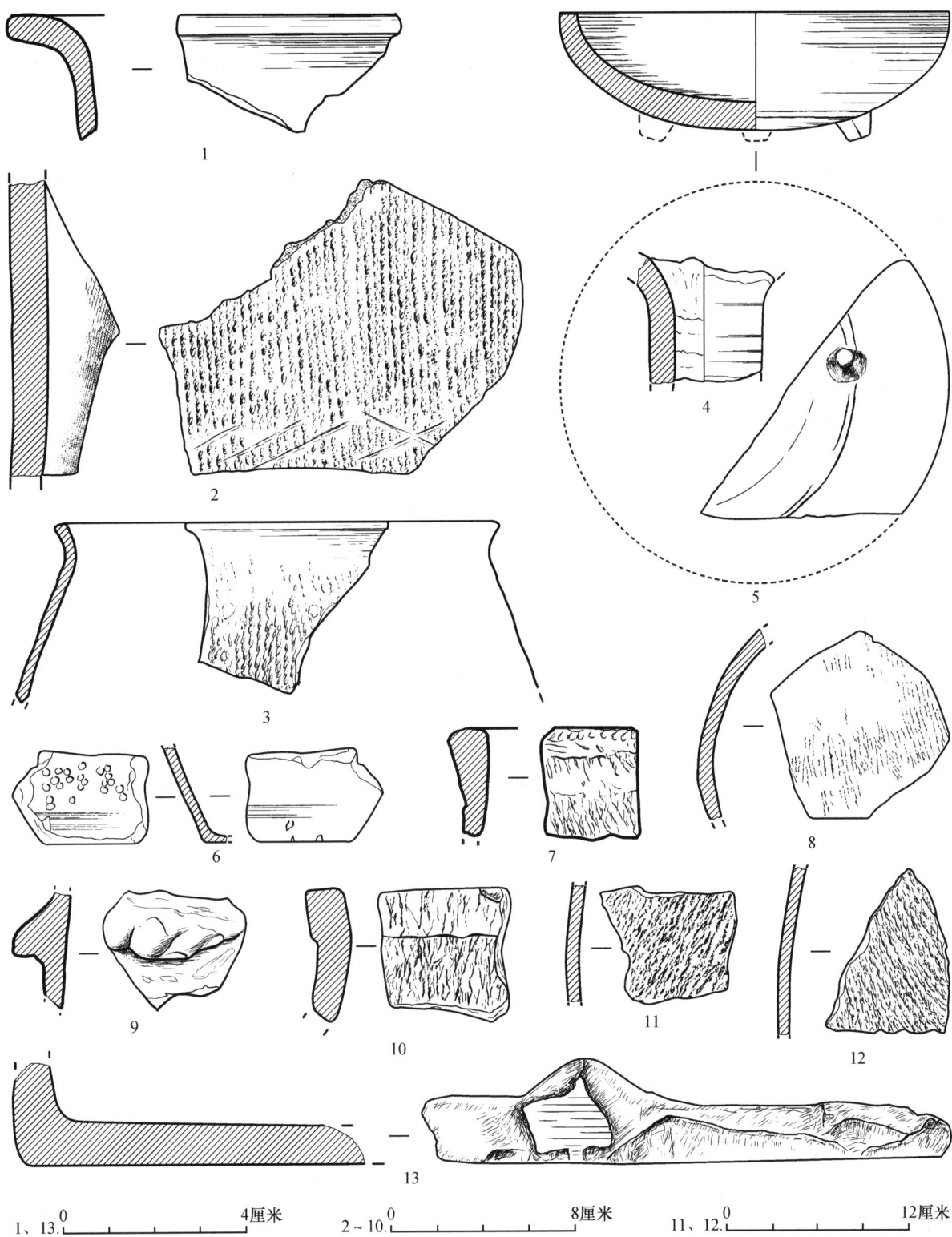

图三五三 苇沟-北寿城遗址调查第140、141、148、149、151采集点陶器

1、7.陶器口沿（YCTW140：2、YCTW141：6） 2.板瓦（YCTW151：3） 3、10.罐口沿（YCTW151：1、YCTW149：1）

4.豆（YCTW148：5） 5.陶盘（YCTW141：1） 6、13.器底（YCTW148：3、YCTW140：1） 8、11、12.陶片

（YCTW151：2、YCTW148：2、YCTW148：1） 9.带錾陶片（YCTW141：2）

35°45′52.46″，共采集遗物3件，标本3件。

YCTW151：1　罐口沿。夹砂灰陶。外壁饰绳纹，绳纹颗粒明显，抚摸有粗糙感，颈部素面。圆唇，侈口，斜肩。内壁略有不同，有抹痕，外壁有密集旋抹痕迹。口径18、宽8.7、厚0.4厘米（图三五三，3；图版一五九，1）。

YCTW151：2　陶片。泥质灰陶。外壁饰绳纹，绳纹很浅。内壁略有起伏，似按压痕迹。宽7.6、高7.7、厚0.8厘米（图三五三，8）。

YCTW151：3　板瓦。泥质灰陶。外壁饰粗绳纹、刻划纹，绳纹较浅，内壁饰布纹。略有起伏。宽7.7、高6.3、厚1.6厘米（图三五三，2）。

第152采集点，编号YCTW152。位于苇沟新村东断崖上。文化层，堆积为黄褐色，土质较密，内含有少许石块。东经111°41′40.52″，北纬35°45′46.16″，共采集遗物3件，标本1件。

YCTW152：1　瓦当。泥质深灰陶。整体应为半圆形，仅残存一半，当面中心单阳线凸圆形，内有方格纹，双阳凸线将当面分为四等份，各等份内单阳线凸云纹，云纹中间双阳凸线连接同心圆。模制。一侧有切割痕迹，完全切透。半径6.4、厚2.5厘米（图三五四，6）。

第153采集点，编号YCTW153。位于苇沟新村东断崖上，文化层，堆积为黄褐色，土质较密，内含有少许石块。东经111°41′47.30″，北纬35°45′46.82″，共采集遗物10件，标本5件。

YCTW153：1　壶口沿。泥质灰陶。方唇侈口。口径12、高3.2、厚0.8厘米（图三五四，5）。

YCTW153：2　板瓦。泥质灰陶。外壁饰绳纹，内壁饰篦点纹。一侧有切割痕迹，深度近半。宽10、高12、厚1.5厘米（图三五四，1）。

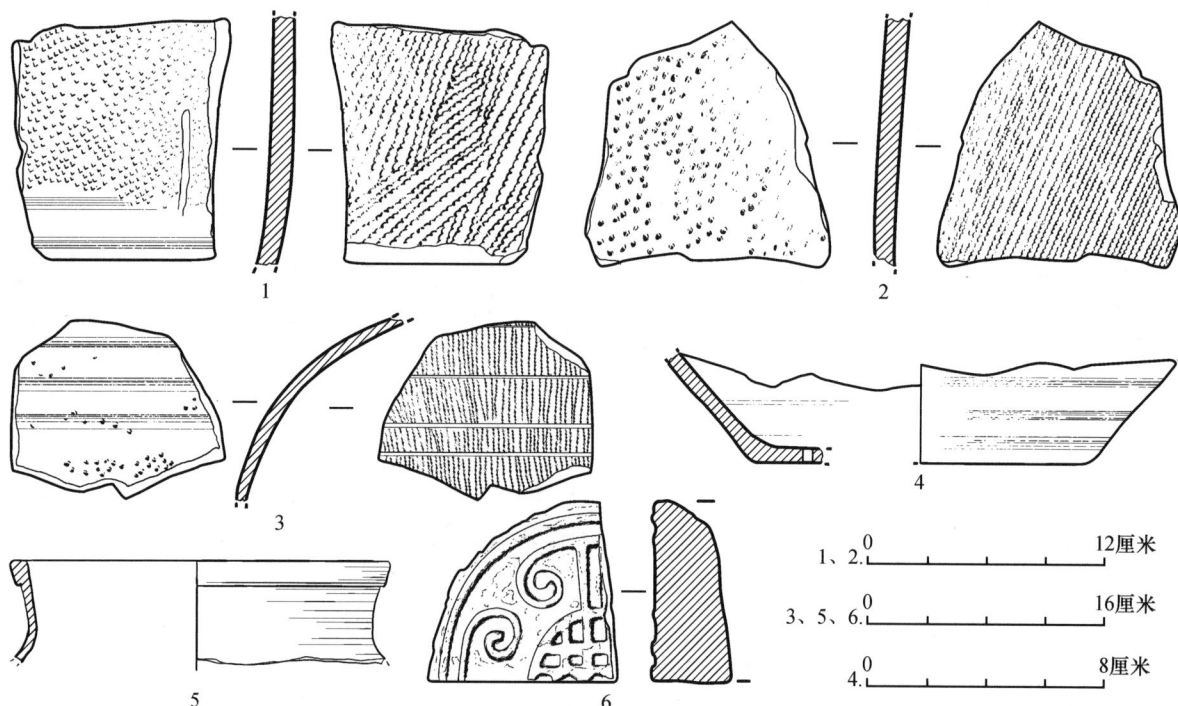

图三五四　苇沟-北寿城遗址调查第152、153采集点陶器

1、2.板瓦（YCTW153：2、YCTW153：3）　3.陶片（YCTW153：4）　4.甑（YCTW153：10）　5.壶（YCTW153：1）

6.瓦当（YCTW152：1）

YCTW153∶3　板瓦。泥质灰陶。外壁饰绳纹,内壁饰篦点纹。宽12、高12、厚1.5厘米(图三五四,2)。

YCTW153∶4　陶片。泥质灰陶。外壁饰绳纹,被多道凹弦纹抹断。宽7、高6、厚0.6厘米(图三五四,3)。

YCTW153∶10　甑底。泥质浅灰陶。甑箅接于器壁内部,内外壁有抹痕。外径22.6、高6.6、厚0.7厘米(图三五四,4)。

第154采集点,编号YCTW154。位于苇沟新村东断崖上。文化层,堆积为黄褐色,土质较密,内含有少许石块。东经111°41′49.88″,北纬35°45′46.76″,共采集遗物12件,标本6件。

YCTW154∶1　板瓦。泥质灰陶。外壁饰粗绳纹,内壁饰篦点纹。侧面有切割痕迹,由内向外,深度近半。宽14.8、高16、厚1厘米(图三五五,1)。

YCTW154∶2　板瓦。泥质灰陶。外壁饰粗绳纹、抹平绳纹,内壁饰篦点纹,瓦头有抹痕。宽10.8、高12.8、厚1厘米(图三五五,2)。

YCTW154∶3　板瓦。泥质灰陶。外壁饰绳纹、附加堆纹,内壁饰绳纹,内壁绳纹较浅。宽10.4、高13、厚1厘米(图三五五,3)。

YCTW154∶5　板瓦。泥质灰陶。外壁饰粗绳纹,内壁饰菱形方格纹。宽9.6、高7.4、厚1厘米(图三五五,5)。

YCTW154∶6　板瓦。泥质灰陶。外壁饰粗绳纹,局部抹平,内壁饰篦点纹。瓦头有抹痕。宽6、高9.2、厚1厘米(图三五五,6)。

YCTW154∶9　钵。泥质灰陶。外壁饰瓦棱纹。圆唇,直口微侈,弧腹。内外壁有轮制痕迹。宽4、高6、厚0.8厘米(图三五五,4)。

第155采集点,编号YCTW155。位于苇沟新村东断崖上。文化层,堆积为黄褐色,土质较密,内含有少许石块。东经111°41′49.69″,北纬35°45′45.21″,共采集遗物5件。

第156采集点,编号YCTW156。位于苇沟新村东,北外环北侧,文化层,堆积为黄褐色,土质较密,内含有少许石块。东经111°41′49.99″,北纬35°45′46.02″,采集标本1件。

YCTW156∶1　陶片。夹砂灰褐陶。外壁饰粗绳纹,绳纹较深,拍印较密,内壁拍印浅绳纹。宽25.2、高14.4、厚1厘米(图三五六,2)。

第157采集点,编号YCTW157。位于苇沟老村西取土场东南部。墓葬,推测为竖穴土坑墓,土色为黄褐色,墓深7~8米。东经111°41′09.20″,北纬35°45′46.77″,采集标本1件。

YCTW157∶1　壶肩部。泥质浅灰陶。外壁施红色彩绘条纹,磨损不清。内外壁有轮制痕迹。宽12.7、高3.4、厚0.7厘米(图三五六,3;图版一五九,2)。

第158采集点,编号YCTW158。位于苇沟老村西北。地表采集,东经111°40′59.43″,北纬35°45′49.41″,共采集遗物5件,标本1件。

YCTW158∶1　盆口沿。泥质褐陶。方唇,唇部下起棱,平折沿,敞口。内、外壁有密集旋抹痕迹。口径27.4、高3.8、厚1厘米(图三五六,1)。

第159采集点,编号YCTW159。位于苇沟新村西边西冲沟,东为断崖,西距唐霸大道10

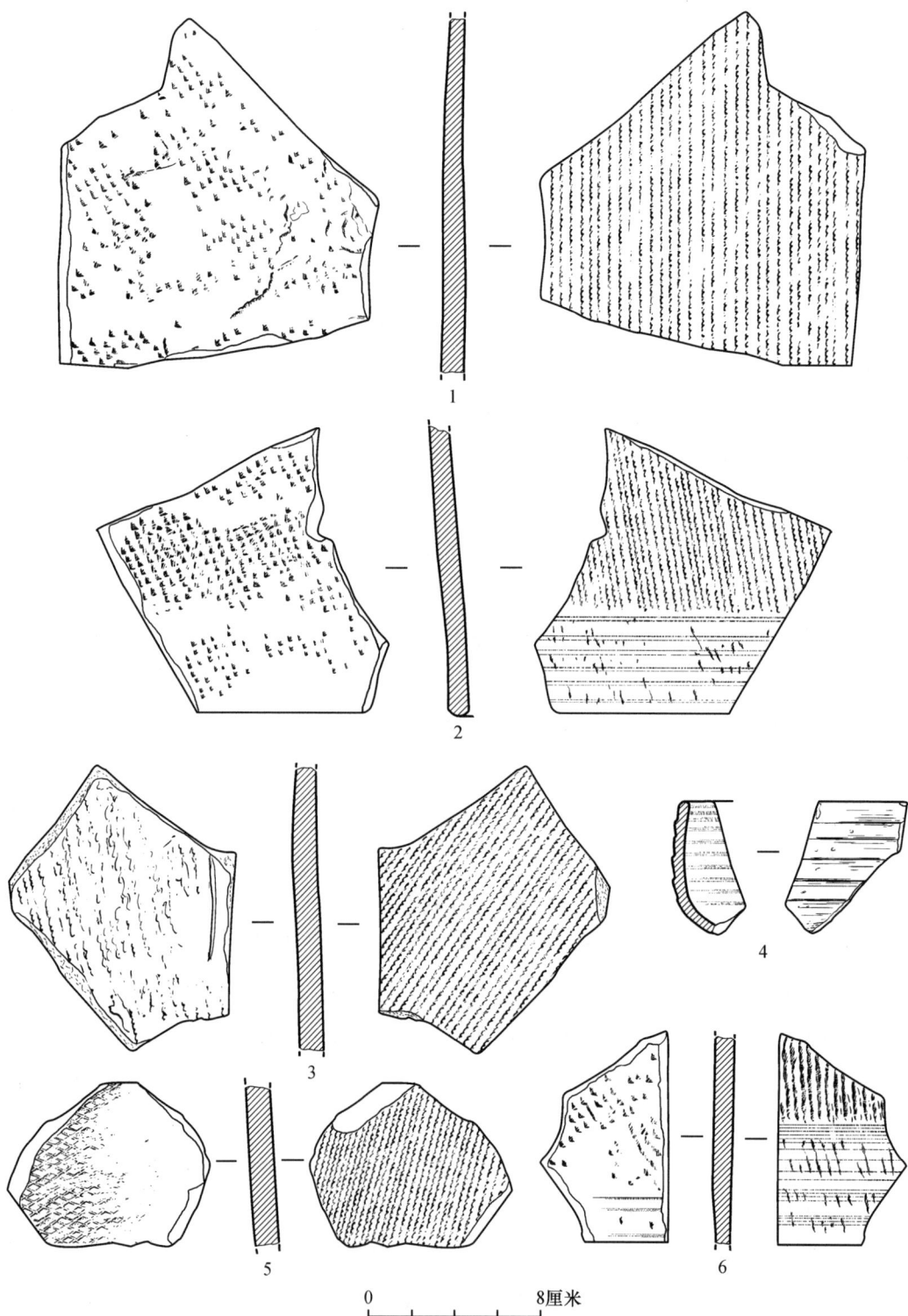

图三五五　苇沟-北寿城遗址调查第154采集点陶器

1~3、5、6.板瓦（YCTW154：1、YCTW154：2、YCTW154：3、YCTW154：5、YCTW154：6）　4.钵（YCTW154：9）

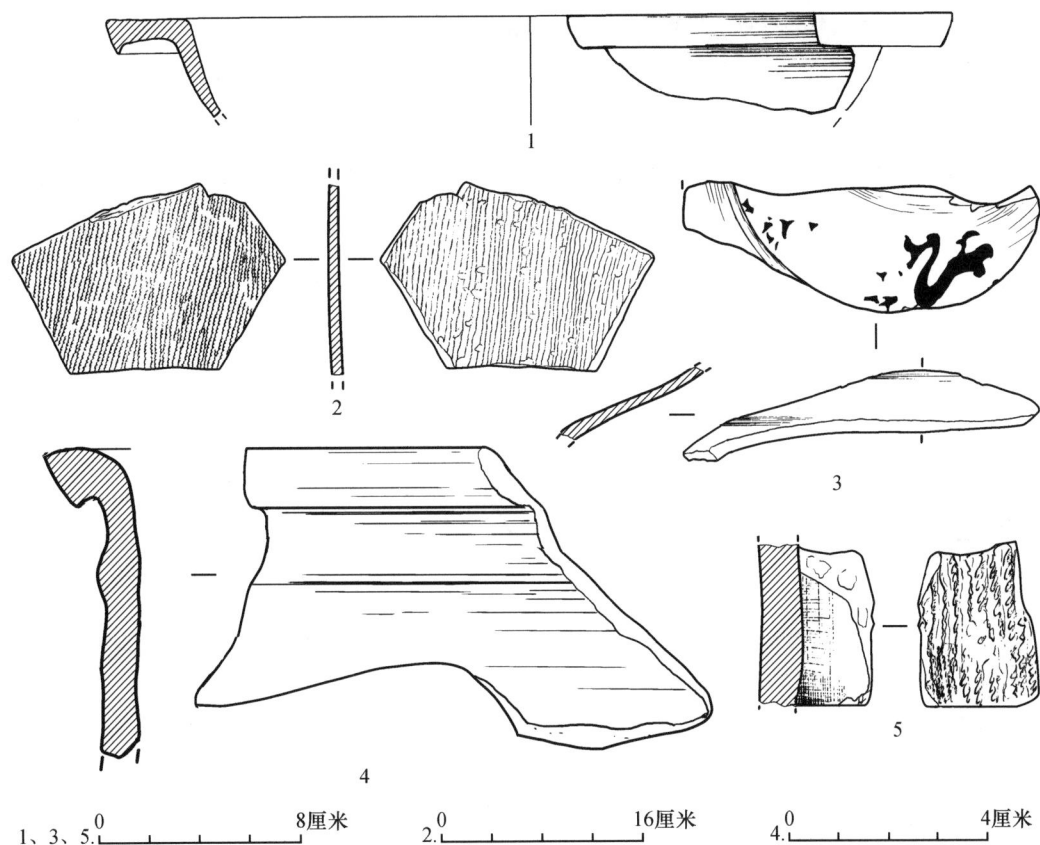

图三五六 苇沟-北寿城遗址调查第156～159采集点陶器

1. 盆（YCTW158：1）   2. 陶片（YCTW156：1）   3. 壶（YCTW157：1）   4. 釜（YCTW159：1）   5. 板瓦（YCTW159：3）

米。灰坑，口部南北长7、深2.5米，堆积为黄褐花土，土质紧密。东经111°41′24.45″，北纬35°45′45.07″，共采集遗物3件，标本2件。

YCTW159：1   釜口沿。夹砂灰陶。方尖唇，颈部有一周箍状凸棱。内、外壁有密集旋抹痕迹。宽9.9、高5.8、厚0.9厘米（图三五六，4；图版一五九，3）。

YCTW159：3   板瓦。夹砂深褐陶。外壁饰粗绳纹，绳纹较深，内壁饰布纹。宽4.6、高6、厚1.6厘米（图三五六，5）。

第160采集点，编号YCTW160。位于苇沟新村东100米，北环路南的一处断崖上。陶窑，东经111°41′43.37″，北纬35°45′43.68″，共采集遗物11件，标本9件。

YCTW160：1   器底。泥质深灰陶。外壁饰细绳纹，绳纹较浅。下腹斜收，平底。内壁略有起伏，有抹痕，器底外包于器壁下端。底外径34.8、高13.6、厚1.8厘米（图三五七，5）。

YCTW160：2   器底。泥质灰陶。内壁磨光加饰磨光暗纹。下腹斜收，底内凹。内外壁有密集旋抹痕迹。底外径38、高7.6、厚0.9厘米（图三五七，3）。

YCTW160：3   陶片。泥质红褐陶。外壁有抹痕。宽8.7、高8、厚0.7厘米（图三五七，6）。

YCTW160：4   盆口沿。泥质深灰陶。外壁磨光，饰弦纹。唇部有戳印，沿外折下垂，微敛口，折肩。内外壁有轮制痕迹。口径35、高7.8、厚0.9厘米（图三五七，1；图版一五九，4）。

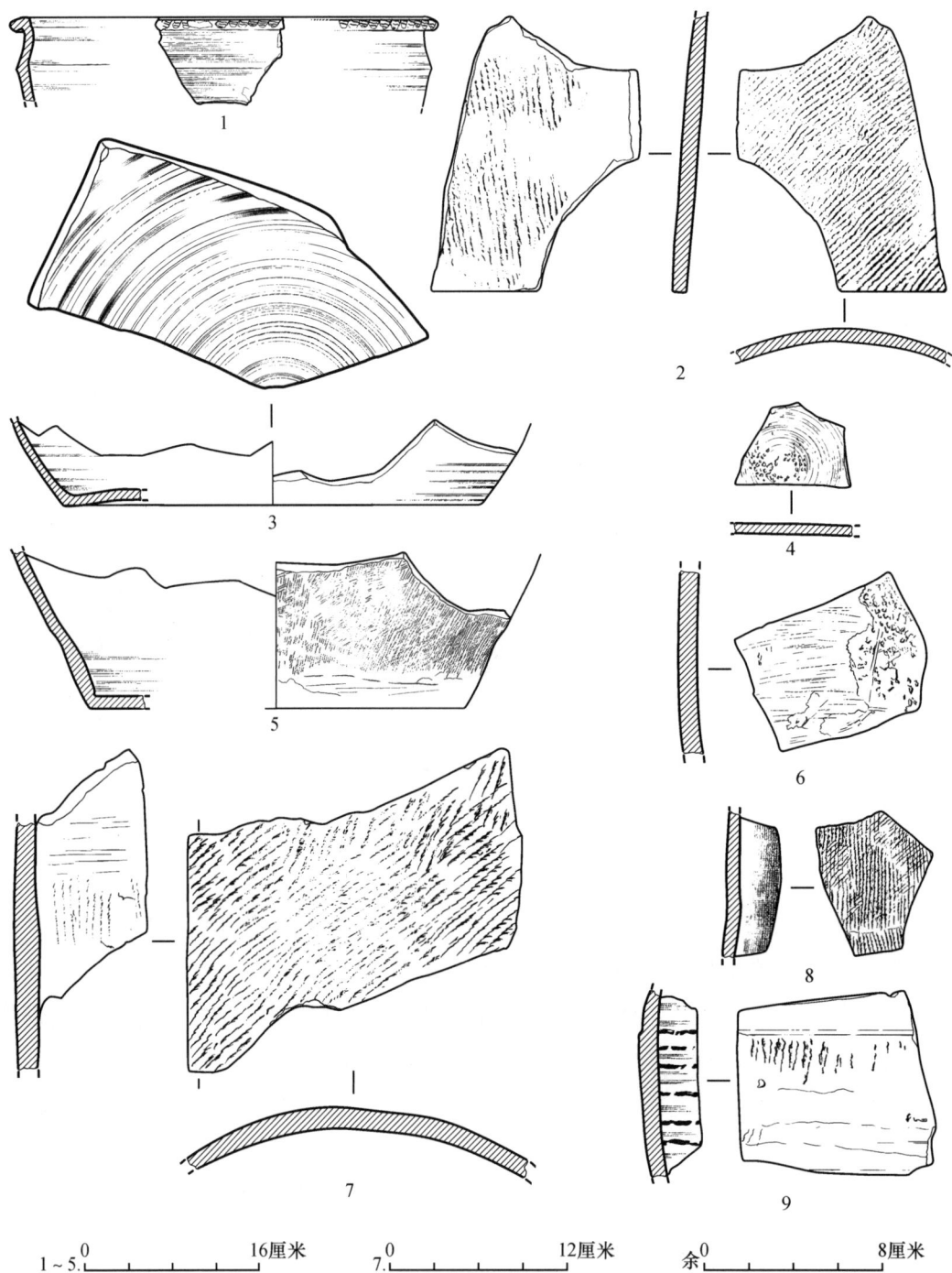

图三五七　苇沟-北寿城遗址调查第160采集点陶器

1. 盆（YCTW160：4）　2、7、8. 板瓦（YCTW160：9、YCTW160：8、YCTW160：5）　3～5. 器底（YCTW160：2、
YCTW160：11、YCTW160：1）　6、9. 陶片（YCTW160：3、YCTW160：10）

YCTW160：5　板瓦。泥质灰陶。外壁饰粗绳纹，绳纹略有交错，内壁饰布纹。宽5、长6.2、厚1.5厘米（图三五七，8）。

YCTW160：8　板瓦。泥质灰陶。外壁饰粗绳纹，绳纹略有交错，内壁亦饰绳纹。宽5、高6、厚1.5厘米（图三五七，7）。

YCTW160：9　板瓦。泥质灰陶。外壁饰粗绳纹，内壁饰绳纹。一侧有切割痕迹，由内向外，深度近半，内壁略有起伏。宽16、长24、厚1.5厘米（图三五七，2）。

YCTW160：10　陶片。泥质黄褐陶。外壁饰绳纹，绳纹较浅，内壁磨光加饰磨光暗纹。内壁有轮修痕迹。宽8、长8、厚0.6厘米（图三五七，9）。

YCTW160：11　器底。泥质灰陶。器底内壁有同心圆状抹痕。宽10.8、长7.2、厚0.8厘米（图三五七，4）。

第161采集点，编号YCTW161。位于苇沟老村西北。墓葬，范围不详，土色为红花土，含有料姜石。东经111°41′00.75″，北纬35°45′45.66″，未采集。

第162采集点，编号YCTW162。位于苇沟老村西取土场东南部。墓葬，呈袋状，下部有塌方，内部填土为黄褐花土，深7~8米。东经111°41′08.77″，北纬35°45′46.64″，未采集。

第163采集点，编号YCTW163。位于东距苇沟新村10米，西距唐霸大道15米。一级台地东断崖。文化层，为南北走向道路，残存厚度0.5米，分三个小层，间隔为0.1米。东经111°41′23.93″，北纬35°45′44.06″，未采集。

第164采集点，编号YCTW164。位于苇沟新村东100米苹果园内。陶窑，东经111°41′42.16″，北纬35°45′43.45″，共采集遗物4件，标本4件。

YCTW164：1　盆口沿。泥质深灰陶。外壁饰抹平绳纹，内壁磨光加饰磨光暗纹。平折沿，方唇加厚略鼓，唇面略有凹槽，微敛口。内外壁有轮制痕迹。宽11.4、高7.2、厚0.7厘米（图三五八，1）。

YCTW164：2　陶片。泥质灰陶。外壁饰细绳纹，绳纹较浅，略有交错，内壁饰篦点纹。内壁略有起伏，有抹痕。宽14.4、高14.5、厚1.2厘米（图三五八，6）。

YCTW164：3　陶片。泥质灰陶。外壁饰细绳纹，被抹断。内壁略有绳纹陶拍连续拍印痕迹。宽19.5、高7.6、厚1.2厘米（图三五八，8）。

YCTW164：4　筒瓦。泥质黄灰陶。外壁饰绳纹，绳纹较深，内壁布纹。瓦头素面部分有抹痕。宽6.4、长8.6、厚1.4厘米（图三五八，2）。

第165采集点，编号YCTW165，属文化层，位于苇沟新村东果园内东南部断崖上，堆积土色为红褐色。东经111°41′43.51″，北纬35°45′42.37″，共采集遗物10件，标本2件。

YCTW165：1　板瓦。夹砂褐陶。外壁饰粗绳纹，内壁饰布纹、菱形方格纹，绳纹较浅，错乱拍印，内壁略有起伏，似按压痕迹，侧面有切割痕迹。宽21.6、长27.2、厚1.2厘米（图三五八，7）。

YCTW165：2　板瓦。泥质褐陶。外壁饰粗绳纹，内壁饰布纹，绳纹交错，较深，内壁略有起伏，似按压痕迹。外壁有抹痕。宽18.4、长14、厚1.6厘米（图三五八，3）。

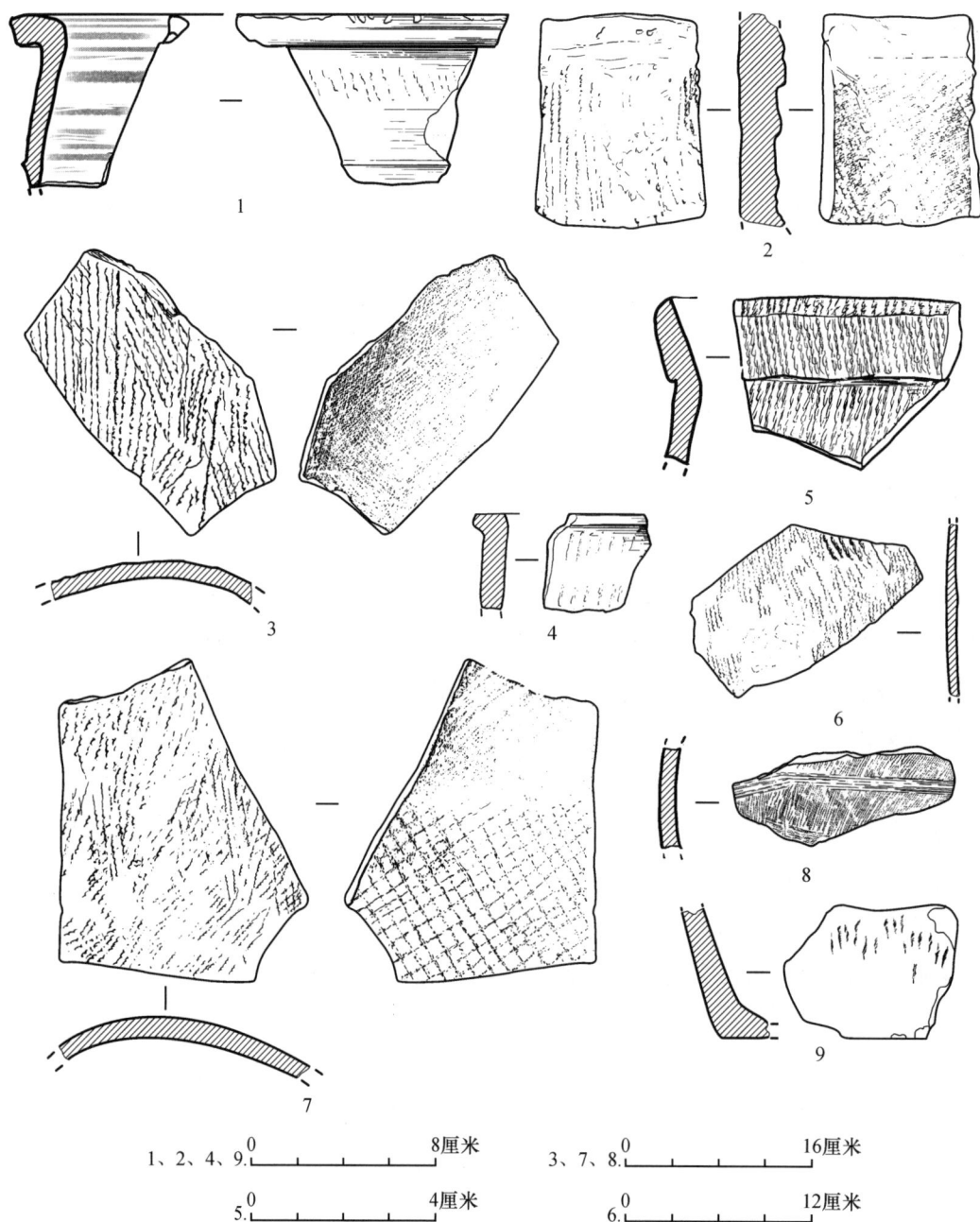

图三五八　苇沟-北寿城遗址调查第164～167采集点陶器

1.盆（YCTW164：1）　2.筒瓦（YCTW164：4）　3、7.板瓦（YCTW165：2、YCTW165：1）　4.陶器口沿
（YCTW166：1）　5.鬲（YCTW167：1）　6、8.陶片（YCTW164：2、YCTW164：3）　9.器底（YCTW167：2）

　　第166采集点，编号YCTW166，灰坑，位于苇沟老村西北陡坎上。坑范围不详，坑内填土为黄褐色。东经111°40′59.23″，北纬35°45′44.10″，共采集遗物5件，标本1件。

　　YCTW166：1　陶器口沿。夹砂褐陶。外壁饰绳纹，绳纹较浅。方唇，直口，口部向外平折。内、外壁均有抹痕。宽4.2、高4.2、厚0.95厘米（图三五八，4）。

　　第167采集点，编号YCTW167，位于苇沟老村西北北高南低的梯田上。灰坑。东经111°41′00.94″，北纬35°45′43.46″，共采集遗物3件，标本2件。

YCTW167：1　鬲口沿。夹砂灰陶。外壁饰绳纹，口沿外加饰宽薄附加堆纹，宽约2.5、厚0.2厘米。折沿，内壁有泥条接缝及抹痕，宽4.9、高3.6、厚1.1厘米（图三五八，5；图版一五九，5）。

YCTW167：2　器底。泥质红陶。宽6、高5、厚1.3厘米（图三五八，9）。

第168采集点，编号YCTW168。位于苇沟老村西北，北高南低。墓葬，竖穴土坑墓，填土为黄褐色，经过夯打。东经111°41′02.31″，北纬35°45′43.24″，未采集。

第169采集点，编号YCTW169。位于苇沟老村西北北高南低的梯田上。地表采集，东经111°41′01.10″，北纬35°45′42.43″，共采集遗物7件，标本2件。

YCTW169：1　陶片。泥质灰陶。外壁饰附加堆纹，宽约3、厚约0.5厘米。制作粗糙。宽10.5、高7.2、厚1.9厘米（图三五九，5）。

YCTW169：2　陶片。泥质灰陶。外壁饰绳纹。宽4、长6.2、厚1.2厘米（图三五九，7）。

第170采集点，编号YCTW170。位于苇沟老村西北北高南低的梯田上。地表采集，东经111°41′02.94″，北纬35°45′39.78″，共采集遗物5件，标本2件。

YCTW170：1　釜灶腹片。夹砂褐陶。器壁较厚。外壁饰粗绳纹，较浅，绳纹之间有絮状纹理。内壁抹平，较粗糙（图版一五九，6）。

YCTW170：2　器底。泥质灰陶。内外壁有轮制痕迹。宽4.2、高4.8、厚1厘米（图三五九，11）。

第171采集点，编号YCTW171。位于苇沟新村北环路南200米，西距唐霸大道30米，沟底东断崖下。地表采集，东经111°41′24.34″，北纬35°45′41.18″，共采集遗物6件，标本1件。

YCTW171：6　壶口沿。泥质灰陶。方唇，唇面缘有一周凹槽，窄折沿，沿面略下凹，侈口。内外壁有密集旋抹痕迹。口径11.2、高2.6、厚0.7厘米（图三五九，3）。

第172采集点，编号YCTW172。位于北环路南205米，西距唐霸大道30米。位于沟上中部的断崖上。地表采集，东经111°41′24.42″，北纬35°45′41.06″，共采集遗物1件。

第173采集点，编号YCTW173。位于苇沟新村东，大冲沟内东部断崖上。陶窑，东经111°41′40.70″，北纬35°45′41.20″，共采集遗物5件，标本4件。

YCTW173：1　罐口沿。泥质深灰陶。颈部隐约可见浅绳纹。侈口，方唇外侧加厚。口径11.2、高4、厚0.7厘米（图三五九，2）。

YCTW173：2　壶口沿。泥质灰陶。侈口，窄折沿。内外壁有轮制痕迹。口径10.2、高3、厚0.9厘米（图三五九，1）。

YCTW173：4　陶片。泥质深灰陶。外壁饰绳纹，绳纹较浅。内外壁有轮制痕迹。宽4、高11、厚0.7厘米（图三五九，6）。

YCTW173：5　陶片。泥质灰陶。外壁饰绳纹，绳纹交错，内壁饰篦点纹。内壁略有起伏似拍印痕迹。宽9、长5.2、厚1.2厘米（图三五九，8）。

第174采集点，编号YCTW174，位于唐霸大道东，北环路南，苇沟村西。沟壁中上部。文化层，呈长条状，南北40米，东西不详，厚度1.5～2米，黄褐浅灰土，土质较密。东经

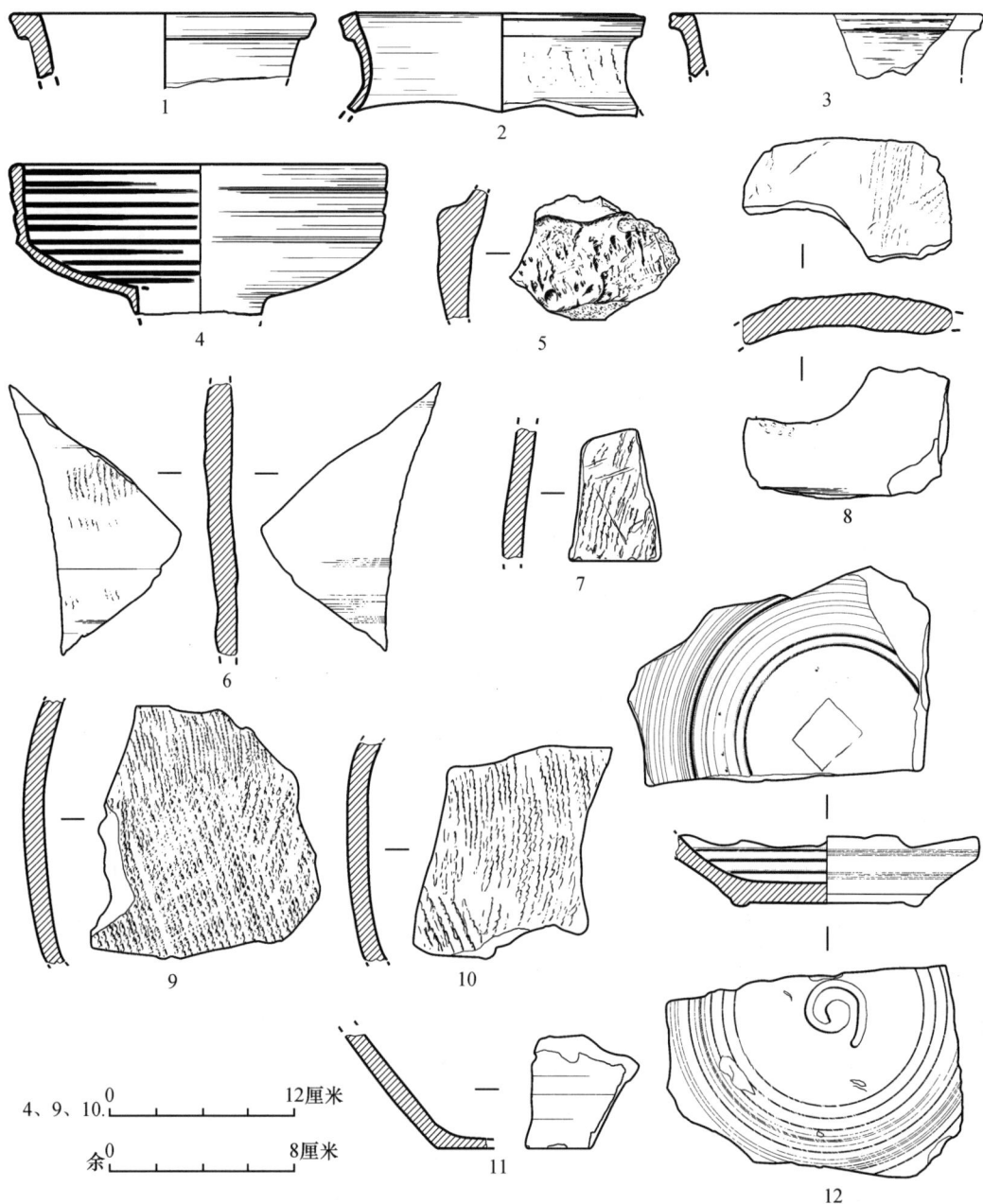

图三五九　苇沟-北寿城遗址调查第169～171、173、174采集点陶器

1、3.壶（YCTW173：2、YCTW171：6）　2.罐（YCTW173：1）　4.豆（YCTW174：1）　5～10.陶片（YCTW169：1、YCTW173：4、YCTW169：2、YCTW173：5、YCTW174：4、YCTW174：3）　11、12.器底（YCTW170：2、YCTW174：2）

111°41′23.87″，北纬35°45′39.94″，共采集遗物7件，标本6件。

YCTW174：1　豆。泥质灰陶。外壁饰瓦棱纹，内壁磨光加饰磨光暗纹。圆唇，直口微侈，折腹，底部残缺。内外壁有密集旋抹痕迹。口径22.7、高9、厚1厘米（图三五九，4；图版一六〇，1）。

YCTW174：2　器底。泥质灰陶。下腹斜收，底部加厚，矮圈足，外底有长方形刻画，内底刻印螺旋纹。底外径8、高3、厚1.2厘米（图三五九，12；图版一六〇，2）。

YCTW174：3　陶片。夹砂褐陶。外壁饰绳纹。内壁略有起伏。宽10.2、长13.3、厚1厘米（图三五九，10）。

YCTW174：4　陶片。夹砂灰陶。外壁饰绳纹。内壁表面黑亮，偶有麦粒状小坑、抹痕。长18.8、宽15.6、厚0.9厘米（图三五九，9；图版一六〇，3）。

YCTW174：5　陶片。夹砂灰陶。外壁饰绳纹，内壁表面黑亮，偶有麦粒状小坑及抹痕。宽9.9、长15.9、厚1.2厘米（图三六〇，9）。

YCTW174：7　陶片。夹砂灰陶。外壁饰绳纹。宽6、高5、厚1厘米（图三六〇，3）。

第175采集点，编号YCTW175。位于苇沟新村东，大冲沟内东部断崖上。地表采集，东经111°41′40.46″，北纬35°45′40.70″，共采集遗物6件，标本5件。

YCTW175：1　筒瓦。泥质浅灰陶。一端残存子口状瓦舌，外壁饰粗绳纹，内壁饰布纹。瓦头及瓦舌素面部分有抹痕。宽10.6、长15、厚1.1厘米（图三六〇，5）。

YCTW175：3　板瓦。泥质浅灰陶。内、外壁皆饰粗绳纹，绳纹方向不同，内侧应为制作痕迹。宽9.6、长15.6、厚1.3厘米（图三六〇，7）。

YCTW175：4　筒瓦。泥质黄灰陶。外壁饰绳纹，内壁饰布纹。宽8.3、长11.4、厚1.3厘米（图三六〇，6）。

YCTW175：5　板瓦。泥质深灰陶。外壁饰绳纹，绳纹较浅，内壁饰菱形方格纹。侧面有切割痕迹，由内向外，深度近三分之一。宽10.5、高14.4、厚1.5厘米（图三六〇，8）。

YCTW175：6　板瓦。泥质深灰陶。外壁饰绳纹，绳纹较浅，内壁饰菱形方格纹。宽7.5、长10、厚1.5厘米（图三六〇，4）。

第176采集点，编号YCTW176，位于苇沟新村东部，大冲沟东部断崖上。陶窑，窑室在东，火膛在西，已被破坏，仅剩窑室。东经111°41′39.83″，北纬35°45′39.88″，共采集遗物6件，标本3件。

YCTW176：4，筒瓦。泥质浅灰陶。一端残存子口状瓦舌。外壁饰粗绳纹，内壁饰布纹。瓦头及瓦舌素面部分有抹痕。宽7.8、长12、厚1.2厘米（图三六〇，1）。

YCTW176：5　板瓦。泥质灰陶。外壁饰粗绳纹，内壁饰布纹。瓦头有抹痕。宽8.4、长9、厚1.4厘米（图三六〇，2）。

YCTW176：6　板瓦。泥质深灰陶。外壁饰粗绳纹，内壁饰布纹。侧面有切割痕迹，由内向外，深度近三分之一。宽21.6、长14.4、厚1.4厘米（图三六〇，10）。

第177采集点，编号YCTW177。位于苇沟新村东部、北环路南的麦田里。北高南低。地表采集，东经111°41′43.59″，北纬35°45′39.62″，共采集遗物7件，标本6件。

YCTW177：1，器底。夹砂灰陶。器底外包于器壁，内壁有抹痕。宽7.4、高5.1、厚1.2厘米（图三六一，10）。

YCTW177：2　陶片。泥质灰陶。外壁饰绳纹，绳纹较浅。宽18、高8.4、厚1.2厘米（图三六一，1）。

YCTW177：3　陶片。泥质灰陶。外壁饰抹断绳纹，绳纹被数道凹弦纹抹断，每组宽约

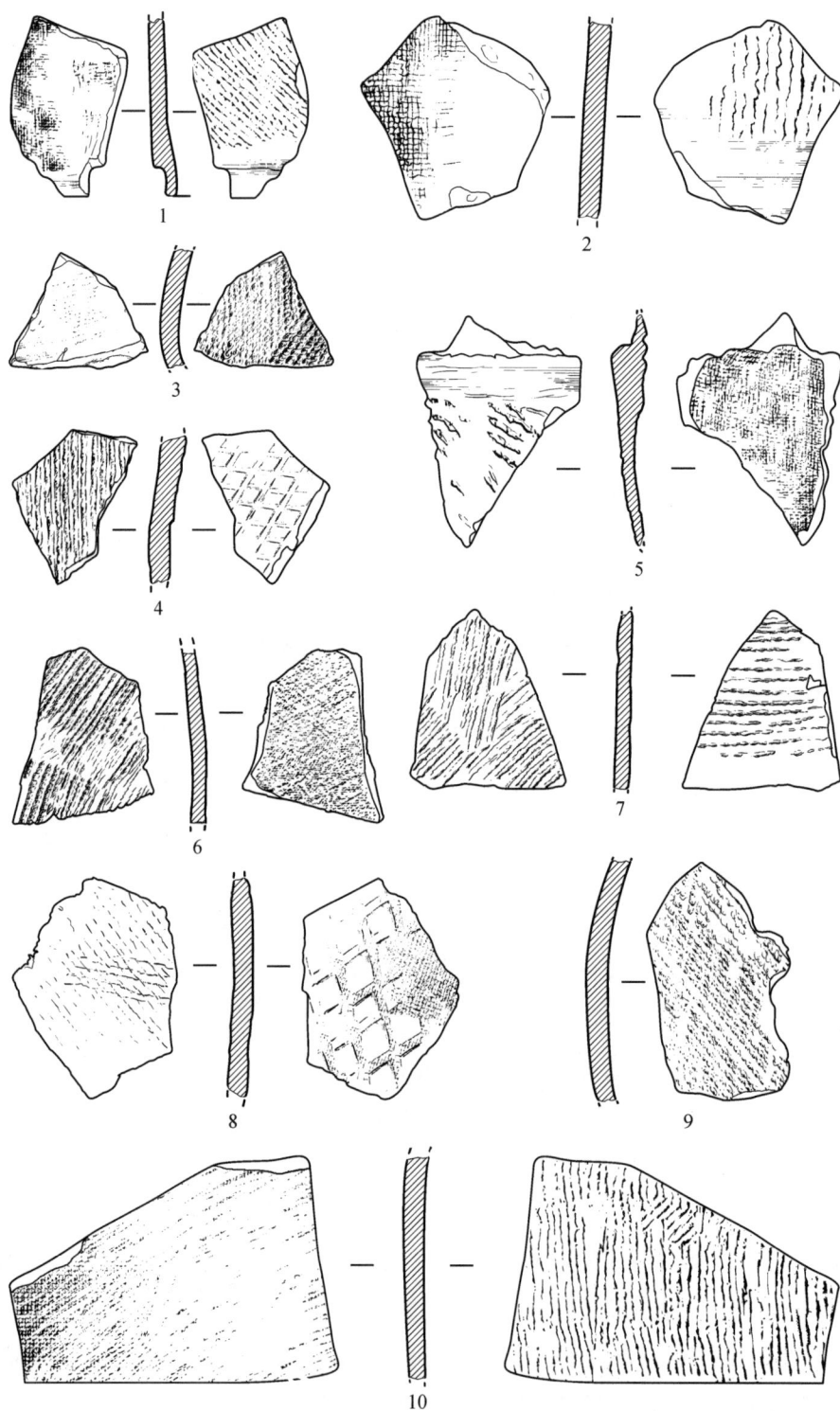

图三六〇　苇沟-北寿城遗址调查第174～176采集点陶器

1、5、6. 筒瓦（YCTW176：4、YCTW175：1、YCTW175：4）　　2、4、7、8、10. 板瓦（YCTW176：5、YCTW175：6、
YCTW175：3、YCTW175：5、YCTW176：6）　　3、9. 陶片（YCTW174：7、YCTW174：5）

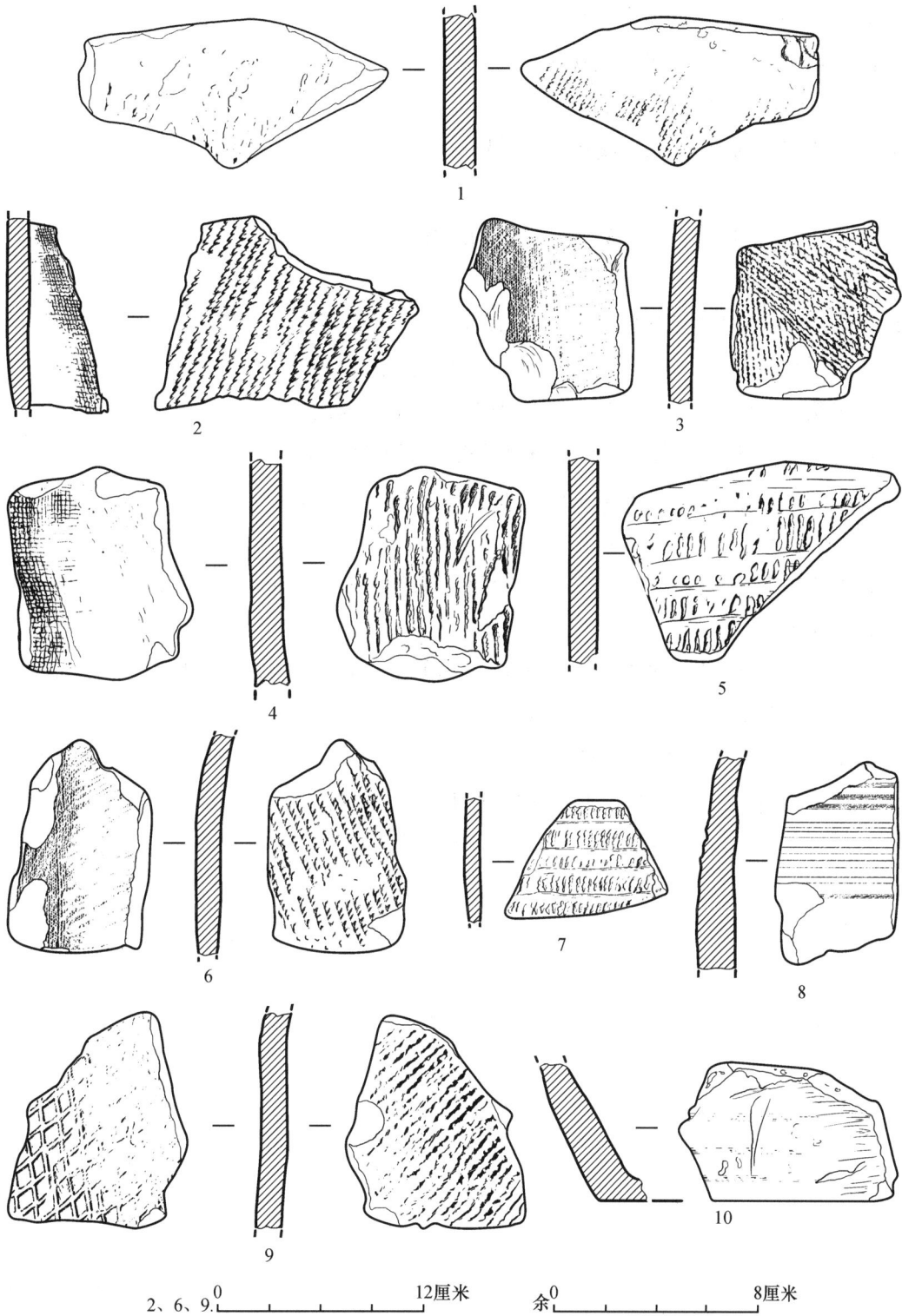

图三六一 苇沟-北寿城遗址调查第177、179、180采集点陶器

1、5、7、8.陶片（YCTW177：2、YCTW177：4、YCTW177：3、YCTW179：6） 2、4、9.板瓦（YCTW180：1、YCTW179：3、YCTW179：1） 3、6.筒瓦（YCTW177：7、YCTW177：6） 10.器底（YCTW177：1）

1厘米。宽5.4、高4.2、厚0.6厘米（图三六一，7）。

YCTW177：4　陶片。泥质灰陶。外壁饰抹断绳纹，绳纹被数道凹弦纹抹断，每组宽约1厘米。宽12、高6.4、厚0.5厘米（图三六一，5）。

YCTW177：6　筒瓦。泥质浅灰陶。外壁饰绳纹，内壁饰布纹。宽7.7、长8.3、厚1.5厘米（图三六一，6）。

YCTW177：7　筒瓦。泥质灰陶。外壁饰细绳纹，内壁饰布纹。宽6.6、高6.4、厚1.4厘米（图三六一，3）。

第178采集点，编号YCTW178。位于苇沟新村东部大冲沟内西壁断崖上。陶窑，距离地表1.8～2米，距冲沟底3米左右。东经111°41′35.43″，北纬35°45′37.04″，未采集。

第179采集点，编号YCTW179。属地表采集，位于苇沟新村东，YCTW177正南50米的麦田地埝边上，北高南低。东经111°41′45.32″，北纬35°45′37.30″，共采集遗物6件，标本3件。

YCTW179：1　板瓦。泥质深灰陶。外壁饰粗绳纹，内壁饰布纹、菱形方格纹。宽11.4、高6、厚1.2厘米（图三六一，9）。

YCTW179：3　板瓦。泥质灰陶。外壁饰绳纹，内壁饰布纹。宽7、高8.4、厚1.7厘米（图三六一，4）。

YCTW179：6　陶片。泥质灰陶。外壁饰多道凹弦纹。内壁有波状起伏，内外壁有轮制痕迹。宽5、高7.6、厚1厘米（图三六一，8）。

第180采集点，编号YCTW180。地表采集，位于苇沟新村南地埝上，北高南低。东经111°41′31.04″，北纬35°45′35.98″，共采集遗物3件，标本1件。

YCTW180：1　板瓦。泥质灰陶。外壁饰粗绳纹，内壁饰布纹。侧面有切割痕迹，由内向外，深度近三分之一。宽14、高10.8、厚1.5厘米（图三六一，2）。

第181采集点，编号YCTW181，属地表采集。位于苇沟新村东部麦田内，北高南低。东经111°41′42.82″，北纬35°45′36.36″，共采集遗物5件，标本4件。

YCTW181：1　板瓦。泥质深灰陶。外壁饰粗绳纹，内壁饰篦点纹。绳纹较浅，内壁略有起伏，侧面有切割痕迹。宽9、高14、厚1.8厘米（图三六二，3）。

YCTW181：3　板瓦。泥质深灰陶。外壁饰粗绳纹，内壁饰布纹，绳纹较浅。内壁略有起伏。宽12.4、高13.8、厚1.4厘米（图三六二，2）。

YCTW181：4　筒瓦。泥质灰陶。外壁饰粗绳纹，内壁饰布纹，绳纹较浅。内壁略有起伏。宽6.6、高11、厚1.7厘米（图三六二，1）。

YCTW181：5　板瓦。泥质深灰陶。外壁饰粗绳纹，内壁饰布纹，绳纹较深，内壁有按压痕迹。宽7.4、高5.2、厚1.4厘米（图三六二，4）。

第182采集点，编号YCTW182。位于苇沟新村东部麦田内，北高南低。地表采集，东经111°41′43.39″，北纬35°45′36.43″，共采集遗物8件，标本6件。

YCTW182：3　板瓦。泥质灰陶。外壁饰粗绳纹，绳纹较浅，内壁饰布纹。内壁略有起伏，似按压痕迹，侧面有切割痕迹，由内向外，深度近三分之一。宽8.2、长7.2、厚1.6厘米

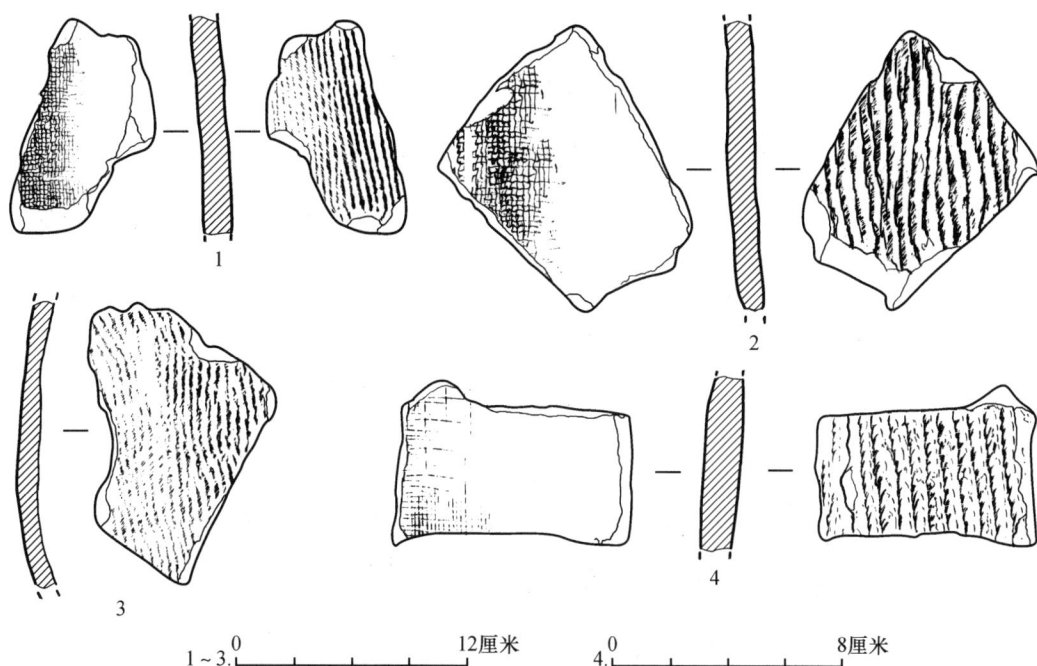

图三六二 苇沟-北寿城遗址调查第181采集点陶瓦

1. 筒瓦（YCTW181：4） 2～4. 板瓦（YCTW181：3、YCTW181：1、YCTW181：5）

（图三六三，6）。

　　YCTW182：4 板瓦。泥质灰陶。外壁饰粗绳纹，内壁饰布纹，绳纹较浅。宽7、长12.8、厚1.25厘米（图三六三，1）。

　　YCTW182：5 板瓦。泥质深灰陶。外壁饰粗绳纹，内壁饰布纹，绳纹较浅。内壁略有起伏，似按压痕迹，侧面有切割痕迹。宽7、长13、厚1.25厘米（图三六三，5）。

　　YCTW182：6 板瓦。泥质深灰陶。外壁饰粗绳纹，内壁饰布纹绳，绳纹较浅。内壁略有起伏，似按压痕迹。宽11.6、长9.4、厚1.4厘米（图三六三，3）。

　　YCTW182：7 板瓦。泥质深灰陶。外壁饰粗绳纹，内壁饰布纹，绳纹较浅。内壁略有起伏，似按压痕迹。宽13.5、长7.2、厚1.7厘米（图三六三，4）。

　　YCTW182：8 板瓦。泥质灰陶。外壁饰粗绳纹，内壁饰布纹，绳纹较浅，内壁略有起伏，似按压痕迹。宽7.7、长15.5、厚1.4厘米（图三六三，2）。

　　第183采集点，编号YCTW183。位于苇沟新村东部冲沟内东部断崖上。灰坑，坑南北1.2、距离地表2.5、深1米。东经111°41′36.07″，北纬35°45′35.40″，未采集。

　　第184采集点，编号YCTW184。地表采集，位于苇沟新村东麦田内现代坟墓上，北高南低。东经111°41′42.03″，北纬35°45′35.05″，共采集遗物6件，标本6件。

　　YCTW184：1 板瓦。泥质灰陶。外壁饰粗绳纹，绳纹较浅。宽10.4、长16.2、厚1.3厘米（图三六四，5）。

　　YCTW184：2 板瓦。泥质灰陶。外壁饰绳纹，内壁饰布纹。宽7、长14.5、厚1.2厘米（图三六四，3）。

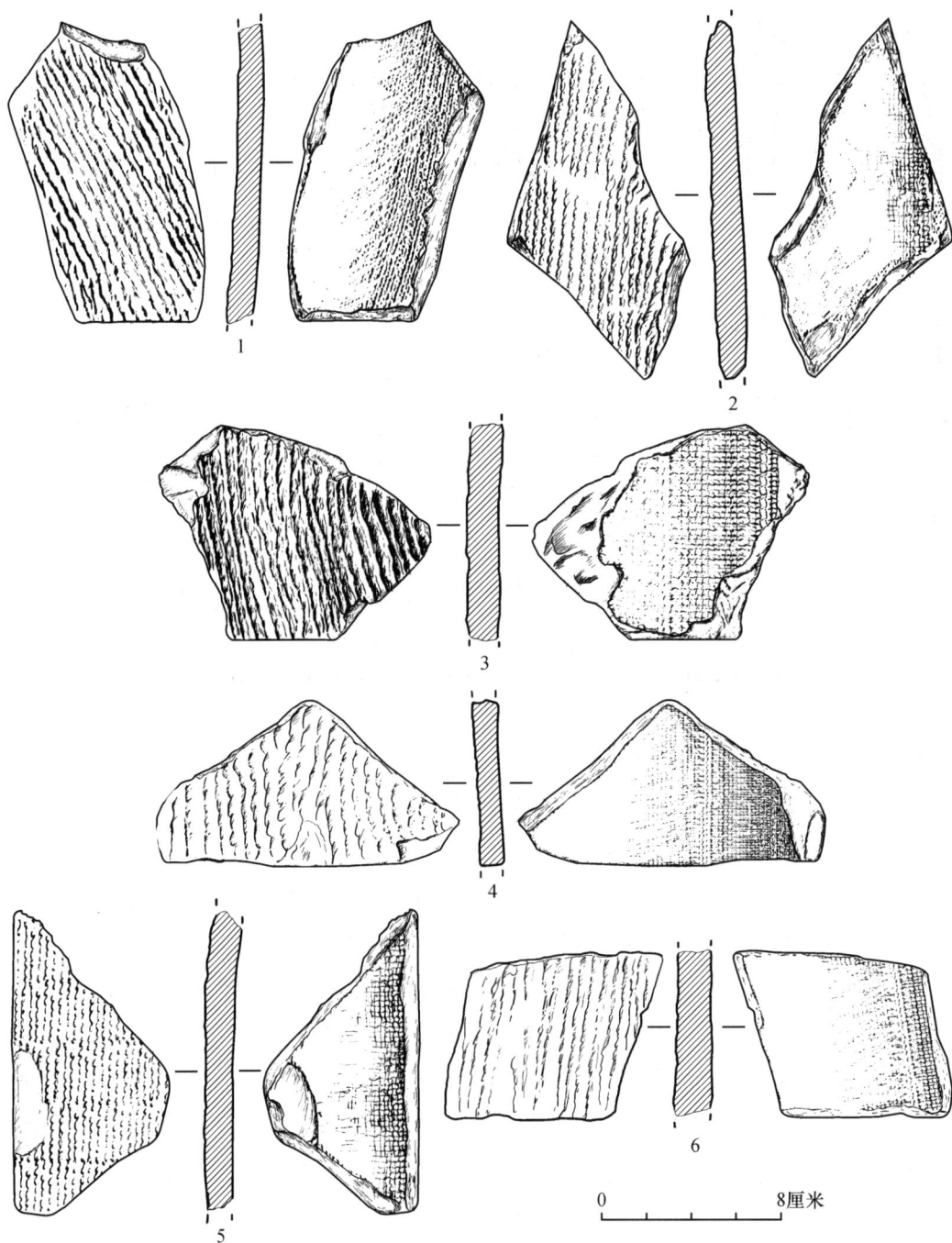

图三六三　苇沟–北寿城遗址调查第182采集点板瓦

1. YCTW182：4　2. YCTW182：8　3. YCTW182：6　4. YCTW182：7　5. YCTW182：5　6. YCTW182：3

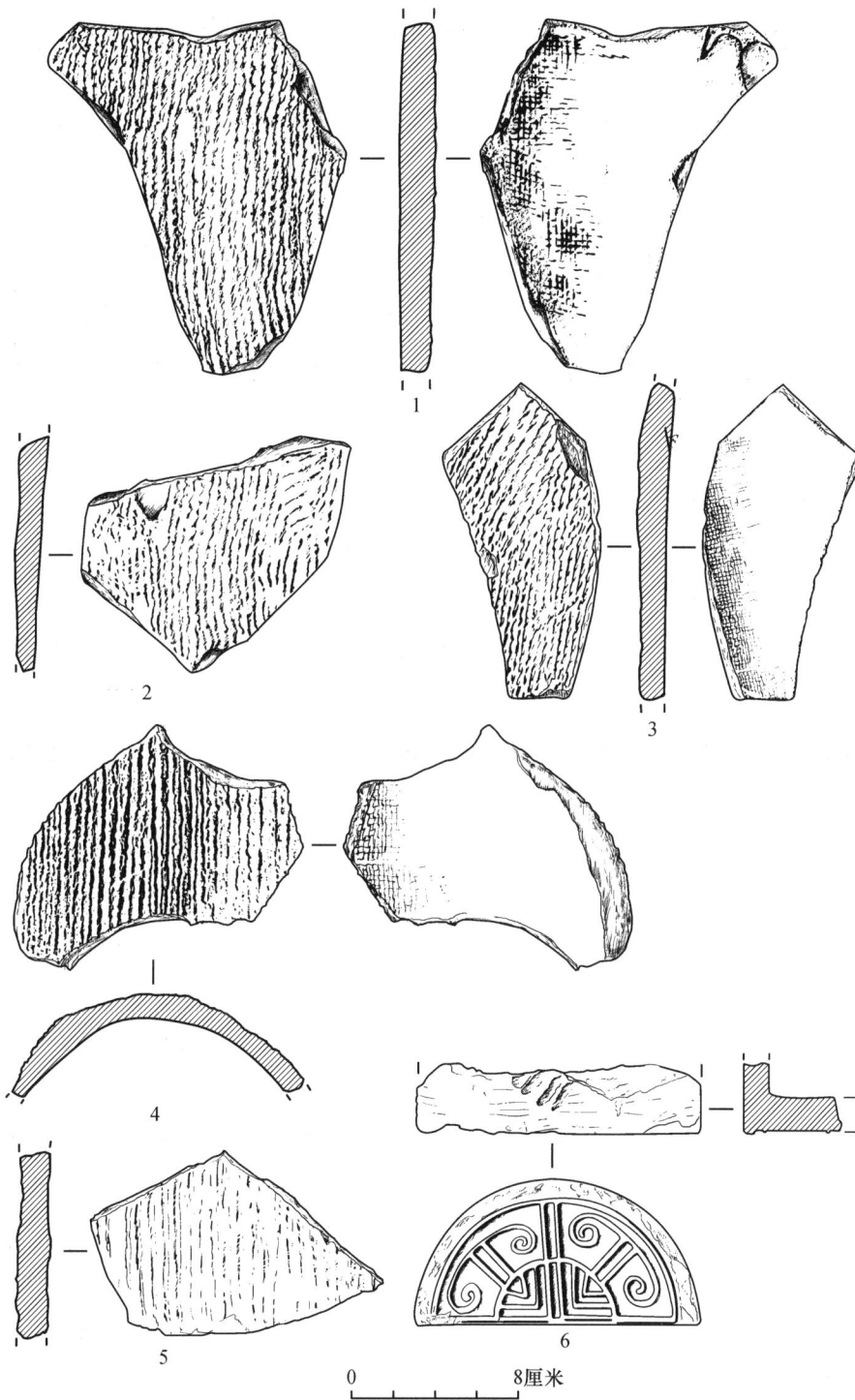

图三六四　苇沟-北寿城遗址调查第184采集点陶器

1~3、5.板瓦（YCTW184：3、YCTW184：4、YCTW184：2、YCTW184：1）　4.筒瓦（YCTW184：6）
6.瓦当（YCTW184：5）

YCTW184：3　板瓦。泥质灰陶。外壁饰粗绳纹，内壁饰布纹。宽10.4、长16.2、厚1.5厘米（图三六四，1）。

YCTW184：4　板瓦。泥质灰陶。外壁饰绳纹，内壁有抹痕。宽12、长11、厚1.5厘米（图三六四，2）。

YCTW184：5　瓦当。泥质灰陶。半圆形，完整图案为：当面中心一单阳线圆形，双阳凸线将当面分为四等份，中心圆形各等份内添规矩纹、外各等份内添单阳线凸云纹，云纹中间双阳凸线连接同心圆。模制。侧面有切割痕迹，直径13.7、厚1.6厘米（图三六四，6）。

YCTW184：6　筒瓦。泥质灰陶。外壁饰粗绳纹，内壁饰布纹。宽12.6、高11、厚1.3厘米（图三六四，4）。

第185采集点，编号YCTW185。位于苇沟新村东部冲沟内东部断崖下。地表采集，东经111°41′36.04″，北纬35°45′34.46″，共采集遗物4件，标本4件。

YCTW185：1　器底。泥质深灰陶。内壁有波状起伏。宽8.6、高2.2、厚0.5厘米（图三六五，2）。

YCTW185：2　板瓦。泥质灰陶。外壁饰粗绳纹，内壁饰篦点纹。宽21、长29、厚1.5厘米（图三六五，1）。

YCTW185：3　豆盘。泥质深灰陶。圆唇、盘腹较深，微敞口。内外壁有密集旋抹痕迹。口径11、厚0.8厘米（图三六五，3）。

YCTW185：4　甑底。泥质深灰陶。外壁饰绳纹，绳纹较浅，局部成组拍印。下腹斜收。内壁有波状起伏。内外壁有轮制痕迹。宽14.3、高21、厚1.2厘米（图三六五，5）。

第186采集点，编号YCTW186。位于苇沟新村东麦田地堰上，北高南低。地表采集，东经111°41′44.50″，北纬35°45′34.30″，共采集遗物7件，标本1件。

YCTW186：1　板瓦。泥质灰陶。外壁饰绳纹，内壁饰菱形方格纹、布纹。宽17.1、长21、厚1.5厘米（图三六五，4）。

第187采集点，编号YCTW187。位于苇沟新村东部大冲沟东边路上，应为村民平地时捡出。地表采集，东经111°41′36.40″，北纬35°45′33.56″，共采集遗物70件，标本14件。

YCTW187：1　罐口沿。泥质浅灰陶。外壁饰磨光暗纹。方唇，唇部加厚，直口，广肩。内、外壁有密集旋抹痕迹，口径10、高4、厚0.8厘米（图三六六，1）。

YCTW187：2　盆口沿。泥质灰陶。外壁饰绳纹，颈部绳纹极浅。尖唇，平折沿，口微侈。内壁有轮制痕迹。口径40、高6.6、厚0.6厘米（图三六六，2）。

YCTW187：3　盆口沿。泥质灰陶。外壁饰绳纹，颈部绳纹极浅。尖唇，平折沿，口微敛，折腹。内壁有轮制痕迹。口径33、高5.7、厚0.8厘米（图三六六，4）。

YCTW187：4　罐口沿。泥质灰陶。外壁饰绳纹、磨光暗纹，内壁饰磨光暗纹。尖唇、口微侈，口外侧有一周凸棱，广肩。内外壁有密集旋抹痕迹。口径18.6、高6.9、厚0.9厘米（图三六六，6）。

YCTW187：6　盆口沿。泥质浅灰陶。平折沿，唇下起棱，内素面。内、外壁有密集旋抹

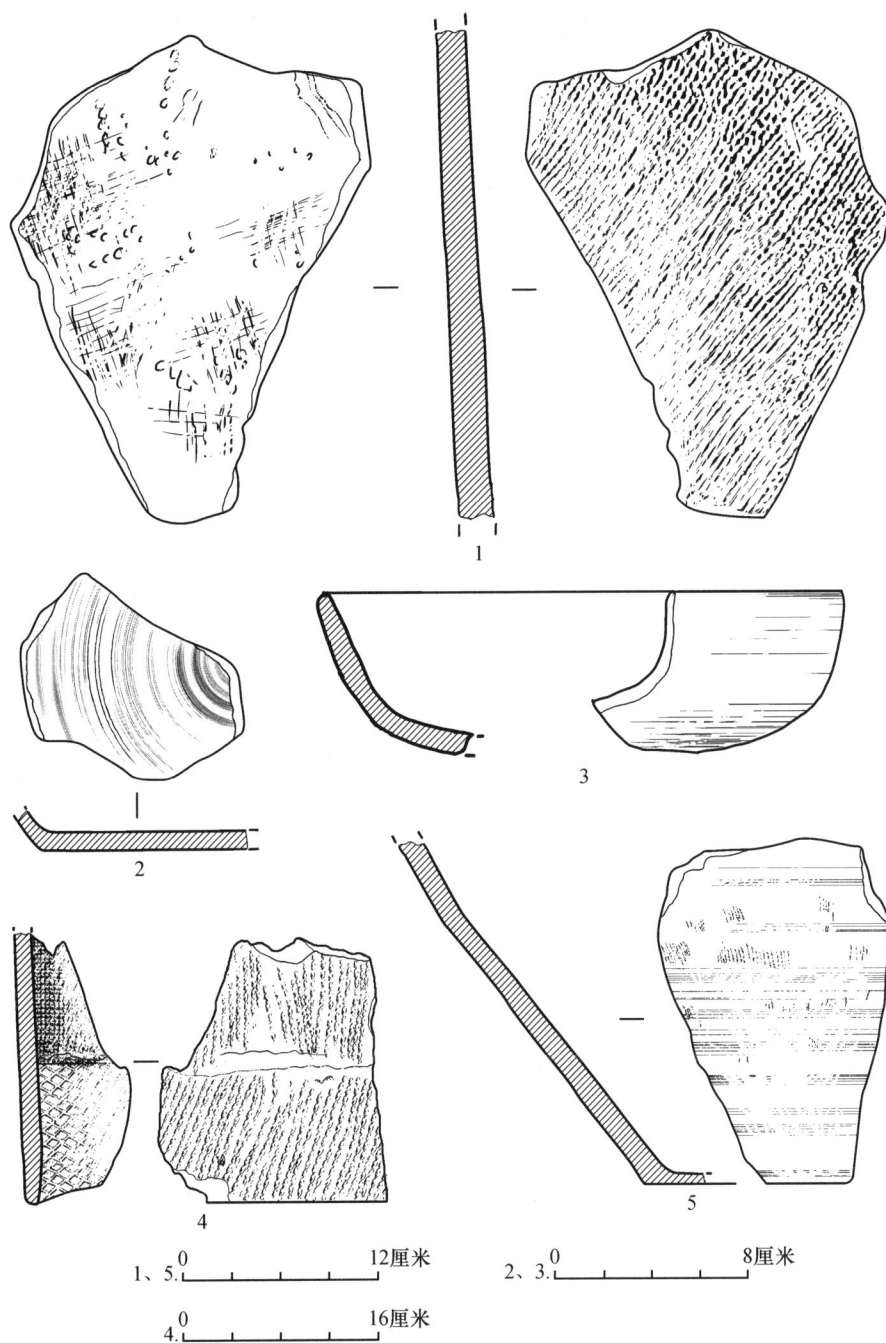

图三六五　苇沟-北寿城遗址调查第185、186采集点陶器

1、4.板瓦（YCTW185∶2、YCTW186∶1）　2.器底（YCTW185∶1）　3.豆（YCTW185∶3）　5.甑（YCTW185∶4）

痕迹。口径22、宽6.8、高7、厚1厘米（图三六六，11；图版一六〇，4）。

　　YCTW187∶10　器底。夹砂浅灰陶。内、外壁有密集旋抹痕迹。直径18、高2.2、厚0.9厘米（图三六六，9）。

　　YCTW187∶12　豆盘。夹砂浅灰陶。唇部残，侈口浅盘。内壁磨光加饰磨光暗纹。外壁有密集旋抹痕迹。宽6.4、高2.8、厚1.6厘米（图三六六，5）。

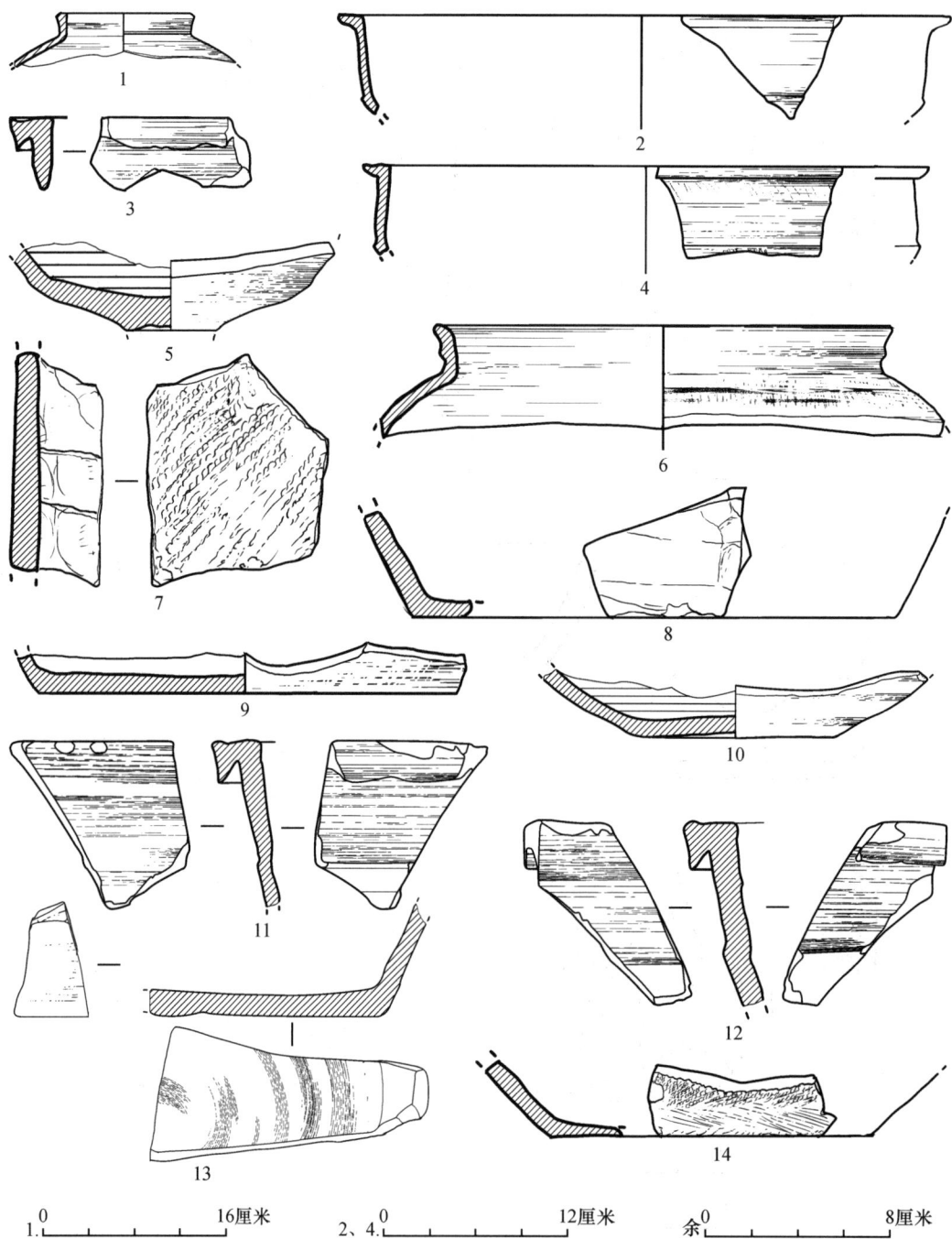

图三六六　苇沟-北寿城遗址调查第187采集点陶器

1、6. 罐（YCTW187：1、YCTW187：4）　　2～4、11、12. 盆（YCTW187：2、YCTW187：42、YCTW187：3、YCTW187：6、YCTW187：19）　　5. 豆（YCTW187：12）　　7. 板瓦（YCTW187：30）　　8～10、13、14. 器底（YCTW187：18、YCTW187：10、YCTW187：13、YCTW187：15、YCTW187：32）

YCTW187：13　器底。夹砂浅灰陶。内壁饰磨光暗纹。小平底内凹。内、外壁有密集旋抹痕迹。外径9.8、高2.8、厚1厘米（图三六六，10）。

YCTW187：15　器底。夹砂浅灰陶。内、外壁有密集旋抹痕迹。宽3.2、高4.8、厚0.9厘米（图三六六，13）。

YCTW187：18　器底。泥质灰陶。外壁磨光。内壁有轮制痕迹。外径20.8、高5.4、厚0.8厘米（图三六六，8）。

YCTW187：19　盆口沿。泥质浅灰陶。平折沿，唇下起棱，侈口。内、外壁均略有起伏，似按压痕迹。宽3.6、高7.6、厚0.9厘米（图三六六，12）。

YCTW187：30　板瓦。泥质灰陶。外壁饰粗绳纹，内壁有泥条拼接痕迹。宽8、高9、厚0.6厘米（图三六六，7）。

YCTW187：32　器底。泥质灰陶。外壁饰绳纹。下腹部斜收。内壁略有起伏。外径14、高3.2、厚0.4厘米（图三六六，14）。

YCTW187：42　盆口沿。泥质灰陶。平折沿，唇下起棱，侈口。宽5.6、高3、厚1.2厘米（图三六六，3）。

第188采集点，编号YCTW188。西距唐霸大道35米，村门楼西南10米。沟壁断崖中部。文化层，南北长15米，厚度3米，黄花土，土质紧密，包含碎陶渣。东经111°41′20.30″，北纬35°45′33.10″，共采集遗物3件，标本1件。

YCTW188：3　建筑构件。泥质红陶。宽4.5、高3.5厘米（图三六七，3）。

第189采集点，编号YCTW189。位于苇沟新村南30米，第二块地东北部，南距北寿城村1000米，为北高南低的阶梯形，西边冲沟，东边为水泥路。地表采集，采集范围20×10平方米。东经111°41′24.67″，北纬35°45′32.92″，共采集遗物3件。

第190采集点，编号YCTW190。东北距村门楼10米，西距唐霸大道40米。文化层，南北长10米，黄褐花土，土质较密，现存厚度1米。东经111°41′20.96″，北纬35°45′33.21″，共采集遗物2件。

第191采集点，编号YCTW191。位于北距苇沟村西南门楼50米，西距唐霸大道45米，沟壁断崖。灰坑，呈袋状，口小，底大，口距地表深1米，底部基本平整，堆积为黄褐花土，包含烧土颗粒，底部南北长1.8、深1.2米。东经111°41′20.91″，北纬35°45′32.04″，共采集遗物2件，标本2件。

YCTW191：1　罐肩部。泥质灰陶。外壁饰绳纹，绳纹被凹弦纹抹断、局部抹平。鼓肩。内外壁有密集旋抹痕迹。宽7.6、高8、厚0.9厘米（图三六七，2）。

YCTW191：2　陶片。泥质灰陶。外壁饰绳纹，绳纹交错，被宽约1.5厘米的条带抹断。内壁有密集斜向平行线状轮制痕迹，各组之间有交错。宽11、高8.8、厚0.7厘米（图三六七，4）。

第192采集点，编号YCTW192。位于苇沟新村南50米，第四块地，西北距门楼60米，为北高南低的阶梯形，西边为冲沟，东边为水泥路。地表采集，采集范围30×10平方米。东经111°41′22.09″，北纬35°45′31.61″，共采集遗物11件，标本4件。

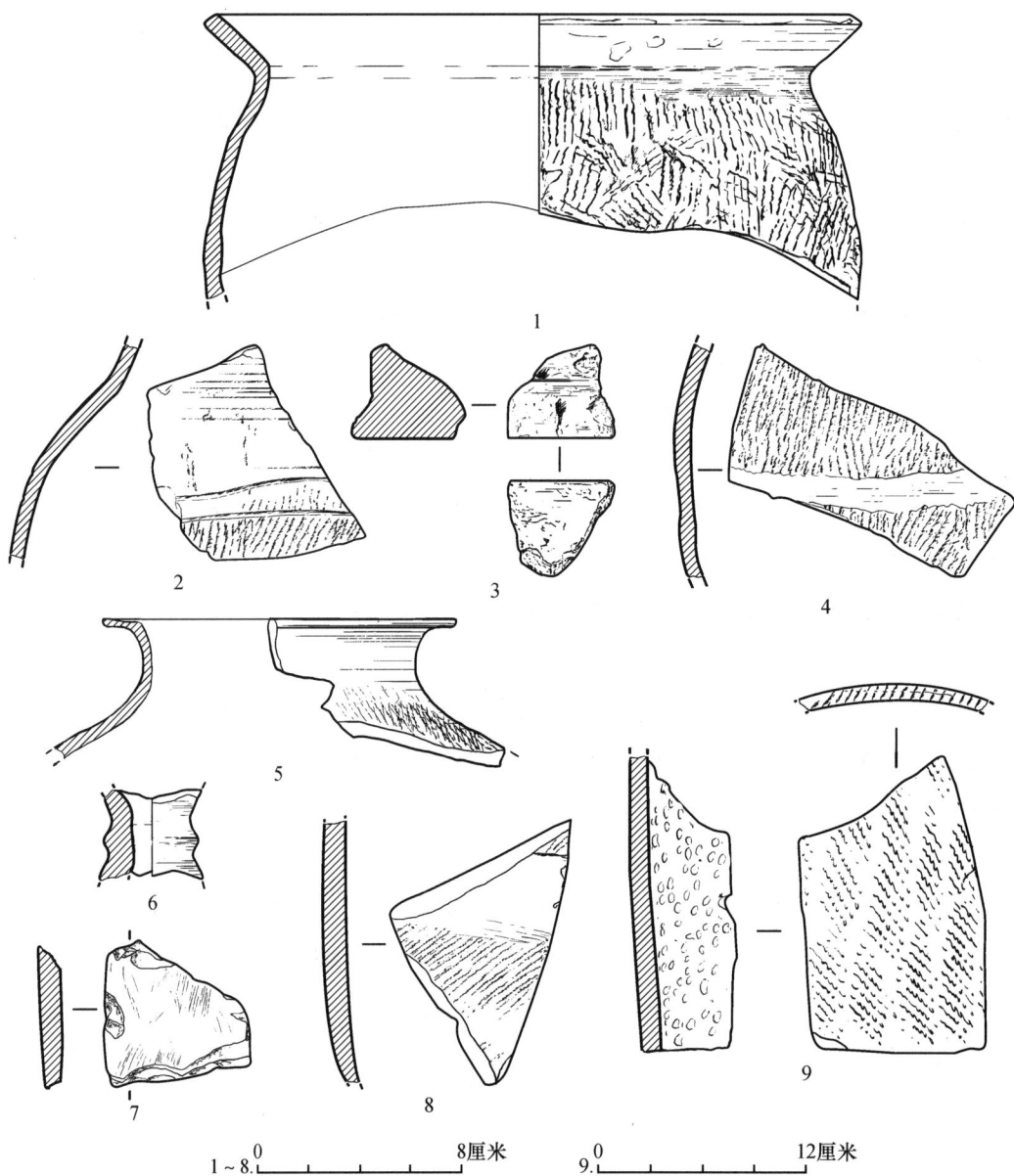

图三六七　苇沟-北寿城遗址调查第188、191、192、194、195采集点遗物

1.鬲（YCTW195：1）　2、5.罐（YCTW191：1、YCTW192：1）　3.建筑构件（YCTW188：3）　4、8.陶片（YCTW191：2、
YCTW192：8）　6.豆（YCTW192：11）　7.石器（YCTW194：1）　9.板瓦（YCTW192：6）

　　YCTW192：1　罐口沿。泥质深灰陶。外壁饰绳纹，绳纹交错，较浅。平折沿，圆唇，口微侈，束颈，沿面略下凹。内、外壁有密集旋抹痕迹，内壁略有起伏，似按压痕迹。口径10.6、高5.5、厚0.9厘米（图三六七，5；图版一六〇，5）。

　　YCTW192：6　板瓦。泥质褐陶。外壁饰粗绳纹，内壁饰布纹、篦点纹，绳纹较浅。侧面有按压浅绳纹。宽10.2、长17.2、厚1.1厘米（图三六七，9）。

　　YCTW192：8　陶片。泥质灰陶。外壁饰绳纹、磨光暗纹，内壁磨光、饰磨光暗纹，绳纹较浅，内、外壁有平行线状轮制痕迹。宽6.6、高9.6、厚0.9厘米（图三六七，8）。

YCTW192：11　豆柄。夹砂灰陶。柱状，中间箍状凸棱。外壁有密集旋抹痕迹。柄外径3.6、厚1.3厘米（图三六七，6）。

第193采集点，编号YCTW193。位于苇沟新村南50米，第四块地东北部，东距水泥路30米。北高南低，呈阶梯形。地表采集，采集范围20×20平方米。东经111°41′25.57″，北纬35°45′31.56″，共采集遗物4件。

第194采集点，编号YCTW194。位于苇沟新村村南口冲沟，第一块地西壁。灰坑，开口距地表深50厘米，直壁，平底，南北宽2.5、深2米，堆积为灰褐灰花土，比较密。东经111°41′26.59″，北纬35°45′32.73″，共采集遗物3件，标本1件。

YCTW194：1　石器。表面磨光。深灰色，片状，四周皆残。宽5.8、长5.3、厚1厘米（图三六七，7）。

第195采集点，编号YCTW195。位于苇沟新村南10米，冲沟第一块地西壁。灰坑，开口距地表深50厘米，圆形，直壁，平底，南北长2.5、深1.5米，堆积为黄褐花土，土质较密。东经111°41′26.89″，北纬35°45′32.27″，共采集遗物5件，标本1件。

YCTW195：1　鬲口沿。夹砂陶，灰褐不匀。外壁饰绳纹，绳纹分组交错，每组拍印较为规整。尖唇，折沿，溜肩。局部有烟炱痕迹。内壁略有起伏，颈部及口沿轮修痕迹明显，口沿与器身隐约有接缝。口径24、厚0.7厘米（图三六七，1）。

第196采集点，编号YCTW196。位于苇沟新村南10米冲沟东壁，沟底第一块地。灰坑，开口位于耕土层0.3米下，南北长0.2、深1~2.5米，黄褐花土，较密。东经111°41′27.50″，北纬35°45′32.12″，共采集遗物3件，标本3件。

YCTW196：1　壶口沿。泥质灰陶。外壁先饰斜向细绳纹后轮修抹平。尖唇，窄折沿下翻，高束颈。内壁留有泥条接缝及抹痕，口沿上下有轮修痕迹。口径10、厚0.6厘米（图三六八，1）。

YCTW196：2　钵口沿。泥质灰陶。宽平折沿，沿面内外皆起棱，扁鼓腹。宽7.5、高4.8、厚1.5厘米（图三六八，2）。

YCTW196：3　甑底。夹砂灰陶。甑底密布直径约1厘米的箅孔。内壁有波状起伏及轮修痕迹，外壁粗糙。宽5.4、厚1.4厘米（图三六八，5）。

第197采集点，编号YCTW197。位于苇沟新村门楼南50米，西距唐霸大道45米。位于冲沟东壁。夯土，总厚度1.5米，每层厚0.1米，黄花土，质地坚硬，且包含灰陶片。东经111°41′20.93″，北纬35°45′31.85″，共采集遗物1件。

第198采集点，编号YCTW198。位于苇沟新村南70米，门楼东南100米，第五块小平地中部。北高南低，台阶形地块，东西两侧为冲沟。地表采集，采集范围30×15平方米。东经111°41′23.32″，北纬35°45′30.28″，共采集遗物10件。

第199采集点，编号YCTW199。位于西距唐霸大道40米，北距苇沟新村西南门楼30米。灰坑，坑口距地表30厘米，圜底，口径150、深100厘米，堆积为黄褐灰花土，较密，包含木炭颗粒。东经111°41′20.88″，北纬35°45′32.75″，共采集遗物2件。

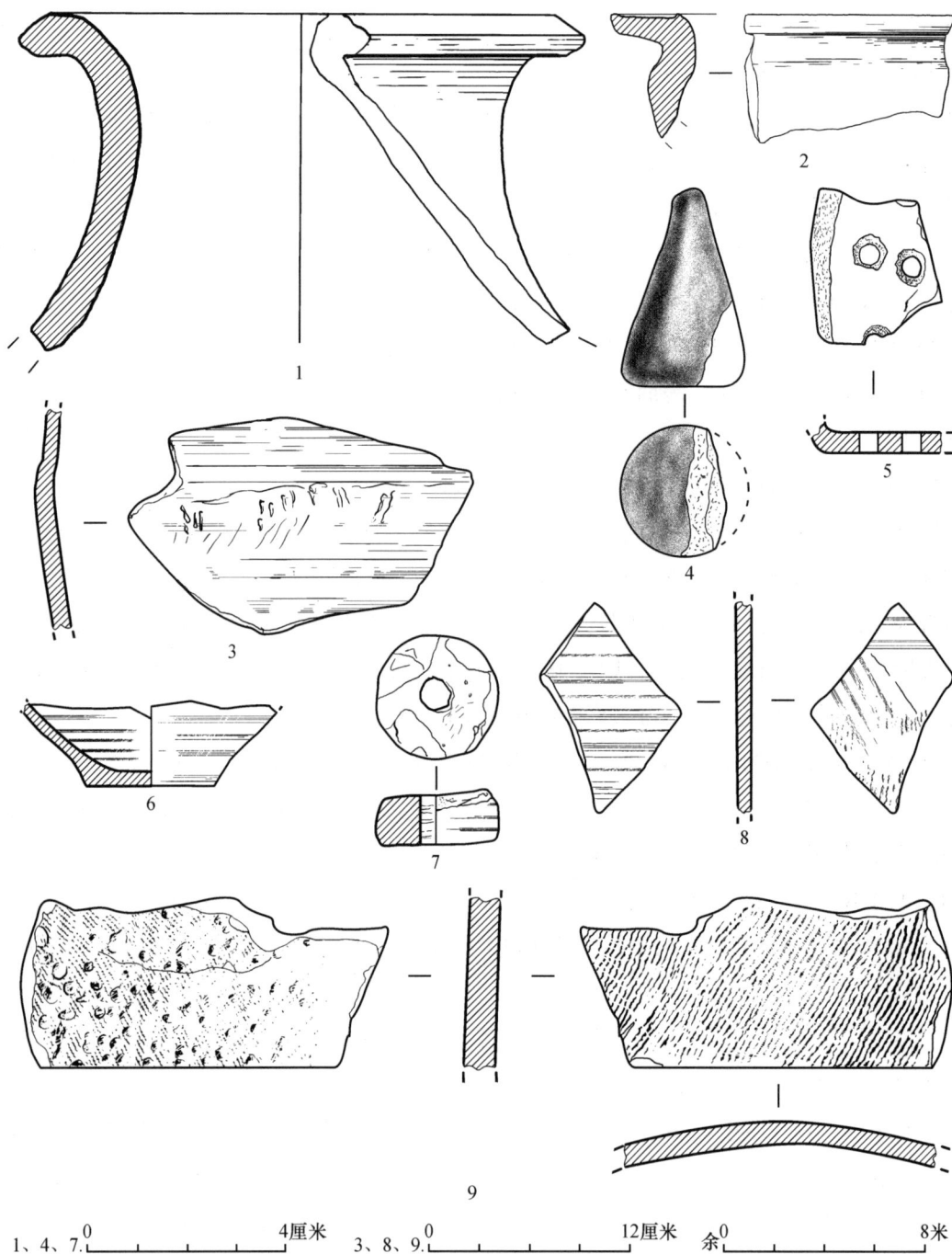

图三六八　苇沟-北寿城遗址调查第196、200采集点陶器

1.壶（YCTW196：1）　2.钵（YCTW196：2）　3.盆（YCTW200：1）　4.支钉（YCTW200：5）　5.甑（YCTW196：3）
6.器底（YCTW200：4）　7.豆（YCTW200：6）　8.陶片（YCTW200：2）　9.板瓦（YCTW200：3）

　　第200采集点，编号YCTW200，位于苇沟新村东南大冲沟内北壁断崖上，坑东西3米。灰坑，开口距地表1、深2米。东经111°41′36.86″，北纬35°45′32.12″，共采集遗物6件，标本6件。

　　YCTW200：1　盆腹片。泥质深灰陶。直径，下腹内收。内外壁有轮制痕迹。宽19.6、高12.9、厚0.8厘米（图三六八，3）。

　　YCTW200：2　陶片。泥质深灰陶，外壁饰绳纹，内壁磨光加饰磨光暗纹。内外壁有轮制痕迹。宽8.4、高12、厚0.6厘米（图三六八，8）。

　　YCTW200：3　板瓦。泥质灰陶。外壁饰粗绳纹，内壁饰篦点纹。宽21.6、长9.9、厚1厘米（图三六八，9）。

　　YCTW200：4　器底。泥质灰陶。下腹斜收，假圈足。内壁磨光加饰磨光暗纹。内外壁有同心圆状轮制痕迹。外径5.2、高3.2、厚1.2厘米（图三六八，6）。

　　YCTW200：5　支钉。泥质红陶。圆锥状。底径2.8、高3.8厘米（图三六八，4）。

　　YCTW200：6　豆柄。泥质灰陶。仅存一段，空心圆饼状。中孔直径0.6、外直径2.5、高0.9、厚0.8厘米（图三六八，7）。

　　第201采集点，编号YCTW201。位于苇沟新村东南部水渠下的断崖上。地表采集，东经111°41′42.96″，北纬35°45′32.42″，共采集遗物9件，标本9件。

　　YCTW201：1　板瓦。泥质深灰陶。外壁饰粗绳纹，内壁饰布纹、菱形方格纹。侧面有切割痕迹，由内向外，深度近五分之一。宽9.2、长17.6、厚1.5厘米（图三六九，7）。

　　YCTW201：2　板瓦。泥质灰陶。外壁饰粗绳纹，内壁饰布纹、菱形方格纹。宽10.8、长10.8、厚1.3厘米（图三六九，2）。

　　YCTW201：3　板瓦。泥质红陶。外壁饰粗绳纹，内壁饰菱形方格纹。宽7、高8.6、厚1.5厘米（图三六九，1）。

　　YCTW201：4　筒瓦。泥质深灰陶。外壁饰粗绳纹，内壁饰布纹、菱形方格纹。宽7、高6.6、厚1厘米（图三六九，5）。

　　YCTW201：5　筒瓦。泥质深灰陶。一端残留有子口状瓦舌。外壁饰粗绳纹，内壁饰布纹，瓦头素面部分及瓦舌上下有抹痕。宽6.6、长7.8、厚1.2厘米（图三六九，8）。

　　YCTW201：6　筒瓦。泥质深灰陶。外壁饰绳纹，内壁饰布纹。宽4、高6、厚1厘米（图三六九，9）。

　　YCTW201：7　筒瓦。泥质深灰陶。外壁饰粗绳纹，内壁饰布纹。宽6.6、高8.5、厚1.5厘米（图三六九，3）。

　　YCTW201：8　甑底。泥质灰陶。外壁磨光。下腹斜收，器底有直径约0.4厘米的篦孔。内外壁有轮制痕迹，外壁有因涂抹而成的密集线纹。宽10、高6.4、厚0.5厘米（图三六九，6）。

　　YCTW201：9　筒瓦。泥质深灰陶。外壁饰绳纹，内壁饰布纹。宽7.6、高5.6、厚1.3厘米（图三六九，4）。

　　第202采集点，编号YCTW202。西距唐霸大道40米冲沟东断崖，北距苇沟新村西南门楼33米。坑口南北长2、深1.5米，堆积为黄褐花土，较密。灰坑，东经111°41′20.80″，北纬

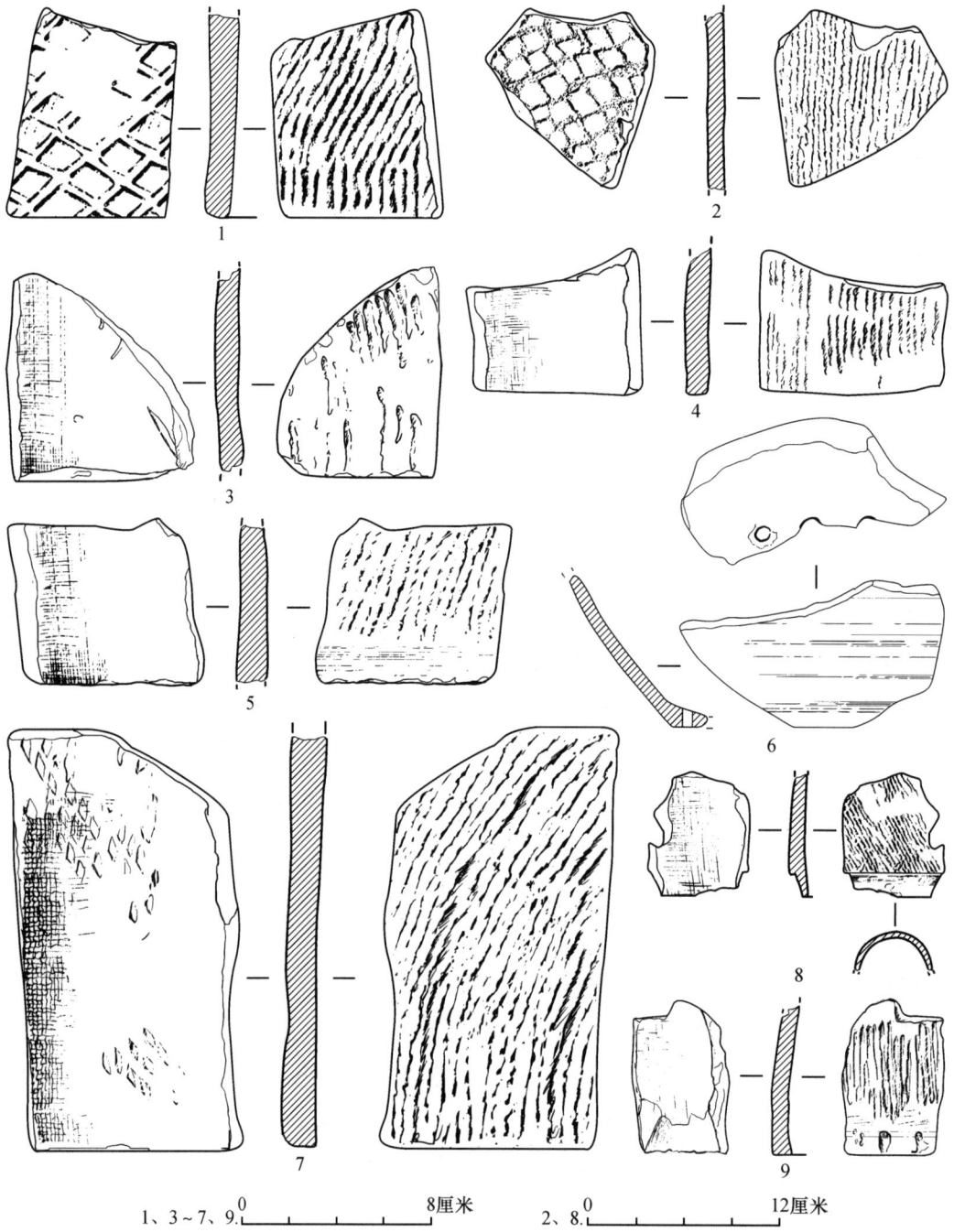

1、3～7、9.　0　　　　　　　　8厘米　　2、8.　0　　　　　　12厘米

图三六九　苇沟-北寿城遗址调查第201采集点陶器

1、2、7.板瓦（YCTW201：3、YCTW201：2、YCTW201：1）　3～5、8、9.筒瓦（YCTW201：7、YCTW201：9、
YCTW201：4、YCTW201：5、YCTW201：6）　6.甑（YCTW201：8）

35°45′32.64″，共采集遗物7件，标本2件。

YCTW202：1　鬲口沿。泥质灰陶。仅存沿部，尖唇，宽沿。内外壁有细密平行线状轮修痕迹。宽9.6、长8、厚0.6厘米（图三七〇，5）。

YCTW202：7　器底。泥质灰陶。内壁饰磨光暗纹。宽2、高1.6、厚1.3厘米（图三七〇，4）。

第203采集点，编号YCTW203。位于苇沟村西南门楼南100米冲沟东壁，西距唐霸大道45米。灰坑，平底状，南北长5、堆积厚度为2米，灰土，土质较密。东经111°41′21.12″，北纬35°45′30.40″，共采集遗物4件，标本3件。

YCTW203：1　豆盘。泥质褐陶。浅盘，下腹斜直，粗喇叭状短足。外壁有细密平行线状轮制痕迹。柄径6、厚1.6厘米（图三七〇，6；图版一六〇，6）。

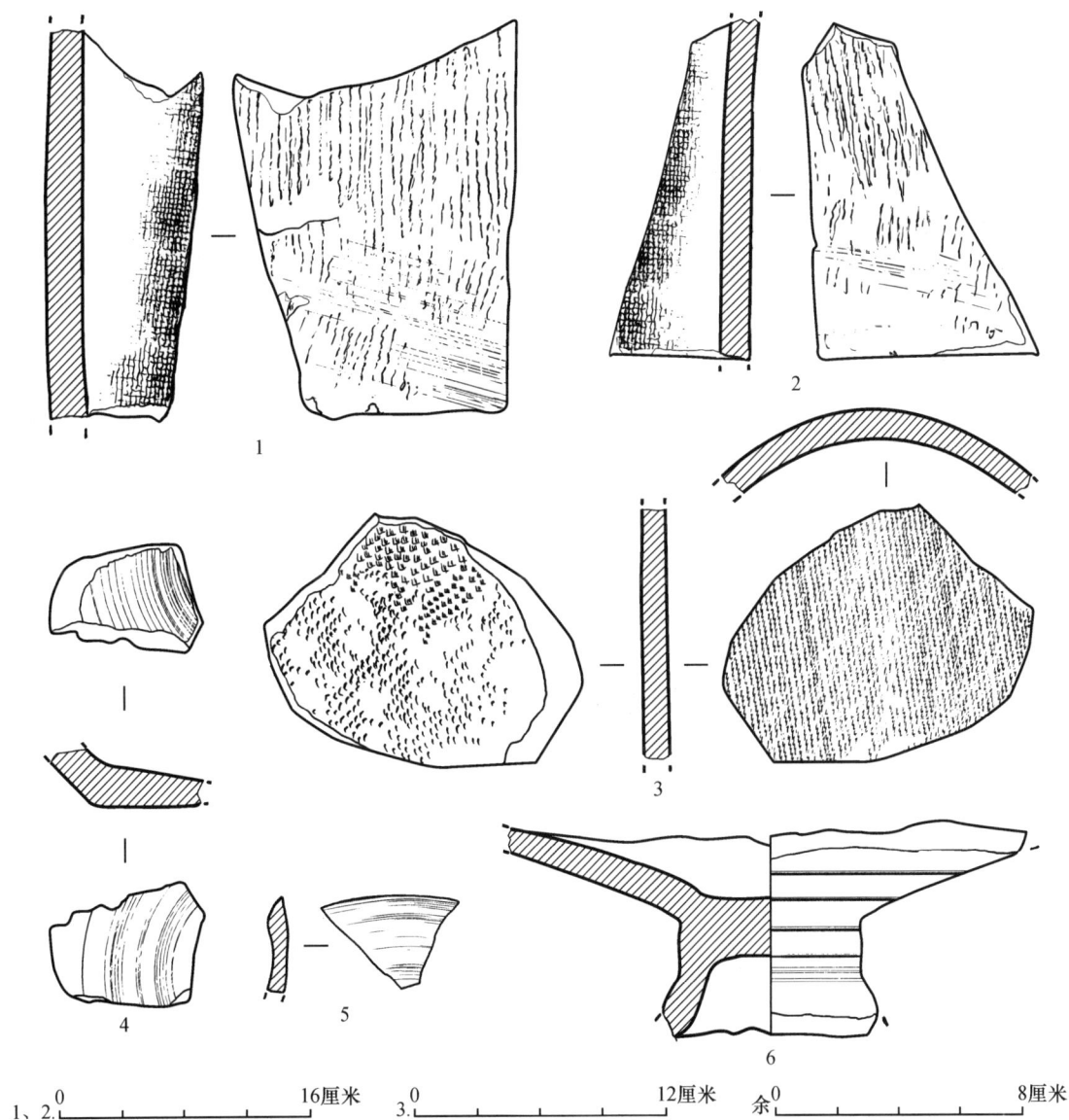

图三七〇　苇沟-北寿城遗址调查第202、203、205采集点陶器

1、2.板瓦（YCTW203：3、YCTW203：4）　3.陶片（YCTW205：1）　4.器底（YCTW202：7）　5.鬲（YCTW202：1）
6.豆（YCTW203：1）

YCTW203：3　板瓦。泥质灰陶。外壁饰粗绳纹，内壁饰布纹。外壁素面处有抹痕。宽17.2、长24、厚2厘米（图三七〇，1）。

YCTW203：4　板瓦。泥质灰陶。外壁饰粗绳纹，内壁饰布纹，外壁素面处有抹痕。宽13.8、长20.4、厚1.3厘米（图三七〇，2）。

第204采集点，编号YCTW204。位于苇沟新村南10米冲沟第一块地。灰坑，坑口距地表深30～50厘米，略呈袋状，底部平整，口部南北长300、底部长320厘米，黄褐灰花土，较密。东经111°41′26.87″，北纬35°45′30.79″，未采集。

第205采集点，编号YCTW205。位于苇沟新村南10米冲沟沟底第一块地。灰坑，坑口距地表深40厘米。圆形，直壁，平底，坑口南北长200、深200厘米，黄褐花土，较密。东经111°41′27.66″，北纬35°45′37.17″，采集标本1件。

YCTW205：1　陶片。夹砂灰陶。外壁饰绳纹，内壁饰篦点纹，绳纹较浅，分组拍印。宽14.7、长2.6、厚1.5厘米（图三七〇，3）。

第206采集点，编号YCTW206。位于苇沟新村东南大冲沟内东壁上。灰坑，东经111°41′37.88″，北纬35°45′32.33″，共采集遗物16件，标本4件。

YCTW206：1　筒瓦。泥质深灰陶。外壁饰粗绳纹，内壁饰布纹。宽10.5、长16、厚1.2厘米（图三七一，1）。

YCTW206：2　器底。夹砂灰陶。宽9.3、高6.7、厚1.1厘米（图三七一，2）。

YCTW206：4　板瓦。泥质灰陶。外壁饰绳纹。近瓦头处背面为素面。宽9.8、长9、厚1厘米（图三七一，3）。

YCTW206：6　甑底。泥质灰陶。壁底相接处有篦孔。宽9.2、高4.8、厚1.3厘米（图三七一，4）。

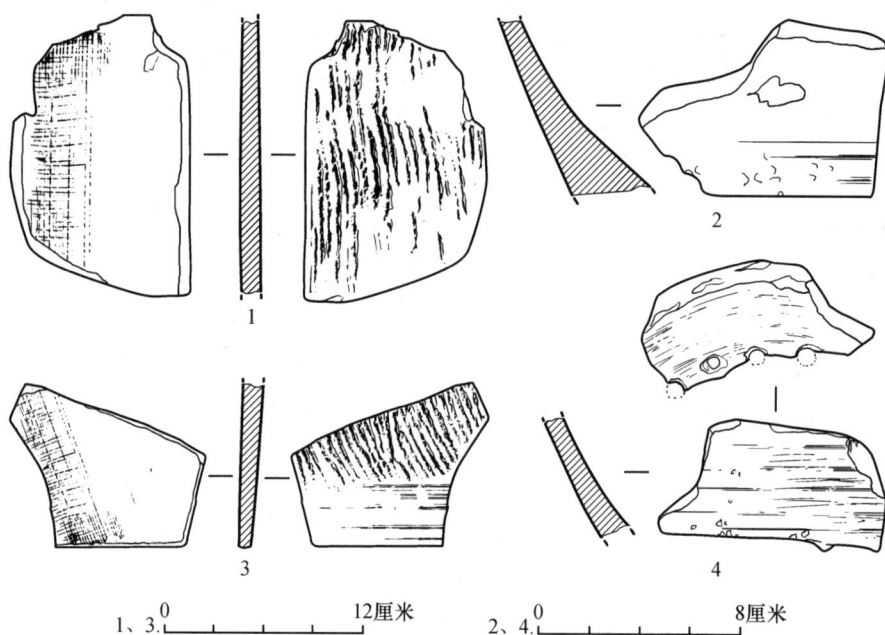

图三七一　苇沟-北寿城遗址调查第206采集点陶器

1.筒瓦（YCTW206：1）　2.器底（YCTW206：2）　3.板瓦（YCTW206：4）　4.甑（YCTW206：6）

第207采集点，编号YCTW207。位于苇沟新村东南，田间路南侧。地表采集，东经111°41′43.04″，北纬35°45′31.42″，共采集遗物10件，标本6件。

YCTW207：1　筒瓦。泥质灰陶。外壁饰抹平绳纹，内壁饰布纹。残存有子口状瓦舌。宽5.6、长6.6、厚1.8厘米（图三七二，1）。

YCTW207：2　板瓦。泥质灰陶。外壁饰粗绳纹，内壁饰菱形方格纹。宽9.6、长11.8、厚1.4厘米（图三七二，7）。

YCTW207：3　筒瓦。泥质灰褐陶。外壁饰抹平绳纹，内壁饰布纹，瓦头素面部分及瓦舌上下有抹痕。宽8.4、长9.8、厚1.3厘米（图三七二，4）。

YCTW207：4　板瓦。泥质灰陶。外壁饰粗绳纹，内壁饰菱形方格纹。宽9、长6.2、厚1厘米（图三七二，2）。

YCTW207：5　板瓦。泥质灰陶。外壁饰粗绳纹，内壁饰布纹。宽6、长6、厚1.3厘米（图三七二，3）。

YCTW207：9　板瓦。泥质灰陶。外壁饰粗绳纹，内壁饰布纹，侧面有切割痕迹，由内向

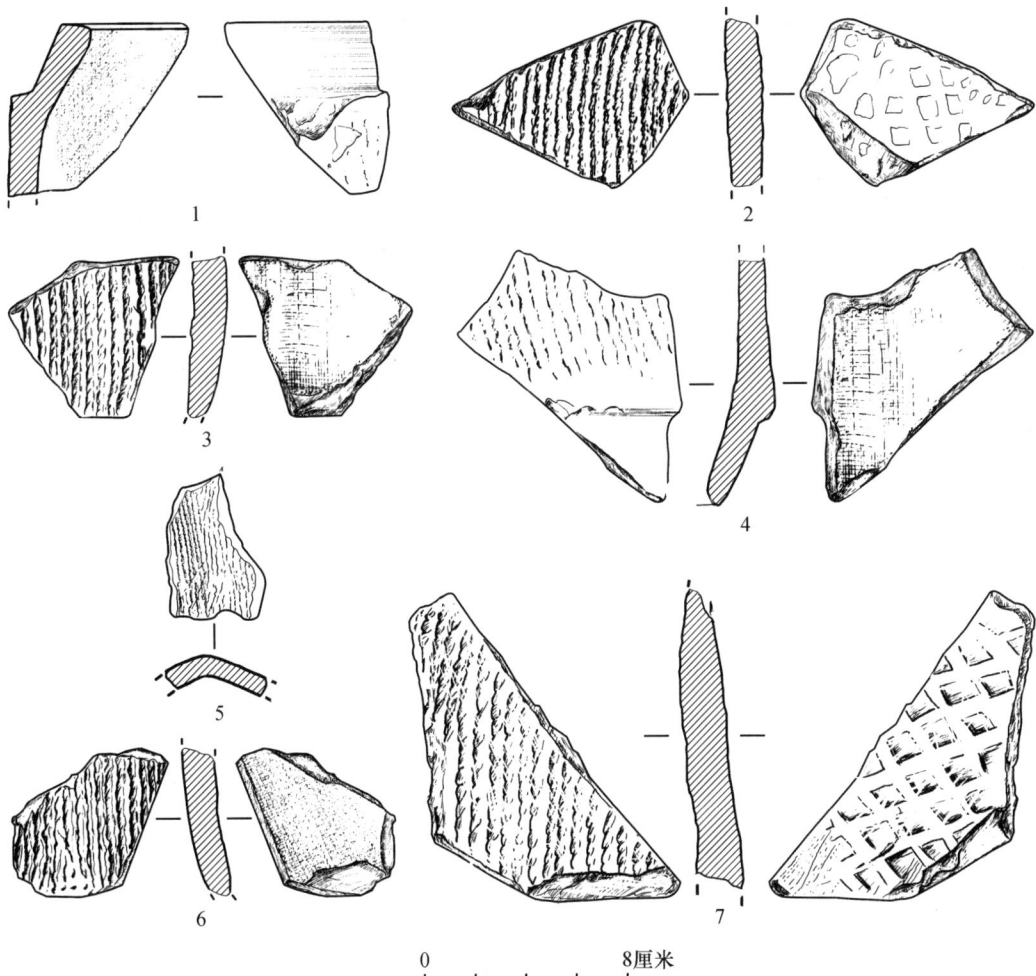

图三七二　苇沟-北寿城遗址调查第207、209采集点陶器

1、4.筒瓦（YCTW207：1、YCTW207：3）　2、3、6、7.板瓦（YCTW207：4、YCTW207：5、YCTW207：9、YCTW207：2）
5.鬲（YCTW209：2）

外，深度近半。宽5、长6、厚1.3厘米（图三七二，6）。

第208采集点，编号YCTW208。位于苇沟村西南门楼南110米冲沟东壁。陶窑，开口距地表0.3、底部南北长2.5、深1.5米，北、南壁有烧土硬面，厚度0.01～0.02米，红烧土厚0.04米，窑内堆积为灰花土。东经111°41′21.10″，北纬35°45′29.91″，共采集遗物2件。

第209采集点，编号YCTW209。位于苇沟新村南冲沟东壁，距村80米。灰坑，开口距地表深0.3米，直壁，平底，南北宽3、深1米，堆积为灰褐花土，比较密。东经111°41′27.66″，北纬35°45′30.24″，共采集遗物2件，标本1件。

YCTW209：2　鬲裆部。夹砂灰陶。中部凹陷，外壁饰绳纹。宽3.4、长5.2、厚0.8厘米（图三七二，5）。

第210采集点，编号YCTW210。位于苇沟新村东南大冲沟内西壁断崖上，灰坑，坑南北宽1.5、距离地表2米，坑内堆积为黄褐色。东经111°41′37.16″，北纬35°45′30.42″，未采集。

第211采集点，编号YCTW211。位于苇沟新村西南门楼南118米冲沟东壁。陶窑火膛，开口距地表0.8米，形状为半圆形，口部不详，据现状判断为火膛，南北长2.5、深1.3、中部深1.9米。东经111°41′21.15″，北纬35°45′29.96″，共采集遗物7件，标本5件。

YCTW211：1　板瓦。泥质褐陶。外壁饰粗绳纹，内壁饰布纹。外壁有抹痕。宽15.3、长9、厚1.15厘米（图三七三，1）。

YCTW211：2　罐腹片。泥质灰陶。外壁饰戳印纹，内壁饰篦点纹。直领，溜肩。内壁略有起伏，似按压痕迹，内外壁布满密集旋抹痕迹。宽10.4、长9、厚0.9厘米（图三七三，3）。

YCTW211：3　罐腹片。泥质灰陶。外壁饰戳印纹，内壁饰篦点纹。弧肩。内壁略有起伏，似按压痕迹，内外壁布满密集旋抹痕迹。宽7.2、长6.4、厚1厘米（图三七三，4）。

YCTW211：4　筒瓦。泥质灰陶。外壁饰粗绳纹，内壁饰布纹。内壁略有起伏，外侧略有磨光痕迹，黏附有少量泥块。宽12、长8.8、厚1.4厘米（图三七三，6）。

YCTW211：6　筒瓦。泥质灰陶。外壁饰粗绳纹，内壁饰布纹。内壁略有起伏，外侧及瓦舌有水平抹痕。宽9.9、长17.6、厚1.5厘米（图三七三，7）。

第212采集点，编号YCTW212。位于苇沟新村南90米北高南低的台阶地。南距北寿城村约900米。地表采集，采集范围20×20平方米。东经111°41′24.59″，北纬35°45′29.21″，共采集遗物8件，标本2件。

YCTW212：1　圆陶片。夹砂深灰陶。外壁饰绳纹，绳纹在饰加后被分组抹断。腹片改制而成，中间有对钻成的圆孔，孔径为0.5～1.6厘米，内壁抹痕，孔周围有圆形刻划痕迹。直径5、厚0.9厘米（图三七三，5）。

YCTW212：2　鬲口沿。夹砂深灰陶。外壁饰绳纹。方唇，平折沿，沿面略下凹。外壁有密集旋抹痕迹。口径25.5、厚0.9厘米（图版一六一，1）。

第213采集点，编号YCTW213。位于苇沟新村南50米，沟西壁第二块地。瓮缸葬，坑口距地表深1米，略呈袋状，口南北长2、深2米，黄褐淤花土，较密。东经111°41′26.96″，北纬35°45′29.90″，共采集遗物2件，标本1件。

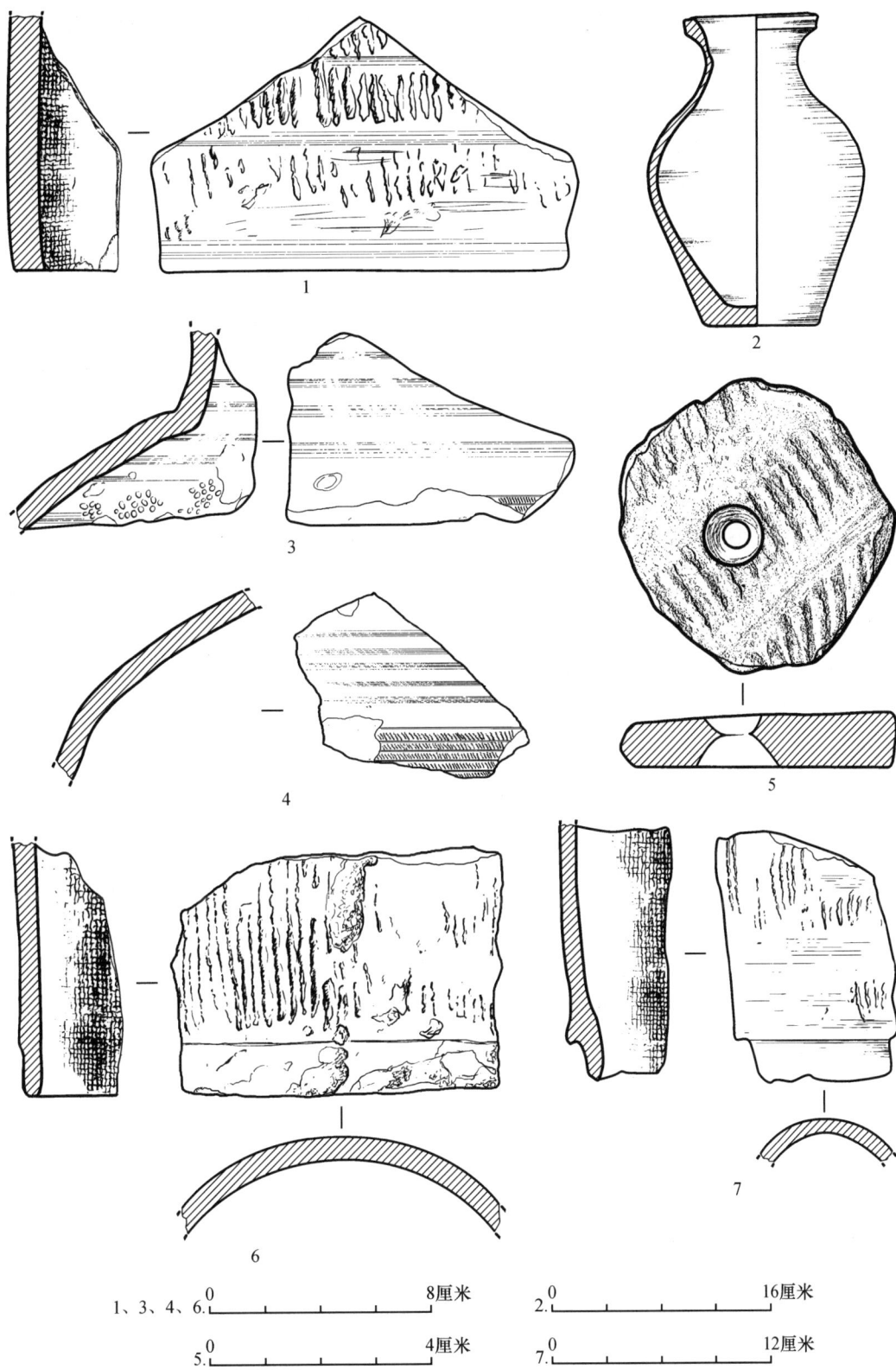

图三七三　苇沟-北寿城遗址调查第211～213采集点陶器

1. 板瓦（YCTW211：1）　　2. 壶（YCTW213：2）　　3、4. 罐（YCTW211：2、YCTW211：3）　　5. 圆陶片（YCTW212：1）
6、7. 筒瓦（YCTW211：4、YCTW211：6）

YCTW213：2　陶壶。泥质灰陶。方唇，侈口，束颈，溜肩鼓腹，下腹斜收成小平底。口径11、高22、厚1.2厘米（图三七三，2；图版一六一，2）。

第214采集点，编号YCTW214。位于苇沟新村南，沟东壁70米村南第二块地，北高南低阶梯形。灰坑，坑口距地表深0.3米，直壁，平底，南北宽2.5、深度2米，堆积为黄褐灰土，较密。东经111°41′27.72″，北纬35°45′29.47″，共采集遗物3件，标本1件。

YCTW214：2　陶器口沿。泥质浅灰陶。外壁磨光。唇部残，直口窄折沿。内壁有密集旋抹痕迹，外壁有抹痕和泥缝。宽4、高4.8、厚0.9厘米（图三七四，1）。

第215采集点，编号YCTW215。位于苇沟新村西南门楼南200米冲沟东壁。文化层，距地表0.8米，黄褐花土，南北宽5、厚0.1～0.15米。东经111°41′21.45″，北纬35°45′28.50″，未采集。

第216采集点，编号YCTW216。位于苇沟新村10米冲沟西壁，距村90米。墓葬，开口距地表深0.8米，长方形，南北长1米，直壁，平底，填土为黄花淤土，比较密。东经111°41′27.06″，北纬35°45′29.37″，共采集遗物3件，标本1件。

YCTW216：1　豆柄。泥质灰陶。留有豆柄和豆盘中心部分。内壁磨光。豆盘中心有圆形凹窝。豆盘与豆柄间有接缝，豆柄周身轮修痕迹明显。柄外径3.4、厚2.3厘米（图三七四，6）。

第217采集点，编号YCTW217。位于苇沟新村沟西壁，距村95米，通往北寿城村水泥路旁。瓮缸葬，开口距地表深0.7米，直壁，平底，缸距地表深2米，两个缸对扣。东经111°41′27.06″，北纬35°45′28.78″，共采集遗物2件，标本2件。

YCTW217：1　陶盆。泥质灰陶。方唇略厚、平折沿，上腹直，下腹弧收，平底。外壁饰凹弦纹，上腹有三道凹弦纹。口径38、高23.5、厚1.1厘米（图三七四，5；图版一六一，3）。

YCTW217：2　缸，残器。泥质灰陶。平底，下腹斜收，缸体厚重。内壁粗糙，有拍印的连续坑窝和圈筑的泥条接缝。底外径34、残高40、厚1.25厘米（图三七四，4）。

第218采集点，编号YCTW218。位于苇沟新村南10米，冲沟东壁90米，村南第二块地，为北高南低的阶梯形。灰坑，直壁，底部高低不平，坑内堆积为黄褐灰淤土，较密。坑口距地表深0.3、南北长0.8、深1.5～1.8米。东经111°41′27.74″，北纬35°45′28.61″，共采集遗物3件，标本2件。

YCTW218：2　罐腹片。泥质灰陶。外壁饰绳纹，绳纹被宽为1.1厘米的条带抹断。内壁略有起伏，有抹痕。宽12.6、高10、厚0.8厘米（图三七四，2）。

YCTW218：3　鬲口沿。夹砂灰陶。外壁局部饰绳纹。圆唇，平折沿，敛口。内、外壁有密集旋抹痕迹。口径22、厚1.1厘米（图三七四，3）。

第219采集点，编号YCTW219。位于苇沟新村村门楼西南200米沟边，西距唐霸大道东边20米。地表采集，采集范围10×10平方米。东经111°41′15.96″，北纬35°45′29.29″，共采集遗物4件。

第220采集点，编号YCTW220。位于苇沟村西南门楼南200米冲沟东壁。陶窑，南北长4、深2米，南北及底部为烧面，厚0.02～0.03米，红烧土厚0.3米。东经111°41′21.48″，北纬

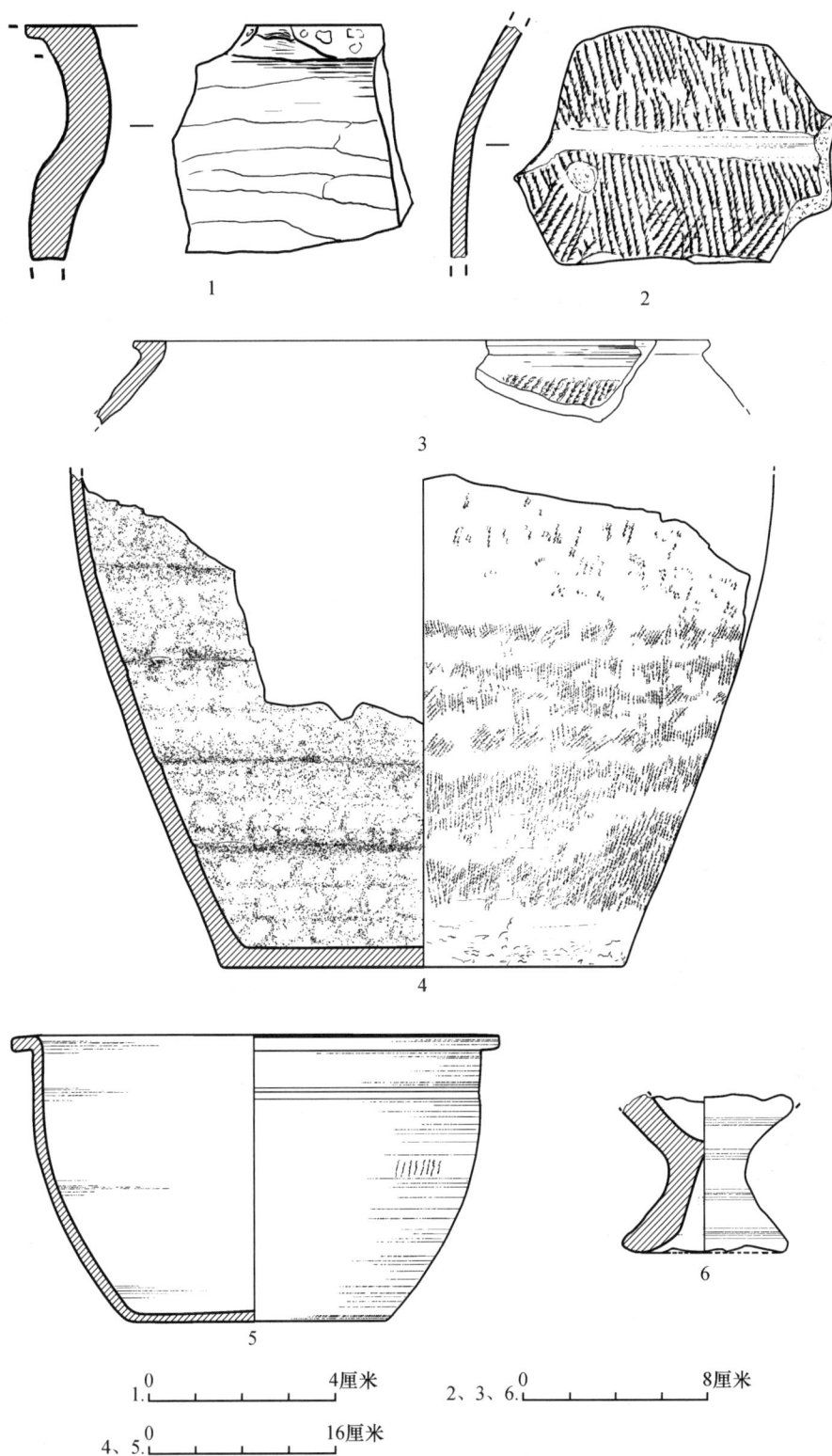

图三七四　苇沟-北寿城遗址调查第214、216～218采集点陶器

1.陶器口沿（YCTW214：2）　2.罐（YCTW218：2）　3.鬲（YCTW218：3）　4.缸（YCTW217：2）　5.盆（YCTW217：1）
6.豆（YCTW216：1）

35°45′27.52″，共采集遗物2件，标本1件。

YCTW220：1　陶片。泥质灰陶。外壁磨光，饰细绳纹，略有交错。内、外壁有密集旋抹痕迹。宽7.7、高10.6、厚1厘米（图三七五，1）。

第221采集点，编号YCTW221。位于苇沟新村新建门楼东南150米，呈北高南低的阶梯形，东、西均为冲沟。文化层，现暴露0.7～0.8米，东西长0.5、厚0.4～0.5米，黄褐灰花土，包含碎陶片。东经111°41′22.77″，北纬35°45′28.34″。共采集遗物8件，标本4件。

YCTW221：1　罐口沿。泥质青灰陶。圆唇，平折沿，沿面下凹，唇部加厚，溜肩。内、外壁有密集旋抹痕迹。口径8.5、厚1.25厘米（图三七五，2）。

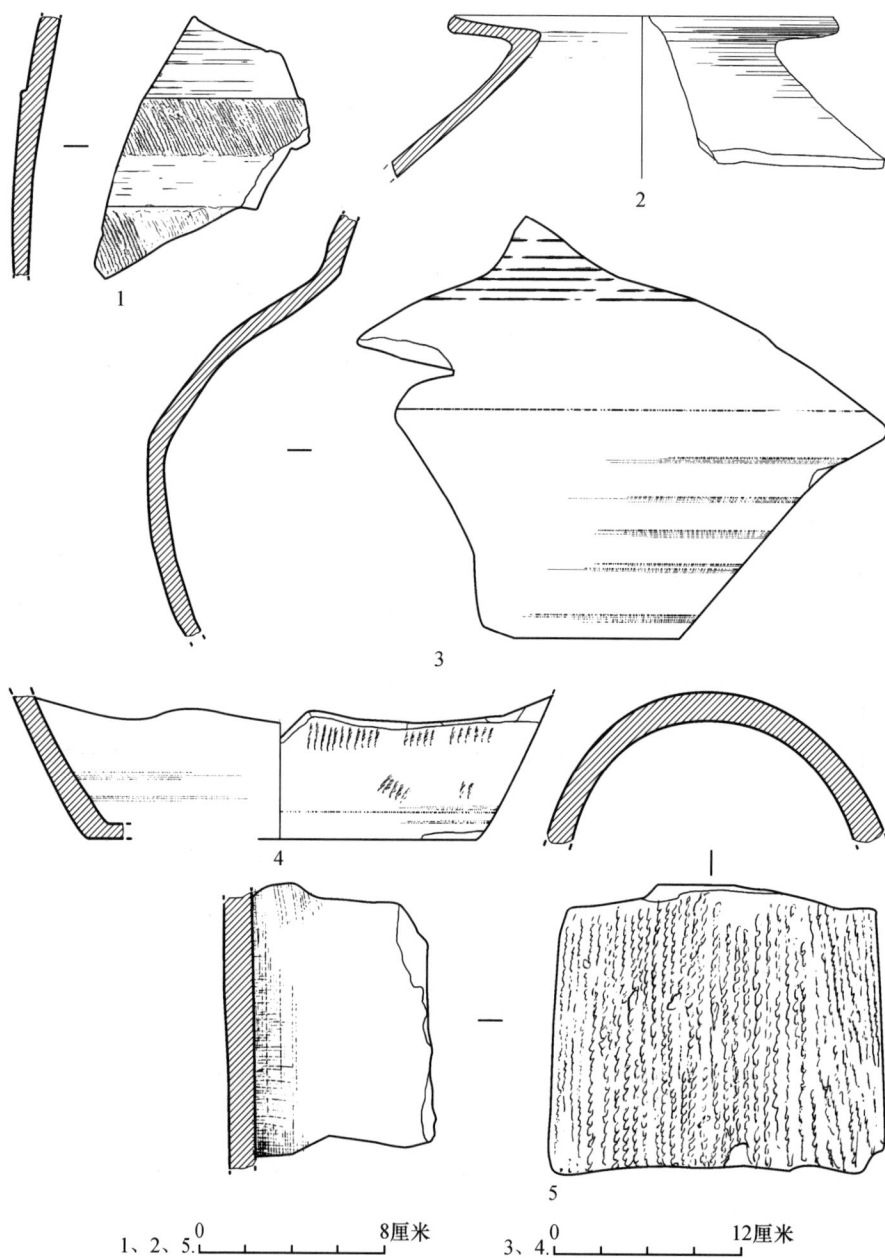

图三七五　苇沟-北寿城遗址调查第220、221采集点陶器

1. 陶片（YCTW220：1）　2、3. 罐（YCTW221：1、YCTW221：2）　4. 器底（YCTW221：3）　5. 筒瓦（YCTW221：4）

YCTW221：2　罐腹片。泥质灰陶。折肩，下腹弧收，外壁磨光暗纹，内素面，内壁有波状起伏，内、外壁有密集旋抹痕迹。宽11.2、高26、厚0.8厘米（图三七五，3；图版一六一，4）。

YCTW221：3　器底。夹砂灰陶。下腹弧收，平底。外壁饰绳纹，绳纹较浅，器底外包与器壁，相接处有抹痕，内壁有绳纹拍印痕迹。底外径25.4、高9、厚1.7厘米（图三七五，4）。

YCTW221：4　筒瓦。泥质灰陶。外壁饰粗绳纹，内壁饰布纹。侧面有切割痕迹。宽14、长12、厚1.15厘米（图三七五，5）。

第222采集点，编号YCTW222。位于苇沟新村南120米，新建村门楼东南150米。文化层，东西长3、现暴露0.7米。东经111°41′24.12″，北纬35°45′28.34″，共采集遗物17件，标本6件。

YCTW222：1　盆口沿。泥质深灰陶。内壁磨光。平折沿，沿面略下凹，唇面略凹，敞口。内外壁有波状起伏及轮制痕迹。口径36、高5、厚1厘米（图三七六，1）。

YCTW222：2　盆口沿。泥质深灰陶。内壁磨光。平折沿，沿面略下凹，唇面略凹，敞口。内外壁有波状起伏及轮制痕迹。口径30、高5.7、厚0.9厘米（图三七六，3）。

YCTW222：3　甑底。泥质灰陶。下腹斜收，底部有直径0.7厘米的箅孔。内壁有轮制痕迹。底外径20、高4、厚0.8厘米（图三七六，5）。

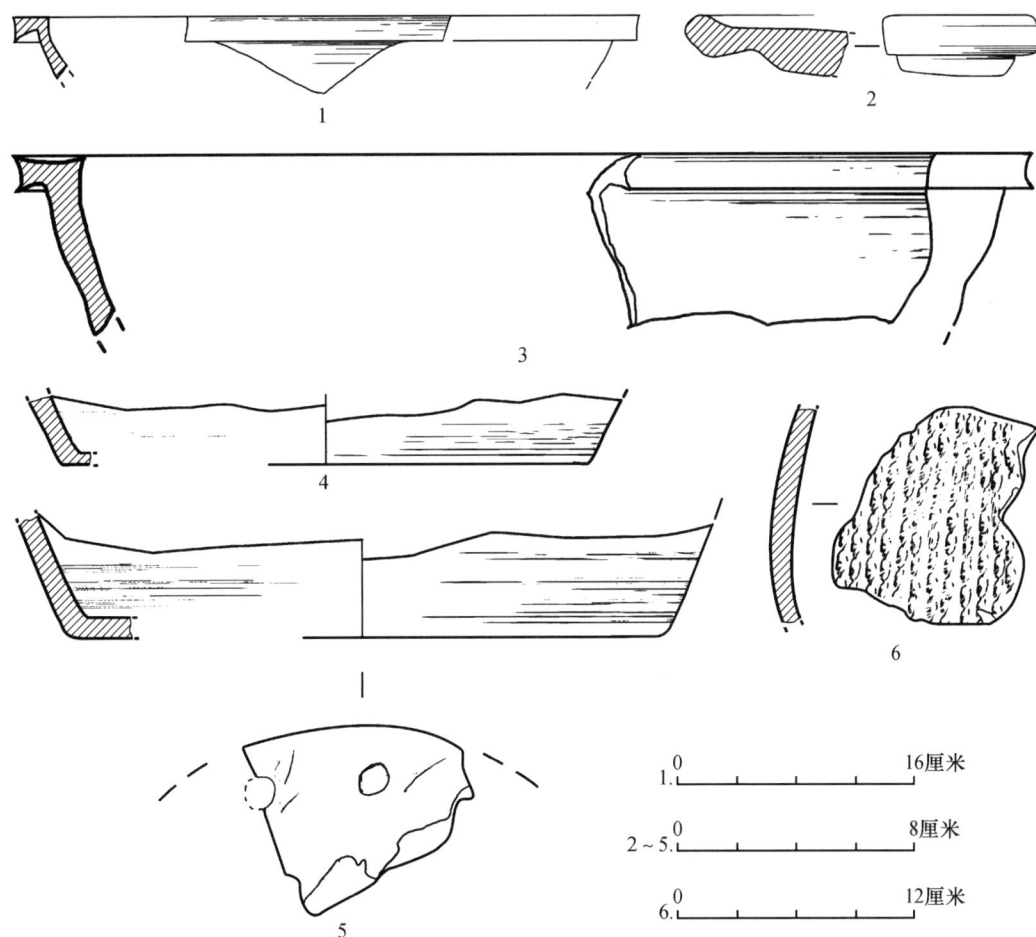

图三七六　苇沟-北寿城遗址调查第222采集点陶器

1、3.盆（YCTW222：1、YCTW222：2）　2.陶器口沿（YCTW222：4）　4.器底（YCTW222：11）　5.甑（YCTW222：3）
6.陶片（YCTW222：5）

YCTW222：4　陶器口沿。泥质灰陶。仅存口沿，沿面较宽，至外缘加厚且上翻。厚1.3厘米（图三七六，2）。

YCTW222：5　陶片。夹砂灰陶。外壁饰粗绳纹，绳纹较浅。宽6.4、长7.2、厚0.8厘米（图三七六，6）。

YCTW222：11　器底。泥质褐陶。下腹斜收，平底。外壁磨光，器底外包于器壁，内壁略有起伏，外壁有抹痕。底外径17.6、高2.2、厚0.6厘米（图三七六，4）。

第223采集点，编号YCTW223。位于苇沟新村冲沟西壁，距村100米。灰坑，开口距地表深0.3米，直壁，平底，南北宽5、深1.2米，堆积为灰褐灰花土，质地疏松。东经111°41′27.22″，北纬35°45′28.61″，共采集遗物4件，标本4件。

YCTW223：1　壶口沿。泥质灰陶。折沿，方唇，直口。内壁有波状起伏和轮制痕迹。口径8.4、高4.5、厚0.7厘米（图三七七，4）。

YCTW223：2　罐口沿。泥质灰陶。内壁拍印成组绳纹后全部经轮修抹平。圆唇，直口，广肩。外壁直口外侧轮修痕迹明显。口径48、高6.6、厚1.5厘米（图三七七，2）。

YCTW223：3　盆口沿。夹砂灰陶。外壁饰绳纹，近口沿处抹平，内壁腹部按压浅绳纹。圆唇，窄折沿，直口。口沿及颈部内外壁有轮修痕迹。宽3.7、高7.7、厚0.8厘米（图三七七，3）。

YCTW223：4　罐口沿。泥质灰陶。直口，唇部截面为铁轨状。肩部内壁有泥条拼接缝隙及拍印的篦点纹。外壁、内壁口部及以上区域轮修痕迹明显。口径19、高3、厚1.3厘米（图三七七，1）。

第224采集点，编号YCTW224。位于苇沟新村村南冲沟100米。呈北高南低的阶梯形。陶窑，开口距地表深0.3米，有烧土块，为残陶烧窑，南部为火膛，北部为残窑床，南北长2、深

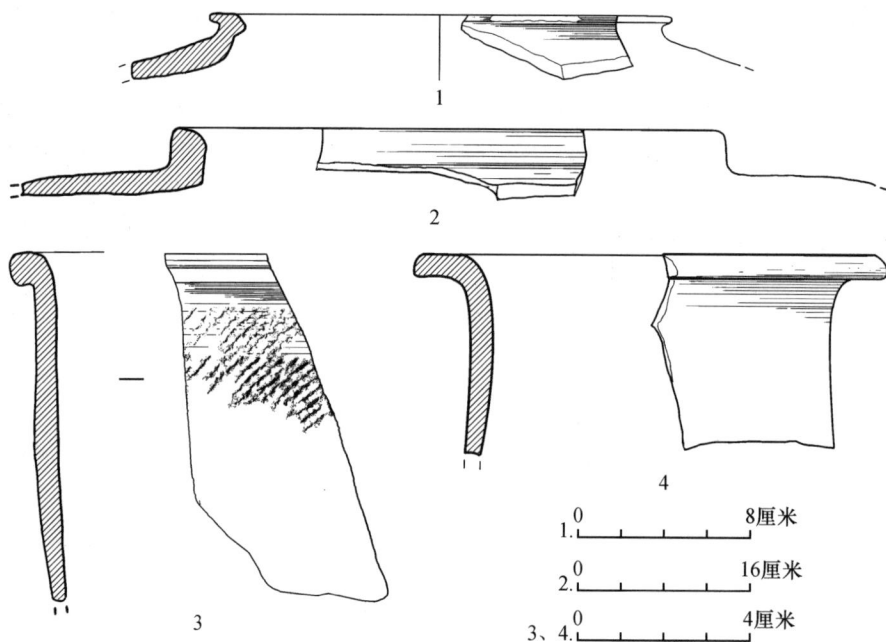

图三七七　苇沟-北寿城遗址调查第223采集点陶器

1、2.罐（YCTW223：4、YCTW223：2）　3.盆（YCTW223：3）　4.壶（YCTW223：1）

0.8~1.2米。东经111°41′27.83″，北纬35°45′28.04″，未采集。

第225采集点，编号YCTW225。位于苇沟新村村门楼西南200米沟边，西距唐霸大道东边30米。冲沟西边平地，不规则三角形。地表采集，采集范围15×10平方米。东经111°41′16.35″，北纬35°45′28.02″，共采集遗物10件，标本2件。

YCTW225：1 陶片。泥质灰陶。外壁饰绳纹，绳纹交错。绳纹被宽约1厘米的条带抹断。内壁略有起伏。宽7、高12.4、厚0.8厘米（图三七八，7）。

YCTW225：3 陶器口沿。夹砂灰陶。外壁饰绳纹。侈口，唇部加厚。略有轮修痕迹。宽4.3、高3.7、厚0.9厘米（图三七八，3）。

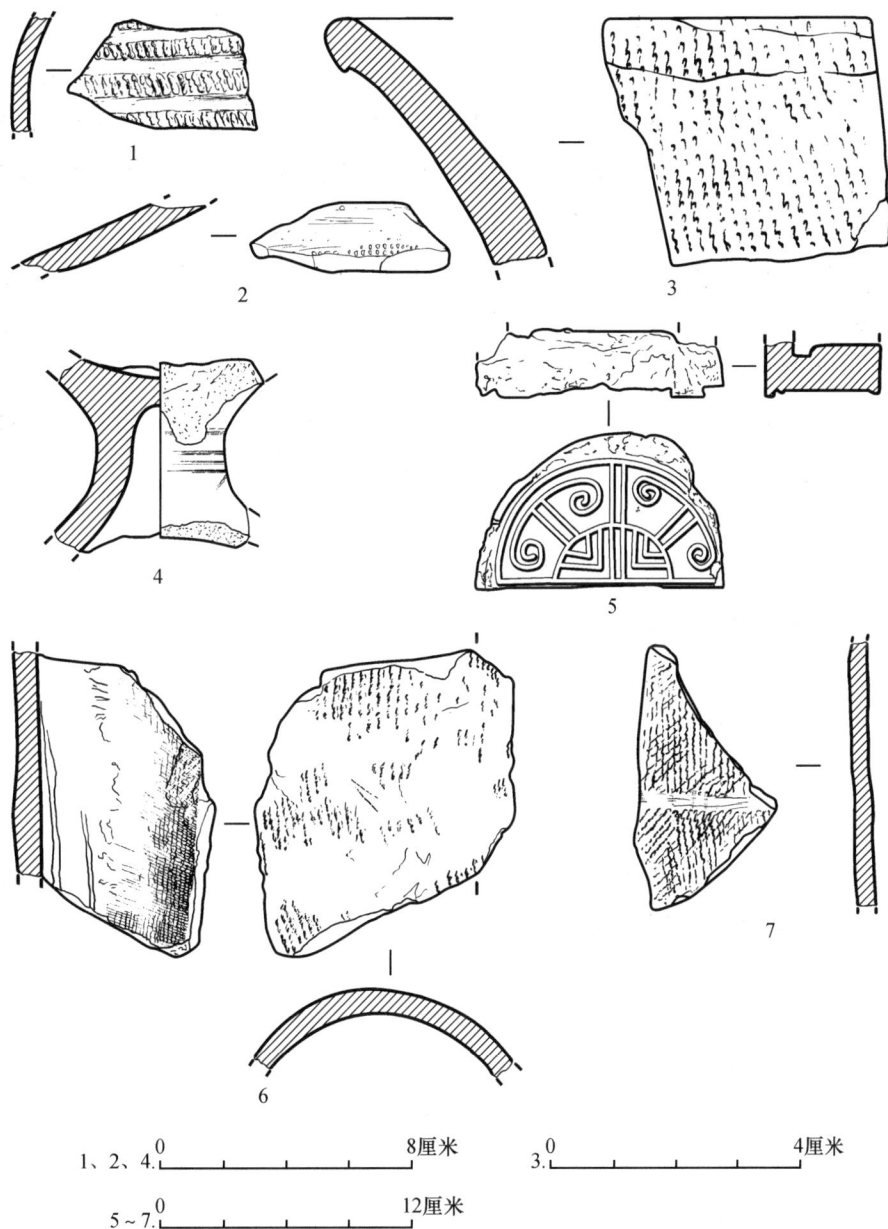

图三七八 苇沟-北寿城遗址调查第225～228、230采集点陶器

1.罐（YCTW228：2） 2、7.陶片（YCTW227：2、YCTW225：1） 3.陶器口沿（YCTW225：3） 4.豆（YCTW226：1）

5.瓦当（YCTW230：2） 6.筒瓦（YCTW230：1）

第226采集点，编号YCTW226。位于苇沟新村村门楼西南250米，冲沟东壁断崖下。地表采集，东经111°41′21.48″，北纬35°45′26.85″，共采集遗物2件，标本1件。

YCTW226：1　豆柄。泥质灰陶。豆柄短粗，残存豆盘底部及部分圈足，圈足呈喇叭状，内外壁有密集旋抹痕迹。柄外径4、高5.8、厚1.2厘米（图三七八，4）。

第227采集点，编号YCTW227。位于苇沟新村南第8块地，新建门楼东南200米，呈北高南低的阶梯形。地表采集，采集范围10×10平方米。东经111°41′22.70″，北纬35°45′27.06″，共采集遗物7件，标本1件。

YCTW227：2　陶片，应为器物肩部。泥质褐陶。外壁饰细绳纹、凹弦纹，绳纹被凹弦纹抹断。外壁有细密平行线状轮制痕迹。宽6.2、高2、厚0.9厘米（图三七八，2）。

第228采集点，编号YCTW228。位于苇沟新村南冲沟西壁，距村700米。为古代路面，厚0.2～0.3米。地表采集，东经111°41′27.39″，北纬35°45′28.03″，共采集遗物9件，标本1件。

YCTW228：2　罐腹片。泥质灰陶。外壁饰绳纹，绳纹被凹弦纹抹断，每组宽约0.5厘米，平行分布。宽5.8、高3.4、厚0.7厘米（图三七八，1）。

第229采集点，编号YCTW229。西距唐霸大道20米，东北距苇沟新建门楼150米，位于沟西壁。墓葬，直壁，南北宽2、深2米，堆积为黄褐淤土。东经111°41′16.54″，北纬35°45′28.84″，未采集。

第230采集点，编号YCTW230。位于苇沟新村新建门楼南150米，苇沟新村南130米，第8块地。地表采集，采集范围20×10平方米。东经111°41′22.64″，北纬35°45′27.44″，共采集遗物11件，标本2件。

YCTW230：1　筒瓦。泥质灰陶。外壁饰粗绳纹，内壁饰布纹，绳纹被大部分抹平。一侧有切割痕迹，切割深度近半。宽12、长14.1、厚1.6厘米（图三七八，6）。

YCTW230：2　瓦当。泥质灰陶。仅残存半圆形瓦当，系一圆形瓦当切割而成，切割痕明显。当面周边宽缘凸起，中心和外缘为单阳线凸同心圆，双阳凸线将当面分为二等份，中心同心圆内各等份内添规矩纹，两圆之间添单阳线凸云纹，云纹中间双阳凸线连接同心圆。当面直径约13、厚2厘米（图三七八，5）。

第231采集点，编号YCTW231。位于苇沟新村门楼东南250米，呈北高南低的阶梯形。地表采集，采集范围20×10平方米。东经111°41′26.37″，北纬35°45′26.64″，共采集遗物6件，标本1件。

YCTW231：5　鬲口沿。夹砂灰陶。唇部残，侈口。外壁饰抹平绳纹，内壁有密集旋抹痕迹。宽3、高4.7、厚0.9厘米（图三七九，5）。

第232采集点，编号YCTW232。位于苇沟新村南310米。灰坑，开口距地表深0.3米，直壁，平底，南北宽0.9、深2.5米，堆积为灰褐黄花淤土。东经111°41′28.16″，北纬35°45′26.23″，采集标本1件。

YCTW232：1　筒瓦。泥质灰陶。外壁饰粗绳纹，绳纹分组拍印，近尾端部位已为素面。半圆形筒状，瓦头有子口状舌，尾端封口。内壁有泥条拼接痕迹，侧面有切割痕迹，全部切透。头尾两端素面部位有轮修抹痕。通长37、瓦桶直径约11、厚0.8厘米（图三七九，7；图版一六一，5）。

　　第233采集点，编号YCTW233。位于苇沟新建门楼西南180米，唐霸大道东10米。位于冲沟西部凹地断崖壁下。地表采集，东经111°41′14.97″，北纬35°45′28.26″，共采集遗物4件。

　　第234采集点，编号YCTW234。位于苇沟新村新建门楼东南300米。呈北高南低的阶梯形，东西部为冲沟。地表采集，采集范围10×10平方米。东经111°41′24.86″，北纬

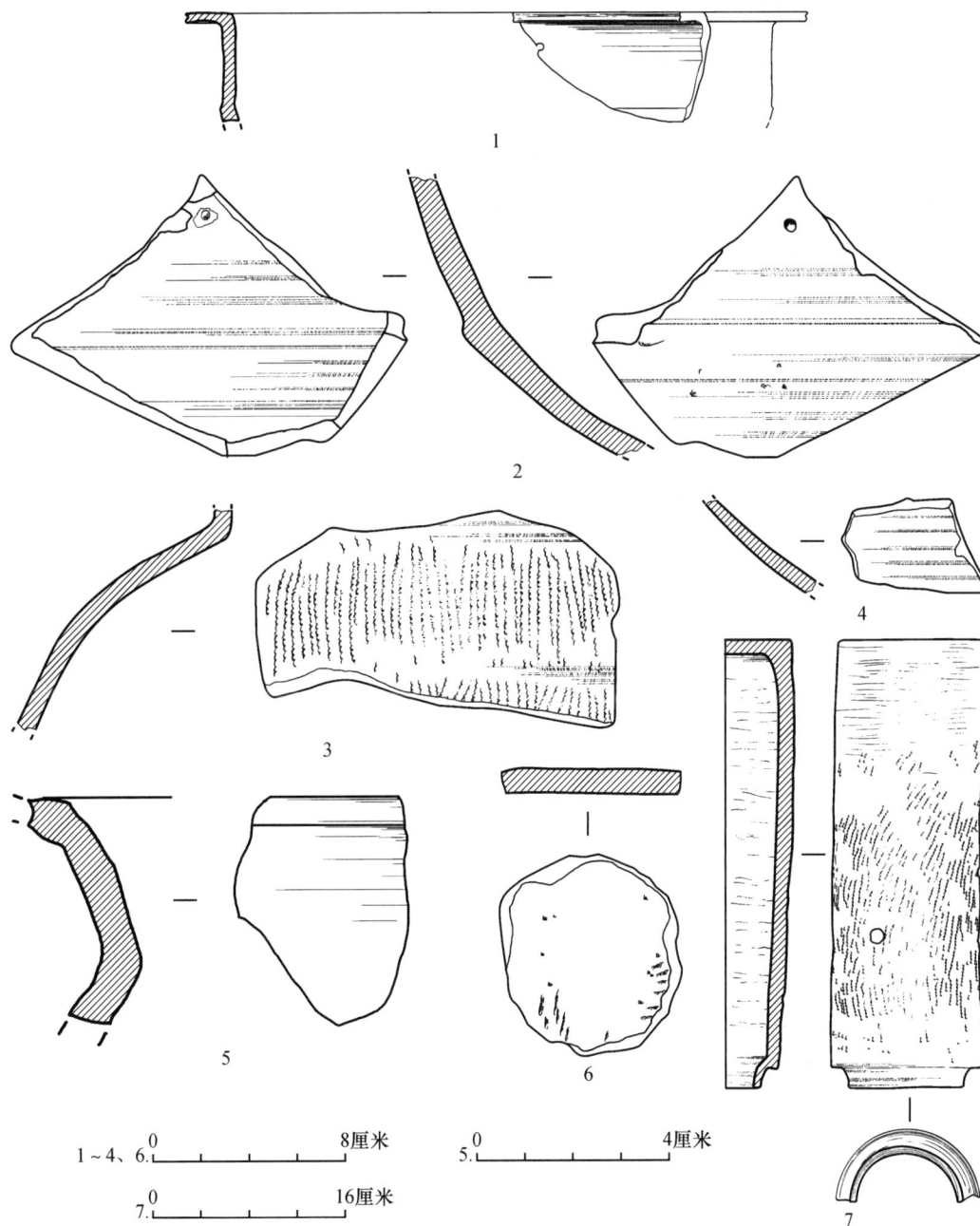

图三七九　苇沟-北寿城遗址调查第231、232、235、236采集点遗物

1. 盆（YCTW236：1）　　2、3. 陶片（YCTW236：3、YCTW236：2）　　4. 瓷片（YCTW235：12）　　5. 鬲（YCTW231：5）

6. 圆陶片（YCTW235：3）　　7. 筒瓦（YCTW232：1）

35°45′26.00″，共采集遗物7件，标本1件。

YCTW234：8　瓷片。胎呈红色，内外壁饰黄绿色釉。宽4.1、高6.7、厚0.6厘米。

第235采集点，编号YCTW235。位于苇沟新村门楼东南260米，呈北高南低的阶梯形。地表采集，采集范围10×10平方米。东经111°41′23.40″，北纬35°45′26.22″，共采集遗物15件，标本2件。

YCTW235：3　圆陶片。泥质深灰陶。内、外壁皆饰绳纹，外壁仅边缘处有绳纹。直径7.2、厚1.2厘米（图三七九，6）。

YCTW235：12　瓷片，为器物腹部或肩部。黄褐釉。外壁未施釉部分有轮制痕迹。宽5.2、高4、厚0.6厘米（图三七九，4；图版一六二，1）。

第236采集点，编号YCTW236。位于苇沟新村村南330米。灰坑，开口距地表深0.3米，直壁，南北宽1、深3米，堆积为灰褐花土，质地较密。东经111°41′28.32″，北纬35°45′25.15″，共采集遗物3件，标本3件。

YCTW236：1　盆口沿。泥质灰陶。宽平折沿，方唇，唇外缘有一周凹槽，直口。内、外壁有密集旋抹痕迹。口径22、高4.4、厚0.8厘米（图三七九，1）。

YCTW236：2　陶片。泥质灰陶。外壁饰绳纹，绳纹较浅，被宽1.2厘米的素面条带抹断。应为肩部，弧肩。内、外壁均有抹痕。宽14.8、高8、厚0.7厘米（图三七九，3）。

YCTW236：3　陶片。泥质灰陶。内、外壁有密集旋抹痕迹，有直径为0.5厘米的钻孔。宽16.2、高11、厚0.9厘米（图三七九，2）。

第237采集点，编号YCTW237。位于苇沟新村村门楼西南400米沟边，西距唐霸大道20米。地表采集，采集范围20×10平方米。东经111°41′13.87″，北纬35°45′24.11″，共采集遗物5件，标本1件。

YCTW237：5　陶器口沿。泥质褐陶。唇部残，侈口。内、外壁有密集旋抹痕迹。宽3.5、高4.9、厚0.9厘米（图三八〇，2）。

第238采集点，编号YCTW238。位于南距北寿城村500米，东北距苇沟新村门楼200米，西距唐霸大道30米。位于冲沟西壁断崖直壁下的小台地。地表采集，东经111°41′15.33″，北纬35°45′26.74″，采集标本1件。

YCTW238：1　鬲口沿。夹砂灰陶。外壁饰绳纹。方唇、窄折沿，溜肩。颈部有细密平行线状抹痕。口径22、高3.2、厚1.1厘米（图三八〇，1）。

第239采集点，编号YCTW239。位于南距北寿城村500米，东北距苇沟新村门楼300米，西距唐霸大道40米。位于冲沟西壁断崖直壁下的小台地。灰坑，坑口距地表0.3、南北长0.13、深0.8米，底部平整，堆积为灰黄花土，土质较密。东经111°41′16.24″，北纬35°45′24.18″，共采集遗物2件。

第240采集点，编号YCTW240。位于苇沟新村村门楼西南，冲沟底部一级台地。地表采集，采集范围30×30平方米。东经111°41′18.08″，北纬35°45′24.79″，共采集遗物2件，标本1件。

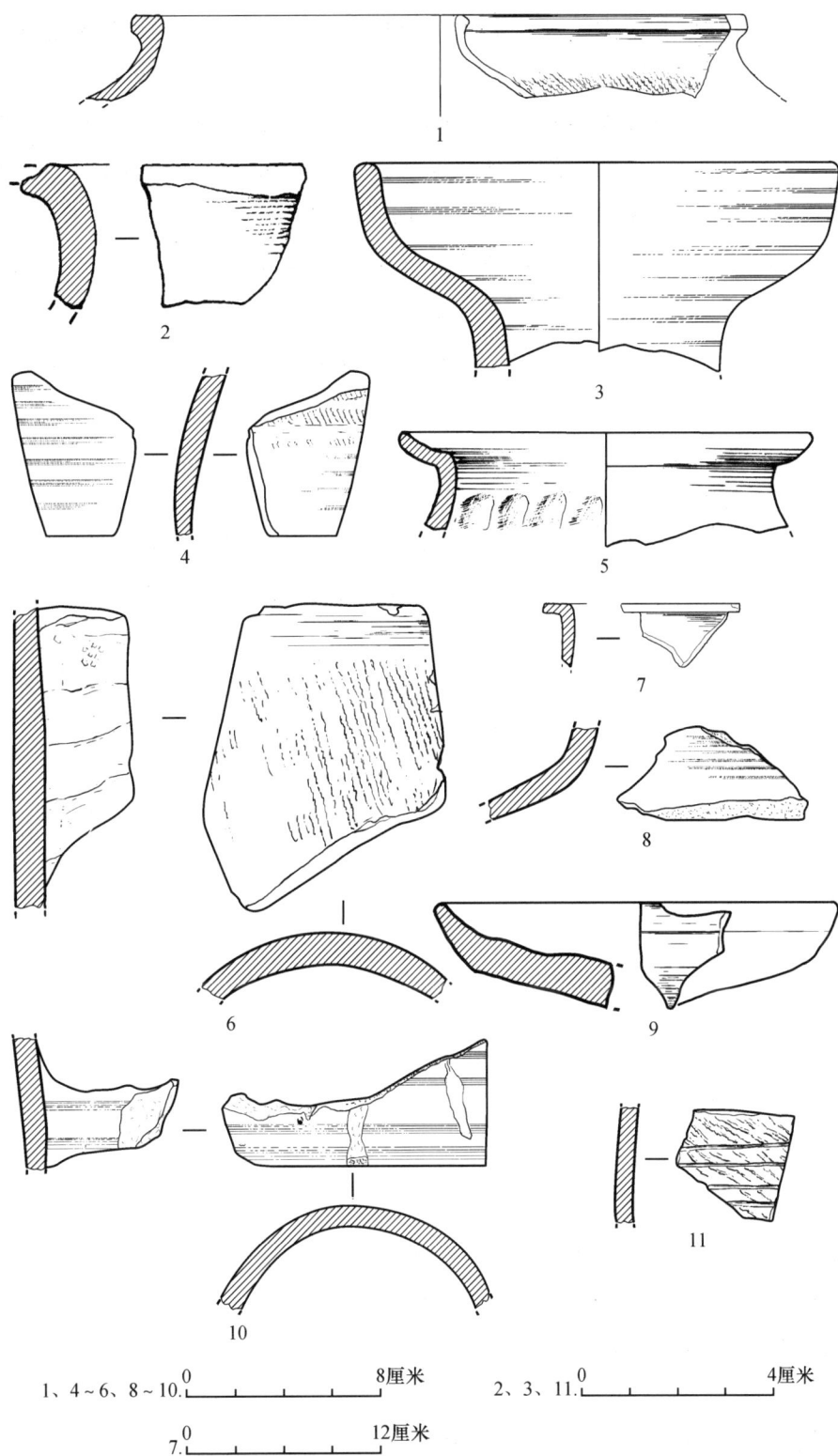

图三八〇 苇沟-北寿城遗址调查第237、238、240、241、243、244、246、250采集点遗物

1.鬲（YCTW238：1） 2、8.陶器口沿（YCTW237：2、YCTW243：2） 3.壶（YCTW240：2）

4、11.陶片（YCTW241：2、YCTW246：14） 5.罐（YCTW241：1） 6、10.筒瓦（YCTW241：5、YCTW244：2）

7.盆（YCTW243：1） 9.豆（YCTW250：1）

YCTW240：2　盘口壶口沿。泥质灰陶。圆唇，直口，浅盘。内外壁有轮制痕迹。口径9、高4、厚0.6厘米（图三八〇，3）。

第241采集点，编号YCTW241。位于苇沟新村门楼东南320米，第九块地西北部。呈北高南低的阶梯形。距沟边2米，地块比较平整。地表采集，采集范围3×5平方米。东经111°41′21.89″，北纬35°45′26.35″，共采集遗物9件，标本3件。

YCTW241：1　罐口沿。泥质灰陶。圆唇，折沿，沿面略凹，口微敛。内、外壁有密集旋抹痕迹，内壁有按压、抹痕和泥缝。口径13、高4.6、厚0.8厘米（图三八〇，5）。

YCTW241：2　陶片。泥质灰陶。外壁饰绳纹，仅局部有绳纹，绳纹较浅，内壁饰弦纹。内壁有密集旋抹痕迹。宽4.7、高6.7、厚0.8厘米（图三八〇，4）。

YCTW241：5　筒瓦。泥质灰陶。外壁饰绳纹，内壁饰篦点纹。内、外壁有密集旋抹痕迹，内壁略有起伏，侧面有切割痕迹，直接切透。宽10.6、长5.2、厚1.2厘米（图三八〇，6）。

第242采集点，编号YCTW242。位于苇沟新村西南门楼东南370米，第九块地中南部，呈阶梯形。地表采集，采集范围20×20平方米。东经111°41′25.27″，北纬35°45′25.61″，共采集遗物7件。

第243采集点，编号YCTW243。位于苇沟新村南300米，北寿城村北500米，平整。灰坑，开口距地表深0.4米，直壁，南北长3、深1.2米，平底，堆积为黄褐灰花土，土质紧密。东经111°41′27.77″，北纬35°45′24.58″，共采集遗物3件，标本2件。

YCTW243：1　盆口沿。泥质灰陶。平折沿，方唇，直口。内外侧有轮修痕迹。宽7.2、高3.6、厚0.9（图三八〇，7）。

YCTW243：2　陶器口沿。夹砂灰陶，内外侧皆有轮修痕迹。宽7.2、高3.6、厚0.8厘米（图三八〇，8）。

第244采集点，编号YCTW244。位于苇沟新村南350米，北寿城村北450米，冲沟东壁沟底第三块地，基本平整，北高南低。灰坑，圆形，直壁，平底，口距地表深40厘米。口南北宽180、深250厘米，黄褐花土，土质较密。东经111°41′20.32″，北纬35°45′25.23″，共采集遗物3件，标本1件。

YCTW244：2　筒瓦。泥质灰陶。侧面有切割痕迹，厚度近半。内外壁有轮制痕迹。宽10.6、长5.2、宽9.6、长12.6、厚1.3厘米（图三八〇，10）。

第245采集点，编号YCTW245。位于苇沟新村南冲沟400米，北寿城村北300米。冲沟东壁沟底第三块地，基本平整，北高南低。黄褐灰花土，厚度1米。文化层，东经111°41′24.98″，北纬35°45′24.98″，未采集。

第246采集点，编号YCTW246。位于南距北寿城村520米，东北距苇沟新建门楼300米，西距唐霸大道40米。位于沟西壁断崖小台地三角地块西部。灰坑，现暴露深1米，底部不详。东经111°41′16.40″，北纬35°45′23.88″，共采集遗物16件，标本1件。

YCTW246：14　陶片。泥质灰陶。外壁饰绳纹，绳纹被凹弦纹抹断为多组。内壁有平行线状轮制痕迹，外壁有数道凹弦纹切断绳纹，侧面有切割痕迹。宽2.2、长2.2、厚0.7厘米

（图三八〇，11）。

第247采集点，编号YCTW247。位于南距北寿城村500米，东北距苇沟新建门楼300米，西距唐霸大道40米。位于沟西底部小台地，地块呈三角形。地表采集，采集范围10×20平方米。东经111°41′27.08″，北纬35°45′23.92″，共采集遗物2件。

第248采集点，编号YCTW248。位于苇沟村门楼东南300米，呈北高南低阶梯形。地表采集，采集范围15×15平方米。东经111°41′22.83″，北纬35°45′24.84″，共采集遗物8件。

第249采集点，编号YCTW249。位于苇沟新村门楼南250~300米，第十块地东北部。呈北高南低的阶梯形，西部为冲沟，东部为水泥路，北部断崖高7米。地表采集，采集范围20×20平方米。东经111°41′25.57″，北纬35°45′24.77″，共采集遗物8件。

第250采集点，编号YCTW250。位于苇沟新村村门楼西南400米沟边，西距唐霸大道东边60米。沟西边平地，西北高，呈小阶梯形。地表采集，采集范围20×20平方米。东经111°41′15.76″，北纬35°45′23.03″，共采集遗物9件，标本1件。

YCTW250：1　豆盘。泥质灰陶。外壁磨光。圆唇，侈口浅盘，器壁厚重。内壁有抹痕。口径15.6、高5、厚1.7厘米（图三八〇，9）。

第251采集点，编号YCTW251。西距唐霸大道30米，位于苇沟村新建门楼西南300米。南距北寿城村500米。沟西壁凹地，西北角为直壁，断崖。灰坑，坑内堆积为灰褐黄花土，质地较密。包含木炭颗粒、烧土颗粒，南北壁略向内斜，底部较平整，口部南北长1.3、深1.5、底部长1.15米。东经111°41′16.95″，北纬35°45′23.32″，共采集遗物3件，标本1件。

YCTW251：1　豆座。泥质灰陶。外壁磨光。喇叭状，唇部加厚。底外径39、高6.4、厚1厘米（图三八一，1；图版一六二，2）。

第252采集点，编号YCTW252。位于苇沟新村门楼东南340米。呈北高南低的阶梯形。地表采集，采集范围10×5平方米。东经111°41′22.88″，北纬35°45′24.33″，共采集遗物9件。

第253采集点，编号YCTW253。位于苇沟新村门楼东南360~400米，呈北高南低的阶梯形。地表采集，采集范围15×15平方米。东经111°41′25.11″，北纬35°45′24.02″，共采集遗物7件，标本1件。

YCTW253：1　盆口沿。泥质深灰陶。平折沿，方唇加厚。口沿上部残。微敛口。口沿下有密集轮纹。宽6.6、长6.7、厚1厘米（图三八一，2）。

第254采集点，编号YCTW254。位于苇沟新村门楼东南450米，呈北高南低的阶梯形。地表采集，采集范围10×10平方米。东经111°41′26.78″，北纬35°45′23.90″，共采集遗物5件，标本2件。

YCTW254：1　陶罐，残器。泥质灰陶。溜肩，直腹，平底。内外壁有密集轮纹。宽8.5、高7.6、厚2厘米（图三八一，3；图版一六二，3）。

YCTW254：2　豆座。泥质灰陶。矮粗，喇叭状口。内外壁有密集轮纹。最大径9.6、高3.6、厚1.2厘米（图三八一，4）。

第255采集点，编号YCTW255。位于苇沟新村南500米，北寿城村北300米，位于南

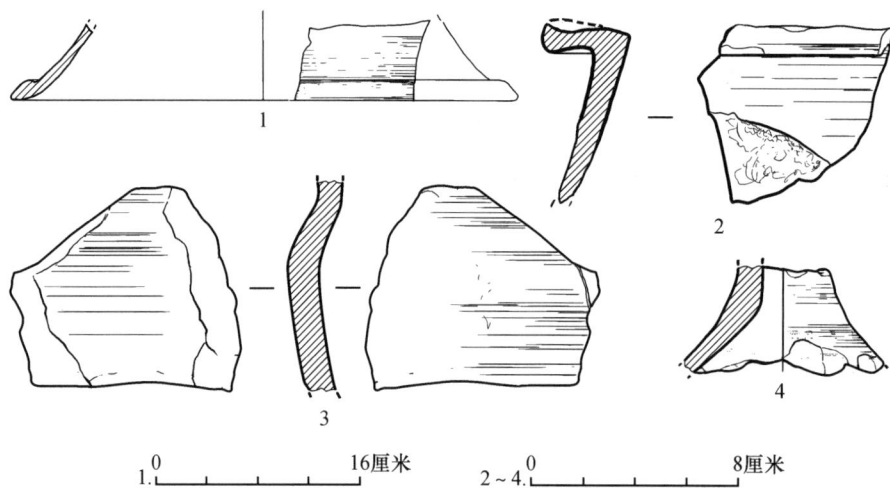

图三八一　苇沟-北寿城遗址调查第251、253、254采集点陶器
1、4. 豆（YCTW251：1、YCTW254：2）　2. 盆（YCTW253：1）　3. 罐（YCTW254：1）

北向自然冲沟之西边断崖上。文化层，厚0.8～1.5米，堆积为黄褐花土，密度较大。东经111°41′27.85″，北纬35°45′23.32″，共采集遗物2件。

第256采集点，编号YCTW256。位于苇沟村新建门楼东南400米。呈北高南低的阶梯形，东西两端为自然冲沟，呈南北向。地表采集，随机采集。东经111°41′23.62″，北纬35°45′23.69″，共采集遗物10件，标本5件。

YCTW256：1　盆，残器。泥质深灰陶。尖唇，平折沿，微敛口，折腹，下腹斜收，平底。内外壁有轮制痕迹。口径26、高10.8、厚0.7厘米（图三八二，1；图版一六二，4）。

YCTW256：2　盆口沿。泥质灰陶。方唇加厚，平折沿，唇面沿面皆内凹，侈口。内外壁有波状起伏及轮制痕迹。宽10、高6.6、厚1.1厘米（图三八二，2）。

YCTW256：3　石斧。灰色，磨制。长方形，一端平头，一端扁弧，截面呈椭圆形。宽3.6、高8.2、厚4厘米（图三八二，4）。

YCTW256：4　瓦当。泥质灰陶。当面半圆形，筒状，当面完整图形为：外围一周有圆形单阳线纹，圆内以四格单阳线云纹填充，云纹间各有二乳钉，云纹与圆心以双阳线相连接，正好将圆四等分。内壁饰布纹，坑洼不平。直径13.2、长9、厚2.6（图三八二，3；图版一六二，5）。

YCTW256：7　板瓦。泥质灰陶。外壁饰粗绳纹，内壁饰布纹、菱形方格纹。宽8、长8.2、厚1.3厘米（图三八二，5）。

第257采集点，编号YCTW257。位于苇沟村新建门楼东南400米。呈北高南低的阶梯形，东西两端为自然冲沟，呈南北向。文化层，地堰上，东西长90米，厚0.8米，土色为黄褐花土，比较密实。东经111°41′24.92″，北纬35°45′23.61″，共采集遗物5件，标本1件。

YCTW257：1　板瓦。泥质灰陶。内壁饰绳纹。略有起伏，有密集坑疤，有瓦棱状起伏，有抹痕。宽16、长18、厚1.6厘米（图三八三，3）。

第258采集点，编号YCTW258。位于苇沟村新建门楼东南400米。呈北高南低的阶梯形，东西两端为自然冲沟，呈南北向。地表采集，位于地堰上，随机采集。东经111°41′25.90″，北

图三八二　苇沟-北寿城遗址调查第256采集点遗物

1、2.盆（YCTW256：1、YCTW256：2）　3.瓦当（YCTW256：4）　4.石斧（YCTW256：3）　5.板瓦（YCTW256：7）

纬35°45′23.52″，共采集遗物4件，标本1件。

　　YCTW258：1　罐口沿。泥质灰陶。直口，方唇。口部外侧有叠压形成的泥缝和轮修痕迹。内侧起伏不平，有轮修痕迹。口径15、高3、厚42厘米（图三八三，1）。

　　第259采集点，编号YCTW259。位于苇沟村新建门楼东南400米。呈北高南低的阶梯形，东西两端为自然冲沟，呈南北向。地表采集，位于地堰上，随机采集。东经111°41′26.55″，北纬35°45′23.55″，共采集遗物6件。

　　第260采集点，编号YCTW260。位于苇沟新村新建西南门楼东南400米，第二块地。地表

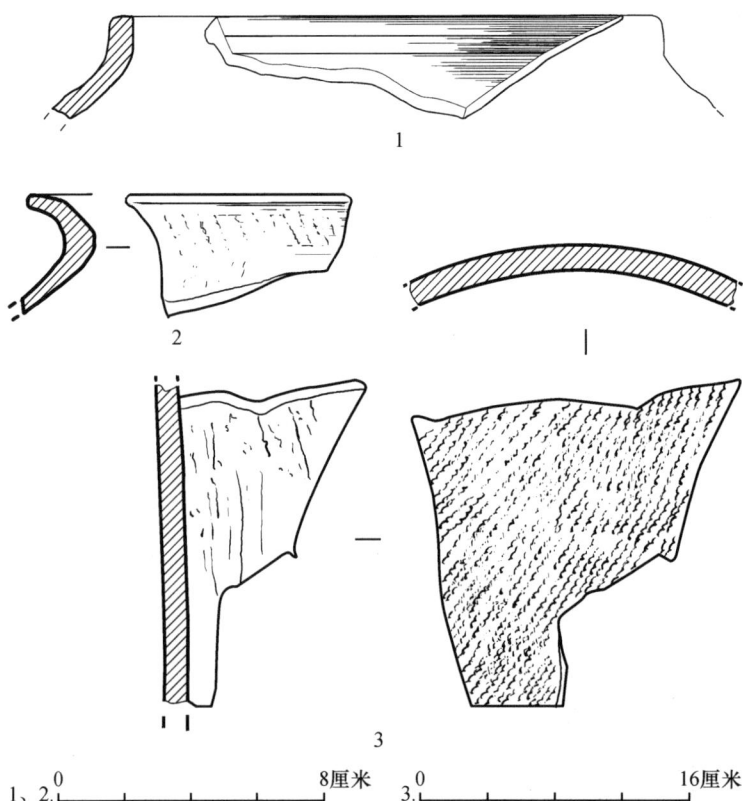

图三八三　苇沟-北寿城遗址调查第257、258、260采集点陶器
1. 罐（YCTW258：1）　2. 鬲（YCTW260：1）　3. 板瓦（YCTW257：1）

采集，采集范围5×5平方米。东经111°41′22.50″，北纬35°45′21.85″，共采集遗物5件，标本1件。

YCTW260：1　鬲口沿。夹砂褐陶。圆唇，卷沿近平，口沿外缘有小平台。外壁颈部饰绳纹，被抹平。宽7、高3.2、厚0.9厘米（图三八三，2）。

第261采集点，编号YCTW261，地表采集，位于苇沟村新建门楼东南400米。呈北高南低的阶梯形，东西两端为自然冲沟，呈南北向。地表采集，在第二块地的中西部。东经111°41′24.42″，北纬35°45′23.32″，共采集遗物17件，标本11件。

YCTW261：1　盆口沿。泥质灰陶。方唇，宽折沿近平，直腹。外壁颈部饰绳纹，其下抹平。内外壁有轮制痕迹。宽8、高7、厚0.8厘米（图三八四，4）。

YCTW261：2　器底。泥质灰陶。外壁饰细绳纹，绳纹上略有涂抹。宽8.2、高7、厚0.9厘米（图三八四，6）。

YCTW261：3　甑底。泥质灰陶。下腹弧收，平底。内壁有轮制痕迹，外壁有拍打留下的连续平面。宽10、高7.4、厚1厘米（图三八四，5）。

YCTW261：4　盆口沿。泥质灰陶。方唇，平折沿，直口。外壁颈部饰抹平绳纹，内外壁有轮制痕迹。口径35.6、高3.6、厚0.7厘米（图三八四，1）。

YCTW261：5　鬲口沿。夹砂褐陶。外壁颈部以下饰绳纹，绳纹交错。尖唇、卷沿近平。

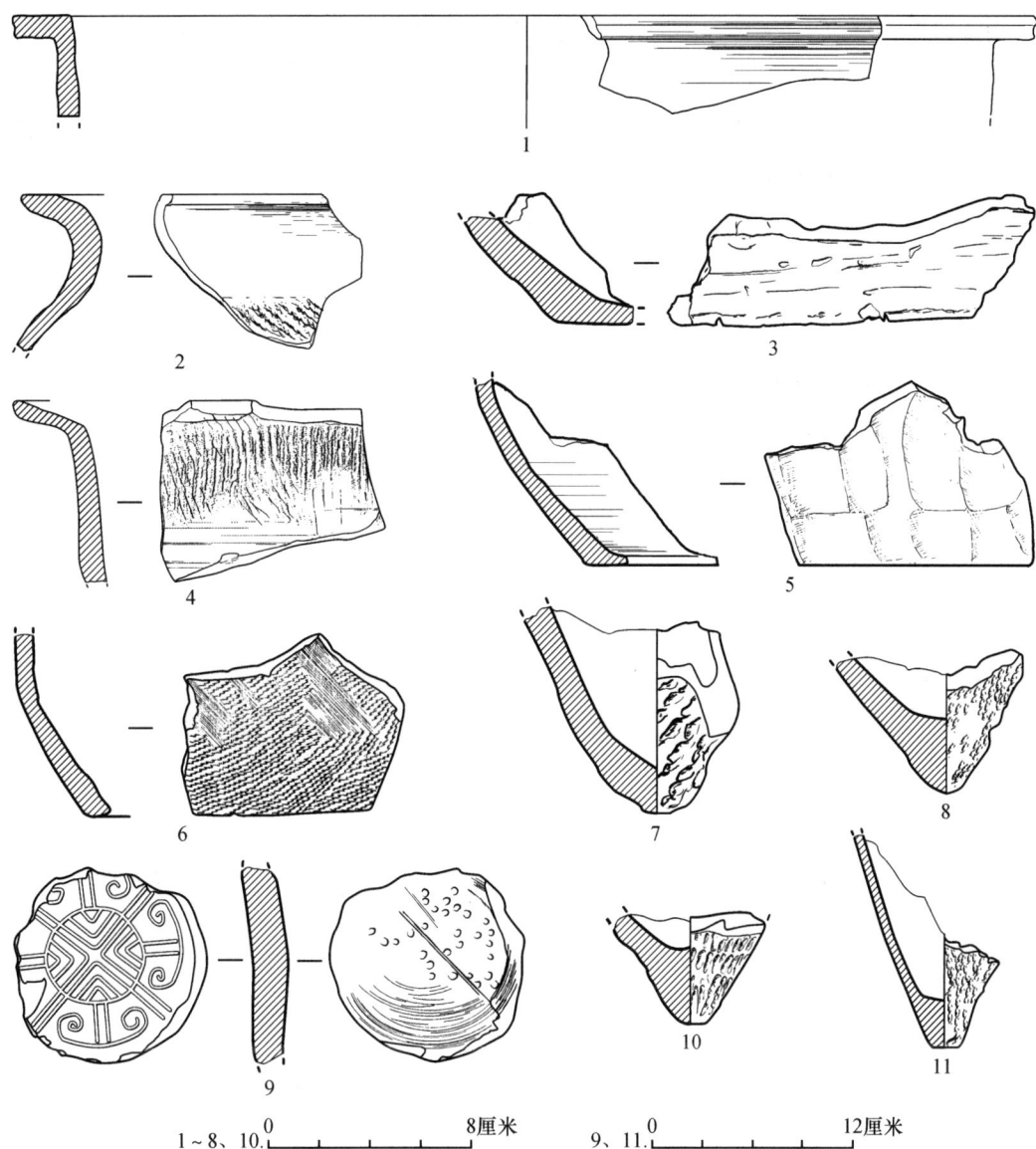

图三八四　苇沟-北寿城遗址调查第261采集点陶器

1、4.盆（YCTW261：4、YCTW261：1）　2、7、8、10、11.鬲（YCTW261：5、YCTW261：12、YCTW261：11、YCTW261：17、
YCTW261：7）　3、6.器底（YCTW261：8、YCTW261：2）　5.甑（YCTW261：3）　9.瓦当（YCTW261：9）

内外壁有轮修痕迹。宽7、高6、厚0.9厘米（图三八四，2）。

　　YCTW261：7　鬲足。夹砂灰陶。外壁饰复合绳纹，足内侧有拼接泥缝。截面呈椭圆形，外腹斜收，留有高约3厘米的锥状实足根，足底有小平面。残高12、厚0.6厘米（图三八四，11；图版一六二，6）。

　　YCTW261：8　器底。夹砂灰陶。外壁底壁相接处有一周戳印纹。内外有抹痕。宽12、高4.8、厚2厘米（图三八四，3）。

　　YCTW261：9　瓦当。泥质灰陶。瓦身残缺，当面中心单阳线凸同心圆，双阳凸线将当面分为四等份，同心圆各等份内添规矩纹，同心圆外各等份内单阳线凸云纹，云纹中间双阳凸线连接同心圆。模制。内壁饰篦点纹、有抹痕。直径12、厚2.2厘米（图三八四，9；图版一六三，1）。

　　YCTW261：11　鬲足。夹砂褐陶。外壁饰粗绳纹。仅残存锥形根部，水平截面为扁长椭圆形，留有高约4厘米的锥状实足根。残高5.6、厚0.9厘米（图三八四，8；图版一六三，2）。

　　YCTW261：12　鬲足。夹砂褐陶。外壁饰粗绳纹，绳纹交错。水平截面为圆形。内壁有螺旋状泥缝。残高8、厚1厘米（图三八四，7）。

　　YCTW261：17　鬲足。夹砂灰陶。外壁饰绳纹。水平截面为扁长椭圆形，留有高约2厘米的短锥状足根。残高4、厚1.2厘米（图三八四，10）。

　　第262采集点，编号YCTW262。位于苇沟新村门楼西南300米。北高南低，西部为大冲沟。灰坑，坑口东西长8、南北宽4米，内堆积为黄褐花土，厚度为0.5～0.8米，内含陶片。东经111°41′22.88″，北纬35°45′22.88″，共采集遗物10件，标本3件。

　　YCTW262：1　盆口沿。泥质灰陶。平折沿，方唇，沿口略下凹，口沿翻折处向内壁凸起一条棱，直口。内壁有瓦棱状起伏。宽9.6、厚1厘米（图三八五，1）。

　　YCTW262：8　瓮口沿。泥质灰陶。外壁饰绳纹，绳纹较浅。敛口，截面为铁轨状，顶部

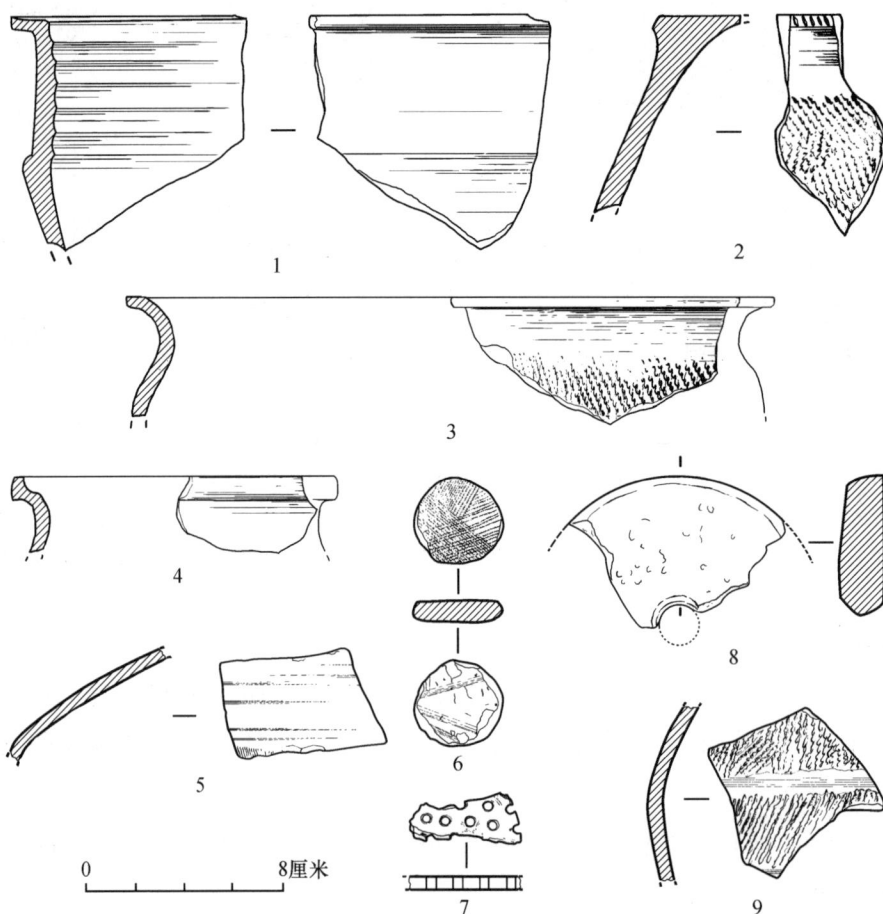

图三八五　苇沟-北寿城遗址调查第262～265、268采集点陶器

1.盆（YCTW262：1）　2.瓮（YCTW262：8）　3.鬲（YCTW263：1）　4、5.罐（YCTW263：2、YCTW268：1）　6.圆陶片（YCTW265：3）　7.陶算（YCTW262：10）　8.纺轮（YCTW264：6）　9.陶片（YCTW265：1）

平。外壁颈部有密集旋抹痕迹。宽2.9、厚2厘米（图三八五，2；图版一六三，3）。

YCTW262：10　陶箅。泥质灰陶。箅孔径为1厘米。长4.4、宽2、厚0.8厘米（图三八五，7）。

第263采集点，编号YCTW263。位于苇沟新村门楼东南400米，第二块地东南部。为北高南低的阶梯形，西部为水渠、冲沟，东部为水泥路。地表采集，采集范围20×20平方米。东经111°41′23.73″，北纬35°45′22.81″，共采集遗物6件，标本2件。

YCTW263：1　鬲口沿。夹砂灰陶。窄折沿近平，侈口、束颈。外壁颈部有平行线状轮制痕迹，颈部以下饰绳纹。内壁有抹痕。口径24.4、高5、厚0.7厘米（图三八五，3；图版一六三，4）。

YCTW263：2　罐口沿。泥质浅灰陶。方唇，口沿外部上翻，形似商代翻沿鬲，束颈。内、外壁有抹痕。口径12、高2.8、厚0.7厘米（图三八五，4）。

第264采集点，编号YCTW264。位于苇沟新村门楼东南400米，第二块地东南部。为北高南低的阶梯形，西部为水渠、冲沟，东部为水泥路。地表采集，随机采集。东经111°41′25.74″，北纬35°45′22.09″，共采集遗物9件，标本1件。

YCTW264：6　残纺轮。夹砂深灰陶。中心有孔，孔径约1.3厘米。直径13、厚1.8厘米（图三八五，8）。

第265采集点，编号YCTW265。位于苇沟新村南冲沟，北高南低。文化层，距离地表0.3米，南北长80米，厚度为0.8～1米。东经111°41′28.71″，北纬35°45′32.81″，共采集遗物3件，标本2件。

YCTW265：1　陶片。泥质褐陶。外壁饰绳纹、被抹断。内壁有抹痕。宽6.2、高6.6、厚0.8厘米（图三八五，9）。

YCTW265：3　圆陶片。夹砂灰陶。外壁饰绳纹，绳纹交错。内壁有抹痕，推测为鬲腹部残片改制而成。内壁有抹痕。直径3.6、厚0.8厘米（图三八五，6）。

第266采集点，编号YCTW266。位于苇沟新村南500米。灰坑，位于沟的西壁上，堆积为黄褐花土，南北长0.7、深0.8～1.5米。东经111°41′27.99″，北纬35°45′22.52″，未采集。

第267采集点，编号YCTW267。位于苇沟新村南400米，北寿城村北400米处。平整。灰坑，开口距地表0.3米，口南北长度约为0.8、深0.8～1米，堆积为黄褐灰花土，质地较密。东经111°41′29.12″，北纬35°45′22.51″，未采集。

第268采集点，编号YCTW268。位于苇沟新村西南村门楼取土场。墓葬，东西长2.7、深2米，夯层厚0.2米左右。东经111°41′17.07″，北纬35°45′22.36″，采集标本1件。

YCTW268：1　罐腹片。泥质灰陶。外壁饰细绳纹、抹光。内壁有密集斜向平行线状轮制痕迹，各组之间有交错，内壁沿垂直方向有起伏。宽6.6、高4.2、厚0.8厘米（图三八五，5）。

第269采集点，编号YCTW269。位于苇沟新村新建门楼南300米，总地形北高南低，西部大冲沟。文化层，位于沟边的断崖上，南北长40米，黄褐灰花土，厚度为0.5～0.8米，有少量陶片。东经111°41′21.89″，北纬35°45′23.21″，共采集遗物3件。

第270采集点，编号YCTW270。位于苇沟新村门楼南300米，总地形北高南低，西部为大冲沟。地表采集，东经111°41′21.07″，北纬35°45′23.22″，共采集遗物2件。

第271采集点，编号YCTW271。位于苇沟新村门楼东南450～500米，第二块地。为北高南低的阶梯形，西部为冲沟，东部为水泥路。地表采集，采集范围20×20平方米。东经111°41′24.01″，北纬35°45′22.11″，共采集遗物6件。

第272采集点，编号YCTW272。位于苇沟新村新建村门楼东南500米左右。为北高南低的缓坡状梯田，西部为大冲沟，东部为小冲沟。地表采集，采集范围15×10平方米。东经111°41′25.57″，北纬35°45′22.17″，共采集遗物9件，标本6件。

YCTW272：1　盆口沿。泥质灰陶。方唇，唇面有凹槽，折沿下翻，直口微侈。内壁隐约有波状起伏，口沿及内壁有轮修痕迹。口径17.8、高3.4、厚0.8厘米（图三八六，1）。

YCTW272：2　豆盘。泥质灰陶。外壁磨光。尖唇，侈口，浅盘。内外壁有轮制痕迹。口

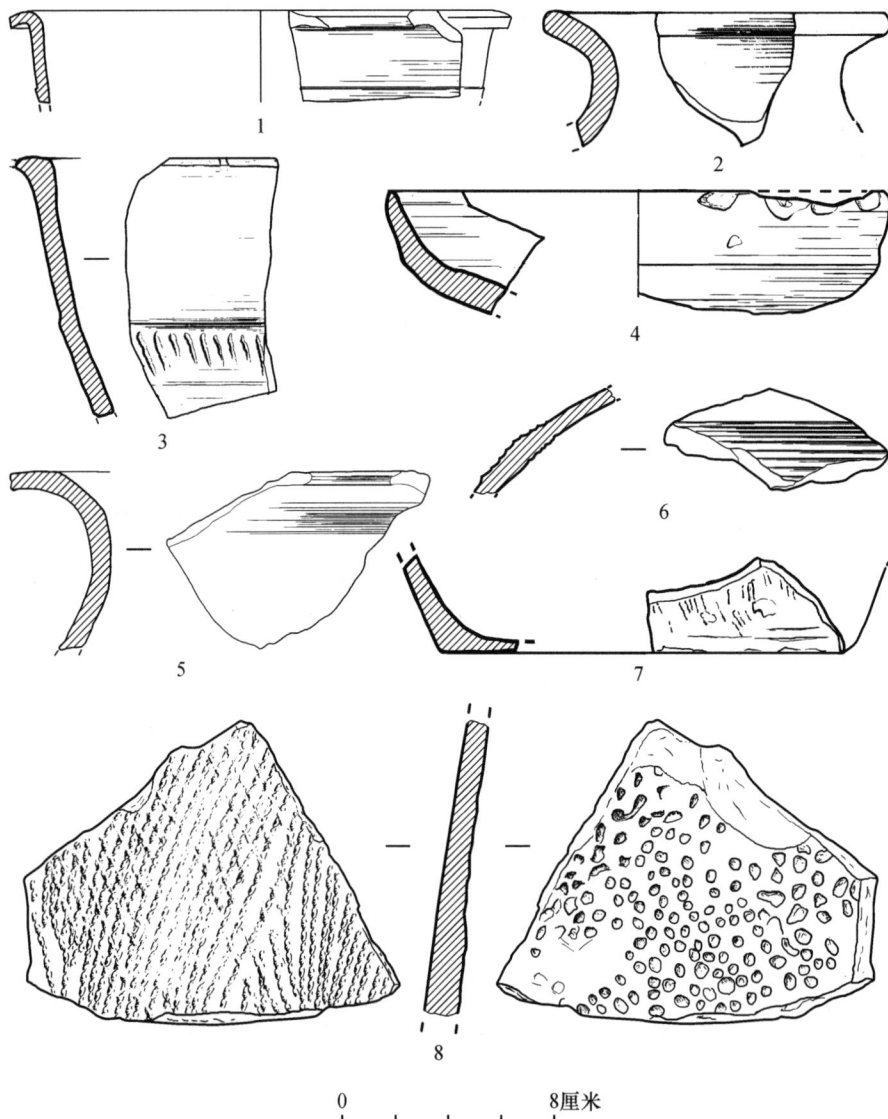

0　　　　　　8厘米

图三八六　苇沟-北寿城遗址调查第272、274采集点陶器

1、3.盆（YCTW272：1、YCTW272：5）　2、6.罐（YCTW274：7、YCTW272：6）　4.豆（YCTW272：2）　5.鬲（YCTW272：3）
7.器底（YCTW272：7）　8.板瓦（YCTW274：1）

径18、厚1.2厘米（图三八六，4）。

YCTW272：3 鬲口沿。泥质灰陶。内、外壁磨光加饰磨光暗纹。方唇有凹槽，卷沿，束颈。宽8、高6.3、厚0.9厘米（图三八六，5）。

YCTW272：5 盆口沿。泥质黄褐陶。外壁饰抹平绳纹，上腹部起棱，棱台上饰抹平绳纹。唇部残，微侈口。外壁有轮修痕迹。宽5.5、高9.2、厚0.9厘米（图三八六，3）。

YCTW272：6 罐肩部。泥质灰陶。外壁饰密集凹弦纹。内壁有波状起伏，周身布满轮制痕迹。宽8.3、高4、厚0.6厘米（图三八六，6）。

YCTW272：7 器底。泥质灰陶。外壁有按压痕迹。器壁外接底部，内壁近底部处有抹痕。底外径15.4、高3.4、厚0.9厘米（图三八六，7）。

第273采集点，编号YCTW273。东部距苇沟新村门楼300米，西距唐霸大道30米。位于冲沟西壁取土场南壁下。地表采集，随机采集，东经111°41′17.20″，北纬35°45′23.28″，共采集遗物3件。

第274采集点，编号YCTW274。位于苇沟新村西南门楼之东南500～550米，北高南低，呈阶梯状分布，地表采集，采集范围5×5平方米。东经111°41′25.96″，北纬35°45′22.25″，共采集遗物7件，标本2件。

YCTW274：1 板瓦。泥质灰陶。外壁饰粗绳纹，交错、较浅，内壁饰篦点纹绳纹。内壁略有起伏，似按压痕迹，有抹痕。宽14.2、高11.2、厚1.4厘米（图三八六，8）。

YCTW274：7 罐口沿。夹砂灰陶。折沿，圆唇。内、外壁有密集旋抹痕迹。口径11、高4.7、厚0.75厘米（图三八六，2）。

8. 营里村

共21个采集点。

第275采集点，编号YCTY275，位于营里村西，北环路北的凤架坡路东的麦田地堰上，地形呈缓坡状，为北高南低的梯田。地表采集，东经111°41′57.57″，北纬35°45′56.10″，采集标本1件。

YCTY275：1 陶器口沿。泥质灰陶。外壁饰绳纹，方唇，卷沿近平，束颈。宽8.2、高5.2、厚0.9厘米（图三八七，1）。

第276采集点，编号YCTY276。位于营里村西，凤架坡路东的麦田地堰上，地形呈缓坡状，为北高南低的梯田。地表采集，东经111°41′59.00″，北纬35°45′55.85″，共采集遗物6件，标本5件。

YCTY276：1 筒瓦。泥质灰陶。外壁饰细绳纹，绳纹通畅，侧面有切割痕迹，由内向外，深度近半。宽12、长18.4、厚1.6厘米（图三八七，3）。

YCTY276：2 筒瓦。泥质灰陶。外壁饰细绳纹，内壁饰篦点纹，较浅。宽8.4、长16、厚1.8厘米（图三八七，5）。

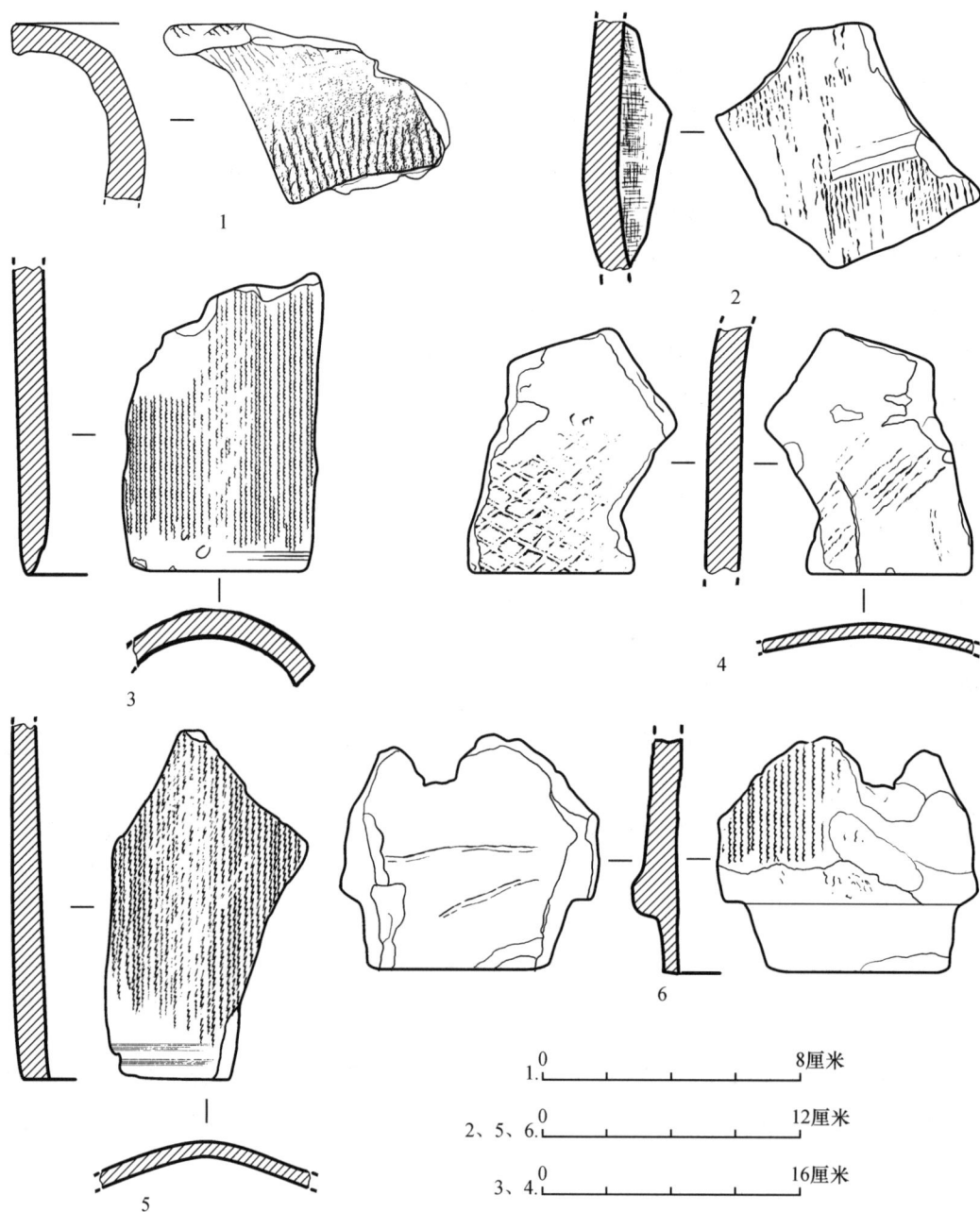

图三八七　苇沟-北寿城遗址调查第275、276采集点陶器

1.陶器口沿（YCTY275：1）　2、4.板瓦（YCTY276：4、YCTY276：3）　3、5、6.筒瓦（YCTY276：1、YCTY276：2、
YCTY276：5）

　　YCTY276：3　板瓦。泥质灰陶。内壁饰菱形方格纹，瓦头有切割痕迹。宽10.5、高
14.8、厚1.5厘米（图三八七，4）。

　　YCTY276：4　板瓦。泥质灰陶。外壁饰绳纹，内壁饰布纹，绳纹仅局部拍印。宽11.5、
长11.1、厚1.6厘米（图三八七，2）。

　　YCTY276：5　筒瓦。泥质灰陶。外壁饰细绳纹。半圆形筒状，瓦头端起棱，有子口状
舌。宽12、长10.8、厚1.2厘米（图三八七，6）。

第277采集点，编号YCTY277。位于营里村西，凤架坡路东的现代坟头上，地形呈缓坡状，为北高南低的梯田。地表采集，东经111°42′00.73″，北纬35°45′55.77″，共采集遗物3件，标本3件。

YCTY277：1　罐口沿。泥质灰陶。方唇，唇面有凹槽，平折沿，沿面略上鼓，束颈。口径11、高4.6、厚0.8厘米（图三八八，1）。

YCTY277：2　罐肩部残片。泥质灰陶。外壁磨光。溜肩，内侧有轮制旋抹纹。宽4.4、高3.2、厚1厘米（图三八八，2）。

YCTY277：3　罐肩部残片。泥质灰陶。外壁磨光。鼓肩，内侧有轮制旋抹纹。宽9.4、高4、厚1厘米（图三八八，5）。

第278采集点，编号YCTY278。位于营里村西，凤架坡路东的麦田地堰上，地形呈缓坡状，为北高南低的梯田。地表采集，东经111°42′02.35″，北纬35°45′55.58″，共采集遗物2件，标本1件。

YCTY278：1　器底。泥质灰陶。下腹弧收，平底。内、外壁有密集旋抹痕迹。底外径24.4、厚0.7厘米（图三八八，7）。

第279采集点，编号YCTY279。位于营里村内通过的大冲沟里一村民院内的西壁断面上。灰坑，呈袋形，坑口距地表2、坑南北宽3.5米，坑内填土为黄褐土，口小底大，坑壁向外倾斜。东经111°42′14.52″，北纬35°45′56.11″，未采集。

第280采集点，编号YCTY280。位于营里村内通过的大冲沟里一村民院内的西壁断面上。灰坑，呈袋形，坑口距地表2.5、坑南北宽1.5米，坑内填土为黄褐土，口小底大，坑壁向外倾斜。东经111°42′13.69″，北纬35°45′55.67″，未采集。

第281采集点，编号YCTY281。位于营里村西，凤架坡路东的麦田里一处现代坟头边上。地形呈缓坡状，北高南低。地表采集，东经111°41′56.28″，北纬35°45′49.55″，共采集遗物11件，标本3件。

YCTY281：1　耳杯，残器。釉陶，陶胎红褐色。椭圆形口，沿两侧有耳。口长5.6、口宽4.6、高3、厚0.5厘米（图三八八，4；图版一六三，5）。

YCTY281：2　罐口沿。釉陶，陶胎浅灰色。厚圆唇，直口，鼓肩。内壁有密集旋抹痕迹。宽3.2、高1.6、厚1.4厘米（图三八八，3）。

YCTY281：9　陶片。泥质灰陶。内、外壁有密集旋抹痕迹。宽5.4、高4.6、厚0.7厘米（图三八八，6）。

第282采集点，编号YCTY282。位于营里村南，北环路营里段路南的冲沟内东崖壁上。陶窑，开口距地表1.2、南北长约1.5米。东经111°41′51.56″，北纬35°45′41.75″，未采集。

第283采集点，编号YCTY283。位于营里村南，北环路营里段路南的冲沟内东崖壁上。墓葬，填土夯打，夯层厚0.2~0.3米。东经111°41′52.22″，北纬35°45′39.23″，未采集。

第284采集点，编号YCTY284。位于营里村北环路南部，距营里村200米处坟头的封土上，地形呈北高南低的缓坡梯田。地表采集，东经111°42′00.07″，北纬35°45′38.58″，共采集遗

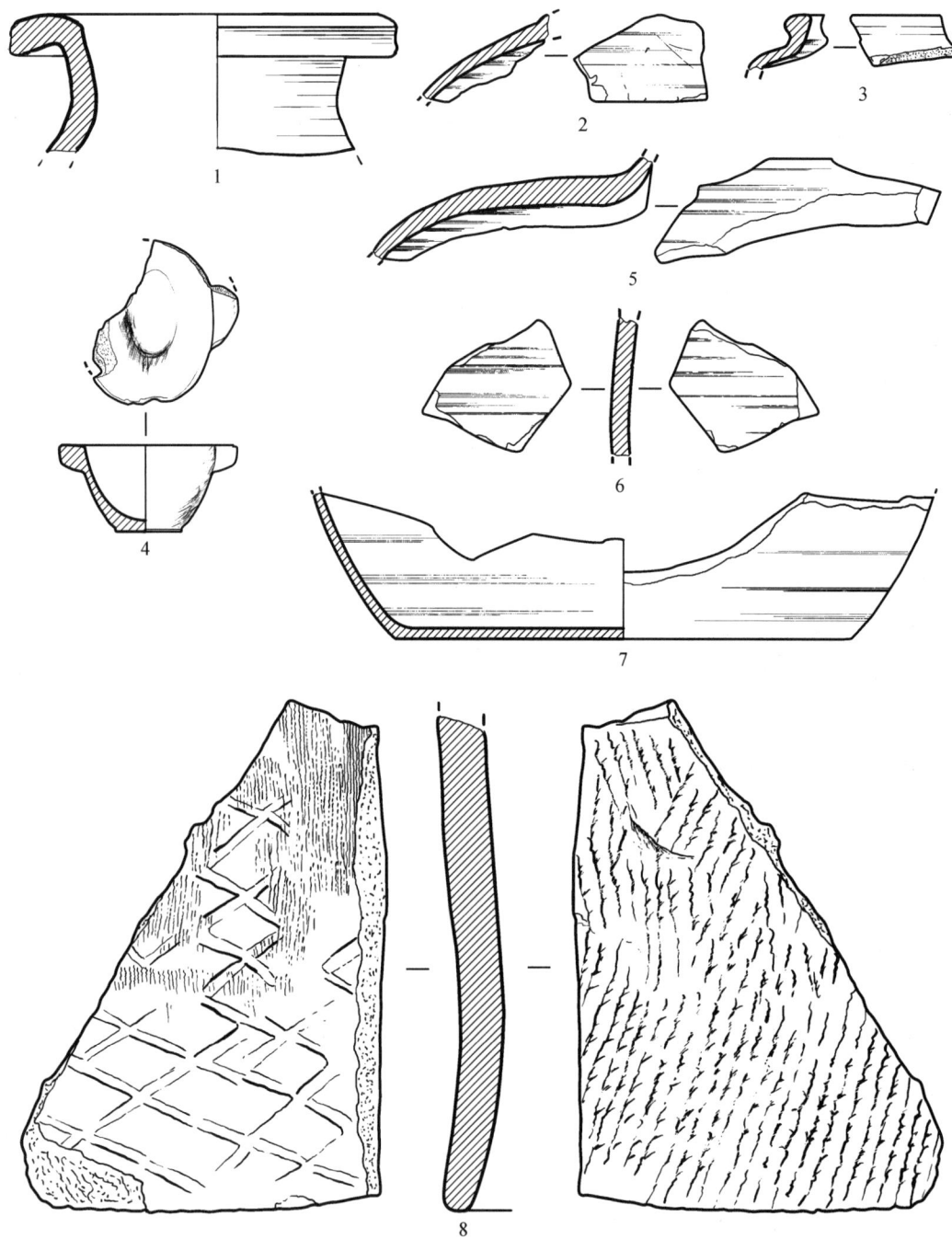

图三八八　苇沟-北寿城遗址调查第277、278、281、284采集点陶器

1～3、5.罐（YCTY277：1、YCTY277：2、YCTY281：2、YCTY277：3）　4.耳杯（YCTY281：1）　6.陶片（YCTY281：9）
7.器底（YCTY278：1）　8.板瓦（YCTY284：1）

物4件，标本1件。

YCTY284：1　板瓦。泥质灰陶。外壁饰粗绳纹，内壁饰布纹、菱形方格纹，绳纹较浅。内壁略有起伏，侧面有切割痕迹。宽12.4、长18、厚1.5厘米（图三八八，8）。

第285采集点，编号YCTY285。位于营里村南，北环路营里段路南的冲沟内东崖壁上。灰坑，形状不明。东经111°41′52.60″，北纬35°45′38.41″，共采集遗物10件，标本1件。

YCTY285：6　板瓦。泥质浅灰陶。外壁饰粗绳纹，内壁饰方格纹。宽5.2、高5、厚1.3厘米（图三八九，1）。

第286采集点，编号YCTY286。位于营里村南150米，大冲沟的东侧，原为砖瓦窑厂。灰坑，呈缓坡形圜底状，直径东西1.3米，底部距地表1.6米，坑内堆积为灰土。东经111°42′06.31″，北纬35°45′37.57″，未采集。

第287采集点，编号YCTY287。位于营里村北环路南部，距营里村200米处麦田内，地形北高南低呈缓坡。地表采集，东经111°41′59.36″，北纬35°45′36.64″，共采集遗物6件，标本4件。

YCTY287：3　板瓦。泥质灰陶。外壁饰绳纹，绳纹较浅，内壁饰布纹。内壁略有起伏，侧面有切割痕迹。宽9.2、高8.2、厚1.5厘米（图三八九，6）。

YCTY287：4　板瓦。泥质灰陶。外壁饰绳纹，绳纹较浅，内壁饰布纹。宽8.2、宽9、厚1.6厘米（图三八九，4）。

YCTY287：5　板瓦。泥质灰陶。外壁饰绳纹，绳纹较浅，内壁饰篦点纹，内壁略有起伏及抹痕。宽10、高3.3、厚1.5厘米（图三八九，5）。

YCTY287：6　板瓦。泥质灰陶。内壁饰布纹。内壁略有起伏，外壁有密集旋抹痕迹。宽8、高6.2、厚1.6厘米（图三八九，2）。

第288采集点，编号YCTY288。位于营里村南，北环路营里段路南，苹果园以东的冲沟内东壁崖上。墓葬，东经111°41′53.57″，北纬35°45′36.30″，未采集。

第289采集点，编号YCTY289。地表采集，位于营里村北环路南，苹果园以东冲沟内的东崖边地面上。东经111°41′56.14″，北纬35°45′35.49″，共采集遗物2件，标本2件。

YCTY289：1　板瓦。泥质灰陶。外壁饰粗绳纹，内壁饰布纹。内壁略有起伏，似按压痕迹。宽12.5、长9.6、厚1.3厘米（图三八九，3）。

YCTY289：2　筒瓦。泥质灰陶。外壁饰粗绳纹，内壁饰布纹。内壁略有起伏。宽8、长6、厚1.2厘米（图三八九，7）。

第290采集点，编号YCTY290。位于营里村北环路南，苹果园以东冲沟内的东崖边断面上，地形为北高南低的冲沟。陶窑，南北长3.2、距地表2.3、烧结面厚0.08米。东经111°41′54.66″，北纬35°45′35.36″，共采集遗物6件，标本5件。

YCTY290：1　板瓦。夹砂黑灰陶。外壁饰粗绳纹，绳纹较浅。内、外壁均有抹痕，内壁略有起伏，似按压痕迹，有坑疤。宽15.3、长25.5、厚0.9厘米（图三九〇，3）。

YCTY290：2　器底。夹砂灰陶。平底，下腹弧收，外壁饰绳纹，内壁绳纹拍印较浅，略

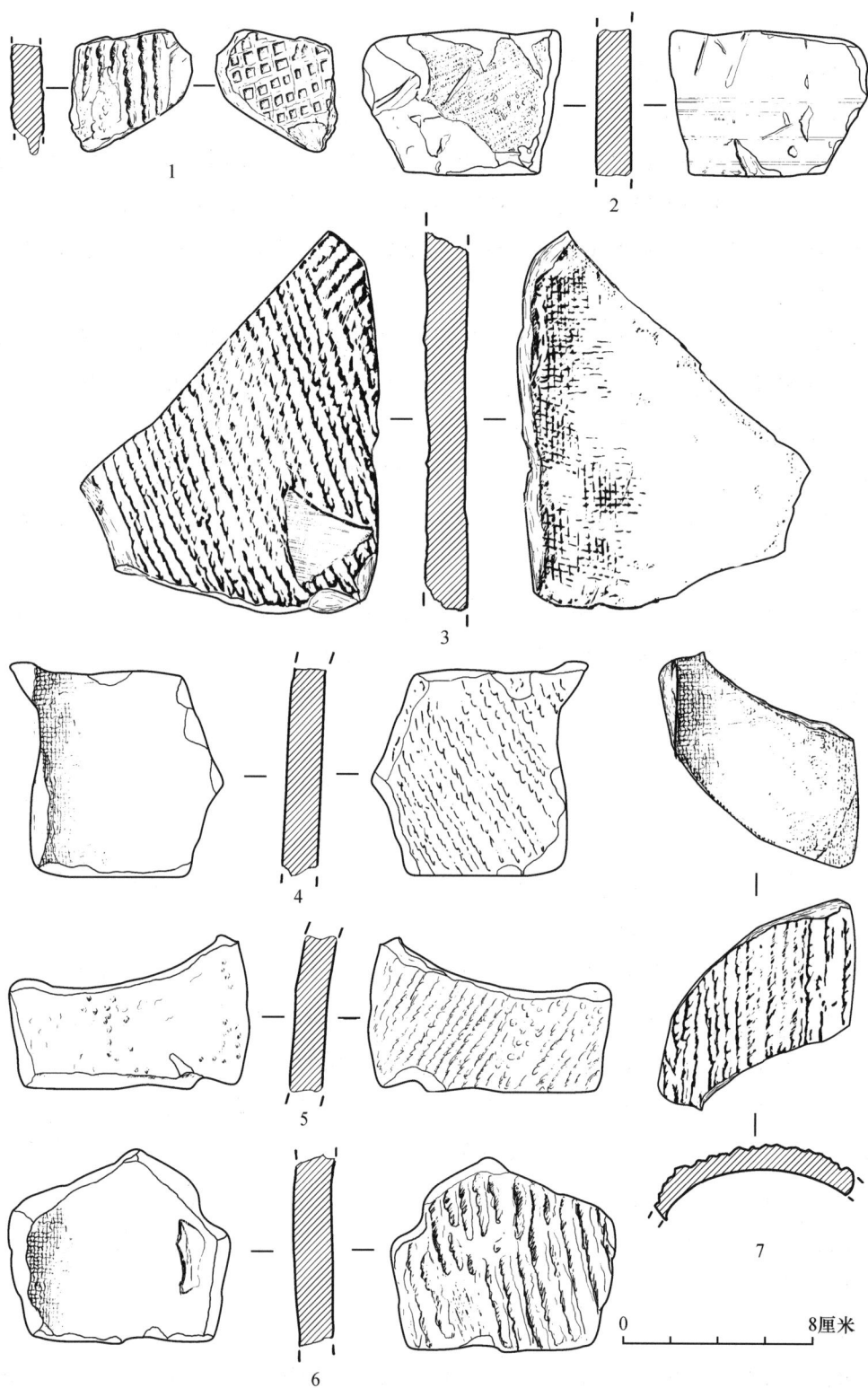

图三八九　苇沟-北寿城遗址调查第285、287、289采集点陶器

1～6. 板瓦（YCTY285：6、YCTY287：6、YCTY289：1、YCTY287：4、YCTY287：5、YCTY287：3）
7. 筒瓦（YCTY289：2）

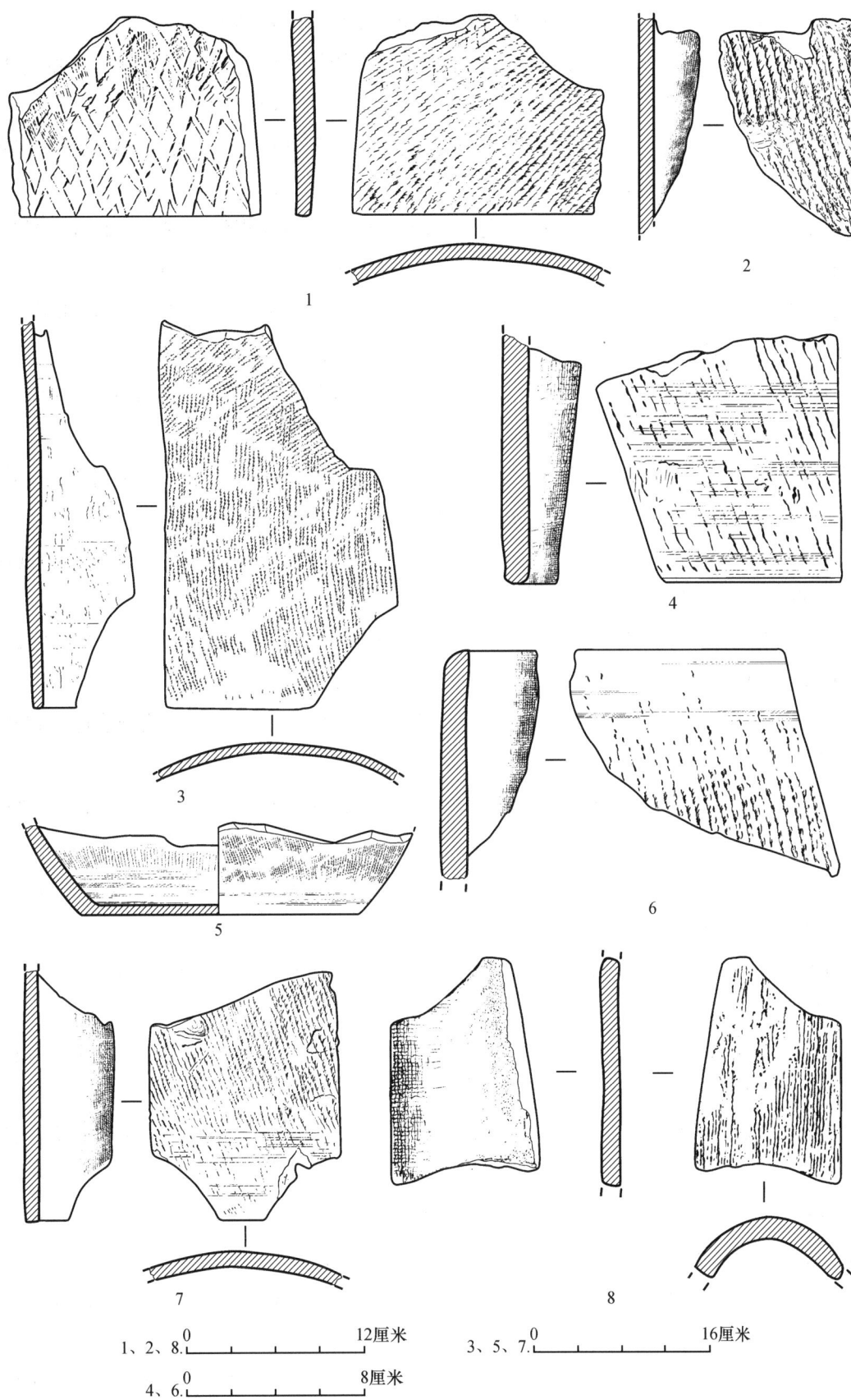

图三九〇 苇沟-北寿城遗址调查第290、291采集点陶器

1~4、6、7.板瓦（YCTY290：5、YCTY291：4、YCTY290：1、YCTY290：6、YCTY291：5、YCTY290：4）

5.器底（YCTY290：2） 8.筒瓦（YCTY291：3）

有起伏，似按压痕迹。底外径25、高8.5、厚0.9厘米（图三九〇，5）。

YCTY290：4　板瓦。泥质灰陶。外壁饰粗绳纹，绳纹较浅，内壁饰布纹。外壁有密集旋抹痕迹，侧面有切割痕迹。宽18、长21.6、厚1.3厘米（图三九〇，7）。

YCTY290：5　板瓦。泥质灰陶。外壁饰粗绳纹，内壁饰布纹、菱形方格纹，绳纹较浅，内壁略有起伏，有泥缝。宽16.5、长13.5、厚1厘米（图三九〇，1）。

YCTY290：6　板瓦。泥质灰陶。外壁饰抹平粗绳纹，绳纹很浅，内壁饰布纹。外壁有密集旋抹痕迹，侧面有切割痕迹。宽10.1、长10.9、厚1.3厘米（图三九〇，4）。

第291采集点，编号YCTY291。位于营里村南冲沟内西崖壁上。地表采集，东经111°41′53.23″，北纬35°45′30.10″，共采集遗物5件，标本3件。

YCTY291：3　筒瓦。泥质深灰陶。外壁饰绳纹，内壁饰布纹。直径约11、长9.9、厚1厘米（图三九〇，8）。

YCTY291：4　板瓦。泥质灰陶。外壁饰粗绳纹，内壁饰布纹。侧面有切割痕迹，由内向外，深度仅六分之一。宽9.1、长14.4、厚1.3厘米（图三九〇，2）。

YCTY291：5　板瓦。泥质黄灰陶。外壁饰粗绳纹，内壁饰布纹。瓦头有抹痕。宽10.6、长10、厚1厘米（图三九〇，6）。

第292采集点，编号YCTY292，位于营里村南冲沟内东崖壁上。地表采集，东经111°41′53.48″，北纬35°45′28.21″，共采集遗物3件，标本2件。

YCTY292：1　钵口沿。泥质深灰陶。方唇口微侈，束颈。内外壁有轮制痕迹，口径13、厚0.6厘米（图三九一，3）。

YCTY292：3　陶片。泥质浅灰陶。外壁饰浅绳纹，外壁有抹痕。宽15、长11.2、厚0.3厘米（图三九一，6）。

第293采集点，编号YCTY293。位于营里村南冲沟内东崖壁上。地表采集，东经111°41′53.40″，北纬35°45′28.15″，共采集遗物3件，标本3件。

YCTY293：1　罐口沿。泥质灰陶。唇部加厚，直口，外侧有一周箍状凸棱，广肩。内外壁有轮制痕迹。口径18、高4、厚1.3厘米（图三九一，1）。

YCTY293：2　盆口沿。泥质灰陶。窄平沿，尖唇，直口微敛，折腹，内外壁有轮制痕迹。口径23、高5.6、厚0.8厘米（图三九一，2）。

YCTY293：3　陶片。泥质灰陶。外壁有抹痕，有因涂抹形成的棱状起伏。宽10.1、高6.1、厚0.5厘米（图三九一，7）。

第294采集点，编号YCTY294。位于营里村南冲沟内东崖壁上。地表采集，东经111°41′53.29″，北纬35°45′28.07″，共采集遗物7件，标本5件。

YCTY294：1　陶片。泥质灰陶。内壁有波状起伏，外壁有抹痕。宽13.5、高15、厚0.9厘米（图三九一，4）。

YCTY294：2　筒瓦。泥质浅灰陶。外壁饰绳纹，内壁饰浅方格纹。内壁有泥条接缝，侧面有切割痕迹，由外向内，深度近半。宽6.9、长17.1、厚1.5厘米（图三九一，8）。

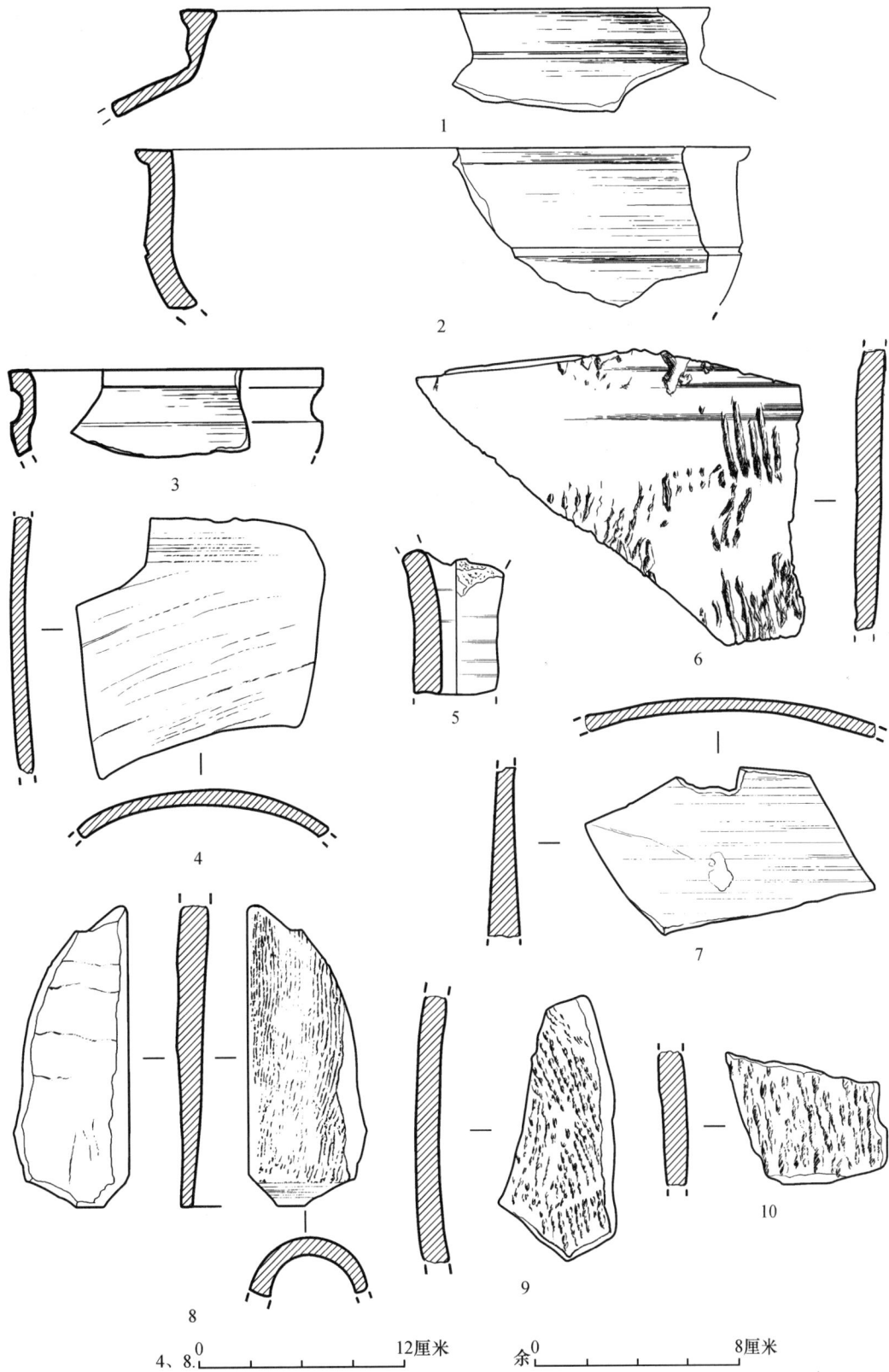

图三九一 苇沟-北寿城遗址调查第292～294采集点陶器

1. 罐（YCTY293：1） 2. 盆（YCTY293：2） 3. 钵（YCTY292：1） 4、6、7、9、10. 陶片（YCTY294：1、YCTY292：3、
YCTY293：3、YCTY294：4、YCTY294：7） 5. 豆（YCTY294：3） 8. 筒瓦（YCTY294：2）

　　YCTY294：3　豆柄。泥质灰陶。筒状，外壁有波状起伏和轮制痕迹。柄外径3.2、高3.2、厚1厘米（图三九一，5）。

　　YCTY294：4　陶片。泥质浅灰陶。外壁饰绳纹，内壁有按压坑窝。宽4.5、长10、厚0.9厘米（图三九一，9）。

　　YCTY294：7　陶片。夹砂，陶胎外红内褐。外壁饰粗绳纹，内壁有抹痕。宽5.4、长4.6、厚0.9厘米（图三九一，10）。

　　第295采集点，编号YCTY295。位于营里村南冲沟内西崖壁上。地表采集，东经111°41′52.79″，北纬35°45′27.66″，共采集遗物7件，标本2件。

　　YCTY295：1　盆口沿。夹砂深灰陶。平折沿，尖唇，直口。颈部外侧呈波状起伏，内、外壁有密集旋抹痕迹。口径24、高5、厚0.8厘米（图三九二，1；图版一六三，6）。

　　YCTY295：2　盆口沿。泥质深灰陶。外壁颈部饰瓦棱纹。平折沿，外缘上翘，尖唇，微敛口。内、外壁有密集旋抹痕迹。口径35.5、高4、厚0.7厘米（图三九二，2）。

9. 北寿城村

　　共62个采集点。

　　第296采集点，编号YCTB296。位于北寿城村北YCTB297北侧地埝上，北高南低。文化层，厚0.6~0.8米。东经111°41′49.96″，北纬35°45′38.70″，共采集遗物3件，标本2件。

　　YCTB296：1　板瓦。泥质深灰陶。外壁饰粗绳纹，内壁饰布纹。侧面未见切割痕迹。宽

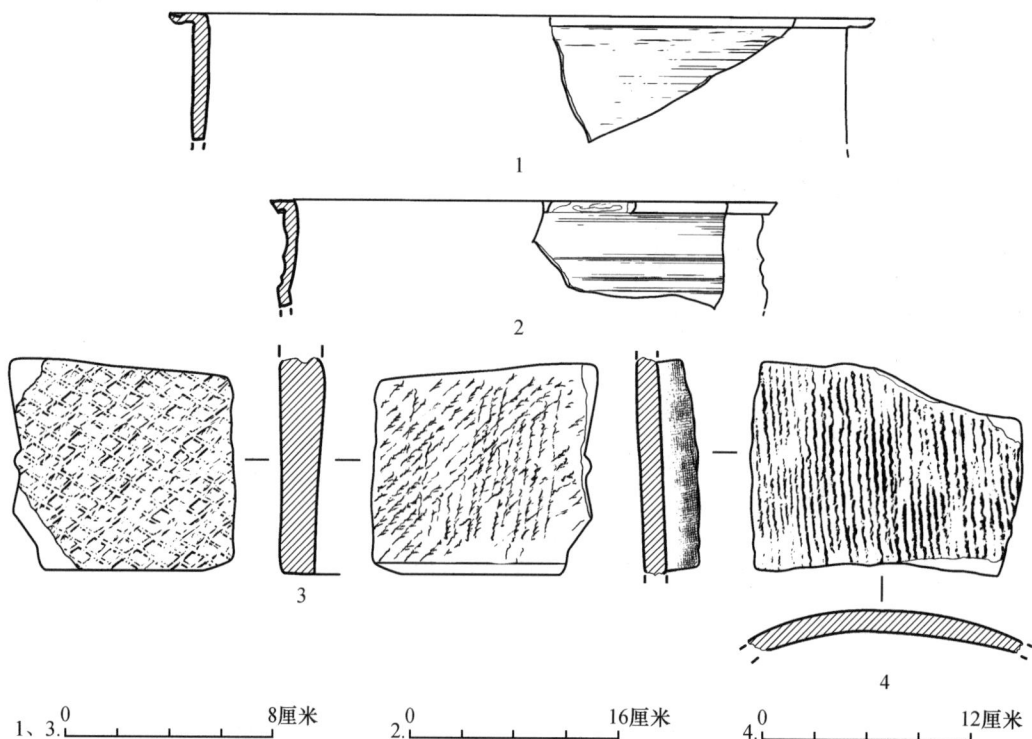

图三九二　苇沟-北寿城遗址调查第295、296采集点陶器
1、2. 盆（YCTY295：1、YCTY295：2）　3、4. 板瓦（YCTB296：2、YCTB296：1）

15.3、长11.7、厚1.5厘米（图三九二，4）。

　　YCTB296：2　板瓦。泥质灰陶。外壁饰绳纹，绳纹较浅，交错拍印，内壁饰菱形方格纹。瓦头有切割痕迹。宽8.4、长8、厚1.5厘米（图三九二，3）。

　　第297采集点，编号YCTB297。位于北寿城村北，苇沟新村东300米，营里村南，古城墙北100米的田间土壁上。灰坑，东经111°41′48.01″，北纬35°45′38.00″，共采集遗物6件，标本6件。

　　YCTB297：1　板瓦。泥质灰陶。外壁饰粗绳纹，绳纹较浅，交错拍印，内壁饰布纹。内壁有抹痕。宽7.2、长8.8、厚1.8厘米（图三九三，1）。

　　YCTB297：2　板瓦。泥质深灰陶。外壁饰绳纹，绳纹较浅，交错拍印，内壁饰布纹。内壁有按压痕迹。侧面有切割痕迹。宽9.9、长10.5、厚1.2厘米（图三九三，5）。

　　YCTB297：3　板瓦。泥质灰陶。外壁饰粗绳纹，绳纹较浅，内壁饰布纹。宽9.1、长7.1、厚0.9厘米（图三九三，2）。

　　YCTB297：4　筒瓦。泥质灰陶。一端残留有子口状瓦舌。外壁饰粗绳纹，内壁饰布纹，绳纹被切断，较浅，内壁略有起伏，似按压痕迹，外壁涂抹，侧面有切割痕迹。宽12.9、长

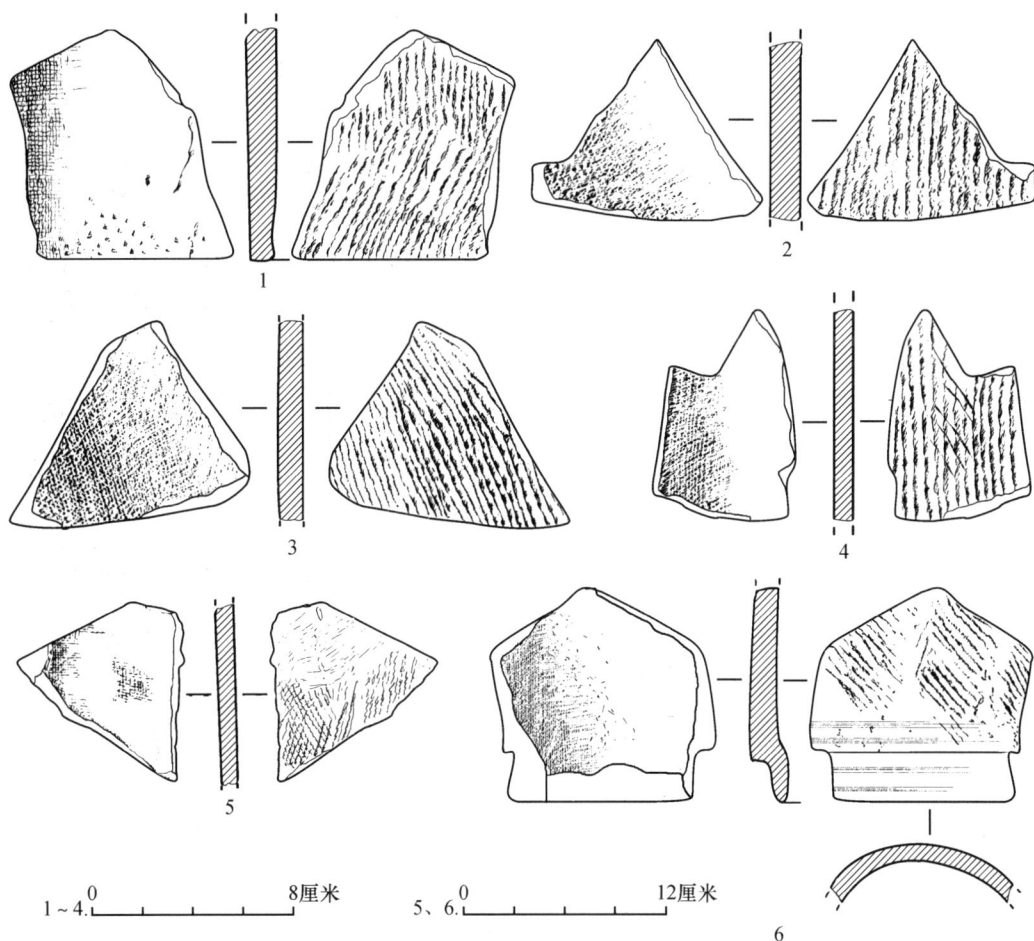

图三九三　苇沟-北寿城遗址调查第297采集点陶器

1~5.板瓦（YCTB297：1、YCTB297：3、YCTB297：5、YCTB297：6、YCTB297：2）　6.筒瓦（YCTB297：4）

12.6、厚1.6厘米（图三九三，6）。

YCTB297：5　板瓦。泥质灰陶。外壁饰粗绳纹，绳纹较浅，内壁饰布纹。宽9.2、长7.8、厚1.2厘米（图三九三，3）。

YCTB297：6　板瓦。泥质深灰陶。外壁饰粗绳纹，内壁饰布纹。内壁略有起伏。宽5.6、长8.1、厚1厘米（图三九三，4）。

第298采集点，编号YCTB298。位于北寿城村北水渠内，北高南低。地表采集，东经111°41′48.78″，北纬35°45′37.09″，共采集遗物11件，标本5件。

YCTB298：1　壶口沿。泥质灰陶。圆唇，窄折沿，口沿向外渐薄，微侈口，束颈。内外壁有轮制痕迹。口径9.6、高5.7、厚0.8厘米（图三九四，4）。

YCTB298：4　罐口沿。泥质灰陶。方唇加厚，唇外缘突出，微敛口。内外壁有轮制痕

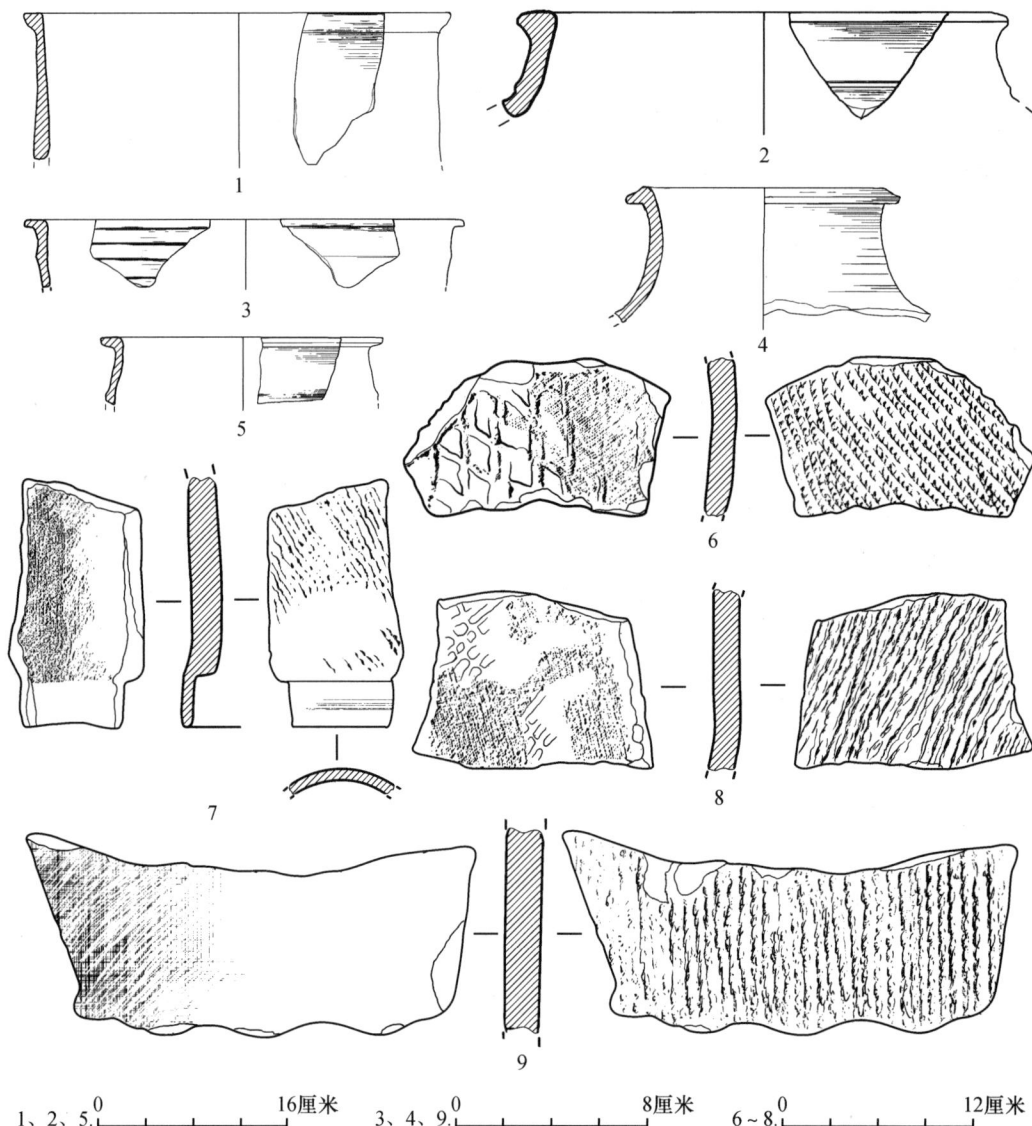

图三九四　苇沟-北寿城遗址调查第298、299采集点陶器

1、3、5.盆（YCTB298：6、YCTB298：5、YCTB298：11）　2.罐（YCTB298：4）　4.壶（YCTB298：1）
6、8、9.板瓦（YCTB299：4、YCTB299：1、YCTB299：3）　7.筒瓦（YCTB299：2）

迹。口径35.2、高8.2、厚1.2厘米（图三九四，2）。

YCTB298：5　盆口沿。泥质灰陶。圆唇，折沿，口微侈，颈部起棱。内外壁有轮制痕迹。口径16.6、高2.8、厚0.9厘米（图三九四，3）。

YCTB298：6　盆口沿。泥质灰陶。直口近沿处向外平折，形成窄折沿，尖唇。内外壁有轮制痕迹。口径32.6、高12、厚0.8厘米（图三九四，1）。

YCTB298：11　盆口沿。泥质灰陶。平折沿，方唇，口微敛。内外壁有轮制痕迹。沿面下有抹痕。口径20、高5.6、厚1厘米（图三九四，5）。

第299采集点，编号YCTB299。位于北寿城村北，南距城墙150米，北高南低。地表采集，东经111°41′46.45″，北纬35°45′35.80″，共采集遗物4件，标本4件。

YCTB299：1　板瓦。泥质灰陶。外壁饰粗绳纹，内壁饰布纹、菱形方格纹。宽13.5、长10.9、厚1.5厘米（图三九四，8）。

YCTB299：2　筒瓦。泥质黄褐陶。外壁饰粗绳纹，内壁饰布纹。一端有子口状瓦舌。宽8.5、长15.2、厚1厘米（图三九四，7）。

YCTB299：3　板瓦。泥质深灰陶。外壁饰粗绳纹，内壁饰布纹。侧面有切割痕迹，由内向外深度近半。宽17、长8.4、厚1厘米（图三九四，9）。

YCTB299：4　板瓦。泥质灰陶。外壁饰粗绳纹，内壁饰布纹、菱形方格纹。瓦头侧面有切割痕迹。宽10.1、长6.4、厚1.5厘米（图三九四，6）。

第300采集点，编号YCTB300。位于北寿城村北，苇沟新村东南的水渠内。地表采集，东经111°41′42.16″，北纬35°45′30.25″，共采集遗物3件，标本3件。

YCTB300：1　板瓦。泥质灰陶。外壁饰绳纹，内壁饰篦点纹。近瓦头端背面有抹痕，侧面有切割痕迹，由内向外，深度近四分之一。宽11.2、长18.5、厚1厘米（图三九五，3）。

YCTB300：2　板瓦。泥质灰陶。外壁饰绳纹，内壁饰篦点纹。宽8.6、长6.3、厚1.2厘米（图三九五，4）。

YCTB300：3　板瓦。泥质灰陶。外壁饰绳纹，内壁有泥条接缝。宽7、长8、厚0.8厘米（图三九五，6）。

第301采集点，编号YCTB301。位于北寿城村北，苇沟村东南，北距城墙50米，南高北低。地表采集，东经111°41′44.97″，北纬35°45′30.01″，共采集遗物3件，标本3件。

YCTB301：1　盆口沿。泥质灰陶。直口微敛，平折沿，方唇加厚，唇面有凹槽，内壁有波状起伏。口径30、高4.8、厚0.6厘米（图三九五，2）。

YCTB301：2　板瓦。泥质灰陶。外壁饰粗绳纹，内壁饰布纹。瓦背素面部分有抹痕。宽9、长8.4、厚1.2厘米（图三九五，5）。

YCTB301：3　筒瓦。泥质灰陶。外壁饰粗绳纹，内壁饰布纹。瓦舌及瓦背素面部分有抹痕。宽6.2、长8.9、厚1.5厘米（图三九五，1）。

第302采集点，编号YCTB302。地表采集，东经111°41′45.02″，北纬35°45′28.85″，共采集遗物13件，标本7件。

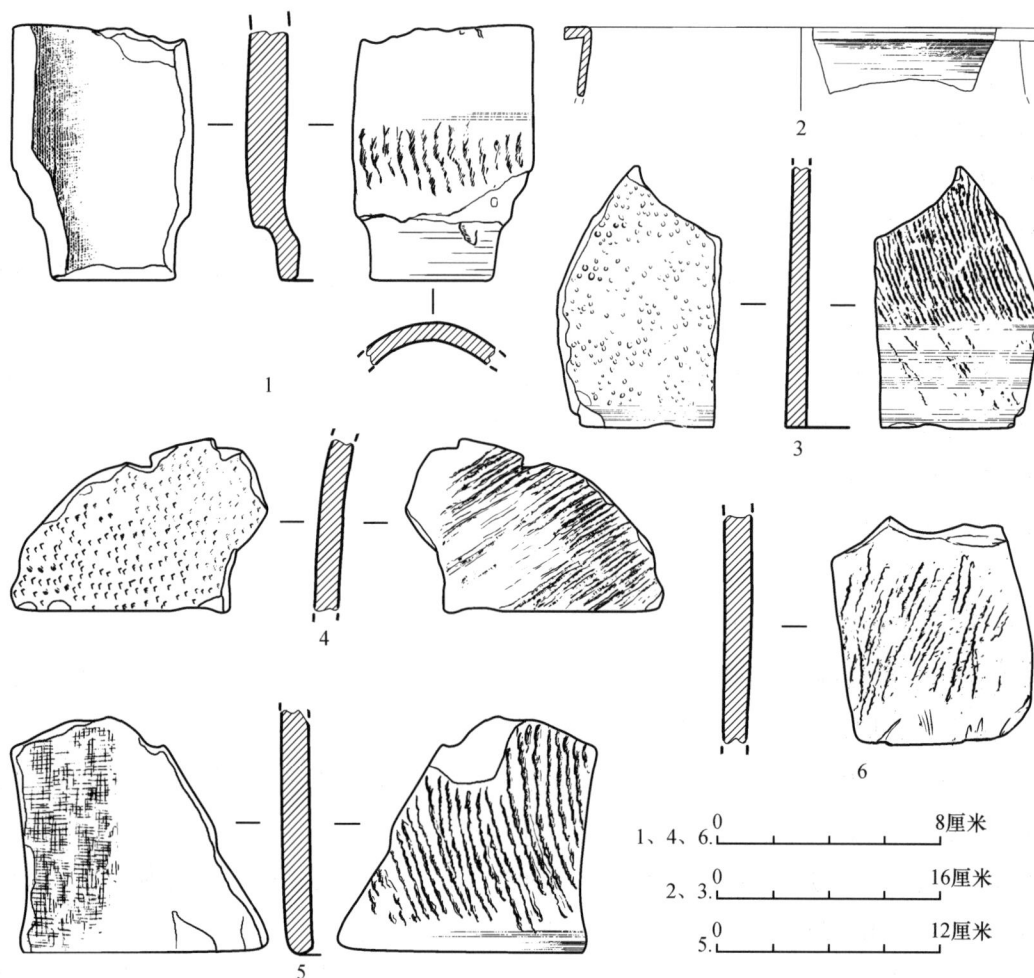

图三九五　苇沟-北寿城遗址调查第300、301采集点陶器

1. 筒瓦（YCTB301：3）　2. 盆（YCTB301：1）　3～6. 板瓦（YCTB300：1、YCTB300：2、YCTB301：2、YCTB300：3）

　　YCTB302：2　陶片。泥质灰陶。外壁饰细绳纹，内壁饰浅绳纹。宽14、高8.6、厚1.2厘米（图三九六，1）。

　　YCTB302：3　陶片。泥质灰陶。外壁饰绳纹，绳纹较浅，内壁饰篦点纹。内壁有波状起伏及抹痕、小坑疤。宽18、高15.6、厚0.8厘米（图三九六，3）。

　　YCTB302：4　板瓦。泥质深灰陶。外壁饰粗绳纹，绳纹交错，内壁饰篦点纹。侧面有切割痕迹，由内向外，深度近三分之一。宽8.2、长9、厚1.5厘米（图三九六，2）。

　　YCTB302：5　陶片。泥质深灰陶。外壁饰绳纹，绳纹较浅，近乎素面。内壁略有起伏，有小坑疤。宽8.2、长10.2、厚0.8厘米（图三九六，4）。

　　YCTB302：7　陶片。泥质灰陶。外壁饰细绳纹，内壁饰绳纹，内壁绳纹较浅。内壁略有起伏和抹痕。宽11.3、长14.1、厚1.1厘米（图三九六，5）。

　　YCTB302：8　陶片。泥质灰陶。外壁饰绳纹，绳纹极浅，内壁饰篦点纹。内壁略有起伏。宽6、长10.8、厚0.9厘米（图三九六，6）。

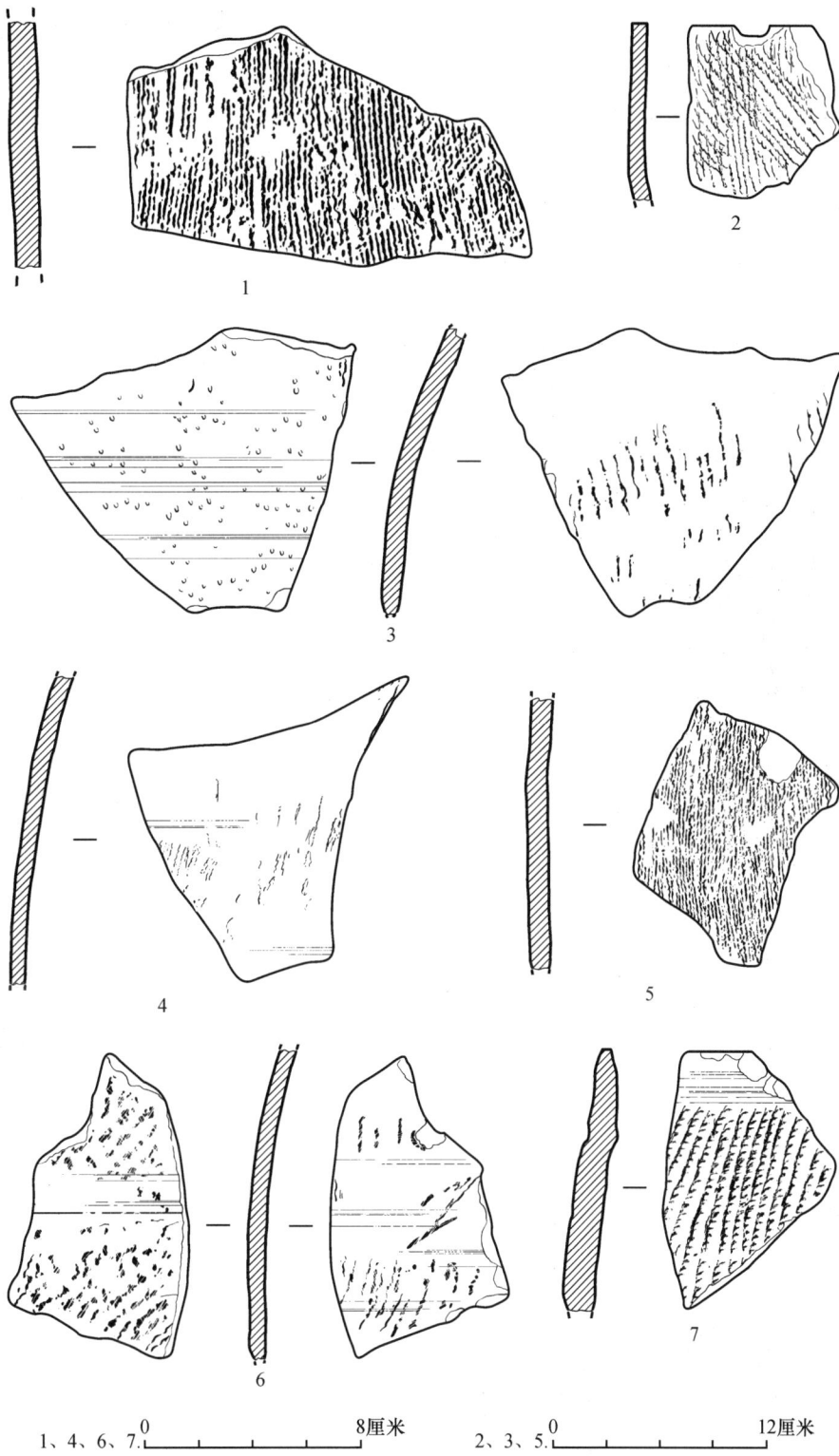

图三九六　苇沟-北寿城遗址调查第302采集点陶器

1、3~6.陶片（YCTB302：2、YCTB302：3、YCTB302：5、YCTB302：7、YCTB302：8）　2、7.板瓦（YCTB302：4、YCTB302：12）

　　YCTB302：12　板瓦。泥质深灰陶。外壁饰粗绳纹，瓦头素面部分及内壁有抹痕。宽6.6、长13.8、厚1.2厘米（图三九六，7）。

　　第303采集点，编号YCTB303。位于北寿城村北，北距城墙50米，北高南低。地表采集，东经111°41′50.98″，北纬35°45′28.47″，共采集遗物9件，标本6件。

　　YCTB303：1　板瓦。泥质灰陶。外壁饰粗绳纹，内壁饰布纹、菱形方格纹。绳纹近瓦头处渐浅，有交错。瓦头侧面有切割痕迹，内壁有抹痕。宽15.6、高19.8、厚2厘米（图三九七，6）。

　　YCTB303：4　盆口沿。泥质灰陶。颈部装饰瓦棱纹。平折沿，沿面下凹，口微侈。内外壁有轮修痕迹。宽5.6、高9.9、厚1厘米（图三九七，4）。

　　YCTB303：5　板瓦。泥质灰陶。内外皆饰绳纹，内壁绳纹较浅。侧面有切割痕迹，由内向

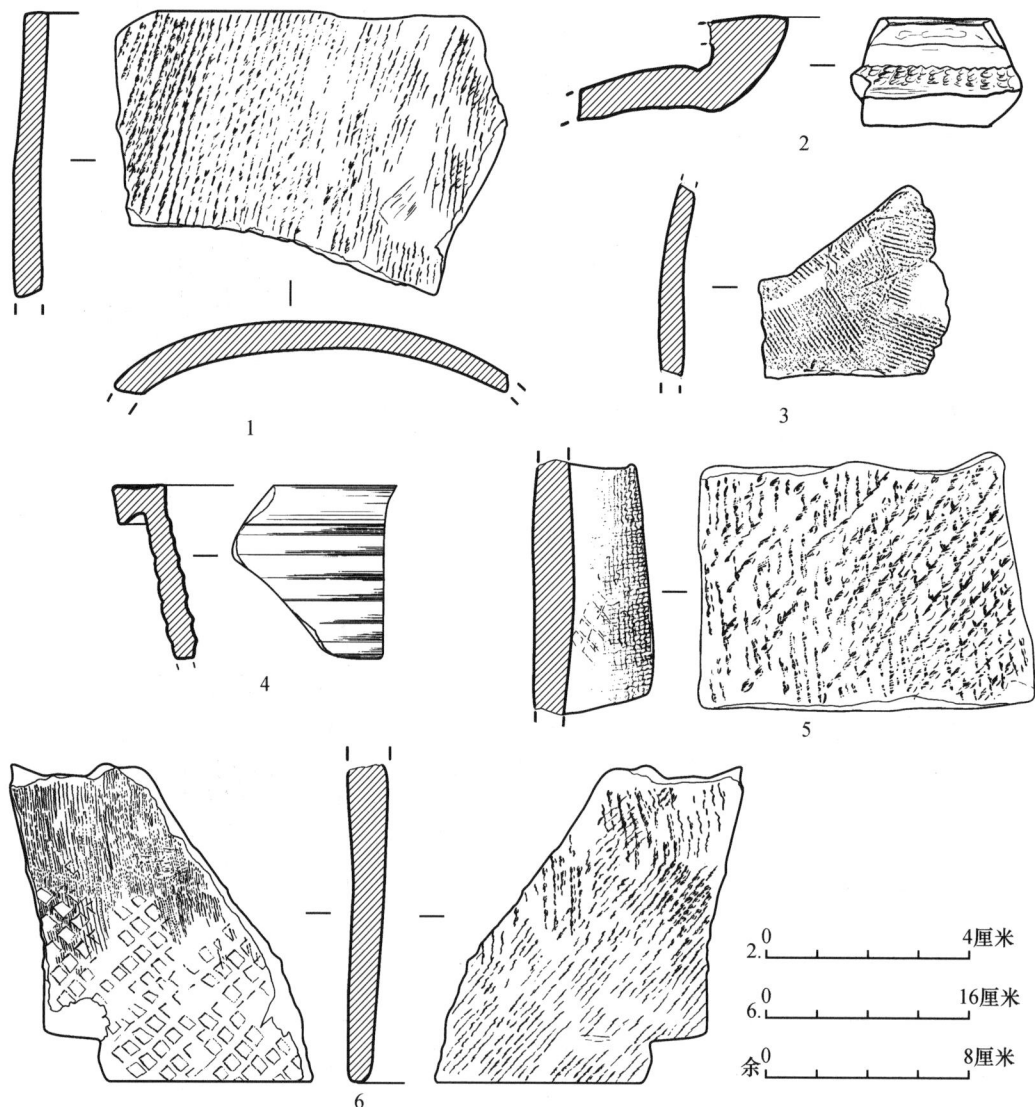

图三九七　苇沟-北寿城遗址调查第303采集点陶器

1、5、6.板瓦（YCTB303：5、YCTB303：6、YCTB303：1）　2.鬲（YCTB303：9）　3.陶片（YCTB303：7）
4.盆（YCTB303：4）

外，深度近半。瓦头侧面涂抹后再压印绳纹。宽15.4、高10.8、厚1.6厘米（图三九七，1）。

YCTB303：6　板瓦。泥质灰陶。外壁饰粗绳纹，绳纹交错，内壁饰布纹。侧面有切割痕迹，由内向外，深度近半。宽13、长9.4、厚1.3厘米（图三九七，5）。

YCTB303：7　陶片。泥质灰陶。外壁饰细绳纹，绳纹较浅。内壁略有起伏。宽7.4、高7.6、厚1厘米（图三九七，3）。

YCTB303：9　鬲口沿。夹砂灰陶。外壁饰粗绳纹。唇部残，直口微敛，耸肩，内壁有按压的坑窝，口部有轮修痕迹。高2.5、宽1.8、厚0.8厘米（图三九七，2）。

第304采集点，编号YCTB304。位于北寿城村北一条小冲沟内东壁上。灰坑，南北长3、距地表2.5米。东经111°41′33.54″，北纬35°45′29.61″，共采集遗物5件。

第305采集点，编号YCTB305。位于北寿城村北一条小冲沟内东壁上。地表采集，东经111°41′33.26″，北纬35°45′29.09″，共采集遗物6件，标本3件。

YCTB305：1　筒瓦。泥质灰陶。外壁饰粗绳纹，绳纹较深，内壁饰布纹。一端残存子口状瓦舌，瓦头及瓦舌素面部分有抹痕。宽9.6、长11.7、厚1.2厘米（图三九八，6）。

YCTB305：2　板瓦。泥质灰陶。外壁饰粗绳纹，内壁饰布纹。宽10.8、长13.3、厚1.4厘米（图三九八，4）。

YCTB305：3　板瓦。泥质灰陶。外壁饰粗绳纹，内壁饰布纹，侧面有切割痕迹，由外向内，深度近半。宽9.9、长11.1、厚1.3厘米（图三九八，7）。

第306采集点，编号YCTB306。位于北寿城村北一条小冲沟内东壁上。地表采集。东经111°41′33.13″，北纬35°45′28.56″，共采集遗物3件，标本2件。

YCTB306：2　筒瓦。泥质灰陶。外壁饰粗绳纹，内壁饰布纹。宽10.6、长15、厚1.2厘米（图三九八，2）。

YCTB306：3　板瓦。泥质灰陶。外壁饰绳纹。宽10、长16、厚1.5厘米（图三九八，8）。

第307采集点，编号YCTB307。位于北寿城村北一条小冲沟的西壁上。灰坑，坑南北宽300、距地表深300厘米。东经111°41′32.41″，北纬35°45′28.61″，共采集遗物8件，标本3件。

YCTB307：1　鬲口沿。泥质红陶。外壁饰绳纹，绳纹较宽，颗粒明显。唇部加厚，直口，唇面略凹，鼓肩，口沿及颈部有轮制痕迹，内壁有拍印绳纹。口径16.6、高8.1、厚0.6厘米（图三九八，1；图版一六四，1）。

YCTB307：2　器底。泥质灰陶。器底外包与器壁，底壁相接处有拍印绳纹痕迹。宽14、宽6、厚1.2厘米（图三九八，3）。

YCTB307：6　器底。泥质灰陶。器底外包与器壁，底壁相接处有拍印绳纹痕迹。宽9.5、高3.1、厚0.9厘米（图三九八，5）。

第308采集点，编号YCTB308。位于北寿城村北一条小冲沟内东壁上。房址，筒瓦做的烟道叠压在路面下。东经111°41′32.85″，北纬35°45′27.91″，共采集遗物4件，标本1件。

YCTB308：1　筒瓦。泥质红陶。内壁饰布纹。侧面未见切割痕迹。宽15、长16.8、厚1.2厘米（图三九九，1）。

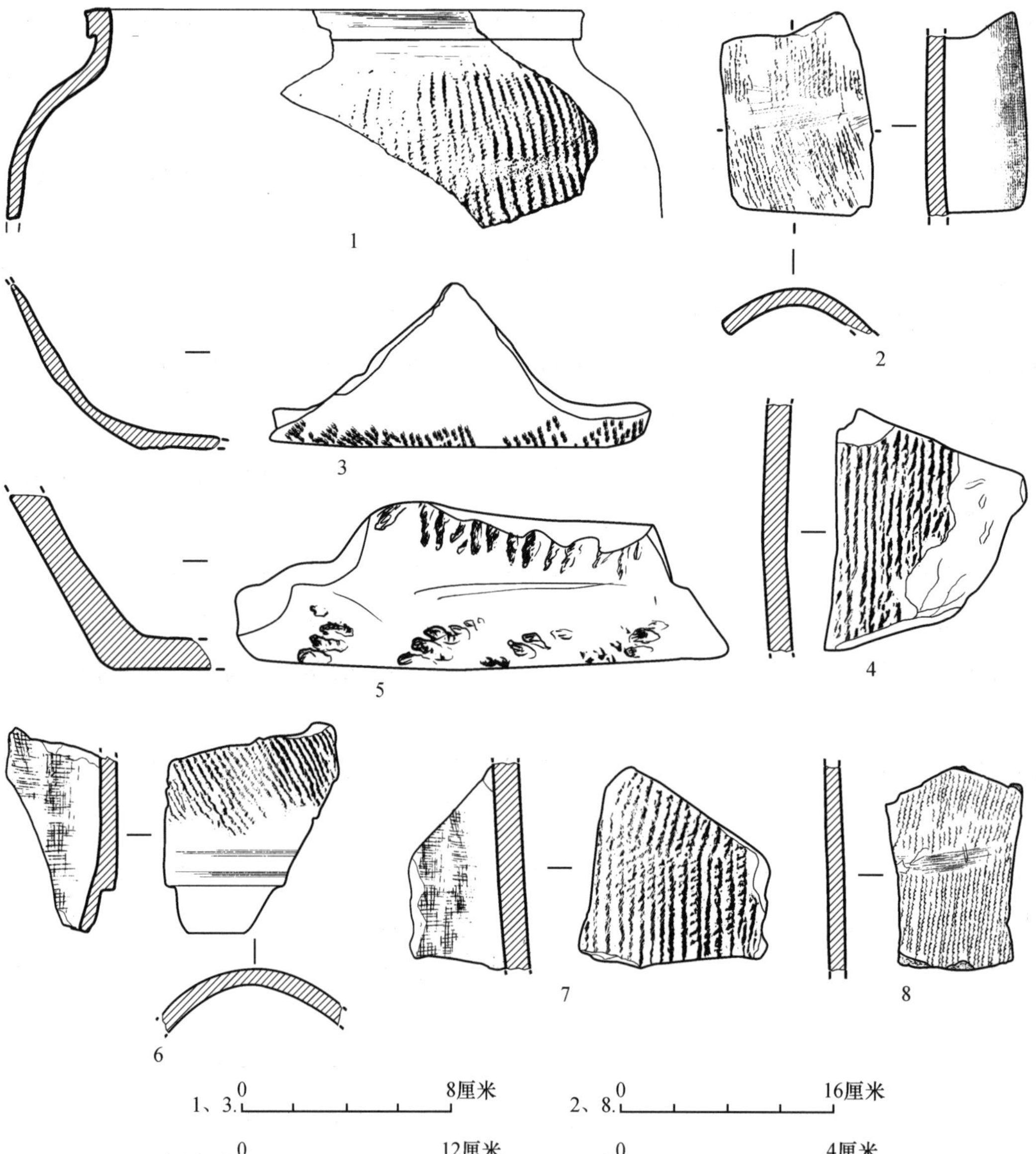

图三九八　苇沟-北寿城遗址调查第305～307采集点陶器

1.鬲（YCTB307：1）　2、6.筒瓦（YCTB306：2、YCTB305：1）　3、5.器底（YCTB307：2、YCTB307：6）
4、7、8.板瓦（YCTB305：2、YCTB305：3、YCTB306：3）

　　第309采集点，编号YCTB309。位于北寿城村北一条冲沟的西壁上。灰坑，坑南北宽1米，坑口距地表深1米。东经111°41′31.97″，北纬35°45′27.49″，共采集遗物5件，标本4件。

　　YCTB309：1　板瓦。泥质灰陶。宽18、长22、厚1.1厘米（图三九九，4）。

　　YCTB309：2　筒瓦。泥质灰陶。外壁饰绳纹，内壁饰篦点纹。宽13、长16、厚1.3厘米（图三九九，2）。

　　YCTB309：3　筒瓦。泥质灰陶。外壁饰绳纹，内壁饰篦点纹。一端残存子口状瓦舌。宽12、长9.7、厚1.1厘米（图三九九，5）。

　　YCTB309：4　筒瓦。泥质灰陶。外壁饰绳纹，内壁饰篦点纹。宽7.5、长12、厚0.9厘米

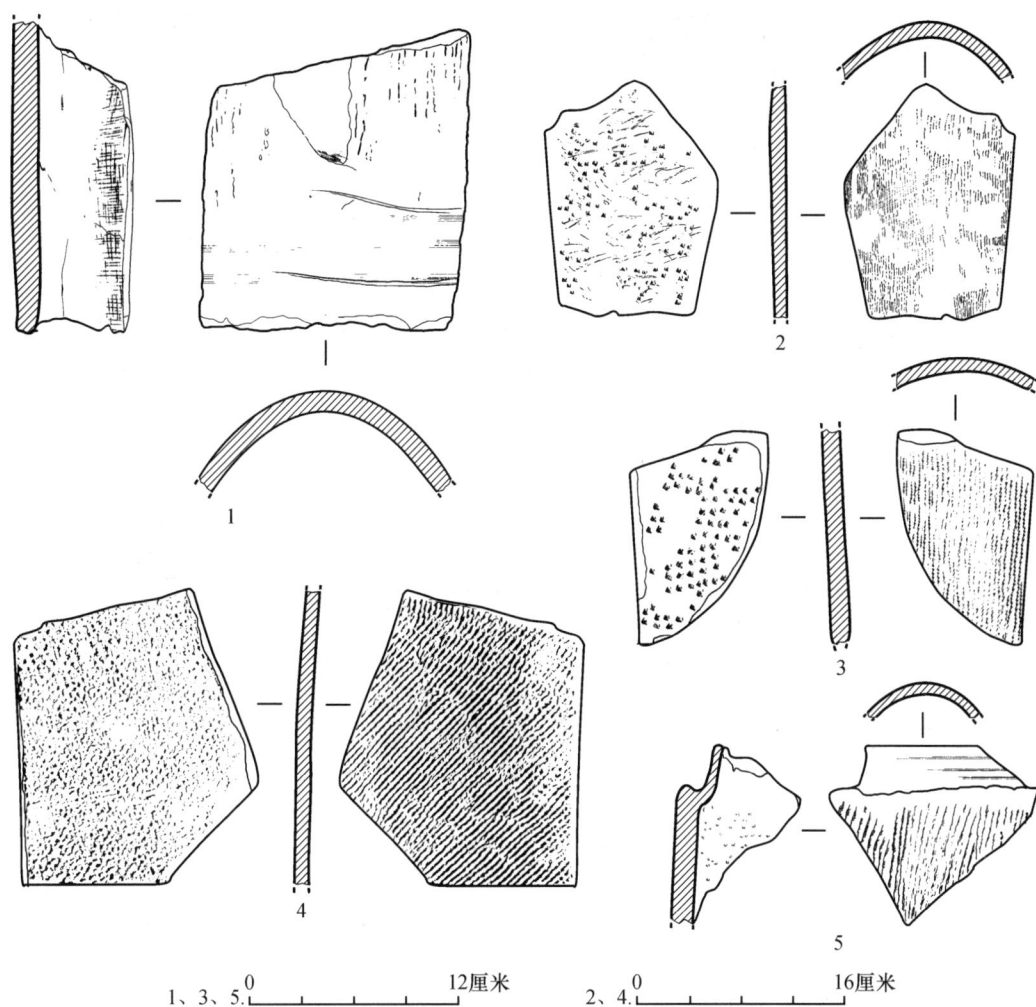

图三九九　苇沟-北寿城遗址调查第308、309采集点陶器

1~3、5.筒瓦（YCTB308：1、YCTB309：2、YCTB309：4、YCTB309：3）　4.板瓦（YCTB309：1）

（图三九九，3）。

　　第310采集点，编号YCTB310。位于苇沟新村东南大冲沟内的西壁断崖上。地表采集，东经111°41′37.25″，北纬35°45′27.16″，共采集遗物25件，标本13件。

　　YCTB310：1　陶鬲口沿。夹砂灰陶。卷沿外侈，口沿外缘有小平台，外壁饰粗绳纹，绳纹交错，内壁略有起伏。厚0.8厘米（图版一六四，2）。

　　YCTB310：2　鬲裆部。夹砂灰陶。外壁饰粗绳纹，绳纹交错，拍印较深，有刮手感。内壁略有起伏。宽12.2、长11.7、厚0.8厘米（图四〇〇，1）。

　　YCTB310：3　罐口沿。泥质灰陶。仅存口沿，方唇侈口，唇面略凹，束颈。内外壁有轮制痕迹。口径13、高4、厚0.8厘米（图四〇〇，2）。

　　YCTB310：4　鬲腹片。夹砂灰陶。外壁饰粗绳纹，绳纹交错。内壁略有起伏。宽8.4、长8、厚0.5厘米（图四〇〇，3）。

　　YCTB310：5　鬲腹片。夹砂灰陶。外壁饰粗绳纹，绳纹交错。内壁略有起伏。宽6.2、长

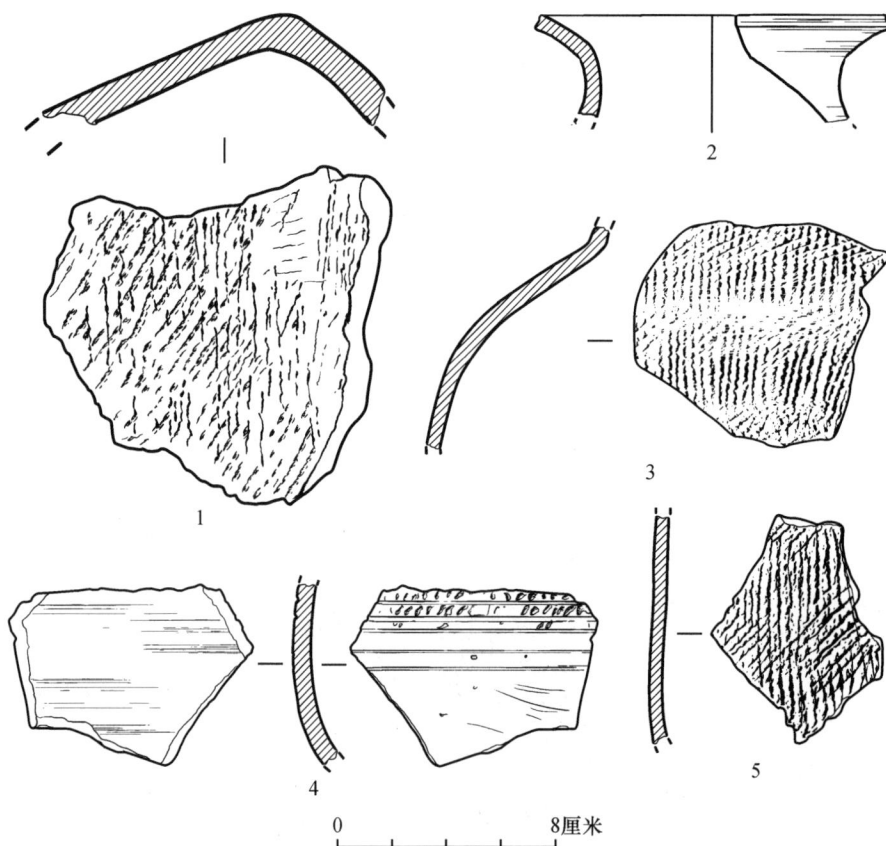

图四○○　苇沟-北寿城遗址调查第310采集点陶器（一）

1、3、5. 鬲（YCTB310：2、YCTB310：4、YCTB310：5）　2. 罐（YCTB310：3）　4. 陶片（YCTB310：6）

8.2、厚0.6厘米（图四○○，5）。

YCTB310：6　陶片。泥质深灰陶。宽8.9、高6.4、厚0.8厘米（图四○○，4）。

YCTB310：7　陶片。夹砂灰陶。外壁饰粗绳纹，绳纹交错，内壁略有起伏。宽6、高4、厚0.8厘米（图四○一，1）。

YCTB310：8　陶片。夹砂灰陶。外壁饰粗绳纹，绳纹交错，内壁略有起伏。宽6、长7.2、厚0.7厘米（图四○一，2）。

YCTB310：14　鬲足。夹砂灰陶。外壁饰粗绳纹，绳纹交错。锥状足，水平截面外圆内尖，无实足根。内壁略有起伏。高3.3、厚0.9厘米（图四○一，4）。

YCTB310：15　陶片。夹砂灰陶。外壁饰粗绳纹，绳纹交错。内壁略有起伏。宽5.4、长6、厚0.7厘米（图四○一，7）。

YCTB310：16　板瓦。泥质灰陶。外壁饰粗绳纹，绳纹交错，内壁饰菱形方格纹。内壁略有起伏。宽10、长13、厚1.2厘米（图四○一，6）。

YCTB310：18　鬲足。夹砂灰陶。外壁饰粗绳纹，绳纹交错。锥状足，水平截面呈圆形。内壁略有起伏。高6、厚0.9厘米（图四○一，5）。

YCTB310：19　筒瓦。泥质灰陶。外壁饰粗绳纹，绳纹交错，内壁饰布纹。一端残存子口

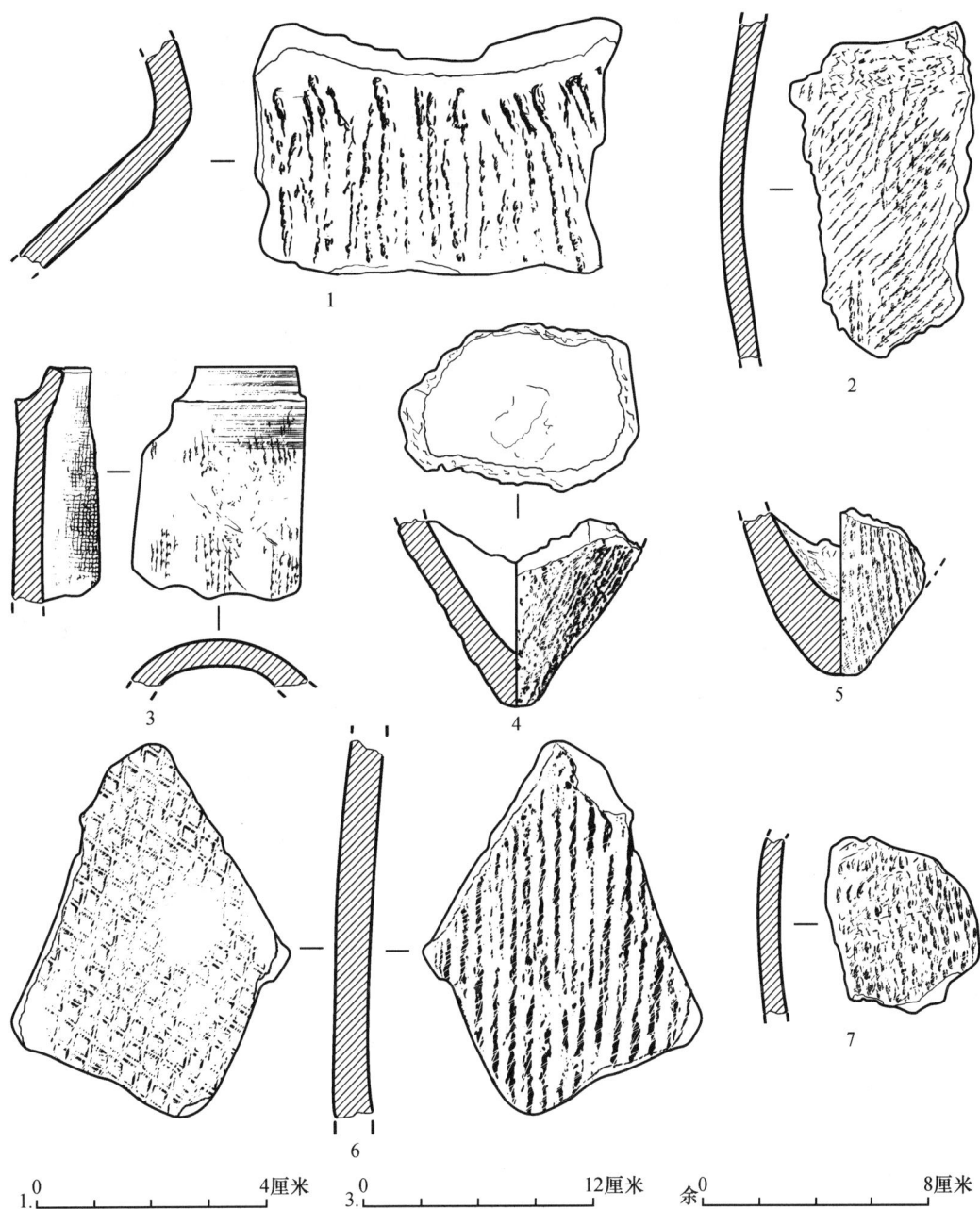

图四〇一　苇沟-北寿城遗址调查第310采集点陶器（二）

1、2、7.陶片（YCTB310：7、YCTB310：8、YCTB310：15）　3.筒瓦（YCTB310：19）　4、5.鬲（YCTB310：14、YCTB310：18）
6.板瓦（YCTB310：16）

状瓦舌，内壁略有起伏。宽8.5、长11.7、厚1.3厘米（图四〇一，3）。

第311采集点，编号YCTB311。位于北寿城村北一条冲沟的西壁上。灰坑，坑南北宽1、距地表深1米。东经111°41′31.62″，北纬35°45′26.41″，共采集遗物7件，标本3件。

YCTB311：5　板瓦。泥质灰陶。外壁饰粗绳纹，绳纹较浅。侧面有切割痕迹，由内向外，深度近半。内壁有泥条接缝及抹痕。宽16.2、长10.8、厚1厘米（图四〇二，1）。

YCTB311：6　陶片。泥质灰陶。外壁饰绳纹，内壁饰篦点纹。宽12.3、长14.1、厚0.9厘

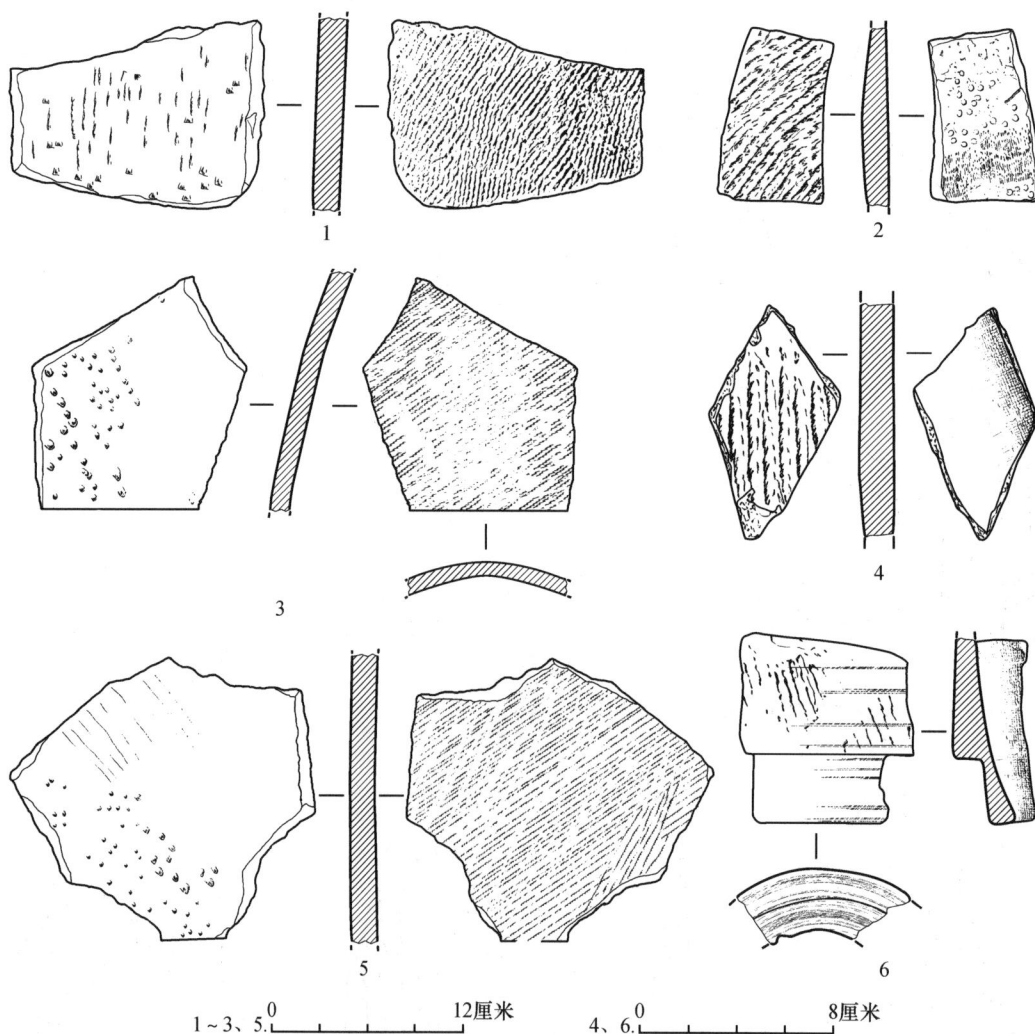

图四〇二　苇沟-北寿城遗址调查第311、312采集点陶器

1、2.板瓦（YCTB311：5、YCTB312：3）　3、5.陶片（YCTB311：6、YCTB311：7）　4、6.筒瓦（YCTB312：8、YCTB312：4）

米（图四〇二，3）。

　　YCTB311：7　陶片。泥质灰陶。外壁饰绳纹，绳纹浅。侧面有切割痕迹。由内向外，深度近半。内壁有泥条接缝及抹痕。宽19.7、长17.1、厚1.4厘米（图四〇二，5）。

　　第312采集点，编号YCTB312。位于北寿城村北一条小冲沟内东壁上。地表采集，发现一层厚30厘米的道路。东经111°41′32.52″，北纬35°45′26.26″，共采集遗物8件，标本3件。

　　YCTB312：3　板瓦。泥质灰陶。外壁饰粗绳纹，内壁饰布纹。宽6.3、长10.5、1.2厘米（图四〇二，2）。

　　YCTB312：4　筒瓦。泥质深灰陶。外壁饰粗绳纹，内壁饰布纹。一端残存子口状瓦舌。宽6.8、长7.6、厚1.2厘米（图四〇二，6）。

　　YCTB312：8　筒瓦。泥质深灰陶。外壁饰粗绳纹，内壁饰布纹。宽4.9、长9.4、厚1.2厘米（图四〇二，4）。

第313采集点，编号YCTB313。位于苇沟新村东南大冲沟内的东壁上。灰坑，东经111°41′38.02″，北纬35°45′26.23″，共采集遗物10件，标本6件。

YCTB313：2　板瓦。泥质灰陶。外壁饰绳纹，内壁饰布纹。侧面有切割痕迹，由内向外，深度近三分之一。宽8.8、长13.6、厚1.2厘米（图四〇三，1）。

YCTB313：3　板瓦。泥质灰陶。外壁饰粗绳纹，内壁饰布纹。侧面未见切割痕迹。宽5.8、长6.6、厚1.8厘米（图四〇三，2）。

YCTB313：4　板瓦。泥质灰陶。外壁饰绳纹，内壁饰布纹。宽3.2、长7.6、厚1.4厘米（图四〇三，3）。

YCTB313：5　板瓦。泥质灰陶。外壁饰绳纹，内壁饰篦点纹。宽6.2、长5.6、厚1.2厘米（图四〇三，6）。

YCTB313：8　器底。泥质灰陶。假圈足，内壁磨光，外壁有轮制痕迹及波状起伏。宽4、长4.5、厚1.2厘米（图四〇三，4）。

YCTB313：9　瓦当。泥质灰陶。当面残，应为单阳线云纹，内壁饰布纹。厚1.5厘米（图四〇三，5）。

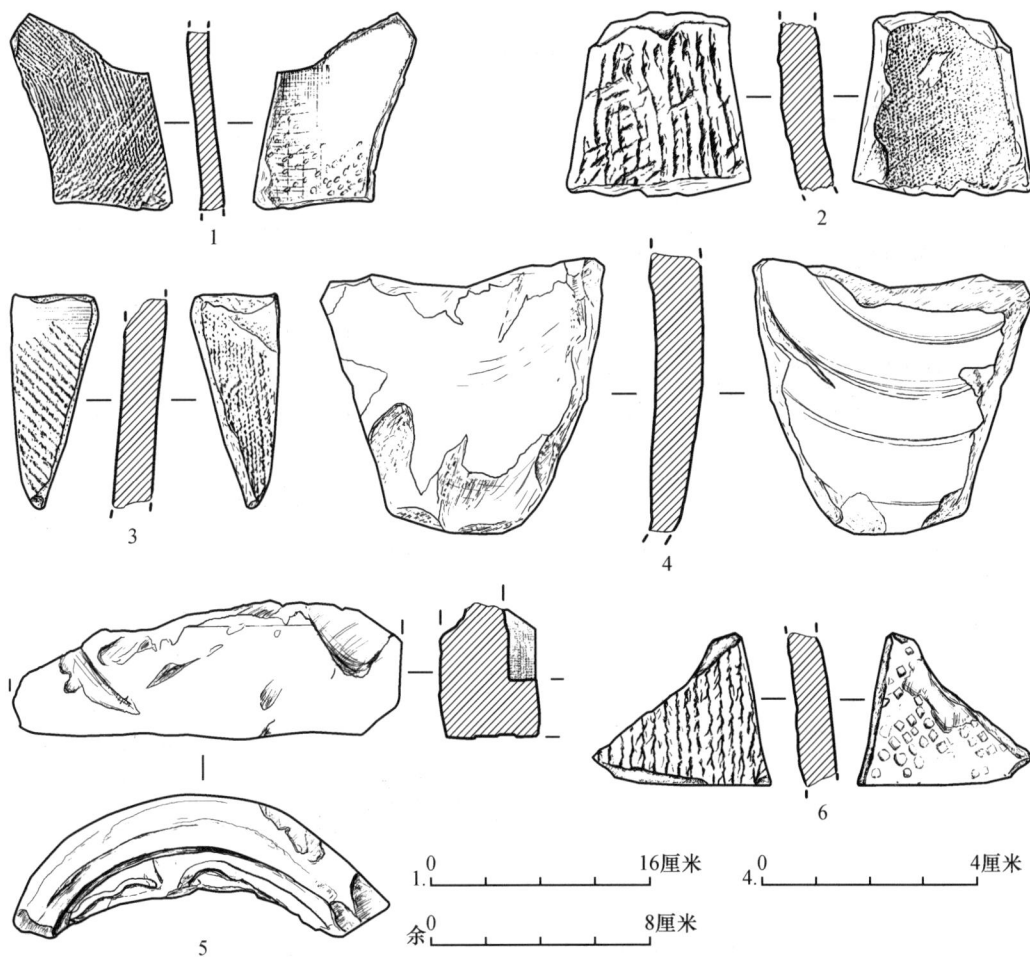

图四〇三　苇沟-北寿城遗址调查第313采集点陶器

1~3、6.板瓦（YCTB313：2、YCTB313：3、YCTB313：4、YCTB313：5）　4.器底（YCTB313：8）　5.瓦当（YCTB313：9）

第314采集点，编号YCTB314。位于北寿城村北，浅沟地头。地表采集，东经111°41′45.10″，北纬35°45′26.72″，共采集遗物15件，标本12件。

YCTB314：1　罐口沿。泥质深灰陶。外壁颈肩部位饰抹平绳纹，直口、方唇，广肩。内壁略有起伏及坑疤。口径20.2、高5.6、厚0.9厘米（图四〇四，1）。

YCTB314：2　罐口沿。泥质深灰陶。外壁颈肩部位饰抹平绳纹，直口微敛、广肩。内壁略有起伏及坑疤。口径23.2、高4.4、厚0.9厘米（图四〇四，2）。

YCTB314：3　罐腹片。泥质灰陶。外壁饰绳纹，绳纹被凹弦纹抹断微多组，素面部分磨光黑亮。宽9.5、长7、厚0.7厘米（图四〇四，3）。

YCTB314：4　板瓦。泥质红陶。外壁饰绳纹，内壁饰篦点纹。宽9.4、长6.9、厚1.4厘米（图四〇四，4）。

YCTB314：5　甑底。泥质灰陶。下腹部斜收，甑底密布直径约0.5厘米的篦孔，器底外包

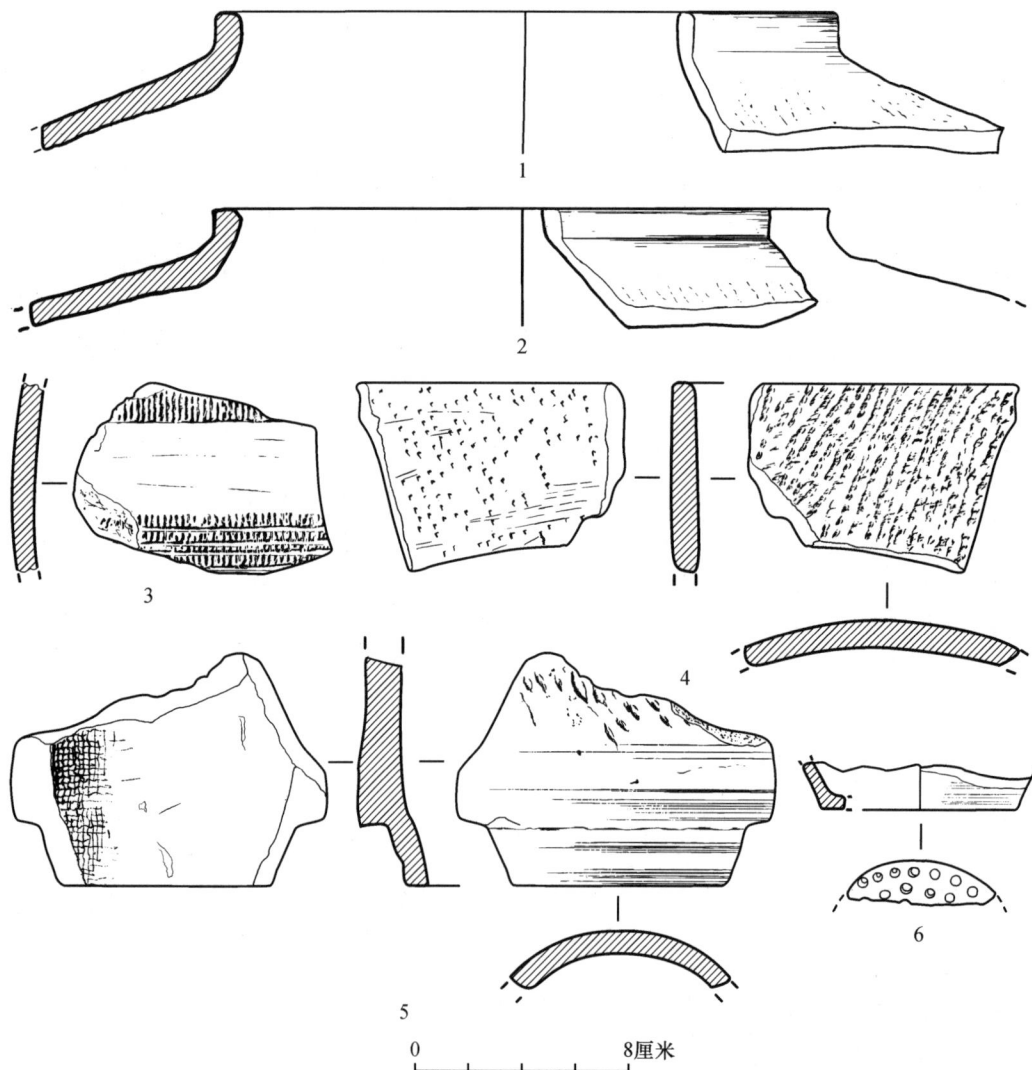

图四〇四　苇沟-北寿城遗址调查第314采集点陶器（一）
1～3.罐（YCTB314：1、YCTB314：2、YCTB314：3）　4.板瓦（YCTB314：4）　5.筒瓦（YCTB314：6）
6.甑（YCTB314：5）

于器壁，壁底相接处有缝隙及抹痕。底外径7.4、高2、厚0.9厘米（图四〇四，6）。

　　YCTB314：6　筒瓦。泥质深灰陶。外壁饰绳纹，内壁饰布纹。一端有子口状瓦舌。瓦头端及瓦舌部分有抹痕。宽11.6、长8.8、厚2厘米（图四〇四，5）。

　　YCTB314：7　筒瓦。泥质灰陶。外壁饰绳纹，内壁饰布纹。一端有子口状瓦舌。瓦头端及瓦舌部分有抹痕。宽11.4、长15.3、厚1.7厘米（图四〇五，1）。

　　YCTB314：8　筒瓦。泥质深灰陶。外壁饰绳纹，内壁饰布纹。一端有子口状瓦舌。瓦头素面部分及瓦舌上下有抹痕。宽7.4、长4.7、厚2厘米（图四〇五，2）。

　　YCTB314：10　筒瓦。泥质灰陶。外壁饰抹平绳纹，内壁饰布纹。侧面未见切割痕迹。宽8.6、长12.6、厚1.1厘米（图四〇五，4）。

　　YCTB314：11　陶片。泥质灰陶。外壁饰抹断绳纹。推测为颈肩部位。宽6.5、长5、厚0.7厘米（图四〇五，3）。

　　YCTB314：13　盆口沿。泥质灰陶。仅存口沿，平沿，方唇加厚，口沿上下有轮修痕迹。宽6.8、厚1.4厘米（图四〇五，5）。

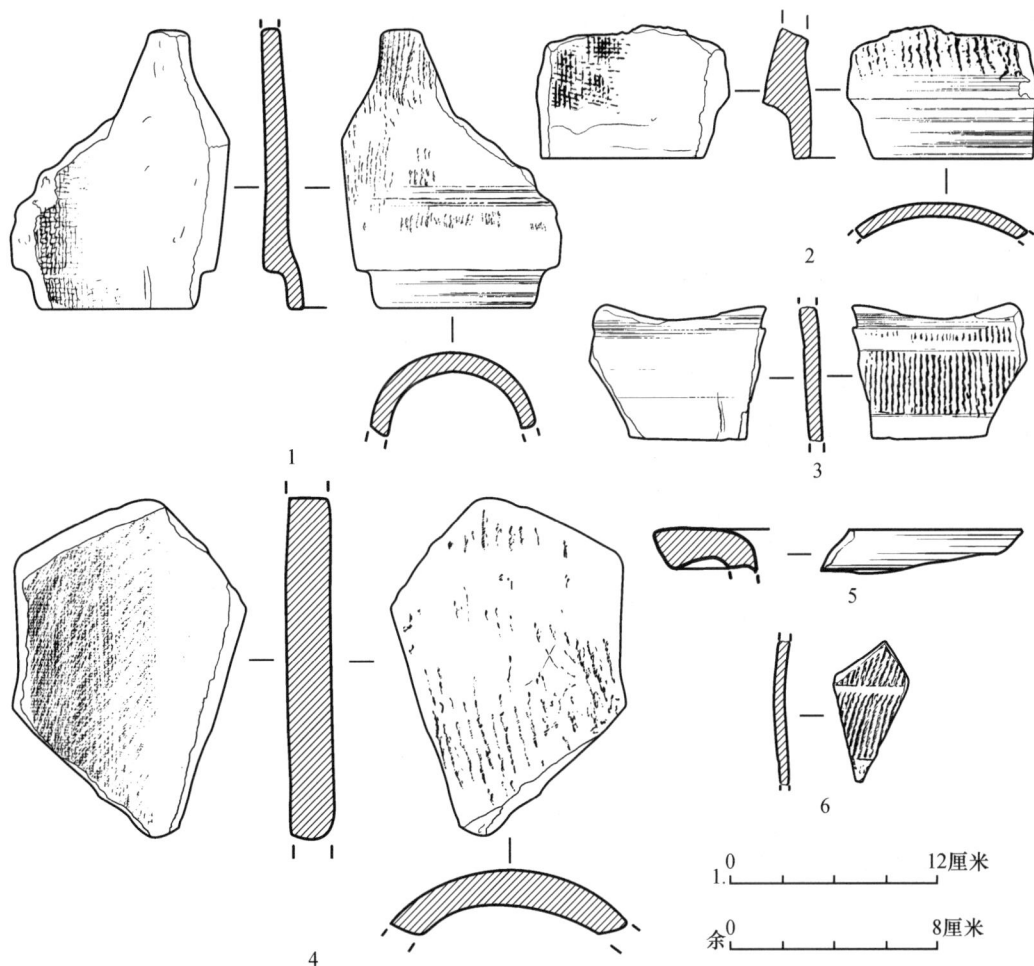

图四〇五　苇沟-北寿城遗址调查第314采集点陶器（二）

1、2、4.筒瓦（YCTB314：7、YCTB314：8、YCTB314：10）　　3、6.陶片（YCTB314：11、YCTB314：15）

5.盆（YCTB314：13）

　　YCTB314：15　陶片。泥质深灰陶。外壁饰绳纹，绳纹被宽约0.4厘米的条带抹断。内壁
有轮制痕迹。宽3、长5.2、厚0.6厘米（图四〇五，6）。

　　第315采集点，编号YCTB315。位于北寿城村北一条冲沟的西壁上。灰坑，坑口南北长1
米，距地表2.5米，坑内堆积为黄褐土。东经111°41′31.34″，北纬35°45′25.91″，共采集遗物4
件，标本3件。

　　YCTB315：1　器底。泥质灰陶。下腹斜收，平底。内外壁有轮制痕迹。宽13.8、高13.5、
厚1厘米（图四〇六，4）。

　　YCTB315：2　器底。泥质灰陶。内外壁有同心圆状轮制痕迹。厚0.7厘米（图四〇六，2）。

　　YCTB315：3　筒瓦。泥质灰陶。外壁拍印成组绳纹，内壁饰布纹。半圆形筒状，瓦头有
子口状舌，尾端残缺，侧面未见切割痕迹。宽13.5、长17.4、厚1.3厘米（图四〇六，5）。

　　第316采集点，编号YCTB316。地表采集，位于北寿城村北一条小冲沟内东壁上。东经
111°41′32.08″，北纬35°45′35.78″，共采集遗物4件，标本2件。

　　YCTB316：1　罐肩部。泥质灰陶。外壁饰细绳纹、凹弦纹，细绳纹被数道凹弦纹抹断，
每组宽约0.5厘米。鼓肩。肩颈相接处内壁成排拍印篦点纹凹窝。宽15.6、高13.2、厚1厘米

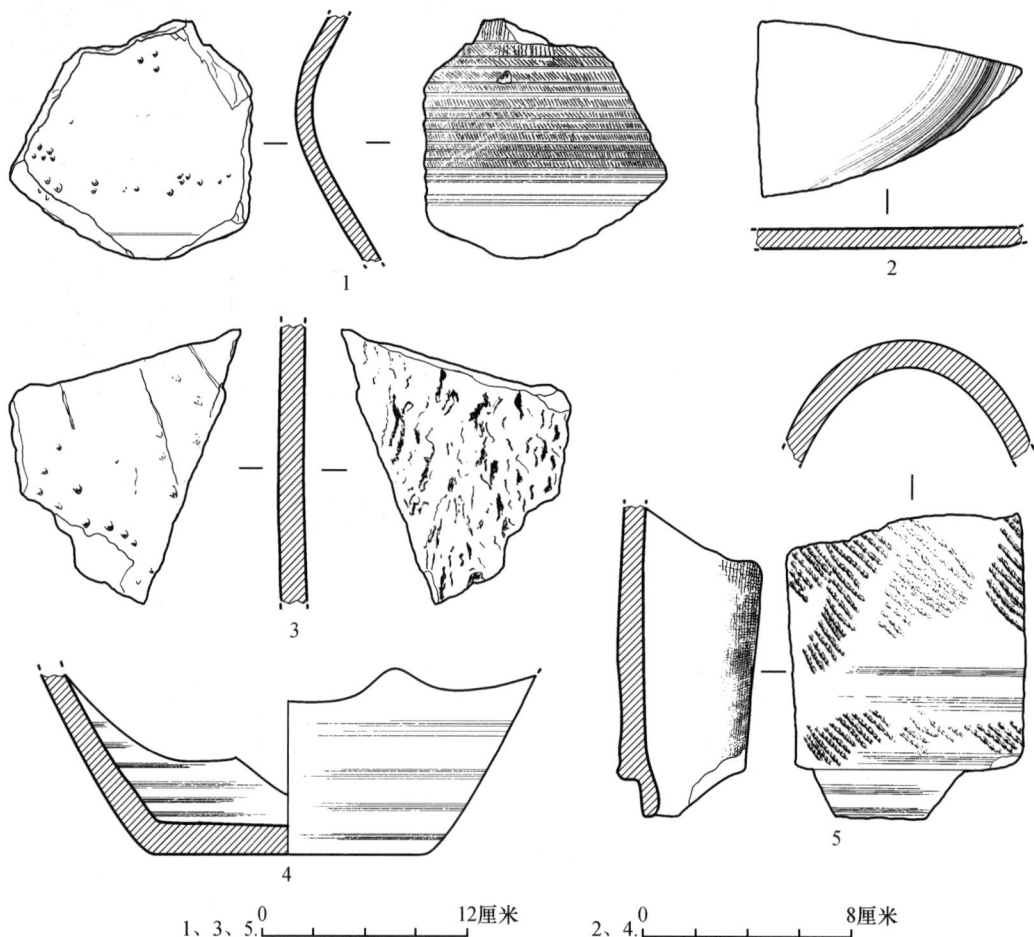

图四〇六　苇沟-北寿城遗址调查第315、316采集点陶器
1. 罐（YCTB316：1）　2、4. 器底（YCTB315：2、YCTB315：1）　3. 板瓦（YCTB316：2）　5. 筒瓦（YCTB315：3）

（图四〇六，1）。

YCTB316：2　板瓦。泥质褐陶。外壁饰粗绳纹，表面极为粗糙，内壁坑洼不平。宽9.1、长11.2、厚1.3厘米（图四〇六，3）。

第317采集点，编号YCTB317。位于苇沟新村东南大冲沟内的东壁上。灰坑，东经111°41′38.29″，北纬35°45′25.90″，共采集遗物28件，标本11件。

YCTB317：1　豆盘。泥质灰陶。圆唇，侈口，浅盘折腹，内外壁磨光。宽5.4、长5.4、口径18、厚0.9厘米（图四〇七，3）。

YCTB317：2　豆盘。泥质灰陶。内壁磨光加饰磨光暗纹。折腹。口径16、高4、厚0.8厘

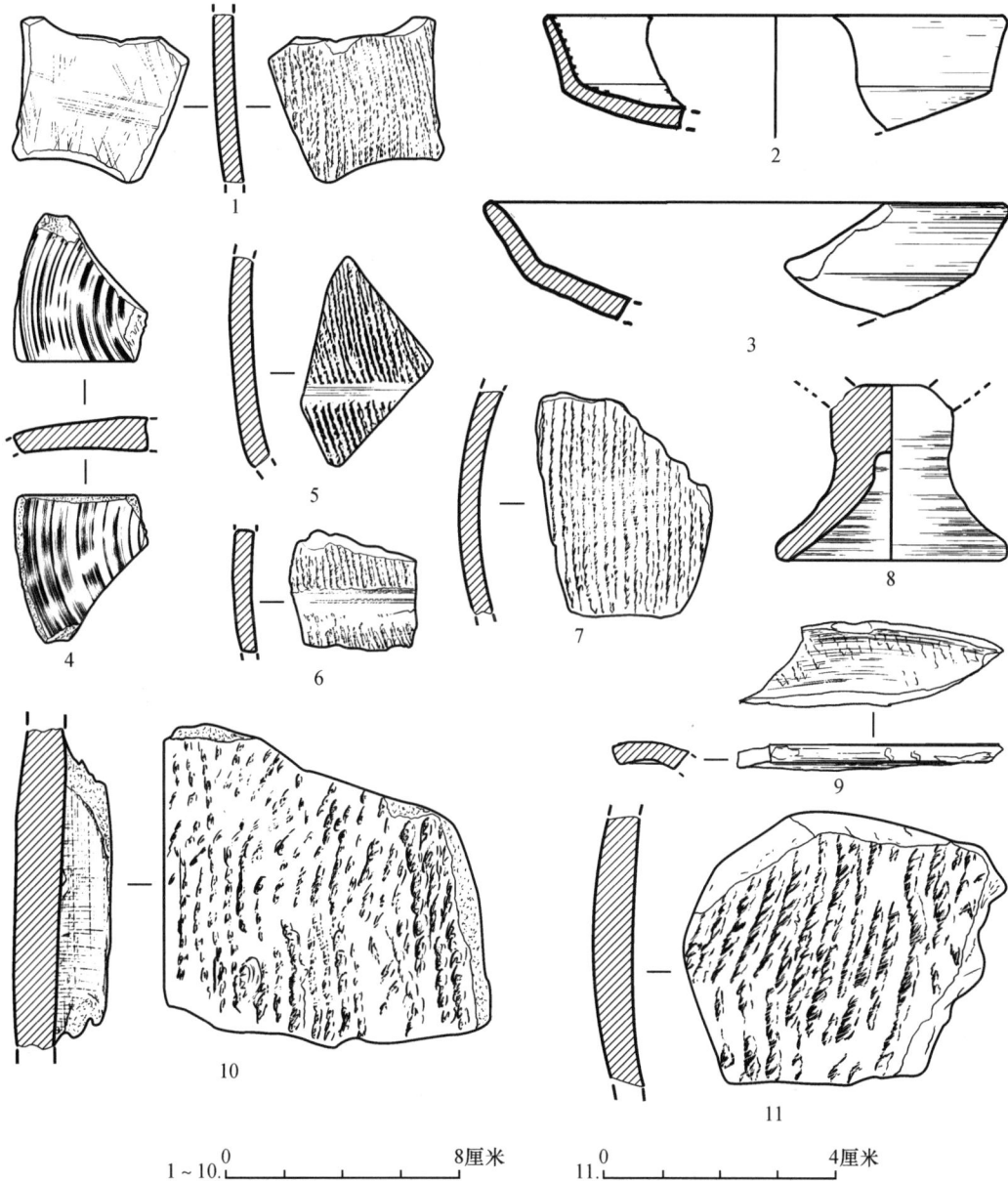

图四〇七　苇沟-北寿城遗址调查第317采集点陶器

1、5~7、11.陶片（YCTB317：14、YCTB317：19、YCTB317：11、YCTB317：9、YCTB317：15）　2~4、8.豆（YCTB317：2、YCTB317：1、YCTB317：16、YCTB317：3）　9.鬲（YCTB317：20）　10.板瓦（YCTB317：6）

米（图四〇七，2；图版一六四，3）。

YCTB317：3　豆座。泥质灰陶。喇叭口状，短柄，上端残存豆盘。内外壁有轮制痕迹，圈足径8厘米。底外径8.2、高6、厚0.6厘米（图四〇七，8）。

YCTB317：6　板瓦。泥质深灰陶。外壁饰粗绳纹，内壁饰布纹、菱形方格纹。侧面有切割痕迹，由内向外，深度近三分之一。宽10.8、长10.7、厚1.8厘米（图四〇七，10）。

YCTB317：9　陶片。夹砂深灰陶。外壁饰绳纹，内壁饰较浅绳纹。宽5.6、长7.3、厚0.6厘米（图四〇七，7）。

YCTB317：11　陶片。泥质深灰陶。外壁饰抹断绳纹。内壁略有起伏。宽4、长3.6、厚0.7厘米（图四〇七，6）。

YCTB317：14　陶片。泥质黑灰陶。外壁饰绳纹。内壁有抹痕，略有起伏。宽5.4、长5.4、厚0.5厘米（图四〇七，1）。

YCTB317：15　陶片。泥质灰陶。内壁略有起伏，应为拍印痕迹。宽5.5、高4.5、厚0.8厘米（图四〇七，11）。

YCTB317：16　豆盘。泥质灰陶。内壁饰磨光暗纹。内外壁有轮制痕迹。厚1.1厘米（图四〇七，4）。

YCTB317：19　陶片。泥质灰陶。外壁饰抹断绳纹，内壁有拍印痕迹。宽4、高7.1、厚0.7厘米（图四〇七，5）。

YCTB317：20　鬲口沿。夹砂灰陶。外壁口沿下饰抹平绳纹。仅存口沿，方唇。口沿有轮修痕迹。沿宽3、厚0.6厘米（图四〇七，9）。

第318采集点，编号YCTB318。位于北寿城村北冲沟西壁断崖上。灰坑，坑口南北长1.5、距地表1米，坑内堆积为黄褐土。东经111°41′31.29″，北纬35°45′25.78″，共采集遗物4件，标本4件。

YCTB318：1　筒瓦。泥质黄灰陶。外壁饰绳纹，内壁饰布纹，绳纹仅局部拍印。半圆形筒状，瓦头有子口状舌，尾端残。侧面有切割痕迹，由外向内，深度近半。厚2.5厘米（图四〇八，5）。

YCTB318：2　筒瓦。泥质灰陶。外壁饰绳纹，内壁饰布纹，绳纹仅局部拍印。内壁有泥条接缝。宽8、长13.4、厚1厘米（图四〇八，6）。

YCTB318：3　板瓦。泥质灰陶。外壁饰粗绳纹，内壁饰布纹、菱形方格纹。瓦头侧面有切割痕迹。宽6.8、长12.3、厚1.2厘米（图四〇八，3）。

YCTB318：4　板瓦。泥质灰陶。外壁饰粗绳纹，绳纹交错，内壁饰布纹。侧面有切割痕迹，由内向外，深度近五分之一。宽9.6、长6、厚0.9厘米（图四〇八，8）。

第319采集点，编号YCTB319。位于北寿城村北冲沟西壁断崖上，灰坑，坑口南北宽1、坑口距地表1米，内有浅灰色纯净堆积。东经111°41′37.47″，北纬35°45′24.93″，未采集。

第320采集点，编号YCTB320。位于北寿城村北一条冲沟的西壁上，灰坑，坑口南北长1.5、距地表深2.5米，坑内堆积为黄褐色。东经111°41′31.20″，北纬35°45′25.46″，共采集遗物6

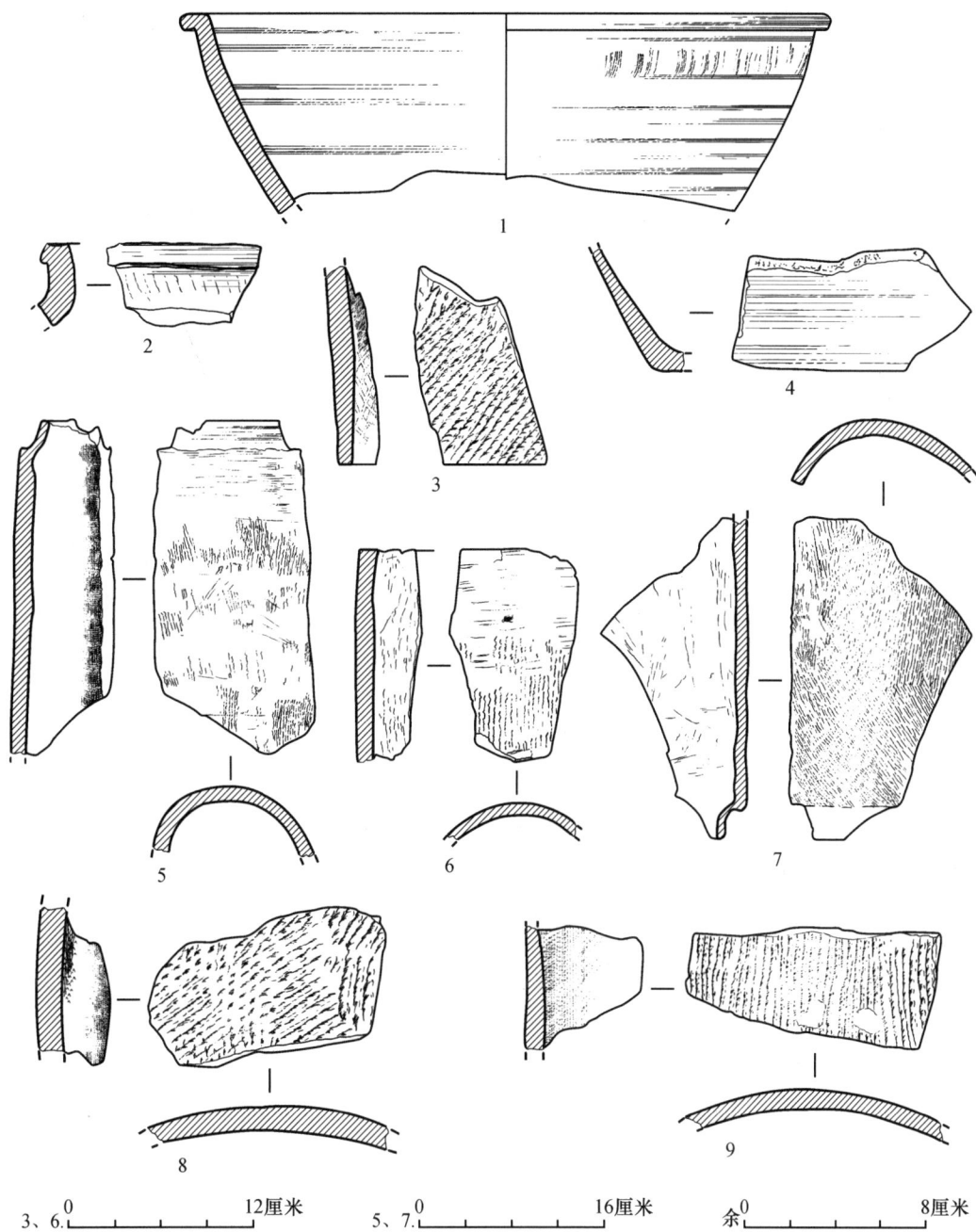

图四〇八　苇沟-北寿城遗址调查第318、320采集点陶器

1. 盆（YCTB320：1）　2. 鬲（YCTB320：4）　3、8、9. 板瓦（YCTB318：3、YCTB318：4、YCTB320：5）

4. 器底（YCTB320：2）　5~7. 筒瓦（YCTB318：1、YCTB318：2、YCTB320：6）

件，标本5件。

　　YCTB320：1　盆口沿。泥质灰陶。平折沿方唇，敞口，腹部斜收，内壁有波状起伏。内外壁有轮制痕迹。直径25.6、高8.2、厚1厘米（图四〇八，1）。

　　YCTB320：2　陶片。泥质灰陶。内外壁有轮制痕迹。宽10.7、高5.1、厚1.2厘米（图四〇八，4）。

YCTB320：4，鬲口沿。夹砂灰陶。外壁颈部饰抹平绳纹。窄折沿，圆唇，沿面下凹，直口，束颈。宽6.4、高3.6、厚1厘米（图四○八，2）。

YCTB320：5　板瓦。泥质灰陶。外壁饰粗绳纹绳纹颇深。宽11、长4.8、厚1.5厘米（图四○八，9）。

YCTB320：6，筒瓦。泥质深灰陶，外壁饰绳纹，绳纹交错，内壁有泥条接缝，侧面有切割痕迹，由外向内，深度近半。宽16、长27.2、厚1厘米（图四○八，7）。

第321采集点，编号YCTB321。位于北寿城村北一条冲沟的西壁上。地表采集，东经111°41′34.45″，北纬35°45′20.28″，共采集遗物11件，标本9件。

YCTB321：1　鬲口沿。夹砂灰陶。外壁肩部及以下拍印绳纹，绳纹交错。圆唇，折沿，口沿外缘有平台，溜肩。颈部及口沿可见轮制痕迹。口径17.5、高5.6、厚0.5厘米（图四○九，1；图版一六四，4）。

YCTB321：2　盆口沿。泥质深灰陶。窄折沿，方唇侈口。外壁饰绳纹，内外壁可见轮制痕迹。宽10.3、高8.2、厚0.8厘米（图四○九，5）。

YCTB321：3　盆口沿。泥质灰陶。平折沿，方唇，唇面凹陷。侈口。内外壁可见轮制痕迹。口径31.5、高10.2、厚1厘米（图四○九，3）。

YCTB321：4　板瓦。泥质红陶。外壁饰绳纹，瓦头端素面。宽14.5、长8、厚1厘米（图四○九，6）。

YCTB321：6　器底。泥质灰陶。外壁饰绳纹，绳纹较浅。底壁相接处有抹痕。宽15.7、高7.5、厚1.5厘米（图四○九，7）。

YCTB321：7　豆柄。泥质灰陶。内壁饰磨光暗纹。整体短粗呈喇叭状，其上有一周箍状突起。柄外径5、高6、厚1.3厘米（图四○九，4；图版一六四，5）。

YCTB321：8　板瓦。泥质灰陶。内壁饰布纹。仅存瓦头端部分。瓦背有抹痕。宽13.2、高5.6、厚1厘米（图四○九，8）。

YCTB321：9　筒瓦。泥质灰陶。外壁饰粗绳纹，绳纹仅局部拍印，内壁饰布纹。侧面有切割痕迹，由外向内，几乎割开。宽8、长22.4、厚1厘米（图四○九，9）。

YCTB321：10　板瓦。泥质灰陶。外壁饰粗绳纹，内壁饰篦点纹。宽7.2、长8、厚1厘米（图四○九，2）。

第322采集点，编号YCTB322。位于北寿城村北一条冲沟的西壁上。灰坑，坑南北长1、距地表深2.5米。东经111°41′31.15″，北纬35°45′25.24″，共采集遗物6件，标本2件。

YCTB322：1　板瓦。泥质褐陶。外壁饰粗绳纹，内壁饰布纹、篦点纹。侧面有切割痕迹，由内向外，深度近五分之一。宽18.6、高16.8、厚1厘米（图四一○，1）。

YCTB322：2　筒瓦。泥质深灰陶。外壁饰粗绳纹，内壁饰布纹。一端有子口状瓦舌。瓦头及瓦舌素面部分有抹痕。宽14.1、长16、厚1厘米（图四一○，2）。

第323采集点，编号YCTB323。位于北寿城村北一条小冲沟内东壁上。灰坑，坑口南北长6、坑口距地表3.5米。东经111°41′31.81″，北纬35°45′24.68″，共采集遗物7件，标本5件。

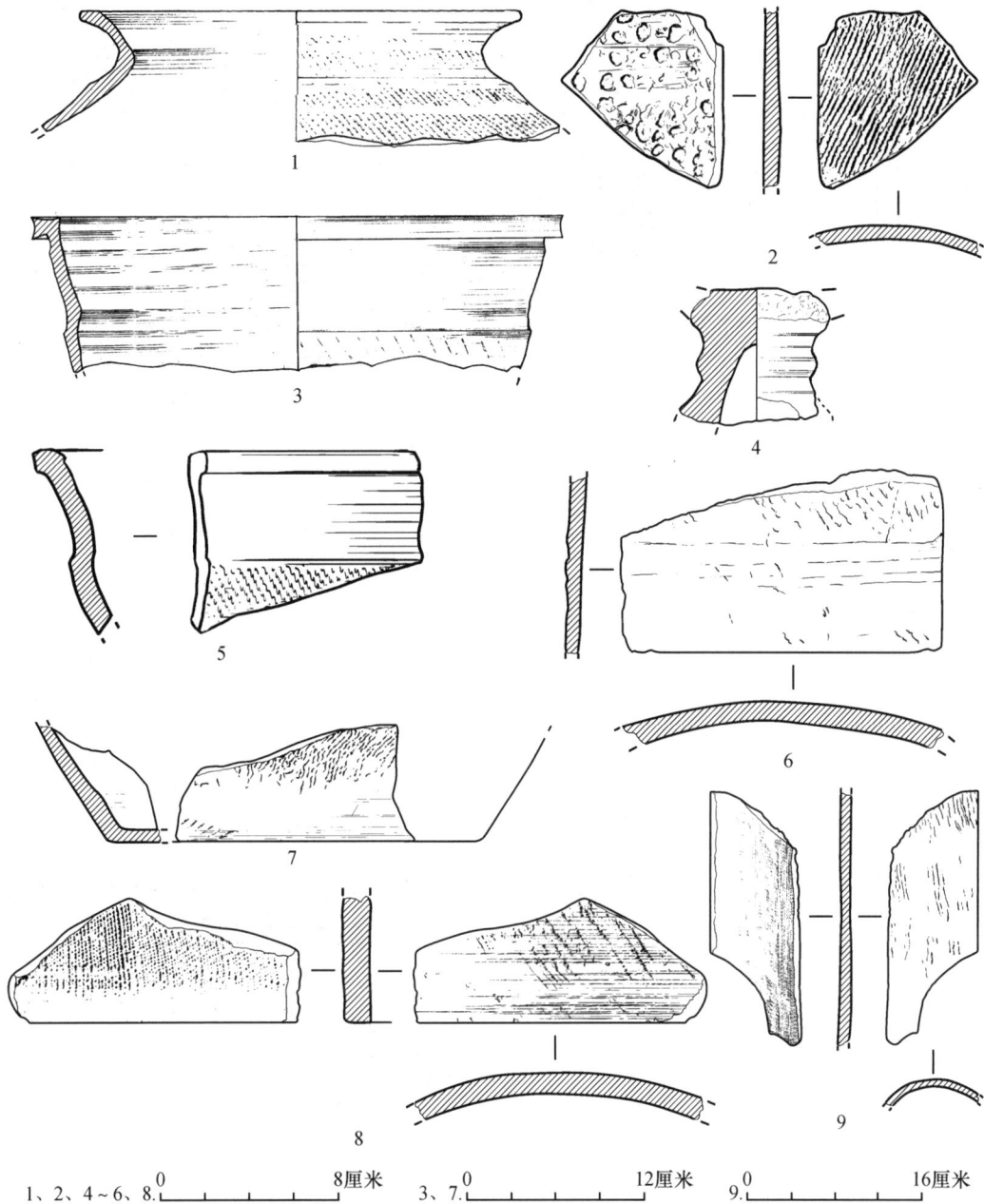

图四〇九 苇沟-北寿城遗址调查第321采集点陶器

1. 鬲（YCTB321：1） 2、6、8. 板瓦（YCTB321：10、YCTB321：4、YCTB321：8） 3、5. 盆（YCTB321：3、YCTB321：2）
4. 豆（YCTB321：7） 7. 器底（YCTB321：6） 9. 筒瓦（YCTB321：9）

　　YCTB323：1　板瓦。泥质灰陶。外壁饰绳纹，绳纹较浅、交错，瓦头端饰抹平绳纹。内外壁有抹痕，宽8.1、长12、厚1厘米（图四一〇，3）。

　　YCTB323：2　陶片。夹砂灰陶。外壁饰绳纹，内壁饰粗绳纹，绳纹较粗较浅。内外壁有抹痕。宽12、高10、厚0.7厘米（图四一〇，7）。

　　YCTB323：3　器底。夹砂灰陶。器底外包于器壁，内壁有波状起伏，有轮制痕迹。底外径15.2、高3、厚1厘米（图四一〇，6）。

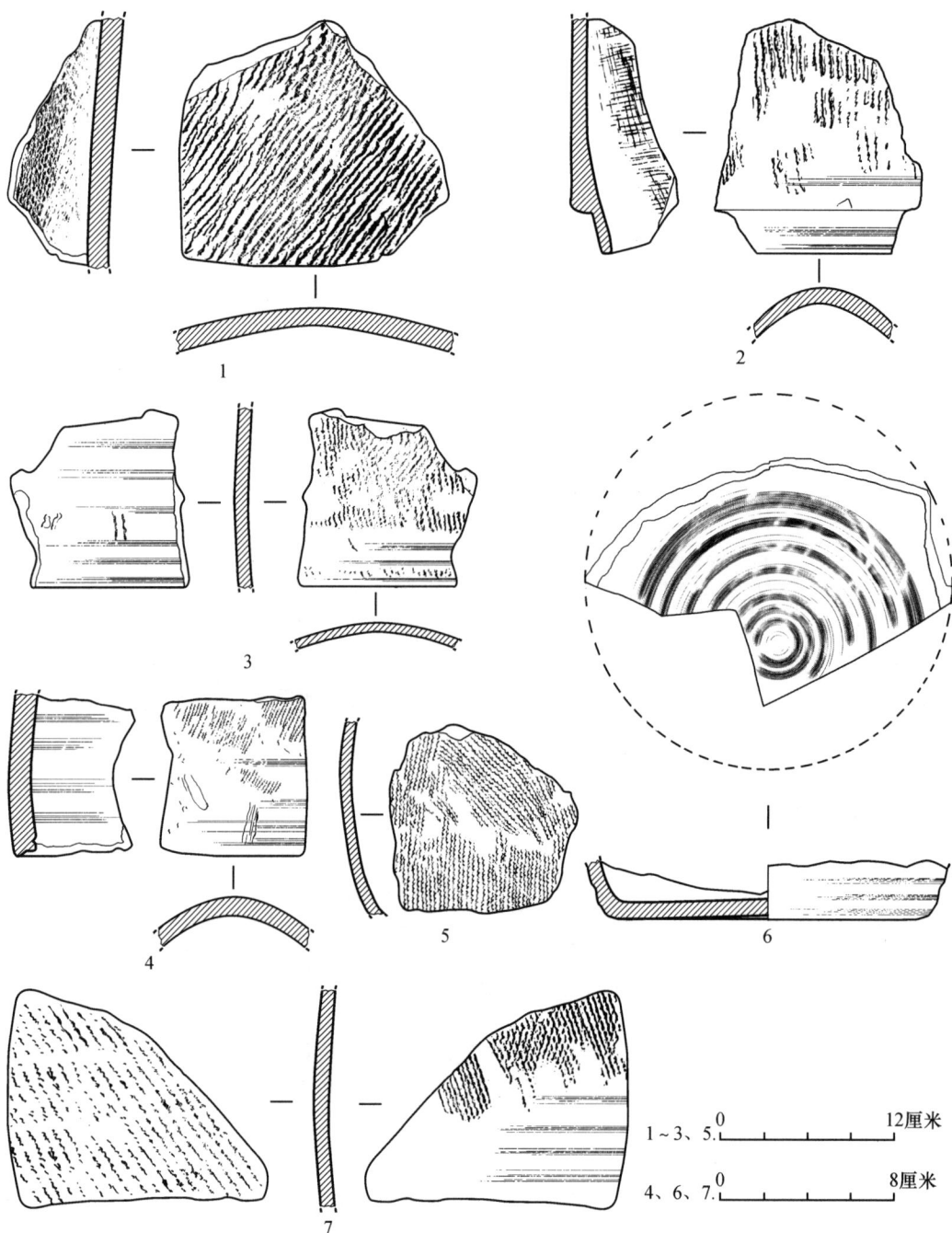

图四一〇　苇沟-北寿城遗址调查第322、323采集点陶器

1、3. 板瓦（YCTB322：1、YCTB323：1）　2、4.筒瓦（YCTB322：2、YCTB323：6）　5、7.陶片（YCTB323：4、5；
YCTB323：2）　6. 器底（YCTB323：3）

　　YCTB323：6　筒瓦。泥质灰陶。外壁成组拍印的绳纹，内壁饰布纹。内壁有泥条接缝及按压坑窝，侧面有切割痕迹，由外向内，深度近半。宽6.6、长7.1、厚2厘米（图四一〇，4）。

　　YCTB323：4、5　陶片。夹砂灰褐陶。外壁饰绳纹，内侧有拍印形成的浅绳纹。宽12.6、高12.4、厚0.5厘米（图四一〇，5）。

　　第324采集点，编号YCTB324。位于北寿城村北冲沟内西壁断崖上。灰坑，坑口南北宽1米，距地表1.5米，内有灰土堆积。东经111°41′37.69″，北纬35°45′24.62″，共采集遗物2件，标本1件。

　　YCTB324：1　豆盘。泥质褐陶。内、外壁磨光。直口残，浅盘。宽9.6、高4、厚2厘米（图四一一，1）。

　　第325采集点，编号YCTB325。位于北寿城村北一条冲沟的西壁上。地表采集，东经111°41′31.04″，北纬35°45′24.73″，共采集遗物5件，标本5件。

　　YCTB325：1　筒瓦。泥质灰陶。外壁饰粗绳纹。侧面有切割痕迹，由外向内深度近半。内壁有抹痕。宽11.1、长22.4、厚1.5厘米（图四一一，3）。

　　YCTB325：2　瓦当。泥质灰陶。半圆形筒状。当面有对称的浮雕卷云纹。当面直径12.6、厚1.5厘米（图四一一，4）。

　　YCTB325：3　板瓦。泥质灰陶。外壁饰粗绳纹。内壁饰菱形方格纹。宽21、高9.9、厚1.1厘米（图四一一，6）。

　　YCTB325：4　板瓦。泥质红陶。外壁饰粗绳纹。宽9、长12、厚1.2厘米（图四一一，5）。

　　YCTB325：5　豆盘。泥质灰陶。外壁磨光。敞口，折腹。口径17、高3、厚0.6厘米（图四一一，2）。

　　第326采集点，编号YCTB326。灰坑，位于北寿城村北一条小冲沟内东壁上。坑口南北长5米，距地表3.5米，坑内堆积为灰杂土。东经111°41′31.75″，北纬35°45′24.02″，共采集遗物4件，标本1件。

　　YCTB326：1　筒瓦。泥质深灰陶。外壁饰粗绳纹，内壁饰布纹，内壁有泥条接缝及按压坑窝，侧面有切割痕迹，由内向外几乎切透。宽12.3、长12.3、厚1.3厘米（图四一二，5）。

　　第327采集点，编号YCTB327。位于北寿城村北一条小冲沟内东壁上。陶窑，附带工作坑，南北长4米，距离地表1米。东经111°41′31.81″，北纬35°45′23.74″，共采集遗物16件，标本6件。

　　YCTB327：3　豆盘。泥质红陶。内外壁磨光。圆唇、敞口、浅盘。内外壁有抹痕。口径22、高4、厚0.8厘米（图四一二，2）。

　　YCTB327：4　陶片。泥质黑灰陶。外壁饰绳纹。内壁有圈筑接缝及按压痕迹。宽12.5、高6.7、厚1.1厘米（图四一二，6）。

　　YCTB327：7　陶片。泥质褐陶。内壁略有起伏。宽9.6、高6、厚0.7厘米（图四一二，3）。

　　YCTB327：8　陶片。夹砂褐陶。外壁饰绳纹。内壁有按压坑窝。高11、高6.6、厚0.8厘米（图四一二，1）。

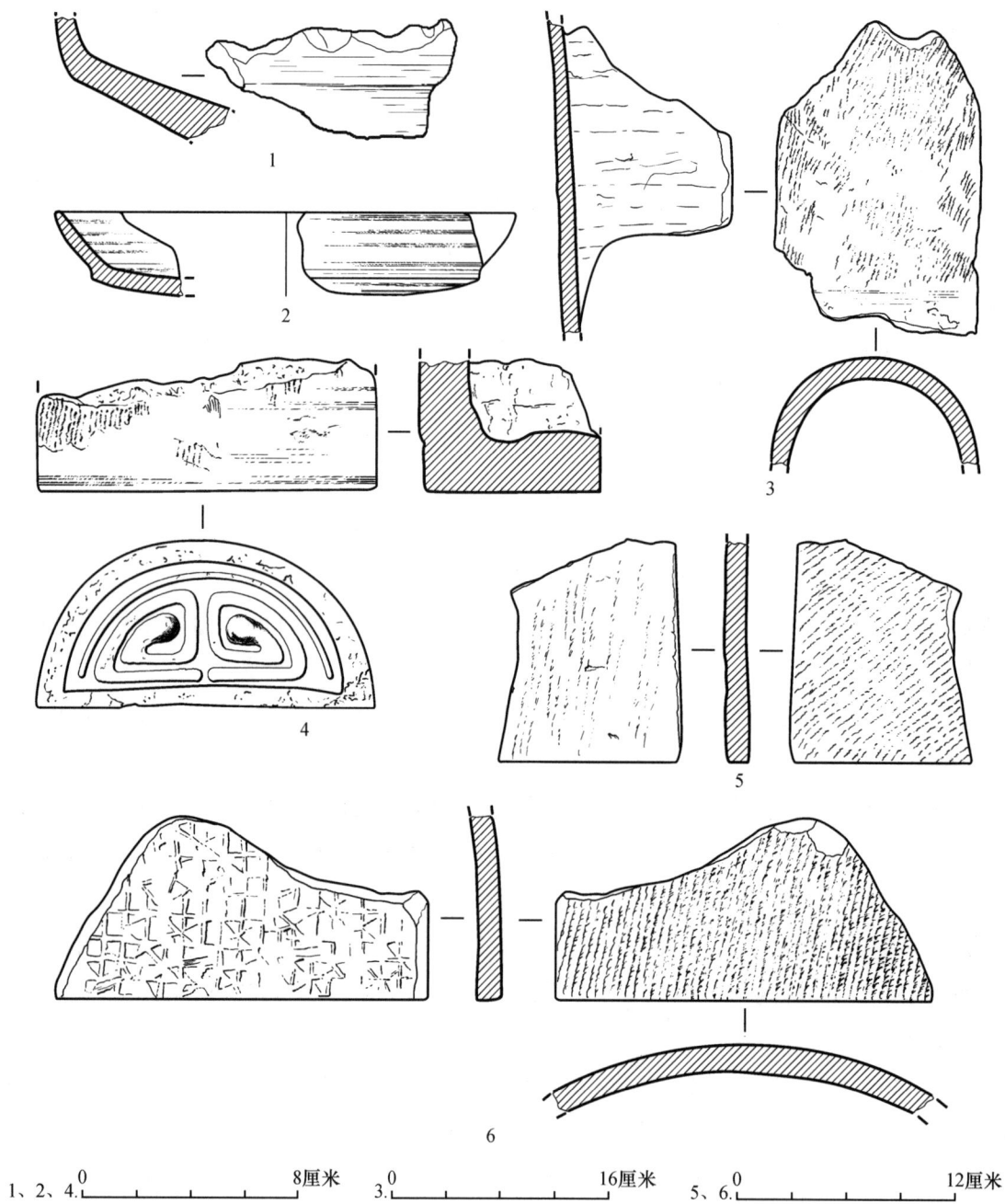

图四一一　苇沟-北寿城遗址调查第324、325采集点陶器

1、2.豆（YCTB324：1、YCTB325：5）　3.筒瓦（YCTB325：1）　4.瓦当（YCTB325：2）

5、6.板瓦（YCTB325：4、YCTB325：3）

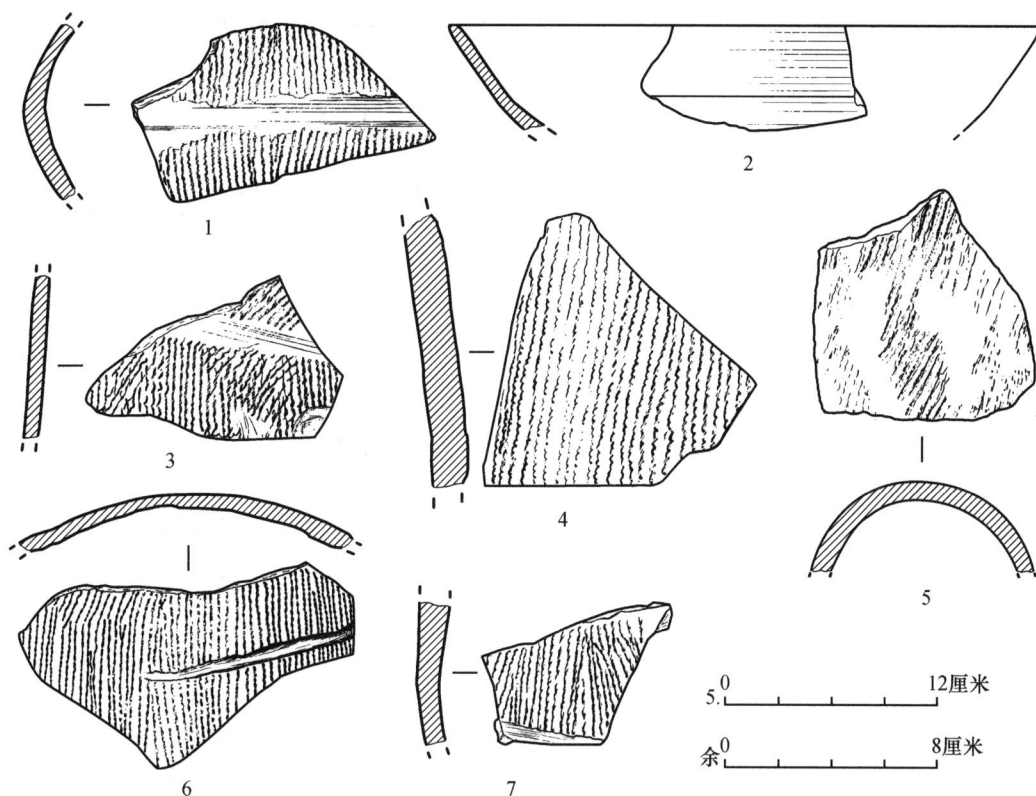

图四一二 苇沟-北寿城遗址调查第326、327采集点陶器

1、3、6、7.陶片（YCTB327∶8、YCTB327∶7、YCTB327∶4、YCTB327∶9） 2.豆（YCTB327∶3） 4.板瓦（YCTB327∶15）
5.筒瓦（YCTB326∶1）

YCTB327∶9 陶片。泥质深灰陶。外壁饰绳纹。宽5.6、高4.8、厚0.5厘米（图四一二，7）。

YCTB327∶15 板瓦。泥质褐陶。外壁饰绳纹。宽9.4、高10、厚1厘米（图四一二，4）。

第328采集点，编号YCTB328。位于北寿城村北一条小冲沟内东壁上。灰坑，南北长2.5米，距地表0.6米，坑内堆积为灰杂土，含烧土。东经111°41′31.59″，北纬35°45′23.30″，共采集遗物7件，标本6件。

YCTB328∶1 鬲口沿。夹砂褐陶。外壁饰粗绳纹。圆唇、宽折沿，口微敛。口沿、颈部外侧及内部有抹痕。口径24、高5.4、厚1.2厘米（图四一三，1）。

YCTB328∶2 盆口沿。泥质灰陶。方唇加厚，唇面有凹槽，平折沿，直口，颈部有瓦棱纹。内外壁有轮制痕迹。口径36、高7.4、厚0.5厘米（图四一三，2）。

YCTB328∶3 盆口沿。泥质灰陶。唇部残，平折沿，敛口折腹部。宽4.9、高4.5、厚0.8厘米（图四一三，3）。

YCTB328∶4 筒瓦。泥质灰陶。一端残存子口状瓦舌，外壁饰粗绳纹，内壁饰布纹。宽10.4、长15.4、厚1.1厘米（图四一三，6）。

YCTB328∶5 板瓦。泥质灰陶。外壁饰粗绳纹，内壁饰布纹。宽13.8、长12.1、厚1.1厘米（图四一三，5）。

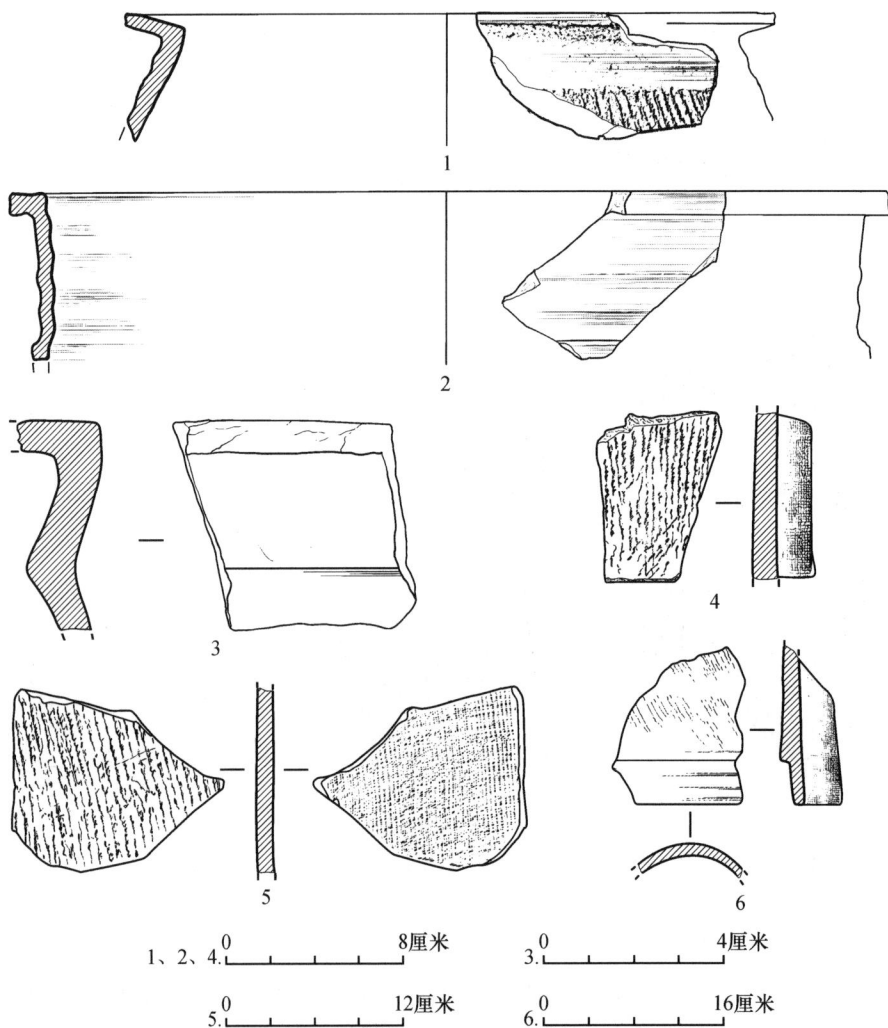

图四一三　苇沟-北寿城遗址调查第328采集点陶器

1. 鬲（YCTB328：1）　2、3. 盆（YCTB328：2、YCTB328：3）　4、5. 板瓦（YCTB328：6、YCTB328：5）

6. 筒瓦（YCTB328：4）

　　YCTB328：6　板瓦。泥质灰陶。外壁饰绳纹，内壁饰布纹。宽5.6、长7.2、厚1.1厘米（图四一三，4）。

　　第329采集点，编号YCTB329。位于北寿城村北大棚温室的墙头。地表采集，东经111°41′33.10″，北纬35°45′23.39″，共采集遗物9件，标本8件。

　　YCTB329：1　盆口沿。泥质灰陶。外壁饰弦纹，内壁饰磨光暗纹。平折沿，外缘下翻，直口微敛。外壁有波状起伏及轮制痕迹。口径44、高12、厚0.9厘米（图四一四，1；图版一六四，6）。

　　YCTB329：3　器底。泥质深灰陶。外壁磨光，内绘饰卷草纹。内壁有轮制痕迹。底外径16.8、宽2、厚0.6厘米（图四一四，4）。

　　YCTB329：4　器底。泥质灰陶。内壁底壁相接处有并列斜向暗纹。外壁有轮制痕迹。器底外壁有同心圆状轮制痕迹。底外径22.9、高2.4、厚0.7厘米（图四一四，8）。

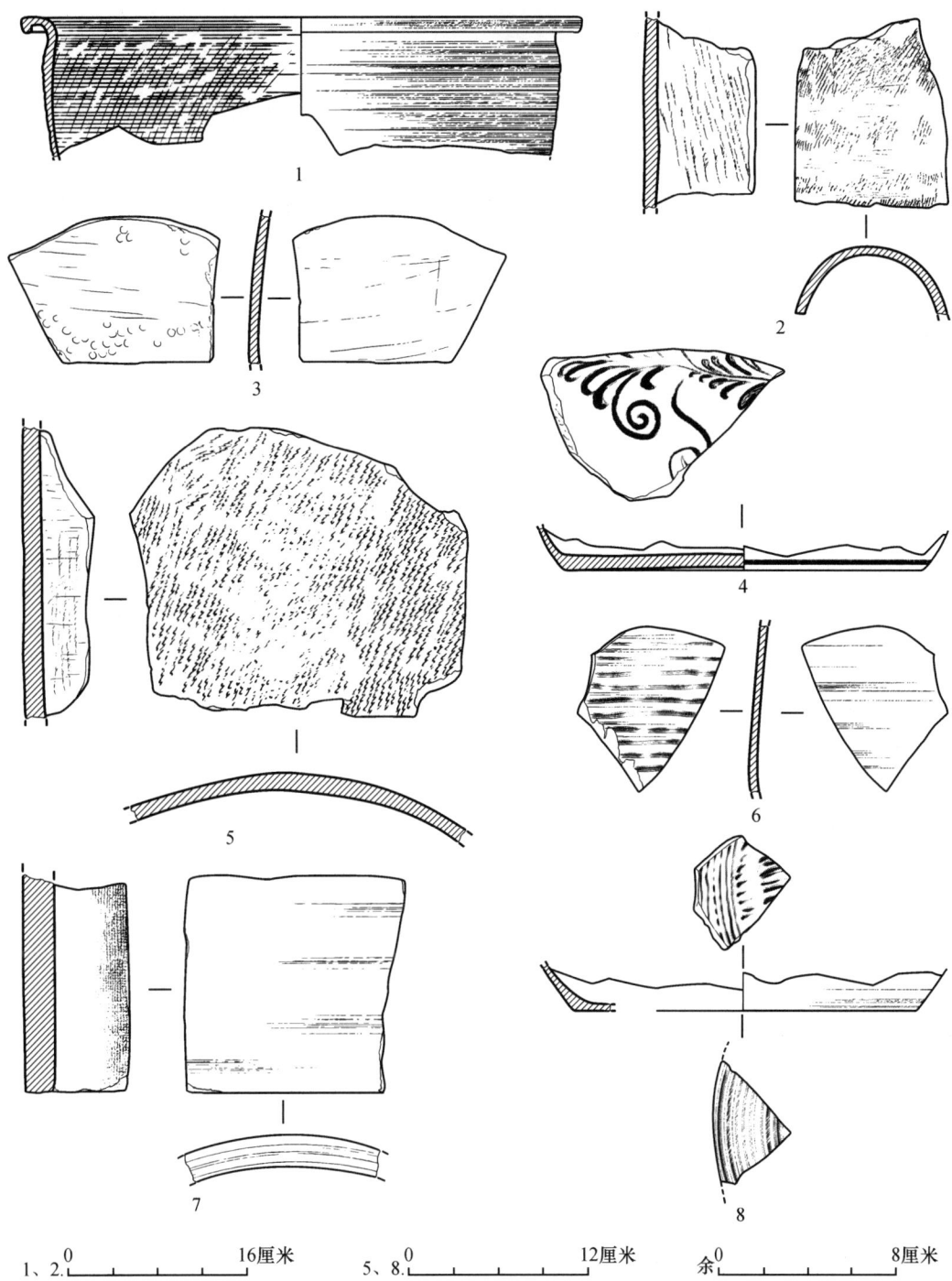

图四一四　苇沟-北寿城遗址调查第329采集点陶器

1. 盆（YCTB329：1）　2. 筒瓦（YCTB329：8）　3、6. 陶片（YCTB329：5、YCTB329：6）　4、8. 器底（YCTB329：3、
YCTB329：4）　5、7. 板瓦（YCTB329：7、YCTB329：9）

YCTB329：5　陶片。泥质浅灰陶。外壁磨光。内外壁有密集旋抹痕迹。宽9.4、长6.4、厚0.4厘米（图四一四，3）。

YCTB329：6　陶片。泥质灰陶。内壁饰磨光暗纹。内外壁有轮制痕迹。宽6、长7.2、厚0.3厘米（图四一四，6）。

YCTB329：7　板瓦。泥质灰陶。外壁饰绳纹。侧面有切割痕迹，由内向外，深度近四分之一。内壁坑洼不平，有抹痕。宽21.6、长18.6、厚1.5厘米（图四一四，5）。

YCTB329：8　筒瓦。泥质灰陶。外壁饰绳纹，内壁饰布纹，坑洼不平。侧面有切割痕迹，全部切透。宽13.6、长12.6、厚1.5厘米（图四一四，2）。

YCTB329：9　板瓦。泥质灰陶。内壁饰布纹。宽9、长9.5、厚1.3厘米（图四一四，7）。

第330采集点，编号YCTB330。位于北寿城村北冲沟南部西壁上。地表采集，东经111°41′37.55″，北纬35°45′23.13″，共采集遗物5件，标本5件。

YCTB330：1　瓦当。泥质灰陶。当面仅残有单阳线卷云纹。宽8.8、厚1.5厘米（图四一五，1）。

YCTB330：2　筒瓦。泥质灰陶。外壁饰绳纹，内壁饰布纹，绳纹仅局部拍印。瓦舌残。宽9.3、长9.9、厚1.5厘米（图四一五，2）。

YCTB330：3　陶片。泥质灰陶。外壁饰绳纹，绳纹交错。宽10.2、高6.6、厚0.8厘米（图四一五，3）。

YCTB330：4　陶片。泥质灰陶。外壁饰绳纹，绳纹较浅，仅局部拍印。内壁略有起伏，似拍印痕迹。宽15.6、高12、厚0.8厘米（图四一五，4）。

YCTB330：5　板瓦。泥质灰陶。外壁饰绳纹，内壁饰布纹、菱形方格纹。宽10.6、长9.8、厚1.2厘米（图四一五，5）。

第331采集点，编号YCTB331。位于北寿城村北一条小冲沟内东壁上。灰坑，坑南北长5、距地表2.5米，坑内填土为土黄色黄褐花土，含有灰粒。东经111°41′31.40″，北纬35°45′22.52″，共采集遗物13件，标本8件。

YCTB331：1　鬲口沿。夹砂红陶。外壁饰绳纹。卷平沿，直口微敛。宽5、高5.3、厚0.6厘米（图四一六，1）。

YCTB331：5　瓮口沿。泥质褐陶。外壁口沿下及唇部拍印绳纹。方唇，侈口。口径26、高4.6、厚1.1厘米（图四一六，3）。

YCTB331：6　筒瓦。泥质灰陶。外壁饰粗绳纹，内壁饰布纹。宽7.3、长13.1、厚1.2厘米（图四一六，4）。

YCTB331：7　鬲口沿。泥质灰陶。外壁饰绳纹，绳纹较浅。方唇，折沿，侈口，溜肩。内壁有抹痕。宽8、高6.2、厚0.8厘米（图四一六，6）。

YCTB331：10　鬲足。夹砂灰褐陶。外壁饰粗绳纹。锥状袋足，水平截面呈扁椭圆状，下有小平足根。高6、厚0.6厘米（图四一六，5）。

YCTB331：11　鬲足。夹砂灰褐陶。外壁饰粗绳纹。仅残存锥状足根，足底有平面。高

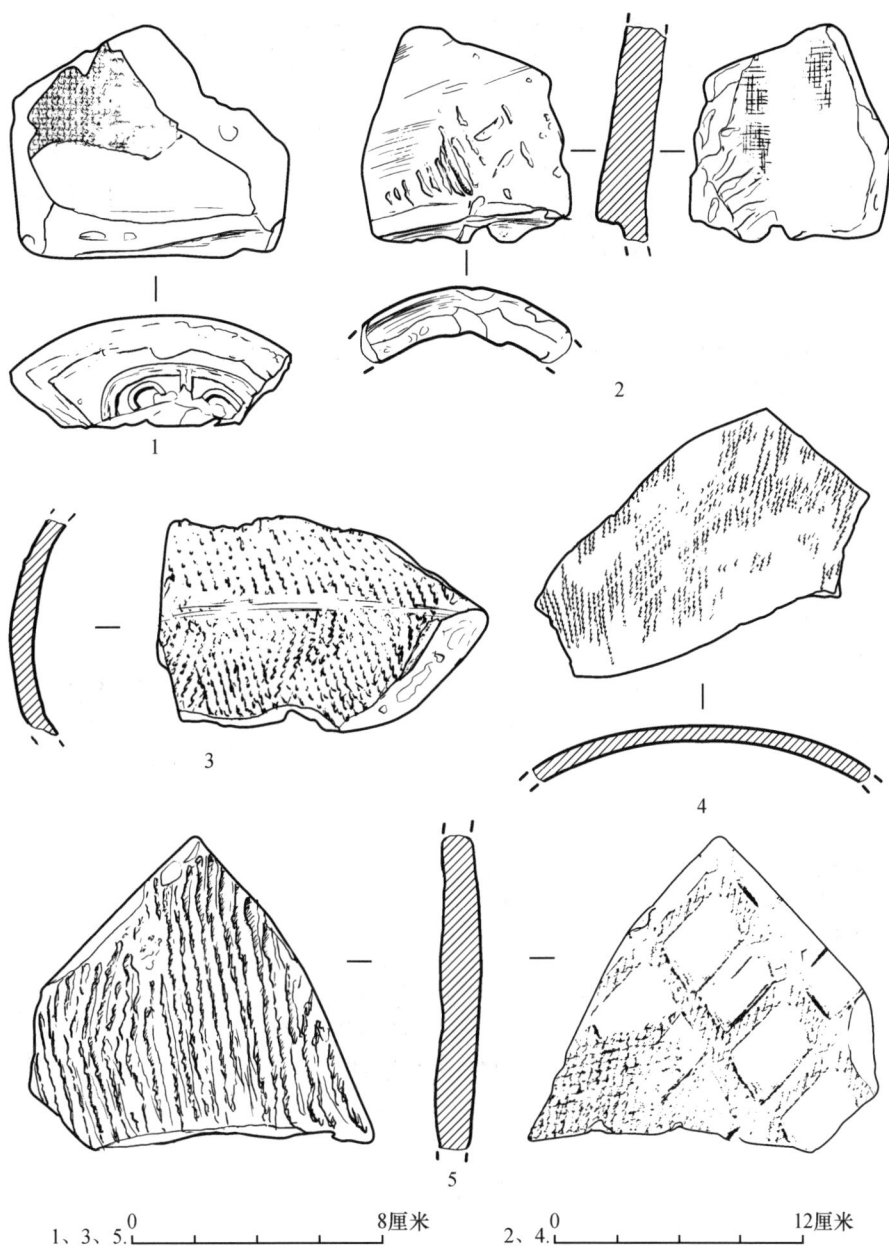

图四一五　苇沟-北寿城遗址调查第330采集点陶器

1. 瓦当（YCTB330：1）　2. 筒瓦（YCTB330：2）　3、4. 陶片（YCTB330：3、YCTB330：4）　5. 板瓦（YCTB330：5）

5、厚1厘米（图四一六，7）。

　　YCTB331：12　侈口沿。泥质灰陶。外壁饰粗绳纹。圆唇，宽折沿。内壁有泥条接缝。宽3.9、高3.9、厚0.6厘米（图四一六，2；图版一六五，1）。

　　YCTB331：3、YCTB331：4、YCTB331：8，深腹罐底。泥质褐陶。外壁饰绳纹。仅存下腹部及器底，下腹斜收，平底。内壁略有起伏，有泥条接缝。底外径7.8、高11、厚1.2厘米（图四一六，8）。

　　第332采集点，编号YCTB332。位于北寿城村北大冲沟内南部。地表采集，东经111°41′37.69″，北纬35°45′22.59″，共采集遗物8件，标本8件。

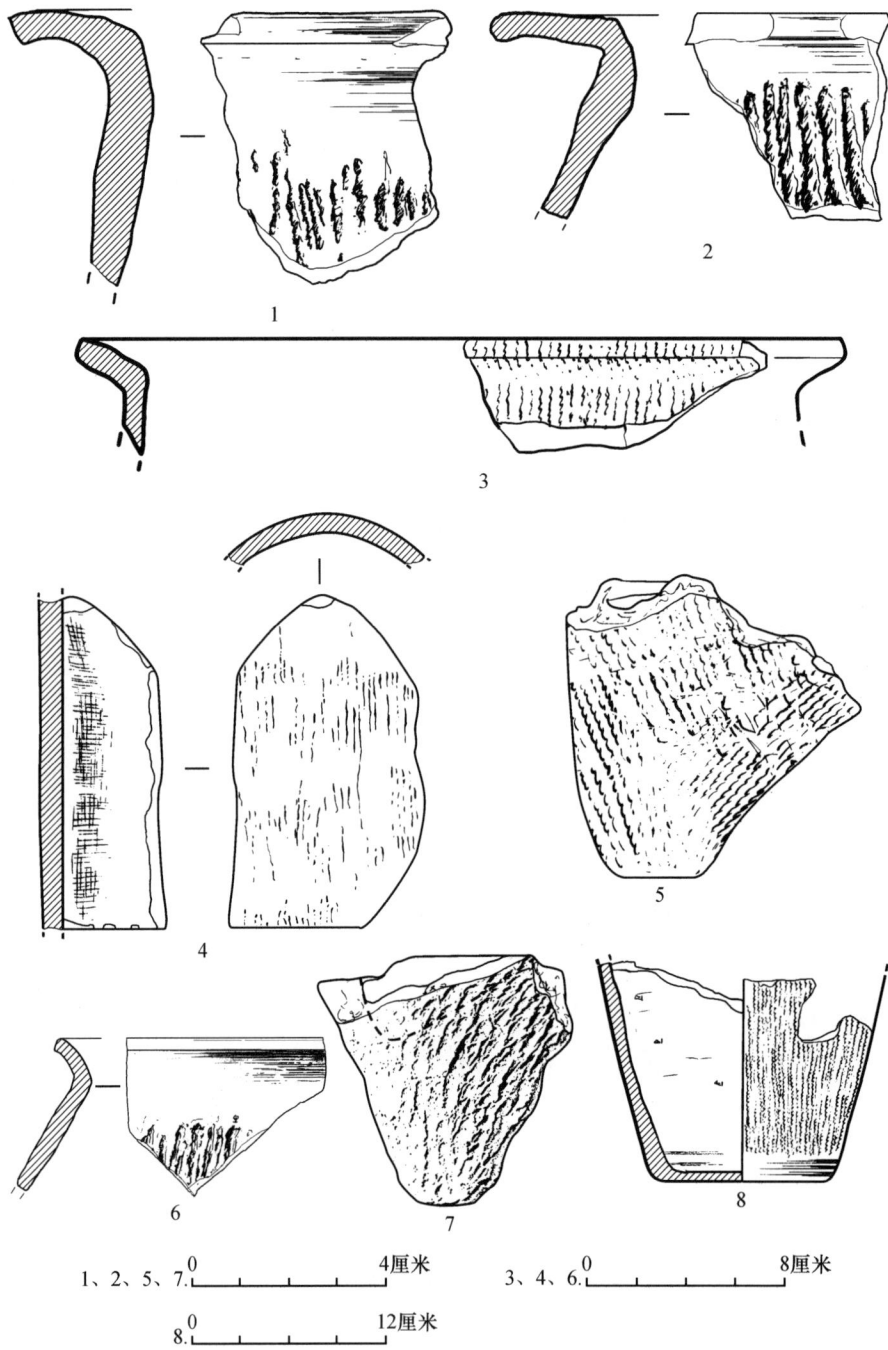

图四一六　苇沟-北寿城遗址调查第331采集点陶器

1、2、5～7.鬲（YCTB331：1、YCTB331：12、YCTB331：10、YCTB331：7、YCTB331：11）　3.瓮（YCTB331：5）
4.筒瓦（YCTB331：6）　8.深腹罐（YCTB331：3、YCTB331：4、YCTB331：8）

YCTB332：1　板瓦。泥质灰陶。外壁饰粗绳纹，内壁饰篦点纹、菱形方格纹。侧面有切割痕迹，由内向外，深度近三分之一。宽16、长20、厚1厘米（图四一七，1）。

YCTB332：2　陶片。泥质深灰陶。外壁饰绳纹，绳纹较浅。内壁有拍印的成组坑窝。宽10.6、高8.5、厚1厘米（图四一七，6）。

YCTB332：3　板瓦。泥质灰陶。外壁饰绳纹，绳纹较浅。侧面有切割痕迹，由内向外，深度近五分之一，外壁素面处有抹痕。宽8.2、长6.9、厚1.2厘米（图四一七，2）。

YCTB332：4　板瓦。泥质灰陶。外壁饰粗绳纹，绳纹较深，内壁饰布纹。宽8.5、长15、厚1.5厘米（图四一七，5）。

YCTB332：5　板瓦。泥质灰陶。外壁饰绳纹，内壁饰布纹。宽8.8、长7.6、厚1.2厘米（图四一七，8）。

YCTB332：6　板瓦。泥质灰陶。外壁饰粗绳纹，内壁饰篦点纹。侧面未见切割痕迹。宽10.2、长9.4、厚1.2厘米（图四一七，3）。

YCTB332：7　筒瓦。泥质灰陶。外壁饰粗绳纹，绳纹成组拍印，内壁饰布纹。侧面有切割痕迹由外向内，深度近半。宽10.5、长23.2、厚1.5厘米（图四一七，4）。

YCTB332：8　筒瓦。泥质灰陶。外壁饰粗绳纹，绳纹较深，内壁饰布纹。宽6.4、长8.6、厚0.8厘米（图四一七，7）。

第333采集点，编号YCTB333。位于北寿城村北一条小冲沟内东壁上。灰坑，坑南北长2.5、距离地表1.5米。东经111°41′31.31″，北纬35°45′22.18″，共采集遗物9件，标本2件。

YCTB333：1　双耳罐。泥质灰陶。外壁施彩绘。方唇、侈口、束颈、溜肩，肩部有桥形耳。内壁有密集圆饼状突起和抹痕。口径12、高11.3、厚0.7厘米（图四一八，2；图版一六五，2）。

YCTB333：9　罐口沿。泥质灰陶。尖唇，外卷呈扁筒状。口径8.2、高3、厚0.5厘米（图四一八，4）。

第334采集点，编号YCTB334。位于北寿城村北冲沟西壁。灰坑，坑宽0.7、深2.5米，坑内堆积为灰色土。东经111°41′37.66″，北纬35°45′22.19″，未采集。

第335采集点，编号YCTB335。位于北寿城村北300米冲沟。陶窑，窑口距离地表0.5米，形状为袋状，上部宽0.8、下部宽1.2米，烧结层厚0.2~0.3米，红烧土厚0.3米，内部堆积为黄褐灰土。东经111°41′28.05″，北纬35°45′21.55″，共采集遗物3件，标本1件。

YCTB335：1　陶片。泥质灰陶。肩部外壁装饰密集凹弦纹，内壁有波状起伏，内壁有轮制痕迹。宽7.2、高3.4、厚0.9厘米（图四一八，3）。

第336采集点，编号YCTB336。位于北寿城村北一条小冲沟内东壁上。灰坑，坑南北长3米，距离地表1米。东经111°41′31.01″，北纬35°45′21.34″，共采集遗物17件，标本14件。

YCTB336：1　罐口沿。泥质灰陶。外壁饰绳纹，绳纹极浅，仅局部少量拍印。直口微侈、广肩，胎体厚重。内外有轮制痕迹。口径32.7、高12、厚2厘米（图四一八，5）。

YCTB336：2　盆口沿。泥质浅灰陶。方唇，折沿，弧腹。口径36.6、高10、厚1.3厘米

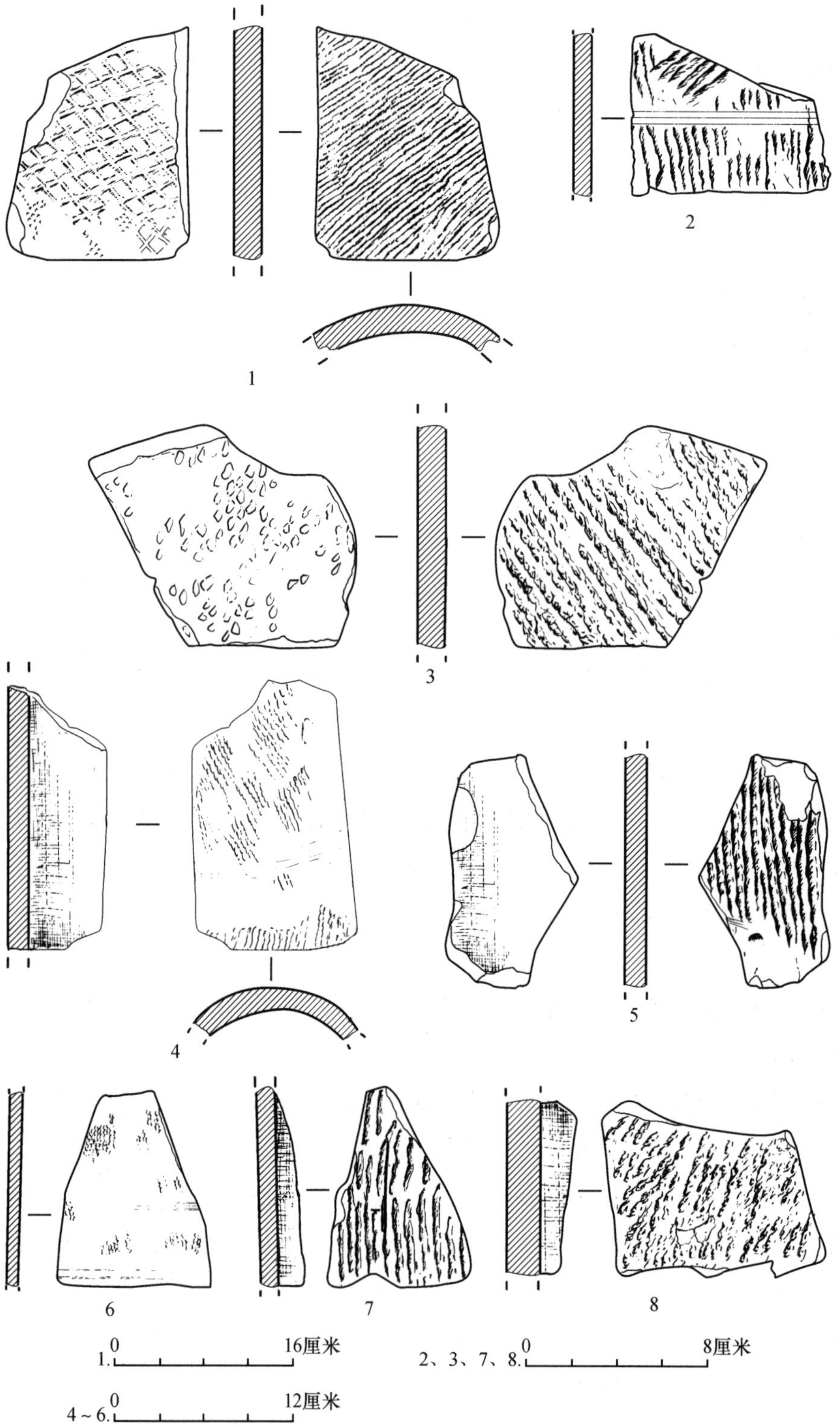

图四一七　苇沟-北寿城遗址调查第332采集点陶器

1～3、5、8. 板瓦（YCTB332：1、YCTB332：3、YCTB332：6、YCTB332：4、YCTB332：5）　4、7. 筒瓦（YCTB332：7、YCTB332：8）　6. 陶片（YCTB332：2）

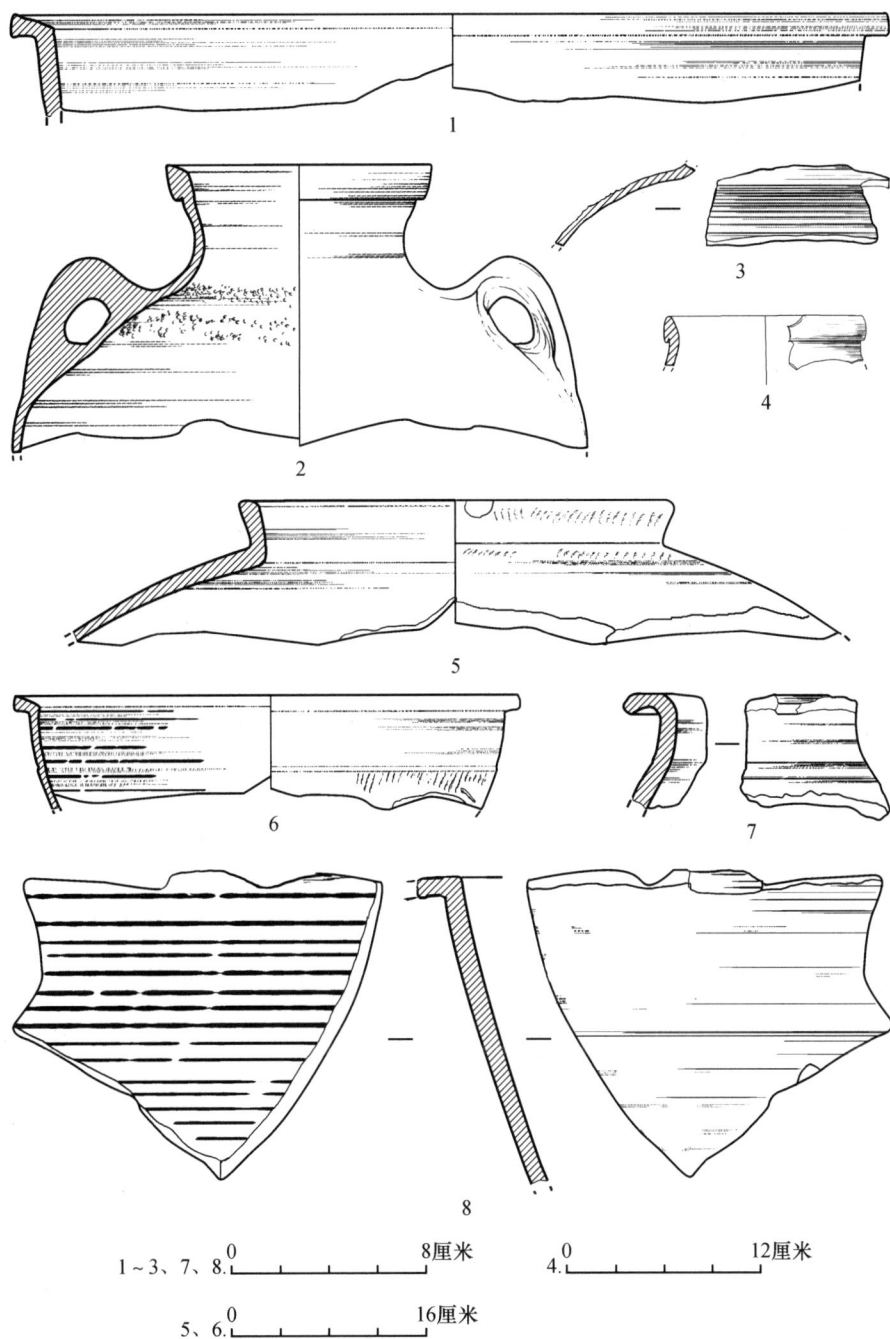

图四一八　苇沟-北寿城遗址调查第333、335、336采集点陶器

1、6、8.盆（YCTB336∶4、YCTB336∶2、YCTB336∶3）　2.双耳罐（YCTB333∶1）　3.陶片（YCTB335∶1）

4、5、7.罐（YCTB333∶9、YCTB336∶1、YCTB336∶5）

（图四一八，6；图版一六五，3）。

YCTB336∶3　盆口沿。泥质深灰陶。内壁磨光，加饰磨光暗纹。唇部残，平折沿，弧腹。宽14.6、高12.2、厚0.8厘米（图四一八，8）。

YCTB336∶4　盆口沿。泥质灰陶。折沿，方唇加厚，直口微侈。口径32、高3.6、厚1.5厘米（图四一八，1）。

　　YCTB336：5　罐口沿。泥质灰陶。外壁磨光，肩部有数道凹弦纹。圆唇，平折沿，口沿外缘略下折，束颈。宽4.5、高4.4、厚0.7厘米（图四一八，7）。

　　YCTB336：6　板瓦。泥质灰陶。外壁饰粗绳纹，内壁饰篦点纹。宽23、高21、厚1.5厘米（图四一九，3）。

　　YCTB336：7　板瓦。泥质灰陶。外壁饰粗绳纹，内壁饰布纹。宽16、长12、厚1.2厘米（图四一九，6）。

　　YCTB336：8　板瓦。泥质灰陶。外壁饰粗绳纹，内壁饰篦点纹、布纹。一侧有切割痕迹，由内向外，深度近四分之一。宽6.4、长14.7、厚1.2厘米（图四一九，7）。

　　YCTB336：9　筒瓦。泥质深灰陶。外壁饰粗绳纹，内壁饰布纹。一端残存子口状瓦舌。宽8.6、长10、厚1.2厘米（图四一九，5）。

　　YCTB336：10　筒瓦。泥质灰陶。外壁饰粗绳纹，内壁饰布纹。宽9.6、长13.2、厚1.2厘米（图四一九，9）。

　　YCTB336：14　罐口沿。泥质灰陶。方唇、直口广肩，内外壁有轮制痕迹。宽10、高5.5、厚1.5厘米（图四一九，2）。

　　YCTB336：15　板瓦。泥质灰陶。外壁饰绳纹，内壁饰布纹。宽6、长15.4、厚1.5厘米（图四一九，8）。

　　YCTB336：16　陶片。泥质灰陶。外壁饰绳纹。宽7.2、高8、厚0.7厘米（图四一九，1）。

　　YCTB336：17　陶片。泥质深灰陶。内、外壁饰绳纹。宽13、高7.6、厚0.9厘米（图四一九，4）。

　　第337采集点，编号YCTB337。位于北寿城村北冲沟西壁尾部，灰坑，距地表深0.3米，形状不规则，斜坡底，南北长7、深0.5～1.5米。坑内为灰褐花土，质地较密。东经111°41′28.16″，北纬35°45′20.46″，共采集遗物5件，标本5件。

　　YCTB337：1　盆口沿。夹砂灰陶。外壁饰绳纹。平折沿，沿面下凹，直口微侈，腹部微鼓。内侧有泥条接缝，口沿及颈部有轮修痕迹。宽11.7、高9.7、厚1.2厘米（图四二〇，1；图版一六五，4）。

　　YCTB337：2　罐口沿。夹砂灰陶。外壁饰凹弦纹，内壁磨光加饰磨光暗纹。直口，方唇加粗，广肩。内外壁有轮修痕迹。宽7、高3.2、厚0.7厘米（图四二〇，6）。

　　YCTB337：3　盆口沿。泥质灰陶。方唇，卷沿近平，直口。口沿及内壁有轮修痕迹。宽3.2、高3.8、厚0.7厘米（图四二〇，2）。

　　YCTB337：4　鬲口沿。夹砂陶，胎红褐，外皮黑色。外壁饰抹平绳纹，器表光亮。仅残存颈部，颈部及内壁有轮修痕迹。宽3.8、高3.3、厚0.7厘米（图四二〇，3）。

　　YCTB337：5　陶器口沿。泥质灰陶。颈部残存三道凹弦纹。圆唇、直口。宽2.9、高3.5、厚1.3厘米（图四二〇，4）。

　　第338采集点，编号YCTB338。位于北寿城村西北沟尾部西部断崖，西高东低。文化层，厚1.1～1.2米，上面有0.3米厚的耕土层，堆积为黄褐色花土，质地较密。东经111°41′17.72″，

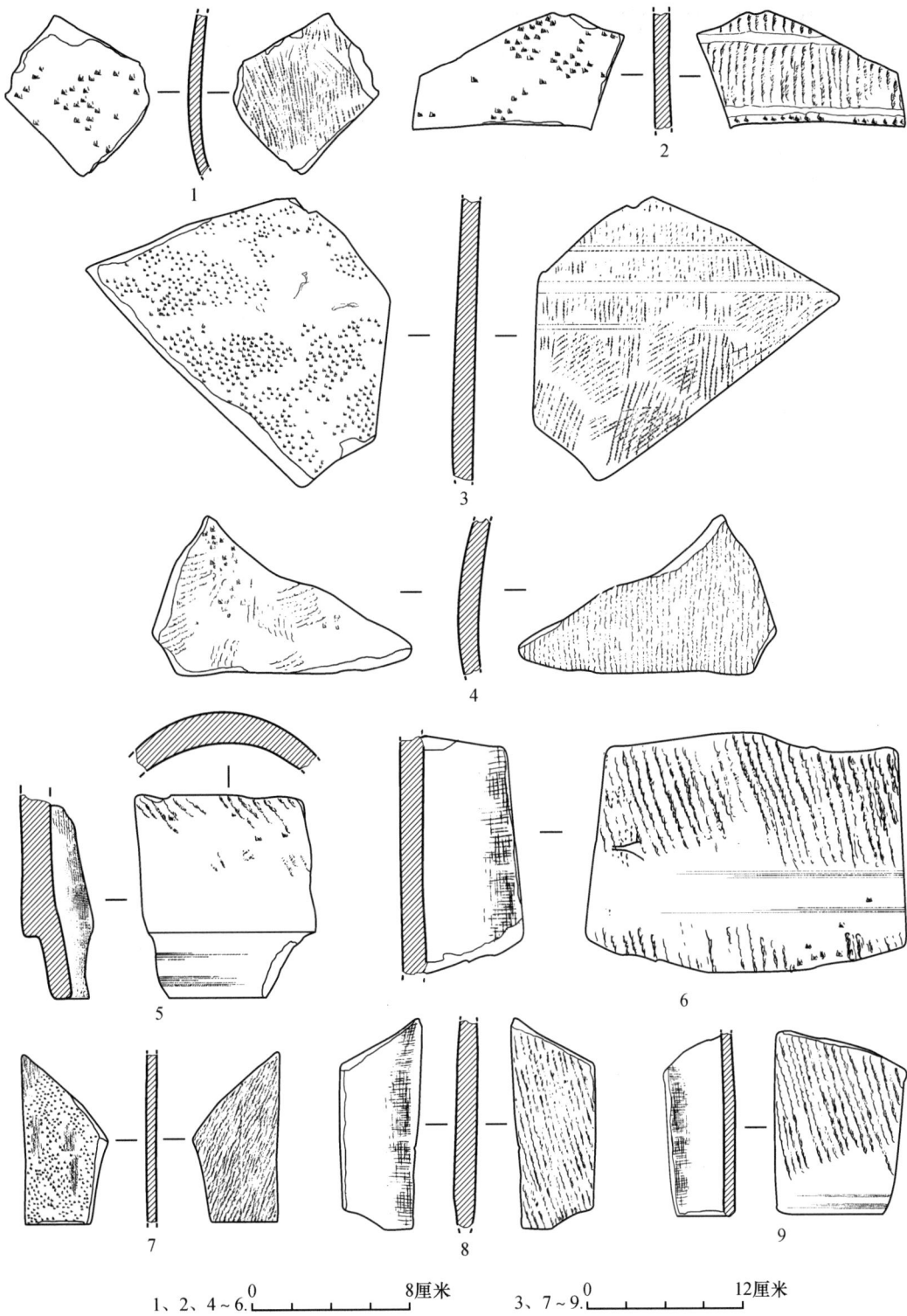

图四一九　苇沟-北寿城遗址调查第336采集点陶器

1、4.陶片（YCTB336：16、YCTB336：17）　2.罐（YCTB336：14）　3、6~8.板瓦（YCTB336：6、YCTB336：7、YCTB336：8、YCTB336：15）　5、9.筒瓦（YCTB336：9、YCTB336：10）

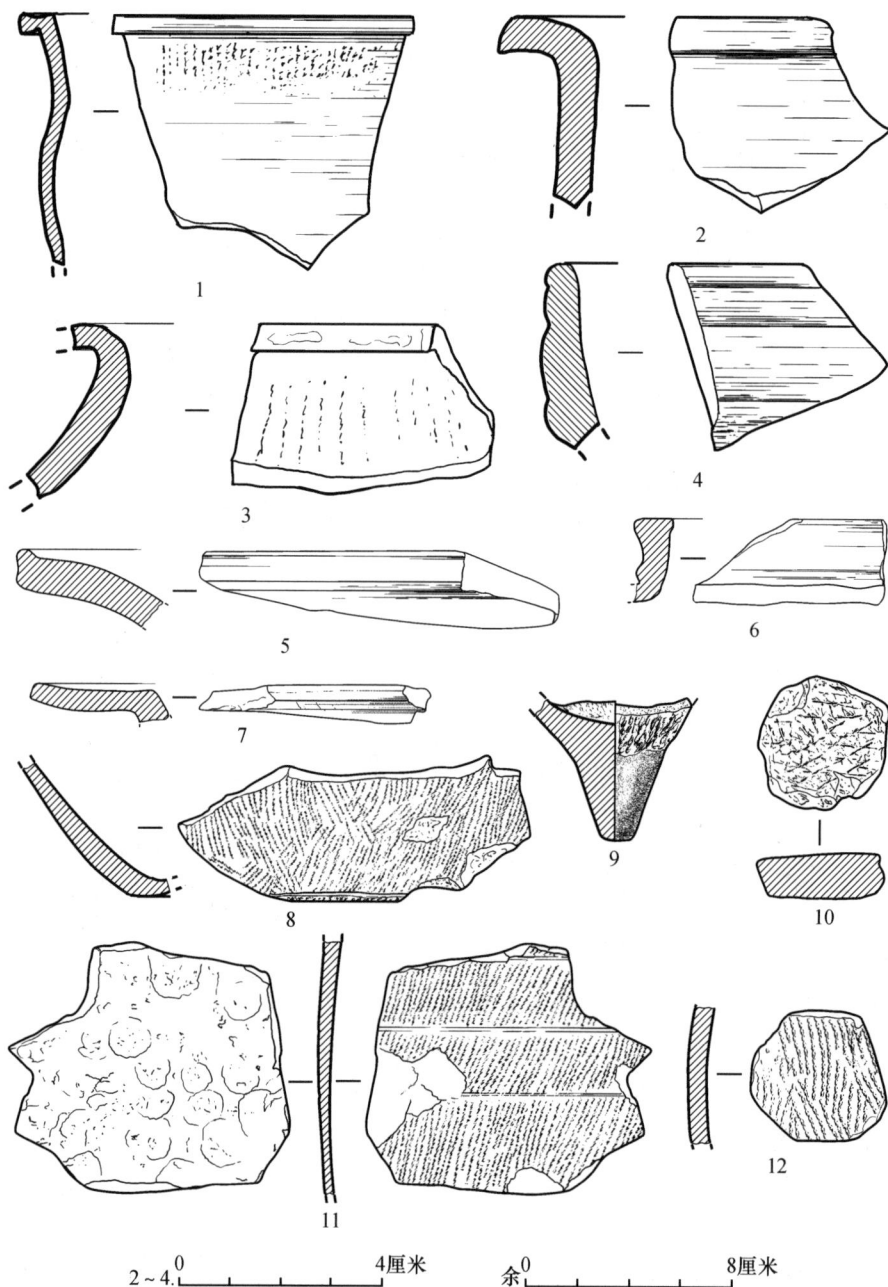

图四二〇　苇沟-北寿城遗址调查第337～339、341采集点陶器

1、2.盆（YCTB337：1、YCTB337：3）　3、9.鬲（YCTB337：4、YCTB338：5）　4、5、7.陶器口沿（YCTB337：5、
YCTB338：3、YCTB341：3）　6、8.罐（YCTB337：2、YCTB338：2）　10、12.圆陶片（YCTB339：2、YCTB341：2）
11.陶片（YCTB338：1）

北纬35°45′20.72″，共采集遗物11件，标本4件。

YCTB338：1　陶片。夹砂灰陶。外壁饰细绳，绳纹被凹弦纹抹断。内、外壁略有起伏，似按压痕迹，其上还有密集小坑疤。宽10.3、高9.4、厚0.8厘米（图四二〇，11）。

YCTB338：2　圜底罐器底。泥质灰陶。外壁饰凹弦纹、绳纹。下腹弧收，圜底略凹。内外壁有水平抹痕。宽13.6、高5.4、厚0.7厘米（图四二〇，8；图版一六五，5）。

YCTB338：3　陶器口沿。夹砂灰陶。仅存口沿，方唇，唇面有凹槽，口沿外缘略上翻。内、外壁有密集旋抹痕迹。宽14、高3、厚0.8厘米（图四二〇，5）。

YCTB338：5　鬲足。夹砂灰陶，残存袋足底部及锥形足根，外壁饰绳纹，内袋足内部坑洼不平，有泥缝，锥形足根布满细密平行线状抹痕与袋足间有接缝，袋足上是交错绳纹，足根素面。残高25.5、厚0.8厘米（图四二〇，9；图版一六五，6）。

第339采集点，编号YCTB339。位于北寿城村西北250米养鹿场墙外，北高南低。地表采集，东经111°41′19.89″，北纬35°45′20.00″，共采集遗物4件，标本1件。

YCTB339：2　圆陶片。泥质灰陶。外壁饰绳纹，绳纹较浅。直径5.2、厚1.5厘米（图四二〇，10）。

第340采集点，编号YCTB340。位于北寿城村西北250米养鹿场墙外，北高南低。地表采集，东经111°41′21.21″，北纬35°45′20.10″，共采集遗物5件。

第341采集点，编号YCTB341。位于北寿城村北冲沟东壁。夯土，现存0.4～0.9米，每层厚0.1米左右，南部被晚期灰坑破坏。东经111°41′31.23″，北纬35°45′19.76″，共采集遗物5件，标本2件。

YCTB341：2　圆陶片。夹砂灰陶。外壁饰绳纹，绳纹较浅。内壁略有起伏，似按压痕迹。直径5、厚0.6厘米（图四二〇，12）。

YCTB341：3　陶器口沿。夹砂灰陶。仅存口沿，圆唇，口沿略凹，外缘有一周凹槽。内、外壁有密集旋抹痕迹。宽8.8、高1.5、厚0.6厘米（图四二〇，7）。

第342采集点，编号YCTB342。位于北寿城村北养殖场东侧水渠内。陶窑，东经111°41′39.50″，北纬35°45′20.61″，共采集遗物8件，标本8件。

YCTB342：1　盆口沿。泥质灰陶。内壁磨光。平折沿，方唇加厚，唇面有凹槽，颈部有一穿孔，由外向内钻。内外壁有轮制痕迹。口径29.4、高7、厚0.7厘米（图四二一，1）。

YCTB342：2　豆盘。泥质黑灰陶。浅盘仅存盘底，内外壁磨光内壁磨光，豆盘胎体分两层：豆柄上端与下层筑为一体，其上又叠加一层，豆盘底部中心形成凹窝。柄颈5.5、高4.6、厚1.3厘米（图四二一，2）。

YCTB342：3　板瓦。泥质灰陶。外壁饰绳纹，内壁饰浅篦点纹。宽8.3、长11.2、厚1.2厘米（图四二一，3）。

YCTB342：4　板瓦。泥质灰陶。外壁饰粗绳纹，内壁饰布纹、篦点纹，侧面未见切割痕迹。宽7、长8.3、厚1.1厘米（图四二一，5）。

YCTB342：5　板瓦。泥质灰陶。外壁饰粗绳纹，内壁饰布纹。宽8.7、长9.5、厚1.2厘米

图四二一　苇沟-北寿城遗址调查第342采集点陶器

1、7. 盆（YCTB342：1、YCTB342：6）　2.豆（YCTB342：2）　3～5.板瓦（YCTB342：3、YCTB342：5、YCTB342：4）
6.陶器口沿（YCTB342：8）　8.陶片（YCTB342：7）

（图四二一，4）。

　　YCTB342：6　盆口沿。泥质灰陶。平折沿，方唇加厚，直口，口沿上有刻划，外壁颈部有瓦棱状起伏。宽6.6、高4、厚0.7厘米（图四二一，7）。

　　YCTB342：7　陶片。泥质褐陶。外壁饰绳纹。内壁有抹痕。宽7.6、高5.7、厚1厘米（图四二一，8）。

　　YCTB342：8　陶器口沿。夹砂灰陶。仅存口沿，圆唇加厚，沿面上下有轮修痕迹。宽6、厚0.8厘米（图四二一，6）。

　　第343采集点，编号YCTB343。位于北寿城村北大冲沟东壁上。文化层，东经111°41′39.31″，北纬35°45′19.65″，共采集遗物4件，标本3件。

　　YCTB343：1　瓮口沿。夹砂灰陶。外壁通体拍印绳纹。方唇，折沿，直口。宽5.5、高7.6、厚1厘米（图四二二，1）。

YCTB343：3 板瓦。泥质深灰陶。外壁饰粗绳纹。内壁有泥条缝隙。宽5.5、长5、厚1.6厘米（图四二二，2）。

YCTB343：4 陶片。泥质深灰陶。外壁饰绳纹。内壁有抹痕。宽14.7、长10、厚0.5厘米（图四二二，3）。

第344采集点，编号YCTB344。位于北寿城村北冲沟东壁。灰坑，坑口距离地表深0.4米，形状为袋状，口部南北长2.5米，坑内堆积为黄褐花土，质地较密。东经111°41′31.75″，北纬35°45′19.24″，共采集遗物6件，标本3件。

YCTB344：2 罐肩部残片。泥质灰陶。外壁饰叶脉纹、凹弦纹，叶脉纹上下有凹弦纹间

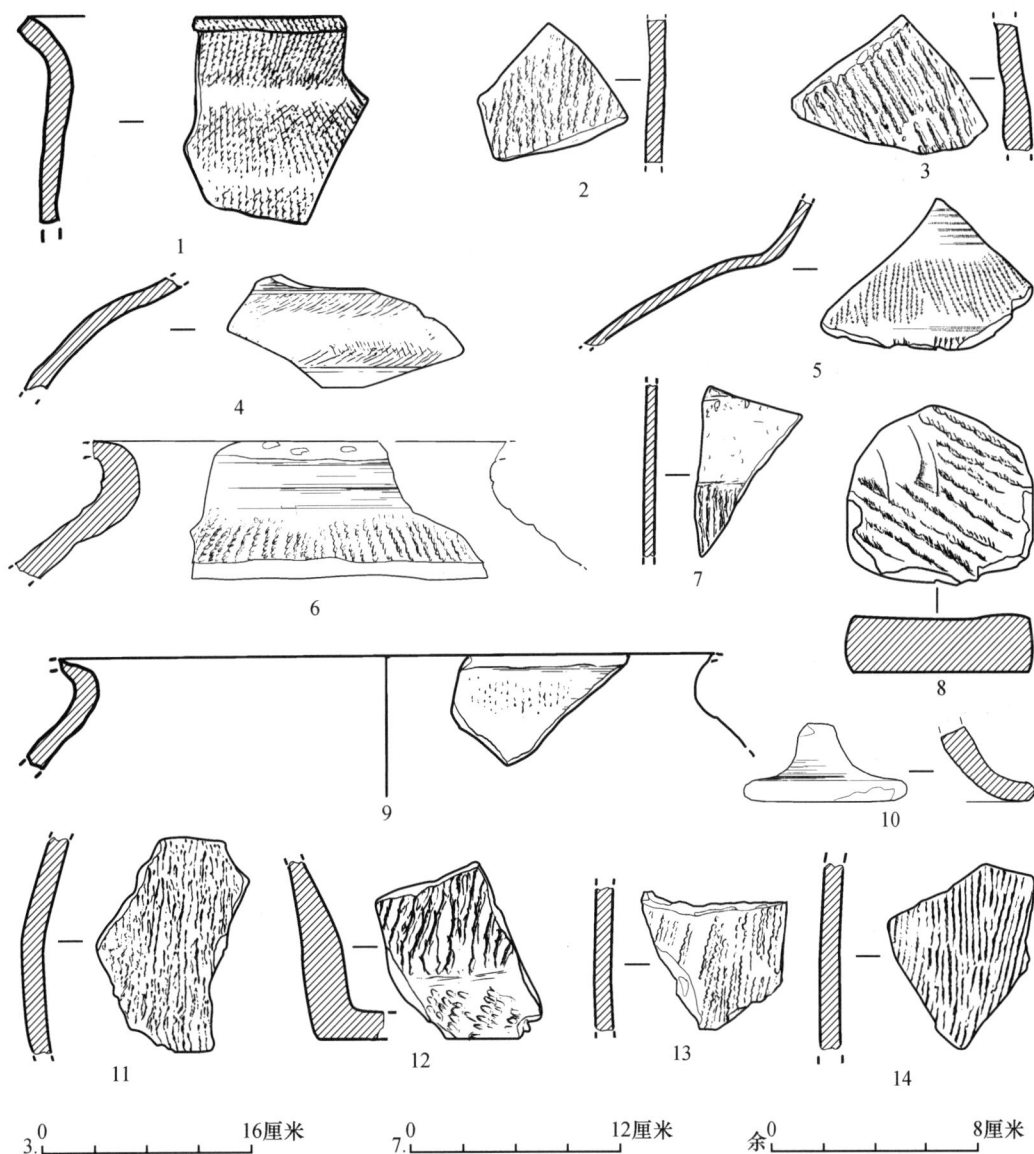

图四二二 苇沟-北寿城遗址调查第343、344、346、347采集点陶器

1.瓮（YCTB343：1） 2.板瓦（YCTB343：3） 3、5、7、11、13、14.陶片（YCTB343：4、YCTB344：3、YCTB347：1、YCTB346：4、YCTB347：3、YCTB346：3） 4.罐（YCTB344：2） 6、9.鬲（YCTB346：1、YCTB346：2）
8.圆陶片（YCTB344：6） 10.豆（YCTB347：2） 12.器底（YCTB346：6）

隔。鼓肩。内壁略有起伏，有抹痕。宽8.8、高4.4、厚0.7厘米（图四二二，4）。

YCTB344：3　陶片。泥质褐陶。外壁饰绳纹，绳纹被宽约1厘米的条带抹断。应为颈部及肩部，素面部分有轮制痕迹，内壁有泥条接缝及成排按压痕迹。宽7.7、高5.5、厚0.8厘米（图四二二，5）。

YCTB344：6　圆陶片。泥质灰陶。外壁饰粗绳纹，内壁饰布纹。应为板瓦改制而成，内壁有抹痕。直径7.2、厚1.8厘米（图四二二，8）。

第345采集点，编号YCTB345。位于北寿城村北冲沟东壁，北高南低。灰坑，坑口距地表深0.3米，坑形状为直壁平底，南北长5、深1.5米，坑内堆积为黄褐灰花土，质地较密。东经111°41′31.48″，北纬35°45′19.12″，共采集遗物4件。

第346采集点，编号YCTB346。位于北寿城村北大冲沟东部路边。地表采集，东经111°41′39.50″，北纬35°45′19.57″，共采集遗物7件，标本5件。

YCTB346：1　鬲口沿。夹砂灰陶。外壁饰绳纹。唇部残，束颈，溜肩。内壁有泥条接缝和按压痕迹，颈部外壁有轮修痕迹。口径13.7、高5、厚1.2厘米（图四二二，6）。

YCTB346：2　鬲口沿。夹砂灰陶。唇部残，束颈、溜肩，外壁饰绳纹，内壁及颈部外部有轮修痕迹，口沿下有抹平绳纹。口径24、高4.2、厚0.7厘米（图四二二，9）。

YCTB346：3　陶片。夹砂灰陶。外壁饰绳纹，内壁略有起伏。宽5.4、长6.7、厚0.9厘米（图四二二，14）。

YCTB346：4　陶片。夹砂深灰陶。外壁饰绳纹。宽4.8、长8、厚0.7厘米（图四二二，11）。

YCTB346：6　器底。夹砂灰陶。外壁饰绳纹。底壁相接处有戳印绳纹。内壁有抹痕。宽5.5、高7、厚1.5厘米（图四二二，12）。

第347采集点，编号YCTB347。位于北寿城村北大冲沟东壁上。灰坑，东经111°41′39.50″，北纬35°45′18.11″，共采集遗物5件，标本3件。

YCTB347：1　陶片。泥质灰陶。外壁饰绳纹，素面部分磨光。内壁略有起伏。宽6、高9.3、厚0.6厘米（图四二二，7）。

YCTB347：2　豆座。泥质灰陶。喇叭口，仅残存有一部分。宽6、高2.8、厚0.7厘米（图四二二，10）。

YCTB347：3　陶片。泥质深灰陶。外壁饰绳纹，绳纹局部被抹平。宽5.3、长4.8、厚0.6厘米（图四二二，13）。

第348采集点，编号YCTB348。位于北寿城村西北养鹿场南。地表采集，东经111°41′23.93″，北纬35°45′18.28″，共采集遗物2件。

第349采集点，编号YCTB349。位于北寿城村北冲沟东壁。灰坑，坑形状为大口，斜坡底，南北长8、深0.5～1.5米，坑内堆积为黄褐花土，包含红烧土块，土质疏松。东经111°41′31.45″，北纬35°45′16.63″，共采集遗物13件，标本4件。

YCTB349：1　器底。夹砂灰陶。外壁饰绳纹，绳纹交错呈菱形。内壁略有起伏。宽20.6、高16.9、厚1.8厘米（图四二三，13）。

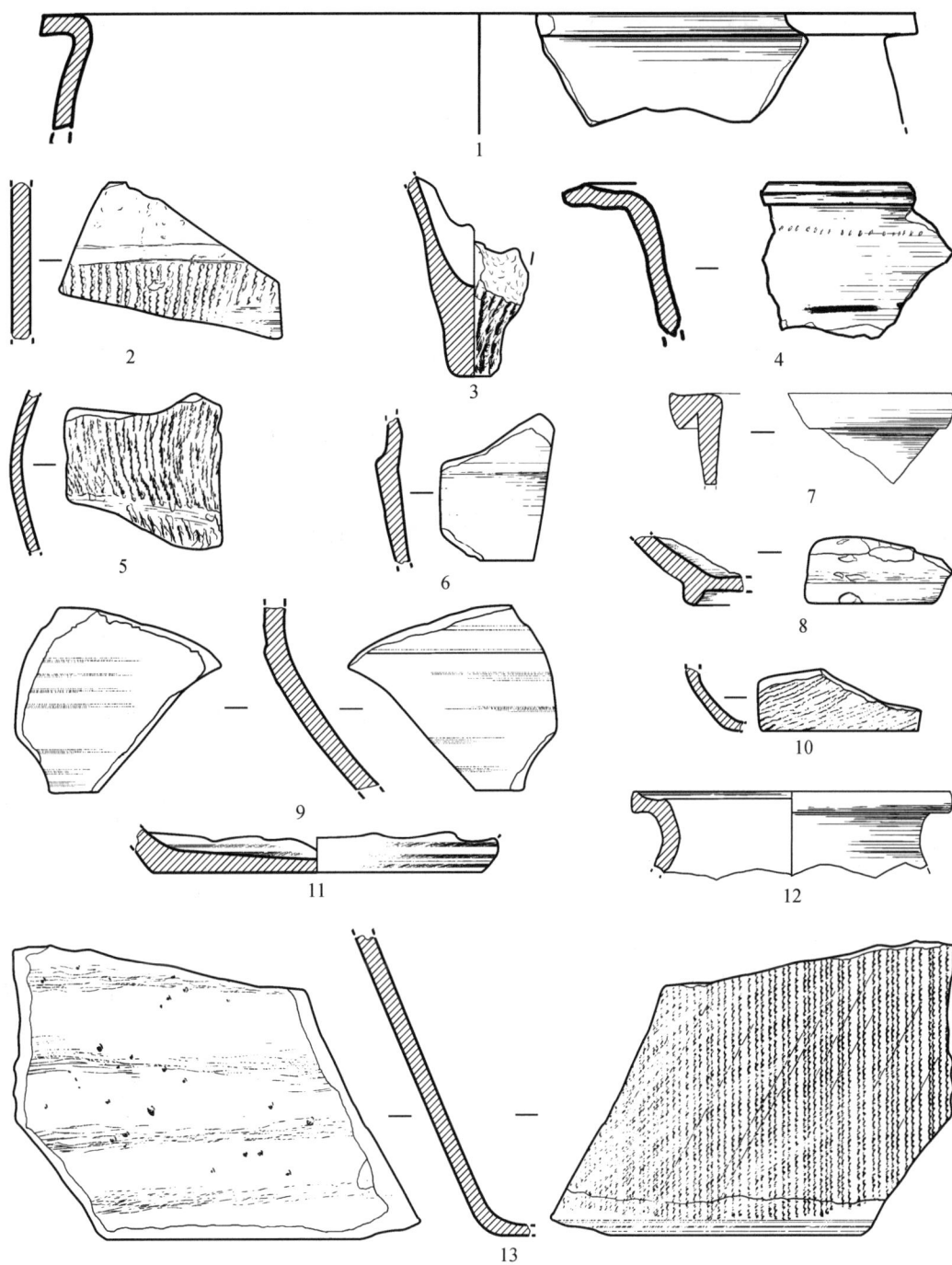

图四二三 苇沟-北寿城遗址调查第349、350、352、353采集点陶器

1、4、6、7、9.盆（YCTB350：1、YCTB349：2、YCTB350：8、YCTB350：5、YCTB352：2） 2、5.陶片（YCTB350：6、
YCTB350：7） 3.鬲（YCTB349：4） 8.圈足（YCTB350：4） 10、11、13.器底（YCTB350：9、YCTB349：3、
YCTB349：1） 12.罐（YCTB353：1）

YCTB349：2　盆口沿。泥质灰陶。内外壁磨光。折沿，方唇，沿面有凸棱，侈口。有密集旋抹痕迹。宽7.4、高8、厚0.8厘米（图四二三，4）。

YCTB349：3　器底。泥质灰陶。外壁有抹痕。底外径19.3、高1.5、厚1.2厘米（图四二三，11）。

YCTB349：4　鬲足。夹砂灰陶。外壁饰粗绳纹，绳纹较浅。水平截面为椭圆形，外圆内尖，袋足下有3厘米高的实足根，呈不规则柱状。内壁略有起伏，似按压痕迹。残高7.6、厚0.9厘米（图四二三，3）。

第350采集点，编号YCTB350。位于北寿城村北大冲沟东壁上。文化层，东经111°41′39.61″，北纬35°45′17.45″，共采集遗物13件，标本7件。

YCTB350：1　盆口沿。泥质灰陶。折沿，方唇，口微敛。内、外壁有密集旋抹痕迹。口径30.6、高4.4、厚0.7厘米（图四二三，1）。

YCTB350：4　圈足。夹砂灰陶。内、外壁有密集旋抹痕迹。宽5.4、高2.8、厚1.2厘米（图四二三，8）。

YCTB350：5　盆口沿。泥质灰陶。折沿，方唇，唇部起棱下翻。内、外壁有密集旋抹痕迹。宽6.5、高3.4、厚0.9厘米（图四二三，7）。

YCTB350：6　陶片。泥质深灰陶。外壁饰绳纹。内、外壁均有抹痕。宽8.6、高4.8、厚0.9厘米（图四二三，2）。

YCTB350：7　陶片。泥质褐陶。外壁饰绳纹，绳纹交错，被宽为0.6厘米的素面条带抹断。推测为颈部。内壁有抹痕。宽5.8、高5.8、厚0.6厘米（图四二三，5）。

YCTB350：8　盆腹片。泥质灰陶。为颈肩交界处，折腹起棱。内、外壁有密集旋抹痕迹。宽4、高5.6、厚0.9厘米（图四二三，6）。

YCTB350：9　器底。泥质灰陶。外壁饰绳纹，绳纹较浅。圜底，内壁有按压痕迹。宽6.2、高2.4、厚0.7厘米（图四二三，10）。

第351采集点，编号YCTB351。位于北寿城村北。灰坑，坑口南北长10、深2～3米，直壁，底部高低不平，坑内堆积为黄褐花土，土质较密。东经111°41′31.78″，北纬35°45′16.39″，未采集。

第352采集点，编号YCTB352。位于北寿城村北。文化层，南北长30米，现暴露深250厘米。堆积为黄褐色浅灰土，土质较密。东经111°41′31.78″，北纬35°45′15.68″，共采集遗物5件，标本1件。

YCTB352：2　盆腹片。泥质灰陶。内壁磨光，加饰磨光暗纹。仅存下腹。内壁有密集旋抹痕迹，宽6.7、高7、厚0.9厘米（图四二三，9）。

第353采集点，编号YCTB353。位于北寿城村西北冲沟西部断崖下平地。地表采集，东经111°41′19.97″，北纬35°45′15.59″，共采集遗物9件，标本1件。

YCTB353：1　罐口沿。泥质灰陶。外壁饰抹平绳纹。平折沿，沿面略凹，口沿外沿起楞，束颈。内壁略有起伏，外壁有密集旋抹痕迹。口径10、高3、厚0.6厘米（图四二三，12）。

　　第354采集点，编号YCTB354。位于北寿城村西北断垣下，北高南低。地表采集，东经111°41′13.96″，北纬35°45′09.43″，共采集遗物4件。

　　第355采集点，编号YCTB355。位于北寿城村东边的一个砖厂取土坑内东壁下。地表采集，东经111°41′43.07″，北纬35°45′07.65″，共采集遗物9件，标本7件。

　　YCTB355：1　瓮口沿。泥质灰陶。圆唇，卷沿，口微敛。内外壁有轮制痕迹。口径27、高4.8、厚1.4厘米（图四二四，4）。

　　YCTB355：2　瓮口沿。泥质灰陶。圆唇，卷沿，敛口。内外壁有轮制痕迹。口径40、高11.2、厚1.3厘米（图四二四，1；图版一六六，1）。

　　YCTB355：3　盆口沿。泥质灰陶。内壁磨光加饰磨光暗纹。圆唇，卷沿。敞口。内外壁有轮制痕迹。口径27、高8.4、厚0.9厘米（图四二四，3；图版一六六，2）。

　　YCTB355：4　盆口沿。泥质灰陶。内壁饰磨光暗纹。圆唇，折沿下塌，敞口，腹部弧收。内外壁有轮制痕迹。口径51、高12、厚0.6厘米（图四二四，2）。

　　YCTB355：6　盆口沿。泥质灰陶。圆唇，宽折沿，敞口，折腹。内壁饰磨光暗纹，内外壁有轮制痕迹。口径32、高8.4、厚0.4厘米（图四二五，1）。

　　YCTB355：8　瓷碗。白釉。腹壁略外弧，圈足，外壁下部及圈足部分无釉。口径21、高8、厚0.7厘米（图四二五，3）。

　　YCTB355：9　瓷碗。白釉。形制同YCTB355：8。口径20、高6.8、厚0.6厘米（图四二五，2）。

　　第356采集点，编号YCTB356。位于北寿城村东砖厂取土坑内南壁下。地表采集，东经111°41′40.96″，北纬35°45′07.02″，共采集遗物10件，标本9件。

　　YCTB356：1　盆口沿。泥质灰陶。方唇加厚，折沿下翻，口沿外缘有戳印纹，直口微

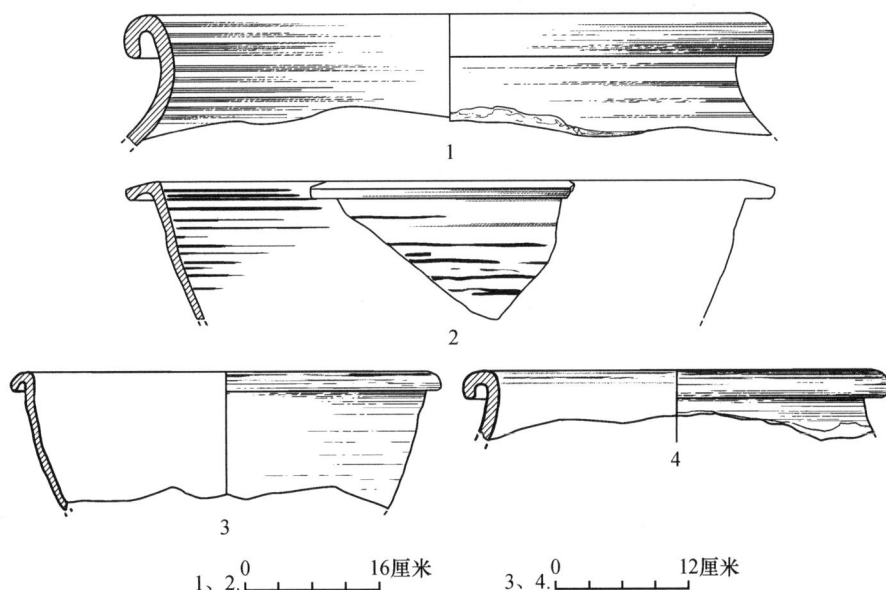

图四二四　苇沟-北寿城遗址调查第355采集点陶器

1、4.瓮（YCTB355：2、YCTB355：1）　2、3.盆（YCTB355：4、YCTB355：3）

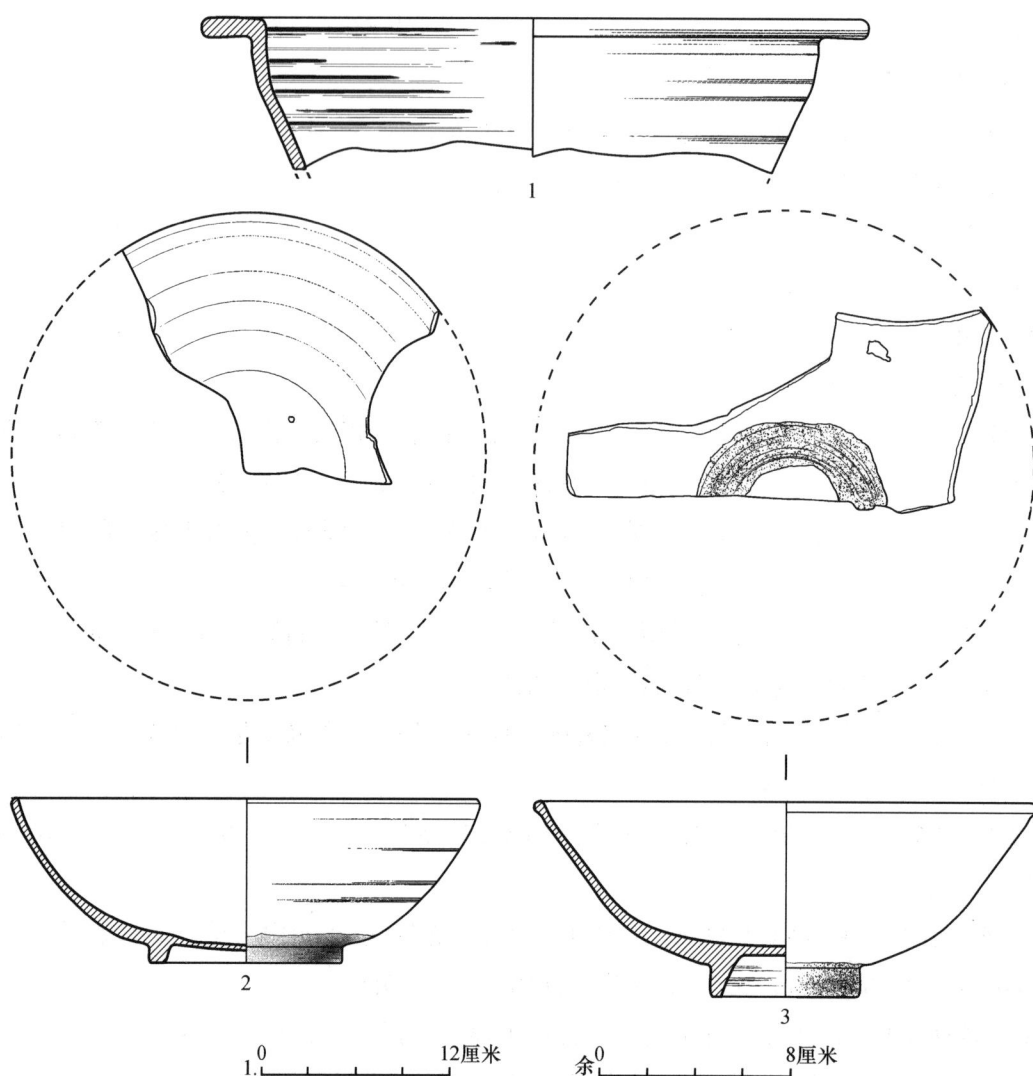

图四二五　苇沟-北寿城遗址调查第355采集点遗物
1. 盆（YCTB355：6）　2、3. 瓷碗（YCTB355：9、YCTB355：8）

敛。内外壁有轮制痕迹。宽14.8、高6、厚0.9厘米（图四二六，1）。

YCTB356：2　陶片。泥质深灰陶。内壁略有起伏，内外壁有抹痕。宽12、高6.8、厚1.1厘米（图四二六，2）。

YCTB356：4　鬲口沿。泥质深灰陶。外壁饰绳纹。折沿，圆唇。沿面上下有轮修痕迹。宽3.5、高3.2、厚0.8厘米（图四二六，3）。

YCTB356：5　板瓦。泥质灰陶。外壁饰粗绳纹，内壁饰布纹、篦点纹。宽20、长15、厚1.5厘米（图四二六，9）。

YCTB356：6　陶片。泥质深灰陶。外壁饰绳纹，较浅，内壁磨光加饰磨光暗纹。宽13.8、高17.2、厚0.9厘米（图四二六，6）。

YCTB356：7　板瓦。泥质灰陶。外壁饰粗绳纹，内壁饰布纹、篦点纹。宽11.2、长17、厚1.1厘米（图四二六，7）。

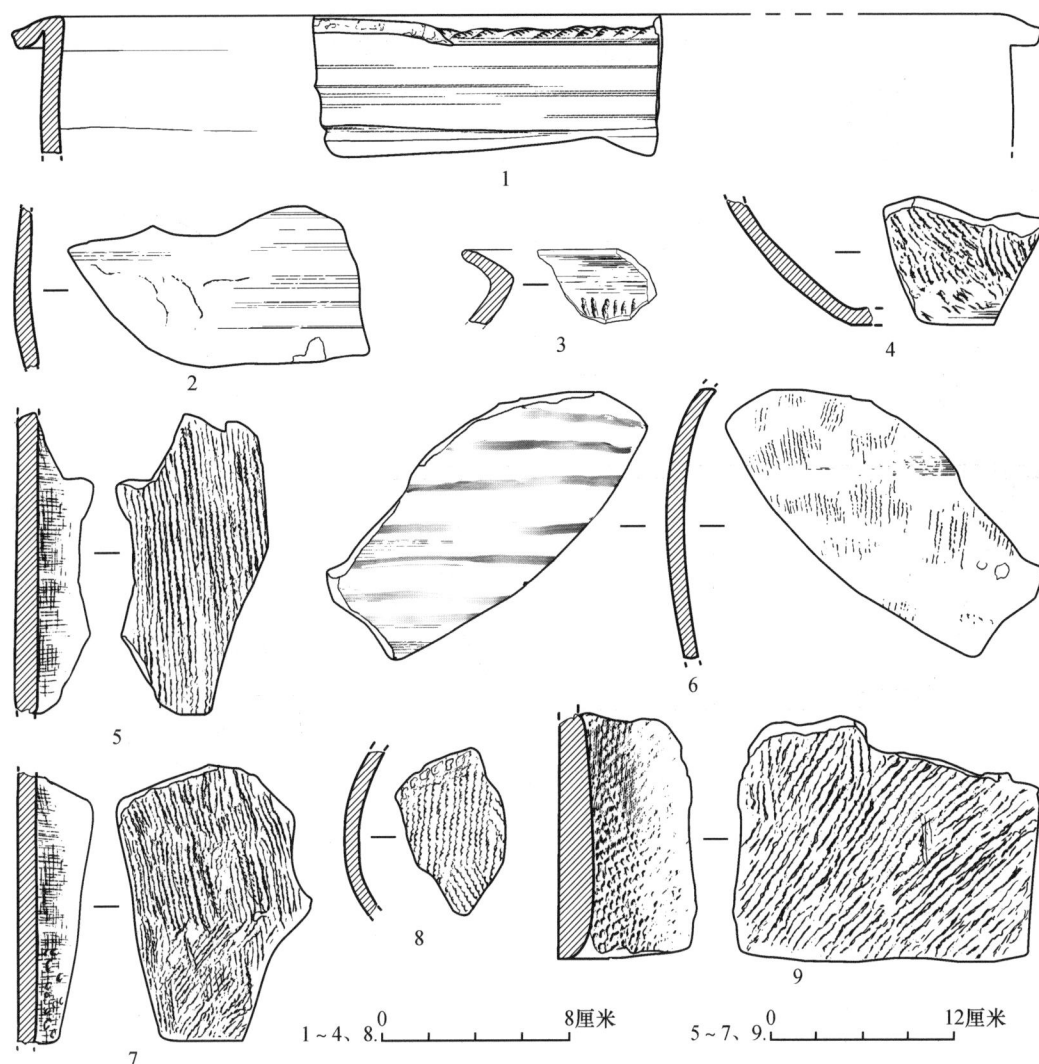

图四二六　苇沟-北寿城遗址调查第356采集点陶器

1. 盆（YCTB356：1）　2、6、8. 陶片（YCTB356：2、YCTB356：6、YCTB356：10）　3. 鬲（YCTB356：4）
4. 器底（YCTB356：8）　5. 筒瓦（YCTB356：9）　7、9. 板瓦（YCTB356：7、YCTB356：5）

　　YCTB356：8　器底。泥质褐陶。外壁饰绳纹、抹平绳纹。宽5.7、高5.2、厚0.7厘米（图四二六，4）。

　　YCTB356：9　筒瓦。泥质红陶。外壁饰绳纹，内壁饰布纹。宽8.3、长19、厚0.9厘米（图四二六，5）。

　　YCTB356：10　陶片。夹砂灰陶。外壁饰绳纹。宽12.2、高6.7、厚0.6厘米（图四二六，8）。

　　第357采集点，编号YCTB357。位于北寿城村东砖厂取土坑内南壁下。地表采集，东经111°41′42.19″，北纬35°45′06.81″，共采集遗物27件，标本23件。

　　YCTB357：1　盆口沿。泥质灰陶。外壁饰磨光暗纹，内壁磨光加饰磨光暗纹。圆唇，口沿向下翻卷，敞口。内外壁有轮制痕迹。口径30、高8、厚0.4厘米（图四二七，2）。

　　YCTB357：2　盆口沿。泥质灰陶。外壁饰磨光暗纹。圆唇，口沿向下翻卷，敞口。外壁

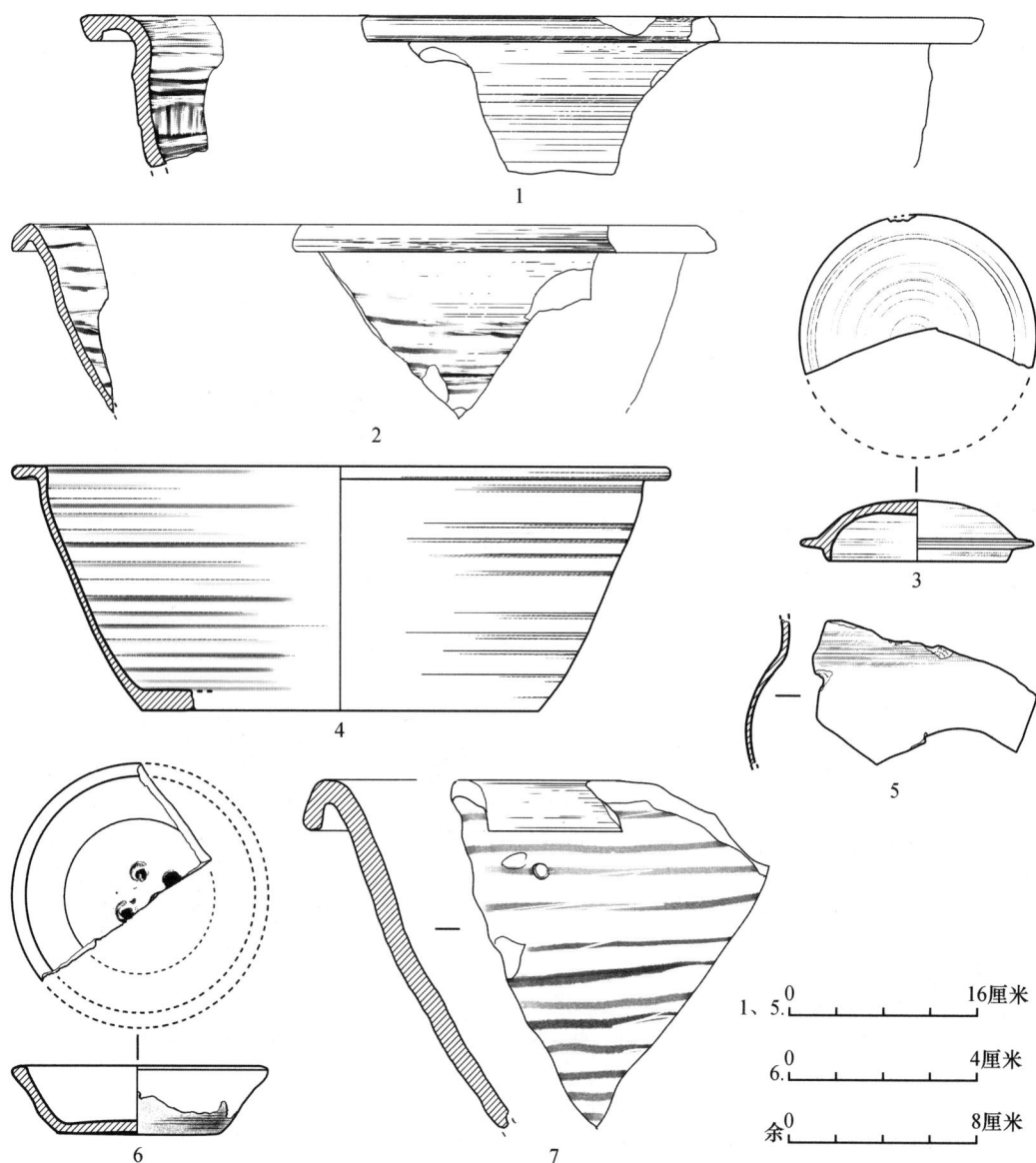

图四二七　苇沟-北寿城遗址调查第357采集点遗物（一）
1、2、4、7. 盆（YCTB357：3、YCTB357：1、YCTB357：4、YCTB357：5、YCTB357：2）　3. 瓷器盖（YCTB357：12）
5. 陶片（YCTB357：15）　6. 瓷碟（YCTB357：19）

有波状起伏，内外壁有轮制痕迹。宽12.4、高14.4、厚0.9厘米（图四二七，7）。

　　YCTB357：3　盆口沿。泥质灰陶。内壁磨光。圆唇，外缘向下翻折，宽沿面，口微敞。内外壁有轮制痕迹，外壁有涂抹而成的密集线状凸棱。口径65、高14、厚0.8厘米（图四二七，1）。

　　YCTB357：6　瓷碗，残器。白釉，灰白胎。圆唇，侈口弧腹，圈足，釉不及底。内底有两个支钉痕迹。口径20、高8、厚0.7厘米（图四二八，1）。

　　YCTB357：7　瓷碗，残器。圆唇，侈口，圈足，釉不及底。口径20、高6.4、厚0.9厘米（图四二八，4；图版一六六，3、4）。

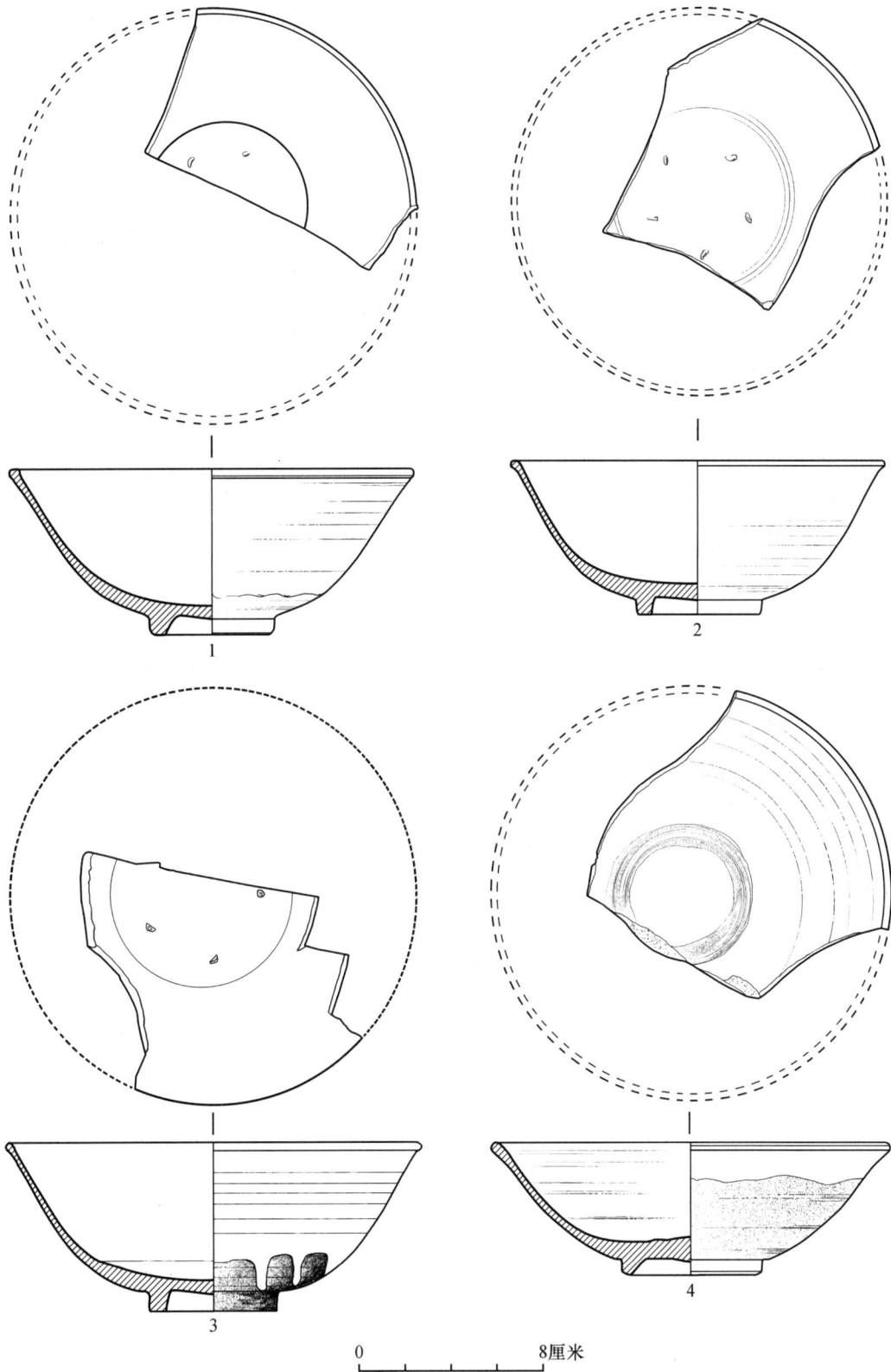

0   8厘米

图四二八 苇沟-北寿城遗址调查第357采集点瓷碗（一）

1. YCTB357：6 2. YCTB357：8 3. YCTB357：18 4. YCTB357：7

　　YCTB357：8　瓷碗，残器。酱釉灰白胎。圆唇，侈口弧腹，圈足。口径19.6、高7.4、厚0.9厘米（图四二八，2；图版一六六，5、6）。

　　YCTB357：10　瓷碗，残器。白釉。圆唇，侈口浅弧腹，圈足。口径12、高3、厚0.4厘米（图四二九，1）。

　　YCTB357：12　瓷器盖。仅外壁施釉，釉色白中泛黄，出沿部位部分釉层剥落，釉面有冰裂纹。宽沿，隆顶，顶部略平，子口内敛。直径10、高2.4、厚0.4厘米（图四二七，3；图版一六七，1）。

　　YCTB357：14　瓷碗。酱釉，圆唇，斜直腹，圈足，釉不及底。口径10、高3、厚0.9厘米（图四二九，3；图版一六七，2）。

　　YCTB357：15　陶片。泥质灰陶。外壁施黄灰色陶衣。内壁有轮制痕迹。宽17.6、高12.8、厚0.9厘米（图四二七，5）。

　　YCTB357：16　瓷碗。白釉。釉不及底，圆唇，侈口，弧腹，圈足。内底有支钉痕迹。口径19、高6.3、厚0.6厘米（图四二九，4）。

　　YCTB357：17　瓷碗。白釉。圆唇，侈口浅弧腹，圈足。口径19.5、高3.8、厚1.2厘米（图四二九，2）。

　　YCTB357：18　瓷碗。灰白胎，釉不及底，白釉。圆唇，侈口弧腹，圈足。内底有两个支钉痕迹。口径20、高8、厚0.5厘米（图四二八，3）。

　　YCTB357：19　瓷碟。瓷白釉，下腹及底部不施釉。圆唇侈口，斜直腹，浅盘平底。口径5.5、高1.5、厚0.3厘米（图四二七，6）。

　　YCTB357：20　瓷碗。白釉，釉不及底。口残，弧腹，圈足。底径7、高4.8、厚0.7厘米（图四二九，5）。

　　YCTB357：21　瓷碗。白釉，釉不及底。口残，弧腹，圈足。底径6.4、高5、厚0.7厘米（图四二九，6）。

　　YCTB357：22　瓷敛口罐，残器。酱釉。敛口，直领，腹部微鼓，下腹以下残，颈肩部外有二桥形耳。口径6、高7.5、厚0.4厘米（图四三〇，1；图版一六七，3）。

　　YCTB357：23　残瓷罐。酱釉，直口，球状腹，底部残。口径8、高5.8、厚0.6厘米（图四三〇，3；图版一六七，4）。

　　YCTB357：24　瓷碗底。白釉，釉不及底。仅存下腹部及圈足，下腹斜直。底径13.3、高5.4、厚2.1厘米（图四三〇，5）。

　　YCTB357：25　残瓷盆。酱釉。直口，弧腹，底部残。口径13.5、高8.6、厚0.6厘米（图四三〇，2）。

　　YCTB357：26　陶罐底。泥质灰陶。平底，弧腹，内壁磨光加饰磨光暗纹。内外壁有轮制痕迹。底径28、高4.8、厚1厘米（图四三〇，6）。

图四二九　苇沟-北寿城遗址调查第357采集点瓷碗（二）

1. YCTB357：10　2. YCTB357：17　3. YCTB357：14　4. YCTB357：16　5. YCTB357：20　6. YCTB357：21

　　YCTB357：27　残瓷碗。白釉。下腹及圈足不施釉，口残。底径7.2、高5.6、厚0.8厘米（图四三〇，4）。

　　YCTB357：4、YCTB357：5　盆，残器。泥质灰陶。平折沿，外缘加厚，下腹斜收，平底。外壁有波状起伏，内外壁有轮制痕迹。口径31、高10、厚0.4厘米（图四二七，4）。

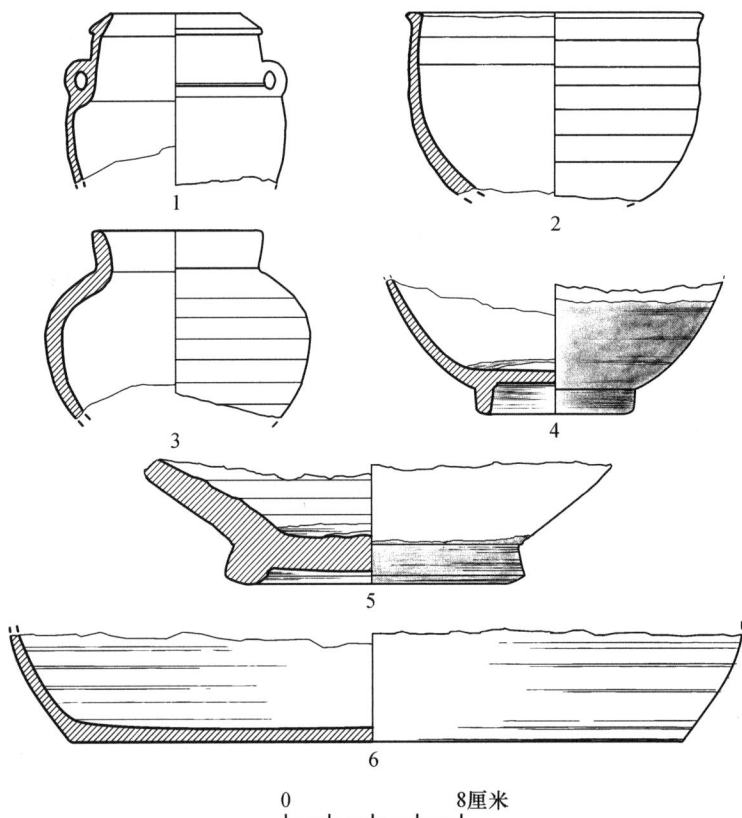

图四三〇　苇沟-北寿城遗址调查第357采集点遗物（二）

1、3.瓷罐（YCTB357：22、YCTB357：23）　2.瓷盆（YCTB357：25）　4、5.瓷碗（YCTB357：27、YCTB357：24）

6.陶罐（YCTB357：26）

10. 南官庄村

共1个采集点。

第358采集点，编号YCTN358。位于南官庄村东。墓葬，被盗掘。东经111°40′38.53″，北纬35°45′03.98″，采集标本1件。

YCTN358：1　罐口沿。泥质灰陶。颈部外壁隐约装饰有刻画纹。直口，鼓肩。外壁有轮制痕迹。口径18、高11、厚1厘米（图四三一，1）。

11. 东寿城村

共14个采集点。

第359采集点，编号YCTD359。位于东寿城村北瓦厂西边的断崖上。墓葬，被盗掘。东经111°42′00.54″，北纬35°45′30.89″，未采集。

第360采集点，编号YCTD360。位于东寿城村北500米，东寿城村机制瓦厂东150米处的麦田里。地表采集，北高南低。东经111°42′12.24″，北纬35°45′26.92″，采集标本1件。

YCTD360：1　石斧。深灰色。纵截面呈纺锤形，水平截面扁圆，上下两端残。通体磨

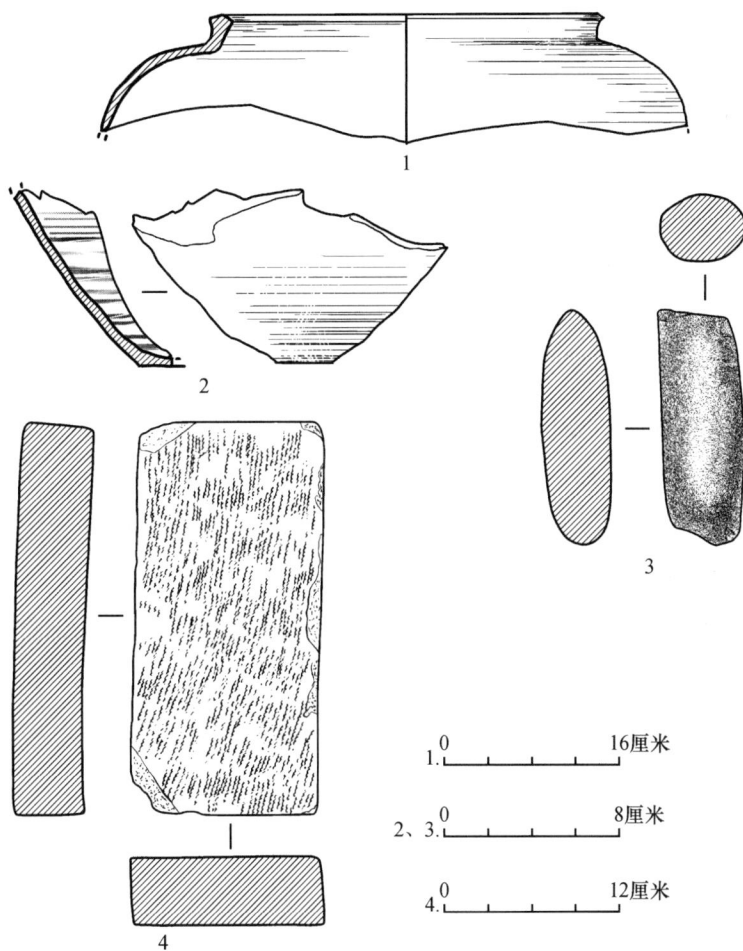

图四三一　苇沟-北寿城遗址调查第358、360、362、365采集点遗物

1.陶罐（YCTN358：1）　2.陶盆（YCTD365：7）　3.石斧（YCTD360：1）　4.条砖（YCTD362：1）

制。长10.3、宽3.8、厚3.2厘米（图四三一，3）。

第361采集点，编号YCTD361。位于东寿城村北部，瓦厂西边断崖的南头，北高南低。陶窑，有红烧土和青灰色窑壁，包含有粗绳纹夹砂陶片、粗绳纹瓦片。东经111°41′55.57″，北纬35°45′24.73″，共采集遗物3件。

第362采集点，编号YCTD362。位于北寿城村北500米，东寿城村机制瓦厂东50米处的麦田里。呈北高南低的缓坡，西距大冲沟50米，北邻一小的取土沟。墓葬，东经111°42′01.72″，北纬35°45′23.18″，采集标本1件。

YCTD362：1　砖。泥质灰陶。一面拍印粗绳纹，较浅。长35、宽17、厚5.5厘米（图四三一，4；图版一六七，6）。

第363采集点，编号YCTD363。位于东寿城村一北高南低的缓坡上。墓葬，东经111°42′00.75″，北纬35°45′22.25″，未采集。

第364采集点，编号YCTD364。位于东寿城村北500米处北高南低的缓坡地上。西距从营里村向下的大冲沟50米。墓葬，东经111°42′01.50″，北纬35°45′20.79″，未采集。

第365采集点，编号YCTD365。位于东寿城村北300、东寿城瓦厂东北50米北高南低的缓坡地上。西北边为从北向南延伸的一条大冲沟。地表采集，东经111°41′58.84″，北纬35°45′19.14″，共采集遗物7件，标本7件。

YCTD365：1　陶罐。夹砂灰陶。圆唇，喇叭状口沿外侈，圆鼓腹，平底。内外壁有密集轮制痕迹。器底外包与器壁。口径23、通高15.6、厚0.8厘米（图四三二，1；图版一六七，5）。

YCTD365：2　陶罐。泥质灰陶。圆唇，直口，矮领鼓肩，下腹斜收，平底。内外壁可见轮制痕迹。器底外包与器壁。口径12、通高15.2、厚0.6厘米（图四三二，5；图版一六八，1）。

YCTD365：3　陶罐。泥质灰陶。方唇，侈口束颈，鼓肩，平底，内外壁可见轮制痕迹。器底外包与器壁。口径9.6、通高14.3、厚0.5厘米（图四三二，2；图版一六八，2）。

YCTD365：4　陶罐。泥质灰陶。外壁饰浅绳纹，绳纹成组分布。方唇，唇面有凹槽，束颈，鼓肩，下腹弧收，底残失。颈部和腹部内壁有相接痕迹，腹部内壁有按压的成组浅窝。口径14、高29.7、厚1.5厘米（图四三二，6）。

YCTD365：5　罐口沿。泥质灰陶。内外壁磨光。喇叭状口，有轮制痕迹。口径15.3、高5.4、厚0.5厘米（图四三二，3）。

图四三二　苇沟-北寿城遗址调查第365采集点陶罐

1.YCTD365：1　2.YCTD365：3　3.YCTD365：5　4.YCTD365：6　5.YCTD365：2　6.YCTD365：4

YCTD365：6　罐腹片。泥质灰陶。外壁饰绳纹，仅局部拍印。宽19、高16、厚0.6厘米（图四三二，4）。

YCTD365：7　盆底。泥质灰陶。内外壁磨光，内壁饰磨光暗纹，下腹弧收。宽10.8、高19、厚0.4厘米（图四三一，2）。

第366采集点，编号YCTD366。位于东寿城村北500米，营里村南500米。东距翼城至浮山公路200米。为一坡度较缓的坡地梯田，北高南低。地表采集，东经111°42′23.03″，北纬35°45′17.12″，共采集遗物3件，标本3件。

YCTD366：1　青花瓷残圈足。足根不施釉。底部略上凸，内壁绘有凤鸟图，外有圆形双线勾边，外底圈足内亦绘有圆形双线勾边，底部有"宣×年制"款，另外刻有一"尹"字。底径8、高2.3、厚0.4厘米（图四三三，1；图版一六八，3、4）。

YCTD366：2　青花瓷残圈足。白釉发黄，蓝彩偏黑，内壁有绘制图案。宽10.2、高3.5、厚0.8厘米（图四三三，3；图版一六八，5）。

YCTD366：3　青花瓷口沿。蓝彩略深。唇部有条带纹，外壁绘植物纹饰。宽2.9、高3.8、厚0.4厘米（图四三三，2；图版一六八，6）。

第367采集点，编号YCTD367。位于东寿城村北小冲沟东边断崖上。西为麦田，东为田间路。陶窑，东经111°41′44.09″，北纬35°45′23.92″，共采集遗物6件，标本5件。

YCTD367：1　豆盘。泥质灰陶。外壁饰瓦棱纹。直口，弧腹。宽6.4、高6、厚0.6厘米（图四三三，7）。

YCTD367：2　板瓦。夹砂红陶。外壁饰抹平粗绳纹，内壁饰布纹、篦点纹。瓦头有抹痕。宽16、长12、厚1.5厘米（图四三三，5）。

YCTD367：3　板瓦。泥质灰陶。外壁饰粗绳纹，内壁饰布纹，绳纹交错。宽9.6、长8.4、厚1.3厘米（图四三三，6）。

YCTD367：4　板瓦。泥质灰陶。外壁饰抹平绳纹。内外壁有抹痕。宽10、长4.4、厚0.8厘米（图四三三，4）。

YCTD367：5　筒瓦。泥质灰陶。外壁饰抹平绳纹。内壁饰布纹。宽11.4、长12、厚1.5厘米（图四三三，8）。

第368采集点，编号YCTD368。位于东寿城村北机制瓦厂北边一条小冲沟内。地形为一缓坡，北高南低。灰坑，南北长1.5米，开口距地表1米，内有瓦片。东经111°41′46.48″，北纬35°45′22.85″，共采集遗物5件，标本3件。

YCTD368：1　板瓦。泥质灰陶。外壁饰粗绳纹，内壁饰菱形方格纹。侧面有切割痕迹，由内向外，深度近半。宽4.2、高4.5、厚1.5厘米（图四三四，5）。

YCTD368：2　板瓦。泥质灰陶。外壁饰粗绳纹，内壁饰布纹。侧面有切割痕迹，由内向外，深度近半。宽9.4、长7.3、厚1.2厘米（图四三四，7）。

YCTD368：3　板瓦。泥质深灰陶。外壁饰粗绳纹，内壁饰布纹。内壁略有起伏。宽7.6、长12、厚1.3厘米（图四三四，8）。

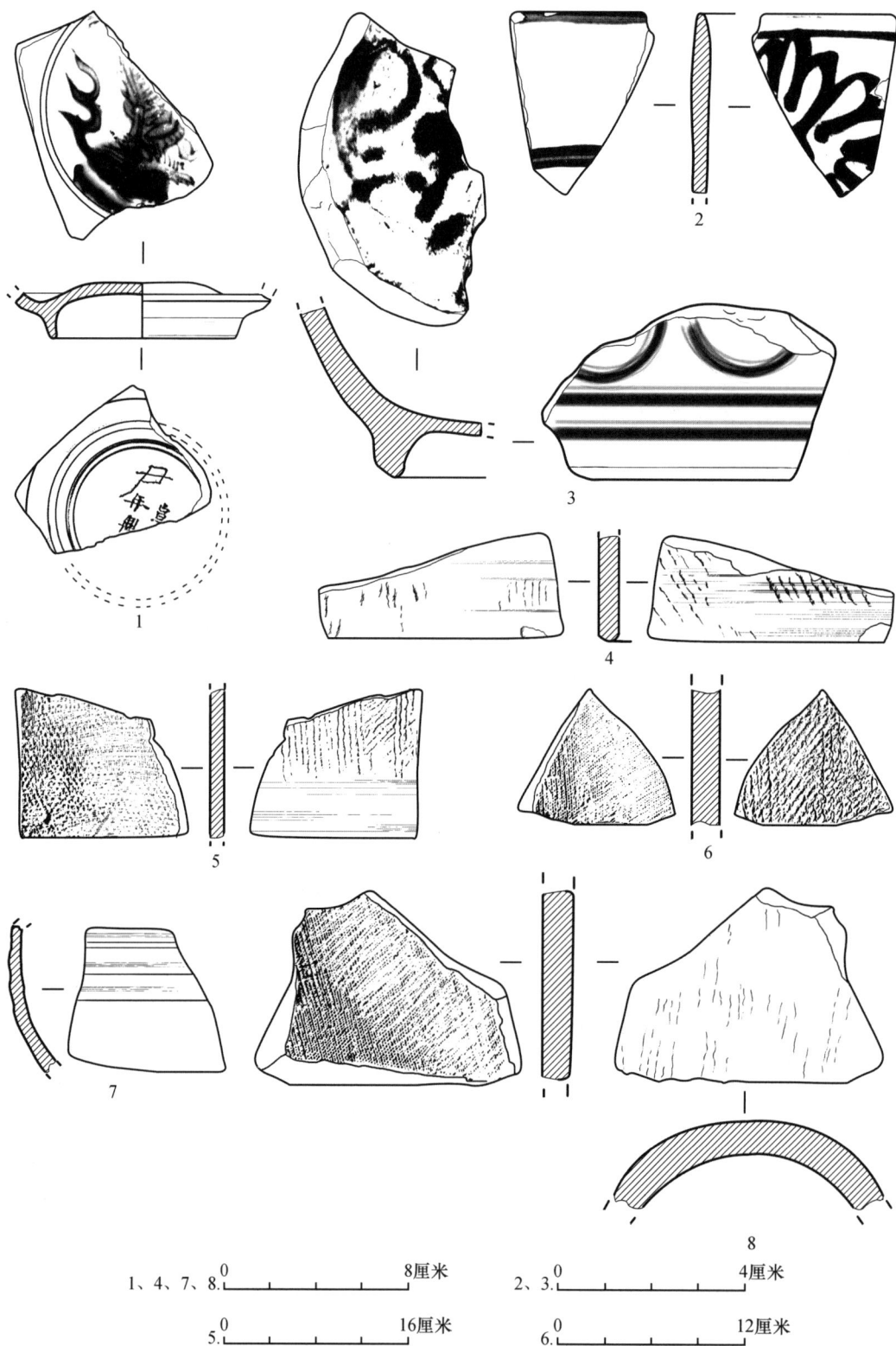

图四三三　苇沟-北寿城遗址调查第366、367采集点遗物

1、3.瓷器圈足（YCTD366：1、YCTD366：2）　2.瓷器口沿（YCTD366：3）　4～6.板瓦（YCTD367：4、YCTD367：2、YCTD367：3）　7.豆（YCTD367：1）　8.筒瓦（YCTD367：5）

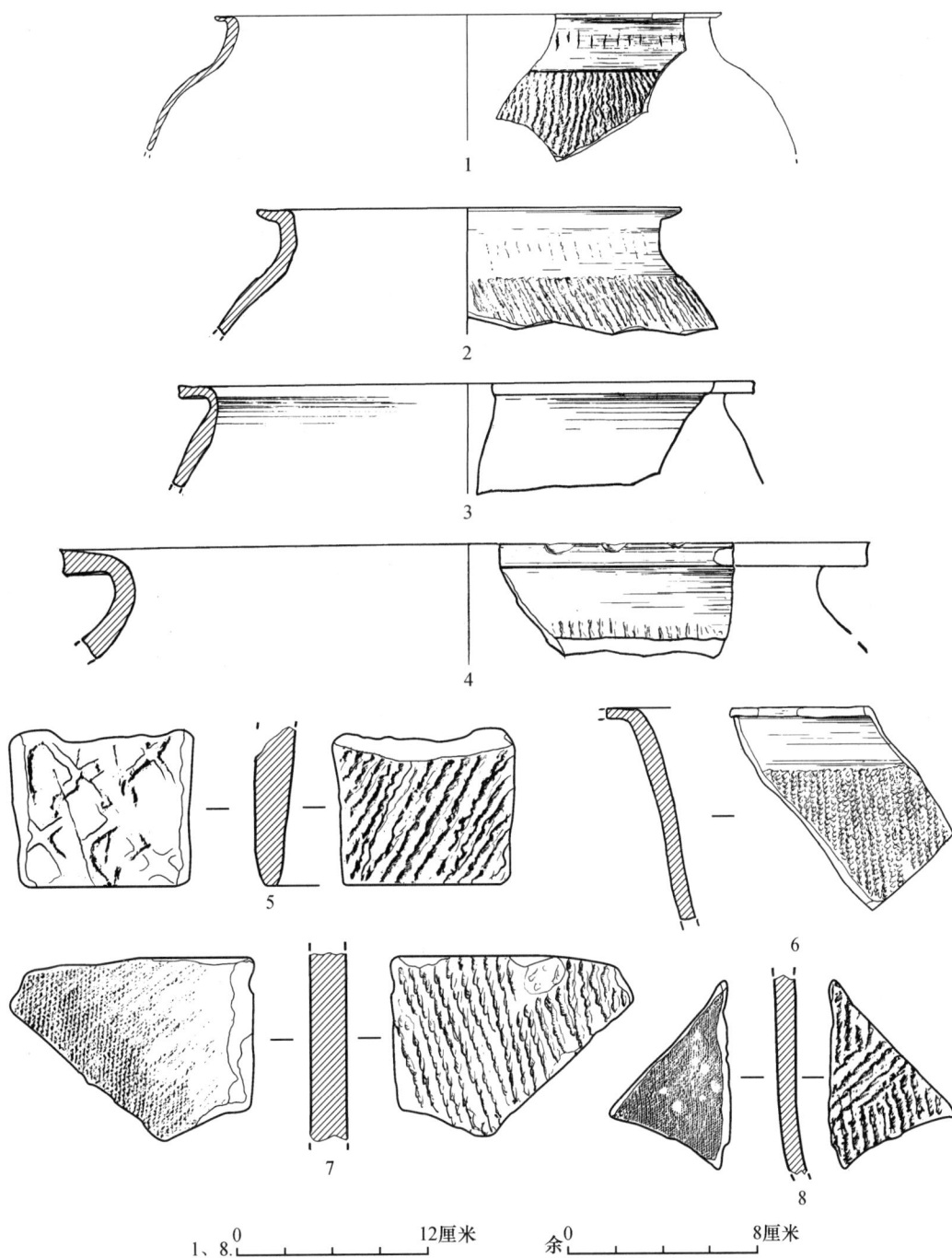

图四三四　苇沟-北寿城遗址调查第368、369采集点陶器

1、2.鬲（YCTD369：1、YCTD369：4）　　3、4、6.盆（YCTD369：2、YCTD369：3、YCTD369：5）

5、7、8.板瓦（YCTD368：1、YCTD368：2、YCTD 368：3）

第369采集点，编号YCTD369。位于东寿城村北边的一处断崖上。缓坡状地形，南部有苹果园，东部有一条田间小路，西部为麦田。地表采集，东经111°41′48.62″，北纬35°45′10.53″，共采集遗物18件，标本13件。

YCTD369：1　鬲口沿。夹砂灰陶。外壁饰绳纹，内壁亦有绳纹，颈部绳纹抹平。尖唇，窄折沿、微敛口，鼓肩，内壁有拍印的成组坑窝。口径31.2、高9、厚0.6厘米（图四三四，1）。

YCTD369：2　盆口沿。泥质浅灰陶。方唇，唇面有凹槽，平折沿，敛口。内壁有波状起伏。内外壁有轮制痕迹。口径25、高4.5、厚0.8厘米（图四三四，3）。

YCTD369：3　盆口沿。泥质灰陶。外壁饰绳纹，口沿外缘有按压。卷平沿，唇面有凹槽，束颈。内壁及外壁素面部分有轮制痕迹，口沿和肩部有接缝，相接部位肩部在外侧。口径33.6、高4.6、厚0.9厘米（图四三四，4）。

YCTD369：4　鬲口沿。夹砂深灰陶。外壁饰细绳纹，沿面下及颈部有绳纹抹平。尖唇，窄折沿，矮直领，溜肩，颈部外壁有抹痕。口径14.8、高5.2、厚0.8厘米（图四三四，2；图版一六九，1）。

YCTD369：5　盆口沿。泥质灰陶。外壁饰绳纹，沿面内圈有凹槽，颈部以下装饰绳纹。唇残、平折沿，侈口，直腹。宽3、高8.4、厚1厘米（图四三四，6）。

YCTD369：6　鬲腹片。夹砂深灰陶。外壁饰绳纹。溜肩，内壁略有起伏。宽26.8、高11.2、厚0.9厘米（图四三五，8）。

YCTD369：7　盆口沿。泥质浅灰陶。外壁口沿下有绳纹，颈部绳纹被抹平。直口，平折沿，方唇加厚，唇面内凹。宽7、高6、厚0.9厘米（图四三五，1）。

YCTD369：8　鬲口沿。夹砂灰陶。外壁饰细绳纹。圆唇，平折沿，直口微敛，颈部及口沿内外壁有轮修痕迹。宽6.2、高4.8、厚1厘米（图四三五，4）。

YCTD369：9　罐口沿。泥质红陶。外壁饰抹平绳纹。仅存颈部，束颈，内壁有轮制痕迹。宽4.5、高4.6、厚0.6厘米（图四三五，5）。

YCTD369：11　陶片。泥质灰陶。外壁饰绳纹。内壁略有起伏。宽5、高6、厚0.8厘米（图四三五，7）。

YCTD369：13　豆柄。泥质深灰陶。柱状，两端残，周身有轮制痕迹。外径2.7、高3、厚0.6厘米（图四三五，6）。

YCTD369：16　鬲口沿。夹砂灰陶。外壁饰抹平绳纹。仅存口沿，应为方唇，侈口。沿面上下有轮制痕迹。宽4.6、沿宽3.6、厚0.7厘米（图四三五，2）。

YCTD369：17　豆柄。泥质深灰陶。柱状，上下均残，周身有轮制痕迹。外径3.3、高4、厚1.3厘米（图四三五，3）。

第370采集点，编号YCTD370。位于东寿城村北断崖。陶窑，东经111°41′51.50″，北纬35°45′08.35″，采集标本1件。

YCTD370：1　鬲足。夹砂褐陶。外壁饰绳纹。水平截面外圆内尖，弧裆略平，足底有平

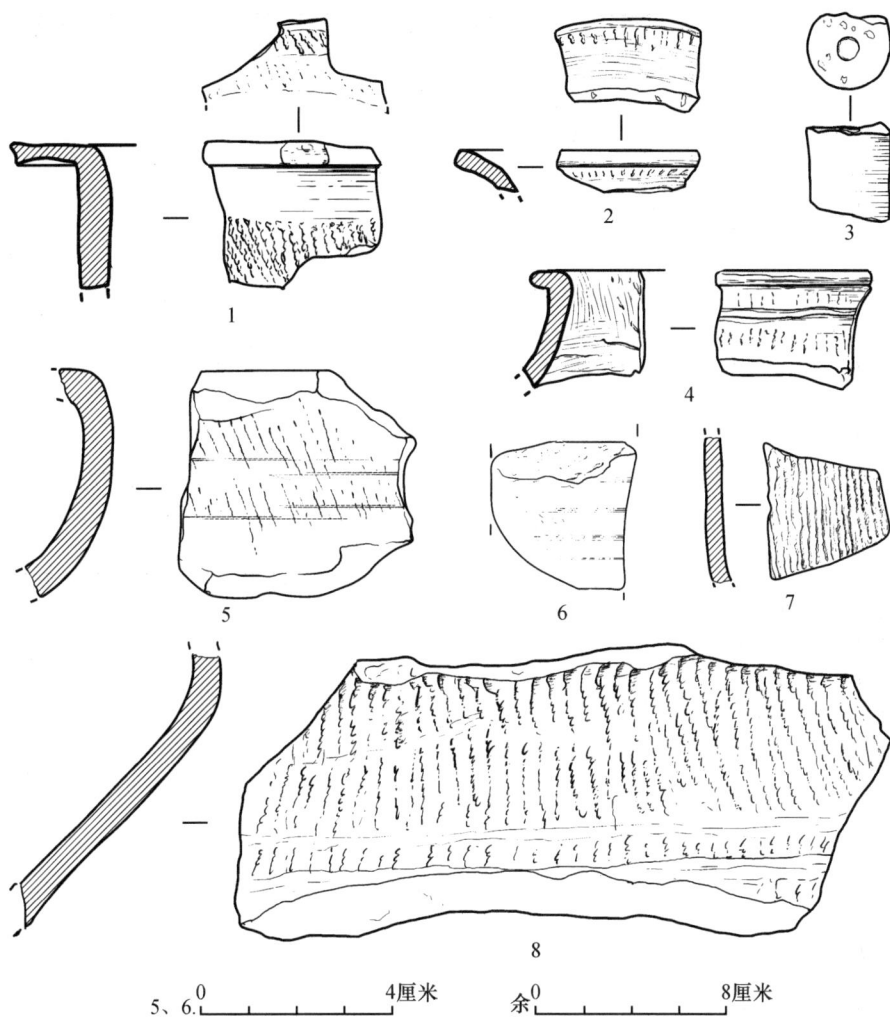

图四三五 苇沟-北寿城遗址调查第369采集点陶器

1.盆（YCTD369：7） 2、4、8.鬲（YCTD369：16、YCTD369：8、YCTD369：6） 3、6.豆（YCTD369：17、YCTD369：13）
5.罐（YCTD369：9） 7.陶片（YCTD369：11）

面。残高9.2、厚1.5厘米（图四三六，10）。

第371采集点，编号YCTD371。位于东寿城村北边50米，北高南低的缓坡上的断崖。灰坑，东经111°41′52.68″，北纬35°45′07.04″，共采集遗物17件，标本7件。

YCTD371：4 盆口沿。夹砂深灰陶。口沿外缘戳印花边。外壁饰绳纹、抹平绳纹，较浅。侈口，束颈，鼓腹。口、颈部有轮修痕迹，内壁略有起伏。口径29、高12、厚0.7厘米（图四三六，2；图版一六九，2）。

YCTD371：7 盆口沿。夹砂黑灰陶。唇部残，平折沿，敛口，腹部略折。外壁饰绳纹，腹部绳纹被抹断，颈部有抹平绳纹。内壁略有起伏，口沿上下及颈部有轮修痕迹。宽11.2、高8、厚0.8厘米（图四三六，1）。

YCTD371：15 陶片。夹砂深灰陶。推测为盆腹部残片。外壁饰细绳纹。宽9.4、高8.3、厚1厘米（图四三六，6）。

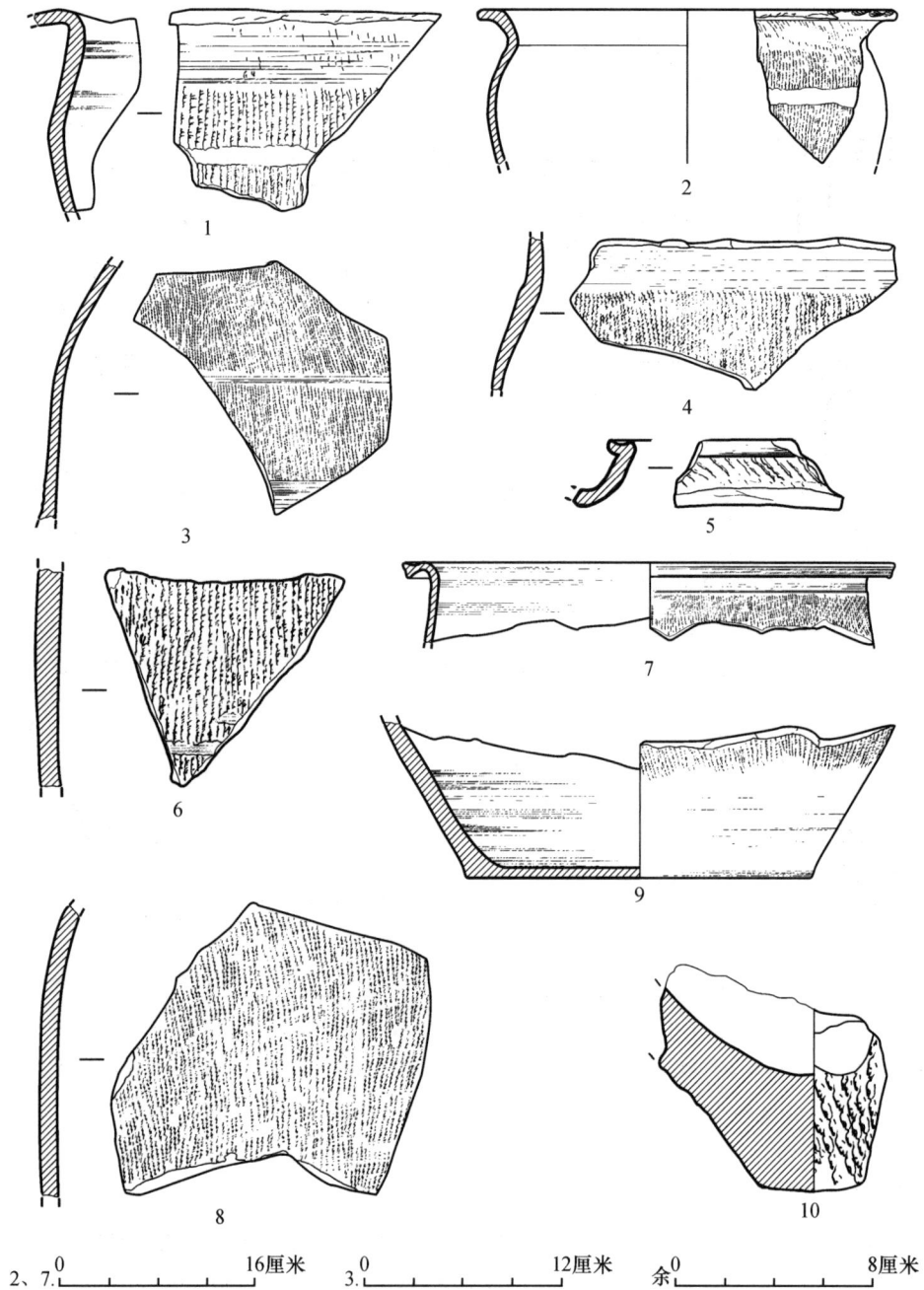

图四三六　苇沟-北寿城遗址调查第370、371采集点陶器

1～4、7～9.盆［YCTD371∶7、YCTD371∶4、YCTD371∶13、（YCTD371∶9、YCTD371∶11）、
（YCTD371∶1～YCTD371∶3）、（YCTD371∶5、YCTD371∶10、YCTD371∶12、YCTD371∶14）、YCTD371∶6］
5、10.鬲（YCTD371∶16、YCTD370∶1）　6.陶片（YCTD371∶15）

　　YCTD371∶16　鬲口沿。泥质深灰陶。颈部装饰抹平绳纹。窄折沿，沿面下凹，微敛口。内壁有轮修痕迹。宽4.8、高2.8、厚0.7厘米（图四三六，5）。

　　YCTD371∶1～YCTD371∶3、YCTD371∶9、YCTD371∶11　盆口沿及腹片。泥质灰陶。外壁饰细绳纹、抹断绳纹。几件应为同一件器物，平折沿，方唇，外缘加厚，唇面内凹，微敛口。口沿内壁有抹痕，腹部内壁略有起伏。口径34.4、高6、厚0.5厘米（图四三六，4、7）。

YCTD371：5、YCTD371：10、YCTD371：12、YCTD371：14　盆腹片。泥质灰陶。外壁饰细绳纹，内壁有抹痕（注：拼接为一件）。宽12.4、高11、0.8厘米（图四三六，8）。

YCTD371：6、YCTD371：13　盆底。泥质深灰陶。外壁饰绳纹，绳纹较浅，近底处未拍印。下腹斜收，平底。器底外包于器壁，内壁可见抹痕（注：可能是同一件器物，拼接不起）。底外径14、高6、厚0.8厘米（图四三六，3、9）。

第372采集点，编号YCTD372。位于东寿城村北的断崖上。地表采集，东经111°41′56.58″，北纬35°45′06.92″，共采集遗物6件，标本5件。

YCTD372：1　器底。泥质浅灰陶。外壁饰抹平绳纹。内壁略有起伏，似按压痕迹。宽11.1、高7.2、厚1.2厘米（图四三七，5）。

YCTD372：3　豆柄。泥质灰陶。残存豆盘底部及柱形豆柄上端。柄外径2.8、高9.6、厚1.1厘米（图四三七，3）。

YCTD372：4　豆盘。泥质灰陶。圆唇直口浅盘，腹部略有折痕，内、外壁有密集旋抹痕迹。口径13、高3、厚0.7厘米（图四三七，1）。

YCTD372：5　豆柄。泥质灰陶。仅残存柄盘相接部分。外壁有密集旋抹痕迹。高2.2、厚1.3厘米（图四三七，4）。

YCTD372：6　罐腹片。泥质灰陶。外壁饰绳纹，绳纹较浅。上部内收，应为颈部。内壁略有起伏，似按压痕迹。外壁有密集旋抹痕迹。宽4.8、高4、厚0.6厘米（图四三七，2）。

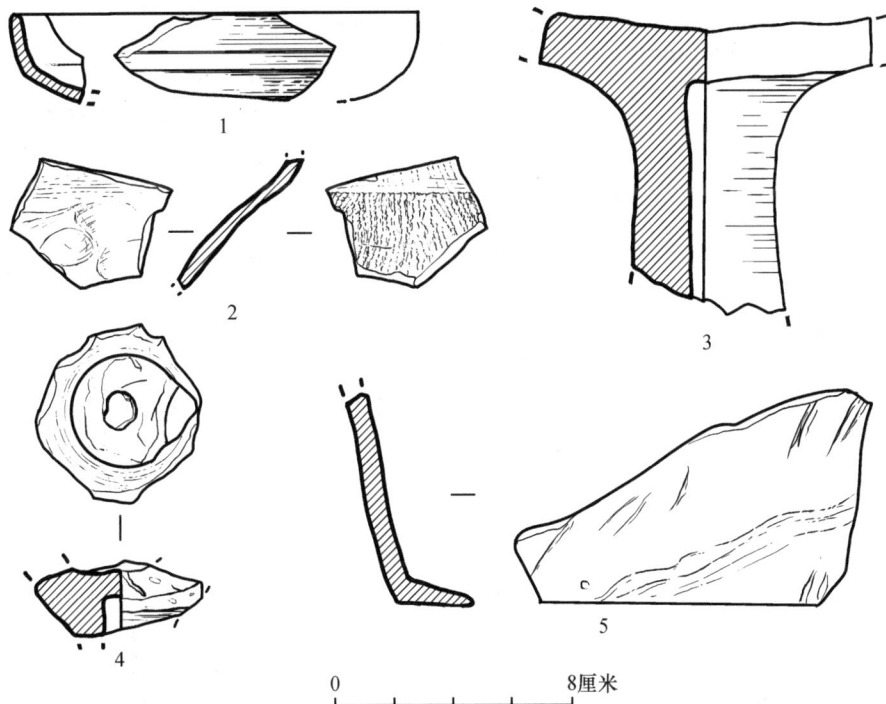

图四三七　苇沟-北寿城遗址调查第372采集点陶器

1、3、4.豆（YCTD372：4、YCTD372：3、YCTD372：5）　2.罐（YCTD372：6）　5.器底（YCTD372：1）

第二章 勘探与试掘

第一节 工作概况

为了进一步搞清城墙的分布情况、年代，我们对城墙进行了钻探和试掘，并结合暴露于地表之上的夯土，进行统一登记、测绘（图四三八、图版一四四）。

遗址区被南北向的几条现代道路分割为几个区域，我们据此将遗址划分为四区，由西向东分别编号为Ⅰ至Ⅳ区。共布探沟四条，以三位数字编号，首位数字为发掘区编号，后两位为

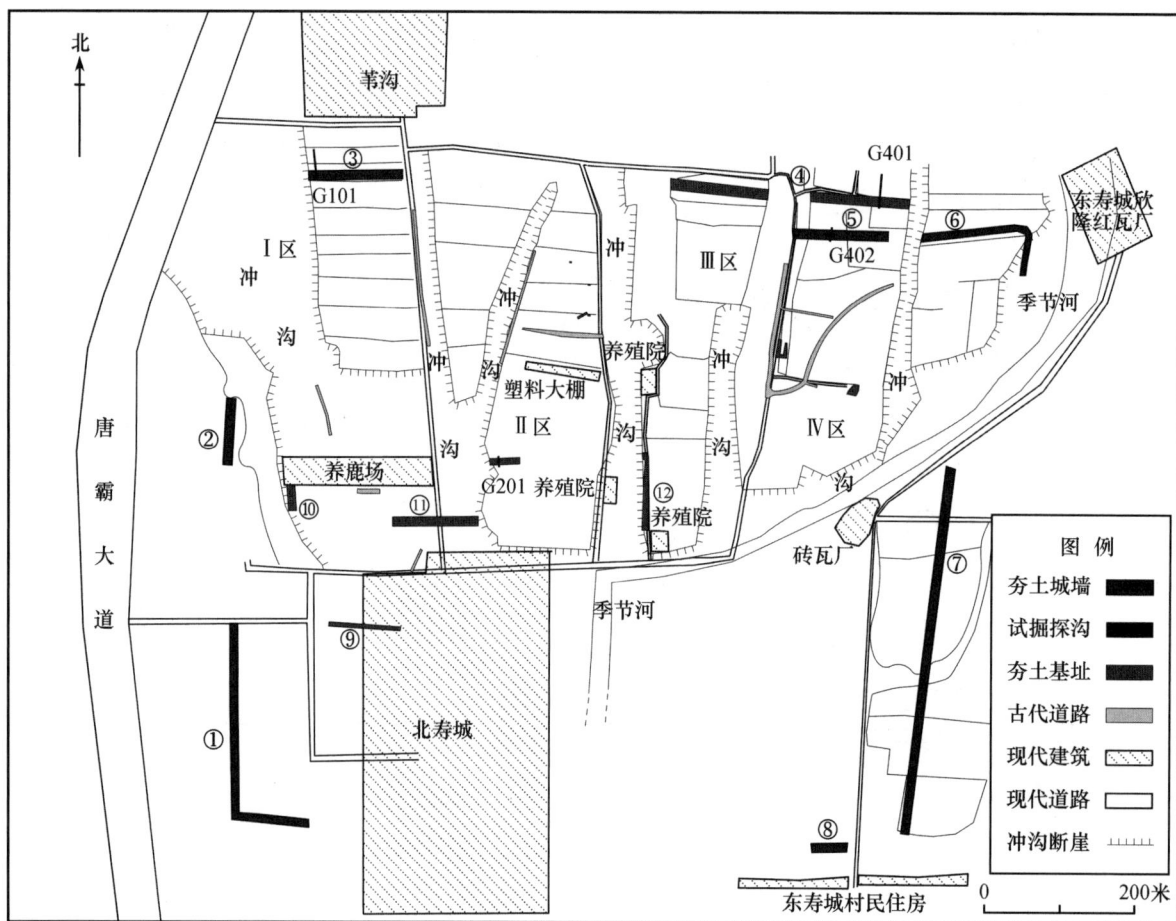

图四三八 苇沟-北寿城遗址测绘图

探沟序号。如G101表示I区第一条探沟。所发掘的四条探沟依次编号为G101、G201、G401、G402。

第二节　城墙及夯土基址勘探

本次钻探夯土分为外围城墙和城内、外夯土基址两部分。共分12段。其中1~3、5~8为城墙，4、9~12段为城内外夯土基址（表一四）。城墙整体近方形，北部略宽，西城墙走向近正南北，东城墙走向为北偏东8度。东、西城墙长约740米，南城墙长约800米，北城墙长约940米，总面积约644000平方米。整体保存较差，被冲沟和季节河河床分割为多段，残留的城墙多位于城东、西两部，中部不存。

表一四　夯土勘探情况登记表

编号	位置	尺寸	土质土色	深度（距地表，单位：厘米）
1	城墙西南角	东西约118、南北约208、墙基宽约12~13米	黄褐色小花土	30~50
2	西城墙中段	南北约86、墙基宽约12米	黄褐色小花土	30~50
3	北城墙西段	东西长约133、墙基宽约12米	黄褐色小花土	西侧较深，30~160 东侧30~110
4	城外东部	东西长约260米，中间被破坏，宽约12米	红褐色小花土	30~80
5	北城墙东段	东西长约130、墙基宽约13米	黄褐色小花土	30~120
6	城墙东北角	东西约140、南北约60、墙基宽约12米	黄褐色小花土	30~80
7	东城墙中南段	南北约500、墙基宽约12米	黄褐色小花土	30~50
8	南城墙东段	东西约60、墙基宽约12米	黄褐色小花土	30~110
9	城内西部偏南	东西约110、宽约7米	黄褐色小花土	30~70
10	城内西部	被现代建筑和冲沟分割为两部分，西部一段南北约50、宽约10米。东部一段东西约50、宽约7米	黄褐色小花土	30~60
11	城内西部	东西约132、宽约7米	黄褐色小花土	30~80
12	城内中部	南北约100米，西侧被冲沟破坏，残宽约5米	红褐色小花土	30~70

第三节　试掘遗迹及遗物

（一）14G101

位于古城西北角，苇沟新村西南村门楼南30米，探沟南北40、东西2米，方向为正南北。探沟内由北向南依次布方4个，编号分别为G101T1~G101T4，布方面积10×2平方米，T1北留1米的隔梁（图四三九、图四四〇、图版一四五）。

北←

晚期夯土叠压H6

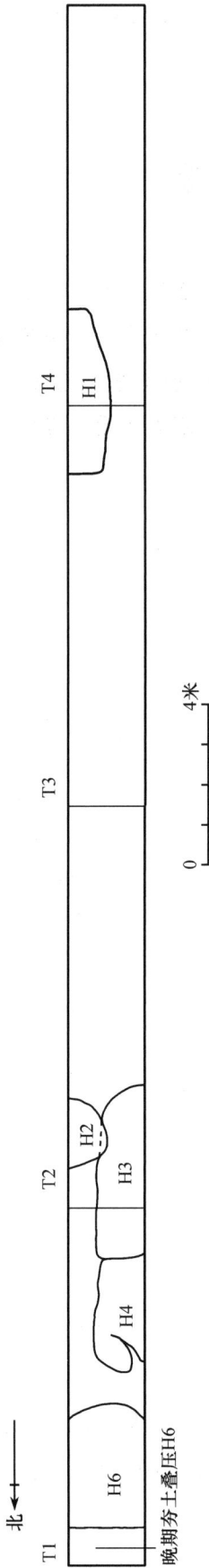

图四三九　14G101平面图

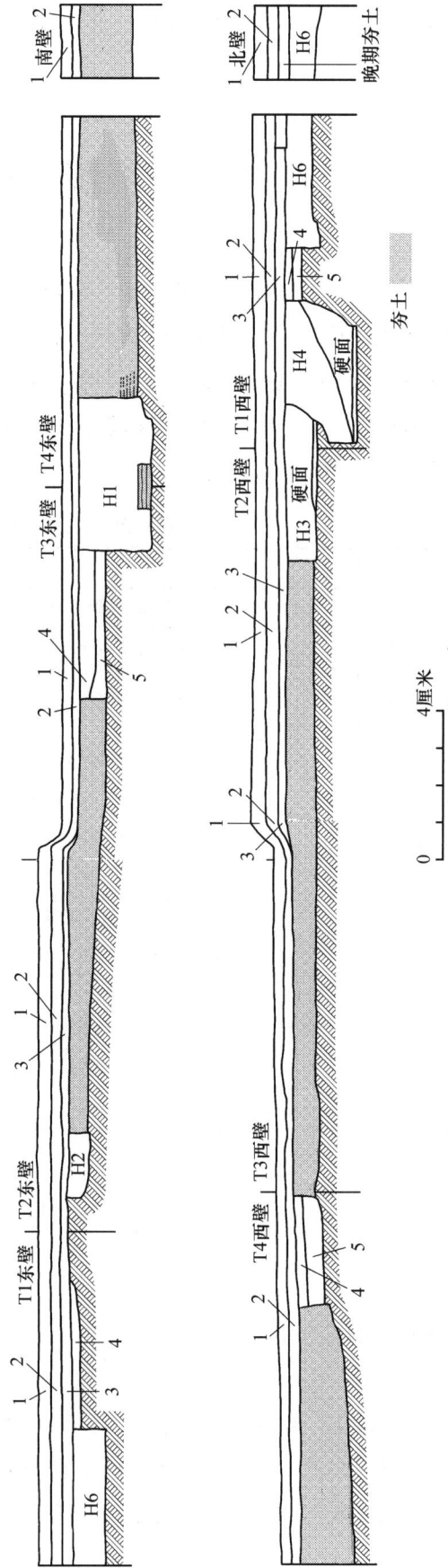

图四四○　14G101四壁剖面图

探沟内堆积依据土质土色共分为五层（表一五～表一八），由于同一层位在各探方内情况稍有不同，分别予以列表介绍。

G101T1层位关系：

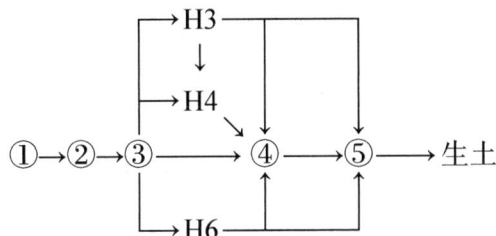

表一五　14G101T1地层登记表

层号	土色	土质	包含物	厚度（厘米）	备注	属性
①	黄褐	疏松呈颗粒状	现代物品及植物根系	25～40		现代农耕层
②	浅黄褐	较密	近代煤炭渣、碎瓷片等	25～30		近代堆积
③	深黄褐	较密	板瓦、筒瓦	30～35	此层被晚期夯土打破，共分为3个小层，每层厚10厘米，包含煤炭渣	古代文化层
④	黄褐色碎花土	较密	夹砂灰陶鬲口沿、足，泥质灰陶盆腹部、底部残片，豆座、板瓦	10～25		古代文化层
⑤	黄褐花土	较密		25～28		古代文化层

G101T2层位关系：

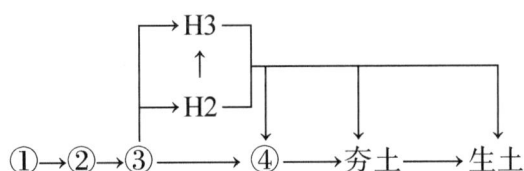

表一六　14G101T2地层登记表

层号	土色	土质	包含物	厚度（厘米）	备注	属性
①	黄褐	疏松呈颗粒状	现代物品及植物根系	25～35		现代农耕层
②	浅黄褐	较密	近代煤炭渣、碎瓷片等	25～35		近代堆积
③	深黄褐	较密	木炭颗粒、泥质灰陶盆、罐、豆，口沿、腹片，夹砂陶鬲口沿、腹片、足	30～35		古代文化层
④	黄褐色碎花土	较密	泥质灰陶筒瓦、罐	12-15		古代文化层
⑤	黄褐花	较密		根据H2、H3南壁观察，总厚60～70厘米，斜坡状，南部深，经过钻探，上平面距离地表深100～110厘米，质地坚硬		古代文化层

G101T3层位关系：

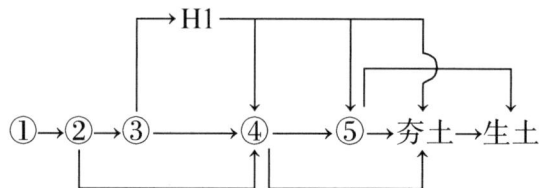

表一七　14G101T3地层登记表

编号	土色	土质	包含物	厚度（厘米）	备注	属性
①	黄褐	疏松呈颗粒状	现代物品及植物根系	30~40		现代农耕层
②	浅黄褐	较密	近代煤炭渣、碎瓷片等	25~30		近代堆积
③	深黄褐	较密	木炭颗粒、出土遗物	0~15		古代文化层
④	黄褐色碎花土	较密	木炭、烧土颗粒、泥质灰陶罐、口沿、豆柄、板瓦、筒瓦、夹砂陶鬲足	10~45，南部较厚		古代文化层
⑤	黄褐淤花土	较密	夯土块、烧土颗粒、泥质灰陶腹片、板瓦。夹砂陶鬲足	30~35		古代文化层
夯土		较密		50~70、每层厚7~10厘米，层次分明		古城墙基槽

G101T4层位关系（图版一四七）：

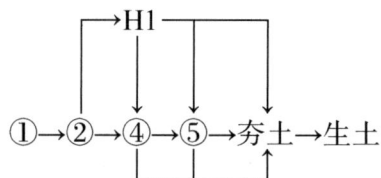

表一八　14G101T4地层登记表

编号	土色	土质	包含物	厚度（厘米）	备注	属性
①	黄褐	疏松呈颗粒状	现代物品及植物根系	30~40		现代农耕层
②	浅黄褐	较密	近代煤炭渣、碎瓷片等	18~25		近代堆积
③					无	古代文化层
④	黄褐碎花土	较密	木炭、烧土颗粒、夯土块、泥质陶盆口沿、罐口沿、腹片、板瓦、筒瓦	20~50，南部较厚		古代文化层
⑤	黄褐淤花土	较密	夯土块、烧土颗粒、木炭颗粒、罐口沿、腹片、板瓦、筒瓦、豆盘、鬲足	30~35		古代文化层
夯土		较密		50~70，每层厚7~10厘米，层次分明		古城墙基槽

1. 14G101②

该层内所出遗物应为后期扰动所致，为求资料完整，也将其统计如下（表一九），以供参考。

表一九 14G101②层出土遗物统计表

陶质	陶色	器物	部位	纹饰一	纹饰二	纹饰三	数量（件）	重量（千克）
瓷片	—	不明	不明	无	无	无	6	0.13
夹砂	灰	鬲	口沿	无	无	无	1	0.03
泥质	灰	不明	器底	无	无	无	1	0.03
			陶片	绳纹	无	无	5	0.22
		盆	口沿	无	无	无	1	0.05
			陶片	磨光暗纹	无	无	1	0.06
		瓦	不明	布纹	无	无	1	0.08
				绳纹	布纹	无	1	0.11
				无	无	无	1	0.08

2. 14G101③

该层出土陶器以泥质灰陶为主，数量约占80%。其次为夹砂灰陶，约占13%。另有少量夹砂褐陶及泥质褐陶（表二○）。

表二○ 14G101③层出土陶片登记表

陶质	陶色	器物	部位	纹饰一	纹饰二	纹饰三	数量（件）	重量（千克）
夹砂	褐	鬲	口沿	无	无	无	1	0.04
	灰	鬲	口沿	无	无	无	1	0.02
				绳纹	无	无	3	0.17
			足	绳纹	无	无	2	1.38
			陶片	无	无	无	8	0.36
		不明	陶片	绳纹	无	无	1	0.19
	褐	鬲	口沿	绳纹	无	无	3	0.23
			足	绳纹	无	无	1	0.09
泥质	灰	盆	口沿	绳纹	无	无	5	0.4
				磨光暗纹	无	无	3	0.72
				凹弦纹	无	无	1	0.14
				无	无	无	4	0.36
		钵	口沿	瓦棱纹	无	无	1	0.03
		豆	口沿	磨光暗纹	无	无	1	0.02
			足部	无	无	无	3	0.99

陶质	陶色	器物	部位	纹饰一	纹饰二	纹饰三	数量（件）	重量（千克）
泥质	灰	罐	口沿	无	无	无	1	0.15
			残器	无	无	无	1	0.24
			器底	磨光	无	无	1	0.4
			陶片	绳纹	无	无	3	0.19
		瓦		绳纹	篦点纹	无	2	0.23
					方格纹	6	5.96	
					布纹	无	18	4.61
						抹平绳纹	1	0.19
					方格纹	无	1	0.12
					无	无	5	0.67
		瓦当	不明	无	无	无	1	0.06
		圆片	不明	无	无	无	1	0.02
		不明	口沿	无	无	无	3	0.05
			器底	无	无	无	5	0.62
			陶片	磨光暗纹	无	无	2	0.05
				绳纹	无	无	12	0.56
				抹断绳纹	篦点纹	无	2	0.06
				无	无	无	10	0.4
	褐	纺轮		无	无	无	1	0.07
		瓦		绳纹	布纹	无	1	1.65

G101③：1　盆口沿。泥质灰陶。平折沿，唇面略内凹，直口。内外壁有轮制痕迹。口径33.3、高5.4、厚1.1厘米（图四四一，1）。

G101③：2　盆口沿。泥质灰陶。外壁饰绕绳棍并列压印而成的纹饰。唇部加厚，唇面有凹槽，平折沿，沿面略上凸，口微敛。在一侧断茬边缘有两个钻孔，内外对钻，内壁有波状起伏，内外壁有轮制痕迹。口径49、高12、厚1.7厘米（图四四一，3；图版一六九，3）。

G101③：3　盆口沿。泥质灰陶。唇面有凹槽，唇部加厚，平折沿，微敛口。内侧饰磨光暗纹。内外壁有轮制痕迹。口径33.4、高5、厚0.8厘米（图四四一，4）。

G101③：4　盆口沿。泥质灰陶。平折沿，外缘向下翻折，口微侈。内壁有波状起伏，外壁有轮制痕迹。口径36、高10、厚0.7厘米（图四四一，6）。

G101③：5　盆口沿。泥质灰陶。外壁饰绳纹。圆唇，平折沿，束颈，侈口。口径33、高6、厚0.9厘米（图四四一，7）。

G101③：6　盆口沿。泥质灰陶。内壁饰磨光暗纹。方唇，平折沿加厚，直口。宽13.4、高7.5、厚0.8厘米（图四四一，5）。

G101③：7　鬲口沿。夹砂深灰陶。外壁饰绳纹。方唇、折沿，沿面内缘有一周凹棱。口径25、高5、厚0.8厘米（图四四一，2）。

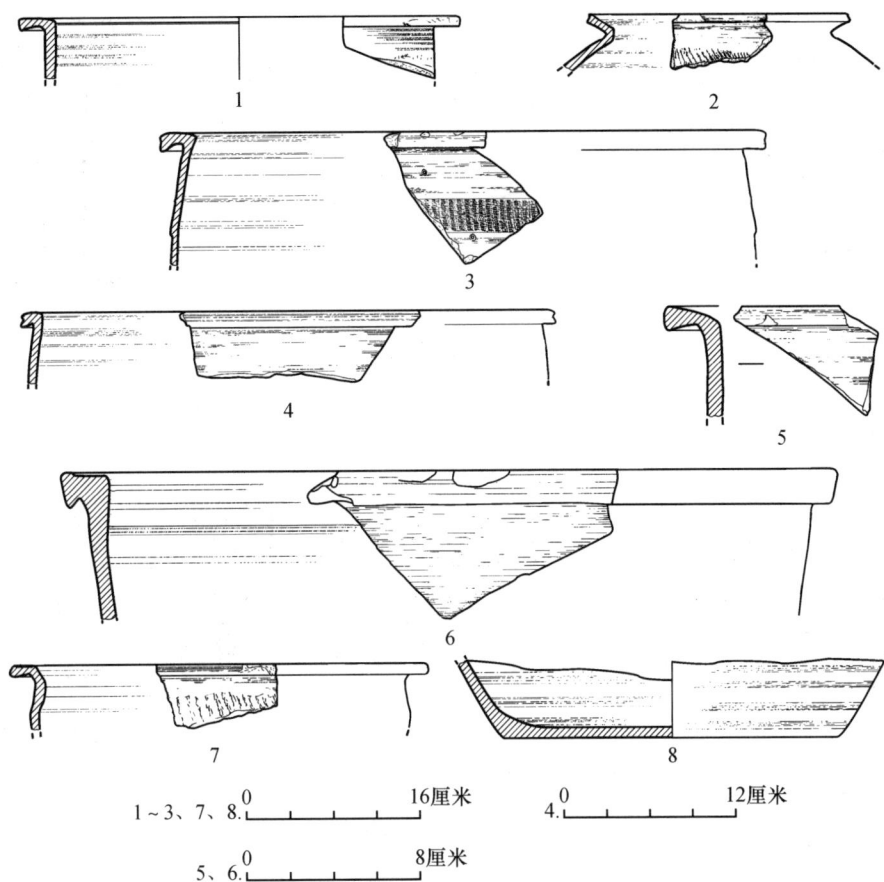

图四四一 14G101③层出土陶器

1、3~7.盆（G101③：1、G101③：2、G101③：3、G101③：6、G101③：4、G101③：5） 2.鬲（G101③：7）
8.罐（G101③：8）

G101③：8 罐底。泥质灰陶。外壁磨光。下腹斜收。底外径31、高5.2、厚2厘米（图四四一，8）。

G101③：9 小罐，残器。泥质灰陶。器形较小，溜肩，鼓腹平底。底外径12.5、高6.5、厚3厘米（图四四二，2）。

G101③：10 腹片。泥质灰陶。外壁饰细绳纹、凹弦纹，内壁饰篦点纹。宽7.6、高9、厚0.8厘米（图四四二，6）。

G101③：11 板瓦。泥质灰陶。外壁饰绳纹，内壁饰菱形方格纹。宽8、长11.6、厚1厘米（图四四二，4）。

G101③：12 板瓦。泥质灰陶。内壁有抹痕。宽11.3、长7、厚0.9厘米（图四四二，1）。

G101③：13 板瓦。泥质灰陶。外壁饰粗绳纹，内壁饰布纹。外壁有密集平行线状轮制痕迹，侧面有切割痕迹，由内向外。厚1厘米。

G101③：14 板瓦。夹砂褐陶。外壁饰粗绳纹，内壁饰布纹、菱形方格纹。厚1.5厘米。

G101③：15 筒瓦。夹砂灰陶。外壁饰绳纹。瓦头素面部位及瓦舌有抹痕。宽7.8、长13.3、厚1.5厘米（图四四二，5）

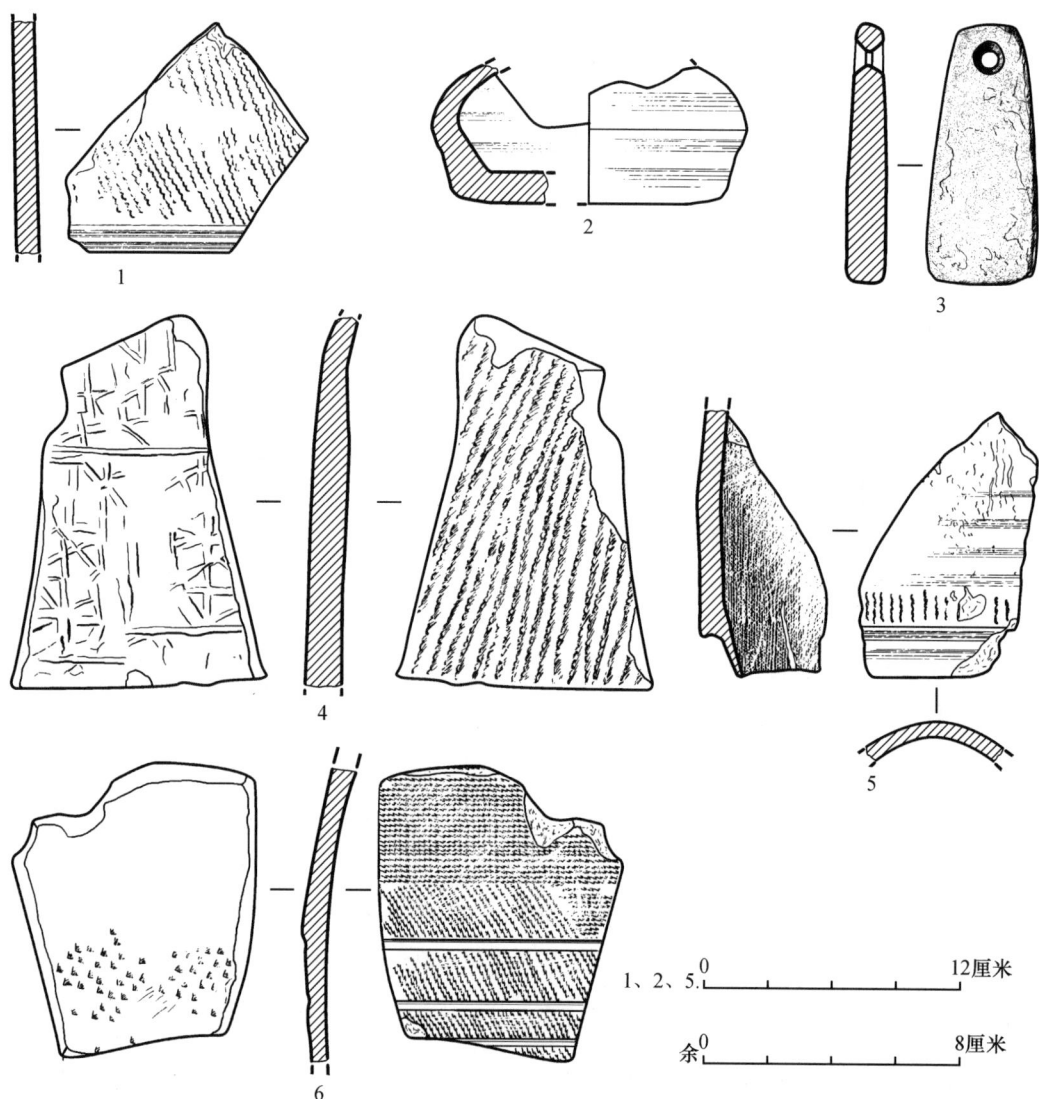

图四四二　14G101③层出土遗物

1、4.板瓦（G101③：12、G101③：11）　2.罐（G101③：9）　3.石器（G101③：16）　5.筒瓦（G101③：15）
6.陶片（G101③：10）

　　G101③：16　石器。正面呈梯形。较瘦长，上端有钻孔。长7.9、宽3.4、厚1厘米
（图四四二，3；图版一六九，4）。

3. 14G101④

　　该层出土陶器较少，以泥质灰陶为主，数量约占65%。其次为夹砂灰陶，约占30%。另有
少量夹砂褐陶（表二一）。

　　G101T1④：1　鬲口沿。夹砂灰陶。领肩相交处有一周凸棱，外壁饰绳纹，沿残。矮领直
口。内外壁有轮制痕迹。口径14.4、高5.5、厚0.7厘米（图四四三，2；图版一六九，5）。

　　G101T3④：2　盆口沿。泥质灰陶。外壁饰绳纹。圆唇，折沿，侈口。高4、厚0.5厘米

（图四四三，4）。

G101T4④：3　罐口沿。泥质灰陶。外壁饰绳纹。圆唇，直口，矮颈。内壁颈肩相接处有接缝，颈部及口沿内外壁有轮制痕迹。口径15、高5.4、厚1.2厘米（图四四三，1）。

表二一　14G101④层出土陶片统计表

陶质	陶色	器物	部位	纹饰一	纹饰二	纹饰三	数量（件）	重量（千克）
夹砂	灰	鬲	口沿	绳纹	无	无	4	0.01
			足	绳纹	无	无	4	0.2
泥质	褐	不明	陶片	绳纹	无	无	1	0.02
	灰	盆	口沿	无	无	无	3	0.04
		罐	口沿	绳纹	无	无	1	0.05
		壶	口沿	无	无	无	1	0.2
		瓦	不明	绳纹	篦点纹	无	4	0.32
		豆	足	无	无	无	3	0.2
		瓦	残器	绳纹	布纹	无	3	1.5
					绳纹	无	2	7.2

G101T4④：4　壶口沿。泥质灰陶。方唇，唇面有凹槽，侈口，束颈。内外壁有轮制痕迹。口径13、高4.3、厚0.6厘米（图四四三，7）。

G101T4④：5　鬲口沿。夹砂灰陶。外壁饰绳纹。唇部残，平折沿，束颈，口微敛。宽5.2、高5.4、厚0.9厘米（图四四三，3）。

G101T1④：6　鬲足。夹砂褐陶。外壁饰粗绳纹。水平截面外圆内略尖，其下有高约3厘米的实足根，足底平。高6、厚1.2厘米（图四四三，10）。

G101T3④：7　鬲足。夹砂深灰陶。外壁饰绳纹、粗绳纹。袋足外壁近直，截面外缘内尖，下有柱状短实足根。柱足残高3、袋足壁厚0.6厘米（图四四三，11）。

G101T4④：8　鬲足。夹砂灰陶。袋足外壁饰粗绳纹。水平截面为椭圆形，外圆内尖，袋足下有高约4厘米的柱状实足根，足根素面。柱足残高2.7、厚1.3厘米（图四四三，6；图版一六九，6）。

G101T4④：9　豆座。泥质灰陶。内外壁有轮制痕迹。喇叭口状。直径7、高3.4、厚1厘米（图四四三，8）。

G101T4④：10　板瓦。泥质浅灰陶。外壁饰绳纹，内壁亦饰绳纹。侧面有切割痕迹，由内向外深度近半。宽8.6、长12、厚1.1厘米（图四四三，5）。

G101T4④：11　板瓦。泥质灰陶。外壁饰粗绳纹，内壁饰布纹、菱形方格纹。内壁有抹痕，侧面有切割痕迹，由内向外深度近半。长48、宽30、厚1.5厘米（图四四三，9；图版一七二，3）。

G101T4④：12　板瓦。泥质灰陶。外壁饰粗绳纹，内壁饰布纹、菱形方格纹。内壁有抹痕，侧面有切割痕迹，由内向外深度近半。长48、宽30、厚1.5厘米（图四四四）。

图四四三　14G101④层出土陶器

1.罐（G101T4④：3）　2、3、6、10、11.鬲（G101T1④：1、G101T4④：5、G101T4④：8、G101T1④：6、G101T3④：7）

4.盆（G101T3④：2）　5.板瓦（G101T4④：10）　7.壶（G101T4④：4）　8.豆（G101T4④：9）　9.板瓦（G101T4④：11）

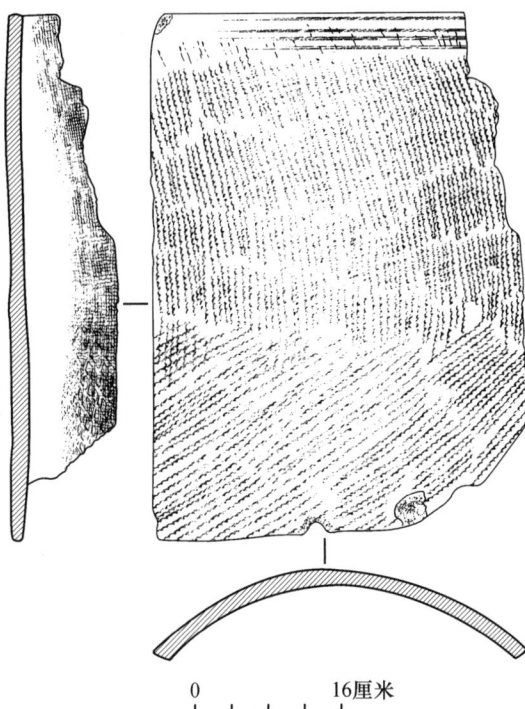

图四四四　14G101④层出土板瓦（G101T4④：12）

4. 14G101⑤

该层出土陶片甚少，仅数片泥质灰陶瓦片（表二二）。

表二二　14G101⑤层出土陶片统计表

陶质	陶色	器物	部位	纹饰一	纹饰二	纹饰三	数量（件）	重量（千克）
泥质	灰	瓦	不明	绳纹	布纹	无	3	1.55

5. 14G101夯土内

14G101夯土内出有少量陶片，数量不多，主要为陶鬲口沿和瓦片（表二三）。

表二三　14G101夯土内出土陶片统计表

陶质	陶色	器物	部位	纹饰一	纹饰二	纹饰三	数量（件）	重量（千克）
夹砂	褐	鬲	口沿	无	无	无	1	0.04
	灰	鬲	口沿	无	无	无	1	0.02
泥质	灰	瓦	不明	绳纹	无	无	5	0.66

6. 14G101H1

位于G101T4东北部，开口距地表深90～95厘米，平面呈圆角长方形，南北直壁，西壁向内斜，底部高低不平，中部夯土较硬，共分4小层，每层厚约10～18厘米。坑内堆积为从四面向中间堆起，黄褐色碎夯土块及淤土，土质较密。坑口南北长410、东西宽105、深150～170厘米。坑底部距离地表深265厘米。出土遗物包括泥质灰陶板瓦、筒瓦、罐，夹砂陶釜、甑等，坑底还出有1块砺石（图四四五）。

H1出土陶器，上部几乎全为泥质灰陶，下部仍以泥质灰陶为多，数量约占65%。其余部分，夹砂灰陶、泥质红陶各占一定比例（表二四、表二五）。

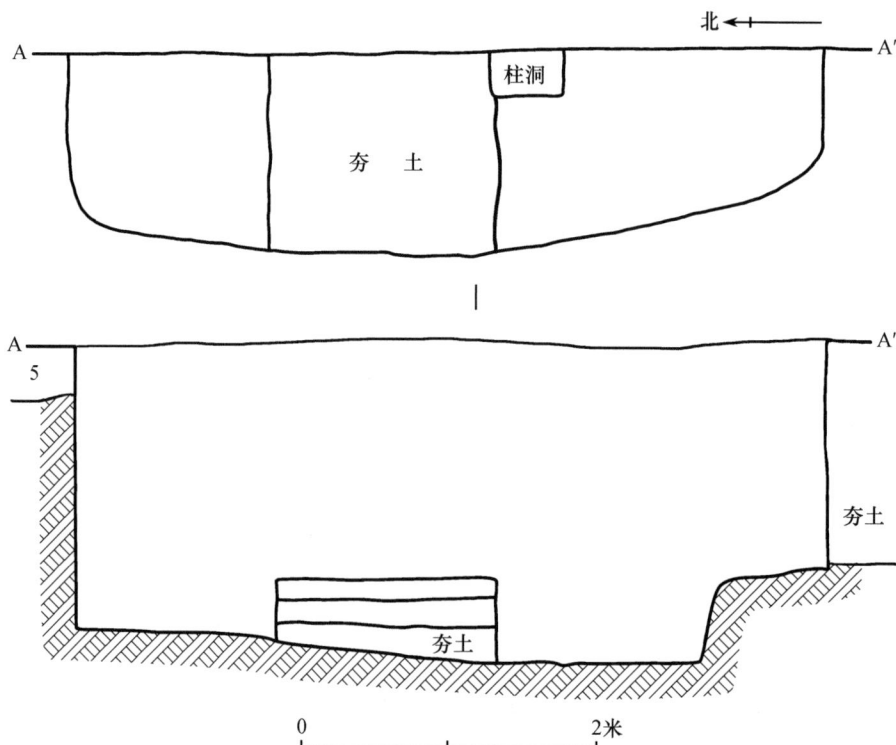

图四四五　14G101H1平、剖面图

表二四　14G101H1上部出土陶片统计表

陶质	陶色	器物	部位	纹饰一	纹饰二	纹饰三	数量（件）	重量（千克）
泥质	红	瓦	不明	绳纹	篦点纹	无	1	0.28
	灰	不明	器底	绳纹	无	无	1	0.12
				无	无	无	5	0.53
			陶片	刻划纹	无	无	1	0.03
				磨光暗纹	无	无	2	0.09
				绳纹	瓦棱纹	无	1	0.06
					无	无	10	0.63
				无	无	无	7	0.37
		盆	口沿	无	无	无	2	0.06
			陶片	磨光暗纹	无	无	1	0.08
				绳纹	无	无	2	0.24
		瓦	不明	绳纹	篦点纹	无	7	0.76
					布纹	无	1	0.06
					方格纹	无	3	0.34
					无	无	22	2.28

表二五 14G101H1底部出土陶片统计表

陶质	陶色	器物	部位	纹饰一	纹饰二	纹饰三	数量（件）	重量（千克）
夹砂泥质	灰	鬲	口沿	绳纹	无	无	3	0.28
			陶片	绳纹	无	无	12	0.26
			足部	绳纹	无	无	1	0.06
	夹心	不明	陶片	绳纹	无	无	2	0.05
		鬲	口沿	绳纹	无	无	2	0.25
	红	罐	口沿	无	无	无	1	0.03
		瓦	不明	绳纹	无	无	5	0.34
	灰	不明	口沿	磨光暗纹	无	无	5	0.09
				无	无	无	4	0.25
				绳纹	磨光暗纹	无	2	0.22
			器底	绳纹	无	无	4	0.34
				无	无	无	5	0.19
			陶片	磨光	无	无	20	0.61
				磨光暗纹	无	无	1	0.04
				绳纹	无	无	60	2.13
				无	无	无	3	0.12
		豆	口沿	磨光暗纹	无	无	3	0.13
				磨光暗纹	瓦棱纹	无	1	0.03
			器底	磨光	无	无	1	0.04
				磨光暗纹	无	无	1	0.02
		罐	口沿	无	无	无	6	0.15
		盆	口沿	绳纹	无	无	7	0.93
			陶片	瓦棱纹	无	无	1	0.07
				无	无	无	3	0.15
		瓦	不明	绳纹	箆点纹	无	8	0.74
				无	无	无	4	0.74
		圆片	不明	磨光暗纹	无	无	1	0.01
		甑	器底	无	无	无	2	0.09

G101H1：1 盆口沿。泥质灰陶。外壁饰绳纹，内壁饰磨光暗纹。平折沿，唇部加厚，沿面略内凹，侈口斜腹。内外壁有波状起伏，轮制痕迹。口径35.6、高14.1、厚0.5厘米（图四四六，1）。

G101H1：2 盆口沿。泥质灰陶。颈部外壁饰瓦棱纹，腹部外壁饰绳纹，内壁饰磨光暗纹。平折沿，唇部加厚，口微侈，腹部斜收。内外壁有波状起伏，轮制痕迹。口径30、高13、厚0.9厘米（图四四六，8）。

G101H1：3 盆口沿。泥质灰陶。内壁饰磨光暗纹。平折沿，唇部起棱，直口。外壁有波状起伏。口径40、高7.4、厚0.7厘米（图四四六，4）。

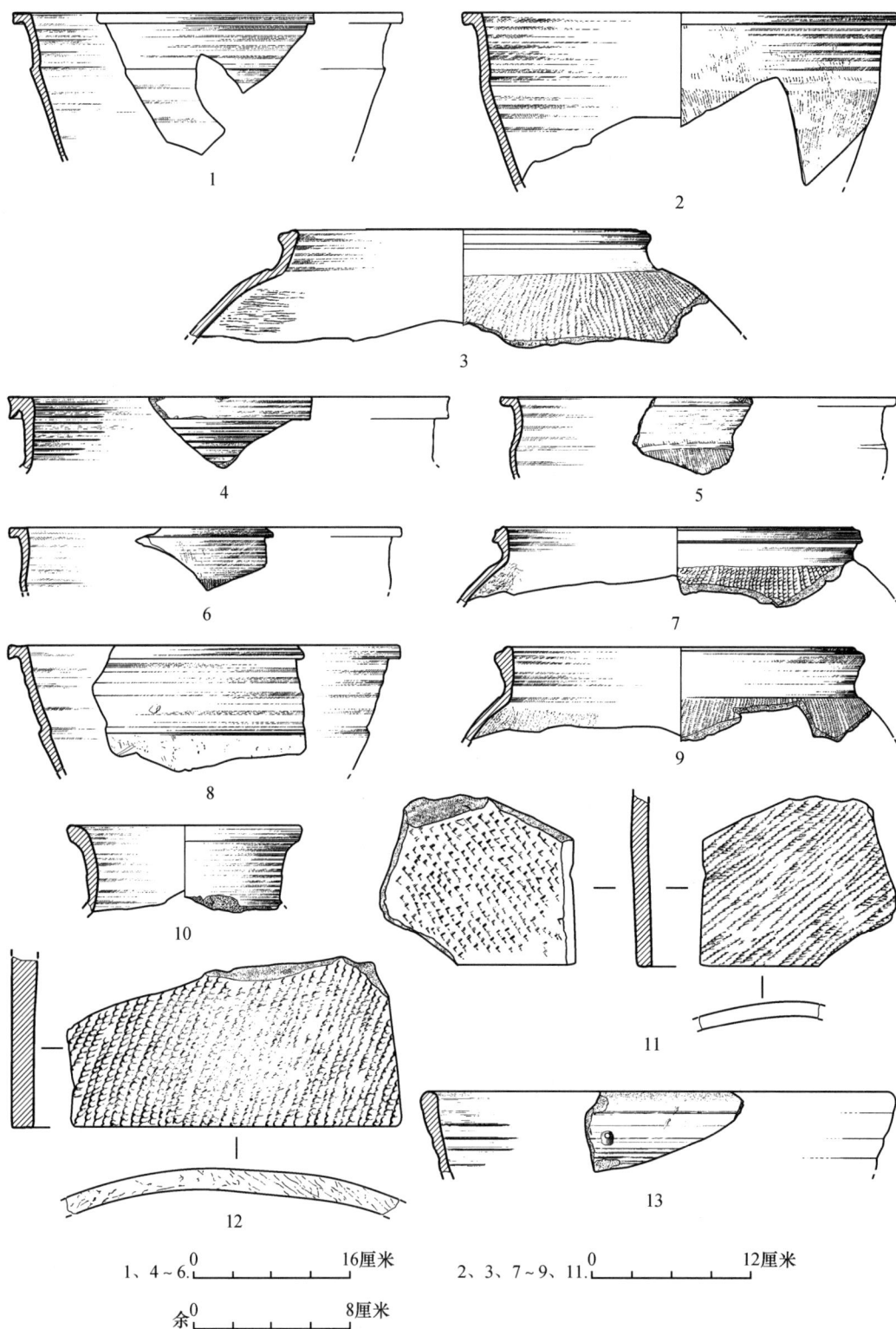

图四四六　14G101H1出土陶器

1、2、4～6、8.盆（G101H1：1、G101H1：6、G101H1：3、G101H1：4、G101H1：5、G101H1：2）

3、7、9.鬲（G101H1：12、G101H1：10、G101H1：11）　10.壶（G101H1：7）　11、12.板瓦（G101H1：14、G101H1：13）

13.钵（G101H1：9）

G101H1：4　盆口沿。泥质灰陶。外壁饰绳纹。圆唇，平折沿，微敛口。口沿及颈部外壁有轮制痕迹。口径36.4、高7.4、厚1厘米（图四四六，5）。

G101H1：5　盆口沿。泥质灰陶。外壁饰绳纹。平折沿，方唇加厚，口微敛。内外壁有轮制痕迹。口径35.6、高6.4、厚0.5厘米（图四四六，6）。

G101H1：6　盆口沿。夹砂灰陶。外壁饰绳纹，内壁饰磨光暗纹。内外壁有轮制痕迹。平折沿，唇部加厚，口微侈，折腹。口径32.5、高16.9、厚0.8厘米（图四四六，2；图版一七〇，2）。

G101H1：7　壶口沿。泥质灰陶。方唇，侈口。颈沿相接处有泥条接缝，内外壁有轮制痕迹。口径12、高4.4、厚0.8厘米（图四四六，10）。

G101H1：9　钵（豆）口沿。泥质灰陶。外壁饰瓦棱纹，内壁饰磨光暗纹。圆唇，弧腹，器壁上有一穿孔。内外壁有轮制痕迹。底径24、高3.6、厚0.8厘米（图四四六，13）。

G101H1：10　鬲口沿。夹砂陶，胎内灰外红。外壁饰绳纹。矮领直口，唇部外缘起楞。口沿内外壁有轮修痕迹。肩部内壁略有起伏。口径27、高9、厚0.7厘米（图四四六，7）。

G101H1：11　鬲口沿。夹砂灰陶。内外壁饰绳纹。矮领直口，方唇加厚。内外壁可见轮制痕迹。口径28、高7、厚0.5厘米（图四四六，9）。

G101H1：12　鬲口沿。夹砂灰陶。外壁饰绳纹。矮领直口，厚唇，广肩。口径28、高8.4、厚0.5厘米（图四四六，3）。

G101H1：13　板瓦。夹砂灰陶。外壁饰粗绳纹。宽33.2、长17、厚1.2厘米（图四四六，12）。

G101H1：14　板瓦。夹砂灰陶。外壁饰粗绳纹，内壁饰篦点纹。侧面有切割痕迹，由内向外，深度近五分之一。宽14.5、长12.5、厚1.3厘米（图四四六，11）。

7. 14G101H2

位于G101T2东北部，开口距离地表深70～75厘米。平面呈圆形，直壁，斜坡底，北高南低，深65～90厘米，口南北长135厘米。西部延伸到西壁下。坑内堆积为浅灰黄褐花土，土质松散（图四四七；图版一四六，1）。

H2出土陶器，泥质灰陶较多，数量约占70%，其余为夹砂灰陶（表二六）。

G101H2：1　鬲口沿。夹砂深灰陶。外壁饰绳纹。折沿，侈口，方唇。肩部饰一周凸棱。高4、宽6、厚0.7厘米（图四四八，1）。

G101H2：2　盆口沿。夹砂灰陶。外侧颈部以下饰绳纹。口沿残缺，折沿，口微敛。颈部内外壁有轮修痕迹。宽8.2、高5.4、厚0.8厘米（图四四八，3）。

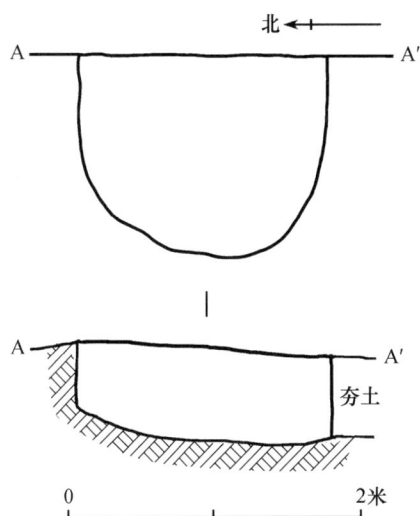

图四四七　14G101H2平、剖面图

表二六　14G101H2出土陶片统计表

陶质	陶色	器物	部位	纹饰一	纹饰二	纹饰三	数量（件）	重量（千克）
夹砂	灰	不明	陶片	绳纹	无	无	2	0.1
		鬲	陶片	绳纹	无	无	9	0.17
			口沿	绳纹	无	无	2	0.64
			足	绳纹	无	无	1	0.03
泥质	灰	不明	口沿	无	无	无	2	0.02
			器底	绳纹	无	无	5	0.23
			陶片	磨光暗纹	无	无	1	0.04
				绳纹	无	无	19	0.57
				无	无	无	4	0.08
		豆	足部	磨光	无	无	1	0.03
				无	无	无	1	0.11
		瓦	板瓦	绳纹	布纹	无	1	0.18

　　G101H2：3　板瓦。夹砂灰陶。外壁饰粗绳纹，绳纹较浅。宽9.6、长12.2、厚1厘米（图四四八，4）。

　　G101H2：4　鬲足。夹砂灰陶。外壁饰绳纹。仅存锥状实足根，水平截面近圆形，裆部接缝处加厚。高约2.5厘米（图四四八，2）。

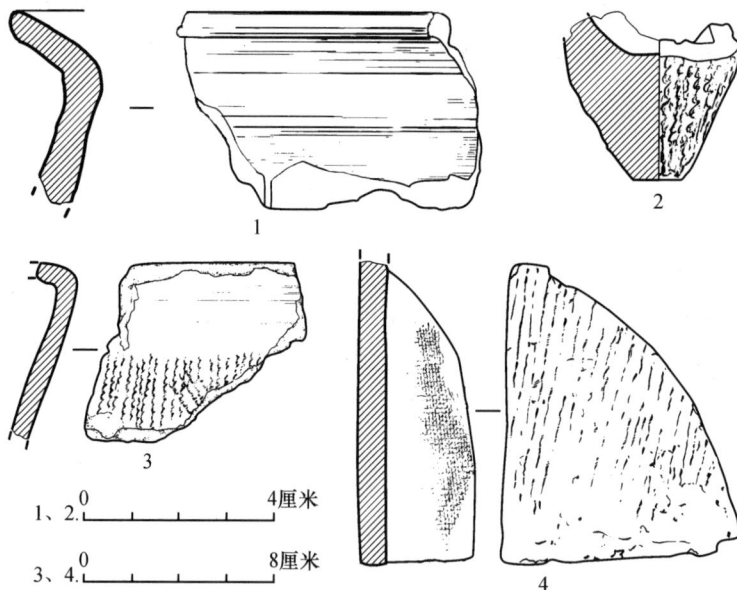

图四四八　14G101H2出土陶器
1、2.鬲（G101H2：1、G101H2：4）　3.盆（G101H2：2）　4.板瓦（G101H2：3）

8. 14G101H3

位于G101T2西北角，坑口距离地表80～90厘米。平面呈长条形，南北长470、东西宽80～120、深80厘米。底部基本平整，有10厘米厚硬面，经过人工加工，坑底距离地表160厘米。坑内堆积为灰黄褐花土，土质较密。包含木炭颗粒、烧土块（图四四九；图版一四六，1）。

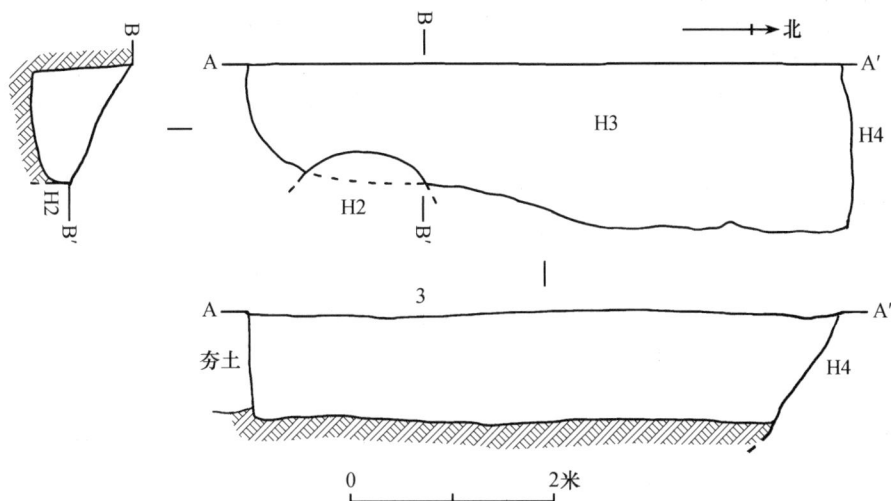

图四四九　14G101H3平、剖面图

H3出土陶器较少，泥质灰陶数量约占一半，其余为夹砂灰陶和极少量泥质褐陶（表二七）。

表二七　14G101H3出土陶片统计表

陶质	陶色	器物	部位	纹饰一	纹饰二	纹饰三	数量（件）	重量（千克）
夹砂	灰	不明	口沿	无	无	无	1	0.03
			陶片	绳纹	无	无	5	0.11
泥质	褐	不明	陶片	绳纹	无	无	3	0.12
	灰	盆	口沿	磨光	无	无	2	0.18
				抹平绳纹	无	无	1	0.03
		豆	口沿	无	无	无	1	0.02
		不明	口沿	无	无	无	1	0.06
			器底	绳纹	无	无	1	0.05
			陶片	磨光	无	无	1	0.03
	夹心	豆	口沿	磨光暗纹	无	无	1	0.02

G101H3：1　盆口沿。泥质深灰陶。外壁饰抹平绳纹，内外壁磨光。尖唇，折沿，外缘有小平台，敛口。内外壁有轮制痕迹，沿口相接处有按压形成的坑窝。口径33、高8、厚0.9厘米（图四五〇，1）。

G101H3：2　盆口沿。泥质浅灰陶。内壁磨光。侈口，窄折沿，方唇。口沿内外壁有轮制痕迹。宽5.3、高3.3、厚0.8厘米（图四五〇，2）。

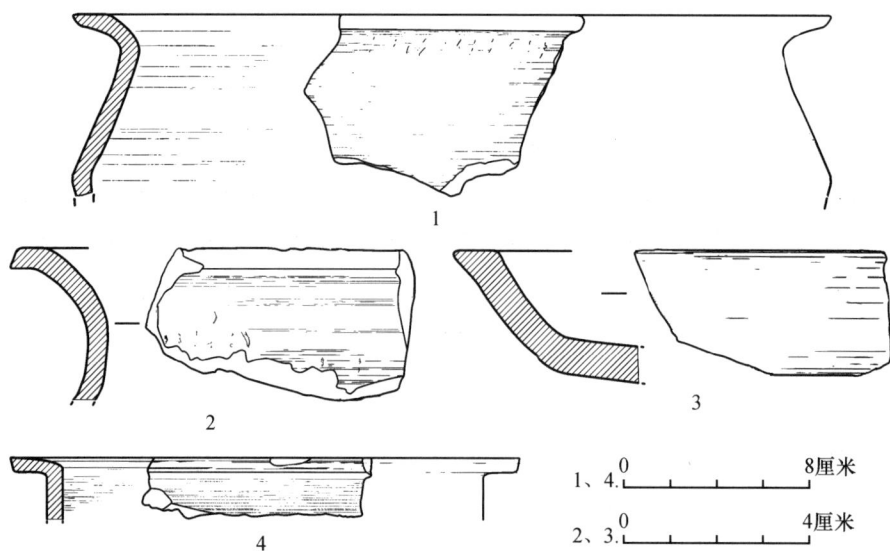

图四五〇　　14G101H3出土陶器

1、2、4.盆（G101H3：1、G101H3：2、G101H3：4）　　3.豆（G101H3：3）

G101H3：3　豆口沿。泥质浅灰陶。外壁磨光。浅盘侈口，方唇。内外壁有轮制痕迹。宽5.2、高2.7、厚1厘米（图四五〇，3）。

G101H3：4　盆口沿。泥质灰陶。内壁磨光。折沿、方唇，唇面外缘有凹槽。口沿内外壁有轮制痕迹。口径18.6、高3、厚0.9厘米（图四五〇，4）。

9. 14G101H4

位于G101中西部，距离地表80～85厘米，坑口呈椭圆形，袋状坑，口部南北长260、东西宽130厘米，底部南北长320、东西宽130厘米。有壁龛，壁龛圆拱顶，平底口部下塌，进深70厘米，距离坑底40厘米。坑底部有硬面，厚10厘米。东北部有台阶，第一级台阶，宽20、高40厘米，第二级台阶宽30、高40厘米。第三级台阶宽20、高38厘米。第四级台阶宽20、高30厘米。第五级台阶距离坑底70厘米。坑内堆积为灰褐黄花淤土，质松软。共分为两小层，从北向南倾斜。推测应为房屋。出土有泥质灰陶盆口沿、豆盘、器物腹部及底部，夹砂鬲足、腹片、陶纺轮、陶盆。另有圆形石片1个、砺石1个、残石器6件、烧骨（应为动物肘部）1个、动物下颌骨2个（图四五一；图版一四六，1）。H4出土陶器，泥质灰陶数量约占66%，其余为夹砂灰陶、夹砂褐陶、泥质褐陶及一定数量夹心陶（表二八、表二九）。

G101H4：1　盆口沿。泥质灰陶。外壁饰绳纹、抹平绳纹。折腹，圆唇，折沿残，口沿内缘起楞，直口微敛。内、外壁有密集平行线状轮制痕迹，内壁略有起伏，似按压痕迹。宽10、高7、厚0.8厘米（图四五二，4）。

G101H4：2　盆，残器。泥质灰陶。圆唇，宽折沿略内凹，束颈折腹。内、外壁有密集平行线状轮制痕迹，有按压痕迹。口径21、高9.3、厚1厘米（图四五二，6；图版一七〇，3）。

表二八　14G101H4上部出土陶片统计表

陶质	陶色	器物	部位	纹饰一	纹饰二	纹饰三	数量（件）	重量（千克）
夹砂	褐	不明	陶片	绳纹	无	无	1	0.01
		鬲	足	绳纹	无	无	1	0.45
		鬲	口沿	绳纹	无	无	4	0.2
	灰	不明	口沿	无	无	无	3	0.07
			陶片	绳纹	无	无	23	0.47
				无	无	无	1	0.24
		鬲	口沿	绳纹	无	无	17	1.23
			陶片	绳纹	无	无	70	1.8
			足部	绳纹	无	无	10	1.53
	夹心	不明	陶片	绳纹	无	无	1	0.02
		鬲	口沿	绳纹	无	无	1	0.06
			陶片	绳纹	无	无	2	0.29
泥质	褐	不明	器底	无	无	无	1	0.03
		绳纹	口沿	绳纹	无	无	1	0.24
	灰	不明	口沿	磨光	无	无	3	0.03
				无	无	无	2	0.07
			器底	磨光暗纹	无	无	3	0.11
				绳纹	磨光	无	1	0.02
					无	无	17	1.1
				无	无	无	1	0.03
			陶片	磨光	无	无	4	0.08
				绳纹	磨光	无	1	0.04
					无	无	135	4.74
				无	无	无	19	0.47
		豆	口沿	磨光	无	无	1	0.02
				磨光暗纹	无	无	10	0.31
				无	无	无	6	0.16
			器底	磨光	无	无	1	0.08
				磨光暗纹	无	无	11	0.46
				无	无	无	2	0.03
			足部	无	无	无	6	0.45
		盆	口沿	绳纹	无	无	4	0.62
				磨光暗纹	无	无	1	0.08
				无	无	无	2	0.06
		钵	口沿	无	无	无	2	0.28
		壶	口沿	无	无	无	1	0.05
		圆片	不明	无	无	无	7	0.17

陶质	陶色	器物	部位	纹饰一	纹饰二	纹饰三	数量（件）	重量（千克）
泥质	灰	罐	口沿	绳纹	无	无	2	0.39
			肩部	绳纹	弦纹	无	1	0.1
		甑	口沿	绳纹	无	无	3	1.26
		瓦		绳纹	布纹	无	1	0.15
	夹心	不明	口沿	无	无	无	1	0.01
			器底	无	无	无	1	0.02
			陶片	绳纹	无	无	8	0.35
				无	无	无	1	0.05

表二九　14G101H4底部出土陶器统计表

陶质	陶色	器物	部位	纹饰一	纹饰二	纹饰三	数量（件）	重量（千克）
夹砂	褐	不明	器底	无	无	无	1	0.04
	灰	不明	口沿	绳纹	无	无	1	0.06
			陶片	绳纹	无	无	1	0.14
		鬲	陶片	绳纹	无	无	15	0.21
			口沿	绳纹	无	无	1	0.11
	夹心	鬲	口沿	绳纹	无	无	2	0.15
泥质	褐	不明	口沿	无	无	无	1	0.02
	灰	不明	器底	绳纹	无	无	5	0.84
				无	无	无	2	0.3
			陶片	磨光暗纹	无	无	1	0.03
				绳纹	磨光	无	1	0.15
				无	无	无	40	1.62
		豆	口沿	磨光暗纹	无	无	2	0.19
			足部	无	无	无	1	0.12
		罐	口沿	绳纹	无	无	10	1.14
		盆	口沿	磨光	无	无	5	0.31
				绳纹	无	无	6	0.41
		瓦	不明	绳纹	无	无	3	0.34
	夹心	不明	陶片	绳纹	无	无	8	0.52
		罐	口沿	绳纹	无	无	1	0.1
			陶片	绳纹	无	无	6	0.38

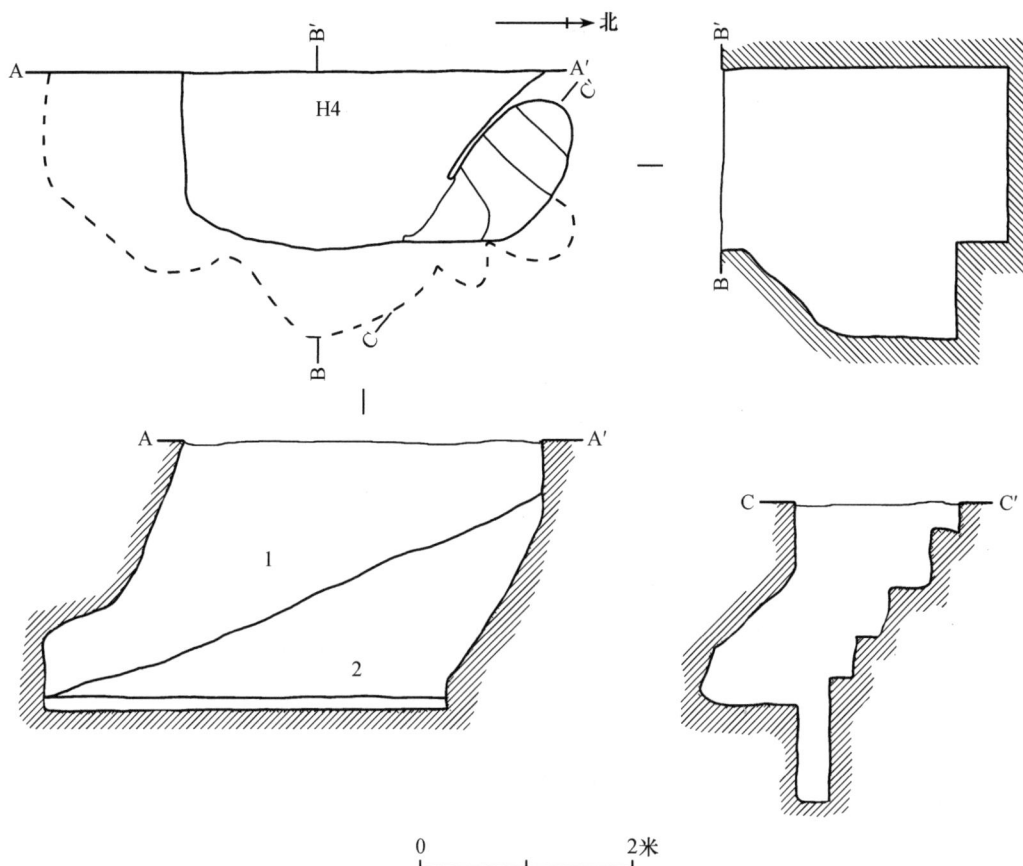

图四五一　14G101H4平、剖面图

　　G101H4：3　盆口沿。泥质灰陶。外壁饰抹平绳纹。尖圆唇，折沿，口微敛。内、外壁有密集平行线状轮制痕迹。口径37.5、高10.3、厚0.8厘米（图四五二，2）。

　　G101H4：4　鬲口沿。夹砂褐陶。外壁饰绳纹。折沿，方唇，口沿内缘有凸棱，唇面有凹槽，敛口。内壁略有起伏，有泥缝，外壁有密集平行线状轮制痕迹。口径36、高7.4、厚1厘米（图四五二，3）。

　　G101H4：5　盆口沿。泥质灰陶。方唇，侈口卷沿，直腹，口沿外缘有小平台。内、外壁有密集平行线状轮制痕迹。口径约30、高3.8、厚0.7厘米（图四五二，1）。

　　G101H4：6　罐口沿。泥质灰陶。外壁饰绳纹。沿内缘起楞，平折沿，圆唇，矮直领。内、外壁有密集平行线状轮制痕迹。口径13、高4.4、厚0.7厘米（图四五二，7）。

　　G101H4：7　鬲口沿。夹砂灰陶。外壁饰绳纹。唇部残，微敛口，耸肩。内壁略有起伏，似按压痕迹，有泥缝。宽13.5、高9.9、厚0.8厘米（图四五二，5）。

　　G101H4：8　鬲口沿。夹砂灰陶。外壁饰绳纹。窄折沿下翻，紧贴肩部，折肩。内壁有坑疤。口内径22、厚0.9厘米（图四五三，4）。

　　G101H4：9　鬲口沿。夹砂灰陶。外壁饰绳纹。平折沿，圆唇。内壁略有起伏，外壁有密集平行线状轮制痕迹。口径21、高5、厚0.8厘米（图四五三，2；图版一七〇，4）。

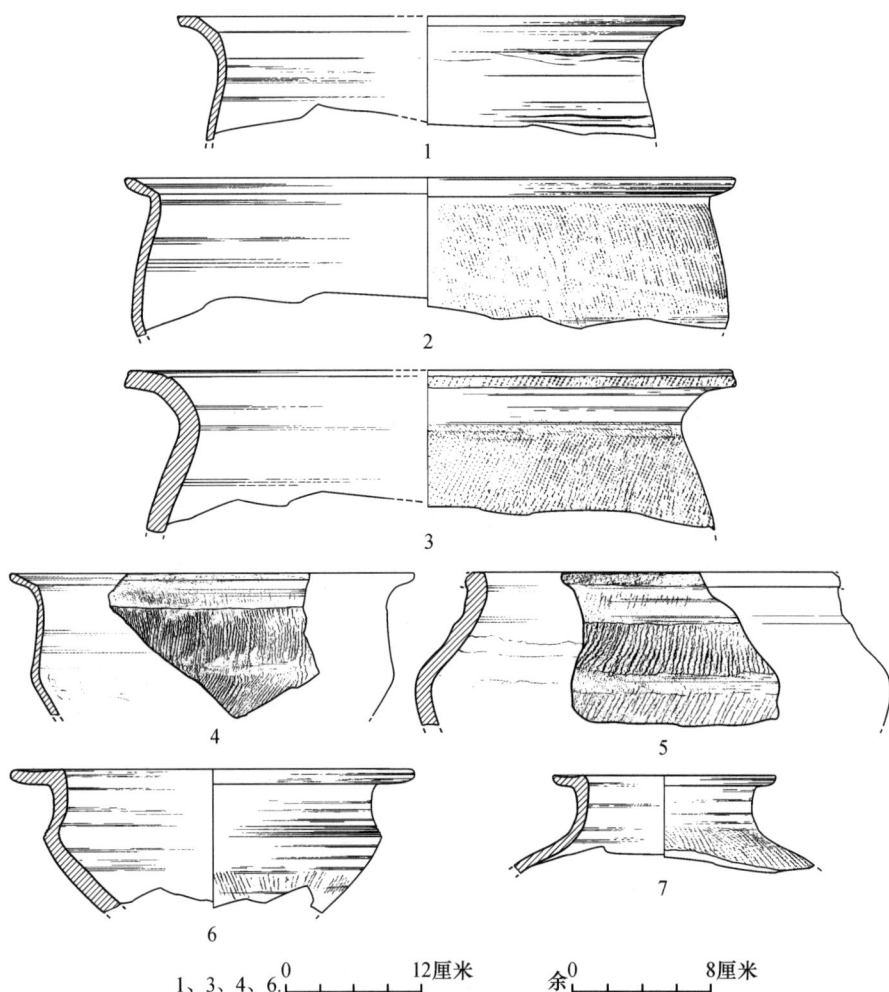

图四五二　14G101H4出土陶器（一）

1、2、4、6.盆（G101H4：5、G101H4：3、G101H4：1、G101H4：2）　3、5.鬲（G101H4：4、G101H4：7）

7.罐（G101H4：6）

G101H4：10　鬲口沿。夹砂褐陶。直口，方唇，唇部加厚。内、外壁有密集平行线状轮制痕迹。口径28、高5.1、厚0.35厘米（图四五三，3）。

G101H4：11　鬲口沿。夹砂褐陶。外壁饰绳纹。方唇、平折沿，束颈。内、外壁有密集平行线状轮制痕迹。口径19、高3.6、厚0.9厘米（图四五三，1）。

G101H4：12　甑底。泥质浅灰陶。外壁饰绳纹。仅存下腹部及器底，弧腹，底部有一大孔。内、外壁均有抹痕，内壁略有起伏，似按压痕迹。底外径28、高10.5、厚1.2厘米（图四五三，5）。

G101H4：13　甑底。泥质灰陶。外壁饰绳纹。仅存下腹部及器底，弧腹，底部有一大孔。内壁略有起伏，似按压痕迹，有抹痕。底外径30、高10.5、厚1.05厘米（图四五三，6）。

G101H4：14　甑底。泥质浅灰陶。外壁饰绳纹。仅存下腹部及器底，弧腹，底部有一大孔。内壁略有起伏，似按压痕迹，有抹痕。孔径34、高13、厚1.2厘米（图四五三，7）。

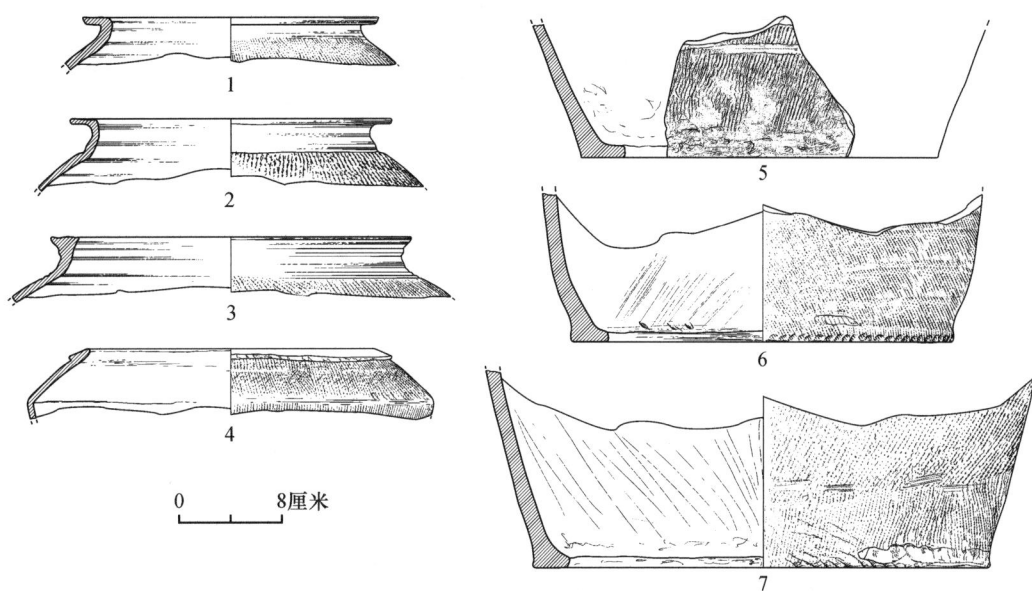

图四五三　14G101H4出土陶器（二）
1~4.鬲（G101H4：11、G101H4：9、G101H4：10、G101H4：8）　5~7.甑（G101H4：12、G101H4：13、G101H4：14）

　　G101H4：15　豆盘。泥质灰陶。内外皆磨光。浅盘侈口，圆唇。内、外壁均有抹痕。口径17、高6、厚0.9厘米（图四五四，1）。

　　G101H4：16　豆盘。泥质浅灰陶。圆唇，浅盘口微侈。内、外壁有密集平行线状轮制痕迹。口径18、高4、厚1.2厘米（图四五四，2）。

　　G101H4：17　豆座。泥质灰陶。喇叭状。内、外壁有密集平行线状轮制痕迹。直径8.5、高4.2、厚1厘米（图四五四，4）。

　　G101H4：18　豆座。泥质灰陶。喇叭状。内、外壁有密集平行线状轮制痕迹。直径8、高3.6、厚0.8厘米（图四五四，6）。

　　G101H4：19　鬲足。夹砂陶。外壁浅灰，内壁红色。外壁饰绳纹。裆部低平，袋足水平截面呈圆形。足根内部有按压痕迹，内壁有抹痕。残高8.8、厚1.3厘米（图四五四，7）。

　　G101H4：20　鬲足。夹砂灰陶。外壁饰粗绳纹。水平截面椭圆形，袋足下有柱状实足根，足根平，平裆。内壁有按压痕迹。足根高5、厚0.8厘米（图四五四，8）。

　　G101H4：21　鬲足。夹砂浅灰陶。外壁饰粗绳纹。水平截面椭圆形，袋足下有柱状实足根，足根平，平裆。内壁有按压痕迹。足根高5.4、厚0.4厘米（图四五四，9；图版一七○，5）。

　　G101H4：22　鬲足。夹砂灰陶。外壁饰粗绳纹。水平截面椭圆形，外圆内尖，袋足下有柱状实足根，足根平。内壁有按压痕迹。足根高3.5、厚0.6厘米（图四五四，11；图版一七○，6）。

　　G101H4：23　盆，残器。夹砂浅灰陶。唇部残，平折沿，折腹，平底。内、外壁有密集平行线状轮制痕迹。口径22、高10、厚0.8厘米（图四五四，10）。

　　G101H4：25　石刀。长方形，刃背皆略上弧，近背处中部有一钻孔。长10.8、宽4、厚0.8厘米（图四五四，3；图版一七一，1）。

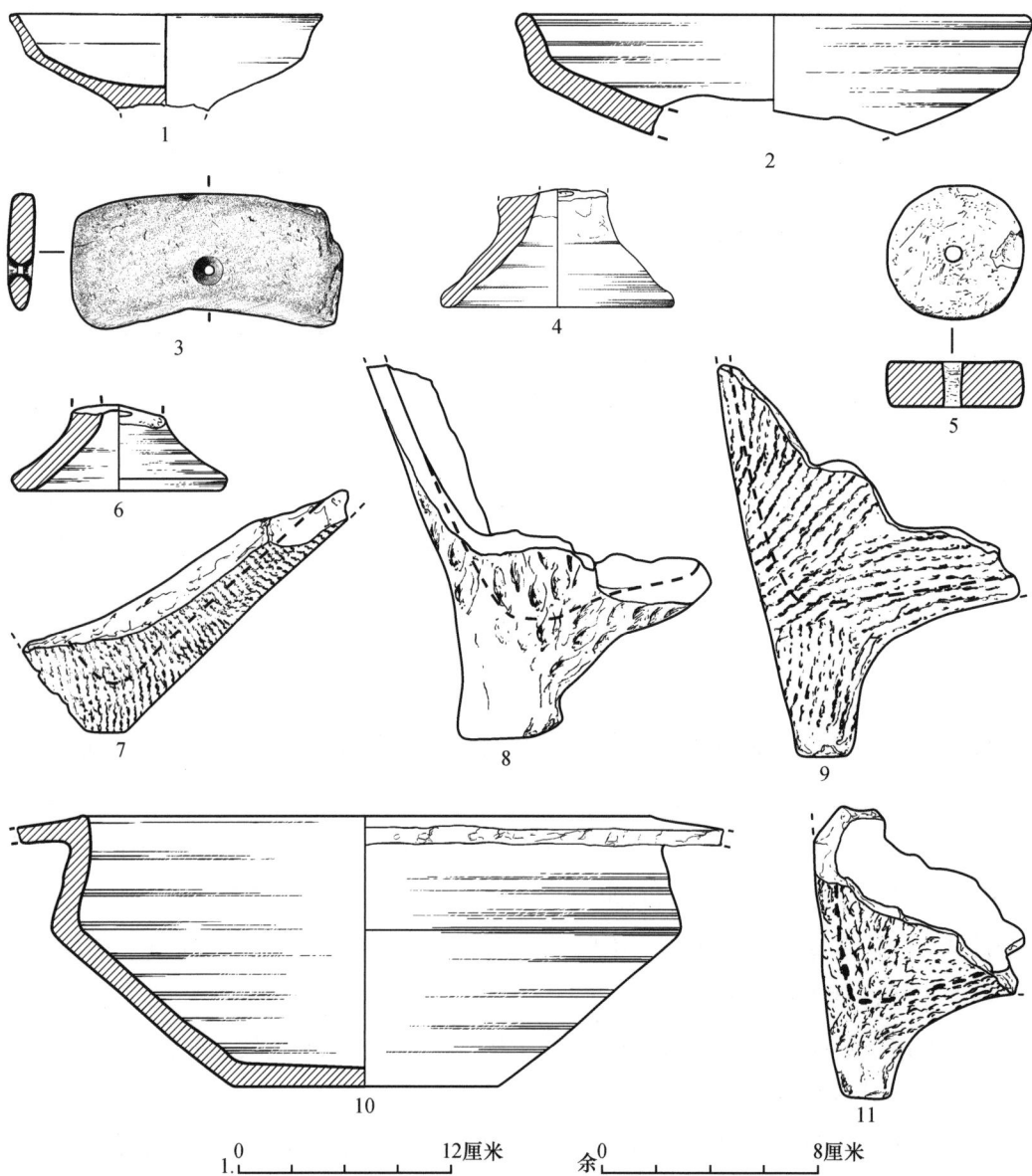

图四五四　14G101H4出土遗物

1、2、4、6.陶豆（G101H4：15、G101H4：16、G101H4：17、G101H4：18）　3.石刀（G101H4：25）　5.陶纺轮
（G101H4：26）　7～9、11.陶鬲（G101H4：19、G101H4：20、G101H4：21、G101H4：22）　10.陶盆（G101H4：23）

G101H4：26　纺轮。石质，陶胎褐色，外皮黑色。圆饼状，中有孔。直径5、厚1.5厘米（图四五四，5；图版一七一，2）。

10. 14G101H6

位于G101T1北部，距离地表深90～95厘米。平面形状不明，西、北、东三面延伸到发掘区外，南边呈弧形，坑深75～90厘米，斜坡底，西高东低，坑内堆积为黄褐花土，质地较密。推测为取土坑。出土有泥质灰陶盆口沿、缸口沿、豆盘、筒瓦、壶肩部腹片、夹砂陶釜、鬲足等（图版一四六，2）。

H6出土陶器，泥质灰陶数量上约占一半，另有夹砂灰陶、泥质红褐陶及部分夹心陶（表三〇）。

表三〇 14G101H6出土陶片统计表

陶质	陶色	器物	部位	纹饰一	纹饰二	纹饰三	数量（件）	重量（千克）
夹砂	褐（红）	不明	陶片	绳纹	无	无	1	0.02
		鬲	口沿	绳纹	无	无	3	0.8
			足	绳纹	无	无	3	1.12
	灰	不明	陶片	绳纹	无	无	4	0.08
		鬲	口沿	绳纹	无	无	9	1.56
				无	无	无	1	0.05
			陶片	绳纹	无	无	106	4.62
	夹心	鬲	陶片	绳纹	无	无	61	4.27
泥质	灰	不明	口沿	无	无	无	4	0.1
			器底	刻划纹	无	无	1	0.09
				无	无	无	17	3.17
			陶片	磨光暗纹	无	无	4	0.17
				绳纹	无	无	82	5.32
				无	无	无	24	1.03
		豆	口沿	磨光暗纹	无	无	6	0.43
				无	无	无	1	0.03
			器底	无	无	无	1	0.09
			足部	无	无	无	1	0.03
		罐	口沿	绳纹	无	无	4	0.28
				无	无	无	1	0.17
			残器	绳纹	弦纹	无	1	0.45
		壶	盖	无	无	无	2	0.07
			陶片	磨光暗纹	无	无	4	0.4
		盆	口沿	绳纹	无	无	22	2.24
				无	无	无	2	0.08
			陶片	绳纹	无	无	1	0.09
		瓦		绳纹	无	无	28	3.29
		甑	器底	无	无	无	3	0.66
	夹心	不明	器底	无	无	无	1	0.03
		罐	口沿	绳纹	无	无	1	0.11

　　G101H6：1　盆口沿。泥质灰陶。外壁饰粗绳纹，内壁饰抹平绳纹。方唇，窄折沿近平，束颈，侈口。口沿及颈部内外壁有轮制痕迹，内壁有波状起伏。口径38、高5.4、厚1.1厘米（图四五五，8）。

　　G101H6：2　盆口沿。泥质灰陶。外壁饰绳纹，内壁饰细绳纹。方唇，窄折沿，侈口。内外壁有轮制痕迹。口径37、高9.6、厚0.7厘米（图四五五，4）。

　　G101H6：3　盆口沿。泥质灰陶。外壁饰绳纹。泥质灰陶。方唇，侈口，腹部略鼓。口径33、高9.7、厚0.5厘米（图四五五，5）。

　　G101H6：4　盆口沿。泥质灰陶。外壁饰绳纹。方唇，窄折沿近平，侈口束颈。口沿及颈部内外壁有轮制痕迹。口径约40、高8.1、厚1厘米（图四五五，1）。

　　G101H6：5　盆口沿。泥质灰陶。外壁饰绳纹。方唇，窄折沿近平，侈口。口径38、高

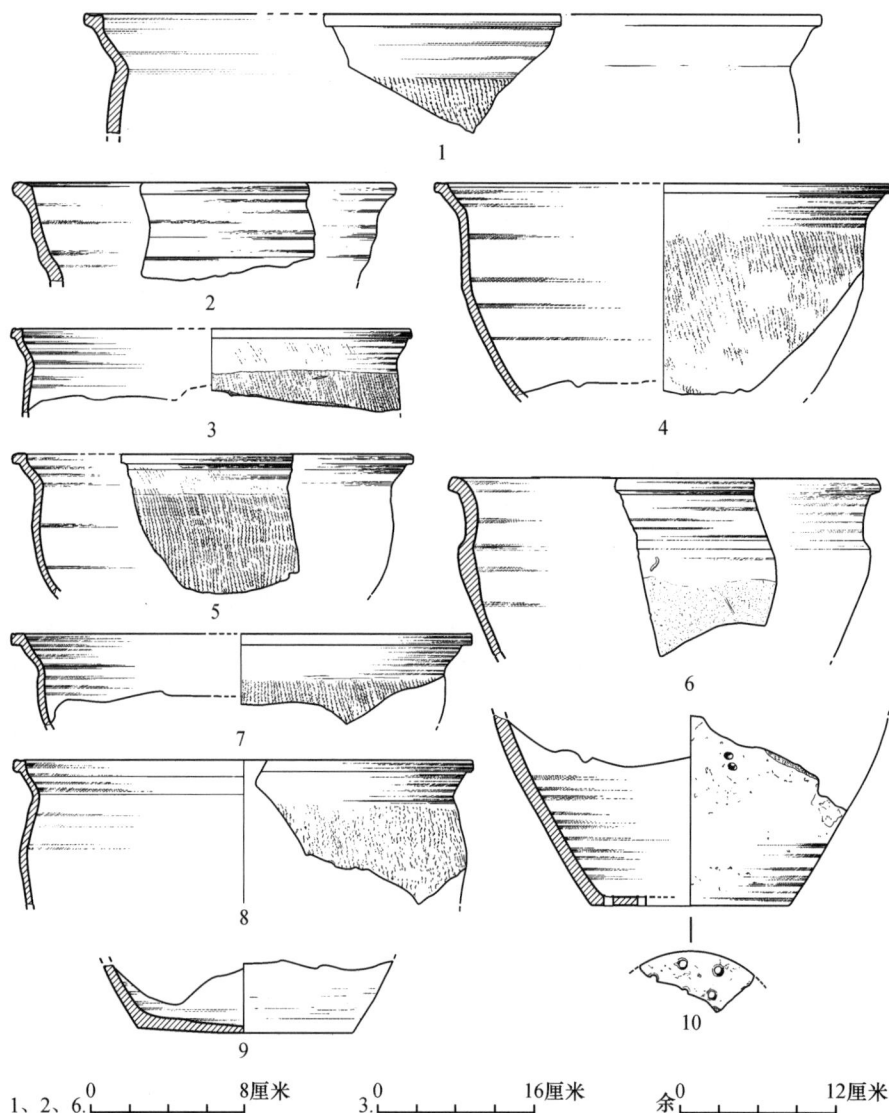

图四五五　14G101H6出土陶器（一）

1~8.盆（G101H6：4、G101H6：13、G101H6：6、G101H6：2、G101H6：3、G101H6：9、G101H6：5、G101H6：1）

9.器底（G101H6：7）　10.甑（G101H6：12）

6、厚0.7厘米（图四五五，7）。

G101H6：6　盆口沿。泥质灰陶。外壁饰粗绳纹，内壁饰抹平绳纹。方唇，窄折沿，侈口略束颈。口沿及颈部内外壁有轮制痕迹，内壁有波状起伏。口径44、高8、厚1.1厘米（图四五五，3）。

G101H6：7　器底。泥质灰陶。下腹斜收，平底。内壁有波状起伏，内外壁有轮制痕迹。底外径18、高7、厚0.9厘米（图四五五，9）。

G101H6：9　盆口沿。泥质灰陶。方唇，侈口束颈，斜直腹。内外壁有轮制痕迹。口径20、高8、厚0.8厘米（图四五五，6）。

G101H6：12　甑底。泥质灰陶。下腹斜收，平底，底部有直径约为1厘米的箅孔。内外壁有轮制痕迹。底径16、高16、厚1厘米（图四五五，10）。

G101H6：13　盆口沿。夹砂灰陶。圆唇，侈口，斜直腹。内外壁有轮制痕迹。口径16、高4.8、厚0.8厘米（图四五五，2）。

G101H6：14　罐，残器。夹砂深灰陶。外壁饰绳纹、凹弦纹。方唇，束领窄卷沿，鼓腹，下腹部残。口沿及颈部有轮修痕迹，腹部内壁有抹痕。口径10.8、高17、厚0.6厘米（图四五六，1；图版一七二，1）。

G101H6：15　罐口沿。夹砂灰陶。外壁饰绳纹。方唇，平折沿，束颈，溜肩。口沿及颈部内外有轮制痕迹，内壁有按压坑窝。口径13、高6、厚0.9厘米（图四五六，2）。

G101H6：16　筒瓦。泥质灰陶。外壁饰细绳纹。内壁有泥条接缝，瓦舌部分上下有抹痕。厚1.2厘米。

G101H6：17　板瓦。泥质灰陶。外壁饰粗绳纹。侧面有切割痕迹，由外向内深度近半。瓦头素面部分上下有轮制痕迹。宽8、长10、厚1.2厘米（图四五六，4）。

G101H6：19　鬲口沿。夹砂红陶。外壁饰粗绳纹。方唇加厚，直口，广肩。内壁有制作时拍印的绳纹。口径22、高6、厚0.5厘米（图四五六，5；图版一七一，3）。

G101H6：20　鬲口沿。夹砂灰陶。外壁饰粗绳纹。唇部加厚，直口，广肩。内壁有拍印的浅绳纹。口径23、高6.4、厚0.7厘米（图四五六，6）。

G101H6：21　鬲足。夹砂褐陶。外壁饰粗绳纹。袋足水平截面为椭圆形，其下有高约5厘米的锥形实足根，足底平，内侧裆部有加厚，袋足外壁直，裆部近平。高12.2、厚2厘米（图四五六，8）。

G101H6：22　鬲足。夹砂褐陶。外壁饰粗绳纹。袋足水平截面为椭圆形，其下有高约5厘米的柱形实足根，足底平，内侧裆部有加厚，袋足外壁直，裆部近平。高13、厚2厘米（图四五六，7）。

G101H6：23　鬲足。夹砂褐陶。袋足水平截面为椭圆形，其下有高约1厘米的柱形实足根，足底平，内侧裆部有加厚，袋足外壁直，裆部近平。高9.4、厚1厘米（图四五六，3）。

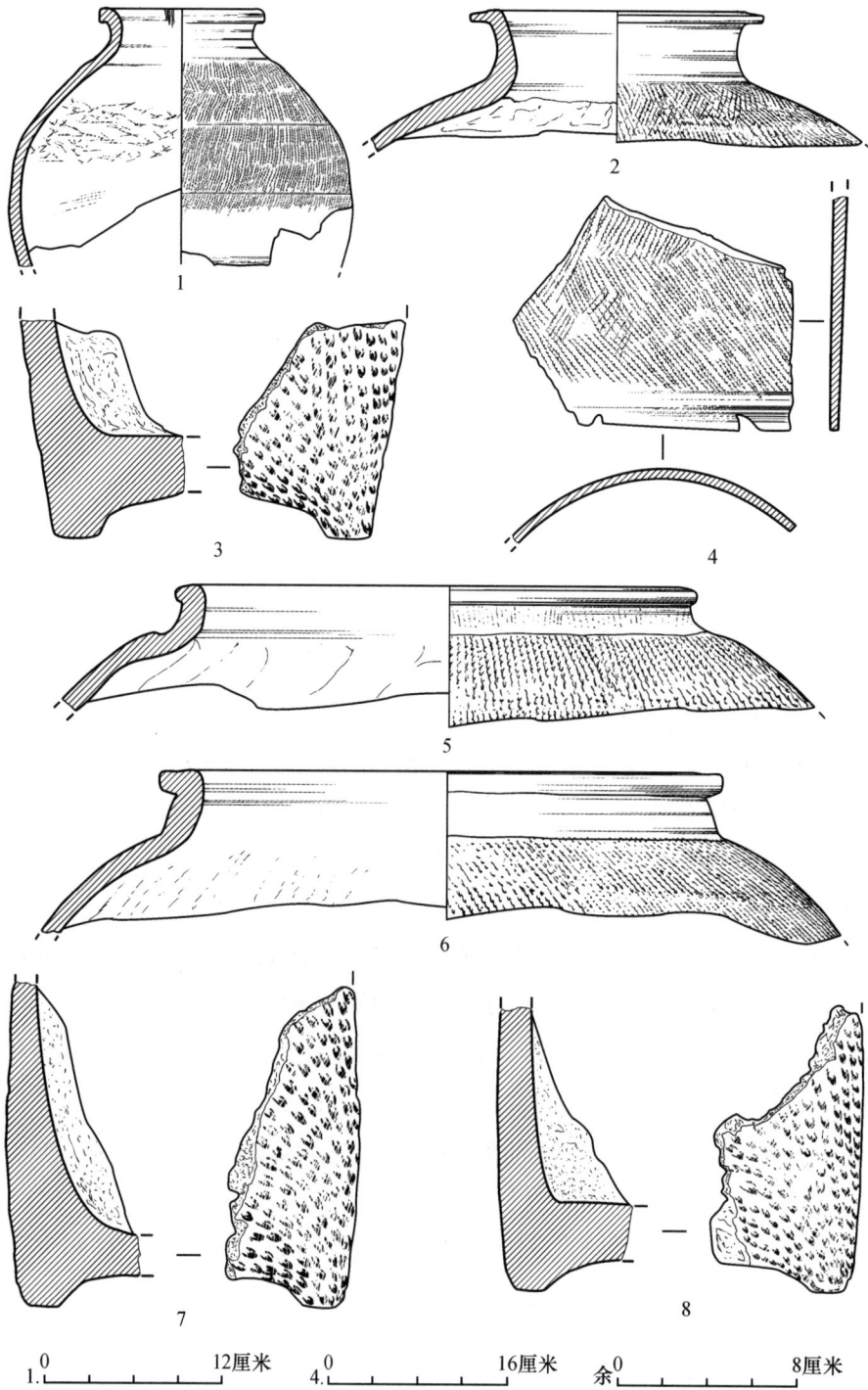

图四五六　14G101H6出土陶器（二）

1、2.罐（G101H6：14、G101H6：15）　　3、5～8.鬲（G101H6：23、G101H6：19、G101H6：20、G101H6：22、G101H6：21）

4.板瓦（G101H6：17）

（二）14G201

G201位于苇沟-北寿城遗址西北部，南北长14、东西宽2米，方向为正南北。坐标东经111°41′21.14″，北纬35°45′19.47″。发掘时东半部做到②层下后未向下发掘，西半部进行了部分发掘，发掘区域东西宽1、南北长4.4米，南侧距离南壁2.4米（图四五七、图四五八；图版一四八；图版一四九，1）。

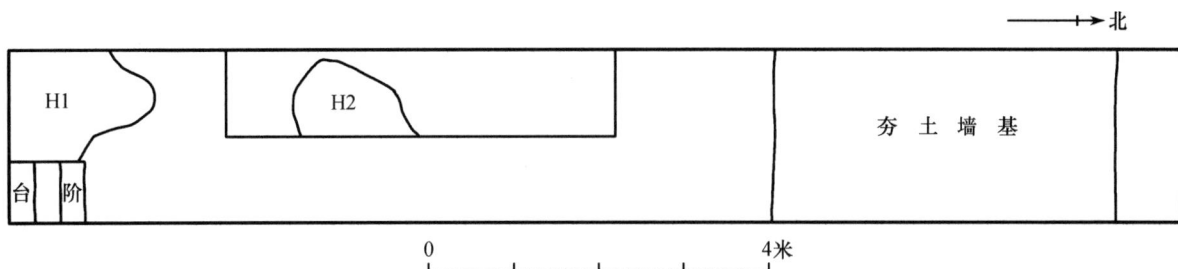

图四五七　14G201平面图

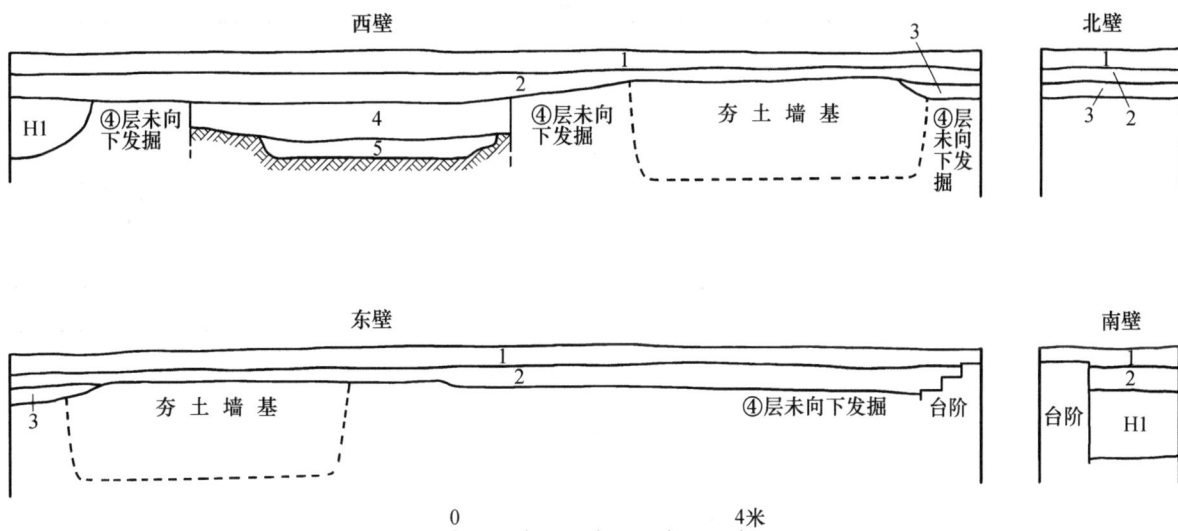

图四五八　14G201四壁剖面图

G201由上到下共分为五层（表三一），其中③层下发现有夯土。层位关系如下：

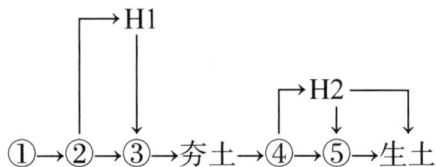

表三一　14G201地层登记表

编号	土色	土质	分布（位置）	包含物	厚度（厘米）	备注	属性
①	灰褐	疏松呈颗粒状	全方	碳粒及植物根系	30		现代农耕层
②	浅黄	较密	全方	碳粒、碎瓷片等	20～40		近代堆积
③	黄褐碎花土	松软		夯土块、少量陶片	10～20	分布在夯土北部，打破夯土，堆积南高北低	古代文化层
夯土						被H1打破	
④	黄褐	松软	全方	木炭、烧土颗粒、陶片	15～35		古代文化层
⑤	浅红褐	较硬			10～30		古代文化层

1. 14G201②

②层为近代堆积，出土有陶片和部分瓷片（表三二）。

表三二　14G201②层出土遗物统计表

陶质	陶色	器物	部位	纹饰一	纹饰二	纹饰三	数量（件）	重量（千克）
瓷片	—	不明	不明	无	无	无	14	0.2
泥质	灰	不明	陶片	绳纹	无	无	4	0.32
				无	无	无	2	0.04
		豆	口沿	无	无	无	1	0.01
		罐	陶片	绳纹	无	无	1	0.03
		盆	口沿	绳纹	无	无	1	0.03

2. 14G201③

③层出土陶器不多，泥质灰陶占绝大多数，其余为夹砂灰陶（表三三）。

表三三　14G201③层出土陶片统计表

陶质	陶色	器物	部位	纹饰一	纹饰二	纹饰三	数量（件）	重量（千克）
夹砂	灰	鬲	陶片	绳纹	无	无	1	0.13
泥质	灰	不明	口沿	无	无	无	2	0.65
			陶片	绳纹	无	无	4	0.11
		豆	足部	无	无	无	2	0.13
		罐	陶片	绳纹	无	无	1	0.05
		瓦	不明	绳纹	无	无	1	0.1

G201③：1　盆口沿。泥质深灰陶。圆唇，平折沿。厚1.2厘米（图四五九，3）。

3. 14G201④

④层出土陶器不多，泥质灰陶占绝大多数，其余为夹砂灰陶（表三四）。

表三四　14G201④层出土陶片统计表

陶质	陶色	器物	部位	纹饰一	纹饰二	纹饰三	数量（件）	重量（千克）
夹砂	灰	不明	陶片	无	无	无	1	0.85
		鬲	口沿	绳纹	无	无	1	0.05
泥质	灰	不明	器底	无	无	无	1	0.06
			陶片	磨光	无	无	2	0.05
				绳纹	无	无	8	0.37
		豆	足部	无	无	无	1	0.06
			柄	无	无	无	2	0.19
		盆	陶片	瓦棱纹	无	无	1	0.07
		罐	口沿	绳纹	无	无	1	0.09
	夹心	不明	陶片	绳纹	无	无	1	0.15

G201④：1　鬲口沿。泥质灰陶。外壁饰交错绳纹。方唇，卷沿近平，外缘有一周凸棱，束颈。口沿、颈部外壁及内壁有抹痕，内壁有波状起伏。宽6.3、高4.8、厚0.6厘米（图四五九，6）。

G201④：2　鬲口沿。泥质黑灰陶。外壁饰绳纹。方唇，束颈，卷沿，外缘有小平台。口沿、颈部外壁及内壁有抹痕，内壁有波状起伏。宽4.4、高5.6、厚1厘米（图四五九，2）。

G201④：3　豆柄。泥质灰陶。喇叭状豆座，整体短粗。外壁有轮制痕迹。直径4.5、高7.7、厚1.8厘米（图四五九，4）。

G201④：4　豆柄。泥质灰陶。喇叭状豆座，整体细高。外壁有轮制痕迹。直径2.8、高6.6、厚1.2厘米（图四五九，5；图版一七一，4）。

4. 14G201⑤

⑤层出土器物不多，均为碎小陶片（表三五）。

表三五　14G201⑤层出土陶片统计表

陶质	陶色	器物	部位	纹饰一	纹饰二	纹饰三	数量（件）	重量（千克）
夹砂	灰	鬲	陶片	绳纹	无	无	4	0.08
泥质	灰	罐	器底	绳纹	无	无	2	0.04
		盆	残器	绳纹	无	无	1	0.82

G201⑤：1　深腹盆，残器。夹砂灰陶。外壁饰绳纹。尖唇，折沿，上腹微鼓，下腹斜收。口径35、高26.5、厚0.7厘米（图四五九，1；图版一七一，5）。

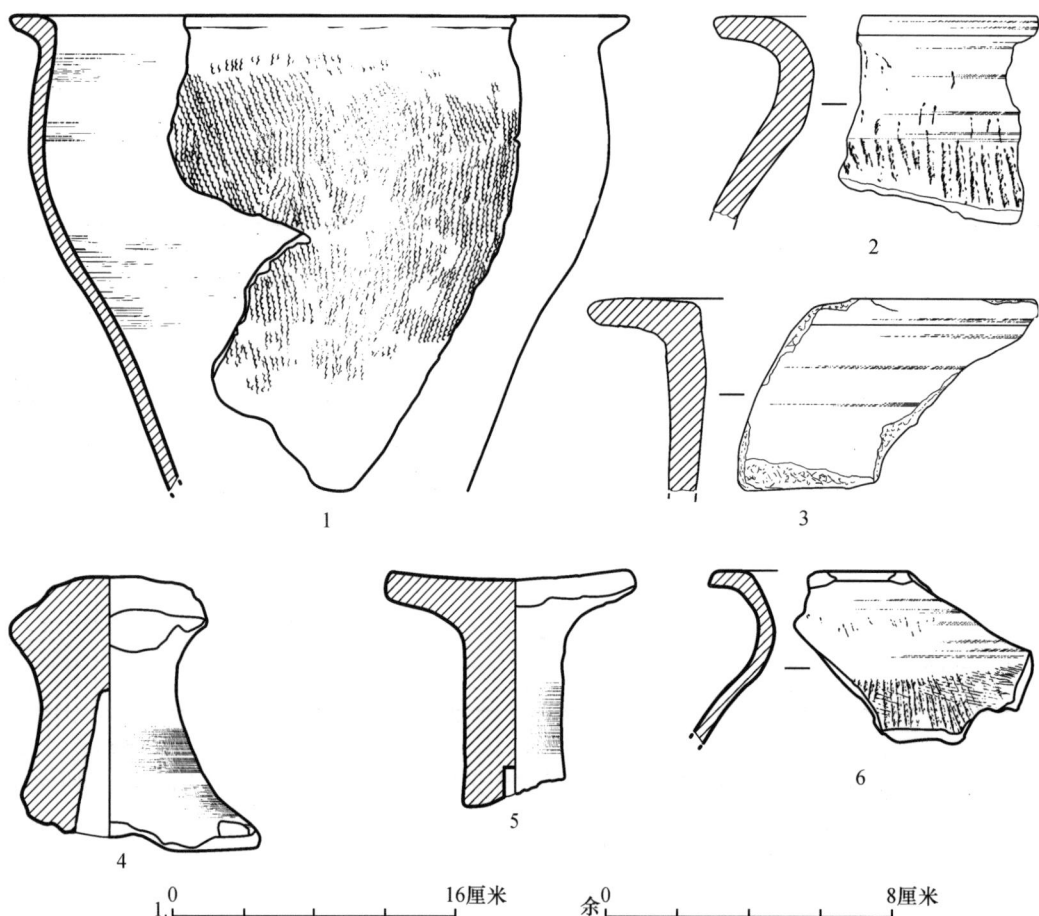

图四五九　14G201③～⑤层出土陶器

1. 深腹盆（G201⑤：1）　　2、6. 鬲（G201④：2、G201④：1）　　3. 盆（G201③：1）　　4、5. 豆（G201④：3、G201④：4）

5. 14G201H1

位于探沟西南部，坑口距离地表60厘米，坑口呈不规则形，南北长120、东西宽130、深89厘米。坑壁向内倾斜，底部较平，坑内填有小花土一层，土质松软，包含有木炭粒。推测为取土坑（图版一四九，2）。

H1出土陶器以泥质灰陶占绝大多数，仅出土极少夹砂灰陶（表三六）。

G201H1：1　盆口沿。泥质浅灰陶。外壁饰绳纹、凹弦纹。平折沿，沿面略上鼓，方唇加厚，直口。内外壁有轮制痕迹。口径约44、高9.8、厚0.7厘米（图四六一，1）。

G201H1：2　板瓦。夹砂灰陶。外壁饰绳纹，内壁饰菱形方格纹。侧面有切割痕迹，由内向外，深度近半。宽15.4、高12.1、厚1.8厘米（图四六一，3）。

表三六　14G201H1出土陶片统计表

陶质	陶色	器物	部位	纹饰一	纹饰二	纹饰三	数量（件）	重量（千克）
夹砂	灰	鬲	足部	绳纹	无	无	1	0.1
泥质	灰	不明	口沿	无	无	无	1	0.03
				绳纹	无	无	1	0.15
			器底	无	无	无	4	0.26
			陶片	绳纹	无	无	2	0.06
				无	无	无	1	0.02
		豆	足部	无	无	无	1	0.09
		瓦	不明	绳纹	篦点纹	无	3	1
					布纹	方格纹	1	0.3
						无	5	1.28
					方格纹	无	1	0.2
					无	无	2	0.44

6. 14G201H2

位于探沟中部，东部延伸出探沟外，距离地表120厘米，坑口呈不规则形，南北长140、东西残宽88厘米，坑壁呈不规则形，向内倾斜，底部不平整，深75厘米。坑内堆积为黄褐花土，土质较硬，包含木炭、红烧土块（图四六〇；图版一四九，3）。

H2出土陶器以泥质灰陶占绝大多数，仅出土极少夹砂灰陶（表三七）。

G201H2：1　豆盘。灰陶。侈口，折腹，内侧磨光。内壁有轮制痕迹。宽8.4、高4、厚1厘米（图四六一，2）。

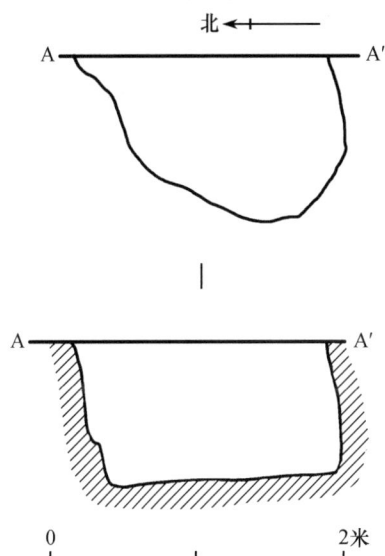

图四六〇　14G201H2平、剖面图

表三七　14G201H2出土陶片统计表

陶质	陶色	器物	部位	纹饰一	纹饰二	纹饰三	数量（件）	重量（千克）
夹砂	灰	鬲	口沿	无	无	无	1	0.02
泥质	灰	不明	陶片	绳纹	无	无	2	0.08
		豆	足部	磨光	无	无	1	0.01
			口沿	磨光	无	无	1	0.04
		罐	器底	绳纹	无	无	1	0.01
			陶片	绳纹	无	无	1	0.06
	夹心	不明	陶片	绳纹	无	无	1	0.04

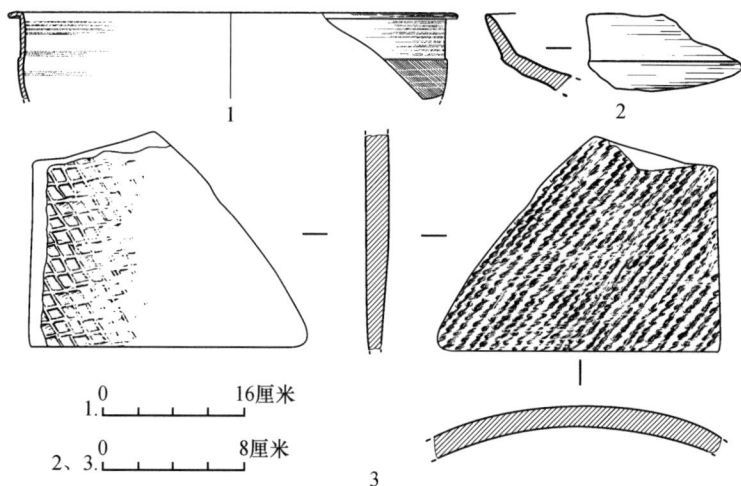

图四六一　14G201H1、H2出土陶器

1. 盆（G201H1：1）　2. 豆（G201H2：1）　3. 板瓦（G201H1：2）

（三）14G401

位于苇沟-北寿城遗址东北部，探沟南北长44、东西宽2米，方向为10°，坐标为东经111°41′51.25″，北纬35°45′31.01″。除南壁为清理Y1有5.3米长进行了全部揭露外，其余部分东半部未做到底，仅揭露到距地表60厘米处（图四六二、图四六三、图版一五〇）。

G401内堆积共分三层（表三八），灰坑皆开口于③层下。层位关系如下：

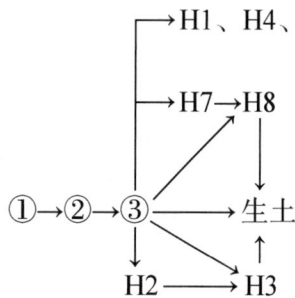

表三八　14G401地层登记表

编号	土色	土质	分布（位置）	包含物	厚度（厘米）	备注	属性
①	灰褐	疏松呈颗粒状	全方	现代遗物及植物根系	25～30		现代农耕层
②	浅黄	较密	全方	碳粒、碎瓷片、素面瓦片等	25～30，北高南低	被电杆打破	近代堆积
③	浅褐	较硬		残瓦片、陶片	12～56	分布在夯土北部，打破夯土，堆积南高北低	古代文化层

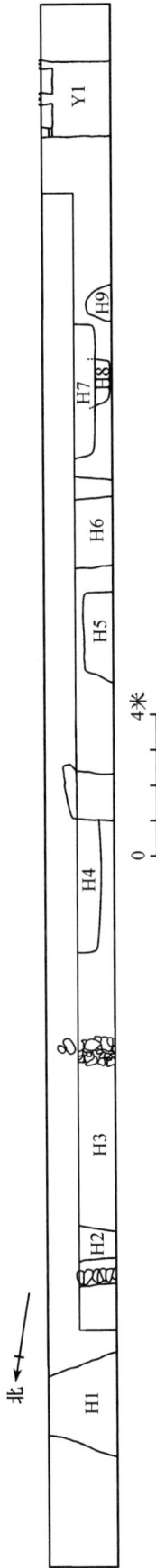

图四六二　14G401平面图

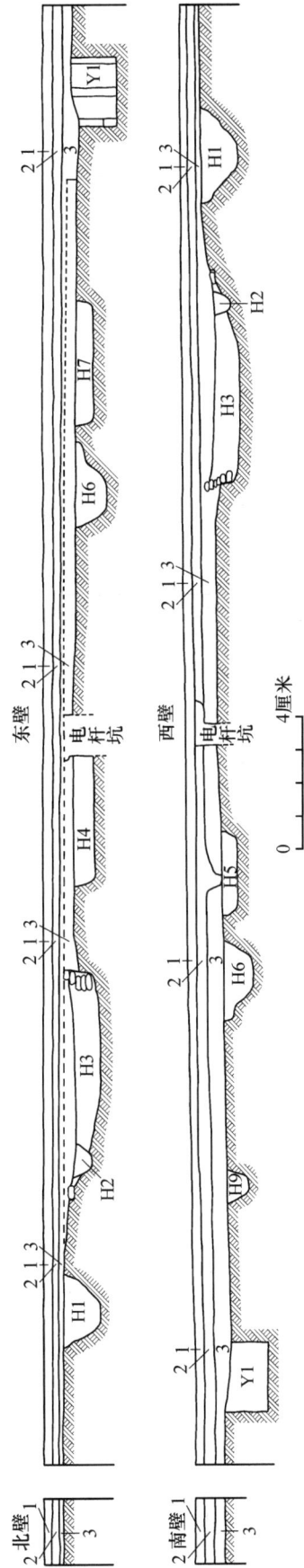

图四六三　14G401四壁剖面图

1. 14G401②

②层为近代堆积，多数文化遗物为瓷片，少量陶片（表三九）。

表三九　14G401②层出土遗物统计表

陶质	陶色	器物	部位	纹饰一	纹饰二	纹饰三	数量（件）	重量（千克）
瓷片	—	不明	不明	无	无	无	10	0.09
泥质	灰	盆	口沿	磨光暗纹	无	无	1	0.01
		瓦	不明	布纹	无	无	3	0.2
				绳纹	布纹	无	4	0.27

2. 14G401③

③层出土陶器皆为泥质灰陶（表四〇）。

表四〇　14G401③层出土陶片统计表

陶质	陶色	器物	部位	纹饰一	纹饰二	纹饰三	数量（件）	重量（千克）
泥质	灰	不明	器底	无	无	无	6	0.49
			陶片	方格纹	无	无	1	0.07
				绳纹	无	无	9	0.58
				无	无	无	14	0.53
		罐	口沿	无	无	无	2	0.58
			陶片	瓦棱纹	无	无	1	0.06
		盆	口沿	绳纹	无	无	2	0.12
				凹弦纹	无	无	5	0.35
				无	无	无	8	0.3
		瓦	不明	绳纹	篦点纹	无	3	0.9
					布纹	方格纹	4	1.17
						无	10	2.97
		瓦当		无	无	无	3	0.3
		甑	器底	无	无	无	1	0.06

G401③：1　盆口沿。泥质深灰陶。外壁饰凹弦纹，内壁磨光。平卷沿，沿面略上鼓，方唇，口微敛。内外壁有轮制痕迹。口径32、高7、厚0.7厘米（图四六四，1）。

G401③：2　盆口沿。泥质灰陶。外壁饰凹弦纹。平折沿，方唇加厚，直腹。内外壁有轮制痕迹。口径30.5、高8.5、厚1厘米（图四六四，2）。

G401③：3　盆口沿。泥质深灰陶。外壁饰弦纹，内外壁皆磨光。平折沿，方唇加厚，口微敛。一侧边缘有钻孔。内外壁有轮制痕迹。宽4.8、高10.8、厚0.8厘米（图四六四，5）。

G401③：4　盆口沿。泥质灰陶。平折沿，外缘向下翻折，直口。内外壁有轮制痕迹。口

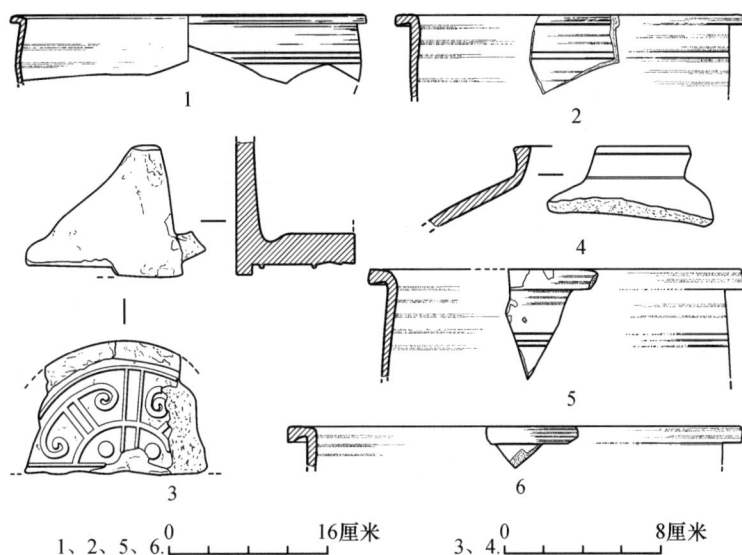

图四六四 G401③层出土陶器

1、2、5、6.盆（G401③：1、G401③：2、G401③：3、G401③：4） 3.瓦当（G401③：6） 4.罐（G401③：5）

径41.2、高4.4、厚1.2厘米（图四六四，6）。

G401③：5 罐口沿。泥质灰陶。直口，广肩，方唇加厚。内外壁有轮制痕迹。宽8、高4、厚1厘米（图四六四，4）。

G401③：6 瓦当。泥质灰陶。半圆桶形，仅残存部分当面和瓦身，当面半圆形，系一圆形瓦当切割而成，切割痕明显，周边宽缘凸起，内壁饰左右对称卷云纹，间以双阳线，当心饰乳钉纹，内壁饰布纹。当面直径12、厚1.5厘米（图四六四，3；图版一七三，2）。

3. 14G401H1

位于G401北部，坑北部距离探沟西北角310厘米，坑南边距离H3北约200米。坑口呈东西条状，距离地表64厘米左右，部分延伸到发掘区外，揭露区域东窄西宽，东宽216、西宽294、坑深117厘米。坑内堆积为浅灰土（图四六五；图版一五一，1）。

H1出土陶器皆为泥质灰陶（表四一）。

G401H1：1 盆口沿。泥质灰陶。方唇加厚，平折沿，直腹，口沿上有刻画符号。外壁饰凹弦纹，内壁饰磨光暗纹。内、外壁有密集平行线状轮制痕迹。口径约50、高16、厚0.8厘米（图四六六，5）。

G401H1：2 盆口沿。泥质灰陶。外壁饰凹弦纹，内壁饰磨光暗纹。方唇，平折沿，直腹。内、外壁有密集平行线状轮制痕迹。口径36、高13.4、厚0.8厘米（图四六六，1）。

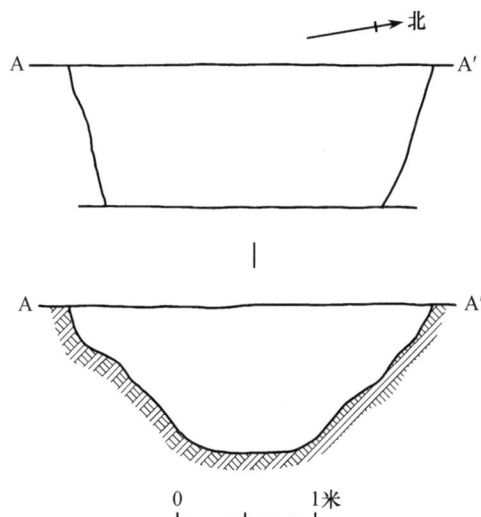

图四六五 14G401H1平、剖面图

表四一　14G401H1出土陶片统计表

陶质	陶色	器物	部位	纹饰一	纹饰二	纹饰三	数量（件）	重量（千克）
泥质	灰	不明	器底	磨光	无	无	8	1.22
				绳纹	无	无	1	0.08
				无	无	无	15	3.4
			陶片	磨光	无	无	10	0.4
				磨光暗纹	无	无	2	0.17
				绳纹	附加堆纹	无	1	0.09
					无	无	57	4.5
					弦纹	无	1	0.04
				瓦棱纹	绳纹	无	3	0.12
				无	无	无	23	1.28
				压印纹	磨光	无	1	0.11
		罐	口沿	无	无	无	5	1.19
			陶片	弦纹	无	无	6	0.86
		壶	口沿	无	无	无	1	0.09
		盆	口沿	无	无	无	5	0.22
				磨光暗纹	无	无	1	0.15
				绳纹	无	无	3	0.10
				弦纹	无	无	35	2.43
			残器	无	无	无	1	0.34
			陶片	绳纹	无	无	2	0.13
				弦纹	磨光	无	1	0.04
					无	无	20	1.86
		瓦	不明	绳纹	篦点纹	无	2	1.03
					布纹	无	5	3.09
					方格纹	无	1	0.25
		甑	器底	无	无	无	3	0.11

　　G401H1：3　盆口沿。泥质灰陶。外壁饰凹弦纹，内壁饰磨光暗纹。尖圆唇，平折沿，直口，腹部弧收。内、外壁有密集平行线状轮制痕迹。口径36、高13、厚0.7厘米（图四六六，2）。

　　G401H1：4　盆口沿。泥质灰陶。外壁饰凹弦纹，内壁饰磨光暗纹。方唇，平折沿微鼓，口微侈。内、外壁有密集平行线状轮制痕迹。口径32、高9、厚0.9厘米（图四六六，3）。

　　G401H1：5　罐口沿。泥质灰陶。外壁饰密集弦纹。方唇，平折沿，高直领，广肩。内、外壁有密集平行线状轮制痕迹。口径12、高10.6、厚0.8厘米（图四六六，4；图版一七四，1）。

　　G401H1：6　盆，残器。泥质灰陶。圆唇、直口、弧腹、平底。内壁有密集平行线状轮制痕迹。口径15、底外径11、高7.7、厚1厘米（图四六六，7）。

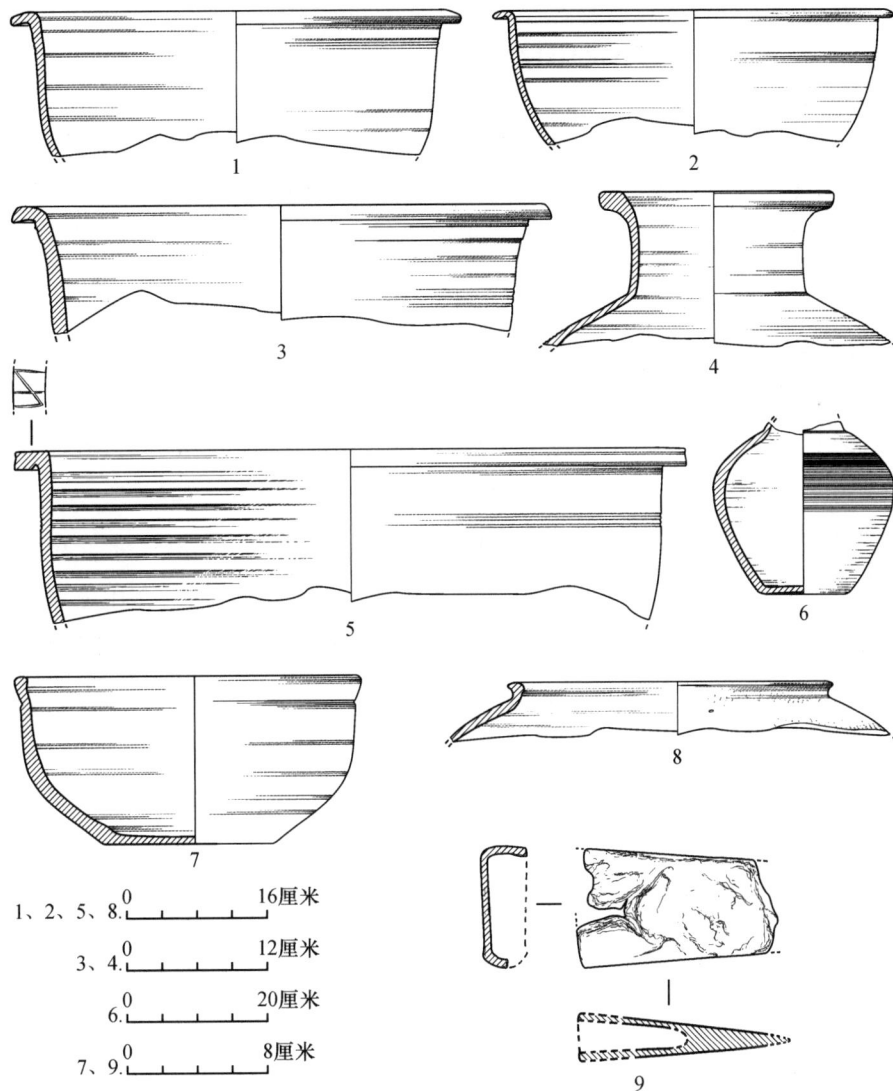

图四六六　14G401H1出土陶器

1~3、5、7. 盆（G401H1：2、G401H1：3、G401H1：4、G401H1：1、G401H1：6）　4、6、8. 罐（G401H1：5、G401H1：10、G401H1：7）　9. 镢（G401H1：11）

G401H1：7　罐口沿。泥质灰陶。直口，唇部加厚，截面呈"T"字形，广肩。内、外壁有密集平行线状轮制痕迹，内壁略有起伏。口径28、高4.8、厚1.3厘米（图四六六，8）。

G401H1：10　罐，残器。泥质灰陶。外壁肩部饰并列弦纹。口残，鼓肩，下腹斜收，平底。残高20、底径11、厚1.1厘米（图四六六，6；图版一七二，2）。

G401H1：11　镢。铁质。长方形銎，正面呈长方形，中空，下端有刃。长9.5、宽4~5.3、銎厚2厘米（图四六六，9；图版一七〇，1）。

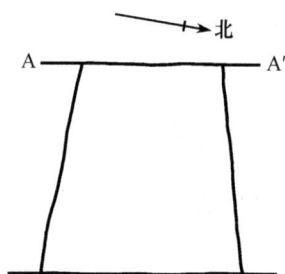

图四六七　14G401H2平、剖面图

4. 14G401H2

位于G401北部，H3北端，坑口呈东西条状，距离地表94～102厘米，揭露区域东宽100、西宽70厘米，坑深52厘米。斜壁，锅底状，坑内堆积黄褐色小花土，土质疏松，有陶片碎渣出土（图四六七）。

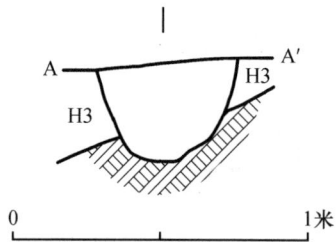

5. 14G401H3

位于G401北部偏南，开口距地表深78～102厘米。坑口大部分位于发掘区外，大部分延伸到东、西壁下，揭露区域坑口南北宽690厘米，坑底北高南低，深20～86厘米。坑内填土为浅灰土，底部有一薄层红褐花土，土质疏松，花土略硬，内含有少量烧土颗粒。因为本坑北高南低，南北两侧有石头垒成的墙，可能为一凉棚（图四六八）。H3出土陶器绝大多数为泥质灰陶，仅极少量夹心陶（表四二）。

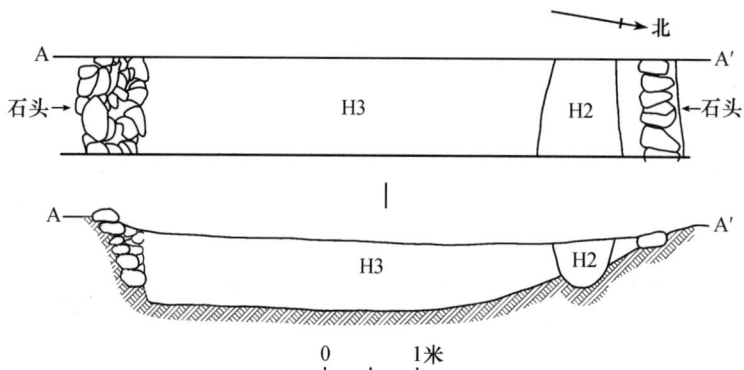

图四六八　14G401H3平、剖面图

表四二　14G401H3出土陶片统计表

陶质	陶色	器物	部位	纹饰一	纹饰二	纹饰三	数量（件）	重量（千克）
泥质	灰	不明	不明	绳纹	布纹	方格纹	1	0.11
			口沿	无	无	无	1	0.03
			器底	绳纹	无	无	3	0.82
				无	无	无	18	1.86
			陶片	附加堆纹	无	无	1	0.04
				磨光	无	无	23	1.24
				磨光暗纹	无	无	14	0.84
				绳纹	箆点纹	无	4	0.35
					无	无	23	1.78
				无	无	无	17	1.22
				弦纹	无	无	5	0.16

陶质	陶色	器物	部位	纹饰一	纹饰二	纹饰三	数量（件）	重量（千克）
泥质	灰	罐	口沿	刻划纹	无	无	1	0.15
				弦纹	无	无	1	0.22
				无	无	无	2	0.49
			陶片	绳纹	无	无	1	0.02
				弦纹	无	无	1	0.04
				无	无	无	1	0.05
		盆	口沿	磨光暗纹	无	无	2	0.11
				绳纹	磨光暗纹	无	1	0.08
				弦纹	磨光暗纹	无	2	0.1
				弦纹	无	无	1	0.09
				绳纹	无	无	1	0.05
				无	无	无	5	0.22
				弦纹	无	无	1	0.04
			陶片	弦纹	无	无	2	0.16
		钵	口沿	绳纹	无	无	1	0.06
		瓦	不明	绳纹	布纹	方格纹	1	0.07
						无	8	1.73
					无	无	1	0.86
				无	无	无	1	0.1
		瓦当		无	无	无	1	1.45
夹心	不明		器底	磨光	无	无	3	0.18

G401H3：1　盆口沿。泥质灰陶。外壁饰绳纹，内壁饰磨光暗纹。平折沿，唇部加厚，唇面有凹槽，上腹直。口径34、高10.3、厚0.8厘米（图四六九，1）。

G401H3：2　盆口沿。泥质灰陶。外壁饰凹弦纹，内壁饰磨光暗纹。卷沿，尖唇，敞口，下腹弧收。外壁有轮制痕迹。口径35、高12、厚0.8厘米（图四六九，7）。

G401H3：3　盆口沿。泥质灰陶。外壁饰凹弦纹。平折沿，沿面略凸，方唇加厚，唇面有凹槽，侈口弧腹。内外壁有轮制痕迹。口径约35、高8.5、厚0.9厘米（图四六九，5）。

G401H3：4　盆口沿。泥质灰陶。外壁磨光、饰凹弦纹，内壁饰磨光暗纹。平折沿，沿面略凸，方唇加厚，唇面有凹槽，侈口。内外壁有轮制痕迹。口径28、高4.8、厚0.9厘米（图四六九，6）。

G401H3：5　盆口沿。泥质灰陶。内外壁磨光。平折沿，圆唇，直口，弧腹。内外壁有轮制痕迹。口径22、高9.5、厚0.7厘米（图四六九，2）。

G401H3：6　盆口沿。泥质灰陶。外壁饰绳纹。侈口，腹斜直。口径28、高6、厚0.8厘米（图四六九，3）。

图四六九　14G401H3出土陶器

1～3、5～7.盆（G401H3：1、G401H3：5、G401H3：6、G401H3：3、G401H3：4、G401H3：2）　4、8、9.罐（G401H3：9、
G401H3：8、G401H3：7）　10.瓦当（G401H3：10）

　　G401H3：7　罐口沿。泥质深灰陶。唇部加厚，截面呈"T"字形，直口，广肩。内外壁有轮制痕迹。口径22、高7.1、厚1.3厘米（图四六九，9）。

　　G401H3：8　罐口沿。泥质灰陶。直口，广肩、唇部加厚。内外壁有轮制痕迹。口径36、高6、厚1.7厘米（图四六九，8）。

　　G401H3：9　罐颈肩部。泥质灰陶。束颈，鼓肩。内外壁有轮制痕迹。口径10、高9、厚0.7厘米（图四六九，4）。

　　G401H3：10　瓦当。泥质灰陶。半圆桶形瓦身，一端有半圆形当面，一端残。当面半圆形，系一圆形瓦当切割而成，侧面切割痕明显，最外有宽缘凸起，内壁饰左右对称的卷云纹，间以双阳线，当心圆内饰规矩纹，瓦身外壁饰粗绳纹，内壁饰布纹。当面直径15、厚1.5厘米（图四六九，10；图版一七三，3）。

6. 14G401H4

位于G401中部，坑口距离地表约100厘米。东半部未发掘，暴露区域呈南北长条形，南部被电线杆洞打破，口略大，斜直壁，平底，发掘区内东西宽约100厘米，口南北长约2.4、底南北长约2.3米（图四七〇）。H4所出陶器皆为泥质灰陶（表四三）。

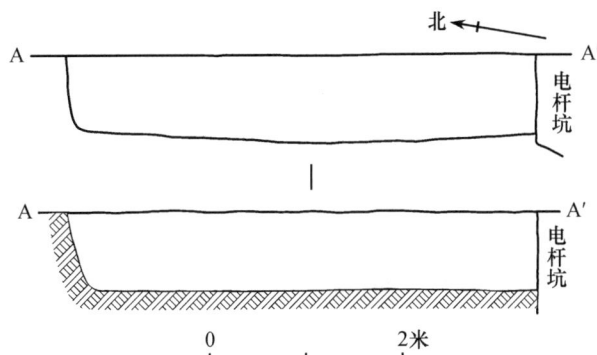

图四七〇 14G401H4平、剖面图

表四三 14G401H4出土陶片统计表

陶质	陶色	器物	部位	纹饰一	纹饰二	纹饰三	数量（件）	重量（千克）
泥质	灰	不明	陶片	无	无	无	3	0.14
		瓦	不明	绳纹	布纹	篦点纹	1	0.27
						方格纹	1	0.17
						无	4	0.51
		盆	口沿	绳纹	无	无	1	0.04
		罐	不明	绳纹	篦点纹	无	1	0.1

G401H4：1 盆口沿。外壁饰绳纹。泥质灰陶。平折沿，方唇加厚，略束颈。内外壁有轮制痕迹。口径24、高5.3、厚0.5厘米（图四七二，1）。

G401H4：2 罐腹片，应为肩部。泥质灰陶。外壁饰弦断绳纹，内壁饰篦点纹。内外壁有轮制痕迹。宽10.6、高7.6、厚0.9厘米（图四七二，5）。

G401H4：3 筒瓦。夹砂灰陶。外壁饰粗绳纹，绳纹较浅，内壁饰布纹。一端残留子口状瓦舌。瓦舌上下面有轮制痕迹。宽7.8、高6.8、厚1.7厘米（图四七二，2）。

7. 14G401H5

坑口距地表深110厘米。暴露面积较小，大部分被压在西壁下，形状不详。南北长200～244、东西宽84～88、深48厘米。东西边略直，北边略弯曲。斜坡壁，底部略平。H5所出陶器皆为泥质灰陶（表四四、图四七一）。

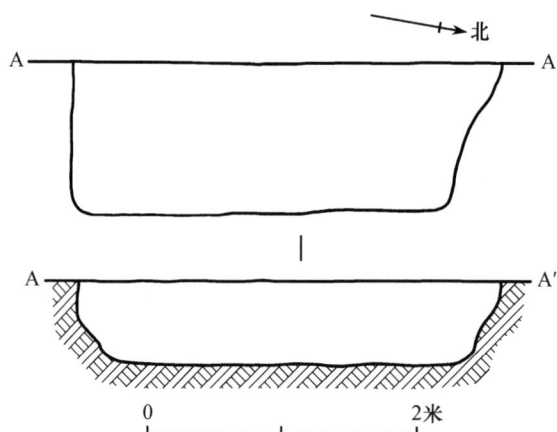

图四七一　14G401H5平、剖面图

表四四　14G401H5出土陶片统计表

陶质	陶色	器物	部位	纹饰一	纹饰二	纹饰三	数量（件）	重量（千克）
泥质	灰	不明	陶片	无	无	无	4	0.04
		盆	口沿	无	无	无	3	0.13
		瓦		绳纹	布纹	无	3	0.35
				无	无	无	1	0.14

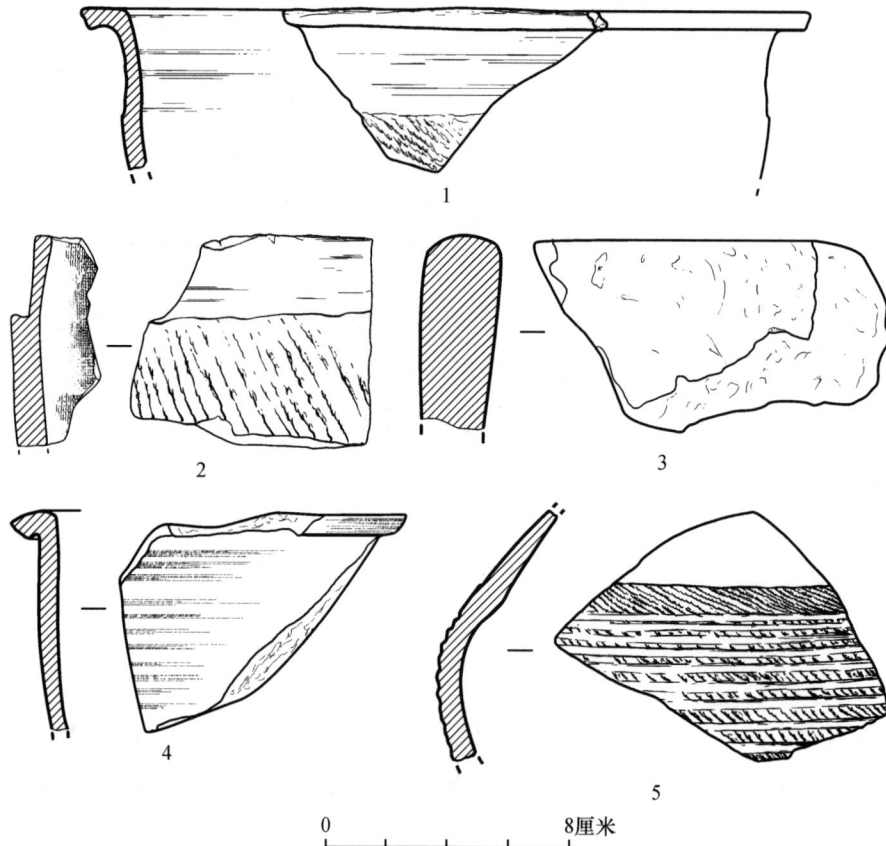

图四七二　14G401H4、H5出土陶器

1、4.盆（G401H4：1、G401H5：2）　2.筒瓦（G401H4：3）　3.板瓦（G401H5：1）　5.罐（G401H4：2）

G401H5：1　板瓦。泥质灰陶。残存一端。宽11、高6.2、厚2厘米（图四七二，3）。

G401H5：2　盆口沿。泥质灰陶。尖唇，窄折沿近平，直腹。内外壁有轮制痕迹。宽9.2、高7、厚0.7厘米（图四七二，4）。

8.14G401H6

位于G401南部偏北，坑口距离地表深102～112厘米，在探沟内揭露较小，东西两侧延伸至发掘区外，东西条带状，东西宽110、南北宽240～260厘米。斜壁，锅底状，南壁上有一台阶，坑深96厘米。坑内堆积为黄褐花土，土质较松，含有少量烧土颗粒，出土陶片。H6所出陶器皆为泥质灰陶（表四五、图四七三）。

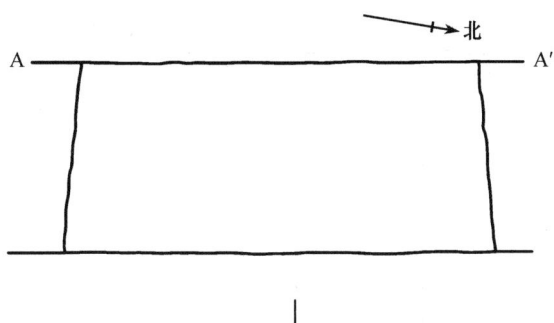

图四七三　14G401H6平、剖面图

表四五　14G401H6出土陶片统计表

陶质	陶色	器物	部位	纹饰一	纹饰二	纹饰三	数量（件）	重量（千克）
夹砂	褐	不明	陶片	绳纹	无	无	1	0.11
泥质	灰	不明	陶片	绳纹	无	无	3	0.19
				无	无	无	1	0.01
		豆	口沿	无	无	无	2	0.03
		坛	口沿	无	无	无	1	0.02
		甑	器底	无	无	无	1	0.02

9.14G401H7

位于G401南部偏北，坑口距地表深102～104厘米，在发掘区内暴露面积较小，大部分叠压在东壁下，只能看出该坑为圆角直边，斜壁，底略平，暴露区域东西宽60、南北长380、深52～56厘米。坑内填土为黄褐花土，土质较软，含有少量红烧土块、青灰色烧结快（图四七四；图版一五一，2）。H7所出陶器皆为泥质灰陶（表四六）。

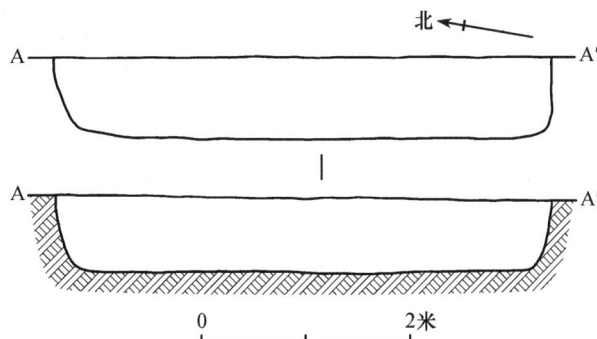

图四七四　14G401H7平、剖面图

表四六　14G401H7出土陶片统计表

陶质	陶色	器物	部位	纹饰一	纹饰二	纹饰三	数量（件）	重量（千克）
泥质	褐	不明	陶片	绳纹	无	无	1	0.06
	灰	不明	不明	绳纹	无	无	17	1.26
				无	无	无	8	0.42
			器底	绳纹	无	无	1	0.05
				无	无	无	5	0.47
			陶片	瓦棱纹	无	无	1	0.01
		盆	口沿	无	无	无	3	0.06
				磨光暗纹	无	无	3	0.28
			陶片	绳纹	无	无	2	0.06
		瓦	不明	绳纹	布纹	方格纹	2	1.36
						无	5	1.52
				无	无	无	2	0.72
		甑	器底	无	无	无	1	0.34

　　G401H7：1　盆口沿。泥质灰陶。内外侧皆饰磨光暗纹。平折沿，方唇加厚。内外壁有轮制痕迹。口径30、高6.4、厚0.9厘米（图四七五，1）。

　　G401H7：2　盆口沿。泥质灰陶。内壁饰磨光暗纹。平折沿，方唇加厚，直口。内外壁有轮制痕迹。口径35、高4.6、厚1厘米（图四七五，4）。

　　G401H7：3　盆口沿。泥质灰陶。外壁饰磨光暗纹、弦纹，内壁饰磨光暗纹。内外壁有轮

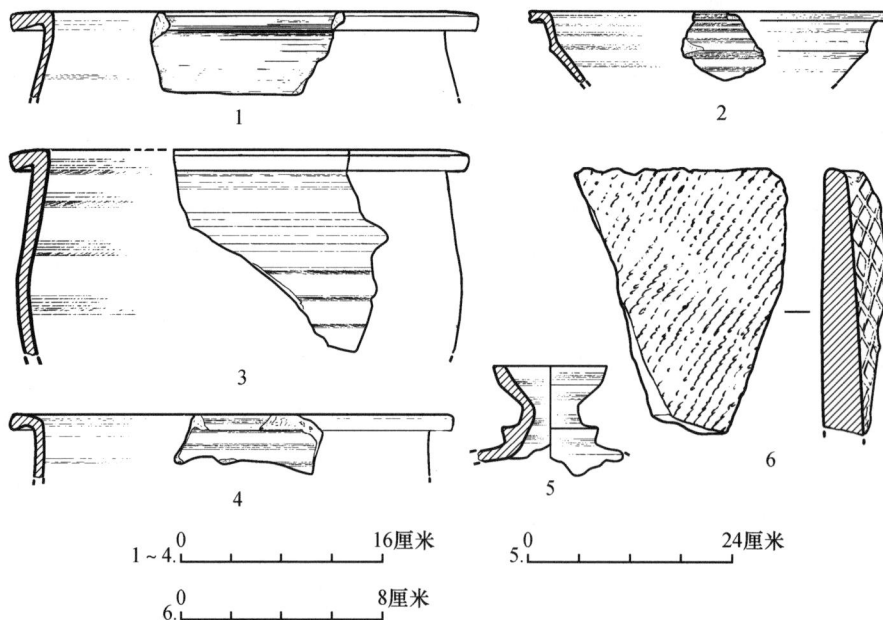

图四七五　14G401H7、H9出土陶器

1～4. 盆（G401H7：1、G401H7：4、G401H7：3、G401H7：2）　5. 壶（G401H9：2）　6. 板瓦（G401H9：1）

制痕迹。平折沿，方唇加厚，敛口鼓腹。口径35.5、高16、厚0.9厘米（图四七五，3）。

G401H7：4　盆口沿。泥质灰陶。平折沿，方唇加厚，敞口，折腹。内外壁有轮制痕迹。口径24、高6、厚0.8厘米（图四七五，2）。

10. 14G401H8

位于G401南部偏北，坑口距地表深106厘米，被H7打破仅存一小部分，南北残长110、东西残宽45、坑深44厘米，形状不详，底部不详。坑内堆积为黄褐花土，土质较硬，未见遗物（图四七六；图版一五一，2）。

11. 14G401H9

位于G401北部偏北，坑口距离地表108～110厘米，在探沟内仅暴露一小部分，其余在发掘区外，暴露区域可见坑口为椭圆形，直径为100、深68厘米，斜壁，平底。坑内堆积为黄褐花土，土质较疏松，含有少量烧土粒（图四七七）。H9所出陶器绝大多数为泥质灰陶，极少量泥质褐陶（表四七）。

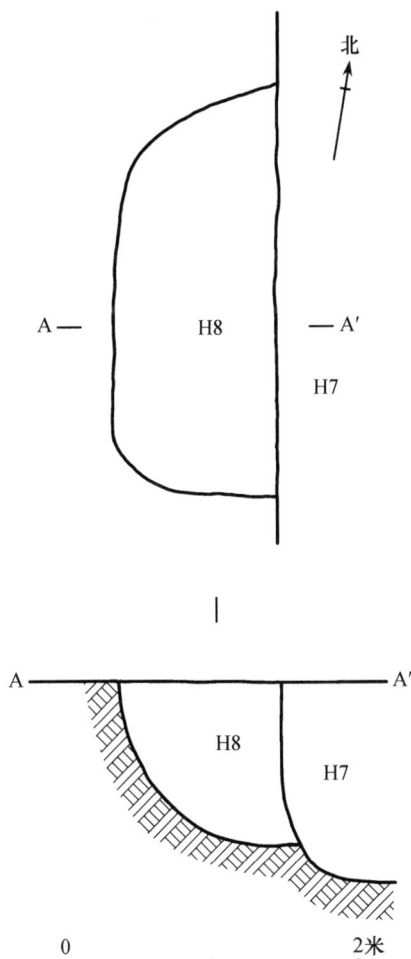

图四七六　14G401H8平、剖面图

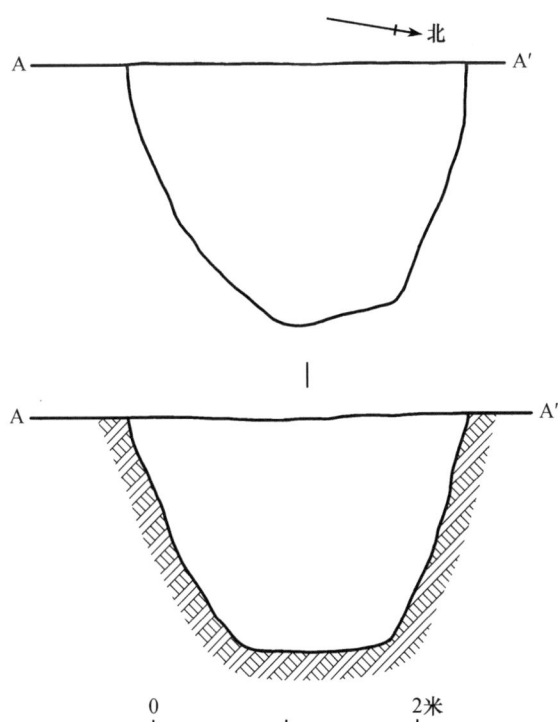

图四七七　14G401H9平、剖面图

表四七　14G401H9出土陶片统计表

陶质	陶色	器物	部位	纹饰一	纹饰二	纹饰三	数量（件）	重量（千克）
泥质	褐	不明	陶片	绳纹	无	无	1	0.06
泥质	灰	瓦	不明	绳纹	篦点纹	无	1	0.1
					方格纹	无	1	0.13
					磨光暗纹	无	1	0.03
		壶	口沿	无	无	无	1	0.09

　　G401H9：1　板瓦。泥质灰陶。外壁饰粗绳纹，内壁饰菱形方格纹。宽8、长10、厚1.5厘米（图四七五，6）。

　　G401H9：2　壶口沿。泥质灰陶。束颈、侈口方唇，口外有一周凸棱。内外壁有轮制痕迹。口径12、高12、厚0.6厘米（图四七五，5）。

12. 14G401Y1

　　口部距离地表深90～120厘米，通过揭露部分可见，窑室形状为方形，直壁平底，顶部已塌，东壁处有三个烟窗，火膛在西侧，未发掘。窑室残高116～124、南北宽210、东西现宽168厘米，东壁外三个烟窗大小不同，中间略大，烟窗外宽内窄。在北侧烟窗内侧外与窑壁间有砖垒的隔墙，隔墙底部距离窑室底面42厘米。其余烟窗也有隔墙，中间最大的烟窗，东西宽38、内侧宽26、外侧宽34厘米。窑壁为青灰色烧结面，厚10厘米，以外为由深变浅红色烧土，厚约15厘米（图四七八；图版一五三，1）。Y1所出陶器皆为泥质灰陶（表四八）。

表四八　14G401Y1出土陶片统计表

陶质	陶色	器物	部位	纹饰一	纹饰二	纹饰三	数量（件）	重量（千克）
泥质	灰	不明	器底	无	无	无	2	0.18
			陶片	无	无	无	1	0.02
		瓦		绳纹	布纹	篦点纹	2	3.805
						无	15	16.34
				绳纹	无	无	2	2.87
		砖	不明	无	无	无	1	3.76
		瓦当		绳纹	布纹	无	1	0.52
		罐	口沿	无	无	无	1	0.20

　　窑室内堆积为黄褐色土，土质疏松，含有大量红烧土块和青灰色烧结土块。出有较多的青灰色残砖和残筒瓦、板瓦片，圆形残瓦当1件，部分残瓦已变形。

　　G401Y1：1　罐口沿。泥质灰陶。直口，方唇。口沿及颈部内外壁有轮修痕迹，颈部内壁有拍印绳纹。口径10、高2.8、厚1.2厘米（图四七九，4）。

　　G401Y1：2　瓦当。泥质灰陶。当面呈正圆形，外围一周有圆形单阳线，内以四组卷云

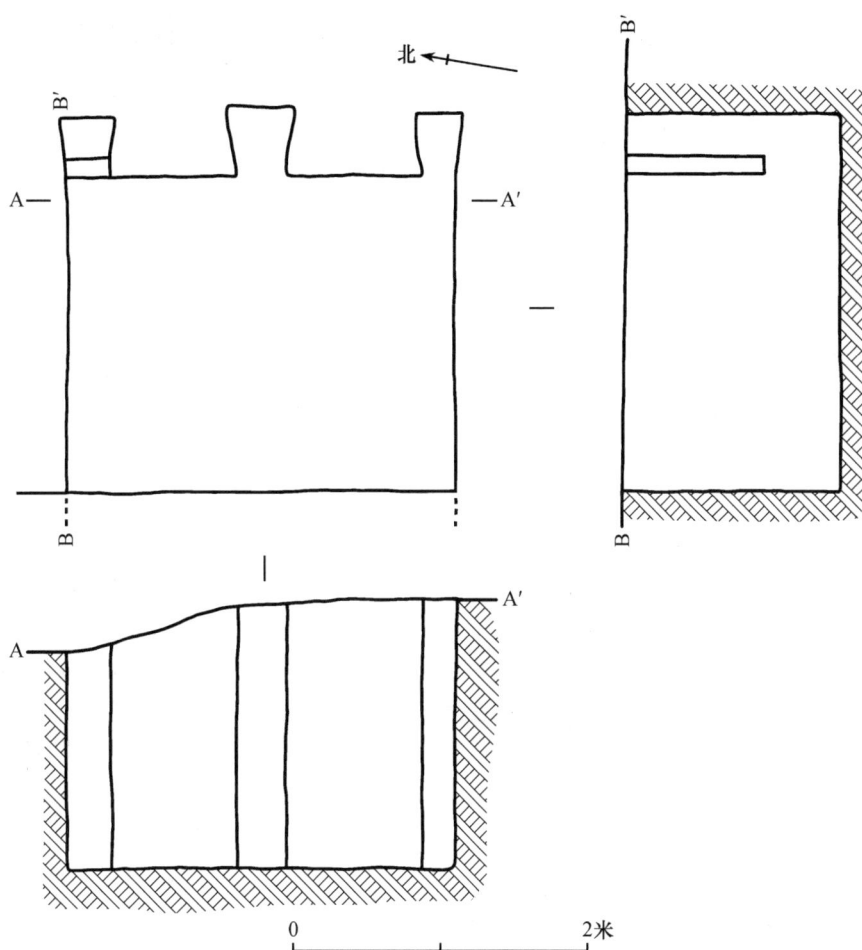

图四七八 14G401Y1平、剖面图

纹填充，云纹间隔以双阳线，当面中心为规矩纹。瓦身外壁饰粗绳纹，内壁饰细绳纹。口沿及颈部内外壁有轮修痕迹，颈部内壁有拍印绳纹。直径14、厚0.7厘米（图四七九，5；图版一七三，1）。

G401Y1：3 筒瓦。泥质深灰陶。为两件粘连在一起，皆为半圆筒状，一端有子口状瓦舌。外壁饰绳纹，内壁饰布纹。直径约14、长约43、厚1.2厘米（图四七九，6；图版一七四，3）。

G401Y1：4 板瓦。泥质灰陶。外壁饰粗绳纹，内壁饰布纹、篦点纹。侧面有切割痕迹，由内向外深度近半。瓦头素面部分上下有轮制痕迹。宽22、长27、厚1.2厘米（图四七九，2）。

G401Y1：5 板瓦。泥质褐陶。外壁饰绳纹，内壁饰布纹、篦点纹。侧面有切割痕迹，由内向外深度近半。宽24、长52.3、厚1厘米（图四七九，1）。

G401Y1：6 板瓦。泥质灰陶。外壁饰粗绳纹，内壁饰浅篦点纹。侧面有切割痕迹，由内向外深度近五分之一。宽26、长24、厚1.2厘米（图四七九，3）。

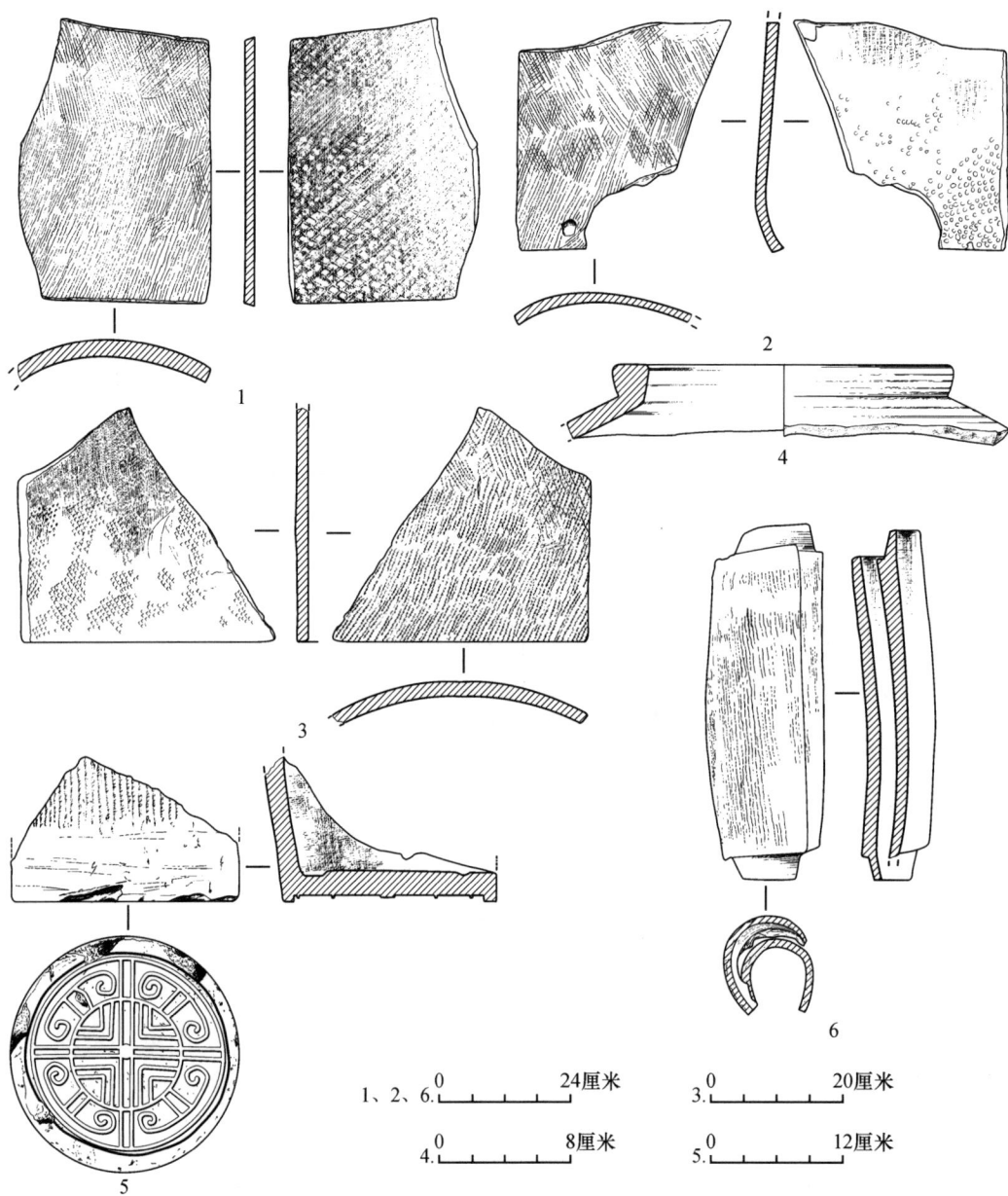

图四七九　14G401Y1出土陶器

1～3.板瓦（G401Y1：5、G401Y1：4、G401Y1：6）　4.罐（G401Y1：1）　5.瓦当（G401Y1：2）　6.筒瓦（G401Y1：3）

（四）14G402

位于苇沟-北寿城遗址东北部，探沟南北长44、东西宽2米，方向为10°。③层下发掘到夯土层未做清理（图四八〇、图四八一；图版一五二；图版一五三，2）。

探沟内文化堆积由上到下共分三层（表四九），③层下发现有夯土，层位关系如下：

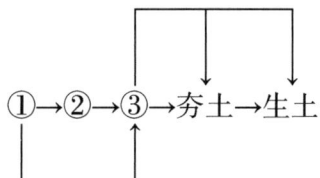

①→②→③→夯土→生土

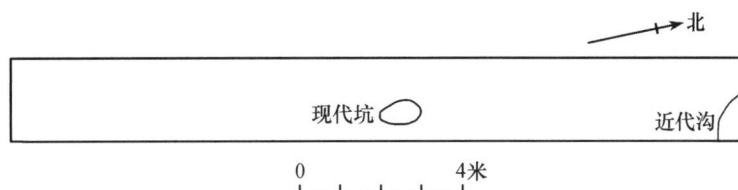

图四八〇　14G402平面图

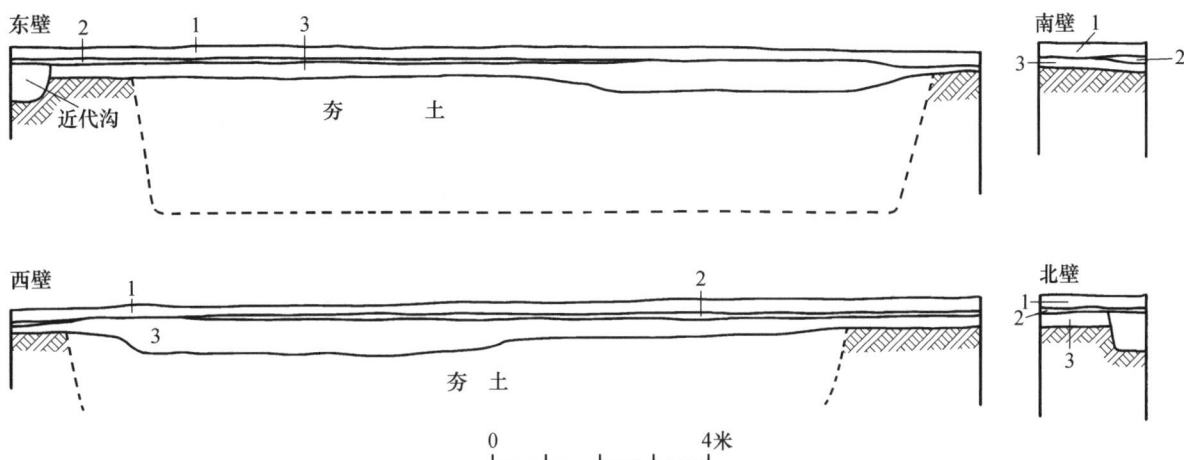

图四八一　14G402四壁剖面图

表四九　14G402地层登记表

编号	土色	土质	分布（位置）	包含物	厚度（厘米）	备注	属性
①	灰褐	疏松呈颗粒状	全方	现代遗物及植物根系	25~30		现代农耕层
②	浅黄	较密	全方	碳粒、碎瓷片、素面瓦片等	25~30，北高南低	被电杆坑打破	近代堆积
③	浅褐	较硬		残瓦片、陶片	12~56	分布在夯土北部，打破夯土，堆积南高北低	古代文化层
夯土							

1. 14G402②

②层为近代堆积，出土少量瓷片和瓦残片（表五〇）。

表五〇　14G402②层出土遗物统计表

陶质	陶色	器物	部位	纹饰一	纹饰二	纹饰三	数量（件）	重量（千克）
瓷片	—	不明	不明	无	无	无	7	0.07
泥质	灰	瓦	不明	绳纹	篦点纹	无	2	0.15
					布纹	无	2	0.08

2. 14G402③

③层出土陶器皆为泥质灰陶（表五一）。

表五一　14G402③层出土陶片统计表

陶质	陶色	器物	部位	纹饰一	纹饰二	纹饰三	数量（件）	重量（千克）
泥质	灰	不明	器底	绳纹	无	无	2	0.08
				无	无	无	3	0.14
			陶片	无	无	无	2	0.07
		瓦	不明	绳纹	布纹	方格纹	2	0.37
						无	21	2.4
					无	无	3	0.26
		瓦当	瓦当	无	无	无	1	0.21
		罐	口沿	无	无	无	2	0.24

G402③：1　瓦当。泥质灰陶。残存半圆形当面，系一圆形瓦当切割而成，切割痕明显，周边宽缘凸起，内壁饰左右对称云纹，双阳线将云纹与当心连接，当心饰规矩纹，当面磨损严重。直径12、厚2厘米（图四八二，2；图版一七四，2）。

G402③：2　罐口沿。泥质灰陶。外壁饰绳纹。直口，唇部加厚。内外壁有轮制痕迹。口径17.5、高3.6、厚1厘米（图四八二，1）。

G402③：3　罐口沿。泥质灰陶。直口，广肩，唇部加厚，唇面有刻画的凹槽。外壁有轮制痕迹。口径14.6、高4.2、厚0.9厘米（图四八二，3）。

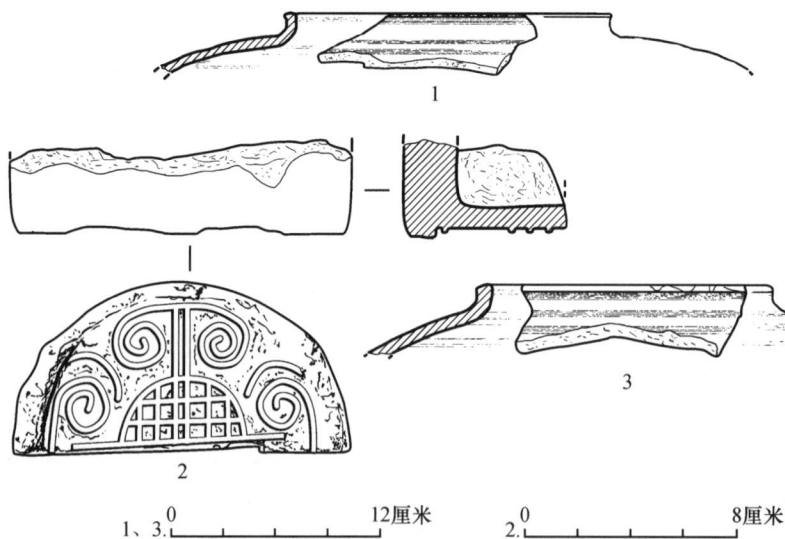

图四八二　14G402③层出土陶器

1、3. 罐（G402③：2、G402③：3）　2. 瓦当（G402③：1）